Volvo S60

Gör-det-själv-handbok

Martynn Randall

(SV4794 – 4AS1 – 320/4793 – 7AP1 – 320)

Modeller som behandlas

S60 sedan, inklusive specialversioner

Bensin: 2,0 liter (1984 cc), 2,3 liter (2319 cc), 2,4 liter (2401 cc & 2435 cc) & 2,5 liter (2521 cc)
Turbo-Diesel: 2,4 liter (2401cc)

Behandlar inte bi-fuel eller AWD modeller, eller S60R

En bok i Haynes serie med Gör-det-själv-handböcker

ISBN 978 0 85733 946 1

Haynes Group Limited
Haynes North America, Inc

www.haynes.com

Tillverkarens auktoriserade representant i EU för produktsäkerhet är:

HaynesPro BV
Stationsstraat 79 F, 3811MH Amersfoort, The Netherlands
gpsr@haynes.co.uk

Ansvarsfriskrivning

Det finns risker i samband med fordonsreparationer. Förmågan att utföra reparationer beror på individuell skicklighet, erfarenhet och lämpliga verktyg. Enskilda personer bör handla med vederbörlig omsorg samt inse och ta på sig risken som utförandet av bilreparationer medför.

Syftet med den här handboken är att tillhandahålla omfattande, användbar och lättillgänglig information om fordonsreparationer för att hjälpa dig få ut mesta möjliga av ditt fordon. Den här handboken kan dock inte ersätta en professionell certifierad tekniker eller mekaniker. Det finns risker i samband med fordonsreparationer.

Den här reparationshandboken är framtagen av en tredje part och är inte kopplad till någon enskild fordonstillverkare. Om det finns några tveksamheter eller avvikelser mellan den här handboken och ägarhandboken eller fabriksservicehandboken, se fabriksservicehandboken eller ta hjälp av en professionell certifierad tekniker eller mekaniker.

Även om vi har utarbetat denna handbok med stor omsorg och alla ansträngningar har gjorts för att se till att informationen i denna handbok är korrekt, kan varken utgivaren eller författaren ta ansvar för förlust, materiella skador eller personskador som orsakats av eventuell felaktig eller utelämnad information.

Innehåll

Innehåll

REPARATIONER & RENOVERING

Volvo S60 Sedan lanserades 2001. Bilen har liknande drivlina och ser ut som den större S80-modellen. De snygga framhjulsdrivna 5-dörrarsmodellerna fick ett "mjukt" facelift 2004, inklusive mindre förändringar av de främre och bakre stötfångarna samt vissa delar av inredningen.

Alla bensinmotorerna är raka, femcylindriga bränsleinsprutningsmotorer med 1984 cc, 2319 cc, 2435 cc eller 2521 cc förskjutning. Båda motorer med och utan turbo finns tillgängliga. Motorerna är utrustade med ett övergripande motorstyrningssystem med omfattande avgasregleringssystem. Även om det endast fanns en dieselmotor, uppgraderades och ändrades den turboladdade femcylindriga direktinsprutningsmotorn D5244T för årsmodell 2005. Förbättringarna rörde i huvudsak minskade utsläpp, och bland dem märks monteringen av ett partikelfilter i avgassystemet.

Växellådorna är antingen femväxlade eller seksväxlade manuella växellådor eller fyrväxlade automatväxellådor med datorstyrning. Automatväxellådorna har två lägen som låter föraren välja mellan växlingsegenskaper som lämpar sig för normala eller vinter körförhållandena

Bromsarna består av skivbromsar rakt igenom. Handbromsen verkar på trummor inbyggda i de bakre bromsskivorna. Låsningsfria bromsar (ABS) och servostyrning är standard på alla modeller. Alla modeller är utrustade med separerad fram- och bakfjädring

Ett stort utbud av standard- och extrautrustning finns som tillval för hela serien för att tillfredsställa så gott som alla smaker. Precis som med alla Volvo-modeller är säkerheten av största vikt och kontrollsystemet och sidokrockskyddssystemet bidrar till en genomgående mycket hög säkerhetsnivå för både förare och passagerare.

Förutsatt att regelbunden service utförs enligt tillverkarens rekommendationer kommer Volvo S60 att uppvisa den avundsvärda pålitlighet som Volvo gjort sig känt för. Trots motorns komplexitet är motorrummet relativt rymligt, och de flesta komponenter som behöver regelbunden översyn är placerade lättåtkomligt.

Din Volvo-handbok

Syftet med den här handboken är att hjälpa dig att få så stor glädje av din bil som möjligt. Det kan göras på flera sätt. Boken är till hjälp vid beslut om vilka åtgärder som ska vidtas (även då en verkstad anlitas för att utföra själva arbetet). Den ger även information om rutinunderhåll och service, och föreslår arbetssätt för ändamålsenliga åtgärder och diagnos om slumpmässiga fel uppstår. Förhoppningsvis kommer handboken dock att användas till försök att klara av arbetet på egen hand. Vad gäller enklare jobb kan det till och med gå snabbare att ta hand om det själv än att först boka tid på en verkstad och sedan ta sig dit två gånger, en gång för att lämna bilen och en gång för att hämta den. Och kanske viktigast av allt: en hel del pengar kan sparas genom att man undviker de avgifter verkstäder tar ut för att kunna täcka arbetskraft och chefslöner.

Handboken innehåller teckningar och beskrivningar som förklarar de olika komponenternas funktion och utformning. Alla arbetsförfaranden är beskrivna och fotograferade i tydlig ordningsföljd, steg för steg. Bilderna är numrerade efter det avsnitt och den punkt som de illustrerar. Om det finns fler än en bild per punkt anges ordningsföljden mellan bilderna 1a, 1b, osv.

Hänvisningar till "vänster" eller "höger" avser vänster eller höger för en person som sitter i förarsätet och tittar framåt.

Tack till...

Tack till Draper Tools Limited som bidrog med verkstadsverktyg, samt till alla på Sparkford som bidragit till arbetet med handboken.

Vi strävar efter att ge noggrann information i denna handbok, men tillverkarna gör ibland ändringar i funktion och design under produktionen av en viss modell utan att informera oss. Författarna och förlaget kan inte ta på sig något ansvar för förluster, skador eller personskador till följd av fel eller ofullständig information i denna bok.

Att arbeta på din bil kan vara farligt. Den här sidan visar potentiella risker och faror och har som mål att göra dig uppmärksam på och medveten om vikten av säkerhet i ditt arbete.

Allmänna faror

Skållning

• Ta aldrig av kylarens eller expansionskärlets lock när motorn är het.

• Motorolja, automatväxellådsolja och styrservovätska kan också vara farligt varma om motorn just varit igång.

Brännskador

• Var försiktig så att du inte bränner dig på avgassystem och motor. Bromsskivor och -trummor kan också vara heta efter körning.

Lyftning av fordon

• Vid arbete nära eller under ett lyft fordon, använd alltid extra stöd i form av pallbockar eller använd ramper. ***Arbeta aldrig under en bil som endast stöds av en domkraft.***

• När muttrar eller skruvar med högt åtdragningsmoment skall lossas eller dras, bör man lossa dem något innan bilen lyfts och göra den slutliga åtdragningen när bilens hjul åter står på marken.

Brand och brännskador

• Bränsle är mycket brandfarligt och bränsleångor är explosiva.

• Spill inte bränsle på en het motor.

• Rök inte och använd inte öppen låga i närheten av en bil under arbete. Undvik också gnistbildning (elektrisk eller från verktyg).

• Bensinångor är tyngre än luft och man bör därför inte arbeta med bränslesystemet med fordonet över en smörjgrop.

• En vanlig brandorsak är kortslutning i eller överbelastning av det elektriska systemet. Var försiktig vid reparationer eller ändringar.

• Ha alltid en brandsläckare till hands, av den typ som är lämplig för bränder i bränsle- och elsystem.

Elektriska stötar

• Högspänningen i tändsystemet kan vara farlig, i synnerhet för personer med hjärtbesvär eller pacemaker. Arbeta inte med eller i närheten av tändsystemet när motorn går, eller när tändningen är på.

• Nätspänning är också farlig. Se till att all nätansluten utrustning är jordad. Man bör skydda sig genom att använda jordfelsbrytare.

Giftiga gaser och ångor

• Avgaser är giftiga. De innehåller koloxid vilket kan vara ytterst farligt vid inandning. Låt aldrig motorn vara igång i ett trångt utrymme, t ex i ett garage, med stängda dörrar.

• Även bensin och vissa lösnings- och rengöringsmedel avger giftiga ångor.

Giftiga och irriterande ämnen

• Undvik hudkontakt med batterisyra, bränsle, smörjmedel och vätskor, speciellt frostskyddsvätska och bromsvätska. Sug aldrig upp dem med munnen. Om någon av dessa ämnen sväljs eller kommer in i ögonen, kontakta läkare.

• Långvarig kontakt med använd motorolja kan orsaka hudcancer. Bär alltid handskar eller använd en skyddande kräm. Byt oljeindränkta kläder och förvara inte oljiga trasor i fickorna.

• Luftkonditioneringens kylmedel omvandlas till giftig gas om den exponeras för öppen låga (inklusive cigaretter). Det kan också orsaka brännskador vid hudkontakt.

Asbest

• Asbestdamm kan ge upphov till cancer vid inandning, eller om man sväljer det. Asbest kan finnas i packningar och i kopplings- och bromsbelägg. Vid hantering av sådana detaljer är det säkrast att alltid behandla dem som om de innehöll asbest.

Speciella faror

Flourvätesyra

• Denna extremt frätande syra bildas när vissa typer av syntetiskt gummi i t ex O-ringar, tätningar och bränsleslangar utsätts för temperaturer över 400 °C. Gummit omvandlas till en sotig eller kladdig substans som innehåller syran. *När syran väl bildats är den farlig i flera år. Om den kommer i kontakt med huden kan det vara tvunget att amputera den utsatta kroppsdelen.*

• Vid arbete med ett fordon, eller delar från ett fordon, som varit utsatt för brand, bär alltid skyddshandskar och kassera dem på ett säkert sätt efteråt.

Batteriet

• Batterier innehåller svavelsyra som angriper kläder, ögon och hud. Var försiktig vid påfyllning eller transport av batteriet.

• Den vätgas som batteriet avger är mycket explosiv. Se till att inte orsaka gnistor eller använda öppen låga i närheten av batteriet. Var försiktig vid anslutning av batteriladdare eller startkablar.

Airbag/krockkudde

• Airbags kan orsaka skada om de utlöses av misstag. Var försiktig vid demontering av ratt och/eller instrumentbräda. Det kan finnas särskilda föreskrifter för förvaring av airbags.

Dieselinsprutning

• Insprutningspumpar för dieselmotorer arbetar med mycket högt tryck. Var försiktig vid arbeten på insprutningsmunstycken och bränsleledningar.

Varning: Exponera aldrig händer eller annan del av kroppen för insprutarstråle; bränslet kan tränga igenom huden med ödesdigra följder

Kom ihåg...

ATT

• Använda skyddsglasögon vid arbete med borrmaskiner, slipmaskiner etc, samt vid arbete under bilen.

• Använda handskar eller skyddskräm för att skydda händerna.

• Om du arbetar ensam med bilen, se till att någon regelbundet kontrollerar att allt står väl till.

• Se till att inte löst sittande kläder eller långt hår kommer i vägen för rörliga delar.

• Ta av ringar, armbandsur etc innan du börjar arbeta på ett fordon - speciellt med elsystemet.

• Försäkra dig om att lyftanordningar och domkraft klarar av den tyngd de utsätts för.

ATT INTE

• Ensam försöka lyfta för tunga delar - ta hjälp av någon.

• Ha för bråttom eller ta osäkra genvägar.

• Använda dåliga verktyg eller verktyg som inte passar. De kan slinta och orsaka skador.

• Låta verktyg och delar ligga så att någon riskerar att snava över dem. Torka upp olje- och bränslespill omgående.

• Låta barn eller husdjur leka nära en bil under arbetets gång.

Följande sidor är tänkta att vara till hjälp vid hantering av vanligt förekommande problem. Mer detaljerad information om felsökning finns i slutet av boken, och beskrivningar av reparationer finns i bokens olika huvudkapitel.

Om bilen inte startar och startmotorn inte går runt

- ☐ Om det är en modell med automatväxellåda, se till att växelväljaren står på P eller N.
- ☐ Lyft bagageutrymmets golv och kontrollera att batterifästena är rena och sitter fast ordentligt.
- ☐ Slå på strålkastarna och försök starta motorn. Om strålkastarljuset försvagas mycket under startförsöket är batteriet troligen urladdat. Lös problemet genom att använda startkablar (se nästa sida) och en annan bil.

Om bilen inte startar trots att startmotorn går runt som vanligt

- ☐ Finns det bensin i tanken?
- ☐ Finns det fukt i elsystemet under motorhuven? Slå av tändningen och torka bort synlig fukt med en torr trasa. Spraya vattenavstötande medel (WD-40 eller liknande) på tändningen och bränslesystemets elektriska kontaktdon av den typ som visas på bilden. (Observera att fukt sällan förekommer i dieselmotorer.)

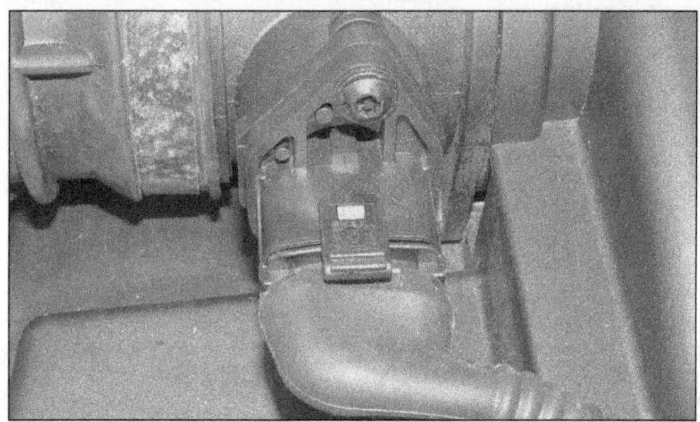

A Kontrollera att kontaktdonen till luftflödesgivaren eller insugsluftens temperaturgivare sitter ordentligt.

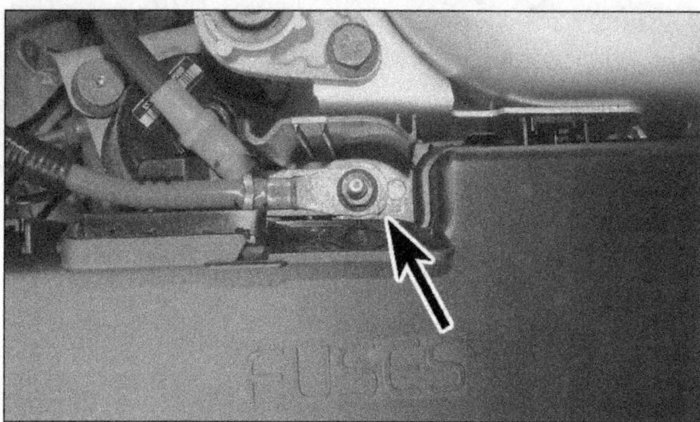

B Kontrollera att batteriets plusanslutning i säkrings- och relähuset sitter som den ska.

Kontrollera att alla elektriska kopplingar sitter korrekt (med tändningen avstängd) och spraya dem med vattenavstötande medel av typen WD-40 om problemet misstänks bero på fukt

Starthjälp

Vidta följande säkerhetsåtgärder när bilen startas med hjälp av ett laddningsbatteri:

- ✔ Se till att tändningen är avstängd innan laddningsbatteriet ansluts.
- ✔ Se till att all elektrisk utrustning (ljus, värmeenhet, torkare etc) är avstängd.
- ✔ Kontrollera om särskilda säkerhetsanvisningar står tryckta på batterihöljet.
- ✔ Se till att laddningsbatteriet har samma spänning som det urladdade batteriet i bilen.
- ✔ Om bilen startas med hjälp av batteriet i en annan bil får de två bilarna INTE VARA I KONTAKT med varandra.
- ✔ Se till att växellådan står i friläge (eller PARK, om bilen har automatväxellåda).

Med starthjälp får du igång bilen, men orsaken till att batteriet laddats ur måste fortfarande åtgärdas. Det finns tre möjliga orsaker:

1 Batteriet har laddats ur på grund av upprepade startförsök, eller för att lysena har lämnats på.

2 Laddningssystemet fungerar inte som det ska (generatorns drivrem är lös eller trasig, eller så är generatorkablaget eller själva generatorn defekt).

3 Själva batteriet är defekt (elektrolytnivån är för låg eller batteriet är utslitet).

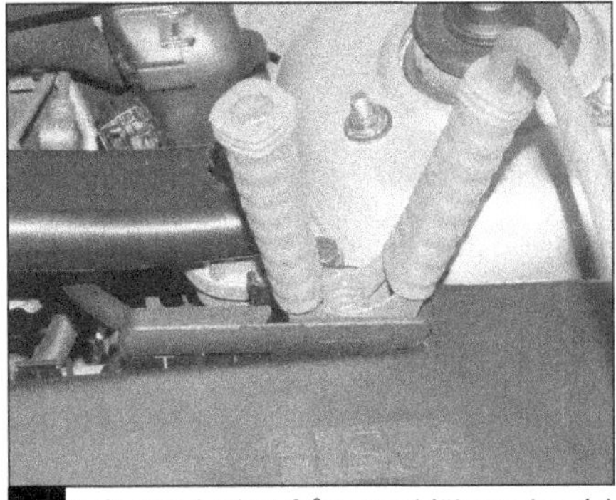

1 Lyft upp locket från starthjälpspolen (+) till vänster i motorrummet, framför fjädertornet, och anslut den röda kabeln till polen.

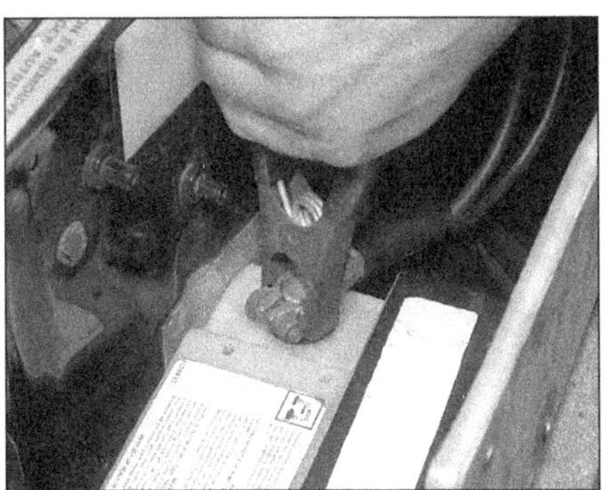

2 Anslut den andra änden av den röda startkabeln till pluspolen (+) på laddningsbatteriet.

3 Anslut ena änden av den svarta startkabeln till minuspolen (-) på det urladdade batteriet.

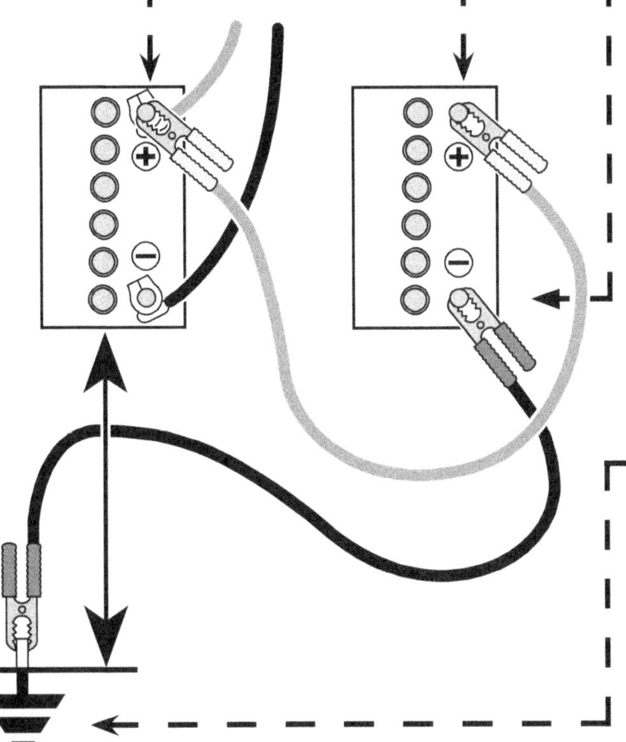

4 Anslut den andra änden av den svarta startkabeln till en bult eller fästbygel på motorblocket på den bil som ska startas.

5 Se till att startkablarna inte kommer i kontakt med fläkten, drivremmarna eller andra rörliga delar.

6 Starta motorn och låt den gå på ett högt tomgångsvarvtal medan du kopplar loss startkablarna i omvänd ordning mot anslutningen.

Hjulbyte

***Varning:** Byt aldrig hjul i en situation där du riskerar att skadas av trafiken. Försök att stanna på en parkeringsficka eller på en mindre avtagsväg om du befinner dig på en hårt trafikerad väg. Håll uppsikt över passerande trafik när du byter däck. Det är lätt att bli distraherad av arbetet med hjulbytet.*

Förberedelser

- ☐ Vid punktering, stanna så snart det är säkert för dig och dina medtrafikanter.
- ☐ Parkera om möjligt på plan mark där du inte står i vägen för annan trafik.
- ☐ Använd varningsblinkers om det behövs.
- ☐ Använd en varningstriangel (obligatorisk utrustning) för att göra andra trafikanter uppmärksamma på att bilen är där.
- ☐ Dra åt handbromsen och lägg i ettan eller backen (eller parkeringsläge på modeller med automatväxellåda).
- ☐ Blockera det hjul som är placerat diagonalt sett från det hjul som ska tas bort - använd t.ex. några stora stenar.
- ☐ Om underlaget är mjukt, använd en plankstump eller liknande för att sprida tyngden under domkraften.

Hjulbyte

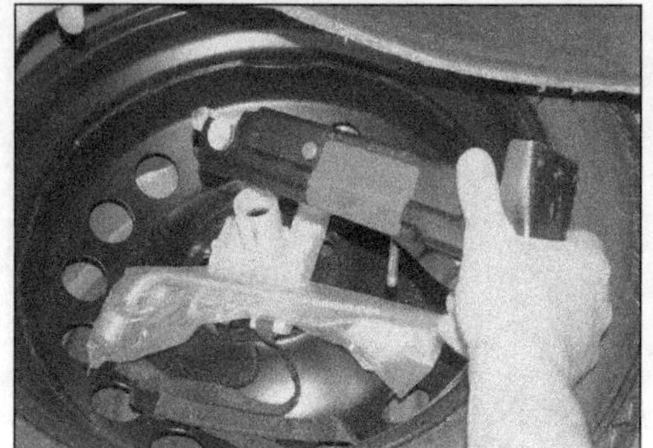

1 Reservhjulet och verktygen ligger under mattan i bagageutrymmet. Lossa fästremmarna och ta bort fälgkorset och domkraften. . .

2 . . . skruva sedan loss reservhjulets hållare från hjulets centrum.

3 Lossa alla hjulbultar ett halvt varv med hjälp av fälgkorset. STÅ ALDRIG på fälgkorset om bultarna sitter för hårt, ring efter hjälp i stället.

4 På modeller med lättmetallfälgar kan en Volvo-hylsa behövas till hylsnyckeln för att ta bort säkerhetsbulten - hylsan bör finnas i handskfacket eller verktygslådan.

5 Fäst domkraftsskallen i den förstärkta fästbygeln i mitten av karmunderstycket som finns på båda sidorna av bilen (lyft aldrig bilen med domkraften mot någon annan del av karmunderstycket).

6 Vrid handtaget medurs tills hjulet är helt upplyft från marken. Skruva sedan loss hjulbultarna och ta bort hjulet.

7 Montera reservhjulet. Observera att det sitter en tapp (markerad med pil) på hjulnavet som måste passas in i hålet i det tillfälliga reservhjulet, eller i utrymmet inuti hjulnavet på vanliga hjul.

8 Montera och skruva i bultarna. Dra åt bultarna något med fälgkorset. Sänk sedan ner bilen på marken. Dra åt hjulbultarna ordentligt. Montera sedan navkapseln om det är tillämpligt. Hjulbultarna ska lossas och dras åt till angivet moment (140 Nm) så snart som möjligt.

Slutligen...

- ☐ Ta bort hjulblockeringen.
- ☐ Lägg tillbaka domkraften och verktygen i bilen.
- ☐ Kontrollera lufttrycket på det nymonterade däcket. Om det är lågt eller om en tryckmätare inte finns tillgänglig, kör långsamt till närmaste bensinstation och kontrollera/justera trycket. För utrymmesbesparande reservhjul är trycket betydligt högre än för normala däck.
- ☐ Se till att det skadade däcket eller hjulet repareras så snart som möjligt.

Observera: *Vissa modeller är utrustade med ett 'utrymmesbesparande' reservhjul. Däcket är smalare än på vanliga hjul och märkt med TEMPORARY USE ONLY (endast för tillfälligt bruk). Det här reservhjulet **måste** ersättas med ett standardhjul så snart som möjligt. Kör extra försiktigt, särskilt i kurvor och när du bromsar. Volvo rekommenderar en maxhastighet på 50 km/h när detta specialreservhjul används.*

Hitta läckor

Pölar på garagegolvet (eller där bilen parkeras) eller våta fläckar i motorrummet tyder på läckor som man måste försöka hitta. Det är inte alltid så lätt att se var läckan är, särskilt inte om motorrummet är mycket smutsigt. Olja eller andra vätskor kan spridas av fartvinden under bilen och göra det svårt att avgöra var läckan egentligen finns.

Varning: De flesta oljor och andra vätskor i en bil är giftiga. Vid spill bör man tvätta huden och byta indränkta kläder så snart som möjligt

Lukten kan vara till hjälp när det gäller att avgöra varifrån ett läckage kommer och vissa vätskor har en färg som är lätt att känna igen. Det är en bra idé att tvätta bilen ordentligt och ställa den över rent papper över natten för att lättare se var läckan finns. Tänk på att motorn ibland bara läcker när den är igång.

Olja från sumpen

Motorolja kan läcka från avtappningspluggen . . .

Olja från oljefiltret

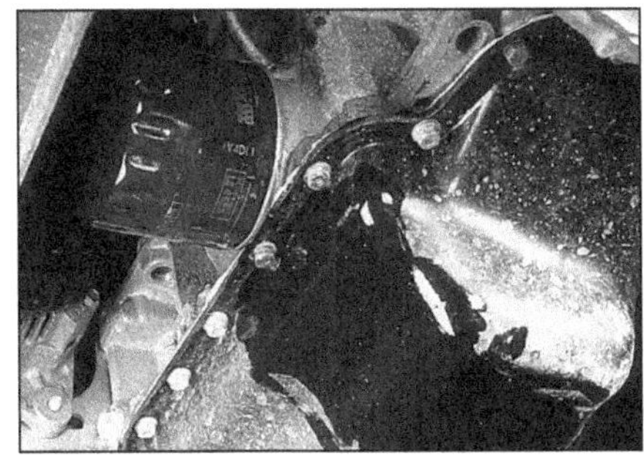

. . . eller från oljefiltrets packning.

Växellådsolja

Växellådsolja kan läcka från tätningarna i ändarna på drivaxlarna.

Frostskydd

Läckande frostskyddsvätska lämnar ofta kristallina avlagringar liknande dessa.

Bromsvätska

Läckage vid ett hjul är nästan alltid bromsvätska.

Servostyrningsvätska

Servostyrningsvätska kan läcka från styrväxeln eller dess anslutningar.

Bogsering

När ingenting annat hjälper kan du behöva bli bogserad hem. Eller kanske är det du som får hjälpa någon annan med bogsering. Hur som helst underlättar det om du vet hur man går tillväga. Bogsering längre sträckor bör överlåtas till verkstäder eller bärgningsfirmor. Kortare sträckor går det utmärkt att låta en annan privatbil bogsera, men tänk på följande:

☐ Använd en riktig bogserlina – de är inte dyra.

☐ Slå alltid på tändningen när bilen bogseras så att rattlåset släpper och riktningsvisare och bromsljus fungerar.

☐ Det finns en bogseringsögla under varje stötfångare. Den främre bogseringsöglan sitter dold bakom en skyddspanel nedanför den främre stötfångarens högra ände **(se bild)**.

☐ Lossa handbromsen och lägg i friläge på växellådan innan bogseringen börjar. Modeller med automatväxellåda får inte bogseras längre än 80 km/h med en max.hastighet på 80 km/h.

☐ Observera att du behöver trycka hårdare än vanligt på bromspedalen när du bromsar eftersom vakuumservon bara fungerar när motorn är igång.

☐ Eftersom servostyrningen inte fungerar krävs det större kraft än vanligt för att styra.

☐ Se till att båda förarna känner till den planerade färdvägen innan ni startar.

☐ Föraren av den bogserade bilen måste vara noga med att hålla bogserlinan spänd hela tiden för att undvika ryck.

☐ Bogsera aldrig längre sträcka än nödvändigt och håll lämplig hastighet (högsta tillåtna hastighet vid bogsering är 30 km/h). Kör försiktigt och sakta ner mjukt och långsamt innan korsningar.

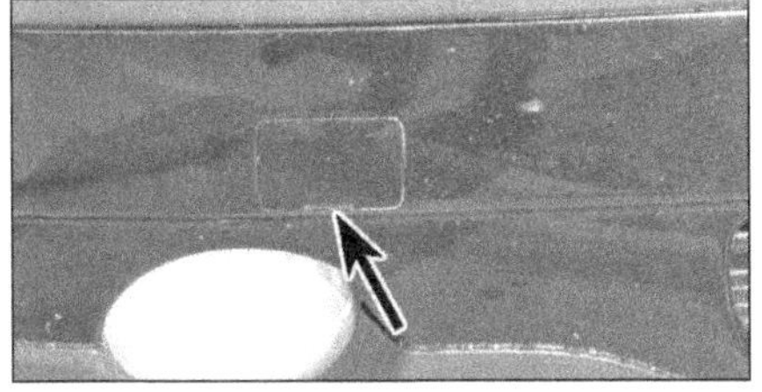

Inledning

Det finns ett antal mycket enkla kontroller som endast tar några minuter i anspråk, men som kan bespara dig mycket besvär och stora kostnader.

Dessa *Veckokontroller* kräver inga större kunskaper eller specialverktyg, och den korta tid de tar att utföra kan visa sig vara väl använd:

☐ Kontroll av däcktryck förebygger inte bara att de slits ut i förtid utan det kan också rädda liv.

☐ Många motorhaverier orsakas av elektriska problem. Batterirelaterade fel är särskilt vanliga och genom regelbundna kontroller kan de flesta av dessa förebyggas.

☐ Om bilen får en läcka i bromssystemet kanske den upptäcks först när bromsarna slutar att fungera. Vid regelbundna kontroller av bromsoljenivån uppmärksammas sådana fel i god tid.

☐ Om olje- eller kylvätskenivån blir för låg är det betydligt billigare att laga läckan direkt, än att bekosta dyra reparationer av de motorskador som annars kan uppstå.

Kontrollpunkter i motorrummet

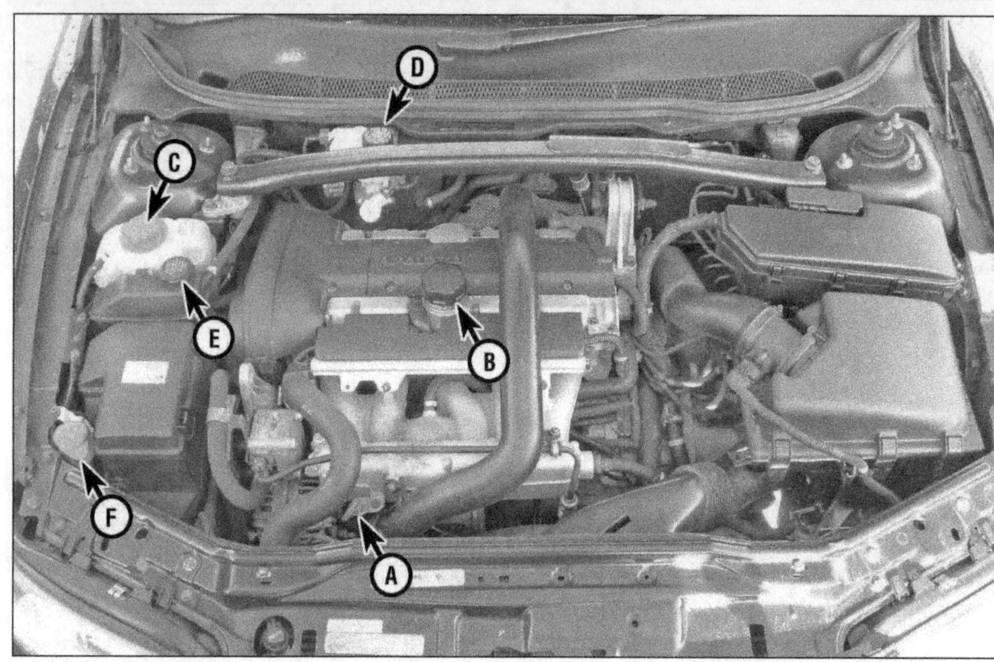

◀ **2,0 liters bensinmotor (andra liknande)**

A *Mätsticka för motorolja*
B *Påfyllningslock för motorolja*
C *Kylsystemets expansionskärl*
D *Bromsoljebehållare*
E *Behållare för servostyrningsvätska*
F *Spolarvätskebehållare*

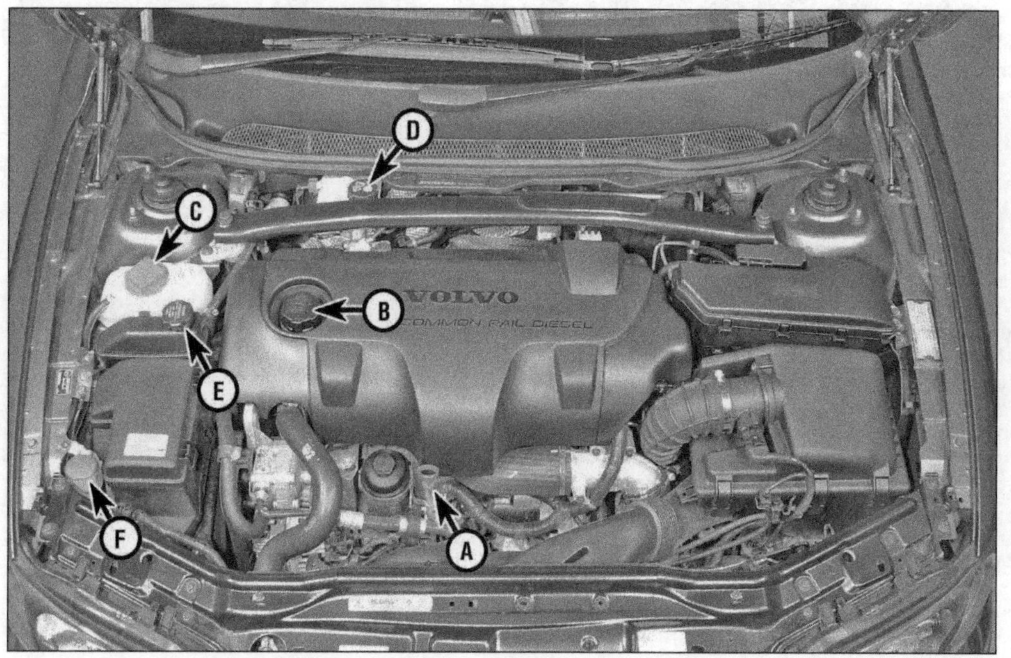

◀ **2,4 liters dieselmotor**

A *Mätsticka för motorolja*
B *Påfyllningslock för motorolja*
C *Kylsystemets expansionskärl*
D *Bromsoljebehållare*
E *Behållare för servostyrningsvätska*
F *Spolarvätskebehållare*

Motoroljenivå

Innan arbetet påbörjas

✔ Se till att bilen står på plan mark.

✔ Oljenivån måste kontrolleras innan bilen körs, eller åtminstone 5 minuter efter det att motorn stängts av.

Om oljenivån kontrolleras direkt efter att bilen körts, kommer en del av oljan att vara kvar i den övre delen av motorn. Detta ger felaktig avläsning på mätstickan.

Korrekt oljetyp

Moderna motorer ställer höga krav på oljans kvalitet. Det är mycket viktigt att man använder en lämplig olja till sin bil (se *Smörjmedel och vätskor*).

Bilvård

● Om oljan behöver fyllas på ofta bör bilen kontrollers med avseende på oljeläckor. Lägg ett rent papper under motorn över natten och se om det finns fläckar på det på morgonen. Om inga läckage upptäcks kanske motorn bränner olja eller så förekommer läckaget endast när motorn är igång.

● Oljenivån ska alltid vara mellan den övre och den nedre markeringen på oljestickan. Om oljenivån är för låg kan motorn ta allvarlig skada. Oljetätningarna kan gå sönder om man fyller på för mycket olja.

1 Mätstickans överdel är färgad så att den ska gå lätt att hitta (exakt placering visas i *Kontrollpunkter under motorhuven*). Dra upp oljemätstickan.

2 Torka av oljan från mätstickan med en ren trasa eller en bit papper. Stick in den rena mätstickan i röret och dra ut den igen.

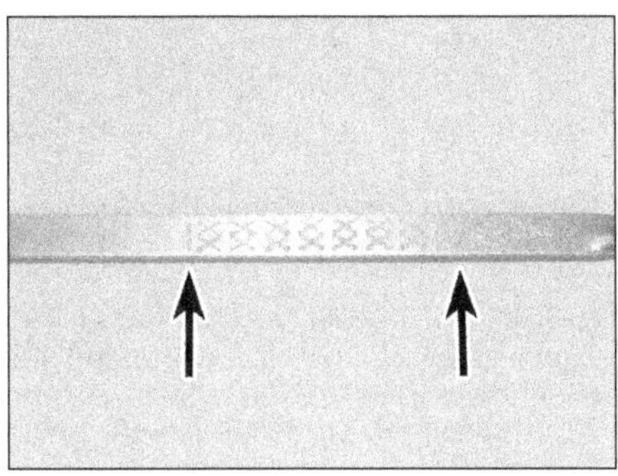

3 Observera oljenivån på mätstickans ände, som ska vara mellan det övre märket "MAX" och det nedre "MIN". Det skiljer ungefär 1,2 liter olja mellan minimi- och maximinivån.

4 Oljan fylls på genom påfyllningsröret. Skruva av locket och fyll på olja; med en tratt minimeras oljespillet. Häll i oljan långsamt och kontrollera på mätstickan så att behållaren fylls med rätt mängd. Fyll inte på för mycket (se *Bilvård*).

Kylvätskenivå

Varning: Skruva aldrig av expansionskärlets lock när motorn är varm på grund av risken för brännskador. Låt inte behållare med kylvätska stå öppna eftersom vätskan är giftig.

Bilvård

● I ett slutet kylsystem ska det aldrig vara nödvändigt att fylla på kylvätska regelbundet. Om kylvätskan behöver fyllas på ofta har bilen troligen en läcka i kylsystemet. Kontrollera kylaren, alla slangar och fogytor efter stänk och våta märken och åtgärda eventuella problem.

● Det är viktigt att frostskyddsvätska används i kylsystemet hela året, inte bara under vintermånaderna. Fyll inte på med enbart vatten, då sänks koncentrationen av frostskyddsvätska.

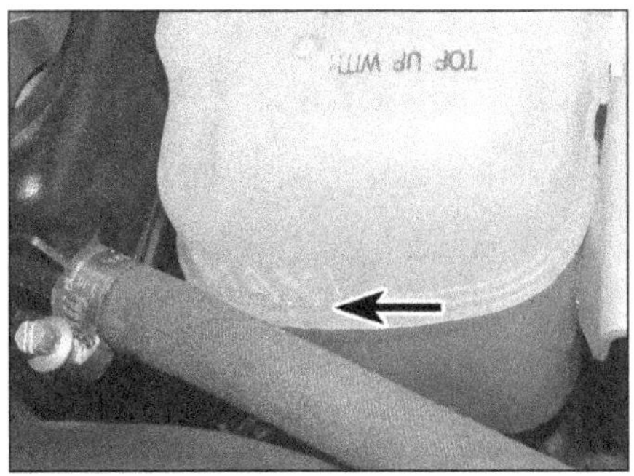

1 Kylvätskebehållaren är placerad på höger innerflygel. Kylvätskenivån är synlig genom behållaren. Kylvätskenivån varierar med motorns temperatur. När motorn är kall bör nivån ligga mellan MAX- och MIN-markeringen. När motorn är kall kan kylvätskenivån ligga något över MAX-markeringen.

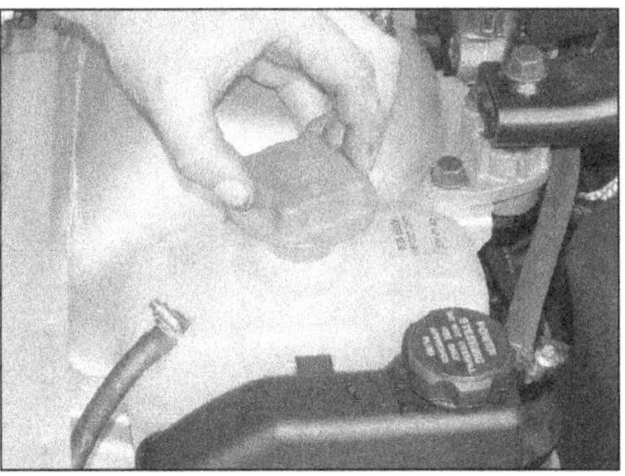

2 Vänta med att fylla på kylvätska tills motorn är kall. Skruva försiktigt loss locket till expansionskärlet för att släppa ut övertrycket ur kylsystemet, och ta sedan bort det.

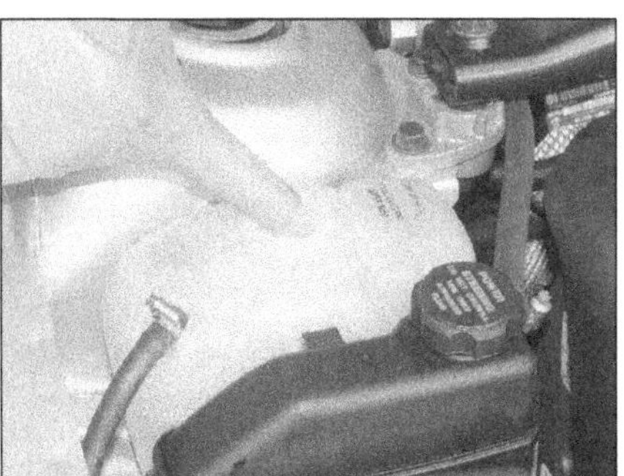

3 Häll en blandning av vatten och frostskyddsvätska i expansionskärlet tills kylvätskan når rätt nivå. Sätt tillbaka locket och dra åt ordentligt.

Broms- och kopplingsoljenivå

Varning: Bromsolja är farligt för ögonen och löser upp bilens lack, så var ytterst försiktig vid all hantering av bromsolja. Använd inte olja ur kärl som har stått öppna en längre tid. Bromsolja drar åt sig fuktighet från luften vilket kan försämra bromsegenskaperna avsevärt.

Innan arbetet påbörjas

✔ Se till att bilen står på plan mark.

Oljenivån i behållaren kommer att sjunka något allt eftersom bromsklossarna slits, men nivån får aldrig hamna under MIN-markeringen.

Säkerheten främst!

- Om behållaren behöver fyllas på ofta är detta ett tecken på en läcka någonstans i systemet, vilket måste undersökas omedelbart.
- Misstänker man att systemet läcker får bilen inte köras förrän bromssystemet har kontrollerats. Ta aldrig några risker med bromsarna.

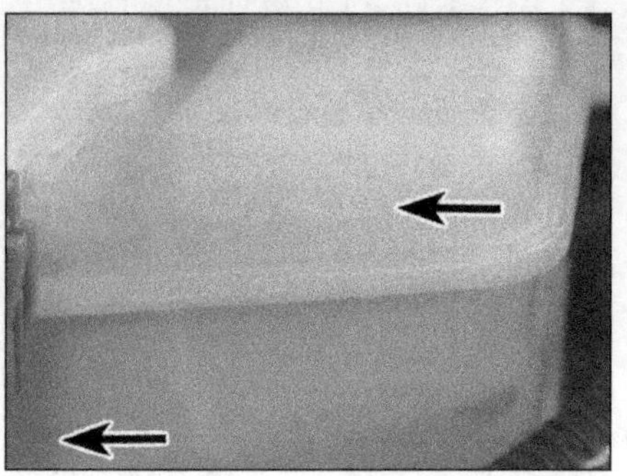

1 MAX- och MIN-markeringarna sitter på behållaren. Vätskenivån måste alltid hållas mellan dessa två markeringar.

2 Om bromsoljan behöver fyllas på ska området runt påfyllningslocket först rengöras för att förhindra att smuts kommer in i hydraulsystemet. Skruva loss behållarlocket och lyft den försiktigt av. Undersök behållaren. Om oljan är smutsig ska hydraulsystemet dräneras och fyllas på igen (se kapitel 1A eller 1B).

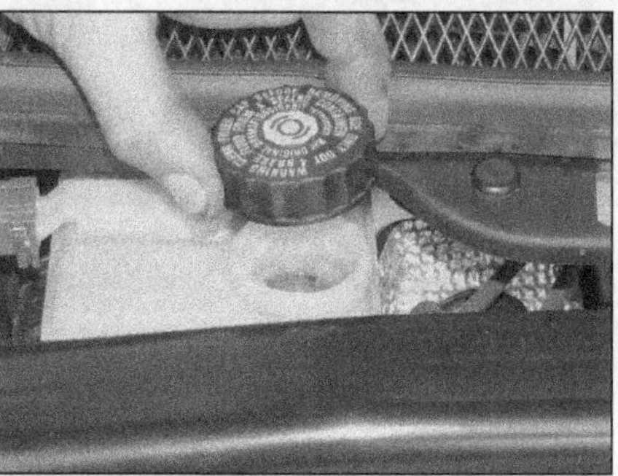

3 Fyll på vätska försiktigt. Var noga med att inte spilla på de omgivande komponenterna. Använd bara bromsolja av angiven typ; om olika typer blandas kan systemet skadas. Skruva på locket ordentligt när vätskan är påfylld och torka bort eventuellt spill. Återanslut oljenivågivarens kontaktdon.

Servostyrningsvätskans nivå

Innan arbetet påbörjas

✔ Se till att bilen står på plan mark.
✔ Vrid ratten så att hjulen pekar rakt framåt.
✔ Motorn ska vara avstängd.

För att kontrollen ska bli exakt får ratten inte vridas efter det att motorn har stängts av.

Säkerheten främst!

- Om servostyrningsoljan ofta behöver fyllas på betyder det att systemet läcker, vilket måste undersökas omedelbart.

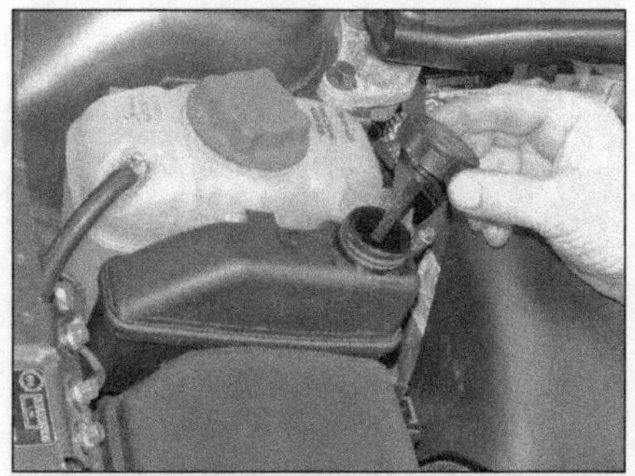

1 På tidiga modeller sitter behållaren på motorns högra, främre sida. På senare modeller sitter behållaren på den högra innerflygeln, framför kylsystemets expansionskärl. Rengör området runt behållarens påfyllningsrör och skruva loss påfyllningslocket/mätstickan från behållaren.

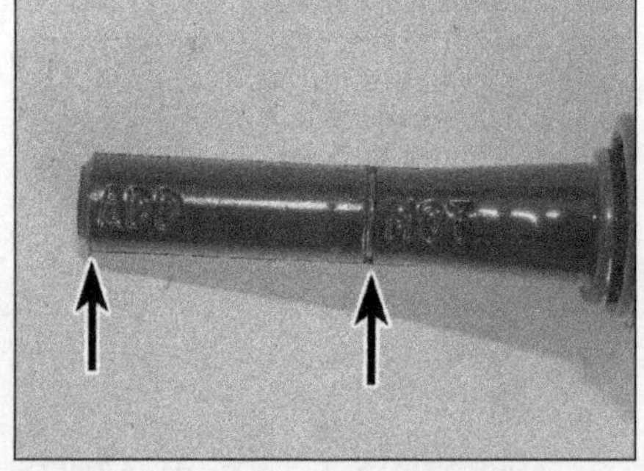

2 Doppa mätstickan i oljan genom att skruva tillbaka behållarens lock/mätstickan helt. När motorn är kall ska vätskenivån ligga mellan ADD- och COLD-markeringen; när den är varm ska nivån ligga mellan markeringarna ADD och HOT. Fyll på olja när oljenivån ligger vid ADD-markeringen.

3 Använd rätt sorts olja och fyll inte på behållaren för mycket. Dra åt locket ordentligt när rätt oljenivå uppnåtts.

Batteri

Varning: Innan något arbete utförs på batteriet, läs föreskrifterna i 'Säkerheten främst!' i början av denna handbok.

✔ Se till att batteriplåten är i gott skick och att batterihållaren sitter ordentligt. Rost på plåten, hållaren och batteriet kan avlägsnas med en lösning av vatten och bikarbonat. Skölj noggrant alla rengjorda delar med vatten. Alla rostskadade metalldelar ska först målas med en zinkbaserad grundfärg och därefter lackeras.

✔ Kontrollera regelbundet (ungefär var tredje månad) batteriets laddningstillstånd enligt kapitel 5A.

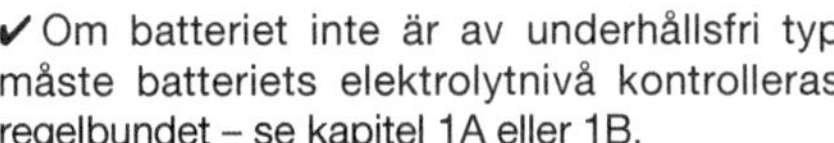

✔ Om batteriet inte är av underhållsfri typ måste batteriets elektrolytnivå kontrolleras regelbundet – se kapitel 1A eller 1B.

✔ Om batteriet är tomt och du måste använda startkablar för att starta bilen, se *Reparationer vid vägkanten*.

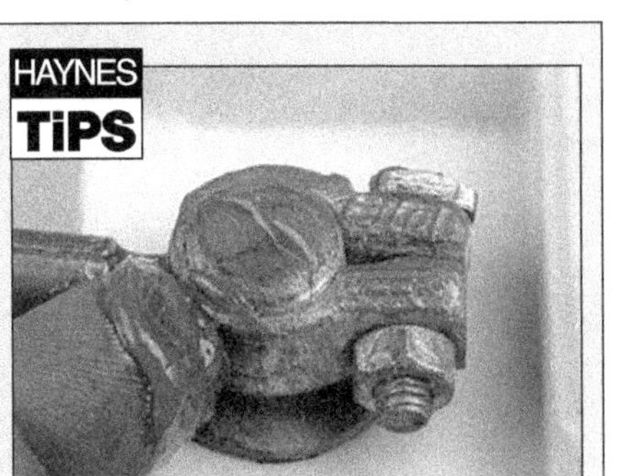

Korrosion på batteriet kan minimeras genom att man stryker lite vaselin på batteriklämmorna och polerna när man dragit åt dem.

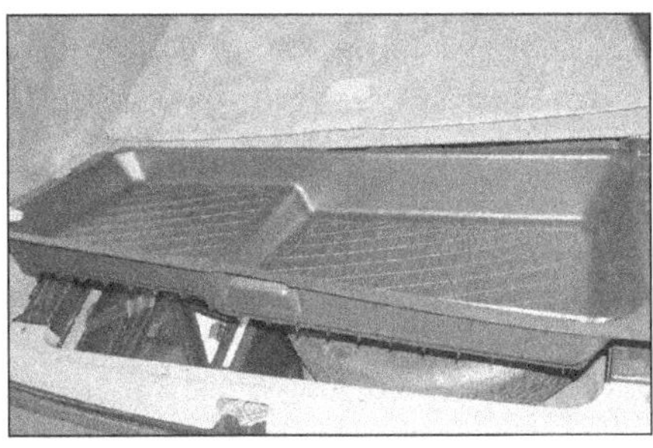

1 Batteriet är placerat under golvet i bagageutrymmet. Fram till årsmodell 2004 har bilen ett stort lock över batteriet, men från och med årsmodell 2004 har batteriets pluspol ett litet lock. Lyft upp golvskyddet och ta bort verktygslådan (om en sådan finns). . .

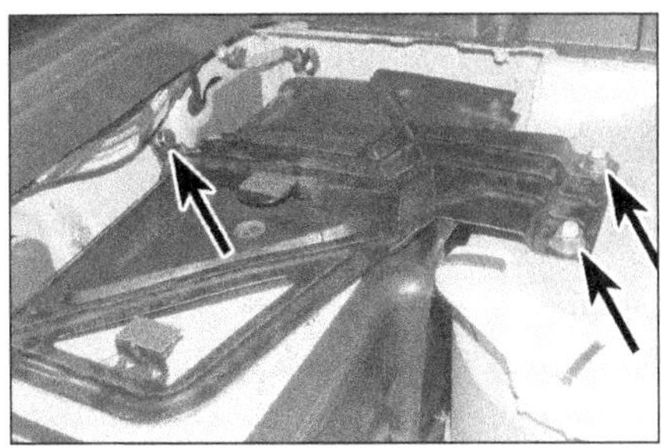

2 . . . skruva loss muttrarna/bultarna (se pil) och ta bort batteriets fästbygel och plastkåpan. Batteriets utsida bör kontrolleras regelbundet efter skador, som sprickor i höljet eller kåpan.

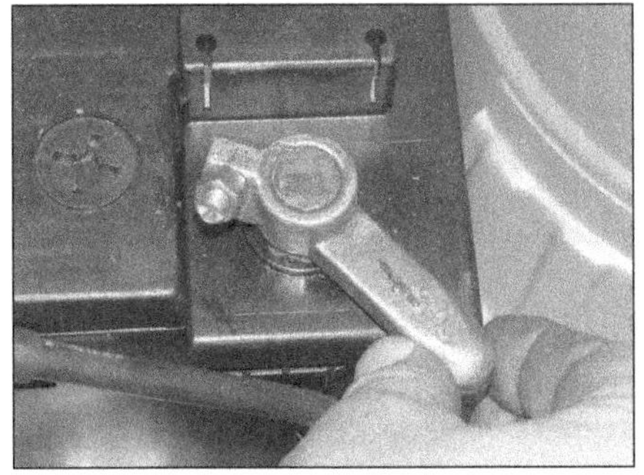

3 Kontrollera att batteriklämmorna sitter ordentligt så att de elektriska anslutningarna fungerar. Det ska inte gå att rubba dem. Kontrollera också varje kabel efter sprickor eller fransade ledare.

4 Om synlig korrosion finns (vita porösa avlagringar), ta bort kablarna från batteripolerna och rengör dem med en liten stålborste. Sätt sedan tillbaka dem. Hos en biltillbehörsåterförsäljare kan man köpa ett särskilt verktyg för rengöring av batteripoler . . .

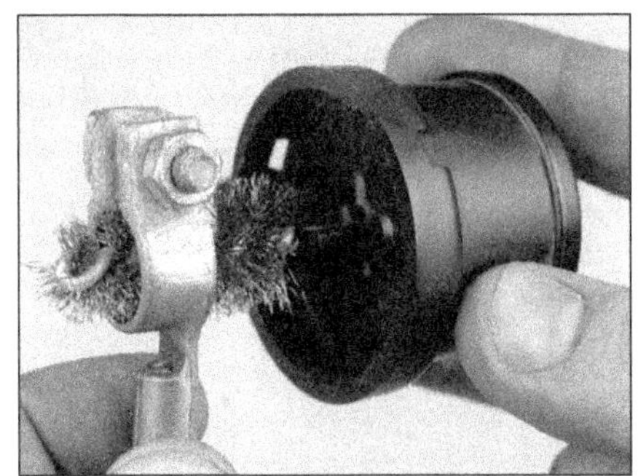

5 . . . och batteriets kabelklämmor

Spolarvätskenivå

- På modeller med strålkastarspolare, används spolarvätskan även till att rengöra strålkastarna.
- Spolarvätska rengör inte bara rutan utan fungerar även som frostskydd så att spolarsystemet inte fryser under vintern, då det behövs som mest. Fyll inte på med enbart vatten eftersom spolarvätskan då späds ut och kan frysa.

Varning: Använd aldrig frostskyddsvätska för kylsystemet i spolarsystemet – det kan skada lacken.

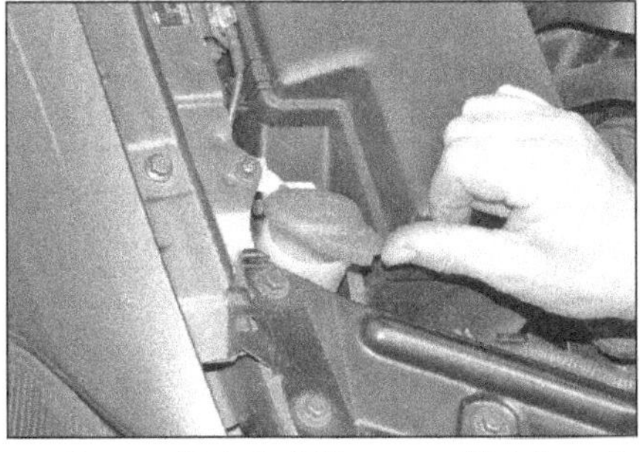

1 Spolarvätskebehållarens påfyllningsrör är placerat i motorrummets främre högra del (själva behållaren är placerad under bilen).

2 Lossa locket och kontrollera nivån i behållaren genom att titta ner i påfyllningsröret. När behållaren fylls på bör spolarvätskekoncentrat tillsättas enligt rekommendationerna på flaskan.

Däckens skick och lufttryck

Det är mycket viktigt att däcken är i bra skick och har korrekt lufttryck - däckhaverier är farliga i alla hastigheter.

Däckslitage påverkas av körstil - hårda inbromsningar och accelerationer eller snabb kurvtagning, samverkar till högt slitage. Generellt sett slits framdäcken ut snabbare än bakdäcken. Axelvis byte mellan fram och bak kan jämna ut slitaget, men om detta är för effektivt kan du komma att behöva byta alla fyra däcken samtidigt.

Ta bort spikar och stenar som bäddats in i mönstret innan dessa går igenom och orsakar punktering. Om borttagandet av en spik avslöjar en punktering, stick tillbaka spiken i hålet som markering, byt omedelbart hjul och låt reparera däcket (eller köp ett nytt).

Kontrollera regelbundet att däcken är fria från sprickor och blåsor, speciellt i sidoväggarna. Ta av hjulen med regelbundna mellanrum och rensa bort all smuts och lera från inte och yttre ytor. Kontrollera att inte fälgarna visar spår av rost, korrosion eller andra skador. Lättmetallfälgar skadas lätt av kontakt med trottoarkanter vid parkering, stålfälgar kan bucklas. En ny fälg är ofta det enda sättet att korrigera allvarliga skador.

Nya däck måste alltid balanseras vid monteringen, men det kan vara nödvändigt att balansera om dem i takt med slitage eller om balansvikterna på fälgkanten lossnar.

Obalanserade däck slits snabbare och de ökar även slitaget på fjädring och styrning. Obalans i hjulen märks normalt av vibrationer, speciellt vid vissa hastigheter, i regel kring 80 km/tim. Om dessa vibrationer bara känns i styrningen är det troligt att enbart framhjulen behöver balanseras. Om istället vibrationerna känns i hela bilen kan bakhjulen vara obalanserade. Hjulbalansering ska utföras av däckverkstad eller annan verkstad med lämplig utrustning.

1 *Mönsterdjup - visuell kontroll*
Originaldäcken har slitageklackar (B) som uppträder när mönsterdjupet slitits ned till ca 1,6 mm. Bandens lägen anges av trianglar på däcksidorna (A).

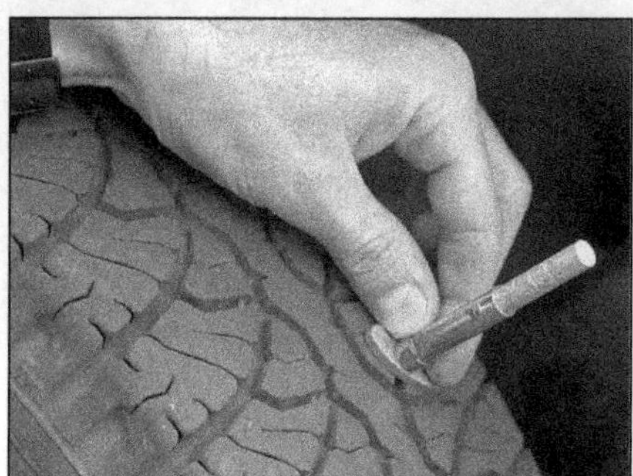

2 *Mönsterdjup - manuell kontroll*
Mönsterdjupet kan även avläsas med ett billigt verktyg kallat mönsterdjupsmätare.

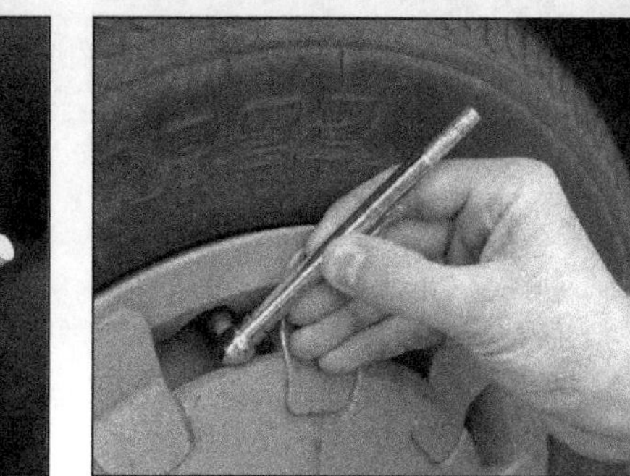

3 *Lufttryckskontroll*
Kontrollera regelbundet lufttrycket i däcken när dessa är kalla. Justera inte lufttrycket omedelbart efter det att bilen har körts, eftersom detta leder till felaktiga värden.

Däckslitage

Slitage på sidorna

Lågt däcktryck (slitage på båda sidorna)
Lågt däcktryck orsakar överhettning i däcket eftersom det ger efter för mycket, och slitbanan ligger inte rätt mot underlaget. Detta orsakar förlust av väggrepp och ökat slitage.
Kontrollera och justera däcktrycket
Felaktig cambervinkel (slitage på en sida)
Reparera eller byt ut fjädringsdetaljer
Hård kurvtagning
Sänk hastigheten!

Slitage i mitten

För högt däcktryck
För högt däcktryck orsakar snabbt slitage i mitten av däckmönstret, samt minskat väggrepp, stötigare gång och fara för skador i korden.
Kontrollera och justera däcktrycket

Om du ibland måste ändra däcktrycket till högre tryck specificerade för max lastvikt eller ihållande hög hastighet, glöm inte att minska trycket efteråt.

Ojämnt slitage

Framdäcken kan slitas ojämnt som följd av felaktig hjulinställning. De flesta bilåterförsäljare och verkstäder kan kontrollera och justera hjulinställningen för en rimlig summa.
Felaktig camber- eller castervinkel
Reparera eller byt ut fjädringsdetaljer
Defekt fjädring
Reparera eller byt ut fjädringsdetaljer
Obalanserade hjul
Balansera hjulen
Felaktig toe-inställning
Justera framhjulsinställningen
Notera: *Den fransiga ytan i mönstret, ett typiskt tecken på toe-förslitning, kontrolleras bäst genom att man känner med handen över däcket.*

Torkarblad

Observera: *Monteringen av torkarbladen varierar beroende på modell och beroende på om äkta Volvo-torkarblad används eller inte. Använd procedurerna och bilderna i boken som riktlinje.*

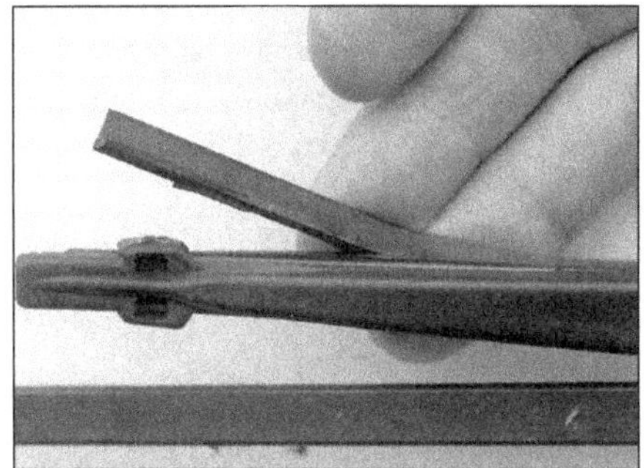

1 Kontrollera torkarbladens skick; om de är spruckna eller ser gamla ut, eller om rutan inte torkas ordentligt, ska de bytas ut. Torkarbladen ska bytas en gång om året.

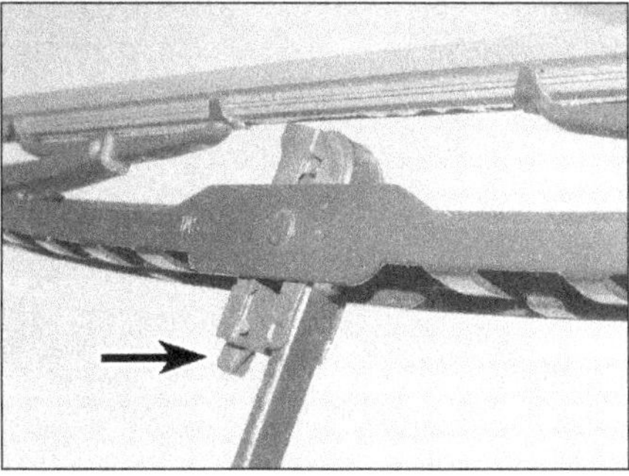

2 Bilen kan ha två olika typer av torkarblad. Första typen: böj ut torkararmen så långt från rutan det går innan den spärras. Vrid bladet 90°. Tryck ner låsfliken (markerad med pil) med fingrarna och dra ut bladet från armens krokiga ände. På den andra typen drar du först armen helt bort från glaset tills den spärras. Tryck sedan ihop fästklämmorna, dra loss dem från bladet och skjut slutligen bort bladet från armen.

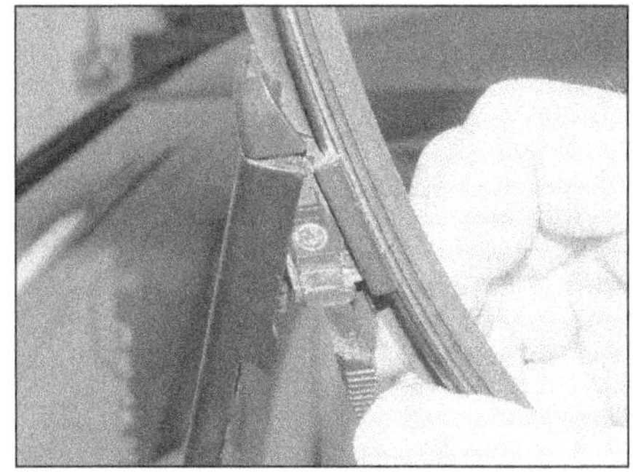

3 Glöm inte att också kontrollera strålkastarnas torkarblad. Ta bort bladet genom att lyfta armen och helt enkelt dra ut bladet ur fästet. Montera bladet genom att trycka tillbaka det ordentligt.

Glödlampor och säkringar

✔Kontrollera alla yttre lampor samt signalhornet. Se aktuella avsnitt i kapitel 12 för närmare information om någon av kretsarna inte fungerar.

✔Se över alla tillgängliga kontaktdon, kablar och kabelklämmor så att de sitter ordentligt och inte är klämda eller skadade.

Om bromsljus och körriktningsvisare behöver kontrolleras när ingen medhjälpare finns till hands, backa upp mot en vägg eller garageport och sätt på ljusen. Ljuset som reflekteras visar om de fungerar eller inte.

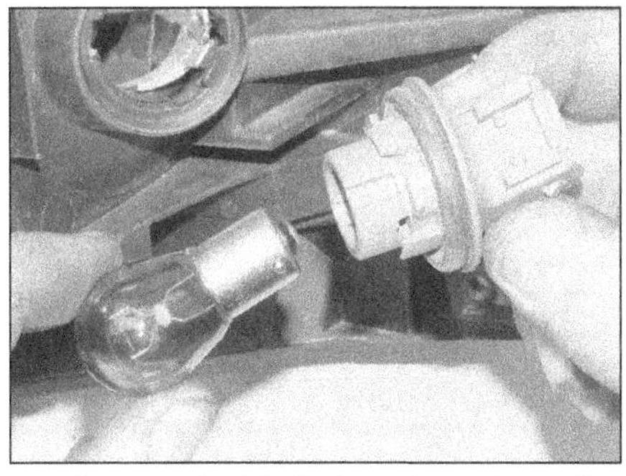

1 Om enstaka körriktningsvisare, bromsljus eller strålkastare inte fungerar beror det troligen på en trasig glödlampa som behöver bytas ut. Se kapitel 12 för mer information. Om båda bromsljusen är sönder är det möjligt att bromsljusbrytaren är defekt (se kapitel 9).

2 Om mer än en blinkers eller strålkastare inte fungerar har troligen en säkring gått eller ett fel uppstått i kretsen (se kapitel 12). Säkringarna är placerade i säkringsdosan som sitter placerad i motorrummet på passagerarsidan. Det finns ytterligare säkringar i en säkringsdosa under ett plastskydd i instrumentbrädans ände, och i bagageutrymmet bakom sidoklädselpanelen till vänster.

3 Byt säkring genom att använda plastpincetten för att dra ut den säkring som behöver bytas. Montera en ny säkring med samma kapacitet (se kapitel 12). Om säkringen går sönder igen måste orsaken till detta fastställas. I kapitel 12 beskrivs en fullständig kontroll.

Smörjmedel och vätskor

Motor	De flesta modeller har en klisteretikett i motorrummet med information om motoroljan. Om det inte finns en etikett, använd multigrade motorolja, viskositet SAE 0W/30 till ACEA A5/B5
Kylsystem	Volvo kylvätske
Manuell växellåda	Volvos syntetiska växellådsolja (MTF 97309) 1161745*
Automatisk växellåda	Volvos syntetiska växellådsolja (JWS 3309) 1161540*
Bromssystem	Broms- och kopplingsolja till DOT 4+
Servostyrning	Volvos servostyrningsvätska (WSS M2C204-A) 1161529* (Dexron III kan användas för påfyllning)

* *Kontakta en Volvo-verkstad eller en specialist*

Däcktryck

Se etiketten med däcktrycksinformation på insidan av tanklocksluckan (bilar till och med årsmodell 2006), eller på stolpen i förardörrens öppning (bilar från årsmodell 2007). Angivna tryck gäller endast originaldäck; om andra däck monteras, kontrollera tillverkarens rekommendationer.

Kapitel 1 Del A:
Rutinunderhåll och service – bensinmodeller

Innehåll

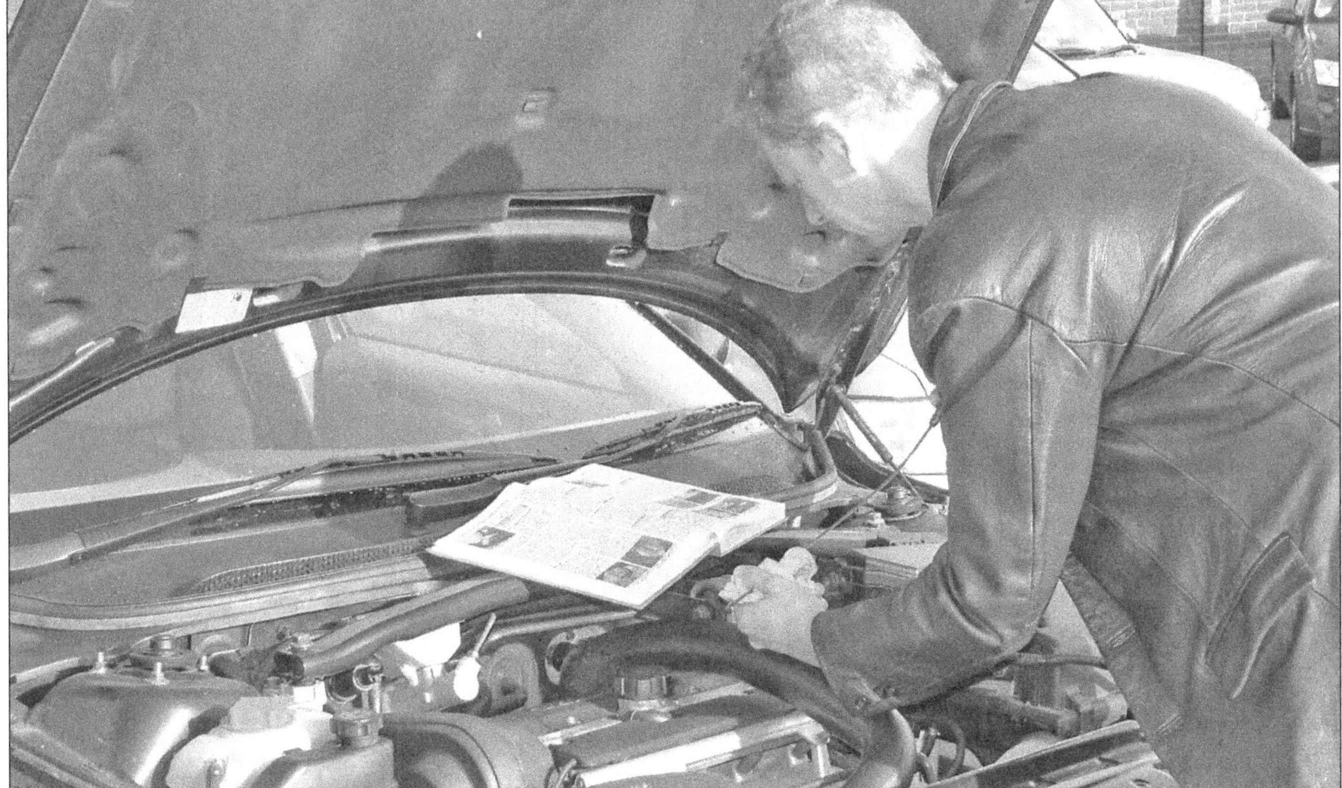

Svårighetsgrader

Enkelt, passer novisen med lite erfarenhet 	**Ganska enkelt,** passar nybörjaren med viss erfarenhet 	**Ganska svårt,** passer kompetent hemmamekaniker	**Svårt,** passer hemmamekaniker med erfarenhet 	**Mycket svårt,** för professionell mekaniker 

Smörjmedel och vätskor

Se slutet av *Veckokontroller* på sidan 0•16

Volymer

Motorolja

Tömning och påfyllning inklusive filterbyte:

Motorer med oljenivågivare	5,5 liter
Motorer utan oljenivågivare	5,8 liter

Kylsystem

Med turbo	8,8 liter
Utan turbo	8,0 liter

Bränsletank

Alla modeller	70 liter (ungefär)

Kylsystem

Angiven frostskyddsblandning	50 % frostskyddsvätska/50 % vatten

Observera: Se kapitel 3 för ytterligare information.

Tändningssystem

Tändstift:	**Typ**	**Elektrodavstånd**
Turbomotorer	Bosch FR 7 DPP 10	0.7 mm
Motorer utan turbo	Bosch FGR 7 DQE 0	1.2 mm

Bromsar

Bromsklossbeläggens minimitjocklek	2,0 mm
Handbromsspakens spel efter justering	2 till 5 klick

Fjärrkontroll batteri

Typ	CR 2032 3V

Däck

Däcktryck	Se etiketten på insidan av tanklocksluckan/förardörrens dörrstolpe

Åtdragningsmoment

	Nm
Automatväxellådans oljedränerings-/påfyllningspluggar	35
Automatväxellådans nivåplugg (endast 6-växlad)	8
Drivremsspännare	20
Motoroljedräneringsplugg	35
Tändspole	10
Oljefilterkåpa	25
Hjulbultar	140
Tändstift	30

Underhållsintervallen i denna handbok förutsätter att arbetet utförs av en hemmamekaniker och inte av en verkstad. Dessa är genomsnittliga underhållsintervall som rekommenderas av tillverkaren för bilar som körs dagligen under normala förhållanden. Räkna med att intervallen varierar något beroende på i vilken miljö bilen används och vilka påfrestningar den utsätts för. Om bilen konstant ska hållas i toppskick bör vissa moment utföras oftare. Vi rekommenderar regelbundet underhåll eftersom det höjer bilens effektivitet, prestanda och andrahandsvärde.

Medan bilen är ny skall underhållsservice utföras av auktoriserad verkstad så att garantin ej förverkas. Biltillverkaren kan avslå garantianspråk om du inte kan bevisa att service har utförts på det sätt och vid de tidpunkter som har angivits, och då endast med originalutrustning eller delar som har godkänts som likvärdiga.

Om bilen körs på dammiga vägar, används till bärgning, körs mycket i kösituationer eller korta körsträckor, ska intervallerna kortas av.

Var 400:e km eller en gång i veckan

- ☐ Se Veckokontroller.

Var 15 000:e km eller var 12:e månad, det som inträffar först

- ☐ Byt motoroljan och filtret (avsnitt 3)

Observera: *Även om Volvo rekommenderar att motoroljan och filtret ska bytas var 30 000:e km eller var tolfte månad, är det bra för motorn om man utför täta olje- och filterbyten. Vi rekommenderar därför att du byter oljan med det intervall som anges här.*

Var 30 000:e km eller var 12:e månad, det som inträffar först

- ☐ Kontrollera bromsklossarnas skick (avsnitt 4).
- ☐ Undersök motorrummet noga efter oljeläckage (avsnitt 5).
- ☐ Kontrollera styrningens och fjädringens komponenter med avseende på skick och säkerhet (avsnitt 6).
- ☐ Kontrollera drivaxeldamaskernas skick (avsnitt 7)
- ☐ Undersök komponenterna till kopplingens hydraulsystem (avsnitt 8).
- ☐ Byt pollenfiltret (avsnitt 9).
- ☐ Kontrollera batteriets elektrolytnivå (avsnitt 10).
- ☐ Undersök underredet, bromsarnas hydraulrör och slangar samt bränsleledningarna (avsnitt 11).
- ☐ Kontrollera avgassystemet med avseende på skick och säkerhet (avsnitt 12)
- ☐ Kontrollera handbromsinställningen (avsnitt 13).
- ☐ Kontrollera skicket på säkerhetsbältena (avsnitt 14).
- ☐ Smörj låsen och gångjärnen (avsnitt 15).
- ☐ Kontrollera strålkastarinställningen (avsnitt 16).
- ☐ Kontrolera frostskyddsblandning (avsnitt 17).
- ☐ Återställ servicemätaren (avsnitt 18).
- ☐ Landsvägsprov (avsnitt 19).
- ☐ Kontrollera luftkonditioneringssystemets funktion (avsnitt 20).
- ☐ Byt fjärrkontrollens batteri (avsnitt 21).

Var 60 000:e km eller vart 2:e år, beroende på vad som kommer först

Förutom de åtgärder som räknas upp ovan ska följande vidtas:

- ☐ Byt ut luftfiltret (avsnitt 22)
- ☐ Byt ut tändstiften (avsnitt 23).
- ☐ Kontrollera växellådsoljans nivå – automatväxellåda (avsnitt 24)

Var 180 000:e km eller vart 6:e år, beroende på vad som kommer först

Förutom de åtgärder som räknas upp ovan ska följande vidtas:

- ☐ Byt ut bränslefiltret (avsnitt 25)
- ☐ Kontrollera och rengör vevhusventilationssystem – endast turbomotorer (avsnitt 26).

Var 180 000:e km eller vart 10:e år, beroende på vad som kommer först

Förutom de åtgärder som räknas upp ovan ska följande vidtas:

- ☐ Byt kamrem och spännrulle (avsnitt 27).

Observera: *Vi rekommenderar att detta intervall förkortas på bilar som används intensivt, dvs. framförallt för kortare resor eller täta start och stopp. Det faktiska bytesintervallet för remmen är därför upp till den enskilde ägaren, men tänk på att allvarliga motorskador blir följden om remmen går sönder.*

- ☐ Byt ut drivremmen (avsnitt 28).

Vartannat år, oberoende av körsträcka

- ☐ Byt bromsoljan (avsnitt 29)

Vart 3:e år, oberoende av körsträcka

- ☐ Byt ut kylvätskan (avsnitt 30)

Observera: *Detta arbete ingår inte i Volvos schema, och ska inte behövas om man använder det frostskyddsmedel som Volvo rekommenderar.*

Översikt över motorrummet på en bil med 2,0-liters bensinmotor (övriga ser ut på liknande sätt)

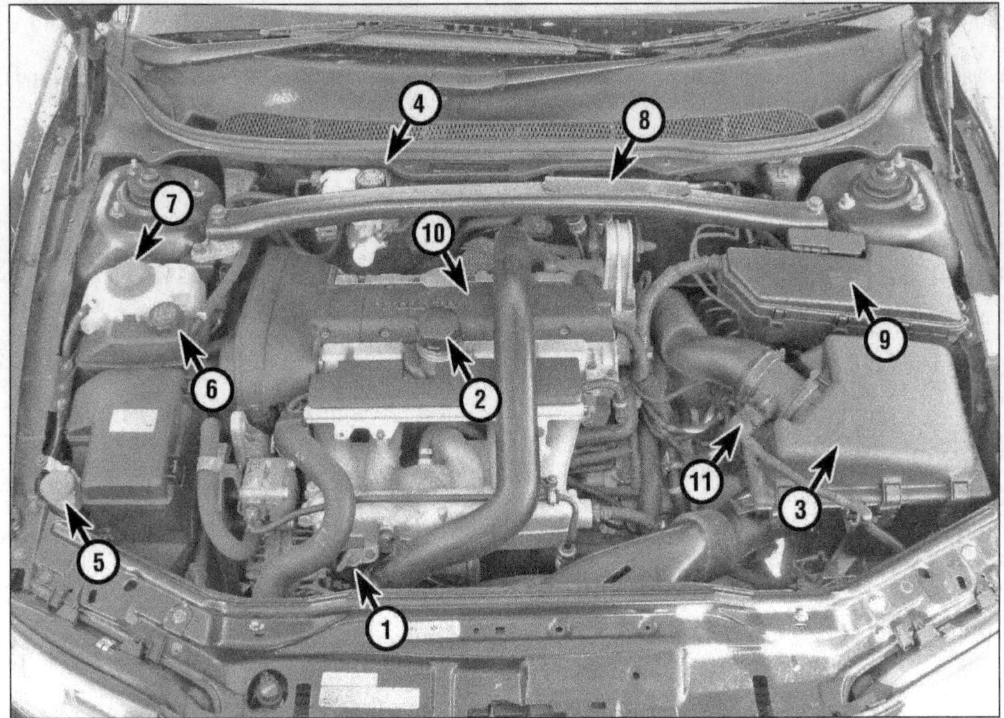

1 Mätsticka för motorolja
2 Oljepåfyllningslock
3 Luftfilterkåpa
4 Broms- och kopplingsoljebehållare
5 Spolarbehållarens påfyllningslock
6 Behållare för servostyrningsvätska
7 Kylsystemets expansionskärl
8 Motorns tvärbalk
9 Säkrings-/relädosa
10 Tändstiftens/tändspolarnas kåpa
11 Luftflödesgivare

Översikt över det främre underredet

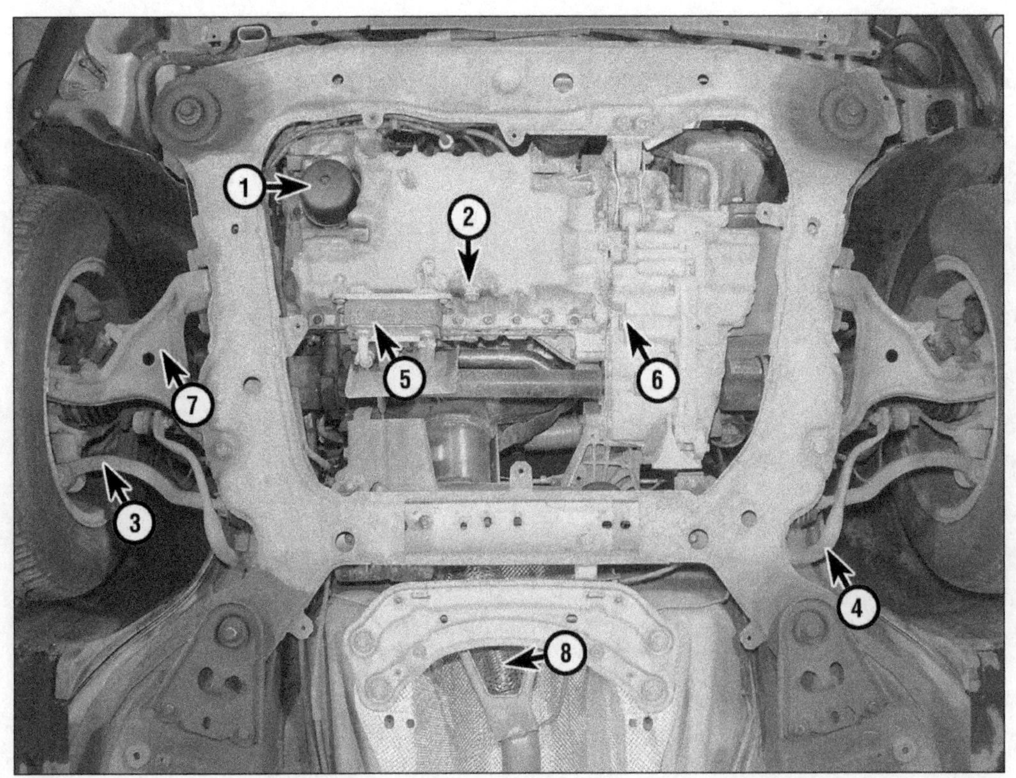

1 Oljefilter
2 Motoroljesumpens avtappningsplugg
3 Styrstag
4 Krängningshämmare
5 Motoroljekylare
6 Automatväxellådans dräneringsplugg
7 Nedre styrarm
8 Avgasrörets flexibla del

Bakre underrede

1 Bränslefilter
2 Fjädringens styrstag
3 Hängarm
4 Spiralfjäder
5 Handbromsvajer
6 Bränsletank
7 Nedre styrarm
8 Bakre ljuddämpare

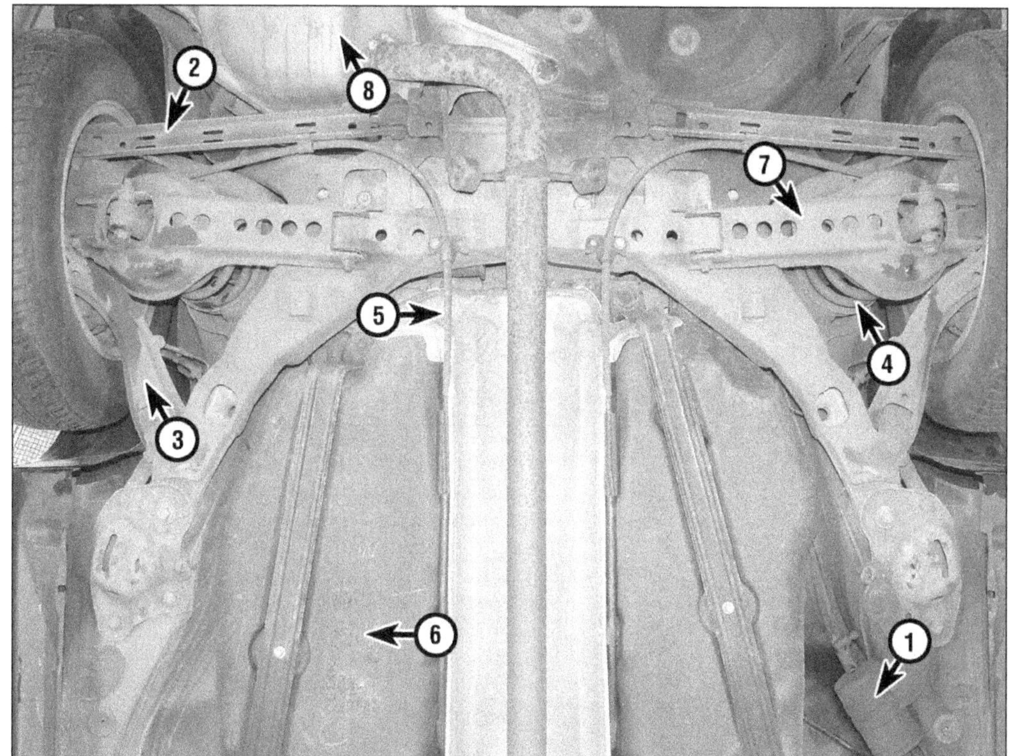

Underhållsprocedurer

1 Inledning

Detta kapitel är till för att hjälpa hemmamekanikern att underhålla bilen för ökad säkerhet, ekonomi, livslängd och högsta prestanda.

Kapitlet innehåller ett underhållsschema som följs av avsnitt som i detalj behandlar åtgärderna i schemat. Bland annat behandlas användbara saker som kontroller, justeringar och byte av delar.. På de tillhörande bilderna av motorrummet och bottenplattan visas de olika delarnas placering.

Underhåll av bilen enligt schemat för tid/körsträcka och de följande avsnitten bör resultera i att bilen håller länge och uppträder pålitligt. Planen är heltäckande så om man väljer att bara underhålla vissa delar, men inte andra, vid angivna tidpunkter går det inte att garantera samma goda resultat.

Under arbetet med bilen kommer det att visa sig att många arbeten kan - och bör - utföras samtidigt, antingen på grund av den typ av åtgärd som ska utföras eller helt enkelt för att två separata delar råkar vara placerade nära varandra. Om bilen lyfts av någon orsak bör till exempel kontroll av avgassystemet utföras samtidigt som styrning och fjädring kontrolleras.

Första steget i detta underhållsprogram är att vidta förberedelser innan arbetet påbörjas. Läs igenom relevanta avsnitt, gör sedan upp en lista på vad som behövs och skaffa verktyg och delar. Om problem dyker upp, rådfråga en specialist på reservdelar eller vänd dig till återförsäljarens serviceavdelning.

Servicedisplay

Alla modeller är utrustade med en servicedisplay-indikator på instrumentbrädan. När en förutbestämd sträcka, tidsperiod eller ett förutbestämt antal timmar med motorn igång har förlupit sedan displayen senast återställdes kommer serviceindikatorn att tändas som påminnelse om när det är dags för nästa service.

Displayen behöver inte följas rigoröst för att avgöra när bilen behöver service, men den är bra som påminnelse så att den regelbundna servicen inte glöms bort av misstag. Äldre bilar eller bilar som inte körs så långt årligen kan behöva service oftare. I sådana fall är servicedisplayen mindre relevant.

2 Rutinunderhåll

1 Om underhållsschemat följs noga från det att bilen är ny och om vätske- och oljenivåerna och de delar som är utsatta för stort slitage kontrolleras enligt denna handboks rekommendationer, kommer motorn att hållas i bra skick och behovet av extra arbete minimeras.

2 Ibland går motorn dåligt på grund av bristande underhåll. Risken för detta ökar om bilen är begagnad och inte fått tät och regelbunden service. I sådana fall kan extra arbeten behöva utföras, utöver det normala underhållet.

3 Om motorn misstänks vara sliten ger ett kompressionsprov (se kapitel 2A) värdefull information om de inre huvudkomponenternas skick. Ett kompressionsprov kan användas för att avgöra omfattningen på det kommande arbetet. Om provet avslöjar allvarligt inre slitage är det slöseri med tid och pengar att utföra underhåll på det sätt som beskrivs i detta kapitel, om inte motorn först renoveras (kapitel 2C).

4 Följande åtgärder är de som oftast behöver vidtas för att förbättra prestanda hos en motor som går dåligt:

I första hand

a) Rengör, undersök och kontrollera batteriet (se Veckokontroller och avsnitt 10).
b) Kontrollera alla motorrelaterade oljor och vätskor (se Veckokontroller).
c) Byt ut drivremmen (avsnitt 28).
d) Byt ut tändstiften (se avsnitt 23).
e) Kontrollera luftrenarens filterelement och byt ut det om det behövs (avsnitt 22).
f) Byt bränslefiltret (avsnitt 25).
g) Kontrollera skick på samtliga slangar och leta efter läckor (avsnitt 5).

Sekundära åtgärder

5 Om ovanstående åtgärder inte ger fullständiga resultat, gör följande:
Alla åtgärder som anges under *I första hand*, samt följande:
a) Kontrollera laddningssystemet (kapitel 5A).
b) Kontrollera tändningssystemet (kapitel 5B).
c) Kontrollera bränslesystemet (kapitel 4A).

Var 15 000:e km eller var 12:e månad

3 Motorolja och filter – byte

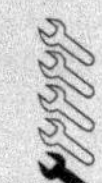

HAYNES TiPS **Täta oljebyten är den bästa förebyggande åtgärden som hemmamekanikern kan göra för motorn. Gammal olja blir förorenad och utspädd vilket leder till förtida motorslitage.**

1 Se till att alla nödvändiga verktyg finns tillgängliga innan arbetet påbörjas. Se även till att ha gott om trasor och tidningar till hands för att torka upp allt spill. Oljan ska helst bytas medan motorn fortfarande är uppvärmd till normal arbetstemperatur, just när den blivit körd; varm olja och varmt slam blir nämligen mer lättflytande. Se dock till att inte vidröra avgassystemet eller andra heta delar vid arbete under bilen. Använd handskar för att undvika skållning och för att skydda huden mot irritationer och skadliga föroreningar i begagnad motorolja.

2 Det går att komma åt bilens undersida om bilen kan lyftas, köras upp på en ramp eller ställas på pallbockar (se *Lyftning och stödpunkter*). Oavsett metod, se till att bilen står plant, eller om den lutar, att sumpens dräneringsplugg befinner sig nederst på motorn. Lossa skruvarna och ta bort motorns undre skyddskåpa för att komma att sumpen och filtret **(se bild)**.

3 Placera behållaren under dräneringspluggen och skruva loss pluggen **(se bild)**. Om det går,

HAYNES TiPS ***Dra snabbt bort dräneringspluggen när den släpper från gängorna, så att oljan hamnar i kärlet och inte i tröjärmen!***

försök pressa pluggen mot sumpen när den skruvas loss för hand de sista varven.

4 Låt oljan rinna ut i behållaren. Kontrollera skicket på pluggens tätningsbricka; byt ut om den är utsliten eller skadad.

5 Ge den gamla oljan tid att rinna ut. Observera att det kan bli nödvändigt att flytta behållaren när oljeflödet minskar; när all olja har runnit ut, torka av dräneringspluggen och dess gängor i sumpen. Sätt sedan tillbaka pluggen och dra åt den till angivet moment.

6 Oljefiltret sitter i sumpens nederdel på den främre högra sidan.

7 Ställ behållaren under oljefiltret. Lossa filtret med ett filterborttagningsverktyg, om det behövs, och skruva sedan bort filtret för hand; var beredd på oljespill **(se bild)**. Töm det gamla oljefiltret i behållaren och kasta det. Kasta filterkåpansa O-ringstätning, en ny måste.

8 Rengör motorblocket runt filterfästet med en ren, luddfri trasa.

9 Stryk på ett tunt lager ren motorolja på den nya O-ringstätningen och sätt dit den på

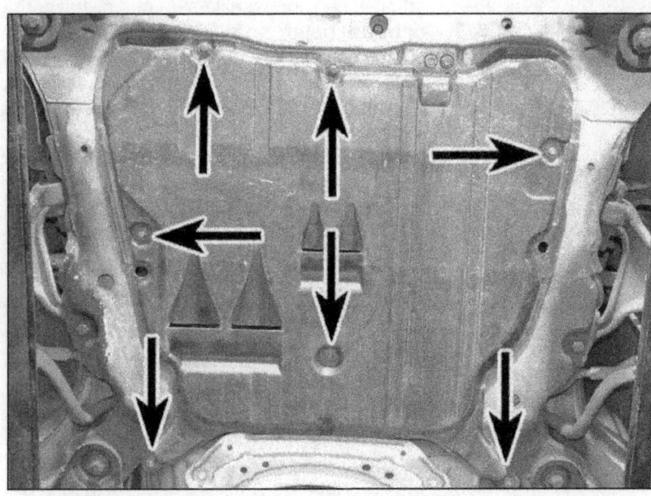

3.2 Skruva loss skruvarna (markerad med pilar) och ta bort motorns undre skyddskåpa

3.3 Skruva loss motorns oljedräneringsplugg (markerad med pil)

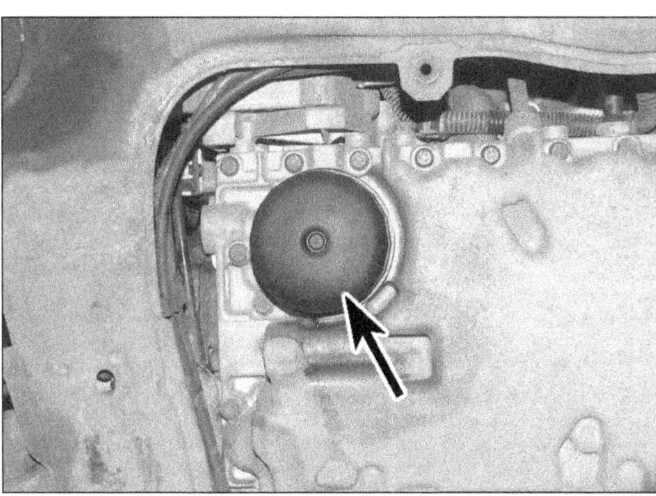

3.7 Lossa filterkåpan (markerad med pil) ett lämpligt filterborttagningsverktyg

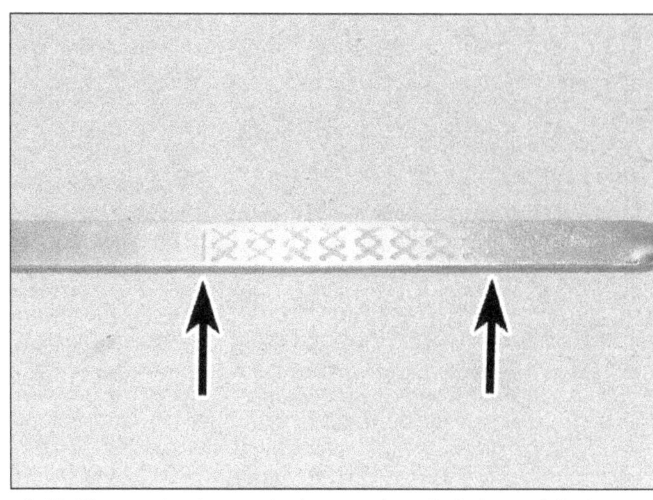

3.11 Max.- och min.-markeringarna (se pilar) sitter på änden av mätstickans skårade ände

filterkåpan. Sätt in filtret i kåpan, skruva sedan filterkåpan på plats på motorn och dra åt den till angivet moment.

10 Ta bort behållaren med gammal olja och verktygen under bilen. Sänk sedan ner bilen.

11 Ta bort mätstickan och oljepåfyllningslocket från motorn. Fyll motorn med rätt klass och typ av olja (se *Specifikationer*). Häll först i hälften av den angivna mängden olja. Vänta sedan några minuter så att oljan hinner rinna ner i sumpen. Fortsätt hälla i olja, lite i taget, tills nivån ligger någonstans vid mätstickans nedre nivåmarkering **(se bild)**. Om ytterligare ungefär 1,2 liter olja fylls på kommer nivån att höjas till stickans maximinivå.

12 Starta motorn. Det tar några sekunder innan varningslampan för oljetryck slocknar eftersom filtret måste hinna fyllas med olja; starta inte motorn medan lampan lyser. Kör motorn i några minuter och leta under tiden efter läckor runt oljefiltertätningen och dräneringspluggen. Montera tillbaka motorns undre skyddskåpa.

13 Stäng av motorn och vänta ett par minuter på att oljan ska rinna tillbaka till sumpen. Kontrollera oljenivån igen när den nya oljan har cirkulerat och filtret är fullt. Fyll på mer olja om det behövs.

14 Ta hand om den använda motoroljan på ett säkert sätt och i enlighet med gällande miljöförordningar (se *Allmänna reparationsanvisningar*).

Var 30 000:e km eller var 12:e månad

4 Bromsklosslitage – kontroll

1 Lyft upp framvagnen eller bakvagnen i tur och ordning och ställ den på pallbockar (se *Lyftning och stödpunkter*).

2 Ta bort hjulen för att komma åt bromsoken bättre.

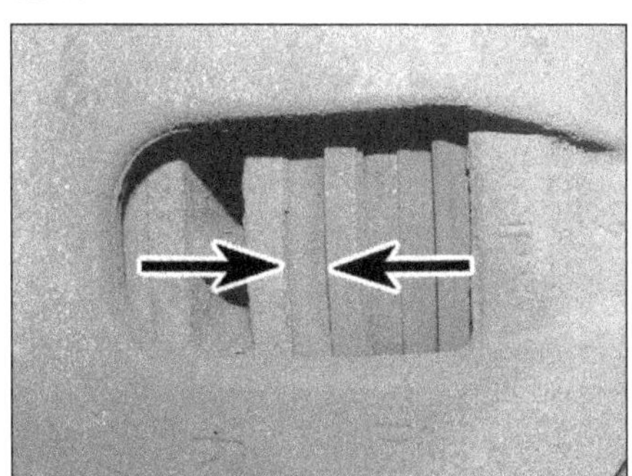

4.3 Kontrollera tjockleken på bromsklossarnas friktionsbelägg (markerad med pilar) via bromsokets inspektionsfönster

3 Titta genom inspektionsfönstret i bromsoket och kontrollera att friktionsbeläggens tjocklek på bromsklossarna inte understiger den rekommenderade minimitjocklek som anges i *Specifikationer* **(se bild)**. *Om någon av bromsklossarna är nedsliten till eller under minimitjockleken måste* alla fyra bromsklossarna bytas ut samtidigt (d.v.s. alla främre bromsklossar eller alla bakre bromsklossar).

4 Om en fullständig kontroll ska utföras bör bromsklossarna demonteras och rengöras. Bromsklossarnas funktion kan då kontrolleras och bromsskivorna kan undersökas noga. Se kapitel 9 för mer information.

5 Kontroll under motorhuven – slangar och läckage

Varning: Byte av luftkonditioneringens slangar måste överlåtas till återförsäljarens verkstad eller till en specialist på luftkonditionering med tillgång till utrustning för att tryckutjämna systemet på ett säkert sätt. Ta aldrig bort slangar eller komponenter från luftkonditioneringen innan systemet har tryckutjämnats.

Allmänt

1 Höga temperaturer i motorrummet kan leda till att slangar av gummi och plast åldras. Kontrollera alla sådana slangar regelbundet och leta efter sprickor, lösa klämmor, hårdnat material och läckor.

2 Kontrollera noggrant de stora övre och nedre kylarslangarna **(se bild)**, liksom kylsystemets andra mindre slangar och metallrör. glöm inte värmeslangarna/rören

5.2 Kontrollera att alla slangar sitter ordentligt och inte läcker

En läcka i kylsystemet syns normalt som vita eller frostskydsmedelfärgade avlagringar på området runt läckan

som går från motorn till mellanväggen **(se Haynes tips)**. Undersök varje slang i dess helhet och byt ut de slangar som är spruckna, som har svällt eller som visar tecken på att ha torkat. Eventuella sprickor syns bättre om slangen kläms ihop.

3 Se till att alla slanganslutningar sitter ordentligt. Om fjäderklämmorna som används för att fästa vissa av slangarna verkar sitta löst ska de bytas ut mot klämmor av skruvtyp för att förhindra att läckor uppstår.

4 Vissa av de övriga slangarna sitter fästa med klämmor av skruvtyp. Om klämmor av skruvtyp används ska dessa kontrolleras så att de inte har lossnat och läckage uppstått. Om inga klämmor används måste slangarna kontrolleras så att de inte har förstorats och/eller hårdnat där de sitter över anslutningarna och på så sätt gett upphov till läckor.

5 Kontrollera alla olje- och vätskebehållare, påfyllningslock, dräneringspluggar och fästen etc. Leta efter tecken på läckage av olja, hydraulvätska från växellådan eller bromsarna, kylvätska och servostyrningsvätska. Om bilen regelbundet parkeras på samma plats, visar en närmare kontroll av marken under bilen om det förekommer några läckor. bry dig inte om den vattenpöl som luftkonditioneringssystemet lämnar efter sig. Så snart en läcka har upptäckts måste orsaken spåras och åtgärdas. Om olja har fått läcka en tid krävs ofta en ångtvätt, högtryckstvätt eller liknande för att det ska gå att tvätta bort den samlade smutsen så att den exakta källan till läckan kan lokaliseras.

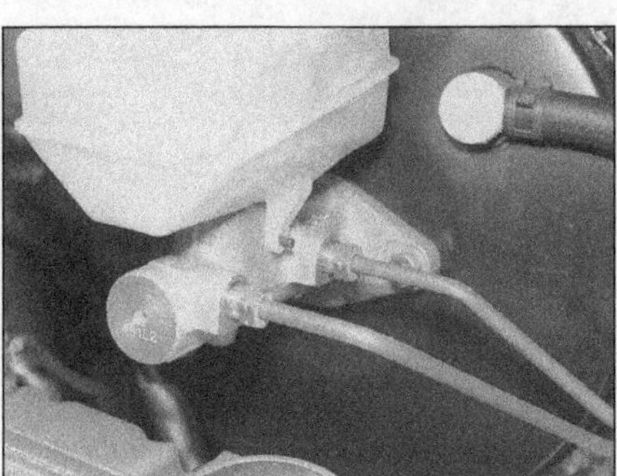

5.16 Kontrollera bromsrören av metall

Vakuumslangar

6 Vakuumslangar, särskilt i avgassystemet, är ofta märkta med nummer eller färgkoder, eller med färgade ränder. Olika system kräver slangar med olika väggtjocklek, hållbarhet och temperaturtålighet. När slangarna byts ut ska de alltid ersättas med nya slangar av samma typ och material.

7 Ofta måste en slang tas bort helt från bilen för att kunna kontrolleras effektivt. Om fler än en slang tas bort måste slangarna och fästena märkas så att återmonteringen blir korrekt.

8 Kom ihåg att också kontrollera alla T-anslutningar av plast när vakuumslangarna kontrolleras. Undersök fästena och leta efter sprickor och kontrollera slangarna där de sitter över fästena så att de inte är åldrade och kan börja läcka.

9 En bit vakuumslang kan användas som stetoskop för att avslöja vakuumläckage. Håll ena änden av slangen mot örat och sondera området runt vakuumslangarna och deras anslutningar. Lyssna efter det karaktäristiska väsande som hörs från vakuumläckage.

⚠ ***Varning: Var noga med att inte låta "stetoskopslangen" komma i kontakt med rörliga motorkomponenter som drivremmen, kylarfläkten etc.***

Bränsleslangar

⚠ ***Varning: Innan arbetet påbörjas, se föreskrifterna i Säkerheten främst! i början av denna handbok och följ dem till punkt och pricka. Bensin är en ytterst brandfarlig vätska och säkerhetsföreskrifterna för hantering kan inte nog betonas.***

10 Kontrollera alla bränsleslangar och leta efter tecken på åldrande och skavning. Leta extra noga efter sprickor på de ställen där slangarna böjs och precis framför fästen, som t.ex. där en slang sitter fast vid bränslefiltret.

11 Bränsleledningar av hög kvalitet, ofta med ordet Fluoroelastomer tryckt på slangen, ska användas om någon bränsleledning måste bytas ut. Använd aldrig under några som helst förhållanden oförstärkt vakuumslang, genomskinliga plaströr eller vattenslangar som bränsleledningar.

12 Klämmor av fjädertyp används ofta till bränsleledningar. Dessa klämmor förlorar ofta sin spänning med tiden och kan töjas ut vid demonteringen. Byt ut alla klämmor av fjädertyp mot klämmor av skruvtyp när en slang byts ut.

13 Kom ihåg att en misstänkt bränsleläcka är lättare att upptäcka när systemet är helt trycksatt, som när motorn är igång eller strax efter att motorn stängts av.

Metalledningar

14 Metallrör används ofta som bränsleledningar mellan bränslefiltret och motorn. Kontrollera noga att metallrören inte är böjda eller veckade, och att de inte börjat spricka.

15 Om en bränsleledning av metall måste bytas ut ska endast skarvlösa stålrör användas, eftersom koppar- och aluminiumrör inte är tillräckligt starka för att hålla för normala motorvibrationer.

16 Kontrollera bromsledningarna av metall efter sprickor i ledningarna eller lösa anslutningar på de ställen där de leder in i huvudcylindern och ABS-systemets hydraulenhet **(se bild)**. Alla tecken på bromsoljeläckage kräver omedelbar och noggrann kontroll av hela bromssystemet.

6 Styrning och fjädring – kontroll

Framfjädring och styrning

1 Dra åt handbromsen. Lyft upp framvagnen och ställ den på pallbockar (se *Lyftning och stödpunkter*).

2 Undersök spindelledernas dammskydd och styrinrättningens damasker. De får inte vara spruckna eller skavda och gummit får inte ha torkat **(se bild)**. Slitage på någon av dessa delar gör att smörjmedel läcker ut och att smuts och vatten kan tränga in, vilket snabbt sliter ut spindellederna eller styrinrättningen.

3 Kontrollera servostyrningens oljeslangar och leta efter tecken på skavning och åldrande och undersök rör- och slanganslutningar efter oljeläckage. Leta även efter läckor under tryck från styrinrättningens gummidamasker, vilket indikerar trasiga tätningar i styrinrättningen.

4 Leta efter tecken på oljeläckage runt fjäderbenets hus, eller från gummidamasken runt vevstaken (i förekommande fall). Om det finns spår av olja är stötdämparen defekt och ska bytas.

5 Ta tag i hjulet längst upp och längst ner och försök vicka på det **(se bild)**. Ett ytterst litet spel kan märkas, men om rörelsen är stor krävs en närmare undersökning för att fastställa

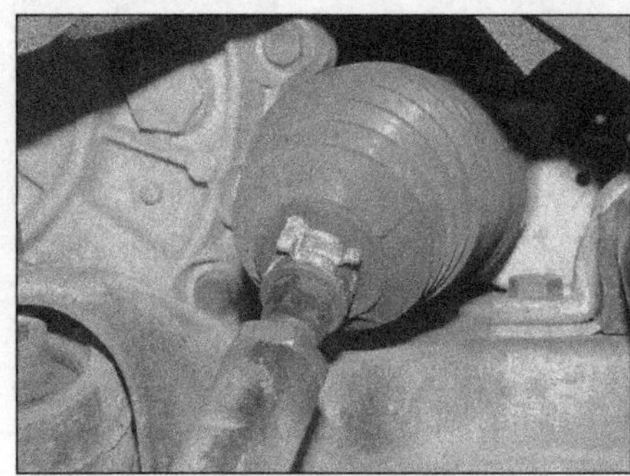

6.2 Kontrollera skicket på kuggstångens gummidamasker

orsaken. Fortsätt rucka på hjulet medan en medhjälpare trycker på bromspedalen. Om spelet försvinner eller minskar markant är det troligen fråga om ett defekt hjullager. Om spelet finns kvar när bromsen är nedtryckt rör det sig om slitage i fjädringens leder eller fästen.

6 Greppa sedan hjulet på sidorna och försök rucka på det igen. Märkbart spel beror antingen på slitage på hjullager eller styrstagets spindelleder. Om den yttre styrstagsänden är sliten är det synliga spelet tydligt. Om den inre drivknuten misstänks vara defekt, kan detta kännas genom att man lägger en hand på kuggstångens gummidamask och tar tag i styrstaget. När hjulet ruckas kommer rörelsen att kännas vid den inre spindelleden om den är sliten.

7 Använd en stor skruvmejsel eller ett plattjärn och leta efter glapp i fjädringsfästenas bussningar genom att bända mellan relevant komponent och dess fästpunkt. En viss rörelse är att vänta eftersom bussningarna är av gummi, men eventuellt större slitage visar sig tydligt. Kontrollera även skicket på synliga gummibussningar, leta efter bristningar, sprickor eller föroreningar i gummit.

8 Ställ bilen på marken och låt en medhjälpare vrida ratten fram och tillbaka ungefär en åttondels varv åt vardera hållet. Det ska inte finnas något, eller bara ytterst lite, spel mellan rattens och hjulens rörelser. Om spelet är större ska spindellederna och fästena som beskrivs ovan undersökas noga. Dessutom ska rattstångens kardanknutar kontrolleras och leta efter tecken på slitage och kuggstångsstyrningens drev kontrolleras.

9 Stötdämparens effektivitet kan kontrolleras genom att bilen gungas i de båda främre hörnen. I normala fall ska bilen återta planläge och stanna efter en nedtryckning. Om den höjs och återvänder med en studs är troligen stötdämparen defekt. Undersök även om stötdämparens övre och nedre fästen visar tecken på slitage eller oljeläckage.

Bakfjädring

10 Klossa framhjulen och ställ bakvagnen på pallbockar (se *Lyftning och stödpunkter*).

11 Kontrollera de bakre hjullagren efter slitage. Använd samma metod som beskrevs för de främre hjullagren (punkt 5).

6.5 Kontrollera om hjullagren är slitna genom att ta tag i hjulet och försöka vicka på det.

12 Använd en stor skruvmejsel eller ett plattjärn och leta efter glapp i fjädringsfästenas bussningar genom att bända mellan relevant komponent och dess fästpunkt. En viss rörelse är att vänta eftersom bussningarna är av gummi, men eventuellt större slitage visar sig tydligt. Kontrollera stötdämparnas skick enligt beskrivningen ovan.

7 **Drivaxeldamask** - kontroll

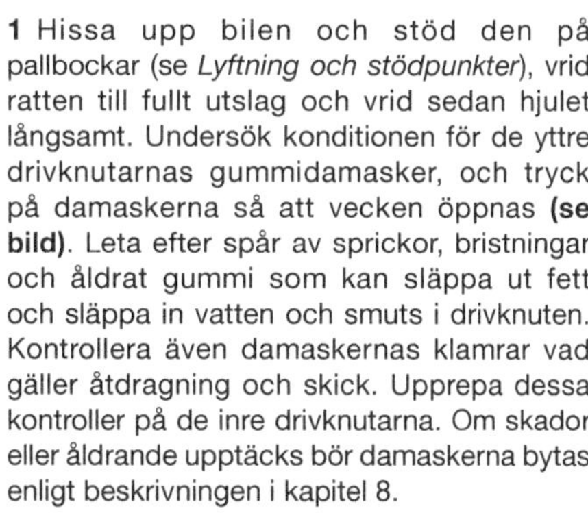

1 Hissa upp bilen och stöd den på pallbockar (se *Lyftning och stödpunkter*), vrid ratten till fullt utslag och vrid sedan hjulet långsamt. Undersök konditionen för de yttre drivknutarnas gummidamasker, och tryck på damaskerna så att vecken öppnas **(se bild)**. Leta efter spår av sprickor, bristningar och åldrat gummi som kan släppa ut fett och släppa in vatten och smuts i drivknuten. Kontrollera även damaskernas klamrar vad gäller åtdragning och skick. Upprepa dessa kontroller på de inre drivknutarna. Om skador eller åldrande upptäcks bör damaskerna bytas enligt beskrivningen i kapitel 8.

2 Kontrollera samtidigt drivknutarnas allmänna skick genom att hålla fast drivaxeln och samtidigt försöka vrida hjulet. Håll sedan fast innerknuten och försök vrida på drivaxeln. Varje märkbar rörelse är ett tecken på slitage i drivknutarna, slitage i drivaxelspårningen eller på lösa fästmuttrar till drivaxeln.

7.1 Kontrollera skicket på drivaxeldamaskerna

8 **Kopplingens hydraulik** - kontroll

1 Kontrollera att kopplingspedalen rör sig mjukt och lätt hela vägen, och att själva kopplingen fungerar som den ska, utan att slira eller dra.

2 Skruva loss de båda skruvarna och ta bort den nedre instrumentbrädan (ovanför pedalerna) för att komma åt kopplingspedalen, och stryk på ett par droppar tunn olja på pedalens svängtapp. Montera panelen.

3 Arbeta i motorrummet och kontrollera skicket på vätskerören och slangarna.

9 **Pollenfilter** - byte

1 Skruva loss de två skruvarna och ta bort passagerarsidans nedre panel från instrumentbrädan **(se bild)**.

2 Skruva loss de fyra skruvarna, ta bort kåpan och dra pollenfiltret nedåt från värmeenhetens hus **(se bilder)**.

3 Observera att pollenfiltret har två möjliga placeringar i värmeenhetens hus. Standardfilter sitter i det smalare av husets båda spår, medan multifilter (bilar med luftkvalitetsgivare) sitter i det bredare av spåren. **Observera:** *Man får aldrig använda standardfilter och multifilter tillsammans.*

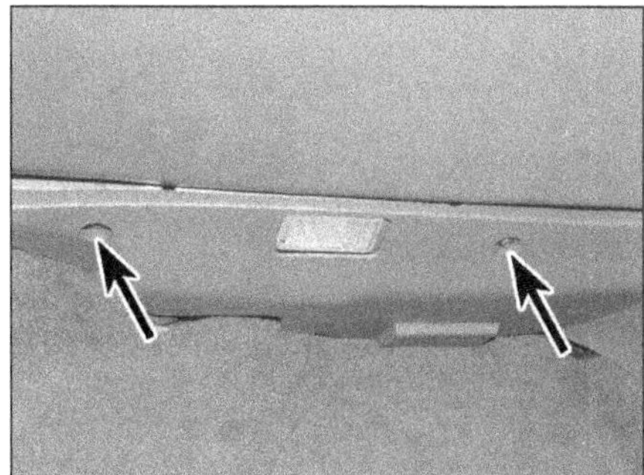

9.1 Skruva loss de två skruvarna (markerad med pilar) och ta bort den nedre instrumentbrädan

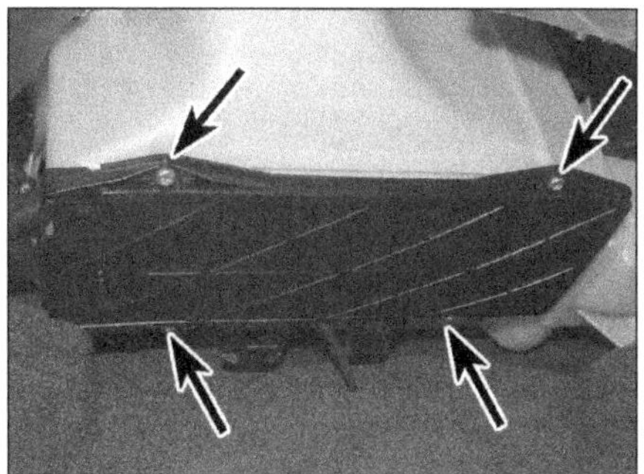

9.2a Skruva loss de fyra skruvarna (markerad med pilar), och ta bort kåpan . . .

9.2b . . . och skjut sedan pollenfiltret nedåt

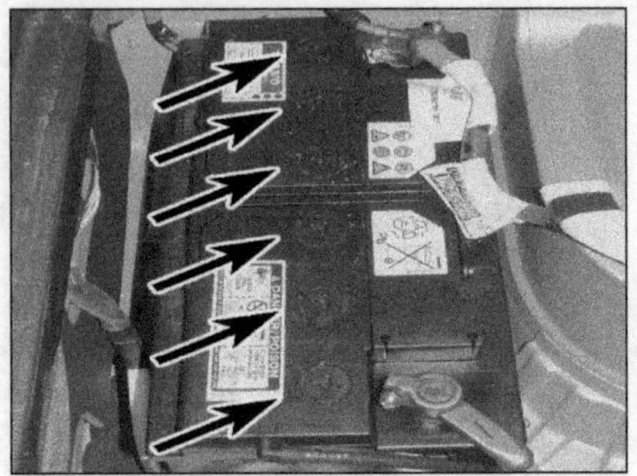

10.4 Skruva loss plastkåporna (markerad med pilar) för att kontolera elektrolytnivå.

4 Skjut dit filtret på plats och sätt tillbaka höljet och dra åt fästskruvarna ordentligt.

5 Montera tillbaka den nedre instrumentbrädespanelen.

10 Batteriets elektrolytnivå – kontroll

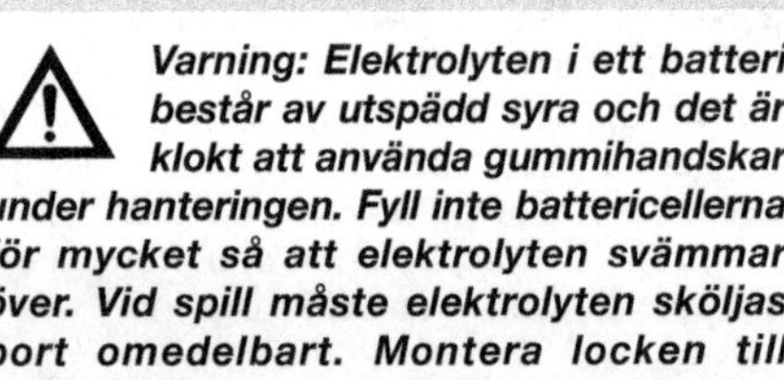

Varning: Elektrolyten i ett batteri består av utspädd syra och det är klokt att använda gummihandskar under hanteringen. Fyll inte battericellerna för mycket så att elektrolyten svämmar över. Vid spill måste elektrolyten sköljas bort omedelbart. Montera locken till battericellerna och skölj batteriet med stora mängder rent vatten. Försök inte sifonera ut överflödig elektrolyt.

1 Batteriet är placerat under golvet i bagageutrymmet. Lyft upp golvet och lossa i förekommande fall kåpan från batteriet.

2 Vissa modeller som tas upp av denna handbok kan ha ett underhållsfritt batteri som standardutrustning, eller kan ha ett monterat som ersättning. Om batteriet är märkt med "Freedom", "Maintenance-Free" eller något liknande behöver inte elektrolytnivån kontrolleras (batteriet är ofta fullständigt förseglat och kan inte fyllas på).

3 Batterier där elektrolytnivån måste kontrolleras känns igen på de löstagbara locken över de sex battericellerna. Ibland är dessutom batterihöljet genomskinligt för att elektrolytnivån ska gå att kontrollera lättare.

12.2 Se till att gummiavgasfästena är i gott skick

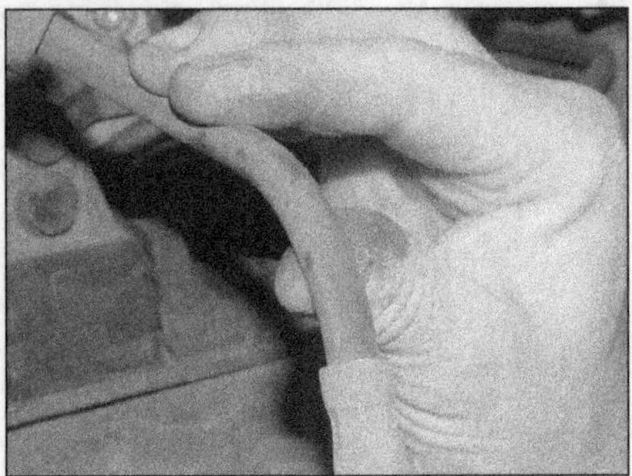

11.5 Kontrollera skicket på bromsgummislangarna genom att böja dem lite och leta efter sprickor

En av exempelbilarna i vår verkstad hade ett batteri som var märkt med "maintenance-free", men som ändå hade löstagbara lock till cellerna. I det här fallet gäller att elektrolytnivån ska kontrolleras enligt ovan, men kontakta en Volvoverkstad om batteriet behöver fyllas på.

4 Ta loss locken från cellerna och titta antingen in i batteriet för att kontrollera nivån, eller kontrollera nivån med markeringarna på batterihuset **(se bild)**. Elektrolyten ska täcka batteriplattorna med ungefär 15 mm.

5 Om batteriet behöver fyllas på ska det fyllas på med destillerat vatten lite i taget, tills nivån är korrekt i alla sex cellerna. Fyll inte på cellerna upp till kanten. Torka upp eventuellt spill och sätt tillbaka locken.

6 Ytterligare information om batteri, laddning och starthjälp finns i början av den här handboken och i kapitel 5A.

11 Underrede och bränsle-/bromsledning – kontroll

1 Lyft upp bilen och ställ den på pallbockar (se *Lyftning och stödpunkter*), eller parkera den över en smörjgrop. Undersök underredet och hjulhusen noga och leta efter tecken på skador och korrosion. Undersök undersidan av sidokarmunderstyckena extra noga samt alla områden där lera kan samlas.

2 Om tydlig korrosion och rost förekommer, tryck och knacka på den angripna panelen med en skruvmejsel och kontrollera om angreppet är så allvarligt att panelen behöver repareras. Om panelen inte är allvarligt angripen räcker det med att tvätta bort rosten och applicera ett nytt lager med underredsbehandling. I kapitel 11 finns mer information om karossreparationer.

3 Undersök samtidigt skicket på de behandlade, nedre karosspanelerna och leta efter stenskott.

4 Undersök alla olje- och bromsledningar på underredet och leta efter skador, rost, korrosion och läckage. Se även till att de sitter ordentligt i sina klämmor. Kontrollera om PVC-lagret på ledningarna är skadat, där ett sådant finns.

5 Undersök bromsslangarna i närheten av de främre bromsoken och bakaxeln, där de utsätts för störst rörelser **(se bild)**. Böj dem mellan fingrarna (men böj dem inte för mycket, då kan höljet skadas) och kontrollera att inga sprickor, skåror eller delningar förekommer.

12 Avgassystem – kontroll

1 Se till att motorn är kall (det ska ha gått minst tre timmar sedan den kördes). Kontrollera hela avgassystemet från startpunkten till slutet av det bakre avgasröret. Detta ska helst utföras på en lyft där man har obehindrad åtkomst. Om det inte finns någon lyft tillgänglig lyfter du upp och stöder fordonet på pallbockarna (se *Lyftning och stödpunkter*).

2 Kontrollera rören och anslutningarna efter tecken på läckor, allvarlig korrosion eller skador. Kontrollera att alla byglar och gummifästen är i god kondition och att de sitter ordentligt; Om något av fästena ska bytas, se till att de nya fästena är av rätt typ **(se bild)**. Läckage i någon fog eller annan del visar sig vanligen som en sotfläck i närheten av läckan.

3 Undersök samtidigt bilens undersida efter hål, korrosion, öppna skarvar och liknande som kan leda till att avgaser kommer in i passagerarutrymmet. Täta alla karossöppningar med silikon eller karosskitt. Ta hänsyn till värmen från avgassystemet och avgaserna.

4 Skaller och andra missljud kan ofta härledas till avgassystemet, speciellt till gummifästen. Försök rubba systemet, ljuddämparen/-dämparna och katalysatorn. Om några komponenter kan komma i kontakt med karossen eller fjädringen ska avgassystemet säkras med nya fästen.

13 Handbroms – kontroll och justering

När handbromsen är åtdragen ska den vara åtdragen med ungefär 5 hack på handbromsspakens tandning. Handbromsen behöver justeras regelbundet för att kompensera för slitage och töjning av vajern. Se kapitel 9 för information om hela justeringsproceduren.

14 Säkerhetsbälte – kontroll

1 Kontrollera att säkerhetsbältena fungerar ordentligt och är i gott skick. Undersök om bältesväven är fransad eller har revor. Kontrollera att bältena dras tillbaka mjukt och inte kärvar i spolarna.

2 Kontrollera säkerhetsbältenas fästen och se till att alla bultar är ordenligt åtdragna.

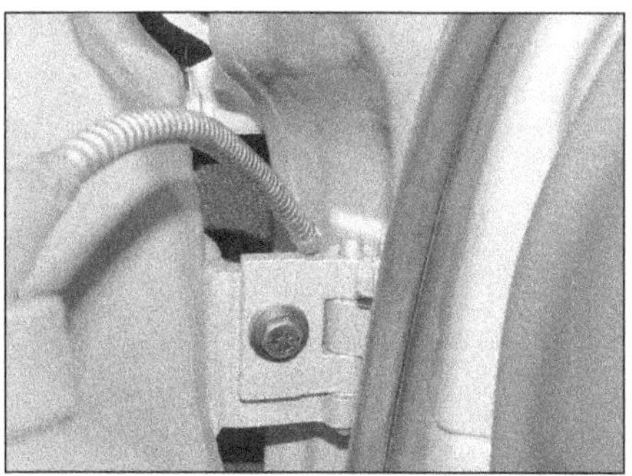

15.2 Smörj dörrgångjärn

15 Dörr, baklucka och motorhuv - kontroll och smörjning

1 Kontrollera att dörrarna, motorhuven och bakluckan går att stänga ordentligt. Kontrollera att motorhuvens säkerhetsspärr fungerar som den ska. Kontrollera att dörrhållarremmarna fungerar.
2 Smörj gångjärnen, dörrhållarremmarna, låsplattorna och motorhuvens hake sparsamt med olja eller fett **(se bild)**.
3 Om någon av dörrarna eller motorhuven inte går att stänga helt, eller inte är i samma nivå som de omgivande panelerna, ska relevanta justeringar utföras Frostskyddsvätskans koncentration - kontrollenligt beskrivningen i kapitel 11.

16 Strålkastarinställning - kontroll

Korrekt inställning av strålkastarna kan endast utföras med optisk utrustning och ska därför överlåtas till en Volvo-verkstad eller en annan lämpligt utrustad verkstad.

Grundläggande inställning kan göras i nödfall. Ytterligare information finns i kapitel 12.

17 Frostskyddsvätskans koncentration - kontroll

1 Kylsystemet ska fyllas på med rekommenderat frostskyddsmedel och rostskyddsvätska. Efter ett tag kan vätskans koncentration sjunka på grund av påfyllningar (detta kan man undvika genom att fylla på med rätt blandning av frostskyddsmedel) eller vätskeförlust. Om det är uppenbart att kylvätskan har läckt är det viktigt att man utför de reparationer som krävs innan man fyller på med ny vätska. Exakt vilken blandning av frostskyddsvätska och vatten som ska användas beror på väderförhållandena. Blandningen ska innehålla minst 40 % frostskyddsmedel, men inte mer än 70 %. Läs uppställningen över blandningsförhållanden på behållaren till frostskyddsmedlet innan du fyller på kylvätska. En hydrometer (vattenprovare) för att testa kylvätskan kan köpas i de flesta tillbehörsbutiker. Använd frostskyddsvätska som uppfyller biltillverkarens specifikationer.
2 När motorn är helt kall kan expansionskärlets påfyllningslock försiktigt tas bort. Om motorn inte är helt kall, lägg en trasa över locket innan du tar bort det, och ta bort locket långsamt så att eventuellt tryck kan ta sig ut.
3 Frostskyddsmedelmätarna går att köpa i biltillbehörsbutiker. Dra upp lite kylvätska från expansionskärlet och observera hur många plastbollar som flyter i testverktyget **(se bild)**. Normalt sett ska två eller tre bollar flyta om frostskyddsmedlets koncentration är korrekt, men följ tillverkarens instruktioner.
4 Om koncentrationen är felaktig måste man antingen ta bort en del kylvätska och fylla på frostskyddsmedel, eller tömma ut den gamla kylvätskan och fylla på ny kylvätska i rätt koncentration.

18 Indikator för påminnelse om service - återställning

Årsmodell 2001

1 Vrid tändningsnyckeln till läge I.
2 Tryck in trippmätarens återställningsknapp och håll den intryckt. Vrid sedan tändningslåset till läge II.
3 Indikatorn för påminnelse om service börjar blinka när knappen har varit intryckt i cirka 10 sekunder. Släpp knappen inom 5 sekunder. Det hörs en ljudsignal när återställningen är slutförd.

Från årsmodell 2002

4 Vrid tändningsnyckeln till läge I.
5 Tryck in trippmätarens återställningsknapp och håll den intryckt. Vrid sedan tändningslåset till läge II inom 2 sekunder.
6 Håll in återställningsknappen tills indikatorn har återställts. På modeller från 2003 tänds en gul lampa i instrumentsamlingen när knappen ska släppas. Släpp återställningsknappen inom 4 sekunder. Det hörs en ljudsignal när återställningen är slutförd.

19 Landsvägsprov

Bromssystem

1 Kontrollera att bilen inte drar åt ena hållet vid inbromsning, och att hjulen inte låser sig vid hård inbromsning.
2 Kontrollera att ratten inte vibrerar vid inbromsning. Observera att det är normalt att känna vissa vibrationer genom bromspedalen vid kraftig inbromsning. Vibrationerna uppstår när de låsningsfria bromsarna (ABS-systemet) arbetar och är normalt inte tecken på att något är fel.
3 Kontrollera att handbromsen fungerar ordentligt, utan för stort spel i spaken, och att den kan hålla bilen stillastående i en backe.
4 Kontrollera bromsservoenhetens funktion enligt följande, med motorn avstängd. Tryck ner fotbromsen fyra eller fem gånger för att släppa ut vakuumet. Starta sedan motorn. När motorn startar ska pedalen ge efter märkbart medan vakuumet byggs upp. Låt motorn gå i minst två minuter och stäng sedan av den. Om bromspedalen nu trycks ner igen ska det gå att höra ett väsande ljud från servon medan pedalen trycks ner. Efter ungefär fyra eller fem nedtryckningar ska väsandet inte längre höras, och pedalen ska kännas betydligt fastare.

Fjädring och styrning

5 Leta efter onormalt uppträdande i styrning, fjädring, köregenskaper eller "vägkänsla".
6 Kör bilen och var uppmärksam på ovanliga vibrationer eller ljud.
7 Kontrollera att styrningen känns bra, utan överdrivet fladder eller kärvningar, och lyssna efter fjädringsmissljud vid kurvtagning och gupp.

Drivaggregat

8 Kontrollera funktionen hos motorn, växellådan och kardanaxeln.
9 Kontrollera att motorn startar som den ska både när den är kall och när den är varm. På modeller med automatväxellåda, kontrollera att motorn startar bara med väljarspaken i läge P.
10 Lyssna efter onormala ljud från motorn och växellådan.
11 Kontrollera att motorn går jämnt på tomgång, och att den inte tvekar vid acceleration.
12 Kontrollera att alla växlar kan läggas i jämnt och utan missljud, och att växelspakens rörelse inte är onormalt vag eller hackig.
13 På modeller med automatväxellåda, kontrollera att drivningen verkar smidig utan att hoppa och utan att motorvarvtalet ökar. Kontrollera att alla växellägen kan väljas när bilen står still.

Koppling

14 Kontrollera att kopplingspedalen rör sig mjukt och lätt hela vägen, och att själva kopplingen fungerar som den ska, utan att slira eller dra. Om rörelsen är ojämn eller stel på vissa ställen ska systemets komponenter undersökas enligt instruktionerna i kapitel 6.

17.3 Använd en hydrometer för att kontrollera frostskyddsmedlets styrka

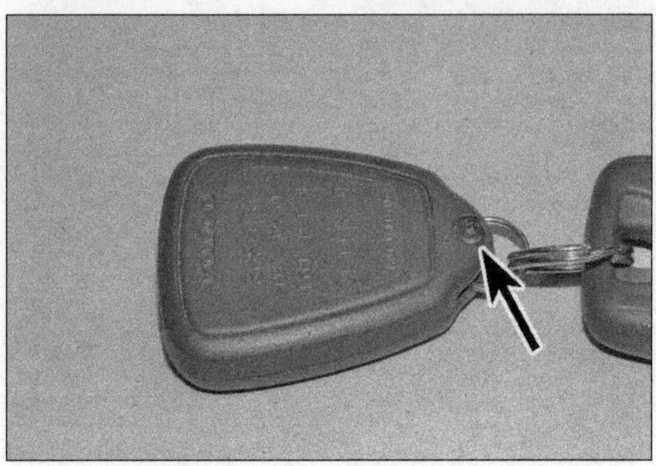

21.1 Skruva loss torxbultarna (markerad med pil) och ta bort kåpan

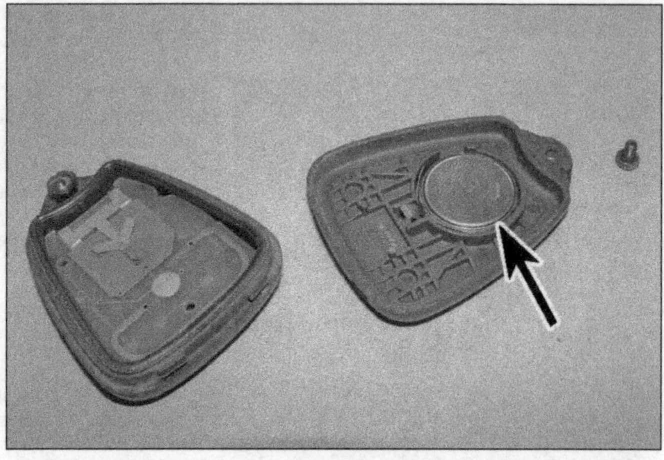

21.2 Batteriet (se pil) passar med den positiva sidan vänd nedåt i kåpan

Instrument och elektrisk utrustning

15 Kontrollera funktionen hos alla instrument och den elektriska utrustningen.

16 Kontrollera att instrumenten ger korrekt information och aktivera all elektrisk utrustning i tur och ordning för att kontrollera att den fungerar som den ska.

20 Luftkonditioneringssystem kontroll

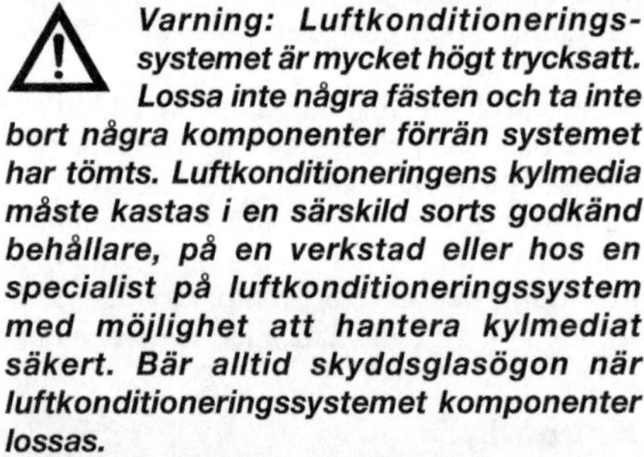

Varning: Luftkonditioneringssystemet är mycket högt trycksatt. Lossa inte några fästen och ta inte bort några komponenter förrän systemet har tömts. Luftkonditioneringens kylmedia måste kastas i en särskild sorts godkänd behållare, på en verkstad eller hos en specialist på luftkonditioneringssystem med möjlighet att hantera kylmediat säkert. Bär alltid skyddsglasögon när luftkonditioneringssystemet komponenter lossas.

1 Följande underhållskontroller ska utföras regelbundet för att systemet ska fortsätta fungera med största möjliga effektivitet:

a) Kontrollera drivremmen. Om den är sliten eller åldrad ska den bytas ut (se avsnitt 28).

b) Kontrollera systemets slangar. Leta efter sprickor, bubblor, hårdnader och tecken på åldrande. Undersök slangarna och alla fästen efter oljebubblor och genomsippring. Vid tecken på slitage, skador eller läckage ska slangen/slangarna bytas ut.

c) Undersök om kondensorflänsarna är förorenade av löv, insekter eller annat. Använd en borste eller tryckluft för att rengöra kondensorn.

Varning: Bär skyddsglasögon vid arbete med tryckluft.

d) Kontrollera att dräneringsröret från förångarens främre del inte är igentäppt. Observera att medan systemet arbetar är det normalt att klar vätska (vatten) droppar från röret i sådan mängd att en ganska stor vattenpöl kan bildas under bilen när den står parkerad.

2 Det är klokt att låta systemet arbeta i ungefär 30 minuter minst en gång i månaden, särskilt under vintern. Om systemet inte använts på länge kan tätningarna hårdna och sluta fungera.

3 Eftersom luftkonditioneringssystemet är mycket komplext och det behövs specialutrustning för att serva det, behandlas inte några större ingrepp i den här handboken, förutom de procedurer som tas upp i kapitel 3.

4 Den vanligaste orsaken till dålig kylning är att systemet helt enkelt innehåller för lite kylmedia. Om en försämring av luftkylningen kan märkas kan följande snabba kontroll vara till hjälp för att avgöra om kylmedienivån är låg.

5 Värm upp motorn till normal arbetstemperatur.

6 Ställluftkonditioneringenstemperaturreglage i det kallaste läget och vrid upp fläkten så högt det går. Öppna dörrarna så att luftkonditioneringssystemet inte stängs av så snart det har kylt ner passagerarutrymmet.

7 Låt kompressorn vara igång och känn på dess insugnings- och utloppsrör. Kopplingen kommer att ge ifrån sig ett klickande och mitten av kopplingen kommer att rotera. En sida ska vara kall och den andra varm. Om det inte är någon kännbar skillnad mellan de två rören är någonting fel på kompressorn eller systemet. Det kan bero på för lite kylmedium, men det kan också bero på något annat. Ta bilen till en verkstad eller till en specialist på luftkonditioneringar.

21 Fjärrkontroll batteri – byte

Upp till årsmodell 2003

1 Skruva loss bulten och ta bort kåpan från fjärrkontrollen **(se bild)**.

2 Ta bort batteriet från kåpan, observera hur det sitter – negativ sida upp **(se bild)**. Undvik att röra batteriet och kontakterna med fingrarna.

3 Montera det nya batteriet i kåpan (negativ sida upp), sätt sedan tillbaka kåpan och dra åt bulten.

Från årsmodell 2004

4 Använd en liten spårskruvmejsel och bänd försiktigt upp kåpans bakre del på fjärrkontrollen **(se bild)**. Ta bort kåpan.

5 Ta bort batteriet från fjärrkontrollen, observera hur det sitter – positiv sida upp **(se bild)**. Undvik att röra batteriet och kontakterna med fingrarna.

6 Montera det nya batteriet i fjärrkontrollen (positiv sida upp) och sätt sedan tillbaka kåpan. Se till att gummitätningen sitter korrekt.

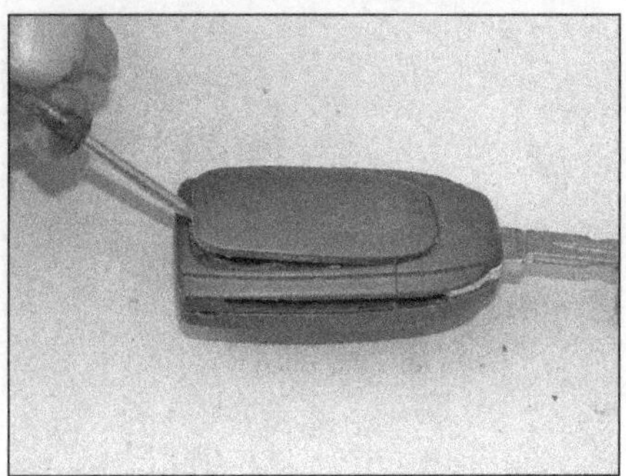

21.4 Bänd loss plastkåpan

21.5 Montera batteriet med den positiva sida uppåt

22.1 Tryck ner klämman och lossa luftflödesgivarens anslutningskontakt

22.2a Lossa luftfilterkåpans klämmor . . .

22.2b . . . lyft sedan locket och ta bort filterelementet

Var 60 000:e km eller vartannat år

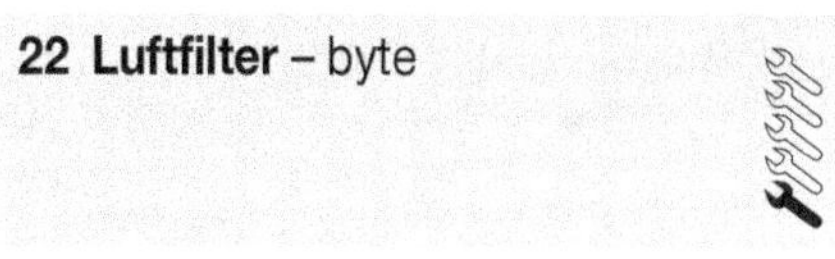

22 Luftfilter – byte

1 Koppla loss luftflödesgivarens anslutningskontakt – placerad på luftfilterkåpan **(se bild)**.

2 Lossa klämmorna, lyft kåpan uppåt och ta bort luftrenaren **(se bild)**.

3 Om det behövs mer utrymme för att komma åt kan kåpan tas bort helt enligt beskrivningen i kapitel 4A.

4 Rengör insidan av huset och kåpan med en trasa. Var noga med att inte borsta ner smuts i luftintaget.

5 Montera ett nytt filter och se till att det hamnar åt rätt håll. Tryck fast tätningen på filtrets kant i spåret på huset.

6 Montera kåpan och fäst den med klämmorna. Observera att kåpans baksida kan vara svår att sätta tillbaka. Var noga med att se till att de tre "gångjärnen" passas in ordentligt i luftrenarhuset.

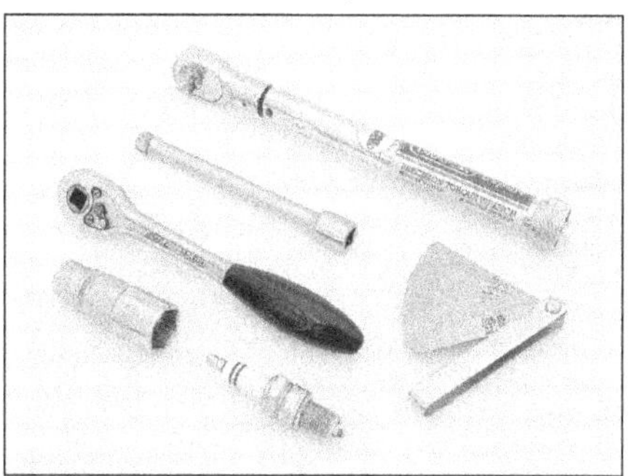
23.2 Vanliga verktyg för demontering av tändstift

23 Tändstift – byte

1 Tändstiftens skick och funktion är av största vikt för bilens prestanda och ekonomi. Allra viktigast är att de tändstift som används är av rätt typ för motorn (lämplig tändstiftstyp anges i början av detta kapitel). Om rätt typ används och motorn är i bra skick ska tändstiften inte behöva åtgärdas mellan de schemalagda bytesintervallen. Rengöring av tändstift är sällan nödvändig och ska inte utföras utan specialverktyg, eftersom det är lätt att skada elektrodernas spetsar.

2 För att tändstiften ska kunna monteras och demonteras behövs en tändstiftshylsa med skaft som kan vridas med ett tandat handtag eller liknande. Hylsan är fodrad med en gummihylsa för att skydda tändstiftets porslinsisolator och för att hålla tändstiftet medan det förs in i tändstiftshålet. Beroende på vilken typ av tändstift som ska monteras kan det även behövas ett bladmått för att kontrollera och justera tändstiftets elektrodavstånd. En momentnyckel behövs för att dra åt de nya tändstiften till angivet moment **(se bild)**.

3 På turbomotorer lossar du klämmorna och tar bort laddluftslangen mellan turboaggregatet och laddluftkylaren (över motorn).

4 Skruva loss de två skruvarna och lossa de två fjäderklämmorna som håller fast den övre kamremskåpan, och lossa kåpan från tändstiftskåpan mitt på topplocket **(se bild)**.

5 Skruva bort de sex skruvarna som fäster tändstiftskåpan, och lyft bort kåpan så att det går att komma åt tändspolarna **(se bild)**.

6 Starta vid spolen närmast kamremmen, koppla loss anslutningskontakten från spolen

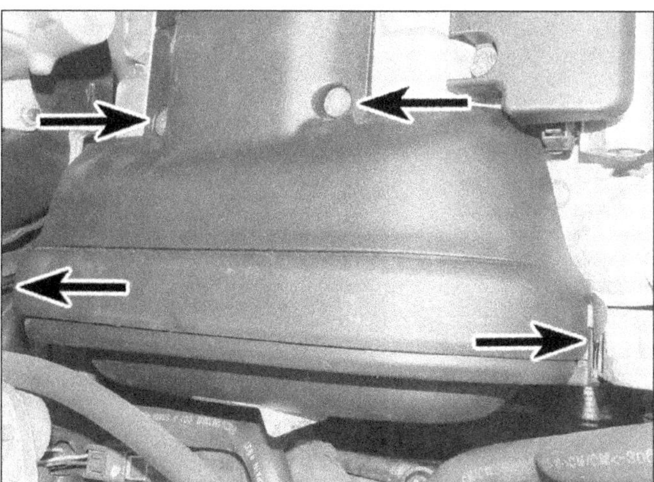
23.4 Lossa de två klämmorna (markerad med pilar), skruva sedan loss de två skruvarna (markerad med pilar) och ta bort kamremmens toppkåpa

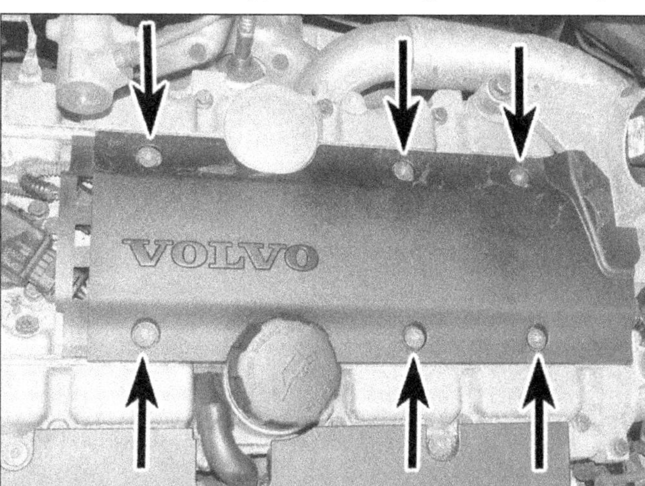

23.5 Skruva loss de sex skruvarna (markerad med pilar) och ta bort kåpan

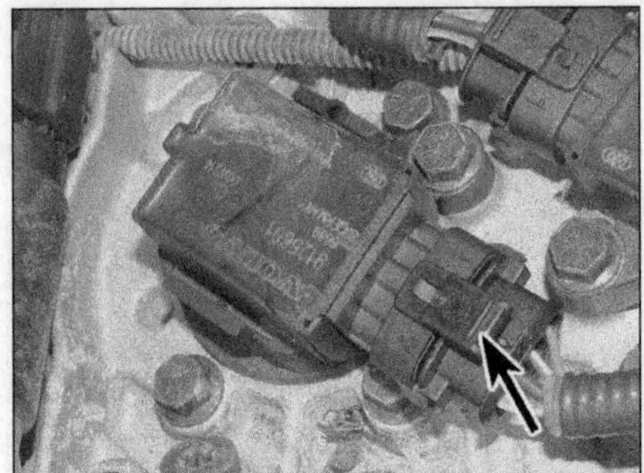
23.6 Tryck ner klämman (markerad med pil) och lossa tändspolens anslutningskontakt

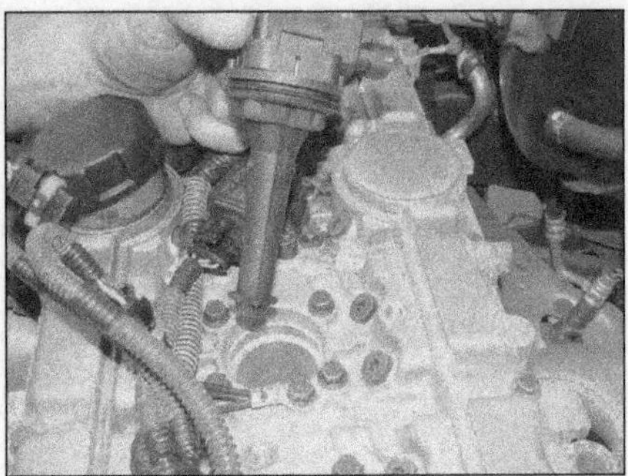
23.7 Dra ut spolen och tändhatten från topplocket

23.13 Ett tändstifts elektrodavstånd justeras

(se bild). Det är säkrast att arbeta med en spole i taget. Om spolarna och kontaktdonen är ordentligt märkta kan dock alla fem spolar tas bort samtidigt.

7 Skruva loss spolens fästbult. Dra sedan ut spolen och pluggen ur urholkningen i topplocket **(se bild)**.

8 Skruva loss tändstiften och se till att hylsan hålls i linje med tändstiften. Om hylsan tvingas åt endera sidan kan tändstiftets porslinstopp brytas av. Om det är ovanligt svårt att skruva loss tändstiften ska topplockets gängor och tätningsytor kontrolleras noga efter tecken på slitage, överdriven korrosion eller skador; om något av dessa villkor är uppfyllt, rådfråga en återförsäljare om vilken reparationsmetod som är bäst.

9 Undersök varje tändstift som tas bort enligt följande – det ger tydliga fingervisningar om motorns skick. Om tändstiftens isolatorspetsar är rena och vita, utan avlagringar, är detta ett tecken på för mager blandning.

10 Om isolatorns spets är täckt med en hård svartaktig avlagring, indikerar detta att bränsleblandningen är för fet. Om tändstiftet är svart och oljigt är det troligt att motorn är ganska sliten, förutom att bränsleblandningen är för fet.

11 Om isolatorns spets är täckt med en ljusbrun eller gråbrun beläggning är bränsleblandningen korrekt och motorn sannolikt i god kondition.

12 Tändstiftets elektrodavstånd är av avgörande betydelse. Är det för stort eller för litet kommer gnistans storlek och dess effektivitet att vara starkt begränsad. Flera modeller som behandlas i den här handboken har dock tändstift med flera jordelektroder. Om inte tydliga instruktioner anger det motsatta, *ska inga försök göras att justera tändstiftens elektrodavstånd på tändstift med mer än en jordelektrod.*

13 Elektrodavståndet på tändstift med en jordelektrod justeras på följande sätt: Mät avståndet med ett bladmått eller ett justeringsverktyg. Böj sedan den yttre tändstiftselektroden inåt eller utåt tills det angivna avståndet uppnås **(se bild)**. Elektroden i mitten får inte böjas eftersom detta kan spräcka isolatorn och förstöra tändstiftet. Om den yttre elektroden inte befinner sig exakt över mittelektroden ska den böjas försiktigt till rätt läge.

14 Innan tändstiften monteras tillbaka, kontrollera att de gängade anslutningshylsorna i överdelen av tändstiften sitter tätt, och att tändstiftens utsidor och gängor är rena.

15 När du ska montera tändstiften, kontrollera först att topplockets gängning och tätningsyta är så rena som möjligt. använd en ren trasa lindad runt en målarpensel för att torka av tätningsytan. Se till att tändstiftsgängorna är rena och torra och skruva sedan in dem för hand där så är möjligt. Var noga med att skruva in tändstiften rakt i gängorna **(se Haynes Tips)**.

16 När ett tändstift har hamnat rätt i sina gängor ska det skruvas ner precis tills det börjar sätta sig. Använd sedan en momentnyckel för att dra åt det till angivet moment.

17 Linjera spolen med fästbultens hål och tryck sedan fast den ordentligt på tändstiftet. Dra åt fästbulten till angivet moment.

18 Tryck sedan på anslutningskontakten tills du hör att den "klickar" på plats.

19 Resten av monteringen sker i omvänd ordningsföljd mot demonteringen. Återanslut anslutningskontakterna till spolarna och se till att alla placeras på sina ursprungliga platser.

HAYNES TiPS

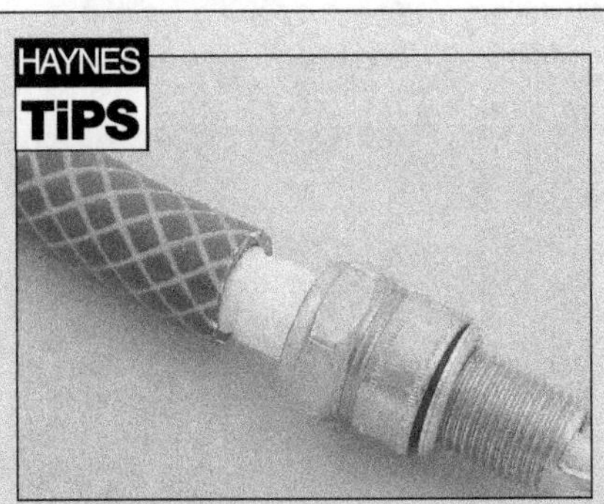

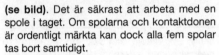

Det är ofta svårt att sätta i tändstiften i hålen utan att felgänga dem. Detta kan undvikas genom att man använder en 8 mm gummi/plastslang över änden på tändstiften. Slangen fungerar som en kardanknut och hjälper till att rikta tändstiftet i hålet. Om tändstiftet håller på att bli felgängat kommer slangen att glida ner över nederdelen och förhindra att gängorna förstörs

24 Automatväxellådans oljenivå – kontroll

Vätskenivåkontroll

1 Automatväxellådans vätska måste hela tiden hålla rätt nivå. Låg vätskenivå kan leda till att utväxlingen slirar eller slutar fungera, medan för hög nivå kan leda till skumbildning, läckage och skadad växellåda.

2 I idealfallet ska växellådsoljenivån kontrolleras när växellådan är varm – 80 °C för 5-växlade lådor, och 50 till 60 °C för 6-växlade lådor.

5-växlade växellådor

3 Parkera bilen på plant underlag, lägg i handbromsen och starta motorn. Med motorn på tomgång trycker du ner bromspedalbrytaren och flyttar växelväljaren genom alla växellägen (stanna minst tre sekunder på varje läge). Avsluta med att återgå till läge P.

4 Vänta i två minuter. Ta sedan bort oljemätstickan (gult handtag) från röret på motorns främre del, fortfarande med motorn på tomgång **(se bild)**. Notera skick och färg på vätskan på mätstickan.

5 Torka bort vätskan från mätstickan med en ren trasa. Sätt tillbaka mätstickan i röret tills locket sluter tätt.

6 Dra ut mätstickan igen och kontrollera nivån. Nivån ska vara mellan MIN- och MAX-markeringarna på mätstickans övre del (som

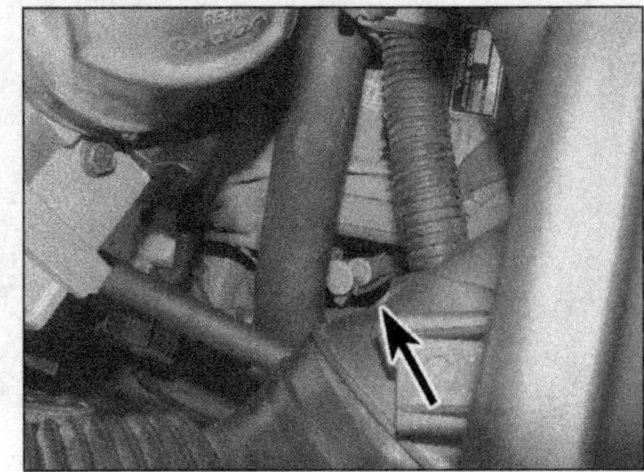
24.4 Mätstickan i automatväxellådan (markerad med pil)

är märkt HOT) **(se bild)**. Om nivån ligger på MIN-markeringen, stäng av motorn och fyll på med angiven automatväxelolja genom mätstickans rör. Använd en ren tratt om det behövs. Se till att det inte kommer in smuts i växellådan vid påfyllningen.

7 Fyll på lite olja i taget och kontrollera nivån mellan varje påfyllning enligt beskrivningen ovan tills nivån är korrekt. Det skiljer ungefär 0,5 liter mellan mätstickans MIN- och MAX-markering.

8 Om bilen inte har körts och motorn och växellådan är kalla ska momenten i punkt 3 till 7 utföras som ovan, men den del av mätstickan som är märkt COLD, ska användas. Det är dock bäst att kontrollera nivån när växellådan är varm. Det ger en mer korrekt avläsning.

6-växlade växellådor

9 Parkera bilen på plant underlag, lägg i handbromsen och ta bort motorns nedre skyddskåpa

10 Ta bort luftrenarhuset enligt beskrivningen i kapitel 4A.

11 Rengör området ovanpå växellådan, runt påfyllningspluggen. Använd sedan ett T55-torxbit och skruva loss påfyllningspluggen **(se bild 24.34)**.

12 Passa in en slangände i påfyllningsöppningen och fäst en tratt i andra änden. Montera provisoriskt tillbaka luftrenarhuset.

13 Starta motorn. Med motorn på tomgång trycker du ner bromspedalbrytaren och flyttar växelväljaren genom alla växellägen (stanna två sekunder på varje läge). Avsluta med att återgå till läge P.

14 Med motorn igång, skruva loss nivåpluggen från mitten av växellådans avtappningsplugg med ett T40-torxbit **(se bild 24.30)**. Om det inte kommer någon vätska från spaköppningen, fyll på den angivna vätskan genom tratten och slangen tills det kommer ut vätska. Sätt tillbaka dräneringspluggen, med en ny tätningsbricka om det behövs, och dra åt den till angivet moment.

15 Stanna motorn, ta bort luftrenarhuset och dra åt vätskepåfyllningspluggen till angivet moment. Sätt dit en ny tätningsbricka.

16 Sätt tillbaka luftrenarhuset enligt beskrivningen i kapitel 4A och sätt sedan tillbaka motorns/växellådans undre skyddskåpa.

Alla växellådor

17 Om växellådan måste fyllas på regelbundet är detta ett tecken på läckage. Läckaget måste då snarast spåras och åtgärdas.

18 Vätskans skick ska kontrolleras i samband med nivåkontrollen. Om vätskan på mätstickan är svart eller mörkt rödbrun, eller om den luktar bränt, ska den bytas ut. Om osäkerhet råder beträffande vätskans skick kan dess färg och lukt jämföras med ny vätska.

19 Om bilen används regelbundet för kortare resor, taxiarbete eller om den ofta används med släp måste växellådsoljan bytas ut regelbundet. Om bilen har körts en längre sträcka eller om bilens historia är okänd kan

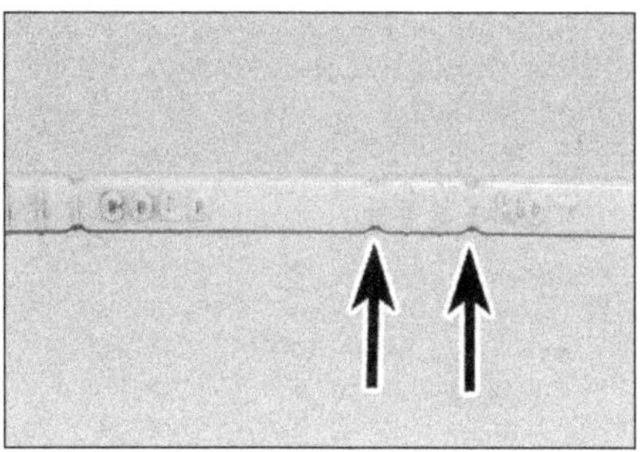

24.6 När växellådan är varm ska vätskenivån ligga mellan markeringarna som har märkts ut med pilar

det också vara klokt att byta ut oljan. Normalt behöver dock oljan inte bytas ut.

Vätskepåfyllning

Observera: *Automatväxelolja behöver normalt inte bytas. Det måste endast utföras på bilar som huvudsakligen används för bogsering eller som taxibilar.*

20 Helst ska växellådans olje tappas ur när växellådan är varm (vid normal arbetstemperatur). Om bilen precis har körts i cirka 30 minuter och växellådan är varm. Observera att på 6-växlade lådor får vätsketemperaturen inte överstiga 60 °C, annars blir den uppmätta nivån felaktig.

21 Lyft upp framvagnen och bakvagnen i tur och ordning och ställ den på pallbockar (se *Lyftning och stödpunkter*). Bilen måste stå på plan mark.

22 Lossa skruvarna och ta bort motorns undre skyddskåpa **(se bild 3.2)**.

5-växlade växellådan

23 Placera en behållare under växellådan och skruva loss dräneringspluggen **(se bild)**. Kassera dräneringspluggens tätningsbricka – den måste bytas ut mot en ny.

24 Om det behövs lossar du oljekylarslangarna från växellådan och låter vätskan i kylaren och rören rinna in i behållaren.

25 Montera tillbaka dräneringspluggen med en ny tätningsbricka, och dra åt den till angivet moment. Montera tillbaka motorns undre skyddskåpa, och sänk ner bilen..

26 Dra åt handbromsen och kontrollera att växelspaken är i läge P.

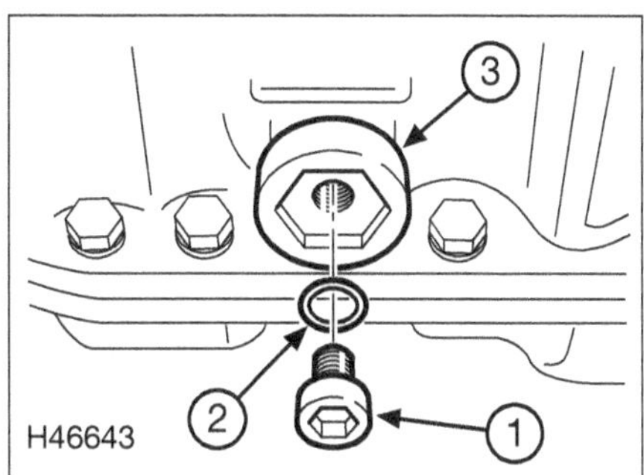

24.30 Växellåda nivåplugg (1), dräneringsplugg (2) och tätningsbricka (3)

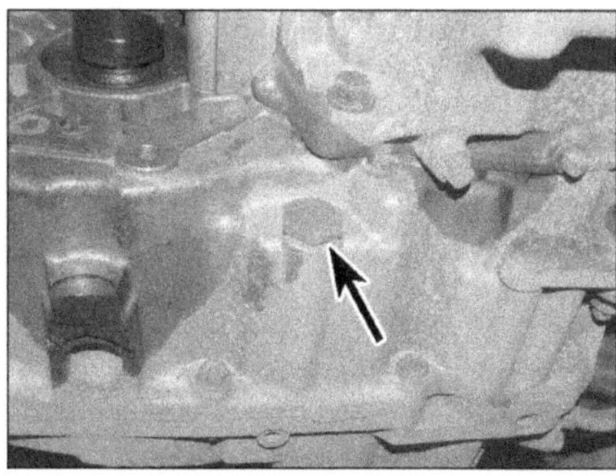

24.23 Skruva loss automatväxeloljans avtappningsplugg (markerad med pil)

27 Dra ut mätstickan för vätskenivå och använd en tratt för att hälla i cirka 2 liter ny vätska genom mätstickans styrhylsa **(se bild 24.4)**.

28 Starta motorn och låt den gå på tomgång några sekunder. Slå sedan av motorn och fyll på ytterligare 2 liter vätska.

29 Starta motorn och låt den gå på tomgång. Flytta sedan växelväljaren mellan alla växellägen, stanna minst tre sekunder på varje läge. Sätt i och dra ut mätstickan och kontrollera nivån. När växellådan är varm ska vätskans temperatur vara närmare 80 °C. Vid den här temperaturen ska vätskenivån vara i nivå med märket bredvid "Hot" på mätstickan. Fyll på om det behövs. När du har fyllt på vätska, flytta växelväljaren genom alla lägen. Stanna minst tre sekunder på varje läge enligt tidigare beskrivning.

6-växlade växellådan

30 Placera ett kärl under växellådan och skruva loss nivåpluggen från mitten av dräneringspluggen med hjälp av ett T40-torxbit **(se bild)**.

31 Skruva loss avtappningspluggen från växellådan och låt vätskan rinna ut. Montera tillbaka dräneringspluggen med en ny tätning, och dra åt den till angivet moment.

32 Montera tillbaka nivåpluggen men dra endast åt den för hand på det här stadiet.

33 Ta bort luftrenarhuset enligt beskrivningen i kapitel 4A.

34 Rengör området ovanpå växellådan, runt påfyllningspluggen. Använd sedan ett T55-torxbit och skruva loss påfyllningspluggen **(se bild)**.

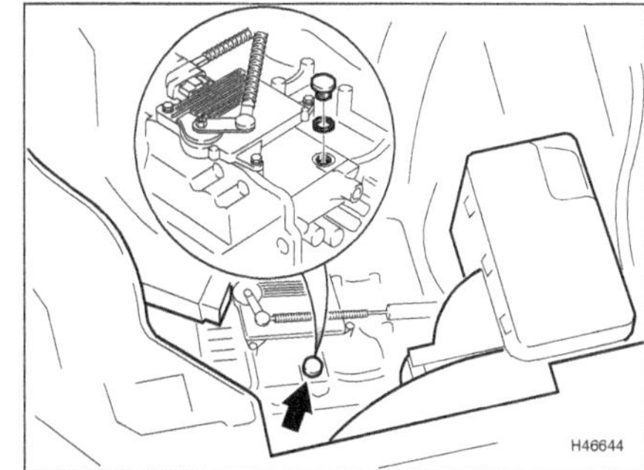

24.34 Växellådans påfyllningsplugg (markerad med pil)

35 Lossa vätskereturslangen från kylenheten bredvid kylaren och fäst en bit genomskinlig slang på kylenheten. Volvos specialverktyg nr 999 7363 kan vara användbart för detta arbete. Stick in slangen i dräneringsbehållaren.

36 Använd en tratt och fyll på 4,0 liter av den angivna vätskan i växellådshuset genom påfyllningshålet.

37 Dra åt handbromsen och kontrollera att växelspaken är i läge P.

38 Starta motorn och låt den gå på tomgång. Lägg i alla växellägen, stanna två sekunder på varje läge. Slå av motorn när det syns luftbubblor i den genomskinliga slangen som är fäst på kylenheten.

39 Fyll på 2,0 liter av den angivna vätskan. Starta sedan motorn igen och låt den gå på tomgång. Slå av motorn när det syns luftbubblor i den genomskinliga slangen.

40 Fyll på 2,0 liter av den angivna vätskan. Starta sedan motorn igen och låt den gå på tomgång. Slå av motorn när det syns luftbubblor i den genomskinliga slangen.

41 Koppla loss den genomskinliga slangen från kylenheten och återanslut vätskereturslangen.

42 Skruva loss nivåpluggen från mitten av avtappningspluggen och fyll på vätska genom påfyllningshålet tills den börjar rinna ut genom nivåpluggshålet. Montera tillbaka nivå och påfyllningspluggen och dra åt dem till angivet moment.

43 Montera tillbaka luftrenarhuset.

Alla växellådor

Observera: *Om lampan för oljebyte i växellådan tänds kan den endast återställas med särskild testutrustning från Volvo. Arbetet bör överlåtas till en Volvo-återförsäljare eller lämpligt utrustad specialist.*

Var 180 000:e km eller vart 6:e år

25 Byte av bränslefilter

Varning: Innan arbetet påbörjas, se föreskrifterna i Säkerheten främst! i början av denna handbok och följ dem till punkt och pricka. Bensin är en ytterst brandfarlig vätska och säkerhetsföreskrifterna för hantering kan inte nog betonas.

1 Bränslefiltret sitter under bilens bakre del, framför bränsletanken **(se bild)**.

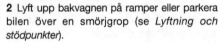

25.1 Bränslefiltret sitter till höger under bilen, precis framför bränsletanken

25.5 Tryck ner kopplingens lossningsknapp (markerad med pil)

2 Lyft upp bakvagnen på ramper eller parkera bilen över en smörjgrop (se *Lyftning och stödpunkter*).

3 Rengör noga området runt bränslerörsanslutningarna i filtrets ändar, täck sedan anslutningarna med absorberande trasor.

4 Bränsletrycket måste nu utjämnas innan bränslerörsanslutningarna kan kopplas isär (se kapitel 4A, avsnitt 1). För att systemet ska kunna tryckutjämnas sitter en ventil, liknande en däckventil, monterad i bränsleledningen som leder till filtret **(se bild)**. Skruva loss ventilhylsan. Placera sedan en behållare eller en absorberande trasa under ventilen. Vrid bort huvudet för att undvika att bränsle sprutar i ansiktet. Tryck sedan ner ventilskaftet i några sekunder för att släppa ut den första bränslestrålen. Montera sedan ventilhylsan.

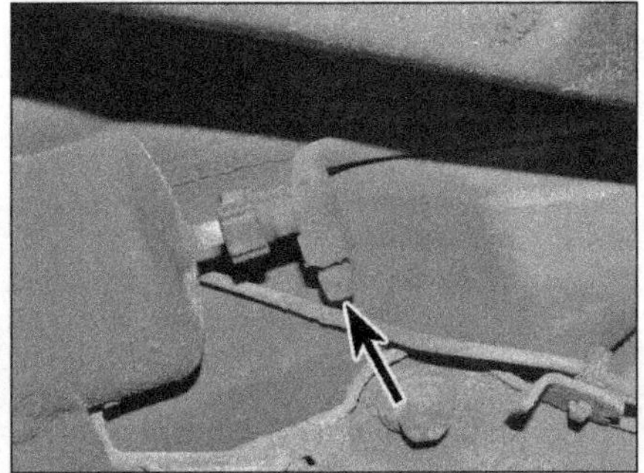

25.4 Skruva loss ventilhylsan (markerad med pil) och tryck ner ventilskaftet för att lätta på bränsletrycket

25.8 Observera att pilen på filtret (markerad med pil) visar bränsleflödets riktning.

5 Koppla loss snabbkopplingarna genom att trycka ner lossningsknappen på kopplingen **(se bild)**. Var beredd på bränslespill när kopplingarna lossas.

6 Plugga igen anslutningarna efter losskopplingen för att förhindra ytterligare bränslespill.

7 Skruva loss fästbulten från filtrets fästband och ta bort filtret.

8 Montera det nya filtret och se till att det monteras åt samma håll som det gamla. Observera att pilen på det nya filtret visar bränsleflödets riktning **(se bild)**.

9 Fäst filtret med fästbandet. Tryck sedan bak bränslerörsanslutningarna över filterutgångarna.

10 Kör motorn och kontrollera att inget bränsleläckage förekommer.

Varning: Kasta det gamla filtret, och tänk på brandrisken; det är mycket brandfarligt och kan explodera om det eldas upp.

26 Vevhusventilationssystem, rengöring av oljelås – endast modeller med turbo

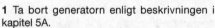

1 Ta bort generatorn enligt beskrivningen i kapitel 5A.

2 Lossa klämmorna, koppla loss slangarna, skruva sedan loss bultarna och ta bort oljelåset.

3 Använd avfettningsmedel eller T-sprit för att rengöra oljelåset.

4 Montera tillbaka oljelåset på motorblocket och dra åt fästskruvarna ordentligt.

5 Kontrollera skicket på de olika anslutningsslangarna och byt vid behov.

6 Återanslut slangarna till oljelåset.

7 Montera tillbaka generatorn enligt beskrivningen i kapitel 5A.

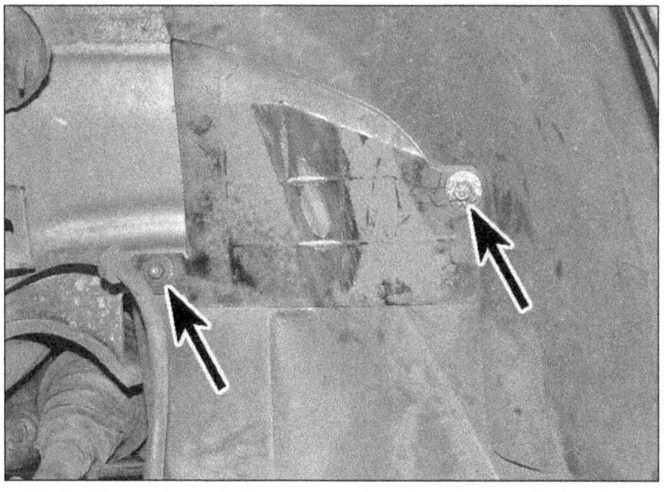
28.2a Skruva loss de 2 muttrarna (markerad med pilar) och ta bort metallplattan

28.2b Vik hjulhusfodret framåt för att komma åt remmens nedre dragning

Var 180 000:e km eller vart 10:e år

27 Kamrem och sträckare - byte

Se kapitel 2A.

28 Drivrem - byte

1 Drivremmen överför kraft från vevaxelns remskiva till generatorn, servostyrningspumpen och luftkonditioneringskompressorn (efter tillämplighet).

2 Det är enklast att komma åt den nedre delen av remmen genom det högra hjulhuset. Lossa de högra framhjulets bromsar. Lyft sedan upp framvagnen och ställ den på pallbockar. Ta bort hjulet. Ta sedan bort de två plastmuttrarna, ta bort stålplattan och vik den inre hjulhuspanelen framåt så att det går att komma åt vevaxelns remskiva **(se bild)**.

3 Notera hur den gamla remmen är dragen runt alla remskivor innan den demonteras.

4 Drivremmen hålls ständigt korrekt spänd av en automatisk justerar- och spännarenhet. Den här enheten är fäst på motorns framsida och innehåller en fjäderstyrd överföringsremskiva.

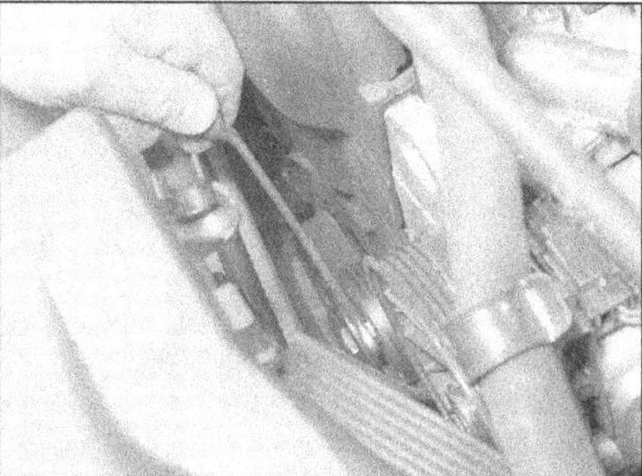
28.5 Använd en skiftnyckel på spännarens mutter och vrid spännaren medurs

5 Använd en skruvmejsel för att bända loss plastkåpan (i förekommande fall). Sätt sedan en nyckel på spännarmuttern och vrid spännaren medurs, vilket lossar på remmens spänning. Dra bort remmen från alla remskivor. Ta sedan loss spännaren och ta bort remmen **(se bild)**.

6 Kontrollera spännaren och tomgångsremskivorna och leta efter ojämnheter och skador. Byt om det behövs.

7 Montera den nya remmen löst över remskivorna och spännarhjulet och se till att den är korrekt placerad. Lämna dock den övre remskivan (servostyrningspumpen) **(se bild)**.

8 Vrid spännaren medurs och lirka sedan drivremmen över den övre remskivan. Lossa spännaren så att den automatiskt justerar remmens spänning.

9 Montera den inre hjulhuspanelen om den tagits bort. Montera sedan hjulet och sänk ner bilen. Dra åt hjulbultarna till angivet moment.

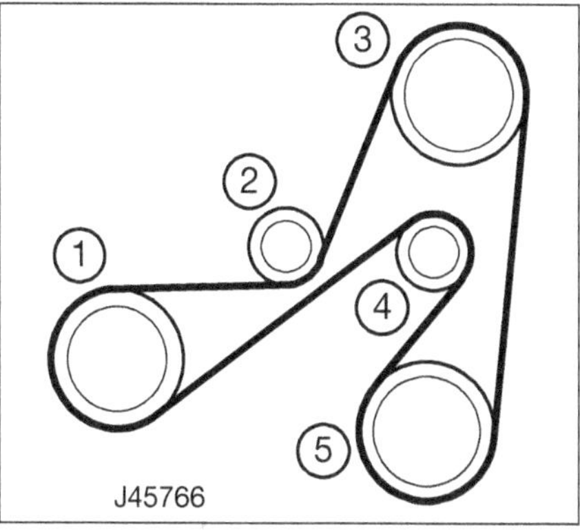

28.7 Drivremmens dragning

1 Vevaxelns remskiva
2 Spännhjulet
3 Servostyrningspumpens remskiva
4 Generatorns remskiva
5 Remskiva för luftkonditioneringskompressor

Vartannat år, oberoende av körsträcka

29 Bromsolja - byte

Varning: Hydraulisk bromsolja kan skada ögonen och bilens lack, så var ytterst försiktig vid hanteringen. Använd aldrig olja som stått i ett öppet kärl under någon längre tid eftersom den absorberar fukt från luften. För mycket fukt i bromsoljan kan medföra att bromseffekten minskar, vilket är livsfarligt.

Rutinen liknar den för att lufta hydraulsystemet, som beskrivs i kapitel 9, förutom att bromsvätskebehållaren ska tömmas genom sifonering, och att den gamla vätskan måste rinna ut ur kretsen när en del av kretsen ska luftas.

Eftersom kopplingens hydraulsystem använder samma hydraulolja och behållare som bromssystemet behöver antagligen även det systemet luftas (se kapitel 6)

Gammal hydraulolja är alltid mycket mörkare än ny olja, vilket gör att det är enkelt att skilja dem åt.

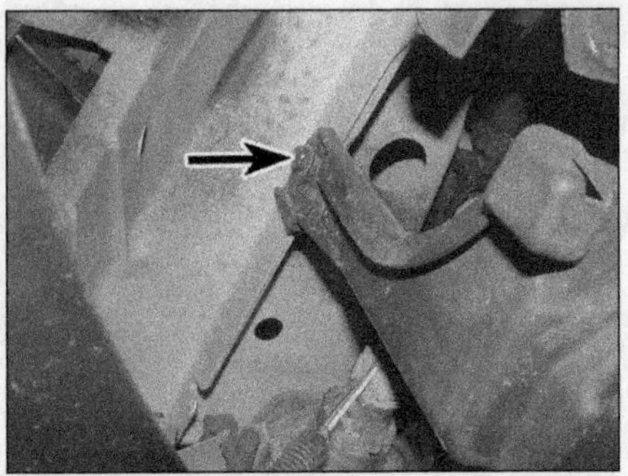
30.3a Skruva loss skruven på var ände av kylarens underkåpa (markerad med pil – sett genom hjulhuset) . . .

30.3b . . . lossa sedan underkåpans fästklämmor (markerad med pil – visas med stötfångaren borttagen för att de ska synas bättre)

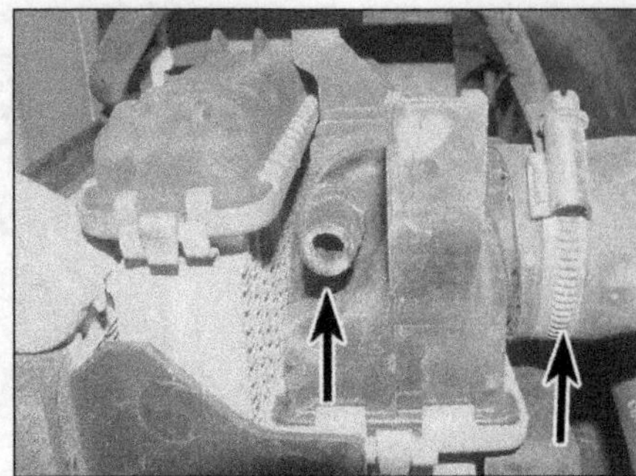
30.4 Kylarens dräneringstapp och nedre slangklämman (markerad med pilar)

Vart 3:e år, oberoende av körsträcka

30 Kylvätske – byte

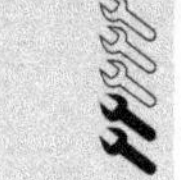

Varning: *Vänta till dess att motorn är helt kall innan arbetet påbörjas. Låt inte frostskyddsmedel komma i kontakt med huden eller med lackerade ytor på bilen. Spola omedelbart bort eventuellt spill med stora mängder vatten. Lämna aldrig frostskyddsmedel stående i en öppen behållare eller i en pöl på marken eller garagegolvet. Barn och husdjur kan attraheras av den söta doften och frostskyddsmedel kan vara livsfarligt att förtära.*

Observera: *Om Volvos egen kylvätska har använts i angiven mängd under en längre tid behöver kylvätskan normalt inte bytas ut. För att man ska kunna vara riktigt säker på att kylvätskans frostskyddande och rostskyddande egenskaper bör den dock bytas ut regelbundet.*

Tömning av kylsystemet

1 Töm systemet genom att först ta bort expansionskärlets påfyllningslock (se *Veckokontroller*).

2 Lyft upp framvagnen och ställ den på pallbockar om det behövs större utrymme för att kunna komma åt (se *Lyftning och stödpunkter*).

3 Skruva loss skruven i var ände av kylarens underkåpa. Använd sedan en lång skruvmejsel för att trycka ner klämman på var sida och dra underkåpan bakåt och ta bort den **(se bilder)**. Skruva loss skruvarna och ta bort motorns undre skyddskåpa. Placera sedan en stor avrinningsbricka under kylaren.

4 Lossa dräneringstappen i botten av kylarens vänstra hörn och låt kylvätskan rinna ner i behållaren. Om det inte finns någon dräneringstapp, lossa försiktigt klämman och koppla loss kylarens nedre slang **(se bild)**.

5 Flytta behållaren till motorns högra sida när kylaren är tom och skruva loss motorblockets dräneringstapp (i förekommande fall) **(se bild)**.

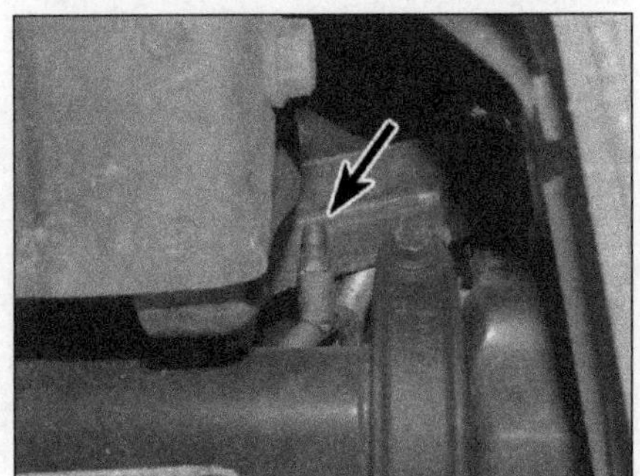
30.5 Motorblockets dräneringstapp sitter precis ovanför den högra mellersta drivaxeln (markerad med pil – sett från motorns bakre underdel)

Spolning av systemet

6 Med tiden kan kylsystemet gradvis förlora effekt allt eftersom kylaren fylls med rost och andra avlagringar. Detta är framförallt troligt om man har använt en sämre sorts frostskyddsmedel. För att minimera risken för att detta händer bör endast den angivna typen av frostskyddsvätska och rent mjukt vatten användas. Dessutom bör systemet spolas enligt följande varje gång någon komponent i systemet rubbas och/eller när kylvätskan byts ut.

7 Töm hela kylsystemet. Stäng avtappningspluggarna och fyll sedan hela systemet med rent vatten. Montera expansionskärlets påfyllningslock, starta motorn och värm upp den till normal arbetstemperatur. Stäng sedan av motorn, låt den svalna helt och töm systemet igen. Upprepa om det behövs tills endast rent vatten kommer ut ur systemet. Avsluta med att fylla på med angiven kylvätskeblandning.

8 Om endast rent, mjukt vatten och frostskyddsvätska av hög kvalitet används, och om kylvätskan har bytts ut vid de angivna intervallen, räcker ovanstående åtgärder för att hålla systemet rent under en lång tid. Om systemet har försummats på något sätt krävs dock en noggrannare metod, enligt följande.

9 Tappa först ur kylvätskan. Koppla sedan loss kylarens övre och nedre slang. Stick in en trädgårdsslang i den övre slangen och låt vattnet cirkulera genom kylaren tills rent vatten kommer ut från det nedre hålet.

10 Motorn spolas på följande sätt: Ta bort termostaten (se kapitel 3), stick in trädgårdsslangen i termostathuset och låt vatten cirkulera tills det kommer ut rent vatten från den nedre slangen. Om det efter en rimlig tid fortfarande inte kommer ut rent vatten ska kylaren spolas ur med kylarrengöringsmedel.

11 Vid allvarligare föroreningar kan kylaren behöva spolas bakifrån. Gör detta genom att ta bort kylaren (se kapitel 3), vänd den upp och ned och stick in trädgårdsslangen i bottenhålet. Fortsätt spola tills rent vatten rinner från den övre hålet. Värmepaketet kan spolas på liknande sätt.

12 Använd kemiska rengöringsmedel endast som en sista utväg. Normalt förebygger användning av rätt kylvätska att systemet smutsas ner.

Påfyllning av kylvätska

13 När kylsystemet är tömt och spolat, se till att alla komponenter som rubbats och alla slanganslutningar sitter ordentligt och att de två dräneringstapparna är ordentligt åtdragna. Montera motorns undre skyddskåpor som togs bort för att förbättra åtkomligheten. Sänk ner bilen, om den är upplyft.

14 Förbered en tillräcklig mängd av den angivna kylvätskeblandningen (se *Specifikationer*). se till att ha lite för mycket så att du kan fylla på igen senare.

15 Fyll långsamt systemet genom expansionskärlet; eftersom tanken är den högsta punkten i systemet ska all luft i systemet hamna i tanken allt eftersom vätskan stiger. Långsam påfyllning minskar risken att luft stängs in och bildar hindrande bubblor. Det är också bra att klämma försiktigt på de stora kylarslangarna under påfyllningen.

16 Fortsätt påfyllningen tills kylvätskenivån når expansionskärlets MAX-markering. Vänta sedan i några minuter. Fortsätt att klämma på kylarslangarna under tiden. Fyll på till MAX-markeringen igen när vätskan har slutat sjunka och skruva på expansionskärlets lock.

17 Starta motorn och kör den på tomgång tills den har värmts upp till normal arbetstemperatur. Om nivån i expansionskärlet sjunker märkbart, fyll på till MAX-nivån för att minimera mängden luft som cirkulerar i systemet.

18 *Stäng av motorn och låt den svalna* helt (över natten om det är möjligt). Ta sedan bort expansionskärlets påfyllningslock och fyll på kärlet till MAX-nivån. Montera påfyllningslocket och dra åt det ordentligt. Spola av allt kylvätskespill från motorrummet och karossen.

19 Kontrollera alltid alla komponenter i systemet noga efter påfyllningen och leta efter tecken på kylvätskeläckage (var extra noga med de anslutningar som rubbats vid tömning och spolning). Ny frostskyddsvätska har en sökfunktion som snabbt avslöjar alla svaga punkter i systemet.

Luftfickor

20 Om symptom på överhettning märks, efter tömning och påfyllning av systemet, som inte fanns där innan, beror det nästan alltid på att luft som stängts in i systemet blockerar och begränsar kylvätskeflödet; luft fastnar vanligtvis på grund av att systemet fylls på för snabbt.

21 Om en luftficka misstänks ska först alla synliga kylvätskeslangar klämmas försiktigt. En kylvätskeslang som är full av luft känns helt annorlunda än en slang fylld med kylvätska när man klämmer på den. När systemet har fyllts på försvinner de flesta luftfickor efter att systemet har svalnat och fyllts upp.

22 Låt motorn gå i arbetstemperatur. Sätt på värmeenheten och värmefläkten och kontrollera värmeeffekten. Om det finns tillräckligt med kylvätska i systemet kan bristande värme bero på en luftficka i systemet.

23 Luftfickor kan ha allvarligare effekter än att bara försämra värmeeffekten. En allvarlig luftficka kan försämra kylvätskeflödet i motorn. Kontrollera att kylarens övre slang är varm när motorn har nått arbetstemperatur. En kall överslang kan orsakas av en luftficka (eller av en stängd termostat).

24 Om problemet består, stäng av motorn och låt den svalna helt, innan expansionskärlets påfyllningslock skruvas loss eller några slangar kopplas loss för att släppa ut luften. I värsta fall kan systemet behöva tömmas delvis eller helt (den här gången kan kylvätskan sparas för återanvändning) och spolas för att få bort problemet.

Kapitel 1 Del B: Rutinunderhåll och service – dieselmodeller

Innehåll

Svårighetsgrader

Enkelt, passer novisen med lite erfarenhet 	**Ganska enkelt,** passar nybörjaren med viss erfarenhet	**Ganska svårt,** passer kompetent hemmamekaniker 	**Svårt,** passer hemmamekaniker med erfarenhet 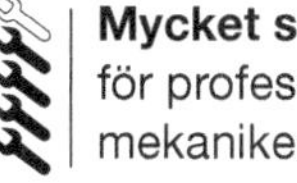	**Mycket svårt,** för professionell mekaniker 

Smörjmedel och vätskor

Se slutet av *Veckokontroller* på sidan 0•16

Volymer

Motorolja

Tömning och påfyllning inklusive filterbyte .... 6,5 liter

Kylsystem

Alla modeller .... 12,5 liter

Bränsletank

Alla modeller .... 70 liter (ungefär)

Kylsystem

Angiven frostskyddsblandning .... 50 % frostskyddsvätska/50 % vatten

Observera: Se kapitel 3 för ytterligare information.

Bromsar

Bromsklossbeläggens minimitjocklek .... 2,0 mm
Handbromsspakens spel efter justering .... 2 till 5 klick

Fjärrkontroll batteri

Typ .... CR 2032 3V

Däck

Däcktryck .... Se etiketten på insidan av tanklocksluckan/förardörrens dörrstolpe

Åtdragningsmoment

Åtdragningsmoment	Nm
Automatväxellådans oljedränerings-/påfyllningspluggar	35
Automatväxellådans nivåplugg (endast 6-växlad)	8
Drivremsspännare	20
Motoroljedräneringsplugg	35
Oljefilterkåpa	25
Hjulbultar	140

Underhållsintervallen i denna handbok förutsätter att arbetet utförs av en hemmamekaniker och inte av en verkstad. Dessa är genomsnittliga underhållsintervall som rekommenderas av tillverkaren för bilar som körs dagligen under normala förhållanden. Räkna med att intervallen varierar något beroende på i vilken miljö bilen används och vilka påfrestningar den utsätts för. Om bilen konstant ska hållas i toppskick bör vissa moment utföras oftare. Vi rekommenderar regelbundet underhåll eftersom det höjer bilens effektivitet, prestanda och andrahandsvärde.

Medan bilen är ny skall underhållsservice utföras av auktoriserad verkstad så att garantin ej förverkas. Biltillverkaren kan avslå garantianspråk om du inte kan bevisa att service har utförts på det sätt och vid de tidpunkter som har angivits, och då endast med originalutrustning eller delar som har godkänts som likvärdiga.

Om bilen körs på dammiga vägar, används till bärgning, körs mycket i kösituationer eller korta körsträckor, ska intervallerna kortas av.

Var 400:e km eller en gång i veckan

☐ *Se* Veckokontroller.

Var 15 000:e km eller var 12:e månad, det som inträffar först

☐ Byt motoroljan och filtret (avsnitt 3)

Observera: *Även om Volvo rekommenderar att motoroljan och filtret ska bytas var 30 000:e km eller var tolfte månad, är det bra för motorn om man utför täta olje- och filterbyten. Vi rekommenderar därför att du byter oljan med det intervall som anges här.*

Var 30 000:e km eller var 12:e månad, det som inträffar först

Observera: *Fram till och med årsmodell 2005 var detta intervall 20 000 km eller tolv månader.*

☐ Kontrollera bromsklossarnas skick (avsnitt 4).
☐ Undersök motorrummet noga efter oljeläckage (avsnitt 5).
☐ Kontrollera styrningens och fjädringens komponenter med avseende på skick och säkerhet (avsnitt 6).
☐ Kontrollera drivaxeldamaskernas skick (avsnitt 7)
☐ Undersök komponenterna till kopplingens hydraulsystem (avsnitt 8).
☐ Byt pollenfiltret (avsnitt 9).
☐ Kontrollera batteriets elektrolytnivå (avsnitt 10).
☐ Undersök underredet, bromsarnas hydraulrör och slangar samt bränsleledningarna (avsnitt 11).
☐ Kontrollera avgassystemet med avseende på skick och säkerhet (avsnitt 12)
☐ Kontrollera handbromsinställningen (avsnitt 13).
☐ Kontrollera skicket på säkerhetsbältena (avsnitt 14).
☐ Smörj låsen och gångjärnen (avsnitt 15).
☐ Kontrollera strålkastarinställningen (avsnitt 16).
☐ Kontrolera frostskyddsblandning (avsnitt 17).
☐ Återställ indikatorn för påminnelse om service (avsnitt 18).
☐ Landsvägsprov (avsnitt 19).
☐ Kontrollera luftkonditioneringssystemets funktion (avsnitt 20).
☐ Tappa ut vatten ur bränslefiltret (avsnitt 21).
☐ Byt fjärrkontrollens batteri (avsnitt 22).

Var 60 000:e km eller vart 2:e år, beroende på vad som kommer först

Observera: *Fram till och med årsmodell 2005 var detta intervall 40 000 km eller två år.*

Förutom de åtgärder som räknas upp ovan ska följande vidtas:

☐ Byt ut luftfiltret (avsnitt 23)
☐ Kontrollera växellådsoljans nivå – automatväxellåda (avsnitt 24)
☐ Byt ut bränslefiltret (avsnitt 25)

Var 150 000:e km eller vart 5:e år, beroende på vad som kommer först

Observera: *Fram till och med årsmodell 2005 var detta intervall 165 000 km eller 8 år.*

Förutom de åtgärder som räknas upp ovan ska följande vidtas:

☐ Byt kamrem och spännrulle (avsnitt 26).

Observera: *Vi rekommenderar att detta intervall förkortas på bilar som används intensivt, dvs. framförallt för kortare resor eller täta start och stopp. Det faktiska bytesintervallet för remmen är därför upp till den enskilde ägaren, men tänk på att allvarliga motorskador blir följden om remmen går sönder.*

☐ Byt ut drivremmen (avsnitt 27).

Vartannat år, oberoende av körsträcka

☐ Byt bromsoljan (avsnitt 28)

Vart 3:e år, oberoende av körsträcka

☐ Byt ut kylvätskan (avsnitt 28)

Observera: *Detta arbete ingår inte i Volvos schema, och ska inte behövas om man använder det frostskyddsmedel som Volvo rekommenderar.*

Översikt under motorhuven (D5244T motor)

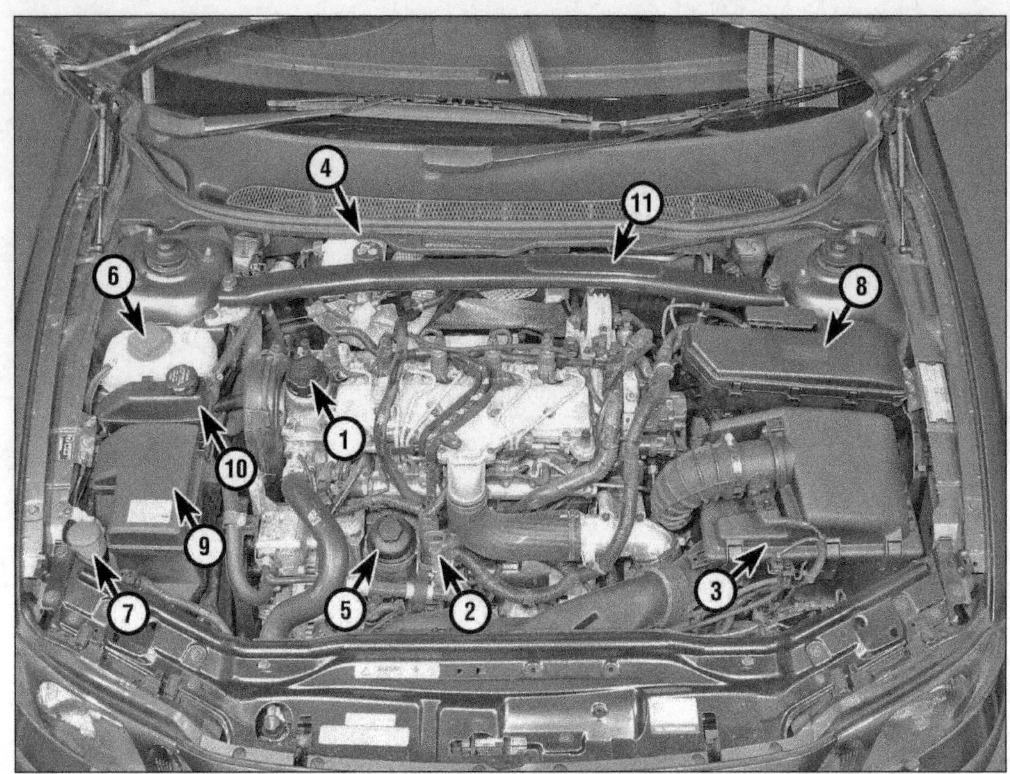

1 *Påfyllningslock för motorolja*
2 *Mätsticka för motorolja*
3 *Luftfilter*
4 *Broms- och kopplingsoljebehållare*
5 *Oljefilterkåpa*
6 *Kylsystemets expansionskärl*
7 *Spolarvätskebehållare*
8 *Motorns eldosa*
9 *ECM box*
10 *Behållare för servostyrningsvätska*
11 *Motorns tvärbalk*

Översikt över det främre underredet

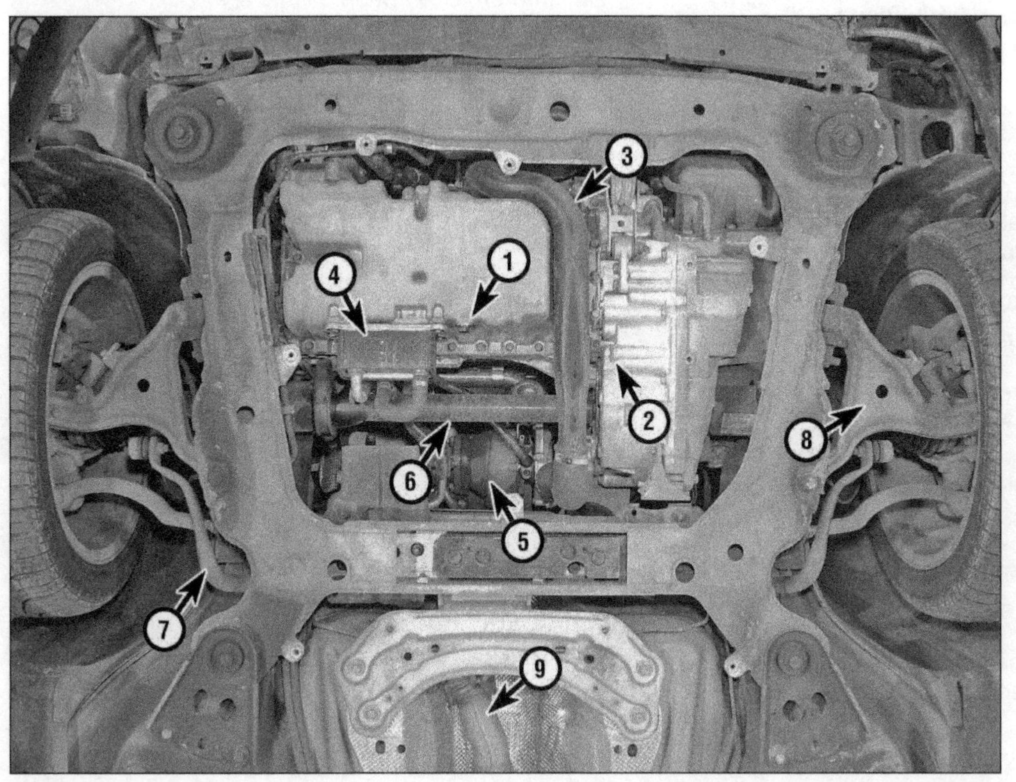

1 *Motorolje (sumpens) avtappningsplugg*
2 *Automatväxellådans dräneringsplugg*
3 *Laddluftrör*
4 *Oljekylare*
5 *Turboaggregat*
6 *Drivaxel*
7 *Krängningshämmare*
8 *Styrarm*
9 *Främre avgasrör*

Bakre underrede

1 *Bränsletank*
2 *Bakre ljuddämpare*
3 *Bakre krängningshämmare*
4 *Handbromsvajer*
5 *Hängarm*
6 *Styrstag*
7 *Nedre styrarm*
8 *Stötdämparens nedre fästmutter*
9 *Bränslefilter*

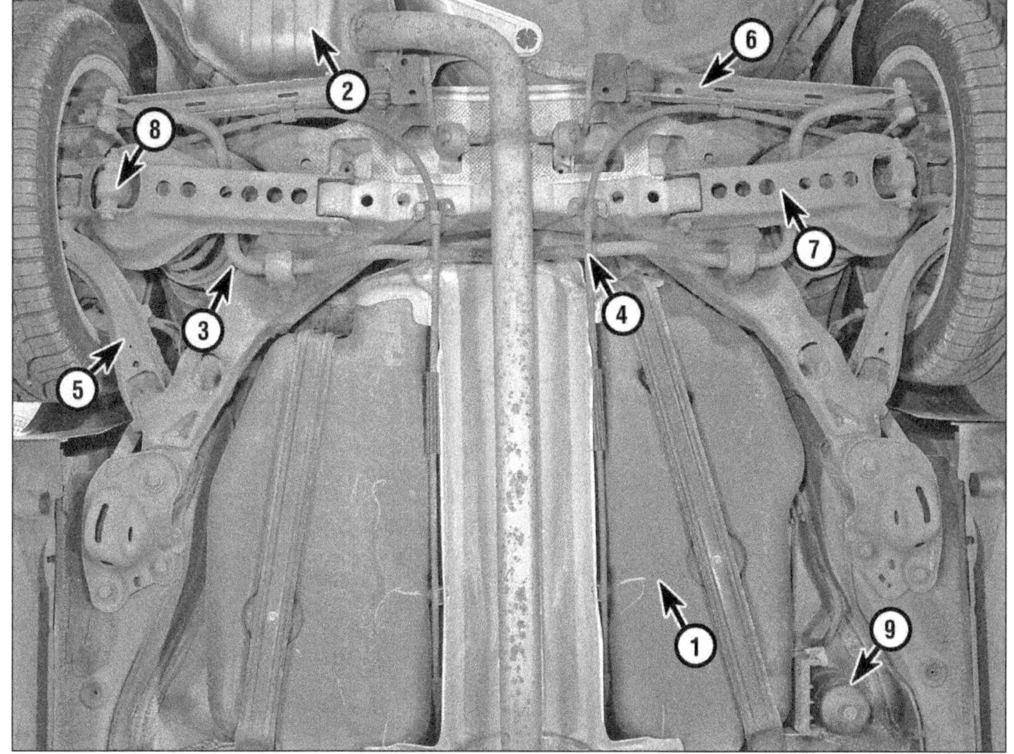

Underhållsprocedurer

1 Inledning

Detta kapitel är till för att hjälpa hemmamekanikern att underhålla bilen för ökad säkerhet, ekonomi, livslängd och högsta prestanda.

Kapitlet innehåller ett underhållsschema som följs av avsnitt som i detalj behandlar åtgärderna i schemat. Bland annat behandlas användbara saker som kontroller, justeringar och byte av delar.. På de tillhörande bilderna av motorrummet och bottenplattan visas de olika delarnas placering.

Underhåll av bilen enligt schemat för tid/ körsträcka och de följande avsnitten bör resultera i att bilen håller länge och uppträder pålitligt. Planen är heltäckande så om man väljer att bara underhålla vissa delar, men inte andra, vid angivna tidpunkter går det inte att garantera samma goda resultat.

Under arbetet med bilen kommer det att visa sig att många arbeten kan – och bör – utföras samtidigt, antingen på grund av den typ av åtgärd som ska utföras eller helt enkelt för att två separata delar råkar vara placerade nära varandra. Om bilen lyfts av någon orsak bör till exempel kontroll av avgassystemet utföras samtidigt som styrning och fjädring kontrolleras.

Första steget i detta underhållsprogram är att vidta förberedelser innan arbetet påbörjas. Läs igenom relevanta avsnitt, gör sedan upp en lista på vad som behövs och skaffa verktyg och delar. Om problem dyker upp, rådfråga en specialist på reservdelar eller vänd dig till återförsäljarens serviceavdelning.

Servicedisplay

Alla modeller är utrustade med en servicedisplay-indikator på instrumentbrädan. När en förutbestämd sträcka, tidsperiod eller ett förutbestämt antal timmar med motorn igång har förlupit sedan displayen senast återställdes kommer serviceindikatorn att tändas som påminnelse om när det är dags för nästa service.

Displayen behöver inte följas rigoröst för att avgöra när bilen behöver service, men den är bra som påminnelse så att den regelbundna servicen inte glöms bort av misstag. Äldre bilar eller bilar som inte körs så långt årligen kan behöva service oftare. I sådana fall är servicedisplayen mindre relevant.

2 Rutinunderhåll

1 Om underhållsschemat följs noga från det att bilen är ny och om vätske- och oljenivåerna och de delar som är utsatta för stort slitage kontrolleras enligt denna handboks rekommendationer, kommer motorn att hållas i bra skick och behovet av extra arbete minimeras.

2 Ibland går motorn dåligt på grund av bristande underhåll. Risken för detta ökar om bilen är begagnad och inte fått tät och regelbunden service. I sådana fall kan extra arbeten behöva utföras, utöver det normala underhållet.

3 Om motorn misstänks vara sliten ger ett kompressionsprov (se kapitel 2B) värdefull information om de inre huvuddelarnas skick. Ett kompressionsprov kan användas för att avgöra omfattningen på det kommande arbetet. Om provet avslöjar allvarligt inre slitage är det slöseri med tid och pengar att utföra underhåll på det sätt som beskrivs i detta kapitel, om inte motorn först renoveras (kapitel 2C).

4 Följande åtgärder är de som oftast behöver vidtas för att förbättra prestanda hos en motor som går dåligt:

I första hand

a) Rengör, undersök och kontrollera batteriet (se Veckokontroller och avsnitt 10).
b) Kontrollera alla motorrelaterade oljor och vätskor (se Veckokontroller).
c) Byt ut drivremmen (avsnitt 27).
d) Kontrollera luftrenarens filterelement och byt ut det om det behövs (avsnitt 23).
e) Byt bränslefilter (avsnitt 25).
f) Kontrollera skicket på samtliga slangar och leta efter läckor (avsnitt 5).

Sekundära åtgärder

5 Om ovanstående åtgärder inte ger fullständiga resultat, gör följande:

Alla åtgärder som anges under *I första hand*, samt följande:

a) Kontrollera laddningssystemet (kapitel 5A).
b) Kontrollera förvärmningsystemet (kapitel 5A).
c) Kontrollera bränslesystemet (kapitel 4B).

Var 15 000:e km eller var 12:e månad

3 Motorolja och filter – byte

Täta oljebyten är den bästa förebyggande åtgärden som hemmamekanikern kan göra för motorn. Gammal olja blir förorenad och utspädd vilket leder till förtida motorslitage.

1 Se till att alla nödvändiga verktyg finns tillgängliga innan arbetet påbörjas. Se även till att ha gott om trasor och tidningar till hands för att torka upp allt spill. Oljan ska helst bytas medan motorn fortfarande är uppvärmd till normal arbetstemperatur, just när den blivit körd; varm olja och varmt slam blir nämligen mer lättflytande. Se dock till att inte vidröra avgassystemet eller andra heta delar vid arbete under bilen. Använd handskar för att undvika skållning och för att skydda huden mot irritationer och skadliga föroreningar i begagnad motorolja.

2 Det går att komma åt bilens undersida om bilen kan lyftas, köras upp på en ramp eller ställas på pallbockar (se *Lyftning och stödpunkter*). Oavsett metod, se till att bilen står plant, eller om den lutar, att sumpens dräneringsplugg befinner sig nederst på motorn. Lossa skruvarna och ta bort motorns undre skyddskåpa för att komma åt sumpen och avtappningspluggen **(se bild)**.

3 Placera behållaren under dräneringspluggen och skruva loss pluggen **(se bild)**. Om det går, försök pressa pluggen mot sumpen när den skruvas loss för hand de sista varven.

Dra snabbt bort dräneringspluggen när den släpper från gängorna, så att oljan hamnar i kärlet och inte i tröjärmen!

4 Låt oljan rinna ut i behållaren och kassera pluggens tätningsbricka. En ny en måste användas

5 Ge den gamla oljan tid att rinna ut. Observera att det kan bli nödvändigt att flytta behållaren när oljeflödet minskar; när all olja har runnit ut, torka av dräneringspluggen och dess gängor i sumpen. Sätt sedan tillbaka pluggen med en ny tätningsbricka **(se bild)**, och dra åt den till angivet moment.

6 Oljefiltret sitter på motorns framsida och kan nås från ovan. Dra plastkåpan ovanpå motorn rakt uppåt för att lossa den från fästena.

7 Använd en hylsa på 36 mm eller en skiftnyckel och skruva loss filterkåpan och ta bort den, följt av det gamla filtret **(se bilder)**. Kasta filterkåpansa O-ringstätning, en ny måste.

8 Rengör insidan av filtret och kåpan med en ren, luddfri trasa.

9 Stryk på ett tunt lager ren motorolja på den nya O-ringstätningen och sätt dit den på filterkåpan **(se bild)**. Sätt in filtret i kåpan,

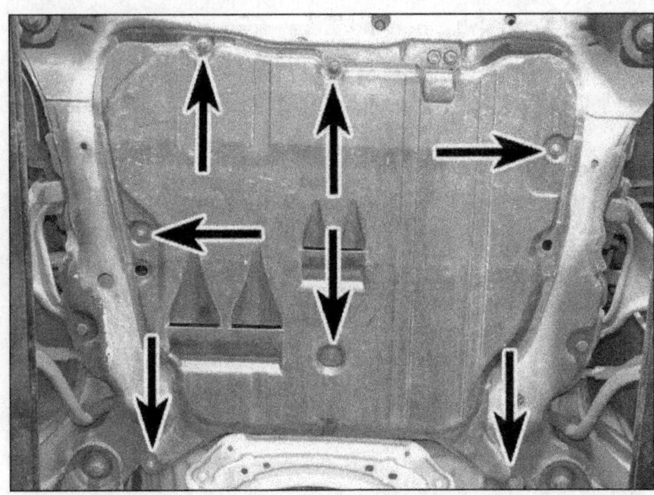

3.2 Skruva loss skruvarna och ta bort motorns undre skyddskåpa (markerad med pilar)

3.3 Skruva loss sumppluggen (markerad med pil)

3.5 Montera tillbaka pluggen med en ny tätningsbricka

3.7a Skruva loss filterkåpan . . .

3.7b . . . och ta bort filterelement

3.9 Sätt på den nya O-ringen på filterkåpan

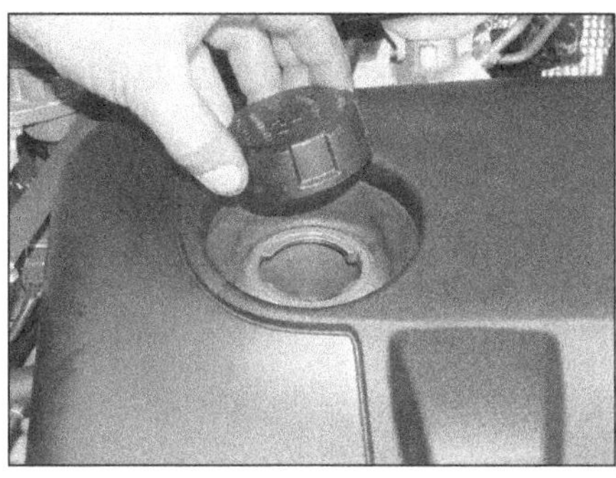
3.11a Skruva loss oljepåfyllningslocket

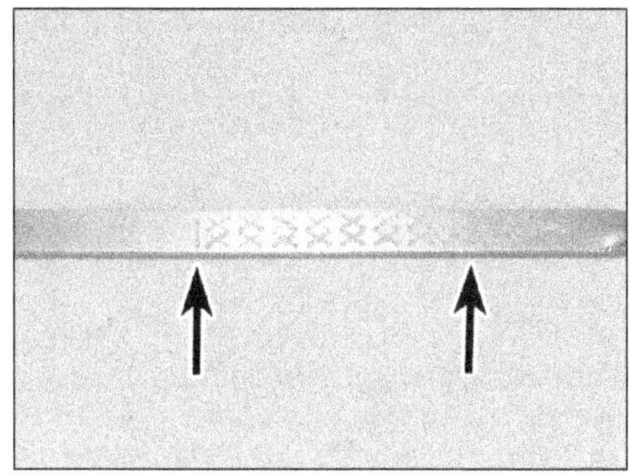
3.11b Max.- och min.-markeringar på mätstickan (markerad med pilar)

skruva sedan filterkåpan på plats på motorn och dra åt den till angivet moment.

10 Ta bort behållaren med gammal olja och verktygen under bilen. Sänk sedan ner bilen.

11 Ta bort mätstickan och oljepåfyllningslocket från motorn. Fyll motorn med rätt klass och typ av olja (se *Specifikationer*). Häll först i hälften av den angivna mängden olja. Vänta sedan några minuter så att oljan hinner rinna ner i sumpen. Fortsätt hälla i olja, lite i taget, tills nivån når upp till mätstickans nedre nivåmarkering. Om ytterligare ungefär 1,2 liter olja fylls på kommer nivån att höjas till stickans maximinivå **(se bild)**.

12 Starta motorn. Det tar några sekunder innan varningslampan för oljetryck slocknar eftersom filtret måste hinna fyllas med olja; starta inte motorn medan lampan lyser. Kör motorn i några minuter och leta under tiden efter läckor runt oljefiltertätningen och dräneringspluggen. Montera tillbaka motorns undre skyddskåpa.

13 Stäng av motorn och vänta ett par minuter på att oljan ska rinna tillbaka till sumpen. Kontrollera oljenivån igen när den nya oljan har cirkulerat och filtret är fullt. Fyll på mer olja om det behövs.

14 Ta hand om den använda motoroljan på ett säkert sätt och i enlighet med gällande miljöförordningar (se *Allmänna reparationsanvisningar*).

Var 30 000:e km eller var 12:e månad

4 Bromsklosslitage – kontroll

1 Lyft upp framvagnen eller bakvagnen i tur och ordning och ställ den på pallbockar (se *Lyftning och stödpunkter*).

2 Ta bort hjulen för att komma åt bromsoken bättre.

3 Titta genom inspektionsfönstret i bromsoket och kontrollera att friktionsbeläggens tjocklek på bromsklossarna inte understiger den rekommenderade minimitjocklek som anges i *Specifikationer* **(se bild)**. Om någon av bromsklossarna är nedsliten till eller under minimitjockleken måste, *alla fyra bromsklossarna bytas ut samtidigt (d.v.s. alla främre bromsklossar eller alla bakre bromsklossar.*

4 Om en fullständig kontroll ska utföras bör bromsklossarna demonteras och rengöras. Bromsklossarnas funktion kan då kontrolleras och bromsskivorna kan undersökas noga. Se kapitel 9 för mer information.

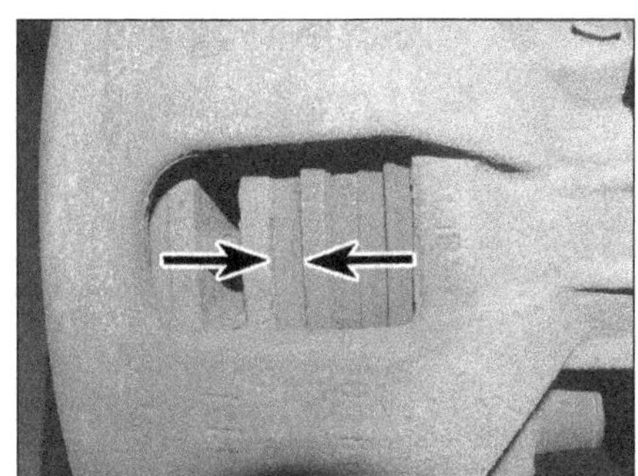
4.3 Kontrollera bromskloss friktionsmaterial tjocklek (pilar)

En läcka i kylsystemet syns normalt som vita eller frostskydsmedelfärgade avlagringar på området runt läckan

5 Kontroll under motorhuven – slangar och läckage

Varning: Byte av luftkonditioneringens slangar måste överlåtas till återförsäljarens verkstad eller till en specialist på luftkonditionering med tillgång till utrustning för att tryckutjämna systemet på ett säkert sätt. Ta aldrig bort slangar eller komponenter från luftkonditioneringen innan systemet har tryckutjämnats.

Allmänt

1 Höga temperaturer i motorrummet kan leda till att slangar av gummi och plast åldras. Kontrollera alla sådana slangar regelbundet och leta efter sprickor, lösa klämmor, hårdnat material och läckor.

2 Kontrollera noggrant de stora övre och nedre kylarslangarna **(se Haynes tips)**, liksom kylsystemets andra mindre slangar och metallrör. glöm inte värmeslangarna/rören som går från motorn till mellanväggen. Undersök varje slang i dess helhet och byt ut de slangar som är spruckna, som har svällt eller som visar tecken på att ha torkat. Eventuella sprickor syns bättre om slangen kläms ihop.

3 Se till att alla slanganslutningar sitter ordentligt. Om fjäderklämmorna som används för att fästa vissa av slangarna verkar sitta löst ska de bytas ut mot klämmor av skruvtyp för att förhindra att läckor uppstår.

4 Vissa av de övriga slangarna sitter fästa med klämmor av skruvtyp. Om klämmor av skruvtyp används ska dessa kontrolleras så att de inte har lossnat och läckage uppstått. Om inga klämmor används måste slangarna kontrolleras så att de inte har förstorats och/ eller hårdnat där de sitter över anslutningarna och på så sätt gett upphov till läckor.

5 Kontrollera alla olje- och vätskebehållare, påfyllningslock, dräneringspluggar och fästen etc. Leta efter tecken på läckage av olja, hydraulvätska från växellådan eller bromsarna, kylvätska och servostyrningsvätska. Om bilen regelbundet parkeras på samma plats, visar en närmare kontroll av marken under bilen om det förekommer några läckor. bry dig inte om den vattenpöl som luftkonditioneringssystemet lämnar efter sig. Så snart en läcka har upptäckts måste orsaken spåras och åtgärdas. Om olja har fått läcka en tid krävs ofta en ångtvätt, högtryckstvätt eller liknande för att det ska gå att tvätta bort den samlade smutsen så att den exakta källan till läckan kan lokaliseras.

Vakuumslangar

6 Vakuumslangar, särskilt i avgassystemet, är ofta märkta med nummer eller färgkoder, eller med färgade ränder. Olika system kräver slangar med olika väggtjocklek, hållbarhet och temperaturtålighet. När slangarna byts ut ska de alltid ersättas med nya slangar av samma typ och material.

7 Ofta måste en slang tas bort helt från bilen för att kunna kontrolleras effektivt. Om fler än en slang tas bort måste slangarna och fästena märkas så att återmonteringen blir korrekt.

8 Kom ihåg att också kontrollera alla T-anslutningar av plast när vakuumslangarna kontrolleras. Undersök fästena och leta efter sprickor och kontrollera slangarna där de sitter över fästena så att de inte är åldrade och kan börja läcka.

9 En bit vakuumslang kan användas som stetoskop för att avslöja vakuumläckage. Håll ena änden av slangen mot örat och sondera området runt vakuumslangarna och deras anslutningar. Lyssna efter det karaktäristiska väsande som hörs från vakuumläckage.

Varning: Var noga med att inte låta "stetoskopslangen" komma i kontakt med rörliga motorkomponenter som drivremmen, kylarfläkten etc.

Bränsleslangar

Varning: Innan arbetet påbörjas, se föreskrifterna i Säkerheten främst! i början av denna handbok och följ dem till punkt och pricka. Bensin är en ytterst brandfarlig vätska och säkerhetsföreskrifterna för hantering kan inte nog betonas.

10 Kontrollera alla bränsleslangar och leta efter tecken på åldrande och skavning. Leta extra noga efter sprickor på de ställen där slangarna böjs och precis framför fästen, som t.ex. där en slang sitter fast vid bränslefiltret.

11 Bränsleledningar av hög kvalitet, ofta med ordet Fluoroelastomer tryckt på slangen, ska användas om någon bränsleledning måste bytas ut. Använd aldrig under några som helst förhållanden oförstärkt vakuumslang, genomskinliga plaströr eller vattenslangar som bränsleledningar.

12 Klämmor av fjädertyp används ofta till bränsleledningar. Dessa klämmor förlorar ofta sin spänning med tiden och kan töjas ut vid demonteringen. Byt ut alla klämmor av fjädertyp mot klämmor av skruvtyp när en slang byts ut.

13 Kom ihåg att en misstänkt bränsleläcka är lättare att upptäcka när systemet är helt trycksatt, som när motorn är igång eller strax efter att motorn stängts av.

Metalledningar

14 Metallrör används ofta som bränsleledningar mellan bränslefiltret och motorn. Kontrollera noga att metallrören inte är böjda eller veckade, och att de inte börjat spricka.

15 Om en bränsleledning av metall måste bytas ut ska endast skarvlösa stålrör användas, eftersom koppar- och aluminiumrör inte är tillräckligt starka för att hålla för normala motorvibrationer.

16 Kontrollera bromsledningarna av metall efter sprickor i ledningarna eller lösa anslutningar på de ställen där de leder in i huvudcylindern och ABS-systemets hydraulenhet. Alla tecken på bromsoljeläckage kräver omedelbar och noggrann kontroll av hela bromssystemet.

6 Styrning och fjädring – kontroll

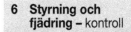

Framfjädring och styrning

1 Dra åt handbromsen. Lyft upp framvagnen och ställ den på pallbockar (se *Lyftning och stödpunkter*).

2 Undersök spindelledernas dammskydd och styrinrättningens damasker. De får inte vara spruckna eller skavda och gummit får inte ha torkat **(se bild)**. Slitage på någon av dessa delar gör att smörjmedel läcker ut och att smuts och vatten kan tränga in, vilket snabbt sliter ut spindellederna eller styrinrättningen.

3 Kontrollera servostyrningens oljeslangar och leta efter tecken på skavning och åldrande och undersök rör- och slanganslutningar efter oljeläckage. Leta även efter läckor under tryck från styrinrättningens gummidamasker, vilket indikerar trasiga tätningar i styrinrättningen.

4 Leta efter tecken på oljeläckage runt fjäderbenets hus, eller från gummidamasken runt vevstaken (i förekommande fall). Om det finns spår av olja är stötdämparen defekt och ska bytas.

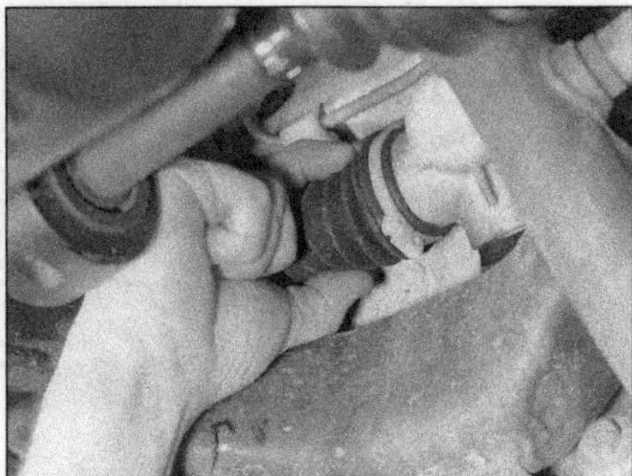

6.2c Kontrollera skicket på kuggstångsdamaskerna

6.5 Greppa sedan hjulet längst upp och längst ner och försök rucka på det igen.

5 Ta tag i hjulet längst upp och längst ner och försök vicka på det **(se bild)**. Ett ytterst litet spel kan märkas, men om rörelsen är stor krävs en närmare undersökning för att fastställa orsaken. Fortsätt rucka på hjulet medan en medhjälpare trycker på bromspedalen. Om spelet försvinner eller minskar markant är det troligen fråga om ett defekt hjullager. Om spelet finns kvar när bromsen är nedtryckt rör det sig om slitage i fjädringens leder eller fästen.

6 Greppa sedan hjulet på sidorna och försök rucka på det igen. Märkbart spel beror antingen på slitage på hjullager eller styrstagets spindelleder. Om den yttre styrstagsänden är sliten är det synliga spelet tydligt. Om den inre drivknuten misstänks vara defekt, kan detta kännas genom att man lägger en hand på kuggstångens gummidamask och tar tag i styrstaget. När hjulet ruckas kommer rörelsen att kännas vid den inre spindelleden om den är sliten.

7 Använd en stor skruvmejsel eller ett plattjärn och leta efter glapp i fjädringsfästenas bussningar genom att bända mellan relevant komponent och dess fästpunkt. En viss rörelse är att vänta eftersom bussningarna är av gummi, men eventuellt större slitage visar sig tydligt. Kontrollera även skicket på synliga gummibussningar, leta efter bristningar, sprickor eller föroreningar i gummit.

8 Ställ bilen på marken och låt en medhjälpare vrida ratten fram och tillbaka ungefär en åttondels varv åt vardera hållet. Det ska inte finnas något, eller bara ytterst lite, spel mellan rattens och hjulens rörelser. Om spelet är större ska spindellederna och fästena som beskrivs ovan undersökas noga. Dessutom ska rattstångens kardanknutar kontrolleras och leta efter tecken på slitage och kuggstångsstyrningens drev kontrolleras.

9 Stötdämparens effektivitet kan kontrolleras genom att bilen gungas i de båda främre hörnen. I normala fall ska bilen återta planläge och stanna efter en nedtryckning. Om den höjs och återvänder med en studs är troligen stötdämparen defekt. Undersök även om stötdämparens övre och nedre fästen visar tecken på slitage eller oljeläckage.

Bakfjädring

10 *Klossa framhjulen och ställ bakvagnen på pallbockar (se* Lyftning och stödpunkter).

11 Kontrollera de bakre hjullagren efter slitage. Använd samma metod som beskrevs för de främre hjullagren (punkt 5).

12 Använd en stor skruvmejsel eller ett plattjärn och leta efter glapp i fjädringsfästenas bussningar genom att bända mellan relevant komponent och dess fästpunkt. En viss rörelse är att vänta eftersom bussningarna är av gummi, men eventuellt större slitage visar sig tydligt. Kontrollera stötdämparnas skick enligt beskrivningen ovan.

7 Drivaxeldamask - kontroll

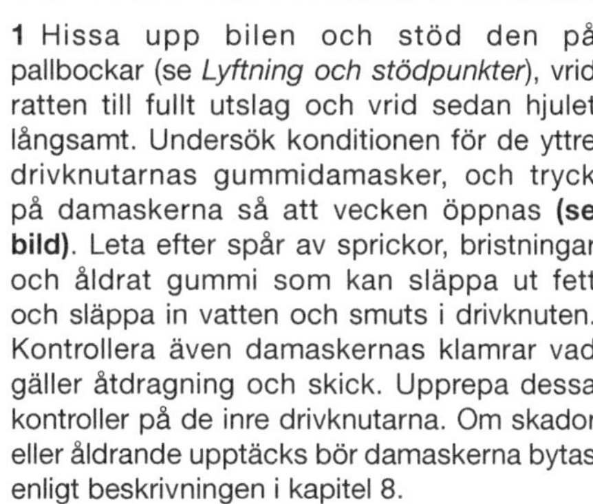

1 Hissa upp bilen och stöd den på pallbockar (se *Lyftning och stödpunkter*), vrid ratten till fullt utslag och vrid sedan hjulet långsamt. Undersök konditionen för de yttre drivknutarnas gummidamasker, och tryck på damaskerna så att vecken öppnas **(se bild)**. Leta efter spår av sprickor, bristningar och åldrat gummi som kan släppa ut fett och släppa in vatten och smuts i drivknuten. Kontrollera även damaskernas klamrar vad gäller åtdragning och skick. Upprepa dessa kontroller på de inre drivknutarna. Om skador eller åldrande upptäcks bör damaskerna bytas enligt beskrivningen i kapitel 8.

2 Kontrollera samtidigt drivknutarnas allmänna skick genom att hålla fast drivaxeln och samtidigt försöka vrida hjulet. Håll sedan fast innerknuten och försök vrida på drivaxeln.

7.1 Kontrollera drivaxeldamaskernas skick (markerad med pil)

Varje märkbar rörelse är ett tecken på slitage i drivknutarna, slitage i drivaxelspårningen eller på lösa fästmuttrar till drivaxeln.

8 Kopplingens hydraulik - kontroll

1 Kontrollera att kopplingspedalen rör sig mjukt och lätt hela vägen, och att själva kopplingen fungerar som den ska, utan att slira eller dra.

2 Skruva loss de båda skruvarna och ta bort den nedre instrumentbrädan (ovanför pedalerna) för att komma åt kopplingspedalen, och stryk på ett par droppar tunn olja på pedalens svängtapp. Montera panelen.

3 Arbeta i motorrummet och kontrollera skicket på vätskerören och slangarna.

9 Pollenfilter - byte

1 Skruva loss de två skruvarna och ta bort passagerarsidans nedre panel från instrumentbrädan **(se bild)**.

2 Skruva loss de fyra skruvarna, ta bort kåpan och dra pollenfiltret nedåt från värmeenhetens hus **(se bilder)**.

3 Observera att pollenfiltret har två möjliga placeringar i värmeenhetens hus. Standardfilter sitter i det smalare av husets båda spår, medan

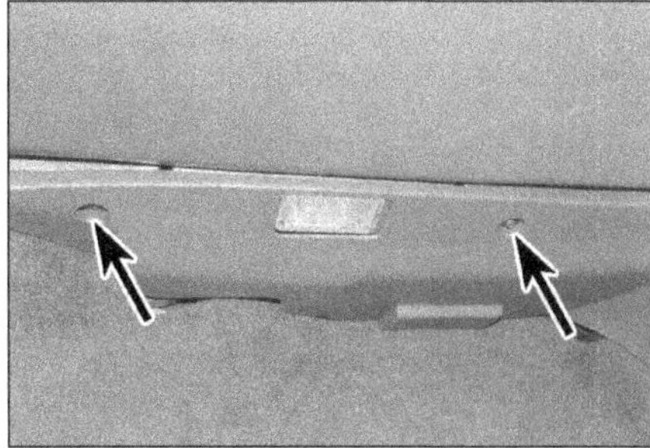

9.1 Skruva loss de två 2 skruvarna (markerad med pilar) och demontera den nedre instrumentbrädan på passagerarsidan.

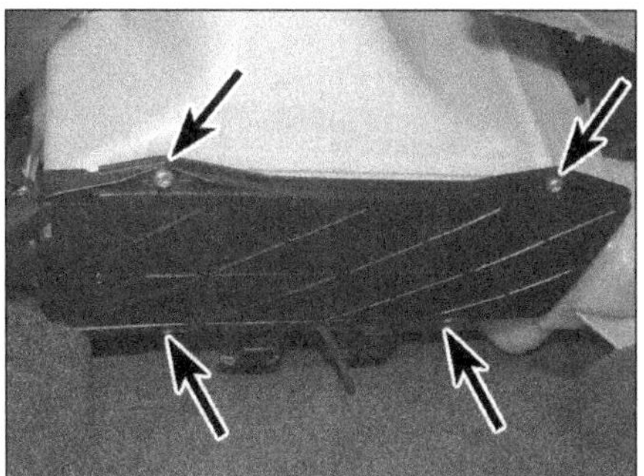

9.2a Skruva loss pollenfilterkåpans skruvar (markerad med pilar) . . .

9.2b . . . och skjut filtret nedåt

10.4 Skruva loss cellkåporna (markerad med pilar)

multifilter (bilar med luftkvalitetsgivare) sitter i det bredare av spåren. **Observera:** *Man får aldrig använda standardfilter och multifilter tillsammans.*

4 Skjut dit filtret på plats och sätt tillbaka höljet och dra åt fästskruvarna ordentligt.

5 Montera tillbaka den nedre instrumentbrädespanelen.

10 Batteriets elektrolytnivå – kontroll

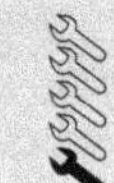

Varning: Elektrolyten i ett batteri består av utspädd syra och det är klokt att använda gummihandskar under hanteringen. Fyll inte battericellerna för mycket så att elektrolyten svämmar över. Vid spill måste elektrolyten sköljas bort omedelbart. Montera locken till battericellerna och skölj batteriet med stora mängder rent vatten. Försök inte sifonera ut överflödig elektrolyt.

1 Batteriet är placerat under golvet i bagageutrymmet. Lyft upp golvet och lossa i förekommande fall kåpan från batteriet.

2 Vissa modeller som tas upp av denna handbok kan ha ett underhållsfritt batteri som standardutrustning, eller kan ha ett monterat som ersättning. Om batteriet är märkt med "Freedom", "Maintenance-Free" eller något liknande behöver inte elektrolytnivån kontrolleras (batteriet är ofta fullständigt förseglat och kan inte fyllas på).

3 Batterier där elektrolytnivån måste kontrolleras känns igen på de löstagbara locken över de sex battericellerna. Ibland är dessutom batterihöljet genomskinligt för att elektrolytnivån ska gå att kontrollera lättare. En av exempelbilarna i vår verkstad hade ett batteri som var märkt med "maintenance-free", men som ändå hade löstagbara lock till cellerna. I det här fallet gäller att elektrolytnivån ska kontrolleras enligt ovan, men kontakta en Volvoverkstad om batteriet behöver fyllas på.

4 Ta loss locken från cellerna och titta antingen in i batteriet för att kontrollera nivån, eller kontrollera nivån med markeringarna på batterihuset **(se bild)**. Elektrolyten ska täcka batteriplattorna med ungefär 15 mm.

5 Om batteriet behöver fyllas på ska det fyllas på med destillerat vatten lite i taget, tills

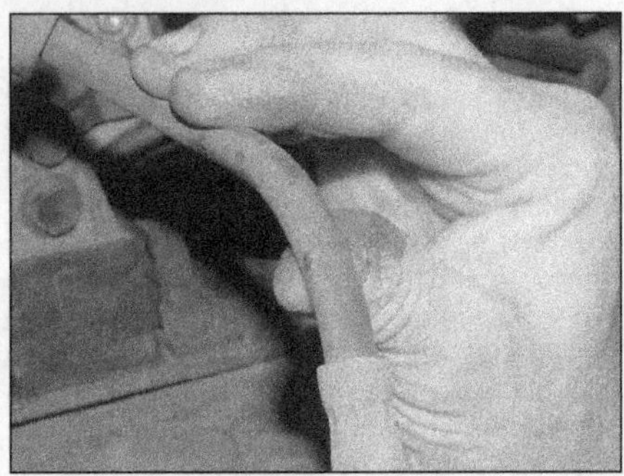

11.5 Kontrollera skicket på bromsslangarna

nivån är korrekt i alla sex cellerna. Fyll inte på cellerna upp till kanten. Torka upp eventuellt spill och sätt tillbaka locken.

6 Ytterligare information om batteri, laddning och starthjälp finns i början av den här handboken och i kapitel 5A.

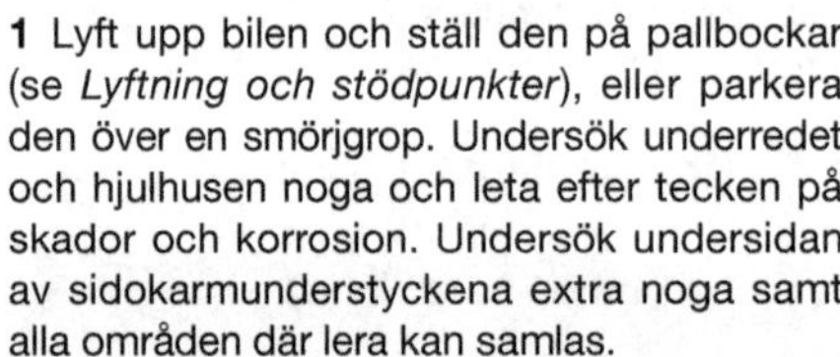

11 Underrede och bränsle-/bromsledning – kontroll

1 Lyft upp bilen och ställ den på pallbockar (se *Lyftning och stödpunkter*), eller parkera den över en smörjgrop. Undersök underredet och hjulhusen noga och leta efter tecken på skador och korrosion. Undersök undersidan av sidokarmunderstyckena extra noga samt alla områden där lera kan samlas.

2 Om tydlig korrosion och rost förekommer, tryck och knacka på den angripna panelen med en skruvmejsel och kontrollera om angreppet är så allvarligt att panelen behöver repareras. Om panelen inte är allvarligt angripen räcker det med att tvätta bort rosten och applicera ett nytt lager med underredsbehandling. I kapitel 11 finns mer information om karossreparationer.

3 Undersök samtidigt skicket på de behandlade, nedre karosspanelerna och leta efter stenskott.

4 Undersök alla olje- och bromsledningar på underredet och leta efter skador, rost, korrosion och läckage. Se även till att de sitter ordentligt i sina klämmor. Kontrollera om PVC-lagret på ledningarna är skadat, där ett sådant finns.

12.2 Se till att alla avgassystemets gummifästen är i gott skick

5 Undersök bromsslangarna i närheten av de främre bromsoken och bakaxeln, där de utsätts för störst rörelser **(se bild)**. Böj dem mellan fingrarna (men böj dem inte för mycket, då kan höljet skadas) och kontrollera att inga sprickor, skåror eller delningar förekommer.

12 Avgassystem – kontroll

1 Se till att motorn är kall (det ska ha gått minst tre timmar sedan den kördes). Kontrollera hela avgassystemet från startpunkten till slutet av det bakre avgasröret. Detta ska helst utföras på en lyft där man har obehindrad åtkomst. Om det inte finns någon lyft tillgänglig lyfter du upp och stöder fordonet på pallbockarna (se *Lyftning och stödpunkter*).

2 Kontrollera rören och anslutningarna efter tecken på läckor, allvarlig korrosion eller skador. Kontrollera att alla byglar och gummifästen är i god kondition och att de sitter ordentligt; om något av fästena ska bytas, se till att de nya fästena är av rätt typ **(se bild)**. Läckage i någon fog eller annan del visar sig vanligen som en sotfläck i närheten av läckan.

3 Undersök samtidigt bilens undersida efter hål, korrosion, öppna skarvar och liknande som kan leda till att avgaser kommer in i passagerarutrymmet. Täta alla karossöppningar med silikon eller karosskitt. Ta hänsyn till värmen från avgassystemet och avgaserna.

4 Skaller och andra missljud kan ofta härledas till avgassystemet, speciellt till gummifästen. Försök rubba systemet, ljuddämparen/-dämparna och katalysatorn. Om några komponenter kan komma i kontakt med karossen eller fjädringen ska avgassystemet säkras med nya fästen.

13 Handbroms – kontroll och justering

När handbromsen är åtdragen ska den vara åtdragen med ungefär 5 hack på handbromsspakens tandning. Handbromsen behöver justeras regelbundet för att kompensera för slitage och töjning av vajern. Se kapitel 9 för information om hela justeringsproceduren.

14 Säkerhetsbälte – kontroll

1 Kontrollera att säkerhetsbältena fungerar ordentligt och är i gott skick. Undersök om bältesväven är fransad eller har revor. Kontrollera att bältena dras tillbaka mjukt och inte kärvar i spolarna.

2 Kontrollera säkerhetsbältenas fästen och se till att alla bultar är ordenligt åtdragna.

15 Dörr, baklucka och motorhuv - kontroll och smörjning

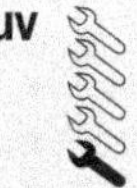

1 Kontrollera att dörrarna, motorhuven och bakluckan går att stänga ordentligt. Kontrollera att motorhuvens säkerhetsspärr fungerar som den ska. Kontrollera att dörrhållarremmarna fungerar.
2 Smörj gångjärnen, dörrhållarremmarna, låsblecken och motorhuvens spärr lätt med lite olja eller fett.
3 Om någon av dörrarna eller motorhuven inte går att stänga helt, eller inte är i samma nivå som de omgivande panelerna, ska relevanta justeringar utföras Frostskyddsvätskans koncentration – kontrollenligt beskrivningen i kapitel 11.

16 Strålkastarinställning - kontroll

Korrekt inställning av strålkastarna kan endast utföras med optisk utrustning och ska därför överlåtas till en Volvo-verkstad eller en annan lämpligt utrustad verkstad.

Grundläggande inställning kan göras i nödfall. Ytterligare information finns i kapitel 12.

17 Frostskyddsvätskans koncentration - kontroll

1 Kylsystemet ska fyllas på med rekommenderat frostskyddsmedel och rostskyddsvätska. Efter ett tag kan vätskans koncentration sjunka på grund av påfyllningar (detta kan man undvika genom att fylla på med rätt blandning av frostskyddsmedel) eller vätskeförlust. Om det är uppenbart att kylvätskan har läckt är det viktigt att man utför de reparationer som krävs innan man fyller på med ny vätska. Exakt vilken blandning av frostskyddsvätska och vatten som ska användas beror på väderförhållandena. Blandningen ska innehålla minst 40 % frostskyddsmedel, men inte mer än 70 %. Läs uppställningen över blandningsförhållanden på behållaren till frostskyddsmedlet innan du fyller på kylvätska. En hydrometer (vattenprovare) för att testa kylvätskan kan köpas i de flesta tillbehörsbutiker. Använd frostskyddsvätska som uppfyller biltillverkarens specifikationer.
2 När motorn är helt kall kan expansionskärlets påfyllningslock försiktigt tas bort. Om motorn inte är helt kall, lägg en trasa över locket innan du tar bort det, och ta bort locket långsamt så att eventuellt tryck kan ta sig ut.
3 Frostskyddsmedelmätarna går att köpa i biltillbehörsbutiker. Dra upp lite kylvätska från expansionskärlet och observera hur många plastbollar som flyter i testverktyget **(se bild)**. Normalt sett ska två eller tre bollar flyta om frostskyddsmedlets koncentration är korrekt, men följ tillverkarens instruktioner.
4 Om koncentrationen är felaktig måste man antingen ta bort en del kylvätska och fylla på frostskyddsmedel, eller tömma ut den gamla kylvätskan och fylla på ny kylvätska i rätt koncentration.

18 Indikator för påminnelse om service - återställning

Årsmodell 2001

1 Vrid tändningsnyckeln till läge I.
2 Tryck in trippmätarens återställningsknapp och håll den intryckt. Vrid sedan tändningslåset till läge II.
3 Indikatorn för påminnelse om service börjar blinka när knappen har varit intryckt i cirka 10 sekunder. Släpp knappen inom 5 sekunder. Det hörs en ljudsignal när återställningen är slutförd.

Från årsmodell 2002

4 Vrid tändningsnyckeln till läge I.
5 Tryck in trippmätarens återställningsknapp och håll den intryckt. Vrid sedan tändningslåset till läge II inom 2 sekunder.
6 Håll in återställningsknappen tills indikatorn har återställts. På modeller från 2003 tänds en gul lampa i instrumentsamlingen när knappen ska släppas. Släpp återställningsknappen inom 4 sekunder. Det hörs en ljudsignal när återställningen är slutförd.

19 Landsvägsprov

Bromssystem

1 Kontrollera att bilen inte drar åt ena hållet vid inbromsning, och att hjulen inte låser sig vid hård inbromsning.
2 Kontrollera att ratten inte vibrerar vid inbromsning. Observera att det är normalt att känna vissa vibrationer genom bromspedalen vid kraftig inbromsning. Vibrationerna uppstår när de låsningsfria bromsarna (ABS-systemet) arbetar och är normalt inte ett tecken på att något är fel.
3 Kontrollera att handbromsen fungerar ordentligt, utan för stort spel i spaken, och att den kan hålla bilen stillastående i en backe.

17.3 Använd en hydrometer för att kontrollera frostskyddsmedlets styrka

4 Kontrollera bromsservoenhetens funktion enligt följande, med motorn avstängd. Tryck ner fotbromsen fyra eller fem gånger för att släppa ut vakuumet. Starta sedan motorn. När motorn startar ska pedalen ge efter märkbart medan vakuumet byggs upp. Låt motorn gå i minst två minuter och stäng sedan av den. Om bromspedalen nu trycks ner igen ska det gå att höra ett väsande ljud från servon medan pedalen trycks ner. Efter ungefär fyra eller fem nedtryckningar ska väsandet inte längre höras, och pedalen ska kännas betydligt fastare.

Fjädring och styrning

5 Leta efter onormalt uppträdande i styrning, fjädring, köregenskaper eller "vägkänsla".
6 Kör bilen och var uppmärksam på ovanliga vibrationer eller ljud.
7 Kontrollera att styrningen känns bra, utan överdrivet fladder eller kärvningar, och lyssna efter fjädringsmissljud vid kurvtagning och gupp.

Drivaggregat

8 Kontrollera funktionen hos motorn, växellådan och kardanaxeln.
9 Kontrollera att motorn startar som den ska både när den är kall och när den är varm. På modeller med automatväxellåda, kontrollera att motorn startar bara med väljarspaken i läge P.
10 Lyssna efter onormala ljud från motorn och växellådan.
11 Kontrollera att motorn går jämnt på tomgång, och att den inte tvekar vid acceleration.
12 Kontrollera att alla växlar kan läggas i jämnt och utan missljud, och att växelspakens rörelse inte är onormalt vag eller hackig.
13 På modeller med automatväxellåda, kontrollera att drivningen verkar smidig utan att hoppa och utan att motorvarvtalet ökar. Kontrollera att alla växellägen kan väljas när bilen står still.

Koppling

14 Kontrollera att kopplingspedalen rör sig mjukt och lätt hela vägen, och att själva kopplingen fungerar som den ska, utan att slira eller dra. Om rörelsen är ojämn eller stel på vissa ställen ska systemets komponenter undersökas enligt instruktionerna i kapitel 6.

Instrument och elektrisk utrustning

15 Kontrollera funktionen hos alla instrument och den elektriska utrustningen.
16 Kontrollera att instrumenten ger korrekt information och aktivera all elektrisk utrustning i tur och ordning för att kontrollera att den fungerar som den ska.

20 Luftkonditioneringssystem kontroll

Varning: Luftkonditionerings-systemet är mycket högt trycksatt. Lossa inte några fästen och ta inte bort några komponenter förrän

21.1a Dräneringsskruv (pil) – kolkanister typ bränslefilter . . .

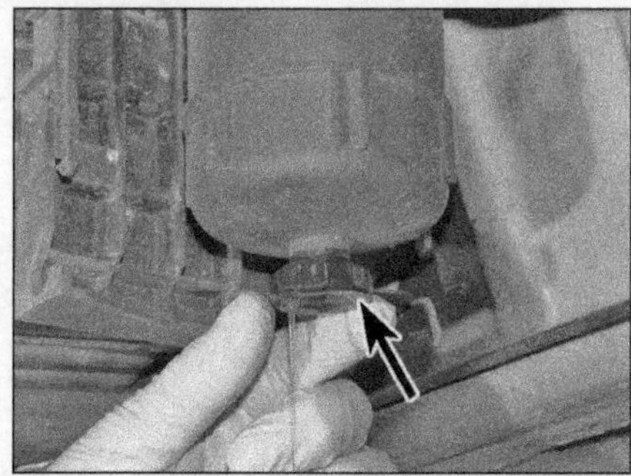
21.1b . . . och bränslefilter av papperstyp (se pil)

systemet har tömts. Luftkonditioneringens kylmedia måste kastas i en särskild sorts godkänd behållare, på en verkstad eller hos en specialist på luftkonditioneringssystem med möjlighet att hantera kylmediat säkert. Bär alltid skyddsglasögon när luftkonditioneringssystemet komponenter lossas.

1 Följande underhållskontroller ska utföras regelbundet för att systemet ska fortsätta fungera med största möjliga effektivitet:

a) Kontrollera drivremmen. Om den är sliten eller åldrad ska den bytas ut (se avsnitt 27).

b) Kontrollera systemets slangar. Leta efter sprickor, bubblor, hårdnader och tecken på åldrande. Undersök slangarna och alla fästen efter oljebubblor och genomsippring. Vid tecken på slitage, skador eller läckage ska slangen/slangarna bytas ut.

c) Undersök om kondensorflänsarna är förorenade av löv, insekter eller annat. Använd en borste eller tryckluft för att rengöra kondensorn.

Varning: Bär skyddsglasögon vid arbete med tryckluft.

d) Kontrollera att dräneringsröret från förångarens främre del inte är igentäppt. Observera att medan systemet arbetar är det normalt att klar vätska (vatten) droppar från röret i sådan mängd att en ganska stor vattenpöl kan bildas under bilen när den står parkerad.

2 Det är klokt att låta systemet arbeta i ungefär 30 minuter minst en gång i månaden, särskilt under vintern. Om systemet inte använts på länge kan tätningarna hårdna och sluta fungera.

3 Eftersom luftkonditioneringssystemet är mycket komplext och det behövs specialutrustning för att serva det, behandlas inte några större ingrepp i den här handboken, förutom de procedurer som tas upp i kapitel 3.

4 Den vanligaste orsaken till dålig kylning är att systemet helt enkelt innehåller för lite kylmedia. Om en försämring av luftkylningen kan märkas kan följande snabba kontroll vara till hjälp för att avgöra om kylmedienivån är låg.

5 Värm upp motorn till normal arbetstemperatur.

6 Ställluftkonditioneringenstemperaturreglage i det kallaste läget och vrid upp fläkten så högt det går. Öppna dörrarna så att luftkonditioneringssystemet inte stängs av så snart det har kylt ner passagerarutrymmet.

7 Låt kompressorn vara igång och känn på dess insugnings- och utloppsrör. Kopplingen kommer att ge ifrån sig ett klickande och mitten av kopplingen kommer att rotera. En sida ska vara kall och den andra varm. Om det inte är någon kännbar skillnad mellan de två rören en är någonting fel på kompressorn eller systemet. Det kan bero på för lite kylmedium, men det kan också bero på något annat. Ta bilen till en verkstad eller till en specialist på luftkonditioneringar.

21 Töm vatten från bränslefiltret

1 Bränslefiltret sitter till höger under bilen, precis framför bakhjulet. Placera ett kärl under filtret och lossa dräneringsskruven på filtrets undersida **(se bilder)**.

2 Tappa ur ungefär 100 dl of vätska och dra åt dräneringsskruven.

3 Starta motorn och leta efter läckor.

22 Fjärrkontroll batteri – byte

22.1 Skruva loss torxbultarna (markerad med pil) och ta bort kåpan

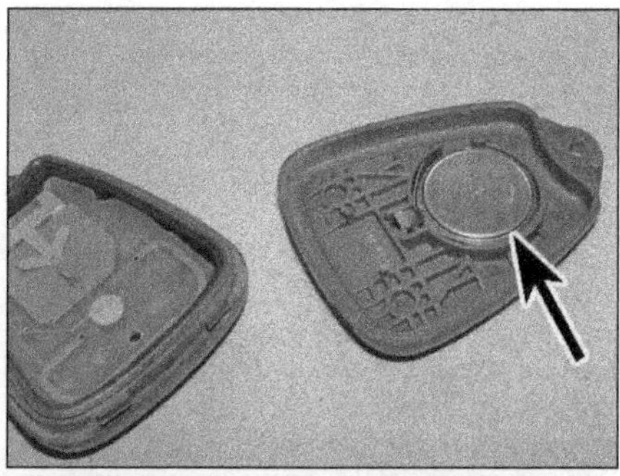
22.2 Batteriet (se pil) passar med den positiva sidan vänd nedåt i hörnet

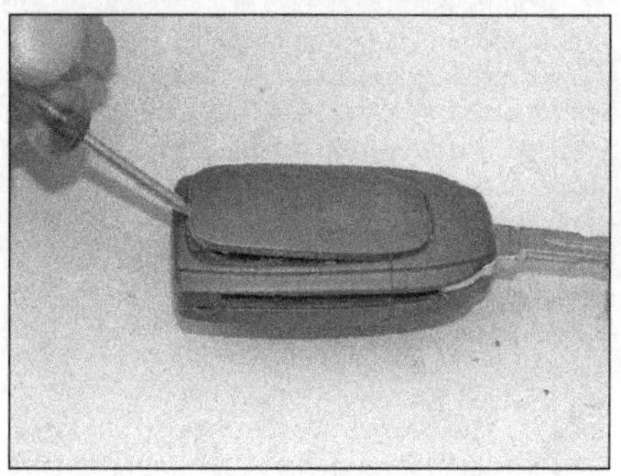
22.4 Bänd upp kåpans bakre kant

22.5 Batteriet sitter med den positiva sidan upp

Upp till årsmodell 2003

1 Skruva loss bulten och ta bort kåpan från fjärrkontrollen **(se bild)**.

2 Ta bort batteriet från kåpan, observera hur det sitter – negativ sida upp **(se bild)**. Undvik att röra batteriet och kontakterna med fingrarna.

3 Montera det nya batteriet i kåpan (negativ sida upp), sätt sedan tillbaka kåpan och dra åt bulten.

Från årsmodell 2004

4 Använd en liten spårskruvmejsel och bänd försiktigt upp kåpans bakre del på fjärrkontrollen **(se bild)**. Ta bort kåpan.

5 Ta bort batteriet från fjärrkontrollen, observera hur det sitter – positiv sida upp **(se bild)**. Undvik att röra batteriet och kontakterna med fingrarna.

6 Montera det nya batteriet i fjärrkontrollen (positiv sida upp) och sätt sedan tillbaka kåpan. Se till att gummitätningen sitter korrekt.

23.1 Koppla loss luftflödesmätarens anslutningskontakt

23.2 Lossa luftfiltrets utloppsslangklämma

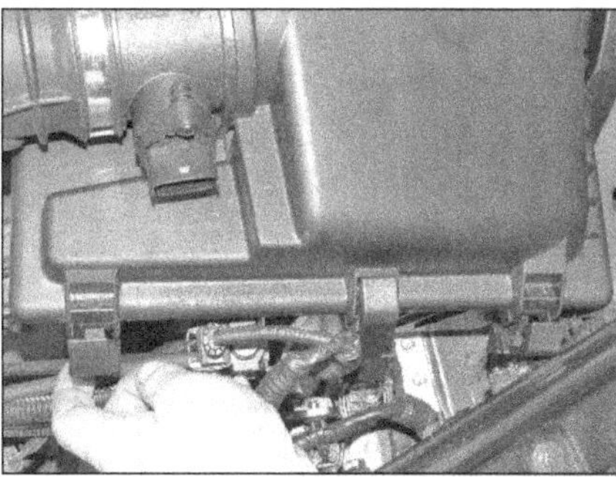

23.3a Lossa klämmorna . . .

23.3b . . . lyft upp luftfilterkåpan . . .

23.3c . . . och ta bort filterelement

23.8 Lyft upp styrmodulens kåpa

Var 60 000:e km eller vartannat år

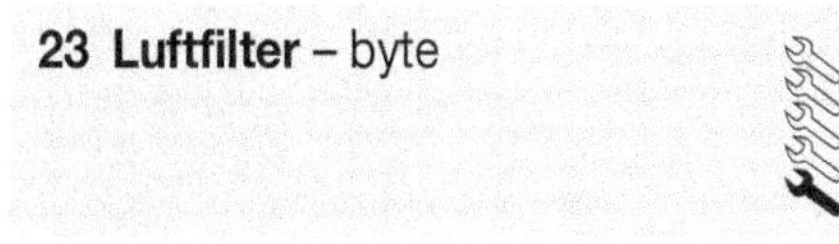

23 Luftfilter - byte

D5244T/T2/T3 motorer

1 Koppla loss luftflödesgivarens anslutningskontakt – placerad på luftfilterutlopp **(se bild)**.

2 Lossa fästklämman och koppla loss utloppsslangen från luftflödesgivaren **(se bild)**.

3 Lossa klämman på den främre kanten, lyft kåpan uppåt och ta bort luftfiltret **(se bilder)**.

4 Rengör insidan av huset och kåpan med en trasa. Var noga med att inte borsta ner smuts i luftintaget.

5 Montera ett nytt filter och se till att det hamnar åt rätt håll. Tryck fast tätningen på filtrets kant i spåret på huset.

6 Montera kåpan och fäst den med klämmorna. Observera att kåpans baksida kan vara svår att sätta tillbaka. Var noga med att se till att de tre ”gångjärnen” passas in ordentligt i luftrenarhuset.

7 Återanslut utloppsslangen, dra åt klämman och återanslut sedan luftflödesmätarens anslutningskontakt.

D5244T4/T5/T6/T7 motorer

8 Lyft bort kåpan från styrmodulen till vänster i motorrummet **(se bild)**.

9 Skruva loss torxbultarna och lyft av luftrenarhusets kåpa **(se bild)**.

10 Lyft bort luftrenaren, observera hur det sitter **(se bilder)**.

11 Montera den nya luftrenaren, montera tillbaka kåpan och dra åt the torxbultarna.

12 Sätt tillbaka kåpan på styrmodulen.

24 Automatväxellådans oljenivå - kontroll

Vätskenivåkontroll

1 Automatväxellådans vätska måste hela tiden hålla rätt nivå. Låg vätskenivå kan leda till att utväxlingen slirar eller slutar fungera, medan för hög nivå kan leda till skumbildning, läckage och skadad växellåda.

2 I idealfallet ska växellådsoljenivån kontrolleras när växellådan är varm – 80 °C för 5-växlade lådor, och 50 till 60 °C för 6-växlade lådor.

5-växlade växellådor

3 Parkera bilen på plant underlag, lägg i handbromsen och starta motorn. Med motorn på tomgång trycker du ner bromspedalbrytaren och flyttar växelväljaren genom alla växellägen (stanna minst tre sekunder på varje läge). Avsluta med att återgå till läge P.

4 Vänta i två minuter. Ta sedan bort oljemätstickan (gult handtag) från röret på

23.9 Skruva loss torxbultarna (markerad med pilar) och ta bort luftfilterkåpan

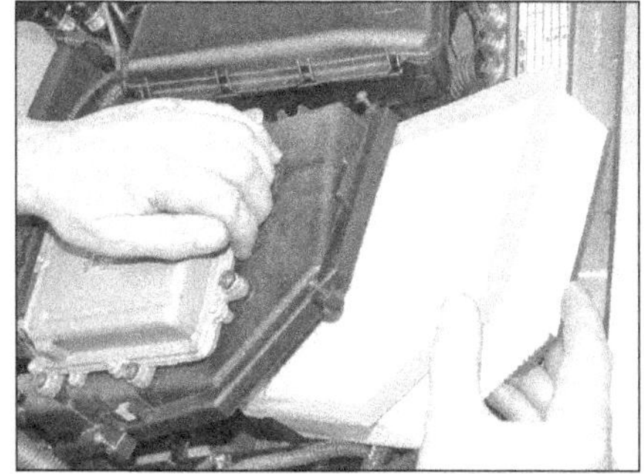

23.10 Notera hur filterelementen sitter monterad.

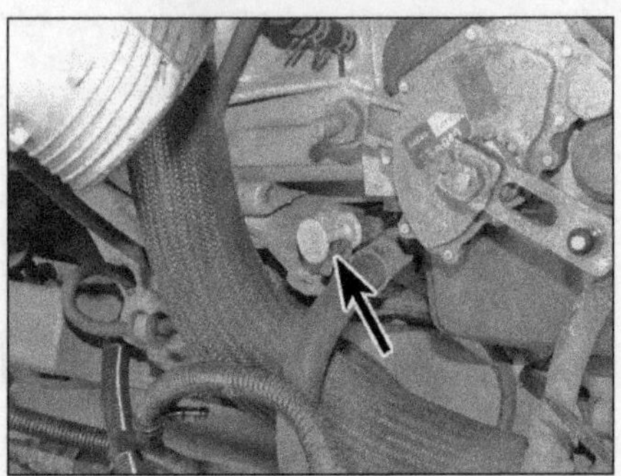

24.4 Automatväxeloljans nivåmätsticka sitter på framsidan av växellådshuset (markerad med pil)

växellådans främre del, fortfarande med motorn på tomgång **(se bild)**. Notera skick och färg på vätskan på mätstickan.

5 Torka bort vätskan från mätstickan med en ren trasa. Sätt tillbaka mätstickan i röret tills locket sluter tätt.

6 Dra ut mätstickan igen och kontrollera nivån. Nivån ska vara mellan MIN- och MAX-markeringarna på mätstickans övre del (som är märkt HOT) **(se bild)**. Om nivån ligger på MIN-markeringen, stäng av motorn och fyll på med angiven automatväxelolja genom mätstickans rör. Använd en ren tratt om det behövs. Se till att det inte kommer in smuts i växellådan vid påfyllningen.

7 Fyll på lite olja i taget och kontrollera nivån mellan varje påfyllning enligt beskrivningen ovan tills nivån är korrekt. Det skiljer ungefär 0,5 liter mellan mätstickans MIN- och MAX-markering.

8 Om bilen inte har körts och motorn och växellådan är kalla ska momenten i punkt 3 till 7 utföras som ovan, men den del av mätstickan som är märkt COLD, ska användas. Det är dock bäst att kontrollera nivån när växellådan är varm. Det ger en mer korrekt avläsning.

6-växlade växellådor

9 Parkera bilen på plant underlag, lägg i handbromsen och ta bort motorns nedre skyddskåpa

10 Ta bort luftrenarhuset enligt beskrivningen i kapitel 4B.

11 Rengör området ovanpå växellådan, runt påfyllningspluggen. Använd sedan ett T55-torxbit och skruva loss påfyllningspluggen **(se bild 24.34)**.

12 Passa in en slangände i påfyllningsöppningen och fäst en tratt i andra änden. Montera provisoriskt tillbaka luftrenarhuset.

13 Starta motorn. Med motorn på tomgång trycker du ner bromspedalbrytaren och flyttar växelväljaren genom alla växellägen (stanna två sekunder på varje läge). Avsluta med att återgå till läge P.

14 Med motorn igång, skruva loss nivåpluggen från mitten av växellådans avtappningsplugg med ett T40-torxbit **(se bild 24.30)**. Om det inte kommer någon vätska från spaköppningen, fyll på den angivna vätskan genom tratten och slangen tills det kommer ut vätska. Sätt tillbaka dräneringspluggen, med en ny tätningsbricka om det behövs, och dra åt den till angivet moment.

15 Stanna motorn, ta bort luftrenarhuset och dra åt vätskepåfyllningspluggen till angivet moment. Sätt dit en ny tätningsbricka.

16 Sätt tillbaka luftrenarhuset enligt beskrivningen i kapitel 4B och sätt sedan tillbaka motorns/växellådans undre skyddskåpa.

Alla växellådor

17 Om växellådan måste fyllas på regelbundet är detta ett tecken på läckage. Läckaget måste då snarast spåras och åtgärdas.

18 Vätskans skick ska kontrolleras i samband med nivåkontrollen. Om vätskan på mätstickan är svart eller mörkt rödbrun, eller om den luktar bränt, ska den bytas ut. Om osäkerhet råder beträffande vätskans skick kan dess färg och lukt jämföras med ny vätska.

19 Om bilen används regelbundet för kortare resor, taxiarbete eller om den ofta används med släp måste växellådsoljan bytas ut regelbundet. Om bilen har körts en längre sträcka eller om bilens historia är okänd kan det också vara klokt att byta ut oljan. Normalt behöver dock oljan inte bytas ut.

Vätskepåfyllning

Observera: *Automatväxelolja behöver normalt inte bytas. Det måste endast utföras på bilar som huvudsakligen används för bogsering eller som taxibilar.*

20 Helst ska växellådans olje tappas ur när växellådan är varm (vid normal arbetstemperatur). Om bilen precis har körts i cirka 30 minuter och växellådan är varm. Observera att på 6-växlade lådor får vätsketemperaturen inte överstiga 60 °C, annars blir den uppmätta nivån felaktig.

21 Lyft upp framvagnen och bakvagnen i tur och ordning och ställ den på pallbockar (se *Lyftning och stödpunkter*). Bilen måste stå på plan mark.

22 Lossa skruvarna och ta bort motorns undre skyddskåpa **(se bild 3.2)**.

5-växlade växellådan

23 Placera en behållare under växellådan och skruva loss dräneringspluggen **(se bild)**. Kassera dräneringspluggens tätningsbricka – den måste bytas ut mot en ny.

24 Om det behövs lossar du oljekylarslangarna från växellådan och låter vätskan i kylaren och rören rinna in i behållaren.

25 Montera tillbaka dräneringspluggen med en ny tätningsbricka, och dra åt den till angivet moment. Montera tillbaka motorns undre skyddskåpa, och sänk ner bilen..

26 Dra åt handbromsen och kontrollera att växelspaken är i läge P.

27 Dra ut mätstickan för vätskenivå och använd en tratt för att hälla i cirka 2 liter ny vätska genom mätstickans styrhylsa **(se bild 24.4)**.

28 Starta motorn och låt den gå på tomgång några sekunder. Slå sedan av motorn och fyll på ytterligare 2 liter vätska.

29 Starta motorn och låt den gå på tomgång. Flytta sedan växelväljaren mellan alla växellägen, stanna minst tre sekunder på varje läge. Sätt i och dra ut mätstickan och kontrollera nivån. När växellådan är varm ska vätskans temperatur vara närmare 80 °C. Vid den här temperaturen ska vätskenivån vara i nivå med märket bredvid "Hot" på mätstickan. Fyll på om det behövs. När du har fyllt på vätska, flytta växelväljaren genom alla lägen. Stanna minst tre sekunder på varje läge enligt tidigare beskrivning.

6-växlade växellådan

30 Placera ett kärl under växellådan och skruva loss nivåpluggen från mitten av dräneringspluggen med hjälp av ett T40-torxbit **(se bild)**.

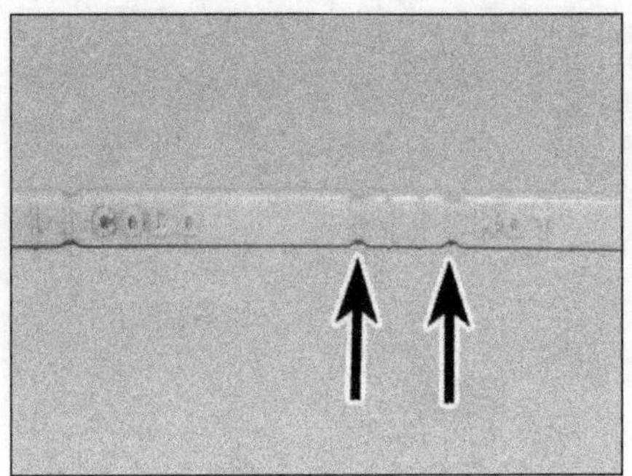

24.6 Max.- och min.-nivåmarkeringar (markerad med pilar) när vätskan är varm

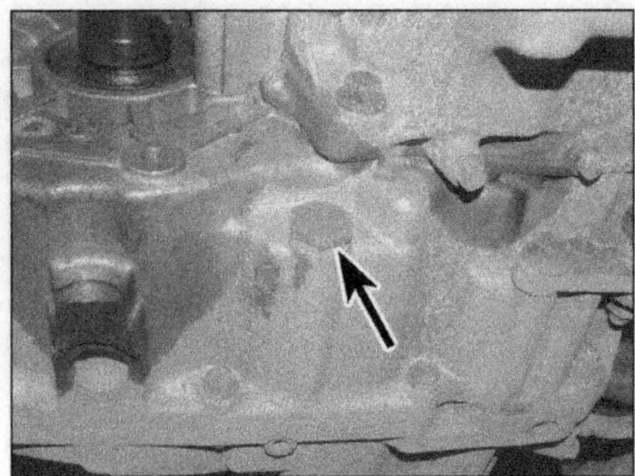

24.23 Avtappningsplugg till automatväxellåda (markerad med pil)

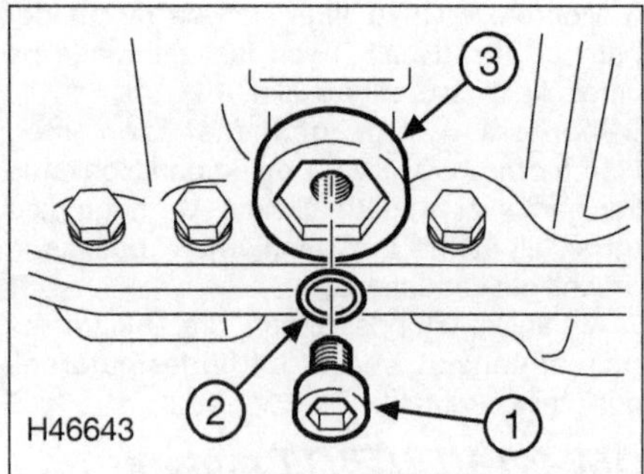

24.30 Växellåda nivåplugg (1), dräneringsplugg (2) och tätningsbricka (3)

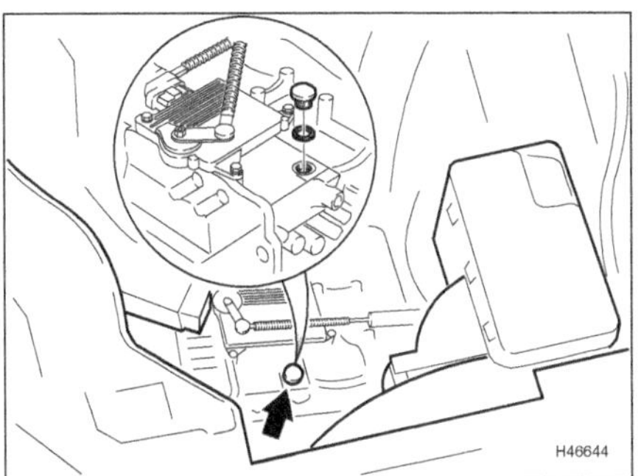

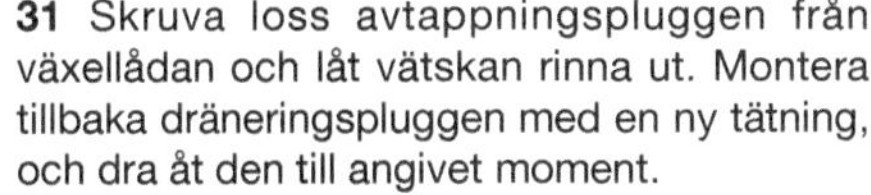
24.34 Växellådans påfyllningsplugg (markerad med pil)

25.3a Skruva loss filtret från huset – filterpatron . . .

25.3b . . . och filter av papperstyp

31 Skruva loss avtappningspluggen från växellådan och låt vätskan rinna ut. Montera tillbaka dräneringspluggen med en ny tätning, och dra åt den till angivet moment.

32 Montera tillbaka nivåpluggen men dra endast åt den för hand på det här stadiet.

33 Ta bort luftrenarhuset enligt beskrivningen i kapitel 4B.

34 Rengör området ovanpå växellådan, runt påfyllningspluggen. Använd sedan ett T55-torxbit och skruva loss påfyllningspluggen **(se bild)**.

35 Lossa vätskereturslangen från kylenheten bredvid kylaren och fäst en bit genomskinlig slang på kylenheten. Volvos specialverktyg nr 999 7363 kan vara användbart för detta arbete. Stick in slangen i dräneringsbehållaren.

36 Använd en tratt och fyll på 4,0 liter av den angivna vätskan i växellådshuset genom påfyllningshålet.

37 Dra åt handbromsen och kontrollera att växelspaken är i läge P.

38 Starta motorn och låt den gå på tomgång. Lägg i alla växellägen, stanna två sekunder på varje läge. Slå av motorn när det syns luftbubblor i den genomskinliga slangen som är fäst på kylenheten.

39 Fyll på 2,0 liter av den angivna vätskan. Starta sedan motorn igen och låt den gå på tomgång. Slå av motorn när det syns luftbubblor i den genomskinliga slangen.

40 Fyll på 2,0 liter av den angivna vätskan. Starta sedan motorn igen och låt den gå på tomgång. Slå av motorn när det syns luftbubblor i den genomskinliga slangen.

41 Koppla loss den genomskinliga slangen från kylenheten och återanslut vätskereturslangen.

42 Skruva loss nivåpluggen från mitten av avtappningspluggen och fyll på vätska genom påfyllningshålet tills den börjar rinna ut genom nivåpluggshålet. Montera tillbaka nivå och påfyllningspluggen och dra åt dem till angivet moment.

43 Montera tillbaka luftrenarhuset.

Alla växellådor

Observera: *Om lampan för oljebyte i växellådan tänds kan den endast återställas med särskild testutrustning från Volvo. Arbetet bör överlåtas till en Volvo-återförsäljare eller lämpligt utrustad specialist.*

25 Byte av bränslefilter

Observera: *Se till att bränsletanken är mindre än 3/4 full innan du tar bort filtret.*

1 Bränslefiltret sitter till höger under bilen, precis framför bakhjulet.

2 Placera ett kärl under filtret, lossa sedan dräneringsskruven på filtrets undersida och låt vätskan rinna ut **(se bild 21.1a och 21.1b)**.

3 Använd en universalavdragare eller ett filterborttagningsverktyg för att skruva loss filtret från huset **(se bild)**. Var beredd på spill. Vissa modeller har en filterpatron, medan andra har ett utbytbart pappersfilter. Om tillämpligt, dra pappersfiltret från filterhuset **(se bild)**.

4 På modeller med filterpatron applicerar du ett lager rent dieselbränsle runt filtertätningen **(se bild)** och monterar sedan det nya filtret i huset. Dra åt filtret för hand tills tätningen kommer i kontakt med huset. Dra sedan åt den ytterligare 1/2 till 3/4 varv.

5 På modeller med pappersfilter, se till att den lilla O-ringstätningen sitter på filtrets övre del, och sätt sedan dit den stora O-ringstätningen på filterhuset. Montera det nya filtret i filterhuset och sätt sedan dit filterhållaren, se till att hållarens övre del passar in i huset **(se bilder)**. Dra åt hållaren för hand tills tätningen kommer i kontakt med hållaren. Dra sedan åt den ytterligare 1/2 till 3/4 varv.

6 Starta motorn och leta efter läckor.

25.4 Applicera lite rent dieselbränsle runt filtret

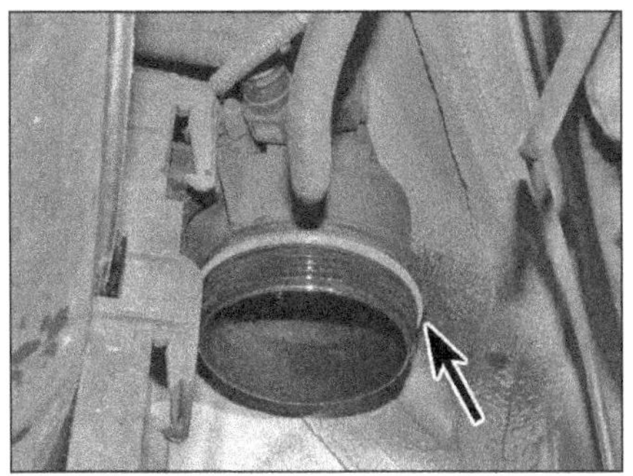
25.5a Byt den stora O-ringstätningen (pil) . . .

25.5b . . . tryck sedan in det nya filtret i huset . . .

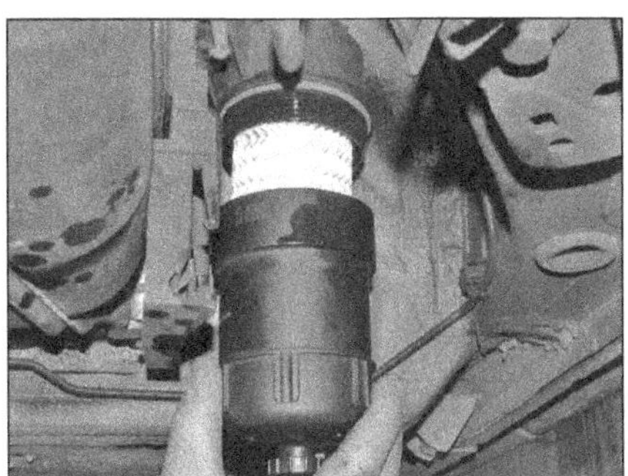
25.5c . . . och montera tillbaka kåpan

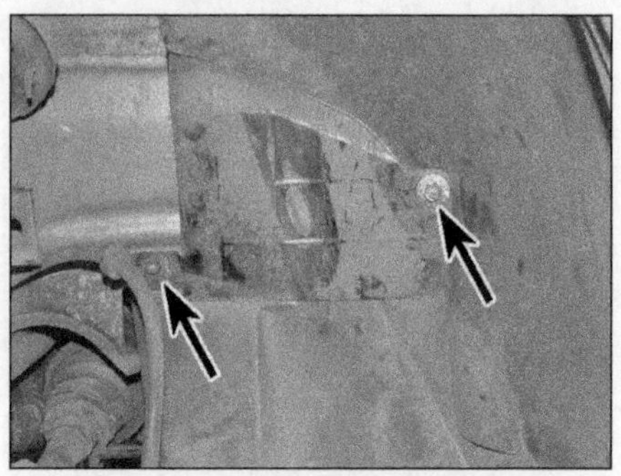

27.2a Skruva loss de 2 muttrarna (markerad med pilar) och ta bort metallplattan . .

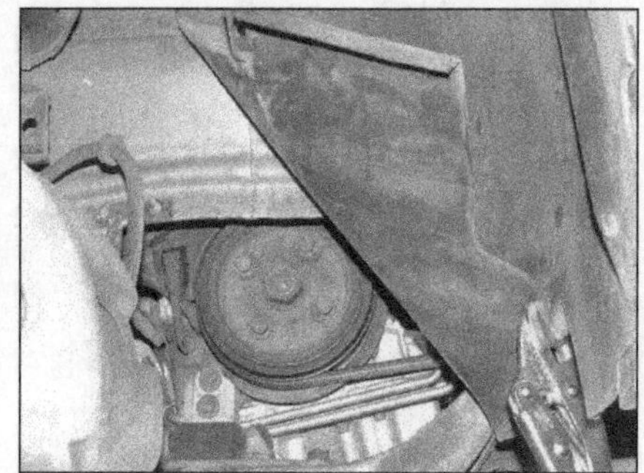

27.2b . . . och vik den inre hjulhuspanelen framåt

27.5a Bänd bort plastkåpan från mitten av spännarremskivan . . .

Var 150 000:e km eller vart 5:e år

26 Kamrem och sträckare – byte

Se kapitel 2B.

27 Drivrem – byte

1 Drivremmen överför kraft från vevaxelns remskiva till generatorn, servostyrningspumpen och luftkonditioneringskompressorn (efter tillämplighet).

2 Det är enklast att komma åt den nedre delen av remmen genom det högra hjulhuset. Lossa de högra framhjulets bromsar. Lyft sedan upp framvagnen och ställ den på pallbockar. Ta bort hjulet. Ta sedan bort de två plastmuttrarna, ta bort stålplattan och vik den inre hjulhuspanelen framåt så att det går att komma åt vevaxelns remskiva **(se bild)**.

3 Notera hur den gamla remmen är dragen runt alla remskivor innan den demonteras.

4 Drivremmen hålls ständigt korrekt spänd av en automatisk justerar- och spännarenhet. Den här enheten är fäst på motorns framsida och innehåller en fjäderstyrd överföringsremskiva.

D5244T/T2/T3 motorer

5 Använd en skruvmejsel för att bända loss plastkåpan (i förekommande fall). Sätt sedan en nyckel på spännarmuttern och vrid spännaren medurs, vilket lossar på remmens spänning. Dra bort remmen från alla remskivor. Ta sedan loss spännaren och ta bort remmen **(se bilder)**.

D5244T4/T5/T6/T7 motorer

6 Lossa servostyrningsslangen från fästbygeln, skruva sedan loss de 2 torxbultarna och ta bort remkåpan **(se bild)**.

7 Använd Volvos verktyg nr 999 7109 eller ett T60-torxbit och nyckel för att vrida spännaren medurs och på så sätt lossa remspänningen. Dra bort remmen från alla remskivor. Ta sedan loss spännaren och ta bort remmen **(se bilder)**.

27.5b . . . vrid sedan spännaren medurs med en sträckare

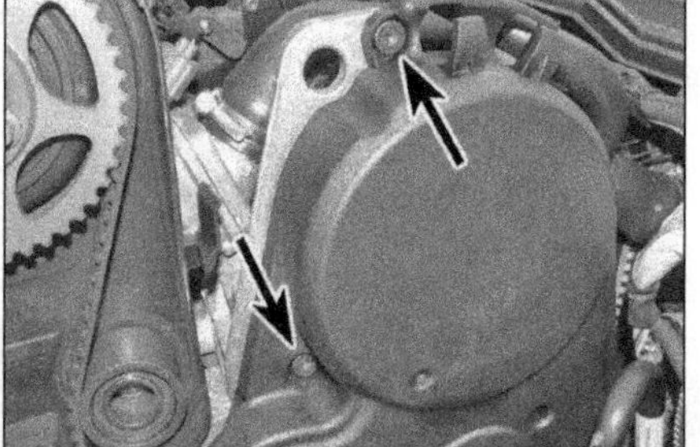

27.6 Skruva loss Torxbultarna (markerad med pilar) och ta bort kamremkåpan

27.7a Använd en sträckare (markerad med pil) . . .

27.7b . . . på ett T60-torxbit för att rotera spännaren medurs

Alla motorer

8 Kontrollera spännaren och tomgångsremskivorna och leta efter ojämnheter och skador. Byt om det behövs.

9 Montera den nya remmen löst över remskivorna och spännarhjulet och se till att den är korrekt placerad. Lämna dock den övre remskivan (servostyrningspumpen) **(se bild)**.

10 Vrid spännaren medurs och lirka sedan drivremmen över den övre remskivan. Lossa spännaren så att den automatiskt justerar remmens spänning.

11 Montera den inre hjulhuspanelen om den tagits bort. Montera sedan hjulet och sänk ner bilen. Dra åt hjulbultarna till angivet moment.

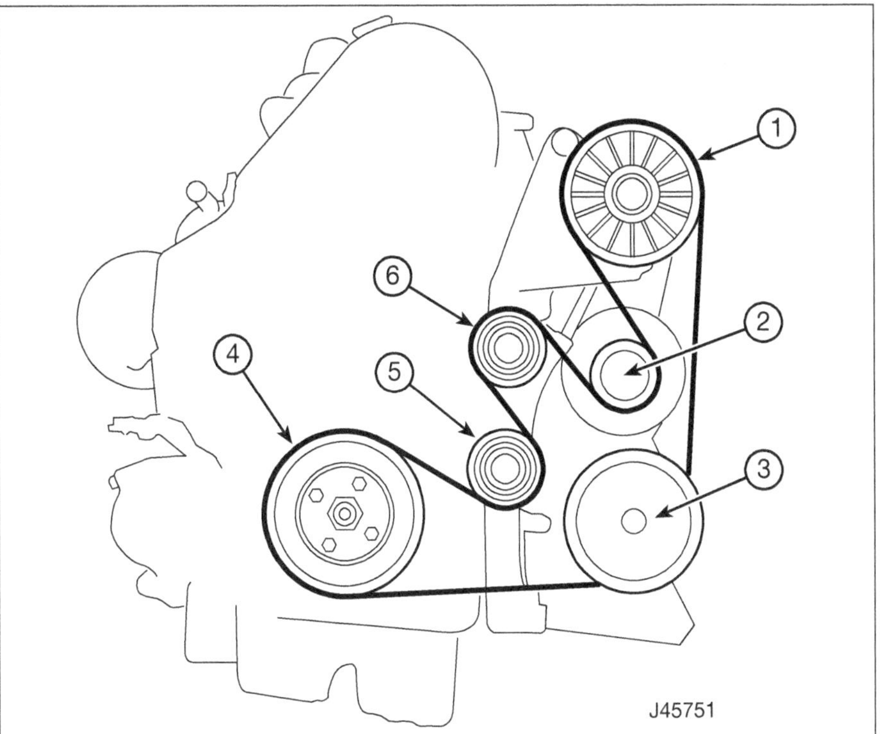

27.9 Drivremmens dragning

1 Servostyrningspumpens remskiva
2 Generatorns remskiva
3 Remskiva för luftkonditioneringskompressor
4 Vevaxelns remskiva
5 Tomgångsöverföring
6 Spännhjul

Vartannat år, oberoende av körsträcka

28 Bromsolja – byte

Varning: Hydraulisk bromsolja kan skada ögonen och bilens lack, så var ytterst försiktig vid hanteringen. Använd aldrig olja som stått i ett öppet kärl under någon längre tid eftersom den absorberar fukt från luften. För mycket fukt i bromsoljan kan medföra att bromseffekten minskar, vilket är livsfarligt.

Rutinen liknar den för att lufta hydraulsystemet, som beskrivs i kapitel 9, förutom att bromsvätskebehållaren ska tömmas genom sifonering, och att den gamla vätskan måste rinna ut ur kretsen när en del av kretsen ska luftas.

Eftersom kopplingens hydraulsystem använder samma hydraulolja och behållare som bromssystemet behöver antagligen även det systemet luftas (se kapitel 6)

Gammal hydraulolja är alltid mycket mörkare än ny olja, vilket gör att det är enkelt att skilja dem åt.

Vart 3:e år, oberoende av körsträcka

29 Kylvätske – byte

Varning: Vänta till dess att motorn är helt kall innan arbetet påbörjas. Låt inte frostskyddsmedel komma i kontakt med huden eller med lackerade ytor på bilen. Spola omedelbart bort eventuellt spill med stora mängder vatten. Lämna aldrig frostskyddsmedel stående i en öppen behållare eller i en pöl på marken eller garagegolvet. Barn och husdjur kan attraheras av den söta doften och frostskyddsmedel kan vara livsfarligt att förtära.

Observera: *Om Volvos egen kylvätska har använts i angiven mängd under en längre tid behöver kylvätskan normalt inte bytas ut. För att man ska kunna vara riktigt säker på att kylvätskans frostskyddande och rostskyddande egenskaper bör den dock bytas ut regelbundet.*

Tömning av kylsystemet

1 Töm systemet genom att först ta bort expansionskärlets påfyllningslock (se *Veckokontroller*).

2 Lyft upp framvagnen och ställ den på pallbockar om det behövs större utrymme för att kunna komma åt (se *Lyftning och stödpunkter*).

3 Skruva loss skruven i var ände av kylarens underkåpa. Använd sedan en lång skruvmejsel för att trycka ner klämman på var sida och dra underkåpan bakåt och ta bort den **(se bilder)**.

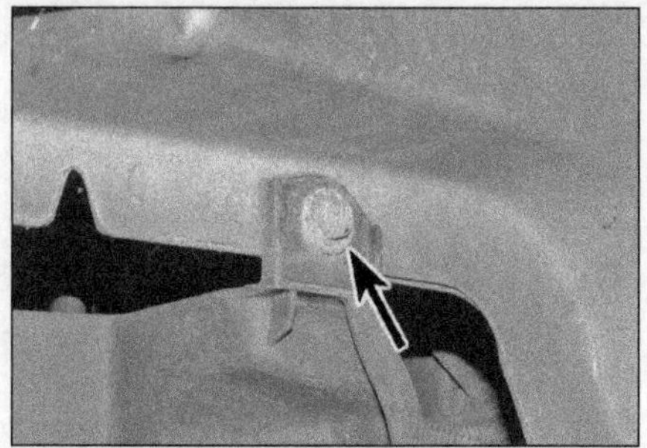

29.3a Visas underifrån - skruva loss kylarens underkåpans bultar från var ände (pil) . . .

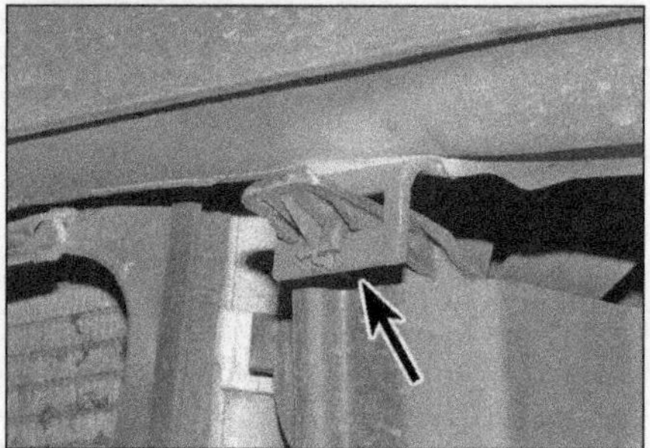

29.3b . . . lossa sedan klämman på framsidorna (markerad med pil - visas med stötfångaren borttagen)

Skruva loss skruvarna och ta bort motorns undre skyddskåpa. Placera sedan en stor avrinningsbricka under kylaren.

4 Lossa dräneringstappen i botten av kylarens vänstra hörn och låt kylvätskan rinna ner i behållaren. Om det inte finns någon dräneringstapp, lossa försiktigt klämman och koppla loss kylarens nedre slang **(se bild)**.

5 Flytta behållaren till motorns högra sida när kylaren är tom och skruva loss motorblockets dräneringstapp (i förekommande fall) **(se bild)**.

Spolning av systemet

6 Med tiden kan kylsystemet gradvis förlora effekt allt eftersom kylaren fylls med rost och andra avlagringar. Detta är framförallt troligt om man har använt en sämre sorts frostskyddsmedel. För att minimera risken för att detta händer bör endast den angivna typen av frostskyddsvätska och rent mjukt vatten användas. Dessutom bör systemet spolas enligt följande varje gång någon komponent i systemet rubbas och/eller när kylvätskan byts ut.

7 Töm hela kylsystemet. Stäng avtappningspluggarna och fyll sedan hela systemet med rent vatten. Montera expansionskärlets påfyllningslock, starta motorn och värm upp den till normal arbetstemperatur. Stäng sedan av motorn, låt den svalna helt och töm systemet igen. Upprepa om det behövs tills endast rent vatten kommer ut ur systemet. Avsluta med att fylla på med angiven kylvätskeblandning.

8 Om endast rent, mjukt vatten och frostskyddsvätska av hög kvalitet används, och om kylvätskan har bytts ut vid de angivna intervallen, räcker ovanstående åtgärder för att hålla systemet rent under en lång tid. Om systemet har försummats på något sätt krävs dock en noggrannare metod, enligt följande.

9 Tappa först ur kylvätskan. Koppla sedan loss kylarens övre och nedre slang. Stick in en trädgårdsslang i den övre slangen och låt vattnet cirkulera genom kylaren tills rent vatten kommer ut från det nedre hålet.

10 Motorn spolas på följande sätt: Ta bort termostaten (se kapitel 3), stick in trädgårdsslangen i termostathuset och låt vatten cirkulera tills det kommer ut rent vatten från den nedre slangen. Om det efter en rimlig tid fortfarande inte kommer ut rent vatten ska kylaren spolas ur med kylarrengöringsmedel.

11 Vid allvarligare föroreningar kan kylaren behöva spolas bakifrån. Gör detta genom att ta bort kylaren (se kapitel 3), vänd den upp och ned och stick in trädgårdsslangen i bottenhålet. Fortsätt spola tills rent vatten rinner från den övre hålet. Värmepaketet kan spolas på liknande sätt.

12 Använd kemiska rengöringsmedel endast som en sista utväg. Normalt förebygger användning av rätt kylvätska att systemet smutsas ner.

Påfyllning av kylvätska

13 När kylsystemet är tömt och spolat, se till att alla komponenter som rubbats och alla slanganslutningar sitter ordentligt och att de två dräneringstapparna är ordentligt åtdragna. Montera motorns undre skyddskåpor som togs bort för att förbättra åtkomligheten. Sänk ner bilen, om den är upplyft.

14 Förbered en lämplig mängd av den angivna kylvätskeblandningen. se till att ha lite för mycket så att du kan fylla på igen senare.

15 Fyll långsamt systemet genom expansionskärlet; eftersom tanken är den högsta punkten i systemet ska all luft i systemet hamna i tanken allt eftersom vätskan stiger. Långsam påfyllning minskar risken att luft stängs in och bildar hindrande bubblor. Det är också bra att klämma försiktigt på de stora kylarslangarna under påfyllningen.

16 Fortsätt påfyllningen tills kylvätskenivån når expansionskärlets MAX-markering. Vänta sedan i några minuter. Fortsätt att klämma på kylarslangarna under tiden. Fyll på till MAX-markeringen igen när vätskan har slutat sjunka och skruva på expansionskärlets lock.

17 Starta motorn och kör den på tomgång tills den har värmts upp till normal arbetstemperatur. Om nivån i expansionskärlet sjunker märkbart, fyll på till MAX-nivån för att minimera mängden luft som cirkulerar i systemet.

18 Stäng av motorn och låt den *svalna* helt (över natten om det är möjligt). Ta sedan bort expansionskärlets påfyllningslock och fyll på kärlet till MAX-nivån. Montera påfyllningslocket och dra åt det ordentligt. Spola av allt kylvätskespill från motorrummet och karossen.

19 Kontrollera alltid alla komponenter i systemet noga efter påfyllningen och leta efter tecken på kylvätskeläckage (var extra noga med de anslutningar som rubbats vid tömning och spolning). Ny frostskyddsvätska har en sökfunktion som snabbt avslöjar alla svaga punkter i systemet.

Luftfickor

20 Om symptom på överhettning märks, efter tömning och påfyllning av systemet, som inte fanns där innan, beror det nästan alltid på att luft som stängts in i systemet blockerar och begränsar kylvätskeflödet; luft fastnar vanligtvis på grund av att systemet fylls på för snabbt.

21 Om en luftficka misstänks ska först alla synliga kylvätskeslangar klämmas försiktigt. En kylvätskeslang som är full av luft känns helt annorlunda än en slang fylld med kylvätska när man klämmer på den. När systemet har fyllts på försvinner de flesta luftfickor efter att systemet har svalnat och fyllts upp.

22 Låt motorn gå i arbetstemperatur. Sätt på värmeenheten och värmefläkten och kontrollera värmeeffekten. Om det finns tillräckligt med kylvätska i systemet kan bristande värme bero på en luftficka i systemet.

23 Luftfickor kan ha allvarligare effekter än att bara försämra värmeeffekten. En allvarlig luftficka kan försämra kylvätskeflödet i motorn. Kontrollera att kylarens övre slang är varm när motorn har nått arbetstemperatur. En kall överslang kan orsakas av en luftficka (eller av en stängd termostat).

24 Om problemet består, stäng av motorn och låt den svalna helt, innan expansionskärlets påfyllningslock skruvas loss eller några slangar kopplas loss för att släppa ut luften. I värsta fall kan systemet behöva tömmas delvis eller helt (den här gången kan kylvätskan sparas för återanvändning) och spolas för att få bort problemet.

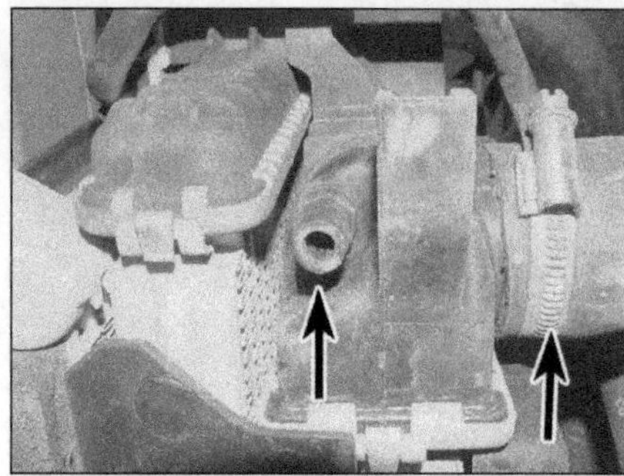

29.4 Kylarens dräneringstapp och nedre slang (markerad med pilar)

29.5 Motorblockets dräneringstapp (markerad med pil - motorn demonterad för större tydlighet)

Kapitel 2 Del A: Reparationer med motorn kvar i bilen – bensinmotorer

Innehåll

Svårighetsgrader

Enkelt, passer novisen med lite erfarenhet

Ganska enkelt, passar nybörjaren med viss erfarenhet

Ganska svårt, passer kompetent hemmamekaniker

Svårt, passer hemmamekaniker med erfarenhet

Mycket svårt, för professionell mekaniker

Specifikationer

Allmänt

Motorkoder:	
2,0 liter (1984 cc), med turbo	B5204 T5
2,3 liter (2319 cc), med turbo	B5234 T
2,4 liter (2401 cc), med turbo	B5244 T4 och T5
2,4 liter (2435 cc):	
Motorer utan turbo	B5244 S
Med turbo	B5244 T3
2,5 liter (2521 cc), med turbo	B5254 T och T2
Lopp:	
1984 cc och 2319 cc liters motorer	81.0 mm
2401 cc motorer	81.3 mm
2435 cc och 2521 liters motorer	83.0 mm
Kolvslag:	
1984 cc motorer	77.0 mm
2319 cc och 2435 cc motorer	90.0 mm
2401 cc och 2521 cc motorer	93.2 mm
Kompressionsförhållande:	
B5204 T5	9,5 : 1
B5234 T	8,5 : 1
B5244 T4	Uppgift saknas
B5244 T5	8,5 : 1
B5244 S	10,3 : 1
B5244 T3	9,0 : 1
B5254 T	8,5 : 1
B5254 T2	9,0 : 1
Kompressionstryck:	
Motorer utan turbo	13 till 15 bar
Motorer med turbo	11 till 13 bar
Maximal skillnad mellan högsta och lägsta värden	2 bar
Tändningsföljd	1-2-4-5-3 (cylinder nr 1 vid motorns kamremsände)
Vevaxelns rotationsriktning	Medurs (sett framifrån motorn)

Kamaxel

ID-bokstav (präglad på änden):	**Insug**	**Avgas**
Motorer utan turbo	PGI	PGE
Turbomotorer	PHI	PHE
Maximalt lyft (intag och utblås)	8,45 till 9,05 mm	
Kamaxelns axialspel	0,05 till 0,20 mm	
Ventilspel (kall motor):	**Insug**	**Avgas**
Kontrollera dimension	0,15 till 0,45 mm	0,35 till 0,60 mm
Inställningsdimension	0,20 ± 0,03 mm	0,40 ± 0,03 mm

Smörjningssystem

Oljetryck – varm motor:	
Vid tomgångsvarvtal	1,0 bar
Vid 4000 varv/minut	3,5 bar
Oljepumpstyp	Kugghjul, drivs från vevaxeln
Maximalt avstånd mellan pumpdrev och hus	0,35 mm
Övertrycksventilfjäderns fria höjd:	
Motorer utan turbo	82,13 mm
Turbomotorer	76,22 mm

Åtdragningsmoment

	Nm
Kamaxelgivarens hus	17
Kamaxelgivarens signalhjul	17
Kamaxeldrev bultar (inte-VVT)	20
Kamaxeldrev-till-VVT-enhet, skruvar	10
Vevstake skruv med huvud*:	
Skruv med liv/bearbetad yta mellan överfall och stake:	
Steg 1	20
Steg 2	Vinkeldra ytterligare 90°
Helt gängad skruv/sprucket överfall/stake:	
Steg 1	30
Steg 2	Vinkeldra ytterligare 90°
Bultar för vevaxelns remskiva till drevet*:	
Steg 1	25
Steg 2:	
Upp till 2002	Vinkeldra ytterligare 30°
Från 2002	Vinkeldra ytterligare 60°
Vevaxeldrevets mittmutter	180
Hålplugg till vevaxelns stoppverktyg i motorblocket	40
Topplockets nedre del till motorblocket*:	
Steg 1	20
Steg 2	60
Steg 3	Vinkeldra ytterligare 130°
Topplockets övre del till den nedre delen	17
Drivplatta*:	
Steg 1	45
Steg 2	Vinkeldra ytterligare 50°
Motorrummets tvärbalk	50
Motoroljedräneringsplugg	35
Svänghjul*:	
Steg 1	45
Steg 2	Vinkeldra ytterligare 65°
Mellandel-till-motorblock (dra åt i följande ordning):	
M10*	20
M10	45
M8	24
M7	17
M10	Vinkeldra ytterligare 90°
Oljefilter	25
Oljepump till motorblock	6
Oljetrycksbrytare	25
Kolvens kylmunstycke	17
Kolvens kyloljeventil	36
Hjulbultar	140
Tändstift	30

Åtdragningsmoment	**Nm**
Kryssrambalkens fästbultar*:	
Upp till årsmodell 2004:	
Steg 1	105
Steg 2	Vinkeldra ytterligare 120°
Från årsmodell 2005	160
Kryssrambalkens fästbyglar till karossen	50
Sump:	
Sump till motor	17
Sump och växellåda:	
Steg 1	25
Steg 2	48
Kamremmens främre kåpskruvar	12
Kamremmens tomgångsöverföring	25
Kamremsspännarens bult	20
Kamremmens övre, inre kåpskruvar	8
Momentkonverterare	50
Ventilspelets kontrollplugg	20
Variabel ventilinställning (VVT) mellanplugg	35
Variabel ventilinställningsenhet (VVT), mittbult	120
Motorns/växellådans fästen	
Motorns nedre stabiliseringsstagsfäste till kryssrambalk:	
Steg 1	65
Steg 2	Vinkeldra ytterligare 60°
Motorns nedre stabiliseringsstagsfäste till växellåda*:	50
Motorns nedre stabiliseringsstagsbussningar till fästbyglar*:	
Steg 1	35
Steg 2	Vinkeldra ytterligare 90°
Motorns högra fästbygel till motor:	
10 mm bultar*:	
Steg 1	35
Steg 2	Vinkeldra ytterligare 60°
8 mm bult*:	
Steg 1	20
Steg 2	Vinkeldra ytterligare 60°
Motorns högra fästbygel till motor:	
Steg 1	35
Steg 2	Vinkeldra ytterligare 90°
Motorns högra fäste till kryssrambalk*:	
Steg 1	65
Steg 2	Vinkeldra ytterligare 60°
Motorns tvärbalk:	
Fäste till motor	50
Fäste till tvärbalk	80
Korsbalk till fjädertorn	50
Växellådans främre fästbygel till kryssrambalk	50
Växellådans främre fästbygel till växellåda	25
Växellådans bakre fästmuttrar/bultar	50

* *Återanvänds inte*

1 Allmän information

Vad innehåller detta kapitel

Den här delen av kapitel 2 beskriver de reparationer som kan utföras med motorn monterad i bilen. Om motorn har tagits ur bilen och tagits isär enligt beskrivningen i del C, kan alla preliminära isärtagningsinstruktioner ignoreras.

Observera att även om det är möjligt att fysiskt renovera delar som kolven/vevstaken medan motorn sitter i bilen, så utförs sällan sådana åtgärder separat. Normalt måste flera ytterligare åtgärder utföras (för att inte nämna rengöring av komponenter och smörjkanaler). Av den anledningen klassas alla sådana åtgärder som större renoveringsåtgärder, och beskrivs i del C i det här kapitlet.

Del C beskriver demontering av motor/växellåda, samt tillvägagångssättet för de reparationer som kan utföras med motorn/växellådan demonterad.

Motorbeskrivning

Den femcylindriga motorn har dubbla överliggande kamaxlar, med fyra ventiler per cylinder. Motorn är rak och sitter tvärmonterad på en kryssrambalk i motorrummet. Motorkoderna (som bara förekommer där det behövs) är mycket logiska att följa – den första siffran är antalet cylindrar, den andra och tredje tillsammans anger motorns slagvolym i liter, och den sista siffran är antalet ventiler per cylinder. Ett T efter siffrorna anger att det är en turbomotor. B5234 T är alltså en femcylindrig, 2,3-litersmotor med 4 ventiler per cylinder (totalt: 20 ventiler) med turbo.

Hela motorn är gjord i en aluminiumlegering och består av fem delar. Topplocket har en övre och en nedre del, och motorblocket, mellandelen och sumpen utgör de andra tre delarna. Topplockets övre och nedre del sitter ihop längs kamaxlarnas mittlinje, medan motorblocket och mellandelen sitter ihop längs vevaxelns mittlinje. En vanlig topplockspackning används mellan topplocket och blocket, och flytande packningar mellan de övriga huvuddelarna.

Motorblocket har fem torra cylinderfoder i gjutjärn som är fastgjutna i blocket och inte kan bytas. Gjutjärnsförstärkningar används även i mellandelen som förstärkning i ramlagerområdena.

Kraften överförs till kamaxeln via en kuggad kamrem och drev, och har en automatisk spänningsmekanism. Kamremmen driver även kylvätskepumpen. Alla tillbehör drivs från vevaxelns remskiva via en enda flerribbad drivrem.

Topplocket är av korsflödestyp, insugningsportarna ligger i motorns framkant och avgasportarna baktill. Den övre delen av topplocket fungerar som en kombinerad ventilkåpa och kamaxelkåpa, och kamaxlarna löper i sex släta lager inuti de två topplocksdelarna. Ventilerna styrs av solida ventillyftare, som styrs direkt av kamloberna.

En variabelt ventilinställningssystem är kopplat till insugningskamaxeln, avgaskamaxel, eller båda kamaxlar beroende på modell.

Vevaxeln går i sex ramlager av skåltyp. vevstakslagret är också av skåltyp. Vevaxelns axialspel tas upp av tryckbrickor som är inbyggda i ramlageröverfall nr 5.

Smörjningssystemet är av tryckmatad fullflödestyp. Olja sugs upp från sumpen av en pump av kugghjulstyp som drivs från vevaxelns främre del. Olja under tryck passerar genom ett filter innan den matas till de olika lagren och till ventilregleringen. Alla modeller har en extern oljekylare monterad på baksidan av sumpen. Turbomodeller har även separata rör för oljematning och oljeretur för turboaggregatets lager.

Reperationer med motorn kvar i bilen

Följande arbeten kan utföras med motorn monterad i bilen:

a) Kompressionstryck – kontroll.
b) Kamrem – demontering och montering.
c) Kamaxelns oljetätningar – byte.
d) Kamaxlar och ventillyftare – demontering och montering.
e) Topplock – demontering och montering.
f) Topplock och kolvar – sota.
g) Vevaxelns oljetätningar – byte.
h) Oljepump – demontering och montering.
i) Svänghjul/drivplatta – demontering och montering.
j) Motorfästen – demontering och montering.

2 Kompressionsprov – beskrivning och tolkning

1 Om motorns prestanda sjunker, eller om misständningar uppstår som inte kan hänföras till tändning eller bränslesystem, kan ett kompressionsprov ge en uppfattning om motorns skick. Om kompressionsprov tas regelbundet kan de ge förvarning om problem innan några andra symptom uppträder.

2 Motorn måste vara uppvärmd till normal arbetstemperatur, batteriet måste vara fulladdat och alla tändstift måste vara urskruvade (kapitel 1A). Dessutom behövs en medhjälpare.

3 Avaktivera tändsystemet genom att koppla loss anslutningskontakterna från varje spole. Ta även bort insprutningsventilens säkring från motorrummets säkringsdosa för att avaktivera bränsleinsprutarna. Detta görs för att förhindra att bränsle skadar katalysatorn.

4 Montera en kompressionsprovare vid tändstiftshålet för cylinder 1 – helst den typ av provare som skruvas fast i hålet.

5 Låt en medhjälpare hålla gaspedalen vidöppen, och dra runt motorn med startmotorn; efter ett eller två varv bör kompressionstrycket byggas upp till maxvärdet och sedan stabiliseras. Anteckna det högsta värdet.

6 Upprepa testet på återstående cylindrar och notera trycket på var och en.

7 Alla cylindrar ska producera ungefär samma tryck. en skillnad på mer än 2 bar mellan det högsta och det lägsta avlästa värdet indikerar ett fel.

8 Observera att kompressionen ska byggas upp snabbt i en fungerande motor; om kompressionen är låg i det första kolvslaget och sedan ökar gradvis under följande slag är det ett tecken på slitna kolvringar.

9 Lågt tryck som inte höjs är ett tecken på läckande ventiler eller trasig topplockspackning (eller ett sprucket topplock). Avlagringar på undersidan av ventilhuvudena kan också orsaka dålig kompression.

10 Om trycket i en cylinder är mycket lägre än i de andra kan följande kontroll utföras för att hitta orsaken. Häll i en tesked ren olja i cylindern genom tändstiftshålet och upprepa provet.

11 Om tillförsel av olja tillfälligt förbättrar kompressionen är det ett tecken på att det är slitage på kolvringar eller lopp som orsakar tryckfallet. Om ingen förbättring sker tyder det på läckande/brända ventiler eller trasig topplockspackning.

12 Ett lågt värde från två intilliggande cylindrar beror nästan alltid på att topplockspackningen mellan dem är sönder. om det finns kylvätska i motoroljan bekräftar detta felet.

13 Om en cylinder har ett värde som är 20 % lägre än de andra cylindrarna, och motorns tomgång är något ojämn, kan en sliten kamnock på kamaxeln vara orsaken.

14 Om kompressionen är ovanligt hög är förbränningskamrarna troligen täckta med kolavlagringar. I så fall bör topplocket demonteras och sotas.

15 Vid avslutat prov, skruva i tändstiften och anslut tändningssystem och bränslepump.

3 Kamrem – demontering och montering

Demontering

1 Koppla loss och ta bort batteriets jordledning enligt beskrivningen i kapitel 5A.

2 Skruva loss bultarna/muttrarna och ta bort motorrummets tvärbalk mellan fästbyglarna på de främre fjäderlagren **(se bilder)**.

3 Demontera drivremmen enligt beskrivningen i kapitel 1A.

4 Skruva loss de två torxbultarna, lossa de två fjäderclipsen och ta bort kamremmens inre/toppkåpan **(se bild)**.

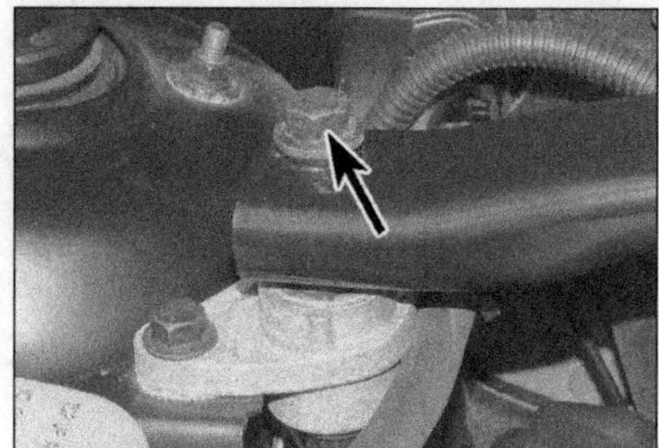

3.2a Skruva loss muttern och bulten i var ände av motorns tvärbalk (markerad med pil) . . .

3.2b . . . skruva sedan loss den mittersta fästmuttern/bulten (se pil) och ta bort tvärbalken

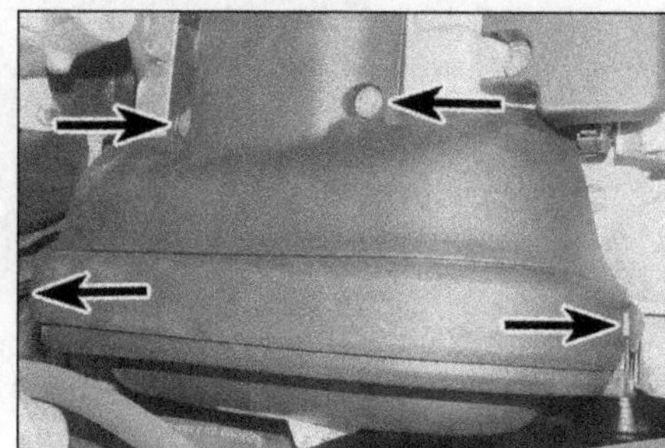

3.4 Lossa de två klämmorna (markerad med pilar) och skruva loss de två torxbultarna (markerad med pilar)

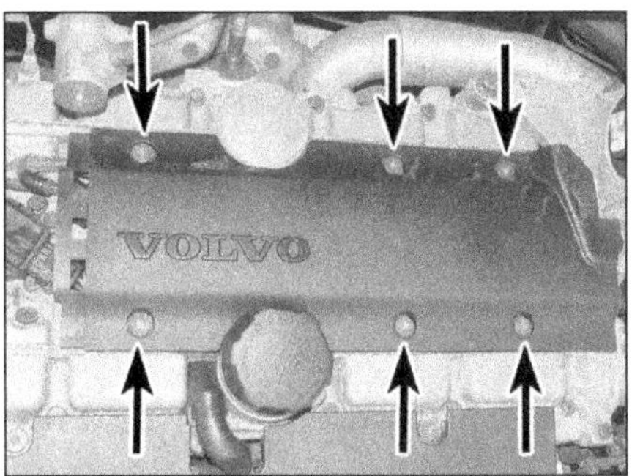

3.5 Tändstiftkåpan är fäst med 6 Torxbultar (markerad med pilar)

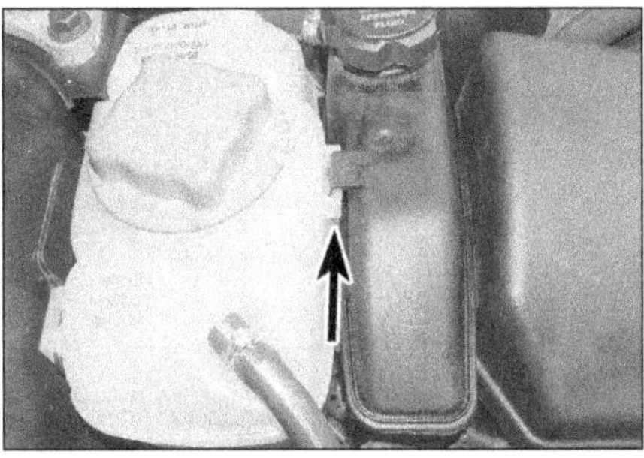

3.6 Lossa klämman (markerad med pil) och lyft bort behållaren för servostyrningsvätska från dess fästen

3.8a Skruva loss fästbulten . . .

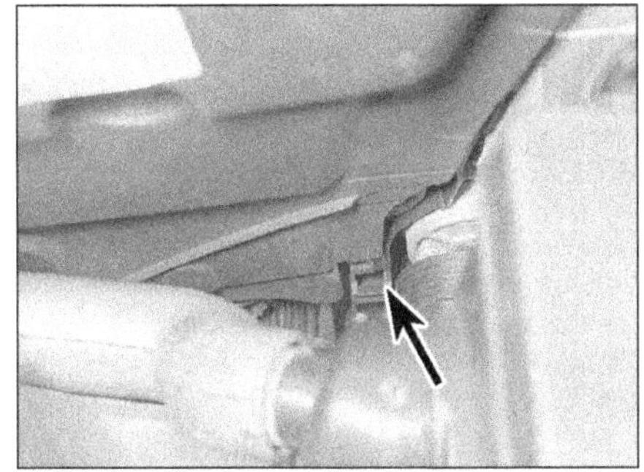

3.8b . . . och lyft kåpan för att lossa klämmorna längst ner (markerad med pil)

3.10a Skruva loss de båda plastmuttrarna (markerade med pilar) och ta bort hjulhusplattan

3.10b Vik hjulhusfodret framåt

5 Efter tillämplighet, lossa turboaggregatets insugningskanaler, och skruva sedan loss de sex bultarna och ta bort tändstiftskåpan från mitten av topplocket **(se bild)**.

6 Lossa servostyrningsoljebehållaren från dess fästen och flytta den åt sidan utan att koppla loss vätskeslangarna. Se till att behållarens lock sitter ordentligt fast och att behållaren hålls så upprätt som möjligt, för att förhindra spill **(se bild)**.

7 Lyft av kylsystemets expansionskärl från dess fästbygel och lägg det åt sidan. Koppla loss kontaktdonet för kylvätskenivågivaren, men det ska inte behövas att koppla loss kylvätskeslangarna.

8 Skruva loss bulten från mitten av den främre kamremskåpan, dra loss kåpan från motorn och lyft den så att fasthållningsklämmorna lossar **(se bild)**.

9 Lossa det högra framhjulets bultar, och lyft sedan upp framvagnen och ställ den på pallbockar (se *Lyftning och stödpunkter*). Demontera höger framhjul.

10 Lossa de två muttrar som håller fast det inre hjulhusfodret och vik tillbaka fodret för att komma åt vevaxelns remskiva **(se bild)**.

11 Montera kamremmens inre, övre kåpa tillfälligt.

12 Vrid vevaxeln medurs (sett från höger sida av bilen) med en hylsa på den tillfälligt tillbakasatta mittmuttern på vevaxeldrevet, tills tändinställningsmärkena på kamaxeldrevets kanter passar in mot inskärningarna på den bakre kamremskåpan **(se bild)**.

13 I denna position ska tändningsinställningsmärket på vevaxeldrevets yttre kant även vara inpassat mot markeringen på oljepumphuset **(se bild)**.

14 Tändningsinställningsmärkena är svåra att

3.12 Linjera kamaxeldrevets markeringar (A) med markeringarna (B) på den bakre kamremskåpan

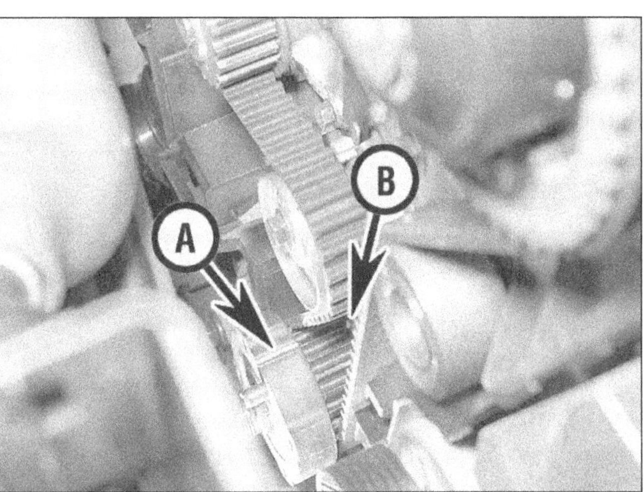

3.13 Vevaxeldrevets flänsribba (A) ska passa in mot markeringen på oljepumphuset (B)

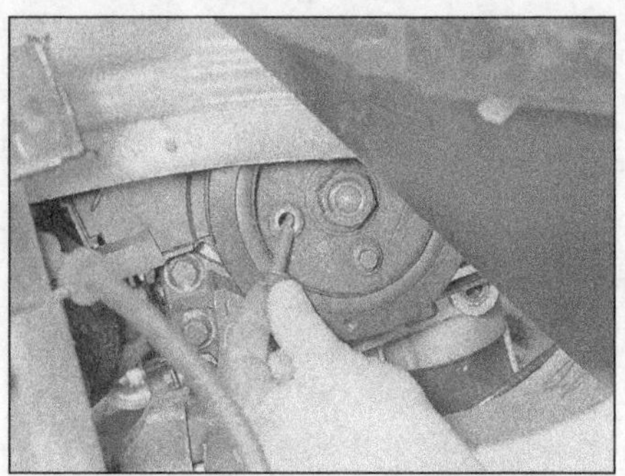

3.16a Skruva loss två av de yttre bultarna . . .

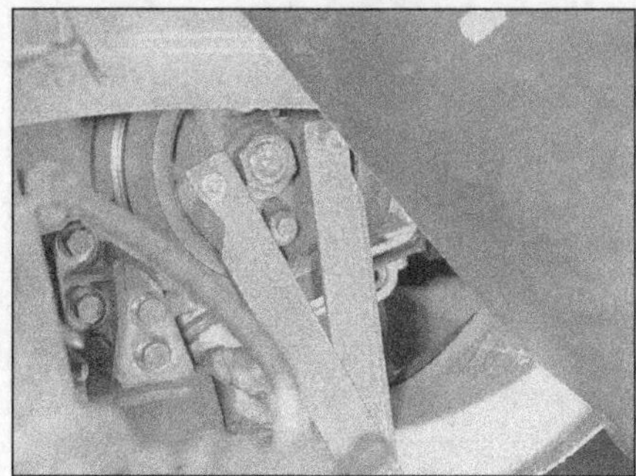

3.16b . . . sätt sedan tillbaka det egentillverkade fasthållningsverktyget för remskivan . . .

3.16c . . . och skruva loss centrumbulten

se – märkena på kamaxeldrevet kan se ut som inte mycket mer än svaga repor på drevens kanter. På liknande sätt kan markeringen på vevaxeldrevets fläns bara nätt och jämnt ses ovanifrån. Det krävs antagligen att man tittar både två och tre gånger innan man är säker på att markeringarna är korrekt inpassade.

15 Vevaxelns (drivremmens) remskiva måste nu demonteras. Den sitter fäst på vevaxeln (kamremmens) drev med fyra bultar, och på själva vevaxeln med en stor mittmutter.

16 Lossa de fyra yttre bultarna, och ta bort två av dem. Håll fast remskivan med ett hemmagjort drevhållarverktyg som skruvats fast vid remskivan i två tomma bulthål när mittmuttern lossas – den sitter mycket hårt **(se bild)**.

17 När mittmuttern är lös, kontrollera justeringen av kamremsdreven enligt beskrivningen i punkt 13 och 14 innan remskivan och den övre kamremskåpan tas bort.

18 Vevaxelns remskiva hålls på plats av en valstapp, och det kan hända att en avdragare krävs för att få loss remskivan **(se bild)**. Det rekommenderas inte att remskivan bänds loss, eftersom kanten lätt kan gå sönder om man inte är försiktig.

Upp till årsmodell 2006

19 Sätt in en insexnyckel på 6 mm i hålet i spännararmen. Lossa sedan kamremsspännarens fästbult och vrid spännarenheten medurs till ett läge motsvarande cirka klockan 10 för att lossa spänningen i remmen **(se bild)**. Om en ny rem monteras, demontera spännaren helt och notera hur den utstickande tappen på spännaren hakar i motorn. Volvo rekommenderar att en ny spännare monteras varje gång kamremmen byts ut.

Från årsmodell 2006

Observera: *Även om Volvo anger att den här typen av fjäderbelastade spännare finns i alla bensinmotorer från 2006, har vi hittat nyare bilar än så med den äldre typen av spännare (enligt beskrivningen i avsnitt 19). Undersök vilken typ av spännare din bil har och gå vidare enligt spännartyp.*

20 Lossa spännarens centrumbult lite och vrid sedan spännaren medurs med en insexnyckel på 6,0 mm. Sätt in ett stift/borrbit med liten diameter för att spärra spännaren i detta läge **(se bild)**.

Samtliga fordon

21 Märk remmen med dess rotationsriktning om den ska återanvändas, och ta sedan loss den från dreven och tomgångsöverföringen. Utrymmet är mycket begränsat vid vevaxeldrevet och ett visst lirkande krävs. Vrid inte vevaxeln eller kamaxlarna med remmen borttagen.

22 Vrid tomgångsöverföringen och kontrollera om den går trögt eller skakar. byt dem om det behövs.

23 Undersök kamremmen noga och leta efter tecken på ojämnt slitage eller sprickor. Var extra uppmärksam på tändernas "rötter". Byt remmen om det råder minsta tveksamhet om dess skick.

24 Om motorn renoveras och har gått mer än 60.000 km med den befintliga remmen monterad, ska remmen bytas ut oavsett skick. Kostnaden för en ny rem är försumbar i jämförelse med kostnaderna för de motorreparationer som skulle behövas om remmen gick av under drift.

25 Om spår av olja eller kylvätska återfinns på den gamla remmen, leta rätt på läckan och laga den. Tvätta rent området kring kamremmen och tillhörande delar fullständigt, så att varje spår av olja avlägsnas.

26 Även om remmen inte visar några tecken på kylarvätskeläckage, undersök kylvätskepumpen noggrant och leta efter tecken på läckor. När en kylvätskepump går sönder börjar den ofta läcka från 'spillhålet' längst upp, alldeles bakom pumpens kamremsdrev (se kapitel 3, avsnitt 7). En kylvätskeläcka uppträder vanligen som en vit skorpa. Om motorn har gått långt och fortfarande har kvar originalpumpen, kan det vara en god idé att byta kylvätskepump samtidigt som kamrem. Om detta inte görs, och pumpen sedan börjar läcka, måste remmen demonteras igen för montering av en ny pump.

27 Byt spännare om tveksamheter föreligger vad gäller dess kondition. Volvo rekommenderar att en ny spännare alltid monteras när remmen byts.

Montering och spänning

28 Innan kamremmen monteras tillbaka, se till att dreven sitter korrekt (punkt 13 och 14). Kamremmens övre kåpa måste provisoriskt demonteras för att detta ska gå.

29 Om remspännaren har tagits bort ska den monteras på den plats som anges i anteckningarna från demonteringen. Se

3.18 Vevaxelns remskiva sitter på en valstapp (pil)

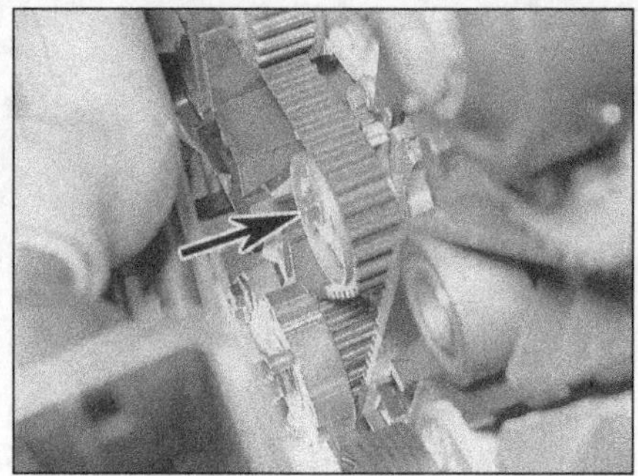

3.19 Lossa spännarens fästbult (markerad med pil)

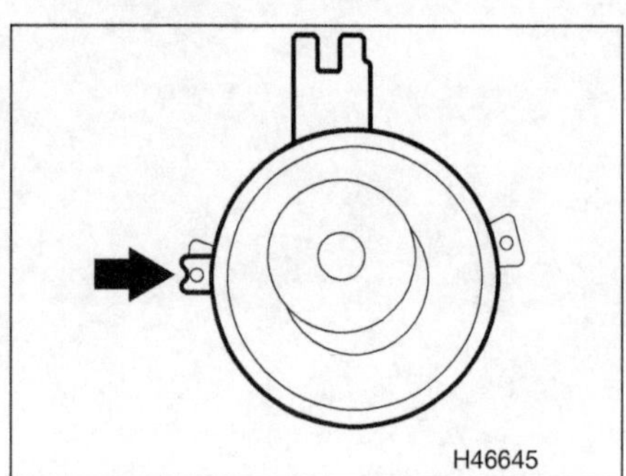

3.20 Vrid spännaren medurs tills låssprinten (markerad med pil) kan sättas i

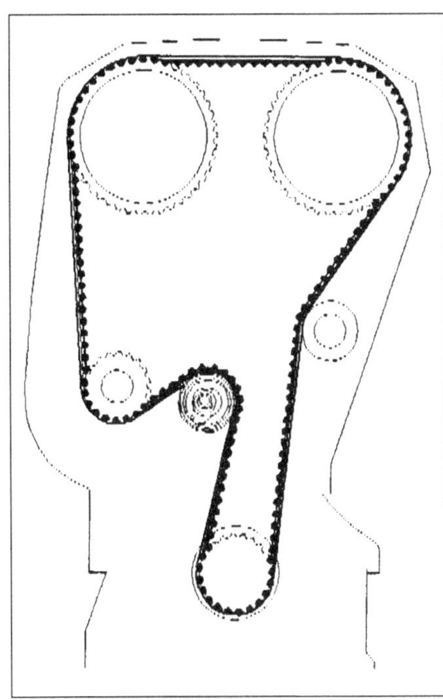
3.30 Kamremmens löpväg

till att spännarens ”gaffel” passar in över motorblocket. På bilar fram till 2006 placerar du spännararmen i läget klockan 10 och drar åt fästbulten lite. På nyare bilar ser du till att spännaren är i det spärrade läget enligt vad som beskrivs i avsnitt 20.

30 Sätt på remmen på vevaxeldrevet. Håll remmen spänd, var noga med att inte vrida kamaxeldreven, och sätt på remmen på tomgångsöverföringen, det främre kamaxeldrevet, det bakre kamaxeldrevet, kylvätskepumpens drev och slutligen spännarremskivan **(se bild)**. Notera korrekt rotationsriktning om den gamla remmen ska återanvändas.

31 Kontrollera återigen att markeringarna på dreven är korrekt inpassade.

Upp till årsmodell 2006

32 Vrid remspännaren moturs med en 6 mm insexnyckel tills visaren når stoppet till höger om mittinskärningen, och vrid sedan tillbaka den så att den passas in mot mittinskärningen **(se bild)**. Spännaren måste alltid ställas in på det här sättet, så att den ställs in från höger om mittpositionen.

33 Med spännaren inpassad mot mittinskärningen, håll fast spännaren med insexnyckeln och dra åt fästbulten till angivet moment **(se bild)**.

34 Tryck på remmen på en punkt mitt emellan dreven, och kontrollera att spännarens visare kan röra sig fritt.

35 Vrid vevaxeln medurs två hela varv och kontrollera sedan att alla tändningsinställningsmärken kan passas in mot varandra.

36 Kontrollera även att spännarens pekare är inpassad mot mittinskärningen. Om inte, lossa spännarens fästbult och justera remspänningen igen enligt beskrivningen i punkt 32 till 36.

Från årsmodell 2006

Varning: Se anmärkningen i början av avsnitt 20.

37 Ta bort låssprinten/borrbitet och låt spännaren spänna remmen.

38 Tryck på remmen mitt emellan dreven.

39 Vrid vevaxeln två hela varv och kontrollera sedan att alla tändinställningsmärken kan passas in mot varandra. Dra åt spännarens centrumbult till angivet moment.

Samtliga fordon

40 Montera tillbaka vevaxelns remskiva över valstappen, och sätt sedan tillbaka och dra åt mittmuttern och de fyra yttre bultarna till angivet moment.

41 Vik tillbaka hjulhusfodret och fäst det med de två muttrarna.

42 Montera tillbaka hjulet och sänk ner bilen. Dra åt hjulbultarna i diagonal ordningsföljd till angivet moment.

43 Montera tillbaka alla kvarvarande delar som tagits bort vid demonteringen, i omvänd ordning mot demonteringen.

4 Kamaxeldrev, VVT-enheter och främre packboxar – demontering och montering

Observera: *Till detta krävs Volvos kamaxellåsningsverktyg 999 5452 för att förhindra att kamaxlarna vrids när dreven demonteras. Hur hemmagjorda verktyg tillverkas beskrivs i texten. Försök inte utföra arbetet utan att låsa kamaxlarna, annars kommer ventilinställningen att fördärvas.*

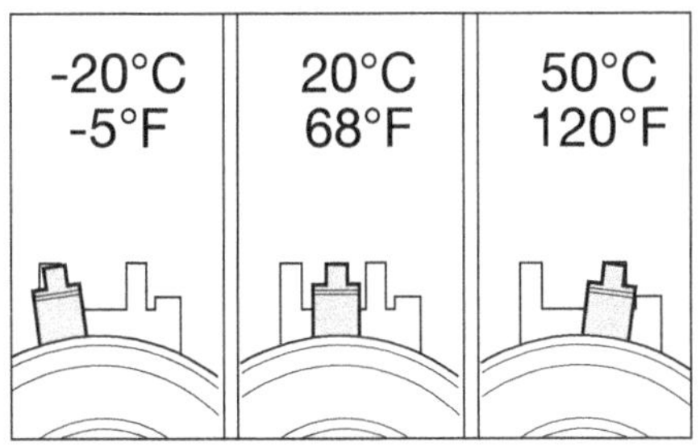

3.32a Inställningar för kamremsspännaren vid olika temperaturer

Demontering

1 Demontera kamremmen enligt beskrivningen i avsnitt 3.

2 Demontera luftrenaren och insugningskanalerna enligt beskrivningen i kapitel 4A för att komma åt bakänden av båda kamaxlarna.

3 Skruva loss bultarna och ta bort tvärbalkens fästbygel från motorns övre del **(se bild)**.

4 På modeller utan turbo, skruva loss bultarna och ta bort kamaxelgivarens huset från insugskamaxelns ände **(se bild)**.

5 På modeller med turbo, skruva loss de två skruvarna och ta bort givarhuset från topplocket vid avgaskamaxelns bakre del.

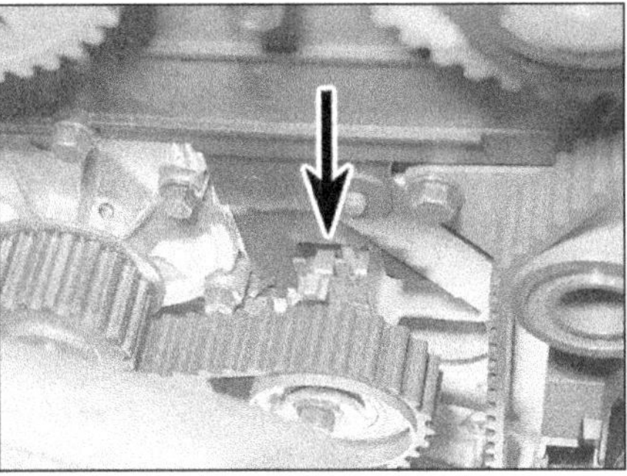
3.32b Kamremsspännaren inpassad mot mittutskärningen (markerad med pil)

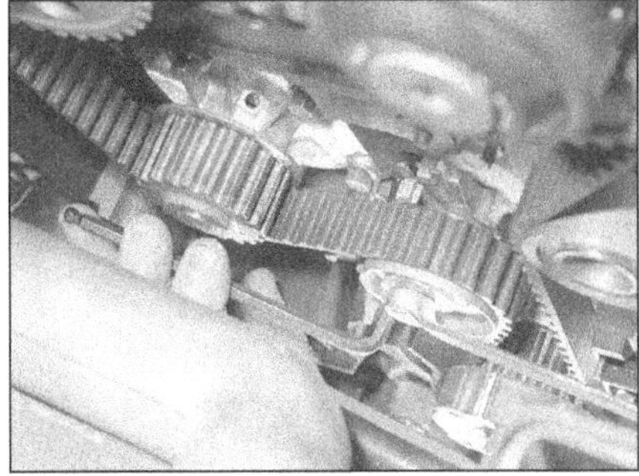
3.33 Håll fast spännaren med en insexnyckel och dra åt muttern

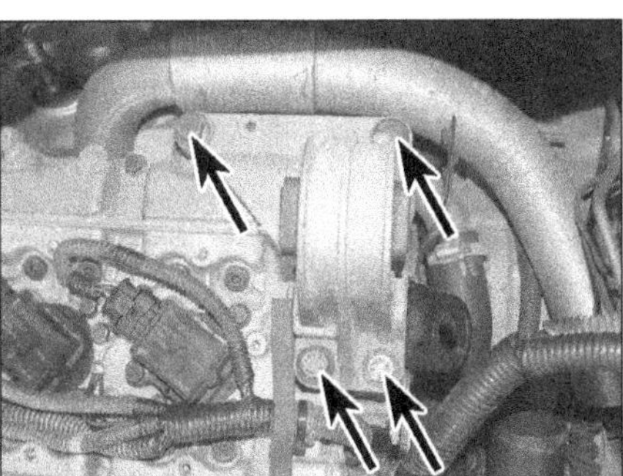
4.3 Skruva loss bultarna (markerade med pilar) och ta bort fästbygeln från motorn övre del

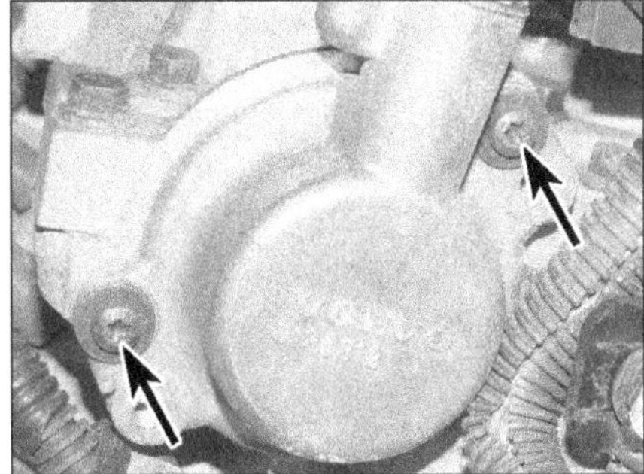
4.4 Skruva loss de två torxbultarna (markerad med pilar) och ta bort kamaxelgivarens hus

4.6 Skruva loss bultarna och ta bort fästbygeln (markerad med pil) från topplockets vänstra ände (endast modeller utan turbo)

4.7 Använd en skruvmejsel för att bända ut täckpluggen i änden av insugs- eller avgaskamaxeln

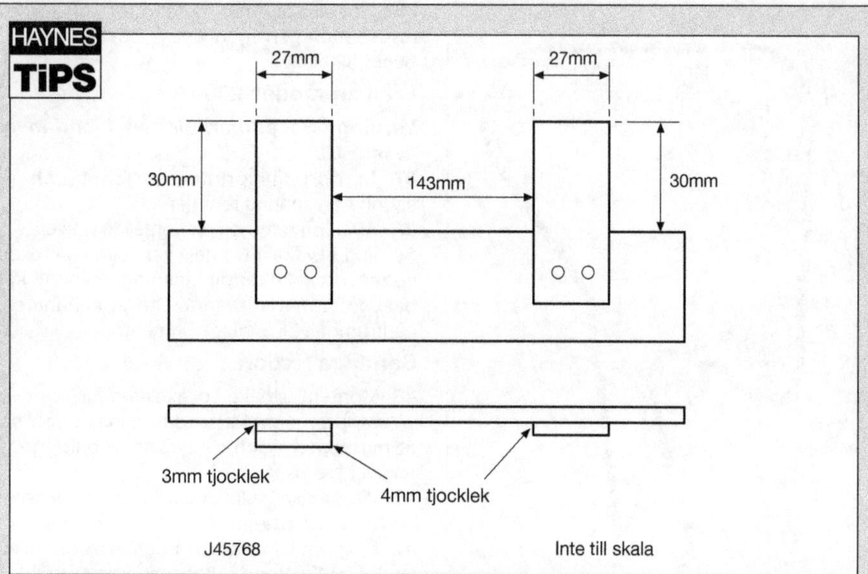

Ett kamaxellåsverktyg kan tillverkas av ett vinkeljärn som kapas till en längd som passar över topplockets vänstra ände. Ta ett stycke stålband av passande tjocklek så att det passar precis i urtagen i kamaxlarna. Dela bandet i två delar och borra hål så att båda delarna kan skruvas fast i vinkeljärnet/stålband. Med hjälp av mellanläggsbrickor, muttern och bultar, placera och fäst banden vid vinkeljärnet så att kamaxlarna kan låsas med urtagen horisontellt. Sätt mellanläggsbrickor på banden för att kompensera för urtagens förskjutning Kom ihåg att verktyget måste vara tillräckligt starkt för att hålla kamaxlarna när VVT-skruvarna dras åt.

Skruva loss bulten och ta bort givarens rotorplatta från änden av avgaskamaxeln.

6 Skruva loss bultarna och ta bort fästbygeln från topplockets vänstra ände (om en sådan finns,) **(se bild)**.

7 Använd en skruvmejsel och bänd ut täckpluggen av plast på insugskamaxelns (modeller med turbo) eller avgaskamaxelns (modeller utan turbo) ände **(se bild)**. Var beredd på oljespill.

8 Notera positionen för urtagen i kamaxlarnas bakändar. Innan dreven demonteras, måste kamaxlarna placeras så att dessa urtag ligger parallellt med fogen mellan topplockets övre och nedre del, och sedan låsas i denna position. Observera även att urtagen ligger något vid sidan av mittlinjen; det ena något över och det andra något under.

9 Lås kamaxlarna i rätt position för återmonteringen med Volvos verktyg 999 5452, eller tillverka ett eget (se Verktygstips ovan).

10 Kontrollera att vevaxeldrevets tändningsinställningsmärken fortfarande är rätt inställda, och anslut sedan Volvo-verktyget eller ditt egna verktyg till baksidan av topplocket **(se bild)**. Det kan krävas att kamaxlarna vrids mycket knappt så att urtagen hamnar exakt horisontellt så att verktyget kan sättas i.

11 Om båda kamaxeldreven ska tas bort, markera dem med insug och avgas så att de monteras tillbaka på rätt platser. Insugningsdrevet sitter närmast bilens front.

12 Om du ska ta bort ett drev med variabel ventilstyrningsenhet, använd en T55-torxnyckel för att lossa och ta bort pluggen på enhetens framsida. Använd sedan samma nyckel för att skruva loss den mittersta fästbulten. Dra loss

4.10 Haka i låsverktyget i spåren i kamaxlarnas ändar för att förhindra att kamaxlarna roterar. Verktyget och kamaxlarna måste hållas fast ordentligt

4.12a Använd en T55-torxnyckel för att lossa VVT-enhetens plugg . . .

4.12b . . . följt av VVT-enheten/ drevbulten . . .

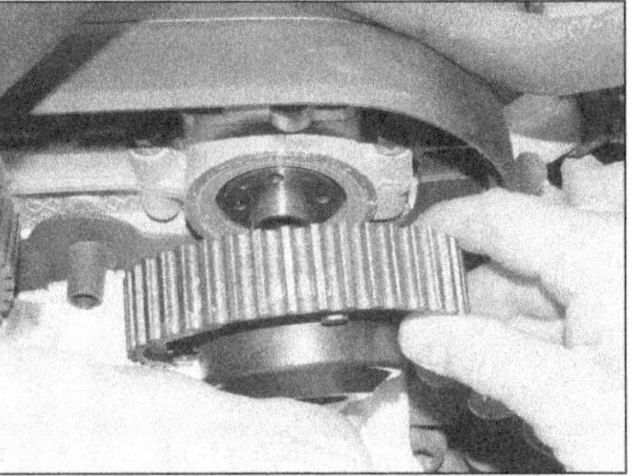

4.12c . . . ta sedan bort VVT enheten

Tillverka ett fasthållningsverktyget för kamaxeldrevet av två stycken stålband ungefär 6 mm tjocka och 30 mm breda eller liknande, det ena 600 mm långt, det andra 200 mm långt (alla mått är ungefärliga). Skruva ihop de två banden så att de formar en gaffel utan att dra åt bulten, så att det kortare bandet kan vridas runt. I var ände av varje 'tand' på gaffeln, böj banden i rät vinkel ungefär 50 mm från ändarna; dessa hakar ska sedan sättas in i hålen i dreven. Det kan hända att kanterna måste slipas ner för att få plats i hålen

kamaxeldrevet från kamaxeln tillsammans med den variabla ventilstyrningsenheten **(se bilder)**. Var beredd på oljespill.

13 Om du ska ta bort ett drev utan variabel ventilstyrning, skruva loss de tre bultarna och ta bort drevet för att komma åt den trasiga tätningen. Håll fast dreven med ett lämpligt verktyg i hålen i deras sidor (se Verktygstips höger). Ta bort drevet från kamaxeln.

14 Ta försiktigt loss tätningen genom att bända ut den med en liten skruvmejsel eller ett krokformat verktyg. Se till att inte skada axelns tätningsyta.

Montering

15 Rengör tätningssätet. Undersök axelns tätningsyta med avseende på slitage eller skador som kan orsaka att den nya tätningen slits ut i förtid.

16 Smörj den nya oljetätningen med ren motorolja. Sätt tätningen på axeln, läpparna inåt, och knacka den på plats med en stor hylsnyckel eller ett rörstycke tills dess yttre yta ligger jäms med huset **(se bild)**.

Kamaxeldrev utan variabel ventilstyrning

17 Sätt tillbaka kamaxeldrevet, med tändinställningsmärkena linjerade, och sätt tillbaka fästbultarna. Dra endast åt dem så mycket att de precis tar i dreven, och låt dreven snurra inom det utrymme som deras förlängda bulthål ger. Kontrollera att markeringarna på vevaxelns remskiva fortfarande linjerar enligt beskrivningen i avsnitt 3, punkt 14.

Drev med variabel ventilstyrning

18 Kontrollera att vevaxeln fortfarande är placerad som beskrivs i avsnitt 3 och vrid den sedan medurs några grader.

19 Demontera startmotorn enligt beskrivningen i kapitel 5A.

20 Skruva loss täckpluggen från motorblocket och sätt in Volvo-verktyget 999 5451 **(se bilder)**.

21 Vrid vevaxeln moturs tills vevarmen stannar mot Volvo-verktyget.

22 Tryck VVT-enheten/kamaxeldrevet på kamaxeln och sätt tillbaka den mittersta torxfästbulten. Dra åt bulten lätt.

23 Lossa , men ta inte bort skruvarna som

4.16 Sätt på oljetätningen över axelns ände med läpparna inåt

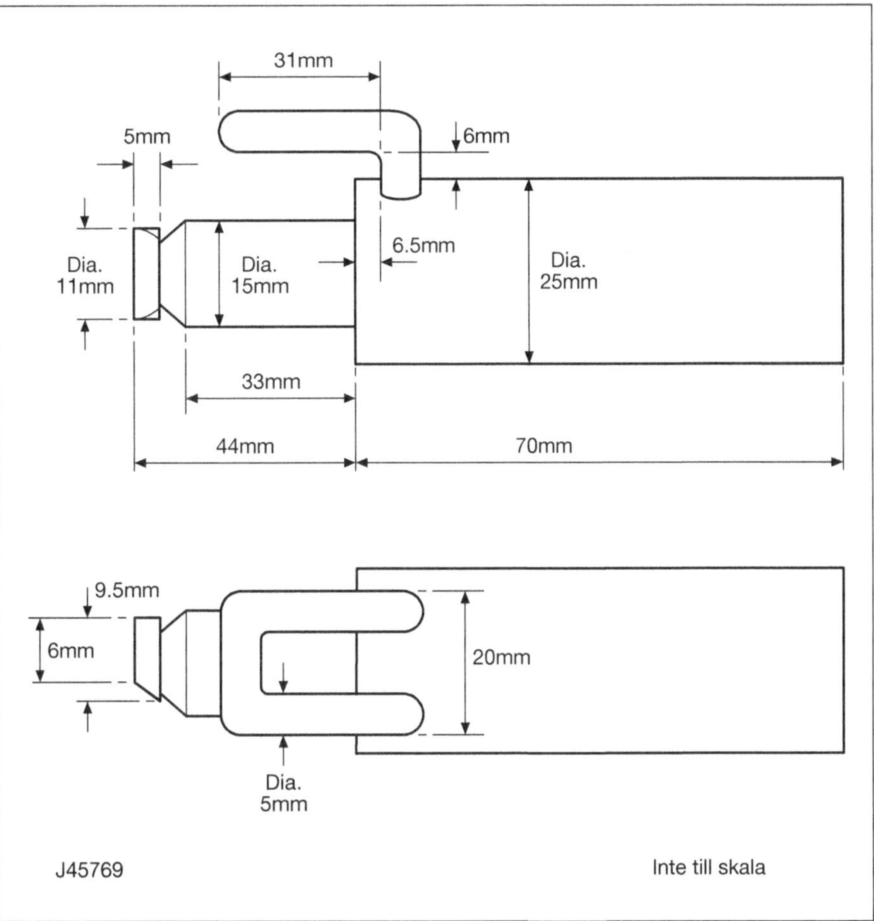

4.20a Om du har tillgång till en svarv kan du tillverka en kopia av Volvos stoppverktyg för vevaxlar

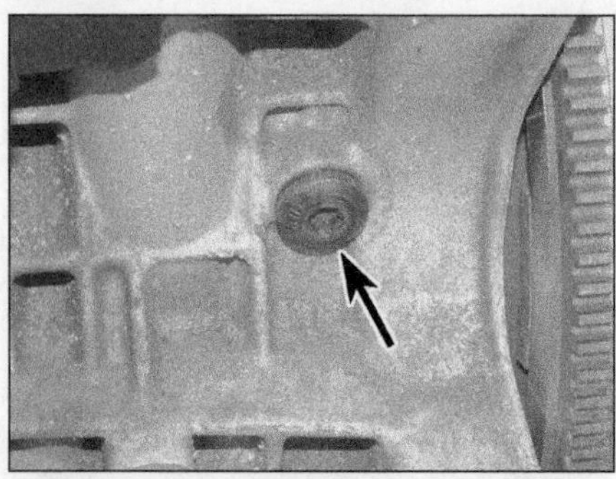
4.20b Med startmotorn borttagen skruvar du loss täckpluggen (se pil) . . .

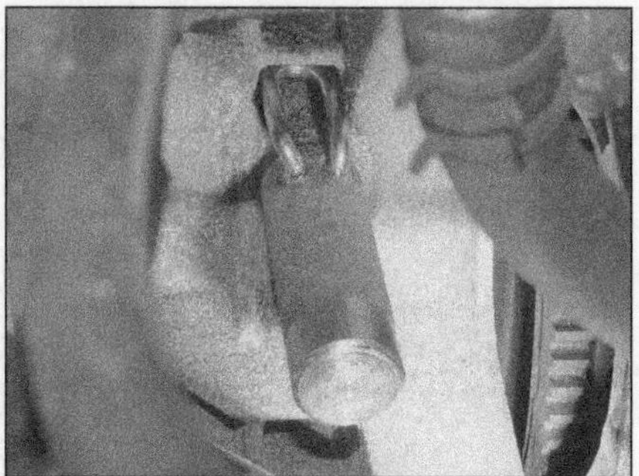
4.20c . . . och sätter in vevaxelns stoppverktyg

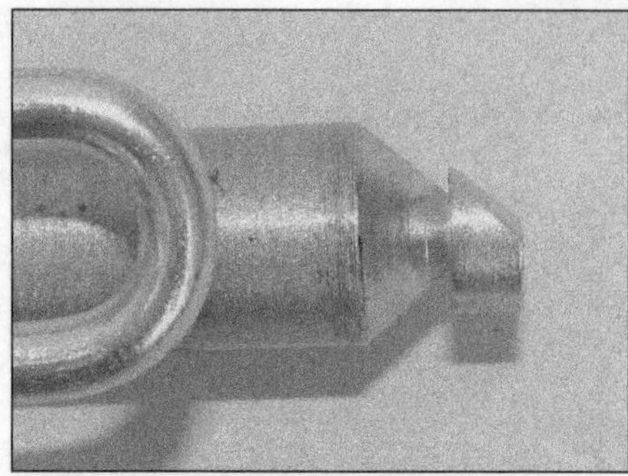
4.20d Observera att änden på vevaxelns stoppverktyg är fasad

4.23 Lossa skruvarna mellan drev och VVT enheten (markerad med pilar)

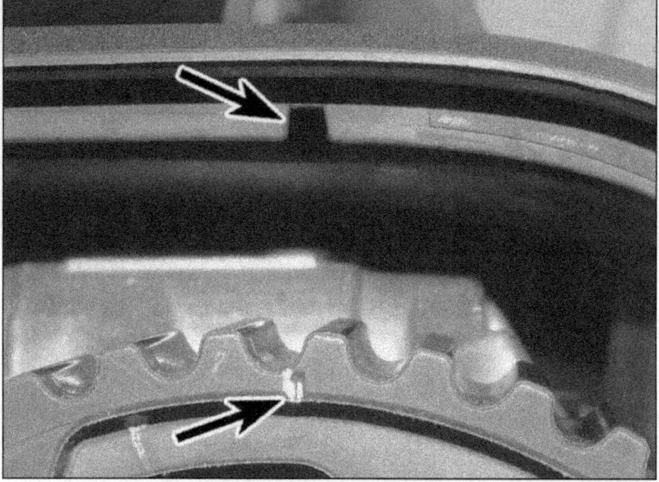
4.27 Vrid VVT-enheten medurs tills de båda markeringarna (markerad med pilar) linjeras

håller fast kamaxeldrevet på VVT-enheten **(se bild)**.

24 Passa in drevskruvarna så att de är placerade i mitten av spåren på VVT-enheten och dra åt dem något.

25 Vrid VVT enheten medurs tills stopp. Lossa den mittersta torxfästbulten.

26 Montera kamremmens inre, övre kåpa tillfälligt.

27 Fortsätt vrida VVT-enheten medurs tills markeringen på drevarmen linjerar med markeringen på den övre/inre kamremskåpan **(se bild)**.

28 Dra åt VVT enhetens mittre fästbult till angivet moment. Låt inte VVT-enheten rotera när du drar åt bultarna .

29 Montera den nya kamremmen på dreven enligt beskrivningen i punkt 28 till 39 i avsnitt 3.

30 Lossa skruvarna som fäster VVT-enheten/enheterna på kamaxeldrevet/dreven och bultarna som fäster drevet utan VVT på kamaxeln (i förekommande fall).

31 Sätt tillbaka mittpluggen på VVT-enheten och dra åt den till angivet moment .

32 Återställ momentnyckeln till 25 Nm och använd detta moment på VVT-enhetens centrumplugg samtidigt som du drar åt kamaxeldrevets skruvar till angivet moment **(se bild)**.

33 Dra åt icke-VVT-drevbultarna till angivet moment .

34 På bilar fram till årsmodell 2006, kontrollera läget på kamremsspännararmen och justera vid behov (se avsnitt 3, punkt 32 till 36).

35 Ta bort kamaxellåsverktygen och vevaxelns stoppverktyg.

36 Vrid vevaxeln medurs två hela varv och kontrollera sedan att alla tändningsinställningsmärken kan passas in mot varandra.

37 Kontrollera även att spännarens markering är i linje med centrumskåran (endast bilar fram till årsmodell 2006). Om inte, lossa spännarens fästbult och justera remspänningen igen enligt beskrivningen i avsnitt 3, punkt 32 till 36.

4.32 Applicera 25 Nm på VVT-enhetens centrumplugg och dra sedan åt skruvarna mellan kamaxeldrevet och VVT-enheten

38 Resten av monteringen sker i omvänd ordningsföljd mot demonteringen.

5 Kamaxlarnas bakre packboxar – byte

1 Demontera luftrenaren och insugningskanalerna enligt beskrivningen i kapitel 4A för att komma åt bakänden av båda kamaxlarna.

2 Koppla loss kamaxelgivarens kablage vid skarvdonet som sitter placerat på växellådssidan av topplocket.

3 Skruva loss bultarna och ta bort givarhuset från topplocket i avgaskamaxelns bakre del **(se bild 4.4)**. Skruva loss bulten och ta bort givarens rotorplatta från änden av kamaxeln.

4 På kamaxlar utan lägesgivare tar du bort de båda skruvarna och kamaxelns ändkåpa.

5 Ta försiktigt loss tätningen genom att bända ut den med en liten skruvmejsel eller ett krokformat verktyg. Se till att inte skada axelns tätningsyta.

6 Rengör tätningssätet. Undersök axelns tätningsyta med avseende på slitage eller skador som kan orsaka att den nya tätningen slits ut i förtid.

7 Smörj den nya oljetätningen med ren motorolja. Sätt tätningen på axeln, läpparna inåt, och knacka den på plats med en stor hylsnyckel eller ett rörstycke tills dess yttre yta ligger jäms med huset **(se bild)**. **Observera:** *Om kamaxeltappen verkar sliten kan packboxen tryckas in upp till 2,0 mm längre, så att den ligger an mot en del av kamaxelytan som inte är sliten.*

8 Montera tillbaka de delar som tagits bort vid demonteringen, i omvänd ordning mot demonteringen.

9 Montera tillbaka luftrenaren och luftkanalerna.

6 Kamaxlar och ventillyftare – demontering, kontroll och återmontering

Observera: *Till detta krävs Volvos specialverktyg 999 5452 och 999 5454 för att låsa kamaxlarna på plats i topplockets övre del under återmonteringen, och till att dra den övre delen på plats. Hur hemmagjorda verktyg tillverkas beskrivs i texten. Försök inte utföra arbetet utan dessa verktyg. En tub med flytande packning och en korthårig roller (tillgänglig från Volvo-återförsäljare) krävs också.*

Demontering

1 Dränera kylsystemet enligt beskrivningen i kapitel 1A.

2 Demontera kamremmen enligt beskrivningen i avsnitt 3.

3 Demontera luftrenaren och insugningskanalerna enligt beskrivningen i kapitel 4A för att komma åt bakänden av båda kamaxlarna.

4 På motorer med turbo lossar du klämmorna och tar bort laddluftröret ovanför motorn. Plugga igen eller täck över öppningarna för att hindra att det kommer in smuts.

5.7 Sätt dit en ny packbox med läpparna vända inåt tills dess yttre yta är jäms med huset

5 Skruva loss bultarna/muttrarna och ta bort tvärbalken mellan fjädertornen **(se bild 3.2a)**.

6 Skruva loss muttern och ta bort bulten som håller fast motorns stabiliseringsstag vid fästbygeln på motorn. Observera att det behövs en ny mutter och bult vid monteringen **(se bild 3.2b)**.

7 Skruva loss bultarna och ta bort motorns tvärbalksfäset från topplocket **(se bild 4.3)**

8 Koppla loss kamaxelgivarens kablage vid skarvdonet som sitter placerat vid växellådssidan av motorn.

9 På modeller utan turbo skruvar du loss skruvarna och tar bort fästbygeln från topplockets vänstra del. Bänd sedan ut avgaskamaxelns täckplugg **(se bilder 4.6 och 4.7)**.

10 På modeller med turbo bänder du ut gummitäckpluggen på insugskamaxelns vänstra ände från topplocket **(se bild 4.7)**

11 Skruva loss de två skruvarna och ta bort givarhuset från topplocket vid avgas- eller insugskamaxelns bakre del. Skruva loss bulten och ta bort givarrotorplattan från kamaxeländen **(se bild 4.4)**.

12 Notera positionen för urtagen i kamaxlarnas bakändar. Innan dreven demonteras, måste kamaxlarna placeras så att dessa urtag ligger parallellt med fogen mellan topplockets övre och nedre del, och sedan låsas i denna position. Observera även att urtagen ligger något vid sidan av mittlinjen; det ena något över och det andra något under.

13 Lås kamaxlarna i rätt position för återmonteringen med Volvos verktyg 999 5452, eller tillverka ett eget (se *Verktygstips i avsnitt 4, paragraf 9*).

14 Kontrollera att vevaxeldrevets tändningsinställningsmärken fortfarande är rätt inställda, och anslut sedan Volvo-verktyget eller ditt egna verktyg till baksidan av topplocket **(se bild)**. Det kan krävas att kamaxlarna vrids mycket knappt så att urtagen hamnar exakt horisontellt så att verktyget kan sättas i.

15 Märk upp båda kamaxeldreven för att underlätta återmonteringen. Insugningsdrevet sitter närmast bilens front.

16 När du ska ta bort ett drev med variabel ventilstyrningsenhet, använd en T55-torxnyckel för att skruva loss och ta bort pluggen från enhetens framsida. Använd sedan samma nyckel för att skruva loss den mittersta fästskruven. Dra loss kamaxeldrevet från kamaxeln tillsammans med den variabla ventilstyrningsenheten **(se bilder 4.12a, 4.12b och 4.12c)**. Var beredd på oljespill.

17 För att ta bort ett drev utan variabel ventilinställning, lossa de tre skruvarna och ta bort drevet. Håll fast dreven med ett lämpligt verktyg i hålen i deras sidor (se Verktygstips i avsnitt 4, paragraf 13). Ta bort drevet från kamaxeln.

18 Ta bort tändspolarna enligt beskrivningen i kapitel 5A.

19 Koppla ifrån vevhusventilationsslangen från kamaxelkåpan.

20 Koppla loss anslutningskontakten till den variabla ventilstyrningens (VVT) magnetventil/ventiler och ta sedan bort VVT-magnetventilen/ventilerna **(se bild)**.

21 Arbeta inåt i stegvis diagonal ordningsföljd

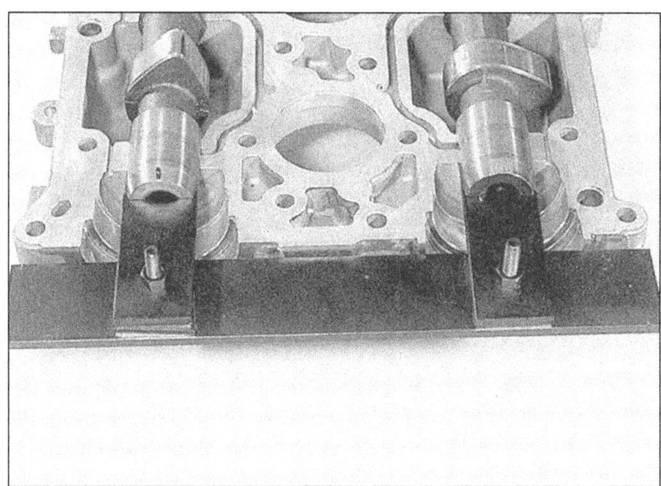

6.14 Hemgjort kamaxellåsverktyg på plats (topplockets övre del demonterad för att det ska synas bättre)

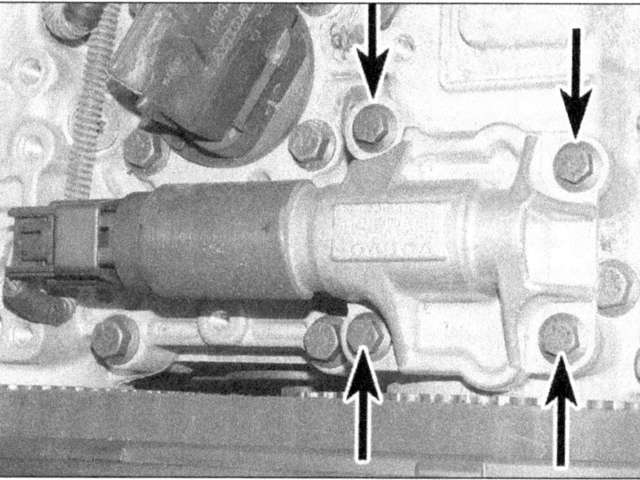

6.20 Skruva loss bultarna (markerade med pilar) och ta bort VVT-magnetventilen

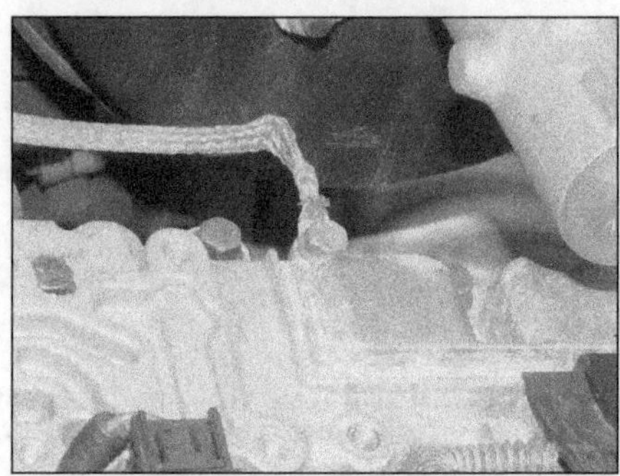

6.21 Observera jordledning(arna) på ventilkåpans bakre bultar

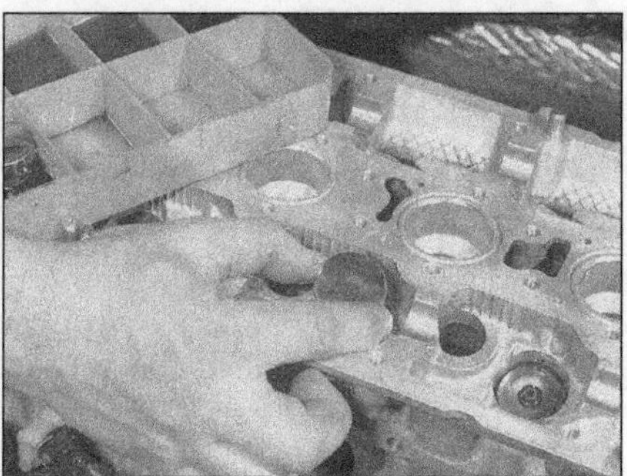

6.29 Ta loss ventillyftarna och lägg dem i en segmenterad behållare

och lossa först och ta sedan bort alla bultar som håller fast topplockets övre del. Notera jordledningarnas plats på de bakre bultarna **(se bild)**.

22 Med en mjuk klubba, knacka försiktigt, eller bänd loss, topplockets övre del uppåt från den nedre delen. Observera att det finns särskilda tappar som är till för att den övre delen ska kunna knackas eller bändas loss utan skada. Stick inte in en skruvmejsel eller liknande i skarven mellan de två delarna för att bända isär dem. Den övre delen sitter mycket hårt, eftersom den hålls fast av ett antal styrhylsor; man måste ha tålamod.

23 Lyft försiktigt av den övre delen när den väl lossnat. Kamaxlarna kommer att lyftas på grund av spänningen i ventilfjädrarna – se till så att de inte hamnar snett och fastnar i den övre delen.

24 Ta loss O-ringarna från tändstiftsurholkningarna i den nedre delen. Använd nya O-ringar vid återmonteringen.

25 Märk kamaxlarna, insug och avgas, och lyft ut dem tillsammans med de främre och bakre oljetätningarna. Var försiktigt med loberna, som kan ha vassa kanter.

26 Ta bort oljetätningarna från kamaxlarna, och notera hur de sitter monterade. Använd nya tätningar vid återmonteringen.

27 Ha en passande låda redo, indelad i tjugo fack, eller någon annan typ av behållare där ventillyftarna kan förvaras och hållas sorterade efter demonteringen.

28 Märk segmenten i lådan eller behållarna med cylindernumret för varje ventillyftare, tillsammans med identifiering för insug och avgas samt för fram och bak eller den specifika cylindern.

29 Lyft ut ventillyftarna, med en sugkopp eller magnet om det behövs. Håll reda på var de ska sitta och placera dem upprätt i deras respektive platser i lådan eller behållaren **(se bild)**.

Kontroll

30 Undersök kamloberna och kamaxellagertapparna och leta efter repor eller andra synliga tecken på slitage. När kamlobernas hårda yta väl har slitits bort, kommer slitaget att gå snabbt.

31 Inga specifika diametrar eller mellanrum anges av Volvo för kamaxlarna eller axeltapparna. Om de däremot är synligt slitna måste de bytas.

32 Undersök om ventillyftarna är repade, spruckna eller har andra skador.

33 Observera att om kamaxlarna, ventilerna eller topplocket har bytts måste ventilspelet kontrolleras och vid behov måste även ventillyftare i rätt storlek monteras enligt beskrivningen nedan.

Förberedelser för montering

34 Torka noggrant bort tätningsmedlet från fogytorna på de övre och nedre topplocksdelarna. Använd en lämplig lösningsvätska för flytande packningar tillsammans med en mjuk spackelkniv; använd inte en metallskrapa, då skadas ytorna. Eftersom ingen konventionell packning används, är fogytornas kondition av yttersta vikt.

35 Ta bort all olja, smuts och fett från båda delarna och torka av dem med en ren, luddfri trasa. Se till att alla smörjkanaler är helt rena.

Ventilspel kontroll och justering

36 Om kamaxlarna, topplocket eller ventilerna har bytts eller om ventilsätena/fogytorna har slipats måste ventilspelen kontrolleras och justeras vid behov.

37 Kontrollera att ventilspelet fungerar innan du tar bort kamremmen genom att fästa Volvos verktyg nr 999 5754 på kamaxelns/kamaxlarnas bakre del. Om du inte har tillgång till verktyget måste spelen ställas in enligt beskrivningen i avsnitt 38 och framåt. Ta bort tändstiften (kapitel 1A) och de 20 inspektionspluggarna för att komma åt ventilspelen. Vrid sedan motorn medurs tills markeringen på Volvo-verktyget linjerar med markeringen på ventilkåpan, och indikerar vilket ventilspel som ska kontrolleras. Sätt in ett lämpligt bladmått cirka 15 mm in i inspektionspluggshålet och anteckna spelet. Vrid motorn längre och kontrollera nästa uppsättning spel **(se bilder)**. *Om något av dessa* kontrollspel ligger utanför de toleranser som anges i *Specifikationer*, utför följande.

38 Montera två ventillyftare (insug eller avgas) för den första cylinder som ska kontrolleras.

39 Lägg kamaxeln på plats över ventillyftarna med de relevanta nockarna pekandes bort från lyftarna.

40 Använd handkraft för att fästa kamaxeln på topplocket och mät spelet mellan kamaxelns undersida och ventillyftarytan. Om måttet

6.37a Ta bort ventilspelets inspektionsplugg (4 pilar)

6.37b För in bladmåttet cirka 15 mm och anteckna spelet

Verktygstips 1: Håll fast kamaxlarna längst fram i topplockets övre del vid återmonteringen genom att tillverka ett fästband av en bit svetsstav, böjd till rätt form, som sätts under kamaxlarnas utskjutningar längst fram, och som hålls fast vid den övre delen med två bultar.

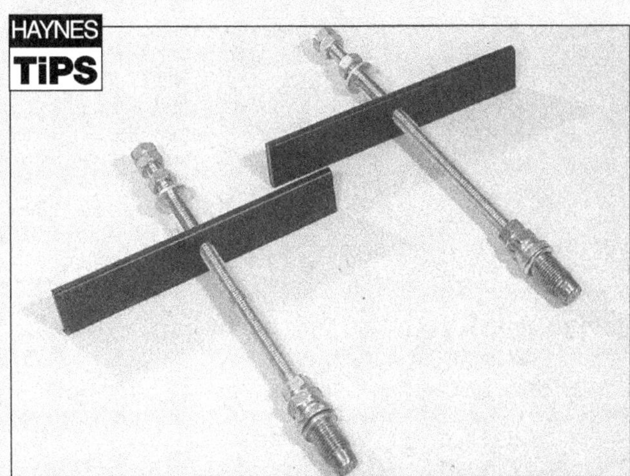

Verktygstips 2: Dra ner topplockets övre del mot ventilfjädrarnas spänning genom att ta två gamla tändstift och försiktigt bryta bort allt porslin så att bara den nedre gängade delen blir kvar. Borra bort mitten av tändstiften, om det behövs, och sätt sedan på en lång bult eller ett gängstag på båda och fäst dem ordentligt med muttrar. Bultarna eller stagen måste vara så långa så att de sticker upp ur tändstiftshålen ovanför det ihopsatta topplocket. Borra ett hål mitt i två 6 mm långa stålband som är så långa så att de sträcker sig över topplockets övre del. Sätt på banden, och sätt sedan på en mutter och låsmutter på varje bult eller stag.

skiljer sig från det som anges i *Specifikationer*, anteckna spelet och ta bort kamaxeln och ventillyftaren. Ventillyftarstorleken återfinns på dess undersida.

41 När du har fastställt ventillyftarens storlek måste den bytas ut mot en tjockare eller tunnare för att det tidigare noterade spelet ska hamna inom specifikationerna. Om det uppmätta ventilspelet t.ex. var 0,20 mm för stort krävs en ventillyftare som är så mycket *tjockare*. Om det uppmätta ventilspelet däremot var 0,20 mm för litet krävs en ventillyftare som är så mycket smalare. Observera de olika spelspecifikationerna för *kontroll* (med kamaxelkåpan, kamremmen etc. monterade) och *inställning* (med kamaxelkåpan etc. borttagna).

42 Vid återmonteringen sätts kamaxlarna på plats i den övre delen och hålls på plats med specialverktyg. Allt detta sätts sedan på plats på den nedre delen, hålls på plats mot spänningen i ventilfjädrarna med fler specialverktyg, och skruvas till sist fast. Om möjligt, skaffa Volvos specialverktyg som nämns i början av detta avsnitt och använd dem enligt medföljande instruktioner. Alternativt, tillverka en uppsättning egna verktyg som följer.

43 För att placera och hålla fast kamaxlarna längst bak, tillverka det kamaxellåsverktyg som beskrivs i verktygstipset i avsnitt 4.

44 För att hålla fast kamaxlarna längst fram, tillverka en rem som i bilden (se Verktygstips 1).

45 Till sist krävs ett verktyg med vilket den övre delen kan hållas fast mot spänningen i ventilfjädrarna (se Verktygstips 2).

Montering

46 Börja återmonteringen genom att olja ventillyftarnas lopp och kamaxellagren i topplockets nedre del rikligt med ren motorolja.

47 Sätt i ventillyftarna i sina ursprungliga lopp (om inte nya ventillyftare används).

48 Se till att fogytorna på båda topplockets delar är rena och fria från olja eller fett.

49 Kontrollera att vevaxelns tändningsinställningsmärken fortfarande är korrekt inpassade.

50 Med en korthårig roller, applicera ett jämnt lager av Volvos flytande packning (1161 059) enbart på fogytan för topplockets övre del **(se bild)**. Se till att hela ytan täcks, men kontrollera att ingen lösning hamnar i smörjkanalerna; ett tunt lager räcker för en god tätning.

51 Smörj kamaxeltapparna i den övre delen sparsamt med olja, och se till att ingen olja hamnar på den flytande packningen.

52 Lägg kamaxlarna på plats i den övre delen, och kom ihåg att insugningskamaxeln ska ligga närmast motorns framkant.

53 Vrid kamaxlarna så att deras urtag ligger parallellt med den övre delens fog, och observera att urtagen i varje kamaxel sitter något vid sidan av mittlinjen **(se bild)**. Om man tittar på den övre delen rättvänd, d.v.s. som den skulle sitta om den vore monterad, sitter urtaget på insugningskamaxeln ovanför mittlinjen och avgaskamaxelns urtag under mittlinjen. Verifiera detta genom att titta på den andra änden av kamaxlarna. Återigen, med den övre delen rättvänd ska det vara två drevbultshål över insugningskamaxelns mittlinje, och två bulthål under avgaskamaxelns mittlinje.

6.50 Applicera den flytande tätningsmedelen med en korthårig roller

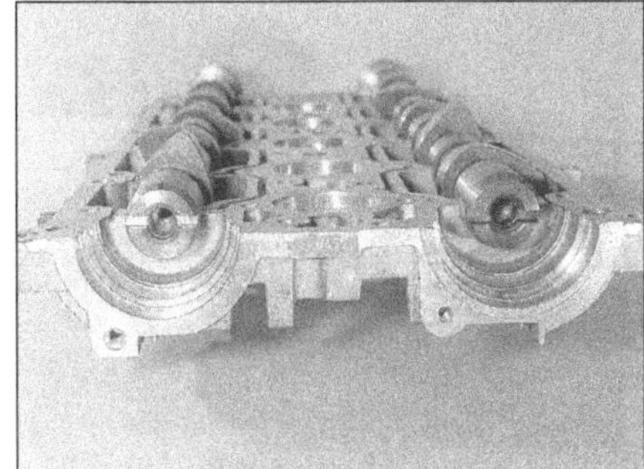

6.53 Placera kamaxlarna så att deras urtag ligger parallellt med den övre delens fog (se text)

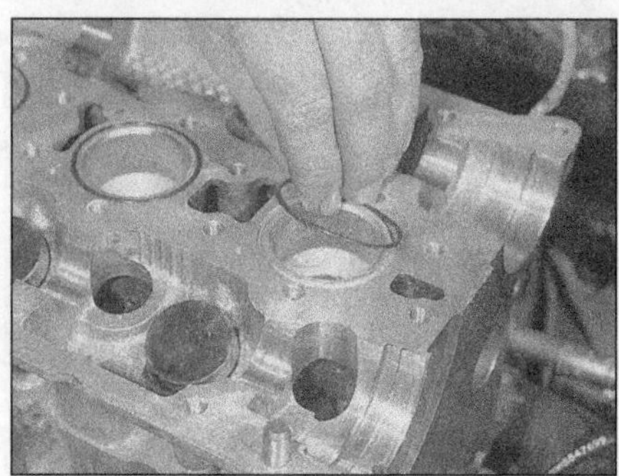
6.55 Sätt på nya O-ringar runt varje tändstiftsförsänkning

54 Med kamaxlarna rätt placerade, lås dem längst bak genom att sätta på det bakre lås- och fasthållningsverktyget. Det ska inte gå att vrida kamaxlarna alls med verktyget på plats. Fäst nu kamaxlarna längst fram med fasthållningsverktyget eller med den egentillverkade varianten.

55 Sätt på nya O-ringar i urholkningarna runt varje tändstiftsförsänkning i den nedre delen **(se bild)**.

56 Lyft den ihopsatta övre delen, med kamaxlar, och lägg den på plats på den nedre delen.

57 Sätt i neddragningsverktygen i hålen för tändstift 1 och 5 och dra åt ordentligt. Om du använder ett egentillverkat verktyg måste du se till att bulten eller gängstaget sitter ordentligt fast i tändstiftet, annars går det inte att ta bort verktyget senare.

58 Lägg neddragningsverktygets övre plattor, eller det egentillverkade verktygets stålband, över bultarna eller gängstagen och fäst dem med muttrarna **(se bild)**. Dra långsamt och försiktigt åt muttrarna, litet i taget, så att verktygen drar ner den övre delen på den nedre. Ventilfjädrarna kommer att göra avsevärt motstånd. Se till att den övre delen hela tiden ligger helt plant, annars kommer styrstiften att fastna.

59 Sätt tillbaka den övre delens fästbultar och dra åt dem i progressiv diagonal ordningsföljd, inifrån och ut, till angivet moment. Glöm inte jordledningen på den bakre bulten.

60 När den övre delen sitter fast, ta bort neddragningsverktyget och verktyget som håller fast kamaxelns främre ände. Lämna det bakre låsningsverktyget på plats.

61 Smörj läpparna på fyra nya kamaxeloljetätningar. Sätt på varje tätning rättvänd på axeln, och knacka dem på plats med en stor hylsnyckel eller ett rörstycke tills dess yttre yta ligger jäms med huset (se avsnitt 4 och 5).

62 Montera tillbaka kamaxeldrev, kamremmen etcetera, enligt beskrivningen i avsnitt 4.

63 Resten av monteringen sker i omvänd ordningsföljd mot demonteringen.

64 Avsluta med att fylla på kylsystemet enligt beskrivningen i kapitel 1A.

7 Topplock – demontering och montering

Demontering

1 Koppla loss batteriets minusledning (se kapitel 5A).

2 Dränera kylvätskan enligt beskrivningen i kapitel 1A.

3 Demontera insugnings- och avgasgrenrören enligt beskrivningen i kapitel 4A.

4 Demontera kamaxlarna och ventillyftarna enligt beskrivningen i avsnitt 6.

5 I förekommande fall, skruva loss bulten som håller fast den bakre kamremskåpan vid topplocket.

6 Om det inte redan gjorts, skruva loss bulten och ta loss jordledningen/ledningarna baktill på topplocket.

7 Lossa klämmorna och ta bort den övre kylarslangen från termostathuset och kylaren. Ta loss expansionskärlets slang från termostathuset.

8 Skruva loss de två bultar som håller fast kylvätskerörets fläns vid baksidan av topplocket.

9 Lossa topplocksbultarna, till att börja med ett halvt varv i taget, i den ordning som visas **(se bild)**. Ta bort bultarna. Observera att nya bultar krävs vid monteringen.

10 Lyft av topplocket och ställ det på träblock för att förhindra att ventilerna skadas. Ta loss den gamla topplockspackningen.

11 Om topplocket ska tas isär för renovering, se del C i detta kapitel.

Förberedelser för montering

12 Fogytorna mellan topplocket och motorblocket måste vara noggrant rengjorda innan topplocket monteras.

13 Ta bort alla packningsrester och allt sot med en plastskrapa; och rengör även kolvkronorna. Var mycket försiktig vid rengöringen, eftersom aluminiumlegeringen lätt kan skadas.

14 Se till att sot inte kommer in i olje- och vattenkanalerna – detta är särskilt viktigt när det gäller smörjningen eftersom sotpartiklar kan täppa igen oljekanaler och blockera oljematningen till motordelarna. Försegla vattenkanaler, oljekanaler och bulthål i motorblocket med tejp och papper. Lägg lite fett i gapet mellan kolvarna och loppen för att hindra sot från att tränga in. När en kolv är rengjord ska alla spår av fett och sot borstas bort från dess öppning med en liten borste och sedan ska öppningen torkas med en ren trasa. Rengör alla kolvarna på samma sätt.

15 Kontrollera fogytorna på motorblocket och topplocket och leta efter hack, djupa repor och andra skador. Om de är små kan de försiktigt filas bort, men om de är stora är slipning eller byte den enda lösningen.

16 Kontrollera topplockspackningens yta med en stållinjal om den misstänks vara skev. Se del C i detta kapitel om det behövs.

17 Kontrollera att topplocksbultarnas hål är rena och torra. Om möjligt, skruva i en gängtapp med rätt storlek i varje hål, annars kan en gammal bult med två spår skurna tvärs över gängorna användas. Det är av yttersta vikt att ingen olja eller kylvätska finns i bulthålen, eftersom blocket annars kan spräckas av det övertryck som bildas när bultarna sätts i och dras åt.

Montering

18 Börja återmonteringen med att sätta på en ny topplockspackning på motorblocket. Se till att det är rättvänt; det ska vara märkt med TOP.

19 Lägg topplocket på plats, och olja sedan

6.58 Hemgjort neddragningsverktyg på plats

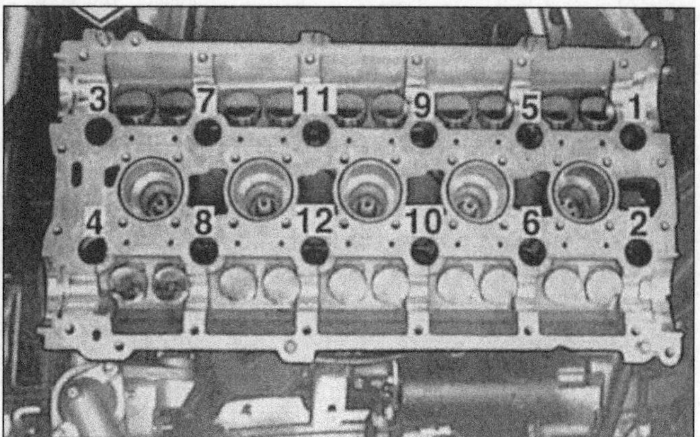

7.9 Topplocksbultarnas LOSSNINGSSEKVENS

gängorna på de nya topplocksbultarna lätt. Sätt i bultarna och dra åt dem till angivet moment för steg 1, i motsatt ordning mot den som visas **(se bild 7.9)**.

20 Dra åt bultarna i samma ordning till momentet för steg 2, och till sist, återigen i samma ordning, till den vinkel som anges för steg 3 med en vinkelmätare **(se bild)**.

21 Använd en ny packning och montera tillbaka kylvätskerörets fläns på baksidan av topplocket och fäst den med de två bultarna och tätningsmedel.

22 Montera tillbaka den övre kylarslangen till termostathuset och kylaren.

23 Montera tillbaka kamremskåpans fästbult och bulten som håller fast den bakre jordledningen.

24 Montera tillbaka kamaxeln och ventillyftarna enligt beskrivningen i avsnitt 6, men återanslut inte batteriet.

25 Montera tillbaka insugnings- och avgasgrenrören enligt beskrivningen i kapitel 4A.

26 Fyll kylsystemet enligt beskrivning i kapitel 1.

8 Vevaxelns oljetätningar – byte

Främre tätning

1 Demontera kamremmen enligt beskrivningen i avsnitt 3.

2 Med vevaxelns remskiva borttagen, sätt i två av fästbultarna och dra loss drevet/flänsen från vevaxeln med en tvåbent avdragare. Passa in avdragarens ben med de utstickande bultarna på baksidan **(se bild)**.

3 Med drevet borttaget, bänd försiktigt loss den gamla oljetätningen. Var noga med att inte skada oljepumphuset eller vevaxelns yta. Alternativt, stansa eller borra två små hål mitt emot varandra i oljetätningen. Skruva i självgängande skruvar i hålen och dra i skruvarna med tänger för att få ut tätningen.

4 Rengör oljetätningens plats och vevaxeln. Undersök vevaxeln och se efter om det finns något spår eller en kant som beror på slitage från den gamla tätningen.

5 Smörj in huset, vevaxeln och den nya packboxen med enbart ren motorolja. Montera tätningen med läpparna inåt och använd en bit rör (eller den gamla tätningen, ut- och invänd) och knacka den på plats tills den är i nivå.

6 Sätt tillbaka vevaxeldrevet i omvänd ordning mot demonteringen, linjera huvudräfflan.

7 Montera tillbaka kamremmen enligt beskrivningen i avsnitt 3.

Bakre tätning

8 Demontera svänghjulet eller drivplattan enligt beskrivningen i avsnitt 10.

9 Ta bort den gamla tätningen och sätt på den nya enligt beskrivningen tidigare i punkt 3 till 5.

10 Montera tillbaka svänghjulet eller drivplattan enligt beskrivningen i avsnitt 10.

7.20 Dra åt bultarna över den angivna vinkeln med hjälp av en vinkelmätare

9 Oljepump – demontering, kontroll och återmontering

Demontering

1 Utför de åtgärder som beskrivs i avsnitt 8, punkt 1 till 4.

2 Skruva loss de fyra bultar som håller fast oljepumpen vid framsidan av motorblocket.

3 Lossa pumpen försiktigt genom att bända bakom de övre och nedre separeringstapparna med en skruvmejsel **(se bild)**. Ta bort pumpen och ta loss packningen.

4 Rengör pumpens och motorblockets fogytor noggrant och ta bort alla spår av gammal packning.

Kontroll

5 Skruva loss de två skruvar som håller ihop pumpens två halvor.

6 Ta bort kugghjulskåpan från pumphuset. Var beredd att fånga upp övertrycksventilens fjäder.

7 Ta bort övertrycksventilens fjäder och tryckkolv, samt pumpkugghjulen.

8 Ta bort vevaxelns främre oljetätning genom att försiktigt bända ut den från kåpan. Använd en ny tätning vid återmonteringen.

9 Rengör alla komponenter noggrant, och undersök sedan kugghjulen, huset och kugghjulskåpan och leta efter tecken på slitage eller skador.

10 Om några delar verkar slitna eller skadade ska de bytas. I skrivande stund fanns det ingen information om ventilfjäderlängden eller rotor-/drevspel.

11 Sätt tillbaka kugghjulen i pumphuset, med markeringarna på det stora kugghjulet uppåt.

12 Smörj in dreven ordentligt. Smörj och sätt tillbaka övertrycksventilens tryckkolv och fjäder.

13 Sätt på en ny O-ringstätning på pumphuset, och sätt sedan tillbaka kåpan och fäst den med de två skruvarna.

Montering

14 Montera tillbaka pumpen på blocket med en ny packning. Använd pumpens fästbultar som guider och dra pumpen på plats med vevaxelremskivans mutter och

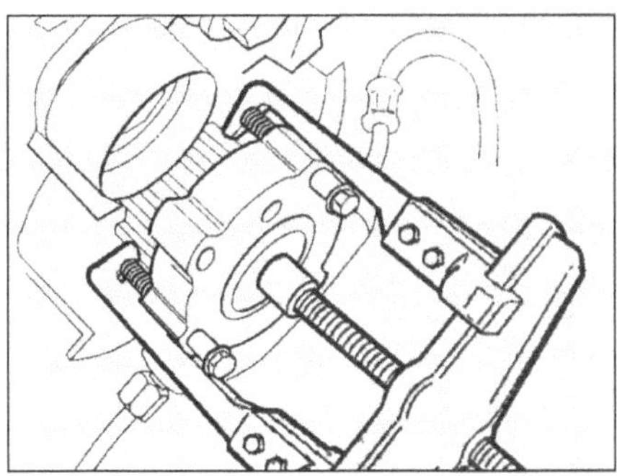

8.2 Använd en avdragare för att ta bort vevaxelns remskivefläns

mellanläggsbrickor. Med pumpen på plats, dra åt fästbultarna diagonalt till angivet moment.

15 Smörj kåpan, vevaxeln och den nya oljetätningen. Montera tätningen med läpparna inåt och använd en bit rör (eller den gamla tätningen, ut- och invänd) och knacka den på plats tills den är i nivå.

16 Montera tillbaka vevaxeldrevet och remskivan i omvänd ordningsföljd.

17 Montera tillbaka kamremmen enligt beskrivningen i avsnitt 3.

10 Svänghjul/drivplatta – demontering, kontroll och återmontering

Observera*: Nya fästbultar för svänghjulet/drivplattan krävs vid återmonteringen.*

Demontering

Svänghjul

1 Ta bort växellådan enligt beskrivningen i kapitel 7A.

2 Demontera kopplingen enligt beskrivningen i kapitel 6.

3 Gör justeringsmarkeringar så att svänghjulet kan monteras tillbaka på samma position relativt vevaxeln.

4 Lossa svänghjulets bultar. Förhindra att vevaxeln vrids genom att sticka in en stor skruvmejsel i krondrevets kuggar och i kontakt med en intilliggande styrhylsa i motorns/växellådans fogyta.

5 Stöd svänghjulet, ta loss bultarna och sänk ner svänghjulet till golvet. Se till att inte tappa det. Det är tungt och inte lätt att få grepp om.

9.3 Separationstappar (pilar) för demontering av oljepumpen

11.4a Fästbygel mellan motorns tvärbalk och motorn

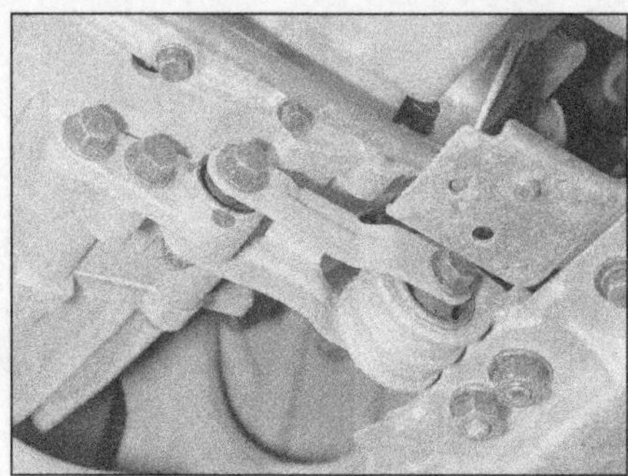
11.4b Motorns nedre stabiliseringsstag

11.4c Motorns högra fäste vid kryssrambalken

Drivplatta:

6 Demontera automatväxellådan enligt beskrivningen i kapitel 7B.

7 Gör justeringsmarkeringar så att drivplattan kan monteras tillbaka på samma position relativt vevaxeln.

8 Skruva loss drivplattan och ta bort den enligt beskrivningen i punkt 4 och 5.

Kontroll

9 På modeller med manuell växellåda, gäller att om fogytorna på svänghjulets koppling är kraftigt repade, spruckna eller har andra skador måste svänghjulet bytas ut. Men det kan eventuellt gå att slipa ytan. ta hjälp av en Volvo-verkstad eller en specialist på motorrenoveringar. Om krondrevet är mycket slitet eller saknar kuggar måste även svänghjulet bytas.

10 På modeller med ett tvåmassesvänghjul kontrollerar du radialspelet genom att vrida svänghjulets andra massa åt ett håll tills fjädern börjar spännas. Låt sedan svänghjulet skjuta bakåt – gör ett inställningsmärke mellan den första och den andra massan. Vrid nu svänghjulet i motsatt riktning tills fjädern börjar spännas – gör ett annat inställningsmärke mellan de två massorna. Avståndet mellan de två markeringarna måste vara mindre än 35 mm.

11 På modeller med automatväxellåda, kontrollera momentomvandlarens drivplatta noggrant efter tecken på skevhet. Leta efter hårfina sprickor runt bulthålen eller utåt från mitten, och undersök krondrevets kuggar efter tecken på slitage eller skador. Om tecken på slitage eller skada påträffas, måste drivplattan bytas.

Montering

Svänghjul

12 Rengör svänghjulets och vevaxelns fogytor. Ta bort alla rester av fästmassa från vevaxelhålens gängor, helst med en gängtapp av rätt dimension, om en sådan finns tillgänglig.

Om en lämplig gängtapp inte finns tillgänglig, skär två skåror i gängorna på en av de gamla svänghjulsbultarna och använd bulten till att ta bort fästmassan från gängorna.

13 Fortsätt återmonteringen i omvänd ordning mot demonteringen. Applicera fästmassa på gängorna till de nya svänghjulsfästbultarna (om de inte redan förbehandlats) och dra åt dem till angivet moment.

14 Montera tillbaka kopplingen enligt beskrivningen i kapitel 6, och växellådan enligt beskrivningen i kapitel 7A.

Drivplatta:

15 Fortsätt enligt beskrivningen ovan för modeller med manuell växellåda, men ignorera alla referenser till kopplingen. Montera tillbaka växellådan enligt beskrivningen i kapitel 7B.

11 Motorfästen – demontering och montering

Demontering

1 Motorfästena kan bytas ett i taget med motorn/växellådan monterad, om motorn/växellådan kan stödjas ordentligt.

2 Avgör vilka delar som kommer att vara i vägen för demonteringen och montera bort dem, eller flytta dem åt sidan, enligt beskrivningarna i relevanta kapitel i den här handboken.

3 Fäst en passande lyftanordning på motorn, eller ställ en domkraft med ett skyddande träblock under sumpen eller växellådan.

4 Med motorn stödd, skruva loss muttrarna eller bultarna från det fäste som ska tas bort **(se bild)**.

5 Ta upp vikten från fästet, lyft motorn/växellådan så mycket som behövs, och ta bort fästet. Notera eventuella styrstift eller riktningspilar som kan vara till hjälp vid återmonteringen. Lyft inte motorn/växellådan mer än 30 mm, annars skadas den inre vänstra drivknuten.

Montering

6 Monteringen sker i omvänd ordning mot demonteringen, och dra åt alla fästen till angivet moment.

12 Sump – demontering och montering

Demontering

1 Lyft upp framvagnen och ställ den på pallbockar (se *Lyftning och stödpunkter*).

2 Lossa skruvarna och ta bort motorns undre skyddskåpa **(se bild)**.

3 Tappa ur motoroljan enligt beskrivningen i kapitel 1A.

4 Skruva loss bulten/muttern och dra bort oljemätstickans styrhylsa från sumpen.

5 Oljekylaren (i förekommande fall) är fäst på sumpen med fyra bultar. Skruva loss bultarna

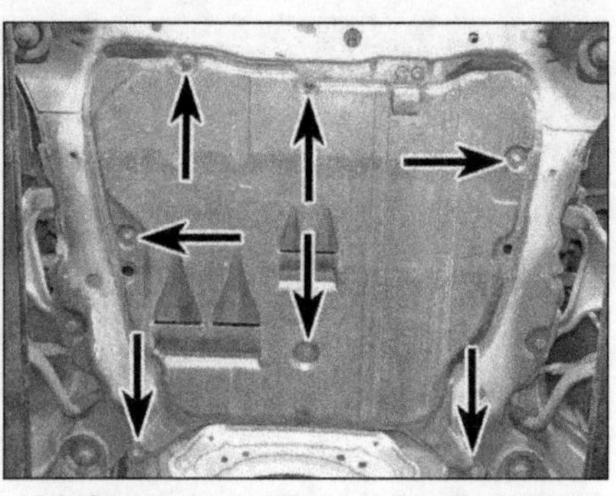
12.2 Skruva loss skruvarna (markerad med pilar) och ta bort motorns undre skyddskåpa

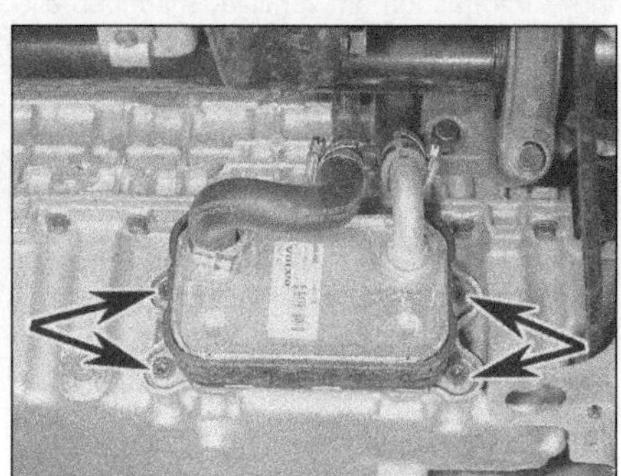
12.5 Oljekylarens fästbultar (markerad med pilar)

och dra kylaren bakåt **(se bild)**. Var beredd på oljespill.

6 Skruva loss bulten som fäster bränsleledningens fästbygel på sumpen.

7 Lossa oljenivågivarens anslutningskontakt.

8 Ta bort alla skruvar som fäster sumpen på motorn, med undantag för en skruv i varje hörn som endast ska lossas några varv.

9 Knacka försiktigt på sumpens sidor och ändar tills tätningen mellan motorn och sumpen lossnar. Skruva loss de resterande skruvarna och ta bort sumpen. Kasta O-ringarna från sumpens högra ände, du måste sätta dit nya.

Montering

10 Se till att fogytorna på sumpen och motorn är rena och fria från tätningsrester.

11 Använd en korthårig roller och applicera ett tunt lager flytande tätningsmedel från Volvo (1161 059-9) på sumpens fogyta.

12 Sätt dit de nya O-ringarna, sätt tillbaka sumpen och fäst den med en skruv i varje hörn, men dra endast åt dem för hand.

13 Sätt i skruvarna mellan sumpen och växellådan och dra åt dem till angivet moment.

14 Montera tillbaka de resterande sump-till-motor skruvarna och dra åt dem till angivet moment (börja från växellådsänden).

15 Resten av återmonteringen sker i omvänd ordning mot demonteringen. Tänk på följande:

a) Montera tillbaka oljekylaren på sumpen med nya O-ringstätningar.

b) Sätt tillbaka oljemätstickans rör med en ny O-ringstätning.

c) Byt oljefiltret och fyll motorn med ren olja enligt beskrivningen i kapitel 1A.

Kapitel 2 Del B: Reparationer med motorn kvar i bilen – dieselmotorer

Innehåll

Svårighetsgrader

Enkelt, passer novisen med lite erfarenhet	**Ganska enkelt,** passar nybörjaren med viss erfarenhet	**Ganska svårt,** passer kompetent hemmamekaniker	**Svårt,** passer hemmamekaniker med erfarenhet	**Mycket svårt,** för professionell mekaniker

Specifikationer

Allmänt

Effekt	2401 cc	
Lopp	81,3 mm	
Slaglängd	93,2 mm	
Motorkod:	Utgående effekt	**Vridmoment**
D5244T	120 kW	340 Nm vid 1750 till 3000 varv/minut
D5244T2	96 kW	280 Nm vid 1750 till 3000 varv/minut
D5244T3	85 kW	286 Nm vid 1750 till 2750 varv/minut
D5244T4	136 kW	400 Nm vid 2000 till 2750 varv/minut
D5244T5	120 kW	340 Nm vid 1750 till 2750 varv/minut
D5244T6	90 kW	300 Nm vid 1750 till 2250 varv/minut
D5244T7	92 kW	300 Nm vid 1750 till 2250 varv/minut
Kompressionsförhållande	18.0 : 1	
Kompressionstryck:		
Nominal	24 till 31 bar	
Minimal	22 bar	
Maximal skillnad mellan cylindrar	5,0 bar	
Tändningsföljd	1 – 2 – 4 – 5 – 3	
Placering för cylinder 1	Kamremsänden	

Smörjningssystem

Oljepump, typ	Monterad på motorblockets framsida och drivs direkt från vevaxeln
Normalt oljetryck:	
800 varv/minut	1.0 bar minimal (oljetemperatur 100°C)
4000 varv/minut	3.5 bar minimal (oljetemperatur 100°C)

Åtdragningsmoment	**Nm**
Drivremsspännare	35
Kamaxellageröverfall	10
Kamaxelkåpa	10
Kamaxelns ändtätning/lageröverfall (M7)	17
Kamaxelgivare	10
Kamaxeldrevets bult	30
Katalysatorns tvärbalk	25
Katalysatorns fästskruvar	10
Vevstakens överfall*:	
D5244T/T2/T3:	
Steg 1	20
Steg 2	Vinkeldra ytterligare 100°
D5244T4/T5/T6/T7:	
Steg 1	30
Steg 2	Vinkeldra ytterligare 90°
Temperaturgivare för kylvätska	22
Vevhusets mellandel (dra åt i följande ordning):	
M10*	20
M10	40
M8	24
M7	17
M10	Vinkeldra ytterligare 110°
Vevaxelns remskiva/drev:	
Mutter	300
Skruvar:	
Steg 1	35
Steg 2	Vinkeldra ytterligare 50°
Topplocksbultar*:	
Steg 1	20
Steg 2	Lossa
Steg 3	20
Steg 4	50
Steg 5	Vinkeldra ytterligare 90°
Steg 6	Vinkeldra ytterligare 90°
Drivplatta*:	
Steg 1	45
Steg 2	Vinkeldra ytterligare 50°
Motorns tvärbalksfästbyglar till fjädertorn	50
Motorns tvärbalk till fästbyglar på fjädertorn	80
Fästbygel mellan motorns tvärbalk och motorn	80
Motorfäste (höger sida)*:	
M8:	
Steg 1	20
Steg 2	Vinkeldra ytterligare 60°
M10:	
Steg 1	35
Steg 2	Vinkeldra ytterligare 60°
Motorfäste (bak eller fram, hydraulisk)*	50
Motorfäste (på kamaxelkåpa):	
7 mm bult	17
8 mm bult	50
Varvtalsgivare	10
Avgasröret till turboaggregatet	30
Svänghjul*:	
Steg 1	45
Steg 2	Vinkeldra ytterligare 65°
Bränsleinsprutningspump	20
Bränslefördelarskenan/insprutningsventilernas röranslutningar*	28
Bränslefördelarskenans fästbultar	17
Glödstift	8
Insprutningsventilsskruvar*:	
D5244T till D5244T3	28
D5244T4 till D5244T7	13
Bultar mellan nedre momentstag och växellådan*:	
Steg 1	35
Steg 2	Vinkeldra ytterligare 40°

Åtdragningsmoment (forts.)

	Nm
Mellan nedre momentstag och monteringskonsol*:	
Steg 1	35
Steg 2	Vinkeldra ytterligare 90°
Bulten mellan nedre momentstag och kryssrambalken*:	
Steg 1	65
Steg 2	Vinkeldra ytterligare 60°
Oljefilter	35
Oljeupptagarrör	17
Oljetrycksbrytare	27
Oljepumpens skruvar	6
Kolvavkylningsmunstycken	17
Kolvens kylventil	45
Hjulbultar	140
Kryssrambalkens fästbultar*:	
Upp till årsmodell 2004:	
Steg 1	105
Steg 2	Vinkeldra ytterligare 120°
Från årsmodell 2005	160
Kryssrambalkens fästbyglar till karossen	50
Sump:	
Sump och växellåda:	
Steg 1	25
Steg 2	48
Sump till motor	17
Sumpens avtappningsplugg (motorolja)	35
Kamremmens tomgångsöverföring	25
Kamremsspännare	27
Momentomvandlarens bultar*	60
Flänsskruvar till turboaggregatets oljeavtappningsrör	12
Muttrar mellan turboaggregat och grenrör*	35

** Återanvänds inte*

1 Allmän information

Använda kapitlet

Kapitel 2 är indelat i tre delar: A, B och C. Reparationer som kan utföras med motorn kvar i bilen beskrivs i del A (bensinmotorer) och del B (dieselmotorer). Del C beskriver demonteringen av motorn/växellådan som en enhet samt behandlar motorns isärtagning och renovering.

I del A och B förutsätts att motorn är monterad i bilen med alla hjälpaggregat anslutna. Om motorn har demonterats för renoveringen kan isärtagningsbeskrivningen som inleder varje moment hoppas över.

Åtkomsten till motorrummet kan underlättas genom att motorhuven demonteras enligt beskrivningen i kapitel 11.

Motorbeskrivning

Motorerna är raka femcylindriga modeller med vattenkylning och dubbla överliggande kamaxlar samt 20 ventiler. Både motorblocket och topplocket är tillverkade i aluminiumlegering med cylinderhylsor i gjutjärn. Motorn är tvärställd i bilens främre del, med växellådan till vänster om motorn.

Topplocket har kamaxlar som drivs av en tandad kamrem från vevaxeln till insugskamaxeln. Ett tandat drev på insugsaxeln driver ett motsvarande drev på avgaskamaxeln. En Oldham-koppling på insugskamaxelns vänstra ände driver låg-/högtrycksbränslepumpen, medan vakuumpumpen drivs från avgaskamaxelns vänstra ände. Topplocket innehåller även de 20 insugs- och avgasventilerna (4 per cylinder), som stängs av enkla spiralfjädrar och går i styrningar som är intryckta i topplocket. Kamaxeln styr ut ventilerna via vipparmarna av rulltyp som styr topplockets hydrauliska ventillyftare. Dessutom innehåller topplocket oljekanaler för matning och smörjning av de hydrauliska ventillyftarna.

Alla motorer har direktinsprutning där virvelkamrarna är integrerade med kolvarnas ovandelar. Topplocket innehåller två separata insugsportar per cylinder. Dessa portar har olika längd och geometri för att säkerställa en effektivare förbränning och minskade utsläpp.

Vevaxeln i smitt stål är av typen med sex lager, och ramlagerskålarna nr 5 (från höger) innehåller separata tryckbrickor för kontroll av vevaxelns axialspel. Intagsvevaxeln drivs av en kuggrem från vevaxeldrevet, och remmen driver även vattenpumpen på motorns baksida.

Kolvarna är tillverkade i aluminiumsilikonlegering med grafittäckta mantlar för att minska friktionen. Kolvarna har inbyggda kylkanaler med olja som matas ut av fasta munstycken på cylindrarnas fot. När varje kolv når den nedre änden av sitt slag linjerar oljemunstycket med ett hål längst ner på kolven, och olja tvingas genom kylkanalen.

Motorn har ett fullständigt smörjningssystem. Det finns en duocentrisk inre oljepump av drevtyp på vevaxelns främre del. Oljefiltret är av papperstyp och är monterat på motorblockets främre del.

Den angivna utgående effekten uppnås med hjälp av olika turboaggregatet och ECM-program.

Reperationer med motorn kvar i bilen

Följande moment kan utföras utan att motorn tas bort:

a) Drivremmar – demontering och montering.
b) Kamaxlar – demontering och montering.
c) Kamaxelns oljetätningar – byte.
d) Kamaxeldrev – demontering och montering.
e) Kylvätskepump – demontering och montering (se kapitel 3)
f) Vevaxelns oljetätningar – byte.
g) Vevaxeldrev – demontering och montering.
h) Topplock – demontering och montering.
i) Motorfästen – kontroll och byte.
j) Oljepump och upptagare – demontering och montering.

2.3 Dra loss styrmodulsreläet (markerad med pil)

k) Sump – demontering och montering.
l) Kamrem, drev och kåpa – demontering, inspektion och montering.

Observera: *Det går att demontera kolvar och vevstakar (sedan topplock och sump demonterats) utan att lyfta ur motorn från bilen. Detta rekommenderas dock inte. Arbete av denna typ är mycket enklare att utföra med motorn på en arbetsbänk, enligt beskrivningen i kapitel 2C.*

2 Cylinder – kompressionsprov

Kompressionsprov

Observera: *En kompressionsprovare speciellt avsedd för dieselmotorer måste användas eftersom trycket är högre eftersom trycket är högreeftersom trycket är högre.*

1 Om motorns prestanda sjunker, eller om den misständer, kan ett kompressionsprov ge ledtrådar till motorns skick. Om kompressionsprov tas regelbundet kan de ge förvarning om problem innan några andra symptom uppträder.

2 Provaren är ansluten till en adapter som är inskruvad i glödstiftshålet. Det är inte troligt att det är ekonomiskt försvarbart att köpa en sådan provare för sporadiskt bruk, men det kan gå att låna eller hyra en. Om detta inte är möjligt, låt en verkstad utföra kompressionsprovet.

3 Såvida inte specifika instruktioner som medföljer provaren anger annat ska följande iakttagas:

a) Batteriet ska vara väl laddat, luftfiltret måste vara rent och motorn ska hålla normal arbetstemperatur.
b) Alla glödstift ska tas bort innan provet påbörjas.
c) Motorstyrmodulens relä måste tas bort från säkrings- och relähuset **(se bild).**

4 Det finns ingen anledning att hålla gaspedalen nedtryckt under provet, eftersom en dieselmotors luftintag inte är strypt.

5 Tillverkarna anger en slitagegräns för kompressionstryck – *se Specifikationer*. Rådfråga en Volvo-verkstad eller dieselspecialist om du är tveksam om ett avläst tryck är godtagbart.

6 Orsaken till dålig kompression är svårare att fastställa på en dieselmotor än en bensinmotor. Effekten av att tillföra olja i cylindrarna (vått prov) är inte entydig, eftersom det finns en risk att oljan sätter sig i urtagen på kolvkronorna i stället för att ledas till kolvringarna. Följande kan dock användas som en grov diagnos.

7 Alla cylindrar ska producera ungefär samma tryck. en skillnad på mer än 5,0 bar mellan två av cylindrarna indikerar ett fel. Observera att kompressionen ska byggas upp snabbt i en fungerande motor; om kompressionen är låg i det första kolvslaget och sedan ökar gradvis under följande slag är det ett tecken på slitna kolvringar. Lågt tryck som inte höjs är ett tecken på läckande ventiler eller trasig topplockspackning (eller ett sprucket topplock).

8 Lågt tryck i två angränsande cylindrar är nästan helt säkert ett tecken på att topplockspackningen mellan dem är trasig.

Tryckförlusttest

9 Ett tryckförlusttest mäter hur snabbt trycket sjunker på tryckluft som förs in i cylindern. Det är ett alternativ till kompressionsprov som på många sätt är överlägset, eftersom den utströmmande luften anger var tryckfallet uppstår (kolvringar, ventiler eller topplockspackning).

10 Den utrustning som krävs för tryckförlusttest är som regel inte tillgänglig för hemmamekaniker. Om dålig kompression misstänks måste detta prov därför utföras av en verkstad med lämplig utrustning.

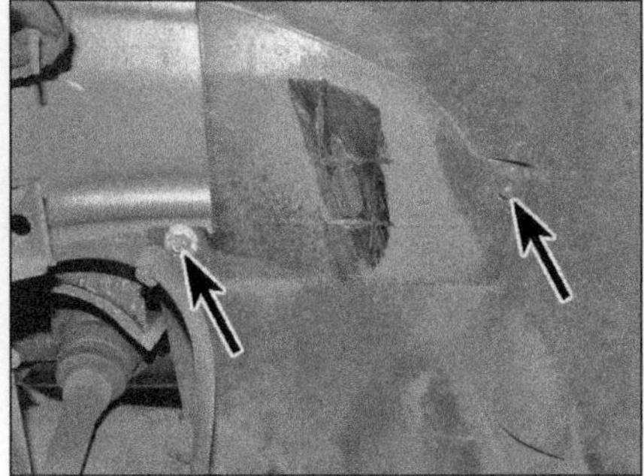
3.6a Skruva loss de 2 muttrarna (markerad med pilar) och ta bort metallplattan . .

3.6b . . . vik sedan hjulhusfodret framåt

3 Kamrem – demontering, kontroll och återmontering

Observera: *När kamremmen byts ska sträckaren och tomgångsöverföringen också bytas enligt beskrivningen i avsnitt 4.*

Demontering

1 Kamaxeldrevet och kylvätskepumpsdrevet drivs av kamremmen från vevaxelns kedjedrev. Vevaxeln och kamaxeldrevet rör sig synkront för att försäkra korrekt ventilinställning. Om kamremmen slirar eller brister med motorn igång rubbas ventilsynkroniseringen, vilket kan leda till kontakt mellan kolvar och ventiler och därmed åtföljande allvarliga motorskador.

2 De motorer som behandlas i det här kapitlet är utformade så att kolven kommer att komma i kontakt med ventilen om vevaxeln vrids när kamremmen är demonterad. Därför är det viktigt att rätt synkronisering mellan kamaxeln och vevaxeln bibehålls när kamremmen är demonterad. Detta uppnås genom att motorn sätts i ett referensläge (även kallat övre dödpunkt eller ÖD) innan kamremmen tas bort, och att skaften sedan hindras från att rotera tills remmen har monterats tillbaka. Om motorn har tagits isär för renovering måste den ställas till ÖD vid ihopmonteringen för att korrekt axelsynkronisering ska kunna garanteras.

3 ÖD är den högsta punkt en kolv når i sin cylinder – i en fyrtaktsmotor når varje kolv ÖD två gånger per arbetscykel, en gång i kompressionstakten och en gång i avgastakten. Normalt avses med ÖD cylinder nr 1 i sitt kompressionsslag. Cylindrarna är numrerade från ett till fem, med början vid motorns kamremssida. Observera att när tändinställningsmärkena är linjerade på just den här motorn, är kolv nr 1 placerad precis före ÖD.

4 Koppla ur batteriet innan du börjar arbeta (se kapitel 5A).

5 Lossa det högra framhjulets bultar, och lyft sedan upp framvagnen och ställ den på pallbockar (se *Lyftning och stödpunkter*). Ta bort hjulet.

6 Skruva loss de båda muttrarna, ta bort metallskyddsplattan och vik en del av höger hjulhusfoder framåt för att komma åt vevaxelns remskiva etc. **(se bilder).**

7 Lossa buntbandet som håller fast servoslangen på motorns tvärbalk (i förekommande fall).

8 Skruva loss bultarna/muttrarna och ta bort motorrummets tvärbalk mellan fästbyglarna på de främre fjäderlagren **(se bilder).**

9 Lossa de fyra klämmorna, skruva loss

3.8a Skruva loss mutter n och bulten på varje sida som håller fast motorns tvärbalk på fjädertornens fästen. . .

3.8b . . . och muttern och bulten (markerad med pil) som fäster tvärbalken på fästet på topplocket

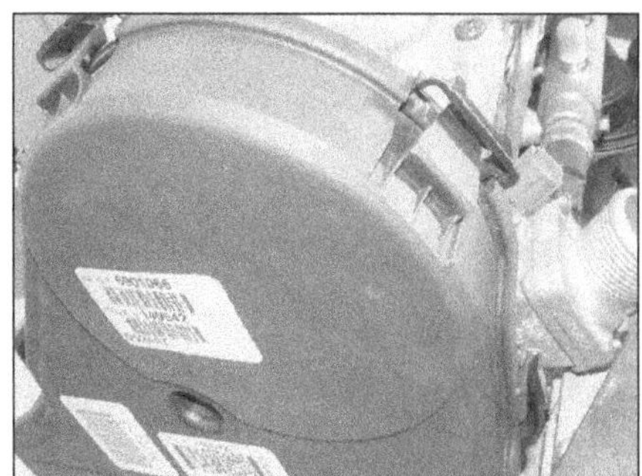

3.9a Lossa klämmorna runt kanten av kamremskåpan . . .

den enda bulten och ta bort den yttre kamremskåpan **(se bilder)**.

10 Lossa returslangens buntband från fästbygeln till motorns tvärbalk. Lossa sedan den övre klämman och lyft bort behållarens för servostyrningsvätska och lägg den åt sidan, över motorns överdel. Koppla inte loss slangarna.

11 Ta bort drivremmen enligt beskrivningen i kapitel 1B.

12 Skruva loss bultarna och ta bort den främre kamremskåpan **(se bild)**.

13 Använd en hylsnyckel på vevaxelns remskivemutter och vrid vevaxeln medurs tills markeringarna på kamaxeldrevet och den bakre kamremskåpan linjerar **(se bild)**.

14 Skruva loss de fyra bultarna och muttern som fäster vevaxelns remskiva på vevaxeln/drevet. Ta sedan bort vevaxelns remskiva, men lämna drevet på plats. Observera att centrummuttern sitter mycket hårt. För att förhindra vevaxeln från att rotera på modeller med manuell växellåda, lägg i den högsta växeln och låt en medhjälpare trycka ner bromspedalen så långt det går. På modeller med automatväxellåda tar du bort startmotorn enligt beskrivningen i kapitel 5A. Använd en stor spårskruvmejsel och kila in den mellan drivplattans startkranständer och växellådshuset.

3.9b . . . och skruva loss bulten (markerad med pil)

15 Kontrollera att markeringarna på kamaxeldrevet och den bakre kamremskåpan fortfarande är linjerade och att tappen på oljepumpshuset linjerar med den ingjutna markeringen i fästupphöjningen till vevaxelns remskiva. Om markeringarna inte linjerar, sätt tillfälligt tillbaka två av fästbultarna till vevaxelns remskiva och centrummuttern löst. Använd en stor skruvmejsel/hävarm för att vrida vevaxeln medurs tills markeringarna är linjerade **(se bild)**. I detta läge är kolv nr 1 placerad strax före ÖD.

3.12 Skruva loss de 2 bultarna och ta bort den nedre remkåpan (remskivan är borttagen för tydlighets skull)

16 Lossa kamremsspännarens centrumbult lite och använd en insexnyckel på 6 mm för att vrida spännararmen medurs till läget ”klockan 10”. Dra sedan åt centrumbulten lite.

17 Ta bort kamremmen från dreven utan att vrida på vevaxeln eller kamaxeln.

Kontroll

18 Undersök remmen noga, leta efter spår av föroreningar från kylvätska eller olja. Om

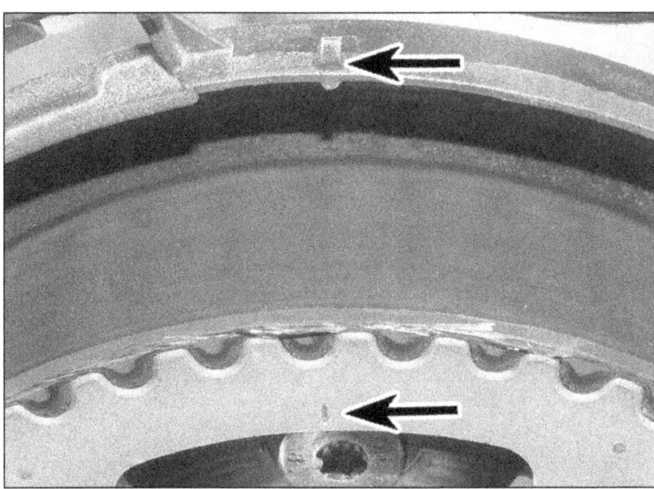

3.13 Linjera markeringen på kamaxeldrevet med markeringen på kamremskåpan (se pilar)

3.15 Märket på vevaxelns remskiva

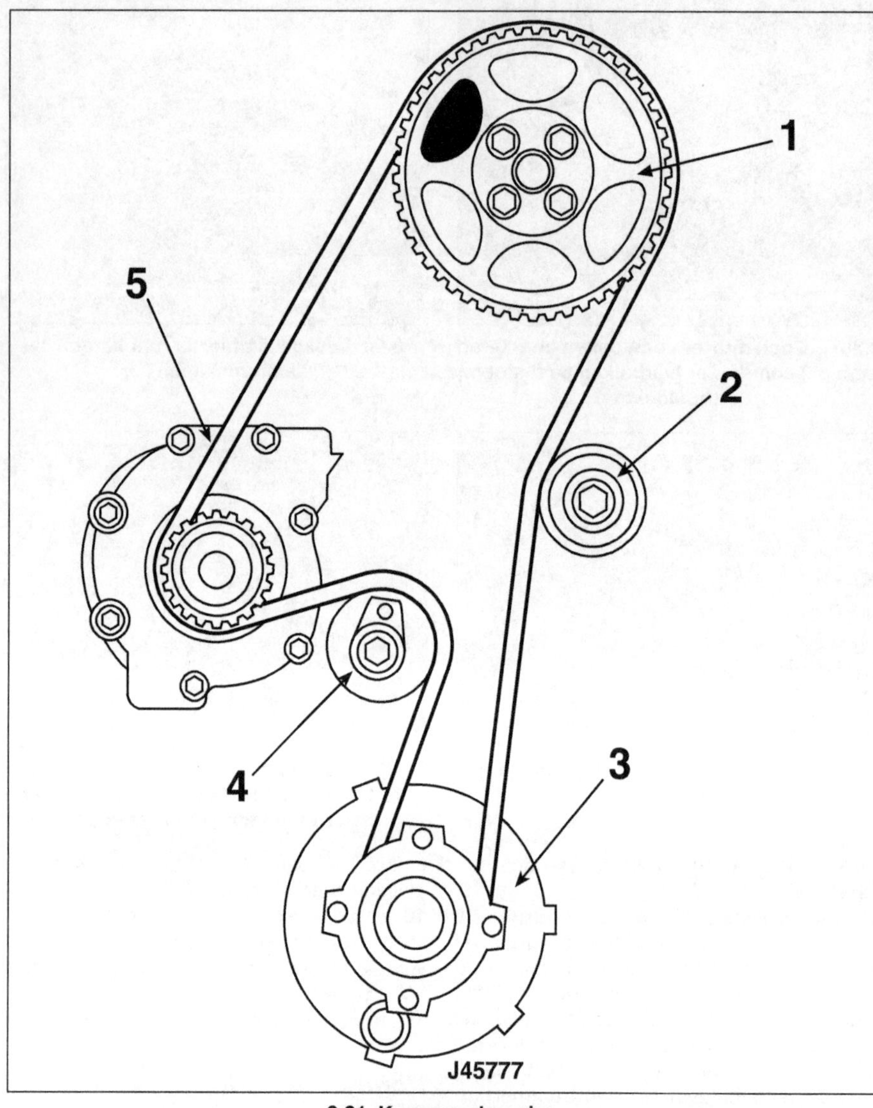

3.21 Kamremsdragning

1 *Kamaxeldrev*
2 *Tomgångsöverföring*
3 *Vevaxeldrev*
4 *Spännhjul*
5 *Kylvätskepumpens drev*

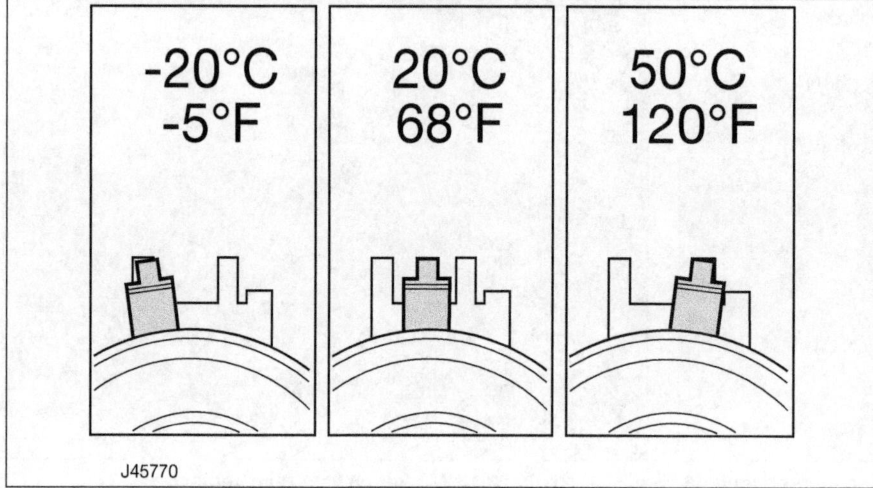

3.23a Inställningar för kamremsspännaren vid olika temperaturer

så är fallet måste källan till föroreningen hittas innan arbetet återupptas. Kontrollera remmen efter tecken på slitage eller skador. Kontrollera extra noga runt remkuggarnas framkanter. Byt remmen om dess skick är tvivelaktigt; kostnaden för en ny rem är försumbar i jämförelse med kostnaderna för de motorreparationer som skulle behövas om remmen gick av under drift. Remmen måste bytas om den har gått så långt som anges av tillverkaren (se kapitel 1B). Har den gått mindre är det ändå en bra idé att byta ut den, oavsett skick, som förebyggande åtgärd. **Observera:** *Om kamremmen inte ska monteras omedelbart är det en god idé att sätta en varningslapp på ratten, för att påminna dig själv och andra om att inte starta motorn.*

19 Snurra på remspännaren och tomgångsremskivorna och lyssna efter ljud som kan tyda på slitage i remskivornas lager. Om du är tveksam, byt remskivorna enligt beskrivningen i avsnitt 4.

Montering

20 Kontrollera att vevaxeln och kamaxeln fortfarande är korrekt justerade enligt beskrivningen i avsnitt 13 och 15.

21 Montera den nye remmen runt vevaxeldrevet, tomgångsöverföringen, kamaxeldrevet, kylvätskepumpens drev och spännhjulet **(se bild)**. Kontrollera att tänderna sätter sig korrekt på dreven.

22 Se till att den främre delen av remmen är spänd – d.v.s. att allt spelrum befinner sig i den del av remmen som passerar över spännrullen.

23 Lossa spännrullens centrumbult lite. Använd sedan en insexnyckel på 6 mm för att vrida spännararmen moturs tills den passerar det läge som visas. Vrid den sedan medurs tills indikatorn når rätt läge **(se bild)**. Dra åt centrumbulten till angivet moment.

24 Tryck försiktigt ner remmen mellan kamaxeldrevet och kylvätskepumpens drev, och kontrollera att spännararmen rör sig fritt när remmen trycks in.

25 Vrid vevaxeln två hela varv och kontrollera sedan att tändinställningsmärket på upphöjningen på vevaxelns remskiva och kamaxeldrevet linjerar som de ska enligt beskrivningen i avsnitt 13 och 15.

26 Kontrollera att kamremssträckarens indikator fortfarande er i läge enligt beskrivningen i avsnitt 23. Om inte, upprepar du åtgärden som beskrivs i avsnitt 23.

27 Resten av monteringen utförs i omvänd ordningsföljd mot demonteringen, kom ihåg att dra åt alla fästen till angivet moment i förekommande fall.

4 Kamremsspännare och drev – demontering och montering

Observera: *När kamremmen byts ska sträckaren och tomgångsöverföringen också bytas enligt beskrivningen i avsnitt 4.*

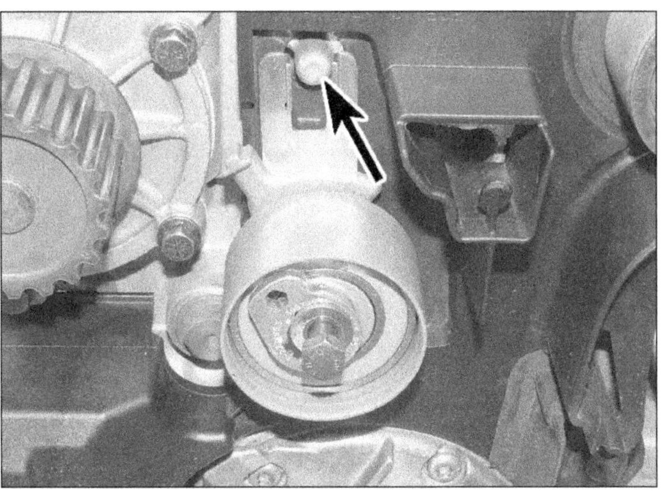
4.4 Se till att spännaren passas in korrekt över ribban (se pil) på motorblocket

4.7 Använd ett enkelt verktyg för att hålla emot kamaxeldrevet när du lossar bultarna

4.10a Sätt in inställningsverktyget för kamaxlar genom hålet i topplocket och in i avgaskamdrevet

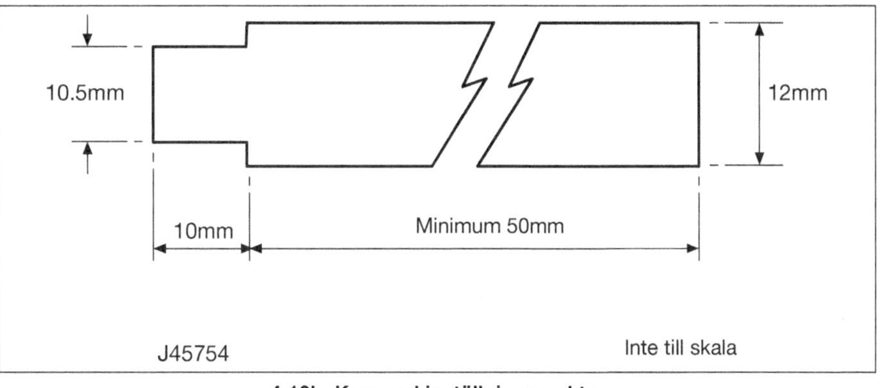

4.10b Kamaxel inställningsverktyg

Kamremsspännare

Demontering

1 Demontera kamremmen enligt beskrivningen i avsnitt 3.

2 Skruva loss centrumbult och ta bort sträckaren.

3 Snurra på spännrullen, känn efter och lyssna om det förekommer ojämnheter eller ljud, vilket tyder på slitage i spännrullens lager. Byt ut sträckaren vid minsta tvivel om dess skick.

Montering

4 Montera tillbaka spännaren och sätt dit bulten – dra inte åt bulten under det här steget. Se till att spännarens "gaffel" hamnar rätt på motorblocket **(se bild)**.

5 Montera och spänn kamremmen enligt beskrivningen i avsnitt 3.

Kamaxeldrev

Demontering

6 Demontera kamremmen enligt beskrivningen i avsnitt 3.

7 Skruva loss kamaxeldrevets bultar medan du håller fast kedjehjulet med ett verktyg som passar i kedjehjulets hål **(se bild)**. Låt inte kamaxeln rotera.

8 Ta bort drevet från kamaxeln.

Montering

9 Ta bort vakuumpumpen från avgaskamaxelns vänstra ände enligt beskrivningen i kapitel 9.

10 Sätt in en låssprint för kamaxel (Volvo nr 999 7007) i hålet i topplocket och i hålet i kamaxeldrevet. Om det behövs vrider du kamaxeln lite så att sprinten kan föras in. Om du inte har tillgång till en Volvo-sprint kan du tillverka en egen **(se bilder)**.

11 Kontrollera att markeringen på vevaxeldrevet fortfarande linjerar med markeringen på oljepumpshuset enligt beskrivningen i avsnitt 3. Vrid sedan vevaxeln medurs (sett från kamremssidan) cirka 15 grader.

12 Sätt tillbaka drevet på kamaxeln, men dra endast åt fästbultarna så mycket att drevet precis kan röra sig fritt från kamaxeln. Passa in drevet så att fästbultarna inte är i spårändarna och markeringen på drevkanten linjerar med markeringen på den inre kamremskåpan **(se bild)**.

13 Skruva loss täckpluggen från motorblockets främre vänstra yta och sätt in Volvo-verktyget nr 999 7005. Vrid sedan vevaxeln moturs (sett från motorns kamremssida) tills vevaxelns

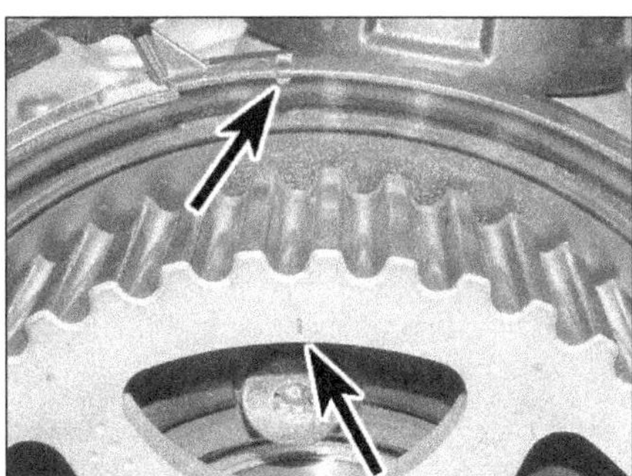
4.12 Linjera markeringen på kamaxeln med markeringen på den inre kamremskåpan (se pilar)

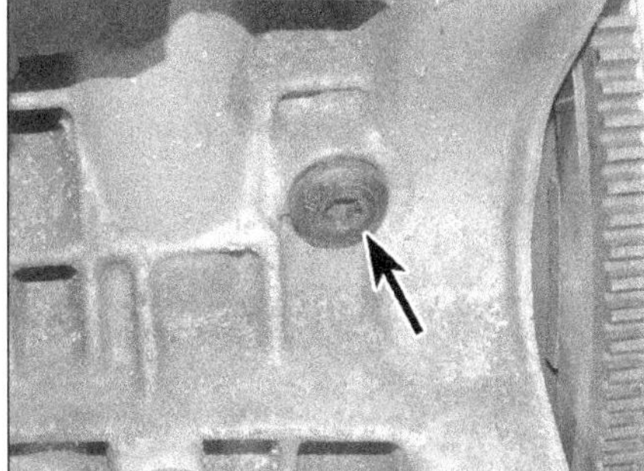
4.13a Skruva loss täckpluggen (se pil) . . .

4.13b ... och sätter in vevaxelns stoppverktyg

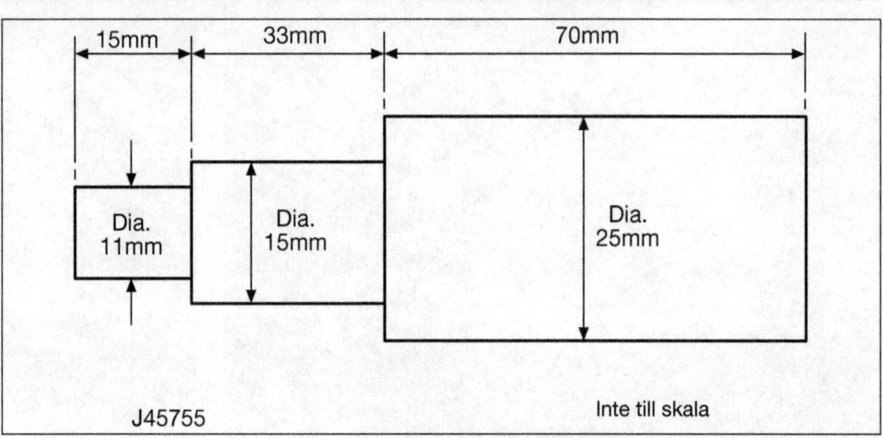

4.13c Vevaxelns stoppverktyg

mellanstycke för cylinder nr 5 stannar mot verktyget. Kontrollera att markeringarna på vevaxelns remskivefläns och oljepumpshuset linjerar **(se bild 3.15)**. Om du inte har tillgång till verktyget kan du tillverkat ett eget enligt de angivna måtten **(se bilder)**.

14 Montera tillbaka kamremmen enligt beskrivningen i avsnitt 3

15 Se till att markeringarna på vevaxeldrevet linjerar med markeringen på oljepumpshuset, och att markeringarna på kamaxeldrevet och den inre kamremskåpan linjerar. Dra sedan åt kamdrevsbulten till angivet moment, använd verktyget för att hålla emot drevet (se avsnitt 7).

16 Ta bort kamaxellåsningsverktyget och vevaxellåsningsverktyget, och montera tillbaka vakuumpumpen enligt beskrivningen i kapitel 9. Sätt tillbaka täckpluggen på motorblockets främre yta.

17 Fortsätt enligt beskrivningen från avsnitt 24 i del 3.

Vevaxeldrev

Demontering

18 Demontera kamremmen enligt beskrivningen i avsnitt 3.

19 Vevaxeldrevet sitter på en huvudräffla på vevaxeln, och det kan krävas en avdragare för att få loss drevet **(se bild)**. Det rekommenderas inte att drevet bänds loss, eftersom kanten lätt kan gå sönder om man inte är försiktig.

Montering

20 Torka rent drevets och vevaxelns fogytor.

21 Sätt dit drevet på vevaxel n och kontrollera att inställningsmärkena fortfarande ligger i linje. Observera att drevet sitter i en huvudräffla på vevaxeln.

22 Sätt på kamremmen på vevaxeldrevet, tomgångsöverföringen, kamaxeldrevet, kylvätskepumpen och spännarremskivan

23 Montera tillbaka remskivan på drevet och sätt tillbaka vevaxelmuttern – dra åt med bara fingrarna på det här stadiet och vrid sedan vevaxeln moturs cirka 45°.

24 Hindra vevaxeln från att rotera och dra åt remskivans mutter till angivet moment. Dra sedan åt remskivebultarna till angivet moment.

25 Spänn kamremmen och slutför återmonteringen enligt beskrivningen i avsnitt 3.

Tomgångsremskiva

Demontering

26 Demontera kamremmen enligt beskrivningen i avsnitt 3.

27 Lossa bulten och ta bort tomgångsöverföringen **(se bild)**.

Montering

28 Monteringen utförs i omvänd ordningsföljd mot demonteringen. Kom ihåg att dra åt alla fästen till angivet moment i förekommande fall.

4.19 Om det behövs, använd en avdragare för att ta bort vevaxeldrevet

4.27 Kamremmens tomgångsöverföring

5 Kamaxelns kåpa – demontering och montering

Demontering

1 Lossa buntbandet som håller fast servoslangen på motorns tvärbalk (i förekommande fall).

2 Skruva loss bultarna/muttrarna och ta bort motorrummets tvärbalk mellan fästbyglarna på de främre fjäderlagren **(se bild 3.8a och 3.8b)**

3 Dra motorns plastkåpa rakt uppåt och ta bort den från motorrummet.

4 Demontera bränsleinsprutningsventilerna enligt beskrivningen i kapitel 4B.

5 Lossa klämman och koppla loss vevhusets ventilationsslang från kamaxelkåpan **(se bild)**.

6 Skruva loss skruvarna och ta bort slangfästbygeln från topplocket/motorfästet **(se bild)**.

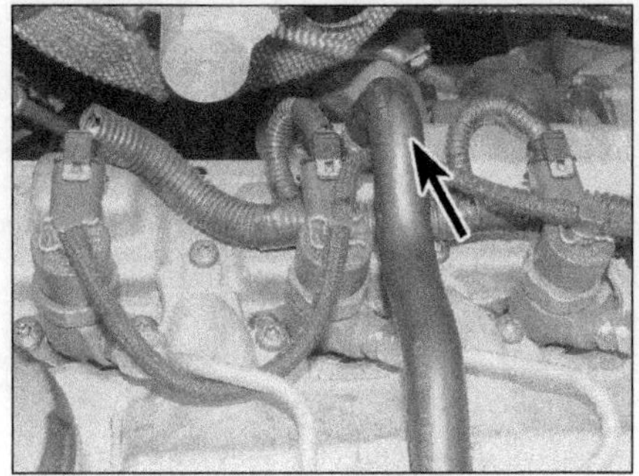

5.5 Koppla loss vevhusets ventilationsslang (se pil)

5.6 Koppla loss slangens fästbygel (se pil)

7 Lossa klämmorna och koppla loss insugsslangen från insugsgrenröret **(se bild)**.

8 På motorerna D5244T4/T5/T6/T7 lossar du klämman och kopplar loss ventilationsslangen från oljeseparatorns ovansida på motorns framsida. Lossa sedan banjobulten och vrid bränslereturröret på högtryckspumpen åt sidan, bort från kamaxelkåpan **(se bilder)**.

9 Skruva loss bultarna och ta bort motorns övre/bakre monteringskonsol **(se bild)**.

10 Koppla loss anslutningskontakterna efter behov (kamaxelgivare, temperaturgivare för kylvätska etc.). Skruva sedan loss kabelrörsskruvarna (i förekommande fall) och lägg kablaget åt sidan **(se bild)**.

11 Lossa skruvarna och ta bort kamaxelkåpan **(se bild)**. Kassera packningarna och sätt dit nya.

12 Rengör fogytorna på topplock och kamaxelkåpa noga, ta bort alla spår av olja och gammal packning, och var noga med att inte skada ytorna.

5.7 Lossa klämmorna och ta bort insugsslangen

5.8 Lossa slangklämma (markerad med pil) och ventilationsslangen

Montering

13 Montera tillbaka kamaxelkåpan i omvänd ordningsföljd mot demonteringen, och tänk på följande:

a) På D5244T/T2/T3 motorer, se till att den nya packningen sitter korrekt på topplocket, och var försiktig så att du inte rubbar den när du sätter kamaxelkåpan på plats (se bild). Observera att märkningen TOP på centrumpackningen måste vara överst.

b) På motorerna D5244T4/T5/T6/T7 sitter gummitätningen på undersidan av kamaxelkåpan (se bild). Se till att

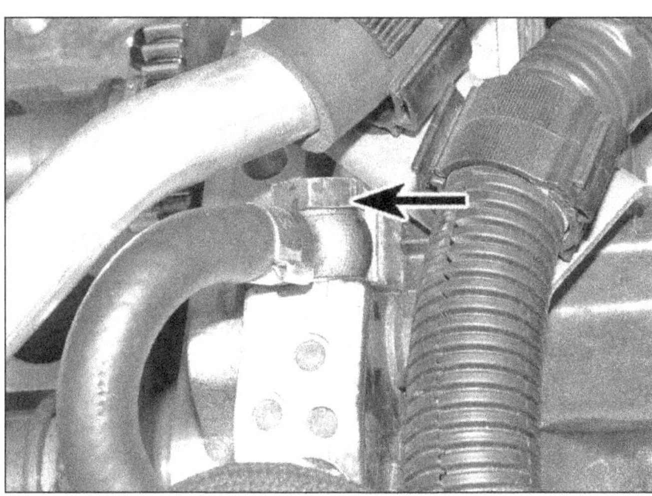

5.8b Lossa bulten (se pil) och vrid bränslereturanslutningen/ slangen bort från kamaxelkåpan

5.9 Ta bort den övre/bakre motorfästbygeln

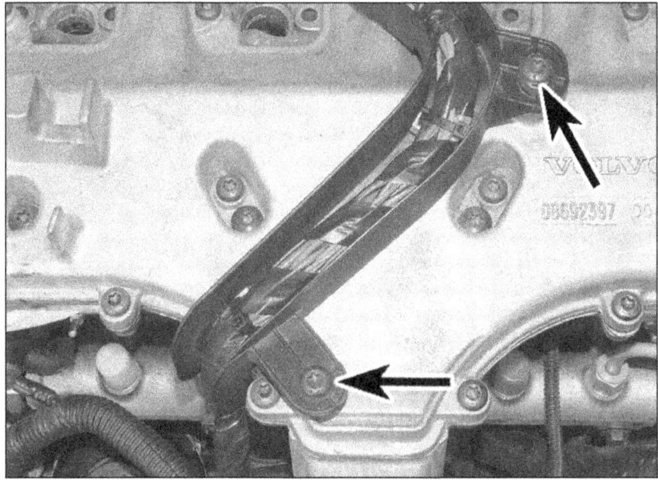

5.10 Skruva loss de 2 skruvarna (markerad med pilar) och ta bort kabelröret

5.11 Skruva loss skruvarna (markerad med pilar) och ta bort kamaxel kåpan

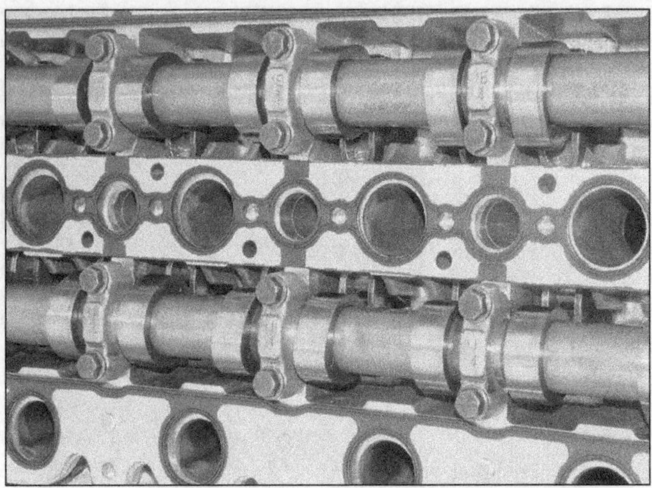

5.13a Se till att packningarna inte försvinner när du sätter tillbaka kåpan (motor D5244T/T2/T3)

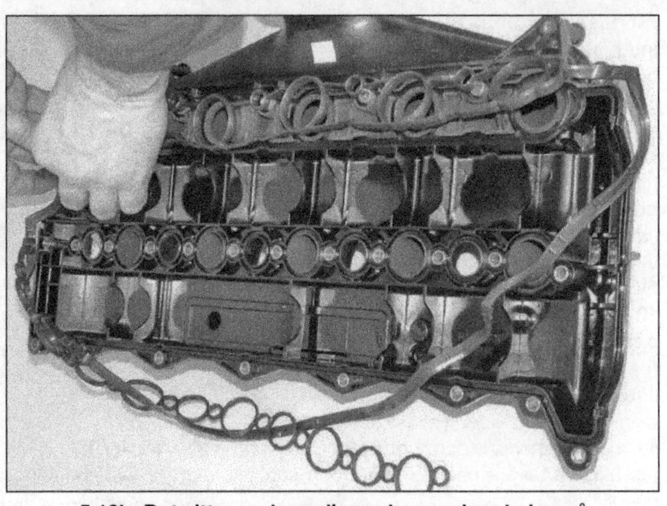

5.13b Det sitter en komplicerad gummipackning på kamaxelkåpan

6.3a Sätt dit en ny tätning med hjälp av en rörformig distansbricka som endast ska ligga an mot tätningen hårda, yttre yta

6.3b Tätningens ytterkant ska vara jäms med ytterkanten på tätningskåpan/ topplockets gjutgods

packningen sitter kvar när kåpan sätts tillbaka.

c) *Dra åt kamaxelkåpans fästmuttrar till angivet moment, från de mittersta muttrarna och utåt.*

6 Kamaxelns oljetätning – byte

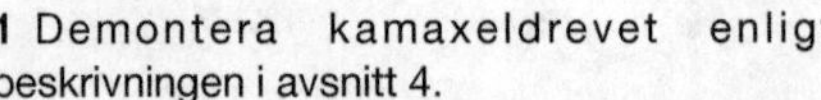

1 Demontera kamaxeldrevet enligt beskrivningen i avsnitt 4.

2 Använd en skruvmejsel och bänd försiktigt ut oljetätningen. Var noga med att inte skada kamaxelns yta.

3 Rengör sätet i lageröverfallet och smörj sedan olja på kanterna av den nya oljetätningen. Montera den nya oljetätningen och knacka försiktigt in den i rätt läge med en tub eller hylsa mot tätningens hårda yttre yta **(se bild)**. Tätningens ytterkant ska vara jäms med ytterkanten på tätningskåpan/ topplockets gjutgods.

4 Montera kamaxeldrevet enligt beskrivningen i avsnitt 4.

7 Vevaxelns oljetätningar – byte

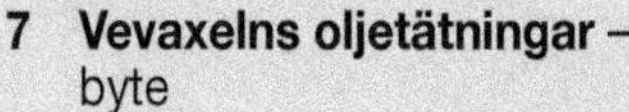

Höger oljetätning

1 Demontera vevaxeldrevet enligt beskrivningen i avsnitt 4.

2 Tätningen kan bytas ut utan att oljepumpen tas bort genom att man borrar en liten hål på diagonalt motsatt sida, sätter in en självgängande skruv och vrider runt skruvan med en tång **(se bild)**. Var mycket noga med att inte repa vevaxelns yta med borrbitet.

3 Vira tejp runt änden på vevaxeln för att undvika skador på den nya oljetätningen. Doppa den nya tätningen i ren motorolja och driv in den i huset med en träklots eller en hylsa tills den är i nivå med kanten. Kontrollera att tätningens slutna ände är riktad utåt **(se bild)**.

4 Ta bort tejpen.

5 Montera kamremmen och vevaxeldrevet enligt beskrivningen i avsnitt 4.

Vänster oljetätning

6 Ta bort svänghjulet/drivplattan enligt beskrivningen i avsnitt 10.

7.2a Borra ett litet hål i tätningens hårda ytterkant . . .

7.2b . . . sätt sedan in en självgängande skruv och dra loss tätningen

7.3a Linda tejp runt vevaxelns ansats för att skydda packboxarnas kanter . . .

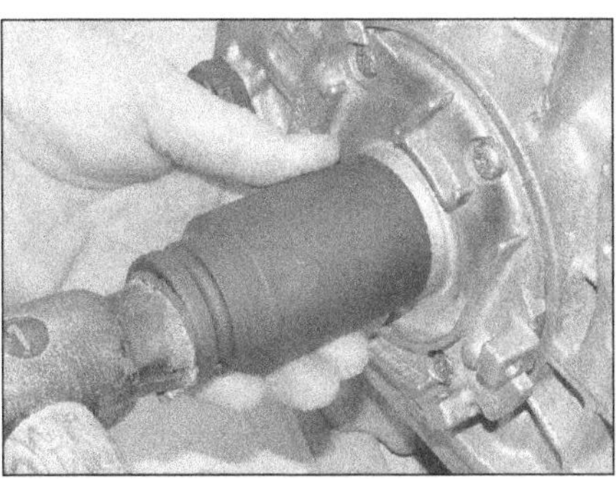

7.3b . . . använd sedan en rörformig distansbricka eller hylsa . . .

7 Rengör ytorna på blocket och vevaxeln.

8 Ta bort den gamla oljetätningen och sätt på den nya enligt beskrivningen i punkt 2 till 4 (ovan)

9 Montera tillbaka svänghjulet/drivplattan (avsnitt 10).

8 Topplock – demontering, kontroll och återmontering

Demontering

1 Lossa batteriets jordledning (minuspolen) (se kapitel 5A).

2 Lyft upp framvagnen och ställ den på pallbockar (se *Lyftning och stödpunkter*).

3 Tappa ur motoroljan enligt beskrivningen i kapitel 1B.

4 Tappa ur kylsystemet enligt beskrivningen i kapitel 1B.

7.3c . . . för att driva in packboxen

5 Lossa klamrarna och koppla ifrån alla kylvätske- och vakuumslangar från topplocket, notera deras placering **(se bild)**.

6 Demontera luftrenaren enligt beskrivningen i kapitel 4B.

7 Demontera kamremmen enligt beskrivningen i avsnitt 3.

8 Ta bort kamaxlarna, vipparmen och hydrauliska ventillyftarna enligt beskrivningen i avsnitt 9.

9 Koppla loss servostyrningspumpens fästbygel från topplocket **(se bild)**.

10 Skruva loss bultarna som håller fast bränslefördelarskenan och bränslerören på topplocket **(se bild)**.

11 Skruva loss fästbultarna och ta bort värmeskyddet från avgasgrenröret.

12 Lossa avgasåterföringens rörklämma vid avgasgrenröret och skruva sedan loss de tre bultarna som fäster avgasåterföringssystemets ventil-/kylar-/rörenhet på topplocket och lägg den åt sidan.

13 Ta bort avgasrörets främre del och skruva loss bultarna som fäster avgasgrenröret på topplocket enligt beskrivningen i kapitel 4B. Koppla loss och ta bort olje- och kylvätskereturrören och matningsrören (i förekommande fall) från turboaggregatet och motorblocket/ topplocket. Lossa sedan klämman och koppla loss turboaggregatets utloppsrör **(se bild)**. Koppla loss vakuumslangen (i förekommande fall) från turboaggregatets styrventil, och insugsslangen av gummi från turboaggregatet. Sänk sedan försiktigt ner turboaggregatet och grenrörsenheten på drivaxeln och kuggstången. Kasta tätningsbrickorna till turboaggregatets olje-/ kylvätskematningsrör och returrör – du måste sätta dit nya.

14 Skruva loss skruvarna som håller fast kylvätskeröret vid topplocket **(se bild)**.

15 Gör en slutkontroll för att se till att alla anslutningskontakter har kopplats från topplocket.

16 Lossa stegvis topplocksbultarna i motsatt ordningmot vid montering **(se bild 8.30)**, ett halvt varv i taget, tills alla bultar kan skruvas ur för hand. Kasta bultarna, eftersom nya måste användas vid ihopsättningen.

17 Kontrollera att inget är anslutet till topplocket och lyft sedan bort topplocket från motorblocket. be om möjligt om hjälp, eftersom enheten är tung. Placera inte topplocket nedåt på arbetsbänken – detta kan skada tätningsytan.

18 Ta bort packningen från ovansidan av blocket, observera identifieringshålen på dess

8.5a Tryck ihop sidorna på servovakuumslangens krage för att lossa den . . .

8.5b . . . och dra sedan bort vakuumslangen från porten på vakuumpumpen (se pil)

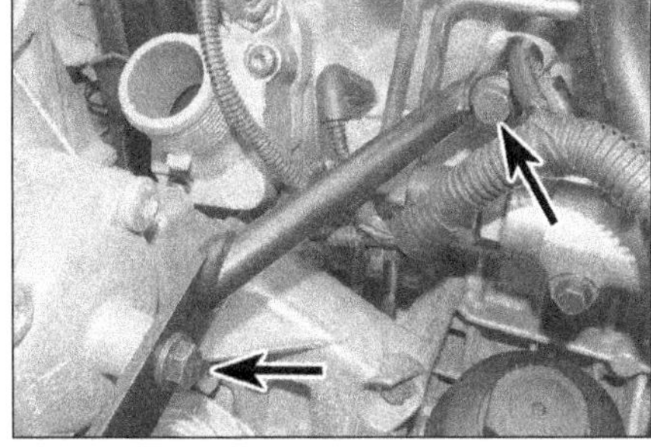

8.9 Skruva loss bultarna (markerad med pilar) och ta bort servostyrningspumpens stödfästbygel

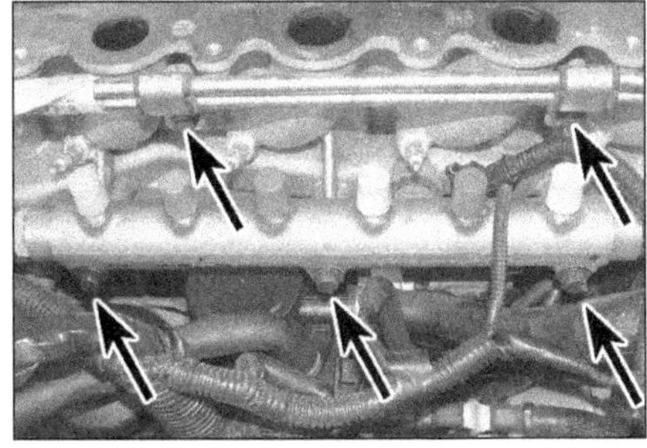

8.10 Skruva loss bultarna (markerade med pilar) som håller fast bränslefördelarskenan och bränslerören på topplocket

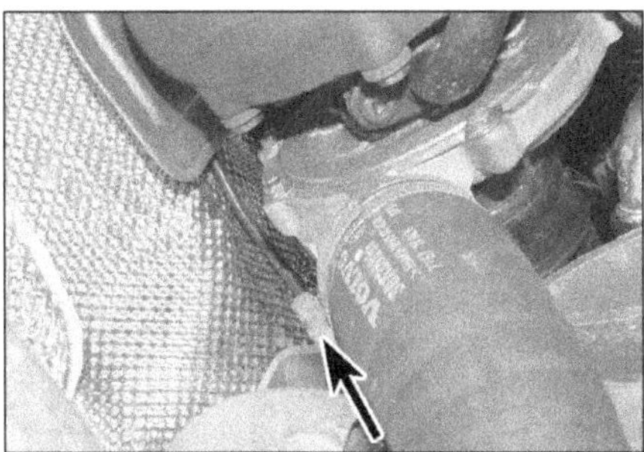

8.13 Lossa klämman (se pil) och koppla loss turboutloppsslangen (sett underifrån)

8.14 Skruva loss bulten (se pil) som fäster kylvätskeröret på topplockets bakre högra hörn

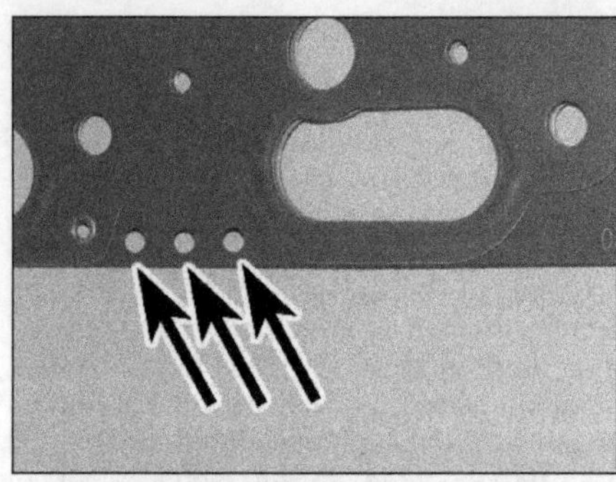

8.24 Hålen (markerade med pilar) längs med topplockspackningens kant anger tjockleken (se kapitel 2C för mer information)

8.26 Kontrollera att topplockspackningen sitter korrekt på styrstiften

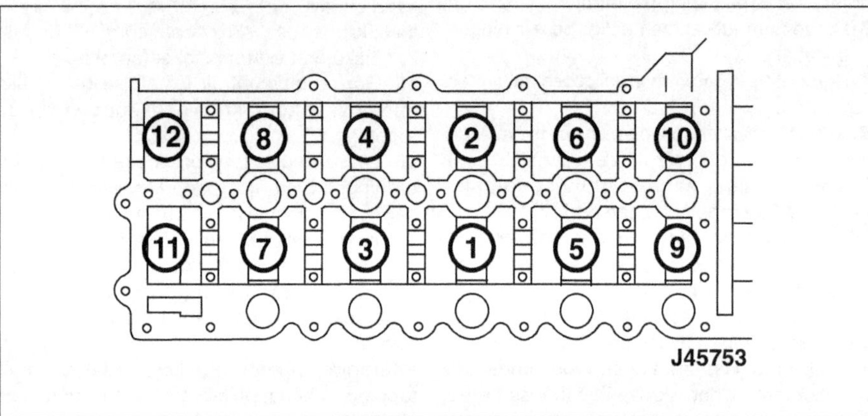

8.30 Ordningsföljd för åtdragning av topplocksbultar

främre sida. Om dessa sitter löst, dra ut dem och förvara dem tillsammans med topplocket. Kasta inte packningen än – den behövs för identifiering.

19 Om topplocket ska tas isär för översyn, se kapitel 2C.

Kontroll

20 Fogytorna mellan motorblock och topplock måste vara noggrant rengjorda innan topplocket monteras. Ta bort alla packningsrester och allt sot med en plast-eller treskrapa; och rengör även kolvkronorna. Var mycket försiktig vid rengöringen, eftersom aluminiumlegeringen lätt kan skadas. Se även till att sot inte kommer in i olje- och vattenkanalerna – detta är särskilt viktigt när det gäller smörjningen eftersom sotpartiklar kan täppa igen oljekanaler och blockera oljematningen till motordelarna. Använd tejp och papper till att försegla vatten- och oljekanaler och bulthål i motorblocket/ vevhuset.

8.31 Använd en vinkelmätare för att dra åt bultarna korrekt

21 Undersök fogytorna på motorblocket/ vevhuset och topplocket och se om det finns hack, djupa repor och andra skador. Smärre skador kan korrigeras med slippapper men fräsning av topplocket är inte möjlig – se kapitel 2C.

22 Kontrollera topplockspackningens yta med en stållinjal om den misstänks vara skev. Se del C i detta kapitel om det behövs.

23 Rensa gängorna i topplocksbultarnas hål med en passande gängtapp. Om en lämplig gängtapp inte finns tillgänglig, skär två skåror i gängorna på en gammal bult. Det är av yttersta vikt att ingen olja eller kylvätska finns i bulthålen, eftersom blocket annars kan spräckas av det övertryck som bildas när bultarna sätts i och dras åt.

Montering

24 Se efter på den gamla topplockspackningen vilka märkningar den har. Hålen går längs med packningens främre kant **(se bild)**. Under förutsättning att inte nya kolvar monterats måste den nya topplockspackningen vara av samma typ som den gamla.

25 Om nya kolvar har monterats som en del av en motorrenovering måste du först mäta kolvutsticket enligt beskrivningen i kapitel 2C innan du köper en ny topplockspackning. Köp sedan en topplockspackning efter mätresultatet (se kapitel 2C, Specifikationer).

26 Lägg en ny topplockspackning på blocket och passa in den mot styrstiften. Se till att tillverkarens TOP-märke och katalognummer är vända uppåt **(se bild)**.

27 Ta hjälp av någon och placera topplock och insugnings-/grenrör centralt på blocket, se till att styrstiften greppar i urtagen på topplocket. Kontrollera att topplockspackningen är korrekt placerad innan du låter topplockets hela vikt vila på den.

28 Applicera lite fett på de nya topplocksbultarnas gängor och på undersidan av bultskallarna.

29 Skruva försiktigt in alla bultar i respektive hål (*låt dem inte falla in*) och skruva in dem för hand så mycket du kan med bara fingrarna.

30 Arbeta stegvis och i visad ordningsföljd, dra åt topplocksbultarna till momentet för steg 1 med en momentnyckel och hylsa. Lossa sedan bultarna i ordning (steg 2) och dra åt dem enligt anvisningen i steg 3. Dra sedan åt dem till angivet moment i den ordning som anges i steg 4 **(se bild)**.

31 När alla bultar dragits till steg 4 ska de vinkeldras till angiven vinkel för steg 5 med en hylsa och ett förlängningsskaft. Använd samma ordningsföljd som tidigare **(se bild)**. *En vinkelmätare rekommenderas till steg 3 för exakthet. Om du inte har tillgång till en mätare, använd färg för att göra linjeringsmarkeringar mellan bultskallen och topplocket före åtdragningen. markeringarna kan sedan användas för att kontrollera att bulten har roterats till rätt vinkel vid åtdragningen. Upprepa proceduren och dra åt bultarna till vinkeln som anges för steg 6.*

32 Resten av återmonteringen sker i omvänd ordning mot demonteringen. Tänk på följande:

a) Topplocksskruvarna behöver inte dras åt.

b) Dra åt alla hållare till angivet moment (där sådant angetts).

c) Fyll på kylsystemet och fyll på motoroljan enligt beskrivningen i kapitel 1B.

9 Kamaxlar, vipparmar och ventillyftar – demontering, kontroll och återmontering

Demontering

1 Demontera intagsvevaxelns drev enligt beskrivningen i avsnitt 4.

2 Demontera kamaxelkåpan enligt beskrivningen i avsnitt 5.

3 Skruva loss skruven som fäster den inre

9.3 Inre kamremskåpeskruv (se pil)

9.5a Skruva loss skruvarna och ta bort vänster . . .

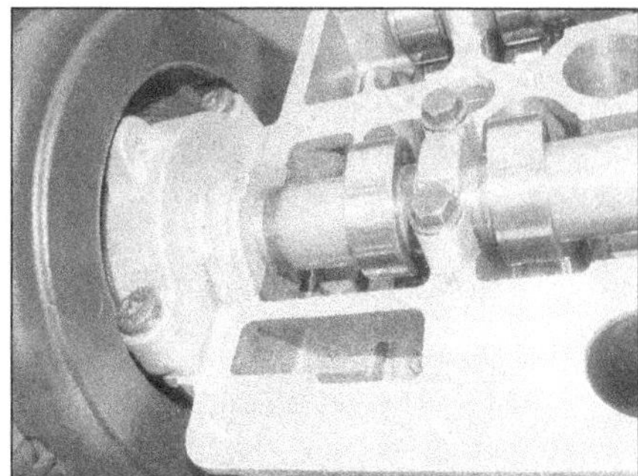
9.5b . . . och höger lageröverfall

9.6 Lageröverfallen ska numreras, börja från kamremssidan

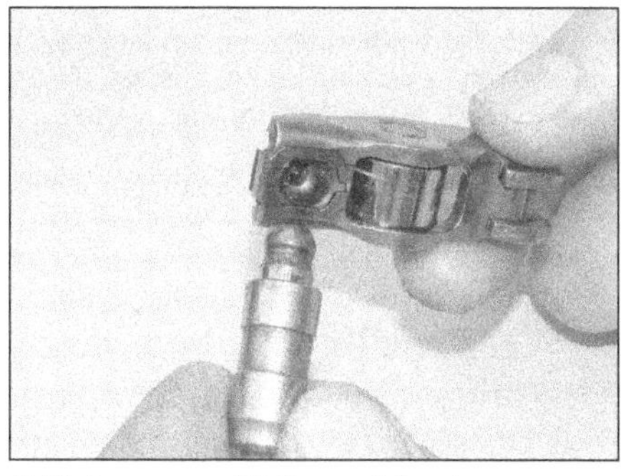
9.10 Lossa ventillyftarna från vipparmarna

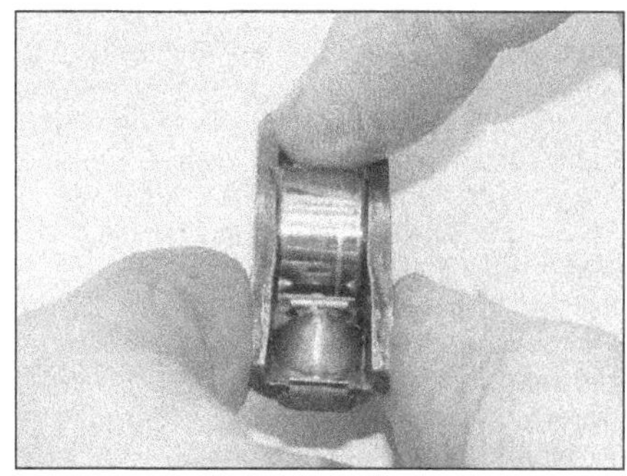
9.11 Snurra på rullen och lyssna efter ljud

kamremskåpan på höger kamaxellageröverfall **(se bild)**.

4 Ta bort vakuumpumpen (kapitel 9) och bränslepumpen (kapitel 4B).

5 Skruva loss skruvarna som håller fast höger- och vänster kamaxellagret/tätningen **(se bilder)**.

6 Kontrollera att kamaxellageröverfallen är märkta så att de kan återmonteras korrekt. Om så inte är fallet, numrera dem och börja då från kamremssidan **(se bild)**. Se till att de monteras tillbaka som innan demonteringen.

7 Börja på insugskamaxeln och lossa var och en av lageröverfallens skruvar ett varv i taget tills kamaxeln inte längre är spänd. Ta sedan bort skruvarna och överfallen. Skruvarna måste lossas stegvis och jämnt för att förhindra att det uppstår för mycket belastning och möjliga skador på kamaxeln. Upprepa det här momentet på avgaskamaxeln

8 Lyft ut kamaxlarna och kassera packboxen från insugskamaxeln.

9 Lyft försiktigt upp vipparmarna och de hydrauliska ventillyftarna från topplocket. Lägg dem på en ren och torr yta. Använd färg och markera deras lägen på topplocket, t.ex. A1, A2 (avgas 1, avgas 2 etc.).

Kontroll

10 Lossa de hydrauliska ventillyftarna från vipparmarna och leta efter tecken på skador **(se bild)**. Byt om det behövs.

11 Snurra rullen på var och en av vipparmarna och lyssna efter ljud från lagret **(se bild)**. Byt om det behövs.

12 Undersök kamloberna och kamaxellagertapparna och leta efter repor eller andra synliga tecken på slitage. När kamlobernas hårda yta väl har slitits bort, kommer slitaget att gå snabbt.

13 Inga specifika diametrar eller mellanrum anges av Volvo för kamaxlarna. Om de däremot är synligt slitna måste de bytas.

Montering

14 Fäst varje ventillyftare på undersidan av respektive vipparm.

15 Se till att loppen för tapparna i topplocket är rena och fria från skräp. Smörj sedan in ventillyftarna med ren motorolja och sänk ner dem till deras originallägen. Kontrollera att vipparmarnas ändar är korrekt placerade över ventilskaften **(se bild)**.

16 Kontrollera att kamaxellagrens lägen i topplocket är rena och smörj sedan dem och vipparmsrullarna med ren motorolja.

9.15 Se till att vipparmarnas ändar är korrekt placerade över ventilskaftens ändar

17 Placera kamaxlarna tillsammans så att markeringarna på kamdreven linjerar. Sänk sedan ner kamaxlarna till rätt läge igen på topplocket **(se bild)**. Smörj kamaxeltappen med ren motorolje.

18 Sätt tillbaka kamaxellageröverfallen och skruvarna i deras originallägen och dra åt skruvarna jämnt för hand tills överfallen ligger platt mot kamaxeltapparna. Montera inte höger och vänster lager-/packboxöverfall än.

19 Dra åt lageröverfallens skruvar ett varv i taget på båda kamaxlarna tills lageröverfallen tar i topplocket. Det är mycket viktigt att lageröverfallen dras åt stegvis och jämnt, annars kan det uppstå skador på kamaxeln. Dra till sist åt lageröverfallens skruvar till angivet moment.

20 Sätt in en låssprint för kamaxeln (Volvo nr 999 7007) genom hålet i topplocket och in i hålet i kamaxeldrevet. Om det behövs kan du

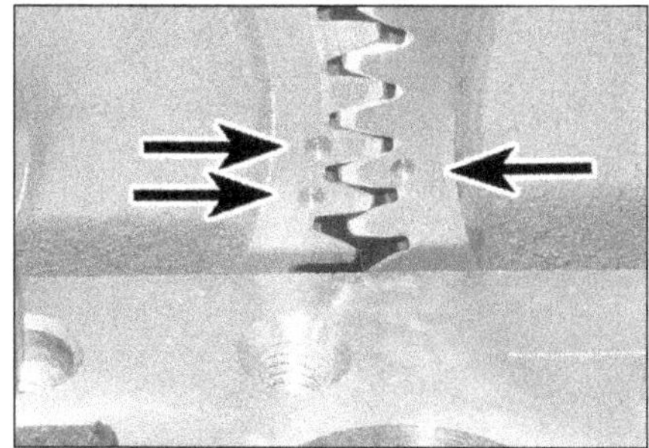
9.17 Placera kamaxlarna tillsammans så att markeringarna (markerade med pilar) på kamdreven linjeras

9.21 Applicera tätningsmedel på topplockets/lageröverfallets tätningsyta

vrida kamaxeln lite för att sprinten ska kunna föras in med hjälp av en stor skruvmejsel i spåren på kamaxelns ände – vrid inte kamaxlarna mer än vad som är absolut nödvändigt. Om du inte har tillgång till en Volvo-sprint kan du tillverka en egen **(se bilder 4.10a och 4.10b)**.

21 Se till att fogytorna på höger och vänster kamaxellager/packboxöverfall är rena och torra. Applicera sedan en tunn, jämn film av flytande tätningsmedel från Volvo (Volvo nr 11 61 059) på fogytorna **(se bild)**. Använd helst en korthårig roller.

22 Sätt tillbaka höger och vänster lager-/ packboxöverfall och dra åt fästskruvarna till angivet moment.

23 Rengör sätet i lageröverfallet och smörj sedan olja på kanterna av den nya oljetätningen. Vira tejp runt änden på kamaxeln, montera sedan den nya oljetätningen och knacka försiktigt in den i rätt läge med en tub eller hylsa mot tätningens hårda yttre yta **(se bilder 6.3a och 6.3b)**. Ta bort tejpen när du är klar.

24 Resten av återmonteringen sker i omvänd ordning mot demonteringen. Tänk på följande:

a) Dra åt alla hållare till angivet moment (där sådant angetts).

b) Vänta i minst 30 minuter (eller helst över natten) efter att de hydraulisk ventillyftarna monterats innan motorn startas så att ventillyftarna får tid att sätta sig. Annars kommer ventilhuvudena att slå i kolvarna.

10 Svänghjul/drivplatta – demontering, kontroll och återmontering

Demontering

1 På modeller med manuell växellåda, demontera växellådan (se kapitel 7A) och kopplingen (se kapitel 6).

2 På modeller med automatväxellåda, demontera automatväxellådan enligt beskrivningen i kapitel 7B.

3 Skruva loss bultarna och flytta motorns varvtalsgivare, tillsammans med fästbygeln, åt sidan **(se bild)**.

4 Sätt tillfälligt i en bult i motorblocket och använd en bredbladig skruvmejsel till att hålla svänghjulet/drivplattan, eller tillverka ett specialverktyg **(se bild)**.

5 Skruva loss de multiräfflade bultarna som fäster svänghjulet/drivplattan på vevaxeln och lyft bort svänghjulet/drivplattan – svänghjulet är tungt! Kasta svänghjulbultarna, eftersom nya måste användas.

Kontroll

6 Undersök svänghjulet/drivplattan och leta efter tecken på slitage eller skada. Undersök om startkransens tänder är slitna. Om drivplattan eller krondrevet är skadade måste hela drivplattan bytas ut. Dock kan svänghjulets krondrev bytas separat från svänghjulet, men du bör överlåta detta arbete till en Volvo-verkstad. Om kopplingsfriktionsytan är missfärgad eller överdrivet repig kan den eventuellt slipas om, men detta arbete bör överlåtas till en Volvo-verkstad. Byt alltid svänghjulets/drivplattans bultar.

7 På modeller med ett tvåmassesvänghjul kontrollerar du radialspelet genom att vrida svänghjulets andra massa åt ett håll tills fjädern börjar spännas. Låt sedan svänghjulet skjuta bakåt – gör ett inställningsmärke mellan den första och den andra massan. Vrid nu svänghjulet i motsatt riktning tills fjädern börjar spännas – gör ett annat inställningsmärke mellan de två massorna. Avståndet mellan de två markeringarna måste vara mindre än 35 mm.

Montering

8 Passa in svänghjulet/drivplattan mot vevaxeln, linjera styrstiftet med motsvarande hål i svänghjulet/drivplattan **(se bild)**.

9 Sätt i de nya bultarna och dra åt dem korsvis, gradvis och jämnt till angivet moment för steg 1, och sedan till den vinkel som anges för steg 2. Använd metoden ovan för att hindra svänghjulet från att rotera.

10 Resten av monteringen sker i omvänd ordningsföljd mot demonteringen.

11 Motorfästen – kontroll och byte

Kontroll

1 De främre och bakre motorfästena är hydrauliska och deras hårdhet styrs med vakuum via motorstyrmodulen. Vid cirka 1 000 varv/minut övergår fästena från mjuka till hårda.

2 Om bättre åtkomlighet behövs, lyft upp framvagnen och ställ den på pallbockar och demontera sedan den undre skyddskåpan.

3 Kontrollera om gummifästena är spruckna, förhårdnade eller har lossnat från metallen någonstans. byt fästet om du ser tecken på sådana skador.

4 Kontrollera att fästenas hållare är hårt åtdragna; använd en momentnyckel om möjligt

5 Undersök om fästet är slitet genom att försiktigt bända det med en stor skruvmejsel eller en kofot och se om det föreligger något fritt spel. Där detta inte är möjligt, låt en medhjälpare vicka på motorn/växellådan framåt/bakåt och i sidled, medan du studerar fästet. Visst spel finns även hos nya komponenter (se paragraf 1), men kraftigt slitage märks tydligt. Om för stort spel förekommer, kontrollera först att hållarna är ordentligt åtdragna, och byt sedan slitna komponenter enligt beskrivningen nedan.

10.3 Skruva loss bultarna och ta bort varvtalsgivaren, komplett med fästbygeln

10.4 Det bästa är om du kan tillverka ett verktyg som spärrar svänghjulet på plats

10.8 Linjera styrstiftet i vevaxeln med hålet i svänghjulet som är markerad med en liten grop (se pilar)

Byte

Övre, bakre fäste

6 Dra plastkåpan på motorn rakt uppåt och ta bort den från motorrummet.
7 Skruva loss bultarna/muttrarna som fäster motorns tvärbalk på fjädertornen och det övre fästet **(se bilder 3.8a och 3.8b)**.
8 Skruva loss fästbulten och placera slangfästen åt sidan.
9 Skruva loss bultarna och ta bort den bakre fästen.
10 Placera fästen och dra åt skruvarna till korrekt vridmoment enligt anvisningarna **(se bild)**.
11 Sätt dit slangens fäset och motorns tvärstag och dra åt hållarna till angivet moment.
12 Montera tillbaka plastkåpan.

Nedre momentstag

13 Lyft upp framvagnen och ställ den på pallbockar (se *Lyftning och stödpunkter*).
14 Skruva loss skruvarna och ta bort motorns undre skyddskåpa.
15 Skruva loss bultarna och flytta bort momentstaget.
16 Placera momentstaget och dra åt de nya hållare till korrekt vridmoment enligt anvisningarna **(se bild)**.
17 Montera den undre skyddskåpan och sänk ner bilen.

Bakre hydrauliskt fäste

18 Lyft upp framvagnen och ställ den på pallbockar (se *Lyftning och stödpunkter*). Skruva loss skruvarna och ta bort motorns undre skyddskåpa.
19 Dra plastkåpan på motorn rakt uppåt och ta bort den från motorrummet.
20 Skruva loss bultarna/muttrarna som fäster motorns tvärbalk på fjädertornen och det övre fästet **(se bilder 3.8a och 3.8b)**.
21 Koppla loss vakuumröret från bakfästen **(se bild)**.
22 Ta bort den övre muttern från bakfästen.
23 Skruva loss de 4 muttrarna/bultarna som håller fast tvärbalken under katalysatorn, lossa bromsröret, skruva loss katalysatorns fästskruvar och ta bort tvärbalken.
24 Skruva loss det bakre fästets nedre skruv. Kassera skruvan, de måste bytas varje gång de skruvas ur **(se bild)**.
25 Placera en garagedomkraft under växellådan, lyft motorn cirka 38 mm och ta bort det bakre hydrauliska fästet.
26 Överför värmeskyddet till det nya fästet och sätt fästet på plats, se till att styrsprinten på fästets ovansida hamnar rätt. Sänk ner motorn och ta bort domkraften.
27 Dra åt fästets nya nedre skruv till angivet moment.
28 Montera tillbaka tvärbalken under katalysatorn, och dra åt hållare till angivet moment. Tryck bromsröret på plats och säkra det med katalysatorns fästskruvar.

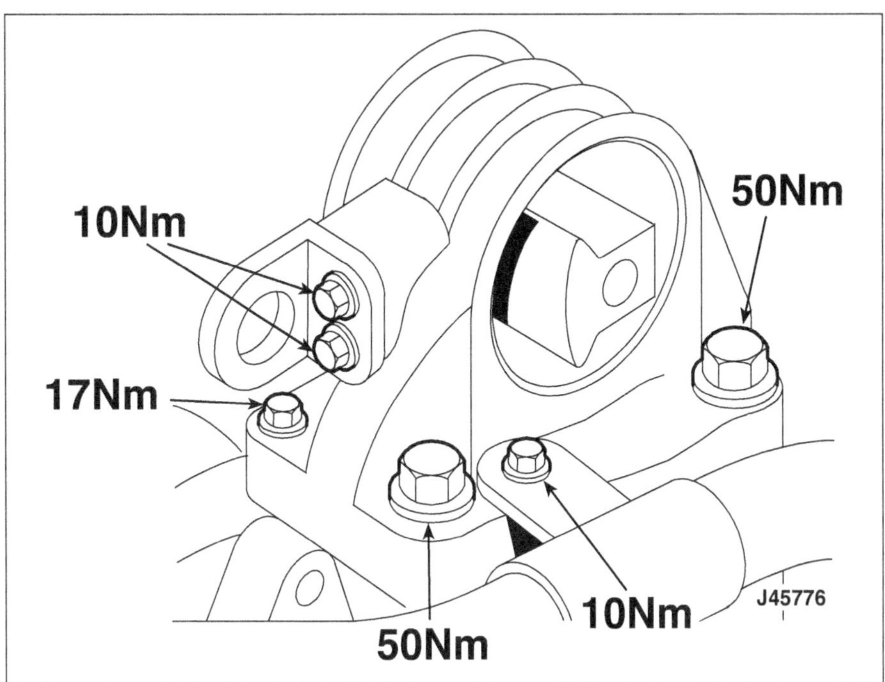

11.10 Övre, bakre motorfästbultarnas åtdragningsmoment

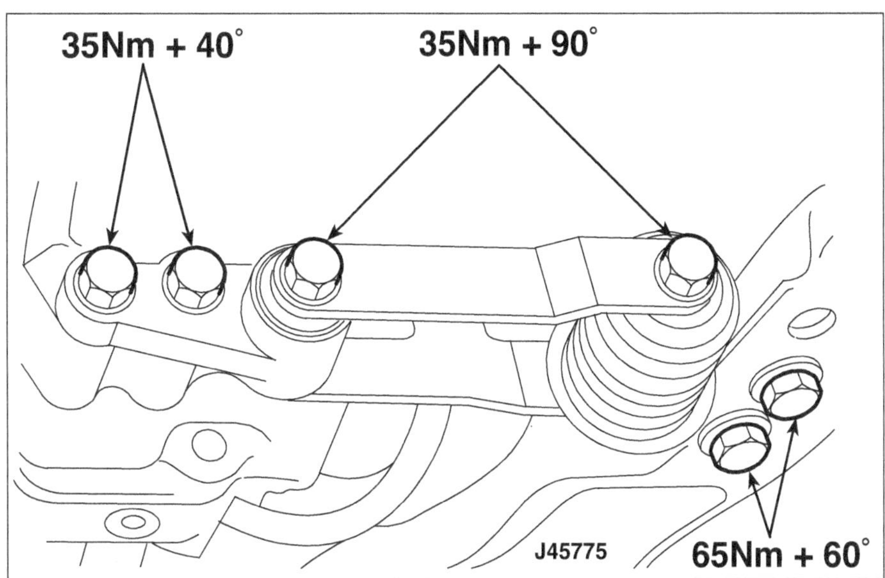

11.16 Nedre momentstagets bultar, åtdragningsmoment

11.21 Koppla loss vakuumröret (markerad med pil) från bakfästen

11.24 Skruva loss det bakre fästets nedre skruv (se pil)

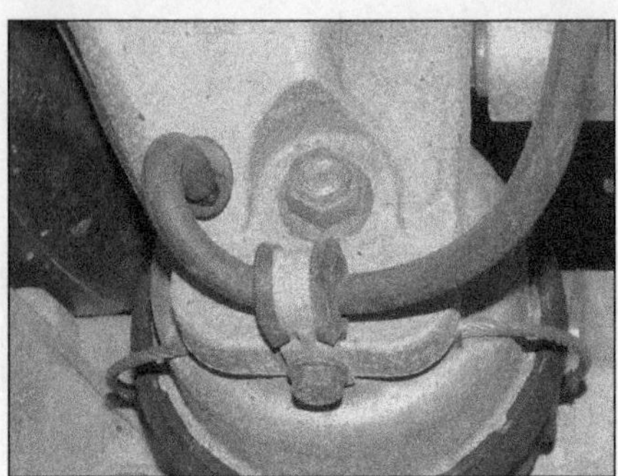
11.36 Koppla loss det främre fästets vakuumslang och skruva loss muttern

11.37 Skruva loss det främre fästets nedre skruv (se pil)

11.50 Höger motorfäste (visas med motorn borttagen för tydlighets skull)

29 Montera tillbaka motorns undre skyddskåpa, och sänk ner bilen.

30 Sätt dit den nya övre muttern på det bakre fästet och dra åt det till angivet moment. Återanslut sedan vakuumslangen.

31 Sätt tillbaka motorns tvärbalk och dra åt fästena till angivet moment. Montera tillbaka motorkåpan.

Främre hydrauliska fäste

32 Lyft upp framvagnen och ställ den på pallbockar (se *Lyftning och stödpunkter*). Skruva loss skruvarna och ta bort motorns undre skyddskåpa.

33 Dra plastkåpan på motorn rakt uppåt och ta bort den från motorrummet.

34 Skruva loss bultarna/muttrarna som fäster motorns tvärbalk på fjädertornen och det övre fästet **(se bilder 3.8a och 3.8b)**.

35 Lossa klämmorna och ta bort luftslangen som går från laddluftkylaren till insugsgrenröret.

36 Koppla loss vakuumslangen från det främre fästet och ta bort fästets övre mutter **(se bild)**. Kasta muttern, eftersom en ny en måste användas.

37 Ta bort luftintagets kåpa och det främre fästets nedre skruv **(se bild)**. Kasta skruven eftersom en ny måste användas.

38 Ta bort skruven/muttern som fäster det nedre momentstaget på fästet på växellådan.

39 Placera en garagedomkraft under växellådan och lyft motorn cirka 30 mm. Ta bort det främre hydrauliska motorfästet.

40 Sätt dit fästet och sätt in den nya skruven. Dra inte åt skruvan än.

41 Sänk ner motorn, se till att styrsprinten på fästets ovansida hamnar rätt. Dra åt den nedre skruven till angivet moment och ta bort garagedomkraften.

42 Sätt dit en ny mutter och skruv på det nedre momentstaget och dra åt dem till angivet moment.

43 Sätt tillbaka motorns undre skyddskåpa och luftintagets kåpa och sänk ner bilen till marken.

44 Sätt dit en ny övre mutter på motorfästet och återanslut vakuumslangen.

45 Sätt tillbaka luftslangen mellan laddluftkylaren och insugsgrenröret och sätt fast fästklämmorna.

46 Sätt tillbaka motorns tvärbalk och dra åt fästena till angivet moment. Montera tillbaka motorkåpan.

Höger motorfäste

47 Lossa det högra framhjulets bultar, och lyft sedan upp framvagnen och ställ den på pallbockar (se *Lyftning och stödpunkter*). Ta bort hjulet, lossa klämmorna/skruvarna och ta bort motorns undre skyddskåpa.

48 Skruva loss plastmuttrarna och ta bort åtkomstpanelen från det högra främre hjulhusfodret för att komma åt fästet (se bild 3.6).

49 Placera en garagedomkraft under motorsumpens högra del för att avlasta den. Placera en bit trä mellan domkraftsskallen och sumpen för att förhindra att skador uppstår.

50 Skruva loss de fyra fästbultarna, lyft upp motorn lite med hjälp av domkraften och ta bort fästet. Kassera muttrarna, de måste bytas varje gång de skruvas ur **(se bild)**.

51 Passa in fästet och sänk ner motorn så mycket som behövs för att bulthålen ska linjeras. Sätt i och dra åt skruvarna till angivet åtdragningsmoment.

52 Ta bort domkraften, och montera tillbaka motorns undre skyddskåpa.

53 Sätt tillbaka åtkomstpanelen i hjulhusfodret, sätt tillbaka hjulet och sänk ner bilen. Dra åt hjulbultarna till angivet moment.

12 Sump – demontering, kontroll och återmontering

Demontering

1 *Lyft upp framvagnen och ställ den på pallbockar (se* Lyftning och stödpunkter).

2 Skruva loss skruvarna och ta bort motorns undre skyddskåpa.

3 Tappa ur motoroljan enligt beskrivningen i kapitel 1B.

4 Skruva loss bulten/muttern och dra bort oljemätstickans styrhylsa från sumpen.

5 Oljekylaren (i förekommande fall) är fäst på sumpen med fyra bultar. Skruva loss bultarna och dra kylaren bakåt **(se bild 14.3)**. Var beredd på oljespill.

6 Dra motorns plastkåpa rakt uppåt från motorns ovansida och ta bort kåpan.

7 Skruva loss fästena och ta bort motorns tvärbalk mellan fjädertornen.

8 Arbeta under bilen och lossa den främre fästskruven till laddluftröret.

9 Ta bort den övre muttern från motorns bakre hydrauliska fäste och koppla loss vakuumslangen (se avsnitt 11). Kasta muttern, eftersom en ny en måste användas.

10 Lossa klämman och koppla loss den främre slangen från laddluftröret. Täpp igen öppningen för att förhindra att det kommer in smuts.

11 Ta bort det främre hydrauliska motorfästets nedre skruv. Kasta skruven eftersom en ny måste användas.

12 Ta bort skruven/muttern som fäster det nedre momentstaget på växellådans bygel.

13 Skruva loss de två skruvarna som håller fast laddluftröret på växellådshuset.

14 Placera en garagedomkraft under växellådshusets bakre kant och lyft upp enheten lite så att laddluftröret kan tas bort.

15 Lossa skruvarna som fäster sumpen och ta bort alla förutom en skruv i varje hörn.

16 Knacka försiktigt på sumpens sidor och ändar tills tätningen mellan motorn och sumpen lossnar. Skruva loss de resterande skruvarna och ta bort sumpen. Kasta O-ringarna från sumpens högra ände/främre kant, du måste sätta dit nya.

Montering

17 Rengör sumpens och blockets fogytor.

18 Stryk på ett tunt och jämnt lager av flytande tätningsmedel från Volvo (nr 11 61 059) på sumpens fogyta och passa in de nya O-ringstätningarna på motorblockets yta **(se bilder)**. Använd helst en korthårig roller när du applicerar tätningsmedlet.

19 Sätt tillbaka sumphuset och sätt dit fästskruvarna, dra endast åt dem för hand på det här stadiet. Observera att de tre längsta bultarna sitter på oljepumpsänden,

12.18a Stryk på ett tunt och jämnt lager tätningsmedel från Volvo . . .

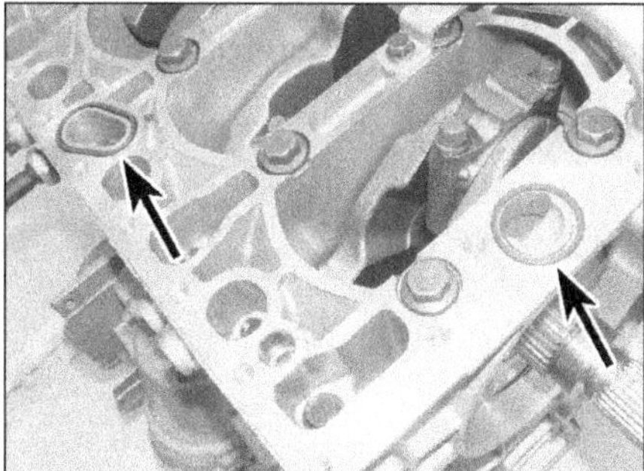

12.18b . . . och byt O-ringstätningarna (markerad med pilar)

12.19 De 4 något kortare bultarna sitter på växellådssidan

och de fyra något kortare bultarna sitter på växellådsänden **(se bild)**.

20 Sätt tillbaka bultarna mellan växellådan och sumpen och momentdra dem enligt anvisningarna för steg 1, följt av åtdragningsmomenten för steg 2.

21 Börja från växellådsänden och dra åt bultarna mellan sumpen och motorn parvis till angivet moment.

22 Resten av återmonteringen sker i omvänd ordning mot återmonteringen. Tänk på följande:

a) Montera nya motorfästens muttrar och bultar.

b) Byt O-ringstätningarna mellan oljekylaren och sumpen.

c) Dra åt alla hållare till angivet moment (där sådant angetts).

d) Montera ett ny motoroljefilter och fyll på motorolja enligt beskrivningen i kapitel 1B.

13 Oljepump – demontering, kontroll och återmontering

Demontering

1 Ta bort vevaxelns högra packbox enligt beskrivningen i avsnitt 7.

2 Skruva loss de fyra bultar som håller fast oljepumpen vid framsidan av motorblocket **(se bild)**.

3 Lossa pumpen försiktigt genom att bända bakom de övre och nedre separeringstapparna med en skruvmejsel. Ta bort pumpen och ta loss packningen.

4 Rengör pumpens och motorblockets fogytor noggrant och ta bort alla spår av gammal packning. Kasta O-ringstätningen, du måste sätta dit en ny.

Kontroll

5 Skruva loss pumpkåpans två fästinsexskruvar samtidigt som du håller ihop pumphalvorna och ta sedan bort kåpan. Var beredd på att övertrycksventilens fjäder skjuter iväg **(se bild)**.

6 Anteckna var de är placerade och ta bort övertrycksventilens fjäder och tryckkolv samt pumprotorerna **(se bilder)**.

7 Om det inte redan är gjort ska vevaxelns packbox bändas loss.

8 Rengör alla komponenter noga och undersök sedan om rotorerna, huset och kåpan har några skador eller är slitna.

9 I skrivande stund fanns inga specifikationer för renovering eller kontroll av pumpen. Man verkar inte heller kunna köpa inre pumpdelar separat.

10 Sätt tillbaka den inre rotorn med markeringarna vända mot pumphuset **(se bild)**.

13.2 Skruva loss de 4 oljepump bultar (markerad med pilar)

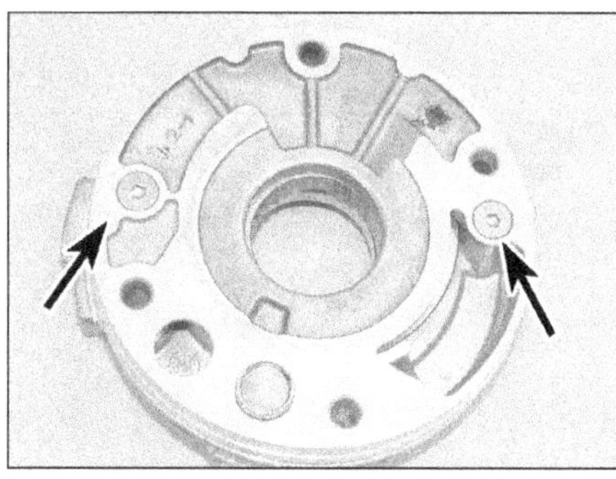

13.5 Skruva loss de 2 oljepumpskåpa skruvar (markerad med pilar)

13.6a Ta bort tryckkolven . . .

13.6b . . . fjädern . . .

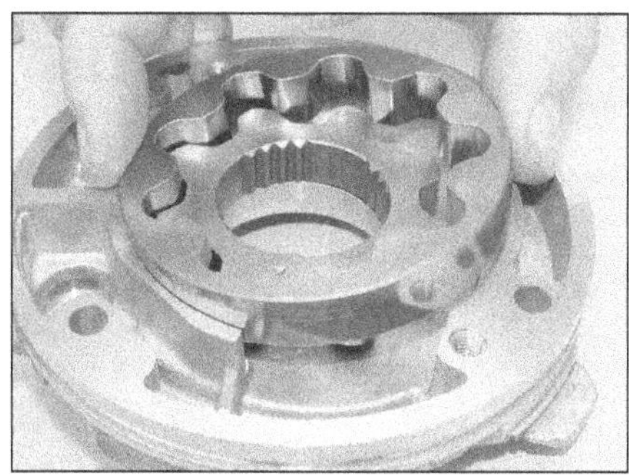

13.6c . . . och rotorerna

13.10 Sätt dit den inre rotorn med markeringarna (markerade med pilar) vända mot pumphuset . . .

13.11 . . . och den yttre rotorn med markeringen (se pil) vänd mot motorblocket

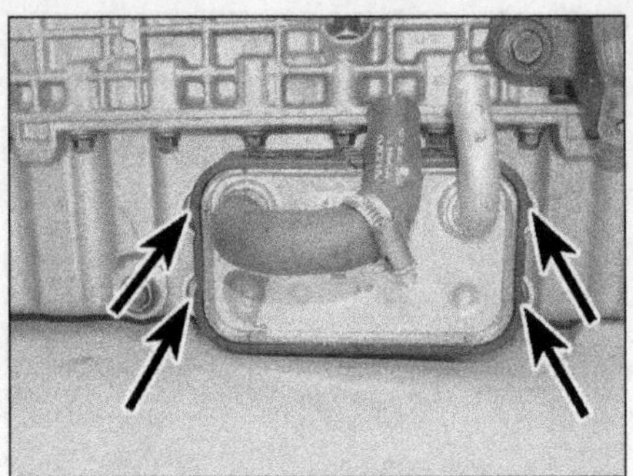
14.3 Skruva loss oljekylarbultarna (se pilar)

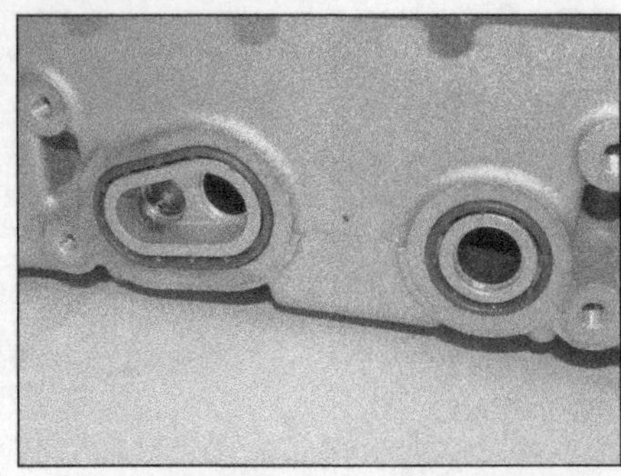
14.4 Oljekylarens O-ringstätningar

11 Sätt tillbaka den yttre rotorn på huset, se till att markeringen på rotorn är vänd mot motorblocket **(se bild)**.

12 Sätt tillbaka övertrycksventilens fjäder och tryckkolv. Sätt sedan dit kåpan och dra åt fästskruvarna ordentligt.

Montering

13 Montera tillbaka pumpen på blocket med en ny packning och O-ring. Använd pumpens fästbultar som guider och dra pumpen på plats med vevaxelremskivans mutter och mellanläggsbrickor. Med pumpen på plats, dra åt fästbultarna diagonalt till angivet moment.

14 Montera en ny oljetätning i vevaxelns högra ände enligt beskrivningen i avsnitt 7.

14 Oljekylare – demontering och montering

Demontering

1 Tappa ur motoroljan och kylvätskan enligt beskrivningen i kapitel 1B.

2 Lossa slangklämman och koppla loss kylvätskeslangarna från kylaren på sumpens baksida.

3 Skruva loss bultarna som fäster kylaren på sumpen och ta hand om O-ringstätningarna när kylaren tas bort. Var beredd på vätskespill **(se bild)**.

Montering

4 Kontrollera att fogytorna på sumpen och oljekylaren är rena och sätt sedan tillbaka kylaren med ny O-ringstätningar. Dra åt fästbultarna ordentligt **(se bild)**.

5 Återanslut kylvätskeslangarna och fäst dem med nya klämmor om nödvändigt.

6 Fyll på motorolja och kylsystemet enligt beskrivningen i kapitel 1B.

Kapitel 2 Del C:
Motor – demontering och reparationer

Innehåll

Svårighetsgrader

Enkelt, passer novisen med lite erfarenhet 

Ganska enkelt, passar nybörjaren med viss erfarenhet 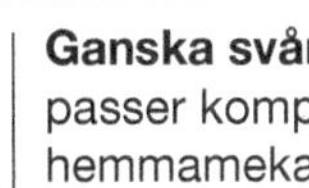

Ganska svårt, passer kompetent hemmamekaniker 

Svårt, passer hemmamekaniker med erfarenhet 

Mycket svårt, för professionell mekaniker 

Specifikationer

Topplock

Skevhetsgränser – maximalt godtagbara värden:	
På längden	0,50 mm
På tvären	0,20 mm
Höjd:	
Bensinmotorer	129.0 ± 0.05 mm
Dieselmotorer	149.4 ± 0.15 mm
Maximal höjdminskning efter maskinbearbetning	0,30 mm

Val av topplockspackning – endast dieselmotorer

	Min.	Max.	Hål i packningen
Kolvens utbuktning (se text)	0,26 mm	0,47 mm	1
	0.47 mm	0.52 mm	2
	0.52 mm	0.57 mm	3
	0.57 mm	0.62 mm	4
	0.62 mm	0.74 mm	5

Insugsventiler

Huvuddiameter:	
Bensinmotorer	31.0 ± 0.15 mm
Dieselmotorer	28.0 ± 0.07 mm
Skaftdiameter:	
Bensinmotorer:	
Tidiga modeller	6,955 till 6,970 mm
Sena modeller	5,955 till 5,970 mm
Dieselmotorer	5.975 ± 0.015 mm
Längd:	
Bensinmotorer	102.00 ± 0.07 mm
Dieselmotorer	98.1 ± 0.07 mm
Ventilsätesvinkel:	
Bensinmotorer	44° 30’
Dieselmotorer	45° ± 0.5°

Avgasventiler

Huvuddiameter:	
Densinmotorer	27.0 ± 0.15 mm
Dieselmotorer	26.2 ± 0.1 mm
Skaftdiameter:	
Bensinmotorer:	
Tidiga modeller	6,955 till 6,970 mm
Sena modeller	5,947 till 5,960 mm
Dieselmotorer	5.975 ± 0.015 mm
Längd:	
Bensinmotorer	101.05 ± 0.07 mm
Dieselmotorer	97.7 ± 0.07 mm
Ventilsätesvinkel:	
Bensinmotorer	44° 30’
Dieselmotorer	45.0° ± 0.5°

Ventilstyrningar

Spel mellan ventilskaft och styrning:	
Bensinmotorer:	
Ny	0,03 till 0,06 mm
Slitagegräns	0,15 mm
Dieselmotorer	Uppgift saknas

Ventilfjädrar

Fri längd:	
Bensinmotorer	44.6 till 46.6 mm
Dieselmotorer	Uppgift saknas

Kolvringar

Spelrum i spår:	
Bensinmotorer:	
Övre kompression	0,030 till 0,070 mm
Andra kompression	0,030 till 0,070 mm
Oljekontroll	0,038 till 0,142 mm
Dieselmotorer:	
Övre kompression	0,120 till 0,160 mm
Andra kompression	0,070 till 0,110 mm
Oljekontroll	0,030 till 0,070 mm
Ändgap (mätt i cylindern):	
Kompressionsringar	0,20 till 0,40 mm
Oljekontroll	0,25 till 0,50 mm

Vevaxel

Axialspel:	
Bensinmotorer	0.19 mm max
Dieselmotorer	0.08 to 0.19 mm

Åtdragningsmoment

Se kapitel 2A eller 2B Specifikationer för åtdragningsmoment.

1 Allmän information

I den här delen av kapitel 2 beskrivs hur man tar bort motorn/växellådan från bilen och hur man renoverar topplocket, motorblocket och andra delar i motorn.

Informationen omfattar allt ifrån allmänna råd beträffande förberedelser för renovering och inköp av delar, till detaljerade anvisningar steg-för-steg för demontering, kontroll, renovering och montering av motorns komponenter.

Från och med avsnitt 6 bygger alla instruktioner på antagandet att motorn har tagits ut ur bilen. Information om hur man reparerar motorn när den sitter kvar i bilen, och även hur man demonterar och monterar de externa delar som krävs för översynen, finns i del A eller B i detta kapitel, och i avsnitt 4. Hoppa över de isärtagningsinstruktioner i del A eller B som är överflödiga när motorn demonterats från bilen.

2 Motor/växellåda – demontering – förberedelser och föreskrifter

Om du har beslutat att en motor måste demonteras för översyn eller större reparationer, bör följande förberedande åtgärder vidtas.

Det är mycket viktigt att man har ett lämpligt ställe att arbeta på. Tillräckligt med arbetsutrymme behövs, samt plats för att förvara bilen. Om en verkstad eller ett garage inte finns tillgängligt krävs åtminstone en plan och ren arbetsyta.

Rensa om möjligt några hyllor nära arbetsytan där motordelarna och tillbehör kan läggas när de demonterats och tagits isär. Då är det lättare att hålla delarna rena och det är mindre risk att de skadas. Om delarna läggs i grupper tillsammans med tillhörande fästbultar, skruvar etc., går det snabbare vid återmonteringen och risken för sammanblandning minskar.

Rengör motorrummet och motorn/växellådan innan du påbörjar demonteringen. då blir det lättare att se och att hålla verktygen rena.

Dessutom krävs assistans från en medhjälpare; många moment under arbetet med att lyfta ur motorn kräver att flera åtgärder utförs samtidigt, och då räcker inte en person till. Säkerheten är av största vikt, med tanke på att arbete av denna typ innehåller flera farliga moment. En andra person bör alltid finnas till hands för att kunna vara till hjälp när det behövs. Om detta är första gången du demonterar en motor, är det dessutom bra att få goda råd från någon som gjort det tidigare.

Planera arbetet i förväg. Skaffa alla verktyg och all utrustning som behövs innan arbetet påbörjas. Tillgång till följande gör att demontering och återmontering av motorn/växellådan kan göras säkert och relativt enkelt: en motorlyft – anpassad till en högre vikt än den sammanlagda vikten av motorn och växellådan, en kraftig garagedomkraft, en komplett uppsättning nycklar och hylsor enligt beskrivningen i slutet av den här handboken, träblock och gott om trasor och rengöringsmedel för att torka upp spill av olja, kylvätska och bränsle. Ett antal plastlådor av olika storlekar kan vara bra för att förvara sammanhörande isärtagna delar i. Se till att vara ute i god tid om utrustning måste hyras, och utför alla arbeten som går att göra utan den i förväg. det sparar både tid och pengar.

Räkna med att bilen inte kommer att kunna användas på ett bra tag, särskilt om motorn ska genomgå renovering. Läs igenom hela detta avsnitt och tänk ut en arbetsgång baserat på egen erfarenhet och på vilka verktyg, hur lång tid och hur stort arbetsutrymme som finns tillgängligt. En del av renoveringen kanske måste utföras av en Volvo-verkstad eller en specialist. Dessa har ofta fulltecknade kalendrar, så det är en god idé att fråga dem innan man börjar demontera eller ta isär motorn, för att få en uppfattning om hur lång tid det kan ta att utföra arbetet.

Var metodisk när motorn tas ut ur bilen och de externa komponenterna kopplas loss. Om kablar och slangar märks när de tas bort kommer återmonteringen att gå mycket enklare.

Var alltid mycket försiktig när motorn/växellådan lyfts ur motorrummet. Oförsiktighet kan leda till allvarliga skador. Om det behövs är det bättre att vänta på hjälp, istället för att riskera personskador och/eller skada på bildelarna genom att fortsätta ensam. Med god planering och gott om tid kan ett arbete av denna natur utföras framgångsrikt och olycksfritt, trots att det är fråga om ett omfattande arbete.

På alla modeller som tas upp i den här handboken tas motorn och växellådan bort som en enhet, uppåt och ut ur motorrummet. Motorn och växellådan separeras sedan på en arbetsbänk.

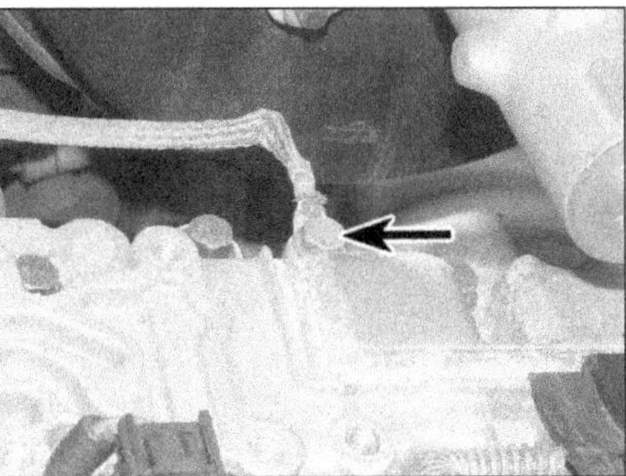

3.5 Koppla loss jordledningen från topplocket (se pil)

3.7 Koppla loss motorkablaget (se pil) och den positiva anslutningen (se pil)

3 Motor och växellåda – demontering, isärtagningen och återmontering

Demontering

1 Öppna motorhuven. Om det finns risk för att motorhuven kommer att vara i vägen för motorlyften ska huven tas bort enligt beskrivningen i kapitel 11.

2 Koppla loss och ta bort batteriets jordledning enligt beskrivningen i kapitel 5A.

3 Dra plastkåpan över motorn rakt uppåt (i förekommande fall), skruva sedan loss fästena och ta bort motorns tvärbalk mellan fästbyglarna på de främre fjädertornen.

4 Demontera luftrenaren och alla luftkanaler, inklusive turboaggregatets intag (om tillämpligt) enligt beskrivningen i relevant del av kapitel 4.

5 Koppla loss jordledningarna från topplockets ovansida (i förekommande fall) **(se bild)**.

6 Se relevant del av kapitel 1, och gör följande:

a) *Dränera kylsystemet.*
b) *Om motorn ska tas isär, tappa ur motoroljan.*
c) *Demontera drivremmen.*

7 Lossa plastkåpan från den mittersta elcentralen och koppla loss motorkablaget och plusledningen till startmotorn. Skruva sedan loss de båda bultarna och flytta den mittersta elcentralen åt sidan **(se bild)**.

8 Lossa klämman och koppla loss vätskereturröret från ovansidan av behållaren

3.11 Jordledningens placering (se pil) – sett från motorns främre del

för servostyrningsvätska. Lossa sedan klämman och lyft upp behållaren för servostyrningsvätska och lägg den på motorn för tillfället. Plugga igen eller täck över rör- och behållaröppningarna för att förhindra att det kommer in smuts och rinner ut vätska.

9 Koppla bort luftningsslangen från kylvätskeexpansionskärlet, lossa klämman och koppla loss slangen mellan expansionskärlet och kylvätskeröret på baksidan av topplocket, och ta bort expansionskärlet. Koppla loss anslutningskontakten till kärlets nivågivare när kärlet tas bort.

10 Notera var de sitter och koppla sedan loss alla elektriska anslutningskontakter från motor-/växellådsenheten. Notera hur kablarna är dragna för att underlätta monteringen. Skruva loss bultarna, lossa kablaget från fästbyglarna på motorn/kryssrambalken och flytta kablaget så att det inte är i vägen för motorn/växellådan.

11 Skruva loss bultarna och koppla loss motorns jordledning från det främre högra hörnet av växellådshuset. Skruva sedan loss bulten som fäster remfästbygeln på kryssrambalken **(se bild)**.

12 Koppla loss bromsservons vakuumslang från insugsgrenröret (bensinmodeller) eller vakuumpumpen (dieselmodeller).

13 Ta bort kylaren enligt beskrivningen i kapitel 3.

14 Lossa väljare/växlingsvajrar från växellådan enligt beskrivningen i relevant del av kapitel 7.

15 Fäst den flexibla gummislangen, bänd sedan ut fästklämman och koppla loss metalltryckröret från kopplingens slavcylinder – se kapitel 6 vid behov.

16 Koppla loss matnings- och returbränsleslangarna på anslutningarna ovanför höger drivaxel. Anslutningarna kan vara av snabbkopplingstyp, vilket innebär att man måste trycka in en krage i anslutningen eller sätta in ett verktyg (en bit slang som är uppskuren på längden) för att dela på kragens ”fingrar”, eller helt enkelt hålla fast den med en metallklämma **(se bilder)**. På bensinmodeller kopplar du loss EVAP-slangen på samma ställe.

17 På alla modeller, ta bort båda drivaxlar enligt beskrivningen i kapitel 8.

18 Koppla loss luftkonditionerings-

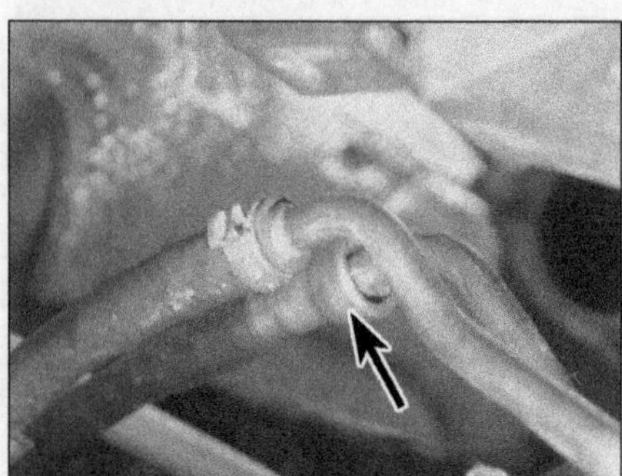
3.16a För att koppla loss bränslematningsröret (se pil) . . .

3.16b . . . måste de fyra klämmorna inuti anslutningen tryckas utåt

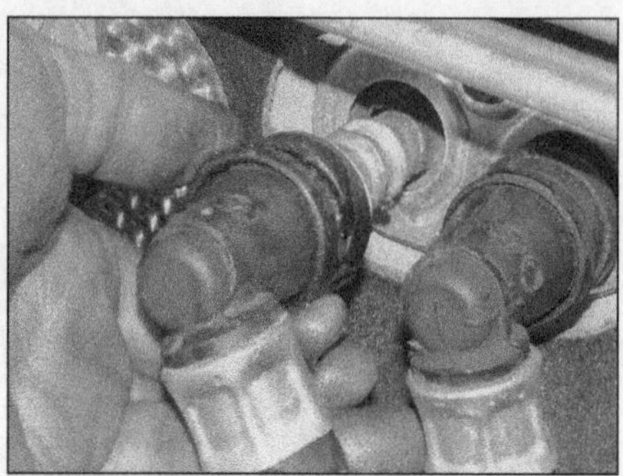
3.20 Vrid stoppringen moturs och lossa värmeslangen

3.23a Motorns främre fästbult (markerad med pil)

3.23b Motorns bakre fästbult (markerad med pil)

kompressors anslutningskontakt, skruva sedan loss de fyra fästbultarna och koppla loss kompressorn från motorn och bind fast den på den främre panelen. Var noga med att inte skada luftkonditioneringsrören. Du måste inte tömma ut luftkonditioneringens kylmedium.

19 Ta bort turboaggregatet enligt beskrivningen i relevant del av kapitel 4.

20 Vrid kragarna moturs och koppla loss värmeslangarna från motorrummets mellanvägg **(se bild)**. Var beredd på att kylvätska läcker ut.

21 Arbeta genom hålen i remskivan och skruva loss de tre bultarna som håller fast servostyrningspumpen på monteringskonsolen och skruva sedan loss bultarna som håller fast fästet på pumpens bakdel och topplocket. Sänk ner pumpen tillsammans med vätskebehållaren och fäst den på kryssrambalkens framsida med hjälp av buntband.

22 Skruva loss den sista fästbulten och ta bort generatorn.

23 Arbeta under bilen och ta bort bulten som fäster det främre motorfästet på kryssrambalken och bulten som fäster det bakre motor-/växellådsfästet på kryssrambalken **(se bilder)**.

24 Skruva loss de båda bultarna som fäster krängningshämmaren på undersidan av växellådshuset.

25 Anslut en lyftkedja/rem på transportbyglarna ovanpå motorn. Passa sedan in en motorlyft/kran och låt den bära upp motorns vikt **(se bild)**.

26 Gör en sista kontroll för att se till att alla slangar, rör och elkablar mellan motorn/växellådan och karossen har kopplats loss.

27 Skruva loss bultarna som fäster höger motorfäste på bygeln på motorblocket (bredvid vevaxelns remskiva). Lyft sedan bort motor-/växellådsenheten från motorrummet **(se bild)**. Vi var tvungna att skruva loss de tre bultarna och lossa det främre motorfästet från motorblocket. Du behöver ta hjälp av någon för att stötta och hantera enheten utan att skada bilens kaross etc.

Isärtagning

28 Demontera startmotorn.

Modeller med manuell växellåda

29 Ta bort bultarna som fäster växellådan vid motorn.

30 Dra bort växellådan från motorn med hjälp av en medhjälpare. Låt den inte hänga på den ingående axeln när den är fri från styrhylsorna.

3.25 Anslut en lyftkedja/rem på transportbyglarna (se pil)

3.27 Skruva loss de båda bultarna som fäster höger motorfästbygel på motorblocket (se pilar)

Modeller med automatväxellåda

31 Vrid vevaxeln med hjälp av en hylsnyckel på remskivans mutter, tills det går att komma åt en av fästbultarna mellan momentomvandlaren och drivplattan genom öppningen på motorns baksida. Arbeta genom öppningen och skruva loss bulten med en TX50 hylsa. Vrid vevaxeln så mycket som behövs och ta bort de återstående bultarna på samma sätt. Observera att nya bultar krävs vid monteringen.

32 Ta bort bultarna som fäster växellådan vid motorn.

33 Tillsammans med en medhjälpare, dra växellådan rakt av från motorns styrhylsor och se till att momentomvandlaren sitter kvar på växellådan. Använd åtkomsthålet i växelhuset för att hålla omvandlaren på plats.

Montering

Modeller med manuell växellåda

34 Se till att kopplingen är korrekt centrerad och att urkopplingens komponenter är monterade på svänghjulskåpan. Applicera inget fett på växellådans ingående axel, styrhylsan eller själva urkopplingslagret eftersom dessa komponenter har friktionsreducerande lager som inte behöver smörjas.

35 För växellådan rakt in på sin plats och fäst den med motorns styrhylsor. Sätt tillbaka bultarna som håller fast växellådan vid motorn och dra åt dem till angivet moment. Montera tillbaka startmotorn.

Modeller med automatväxellåda

36 Spola ur oljekylaren med ren växellådsolja innan växellådan monteras. Gör på följande sätt. Fäst en slang vid den övre anslutningen, häll automatväxellådsolja genom slangen och samla upp den i en behållare placerad under returslangen.

37 Rengör kontaktytorna på momentomvandlaren och drivplattan, samt växellådans och motorns fogytor. Smörj momentomvandlarens styrningar och motorns/växellådans styrstift lätt med fett.

38 För växellådan rakt in på sin plats och fäst den med motorns styrhylsor. Sätt tillbaka de bultar som håller fast växellådan vid motorn och dra åt dem lätt först i diagonal ordningsföljd, och sedan till angivet moment.

39 Montera momentomvandlaren på drivplattan med nya bultar. Vrid vevaxeln för att komma åt bultarna på samma sätt som vid demonteringen. Vrid sedan momentomvandlaren med hjälp av åtkomsthålen i växelhuset. Sätt i och dra åt alla bultar först för hand och sedan till angivet moment.

Alla modeller

40 Resten av återmonteringen sker i stort sett i omvänd ordning mot demonteringen. Tänk på följande:

a) Dra åt alla fästen till angivet moment och vinkel, efter tillämplighet. Se relevanta kapitel i denna handbok för åtdragningsmoment som inte direkt rör motorn.

c) Se till att ABS-givaren och givarens plats i navhållaren är helt rena före återmonteringen.

c) När den manuella växellådans växelvajrar återansluts, notera att den yttersta vajern (märkt med gul färg) ska anslutas till den vertikala växelarmen på sidan av växellådan (också märkt med gul färg).

d) På modeller med automatväxellåda, återanslut och justera växelspaksvajern enligt beskrivningen i kapitel 7B.

e) Montera tillbaka luftrenaren enligt beskrivningen i kapitel 4A eller 4B.

f) Montera tillbaka drivremmen. Fyll sedan motorn med kylvätska och olja enligt beskrivningen i relevant del av kapitel 1.

g) Fyll på växellådan med smörjmedel om det behövs, enligt beskrivningen i relevant del av kapitel 1, 7A eller 7B, efter tillämplighet.

h) Läs avsnitt 16 innan motorn startas.

4 Motorrenovering – preliminär information

Det är mycket enklare att ta isär och arbeta med motorn om den är fastsatt i ett motorställ. Sådana ställ kan oftast hyras från en verkstad. Innan motorn monteras i stället ska svänghjulet/drivplattan demonteras så att ställets bultar kan dras ända in i motorblocket/vevhuset.

Om inget ställ finns tillgängligt går det att ta isär motorn på en stabil arbetsbänk eller på golvet. Var försiktig så att motorn inte välter om arbetet utförs utan ställ.

Om en renoverad motor ska införskaffas måste alla hjälpaggregat först demonteras, så att de kan flyttas över till den nya motorn (precis som när den befintliga motorn genomgår renovering). Detta inkluderar följande komponenter:

a) Motorfästen och fästbyglar (kapitel 2A eller 2B).

b) Generator med tillbehör och fästbygel (kapitel 5A).

c) Startmotor (kapitel 5A).

d) Tändsystem och högspänningsdelar, inklusive alla givare, tändspolarna och tändstift (kapitel 1A och 5B).

e) Avgasgrenrör, med turboaggregatet om ett sådant finns (kapitel 4A eller 4B)

f) Insugningsgrenrör med bränsleinsprutningskomponenter (kapitel 4A eller 4B).

g) Alla elektriska brytare, aktiverare och givare, samt motorns kabelhärva (kapitel 4A, 4B och 5B).

h) Kylvätskepump, termostat, slangar och fördelningsrör (kapitel 3).

i) Kopplingens komponenter – modeller med manuell växellåda (kapitel 6).

j) Svänghjul/drivplatta (kapitel 2A eller 2B).

k) Oljefilter (se relevant avsnitt i kapitel 1).

l) Oljemätsticka, rör och fästbygel.

Observera: *Var noga med att notera detaljer som kan vara till hjälp eller av vikt vid återmonteringen när de externa komponenterna demonteras från motorn. Notera t.ex. hur packningar, tätningar, brickor, bultar och andra små detaljer sitter.*

Införskaffas en 'mindre' motor (med motorblock/vevhus, vevaxel, kolvar och vevstakar på plats), måste även topplocket, kamremmen (med spännaren, spännarens remskivor och tomgångsöverföringen samt kåpor) och drivremmens spännare demonteras.

Om en fullständig renovering planerats kan motorn tas isär i den ordning som anges nedan:

a) Insugnings- och avgasgrenrör samt turboaggregat (i förekommande fall).

b) Kamrem, drev, spännare, remskivor och kåpor.

c) Topplock.

d) Oljepump.

e) Svänghjul/drivplatta.

f) Sump.

g) Oljeupptagarrör.

h) Mellandel.

i) Kolvar/vevstakar.

j) Vevaxel.

5 Topplock – isärtagning, rengöring, kontroll och hopsättning

Observera: *Nya och renoverade topplock finns att köpa hos tillverkaren och från specialister på motorrenoveringar. Specialverktyg krävs för isärtagning och kontroll, och nya delar kan vara svåra att få tag på. Det kan därför vara mer praktiskt och ekonomiskt för en hemmamekaniker att köpa ett färdigrenoverat topplock än att ta isär och renovera det ursprungliga topplocket.*

Isärtagning

1 Demontera topplocket enligt beskrivningen i del A eller B i detta kapitel.

2 Om de fortfarande sitter på plats, ta bort kamaxlarna och ventillyftarna enligt beskrivningen i del A i detta kapitel (endast bensinmotorer)

3 Ta bort termostathuset (kapitel 3), tändstiften (kapitel 1A) och alla övriga anslutningar, rör, givare eller fästbyglar, om de fortfarande sitter på plats. På motorer D5244T4/T5/T6/T7 lyfter du bort virvelventilen från enheten på topplockets ovansida.

4 Knacka till ordentligt på varje ventilskaft med en lätt hammare och en dorn, så att fjädern och tillhörande delar lösgörs.

5 Montera en ventilfjäderkompressor på varje ventil i tur och ordning och tryck ihop varje

5.5 Komprimera ventilfjädern med ett lämpligt verktyg

5.9 Håll delar som hör ihop tillsammans i märkta påsar eller behållare

fjäder till dess insatshylsa syns **(se bild)**. Lyft ut insatshylsorna; med en liten skruvmejsel, eller med en magnet och en pincett. Lossa försiktigt fjäderkompressorn och ta bort den.

6 Ta loss det övre ventilfjädersätet och ventilfjädern. Dra ut ventilen från dess styrning.

7 Dra loss ventilskaftets oljetätning med en plattång. En kabelskalare som fästs under tätningen kan behöva användas om tätningen sitter hårt.

8 Ta loss det nedre ventilfjädersätet. Om det finns stora sotavlagringar runt utsidan av ventilstyrningen måste dessa skrapas bort innan sätet monteras tillbaka.

9 Det är viktigt att varje ventil förvaras tillsammans med sina insatshylsor, sin fjäder och sitt fjädersäte. Ventilerna bör även förvaras i rätt ordning, om de inte är så slitna eller brända att de måste bytas ut. Om ventilerna ska återanvändas, förvara ventilkomponenterna i märkta plastpåsar eller liknande behållare **(se bild)**.

10 Ta loss resten av ventilerna på samma sätt.

Rengöring

11 Ta noggrant bort alla spår av gammal packning och tätningsmedel från topplockets övre och nedre fogytor. Använd en lämplig lösningsvätska för flytande packningar tillsammans med en mjuk spackelkniv; använd inte en metallskrapa, då skadas ytorna. Observera att på dieselmotorer kan packningsytan inte slipas om.

12 Ta bort allt sot från förbränningskamrarna och portarna. Torka sedan bort alla spår av olja och andra avlagringar från topplocket. Var särskilt noga med fotlager, ventillyftarlopp, ventilstyrningar och smörjkanaler.

13 Tvätta topplocket noga med fotogen eller något lämpligt lösningsmedel. Var noggrann vid rengöringen. Se till att rengöra alla oljehål och kanaler mycket noga. Torka av huvudet helt och smörj alla maskinslipade ytor med tunn olja.

14 Skrapa bort eventuella koksavlagringar från ventilerna. Använd sedan en eldriven stålborste för att ta bort avlagringar från ventilhuvuden och skaft.

Kontroll

Observera: *Var noga med att utföra hela den granskning som beskrivs nedan innan beslut fattas om ifall en verkstad behöver anlitas för någon åtgärd. Gör en lista med alla komponenter som behöver åtgärdas.*

Topplock

15 Undersök topplocket noggrant och leta efter sprickor, tecken på kylvätskeläckage och andra skador. Förekommer sprickor måste topplocket bytas ut.

16 Kontrollera att topplockets packningsyta inte är skev med en stållinjal och ett bladmått **(se bild)**. Om den är skev kan den eventuellt slipas (bensinmodeller); kontakta din återförsäljare eller en motorrenoveringsspecialist.

17 Undersök ventilsätena i förbränningskamrarna. Om de är mycket gropiga, spruckna eller brända måste de bytas ut eller skäras om av en specialist på motorrenoveringar. Om de bara är lätt gropiga kan detta tas bort genom att ventilhuvudena och sätena slipas in med fint slipmedel enligt beskrivningen nedan.

18 Om ventilstyrningarna verkar slitna, vilket märks på att ventilen kan röras i sidled, måste nya styrningar monteras. Kontrollera detta genom att montera en mätklocka på topplocket och mäta vickningen från sida till sida med ventilen lyft 2.0 mm fri från sätet **(se bild)**. Om mätvärdena ligger utanför tillåtna gränser, mät diametern på de befintliga ventilskaften (se nedan) och styrningarnas lopp, och byt ventilerna eller styrningarna om det behövs. Arbetet med att byta ventilstyrningarna bör överlåtas åt en specialist på motorrenoveringar.

19 *Om ventilsätena ska skäras om måste det göras* efter attstyrningarna har bytts ut.

20 De gängade hålen i topplocket måste vara rena för att momentvärdena för åtdragningen ska bli korrekta vid återmonteringen. Använd försiktigt en gängtapp av rätt storlek (storleken kan bestämmas med hjälp av storleken på den bult som ska sitta i hålet) i hålen för att ta bort rost, korrosion, tätningsmedel eller smuts, samt för att återställa skadade gängor. Använd om möjligt tryckluft för att rengöra hålen från det avfall som uppstår vid detta arbete. Glöm inte att också rengöra gängorna på alla bultar och muttrar.

21 De gängor som inte kan renoveras på detta sätt kan oftast återställas med hjälp av gänginsatser. Om några gängade hål är skadade, fråga en återförsäljare eller en motorrenoveringsspecialist och låt dem installera gänginsatser där de behövs.

Ventiler

22 Undersök huvudet på varje ventil och leta efter tecken på anfrätning, brännskador, sprickor och allmänt slitage, och undersök ventilskaftet efter tecken på repor och slitage. Vrid ventilen och kontrollera om den verkar böjd. Leta efter gropar och onormalt slitage på spetsen av varje ventilskaft. Byt ut alla ventiler som visar tecken på slitage eller skador.

23 Om ventilen verkar vara i gott skick, mät ventilskaftet på flera punkter med en mikrometer **(se bild)**. Stora skillnader mellan de avlästa värdena indikerar att ventilskaftet är slitet. I båda dessa fall måste ventilen/ventilerna bytas ut.

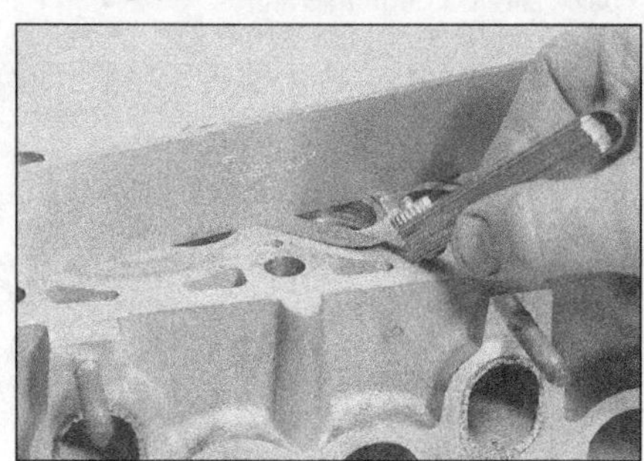
5.16 Mät vridningen av topplockets yta med en stållinjal och bladmått

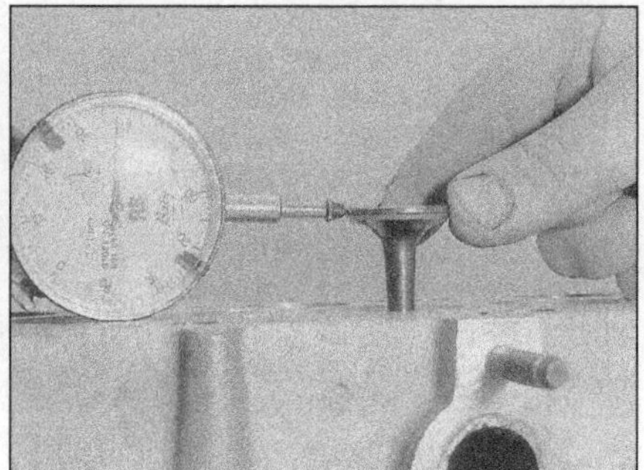
5.18 Mät maximalt glapp för ventilen i styrningen med en mätklocka

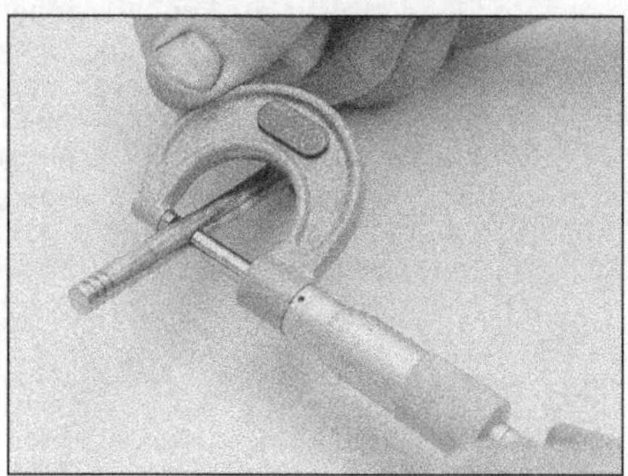
5.23 Mät ventilskaftens diameter med en mikrometer

24 Om ventilernas skick är tillfredsställande ska de slipas (poleras) in i respektive säte för att garantera en smidig, gastät tätning. Om sätet endast är lätt anfrätt, eller om det har gängats om, ska endast fin slipningsmassa användas för att få fram den nödvändiga ytan. Grov ventilslipmassa ska inteanvändas, om inte ett säte är svårt bränt eller har djupa gropar; Om så är fallet ska topplocket och ventilerna undersökas av en expert som avgör om ventilsätena ska skäras om eller om ventilen eller sätesinsatsen måste bytas ut.

25 Ventilslipning går till på följande sätt. Lägg topplocket upp och ner på en arbetsbänk. Stötta med ett träblock i varje ände så att ventilskaften går fria.

26 Smörj en aning ventilslipningsmassa (av lämplig grad) på sätesytan och tryck fast ett sugslipningsverktyg över ventilhuvudet. Slipa ventilhuvudet med en roterande rörelse ner till sätet. Lyft ventilen ibland för att omfördela slipmassan. Om en lätt fjäder placeras under ventilen går det lättare.

27 Om grov slipmassa används, arbeta tills ventilhuvudet och fästet får en matt, jämn yta. Torka sedan bort den använda slipmassan och upprepa arbetet med fin slipmassa. När en mjuk, obruten ring med ljusgrå matt yta uppstått på både ventilen och sätet är inslipningen färdig. Slipa inte in ventilerna längre än vad som är absolut nödvändigt, då kan sätet sjunka in i topplocket för tidigt.

28 *Tvätta noga bort* alla spår av slipmassa med fotogen eller lämpligt lösningsmedel när alla ventiler har slipats in. Sätt sedan ihop topplocket.

Ventilkomponenter

29 Undersök ventilfjädrarna efter tecken på skador eller missfärgning. Mät även längden genom att jämföra de befintliga fjädrarna med en ny.

30 Ställ varje fjäder på en plan yta och kontrollera att den står rakt upp. Om någon fjäder är skadad, skev eller har förlorat spänsten, skaffa en hel uppsättning med nya fjädrar. Normalt byts alla fjädrar alltid ut vid en större renovering.

31 Byt ut ventilskaftens oljetätningar, oavsett deras aktuella kondition.

Ihopsättning

32 Olja skaftet på en ventil och sätt i den i dess styrning. Montera sedan det nedre fjädersätet.

33 De nya ventilskaftoljetätningarna ska ha en plasthylsa som skyddar tätningen när den monteras på ventilen. Om inte, vira ett stycke plastfilm runt ventilskaftet som går ungefär 10 mm utanför skaftets ände.

34 Med skyddshylsan eller plastfilmen på plats runt ventilen, sätt på ventilskaftets oljetätning och skjut på den på ventilstyrningen så långt det går med hjälp av en passande hylsa eller ett rörstycke. När tätningen väl sitter på plats, ta bort skyddshylsan eller plastfilmen.

6.3 Oljekylarens fästbultar (markerad med pilar)

35 Montera ventilfjädern och det övre sätet. Tryck ihop fjädern och sätt på de två insatshylsorna i urholkningarna i ventilskaftet. Lossa kompressorn försiktigt.

Håll insatshylsorna på plats på ventilskaften med lite fett medan fjäderkompressorn lossas.

36 Täck ventilskaftet med en trasa och knacka till ordentligt på det med en lätt hammare för att kontrollera att insatshylsorna sitter ordentligt.

37 Upprepa dessa åtgärder på resten av ventilerna.

38 Montera tillbaka resten av komponenterna. Sätt sedan tillbaka topplocket enligt beskrivningen i del A eller B i detta kapitel.

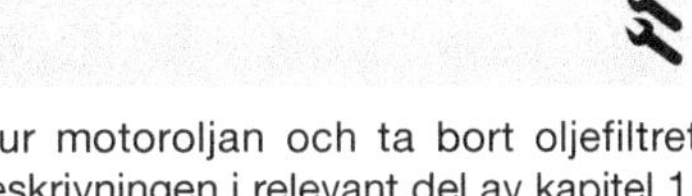

6 Sump och mellandel – demontering

1 Töm ur motoroljan och ta bort oljefiltret enligt beskrivningen i relevant del av kapitel 1, om det inte redan gjorts.

2 Demontera oljepumpen enligt beskrivningen i del A eller B i detta kapitel.

3 På modeller med en oljekylare monterad bakpå sumpen, skruva loss de fyra fästbultarna och ta loss kylaren, om möjligt utan att koppla loss kylvätskeörören **(se bild)**.

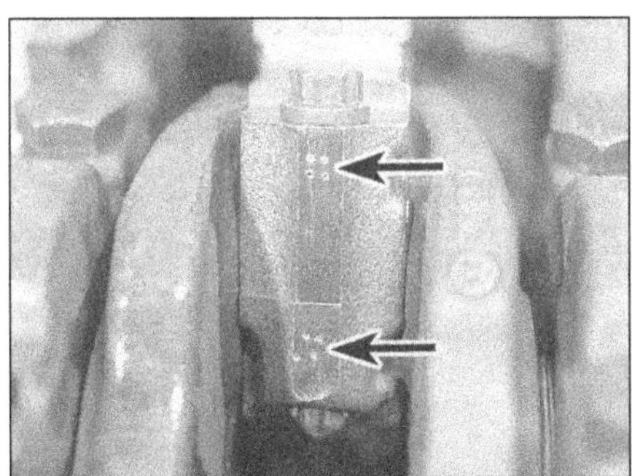

7.3 Märk vevlageröverfallen och vevstakarna med deras cylindernummer

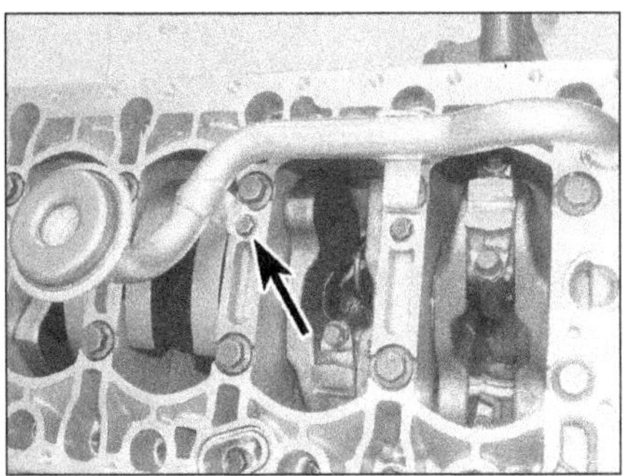

6.6 Skruva loss oljeupptagarrörets fästbygelbult (se pil)

4 Skruva loss bultarna som håller fast sumpen vid mellandelen, och notera bultarnas olika längd och var de sitter.

5 Knacka försiktigt loss sumpen med en gummi- eller läderklubba. Ta loss O-ringstätningarna.

6 Skruva loss fästbygelbulten och ta loss oljeupptagarröret **(se bild)**. Ta loss O-ringstätningen från änden av röret.

7 Ta bort kolvarna och vevstakarna enligt beskrivningen i avsnitt 7.

8 Skruva loss alla M7-bultar som fäster mellandelen på motorblocket, arbeta utifrån och in. När alla M7-bultar skruvats loss, skruva loss M8 bultarna, och sedan M10-bultarna i samma ordning.

9 Knacka försiktigt loss mellandelen med en gummi- eller läderklubba. Lyft av mellandelen tillsammans med vevaxelns nedre ramlageröverfall. Om några av överfallen sitter kvar på vevaxeln, flytta dem till deras rätta platser på mellandelen. Rotera inte vevaxeln med mellandelen borttagen.

10 Ta bort vevaxelns bakre oljetätning.

7 Kolvar och vevstakar – demontering och kontroll

Demontering

1 Demontera topplocket, oljepumpen och svänghjulet/drivplattan enligt beskrivningen i del A eller B i detta kapitel. Ta bort sumpen enligt beskrivningen i avsnitt 6.

2 Känn inuti loppens överdel om det finns någon kraftig slitagekant. Vissa experter rekommenderar att en sådan kant tas bort (med en avskrapare eller liknande) innan kolvarna tas bort. Men en kant som är stor nog att skada kolvarna och/eller kolvringarna innebär ändå så gott som säkert att en omborrning och nya kolvar/ringar kommer att krävas.

3 Kontrollera att det finns ID-nummer eller markeringar på alla vevstakar och överfall. Måla eller stansa in lämpliga markeringar om det behövs, så att varje vevstake kan sättas tillbaka på samma sätt och i samma riktning som tidigare **(se bild)**. Observera var de sitter, dvs. på avgassidan etc.

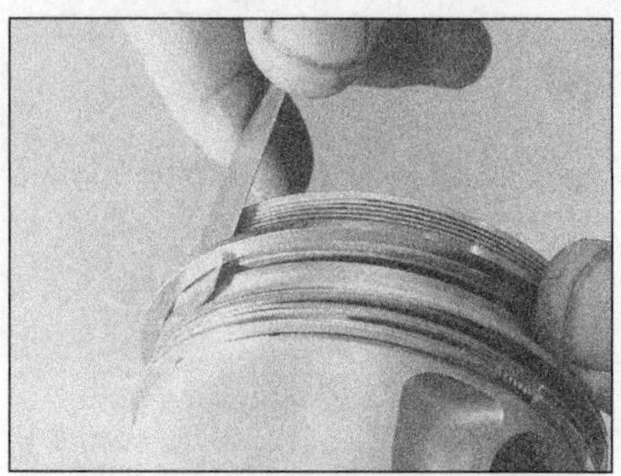
7.10 Ta bort kolvringarna med hjälp av bladmått

4 Skruva loss de två vevstaksbultarna. Lossa överfallet genom att knacka på det med en mjuk hammare. Ta loss överfallet och den nedre lagerkåpan. Notera att nya bultar krävs vid hopsättningen. Du ska alltid montera nya skålar.

5 Tryck ut vevstaken och kolven ur loppet. Ta loss den andra halvan av lagerkåpan, om den är lös.

6 Montera tillbaka kåpan åt rätt håll på vevstaken, så att de inte blandas ihop. Observera att på vissa motorer är ytan mellan överfallet och vevstaken inte bearbetad utan sprucken. Var noga med att inte skada eller repa de spruckna ytorna, då passar inte överfallet på skålen och du måste montera nya vevstakar.

7 Kontrollera om det finns en pil ovanpå kolven. Den ska peka mot motorns kamremsände. Finns det ingen pil kan en egen riktningsmarkering göras.

8 Upprepa proceduren på de övriga vevstakar och kolvar.

Kontroll

9 Innan kontrollen kan utföras måste kolvarna/vevstakarna rengöras, och originalkolvringarna demonteras från kolvarna.

10 Töj försiktigt ut de gamla ringarna och ta bort dem från kolvarna. Använd två eller tre gamla bladmått för att hindra att ringarna ramlar ner i tomma spår **(se bild)**. Var noga med att inte repa kolvarna med ringkanterna. Ringarna är sköra och går sönder om de töjs för mycket. De är också mycket vassa – skydda händer och fingrar.

11 Skrapa bort alla spår av sot från kolvens överdel. En handhållen stålborste (eller finkornig smärgelduk) kan användas när de flesta avlagringar skrapats bort.

12 Ta bort sotet från ringspåren i kolven med hjälp av en gammal ring. Bryt ringen i två delar (var försiktig så du inte skär dig – kolvringar är vassa). Var noga med att bara ta bort sotavlagringarna – ta inte bort någon metall och gör inga hack eller repor i sidorna på ringspåren.

13 När avlagringarna är borta, rengör kolvarna/vevstakarna med fotogen eller lämpligt lösningsmedel och torka dem noga.

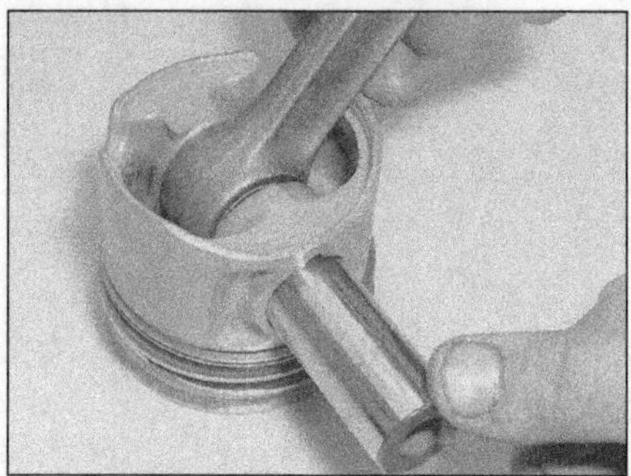
7.23 Tryck ut kolvtappen ur kolven och vevstaken

Se till att oljereturhålen i ringspåren är helt rena.

14 Om kolvarna och cylinderloppen inte är skadade eller överdrivet slitna, och om motorblocket inte behöver borras om (efter tillämplighet), kan originalkolvarna monteras tillbaka. Normalt kolvslitage märks som ett jämnt, vertikalt slitage på kolvens tryckytor, och på en viss löshet i den övre ringen i dess spår. Nya kolvringar ska alltid användas när motorn sätts ihop igen.

15 Undersök varje kolv noga efter sprickor runt manteln, runt kolvtappshålen och på områdena mellan ringspåren.

16 Leta efter spår och repor på kolvmanteln, hål i kolvkronan och brända områden på kolvänden.

17 Om manteln är repad eller skavd kan motorn ha varit utsatt för överhettning och/eller onormal förbränning, vilket har orsakat höga arbetstemperaturer. I dessa fall bör kylnings- och smörjningssystemen kontrolleras noggrant. Brännmärken på kolvsidorna visar att genomblåsning har ägt rum.

18 Ett hål i kolvkronan eller brända områden i kolvkronans kant är tecken på att onormal förbränning (förtändning, tändningsknack eller detonation) har förekommit.

19 Vid något av ovanstående problem med kolvarna måste orsakerna undersökas och åtgärdas, annars kommer skadan att uppstå igen. Orsakerna kan vara läckage i insugsluften, felaktig bränsle/luftblandning eller fel i avgaskontrollsystemet.

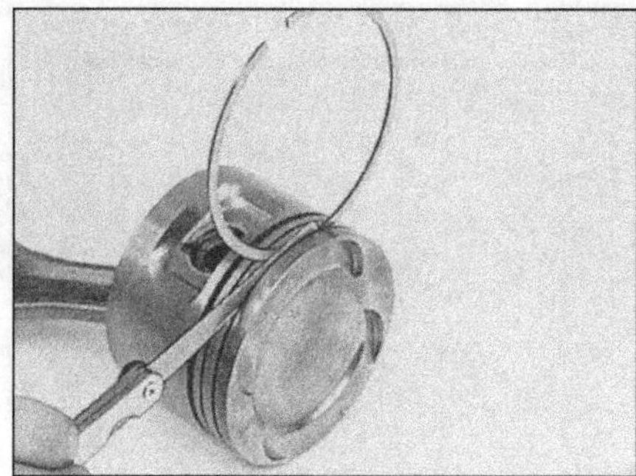
7.26 Mät mellanrummet mellan ringen och spåret med ett bladmått

20 Punktkorrosion på kolven är tecken på att kylvätska har läckt in i förbränningskammaren och/eller vevhuset. Även här måste den bakomliggande orsaken åtgärdas, annars kan problemet bestå i den ombyggda motorn.

21 Undersök varje vevstake noga efter tecken på skador, som sprickor runt vevlagret och den övre vevstaksändens lager. Kontrollera att vevstaken inte är böjd eller skev. Skador på vevstaken inträffar mycket sällan, om inte motorn har skurit ihop eller överhettats allvarligt. En noggrann undersökning av vevstaken kan endast utföras av en motorrenoveringsspecialist med tillgång till nödvändig utrustning.

22 Kolvtapparna är av flottörtyp och hålls på plats med två låsringar. Om det behövs, kan kolvarna och dragstängerna separeras på följande sätt.

23 Ta loss en av de låsringar som håller fast kolvtappen. Tryck ut kolvtappen ur kolven och vevstaken **(se bild)**.

24 Om du är det minsta tveksam angående kolvarnas skick, låt en motorspecialist mäta dem. Om du behöver nya kolvar kan specialisten tillhandahålla sådana och borra om motorblocket till rätt storlek (i förekommande fall).

25 Om någon av kolvarna är sliten måste alla fem kolvar bytas. Observera att om motorblocket borrats om under en tidigare renovering kan större kolvar ha monterats.

26 Håll en ny kolvring i passande spår och mät mellanrummet mellan ring och spår med ett bladmått **(se bild)**. Observera att ringarna är olika stora, så se till att använda rätt ring till rätt spår. Jämför mätresultaten med de angivna värdena i *Specifikationer*; Om värdena överskrider angivna gränser måste kolvarna bytas.

27 Kontrollera kolvtappens passning i vevstakens bussning och i kolven. Om det föreligger märkbart spel måste en ny bussning eller en större kolvtapp monteras. Kontakta en Volvo-verkstad eller en motorrenoveringsspecialist.

28 Undersök alla komponenter och skaffa de nya delar som behövs. Nya kolvar levereras komplett med kolvbultar och låsringar. Låsringar kan även köpas separat.

29 Smörj in kolvtappen med olja. Sätt ihop vevstaken och kolven, se till att vevstaken är rättvänd, och fäst kolvtappen med låsringen. Sätt låsringen så att dess öppning är vänd nedåt.

30 Upprepa dessa åtgärder på resten av kolvarna.

8 Vevaxel – demontering och kontroll

Observera: *Om inget arbete ska göras på kolvarna och vevstakarna behöver inte topplocket och kolvarna demonteras. Istället behöver kolvarna bara tryckas in så långt i loppen att de inte är i vägen för vevtapparna.*

Demontering

1 Utför följande, enligt beskrivningen i del A eller B i detta kapitel och tidigare avsnitt i denna del, efter tillämplighet:

a) *Demontera oljepumpen.*
b) *Demontera sumpen och mellandelen.*
c) *Demontera kopplingens komponenter och svänghjulet/drivplattan.*
d) *Demontera kolvarna och vevstakarna (se anmärkningen ovan).*

2 Innan vevaxeln demonteras är det bäst att kontrollera axialspelet. Det gör man genom att tillfälligt montera tillbaka mellandelen och sedan montera en mätklocka med skaftet i linje med vevaxeln och precis i kontakt med vevaxeln **(se bild)**.

3 Skjut bort vevaxeln helt från mätaren och nollställ den. För sedan vevaxeln så långt mot mätaren det går och kontrollera det uppmätta värdet. Avståndet som vevaxeln rörs är dess axialspel. Om det är större an vad som anges, kontrollera om vevaxelns tryckytor är slitna. Om inget slitage föreligger bör nya tryckbrickor (som sitter ihop med ramlageröverfallen) kunna korrigera axialspelet.

4 Demontera mellandelen igen och lyft ut vevaxeln. Tappa den inte, den är tung.

5 Demontera de övre halvorna av ramlageröverfallen från deras säten i vevhuset genom att trycka på den ände av överfallet som ligger längst bort från styrfliken. Håll ordning på överfallen.

Kontroll

6 Rengör vevaxeln med fotogen eller annat lämpligt lösningsmedel och torka den. Använd helst tryckluft om det finns tillgängligt. Var noga med att rengöra oljehålen med piprensare eller något liknande för att se till att de inte är igentäppta.

Varning: Bär skyddsglasögon vid arbete med tryckluft.

7 Kontrollera ramlagertappar och vevlagertappar efter ojämnt slitage, repor, gropigheter eller sprickor.

8.2 Vevaxelns axialspel kontrolleras med mätklocka

8 Slitage på vevstakslagret följs av tydliga metalliska knackningar när motorn körs (märks särskilt när motorn drar från låg fart) och viss minskning av oljetrycket.

9 Slitage i ramlagret åtföljs av starka motorvibrationer och ett dovt ljud – som ökar i takt med att motorns varvtal ökar – samt minskning av oljetrycket.

10 Kontrollera ojämnheter på lagertapparna genom att försiktigt dra ett finger över lagerytan. Förekommer ojämnheter (tillsammans med tydligt lagerslitage) är det ett tecken på att vevaxeln måste slipas om (om det är möjligt) eller bytas ut.

11 Låt en motorspecialist mäta och kontrollera vevaxeln. De kan ge dig råd om tillgång på lager i understorlekar och renovering av vevaxlar.

9 Motorblock/vevhus – rengöring och kontroll

Rengöring

1 Före rengöring, demontera alla externa komponenter och givare, samt alla monterade galleripluggar eller kåpor. Ta bort kolvens kylventil och kylmunstyckena (i förekommande fall) **(se bilder)**.

2 Om någon av gjutningarna är extremt nedsmutsad bör alla ångtvättas.

3 När gjutningarna ångtvättats, rengör alla oljehål och oljegallerier en gång till. Spola alla interna passager med varmt vatten till dess att rent vatten rinner ut. Använd om möjligt tryckluft för att skynda på torkandet och blåsa rent i alla oljehål och kanaler.

Varning: Bär skyddsglasögon vid arbete med tryckluft.

4 Om gjutningarna inte är för smutsiga går det att tvätta tillräckligt rent med hett vatten och en hård borste. Var noggrann vid rengöringen. Se till att rengöra alla oljehål och kanaler mycket noga, oavsett tvättmetod, och att torka alla delar ordentligt. Applicera ren motorolja på cylinderloppen för att förhindra rost.

5 De gängade hålen i motorblocket måste vara rena för att momentvärdena för åtdragningen ska bli korrekta vid återmonteringen. Använd försiktigt en gängtapp av rätt storlek (storleken kan bestämmas med hjälp av storleken på den bult som ska sitta i hålet) i hålen för att ta bort rost, korrosion, tätningsmedel eller smuts, samt för att återställa skadade gängor. Använd om möjligt tryckluft för att rengöra hålen från det avfall som uppstår vid detta arbete. Glöm inte att också rengöra gängorna på alla bultar och muttrar.

6 De gängor som inte kan renoveras på detta sätt kan oftast återställas med hjälp av gänginsatser. Om några gängade hål är skadade, fråga en återförsäljare eller en motorrenoveringsspecialist och låt dem installera gänginsatser där de behövs.

7 Täck motorn med en stor plastsäck om den inte ska monteras ihop på en gång, för att hålla den ren och förebygga rost; skydda de bearbetade ytorna enligt beskrivningen ovan, för att förhindra rost.

Kontroll

8 Undersök gjutningarna och leta efter sprickor och korrosion. Leta efter skadade

9.1a Skruva loss kolvens kylventil . . .

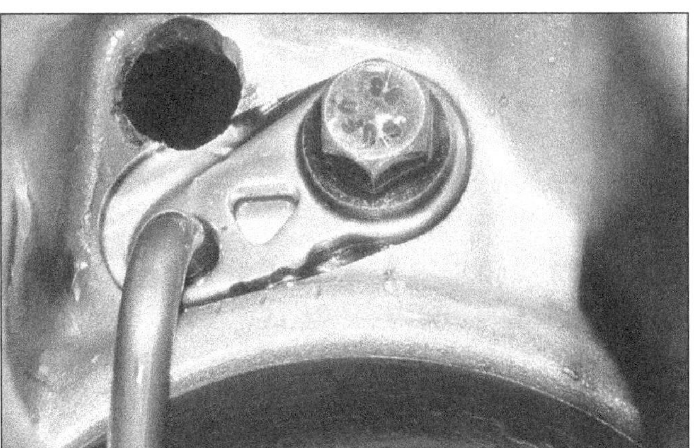

9.1b . . . och kolvavkylningsmunstycken

gängor i hålen. Om kylvätska någon gång läckt ut inne i motorn kan det löna sig att låta en motorrenoveringsspecialist kontrollera motorblocket/vevhuset med specialutrustning för att se om de fått sprickor. Om defekter upptäcks ska de repareras, om möjligt. Annars måste enheten bytas ut.

9 Undersök topplockets fogyta och mellandelens fogytor. Kontrollera ytorna för att se om de är skeva med hjälp av en stållinjal och ett bladmått, enligt beskrivningen ovan för kontroll av topplocket. Om någon yta är skev, rådfråga en motorrenoveringsspecialist om vad som bör göras.

10 Kontrollera att cylinderloppen inte är slitna eller repiga. Kontrollera om det finns slitspår ovanpå cylindern. Det är i så fall ett tecken på att loppet är överdrivet slitet.

11 Låt en specialist på motorrenovering kontrollera och mäta loppen. De kan ge dig råd om möjligheten till omborrning av cylindrarna och tillhandahålla lämpliga ersättningskolvar som passar.

12 Om loppen är i någorlunda gott skick och inte överdrivet slitna kanske det räcker med att byta ut kolvringarna.

13 Om så är fallet bör loppen slipas för att de nya ringarna ska sätta sig korrekt, så att man får bästa möjliga tätning. Detta kan man utföra själv eller överlåta till en motorrenoveringsspecialist.

14 När all maskinslipning/borrning är klar måste hela blocket/vevhuset tvättas mycket noga med varmt tvålvatten, så att alla spår av slipdamm tas bort. När motorblocket/vevhuset är helt rent, skölj det noga och torka det. Smörj sedan in alla exponerade maskinbehandlade ytor lätt med olja för att förebygga rost.

15 Montera tillbaka kolvavkylningsmunstyckena på cylinderloppens bas och dra åt fästbultarna till angivet moment.

16 Sätt dit en ny tätningsbricka på kolvens kyloljeventil, eller applicera gängtätningsmedel på ventilgängorna (efter tillämplighet). Sätt sedan tillbaka ventilen och dra åt den till angivet moment.

10 Ram- och vevstakslager – inspektion och urval

Kontroll

1 Även om ram- och vevstakslagerkåporna bör bytas vid en motorrenovering, bör de gamla kåporna behållas för noggrann undersökning, eftersom de kan ge värdefull information om motorns skick.

2 Lagerhaveri uppstår på grund av otillräcklig smörjning, förekomst av smuts eller andra främmande partiklar, överbelastning av motorn och korrosion **(se bild)**. Oavsett vilken orsaken är måste den åtgärdas (om det går) innan motorn sätts ihop, för att förhindra att lagerhaveriet inträffar igen.

3 När lagerkåporna undersöks, demontera dem från motorblocket/vevhuset och ramlageröverfallen, samt från vevstakarna och vevstaksöverfallen. Lägg dem sedan på en ren yta i ungefär samma position som deras plats i motorn. Därigenom kan man se vilken vevaxeltapp som orsakat lagerproblemen. Vidrör inte lagerskålarnas känsliga ytor med fingrarna under kontrollen, då kan de repas.

4 Smuts och andra främmande partiklar kan komma in i motorn på flera olika sätt. Smuts kan t.ex. finnas kvar i motorn från ihopsättningen, eller komma in genom filter eller vevhusventilationssystemet. Det kan hamna i oljan, och därmed tränga in i lagren. Metallspån från slipning och normalt slitage förekommer ofta. Slipmedel finns ibland kvar i motorn efter en renovering, speciellt om delarna inte rengjorts noga på rätt sätt.

5 Oavsett var de kommer ifrån hamnar främmande föremål ofta som inbäddningar i lagermaterialet och är där lätta att känna igen. Stora partiklar kommer inte att bäddas in helt i materialet, utan kommer att repa skålen och axeltappen. Det bästa sättet att förebygga den här orsaken till lagerhaveri är att rengöra alla delar noggrant och att hålla allting skinande rent vid återmonteringen av motorn. Täta och regelbundna oljebyten är också att rekommendera.

6 Brist på smörjning (eller avbrott i smörjning) har ett antal sammanhörande orsaker. Överhettning (som tunnar ut oljan), överbelastning (som tränger undan olja från lagerytan) och oljeläckage (på grund av för stora lagerspel, sliten oljepump eller höga motorvarv) kan orsaka problemet. Även igensatta oljekanaler, som vanligen beror på felinpassade oljehål i en lagerskål, stryper oljetillförseln till ett lager och förstör det.

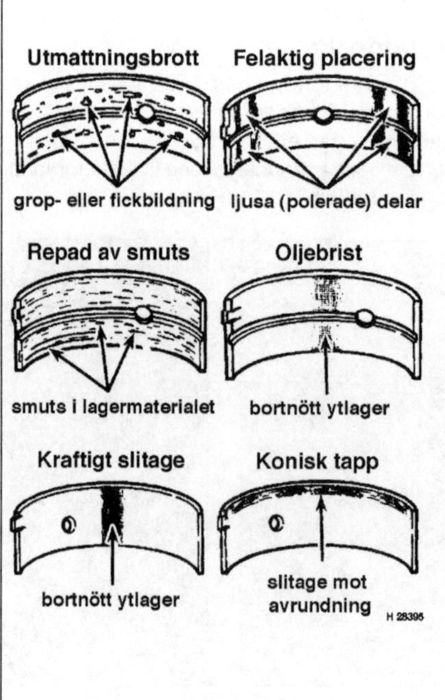

10.2 Typiska lagerskador

7 I de fall brist på smörjning orsakar lagerhaveri kletas lagermaterialet ut från kåpans stödplatta. Temperaturen kan stiga så mycket att stålplattan blir blå av överhettning.

8 Körsättet kan påverka lagrens livslängd betydligt. Full gas från låga varv (segdragning) belastar lagren mycket hårt och tenderar att pressa ut oljefilmen. Dessa belastningar kan få lagerskålarna att vika sig, vilket leder till fina sprickor i lagerytorna (utmattningsfel). Till sist kommer lagermaterialet att gå i bitar och slitas bort från stålplattan.

9 Korta körsträckor leder till korrosion i lagren därför att det inte alstras nog med värme i motorn för att driva ut kondensvatten och frätande gaser. Dessa produkter samlas istället i motoroljan och bildar syra och slam. När oljan sedan leds till motorlagren angriper syran lagermaterialet.

10 Felaktig återmontering av kåporna vid hopsättning leder också till haveri. Tätt sittande lagerskålar lämnar för små lagerspel och resulterar i strypt oljetillförsel. Smuts eller främmande partiklar som fastnat bakom en lagerskål kan resultera i högre punkter på lagret, som i sin tur leder till haveri.

11 Vidrör inte skålens lageryta med fingrarna. det finns risk att du repar den känsliga ytan, eller lämnar smutspartiklar på den.

Val av lager

12 Låt en motorrenoveringsspecialist mäta och undersöka vevaxeln. Specialisten kan tillhandahålla lämpliga lagerskålar.

11 Översynsdata för motorn – ordningsföljd vid ihopsättning

1 Innan hopsättningen påbörjas, kontrollera att alla nya delar har anskaffats och att alla nödvändiga verktyg finns till hands. Läs igenom hela arbetsbeskrivningen och kontrollera att allt som behövs verkligen finns tillgängligt. Utöver alla vanliga verktyg och material, behövs gängfästmassa på de flesta områden under ihopsättningen av motorn. En tub med Volvos flytande packning och en korthårig roller krävs också vid ihopsättningen av motordelarna.

2 För att spara tid och undvika problem rekommenderas att ihopsättningen av motorn sker i följande ordningsföljd:

a) Vevaxel.
b) Mellandel.
c) Kolvar/vevstakar.
d) Sump.
e) Oljepump.
f) Svänghjul/drivplatta.
g) Topplock.
h) Kamaxel och ventillyftare.
i) Kamrem, spännare, drev och tomgångsöverföring.
j) Motorns externa komponenter.

3 På det här stadiet ska alla motorns

komponenter vara helt rena och torra och alla fel reparerade. Komponenterna ska läggas ut (eller finnas i individuella behållare) på en fullständigt ren arbetsyta.

12 Vevaxel – återmontering

1 Återmonteringen av vevaxeln är det första steget vid ihopsättningen av motorn efter renovering. Här förutsätts att motorblocket/vevhuset och vevaxeln har rengjorts, kontrollerats och reparerats eller renoverats efter behov och att kolvavkylningsmunstycken och ventilen monterats tillbaka. Placera motorblocket på en ren, plan arbetsyta, med vevhuset uppåt.

2 Om de fortfarande är på plats, ta bort de gamla lagerkåporna från motorblocket och mellandelen.

3 Torka rent ramlageröverfallens säten i vevhuset och rengör de nya lagerkåpornas baksidor. Sätt i de tidigare utvalda övre kåporna på rätt plats i vevhuset. Observera att skålar med tryckbrickor måste monteras på lagerposition nr 5. Tryck kåporna på plats så att flikarna hakar i motsvarande urholkningar. Observera att den tjockare av de båda skålarna måste monteras på mellandelen.

4 Smörj lagerkåporna i vevhuset rikligt med ren motorolja.

5 Torka rent vevaxeltapparna och sänk vevaxeln på plats. Se till att kåporna inte rubbas.

6 Spruta in olja i vevaxelns smörjkanaler, och torka sedan bort alla spår av överflödig olja från vevaxeln och mellandelens fogytor.

7 Med en korthårig roller, applicera ett jämnt lager av Volvos flytande packning (Nr 11 61 059) på motorblockets fogyta på mellandelen. Se till att hela ytan täcks, men observera att det räcker med ett tunt lager för att få en bra tätning.

8 Torka rent ramlageröverfallens säten i mellandelen och rengör lagerkåpornas baksidor. Sätt i de tidigare utvalda nedre kåporna på rätt plats i mellandelen. Tryck kåporna på plats så att flikarna hakar i motsvarande urholkningar.

9 Smörj lagerkåporna i mellandelen lätt, och se till att det inte kommer olja på den flytande packningen.

10 Lägg mellandelen på vevaxeln och motorblocket och sätt i fästbultarna. Dra åt bultarna i de fem steg som listas i *Specifikationer* till angivet moment och momentvinkel och börja utifrån i **(se bild)**.

11 Vrid runt vevaxeln. Ett visst motstånd är att vänta med nya delar, men det får inte finnas några uttalade tröga ställen eller stopp.

12 På det här stadiet är det en bra idé att ännu en gång kontrollera vevaxelns axialspel enligt beskrivningen i avsnitt 8. Om tryckytorna på vevaxeln har kontrollerats och nya lagerskålar har monterats ska axialspelet ligga inom de angivna värdena.

13 Smörj oljetätningens plats, vevaxeln och en ny oljetätning. Montera tätningen med läpparna inåt och använd en bit rör (eller den gamla tätningen, ut- och invänd) och knacka den på plats tills den är i nivå.

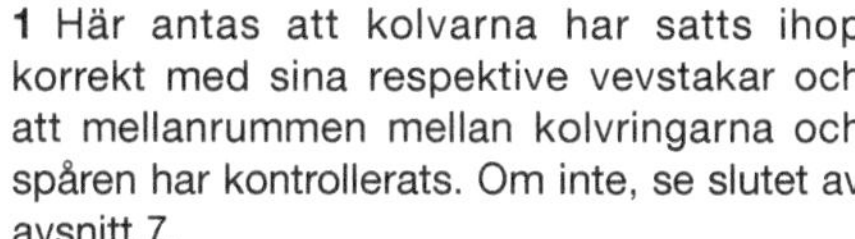

13 Kolvar och kolvringar – hopsättning

1 Här antas att kolvarna har satts ihop korrekt med sina respektive vevstakar och att mellanrummen mellan kolvringarna och spåren har kontrollerats. Om inte, se slutet av avsnitt 7.

2 Innan ringarna kan monteras på kolvarna måste ändgapen kontrolleras med ringarna insatta i cylinderloppen.

3 Lägg ut kolvarna och de nya ringarna så att delarna hålls ihop i grupper under och efter kontrollen av ändgapen. Lägg motorblocket på sidan på arbetsytan, så att det går att komma åt loppens över- och undersidor.

4 Ta den övre ringen för kolv nr 1 och sätt i den längst upp i den första cylindern. Tryck ner den i loppet med hjälp av kolvtoppen. då hålls ringen garanterat vinkelrätt mot cylinderns väggar. Placera ringen nära cylinderloppets botten, vid den nedre gränsen för ringrörelsen. Observera att den övre ringen skiljer sig från den andra ringen. Den andra ringen känns enkelt igen på steget på dess nedre yta.

5 Mät ringgapet med ett bladmått.

6 Upprepa proceduren med ringen längst upp i cylinderloppet, vid övre gränsen för dess rörelse, och jämför värdena med dem i *Specifikationer*.

7 Om nya ringar används är det inte troligt att ändgapen kommer att vara för små. Om något mått visar sig vara för litet måste detta rättas till, annars finns det risk för att ringändarna kommer i kontakt med varandra när motorn går, vilket kan skada motorn. Helst ska nya kolvringar med korrekt ändgap monteras; Som en sista utväg kan ändgapen förstoras genom att ringändarna filas ner försiktigt med en fin fil. Fäst filen i ett skruvstäd med mjuka käftar, dra ringen över filen med ändarna i kontakt med filytan och rör ringen långsamt för att slipa ner materialet i ändarna. Var försiktig, eftersom kolvringarna är vassa och lätt går sönder.

8 Det är lika föga troligt att ändgapet är för stort. Om gapen ändå är för stora, kontrollera att det är rätt sorts ringar för motorn och den aktuella cylinderloppsstorleken.

9 Upprepa kontrollen av alla ringar i cylinder nr 1 och sedan av ringarna i de återstående cylindrarna. Kom ihåg att hålla ihop de ringar, kolvar och cylindrar som hör ihop.

10 När ringöppningarna har kontrollerats, och eventuellt justerats, kan de monteras på kolvarna.

11 Montera kolvringarna med samma teknik som användes vid demonteringen. Montera den nedersta skrapringen först, och fortsätt uppåt. På bensinmotorer är den nedre oljeringen en tredelad ring – montera den fjäderliknande expanderringen först och sedan de båda enkla ringarna på var sida. Observera texten på ena sidan av den övre och den nedre ringen. den måste vara vänd uppåt när

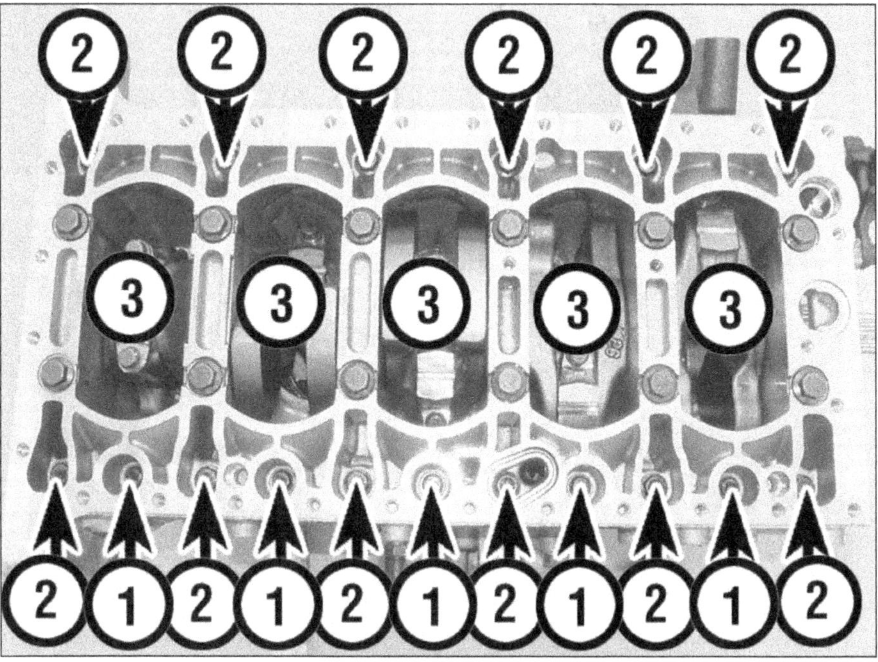

12.10 Mellandelens bultar

1 M7 2 M8 3 M10

ringarna monteras. Den mittersta ringen är avfasad, och avfasningen måste vara vänd nedåt när den installeras **(se bild)**. Tänj inte ut kompressionsringarna för långt, eftersom de kan gå av. **Observera:** *Följ alltid instruktionerna som medföljer de nya uppsättningarna med kolvringar – olika tillverkare kan ange olika tillvägagångssätt. Blanda inte ihop den övre och den andra kompressionsringen. De har olika tvärsnittsprofiler.*

12 När alla ringar sitter på plats ser du till att ringarna sitter med 120° mellanrum, med undantag för den tredelade oljeringen där de båda enkla ringarna ska vara placerade 90° ifrån varandra.

14 Kolvar och vevstakar – återmontering

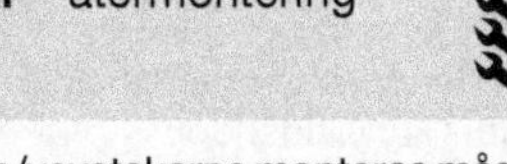

1 Innan kolvarna/vevstakarna monteras måste cylinderloppen vara helt rena och vevaxeln och mellandelen måste sitta på plats.

2 Ta bort vevstakslageröverfallet från vevstaken till cylinder nr 1 (se markeringarna som noterades eller gjordes vid demonteringen). Ta bort de ursprungliga lagerskålarna och torka ur lagerspåren i vevstaken och överfallet med en ren, luddfri trasa. De måste hållas absolut rena. Se till att det finns nya fästbultar för vevstaksöverfallen.

3 Rengör baksidan av den nya övre lagerkåpan. Montera den på vevstaken för cylinder nr 1 och montera sedan lagrets andra kåpa på vevstaksöverfallet. Observera att skålen med den svarta storleksmarkeringen på kanten måste monteras på vevstaken. På vevstakar och överfall som är ”spruckna” finns det ingen inpassningsskåra för lagerskålens flik. På dessa stakar/överfall placerar du helt enkelt skålarna så centralt som möjligt. Om det finns flikar och skåror, se till att fliken på varje skål passar in skåran på vevstakens eller överfallets fördjupning.

4 Placera kolvringsgapen i rätt position runt kolven. Smörj kolven och ringarna med ren motorolja och sätt på en kolvringskompressor på kolven. Låt manteln sticka ut något för att styra in kolven i cylinderloppet. Ringarna måste tryckas ihop tills de är helt i nivå med kolven.

5 Vrid runt vevaxeln tills vevlageraxeltappen för cylinder nr 1 ligger vid nedre dödpunkten. Applicera lite motorolja på cylinderväggarna.

6 Placera enheten kolv nr 1/vevstake så att pilen på kolvkronan pekar på motorns kamremssida (bensinmotorer), eller så att kanalen längst ner på kolven linjerar med kolvens kylmunstycke längst ner på cylinderloppet. För försiktigt in enheten i cylinderlopp nr 1 och låt kolvringskompressorns nedre kant vila mot motorblocket.

7 Knacka på ringkompressorns överkant för att vara säker på att den har kontakt med motorblocket hela vägen runt.

8 Knacka försiktigt ovanpå kolven med änden av ett hammarskaft i trä. Styr samtidigt på vevstakens vevlager på vevtappen. Kolvringarna kan ramla ur ringkompressorn precis innan de förs in i cylinderloppet, så behåll ett visst tryck på ringkompressorn. Arbeta långsamt och sluta omedelbart om du känner minsta motstånd när kolvarna går in i cylindern. Undersök vad det är som tar emot och rätta till det innan arbetet återupptas. Tvinga aldrig, in kolven i cylindern, eftersom en ring och/eller kolven kan skadas. Var noga med att inte skada kolvavkylningsmunstycken.

9 Se till att lagerytorna är helt rena. Applicera sedan ett jämnt lager ren motorolja på båda två. Det kan krävas att kolven trycks tillbaka upp i loppet något för att exponera kåpans lageryta i vevstaken.

10 Skjut tillbaka vevstaken på plats på vevlageraxeltappen och montera tillbaka vevstaksöverfallet. Smörj bultgängorna, sätt i bultarna och dra åt dem i två steg till angivet moment.

11 Upprepa hela proceduren för resten av kolvarna/vevstakarna.

12 Det är viktigt att tänka på följande:

a) *Håll baksidorna av lagerskålarna och vevstakarnas och överfallens lagerfördjupningar fullständigt rena under ihopsättningen.*
b) *Se till att rätt kolv/vevstake används till varje cylinder.*
c) *Pilen på kolvkronan måste vara vänd mot kamaxelns drivremsände (bensinmotorer), eller också måste kanalen längst ner på kolven linjera med kolvens kylmunstycke.*
d) *Smörj cylinderloppen med ren motorolja.*
e) *Smörj lagerytorna innan vevstaksöverfallen monteras.*

13 När alla kolvar/vevstakar har monterats, vrid runt vevaxeln några varv för hand och känn efter om det tar emot någonstans.

Dieselmotorer

14 Om nya kolvar, vevstakar, eller kamaxlar monterats, eller om en ny kort motor installerats, måste utsticket för kolvkronorna från topplockets fogyta vid ÖD mätas för att

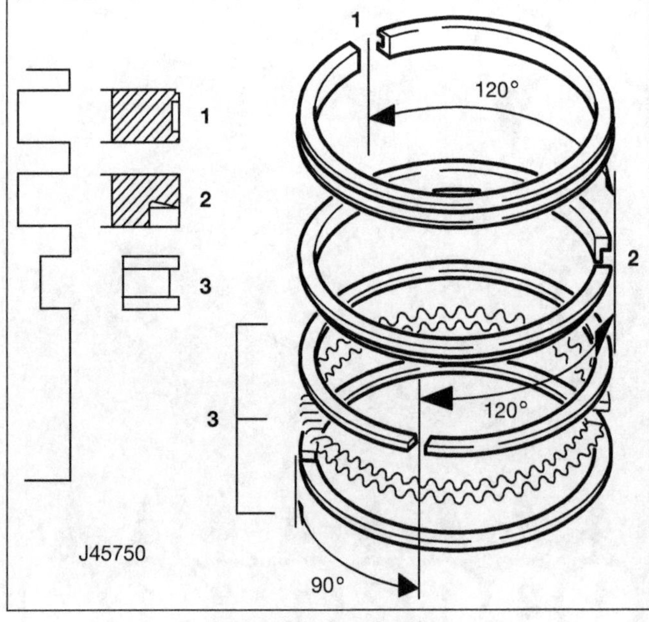

13.11a Kolvring, detaljer – bensinmodeller

1 Övre kompressionsring
2 Andra kompressionsring
3 Oljering

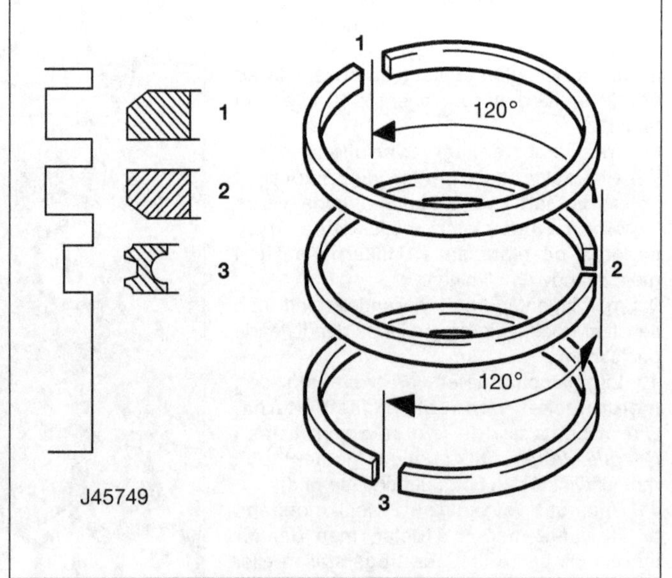

13.11b Kolvring, detaljer – dieselmodeller

1 Övre kompressionsring
2 Andra kompressionsring
3 Oljeavskraparring

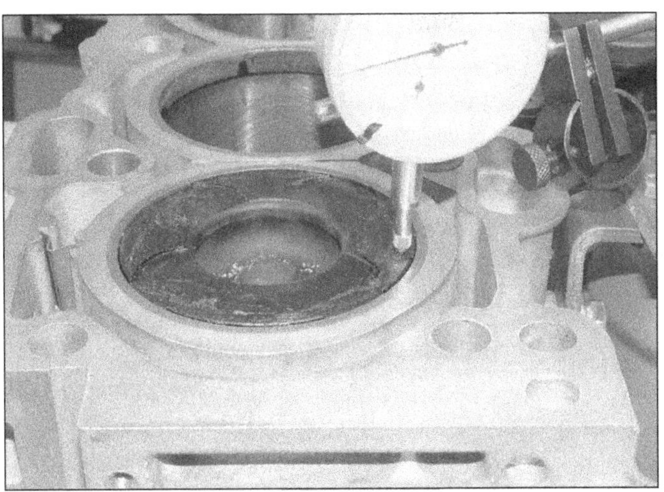

14.16 Mät kolvens utbuktning med en mätklocka

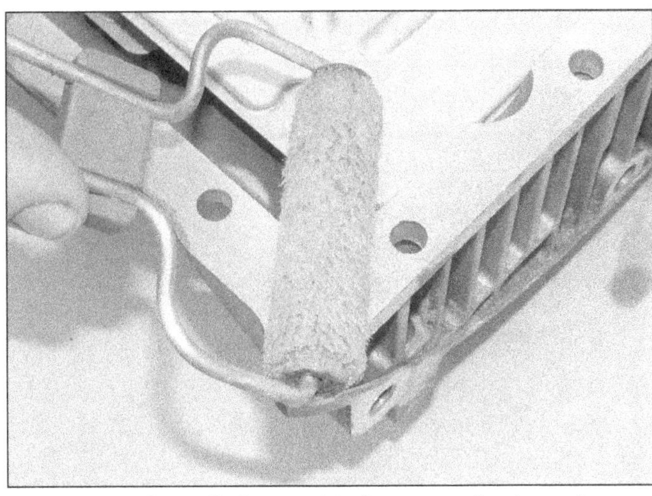

15.3 Applicera tätningsmedel på sumpens fogyta med en korthårig roller

avgöra vilken typ av topplockspackning som ska monteras.

15 Montera sumpen enligt beskrivningen i avsnitt 15.

16 Montera en mätklocka på motorblocket, och nollställ den på topplockets fogyta. Ställ sedan mätsonden på kronan till kolv nr 1 och vrid sakta vevaxeln för hand tills kolven når ÖD (övre dödpunkt). Mät och notera det maximala kolvutsticket vid ÖD **(se bild)**.

17 Upprepa mätningen för återstående kolvar och notera värdena.

18 Om måtten skiljer sig mellan kolvarna, använd det högsta värdet för att bestämma vilken topplockspackning som ska användas. Se *Specifikationer* för närmare information.

15 Sump – återmontering

1 Sätt på en ny O-ring på oljeupptagarröret och sätt röret på plats. Dra åt fästbygelns fästbult till angivet moment (där sådant angetts).

2 Torka bort all olja från sumpens och mellandelens fogytor och sätt på nya O-ringar i urholkningarna i mellandelen.

3 Applicera ett jämnt lager av Volvos flytande packning på sumpens fogyta med hjälp av den korthåriga rollern **(se bild)**. Se till att hela ytan täcks, men observera att det räcker med ett tunt lager för att få en bra tätning.

4 Sätt sumpen på plats. Sätt sedan i fyra av fästbultarna och dra åt dem med fingrarna.

5 Kontrollera att sumpens och motorblockets bakkanter är raka med en stållinjal. Dra sedan åt de fyra bultarna precis så mycket som behövs för att hålla sumpen på plats.

6 Sätt tillbaka de resterande bultarna och momentdra dem parvis till angivet moment (börja från växellådsänden).

7 Avsluta med att montera tillbaka oljekylaren till baksidan av sumpen och dra åt fästbultarna ordentligt, om det är tillämpligt. Kontrollera även att kylvätskeslangarna är oskadda och att slangklämmorna sitter ordentligt.

16 Motor – första start efter renovering och ihopsättning

1 Sätt tillbaka resten av motorkomponenterna i den ordning som anges i avsnitt 11, enligt beskrivningen i de relevanta avsnitten i denna del av kapitel 2, och del A eller B. Montera tillbaka motorn och växellådan i bilen enligt beskrivningen i avsnitt 3 i detta kapitel. Kontrollera motoroljenivån och kylvätskenivån igen, samt att alla komponenter har återanslutits. Se till att inga verktyg eller trasor glömts kvar i motorrummet.

2 Demontera tändstiften och avaktivera tändningssystemet genom att koppla loss kamaxelgivarens kablage vid skarvdonet. Koppla loss bränsleinsprutarens kontaktdon för att förhindra att bränsle sprutas in i cylindrarna.

3 Vrid runt motorn med startmotorn tills oljetryckslampan slocknar. Om lampan inte slocknar efter flera sekunders vevande, kontrollera motoroljenivån och att oljefiltret sitter ordentligt. Om dessa ser ut som de ska, kontrollera oljetrycksgivarens kablage och fortsätt inte förrän oljan garanterat pumpas runt motorn med tillräckligt tryck.

4 Montera tillbaka tändstiften och tändningskablaget (tändkablar, eller tändspolar och kablage). Återanslut sedan kamaxelgivarens och bränsleinsprutarens kontaktdon.

5 Starta motorn. Tänk på att detta kan ta lite längre tid än normalt eftersom bränslesystemets komponenter är tomma.

6 Låt motorn gå på tomgång. Leta efter bränsle-, kylvätske- och oljeläckage. Bli inte orolig om det luktar konstigt eller ryker från delar som blir varma och bränner bort oljeavlagringar. Observera även att motorn kan låta lite mer än vanligt tills ventillyftarna fylls med olja.

7 Låt motorn gå på tomgång tills det känns att varmt vatten cirkulerar igenom den övre slangen. Kontrollera att den går jämnt och vid normal hastighet och stäng sedan av den.

8 Kontrollera olje- och kylvätskenivåerna igen efter några minuter, och fyll på om det behövs (se i relevant del av kapitel 1).

9 Om nya komponenter som kolvar, kolvringar eller vevaxellager har monterats måste motorn köras in de första 800 km. Kör inte motorn på full gas och låt den inte segdra på någon växel under denna period. Vi rekommenderar att oljan och oljefiltret byts efter denna period.

Kapitel 3
Kyl-, värme- och luftkonditioneringssystem

Innehåll

Svårighetsgrader

Enkelt, passer novisen med lite erfarenhet	**Ganska enkelt,** passar nybörjaren med viss erfarenhet	**Ganska svårt,** passer kompetent hemmamekaniker	**Svårt,** passer hemmamekaniker med erfarenhet	**Mycket svårt,** för professionell mekaniker

Specifikationer

Allmänt

Systemtyp	Termostatkontrollerat system med vattenbaserad kylvätska och pumpassisterad cirkulation

Termostat

Öppningen börjar vid	90 °C
Helt öppen vid	105°C

Temperaturgivare för kylvätska:

Resistans vid (alla värden är ungefärliga):	
-20°C	15 040 ohm
0°C	5740 ohm
10°C	3700 ohm
20°C	2450 ohm
30°C	1660 ohm
40°C	1150 ohm
50°C	811 ohm
60°C	584 ohm
70°C	428 ohm
80°C	318 ohm

Åtdragningsmoment

	Nm
Extra värmarens glödstift	15
Kompressorns fästbultar	24
Kylvätskepumpens bultar	17
Temperaturgivare för kylvätska*	22
Expansionsventilens skruvar	10
Kryssrambalkens främre fästbult*:	
Steg 1	105
Steg 2	Vinkeldra ytterligare 120°
Termostathus:	
Bensinmotorer	Uppgift saknas
Dieselmodeller	17

** Återanvänds inte*

1 Allmän information och föreskrifter

Allmän information

Kylsystemet är ett trycksatt halvtätt system, med ett expansionskärl som tar emot kylvätska som kommer ut ur systemet när det är varmt och leder tillbaka den när systemet svalnar.

Vattenbaserad kylvätska cirkuleras runt motorblocket och topplocket av kylvätskepumpen, som drivs av motorns kamrem. När kylvätskan cirkulerar runt motorn absorberar den värme, och rinner sedan ut i kylaren. När kylvätskan rinner igenom kylaren, kyls den ner av luftflödet som skapas av bilens framåtfart, och återvänder sedan till motorblocket. Luftflödet genom kylaren förstärks av en elfläkt med två hastigheter, som styrs av motorstyrningssystemets styrenhet.

Det finns en termostat som styr kylvätskeflödet genom kylaren. När motorn är kall är termostatventilen stängd, så att det normala kylvätskeflödet genom kylaren bryts.

När kylvätskan blir varmare börjar termostatventilen att öppnas så att kylvätskeflödet genom kylaren kommer igång.

Motortemperaturen kommer alltid att hållas konstant (enligt termostaten) oberoende av lufttemperaturen.

De flesta modeller utan turbo har en oljekylare monterad på baksidan av sumpen. Denna är i stort sett en värmeväxlare med kylvätsketillförsel, som leder bort värme från oljan i sumpen.

Bilens interna värmeenhet tar värme från motorkylsystemets kylvätska. Kylvätskeflödet genom värmepaketet är konstant, temperaturen styrs genom att kalluft från utsidan blandas med varmluften från värmepaketet i önskade proportioner.

Luften som kommer in i passagerarutrymmet filtreras genom ett pappersfilter som ibland kallas pollenfilter. Istället för pollenfilter kan man använda ett multifilter, ett kolimpregnerat filter som absorberar inkommande lukter, m.m. I detta system övervakar en luftreningssensor kvaliteten hos den inkommande luften och öppnar och stänger återcirkuleringsklaffarna efter behov.

Standardklimatanläggningen (luftkonditioneringen) beskrivs i detalj i avsnitt 9.

Som alternativ finns ytterligare elektriska och bränsledrivna kupé- och motorblocksvärmare. Dessa kan fjärrstyras eller programmeras så att de körs under en lämplig tid innan bilen ska användas.

Föreskrifter

Varning: Försök inte ta bort expansionskärlets påfyllningslock eller på annat sätt göra ingrepp i kylsystemet medan motorn är varm. Risken för allvarliga brännskador är mycket stor. Om expansionskärlets påfyllningslock måste tas bort innan motorn och kylaren har svalnat helt (trots att detta är mot rekommendationerna) måste trycket i kylsystemet först utjämnas. Täck locket med ett tjockt lager tyg för att hindra skållning. Skruva sedan långsamt upp påfyllningslocket tills ett svagt väsande hörs. När pysljudet har tystnat, vilket innebär att trycket har lättat, skruva sakta loss påfyllningslocket tills det går att ta loss. hörs fler pysljud väntar du tills de slutat innan du lyfter bort locket. Håll dig alltid på avstånd från öppningen.

Varning: Låt inte frostskyddsmedel komma i kontakt med huden eller lackerade ytor på bilen. Spola omedelbart bort eventuellt spill med stora mängder vatten. Lämna aldrig frostskyddsmedel stående i en öppen behållare eller i en pöl på marken eller garagegolvet. Barn och husdjur lockas av den söta lukten, men frostskyddsvätska är dödligt giftigt att förtära.

Varning: Se även föreskrifterna för arbete på modeller med luftkonditionering i avsnitt 9.

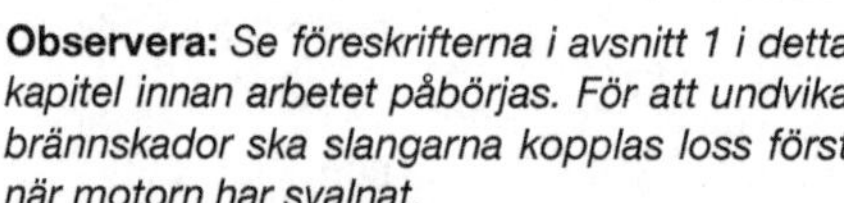

2 Kylsystemets slangar – ifrånkoppling och byte

Observera: *Se föreskrifterna i avsnitt 1 i detta kapitel innan arbetet påbörjas. För att undvika brännskador ska slangarna kopplas loss först när motorn har svalnat.*

1 Om de kontroller som beskrivs i kapitel 1A eller 1B avslöjar en defekt slang, måste den bytas enligt följande.

2 Tappa först ur kylsystemet (se kapitel 1A eller 1B); Om det inte är dags att byta frostskyddsmedel kan den återanvändas förutsatt att den samlas upp i en ren behållare.

3 Ska en slang kopplas loss, lossa fjäderklämmorna med en tång (eller skruvmejsel om det är skruvklämmor), och skjut bort dem från anslutningen längs slangen **(se bild)**. Dra försiktigt bort slangen från anslutningen. Det är relativt enkelt att ta bort slangarna när de är nya, men på en äldre bil kan de ha fastnat.

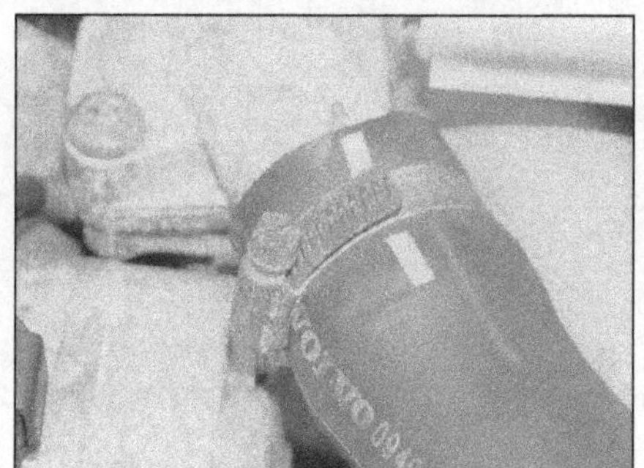

2.3 Lossa skruvklämmorna med en skruvmejsel

4 Om en slang är svår att få bort kan det hjälpa att vrida den för att lossa den innan den tas bort. Bänd försiktigt bort slangänden med ett trubbigt verktyg (t.ex. en bredbladig skruvmejsel), men ta inte i för hårt och var noga med att inte skada röranslutningar eller slangar. Observera särskilt att kylarslangsanslutningarna är ömtåliga, använd inte onödigt mycket kraft när du ska ta bort slangarna.

Skär upp slangen med en vass kniv om ingenting annat hjälper. Slitsa den sedan så att den kan skalas av i två delar. Detta kan verka dyrbart om slangen i övrigt är felfri, men det är mycket billigare än att tvingas köpa en ny kylare.

5 När en slang ska monteras, trä först på slangklämmorna på slangen och sätt sedan slangen på plats på anslutningen. När slangen är på plats, kontrollera att slangen sitter korrekt och är rätt dragen. För klämman längs slangen tills den sitter bakom anslutningens trattformade ände och dra åt den ordentligt.

Om slangen är stel kan lite tvålvatten användas som smörjmedel, eller så kan slangen mjukas upp med ett bad i varmvatten. Använd inte olja eller smörjfett, det kan angripa gummit.

6 Fyll på systemet med kylvätska (kapitel 1A eller 1B).

7 Kontrollera alltid kylsystemet noga efter läckor så snart som möjligt efter att någon del av systemet rubbats.

3 Frostskyddsvätska – allmän information

Observera: *Se föreskrifterna i avsnitt 1 i detta kapitel innan arbetet påbörjas.*

1 Kylsystemet ska fyllas med Volvos frostskyddsmedel i förhållandet 50/50 med rent vatten. Vid denna koncentration är kylvätskan frostskyddad ner till -35°C. Frostskyddsvätska skyddar även mot korrosion och ökar kylvätskans kokpunkt. Eftersom motorn består av enbart aluminium, är frostskyddsvätskans korrosionsskyddande egenskaper avgörande. Endast Volvos frostskyddsvätska bör användas i systemet. Den bör aldrig blandas med andra typer av frostskyddsvätska.

2 Kylsystemet ska underhållas i enlighet med schemat som beskrivs i kapitel 1A eller 1B. Om en frostskyddsvätska som inte uppfyller

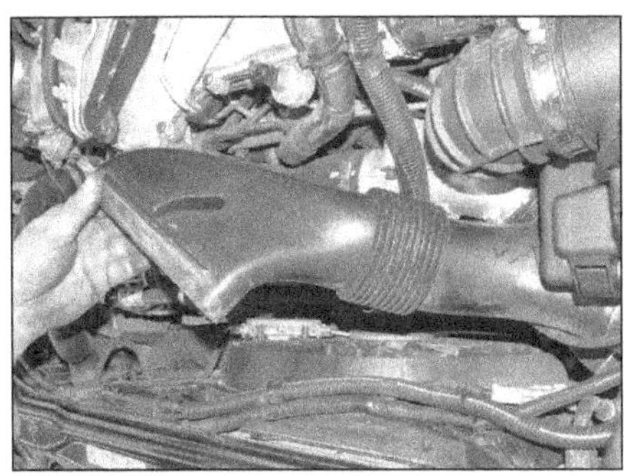

4.1a Vrid upp och ta bort luftintagsröret – tidiga modeller

4.1b Tryck in centrumsprinten, bänd ut plastniten (se pil) och dra ut insugsklaffen - nyare modeller

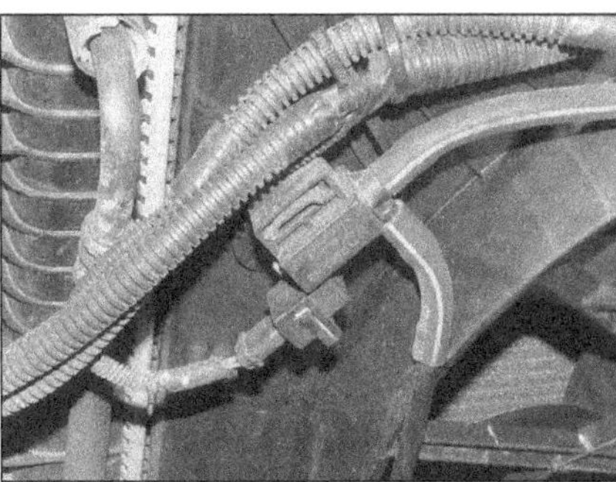

4.2 Koppla loss kolfiltrets avluftningsventil från fläktskyddet - enbart bensinmodeller

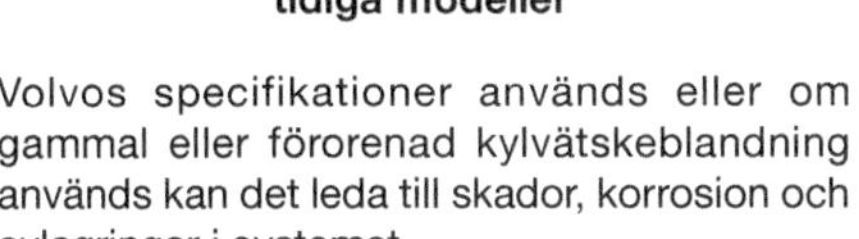

Volvos specifikationer används eller om gammal eller förorenad kylvätskeblandning används kan det leda till skador, korrosion och avlagringar i systemet.

3 Innan frostskyddsvätska fylls på, kontrollera alla slangar och slanganslutningar, eftersom frostskyddsvätska kan läcka ut genom mycket små hål. Motorer förbrukar normalt inte kylvätska, så om nivån sjunker ska orsaken sökas upp och åtgärdas.

4 Angiven blandning är 50 % frostskyddsvätska och 50 % rent, mjukt vatten (efter volym). Blanda till den mängd som behövs i en ren behållare och fyll sedan på systemet enligt beskrivningen i kapitel 1A eller 1B och *Veckokontroller*. Spara eventuellt överflöd till efterpåfyllning.

4 Kylarfläkt – demontering och montering

Demontering

1 Koppla loss luftintagsröret från anslutningen ovanför kylaren genom att vrida röret uppåt **(se bilder)**.

2 På bensinmodeller, koppla loss kolfiltrets avluftningsventil från kylarkåpan **(se bild)**.

3 På motorer med turbo, lossa klämmorna och ta bort laddluftröret/slangen på höger sida. Vid kallt väder, använd en varmluftspistol för att mjuka upp röret/slangen innan du tar loss den.

4 Koppla loss laddtryckgivaren från framsidan (gäller bara bensinmodeller med turbo).

5 På alla modeller, lossa kabelhärvorna från

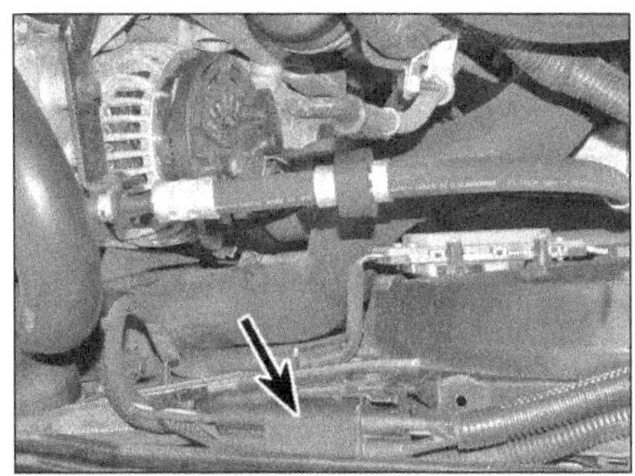

4.7a Koppla loss kylfläktens anslutningskontakt (markerad med pil) – tidigare modeller. . .

överdelen och höger sida av fläktskyddet.

6 Lyft av kylvätskans expansionsslang från klämmorna ovanpå fläktskyddet.

7 Koppla bort fläktmotorns anslutningskontakter **(se bild)**.

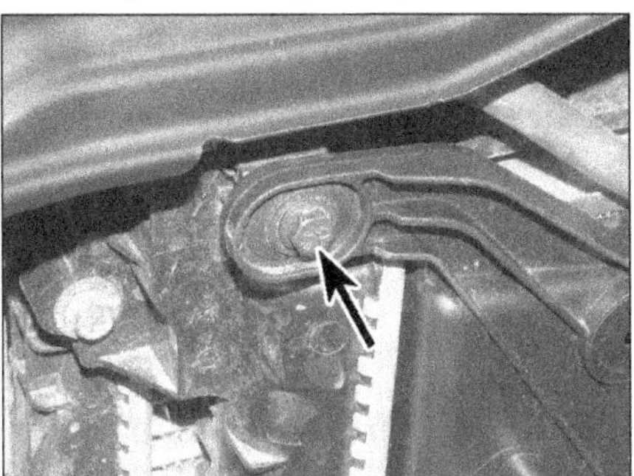

4.8a Skruva loss bultarna på vardera sidan om kylfläktens kåpa (se pil). . .

4.7b . . . och senare modeller (markerad med pil)

8 Skruva loss fläktskyddets fästskruvar och lyft bort kåp-/fläktenheten **(se bilder)**.

9 Lossa kabeln och kontaktdonet från kåpan, skruva sedan loss skruvarna och ta bort fläktmotorn och styrenheten **(se bilder)**.

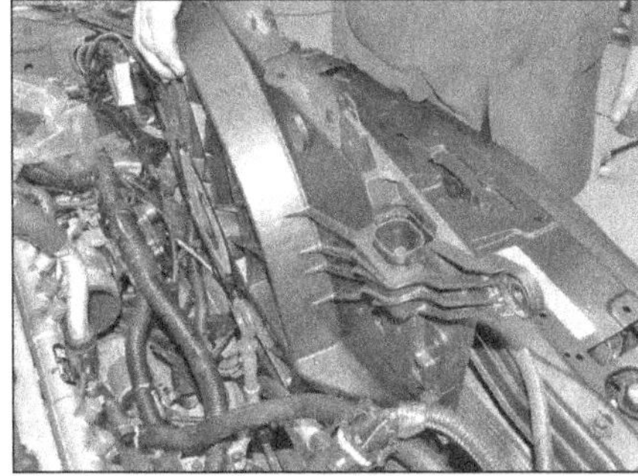

4.8b . . . och lyft av kylfläkt och fläktkåpa

4.9a Fläktmotor . . .

4.9b . . . och styrenhet – tidigare modeller

4.9c Fläktmotor och styrenhet – senare modeller

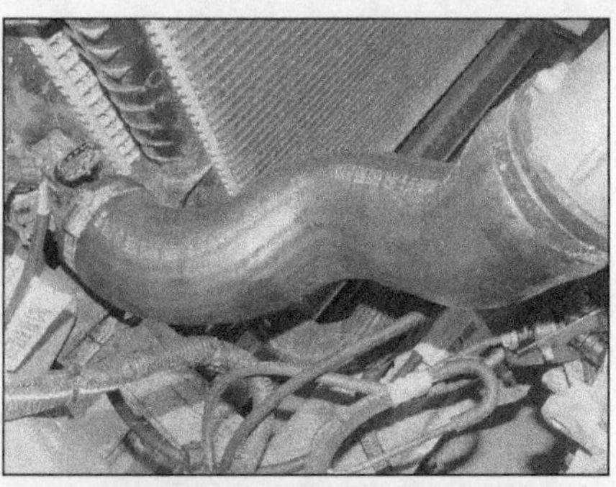

5.3 Lossa laddluftrören från laddluftkylaren (endast modeller med turbo)

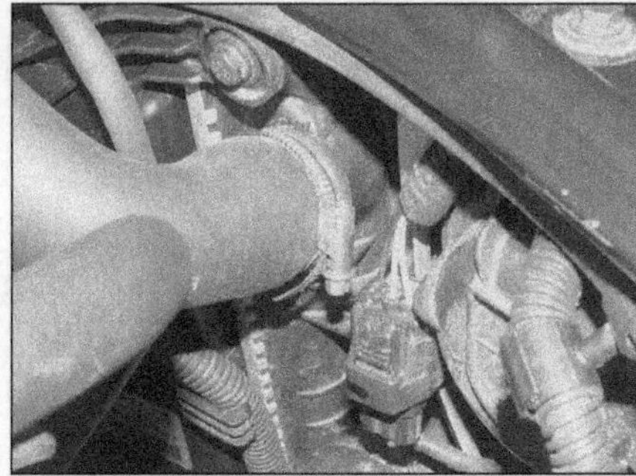

5.4a Koppla loss den övre slangen . . .

5.4b . . . och nedre slangen

5.5 Kylarens skruvar (markerad med pilar)

5.6a Skruva loss de övre bultarna på höger sida (markerad med pil) . . .

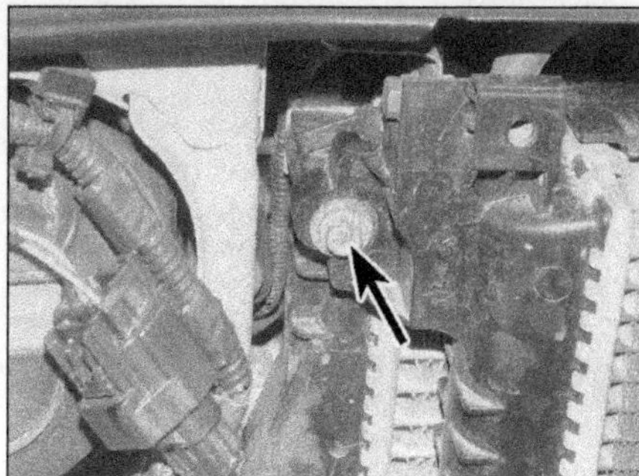

5.6b . . . och på vänster sida (markerad med pil)

Montering

10 Monteringen sker i omvänd ordningsföljd mot demonteringen. Linjera kåpan med hålen på kylarens sida.

5 Kylare – demontering och montering

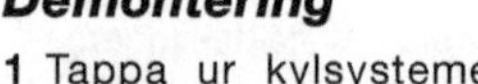

Om orsaken till att kylaren ska demonteras är läckage, tänk på att mindre läckor ofta kan tätas med kylartätningsmedel med kylaren på plats.

Demontering

1 Tappa ur kylsystemet (se kapitel 1A eller 1B).

2 Demontera kylarfläkten enligt beskrivningen i kapitel 4.

3 På motorer med turbo, lossa klämmorna och koppla loss laddluftröret från laddluftkylaren **(se bild)**.

4 På alla modeller, lossa klämmorna och koppla loss kylarens övre och nedre slangar **(se bilder)**.

5 Skruva loss skruvarna som håller fast kylaren vid motorhuvens stötpanel **(se bild)**.

6 Skruva loss kylarens två övre fästskruvar **(se bilder)**.

7 Arbeta under bilen och skruva loss bultarna, lossa klämmorna och ta bort luftkåpan under kylaren **(se bilder)**.

8 På modeller med automatväxellåda, koppla loss oljekylledningarna från kylarens vänstra sidotank. Var beredd på vätskespill **(se bild)**. Plugga igen eller täck över ledningarna för att hindra smuts från att tränga in.

9 Underifrån bilen, lossa anslutningskontakten från tryckbrytaren på ovansidan av luftkonditioneringens mottagare, lossa även kablaget från hållaren på höger sida om kylaren.

10 Fäst kondensorn vid bilens kaross med buntband (eller liknande).

11 Lossa de två fästskruvarna på kylarens nederkant **(se bilder)**.

12 Skruva loss skruven på vardera sidan

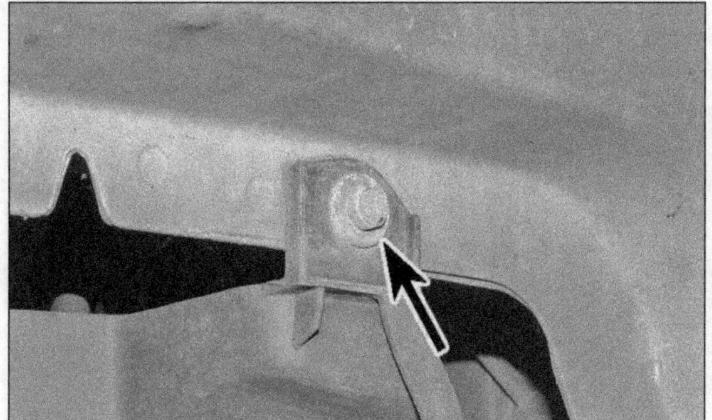

5.7a Arbeta genom hjulhuset och skruva loss bulten (se pil) som håller fast luftkåpan på vardera sidan (visas med stötfångaren demonterad) . . .

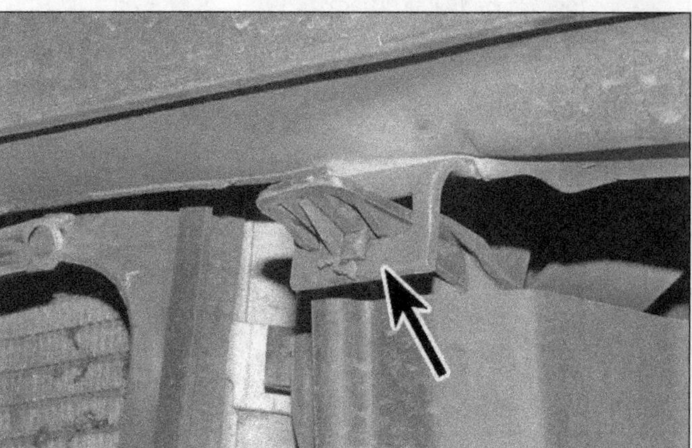

5.7b . . . sträck handen uppåt och lossa klämman (se pil) på vardera sidan om luftkåpans front

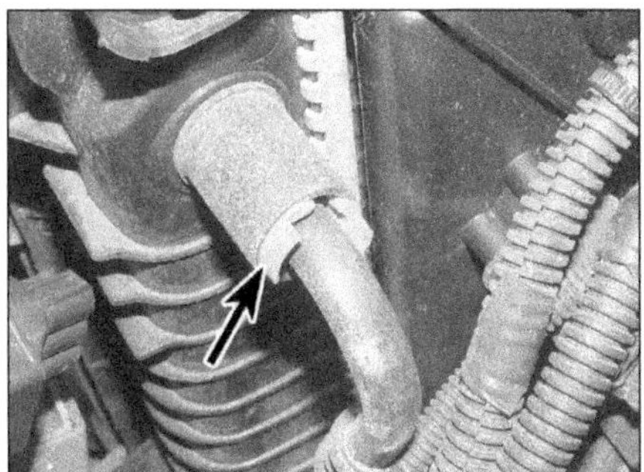

5.8 Bända ut stoppringen (markerad med pil) och koppla loss kylarröret

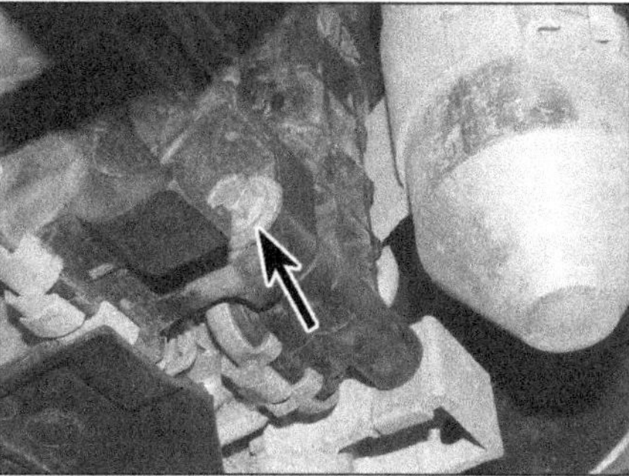

5.11a Skruva loss bulten (markerad med pil) nedre på höger sida . . .

5.11b . . . och på vänster sida (markerad med pil)

som håller fast kylaren och laddluftkylaren (om en sådan finns), och för kylaren (och laddluftkylaren om sådan finns) nedåt. Lossa klämman och lossa expansionskärlets slang medan kylaren tas bort **(se bild)**. **Observera:** *Om slangklämmorna är av klämtyp i metall, byt ut dem mot vanliga klämmor av skruvtyp.*

Montering

13 Monteringen sker i omvänd ordningsföljd mot demonteringen. Avsluta med att fylla på kylsystemet enligt beskrivningen i kapitel 1A eller 1B, och fylla på olja i automatväxellådan och motorn, om det är tillämpligt.

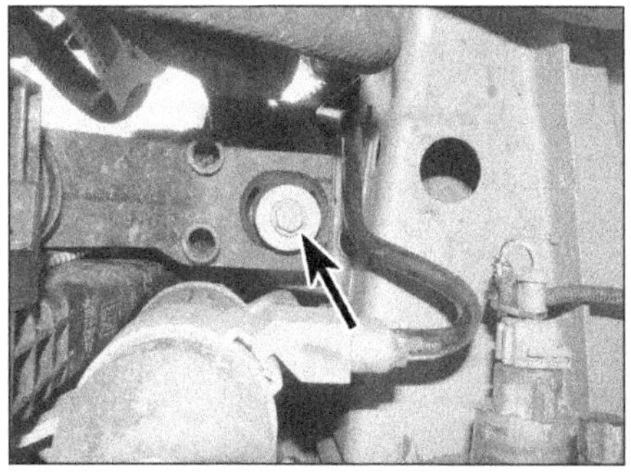

5.12a Skruva loss fästbulten (markerad med pil) på höger sida (visas underifrån) . . .

5.12b . . . och på vänster sida (markerad med pil)

6 Temperaturgivare för kylarvätskan – kontroll, demontering och montering

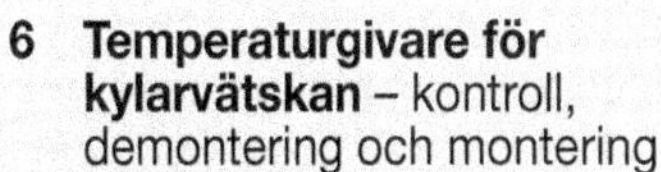

Kontroll

1 Temperaturgivaren för kylarvätskan sitter i termostathuset. Den förser både motorstyrningssystemet och instrumentbrädans temperaturmätare med värden på motortemperaturen.

2 Om det skulle bli något fel på givaren, eller om signalen försvinner p.g.a. dåliga elektriska anslutningar, lagras en felkod i motorstyrningssystemets styrenhet. Koden kan sedan läsas via diagnosuttaget i mittkonsolen (med en passande felkodsläsare).

3 Om en felkod lagras bör givarens kablage och kontaktdon kontrolleras noga. Ytterligare kontroll, utöver att testa med att byta mot en ny enhet, kräver speciell Volvo-utrustning och bör överlåtas åt en Volvo-verkstad eller specialist.

Demontering

4 Dränera kylsystemet delvis (se kapitel 1A eller 1B) till under givarens nivå (ungefär 2.0 liter).

Bensinmodeller upp till och inklusive årsmodell 2001

5 Skruva loss de två Torx-bultarna och lyft av termostathuskåpan.

6 Koppla loss kablaget från den intilliggande anslutningskontakten. Skruva sedan loss givaren från dess plats i termostathuset **(se bild)**. Om givaren har en tätning, kassera den – den måste bytas ut mot en ny.

Bensinmodeller från årsmodell 2002

7 Skruva loss klämmorna/skruvarna, ta bort den övre kamremskåpan och lossa givarens anslutningskontakt.

8 Ta bort givaren från termostathuset. Om givaren har en tätning, kassera den – den måste bytas ut mot en ny.

Dieselmodeller

9 Dra plastkåpan ovanpå motorn rakt uppåt och ta bort den från motorrummet.

10 Koppla loss anslutningskontakten, och skruva sedan loss givaren från huset **(se bild)**. Om givaren har en tätning, kassera den – den måste bytas ut mot en ny.

Montering

11 Skruva i den nya givaren med lite tätningsmedel på gängorna eller med

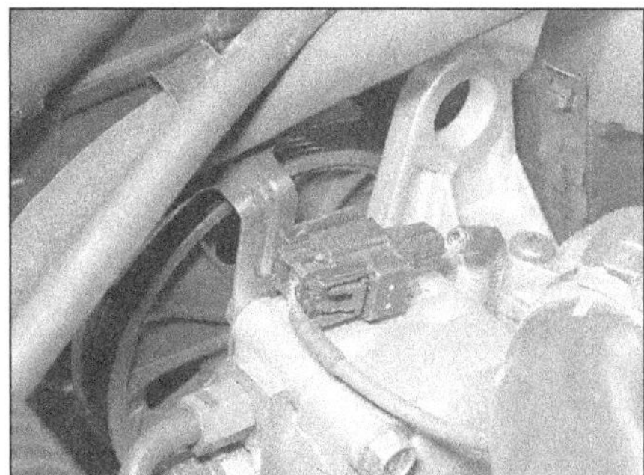

6.6a Koppla loss temperaturgivarens anslutningskontakt ovanför servostyrningspumpen

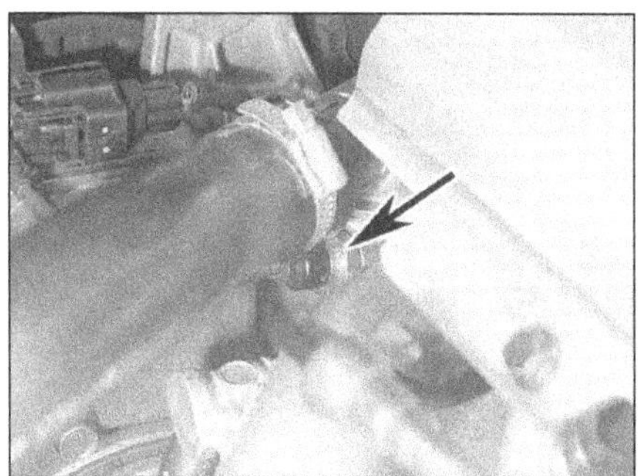

6.6b Temperaturgivare för kylvätskan (pil)

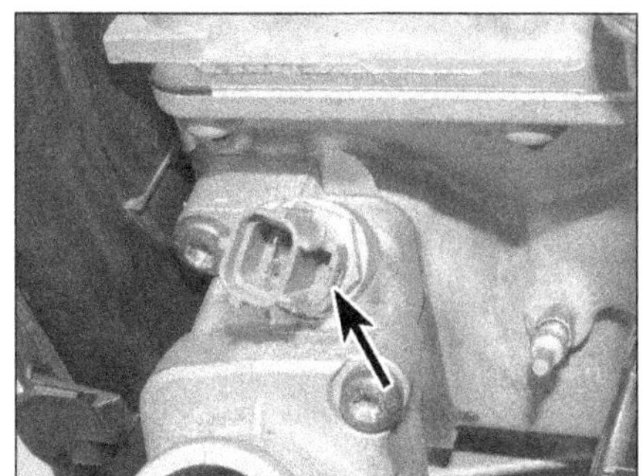

6.10 Skruva loss temperaturgivaren för kylvätska från huset (markerad med pil)

7.3a Skruva loss kylvätskepumpens bultar

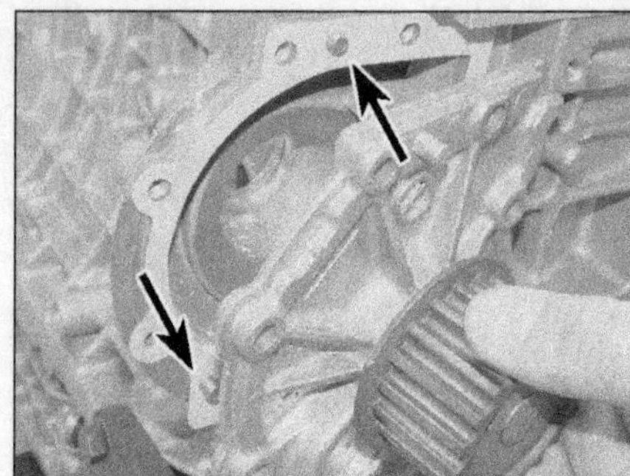

7.3b Observera styrstiften (markerad med pilar)

ny tätning efter tillämplighet. Återanslut kontaktdonet. Sätt tillbaka termostathuset, dra åt skruvarna ordentligt och återanslut kylarslangen eller sätt tillbaka kamremskåpan/ motorkåpan efter tillämplighet.

12 Fyll på kylvätska enligt beskrivningen i *Veckokontroller.*

7 Kylvätskepump – demontering och montering

Observera: *Se föreskrifterna i avsnitt 1 i detta kapitel innan arbetet påbörjas.*

Demontering

1 Dränera kylsystemet enligt beskrivningen i kapitel 1A eller 1B.

2 Se relevant del av kapitel 2 och ta bort kamremmen. För att det ska gå att komma åt bättre måste några av den bakre kamremskåpans hållare lossas.

3 Skruva loss bultarna och ta loss kylvätskepumpen från dess styrstift **(se bild)**. Utrymmet är mycket begränsat och tålamod krävs. Ta loss packningen när pumpen tagits bort.

4 Torka noggrant bort alla rester av gammal packning från pumpens och motorblockets fogytor.

Montering

5 Sätt pumpen på plats med en ny packning.

6 Applicera lite låsvätska, dra sedan åt bultarna stegvis och i diagonal ordningsföljd till angivet moment.

7 Montera tillbaka kamremmen enligt beskrivningen i kapitel 2, och fyll på kylvätske enligt beskrivningen i kapitel 1A eller 1B.

8 Termostat – demontering, kontroll och återmontering

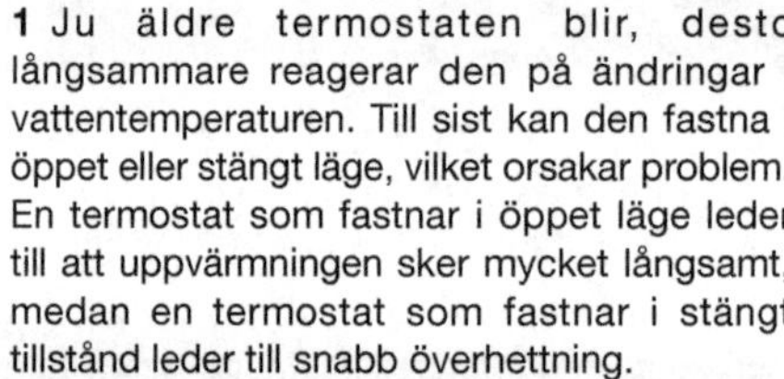

1 Ju äldre termostaten blir, desto långsammare reagerar den på ändringar i vattentemperaturen. Till sist kan den fastna i öppet eller stängt läge, vilket orsakar problem. En termostat som fastnar i öppet läge leder till att uppvärmningen sker mycket långsamt, medan en termostat som fastnar i stängt tillstånd leder till snabb överhettning.

2 Kontrollera kylvätskenivån innan termostaten utpekas som orsaken till ett problem med kylsystemet. Om systemet läcker, eller om det inte fyllts på ordentligt, kan det finnas en luftficka i systemet (se kapitel 1A eller 1B).

3 Om det tar onormalt lång tid för motorn att bli varm (baserat på värmepaketets utblås eller temperaturmätarens värde), har termostaten antagligen fastnat i öppet läge.

4 På liknande sätt kan en lång uppvärmningsperiod orsakas av att termostaten saknas. Den kanske har demonterats eller av misstag glömts bort av en tidigare ägare eller mekaniker. Kör inte bilen utan termostat. Motorstyrningssystemets styrenhet kommer då att stanna i uppvärmningsläge längre än nödvändigt med kraftiga avgaser och dålig bränsleekonomi som följd.

5 Om motorn överhettas, kontrollera temperaturen på kylarens övre slang med handen. Om slangen inte är varm, men motorn är det, har termostaten antagligen fastnat i stängt läge, vilket gör att kylvätskan inuti motorn inte kommer fram till kylaren. Byt termostaten. Detta problem kan dock även bero på en luftficka (se kapitel 1A eller 1B).

6 Om kylarens övre slang är varm betyder det att kylvätskan kommer fram och att termostaten är öppen. Se avsnittet *Feldiagnos* i slutet av den här handboken för hjälp med spårning av möjliga fel i kylsystemet.

7 Gör följande för att få en uppfattning om i fall termostaten fungerar som den ska när motorn värms upp, utan att demontera systemet.

8 Med motorn helt kall, starta motorn och låt den gå på tomgång. Kontrollera temperaturen på kylarens övre slang. Kontrollera temperaturen som anges av kylvätsketemperaturmätaren med jämna mellanrum och stäng av motorn omedelbart om överhettning indikeras.

9 Den översta slangen ska vara kall en stund medan motorn värms upp och ska sedan snabbt bli varm när termostaten öppnas.

10 Ovanstående är inte ett exakt eller definitivt test av termostatens funktion, men om systemet inte fungerar som beskrivits, demontera och testa termostaten enligt beskrivningen nedan.

Demontering

Observera: *Se föreskrifterna i avsnitt 1 i detta kapitel innan arbetet påbörjas.*

11 Motorn måste vara helt kall innan denna procedur påbörjas. Den måste ha varit avstängd under flera timmar, och helst ha stått över natten.

12 Dränera kylsystemet delvis (se kapitel 1A eller 1B) till under termostathusets nivå (ungefär 2.0 liter).

13 På dieselmodeller, dra motorkåpan av plast rakt uppåt och ta ut den ur motorrummet.

Modeller med "horisontell" termostat

14 Lossa kylarens övre slang och expansionskärlets slang från termostathuset.

15 Lossa klämmorna/skruva loss skruvarna och ta bort kamremmens toppkåpa.

16 Skruva loss de två bultarna som håller fast kåpan **(se bild)**.

17 Lyft av kåpan och ta bort termostaten och tätningsringen **(se bild)**.

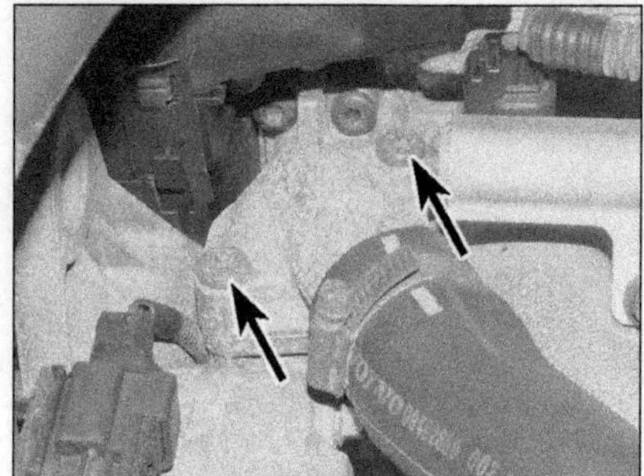

8.16 Termostatkåpans bultar (markerade med pilar – horisontell termostat)

8.17a Lyft av termostatkåpan . . .

8.17b . . . och ta bort termostaten

Modeller med "vertikal" termostat

18 Ta bort den övre kamremskåpan och koppla loss anslutningskontakten till motorns kylvätskegivare.

19 Demontera drivremmen enligt beskrivningen i kapitel 1A eller 1B.

20 Sätt en slangklämma på matarslangen för servostyrningsvätska och koppla sedan loss slangen från pumpen.

21 Skruva loss bultarna och flytta servostyrningspumpen åt sidan. Se kapitel 10.

22 Skruva loss bultarna och ta bort termostathuset **(se bild)**.

23 Skruva loss bultarna och ta bort termostatkåpan och sedan termostaten. Notera hur termostaten sitter placerad **(se bild)**. Kasta packningen.

Kontroll

Observera: *Byt ut termostaten om det föreligger minsta tvivel om dess funktion. Termostater är inte inte dyra. Kontrollen innefattar upphettning i eller ovanför en öppen kastrull med kokande vatten, vilket innebär risk för brännskador. En termostat som har använts i mer än fem år kan redan ha sett sina bästa dagar.*

24 Kontrollera temperaturmarkeringen som är stansad på termostaten och som antagligen är 90°C.

25 Använd en termometer och en behållare med vatten. Värm vattnet tills temperaturen motsvarar den angivna temperaturen på termostaten.

26 Häng (den stängda) termostaten på ett snöre i vattnet och kontrollera att den öppnats maximalt inom två minuter.

27 Ta bort termostaten och låt den svalna, kontrollera att den går att stänga helt.

28 Om termostaten inte öppnas och stängs enligt beskrivningen, eller om den fastnat i något läge, måste den bytas.

Montering

29 Sätt en ny tätningsring/packning på termostaten/kåpan, sätt tillbaka termostaten och kåpan och dra åt bultarna ordentligt.

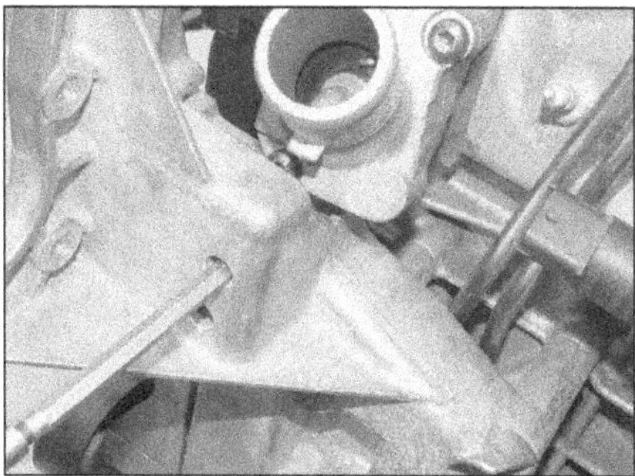

8.22 Termostatkåpans nedre bult kommer du åt genom ett hål i servostyrningspumpens fästbygel

30 Montera tillbaka termostathuset (om tillämpligt), och fäst med de två bultarna.

31 Resten av monteringen sker i omvänd ordningsföljd mot demonteringen. Fyll på kylsystemet enligt beskrivningen i kapitel 1A eller 1B.

9 Värme-, ventilations- och luftkonditioneringssystem – allmän information och föreskrifter

Manuell klimatanläggning

1 På modeller med ett manuell klimatanläggning kan värmeenheten vara monterad separat, eller tillsammans med en manuellt styrd luftkonditioneringsenhet.

2 Värmeenheten är av friskluftstyp. Luften tas in genom ett galler framför vindrutan och leds till de olika munstyckena, en del passerar genom värmepaketet där den värms upp av motorns kylvätska som flödar genom paketet.

3 Fördelningen av luft till ventilerna, och genom eller runt värmepaketet, styrs av klaffar. Dessa drivs av en elmotor. Separata, vajerstyrda temperaturreglage finns för föraren och framsätespassageraren.

4 En elektrisk fläkt med varierande hastighet driver luftflödet genom värmeenheten och ett pollen-/luftreningsfilter sitter monterat efter fläkten.

5 Om en manuell klimatanläggning med luftkonditionering är monterad, arbetar systemet tillsammans med värmeenheten för att ge en rimlig lufttemperatur inuti kupén. Den sänker även luftfuktigheten på den inkommande luften, vilket hjälper till med imborttagningen även om kylning inte krävs.

6 Luftkonditioneringssystemets kylningsdel fungerar på samma sätt som ett kylskåp. En kompressor som drivs av en rem från vevaxelns remskiva, drar kylmedium i gasform från en förångare. Kylmediet passerar en kondensator där det förlorar värme och övergår i vätskeform. Efter dehydrering återvänder kylmediet till förångaren, där det absorberar värme från luft som passerar över förångarens flänsar. Kylmediet återgår till gasform och cykeln upprepas.

7 Olika underkontroller och givare skyddar systemet mot extrema temperaturer och tryck. Dessutom ökas motorns tomgångsvarvtal när systemet används, för att kompensera för den ytterligare belastning som orsakas av kompressorn.

Automatisk klimatanläggning

8 På modeller med automatisk klimatanläggning kan temperaturen inuti bilen automatiskt hållas vid en inställd nivå, oberoende av yttertemperaturen. Det datorstyrda systemet styr värmeenheten, luftkonditioneringen och fläkten för att uppnå detta. Systemets kylsida är identisk på modeller med manuell klimatanläggning, den helautomatiska elektroniska styrningen fungerar enligt följande.

9 En styrenhet tar emot signaler från givare som känner av luftkanaltemperaturerna samt innertemperaturen på förar- och passagerarsidan. En solsensor känner av om solen lyser eller ej. Signaler om luftklaffarnas position tas även emot kontinuerligt.

8.23a Termostaten placeras på "bryggan" (se pil) i kåpan

8.23b "Luftningsventilen" (se pil) måste vara överst

9.13a Luftkonditioneringens kylmedelskrets hög- och lågtrycksserviceportar sitter på höger sida av motorhuvens stötpanel (markerad med pil). . .

Information om motortemperatur, yttertemperatur, om motorn är igång eller ej samt bilens hastighet skickas också till styrenheten från motorstyrningssystemet.

10 När automatfunktionen startar kan styrenheten beräkna de bästa inställningarna för vald temperatur och luftfördelning, baserat på givarnas signaler. Dessa inställningar kan sedan bibehållas oberoende av körförhållanden och väder.

11 Fördelningen av luft till de olika munstyckena, och blandningen av varm och kall luft för att uppnå vald temperatur, styrs av klaffar. Dessa styrs av elmotorer, som i sin tur styrs av styrenheten. En fläkt med variabel hastighet som kan styras manuellt eller automatiskt används till att förstärka luftflödet genom systemet.

12 Om ett fel uppstår lagrar styrmodulen ett antal felkoder för efterföljande avläsning via diagnostikkontaktdonen på den nedre instrumentbrädan över förarpedalerna.

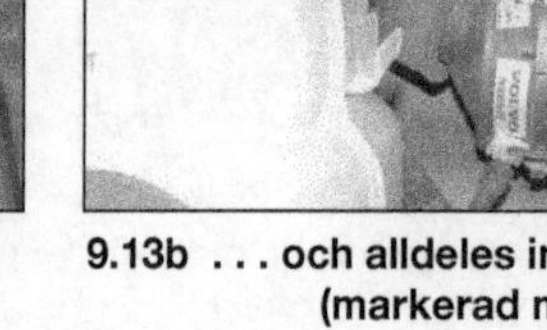

9.13b . . . och alldeles intill kamremskåpan (markerad med pil)

Föreskrifter

13 Om bilen är utrustad med luftkonditioneringssystem måste särskilda säkerhetsåtgärder vidtas vid arbete med systemet och dess komponenter. Om systemet av någon anledning måste tömmas bör detta överlåtas åt en Volvo-verkstad eller en kylsystemspecialist. Luftkonditioneringssystemets serviceventiler för högt och lågt tryck sitter i motorrummet, på höger sida om frontens överdel och höger chassibalk, alldeles intill kamremskåpan **(se bilder)**.

Varning: Kylkretsen innehåller kylmediet R134a, och det är därför farligt att koppla loss någon del av systemet utan specialkunskap och specialutrustning.

14 Kylmediet kan vara farligt och bör endast hanteras av utbildad personal. Om det stänker på huden kan det orsaka köldskador. Det är inte giftigt i sig, men utvecklar en giftig gas om den kommer i kontakt med en oskyddad låga (inklusive en tänd cigarett). Okontrollerat utsläpp av kylmediet är farligt och skadligt för miljön.

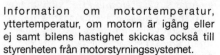

10.2a Bänd loss pennhållaren. . .

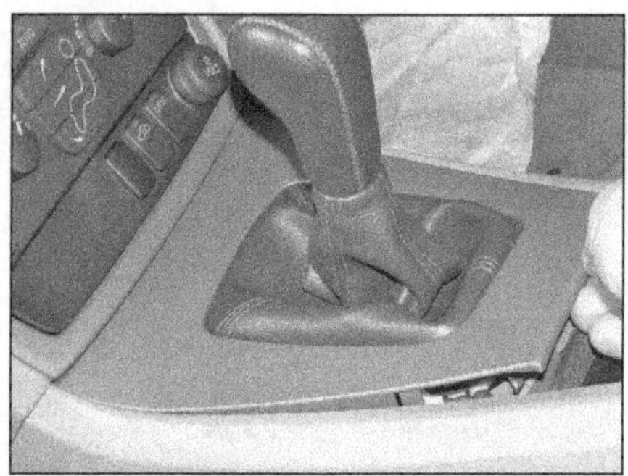

10.2b . . . eller bänd upp den bakre kanten av växelspakens/väljarspakens panel

10 Klimatanläggning komponenter – demontering och montering

Kontrollpanel

Observera: *I kontrollpanelen finns systemets styrmodul och temperaturgivare. Om kontrollpanelen byts ut måste den programmeras innan användning. Detta kan bara utföras av en Volvo-verkstad eller en specialist med rätt utrustning.*

1 Ta ut startnyckeln och vänta sedan minst tre minuter innan du fortsätter.

2 För växelspaken/växelväljaren så långt bakåt det går, bänd sedan loss den bakre kanten och lyft bort växelväljarens panel **(se bilder)**.

Upp till och inklusive årsmodell 2004

3 Skruva loss de två bultarna vid kontrollpanelens nederkant, dra sedan ut panelens nederkant och lossa den från ljudpanelen ovanför **(se bilder)**.

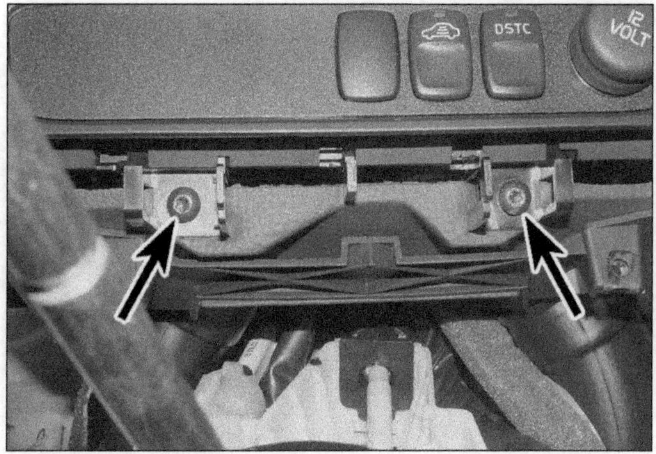

10.3a Skruva loss de två torxbultar (markerad med pilar) . . .

10.3b . . . dra sedan ut nederkanten och dra kontrollpanelens överkant bakåt . . .

10.3c . . . så att den lossnar från de två klämmorna (se pilar)

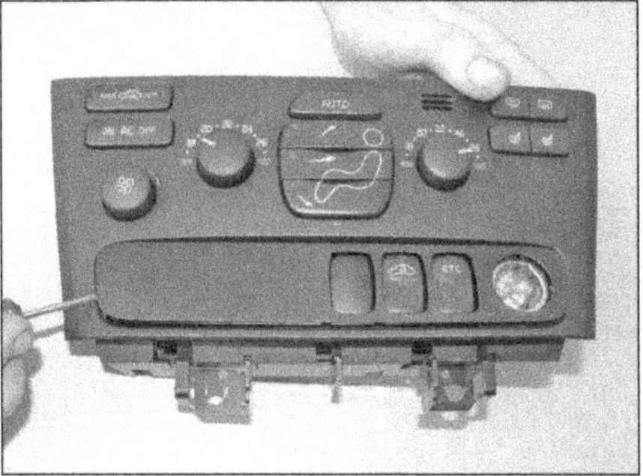

10.5 Lossa på brytaren

10.6a Skruva loss lamphållaren från baksidan av kontrollpanelen. . .

10.6b . . . och dra ut glödlampan och hållaren

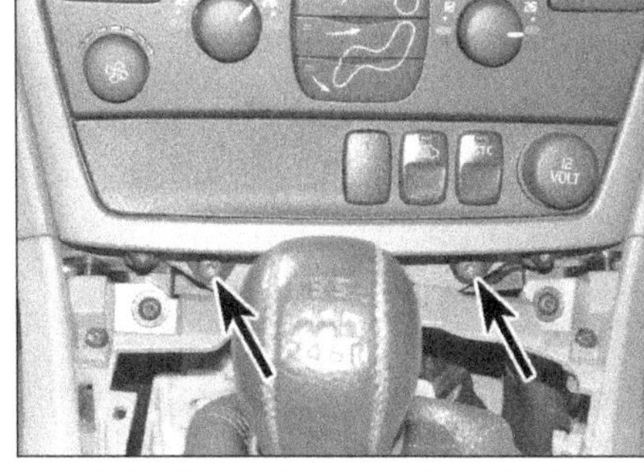

10.8a Skruva loss de två torxbultar (markerad med pilar) . . .

10.8b . . . och dra loss panelen till hela infotainmentsystemet och instrumentbrädan

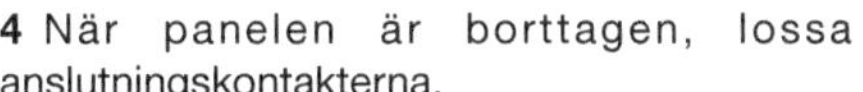

4 När panelen är borttagen, lossa anslutningskontakterna.

5 Om det behövs kan kontrollpanelens front tas loss efter att klämmorna har lossats **(se bild)**.

6 Om det behövs kan panelbelysningslamporna tas genom att man skruvar loss glödlampshållaren. Glödlampan sitter ihop med hållaren **(se bilder)**.

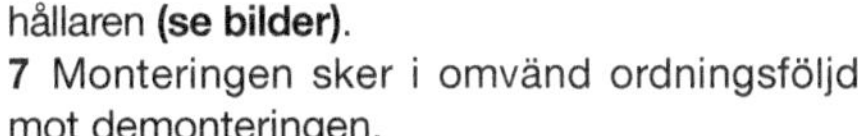

7 Monteringen sker i omvänd ordningsföljd mot demonteringen.

Från årsmodell 2005

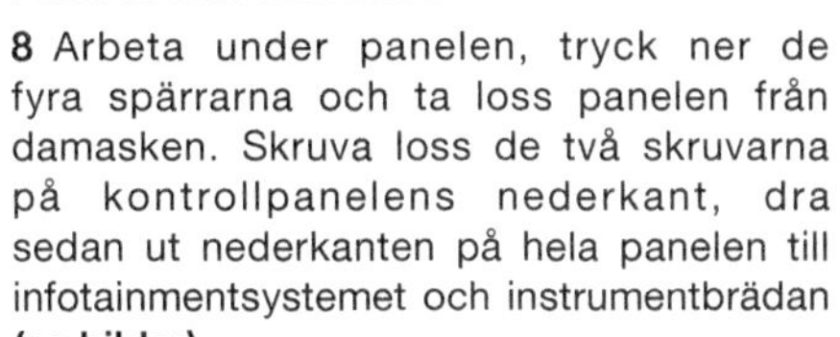

8 Arbeta under panelen, tryck ner de fyra spärrarna och ta loss panelen från damasken. Skruva loss de två skruvarna på kontrollpanelens nederkant, dra sedan ut nederkanten på hela panelen till infotainmentsystemet och instrumentbrädan **(se bilder)**.

9 När panelen är borttagen, lossa anslutningskontakterna. Var försiktig så att du inte skadar fiberoptikkablarna. Böjradien får inte vara mindre än 25 mm.

10 Skruva loss de tre bultarna och ovansidan av panelen, lossa sedan de sex spärrarna och ta bort sargpanelen **(se bilder)**.

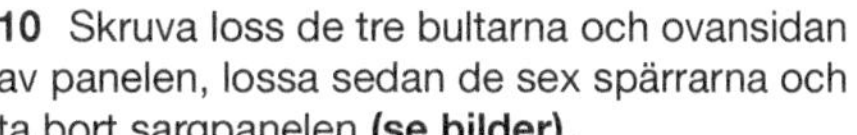

11 Skruva loss de fyra bultarna och ta bort klimatanläggningens panel **(se bilder)**.

12 Vid behov kan frontpanelen tas bort genom att man lossar spärrarna och drar loss panelen. Observera att panelen är fäst med dubbelhäftande tejp.

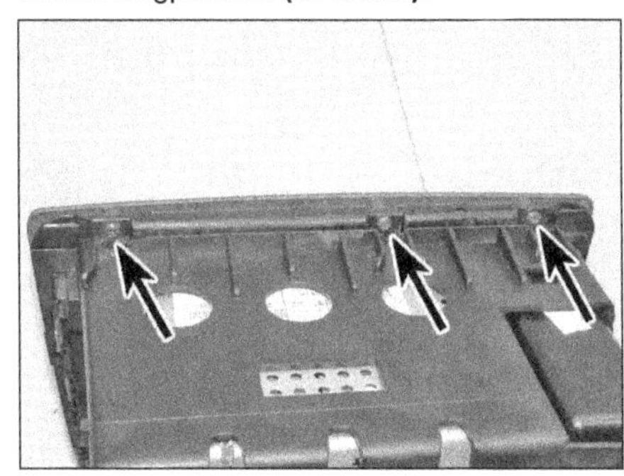

10.10a Skruva loss de tre torxbultar (markerad med pilar) . . .

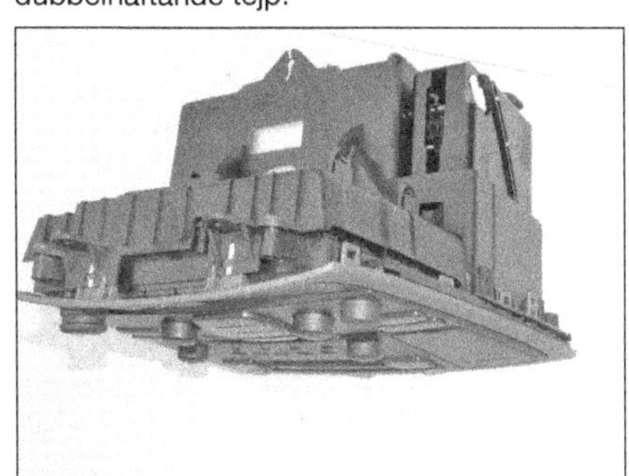

10.10b . . . och lossa de sex klämmorna som sitter kring sargens kant . . .

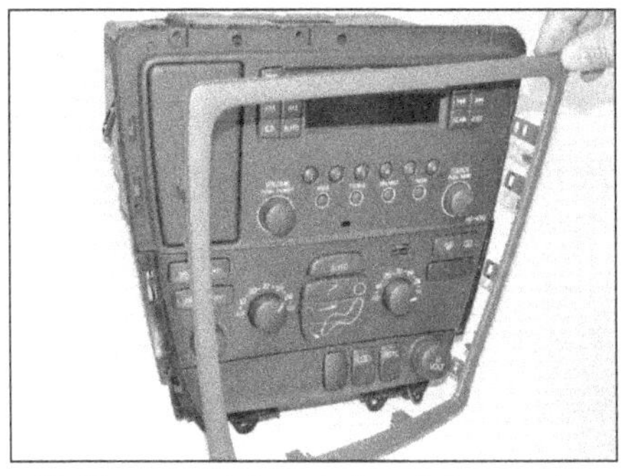

10.10c . . . och koppla loss från panelen

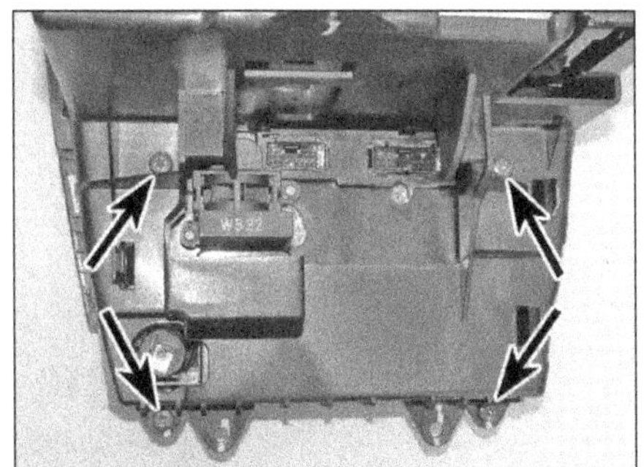

10.11a Skruva loss de fyra torxbultar (markerad med pilar) . . .

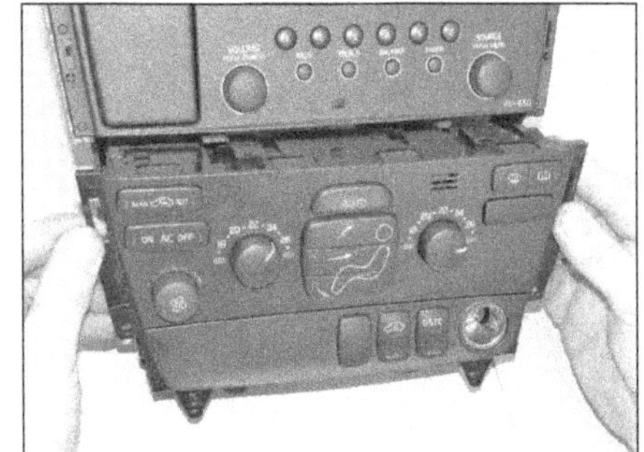

10.11b . . . och ta bort kontrollpanelen

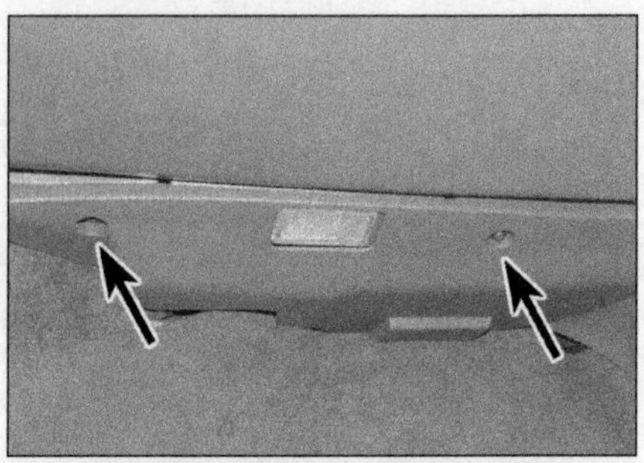

10.16 Skruva loss de två 2 skruvarna (markerad med pilar) och demontera den nedre instrumentbrädan på passagerarsidan.

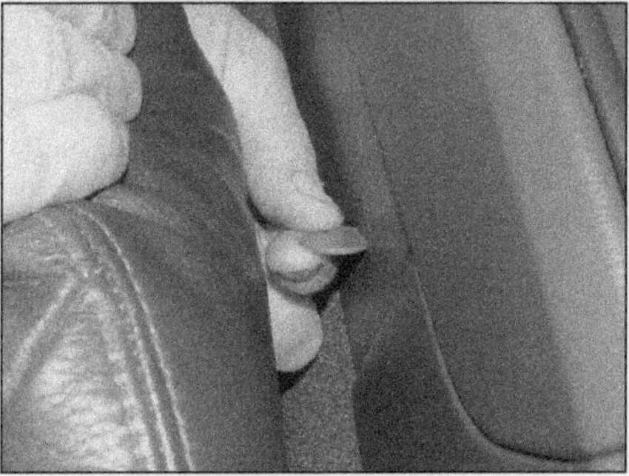

10.17a Skruva loss hållaren . . .

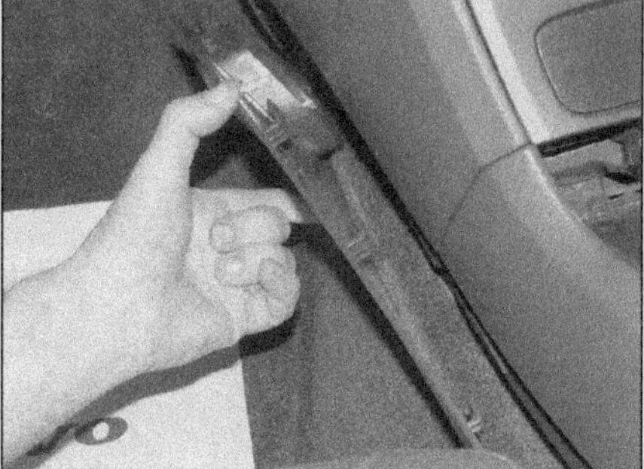

10.17b . . . dra sedan sidopanelen bakåt

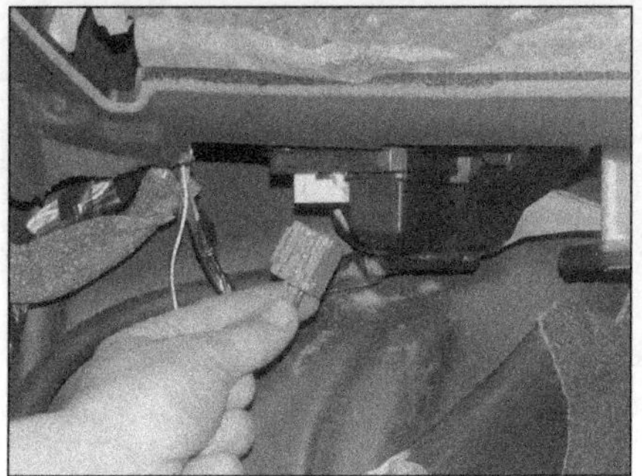

10.20 Koppla loss värmefläktmotorns anslutningskontakt

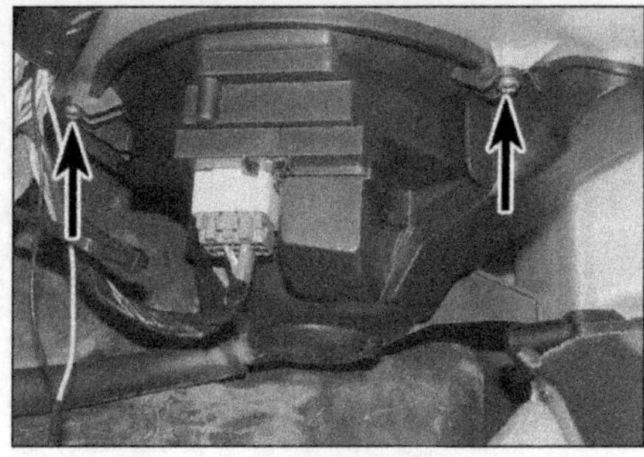

10.21 Skruva loss de två skruvarna och ta bort värmefläktens motor (pilarna visar de två bakre skruvarna)

13 Monteringen sker i omvänd ordningsföljd mot demonteringen.

14 Om frontpanelen har tagits bort, avlägsna alla rester av den gamla dubbelhäftande tejpen innan du sätter dit ny tejp.

Värmefläktens motor

15 Dra passagerardörrens rampanel rakt uppåt och ta loss den från bilen.

16 Skruva loss de två skruvarna och ta bort passagerarsidans nedre panel från instrumentbrädan **(se bild)**.

17 Skjut passagerarsätet så långt bakåt det går, vrid sedan hållaren 90° moturs och dra mittkonsolens sidopanel bakåt **(se bilder)**.

18 Ta bort handskfacket på passagerarsidan enligt beskrivningen i kapitel 11.

19 Lossa golvmattan i framkanten och fäll mattan bakåt.

20 Koppla loss fläktmotorns kontaktdon i hålet för handskfacket **(se bild)**.

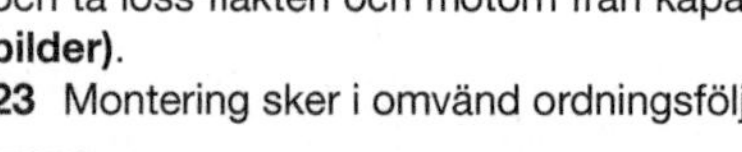

21 Skruva loss de fem skruvarna och ta bort fläktmotorn från värmeenheten **(se bild)**.

22 Vid behov, kläm ihop kåpans sidor och ta bort den, skruva sedan loss de två bultarna och ta loss fläkten och motorn från kåpan **(se bilder)**.

23 Montering sker i omvänd ordningsföljd.

Fläktmotorns resistor

24 Ta bort fläktmotorn och skilj den från kåpan enligt den tidigare beskrivningen.

25 Skruva loss de två bultarna och ta bort resistorn **(se bild)**.

26 Monteringen sker i omvänd ordning mot demonteringen.

Värmeväxlare

Observera: Se föreskrifterna i avsnitt 1 i detta kapitel innan arbetet påbörjas.

27 Ta bort värmehuset, enligt beskrivningen i detta avsnitt.

28 Dra ut förångarens temperaturgivare (om sådan finns), skruva sedan loss de tre skruvarna som håller fast fläkten/förångarens kåpa vid värmehuset **(se bilder)**.

29 Skruva loss de båda skruvarna och ta bort

10.22a Tryck ihop kåpans sidor och ta bort den

10.22b Skruva loss de 2 Torxbultar, och ta bort kåpan från motorn

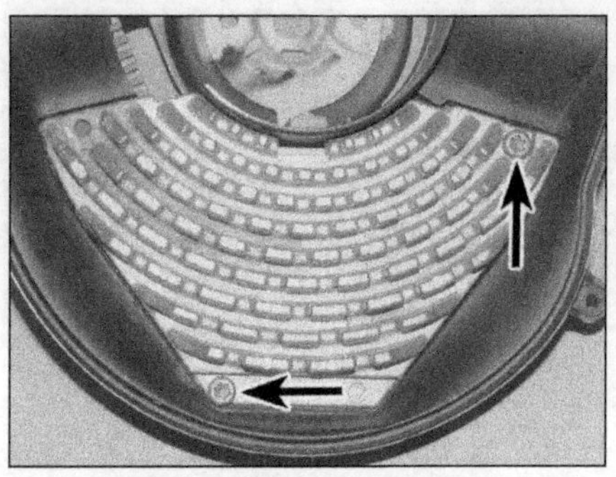

10.25 Skruva loss de 2 Torxbultar (markerad med pilar) och ta bort resistorn.

10.28a Dra loss förångarens temperaturgivare . . .

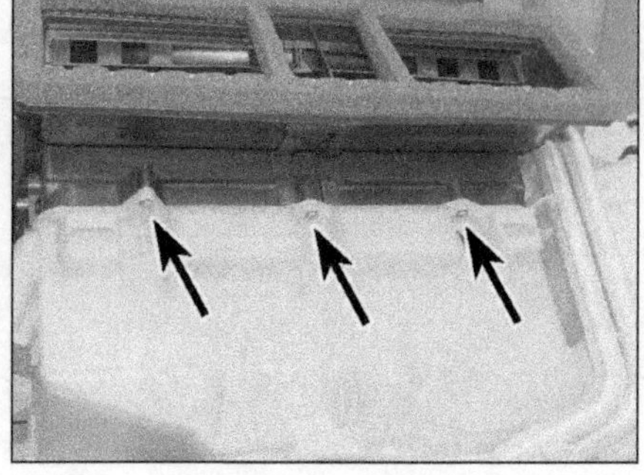

10.28b . . . och skruva loss de 3 skruvarna (markerad med pilar)

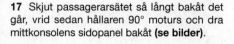

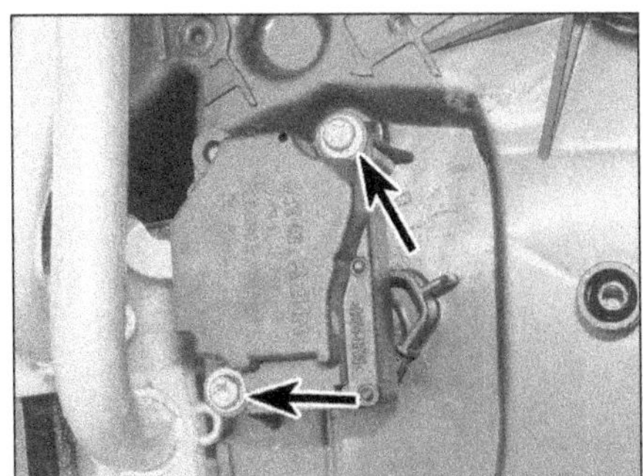

10.29 Skruva loss skruvarna (markerade med pilar) och ta bort fördelarklaffens motor

10.30 Notera hur förångarens hus hakar i värmehuset

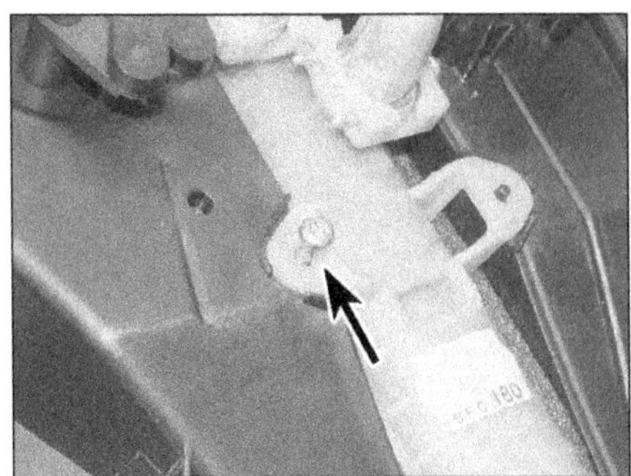

10.31a Skruva loss matrixfästskruvan (markerad med pil) . . .

distributionsspjällets motor från vänster sida av värmarhuset **(se bild)**.

30 Lossa värmepaketets rör från fästbygeln på kåpan till fläkten/förångaren och skilj fläktens/förångarens kåpa från värmehuset **(se bild)**.

31 Ta bort värmepaketets fästskruv och dra värmepaketet från huset, bänd ut klämmorna och lossa rören när värmepaketet dras tillbaka **(se bilder)**.

32 Monteringen sker i omvänd ordningsföljd mot demonteringen. Använd nya O-ringar på värmeenhetens rör och avsluta med att fylla på kylsystemet enligt beskrivningen i *Veckokontroller*.

Luftåtercirkuleringsklaffens motor

33 Luftfördelarklaffens motor sitter till vänster om värmeenhetens hus (d.v.s. till vänster om instrumentbrädans mitt).

34 Ta bort handskfacket enligt beskrivningen i kapitel 11.

35 Skruva loss skruven som håller fast motorns fästbygel vid värmehuset **(se bild)**.

36 Lossa manöverspaken från motorn med en skruvmejsel, lossa sedan motorns fästbygel från huset.

37 Skruva loss de tre skruvarna och ta bort motorn från fästbygeln. Lossa motorns anslutningskontakt när motorn tas bort.

38 Montering sker i omvänd ordningsföljd.

Distributionsklaffens motor

39 Ta bort handskfacket enligt beskrivningen i kapitel 11.

40 I hålet för handskfacket, koppla loss klaffmotorns kontaktdon från sidan av värmefläktens hus.

41 Skruva loss de båda skruvarna och ta bort distributionsspjällets motor från sidan av värmefläktens hus **(se bild 10.29)**.

42 Monteringen sker i omvänd ordningsföljd mot demonteringen.

Instrumentbrädans munstycken

Ventilationsöppningar i mitten

43 Stick in en trubbig hävarm mellan luftmunstycket och instrumentbrädan, lossa de fyra spärrarna och dra ut luftmunstycket från instrumentbrädan. Sätt en bit kartong under för att skydda instrumentbrädan. Koppla loss anslutningskontakterna från luftmunstyckena när du tar bort dem (i förekommande fall).

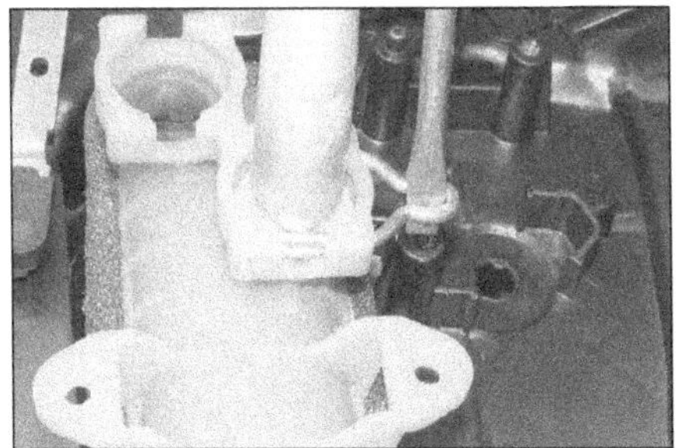

10.31b . . . lossa sedan rören till värmepaketet . . .

44 Monteringen sker i omvänd ordningsföljd mot demonteringen.

Sidoventilation

45 Öppna framdörren/framdörrarna, börja bakifrån och bänd försiktigt loss instrumentbrädans ändpaneler med ett plast- eller träverktyg.

46 Vid demontering av luftmunstycket på förarsidan, sträck in handen bakom och tryck ut strålkastarbrytaren från instrumentbrädan. Lossa de två klämmorna på luftmunstyckets nederkant och tryck sedan nederkanten bakåt från instrumentbrädan. Ta bort luftmunstycket/luftmunstyckena.

47 Montering sker i omvänd ordningsföljd.

Sidomunstycken för avfrostning av vindrutan – förarsida

48 Demontera luftmunstycket på förarsidan enligt den tidigare beskrivningen. Stick in handen genom instrumentbrädans ände, lossa klämmorna och tryck avfrostningsmunstycket uppåt från instrumentbrädan.

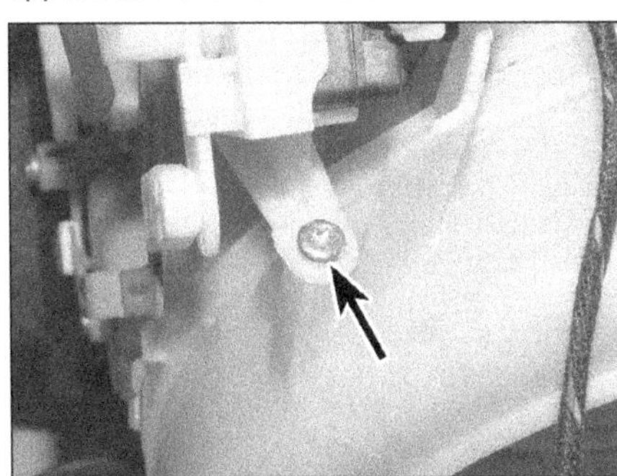

10.35 Skruva loss skruven till motorns fästbygel (se pil)

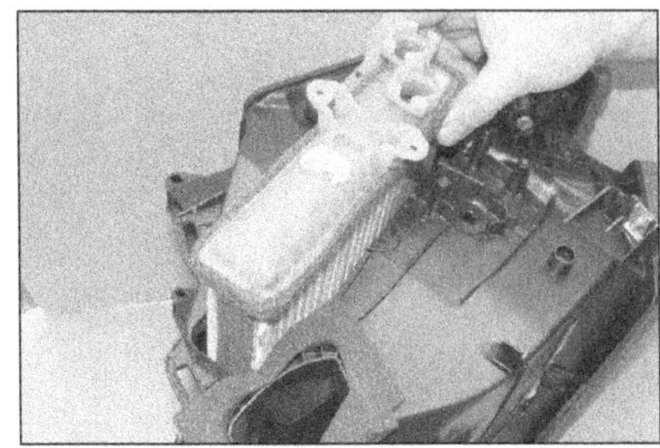

10.31c . . . och lyft ut värmepaketet från huset

49 Monteringen sker i omvänd ordningsföljd mot demonteringen.

Sidomunstycken för avfrostning av vindrutan – passagerarsida

50 Ta bort handskfacket enligt beskrivningen i kapitel 11. Stick in handen genom handskfacksöppningen, lossa klämmorna och tryck avfrostningsmunstycket uppåt från instrumentbrädan.

51 Monteringen sker i omvänd ordningsföljd mot demonteringen.

Värmarhus

52 Låt en specialist med rätt utrustning tömma ut luftkonditioneringens kylmedium (i förekommande fall).

53 Använd slangklämmor på värmeslangarna vid motorrummets mellanvägg, eller töm kylsystemet enligt beskrivningen i kapitel 1A eller 1B. Tryck sedan in stoppringarna och vrid dem moturs för att koppla loss värmeslangens kopplingar från rören vid mellanväggen **(se bild)**.

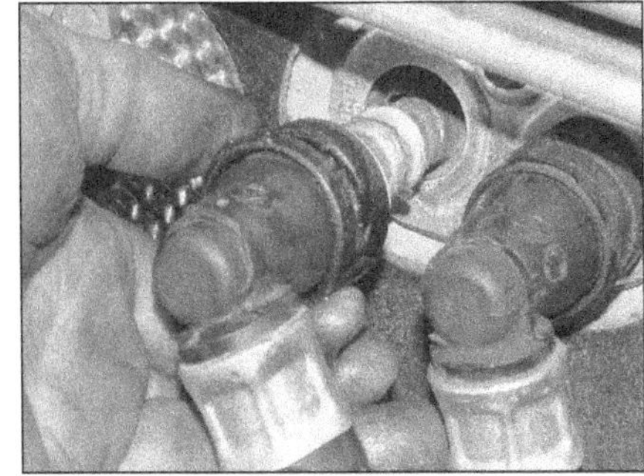

10.53 Vrid stoppringen moturs och lossa värmeslangen

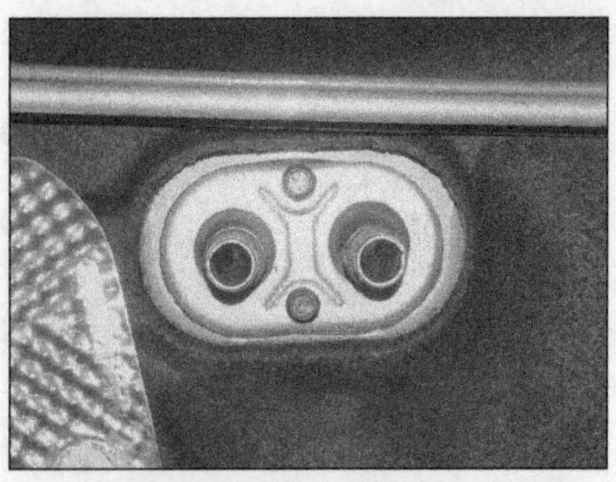

10.55 Skruva loss de 2 skruvarna och ta bort täckplattan

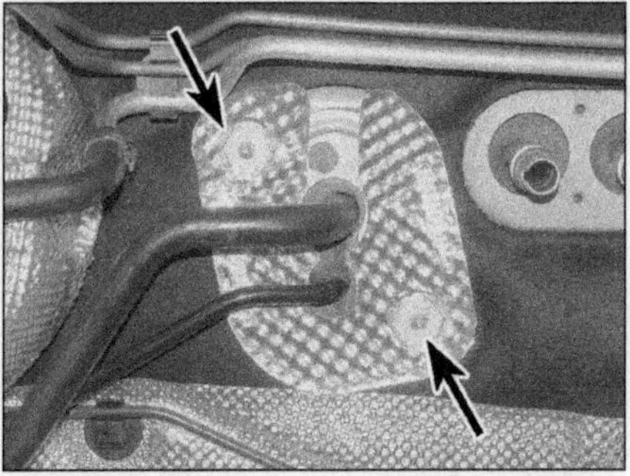

10.56 Skruva loss de 2 muttrarna (markerad med pilar) och ta bort värmeskyddet

10.57 Skruva loss bulten (markerad med pil) och lossa luftkonditioneringsrören

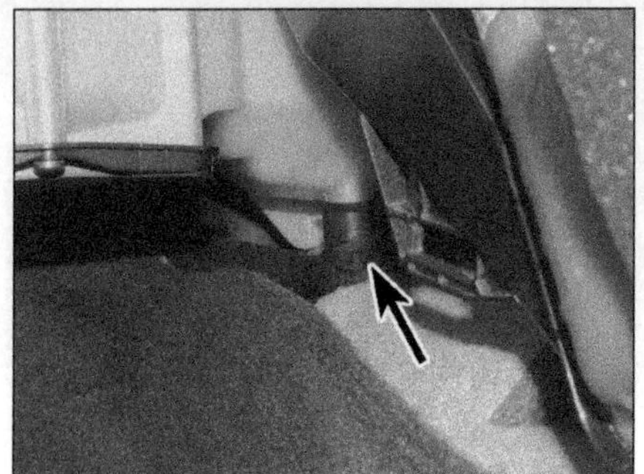

10.60 Värmehusets dräneringsslang (se pil)

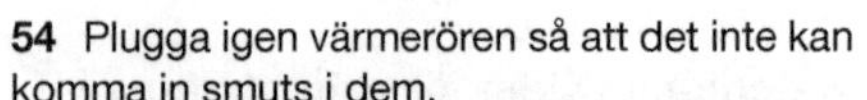

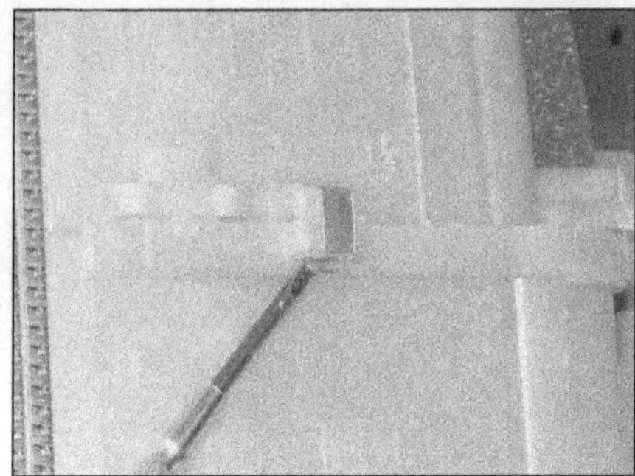

10.68a Använd en liten skruvmejsel för att lossa de olika klämmorna . . .

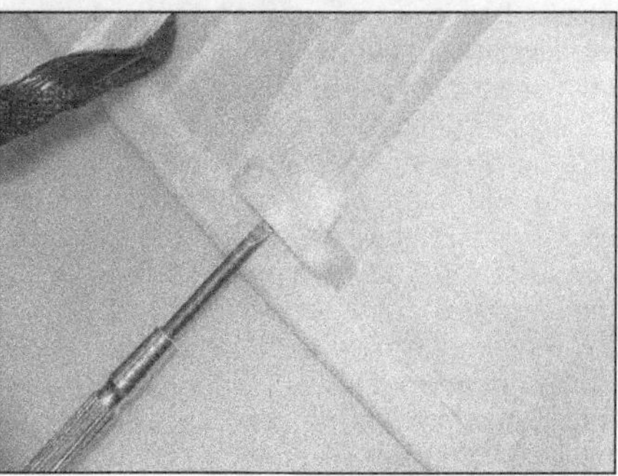

10.68b . . . som håller ihop förångarhuset

54 Plugga igen värmerören så att det inte kan komma in smuts i dem.

55 Skruva loss de båda skruvarna och ta bort täckplattan och tätningen från värmerören på mellanväggen **(se bild)**.

56 Skruva loss de två muttrarna och ta bort värmeskyddet, plattan och gummiisoleringen från luftkonditioneringens expansionsventil på mellanväggen **(se bild)**.

57 Skruva loss bulten och koppla loss luftkonditioneringsrören från mellanväggen. Kassera O-ringstätningarna, de måste bytas varje gång de skruvas ur **(se bild)**.

58 Demontera vindrutans torkararmar enligt beskrivningen i kapitel 12.

59 Ta bort hela instrumentbrädan och instrumentbrädans tvärbalk enligt beskrivningen i kapitel 11.

60 Lossa luftkanalerna och dräneringsrören från värmehuset **(se bild)**.

61 Notera hur de sitter monterade och kontrollera sedan en sista gång att alla anslutningskontakter har kopplats loss från värmehuset innan du tar ut det ur passerarutrymmet. Be en medhjälpare lyfta upp och stötta instrumentbrädans tvärbalk medan huset tas ut. Torka upp spilld kylvätska omedelbart.

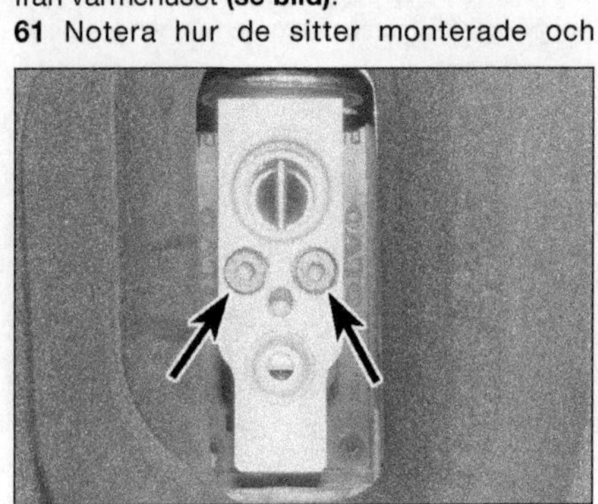

10.69 Skruva loss de 2 skruvarna (markerad med pilar) och demontera expansionsventilen

Förångare

Observera: *När du kopplar loss slangar eller komponenter från luftkonditioneringen ska du alltid plugga hålen för att förhindra att smuts kommer in och att behållaren/avfuktaren genomdränks.*

62 Ta bort värmehuset, enligt beskrivningen i detta avsnitt.

63 Dra ut förångarens temperaturgivare, skruva sedan loss de tre skruvarna som håller fast fläkt-/förångarhuset vid värmehuset **(se bilder 10.28a och 10.28b)**.

64 Skruva loss de båda skruvarna och ta bort distributionsspjällets motor från vänster sida av värmarhuset **(se bild 10.29)**.

65 Lossa värmepaketets slangar från fästbygeln på fläkt-/förångarhuset och ta loss fläkt-/förångarhuset från värmehuset **(se bild 10.30)**.

66 Skruva loss skruvarna och ta bort värmefläktmotorn från huset **(se bild 10.21)**.

67 Skruva loss skruven som håller fast återcirkulationsmotorns fästbygel vid fläkthuset.

68 Använd en skruvmejsel för att lossa fästklämmorna där husets överdel sitter fast i nederdelen, lyft sedan bort överdelen **(se bilder)**.

69 Lyft bort förångaren och skruva vid behov loss de två skruvarna och koppla loss expansionsventilen från luftkonditioneringsrören **(se bild)**. Kasta O-ringstätningarna, nya tätningar måste användas vid återmonteringen.

70 Monteringen sker i omvänd ordningsföljd mot demonteringen. Tänk på följande:

a) Sätt dit nya O-ringstätningar på expansionsventilen och luftkonditioneringens röranslutningar vid motorrummets mellanvägg.

b) När du är klar, låt fylla på luftkonditioneringssystemet och leta efter läckor.

Kondensor

Observera: *När du kopplar loss slangar eller komponenter från luftkonditioneringen ska du alltid plugga hålen för att förhindra att smuts kommer in och att behållaren/avfuktaren genomdränks.*

71 Låt en specialist med rätt utrustning tömma ut luftkonditioneringens kylmedium.

72 Koppla loss kylröret från styrmodullådan (om en sådan finns).

73 Skruva loss bulten på varje sida som håller fast kylaren/laddluftkylaren/kondensatorn (om tillämpligt) tillsammans **(se bilder 5.6a och 5.6b)**.

74 Ta bort de två skruvarna som håller fast kylaren från frontens överdel **(se bild 5.5)**.

75 Lyft upp framvagnen och ställ den på pallbockar (se *Lyftning och stödpunkter*).

76 Arbeta under framvagnen, skruva loss skruvarna på vardera sidan, lossa klämmorna och ta bort luftkåpan **(se bilder 5.7a och 5.7b)**.

77 Skruva loss bulten och lossa luftkonditioneringsröret från behållaren/

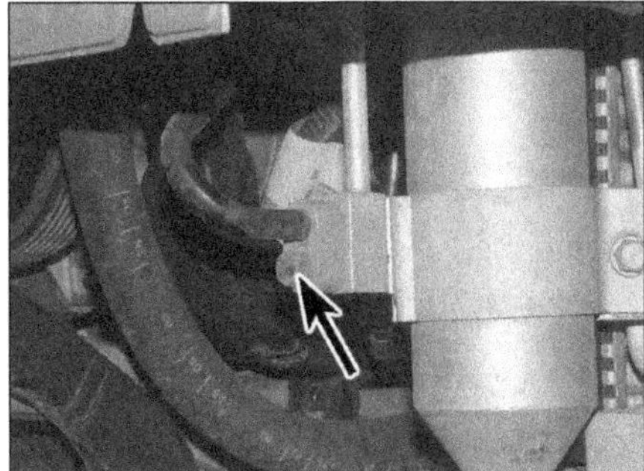
10.77 Skruva loss bulten (markerad med pil) och koppla loss röret från mottagare/ torkaren

10.79 Skruva loss bulten (markerad med pil) och koppla loss röret från kondensatorn

10.84 Ta bort motorns tvärbalk (markerad med pil)

avfuktaren **(se bild)**. Kasta O-ringstätningen, du måste sätta dit en ny. Observera att behållaren/avfuktaren tas loss tillsammans med kondensorn – koppla loss anslutningskontakten ovanpå enheten.

78 Kondensor-/kylarenheten är fäst med en bult på vardera sidan, dessa kommer du åt från bilens undersida. Lossa höger bult och ta bort vänster bult helt **(se bilder 5.11a och 5.11b)**.

79 Sänk ner vänster sida av kondensorn så att du kommer åt och kan ta bort bulten till luftkonditioneringsrörets anslutning på kondensorn **(se bild)**. Lossa röret och kasta O-ringstätningen, en ny måste användas.

80 Ta bort de två nedre skruvarna som håller fast kondensorn vid kylaren, dra sedan kylaren/laddluftkylaren bakåt och sänk ner kondensorn från dess plats **(se bilder 5.12a och 5.12b)**.

81 Om det behövs, skruva loss skruven som håller fast rören vid behållaren/avfuktaren, lossa sedan klämskruvarna och koppla loss behållaren/avfuktaren från kondensorn **(se bild 10.91)**.

82 Monteringen sker i omvänd ordningsföljd mot demonteringen. Tänk på följande:

a) *Montera nya O-ringstätningar på luftkonditioneringrörens anslutningar.*

b) *När du är klar, låt fylla luftkonditioneringssystemet och leta efter läckor.*

Expansionsventil

Observera: *När du kopplar loss slangar eller komponenter från luftkonditioneringen ska du alltid plugga hålen för att förhindra att smuts kommer in och att behållaren/avfuktaren genomdränks.*

83 Låt en specialist med rätt utrustning tömma ut luftkonditioneringens kylmedium.

84 Skruva loss hållarna och ta bort motorns tvärbalk som sitter mellan fästbyglarna på framfjädringens fjäderbenslager **(se bild)**.

85 Lossa klämman som håller fast luftkonditioneringens rör vid innerskärmen.

86 Skruva loss de två muttrarna och ta bort värmeskyddet från luftkonditioneringens röranslutning vid motorrummets mellanvägg **(se bild 10.56)**.

87 Skruva loss skruven som håller fast luftkonditioneringsröret vid expansionsventilen och dra rören framåt tills de lossnar **(se bild 10.57)**. Kasta O-ringstätningarna, nya tätningar måste användas vid återmonteringen.

88 Skruva loss de två skruvarna som håller fast expansionsventilen vid luftkonditioneringsrören i passagerarutrymmet och ta bort ventilen **(se bild 10.69)**. Kasta O-ringstätningarna, nya tätningar måste användas vid återmonteringen.

89 Monteringen sker i omvänd ordningsföljd mot demonteringen. Tänk på följande:

a) *Dra åt expansionsventilns skruvar till angivet moment.*

b) *Byt ut alla O-ringstätningar som rubbats.*

c) *När du är klar, låt fylla luftkonditioneringssystemet och leta efter läckor.*

Mottagare/torkare

Observera: *När du kopplar loss slangar eller komponenter från luftkonditioneringen ska du alltid plugga hålen för att förhindra att smuts kommer in och att behållaren/avfuktaren genomdränks.*

90 Ta bort kondensatorn , enligt beskrivningen tidigare i detta avsnitt.

91 Skruva loss skruvarna och koppla loss luftkonditioneringsrören från behållaren/ avfuktaren **(se bild)**. Kasta O-ringstätningen, du måste sätta dit en ny.

92 Lossa fästskruvarna och ta bort mottagaren/torkaren från hållaren.

93 Monteringen sker i omvänd ordningsföljd mot demonteringen.

Kompressor

Observera: *När du kopplar loss slangar eller komponenter från luftkonditioneringen ska du alltid plugga hålen för att förhindra att smuts kommer in och att behållaren/avfuktaren genomdränks.*

94 Låt en specialist med rätt utrustning tömma ut luftkonditioneringens kylmedium.

95 Demontera drivremmen enligt beskrivningen i kapitel 1A eller 1B.

96 Lyft upp framvagnen och ställ den på pallbockar (se *Lyftning och stödpunkter*). Skruva loss klämmorna/skruvarna och ta bort motorns undre skyddskåpa.

97 Ta bort de två skruvarna som håller fast den främre bromssköldsplåten, lossa sedan klämmorna vid den främre änden, dra plåten bakåt och ta bort den **(se bilder 5.7a och 5.7b)**.

98 Skruva loss skruven som håller fast kabelröret vid kryssrambalken.

99 Skruva loss skruvarna och ta bort luftkonditioneringens rör från kompressorn Kasta O-ringstätningarna, nya tätningar måste användas vid återmonteringen.

100 Koppla loss anslutningskontakten, ta sedan bort de fyra bultar som håller fast kompressorn vid motorn och för den nedåt och ut från bilen **(se bild)**.

101 Monteringen sker i omvänd ordningsföljd mot demonteringen. Tänk på följande:

a) *Byt ut alla O-ringstätningar som rubbats.*

b) *När du är klar, låt fylla luftkonditionerings-systemet och leta efter läckor.*

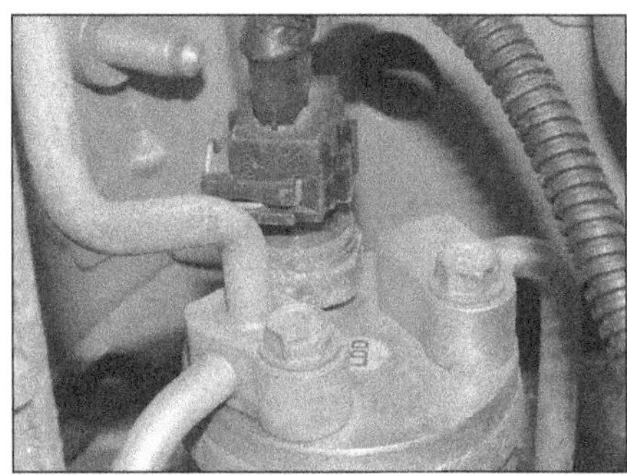
10.91 Skruva loss bultarna och lossa rören från mottagaren/torkaren

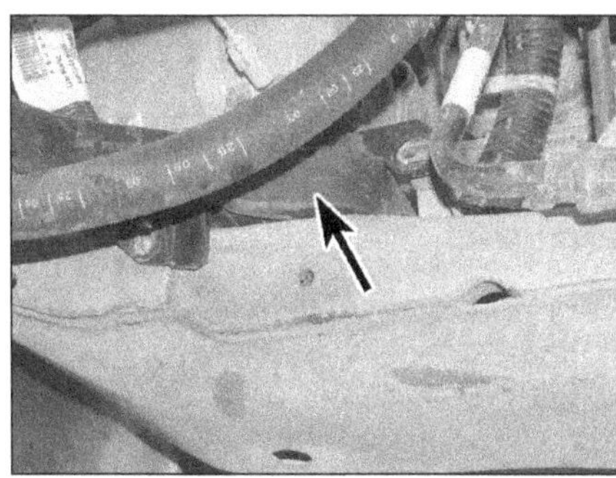
10.100 Skruva loss bultarna som håller fast kabelkanalen (markerad med pil) på bärramens framdel

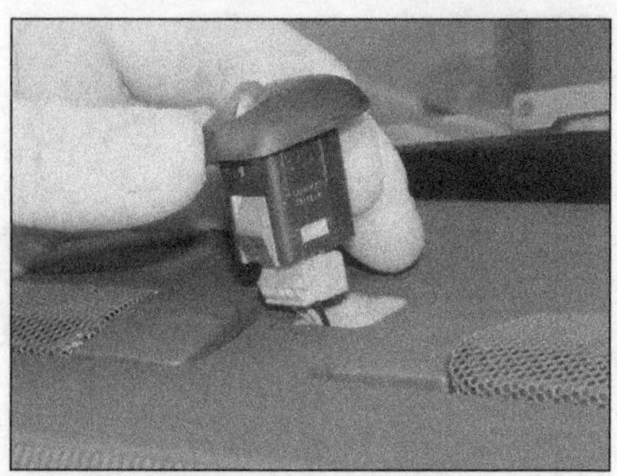

10.103 Bänd försiktigt solsensorn uppåt från instrumentbrädan

11.5 Skruva loss skruvarna och bultarna (markerad med pilar) och ta bort stötfångarens fäste

Solsensor

102 Solsensorn är kombinerad med tjuvlarmets diod och sitter ovanpå instrumentbrädan.

103 Bänd försiktigt upp sensorn med en skruvmejsel under dess bas på sidan **(se bild)**.

104 Koppla loss kontaktdonet och ta bort givaren.

105 Monteringen sker i omvänd ordningsföljd mot demonteringen.

Förångarens temperaturgivare

106 Ta bort värmehuset, enligt beskrivningen i detta avsnitt.

107 Dra loss givaren från huset och koppla loss anslutningskontakten **(se bild 10.28a)**.

108 Monteringen sker i omvänd ordningsföljd mot demonteringen.

11 Extra/parkeringsvärmare – allmän information, demontering och montering

Allmän information

1 För de flesta modeller finns en bränsledriven motorvärmare som tillbehör. Denna kan styras direkt av föraren, fjärrstyras eller programmeras så att den startar en angiven tidpunkt. Värmaren höjer temperaturen hos kylvätskan i systemet och således även temperaturen i motorn och passerarutrymmet. Systemet består av en bränslepump, en värmeväxlare med bränsleinsprutningsmunstycke, en kylvätskepump, glödstift, styrmodul och tillhörande rör, kablage och termostatreglage.

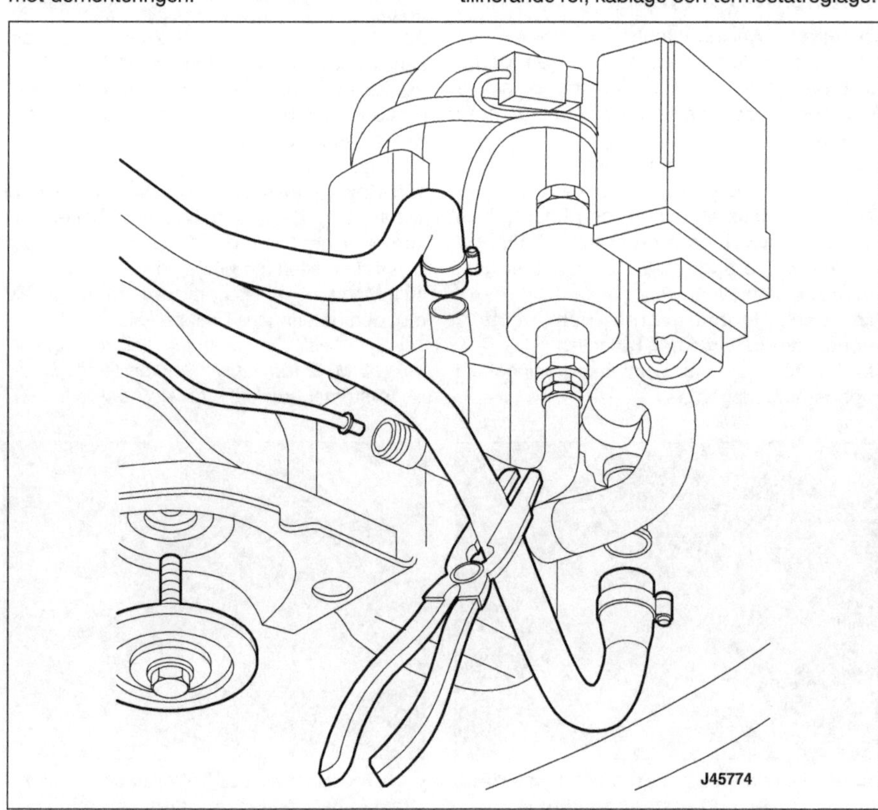

11.8 Äldre motorvärmare kan vara fästa med kryssrambalkens bult

Värmarsats

2 Koppla loss och ta bort batteriets jordledning enligt beskrivningen i kapitel 5A.

3 Demontera den främre stötfångaren enligt beskrivningen i kapitel 11.

4 Skruva loss de två skruvarna, lossa klämmorna och ta bort luftkåpan **(se bilder 5.7a och 5.7b)**.

5 Skruva loss skruvarna och ta bort vänster stötfångares fäste **(se bild)**.

6 Kläm fast kylvätskeslangarna till och från värmarsatsen och lossa därefter klämmorna och koppla från slangarna. Var beredd på att kylvätska läcker ut.

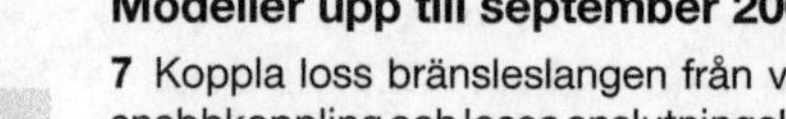

Modeller upp till september 2001

7 Koppla loss bränsleslangen från värmarens snabbkoppling och lossa anslutningskontakten från värmaren. Plugga igen rörets öppna ände för att hindra bränsle från att läcka ut.

8 Värmaren kan fästas vid kryssrambalken med tre skruvar, eller med en fästbygel som fästs med kryssrambalkens fästbult. Skruva loss skruvarna/bulten och ta bort värmarsatsen **(se bild)**. Observera att bärramsbulten inte får återanvändas.

9 Montering utförs i omvänd ordning mot demonteringen, kom ihåg att fylla på kylsystemet enligt beskrivningen i kapitel 1A eller 1B. Dra åt den nya bärramsbulten till angivet moment (om tillämpligt).

Modeller från oktober 2001

10 Lossa klämman och lossa bränsleröret från värmaren. Plugga igen rörets öppna ände för att hindra smuts från att tränga in och bränsle från att läcka ut. Skruva loss den övre fästmuttern samt de två skruvarna som håller fast fästbygeln vid bilens kaross. Haka sedan loss värmaren från det övre fästet och ta bort den. Ytterligare isärtagning av värmaren bör överlåtas till en Volvo-verkstad eller en lämpligt utrustad specialist.

11 Montering utförs i omvänd ordning mot demonteringen, kom ihåg att fylla på kylsystemet enligt beskrivningen i kapitel 1A eller 1B.

Styrenhet

Demontering

12 Koppla loss och ta bort batteriets jordledning enligt beskrivningen i kapitel 5A.

Modeller upp till september 2001

13 Skruva loss de fyra skruvarna, lossa klämmorna och ta bort luftkåpan från undersidan av bilens front **(se bilder 5.7a och 5.7b)**.

14 Dra ut spärren och lossa styrmodulens anslutningskontakt.

15 Lossa de två fästskruvarna och ta loss modulen.

16 Monteringen sker i omvänd ordningsföljd mot demonteringen.

Modeller från oktober 2001

17 Demontera den främre stötfångaren enligt beskrivningen i kapitel 11. Skruva loss de två skruvarna, lossa klämmorna och ta bort luftkåpan **(se bilder 5.7a och 5.7b)**.

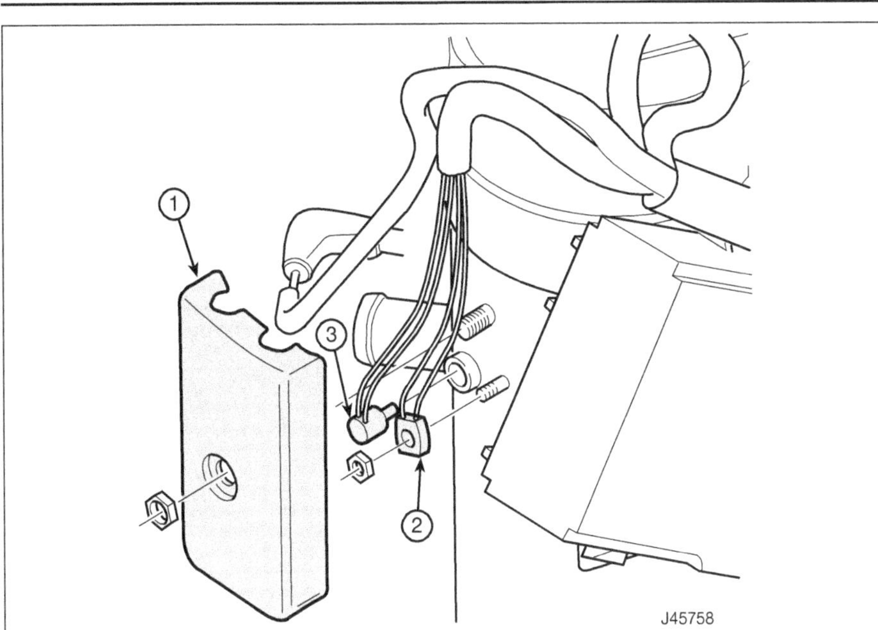

11.39 Motorvärmarens termostat för överhettningsskydd (2), temperaturgivare för kylvätska (3) och kåpa (1)

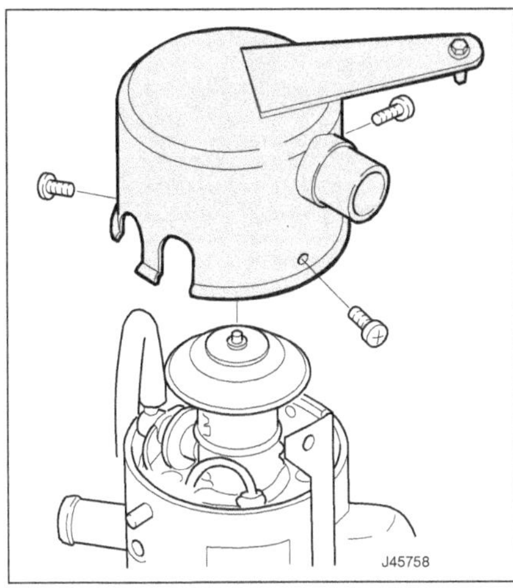

11.40 Skruva loss de 3 skruvarna och ta bort kåpan

18 Skruva loss skruvarna och ta bort vänster stötfångares fäste **(se bild 11.5)**.

19 Skär av buntbandet som håller fast modulens kablage.

20 Lossa den övre monteringsmuttern och ta bort den nedre monteringsmuttern och dra bort modulen från fästet.

21 Dra ut spärren och lossa modulens anslutningskontakter när du tar bort den.

22 Montera tillbaka i omvänd ordningsföljd mot demonteringen.

Glödstift

23 Koppla loss och ta bort batteriets jordledning enligt beskrivningen i kapitel 5A.

Modeller upp till september 2001

24 Skruva loss de fyra skruvarna, lossa klämmorna och ta bort luftkåpan från undersidan av bilens front **(se bilder 5.7a och 5.7b)**.

25 Dra loss skyddslocket, skruva sedan loss muttern och lossa glödstiftets kontaktdon. Skruva loss glödstiftet.

26 Sätt tillbaka glödstiftet, dra åt till angivet moment och återanslut sedan anslutningskontakten.

27 Återstående montering utförs i omvänd ordningsföljd mot demonteringen, men låt motorn gå på tomgång i några sekunder innan du sätter igång värmaren.

Modeller från oktober 2001

28 Demontera den främre stötfångaren enligt beskrivningen i kapitel 11. Skruva loss skruvarna, lossa klämmorna och ta bort vänster luftkåpa **(se bilder 5.7a och 5.7b)**.

29 Skruva loss skruvarna och ta bort vänster stötfångares fäste **(se bild 11.5)**.

30 Dra bort anslutningskontakten från glödstiftet och skruva loss det från sitt säte.

31 Sätt tillbaka glödstiftet, dra åt till angivet moment och återanslut sedan anslutningskontakten.

32 Återstående montering utförs i omvänd ordningsföljd mot demonteringen, men låt motorn gå på tomgång i några sekunder innan du sätter igång värmaren.

Kylvätskepump

33 Demontera styrmodulen enligt beskrivningen tidigare i detta avsnitt, men koppla inte loss modulens anslutningskontakt. Lägg modulen åt sidan.

34 Kläm fast kylvätskeslangarna till och från värmarsatsen och lossa därefter klämmorna och koppla från slangarna. Var beredd på att kylvätska läcker ut.

35 Skär av buntbandet och ta bort skyddslocket från pumpen, koppla sedan loss pumpens anslutningskontakt.

36 Notera hur pumpen sitter monterad, avlägsna sedan fästskruven/muttern, ta loss pumpen från fästet och ta ut den från bilen.

37 Monteringen utförs i omvänd ordningsföljd mot demonteringen, men låt motorn gå på tomgång i några sekunder innan du sätter igång värmaren.

Termostat för överhettningsskydd, flamsensor och temperaturgivare för kylvätska

38 Demontera värmeenheten enligt beskrivningen tidigare i detta avsnitt.

39 Skruva loss muttern och ta bort kåpan över temperaturgivaren för kylvätska och termostat. Dra loss temperaturgivaren, skruva sedan loss muttern och ta bort termostaten **(se bild)**.

40 Koppla loss styrmodulen från värmaren enligt beskrivningen tidigare i detta avsnitt, koppla sedan loss insugsslangen, lossa de tre skruvarna och ta bort fläktskyddet från värmarens ovansida **(se bild)**.

41 Koppla loss fläktmotorns anslutningskontakt, och och skruva sedan loss givaren **(se bild)**. På modeller fram till september 2001 måste man öppna kablaget

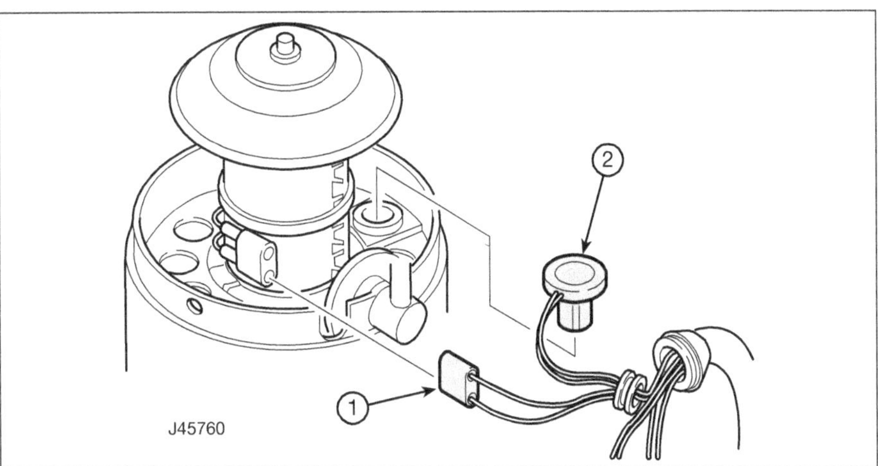

11.41 Fläktmotorns anslutningskontakt (1) och flamsensor (2)

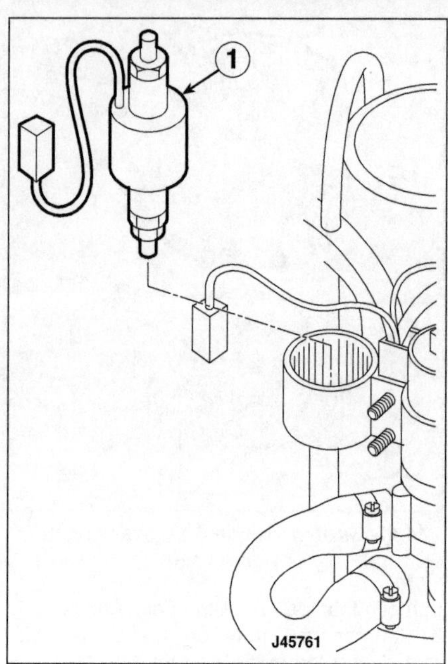

11.45 Bränslepump (1) – modeller fram till september 2001

och skarva in den nya givarens/termostatens kablage. På modeller från oktober 2001, ta ut kablaget från bilen.

42 Monteringen sker i omvänd ordningsföljd mot demonteringen.

Bränslepump

Modeller fram till september 2001

43 Demontera värmarsats och styrmodul enligt tidigare beskrivning i detta avsnitt.

44 Skär av metallklämmorna och koppla loss bränsleslangarna från pumpen.

45 Koppla loss pumpens anslutningskontakt, skruva sedan loss de två muttrarna och demontera pumpen från enheten **(se bild)**.

46 När man sätter dit pumpen ska man använda ny metall eller snäckdrivklämmor på bränsleslangarna.

Modeller från oktober 2001

47 Bränslepumpen sitter fram på höger sida av bränsletanken. Tryck ner klämman och lossa bränsleslangarna från snabbkopplingarna på bränslepumpen. Täpp igen slangarna för att hindra bränsle från att läcka ut.

48 Lossa pumpens kontaktdon och skruva loss muttern och för undan pumpen från fästet och notera dess placering.

49 När pumpen monteras är det mycket viktigt att den placeras i sitt ursprungsläge. Pumpen monterades från början med 15° vinkel mot horisontalen.

Kapitel 4 Del A: Bränsle- och avgassystem – bensinmodeller

Innehåll

Svårighetsgrader

Enkelt, passer novisen med lite erfarenhet 

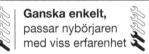

Ganska enkelt, passar nybörjaren med viss erfarenhet

Ganska svårt, passer kompetent hemmamekaniker 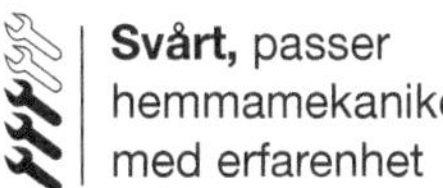

Svårt, passer hemmamekaniker med erfarenhet

Mycket svårt, för professionell mekaniker 

Specifikationer

Systemtyp

Turbomotorer	Bosch ME7.01 motorstyrningssystem
Non-turbomotorer	Denso motorstyrningssystem

Bränslesystemdata

Tomgångsvarvtal*	850 varv per minut
Reglerat bränsletryck:	
Bosch ME7.01	3.8 bar
Denso	3.0 bar

** Ej justerbar – styrs av styrenheten*

Åtdragningsmoment

	Nm
Bultarna till kamaxelns lägesgivare	10
Vevaxelläge/hastighetsgivare mutter*	10
Motorns tvärbalk till motorstabilisator	80
Motorns tvärbalk till fjädertorn	50
Avgasgrenrör muttrar*	25
Avgasröret till turboaggregatet	30
Muttrar mellan avgasrör och grenrör*	25
Bränslemätargivarens plastfästmutter	30
Bränslepumpens plastfästmutter	40
Bränslefördelarskenan till insugningsgrenrör	10
Insugningsgrenrörets bultar	20
Gasspjällstyrenhet	10
Turboaggregat till grenrör	25

** Återanvänds inte*

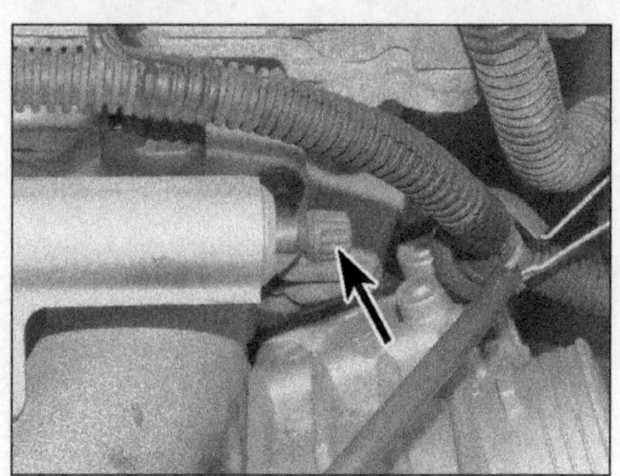

1.5 Bränsletryckets avlastningsventil (se pil) sitter på bränslefördelarskenans vänstra ände

1 Allmän information

Allmän information

Bränslesystemet består av en centralt monterad bränsletank, en elektrisk bränslepump, ett bränslefilter och ett helt elektroniskt bränsleinsprutningssystem. Ytterligare information om bränsleinsprutningssystemet finns i avsnitt 6 och 8.

Beroende på motortyp är vissa modeller på vissa ställen i världen även utrustade med ett avgasåterföringssystem som en del av ett avgasregleringspaket för minskade utsläpp. Ytterligare information om dessa system finns i del C av detta kapitel.

Tryckutjämna bränslesystemet

Innan något arbete utförs på någon del av bränslesystemet, rekommenderas det att det kvarvarande bränsletrycket utjämnas. Även om motorn har varit avstängd ett tag, finns det en risk att det kvarvarande bränsletrycket får bränslet att spruta ut okontrollerat när bränsleledningarna kopplas loss, . Detta är i bästa fall obehagligt (t.ex. om det sprutar i ansiktet), och i värsta fall en brandfara.

Så snart en bränsleledning ska kopplas loss, vira en stor mängd trasor runt anslutningen som ska öppnas, särskilt om systemtrycket inte har utjämnats. Lossa fästena eller klämmorna långsamt, och demontera alla rör försiktigt, så att trycket utjämnas på ett kontrollerat sätt och/eller så att eventuellt bränslespill kan begränsas.

Lägg trasor runt bränsletrycksavlastningsventilen på bränslefördelarskenan och skruva loss locket och använd skruvmejseln för att trycka ner ventilkärnan **(se bild)**. Var beredd på bränslespill.

Notera att ett det även sitter en övertrycksventil på bränsletillförselledningen till bränslefiltret under bilen. Denna ventil liknar en vanlig däcksventil, och kan användas enligt beskrivningen i kapitel 1A, avsnitt 25, för att tryckutjämna systemet.

Tänk på att tryckutjämningen inte tar bort risken för bränslespill. Det finns fortfarande bränsle i ledningarna, och det är klokt att lägga trasor runt alla anslutningar som ska lossas.

Föreskrifter

Varning: Bensin är extremt brandfarligt – största försiktighet måste iakttagas vid allt arbete som rör bränslesystemets delar. Rök inte och se till att inga bara lågor eller oskyddade glödlampor förekommer i närheten av arbetsplatsen. Observera att även gasdrivna hushållsapparater med tändlågor, som varmvattensberedare, ångpannor och torktumlare, också utgör en brandrisk. Tänk på det om arbetet utförs på en plats i närheten av sådana apparater. Ha alltid en eldsläckare i närheten av arbetsplatsen och kontrollera hur den fungerar innan arbetet påbörjas. Använd skyddsglasögon vid arbete med bränslesystemet och tvätta omedelbart bort allt bränsle som kommer i kontakt med huden med tvål och vatten. Observera att bränsleångor är lika skadliga som flytande bränsle, ett kärl som just har tömts på flytande bränsle kan fortfarande innehålla ånga och således vara explosivt. Bensin är en ytterst brandfarlig vätska och säkerhetsföreskrifterna för hantering kan inte nog betonas.

- ***Flera av momenten som beskrivs i detta kapitel innebär att bränsleledningar måste kopplas bort, något som kan leda till bränslespill. Innan arbetet påbörjas, läs varningarna ovan och information i Säkerheten först! i början av denna handbok; se även informationen om tryckutjämning av bränslesystemet tidigare i detta avsnitt.***
- ***Det rekommenderas starkt att batteriets minusledare kopplas loss så snart det föreligger risk för bränsleläckage, om detta är möjligt. Detta minskar risken för att en gnista orsakar brand, och förhindrar även att bränslepumpen startar, vilket kan vara farligt om bränsleledningarna har kopplats loss.***
- ***Var extra noga med renligheten vid arbete med bränslesystemets komponenter. Smuts som tränger in i bränslesystemet kan orsaka blockeringar som leder till dålig drift.***

2 Luftrenare och luftkanaler – demontering och montering

Demontering

Luftrenare

1 Lossa klämman och koppla loss luftutloppsslangen från luftflödesmätaren på luftrenarhuset, koppla sedan loss mätarens anslutningskontakt **(se bild)**.

2 Koppla loss kablaget från framsidan av luftrenarhuset.

3 Notera hur vakuumslangarna sitter monterade och koppla sedan loss dem från baksidan av huset.

4 Dra loss varmluftsslangen och insugsslangen från luftrenarhusets sida **(se bild)**.

5 Dra huset uppåt och ta loss det från fästena **(se bild)**.

Luftkanaler

6 Alla kanaler hålls på plats antingen med enkla anslutningar som bara trycks på plats eller med slangklämmor. Kanalernas dragning varierar mellan modeller med turbo och modeller utan turbo, men för alla modeller gäller att demonteringen är enkel och självförklarande. För att det ska gå att komma åt de nedre kanalerna måste luftrenarenheten tas bort enligt beskrivningen ovan.

Montering

7 Monteringen sker alltid i omvänd ordningsföljd mot demonteringen.

2.1 Lossa luftutloppets slangklämma (markerad med pil)

2.4 Dra loss luftinsugsslangen (se pil) från sidan av luftrenarhuset

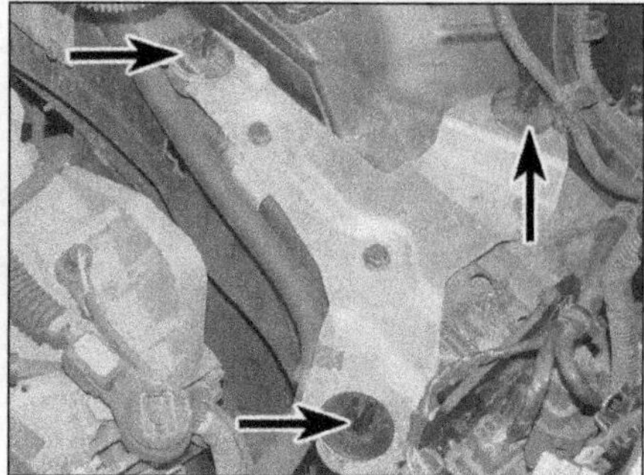

2.5 Dra loss huset från de tre fästena (se pilar)

3 Gaspedal – demontering och montering

Demontering

1 Skruva loss de två skruvarna och ta bort klädselpanelen ovanför pedalerna i förarsidans fotbrunn **(se bild)**.

2 Skruva loss de tre skruvarna som fäster torpedväggen **(se bild)**.

3 Lossa buntbandet och koppla loss lägesgivarens anslutningskontakt när du tar bort pedalenheten. Ingen ytterligare isärtagning av enheten rekommenderas **(se bild)**.

Montering

4 Montera tillbaka i omvänd ordningsföljd mot demonteringen.

4 Bränslepump-/givarenheter – demontering och montering

Observera: *Observera föreskrifterna i avsnitt 1 innan något arbete utförs på bränslesystemets komponenter.*

Demontering

1 Koppla loss batteriets minusledning (se kapitel 5A).

2 Ta bort baksäteskudden och dra bak ryggstödet enligt beskrivningen i kapitel 11.

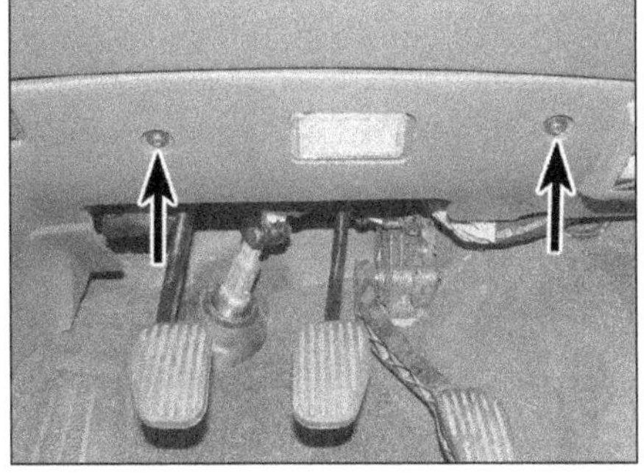

3.1 Skruva loss de 2 skruvarna (markerad med pilar) som håller fast klädselpanelen

3 Vik fram golvmattan så att du kommer åt bränsletankens åtkomstlucka.

4 Skruva loss muttrarna och avlägsna åtkomstluckorna över bränslepumpen och givarenheten (höger sida) och vänster givarenhet **(se bild)**.

5 Följ kablaget till givarenheten/pumpen eller givarenheten, koppla loss relevant kontaktdon, lossa eventuella buntband och mata sedan kablaget bakåt och genom givarenhetens öppning i golvet.

6 Tryck in knapparna och koppla loss slangarna från höger pump/givarenhet **(se bild)**.

7 Skruva loss fästkragen av plast till vänster givarenhet med ett par stora, korslagda skruvmejslar, eller improvisera fram ett verktyg som t.ex. en gammal tvåbent avdragare och en skiftnyckel **(se bild)**.

8 Ta bort vänster givare från bränsletanken, tryck sedan ner klämman och dra ut

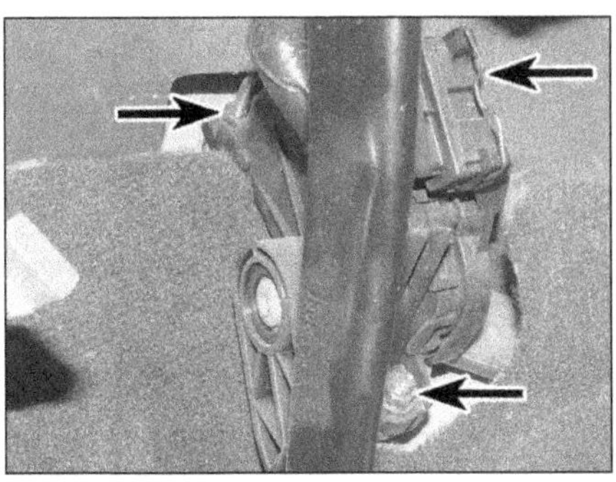

3.2 Gaspedalsenheten är fäst med tre muttrar (markerade med pilar)

bränsleutsprutaren från givaren och koppla loss anslutningskontakten från givarkåpans undersida **(se bild)**. Ta loss O-ringstätningen som sitter mellan givarens kåpa och tanköppningen.

9 Anslut en kabel (eller något liknande) till utsprutarslangen för att underlätta monteringen. Kabeln måste vara tillräckligt lång för att nå över hela bränsletanken **(se bild)**.

10 Skruva loss fästkragen till höger givar-/pumpenhet från tanken.

11 Lyft försiktigt givar-/pumpenheten, tryck ner flottörarmen och kläm ihop givaren och pumphållaren så att flottörarmen sitter i sitt lägsta läge **(se bild)**. Avlägsna givar-/pumpenheten från tanken och dra fram slang-/kabelhärvan från vänster sida av tanken. Se till att kabeln som sitter på kontakterna (avsnitt 9) är tillräckligt lång för att enheten ska kunna demonteras utan att kabeln försvinner ner i tanken. Lossa dragningskabeln från kontakterna

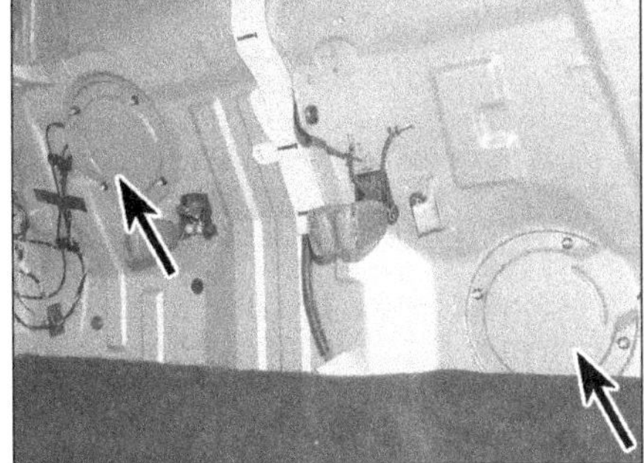

4.4 Skruva loss muttrarna och ta bort den vänstra och högra åtkomstluckan (markerad med pilar)

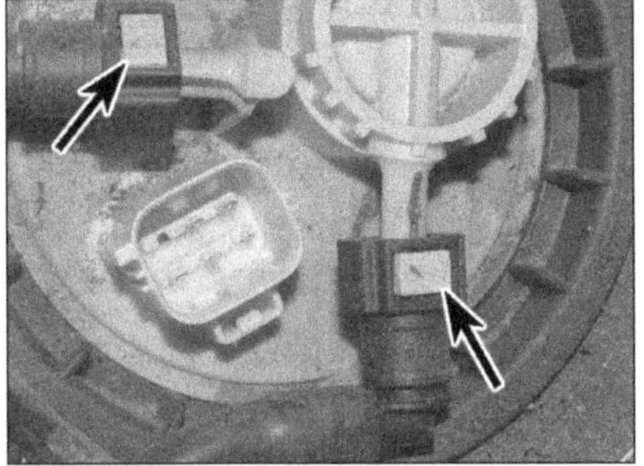

4.6 Tryck in knapparna (markerade med pilar) och koppla loss slangarna

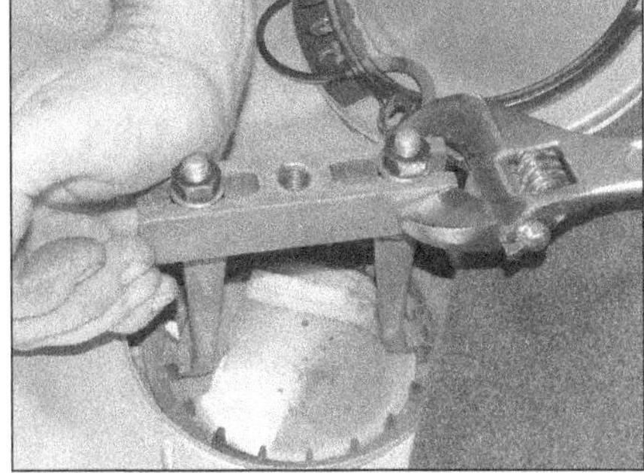

4.7 Vi använde en gammal tvåbent avdragare för att skruva loss fästkragen av plast

4.8 Lossa anslutningskontakten från sändarhöljets undersida

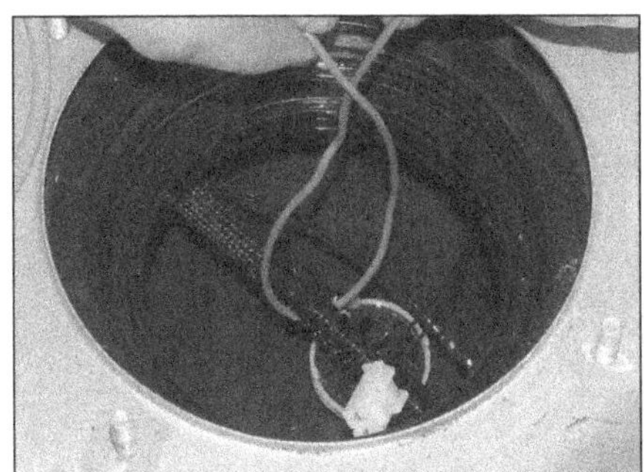

4.9 Sätt fast en kabel i slangen för att underlätta monteringen

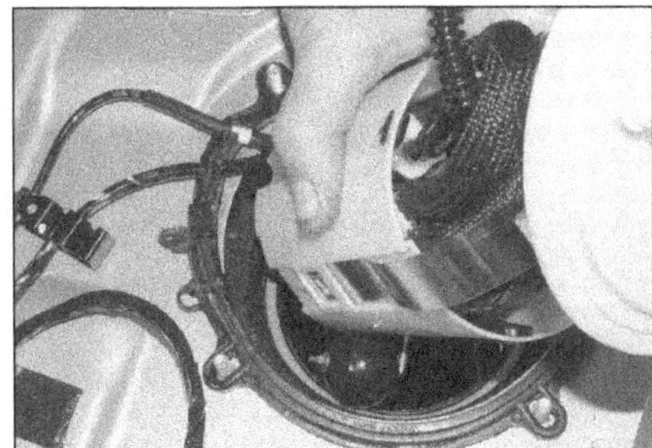

4.11 Håll flottörarmen i dess lägsta position och ta ut givar-/pumpenheten från tanken

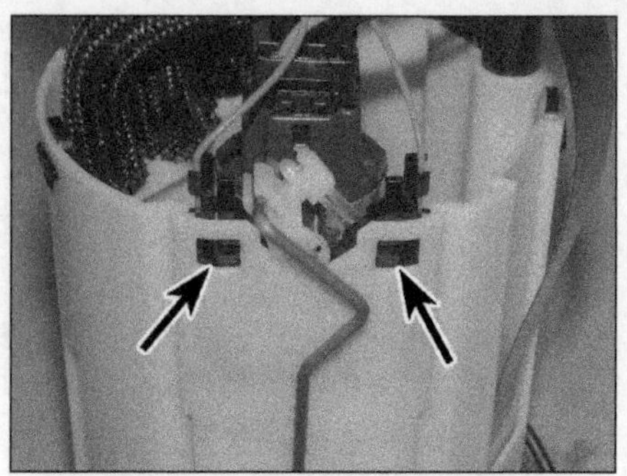

4.12 Lossa klämmorna (se pilar) och koppla loss givaren från pumpen

4.13 Sätt fast dragningskabeln på slangen och dra slangen/kabeln över till vänster sida av tanken

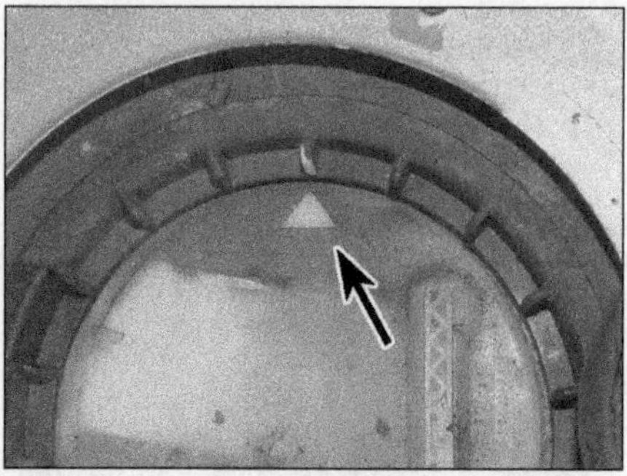

4.15 Bägge givarenhetens kåpor måste placeras så att markeringen (se pil) pekar mot bilens bakdel

och lämna kvar den inför återmonteringen. Ta loss O-ringstätningen som sitter mellan givarens kåpa och tanköppningen.

12 Om det behövs kan höger givarenhet lossas från bränslepumpenheten **(se bild)**.

Montering

13 Anslut dragningskabeln till kontakt-/slangenheten (se avsnitt 9) och sätt i givar-/pumpenheten, dra samtidigt slang-/kabelenheten över till vänster sida av tanken och se till att flottörarmen och flottören sätts på plats utan att skadas **(se bild)**.

14 Återanslut anslutningskontakterna på undersidan av vänster givarenhet och koppla loss dragningskabeln.

15 Resten av återmonteringen sker i omvänd ordningsföljd. Notera följande:

a) Använd en ny tätning insmord med vaselin.

*b) Placera pump-/givarenheterna så att pilarna på kåporna pekar mot fordonets bakände och ligger i linje mellan markeringarna på tanken **(se bild)**.*

c) Dra kablarna över bränsletanken och ut genom bränslepumpens öppning. Återanslut och fäst med kabelklämmor, om det är tillämpligt.

5 Bränsletank – demontering och montering

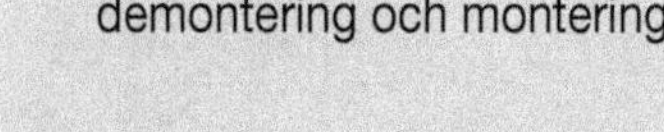

Observera: *Observera föreskrifterna i avsnitt 1 innan något arbete utförs på bränslesystemets komponenter.*

Demontering

1 Innan tanken kan demonteras måste den tömmas på så mycket bränsle som möjligt. För att undvika de faror och komplikationer som bränslehantering och -lagring kan innebära bör det här arbetet utföras med en i det närmaste tom tank.

2 Koppla loss batteriets minusledning (se kapitel 5A).

3 Lossa bultarna till vänster bakhjul, klossa sedan framhjulen, lyft upp bakre delen av bilen och stötta den på pallbockar (se *Lyftning och stödpunkter*). Ta bort hjulet.

4 Utför de åtgärder som beskrivs i avsnitt 4, punkt 2 till 6.

5 Ta bort avgassystemets bakre del enligt beskrivningen i avsnitt 13. Stötta framdelen av systemet så att den flexibla delen inte belastas.

6 Lossa ABS kablage från båda sidor av bränsletanken.

7 Skruva loss de två torxbultarna på framsidan av värmeskyddet under tanken och lossa bromsrören från klämmorna på framsidan av tankens fästband **(se bilder)**.

8 Koppla loss vänster handbromsvajer från bromsenheten enligt beskrivningen i kapitel 9, lossa fästbyglarna och placera båda kablarna framför tanken.

9 Lossa slangen från bränslefiltret vid snabbkopplingen (tryck in knapparna på kopplingen) (se bild).

10 Lossa slangklämmorna och koppla loss bränslepåfyllningsslangen och röret till avstängningsmekanismen från tanken.

11 Placera en garagedomkraft under tankens mitt. Lägg en skyddande träkloss mellan domkraftshuvudet och tankens undersida, och hissa sedan upp domkraften så att den tar upp tankens vikt.

12 Lossa tankens fästband, och sänk försiktigt ner domkraften och tanken något.

13 Sänk ner domkraften och tanken och ta bort tanken.

14 Om tanken har smutsats ner med avlagringar eller vatten, ta loss mätarens givarenhet och bränslepumpen enligt den tidigare beskrivningen. Skölj ur tanken med rent bränsle.

15 Tanken är gjuten i syntetmaterial, och om den skadas måste den bytas ut. I somliga fall kan det dock vara möjligt att reparera små läckor eller mindre skador. Kontakta en verkstad eller en lämplig specialist angående frågor om tankreparationer.

16 Om en ny tank ska monteras, flytta över alla komponenterna från den gamla tanken till den nya. Byt alltid ut tätningar och plastmuttrar som håller fast bränslepumpen och mätargivaren. Om de är använda är det inte säkert att de fäster och sluter tillräckligt tätt på den nya tanken.

Montering

17 Monteringen sker i omvänd ordningsföljd mot demonteringen, och tänk på följande:

a) Sätt tanken på plats och dra åt de bakre fästena. Skjut tanken framåt och centrera bränslemätargivarens och bränslepumpens plastmuttrar i förhållande till åtkomsthålen i golvet. Dra nu åt fästbandens främre fästen..

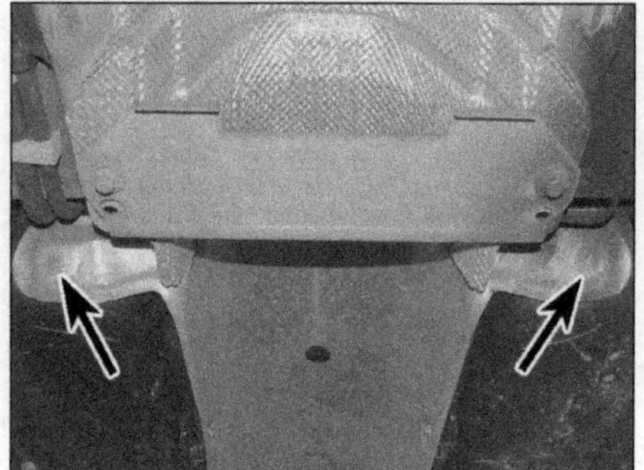

5.7a Skruva loss värmeskyddets Torxbultar (markerad med pilar) . . .

5.7b . . . och lossa bromsrören från klämmorna på tankens band

5.9 Tryck ner knappen (se pil) och dra loss kopplingen från filteranslutningen

b) Avsluta med att fylla på tanken med bränsle och leta mycket noga efter tecken på bränsleläckage innan bilen körs i trafik.

6 Bränsleinsprutningssystem – allmän information

Bosch ME7.01 system

ME7.01 är ett mikroprocessorstyrt motorstyrningssystem, utformat för att uppfylla stränga krav på utsläpp, men samtidigt ge utmärkta motorprestanda och god bränsleekonomi. Detta uppnås genom konstant övervakning av motorn via olika givare, vilkas data skickas till systemets elektroniska styrenhet. Baserat på denna information, avgör sedan styrenhetens program och minne den exakta mängd bränsle som krävs, som sprutas in direkt i insugningsgrenröret, för alla faktiska och förväntade körförhållanden. Styrmodulen styr även motorns tändningsfunktion (se kapitel 5B) och motorns avgasreningssystem (se kapitel 4C).

Huvudkomponenterna i systemets bränsledel är följande.

Elektronisk styrmodul (ECM)

• Styrmodulen är en mikroprocessor som styr bränslesystemet, tändningen, motorkylfläkten, kamaxellägena, turboaggregatet och avgassystemet. Enhetens minne innehåller program som styr bränsletillförseln till insprutningsventilerna och hur länge de ska vara öppna. Programmet använder subrutiner till att ändra dessa parametrar, enligt värden från andra komponenter i systemet. Förutom detta styrs även motorns tomgångsvarvtal av styrmodulen, med hjälp av en motoriserad gasspjällsenhet. Den elektroniska styrenheten innehåller även en självdiagnostiseringsenhet som ständigt kontrollerar att hela bränsle/tändsystemet fungerar som det ska. Alla upptäckta fel lagras som felkoder som kan läsas med en felkodsläsare. Om fel i systemet uppstår på grund av att en signal från en givare går förlorad återgår styrenheten till ett nödprogram. Detta gör att bilen kan köras, även om motorns funktion och prestanda begränsas.

Styrmodulen har flera anpassningsbara (självlärande) funktioner, vilket gör att den kontinuerligt anpassar sig till förändrade omständigheter under bilens livslängd (slitage, bränsleskillnader etc.). Styrmodulen har en inbyggd atmosfärstryckgivare och på vissa modeller även en inbyggd lufttemperaturgivare som övervakar temperaturen inuti den plastlåda där modulen finns och vid behov aktiverar lådans kylfläkt.

Bränsleinsprutningsventiler

Varje bränsleinsprutare består av en solenoidstyrd nålventil som öppnas på kommando av styrenheten. Bränsle från bränslefördelarskenan transporteras då genom bränsleinsprutarens munstycke till insugningsröret.

Temperaturgivare för kylvätska:

• Den här resistiva komponenten sitter i termostathuset, där dess mätelement kommer i direkt kontakt med motorkylvätskan. Förändringar i kylvätskans temperatur registreras av styrenheten som förändringar i givarens resistans. Signaler från temperaturgivaren för kylvätskan går även till temperaturmätaren på instrumentbrädan.

Luftflödesgivare

• Luftflödesgivaren mäter massan för den luft som sugs in i motorn. Givaren är av glödtrådstyp och innehåller fyra olika resistiva element samt tillhörande kretsar. Enheten sitter i luftrenarens insug, och använder insugsluften till att ändra elementens resistans. Genom att jämföra de varierande resistansvärdena med en referensresistans kan styrenheten beräkna insugsluftens temperatur och, från dess kyleffekt, insugsluftens volym.

Gaspedalens lägesgivare

• Gaspedalens lägesgivare innefattar två potentiometrar och en omvandlare för analoga och digitala signaler. Pedalskaftet är anslutet till potentiometrarna, vilkas motstånd ändras beroende på pedalläget. Givaren skickar både en analog och en digital signal till styrmodulen, med information om pedalläget och förändringstakten. Denna information använder styrmodulen för att styra det motoriserade gasspjällets styrenhet. Ingen gasspjällsvajer är monterad.

Det motoriserade gasspjällets styrenhet

• Gasspjällets styrenhet reglerar mängden luft som går in i insugsgrenröret. Den består av ett gasspjäll (skiva), en likströmsmotor och drev, samt två potentiometrar som signalerar gasspjällets läge till styrmodulen. Ingen gasspjällsvajer är monterad – gasspjällets läge styrs av styrmodulen via elmotorn.

Bränslepump

• Den elektriska bränslepumpen sitter i bränsletanken och är helt nedsänkt i bränslet. Enheten är en tvåstegskomponent som består av en elektrisk motor som driver en skovelhjulspump för att dra in bränsle, och en kugghjulspump för att pumpa ut det under tryck. Bränslet transporteras sedan till bränslefördelarskenan på insugningsgrenröret via ett bränslefilter.

Bränsletrycksregulator

• Bränsletryckregulatorns funktionär inbyggd i pumpmodulen på bränsletanken.

Bromsljusbrytare

• Skickar information till styrmodulen om bromspedalens läge, för farthållarfunktioner.

Kopplingspedalkontakt

• Skickar information till styrmodulen om kopplingspedalens läge, för farthållarfunktioner.

Luftkonditioneringens trycksensor

• Denna sensor sitter på högtryckssidan av luftkonditioneringssystemet och informerar styrmodulen om systemets tryck så att motorns kylfläkt (kyler kondensorn) och kompressorn kan styras, samt justerar tomgångsvarvtalet enligt kompressorns belastning.

Turboaggregatets laddningstryckgivaren

• Denna sensor sitter på utloppsröret från laddluftkylaren och informerar styrmodulen om trycket hos den luft som kommer in i insugsgrenröret. Monteras inte på alla turbomotorer.

Insugsluftens temperaturgivare:

• Den här givaren informerar styrmodulen om temperaturen på luften när den lämnar laddluftkylaren. Givarens resistans varierar beroende på den omgivande lufttemperaturen.

Utelufttemperarturgivare

• Denna givare sitter vid foten av vänster sidospegel och skickar information till styrmodulen om lufttemperaturen utanför bilen. Givarens resistans varierar beroende på den omgivande lufttemperaturen.

Vevaxelns hastighets-/lägesgivare

• När motorns svänghjul roterar, passerar en rad borrade/stansade hål (6° ifrån varandra) runtom svänghjulet givarens ände som sitter på baksidan av motorn ovanför svänghjulet. Eftersom givaren har en permanentmagnet och är induktiv, genererar svänghjulet/hålen en växelström i givaren. Spänningens frekvens är direkt proportionell mot motorns hastighet. För att kunna avgöra vevaxelns läge saknas ett hål (vid 72° före övre dödpunkt). Detta uteblivna hål skapar en avvikelse i signalen som gör att styrmodulen kan bestämma vevaxelns exakta läge. Även om vevaxelns rotationsläge kan bestämmas, kan givaren inte avgöra vilket ”kolvslag” (kompression eller utblåsning) som motorn är på. Denna information måste styrmodulen hämta från kamaxelgivaren.

Kamaxelgivare

• För att kunna ta reda på kamaxelns läge sitter denna givare intill kamaxelns flänsar. Varje fläns har fyra ”sidor” vilka i sin tur har en varsin kugge. Dessa kuggar sitter inte jämnt fördelade (sidorna är inte symmetriska), så när de passerar givarens spets skapar givarens permanentmagnet en växelström, vars mönster ger styrmodulen information om läget och vars frekvens motsvarar hastigheten.

Bränsletryck/temperaturgivaren

• På vissa modeller sitter denna givare med Piezo-resistor på bränslefördelarskenan. När tryck appliceras mot givaren, varierar utgångsspänningen proportionellt mot trycket. Givarens temperaturavkännande element är en temperaturkänslig resistor – när temperaturen ökar, minskar den genererade spänningen och vice versa.

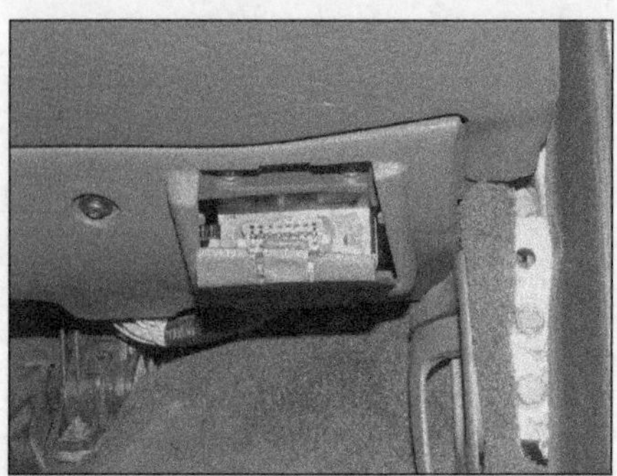

7.2 Dra klaffen nedåt så att du kommer åt diagnoskontakten som sitter på förarsidan under instrumentbrädan

Kamaxelns lägessolenoid

- Denna solenoid, som sitter på topplocket, styr oljeflödet till den variabla ventilstyrningens komponenter på kamaxeln. Oljeflödet till dessa enheter avgör kamaxelns radiella läge. Spänningen till solenoiden/solenoiderna styrs av motorstyrningens styrmodul.

Turboaggregatets laddtrycksventil

- Ventilen sitter på en slang mellan insugsgrenröret och turboaggregatets tryckservo och styr turboaggregatets utgående tryck. Ventilen styrs av motorstyrningens styrmodul och reglerar tryckservons vakuum.

Densosystem

Densosystemets komponenter och deras funktion liknar i flera avseenden Bosch ME7.01. Den huvudsakliga skillnaden är bristen på komponenter som registrerar eller styr turboaggregatets funktion.

7 Bränsleinsprutningssystem – test och justering

1 Om ett fel uppstår i bränsleinsprutningssystemet, se först till att alla systemets kontaktdon är ordentligt anslutna och fria från korrosion. Kontrollera sedan att felet inte beror på bristande underhåll; d.v.s. kontrollera att luftrenarfiltret är rent, att tändstiften är i gott skick och har rätt elektrodavstånd, att bränslefiltret är i gott skick, att cylindrarnas kompressionstryck är korrekta, att tändningsinställningen är korrekt samt att motorns ventilationsslangar inte är igentäppta eller skadade, enligt beskrivningarna i kapitel 1, 2A och 5B.

2 Om de här kontrollerna inte visar orsaken till felet finns det ett diagnostikkontaktdon under instrumentbrädan på förarsidan över pedalerna som man kan koppla in en felkodsläsare i **(se bild)**. Testutrustningen kan kontrollera motorstyrningssystemet elektroniskt och få tillgång till dess lagrade felkoder.

3 Felkoderna från styrenheten kan endast läsas med hjälp av en särskild felkodsläsare. En Volvo-återförsäljare har med säkerhet sådana mätare, men de finns också att köpa från andra återförsäljare. Det är knappast lönsamt för en privatperson att köpa en felkodsläsare, men välutrustade garage eller specialister på bilars elsystem brukar vara utrustade med en.

4 Med denna utrustning kan fel lokaliseras snabbt och enkelt, även om de bara förekommer ibland. Att kontrollera alla systemkomponenter för sig i ett försök att hitta ett fel genom uteslutningsmetoden är ett tidsödande företag med stora risker att misslyckas (särskilt om felet uppträder sporadiskt). Styrenhetens interna delar riskerar även att skadas.

5 Erfarna hemmamekaniker utrustade med en precisionsvarvräknare och en noggrant kalibrerad avgasanalyserare kan kontrollera avgasernas CO-halt och tomgångens varvtal. Om dessa ligger utanför specifikationerna måste bilen tas till en Volvo-verkstad eller specialist för kontroll. Varken luft-/bränsleblandningen (avgasernas CO-halt) eller motorns tomgångsvarvtal kan justeras manuellt: felaktiga testresultat indikerar att underhåll måste utföras (eventuellt rengöring av insprutningsventilen) eller ett fel i bränsleinsprutningssystemet.

8 Bränsleinsprutnings systemets komponenter – demontering och montering

Observera: *Läs föreskrifterna i avsnitt 1 innan något arbete utförs på bränslesystemets komponenter. Följande procedurer gäller alla bränsleinsprutningssystem, om inget annat anges.*

Luftflödesgivare

1 Lossa klämman och koppla loss slangen från luftflödesgivaren (se bild 2.1).

2 Koppla loss kontaktdonet från givaren.

3 Skruva loss de två skruvarna och ta bort givaren från luftrenarkåpan **(se bild)**.

4 Montera tillbaka i omvänd ordningsföljd mot demonteringen.

Insugsluftens temperaturgivare:

Modeller med turbo upp till årsmodell 2002

Observera: *På modeller utan turbo är insugsluftens temperaturgivare inbyggd i luftflödesgivaren och på modeller med turbo från 2003 och senare är givaren inbyggd i laddtryckgivaren.*

5 Koppla loss anslutningskontakten från givaren som sitter på röret mellan laddluftkylaren och grenröret **(se bild)**.

6 Lossa klämmorna och dra loss givaren.

7 Monteringen sker i omvänd ordningsföljd mot demonteringen.

Bränslefördelarskena och bränsleinsprutare

Observera: *Om något problem med en insprutningsventil misstänks, kan det vara värt att pröva en rengöringstillsats för insprutningsventilerna i bensinen innan ventilerna demonteras.*

8 Tryckutjämna bränslesystemet enligt beskrivningen i avsnitt 1.

9 På motorer med turbo, lossa klämmorna och ta bort laddluftröret över motorns överdel.

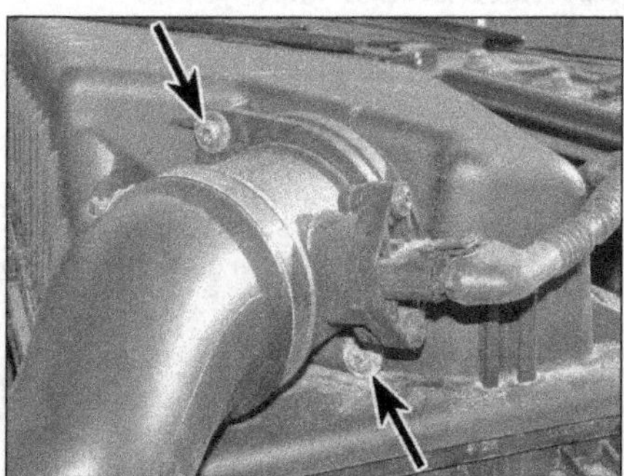

8.3 Skruva loss de 2 skruvarna (markerade med pilar) och ta bort luftflödesgivaren

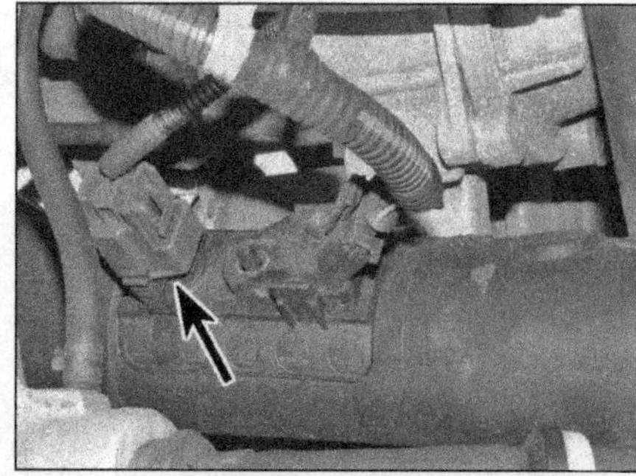

8.5 Insugningsluft temperaturgivare (markerad med pil)

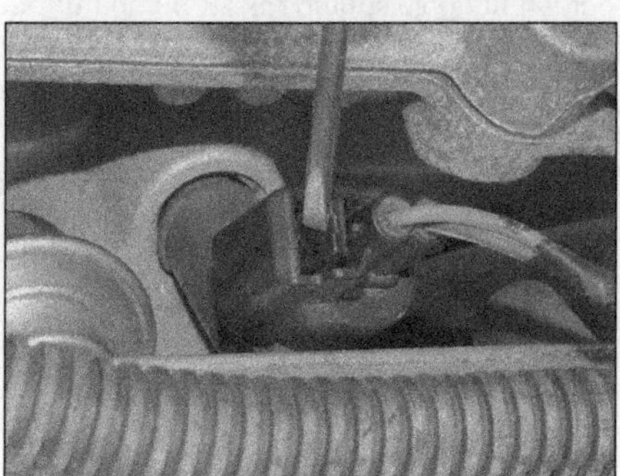

8.11 Tryck ner klämmorna och koppla loss bränsleinsprutarens anslutningskontakter

8.12 Ta bort insprutningsskenans fästbultar (markerade med pilar)

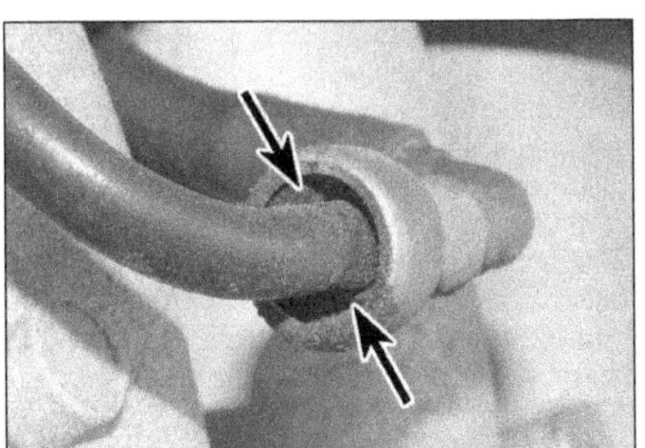

8.13 **Tryck hylsorna inuti kopplingen bakåt (se pilar) och dra sedan isär kopplingen**

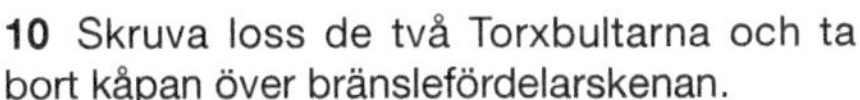

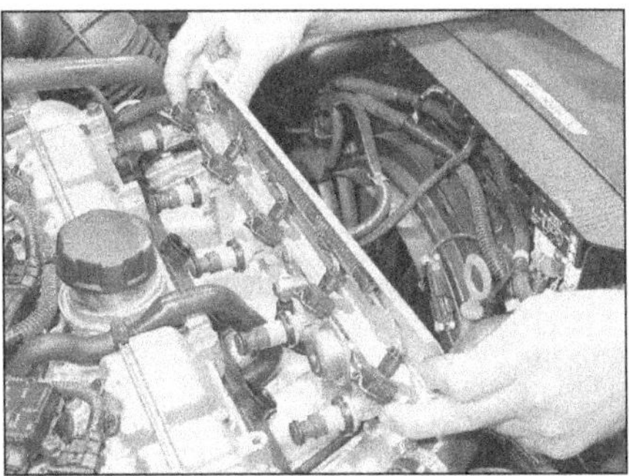

8.14 **Ta bort bränslefördelarskenan och insprutningsventilerna från grenröret**

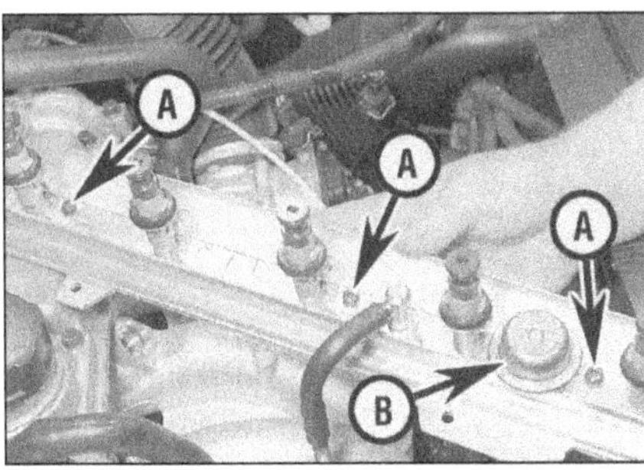

8.15 **Skruvar till insprutningsventilernas spännbrickor (A) och bränsletrycksdämparen (B)**

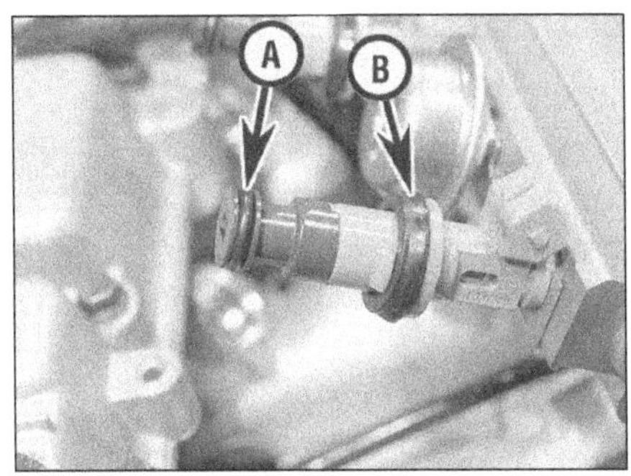

8.16 **Kontrollera skicket på insprutningsventilernas O-ringar (A) och grenrörstätningarna (B)**

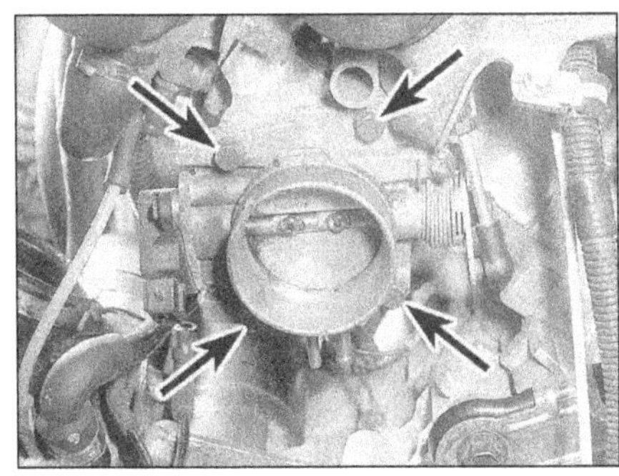

8.21 **Gasspjällstyrenhetens fästbultar (markerad med pilar)**

10 Skruva loss de två Torxbultarna och ta bort kåpan över bränslefördelarskenan.

11 Lossa klämmorna och anslutningskontakten från varje insprutningsventil **(se bild)**.

12 Rengör området runt insprutningsventilerna och avlägsna sedan bränslefördelarskenans fästbultar **(se bild)**.

13 Koppla loss bränsleledningens snabbkoppling från bränslefördelarskenan genom att trycka tillbaka kopplingshylsorna **(se bild)**. Var beredd på oljespill när kopplingen lossas. Plugga igen anslutningen efter losskopplingen för att förhindra ytterligare bränslespill.

14 Lossa försiktigt insprutningsventilerna och dra skenan uppåt så att insprutningsventilerna lossnar från grenröret. Ta bort hela skenan, med insprutningsventiler och bränsletryckdämpare **(se bild)**.

15 Ta bort skruvarna som håller fast insprutningsventilens spännbrickan på bränslefördelarskenan **(se bild)**. Nu kan insprutningsventilerna lossas från spännbrickan och tas bort.

16 Monteringen sker i omvänd ordningsföljd. Notera följande:

a) Kontrollera att bränsleinsprutarnas O-ringar och grenrörstätningarna är i gott skick och byt ut dem om det behövs (se bild).

b) Smörj O-ringarna med vaselin eller silikonfett före hopsättningen.

c) Se till att alla kabel- och bränsleledningsanslutningar sitter korrekt och ordentligt fast.

d) Dra åt bränslefördelarskenans fästbultar till angivet moment.

Bränsletrycksdämpare

17 Demontera bränslefördelarskenan och insprutningsventilerna enligt den tidigare beskrivningen. Bränsletrycksdämparen kan lossas från bränslefördelarskenans spännbricka på samma sätt som insprutningsventilerna.

18 Monteringen sker i omvänd ordningsföljd mot demonteringen.

Det motoriserade gasspjällets styrenhet

Observera: *Om du monterar en ny styrenhet till gasspjället, måste den programmeras och matchas med motorstyrningens styrmodul med särskild testutrustning från Volvo. Arbetet bör överlåtas till en Volvo-återförsäljare eller lämpligt utrustad specialist.*

Turbomodeller

19 Lossa klämmorna och ta loss insugskanalerna från frontpanelen och luftrenarhuset.

20 Lossa klämmorna och ta bort insugskanalerna från laddluftkylaren till gasspjällstyrenheten.

21 Lossa anslutningskontakten, skruva loss de fyra bultarna och ta bort gasspjällstyrenhet **(se bild)**. Kasta packningen, eftersom en ny en måste användas.

22 Monteringen utförs i omvänd ordningsföljd mot demonteringen med en ny packning. Dra åt gasspjällstyrenheten med fästbultar till angivet moment.

Modeller utan turbo

23 Lossa klämman och koppla loss insugsslangen från gasspjällstyrenheten **(se bild)**.

24 Lossa anslutningskontakten, skruva loss de fyra skruvarna och ta bort gasspjällstyrenhet **(se bild)**. Kasta packningen, eftersom en ny en måste användas.

25 Monteringen sker i omvänd ordningsföljd. Använd en ny packning. Montera nya slangklämmor om det behövs och dra åt fästskruvarna till gasspjällets styrenhet till angivet moment.

Temperaturgivare för kylvätska:

26 Se kapitel 3.

Elektronisk styrmodul (ECM)

Observera: *Om du monterar en ny styrmodul*

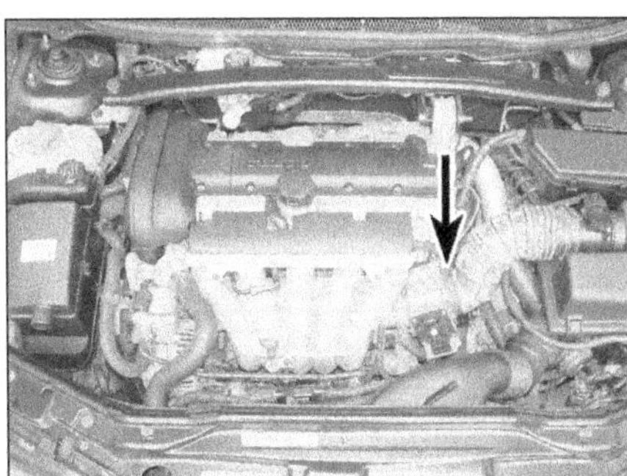

8.23 **Lossa klämman (markerad med pil) som håller fast intagsslang till gasspjällstyrenhet**

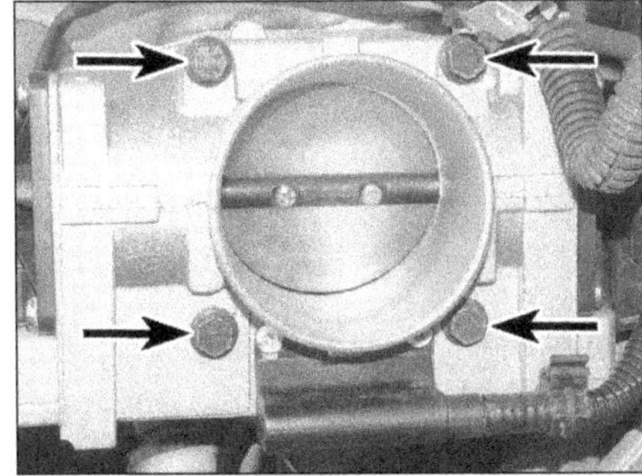

8.24 **Skruva loss de 4 skruvarna (markerad med pilar) och ta bort gasspjällstyrenhet**

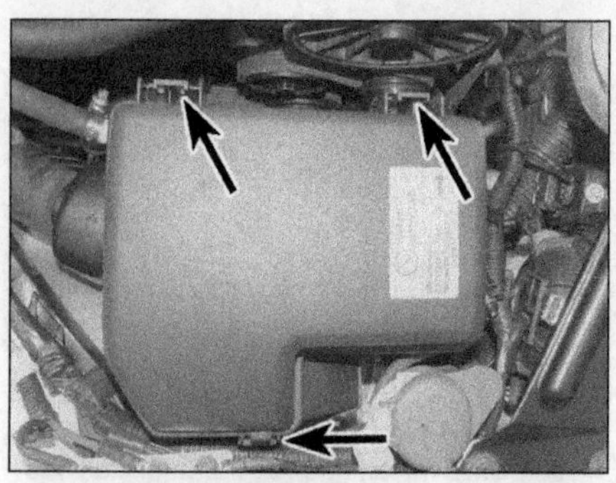
8.28 Lossa klämmorna (markerade med pilar) och ta bort locket på styrmodulens låda

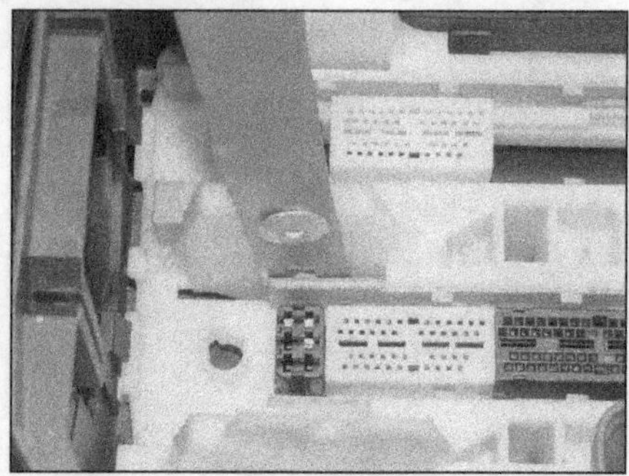
8.29a Sätt i verktyget längs styrmodulen och för kontaktdonets låshakar framåt växelvis, lite i taget

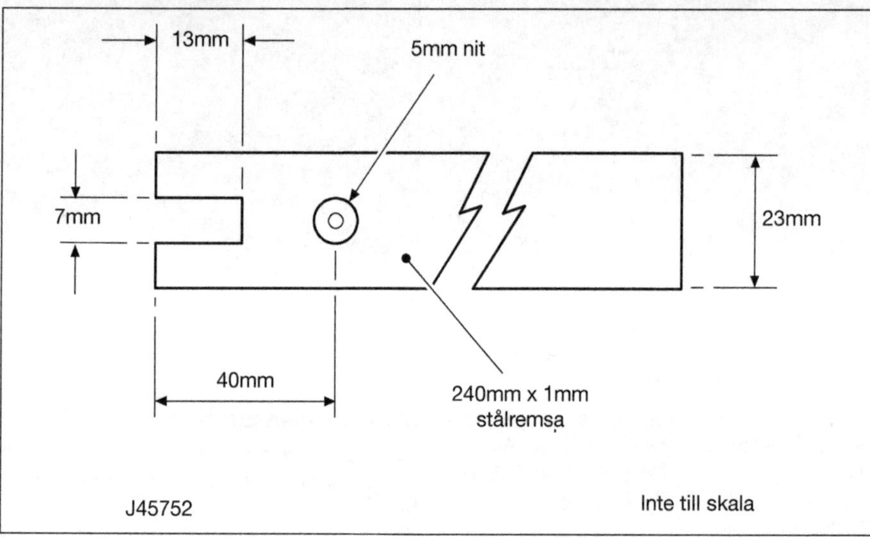

8.29b Egentillverkat verktyg för att lossa styrmodulens kontaktdon

För att verktyget ska kunna föras ner längs styrmodulen, måste niten filas eller slipas ner till ca hälften av sin ursprungliga höjd

måste den programmeras med särskild testutrustning från Volvo. Arbetet bör överlåtas till en Volvo-återförsäljare eller lämpligt utrustad specialist.

Observera: *Motorstyrningens styrmodul och automatväxelns styrmodul (i förekommande fall) sitter i styrmodullådan som finns framtill i motorrummets högra del.*

27 Se till att tändningen är avstängd.

Varning: Vänta minst två minuter efter att tändningen har slagits av så att eventuell kvarvarande spänning försvinner ur systemets huvudrelä.

28 Rengör ovansidan av locket till styrenhetens låda så att inte smuts faller ner i lådan när locket tas bort. Lossa haken på sidan av locket till den elektroniska styrenhetens låda. Lyft av locket och lägg det åt sidan **(se bild)**.

29 För att ta bort styrmodulen, sätt Volvo-verktyg nr 999 5722 omkring styrmodulen och tryck verktygets överdel bakåt så långt det går, då lossnar kontaktdonet och modulen. Om du inte har tillgång till verktyget kan det också gå att lossa kontaktdonen med hjälp av en stålremsa med ett utskuret spår i änden och en 5 mm nit som styrbult, formad enligt bilden. Sätt i det egentillverkade verktyget längs styrmodulen och för spärrarna framåt växelvis, lite i taget som visas **(se bilder)**. När spärrarna dras framåt lyfts styrmodulen och lossnar från kontaktdonen.

Observera: *Undvik att röra vid styrmodulens anslutningsstift med händerna – det finns risk för skador pga. statisk elektricitet.*

30 Placera styrenheten i lådan och anslut den till skarvdonet i nederdelen.

31 Placera Volvo-verktyget runt styrmodulen och dra överdelen av verktyget så långt bakåt det går. Om du använder det egentillverkade verktyget, tryck försiktigt styrmodulen nedåt samtidigt som du bänder spärrarna bakåt växelvis, lite i taget.

32 Sätt tillbaka locket till styrmodulens låda.

Yttertemperaturgivare

33 Demontera speglet på förarsidan enligt beskrivningen i kapitel 11.

34 Bänd försiktigt loss givaren från foten av spegelhuset (se bild 6.23 i kapitel 12).

35 Koppla loss anslutningsstiftet från kontaktdonet.

36 Monteringen sker i omvänd ordningsföljd mot demonteringen.

Vevaxelns hastighets-/lägesgivare

Motorer utan turbo

37 Ta bort gasspjällstyrenhet enligt tidigare beskrivning i detta avsnitt.

38 Givaren sitter ovanpå växellådshuset, bredvid motorblocket. Lossa givarens anslutningskontakt, skruva loss bulten/muttern och ta bort givaren **(se bild)**.

39 Monteringen utförs i omvänd ordningsföljd mot demonteringen. Dra åt sensorns nya fästmutter till angivet moment.

Turbomotorer

40 Lossa klämmorna och koppla loss slangarna mellan luftrenaren och turboaggregatet.

41 Koppla loss givarens anslutningskontakt och skruva därefter loss muttern/bulten och ta bort givaren ovanpå växellådshuset, bredvid motorblocket.

42 Monteringen utförs i omvänd ordningsföljd mot demonteringen. Dra åt sensorns nya fästmutter/bult till angivet moment.

Kamaxelgivare

Motorer utan turbo

43 Ta bort gasspjällstyrenhet enligt tidigare beskrivning i detta avsnitt.

44 Lossa givarens anslutningskontakt. Skruva loss bulten/muttern och ta bort givaren **(se bild)**.

45 Monteringen utförs i omvänd ordningsföljd mot demonteringen.

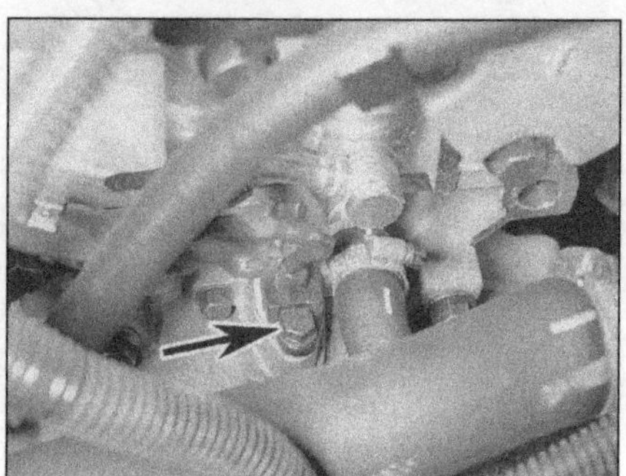
8.38 Skruva loss bulten (markerad med pil) och ta bort vevaxelläge/hastighetsgivare

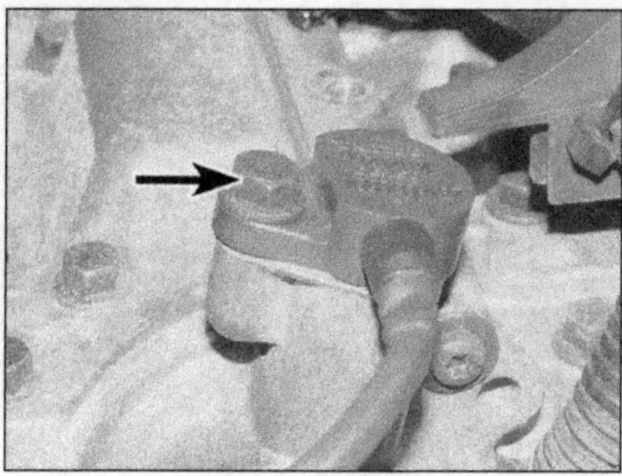
8.44 Skruva loss bulten (markerad med pil) och ta bort kamaxelgivare

Turbomotorer

46 Koppla loss sensorns anslutningskontakt i den vänstra änden av topplocket.

47 Skruva loss fästbulten och ta bort sensorn **(se bild)**.

48 Monteringen sker i omvänd ordningsföljd mot demonteringen.

Kamaxelns lägessolenoid

49 Skruva loss klämmorna/skruvarna och ta bort kamremmens övre, inre kåpa **(se bild)**.

50 Rengör området runt solenoiden så att ingen smuts kommer in och koppla sedan loss solenoidens anslutningskontakt.

51 Skruva loss fästbultarna och ta bort solenoiden **(se bild)**. Kasta packningen.

52 Se till att fogytorna är rena och montera sedan solenoiden med en ny packning. Dra åt fästbultarna till angivet moment.

53 Montera tillbaka kamremskåpan.

Turboaggregatets laddningstryckgivaren

54 Laddtryckgivaren monteras inuti röret mellan laddluftkylaren och grenröret. Koppla loss givarens anslutningskontakt.

55 Skruva loss fästskruv, eller lossa klämman, och ta bort sensorn **(se bild)**.

56 Monteringen sker i omvänd ordningsföljd mot demonteringen.

Turboaggregatets styrventil

57 Lossa klämman och koppla loss ventilen från luftrenarhusets kåpa.

58 Lossa ventilens anslutningskontakt.

59 Observera slangarnas monteringslägen och koppla därefter bort dem från ventilen.

60 Monteringen sker i omvänd ordningsföljd mot demonteringen.

Kopplingspedalens lägesbrytare

61 Se kapitel 6.

Bromsljusbrytare

62 Se kapitel 9.

9 Farthållare – allmän information

Farthållaren gör att bilen håller den hastighet som föraren valt, oberoende av backar eller vind.

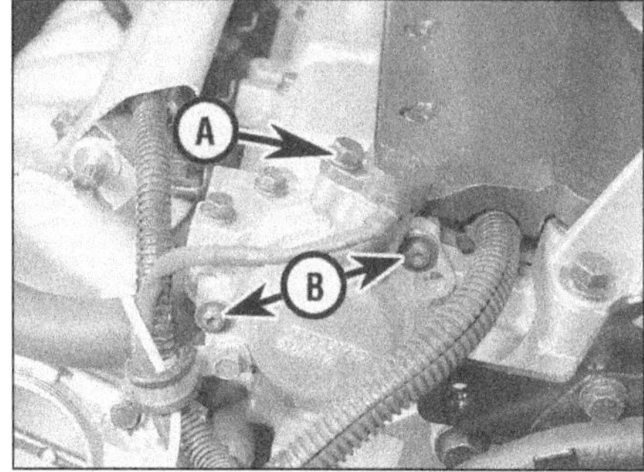

8.47 Kamaxelgivarens fästbult (A) och ändkåpskruvar (B)

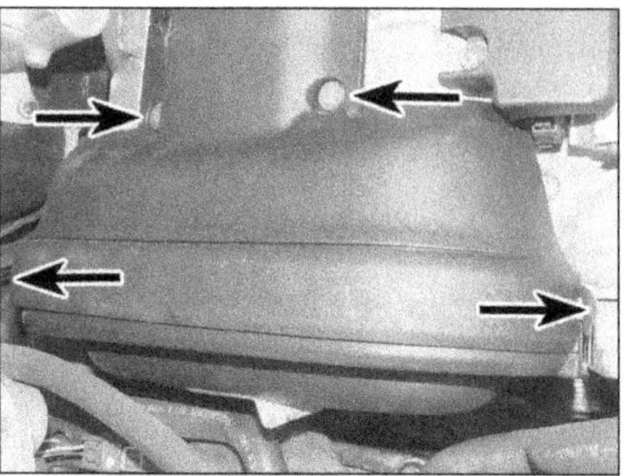

8.49 Lossa klämmorna och skruvarna (markerade med pilar) och ta bort kamremmens inre toppkåpa

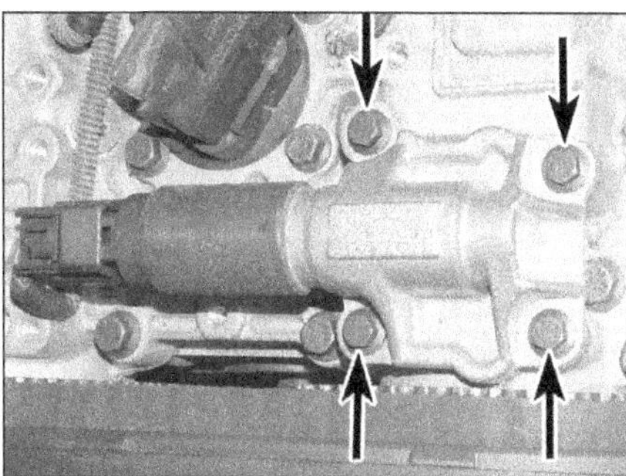

8.51 Skruva loss kamaxelgivare solenoid bultar (markerad med pil)

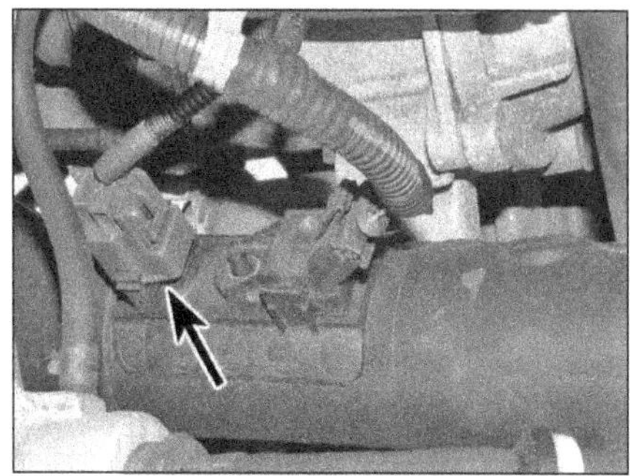

8.55 Turboaggregatets laddningstryckgivare (markerad med pil – på modeller upp till 2002 visas)

Systemets huvudkomponenter är programvaran (en del av rattmodulen) och en kontrollbrytare. Broms- och (i förekommande fall) kopplingspedalens brytare skyddar motorn mot för höga hastigheter eller belastningar om en pedal trycks ner medan systemet används.

Under körning accelererar föraren till önskad hastighet och aktiverar sedan systemet med hjälp av reglaget. Programvaran registrerar sedan bilens hastighet (från hjulhastighetsgivarna) och öppnar eller stänger gasspjället med hjälp av det motoriserade gasspjällets styrenhet. Om reglaget flyttas till OFF, eller om broms- eller kopplingspedalen trycks ner, stänger programmet gasspjället omedelbart. Den inställda hastigheten lagras i styrenhetens minne och systemet kan aktiveras igen genom att reglaget flyttas till RESUME, förutsatt att bilens hastighet inte sjunkit under 40 km/h.

Föraren kan åsidosätta farthållaren genom att helt enkelt trycka ner gaspedalen. När pedalen släpps återgår bilens hastighet till den angivna.

Farthållaren kan inte användas vid hastigheter lägre än 40 km/h, och bör inte användas vid halka eller trafikstockningar.

För demonterings- och monteringsmetoder:

a) Rattmodul – Kapitel 10, avsnitt 16.

b) Farthållarkontakt – Kapitel 12.

c) Det motoriserade gasspjällets styrenhet – avsnitt 8 i detta kapitel.

10 Insugningsgrenrör – demontering och montering

Observera: *Observera föreskrifterna i avsnitt 1 innan något arbete utförs på bränslesystemets komponenter.*

Demontering

1 Koppla loss batteriets minusledning (se kapitel 5A).

2 Demontera bränslefördelarskenan och insprutningsventilerna enligt beskrivningen i avsnitt 8.

3 Ta bort det motoriserade gasspjällets styrenhet enligt tidigare beskrivning i avsnitt 8.

4 Notera hur de olika vakuumslangarna sitter monterade och koppla loss dem från grenröret.

5 Skruva loss oljepåfyllningslocket, skruva sedan loss torxbultarna och ta bort kåpan över tändspolarna **(se bild)**.

6 Koppla loss motorventilationsslang från kamaxelkåpan **(se bild)**.

10.5 Skruva loss bultarna och ta bort kåpan (markerad med pil) över tändspolarna

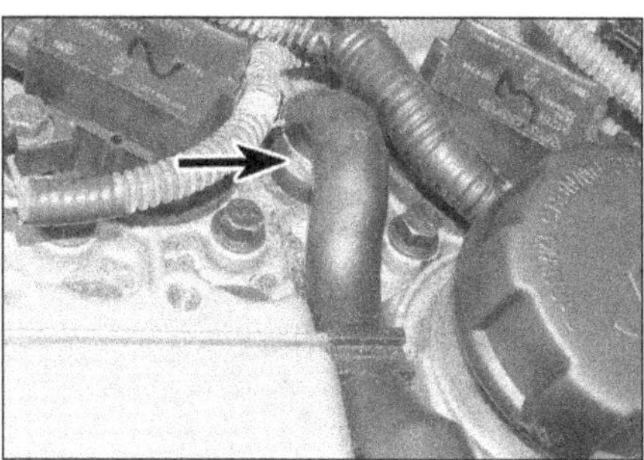

10.6 Lossa klämman och koppla loss ventilationsslangen (se pil) från kamaxelkåpan

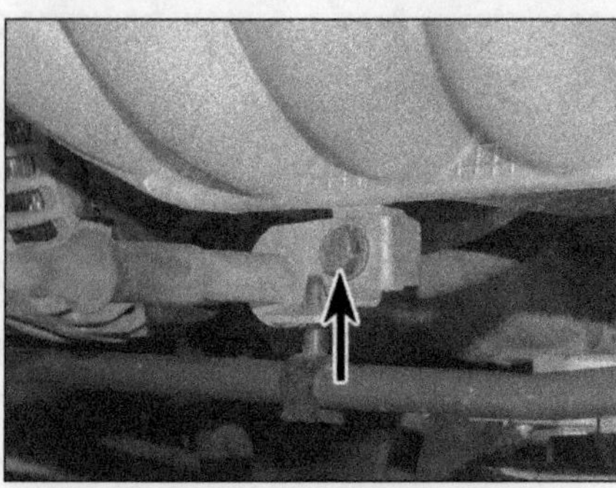

10.7 Skruva loss bulten (se pil) som håller fast oljemätstickans styrhylsa vid insugsgrenröret

7 Skruva loss skruven/muttern och koppla loss fästbygeln till oljemätstickans styrhylsa från grenröret **(se bild)**.

8 Lossa den nedre raden av grenrörets fästbultar, ta sedan bort de övre och yttre bultarna och lyft bort grenröret från motorn. Kasta packningen. Observera att på vissa modeller sitter en stödfästbygel monterad på undersidan av grenröret – skruva loss skruven och koppla loss fästbygeln från grenröret.

Montering

9 Monteringen sker i omvänd ordningsföljd. Använd en ny grenrörspackning, samt nya tätningar och O-ringar för insprutningsventilerna, om det behövs.

10 Placera grenrörspackningen på topplocket och placera grenröret i läge **(se bild)**. Kom ihåg att leda upp vevhusventilationsslangen mellan den andra och tredje kanalen, om det är tillämpligt. Dra åt bultarna till angivet moment.

11 Avgasgrenrör – demontering och montering

Demontering

1 Koppla loss batteriets minusledning (se kapitel 5A).

Turbomodeller

2 Demontera turboaggregatet enligt beskrivningen i avsnitt 12.

3 Skruva loss bultar och ta bort värmeskyddet från avgasgrenröret.

4 Skruva loss skruvarna som håller fast

10.10 Använd de nedre bultarna till att hålla fast packningen när grenröret monteras tillbaka

stödfästbygeln till motorblocket.

5 Skruva loss muttrarna, ta bort brickorna och ta bort avgasgrenröret. Kassera muttrarna och packningen då nya måste användas vid hopsättningen.

Modeller utan turbo

6 Skruva loss hållarna och ta bort motorns tvärbalk som sitter mellan fästbyglarna på framfjädringens fjäderbenslager.

7 Koppla loss förvärmningsröret från värmeskyddet över grenröret, skruva sedan loss skruvarna och ta bort värmeskyddet.

8 Lossa det vänstra framhjulets muttrar/bultar, och lyft sedan upp framvagnen och ställ den på pallbockar (se *Lyftning och stödpunkter*). Ta bort hjulet.

9 Skruva loss skruvarna och ta bort motorns undre skyddskåpa.

10 Lossa lambdasondens kablage från styrväxeln och det bakre motorfästet.

11 Skruva loss muttrarna som håller fast det främre avgasröret på grenröret.

12 Skruva loss skruvarna som håller fast tvärbalken under framdelen av avgasröret (precis bakom kuggstången) och lossa bromsröret från klämmorna på tvärbalken.

13 Tryck försiktigt framdelen av avgasröret bakåt och lossa det från grenrörets pinnbultar. **Observera:** *Var mycket försiktig så att du inte skadar lambdasondens kablage eller den böjliga delen av avgasröret.*

14 Skruva loss muttrarna och ta bort grenröret uppåt och utåt från motorrummet. Kasta packningen och använd nya vid återmonteringen.

Montering

15 Se till att fogytorna på topplocket och avgasgrenröret är rena, sätt sedan nya packningar över pinnbultarna i topplocket. Applicera antikärvningsfett på grenrörets pinnbultar.

16 Sätt dit grenröret och sätt på brickorna (om sådana finns) och nya muttrar. Dra åt muttrarna till angivet moment.

17 Resten av återmonteringen sker i omvänd ordning mot demonteringen. Tänk på följande:

a) Använd nya muttrar för att fästa avgasrörets främre del på grenröret/ turboaggregatet.

b) Dra åt alla hållare till angivet moment (där sådant angetts).

c) Återanslut batteriets jordledning enligt beskrivningen i kapitel 5A.

12 Turboaggregat – demontering och montering

Demontering

1 Skruva loss hållarna och ta bort motorns tvärbalk som sitter mellan fästbyglarna på fjädringens fjäderbenslager

2 Skruva loss skruvarna/muttrarna och ta bort värmeskölden över turboaggregatet.

3 Lossa klämmorna och ta bort laddluftröret över motorns överdel.

4 Lossa klämmorna och ta loss insugsslangen mellan luftrenarhuset och turboaggregatet.

5 Tappa ur kylsystemet enligt beskrivningen i kapitel 1A.

6 Ta bort den högra drivaxeln enligt beskrivningen i kapitel 8.

7 Skruva loss det övre kylvätskereturrörets och oljeinsugningsrörets anslutningar och ta loss tätningarna **(se bild)**.

8 Skruva loss de övre muttrarna som håller fast det främre avgasröret på turboaggregatet och de övre muttrarna som håller fast turboaggregatet på grenröret.

9 Skruva loss bulten och ta bort klämfästbygeln som håller fast oljematar- och returrören **(se bild)**.

10 Skruva loss anslutningen och koppla loss oljematningsröret från motorblocket.

11 Skruva loss anslutningen och koppla loss oljereturröret från motorblocket. Ta loss tätningarna.

12 Skruva loss muttrarna som håller fast turboaggregatet vid grenröret och framdelen av avgasröret vid turboaggregatet.

13 Arbeta i motorrummet, dra avgasröret bakåt och fäst det mot en sida.

14 Notera hur vakuumslangarna sitter monterade och koppla sedan loss dem från turboaggregatenheten.

15 Ta loss turboaggregatet från grenrörets pinnbultar och lägg det ovanpå kuggstången.

16 Arbeta under bilen och för turboaggregatet nedåt och bort från bilen.

12.7 Anslutningarna till turboaggregatets övre kylvätskerör och oljeinsugsrör (markerade med pilar)

12.9 Turboaggregatrörets bult, oljereturrörets fläns, stödfäste och grenrörets flänsbultar (markerad med pilar)

13.6 Skruva loss muttrarna som håller fast framdelen på bakdelen

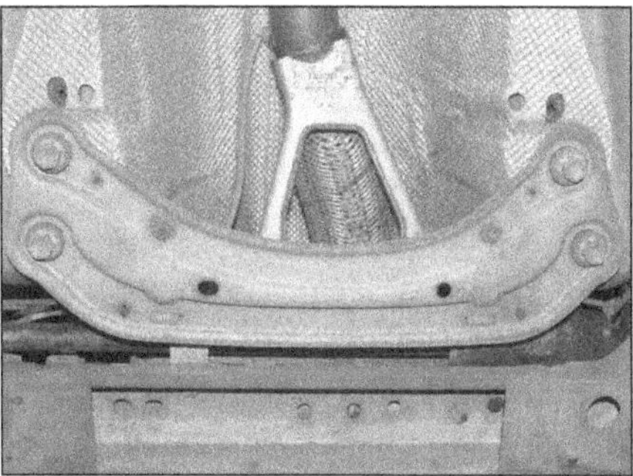
13.7a Skruva loss bultarna och ta bort fronten . . .

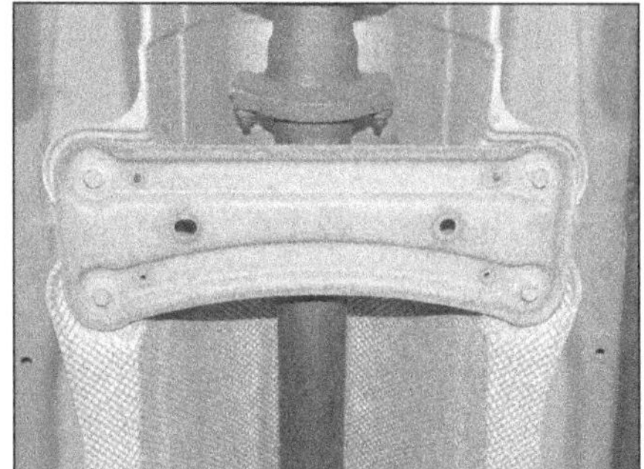
13.7b . . . och bakre förstärkningsplåtar/ tvärbalkar

Montering

17 Monteringen sker i omvänd ordningsföljd mot demonteringen. Tänk på följande:

a) *Sätt tillbaka alla pinnbultar och muttrar som tagits bort på sina ursprungliga platser och täta gängorna med lämplig tätningsmassa. Om några av pinnbultarna är svårt korroderade kan det vara en god idé att byta alla pinnbultar tillsamans med muttrarna.*

b) *Rengör grenrörets och turboaggregatets fogytor noga före återmontering.*

c) *Använd en ny grenrörspackning och nya tätningar till alla anslutningar som rubbats.*

d) *Dra åt alla hållare till angivet moment (där sådant angetts).*

e) *Avsluta med att fylla på kylsystemet enligt beskrivningen i kapitel 1A.*

13 Avgassystem – allmän information och byte av komponenter

Allmän information

1 Avgassystemet består av en främre del med ett främre rör och en katalysator, och en bakre del med ett mellanrör, en ljuddämpare och ett bakre avgasrör. Systemet är upphängt i underredet med gummifästen, och fastskruvat vid avgasgrenröret/turboaggregatet längst fram. Anslutningen mellan det främre röret och grenröret/turboaggregatet är en flänsfog med flexibel gallertypskoppling.

2 Avgassystemet ska regelbundet undersökas med avseende på läckage, skador och säkerhet (se kapitel 1A). Kontrollera avgassystemet genom att dra åt handbromsen och låta motorn gå på tomgång i ett väl ventilerat utrymme. Ligg ner på sidan av bilen (gör detta på båda sidor i tur och ordning) och låt en medhjälpare tillfälligt täppa till det bakre avgasröret med en trasa. Kontrollera att systemet inte har några läckor. Om en läcka upptäcks, stäng av motorn och täta läckan med en lämplig renoveringssats. Om läckan är stor eller om tydliga skador syns ska den drabbade delen bytas ut. Kontrollera gummifästenas skick och byt ut dem om det behövs.

Demontering

Främre delen

3 Dra åt handbromsen, lyft upp framvagnen (och helst även bakvagnen) och ställ den på pallbockar (se *Lyftning och stödpunkter*). Skruva loss skruvarna och ta bort motorns undre skyddskåpa.

4 Koppla loss lambdasondens två kontaktdon och lossa kablaget från alla kabelklämmor.

5 Skruva loss muttrarna som fäster det främre rörets fläns vid grenröret/turboaggregatet På vissa modeller kan åtkomligheten ovanifrån förbättras om värmeskölden över grenröret demonteras.

6 Skruva loss muttrarna och bultarna som ansluter de främre och bakre delarna **(se bild)**.

7 Lossa bromsröret av metall från den främre förstärkningsplåten/tvärbalken, skruva sedan loss bultarna och ta bort förstärkningsplåtarna/ tvärbalkarna fram och i mitten från underredet **(se bilder)**.

8 Ta isär anslutningen mellan det främre röret och grenröret/turboaggregatet och ta bort den främre delen.

Bakre delen

9 Klossa framhjulen, lyft upp bakvagnen (och helst även framvagnen) och ställ den på pallbockar (se *Lyftning och stödpunkter*).

10 Skruva loss muttrarna och bultarna som länkar den främre delen till den bakre, skruva sedan loss bultarna och ta bort förstärkningsplåten/tvärbalken under den bakre delen (se bild 13.6).

11 Lossa det bakre avgasröret och ljuddämparen från deras gummifästen **(se bilder)**, och dra den bakre delen framåt tills avgasröret går fritt från bakfjädringen. Ta bort systemet från bilens undersida.

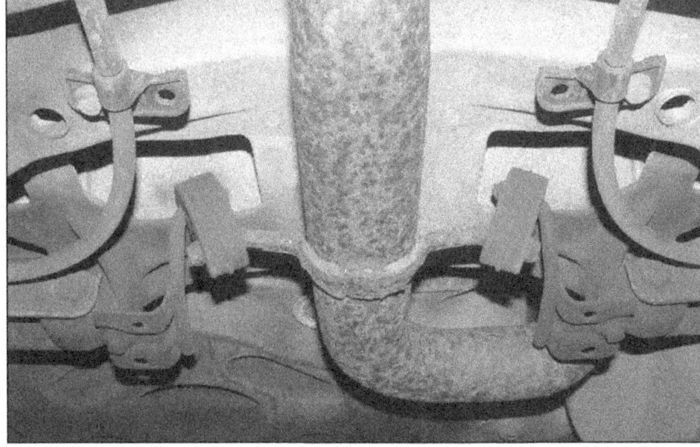
13.11a Gummifästen till avgassystemets bakre del . . .

13.11b . . . och bredvid slutburken

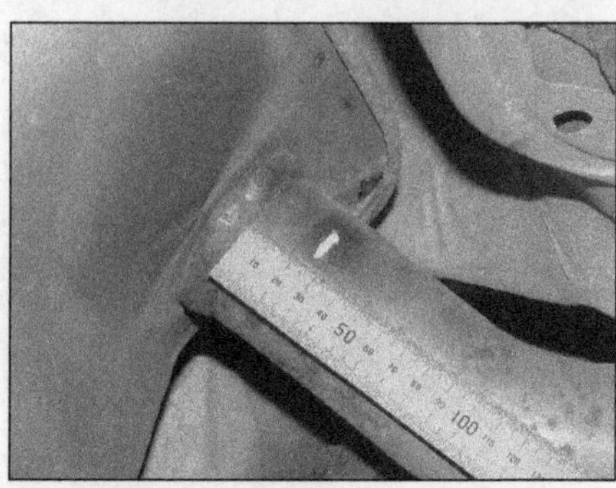

13.13 Skär loss den gamla ljuddämparen från röret, 27 mm från svetsfogen

Montering

12 Monteringen sker i omvänd ordningsföljd. Tänk på följande:

a) Använd en ny tätningsring eller flänspackning, beroende på vad som är tillämpligt, till anslutningen mellan det främre röret och grenröret.

b) När den främre delen monteras, fäst det främre röret löst vid grenröret och katalysatorn löst vid mellanröret. Rikta in systemet. Dra sedan först åt muttrarna mellan det främre röret och grenröret, följt av mellanrörets klämmuttrar.

c) Se till att avståndet mellan avgassystemet och underredets/fjädringens komponenter är minst 20 mm.

Bakljuddämpare

13 Om den bakre ljuddämparen är den enda delen av systemet som måste bytas ut, skär loss den gamla ljuddämparen från bakdelen av systemet med röravskärare, 27 mm från svetsfogen framför ljuddämparen **(se bild)**. Lossa ljuddämparen från fästena och ta bort den från bilen.

14 Rengör och fila ren änden på det befintliga avgasröret med en fil/smärgelband el. dyl.

15 Det finns bakljuddämpare som monteras över änden av det befintliga avgasröret och sedan kläms fast. För den nya ljuddämparen över röret, fäst dämparens gummifästen och dra sedan rörklämman åt ordentligt.

14 Laddluftkylare – demontering och montering

1 Laddluftkylaren är fäst på motorkylsystemets kylare på framvagnen. Ta bort laddluftkylaren genom att ta bort kylaren enligt beskrivningen i kapitel 3.

2 Lossa klämmorna och ta bort laddluftkylaren från kylaren.

3 Monteringen sker i omvänd ordningsföljd mot demonteringen.

Kapitel 4 del B:
Bränsle- och avgassystem – dieselmotorer

Innehåll

Avsnittsnummer

Svårighetsgrader

Enkelt, passer novisen med lite erfarenhet 

Ganska enkelt, passar nybörjaren med viss erfarenhet 

Ganska svårt, passer kompetent hemmamekaniker 

Svårt, passer hemmamekaniker med erfarenhet 

Mycket svårt, för professionell mekaniker

Specifikationer

Allmänt

Systemtyp:	
D5244T/T2/T3-motorer	Common rail-system med direktinsprutning med Bosch högtrycksmatningspump och elektronisk dieselstyrning EDC15C11
D5244T4/T5/T6/T7-motorer	Common rail-system med direktinsprutning med Bosch högtrycksmatningspump med elektronisk dieselstyrning EDC16C31
Bränsletankens pumptryck	max. 2,0 bar
Bränsleinsprutningspump	Tandempump (högt tryck och lågt tryck)drivs av insugskamaxeln
Insprutningstryck	300 to 1600 bar
Turboaggregatet typ:	Variabelt munstycke
Turboaggregatets laddtryck	2,09 bar (max)
Tomgångsvarvtal*	700 varv per minut

* *Ej justerbar – styrs av motorstyrmodulen*

Åtdragningsmoment

	Nm
Kamaxelgivare	10
Katalysator till turboaggregat*	24
Motorns tvärbalksfästbyglar till fjädertorn	50
Motorns tvärbalk till fästbyglar på fjädertorn	80
Fästbygel mellan motorns tvärbalk och motorn	80
Främre avgasrör till mellanrör	24
Främre avgasröret och flänsen, muttrar/bultar*	30
Avgastemperaturgivare	45
Avgasgrenrör till topplock	30
Bränslesystemets högtrycksrör, anslutningsmuttrar*	28
Bränsleinsprutningspumpens fästskruvar	20
Bränsleinsprutarens klämskruvar*	13
Bränsletryckets säkerhetsventil	95
Bränsletryckgivare:	
D5244T/T2/T3 motorer	20
D5244T4/T5/T6/T7 motorer	70
Bränsletryckgivarens adapter till common rail-systemet	60
Bränslefördelarskena till topplock, bultar:	
D5244T/T2/T3 motorer	17
D5244T4/T5/T6/T7 motorer	26
Bränsletemperaturgivare	20
Lambdasond	45
Givare för insugsluftens absoluta tryck (MAP)	10
Turboaggregatets skruvar till kylvätskerör	26
Turboaggregatets oljematning till motorblocket	38
Turboaggregatets oljematning till turboaggregatet	18
Turboaggregatets oljeretur, flänsbult	12
Turboaggregatet till avgasgrenröret*:	
D5244T/T2/T3 motorer	30
D5244T4/T5/T6/T7 motorer	37

** Återanvänds inte*

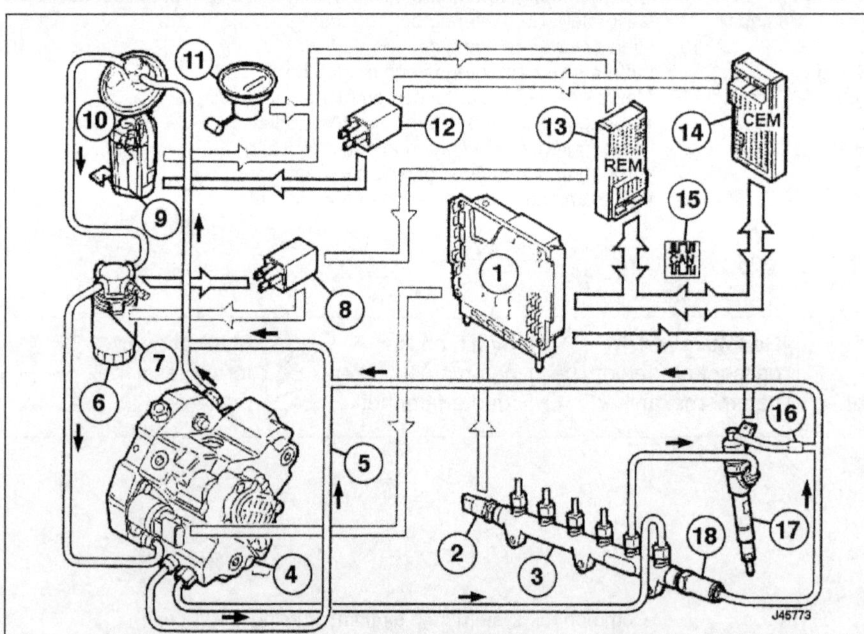

1.4 Bränsleinsprutningssystemet common rail

1 Motorstyrning ECM EDC15C11
2 Bränsletryckgivare
3 Common rail
4 Tandempump (högt och lågt tryck)
5 Returledning
6 Bränslefilter med temperaturgivaren
7 Bränslevärmarelement
8 Bränslevärmarelementets relä
9 Bränslenivågivare
10 Bränsletryckgivare
11 Bränslenivågivare
12 Bränslepumprelä
13 Bakre elektronisk styrmodul
14 Central elektronisk styrmodul
15 CAN-buss
16 Backventil
17 Bränsleinsprutningsventil
18 Avlastningsventil

1 Allmän information och föreskrifter

Allmän information

Funktionenhosbränsleinsprutningssystemet beskrivs detaljerat i avsnitt 5.

Bränsle tillförs från en tank under bilens bakdel genom en nedsänkt elektrisk pump och tvingas sedan genom ett filter till insprutningspumpen. Insprutningspumpen som drivs av insugskamaxeln är en tandempump på D5244T/T2/T3-motorer – en lågtryckspump av drevtyp som matar högtryckspumpen med bränsle med ett konstant tryck samt en högtrycks pump av kolvtyp som tillför bränsle till common rail-systemet med varierande tryck. Bränsle matas från common rail-systemet till insprutningsventilerna. Även inuti insprutningspumpenheten finns en tryckstyrventil som reglerar mängden bränsle till högtryckspumpen och en bypassventil som returnerar överflödigt bränsle till lågtryckspumpen. Insprutningsventilerna styrs av solenoider som i sin tur styrs av styrmodulen, baserat på information från olika givare. Motorns styrmodul styr även förvärmningssidan av systemet – se kapitel 5A för ytterligare information.

Systemet för elektronisk dieselstyrning innefattar ett ”drive-by-wire”-system, där den

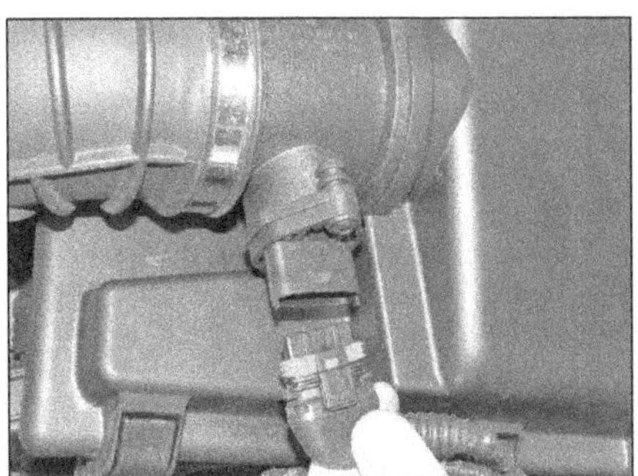

2.1a Koppla loss luftflödesmätarens anslutningskontakt . . .

2.1b . . . lossa sedan klämman (se pil) och koppla loss utloppsslangen

2.2 Ta loss vakuumventilen och kablaget

2.7 Lossa slangklämma (markerad med pil) och utloppsslangen

2.9a Tryck in centrumsprinten, bänd ut plastniten (se pil) . . .

2.9b . . . och ta bort insugsklaffenheten

konventionella gasvajern är utbytt mot en lägesgivare för gaspedalen. Information om gaspedalens läge och förändringstakt skickas av lägesgivaren till styrmodulen, som sedan justerar bränsleinsprutarna och bränsletrycket så att rätt mängd bränsle matas och förbränningens verkningsgrad blir optimal

Avgassystemet innefattar ett turboaggregat, en katalysator, partikelfilter och ett avgasåterföringssystem (beroende på modell/marknad). Ytterligare information om avgasreningssystemet hittar du i kapitel 4C **(se bild)**.

Föreskrifter

- Vid arbete med dieselsystemets komponenter måste absolut renlighet iakttas, och ingen smuts eller främmande föremål får komma in i bränsleledningarna eller andra komponenter.
- När du utfört ett arbete som involverar urkoppling av bränsleledningarna bör du kontrollera att inte anslutningarna läcker. trycksätt systemet genom att dra runt motorn flera gånger.
- Elektroniska styrmoduler är mycket känsliga komponenter och vissa försiktighetsåtgärder måste vidtas för att enheterna inte ska skadas.
- Vid svetsningsarbeten med elektrisk svetsutrustning ska batteriet och växelströmsgeneratorn vara urkopplade.
- Även om moduler monterade under motorhuven normalt tål villkoren under motorhuven kan de påverkas av överdriven hetta eller fukt. Om svetsutrustning eller högtryckstvätt används i närheten av en elektronisk styrmodul får värmen eller vatten-/ångstrålarna inte riktas direkt mot modulen. Om detta inte går att undvika ska modulen tas bort från bilen och dess anslutningskontakt skyddas med en plastpåse.
- Kontrollera alltid att tändningen är avstängd innan några kablar kopplas loss eller komponenter demonteras.
- Försök inte skynda på feldiagnoser med en kontrollampa eller multimeter. Det kan ge bestående skador på systemet.
- Vid avslutat arbete med bränsleinsprutningens eller motorstyrningssystemets komponenter, se till att alla kablar ansluts ordentligt innan batteriet återansluts eller tändningen slås på.

2 Luftrenare – demontering och montering

Demontering

D5244T/T2/T3 motorer

1 Lossa luftflödesmätarens anslutningskontakt, lossa klämman och koppla från utloppsslangen från luftrenarhöljet **(se bilder)**.

2 Lossa motorfästets vakuumventil (om en sådan finns) och kablaget från luftrenarhusets front **(se bild)**.

3 Dra huset häftigt uppåt så att det lossnar från de tre fästmuffarna. Ta bort luftintagskanalen när huset tas bort.

D5244T4/T5/T6/T7 motorer

4 Ta bort styrmodulen enligt beskrivningen i avsnitt 11.

5 Dra upp plastkåpan från motorns överdel.

6 Koppla från luftflödesmätarens anslutningskontakt.

7 Lossa klämman och koppla loss utloppsslangen från luftflödesmätaren **(se bild)**.

8 Lossa motorfästets vakuumventil från framsidan av luftrenarhuset och lossa kablaget på höger sida av huset.

9 Tryck in centrumsprinten, bänd ut expanderniten av plast och ta loss luftintagskanalen från motorhuvens tvärgående panel **(se bilder)**.

10 Dra huset häftigt uppåt så att det lossnar från de tre fästmuffarna.

Montering

11 Monteringen sker i omvänd ordningsföljd mot demonteringen. Se till att utlopps- och insugskanalerna sitter ordentligt fastklämda (om tillämpligt).

3 Bränsletank – demontering och montering

Observera: *Observera föreskrifterna i avsnitt 1 innan något arbete utförs på bränslesystemets komponenter.*

Demontering

1 Innan tanken kan demonteras måste den tömmas på så mycket bränsle som möjligt.

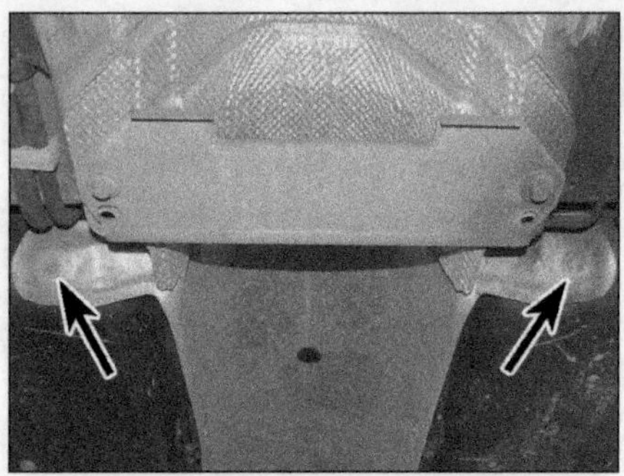

3.7a Skruva loss värmeskyddets Torxbultar (markerad med pilar) . . .

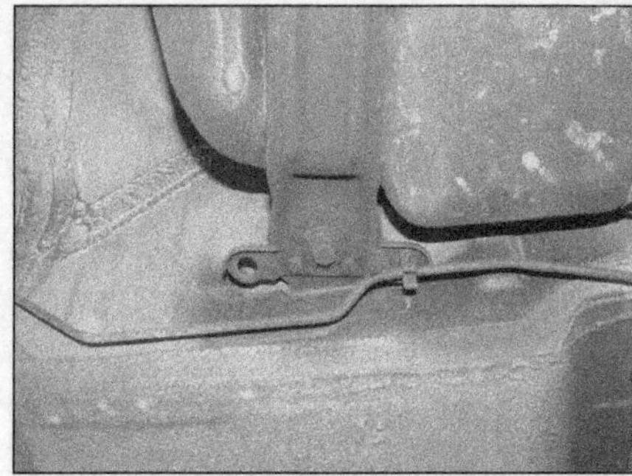

3.7b . . . och lossa bromsrören från klämmorna på tankens band

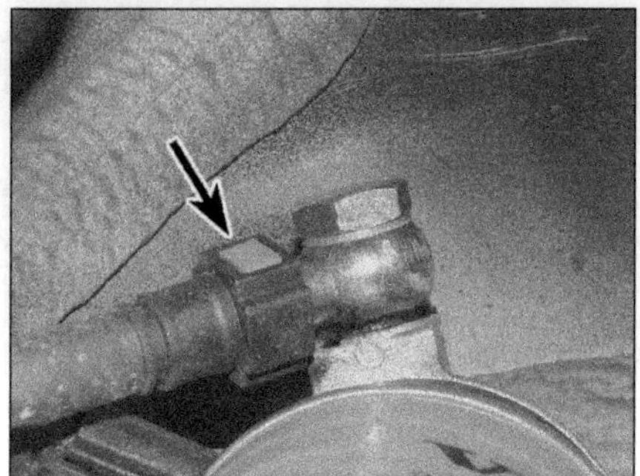

3.9a Tryck ner knappen (se pil) och dra loss kopplingen från filteranslutningen

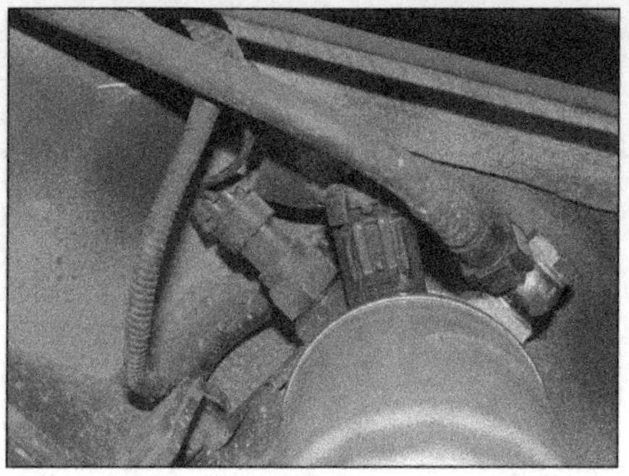

3.9b Koppla loss anslutningskontakterna från filtern

För att undvika de faror och komplikationer som bränslehantering och -lagring kan innebära bör det här arbetet utföras med en i det närmaste tom tank.

2 Koppla loss batteriets minusledning (se kapitel 5A).

3 Lossa bultarna till vänster bakhjul, klossa sedan framhjulen, lyft upp bakre delen av bilen och stötta den på pallbockar (se *Lyftning och stödpunkter*). Ta bort hjulet.

4 Utför de åtgärder som beskrivs i avsnitt 7, punkt 2 till 6.

5 Ta bort avgassystemets bakre del enligt beskrivningen i avsnitt 17. Stötta framdelen av systemet så att den flexibla delen inte belastas.

6 Lossa ABS kablage från båda sidor av bränsletanken.

7 Skruva loss de två torxbultarna på värmeskyddets framsida under tanken och lossa bromsrören från klämmorna på framsidan av tankens fästband **(se bilder)**.

8 Koppla loss vänster handbromsvajer från bromsenheten enligt beskrivningen i kapitel 9, lossa fästbyglarna och placera båda kablarna framför tanken.

9 Lossa slangen från bränslefiltret vid snabbkopplingen (tryck in knapparna på kopplingen) och koppla loss anslutningskontakterna från filtret **(se bilder)**.

10 Lossa slangklämmorna och koppla loss bränslepåfyllningsslangen och röret till avstängningsmekanismen från tanken.

11 Placera en garagedomkraft under tankens mitt. Lägg en skyddande träkloss mellan domkraftshuvudet och tankens undersida, och hissa sedan upp domkraften så att den tar upp tankens vikt.

12 Lossa tankens fästband, och sänk försiktigt ner domkraften och tanken något.

13 Sänk ner domkraften och tanken och ta bort tanken.

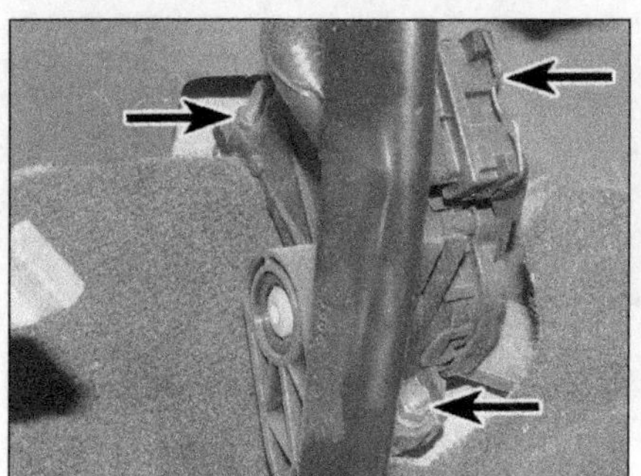

4.2 Skruva loss de tre muttrarna (se pilar – den övre till höger syns inte)

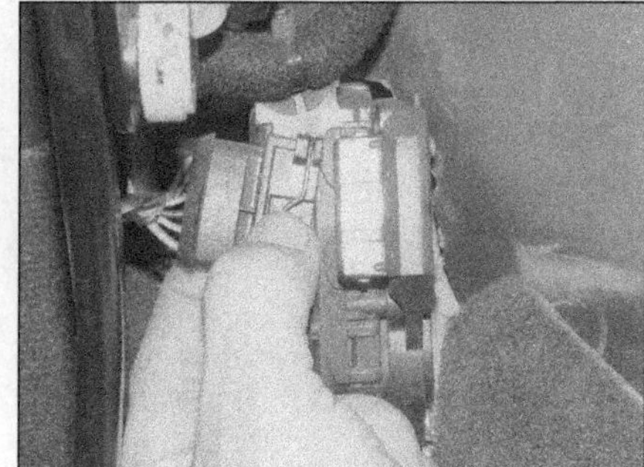

4.3 Tryck ner klämman och lossa anslutningskontakten

14 Om tanken har smutsats ner med avlagringar eller vatten, ta loss mätarens givarenhet och bränslepumpen enligt beskrivningen i avsnitt 7. Skölj ur tanken med rent bränsle.

15 Tanken är gjuten i syntetmaterial, och om den skadas måste den bytas ut. I somliga fall kan det dock vara möjligt att reparera små läckor eller mindre skador. Kontakta en verkstad eller en lämplig specialist angående frågor om tankreparationer.

16 Om en ny tank ska monteras, flytta över alla komponenterna från den gamla tanken till den nya. Byt alltid ut tätningar och plastmuttrar som håller fast bränslepumpen och mätargivaren. Om de är använda är det inte säkert att de fäster och sluter tillräckligt tätt på den nya tanken.

Montering

17 Monteringen sker i omvänd ordningsföljd mot demonteringen, och tänk på följande:

a) *Sätt tanken på plats och dra åt de bakre fästena. Skjut tanken framåt och centrera bränslemätargivarens och bränslepumpens plastmuttrar i förhållande till åtkomsthålen i golvet. Dra nu åt fästbandens främre fästen.*

b) *Avsluta med att fylla på tanken med bränsle och leta mycket noga efter tecken på bränsleläckage innan bilen körs i trafik.*

4 Gaspedal – demontering och montering

Demontering

1 Skruva loss de två skruvarna och ta bort klädselpanelen ovanför pedalerna i förarsidans fotbrunn.

2 Skruva loss de tre skruvarna som fäster torpedväggen **(se bild)**.

3 Lossa buntbandet och koppla loss lägesgivarens anslutningskontakt när du tar bort pedalenheten. Ingen ytterligare isärtagning av enheten rekommenderas **(se bild)**.

Montering

4 Montera tillbaka i omvänd ordningsföljd mot demonteringen.

5 Bränsleinsprutningssystem – allmän information

Systemet styrs övergripande av det elektroniska dieselstyrningssystemet, vilket även styr förvärmningen (se kapitel 5A).

Bränsle tillförs från den bakre bränsletanken, via en eldriven pump (styrs av den centrala elektroniska styrmodulen) och ett bränslefilter till bränsleinsprutningspumpen. Bränsleinsprutningspumpen tillför bränsle under högt tryck till common rail-systemet. Bränslefördelarskenan utgör en behållare med bränsle under tryck som är redo att matas av insprutningsventilerna direkt till förbränningskammaren. De olika bränsleinsprutarna innehåller solenoider som, när de är aktiva, låter högtrycksbränslet sprutas in. Solenoiderna styrs av den elektroniska dieselstyrningens styrmodul. Bränsleinsprutningspumpen tillför enbart högtrycksbränsle. Insprutningens synkronisering och varaktighet styrs av styrmodulen, baserat på information från de olika givarna. För att kunna öka förbränningens verkningsgrad och minimera förbränningsljudet ("dieselknackningarna"), sprutas en liten mängd bränsle in innan huvudinsprutningen sker – detta kallas förinsprutning eller pilotinsprutning. Bränslefiltret innefattar en värmeenhet och en temperaturgivare – den bakre elektroniska styrmodulen aktiverar värmeenheten vid temperaturer under -3° C och stänger av den vid 5° C.

Förutom detta aktiverar motorstyrningens styrmodul även förvärmningen (kapitel 5A) och avgasåterföringen (se kapitel 4C).

Systemet använder följande givare.

a) *Vevaxelgivaren – förser styrmodulen med information om vevaxelns hastighet och läge.*

b) *Motorns temperaturgivare för kylvätska informerar den elektroniska styrenheten om motorns temperatur.*

c) *Massluftflödets givare/insugsluftens temperaturgivare – förser styrmodulen om information om massa och temperatur hos den luft som förs in i insugskanalen.*

d) *Hjulhastighetsgivaren – förser styrmodulen med information om bilens hastighet.*

e) *Gaspedalens lägesgivare – förser styrmodulen med information om gasspjällets läge och gasspjällets öppnings-/stängningshastighet.*

f) *Bränslets högtryckgivare – förser styrmodulen med information om trycket hos bränslet i common rail-systemet.*

g) *Kamaxelgivaren – förser styrmodulen med information om kamaxelns läge så att motorns tändningssekvens kan fastställas.*

h) *Bromsljuskontakten – informerar styrmodulen om när bromsarna används.*

i) *Givare för det absoluta trycket i grenröret – förser styrmodulen om laddtrycket som genereras av turboaggregatet.*

j) *Luftkonditioneringens tryckgivare – informerar styrmodulen m högtryckssidan av luftkonditioneringskretsen, om ett högre tomgångsvarvtal krävs för att kompensera kompressorns belastning.*

På alla modeller används ett styrsystem av typen "drive-by-wire" för gasspjället. Gaspedalen är inte fysiskt kopplad till bränsleinsprutningspumpen med en traditionell vajer, utan kontrolleras istället av en dubbel potentiometer som sitter på pedalenheten och som skickar en signal till motorstyrmodulen om gaspedalens rörelser.

Signalerna från de olika givarna bearbetas av styrmodulen och en optimal bränslemängd och insprutningsinställning väljs ut för motorns rådande driftsförhållanden.

Katalysator(er), ett partikelfilter (beroende på modell och marknad) och ett avgasåterföringssystem finns monterade för att minska utsläppet av skadliga avgaser. Information om detta och annan avgasreningsutrustning finns i kapitel 4C.

Om avvikelser registreras från någon av givarna aktiveras styrmodulens säkerhetsläge. Om detta händer ignorerar styrmodulen den avvikande signalen från givaren och fortsätter med ett förprogrammerat värde så att motorn kan fortsätta att gå (dock med minskad verkningsgrad). Om styrmodulens säkerhetsläge aktiveras tänds varningslampan på instrumentbrädan och relevant felkod lagras i styrmodulens minne.

Om varningslampan tänds ska bilen köras till en Volvo-verkstad eller en specialist så snart som möjligt. Då kan den elektroniska dieselstyrningen kontrolleras ordentligt med hjälp av en särskild elektronisk testenhet som enkelt kopplas till systemets diagnosuttag. Kontaktdonet sitter nedanför instrumentbrädan på förarsidan, ovanför pedalerna **(se bild)**.

6 Bränslesystemet – snapsning och luftning

1 Enligt Volvo krävs ingen snapsning eller luftning, eftersom systemet luftar sig självt. Om bilens diesel har tagit slut eller om betydande delar av bränslesystemet har bytts ut, bör du ändå fylla på tanken eller kontrollera att det finns tillräckligt med bränsle i tanken (efter tillämplighet). Sedan sätter du igång pumpen på bränsletanken i en eller två minuter genom att vrida startnyckeln till läge 2 innan du försöker starta bilen. Detta bör garantera att tillräckligt med bränsle når motorns pump innan start.

5.8 Lossa kåpan så att du kommer åt diagnoskontakten

7 Bränslepump/givarenhet – demontering och montering

Observera: *Observera föreskrifterna i avsnitt 1 innan något arbete utförs på bränslesystemets komponenter.*

Demontering

1 Koppla loss batteriets minusledning (se kapitel 5A).

2 Demontera baksätet enligt beskrivningen i kapitel 11.

3 Vik fram golvmattan så att du kommer åt bränsletankens åtkomstlucka.

4 Skruva loss muttrarna och avlägsna åtkomstluckorna över bränslepumpen och givarenheten (höger sida) eller vänster givarenhet **(se bild)**.

5 Följ kablaget till givarenheten/pumpen eller givarenheten, koppla loss relevant kontaktdon, lossa eventuella buntband och mata sedan kablaget bakåt och genom givarenhetens öppning i golvet.

6 Tryck in knapparna och koppla loss slangarna från höger pump/givarenhet **(se bild)**.

7 Skruva loss fästkragen av plast från vänster givarenhet med ett par stora, korsade skruvmejslar, eller med ett egentillverkat verktyg som t.ex. en gammal tvåbent avdragare och en skiftnyckel **(se bild)**.

7.4 Skruva loss muttrarna och ta bort den vänstra eller högra åtkomstluckan (markerad med pil)

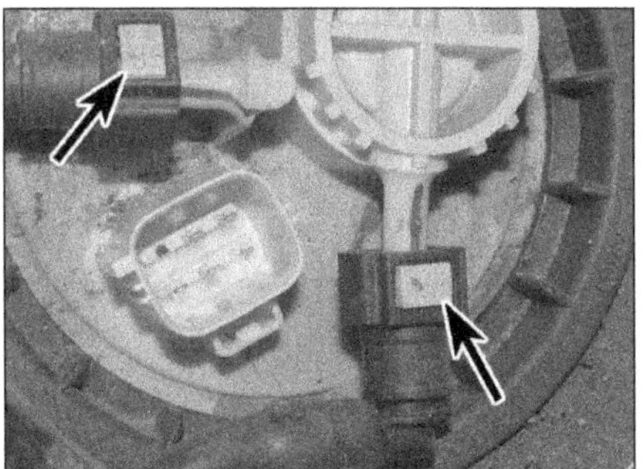

7.6 Tryck in knapparna (markerade med pilar) och koppla loss slangarna

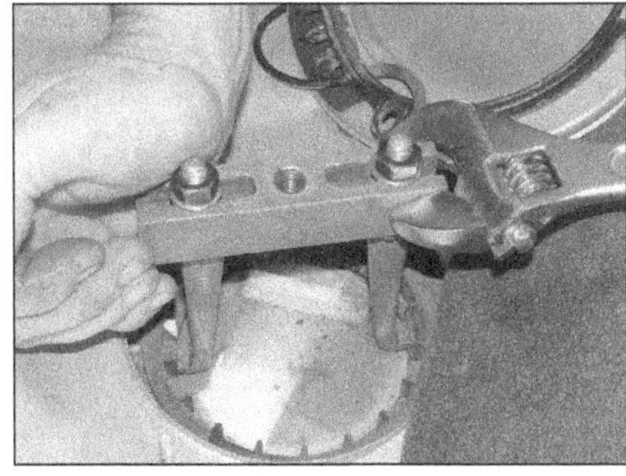

7.7 Vi använde en gammal tvåbent avdragare för att skruva loss fästkragen av plast

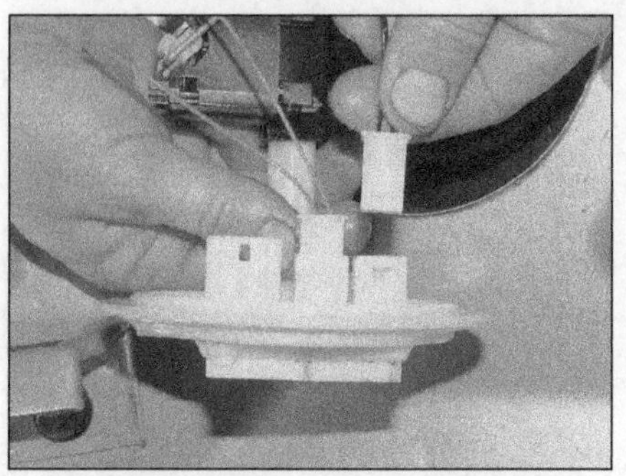

7.8 Lossa anslutningskontakten från sändarhöljets undersida

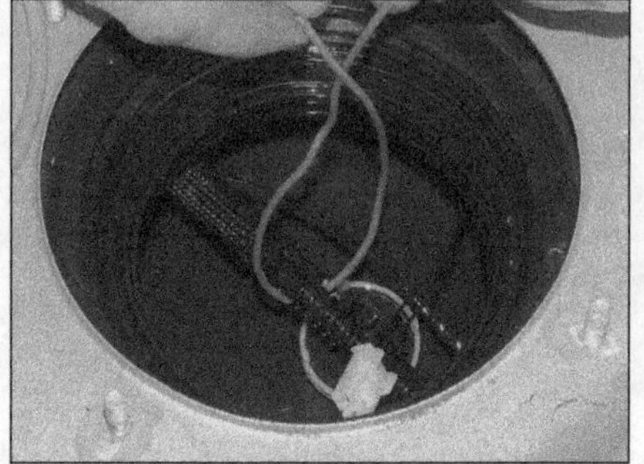

7.9 Sätt fast en kabel i slangen för att underlätta monteringen

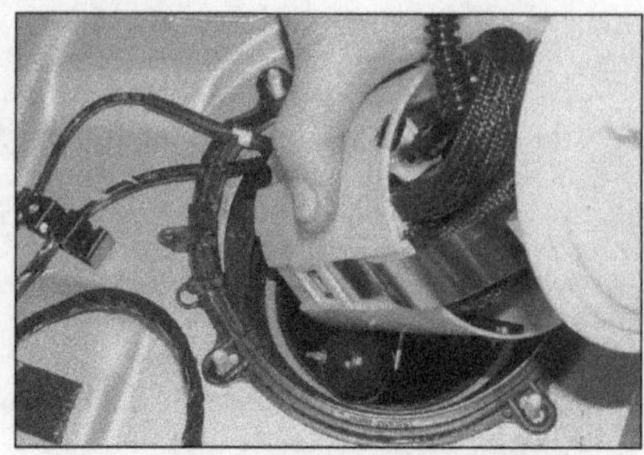

7.11 Håll flottörarmen i dess lägsta position och ta ut givar-/pumpenheten från tanken

8 Ta bort vänster givare från bränsletanken, tryck sedan ner klämman och dra ut bränsleutsprutaren från givaren och koppla loss anslutningskontakten från givarkåpans undersida **(se bild)**. Ta loss O-ringstätningen som sitter mellan givarens kåpa och tanköppningen.

9 Fäst en kabel (eller liknande) vid utsprutarslangen för att underlätta monteringen. Kabeln måste vara tillräckligt lång för att nå över hela bränsletanken **(se bild)**.

10 Skruva loss fästkragen till höger givar-/ pumpenhet från tanken.

11 Lyft försiktigt givar-/pumpenheten, tryck ner flottörarmen och kläm ihop givaren och pumphållaren så att flottörarmen sitter i sitt lägsta läge **(se bild)**. Avlägsna givar-/ pumpenheten från tanken och dra fram slang-/kabelhärvan från vänster sida av tanken. Se till att kabeln som sitter på kontakterna (avsnitt 9) är tillräckligt lång för att enheten ska kunna demonteras utan att kabeln försvinner ner i tanken. Lossa dragningskabeln från kontakterna och lämna kvar den inför återmonteringen. Ta loss O-ringstätningen som sitter mellan givarens kåpa och tanköppningen.

12 Om det behövs kan höger givarenhet lossas från bränslepumpenheten **(se bild)**.

Montering

13 Anslut dragningskabeln till kontakt-/ slangenheten (se avsnitt 9), och sätt i givar-/pumpenheten, dra samtidigt slang-/ kabelenheten över till vänster sida av tanken och se till att flottörarmen och flottören sätts på plats utan att skadas **(se bild)**.

14 Återanslut anslutningskontakterna på undersidan av vänster givarenhet och koppla loss dragningskabeln.

15 Resten av återmonteringen sker i omvänd ordningsföljd. Notera följande:

a) Använd en ny tätning insmord med vaselin.

b) Placera givarna/pumpenheterna så att pilarna på kåporna pekar mot bilens bakdel (se bild).

c) Dra kablarna över bränsletanken och ut genom bränslepumpens öppning. Återanslut och fäst med kabelklämmor, om det är tillämpligt.

8 Bränsleinsprutningssystem – test och justering

Kontroll

1 Om ett fel uppstår i bränsleinsprutningssystemet, se först till att alla systemets kontaktdon är ordentligt anslutna och fria från korrosion. Kontrollera att felet inte beror på bristande underhåll; dvs. kontrollera att luftfiltret är rent, att cylinderkompressionstrycken är korrekta (se kapitel 2B) och att motorns ventilationsslangar är rena och hela (se kapitel 4C).

2 Om motorn inte startar, kontrollera glödstiftens skick (se kapitel 5A).

3 Om du inte hittar orsaken till problemet med hjälp av dessa kontroller bör bilen köras till en Volvo-verkstad eller en specialist som kan utföra test med särskild elektronisk utrustning som ansluts till diagnosuttaget (se avsnitt 5). Testaren kommer att hitta felet lätt och snabbt vilket minskar behovet av enskilda kontroller av alla systemets komponenter, något som är både tidskrävande och som kan innebära skador på ECU:n.

Justering

4 Motorns tomgångsvarvtal, maximala hastighet och bränsleinsprutningspumpens timing styrs alla av styrmodulen. Även om det teoretiskt är möjligt att kontrollera alla inställningar måste bilen köras till en Volvo-verkstad eller lämpligt utrustad specialist om en justering blir nödvändig. Dessa har den diagnostikutrustning som behövs och kan (om möjligt) justera inställningarna.

9 Bränsleinsprutningspump – demontering och montering

Varning: Var noga med att inte släppa in smuts i insprutningspumpen eller insprutningsventilrören när du utför detta.
Observera: *Alla fasta högtrycksbränsleör som rubbas måste bytas ut.*

Demontering

1 Koppla loss batteriets minusledning (se kapitel 5A).

2 Ta bort plastkåpan från motorn genom att dra loss den rakt uppåt från fästena.

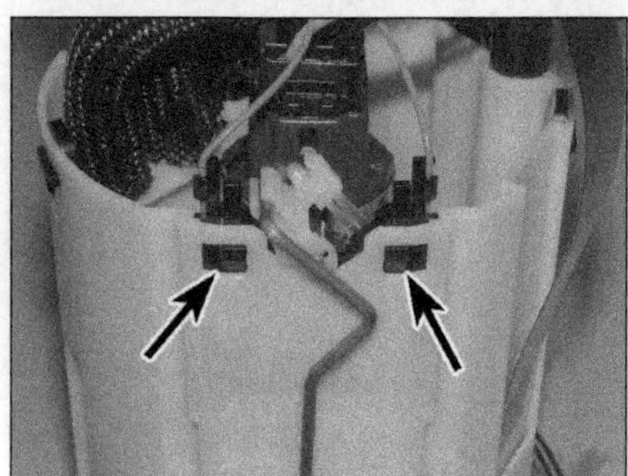

7.12 Lossa klämmorna (se pilar) och koppla loss givaren från pumpen

7.13 Sätt fast dragningskabeln på slangen och dra slangen/kabeln över till vänster sida av tanken

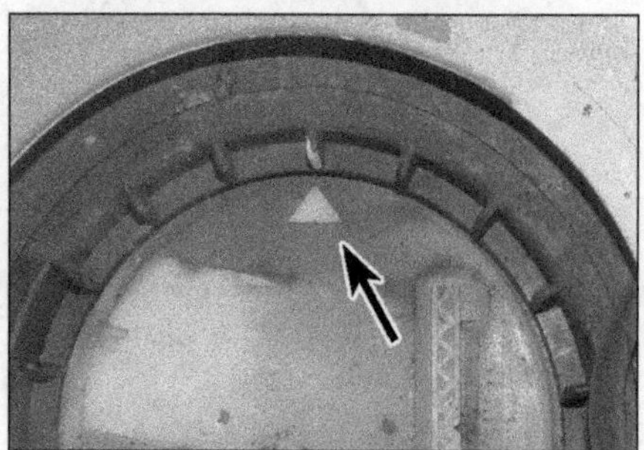

7.15 Bägge givarenhetens kåpor måste placeras så att markeringen (se pil) pekar mot bilens bakdel

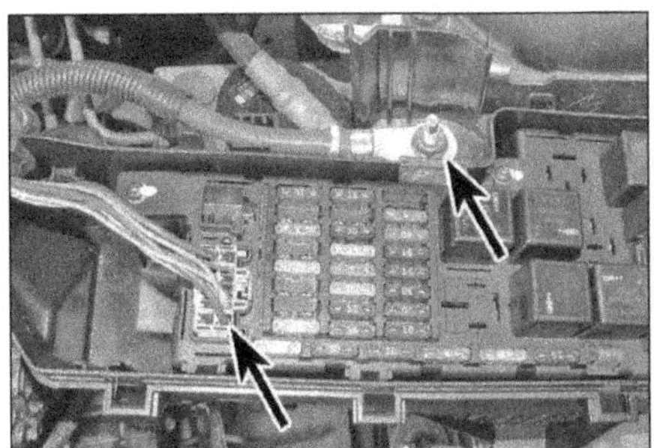

9.5a Skruva loss muttern till den positiva strömförsörjningskabeln (se pil) och koppla loss anslutningskontakten från motorns kabelstam (se pil)

9.5b Skruva loss de 2 bultarna (markerade med pilar) och flytta elcentralen åt sidan

9.6 Skruva loss skruvarna och ta bort motorns undre skyddskåpa (markerad med pil)

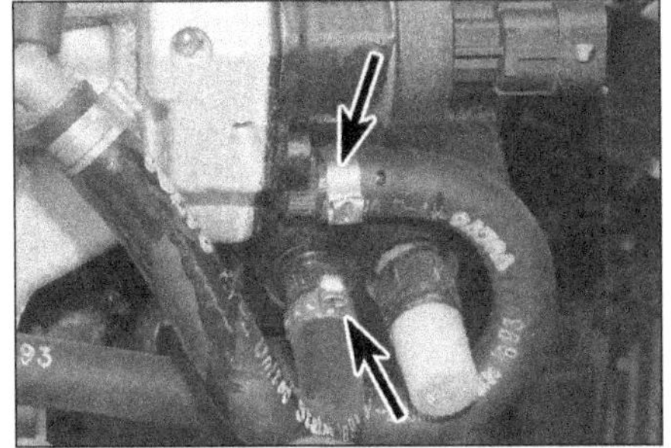

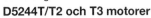

9.8a Lossa klämmorna (markerade med pilar) och koppla loss matnings- och returbränsleslangarna från pumpen – D5244T/T2/T3-motorer

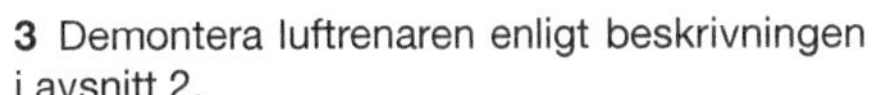

3 Demontera luftrenaren enligt beskrivningen i avsnitt 2.

4 Lossa klämman och koppla från turboaggregatetets insugsslang och skruva sedan loss monteringskonsolens bult och ta bort slangen.

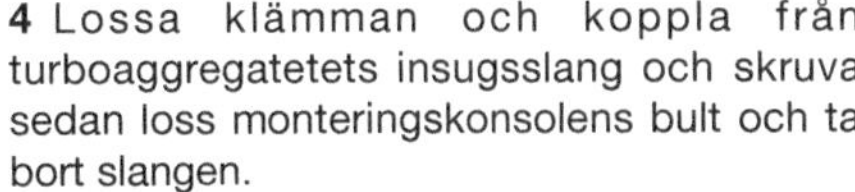

D5244T/T2 och T3 motorer

5 Skruva loss muttern och koppla loss den positiva strömkabeln och kontakten till motorkablarna från elcentralen intill vänster fjädertorn, skruva sedan loss de två fästbultarna och flytta elcentralen åt sidan **(se bilder)**.

6 Skruva loss de 2 fästskruvarna som håller fast vevhusventileringsrörets fäste **(se bild)**.

Alla motorer

7 Lossa anslutningarna och ta sedan bort högtrycksbränsleröret mellan pumpen och common rail-systemet. Kasta röret, eftersom en ny en måste användas. Blockera bränslefördelarskenan och pumpportarna så att ingen smuts kommer in.

8 Lossa klämmorna/skruva loss bultarna och koppla loss tillförsel- och returslangen från pumpen **(se bilder)**. Om metallslangens klämmor skadades under demonteringen, byt ut dem mot traditionella skruvklämmor. Plugga igen eller täck över pumpportarna för att hindra att det kommer in smuts.

9 Koppla loss pumpens styrventil och bränsletemperaturgivarens anslutningskontakter **(se bilder)**.

10 Skruva loss de tre fästskruvarna och ta bort bränslepumpen. Ta till vara på anslutningsstycket mellan kamaxelns ände och pumpens drivning – den försvinner lätt när pumpen demonteras **(se bilder)**. Kasta packningen, eftersom en ny en måste användas. Med undantag av styrventilen och temperaturgivaren (se avsnitt 11) går det inte att få tag i några invändiga komponenter till pumpen. Om pumpen är trasig måste hela enheten bytas – rådfråga en Volvo-verkstad eller en specialist.

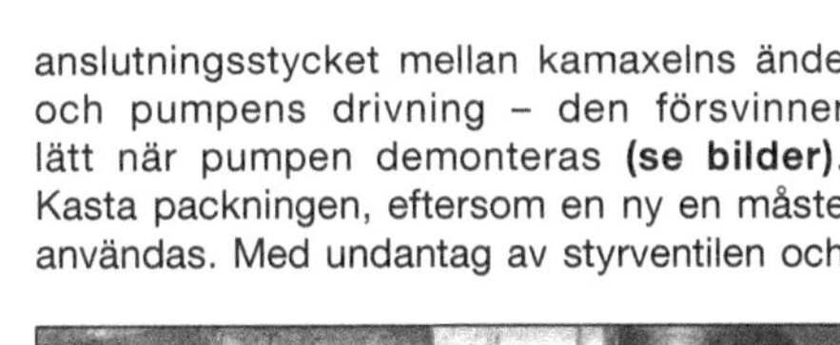

9.8b Bränslematningsslang (se pil) . . .

9.8c . . . och returslangen (se pil) – D5244T4/T5/T6/T7-motorer

9.9a Styrventilens anslutningskontakt . . .

9.9b . . . och temperaturgivarens anslutningskontakt (se pil)

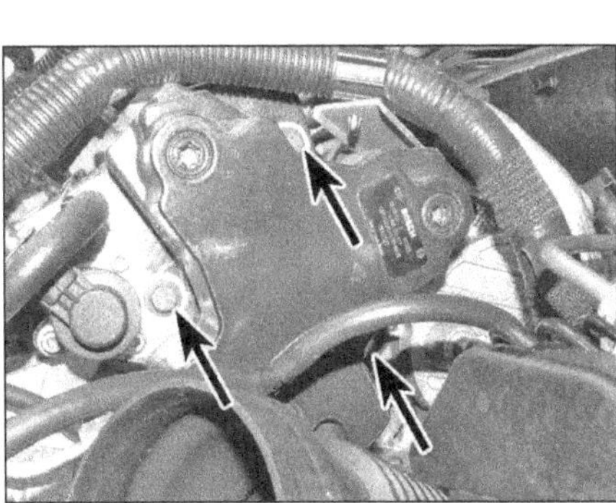

9.10a Pumpens fästskruvar (markerad med pilar)

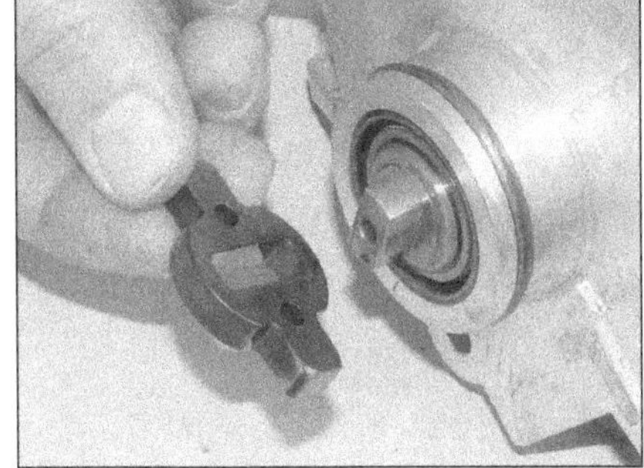

9.10b Anslutningsstycket försvinner lätt när pumpen tas bort

9.12 Pumpens anslutningsstycke måste linjeras med spåren i insugskamaxelns ände

Varning: Vrid inte pumpen när den demonteras – det är viktigt att den monteras i sitt ursprungsläge.

Montering

11 Se till att anliggningsytorna på pumpen och motorn är rena och torra och sätt dit den nya O-ringstätningen på pumpen. Smörj packningen med ren motorolja.

12 Sätt tillbaka bränslepumpen, se till att anslutningsstycket sitter rätt och dra sedan åt fästskruvarna till angivet moment **(se bild)**.

13 Återanslut matnings- och returbränsleslangarna till pumpen och fäst dem med nya klämmor.

14 Montera det nya högtrycksbränsleröret mellan pumpen och common rail-systemet och dra sedan åt till angivet moment med en kråkfotsnyckel **(se bild)**.

15 Resten av återmonteringen sker i omvänd

9.14 Dra åt pumpens anslutning med en kråkfotsadapter, håll emot pumpporten med en andra nyckel. Pumpporten får inte vridas

ordningsföljd. Notera följande:

a) Innan du startar motorn, vrid startnyckeln till läge 2 i minst 80 sekunder. Det aktiverar tankens pumpen och garanterar att en tillräcklig bränslemängd når insprutningspumpen för smörjning innan start.

b) Tryck ner gaspedalen i botten och starta sedan motorn som vanligt (detta kan ta längre tid än normalt – aktivera startmotorn tio sekunder i taget med fem sekunders mellanrum). Kör motorn på snabbtomgång i ungefär en minut så att eventuell kvarvarande luft i bränsleledningarna drivs ut. När du gjort detta bör motorns tomgång vara jämn med konstant hastighet.

c) När motorn har startat, kontrollera noggrant att det inte läcker bränsle från de rör/slangar som rubbats.

10 Bränsleinjektorer – demontering och montering

Varning: Var noga med att inte släppa in smuts i insprutningspumpen eller insprutningsventilrören när du utför detta.

Demontering

1 Ta bort plastkåpan från motorn genom att dra loss den rakt uppåt från fästena.

D5244T/T2/T3 motorer

2 Lossa klämmorna och ta bort laddlufterslangen på insugningsgrenrör **(se bild)**.

3 Lossa vevhusets luftningsslang från ventilkåpans anslutning.

4 Dra loss kontaktdonen från glödstiften.

5 Setillattområdetrunthögtrycksbränslerörens anslutningar mellan bränslefördelarskenan och insprutningsventilerna är minutiöst rengjorda och fria från skräp eller dylikt. Använd helst dammsugare och avfettningsmedel för att rengöra området.

6 Skruva loss anslutningarna och ta sedan bort högtrycksbränslerören från bränslefördelarskenan till insprutningsventilerna. Kasta bränslerören och använd nya vid återmonteringen. Använd en andra öppen nyckel för att hålla emot insprutningsventilen när du lossar röranslutningen **(se bilder)**. Var beredd på bränslespill och plugga igen/täck portarna i insprutningsventilerna och bränslefördelarskenan för att undvika att det kommer in smuts.

7 Bänd ut klämmorna och koppla sedan loss bränslereturslangen överst på varje insprutningsventil **(se bilder)**.

8 Observera insprutningsventilernas anslutningskontakters monteringslägen och koppla därefter bort dem från ventilen.

9 Skruva loss de båda torxbultarna som håller fast varje insprutningsventilsklämma och ta bort insprutningsventilerna. Ta loss tätningsbrickan av koppar från änden på varje insprutningsventil, bänd sedan loss låsringen och ta bort brickan följt av spännringen. Kasta tätningsbrickorna, spännringarna, låsringarna och fästskruvarna – de måste bytas ut mot nya **(se bilder)**. Om du ska montera insprutningsventilerna, märk

10.2 Lossa klämmorna och ta bort slangen

10.6a Skruva loss röranslutningen till common rail-systemet . . .

10.6b . . . använd en andra nyckel för att hindra att porten på insprutningsventilen vrids medan du lossar anslutningen

10.7a Bänd ut klämman. . .

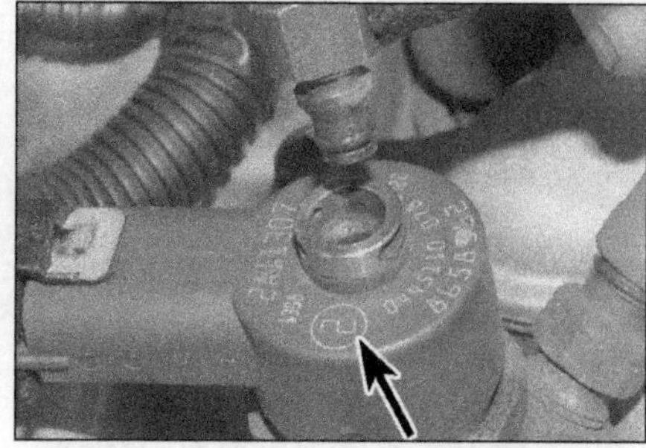

10.7b . . . och koppla loss returslangen från ovansidan av insprutningsventilen (notera klassnumret – se pil)

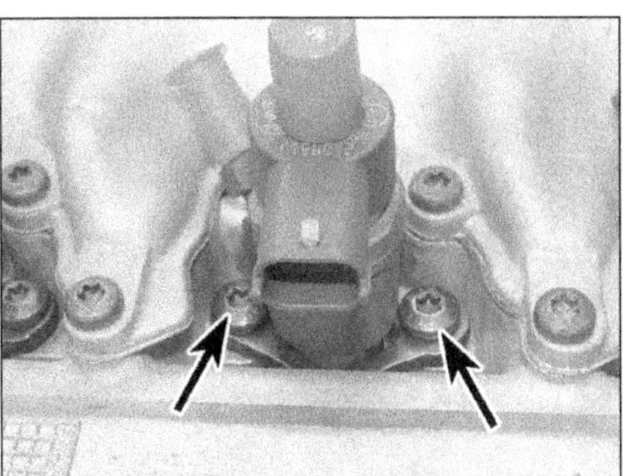
10.9a Skruva loss klämskruvarna på insprutningsventilen (se pilar) . . .

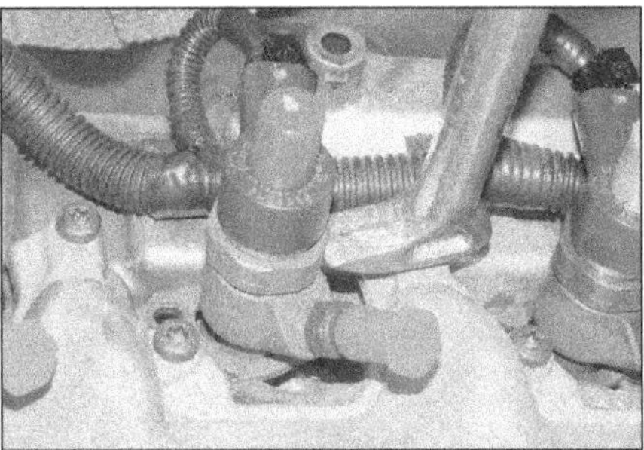
10.9b . . . och ta försiktigt loss insprutningsventilen (bänd inte mot solenoiden som sitter ovanpå)

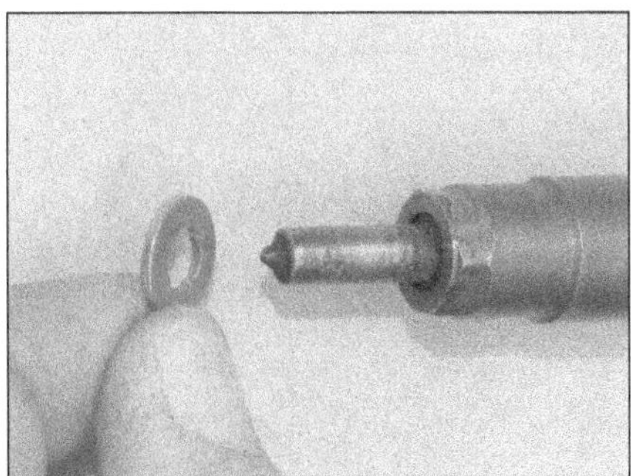
10.9c Ta loss kopparbrickan . . .

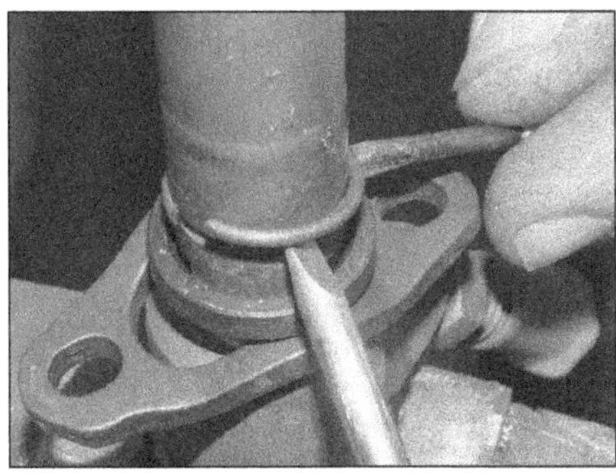
10.9d . . . och bänd sedan loss låsringen

dem så att du kan identifiera dem när de ska monteras på sina ursprungliga lägen.

D5244T4/T5/T6/T7 motorer

10 Skruva loss bultarna/muttrarna och ta bort tvärbalken mellan fjädertornen i motorrummet.

11 Skruva loss de fyra muttrarna och ta bort gummiskärmen från bränsleinsprutarna **(se bild)**. Lossa kontaktdonen från baksidan av skärmen när du tar bort den.

12 Se till att området runt högtrycksbränslerörens anslutningar mellan bränslefördelarskenan och insprutningsventilerna är minutiöst rengjort och fritt från skräp eller dylikt. Använd helst dammsugare och avfettningsmedel för att rengöra området.

13 Skruva loss anslutningarna och ta sedan bort högtrycksbränsleören från bränslefördelarskenan till insprutningsventilerna. Kasta bränsleören och använd nya vid återmonteringen. Använd en andra nyckel för att hålla emot insprutningsventilen när du lossar röranslutningen **(se bild 10.6a och 10.6b)**. Var beredd på bränslespill och plugga igen/täck portarna i insprutningsventilerna och bränslefördelarskenan för att undvika föroreningar.

14 Bänd ut klämmorna och koppla sedan loss bränslereturslangen överst på varje insprutningsventil se bilder 10.7a och 10.7b).

15 Notera hur insprutningventilens anslutningskontakter sitter monterade, koppla sedan loss dem och lossa kablaget från insprutningsventil nr 1.

16 Skruva loss de två skruvarna (och mellanläggen om sådana finns) som håller fast insprutningsventilernas klämmor och ta loss insprutningsventilerna. Ta loss metallbrickorna som sitter under klämmorna **(se bilder)**.

17 Dra loss tätningsbrickan av koppar från insprutningsventilernas ändar, dra sedan loss spännringen. Kasta tätningsbrickorna, spännringarna och fästskruvarna – de måste bytas ut mot nya **(se bilder)**. Om du ska montera insprutningsventilerna, märk dem så att du kan identifiera dem när de ska monteras på sina ursprungliga lägen.

Alla motorer

18 Om insprutningsventilerna ska sättas tillbaka, blockera alla öppningar och förvara dem i upprätt läge i deras ursprungliga ordningsföljd. De måste monteras i sina ursprungslägen **(se bild)**.

10.11 Skruva loss de fyra muttrarna (markerade med pilar) och ta bort gummiskärmen

10.16a Insprutningsventilens fästskruvar (markerade med pilar)

10.16b Ta loss metallbrickorna under klämmorna (markerade med pilar)

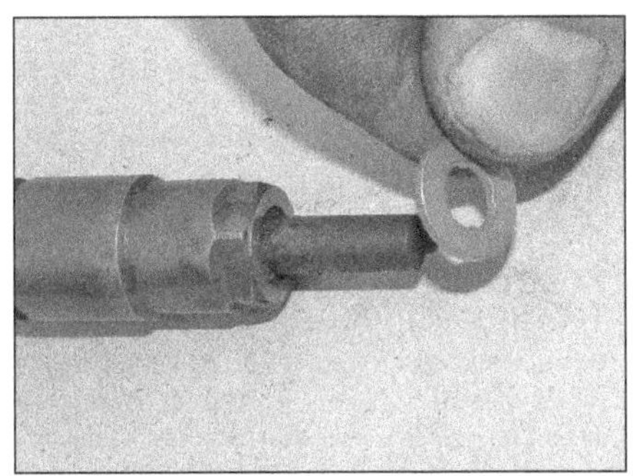
10.17a Byt ut tätningsbrickorna av koppar . . .

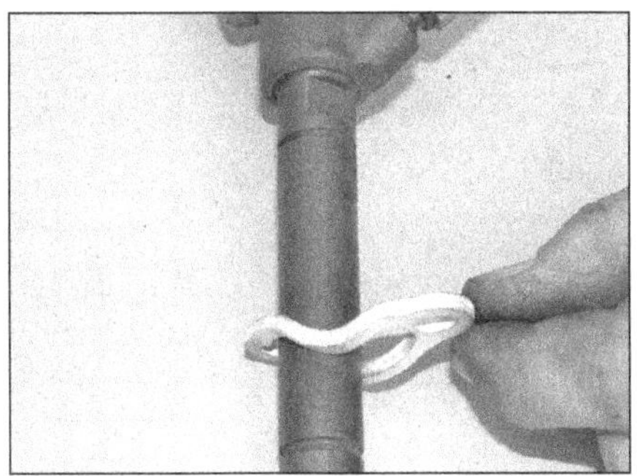
10.17b . . . och spännringarna

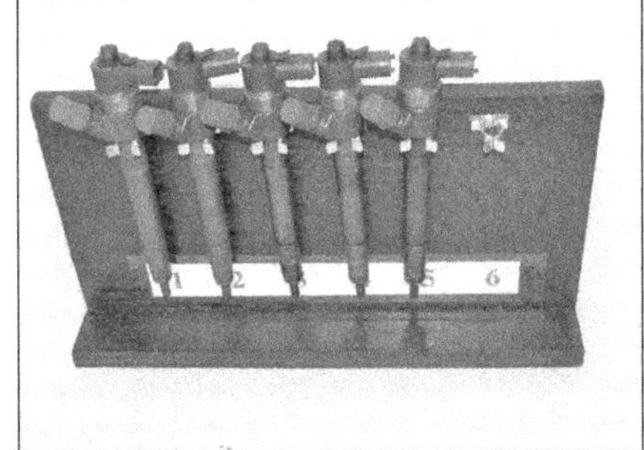

10.18 Insprutningsventilerna ska förvaras i upprätt tillstånd

11.2 Dra loss plastkåpan ovanpå motorn rakt uppåt från sina fästen

11.8 Skruva loss bulten (markerad med pil) och ta bort vevaxelläge/hastighetsgivare

11.10 Koppla loss luftflödesgivarens anslutningskontakt

Montering

19 Se till att insprutningsventilerna och sätena i topplocket är rena, torra och fria från sot. Det är ytterst viktigt att tätningsytorna är rena från smuts, annars kan det uppstå läckor.

20 Montera nya fästringar, brickor, låsringar (om tillämpligt) och tätningsbrickor på insprutningsventilerna och montera tillbaka dem på topplocket. Om tillämpligt sätter du dit metallbrickorna mellan insprutningsventilens klämring och kamaxelkåpan. Fingerdra bara de nya fästskruvarna i det här läget. Kontrollera att skruvarna är jämnt åtdragna. *Observera: Hos D5244T4/T5/T6/T7-motorer levereras spännringarna med nya skruvar. De nya skruvarna är kortare än originalskruvarna och måste monteras utan originalbrickorna mellan skruvskalle och spännring.*

21 Montera de nya, fasta högtrycksrören mellan common rail-systemet och insprutningsventilerna. Börja vid common rail-systemet, dra åt röranslutningarna till angivet moment. Upprepa denna procedur för röranslutningarna vid insprutningsventilerna. Använd en andra öppen nyckel för att hålla emot insprutningsventilernas portar när du drar åt röranslutningarna **(se bild 10.6a och 10.6b)**.

22 Dra nu åt insprutningsventilens fästskruvar till angivet moment. Det är viktigt att skruvarna dras åt jämnt – ett halvt varv åt gången.

23 Resten av återmonteringen sker i omvänd ordningsföljd. Notera följande:

a) Kontrollera bränslereturslangarnas skick och byt ut dem om de är skadade.

b) För D5244T/T2/T3-motorer, notera ”klassidentifikationsnumret” ovanpå varje insprutningsventil *(se bild 10.7b). Endast två av klasserna finns som reservdelar. Klass 1 ersätter klass 1, men klass 2 ersätter både klass 2 och klass 3. Om tre eller fler insprutningsventiler i klass 3 byts ut, måste ny programvara hämtas till motorns styrmodul. Arbetet bör överlåtas till en Volvo-återförsäljare eller lämpligt utrustad specialist.*

c) Om nya insprutningsventiler monteras i D5244T4/T5/T6/T7-motorer måste ny programvara hämtas till motorns styrmodul från Volvo. Arbetet bör överlåtas till en Volvo-återförsäljare eller lämpligt utrustad specialist.

d) Tryck ner gaspedalen i botten och starta sedan motorn som vanligt (detta kan ta längre tid än normalt – aktivera startmotorn tio sekunder i taget med fem sekunders mellanrum). Kör motorn på snabbtomgång i ungefär en minut så att eventuell kvarvarande luft i bränsleledningarna drivs ut. När du gjort detta bör motorns tomgång vara jämn med konstant hastighet.

e) När motorn har startat, kontrollera noggrant att det inte läcker bränsle från de rör/slangar som rubbats.

11.15 Massluftflödessensorns torxbultar (markerade med pilar)

11 Den elektroniska dieselstyrningens komponenter – demontering och montering

Vevaxelns hastighets-/lägesgivare

1 Demontera luftrenaren enligt beskrivningen i avsnitt 2.

2 Ta bort plastkåpan ovanpå motorn genom att dra den rakt uppåt från dess fästen **(se bild)**.

3 Koppla loss anslutningskontakten till avgasåterföringens magnetventil, den sitter på topplockets vänstra ände.

4 Skruva loss fästskruven och ta sedan bort laddluftröret från topplockets vänstra ände.

5 På modeller med automatväxellåda skruvar du loss bultarna/muttrarna och tar bort vakuumpumpen från avgaskamaxelns ände (se kapitel 9).

6 Ta bort EGR-kylaren och ventilenheten enligt beskrivningen i kapitel 4C.

7 Följ kablaget bakåt från givaren och koppla loss det vid anslutningskontakten.

8 Skruva loss fästbulten och ta bort sensorn från fästen **(se bild)**.

9 Återmonteringen sker i omvänd ordningsföljd mot demonteringen. Dra åt fästmuttern ordentligt.

Luftflödes-/insugslufttemperaturgivare

D5244T/T2/T3 motorer

10 Se till att tändningen är avstängd och lossa fästklämman och koppla bort kontaktdonet från luftflödesgivaren **(se bild)**.

11 Lossa fästklämman och ta bort insugskanalen från luftflödesgivaren.

12 Skruva loss skruvarna och ta sedan bort luftflödesgivaren från luftrenarhuset, tillsammans med tätningsringen.

13 Återmonteringen sker i omvänd ordning mot demonteringen och den nya tätningsringen måste smörjas.

D5244/T4/T5/T6/T7 motorer

14 Demontera luftrenaren enligt beskrivningen i avsnitt 2.

15 Skruva loss de 2 bultarna och ta bort luftflödesgivaren **(se bild)**.

16 Återmonteringen sker i omvänd ordning mot demonteringen och den nya tätningsringen måste smörjas.

Temperaturgivare för kylvätska:

17 Se kapitel 3 om demonterings- och monteringsdetaljer.

Gaspedalens lägesgivare

18 Givaren är fäst vid gaspedalen. Se avsnitt 4 i detta kapitel för information om pedaldemontering. Observera att givaren i skrivande stund inte fanns att få tag i lös utan pedalenhet.

Turboaggregatets laddningstryckgivaren

19 På årsmodeller fram till 2003, sitter givaren på höger ände av insugsgrenröret. På senare bilar sitter givaren på laddluftkylarens yttre rör **(se bild)**.

20 Se till att tändningen är avstängd. Koppla sedan bort givarens kontaktdon.

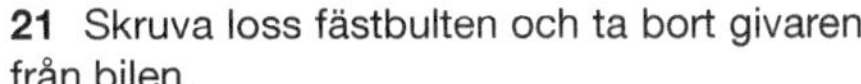

11.19 Turboaggregatets laddningstryckgivaren

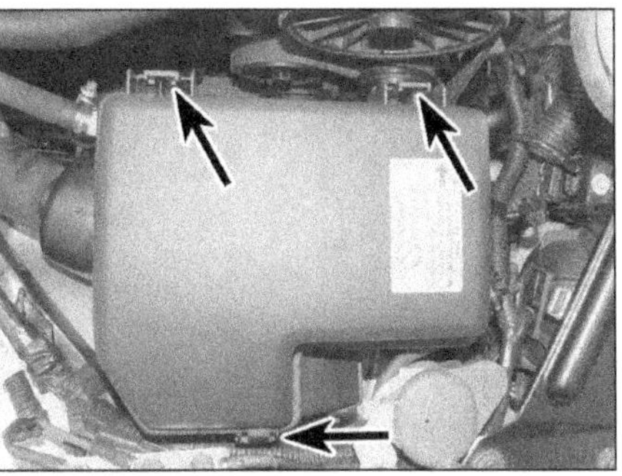

11.25 Lossa klämmorna (markerade med pilar) och ta bort locket på styrmodulens låda

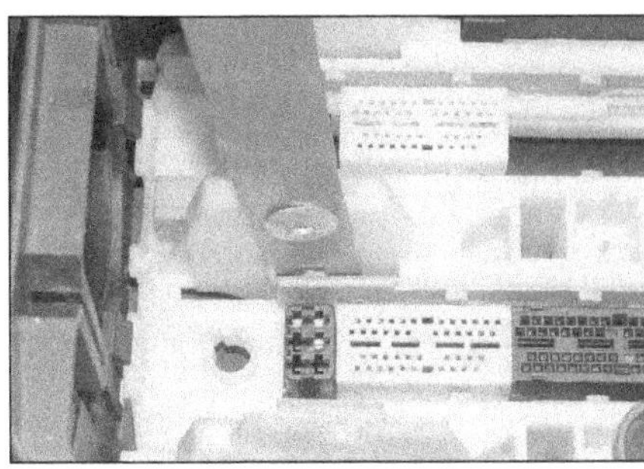

11.26a Sätt i verktyget längs styrmodulen och för kontaktdonets låshakar framåt växelvis, lite i taget

21 Skruva loss fästbulten och ta bort givaren från bilen.

22 Återmonteringen sker i omvänd ordningsföljd mot demonteringen. Dra åt sensorns fästmutter ordentligt.

Bromsljusbrytare

23 Motorstyrmodulen mottar en signal från bromsljuskontakten som signalerar när bromsarna används. Information om demontering och montering av bromsljuskontakten finns i kapitel 9.

Elektronisk styrmodul (ECM)

Observera: *Om du monterar en ny styrmodul måste den programmeras med särskild testutrustning från Volvo. Arbetet bör överlåtas till en Volvo-återförsäljare eller lämpligt utrustad specialist.*

24 Koppla loss batteriets minusledare (se kapitel 5A), vänta sedan minst två minuter innan du börjar arbeta, så att eventuell lagrad elektrisk energi förbrukas.

D5244T/T2/T3 motorer

25 Styrmodullådan sitter på innerskärmens högra sida. Rengör ovansidan av locket till styrenhetens låda så att inte smuts faller ner i lådan när locket tas bort. Lossa haken på sidan av locket till den elektroniska styrenhetens låda. Lyft av locket och lägg det åt sidan **(se bild)**.

26 För att ta bort styrmodulen, sätt Volvo-verktyg nr 999 5722 omkring styrmodulen och tryck verktygets överdel bakåt så långt det går, då lossnar kontaktdonet och modulen. Om du inte har tillgång till verktyget

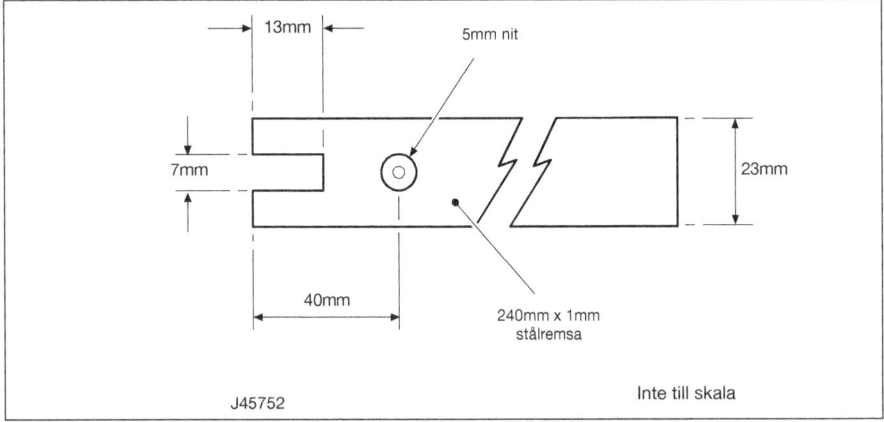

11.26b Egentillverkat verktyg för att lossa styrmodulens kontaktdon

För att verktyget ska kunna föras ner längs styrmodulen, måste niten filas eller slipas ner till ca hälften av sin ursprungliga höjd

kan det också gå att lossa kontaktdonen med hjälp av en stålremsa med ett utskuret spår i änden och en 5 mm nit som styrbult, formad enligt bilden. Sätt i det egentillverkade verktyget längs styrmodulen och för spärrarna framåt växelvis, lite i taget enligt bilderna **(se bilder)**. När spärrarna dras framåt lyfts styrmodulen och lossnar från kontaktdonen. **Observera:** *Undvik att röra vid styrmodulens anslutningsstift med händerna – det finns risk för skador pga. statisk elektricitet.*

27 För att montera. placera styrenheten i lådan och anslut den till skarvdonet i nederdelen.

28 Placera Volvo-verktyget runt styrmodulen och dra överdelen av verktyget så långt bakåt det går. Om du använder det egentillverkade verktyget, tryck försiktigt styrmodulen nedåt samtidigt som du bänder spärrarna bakåt växelvis, lite i taget.

29 Sätt tillbaka locket till styrmodulens låda.

D5244T4/T5/T6/T7 motorer

30 Styrmodulen sitter på motorrummets vänstra sida. Dra kåpan rakt uppåt **(se bild)**.

31 Bänd upp spärrarna och koppla loss styrmodulens anslutningskontakter **(se bild)**.

32 Skruva loss de sex skruvarna och ta bort styrmodulen **(se bild)**. Ta loss gummitätningen under styrmodulen.

33 Monteringen sker i omvänd ordningsföljd mot demonteringen.

11.30 Lyft bort styrmodulens kåpa

11.31 Bänd upp spärrarna (markerade med pilar) och koppla loss styrmodulens anslutningskontakter

11.32 Styrmodulens skruvar (markerade med pilar)

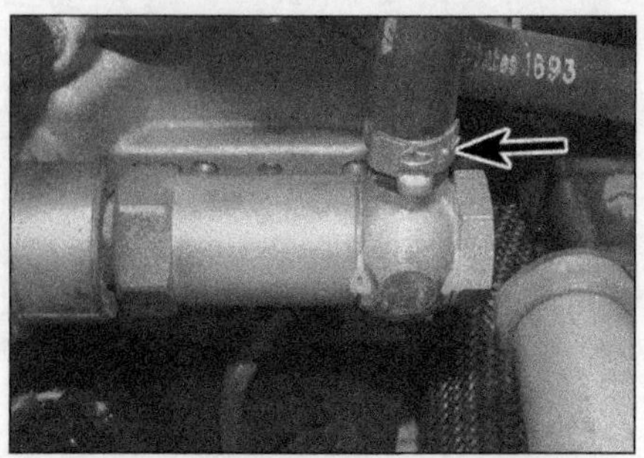
11.36 Lossa klämman (se pil) och koppla loss slangen från bränsletryckets säkerhetsventil

11.43 Turboladdtryckets magnetstyrventil (se pil)

11.48 Bränsletryckgivare – D5244T/T2/T3-motorer

Bränsletryckets säkerhetsventil

Endast D5244T/T2/T3 motorer

34 Ta bort plastkåpan från motorn genom att dra loss den rakt uppåt från fästena.

35 Lossa klämmorna och ta bort slangen från insugningsgrenröret **(se bild 10.2)**.

36 Skruva loss anslutningen och koppla loss returröret från säkerhetsventilen **(se bild)**.

37 Skruva loss ventilen från common rail-systemet. Kasta packningen, eftersom en ny en måste användas.

38 Montera ventilen vid common rail-systemet med en ny tätning. Dra åt ventilen till angivet moment.

39 Montera tillbaka returröret med en ny klämma vid behov.

40 Resten av monteringen sker i omvänd ordningsföljd mot demonteringen.

Turboaggregatets laddningstryck styrningssolenoidventil

Endast D5244T/T2/T3 motorer

41 Ta bort plastkåpan från motorn genom att dra loss den rakt uppåt från fästena.

42 Lossa klämmorna och ta bort slangen från insugningsgrenröret **(se bild 10.2)**.

43 Se till att tändningen är avslagen och koppla loss anslutningskontakten från magnetventilen **(se bild)**.

44 Lossa den nedre fästskruven, skruva sedan loss den övre fästskruven och lyft ventilen uppåt.

45 Notera hur vakuumslangarna sitter monterade och koppla loss dem från magnetventilen.

46 Monteringen sker i omvänd ordningsföljd mot demonteringen.

Bränsletryckgivare

47 Ta bort plastkåpan från motorn genom att dra loss den rakt uppåt från fästena.

D5244T/T2/T3 motorer

48 Bränslehögtryckgivaren sitter på common rail-systemets vänstra ände. Se till att tändningen är avslagen och koppla loss anslutningskontakten från givaren **(se bild)**.

49 Skruva loss givaren från skenans adapter med en lämplig hylsnyckel. Blockera porten till common rail-systemet så att inte smuts tränger in.

50 Vid behov, skruva loss adaptern från common rail-systemet.

51 Monteringen utförs i omvänd ordningsföljd mot demonteringen, dra åt adapter och givare till angivet moment.

D5244T4/T5/T6/T7 motorer

52 Ta bort virvelstyrventilen/motorn enligt beskrivningen i detta avsnitt.

53 Koppla loss anslutningskontakten från givaren, kontakten sitter vid bränslefördelarskenans högra ände **(se bild)**.

54 Skruva loss tryckgivaren. Täpp igen öppningen för att hindra smuts från att tränga in.

55 Monteringen sker i omvänd ordningsföljd mot demonteringen, och dra åt givaren till angivet moment.

Bränsletryckets styrningsventil – D5244T/T2/T3-motorer

56 Demontera luftrenaren enligt beskrivningen i avsnitt 2.

57 Koppla loss styrningsventilens anslutningskontakt, skruva sedan loss skruvarna och lossa ventilen från bränslepumpen **(se bild)**.

58 Återmonteringen sker i omvänd ordningsföljd mot demonteringen. Dra åt skruvarna ordentligt.

Bränsletryckets styrningsventil – D5244T4/T5/T6/T7-motorer

Bränslefördelarskenans ventil

59 Dra plastkåpan på motorn uppåt och ta bort den.

60 Ta bort luftinsugsslangen mellan frontens överdel och luftrenaren.

61 Ta bort slangen mellan avgasåterföringsventilen och insugsgrenröret samt insugsgrenrörets slang.

62 Lossa klämmorna och flytta vevhusventilationsrören åt sidan.

63 Skruva loss anslutningarna och ta bort högtrycksbränslerören mellan bränslefördelarskenan och insprutningsventilerna och pumpen. Kasta rören och använd nya vid återmonteringen.

64 Koppla loss anslutningskontakterna från styrningsventilen och tryckgivaren på bränslefördelarskenan.

65 Lossa klämman och koppla loss bränslereturslangen från bränslefördelarskenan. Var beredd på spill och plugga öppningarna så att inte smuts kommer in.

66 Skruva loss de 2 bultarna och ta bort bränslefördelarskenan.

67 Skruva loss styrventilen från bränslefördelarskenan **(se bild)**.

11.53 Bränsletryckgivare (se pil) – D5244T4/T5/T6/T7-motorer

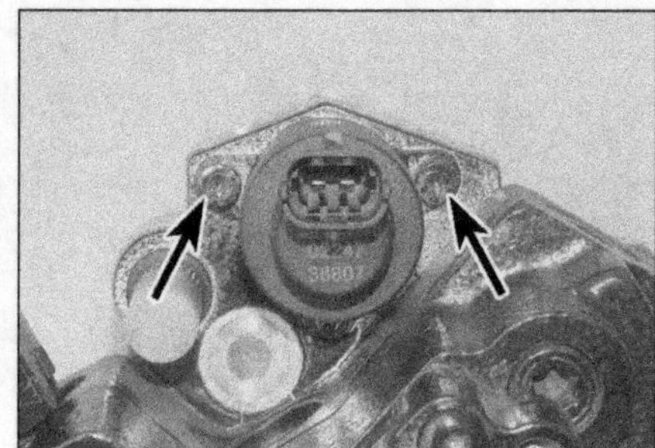
11.57 Bränsletryckets styrningsventil är fäst vid pumpen med två skruvar (markerade med pilar)

11.67 Styrventilen på bränslefördelarskenan (se pil)

11.70 Styrventilen på bränslepumpen (se pil)

68 Monteringen sker i omvänd ordningsföljd mot demonteringen.

Pumpens ventil

69 Demontera luftrenaren enligt beskrivningen i avsnitt 2.

70 Rengör området runt ventilen på pumpen, koppla sedan loss ventilens anslutningskontakt **(se bild)**.

71 Skruva loss de tre torxbultarna och ta bort ventilen genom att sakta vrida den och dra loss den från pumpen. Var beredd på spill. Täpp igen öppningarna så att inte smuts kommer in.

72 Monteringen utförs i omvänd ordningsföljd mot demonteringen, smörj ventilens O-ring innan montering.

Kamaxelgivare

73 Ta bort plastkåpan från motorn genom att dra loss den rakt uppåt från fästena.

74 På D5244T4/T5/T6/T7-motorer, skruva loss de fyra muttrarna och ta bort skärmen på baksidan av topplocket **(se bild 10.11)**.

75 Se till att tändningen är avslagen och koppla loss anslutningskontakten från givaren. Den sitter på vänster sida av ventilkåpan **(se bilder)**.

76 Skruva loss skruven och ta bort givaren. Kasta packningen, eftersom en ny en måste användas.

77 Vid ditsättningen av sensorn ser du till att fogytan på kamaxelkåpan och sensorn är rena och sätter dit den nya tätningen.

78 Sätt dit sensorn i kåpan och dra åt skruven till angivet moment.

Virvelstyrventil/motor

Endast D5244T4/T5/T6/T7 motorer

79 Ta bort plastkåpan från motorn genom att dra loss den rakt uppåt från fästena.

80 Dra loss länkarmen från ventilen/motorn **(se bild)**.

81 Skruva loss de två bultarna och ta bort styrningsventilen/motorn **(se bild)**. Lossa anslutningskontakten och glödstift 1 när enheten tas bort.

82 Monteringen sker i omvänd ordningsföljd mot demonteringen. Observera att om en ny ventil/motor har monterats måste styrmodulens lagrade värden återställas med hjälp av särskild diagnostikutrustning. Arbetet bör överlåtas till en Volvo-återförsäljare eller lämpligt utrustad specialist.

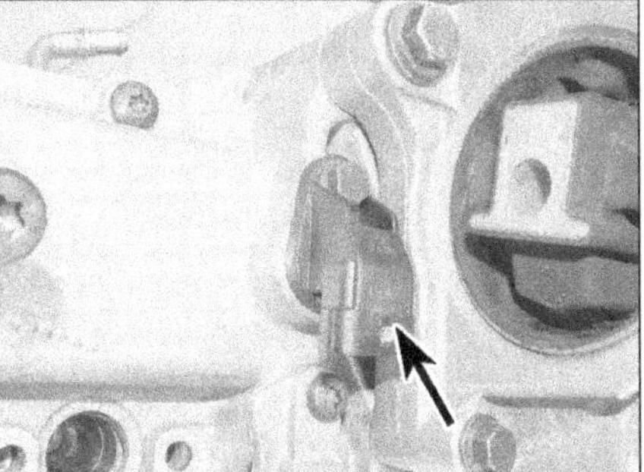

11.75a Kamaxelgivare (se pil) – D5244T/ T2/T3-motorer . . .

Turboaggregatets laddningsstyrmotor

Endast D5244T4/T5/T6/T7 motorer

83 På dessa motorer styrs läget hos det varierande turbinbladet i turboaggregatet (och således laddningseffekten) av en elmotor ansluten till turbinbladets länkarm **(se bild)**. Motorns styrs av motorstyrmodulen. I skrivande stund verkar det som att motorn inte går att få tag på utan turboaggregat, om motorn är defekt måste hela turboaggregatenheten bytas ut enligt beskrivningen i avsnitt 13.

Bränsletemperaturgivare

Endast D5244T4/T5/T6/T7 motorer

84 Ta bort plastkåpan från motorn genom att dra loss den rakt uppåt från fästena.

85 Sensorns sitter på den övre/främre kanten av högtryckspumpen i vänster ände av topplocket. Koppla loss givarens anslutningskontakt **(se bild 9.9b)**.

86 Rengör området runt givaren, skruva sedan loss den från pumpen. Var beredd på spill. Täpp igen öppningen för att hindra smuts från att tränga in.

87 Monteringen sker i omvänd ordningsföljd mot demonteringen, och dra åt givaren till angivet moment.

11.75b . . . och D5244T4/T5/T6/T7-motorer (se pil)

Gasspjällshus

Endast D5244T4/T5/T6/T7 motorer

88 Demontera luftrenaren enligt beskrivningen i avsnitt 2.

89 Lossa klämman och koppla loss luftslangen från gasspjällhuset. Flytta slangen åt sidan.

90 Lossa anslutningskontakten, skruva loss de fyra fästbultarna och ta bort gasspjällshuset **(se bild)**. Kasta packningen, eftersom en ny en måste användas.

11.80 Dra loss armen från virvelstyrningens motor

11.81 Fästbultarna till virvelstyrningens motor (markerade med pilar)

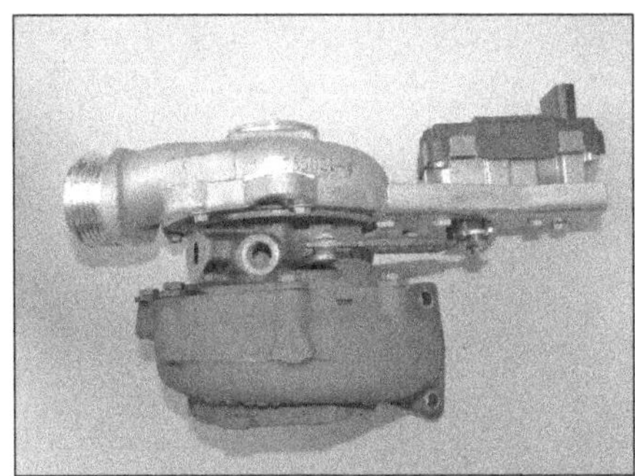

11.83 Turboaggregat och laddtrycksmotor

11.90 Gasspjällshusets fästbultar (markerade med pilar)

91 Monteringen sker i omvänd ordningsföljd mot demonteringen. Om du monterat ett nytt gasspjällshus måste de värden som lagrats i motorstyrmodulen återställas. Arbetet bör överlåtas till en Volvo-återförsäljare eller lämpligt utrustad specialist.

12 Turboaggregat – beskrivning och föreskrifter

Beskrivning

Turboaggregatet ökar motorns verkningsgrad genom att höja trycket i insugningsgrenröret över atmosfäriskt tryck. I stället för att luft bara sugs in i cylindrarna tvingas den dit. Extra bränsle tillförs av insprutningspumpen, proportionellt mot det ökade luftintaget.

Turboaggregatet drivs av avgaserna. Gasen flödar genom ett specialutformat hus (turbinhuset) där den får turbinhjulet att snurra. Turbinhjulet sitter på en axel och i änden av axeln sitter ett till vingförsett hjul, kompressorhjulet. Kompressorhjulet snurrar i sitt eget hus och komprimerar insugsluften på väg till insugningsgrenröret.

Tryckluften passerar genom en laddluftkylare. Detta är en luftkyld värmeväxlare som monteras ihop med kylaren i framvagnen. Laddluftkylarens uppgift är att kyla ner insugsluften, som värmts upp när den tryckts ihop. Eftersom kallare luft är tätare, ökar effektiviteten hos motorn ytterligare när luften kyls av.

Turboaggregatet har ett reglerbart skovelhjul som styr avgasflödet till turbinen. Skovlarna snurrar med hjälp av laddtryckets magnetstyrventil (D5244T/T2/T3-motorer) eller elektriska styrventil/motor (D5244T4/T5/T6/T7-motorer), som styrs av motorns styrmodul. Vid lägre motorvarvtal slås skovlarna ihop, vilket minskar ingångsöppningen för avgaser och därför ökar gasens hastighet, vilket leder till ett ökat laddtryck vid låga motorvarvtal. Vid höga motorvarvtal snurrar skovlarna så att ingångsöppningen för avgaserna blir större, gasens hastighet minskar och laddtrycket hålls på så vis relativt konstant över motorns varvtalsintervall. Detta kallas VNT eller Variable Nozzle Turbocharger (variabelt turboskovelhjul).

Turboaxeln trycksmörjs av ett oljematarrör från huvudoljeledningarna. Axeln flyter på en 'kudde' av olja. Ett avtappningsrör för tillbaka oljan till sumpen.

Föreskrifter

- Turboaggregatet arbetar vid extremt höga hastigheter och temperaturer. Vissa säkerhetsåtgärder måste vidtas för att undvika personskador och skador på turboaggregatet.
- Kör inte turboaggregatet när dess komponenter är oskyddade. Om ett föremål skulle falla ner på de roterande vingarna kan det orsaka omfattande materiella skador och (om det skjuts ut) personskador.
- Varva inte motorn direkt efter starten, särskilt inte om den är kall. Låt oljan cirkulera i några sekunder.
- Låt alltid motorn gå ned på tomgång innan den stängs av – varva inte upp motorn och vrid av tändningen, eftersom aggregatet då inte får någon smörjning.
- Låt motorn gå på tomgång i flera minuter innan den stängs av efter en snabb körtur.
- Observera de rekommenderade intervallerna för påfyllning av olja och byte av oljefilter och använd olja av rätt märke och kvalitet *(se Smörjmedel och vätskor)*. Bristande oljebyten eller användning av begagnad olja eller olja av dålig kvalitet kan orsaka sotavlagringar på turboaxeln med driftstopp som följd.

13 Turboaggregat – demontering och montering

Demontering

1 Ta bort plastkåpan från motorn genom att dra loss den rakt uppåt från fästena.

2 Skruva loss hållarna och ta bort motorns tvärbalk som sitter mellan fästbyglarna på framfjädringens fjäderbenslager **(se bild)**.

D5244T/T2/T3 motorer

3 Skruva loss de 5 bultar och ta bort värmeskyddet från avgasgrenröret. Observera att du kan behöva dränka bultarna i rostlösningsolja innan du försöker ta bort dem.

4 Skruva loss de båda skruvarna och lossa oljetillförselröret från turboaggregatet och motorblocket **(se bild)**.

5 Ta bort de båda övre muttrarna som håller fast turboaggregatet på avgasgrenröret.

6 Ta bort avgassystemets främre del enligt beskrivningen i avsnitt 17.

7 Skruva loss skruven som håller fast fästbygeln vid vakuumpumpen på topplockets vänstra ände, lossa klämman och ta bort turboaggregatets insugsrör.

8 Lossa klämmorna som håller fast oljetrycksröret vid kylvätskeröret.

9 Lossa klämmorna och koppla loss laddluftröret från turboaggregatet **(se bild)**. Flytta röret åt sidan.

10 Skruva loss de två torxbultarna som håller fast oljereturröret på undersidan av turboaggregatet, dra sedan loss röret från motorblocket. Kassera tätningarna, de måste bytas varje gång de skruvas ur **(se bilder)**.

13.2a Skruva loss muttern/bulten (se pil) som håller fast tvärbalken vid motorfästet på ventilkåpan . . .

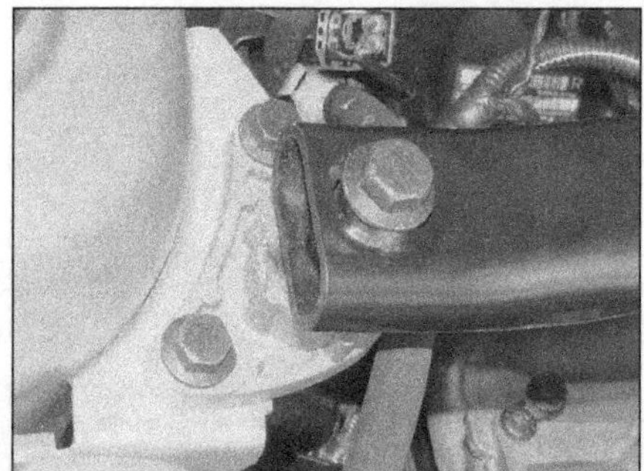

13.2b . . . och de som håller fast tvärbalken vid fästbyglarna på fjädertornen

13.4 Turboaggregatets oljetillförselrör – turboaggregatänden

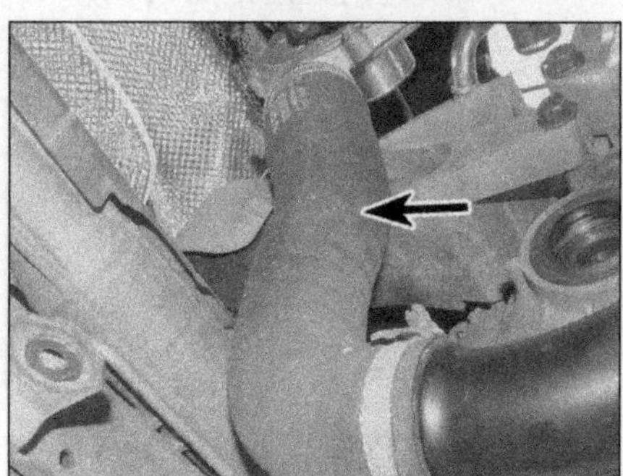

13.9 Lossa klämmorna och ta bort laddluftröret (markerad med pil) från turboaggregatet

13.10a Lossa de 2 torxbultarna (markerade med pilar) som håller fast oljereturröret på turboaggregatet. . .

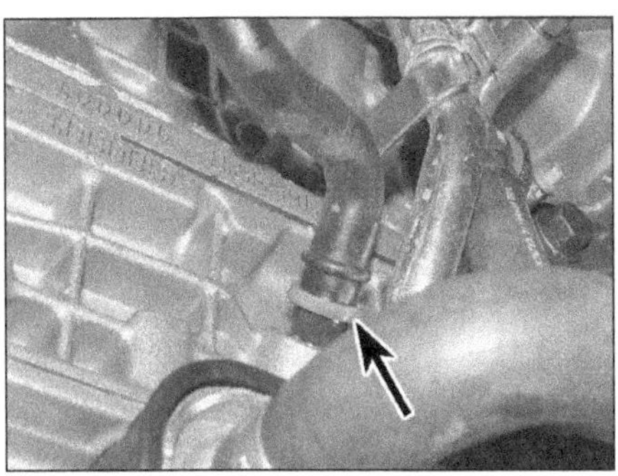
13.10b ... dra sedan loss röret från motorblocket – ta vara på tätningen (se pil)

13.11 Koppla loss vakuumslangen från styrventilen på turboaggregatets munstycke (se pil)

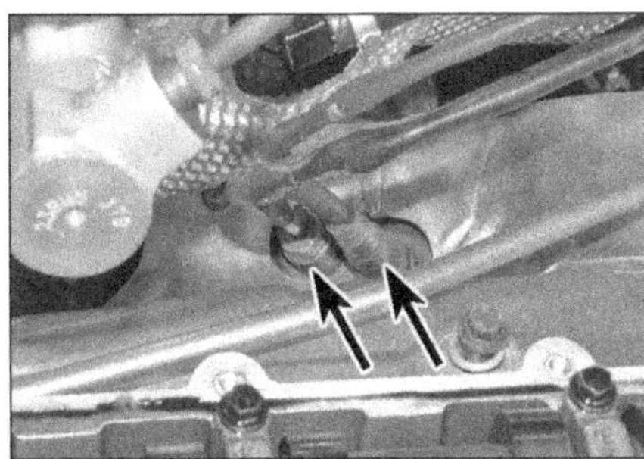
13.16 Skruva loss lambdasonden och temperaturgivaren (markerad med pilar) på katalysatorns ovansida

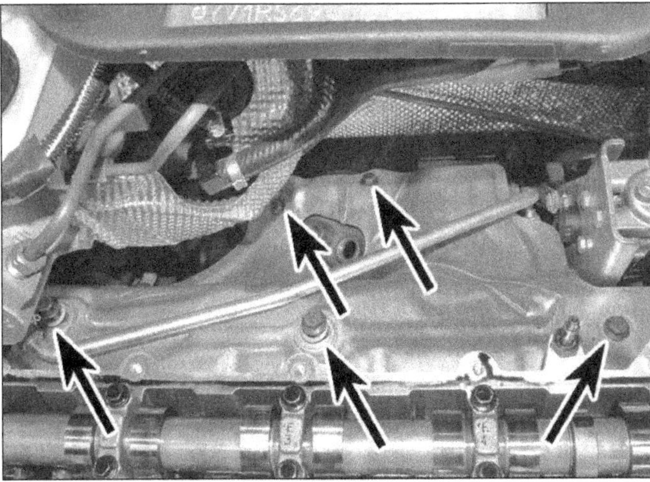
13.17 Värmesköldens bultar (markerade med pilar)

13.18 Skruva loss torxbultarna och koppla loss oljetrycks- och kylvätskerören ovanpå turboaggregatet

11 Koppla loss vakuumslangen från munstyckets styrventil **(se bild)**.

12 Skruva loss den nedre muttern som håller fast turboaggregatet vid avgasgrenröret, sänk sedan ned enheten genom växellådstunneln och ta ut den under bilen.

D5244T4/T5/T6/T7 motorer

13 Töm kylsystemet enligt beskrivningen i kapitel 1B.

14 Demontera luftrenaren enligt beskrivningen i avsnitt 2.

15 Skruva loss de fyra muttrarna och ta bort gummiskärmen från baksidan av topplocket **(se bild 10.11)**.

16 Skruva loss den uppvärmda lambdasonden och temperaturgivaren på katalysatorns ovansida **(se bild)**.

17 Skruva loss de fem bultarna som håller fast värmeskyddet vid avgasgrenröret **(se bild)**. Observera fjädrarna som sitter på de två övre bultarna till höger.

18 Koppla loss oljetryckröret och kylvätskeröret från turboaggregatets ovansida **(se bild)**. Ta loss tätningsbrickorna och ta bort värmeskölden.

19 Ta bort höger drivaxel enligt beskrivningen i kapitel 8, skruva sedan loss muttrarna och ta bort plastkåpan på drivaxeln, där den går in i hjulhusområdet **(se bild)**.

20 Arbeta genom höger hjulhus, skruva loss banjobulten som håller fast turboaggregatets oljetillförselrör vid motorblocket. Ta loss tätningsbrickorna.

21 Koppla loss anslutningskontakten från motorn till turboaggregatets laddtrycksregulator.

22 Skruva loss bulten som håller fast den på vakumpumpens bas och lossa sedan klämman och ta bort turboaggregatets insugsslang.

23 Skruva loss de 3 bultarna som håller fast katalysatorn på turboaggregatet och de 2 bultarna som håller fast den på stödfästbygeln **(se bilder)**.

24 Arbeta under bilen, lossa klämmorna,

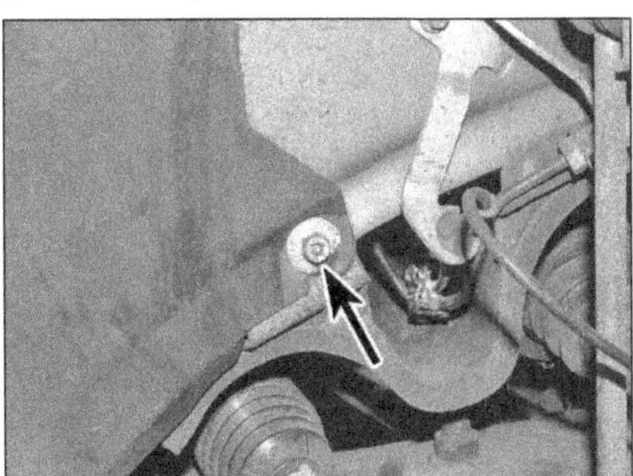
13.19 Skruva loss muttern (se pil) och ta bort drivaxelkåpan

13.23a De övre skruvarna mellan katalysatorn och turboaggregatet

13.23b Katalysatorns stödfästbultar (markerade med pilar – visas underifrån)

13.24a Lossa klämman (markerad med pil) som håller fast laddluftröret på turboaggregatet . . .

13.24b . . . skruva sedan loss bultarna (markerade med pilar) och ta bort rören

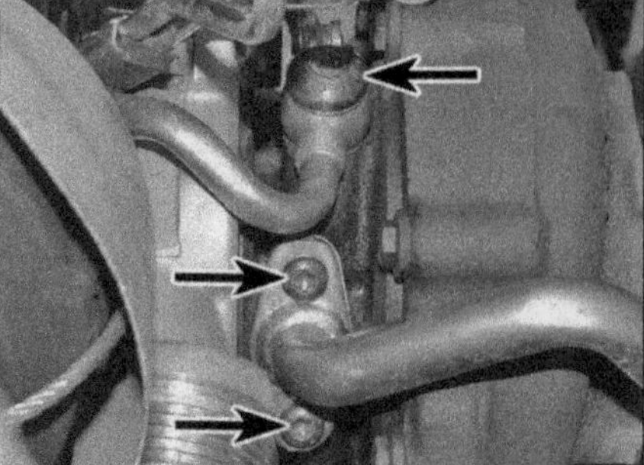

13.25 Skruva loss torxbultarna (markerade med pilar) och koppla loss oljeretur- och kylvätskeröret från turboaggregatet

13.28a De övre muttrarna mellan turboaggregatet och grenröret (markerade med pilar)

13.28b Byt ut metallpackningen mellan turboaggregatet och grenröret

skruva loss bultarna och ta loss laddluftröret från turboaggregatet **(se bilder)**.

25 Koppla loss kylvätskeröret och oljereturröret från undersidan/baksidan av turboaggregatet **(se bild)**. Ta loss tätningsbrickorna och packningarna.

26 Lossa bulten och klämman som håller fast oljetillförselröret till turboaggregatet på undersidan av kylvätskeröret på topplockets baksida. Flytta oljeröret åt sidan.

27 Skruva loss torxbulten som håller fast stödfästbygeln till differentialtryckgivarens rör på baksidan av turboaggregatet.

28 Skruva loss muttrarna som håller fast turboaggregatet vid avgasgrenröret och ta ner det. Kassera metallpackningen - den måste bytas ut mot en ny. Volvo insisterar på att turboaggregatet/övertrycksventilens manöverdon inte demonteras ytterligare **(se bilder)**.

Montering

29 Monteringen sker i omvänd ordningsföljd mot demonteringen. Tänk på följande:

a) Se till att alla fogytor är rena och torra.
b) Byt alla O-ringar, tätningar och packningen.
c) Dra åt alla hållare till angivet moment (där sådant angetts).
d) Montera de nya muttrarna/bultarna mellan avgassystemets nya framdel/katalysatorn och turboaggregatet.

14 Turboaggregat – undersökning och renovering

När turboaggregatet demonterats, undersök om det finns sprickor eller andra synliga skador på huset.

Vrid runt turbinen eller kompressorhjulet för att kontrollera att axeln är hel och för att känna om den går skakigt eller ojämnt. Ett visst spel är normalt eftersom axeln "flyter" på en oljefilm när den är i rörelse. Kontrollera att hjulskovlarna inte är skadade.

Övertrycksventilen och manöverdonet är inbyggda i turboaggregatet och kan inte undersökas eller bytas ut separat. Vänd dig till en Volvo-verkstad eller en annan specialist om du tror att övertrycksventilen är defekt.

Om avgas- eller insugspassagerna är nedoljade har troligen packboxen till turboaxeln gått sönder (på insugssidan har även laddluftkylaren (om sådan finns) smutsats ned och bör vid behov spolas av med ett lämpligt lösningsmedel).

Du kan inte reparera turbon själv. Enheten kan finnas som reservdel.

15 Mellankylare – demontering och montering

1 Laddluftkylaren är fäst på motorkylsystemets kylare på framvagnen. Ta bort laddluftkylaren genom att ta bort kylaren enligt beskrivningen i kapitel 3.

2 Lossa klämmorna och ta bort laddluftkylaren från kylaren.

3 Monteringen sker i omvänd ordningsföljd mot demonteringen.

16 Grenrör – demontering och montering

Insugningsgrenrör

1 Insugsgrenröret är inbyggt i ventilkåpan – se kapitel 2B.

Avgasgrenrör

Demontering

2 Demontera turboaggregatet enligt beskrivningen i avsnitt 13.

3 Lossa klämman och koppla loss avgasåterföringsröret från avgasgrenröret **(se bild)**.

4 Skruva loss muttrarna och ta bort avgasgrenröret från motorn **(se bild)**. Kasta packningen, eftersom en ny en måste användas.

16.3 Lossa avgasåterföringsrörets klämmor (markerade med pil)

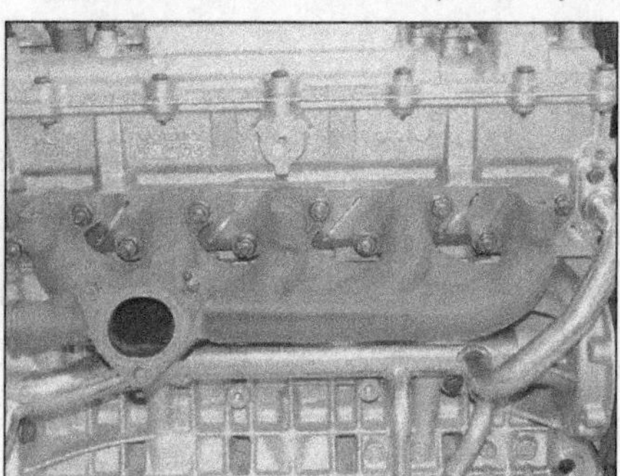

16.4 Skruva loss avgasgrenrörets muttrar

Montering

5 Undersök om det finns tecken på skada eller korrosion på någon av grenrörets pinnbultar. ta bort alla korrosionsspår och laga eller byt ut alla skadade pinnbultar.

6 Se till att fogytorna på avgasgrenröret och topplocket är rena och torra. Sätt dit en ny packning och montera avgasgrenröret på topplocket. Dra åt muttrarna till angivet moment.

7 Resten av återmonteringen sker i omvänd ordning mot demonteringen. Tänk på följande:

d) Dra åt alla hållare till angivet moment (där sådant angetts).

b) Kontrollera och fyll vid behov på oljenivån enligt beskrivningen i "Veckokontroller".

17 Avgassystem – allmän information och byte av komponenter

Allmän information

1 Avgassystemet består av två sektioner: det främre avgasröret med katalysator/partikelfilter (i förekommande fall) samt den bakre delen med mitten- och bakljuddämpare.

2 Om det behövs kan bakljuddämpare bytas ut fristående från resten av systemet genom att skära loss den gamla ljuddämparen från röret och sätta dit den nya över den avskurna änden – mer information finns i detta avsnitt.

Demontering

Främre delen

3 Lyft upp framvagnen och ställ den på pallbockar (se *Lyftning och stödpunkter*). Eller så kan bilen ställas över en smörjgrop eller på ramper.

4 Skruva loss skruvarna och ta bort motorns undre skyddskåpa.

5 På D5244T4/T5/T6/T7-motorer, skruva loss avgassystemets temperaturgivare och lambdasond från katalysatorn **(se bild 13.16)**.

6 Skruva loss de 5 bultar och ta bort värmeskyddet från avgasgrenröret. Bultarna kan behöva dränkas i rostlösningsolja innan du försöker skruva loss dem.

7 Skruva loss muttrarna som håller fast katalysatorn vid turboaggregatet, skruva sedan loss muttrarna som håller fast katalysatorn vid partikelfiltret/bakdelen av avgasröret **(se bild)**. För bättre åtkomst, skruva loss bultarna som håller fast det främre avgasrörets/katalysatorns fästbygel på baksidan av motorblocket och ta bort fästbygeln.

8 Skruva loss bultarna som håller fast tvärplåtarna i mitten och bak under avgasröret, lossa klämmorna som håller fast värmesköldarna och bromsrören vid tvärplåtarna, skruva sedan loss bultarna som håller fast det främre avgasröret vid kryssrambalken. Ta ut avgasröret underifrån bilen. Observera att katalysatorerna är inbyggda i det främre avgasröret och inte kan bytas ut separat.

17.7 De två övre muttrarna/bultarna mellan det främre avgasröret/katalysatorn och turboaggregatet kan nås uppifrån

17.10 Ta bort muttrarna som håller ihop de bakre och främre delarna av avgassystemet

17.11 Lossa det bakre avgasröret från de olika gummifästena

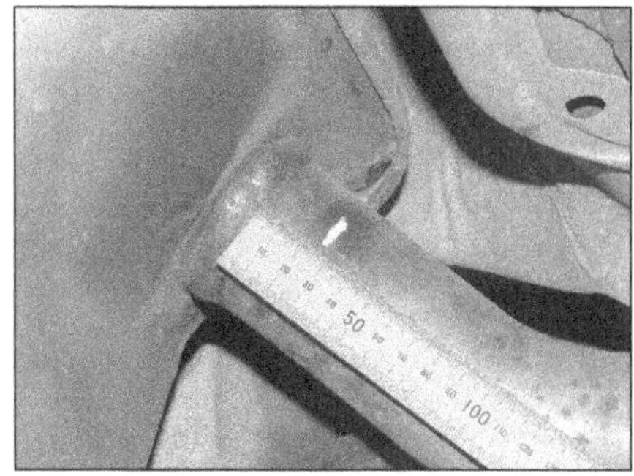

17.12 Skär loss den gamla ljuddämparen från röret, 27 mm från svetsfogen

Bakre delen

9 Lyft upp bakvagnen och ställ den på pallbockar (se *Lyftning och stödpunkter*). Eller så kan bilen ställas över en smörjgrop eller på ramper.

10 Skruva loss muttrarna som håller ihop avgassystemets bakre och främre del **(se bild)**.

11 Ta loss avgassystemets bakre del från de olika fästena och ta ut den underifrån bilen **(se bild)**.

Bakljuddämpare

12 Om den bakre ljuddämparen är den enda delen av systemet som måste bytas ut. Skär loss den gamla ljuddämparen från bakdelen av systemet med röravskärare, 27 mm från svetsfogen framför ljuddämparen **(se bild)**. Lossa ljuddämparen från fästena och ta bort den från bilen.

13 Rengör och fila ren änden av det befintliga avgasröret med en fil/smärgelband el. dyl.

14 Det finns bakljuddämpare som monteras över änden av det befintliga avgasröret och sedan kläms fast. För den nya ljuddämparen över röret, fäst dämparens gummifästen och dra sedan rörklämman åt ordentligt.

Montering

15 Varje del monteras i omvänd ordning, och notera följande punkter:

a) Se till fram alla spår av korrosion har tagits bort från flänsarna, och att alla packningar bytts.

b) Undersök gummifästena efter tecken på skador eller åldrande och byt ut dem om det behövs.

c) Kontrollera innan avgassystemets fästen dras åt till angivet moment att alla gummiupphängningar är korrekt placerade och att det finns tillräckligt med mellanrum mellan avgassystemet och underredet.

18 Virvelkammaren – demontering och montering

Observera: *Endast D5244T4/T5/T6/T7 motorer.*

Demontering

1 Virvelkammaren sitter på topplocket och styr luftflödet till inloppskanalerna. I kanalen sitter ventiler som styr luftflödet till insugskanalerna beroende på motorns varvtal och belastning och skapar en virvelrörelse som ökar förbränningens verkningsgrad och minskar avgasutsläppen. För att ta bort kanalen börjar man genom att ta bort ventilkåpan/insugsgrenröret enligt beskrivningen i kapitel 2B.

2 Koppla loss manöverarmen från virvelstyrningens motor.

3 Skruva loss bultarna och ta bort virvelkanalen.

Montering

4 Monteringen sker i omvänd ordningsföljd. Dra åt alla hållare ordentligt.

Kapitel 4 Del C: Avgasreningssystem

Innehåll

Svårighetsgrader

Enkelt, passer novisen med lite erfarenhet 	**Ganska enkelt,** passar nybörjaren med viss erfarenhet	**Ganska svårt,** passer kompetent hemmamekaniker 	**Svårt,** passer hemmamekaniker med erfarenhet 	**Mycket svårt,** för professionell mekaniker

Specifikationer

Åtdragningsmoment	**Nm**
Avgasåterföringsventilen/kylaren:	
M6	10
M8	27
Avgastemperaturgivare	45
Lambdasond	45
Oljeavskiljarens bultar	20

1 Allmän information

Alla modeller som behandlas i den här handboken är försedda med bränslesystem med flera olika egenskaper som ska minimera miljöfarliga utsläpp. Dessa system kan delas in i tre övergripande kategorier: Vevhusventilationen, avdunstningsregleringen, och avgasreningen. Dieselmotorer kan dessutom vara utrustade med ett särskilt kolfilter innehållande poröst kiselkarbidsubstrat som fångar upp kolpartiklarna när avgaserna passerar genom filtret.

Huvudegenskaperna hos systemen är följande.

Vevhusventilation

Bensinmodeller:

För att minska utsläppet av oförbrända kolväten från vevhuset används ett PCV-system (Positive Crankcase Ventilation). Motorn är förseglad och genomblåsningens förbränningsgaser och oljeångor dras ut från vevhuset genom en oljeavskiljare och in i insugssystemet för att brännas vid den normala förbränningen.

När högt undertryck råder i grenröret (tomgångskörning, inbromsning) sugs gaserna ut ur vevhuset. När lågt undertryck råder i insugsröret (acceleration, fullgaskörning), tvingas gaserna ut ur vevhuset av det (relativt) högre trycket i vevhuset. om motorn är sliten gör det högre vevhustrycket (pga. ökad genomblåsning) att en viss del av flödet alltid går tillbaka oavsett tryck i grenröret.

Dieselmodeller

Gaserna från vevhuset förs via slangar från topplocket och motorblocket till en oljeavskiljare av centrifugaltyp. Här tvingas gaserna förbi två käglor. När gaserna passerar käglorna slungas oljan ut och kondenserar mot avskiljarens väggar, där den sedan återförs till sumpen. Gaserna släpps in i insugssystemet via en tryckbegränsningsventil.

Avdunstningsreglering

Bensinmodeller:

Avdunstningsregleringssystemet används för att minimera utsläppen av oförbrända kolväten. Därför är bränsletankens påfyllningslock tätat och ett kolfilter används för att samla upp och lagra bensinångorna från tanken. När motorn är igång dras ångorna ut från kolfiltret av en elektronisk EVAP-rensventil som styrs av styrmodulen, förs till insugskanalen och förbränns av motorn vid normal förbränning.

För att garantera att motorn går felfritt under tomgångskörning, öppnas ventilen endast när motor är igång under belastning. Ventilen öppnas då så att ångorna inuti kan passera in i insugskanalen.

Avgasrening

Bensinmodeller:

För att minimera mängden föroreningar som släpps ut i atmosfären är alla modeller försedda med en katalysator i avgassystemet. Systemet är slutet och har två lambdasonder i avgassystemet som ständigt skickar information till motorstyrningens styrmodul om avgasernas syreinnehåll. Det gör det möjligt för den elektroniska styrenheten att justera bränsleblandningen genom att variera bränsleinsprutarnas öppningstid och på så sätt skapa bästa möjliga arbetsförhållanden för katalysatorn. Systemet fungerar på följande sätt.

Lambdasonden har ett inbyggt värmeelement som aktiveras av styrenheten för att snabbt värma upp sondens spets till effektiv arbetstemperatur. Sondens spets är känslig för syre, och sänder en spänning till styrmodulen som varierar i enlighet med mängden syre i avgaserna. Om blandningen insugsluft/bränsle är alltför kraftig får avgaserna en låg syrehalt, varvid sonden sänder en signal vars spänning är proportionell mot den registrerade syremängden, spänningen stiger i takt med att blandningen blir mer utspädd och mängden syre i avgaserna ökar. Maximal omvandlingseffekt för alla större föroreningar uppstår när luft-/bränsleblandningen hela tiden hålls vid den kemiskt korrekta kvoten för fullständig förbränning av bensin, vilket innebär 14,7 delar (viktandelar) luft till 1 del bensin (den stökiometriska kvoten). Sondens signalspänning ändras kraftigt vid denna punkt och styrmodulen använder signaländringen som referens för att justera luft-/bränsleblandningen genom att ändra bränsleinsprutarnas öppningstid.

Dieselmodeller

Avgasåterföringssystemets uppgift är att återcirkulera små avgasmängder till insuget och vidare in i förbränningsprocessen. Detta minskar halten av kväveoxider i avgaserna.

Volymen avgaser som återförs styrs av en elektriskt driven magnetventil. Solenoiden, ventilen och kylaren är en enhet som sitter på topplockets vänstra ände mellan insugs- och avgasgrenröret.

Avgasåterföringssystemet styrs av motorstyrningens styrmodul som får information om motorns arbetsvärden från de olika givarna.

Partikelfilter

Dieselmodeller

Partikelfiltret kombineras med katalysatorn i avgassystemet och dess uppgift är att fånga kolpartiklar (sot) när avgaserna passerar genom filtret, för att kunna följa de senaste utsläppsreglerna.

Filtret kan rengöras automatiskt av systemets styrmodul i bilen. Motorns högtrycksinsprutningssystem sprutar in bränsle till avgaserna under efterinsprutningen, det ökar filtrets temperatur tillräckligt för att partiklarna ska oxidera och bilda aska.

2 Katalysator – allmän information och föreskrifter

På bensinmodeller sitter en trevägs katalysator inbyggd i den främre delen av avgasröret, medan dieselmodeller har en oxideringskatalysator, även den inbyggd i den främre delen av avgasröret. Se del A eller B i detta kapitel för demontering.

Katalysatorn är en tillförlitlig och enkel anordning som inte kräver något underhåll. Det finns dock några punkter som bör uppmärksammas för att katalysatorn ska fungera ordentligt under hela sin livslängd.

Bensinmodeller:

a) ANVÄND INTE blyad bensin – blyet täcker över ädelmetallerna, reducerar katalysförmågan och förstör med tiden hela katalysatorn.

b) Underhåll alltid tändnings- och bränslesystemen regelbundet enligt tillverkarens underhållsschema (se kapitel 1A).

c) Om motorn börjar misstända ska bilen inte köras alls (eller åtminstone så lite som möjligt) tills felet är åtgärdat.

d) Bilen får INTE knuffas igång eller bogseras eftersom katalysatorn då dränks i oförbränt bränsle och kommer att överhettas när motorn startas.

e) Stäng INTE av tändningen vid höga motorvarvtal, dvs. tryck inte ner gaspedalen alldeles innan tändningen vrids av.

f) Använd INTE tillsatser i olja eller bensin. Dessa kan innehålla ämnen som skadar katalysatorn.

g) FORTSÄTT INTE att köra bilen om motorn bränner olja så att den lämnar blå rök efter sig.

h) Kom ihåg att katalysatorn arbetar vid mycket höga temperaturer. Parkera därför INTE bilen i torr undervegetation, i långt gräs eller över lövhögar efter en längre körsträcka.

i) Kom ihåg att katalysatorn är ÖMTÅLIG. Undvik att slå till den med verktyg vid renoveringsarbete.

j) Ibland kan en svavelaktig lukt (som från ruttna ägg) kännas från avgasröret. Detta är vanligt hos katalysatorutrustade bilar. När bilen har körts några hundra mil brukar problemet försvinna. Använd bränsle av en annan sort under tiden.

k) Katalysatorn på en väl underhållen och korrekt körd bil bör hålla mellan 8 000 och 16 000 mil. Om katalysatorn inte längre är effektiv ska den bytas ut.

Dieselmodeller

Se informationen i delarna f, g, h, i och k för bensinmodellinformationen ovan.

3 Vevhusventilation – kontroll och byte av komponenter

Kontroll

1 Inga komponenter i det här systemet behöver tillsyn, förutom alla slangar som måste kontrolleras så att de inte är igentäppta eller skadade.

Oljeavskiljare – byte

2 Oljeavskiljaren sitter på framsidan av motorblocket, under insugningsgrenröret **(se bild)**.

3 Ta bort insugsgrenröret enligt beskrivningen i del A i detta kapitel (bensinmodeller) eller oljemätstickans styrhylsa (dieselmodeller).

4 Ta loss klämmorna som håller fast anslutningsslangarna vid motorblockets anslutningar. Om klämmorna är det minsta skadade eller slitna ska nya klämmor användas vid ihopsättningen.

3.2 Oljeavskiljaren sitter på framsidan av motorblocket (se pil)

5 Skruva loss de två bultarna och ta bort enheten från motorn.

6 Montera oljeavskiljaren i omvänd ordningsföljd. Montera insugsgrenröret enligt beskrivningen i del A i detta kapitel, eller oljemätstickans styrhylsa.

4 Avdunstningsregleringssystem – kontroll och byte av komponenter

Kontroll

1 Dålig tomgång, motorstopp och dåliga köregenskaper kan orsakas av en trasig kolfiltervakuumventil, ett skadat kolfilter, trasiga eller spruckna slangar eller slangar som anslutits till fel ställen. Kontrollera om bränslepåfyllningslockets packning är skadad eller deformerad.

2 Bränslespill eller bränslelukt kan orsakas av att flytande bränsle läcker från bränsleledningarna, av en defekt kolfiltervakuumventil och av urkopplade, feldragna, veckade eller skadade ång- eller styrningsslangar.

3 Undersök alla slangar som är anslutna till kolfiltret efter veck, läckor och sprickor längs hela deras längd. Reparera eller byt om det behövs.

4 Undersök kolfiltret. Om det är sprucket eller skadat ska det bytas. Leta efter bränsleläckor från kolfiltrets botten. Om bränsle läcker ut, byt kolfilter och kontrollera slangarna och deras dragning.

Byte

Kolfilter

5 Kolfiltret sitter bakom det vänstra bakre hjulhuset under bilen.

6 Lossa bultarna/muttrarna till vänster bakhjul, lyft upp sedan upp bakvagnen och stötta den på pallbockar (se *Lyftning och stödpunkter*). Ta bort hjulet.

7 Demontera avgassystemets bakre del enligt beskrivningen i avsnitt 4A.

8 Skruva loss plastmuttern som håller fast hjulhusfodret av plast.

9 Borra ut de två nitarna som håller fast värmeskölden vid kryssrambalkens bakre fäste och den tredje niten på avgassystemets bakre fästbygel. Ta bort värmeskölden.

10 Tryck röret med större diameter mot kolfiltret, tryck ihop klämmorna och ta loss röret från kolfiltret.

11 Tryck ner klämmorna och koppla loss röret med mindre diameter från kolfiltret.

12 Koppla loss gummislangen och buntbandet från kolfiltret.

13 Skruva loss fästbygelns två fästskruvar och plocka ner kolfiltret.

14 Monteringen sker i omvänd ordningsföljd.

Kolfiltrets avluftningsventil (EVAP)

15 Kolfiltrets avluftningsventil sitter i motorrummet, på kylarens fläktskydd.

16 Notera hur vakuumslangarna och anslutningskontakterna sitter monterade på ventilen och koppla sedan loss dem **(se bilder)**.

17 Ta loss ventilen från kåpan.

18 Monteringen sker i omvänd ordningsföljd mot demonteringen.

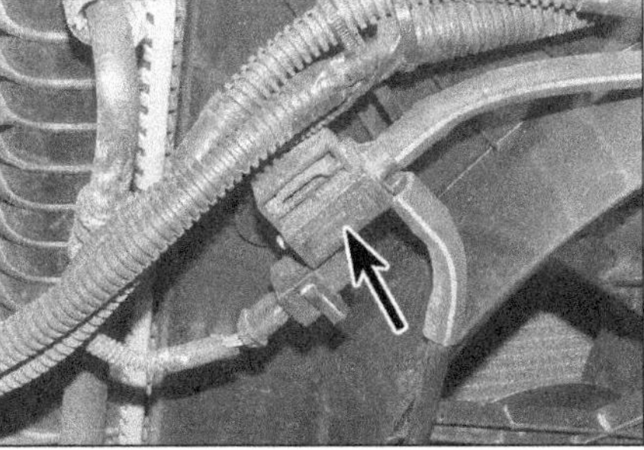

4.16a Kolfiltrets avluftningsventil sitter på kylarfläktens kåpa (se pil) . . .

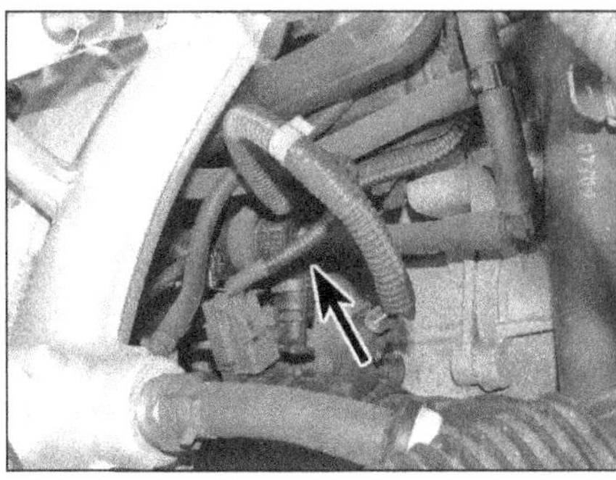

4.16b . . . eller under insugsgrenröret (se pil)

5 Avgasreningssystem - kontroll och byte av komponenter

1 En fullständig kontroll av systemet omfattar en noggrann undersökning av alla slangar, rör och anslutningar med avseende på skick och säkerhet. Utöver detta bör alla kända eller misstänkta fel överlåtas åt en Volvo-verkstad eller lämpligt utrustad specialist.

Lambdasond

Observera: *Lambdasonden är ömtålig och går sönder om den tappas i golvet eller stöts till, om dess strömförsörjning bryts eller om den kommer i kontakt med rengöringsmedel.*

2 Dra åt handbromsen. Lyft upp framvagnen och ställ den på pallbockar (se *Lyftning och stödpunkter*). Skruva loss skruvarna och ta bort motorns undre skyddskåpa.

Främre sond

3 Koppla loss den uppvärmda lambdasondens kontaktdon och lossa kablaget från eventuella buntband.

4 Skruva loss sonden från avgassystemet och ta till vara på tätningsbrickan (om en sådan finns) **(se bilder)**.

5 Rengör tätningsbrickan (i förekommande fall) vid återmonteringen och byt ut den om den är skadad eller sliten. Applicera antikärvningsfett på lambdasondens gängor. Montera sedan lambdasonden och dra åt till angivet moment. Återanslut kablaget och fäst med kabelklämmor, om det är tillämpligt.

Bakre sond - bensinmodeller

6 På vissa modeller kan det vara nödvändigt att demontera hela katalysatorn enligt beskrivningen i kapitel 4A.

7 Skruva loss sonden från avgassystemet och ta till vara på tätningsbrickan (om en sådan finns) **(se bild)**.

8 Rengör tätningsbrickan (i förekommande fall) vid återmonteringen och byt ut den om den är skadad eller sliten. Applicera antikärvningsfett på lambdasondens gängor. Montera sedan lambdasonden och dra åt till angivet moment. Återanslut kablaget och fäst med kabelklämmor, om det är tillämpligt.

Katalysatorer

9 Katalysatorernerna sitter i avgassystemets främre del. För information om byte mm, se del A eller B i detta kapitel.

Avgasåterföringens manöverdon - dieselmodeller

D5244T/T2/T3 motorer

10 Avgasåterföringens manöverdon sitter på topplockets vänstra ände. För att komma åt den, dra loss plastkåpan ovanpå motorn rakt uppåt från fästena.

11 Demontera luftrenaren enligt beskrivningen i kapitel 4B.

12 Töm kylsystemet enligt beskrivningen i kapitel 1B.

13 Koppla loss anslutningskontakten från avgasåterföringens manöverdon.

14 Lossa klämman och koppla loss luftinsugsslangen, ta sedan bort hela slangen med luftflödesgivaren. Koppla loss givarens anslutningskontakter när du tar bort den.

15 Skruva loss skruven som håller fast laddluftröret vid vakuumpumpen på avgaskamaxelns vänstra ände, lossa sedan klämman och ta bort röret.

16 På modeller med automatväxellåda, demontera vakuumpumpen enligt beskrivningen i kapitel 9.

17 Koppla loss insugsslangen från EGR-kylaren **(se bild)**.

18 Skruva loss skruven som håller fast kylarenheten under bränsleinsprutningspumpen **(se bild)**.

19 Skruva loss de två skruvarna som håller fast fästbygeln på kylarens bakre kant.

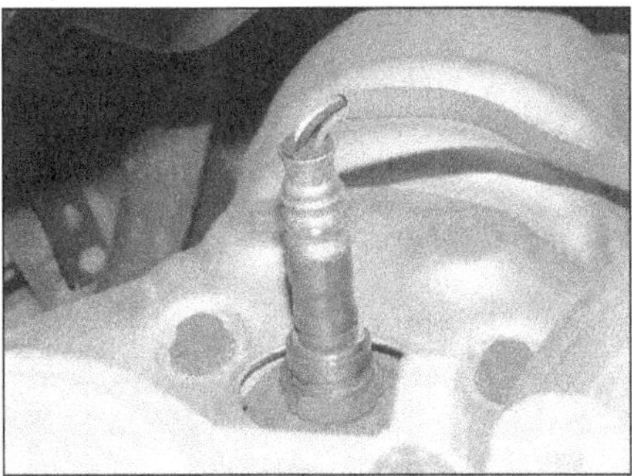

5.4a Den främre lambdasonden sitter i avgasgrenröret - bensinmodeller . . .

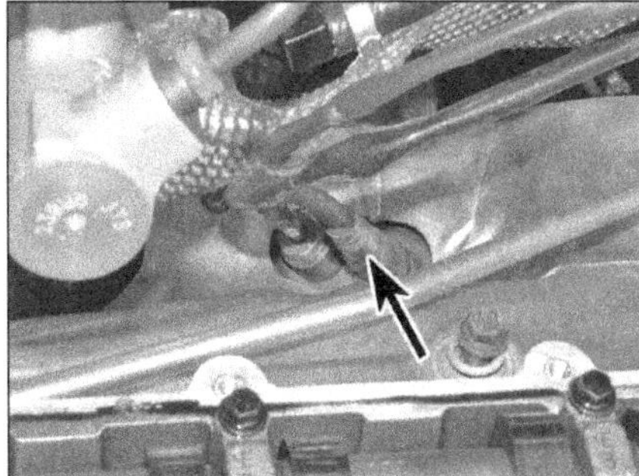

5.4b . . . och dieselmodeller (se pil)

5.7 Den bakre lambdasonden

5.17 Sett ner från baksidan av topplocket, lossa klämman (se pil) och koppla loss avgasåterföringens insugsslang

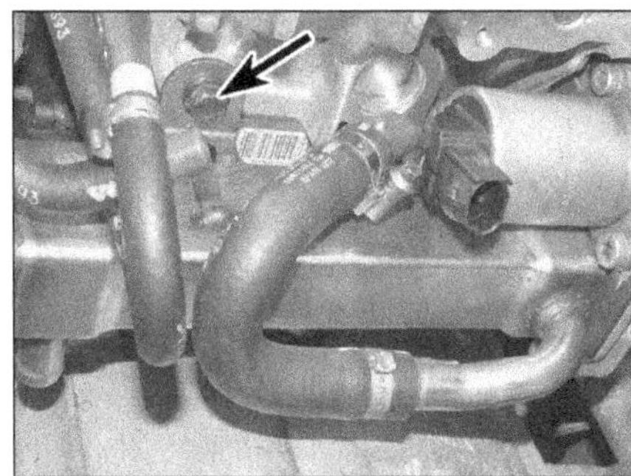

5.18 Fästbult till avgasåterföringens kylare (se pil)

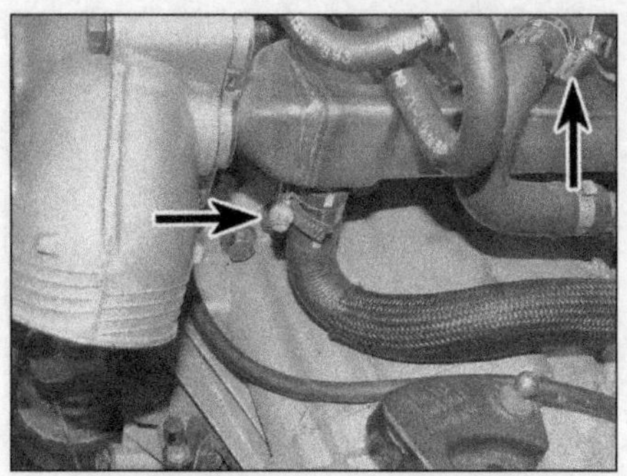

5.20 Avgasåterföringens kylvätskeslangar (markerade med pilar)

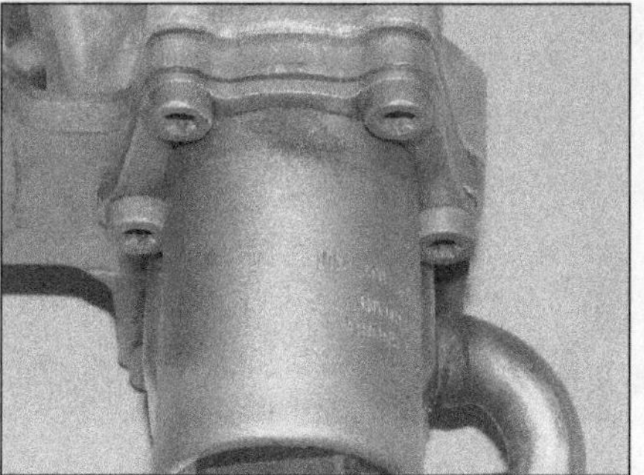

5.22 Skruva loss skruvarna och ta bort avgasåterföringens solenoid

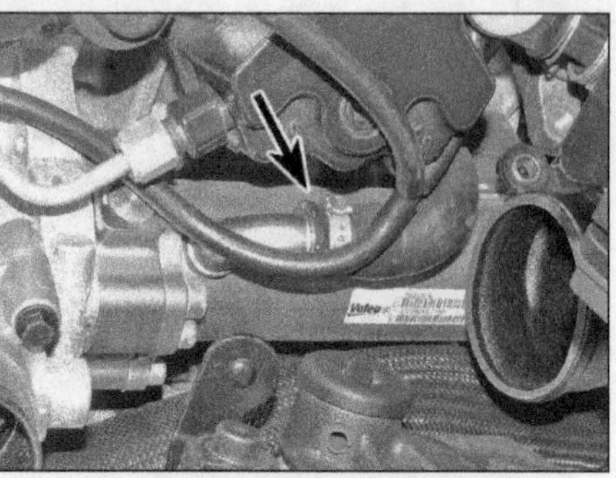

5.31 Avgasåterföringens övre kylvätskeslang (se pil)

20 Lossa klämmorna och koppla loss kylvätskeslangen från kylaren **(se bild)**.

21 Ta bort avgasåterföringens kylare, komplett med manöverdon.

22 Skruva loss de fyra skruvarna och koppla loss manöverdonet **(se bild)**.

23 Monteringen utförs i omvänd ordningsföljd mot demonteringen, byt ut packningen i förekommande fall.

D5244T4/T5/T6/T7 motorer

24 Demontera gasspjällshuset enligt beskrivningen i kapitel 4B.

25 Koppla loss manöverdonets anslutningskontakt.

26 Skruva loss de fyra bultarna och ta bort manöverdonet.

27 Montering sker i omvänd ordningsföljd.

Avgasåterföringens kylare – dieselmodeller

D5244T/T2/T3 motorer

28 Demonteringen av avgasåterföringens kylare beskrivs i avsnittet om demontering av avgasåterföringens manöverdon.

D5244T4/T5/T6/T7 motorer

29 Ta bort luftrenaren och gasspjällshuset enligt beskrivningen i kapitel 4B.

30 Töm kylsystemet enligt beskrivningen i kapitel 1B.

31 Skruva loss klämmorna och koppla loss kylvätskerören från avgasåterföringens kylare som sitter på topplockets vänstra ände **(se bild)**.

32 Lossa klämmorna som håller fast avgasåterföringsröret vid kylaren.

33 Skruva loss de tre fästbultarna och ta bort kylarenheten.

34 Monteringen sker i omvänd ordningsföljd mot demonteringen.

Partikelfilter – dieselmodeller

35 Ställ framvagnen på pallbockar (se *Lyftning och stödpunkter*).

36 Skruva loss den bakre temperaturgivaren **(se bild)**.

37 Observera deras monteringslägen och lossa därefter klämmorna och ta bort slangarna från filtret **(se bild)**.

38 Skruva loss de 4 fästbultarna och ta bort tvärbalkens platta under filtrets bakdel **(se bild)**.

39 Skruva loss flänsmuttrarna fram och bak på partikelfiltret, lossa sedan gummifästena och ta ner det.

40 Monteringen utförs i omvänd ordningsföljd mot demonteringen, använd nya fästmuttrar till filtret. **Observera:** *När du bytt ett partikelfilter, måste "räknaren" i styrmodulen återställas. Detta kräver åtkomst till specifik Volvo-diagnosutrustning och ska utföras av en Volvo-verkstad eller en lämpligt utrustad specialist.*

Partikelfiltrets differentialtryckgivare

41 Dra loss plastkåpan ovanpå motorn rakt uppåt från fästena.

42 Skruva loss bultarna och ta bort tvärbalken mellan fjädertornen i motorrummet.

43 Skruva loss de fyra muttrarna och ta bort gummiskärmen på baksidan av topplocket **(se bild)**.

44 Koppla loss givarens anslutningskontakt.

45 Skruva loss de två torxbultarna, notera sedan hur slangarna till givaren sitter monterade och koppla loss dem när du tar bort givaren **(se bild)**. **Observera:** *När du bytt ut differentialtryckgivaren måste givarvärdena som lagrats i styrmodulen justeras. Detta kräver åtkomst till specifik Volvo-diagnosutrustning och ska utföras av en Volvo-verkstad eller en lämpligt utrustad specialist.*

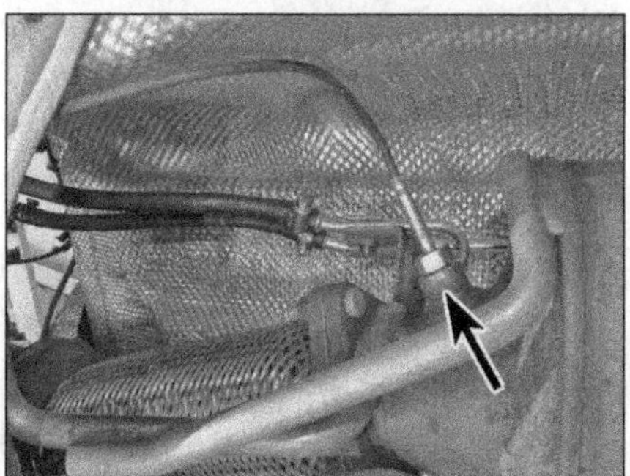

5.36 Partikelfiltrets bakre temperaturgivare (se pil)

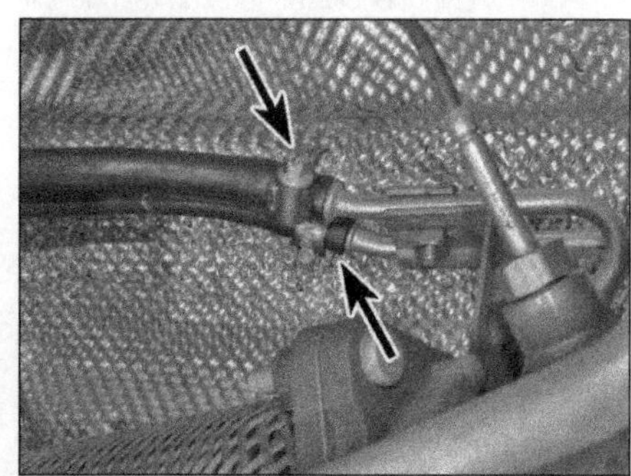

5.37 Partikelfiltrets tryckslangar (markerade med pilar)

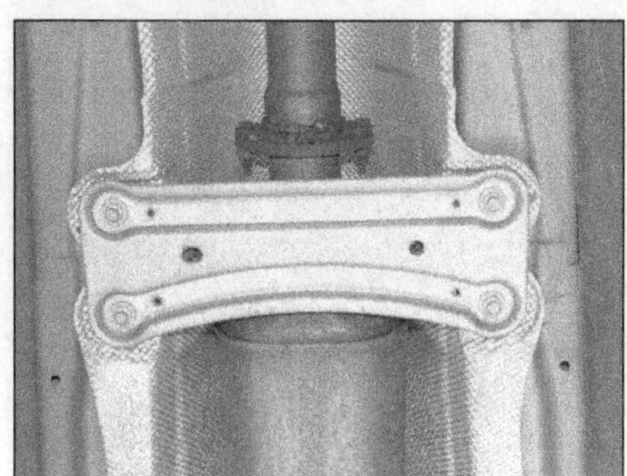

5.38 Skruva loss de fyra bultarna och ta bort tvärbalksplåten

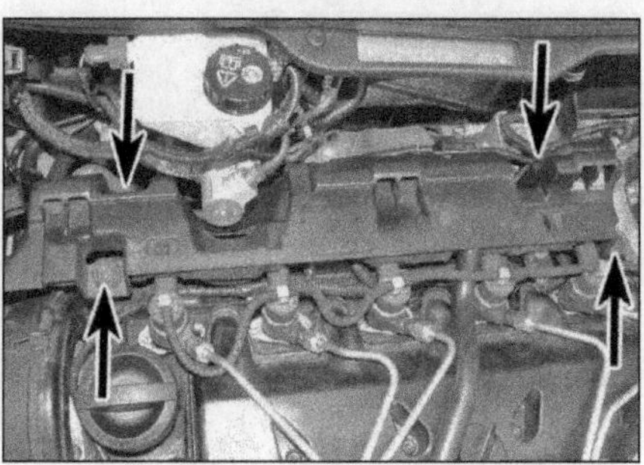

5.43 Skruva loss de fyra muttrarna (markerade med pilar) och ta bort gummiskärmen på baksidan av topplocket

5.45 Partikelfiltrets differentialtryckgivare sitter till vänster på baksidan av topplocket – åtkomsten är begränsad

Kapitel 5 Del A:
Start- och laddningssystem

Innehåll

Svårighetsgrader

Enkelt, passer novisen med lite erfarenhet

Ganska enkelt, passar nybörjaren med viss erfarenhet

Ganska svårt, passer kompetent hemmamekaniker

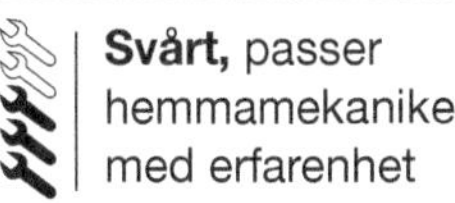

Svårt, passer hemmamekaniker med erfarenhet

Mycket svårt, för professionell mekaniker

Specifikationer

Systemtyp	12 volt, negativ jord
Batteri	
Typ	Lågunderhållsbatteri eller underhållsfritt och livstidsförseglat batteri
Effekt	45 till 90 Ah (beroende på modell)
Laddningskondition:	
Dålig	12,5 volt
Normal	12,6 volt
Bra	12,7 volt
Generator	
Typ	Bosch
Effekt	120, 140 eller 160 A
Minsta borstlängd	5,0 mm
Startmotor	
Typ	Bosch 1.4, 2,0 eller 2,2 kW
Glödstift	
Resistans:	
Motor D5244T/T2/T3	0,685 ± 0,08 Ω vid 20 °C
Motor D5244T4/T5/T6/T7	Ej tillgängligt
Åtdragningsmoment	**Nm**
Generatorns fästbultar	24
Generatorns remskive:	
Fast remskiva	65
Frihjulsremskiva	80
Kompressorns fästbultar	24
Glödstift	8
Startmotorns fästbultar	40

1 Allmän information och föreskrifter

Allmän information

Motorns elsystem består i huvudsak av laddnings, start och dieselförvärmningssystemen. På grund av deras motorrelaterade funktioner behandlas dessa komponenter separat från karossens elektriska enheter, som instrument och belysning etc. (Dessa tas upp i kapitel 12). Information om tändningssystemet finns i del B i detta kapitel.

Elsystemet är av typen 12 V negativ jord.

Batteriet är antingen av typen lågunderhåll eller underhållsfritt (livstidsförseglat) och laddas av generatorn, som drivs med en rem från vevaxelns remskiva.

Startmotorn är föringreppad med en inbyggd solenoid. Vid start trycker solenoiden kugghjulet mot kuggkransen på svänghjulet innan startmotorn ges ström. När motorn startat förhindrar en envägskoppling att motorankaret drivs av motorn tills kugghjulet släpper från kuggkransen.

Detaljinformation om de olika systemen ges i relevanta avsnitt i detta kapitel. Även om vissa reparationer beskrivs här, är det normala tillvägagångssättet att byta ut defekta komponenter.

Föreskrifter

Varning: Det är nödvändigt att iaktta extra försiktighet vid arbete med elsystem för att undvika skador på halvledarenheter (dioder och transistorer) och personskador. Läs föreskrifterna i Säkerheten främst! samt observera följande vid arbete på systemet:

- Ta alltid av ringar, klocka och liknande innan något arbete utförs på elsystemet. En urladdning kan inträffa även med batteriet urkopplat, om en komponents strömstift jordas genom ett metallföremål. Detta kan ge stötar och allvarliga brännskador.
- Kasta inte om batteripolerna. Då kan komponenter som generatorn, elektroniska styrenheter eller andra komponenter med halvledarkretsar skadas så att de inte går att reparera.
- Koppla aldrig loss batteripolerna, generatorn, elektriska kablar eller några testinstrument med motorn igång.
- Låt aldrig motorn dra runt generatorn när den inte är ansluten.
- Testa aldrig om generatorn fungerar genom att 'gnistra' med spänningskabeln mot jord.
- Kontrollera alltid att batteriets jordkabel är urkopplad innan arbete med elsystemet inleds.
- Om motorn startas med hjälp av startkablar och ett laddningsbatteri ska batterierna anslutas *plus* till plus *och* minus till minus *(se* Starthjälp). Detta gäller även vid inkoppling av batteriladdare.
- Testa aldrig kretsar eller anslutningar med en ohmmätare av den typ som har en handvevad generator.
- Koppla ur batteriet, generatorn och komponenter som de elektroniska styrenheterna, (om tillämpligt) för att skydda dem från skador innan elektrisk bågsvetsningsutrustning används på bilen.

2 Batteri - kontroll och laddning

Kontroll

Standard- och lågunderhållsbatteri

1 Om bilen inte körs långt under året är det mödan värt att kontrollera batterielektrolytens densitet var tredje månad för att avgöra batteriets laddningsstatus. Använd en hydrometer till kontrollen och jämför resultatet med tabellen nedan: Observera att densitetsmätningarna förutsätter en elektrolyttemperatur på 15 °C. dra bort 0,007 för varje 10 °C under 15 °C. Lägg till 0,007 för varje 10°C ovan 15°C.

	Omgivningstemperatur	
	Över 25°C	**Under 25°C**
Fulladdat	*1,210 till 1,230*	*1,270 till 1,290*
70 % laddat	*1,170 till 1,190*	*1,230 till 1,250*
Urladdat	*1,050 till 1,070*	*1,110 till 1,130*

2 Om batteriet misstänks vara defekt, kontrollera först elektrolytens densitet i varje cell. En variation över 0,040 mellan celler indikerar förlust av elektrolyt eller nedbrytning av plattor.

3 Om densiteterna har en avvikelse på 0,040 eller mer måste batteriet bytas. Om variationen mellan cellerna är tillfredsställande men batteriet är urladdat ska det laddas upp enligt beskrivningen längre fram i detta avsnitt.

Underhållsfritt batteri

4 Om ett livstidsförseglat underhållsfritt batteri är monterat kan elektrolyten inte kontrolleras eller fyllas på. Batteriets skick kan därför bara kontrolleras med en batteriindikator eller en voltmätare.

5 Vissa modeller kan vara utrustade med ett underhållsfritt batteri, med en inbyggd laddningsindikator. Indikatorn är placerad ovanpå batterihöljet och anger batteriets skick genom att ändra färg. På en etikett fäst på batteriet ska det stå vad indikatorns olika färger betyder. Om så inte är fallet bör en Volvo-återförsäljare eller en bilelektriker tillfrågas.

Alla batterityper

6 Om batteriet testas med hjälp av en voltmeter ska denna anslutas över batteriet och spänningen noteras. För att kontrollen ska ge korrekt utslag får batteriet inte ha laddats på något sätt under de senaste sex timmarna. Om så inte är fallet, tänd strålkastarna under 30 sekunder och vänta 5 minuter innan batteriet kontrolleras. Alla andra kretsar ska vara frånslagna, så kontrollera att dörrar och baklucka verkligen är stängda när kontrollen görs.

7 Om den uppmätta spänningen understiger 12,2 volt är batteriet urladdat, medan en spänning mellan 12,2 och 12,4 volt indikerar delvis urladdning.

8 Om batteriet ska laddas, ta ut det ur bilen och ladda det enligt beskrivningen längre fram i detta avsnitt.

Laddning

Observera: *Följande är endast avsett som riktlinjer. Följ alltid tillverkarens rekommendationer (finns ofta på en tryckt etikett på batteriet) vid laddning av ett batteri.*

Standard- och lågunderhållsbatteri

9 Ladda batteriet vid 10 % av batteriets effekt (t.ex. en laddning på 4,5 A för ett 45 Ah-batteri) och fortsätt ladda batteriet i samma takt tills ingen ökning av elektrolytens densitet noteras över en fyratimmarsperiod.

10 Alternativt kan en droppladdare som laddar med 1,5 ampère användas över natten.

11 Speciella snabbladdare som påstås kunna ladda batteriet på 1-2 timmar är inte att rekommendera, eftersom de kan orsaka allvarliga skador på batteriplattorna genom överhettning. Om batteriet är helt urladdat bör det ta åtminstone 24 h att ladda upp det igen.

12 Observera att elektrolytens temperatur aldrig får överskrida 38°C när batteriet laddas.

Underhållsfritt batteri

13 Denna batterityp tar avsevärt längre tid att ladda fullt än standardtypen. Tidsåtgången beror på hur urladdat batteriet är, men det kan ta ända upp till tre dygn.

14 En laddare av konstantspänningstyp krävs. Den ställs in till mellan 13,9 och 14,9 volt med en laddström understigande 25 A. Med denna metod bör batteriet vara användbart inom 3 timmar med en spänning på 12,5 V, men detta gäller ett delvis urladdat batteri. Full laddning kan, som nämndes ovan, ta avsevärt längre tid.

15 Om batteriet ska laddas från fullständig urladdning (under 12,2 volt), låt en Volvo-verkstad eller bilelektriker ladda batteriet i och med att laddströmmen är högre och att laddningen kräver konstant övervakning.

3 Batteri - demontering och montering

Observera: *När batteriet frånkopplas på modeller med extra värmesystem med*

3.3 Lossa bulten och koppla loss batteriets jordkabel från polen

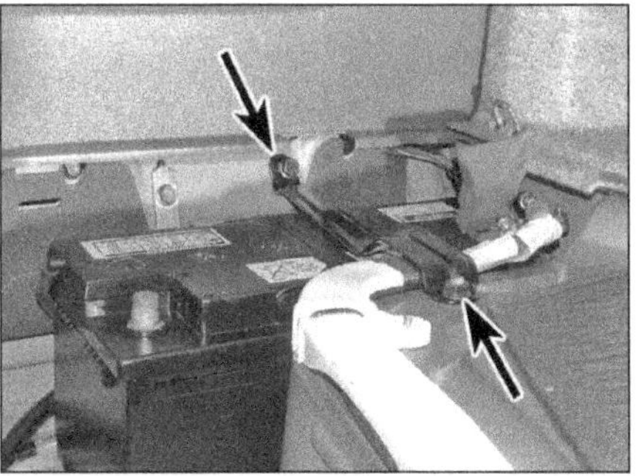

3.4 Skruva loss muttern och bulten (markerad med pilar) och ta bort fästbygel

3.6 Lyft upp plastkåpan och koppla loss batteriets pluspol

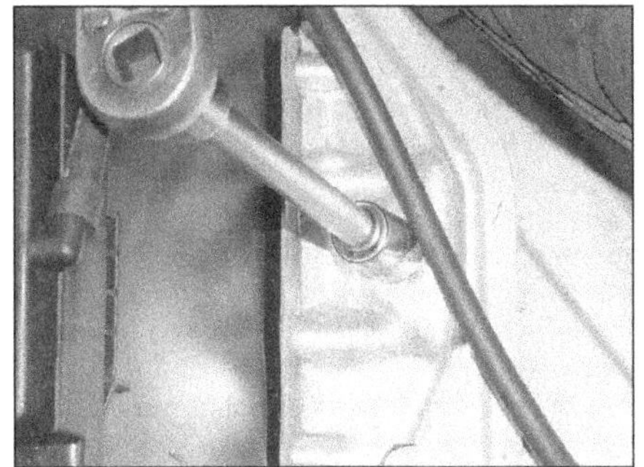

3.7 Skruva loss batteriets klämbult

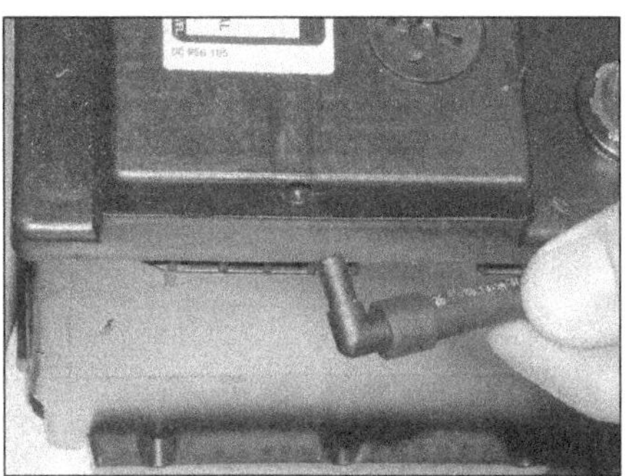

3.8a Dra åt ventilationsröret från batteriet . . .

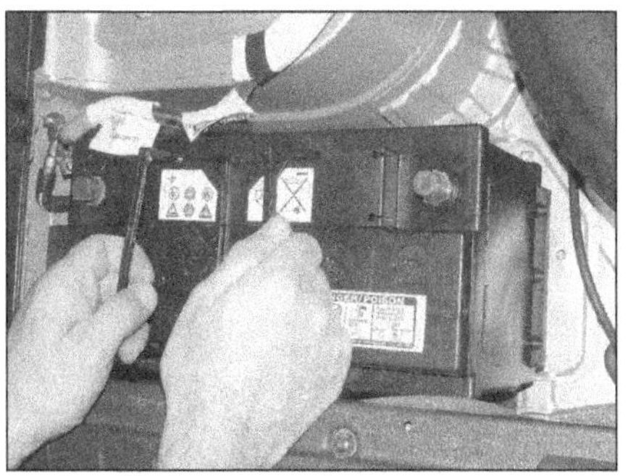

3.8b . . . och lyft undan batteriet

fjärrstart återställs den personliga koden till fabriksstandard (1234).

Varning: Vänta alltid i minst 5 minuter efter att tändningen stängts av innan något kablage kopplas loss från batteriet. Detta är för att de olika styrmodulerna ska hinna lagra information.

Demontering

1 Batteriet är placerat under golvet i bagageutrymmet.

2 Lyft upp bagagerumsgolvet och ta bort förvaringshyllan.

3 Lossa klämbulten och koppla loss klämman från batteriets minuspol (jord).**(se bild)**.

4 Skruva loss fästmuttrarna/bulten och ta bort batteriets fästbygel **(se bild)**.

5 Lyft bort det stora plasthöljet från batteriet eller fäll upp höljet från pluspolen efter tillämplighet.

6 Koppla loss batteriets pluskabel på samma sätt **(se bild)**.

7 Skruva loss bulten och ta bort batteriets fästklämma **(se bild)**.

8 Koppla loss ventilationsröret, och lyft ur batteriet från motorrummet **(se bild)**.

Montering

9 Placera batteriet under golvet i bagageutrymmet.

10 Sätt tillbaka fasthållningsklämman och dra åt dess fästbult ordentligt.

11 Återanslut ventilationsröret.

12 Återanslut alltid plusledaren först och sedan minusledaren. Smörj lite vaselin på anslutningarna.

13 Om tillämpligt, montera tillbaka batterikåpan, placera fästbygeln och dra åt fästmuttrarna ordentligt.

14 När du har kopplat in batteriet igen kan motorn gå ojämnt tills den har körts några minuter så att styrmodulen hinner lära om. Initiera den övre elektronikmodulen genom att låsa upp bilen med fjärrkontrollen. Man måste även kalibrera om fläkten (manuell eller standardklimatkontroll) och takluckan enligt följande:

Fläktkalibrering

15 Slå på tändningen och ställ in fläktens hastighetsreglage på maxläge och sedan på minläge. Kalibreringen är nu slutförd.

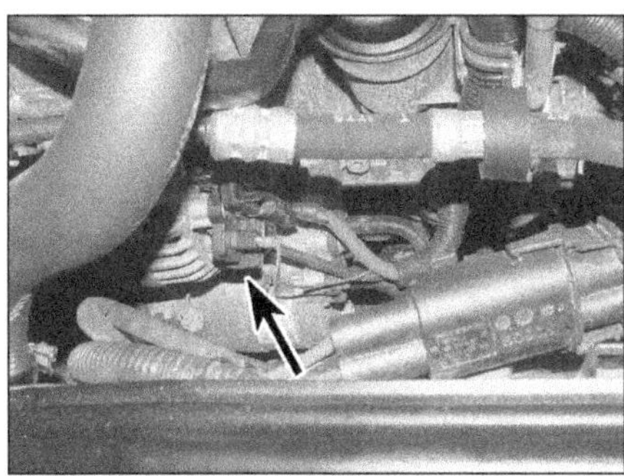

4.1 Kontrollera generatoranslutningarnas säkerhet (markerade med pil)

Soltakets kalibrering

16 Vrid tändningsnyckeln till läge I.

17 Använd takluckans brytare för att placera takluckan i tippläge och släpp därefter brytaren.

18 Tryck igen på brytaren för minst 5 sekunder, tills takluckan stängs. Kalibreringen är nu slutförd. **Observera:** *Om takluckan inte rör sig ill rätt läge trycker du på brytaren för att öppna takluckan helt och släpper den sedan – tryck in brytaren igen i minst 5 sekunder för att stänga takluckan helt. Kalibreringen ska vara slutfört.*

4 Laddningssystem – kontroll

Observera: *Se varningarna i Säkerheten främst! och i avsnitt 1 i detta kapitel innan arbetet påbörjas.*

1 Om laddningslampan inte tänds när tändningen slås på, ska generatorns kabelanslutningar kontrolleras i första hand **(se bild)**. Om allt är som det ska kan det vara fel på generatorn, som måste bytas eller tas till en bilelektriker för kontroll och reparation.

2 Om tändningens varningslampa tänds när motorn är igång, stanna bilen och kontrollera att drivremmen är korrekt spänd (se kapitel

5.5 Koppla loss generatorsladden och pluggarna

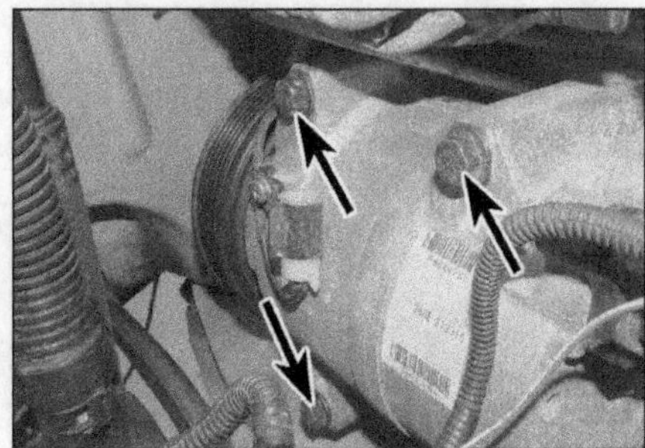

5.6 Lossa den nedre luftkonditioneringskompressorbult, men ta bort helt de övre (markerade med pilar)

5.14 Generatorns övre fästbult (markerad med pil)

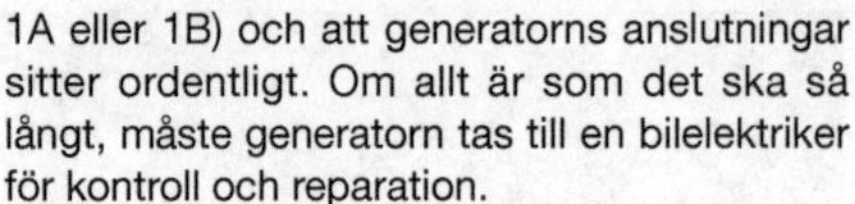

1A eller 1B) och att generatorns anslutningar sitter ordentligt. Om allt är som det ska så långt, måste generatorn tas till en bilelektriker för kontroll och reparation.

3 Om generatorns arbetseffekt misstänks vara felaktig även om varningslampan fungerar som den ska, kan regulatorspänningen kontrolleras på följande sätt.

4 Anslut en voltmätare över batteripolerna och starta motorn.

5 Öka motorvarvtalet tills voltmätaren står stadigt på; mellan 13.5 och 14.8 volts.

6 Slå på så många elektriska funktioner som möjligt (t.ex. strålkastarna, bakruteuppvärmningen och värmefläkten) och kontrollera att generatorn behåller spänningen mellan 13,5 och 14,8 volt.

7 Om spänningen inte ligger inom dessa värden kan felet vara slitna borstar, svaga borstfjädrar, defekt spänningsregulator, defekt diod, kapad fasledning eller slitna/skadade släpringar. Borstarna och släpringen kan kontrolleras (se avsnitt 6), men om felet kvarstår måste generatorn bytas eller tas till en bilelektriker för kontroll och reparation.

5 Generator och remskiva – demontering och montering

Generator – demontering

1 Koppla loss batteriets minusledare (se avsnitt 3).

2 Demontera drivremmen enligt beskrivningen i kapitel 1A eller 1B.

Bensinmotorer upp till 2005

3 På modeller med turbo lossar du klämmorna och tar bort luftinsugsslangen från luftrenarhusets frampanel och laddluftröret över motorn till laddluftkylaren.

4 På alla motorer, ta bort kylarfläkten och hölje enligt beskrivningen i kapitel 3.

5 Koppla loss kablagens multikontakter och ledningarna från anslutningarna på baksidan av generatorn **(se bild)**.

6 Lossa luftkonditioneringskompressorns fästbultar/mutter, ta sedan bort fästbultarna, ta bort generatorn mot luftrenarhuset, och ta ut det från motorrummet **(se bild)**.

Bensinmotor från 2005

7 Ta bort servostyrningspumpen och placera den på sidan, enligt beskrivningen i kapitel 10.

8 Lossa klämman och ta bort slangen från turboaggregatet till laddluftkylaren och för den åt sidan (endast turbomodeller).

9 Tappa ur kylsystemet tills under nivået av kylarens övre slang (se kapitel 1A), sedan lossa slangen från kylaren, och flytta den åt sidan.

10 Koppla loss kablagens multikontakter och ledningarna från anslutningarna på baksidan av generatorn.

11 Lossa luftkonditioneringskompressorns fästbultar/mutter, ta sedan bort fästbultarna och ta bort generatorn.

Dieselmotorer upp till 2005

12 Använd en slangklämma på matarslangen till servostyrningspumpen, lossa sedan slangen från pumpen. Lossa anslutningen och koppla loss tryckslangen från pumpen. Var beredd på vätskespill och skydda generatorn med trasor etc.

13 Koppla loss anslutningskontakterna och ledningarna från anslutningarna på baksidan av generatorn.

14 Lossa luftkonditioneringskompressorns nedre fästbultar/mutter, skruva loss de övre bultar, ta bort fästbultarna och demontera generatorn **(se bild)**.

Dieselmotorer från 2005

15 Ta bort plastkåpan från motorn genom att dra loss den rakt uppåt från fästena.

16 Skruva loss de 3 bultarna och ta bort fästbenet mellan servostyrningspumpens bakdel och motorn **(se bild)**.

17 Lossa klämmorna och ta bort slangen mellan laddluftröret och laddluftkylaren.

18 Arbeta genom hålen i drivremskivan och skruva loss de 3 bultarna som håller fast servostyrningspumpen **(se bild)**. Du behöver inte ta bort pumpen utan det räcker att fälla den framåt när generatorn tas bort.

19 Koppla loss kablagens multikontakter och ledningarna från anslutningarna på baksidan av generatorn.

20 Lossa de 2 nedre luftkonditionerings-kompressor fästbultar, ta sedan bort de övre 2.

21 Skruva loss den sista fästbulten och ta bort generatorn **(se bild)**.

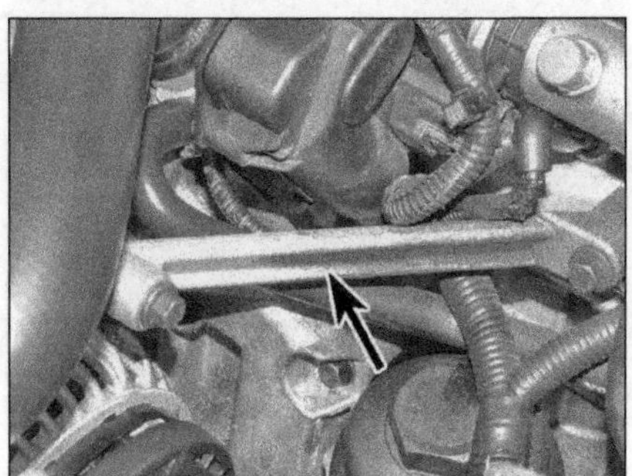

5.16 Ta bort benet (markerad med pil) från servostyrningspumpens baksida

5.18 Skruva loss servostyrningspumpens fästbultar

5.21 Ta bort generatorns sista fästbult (markerad med pil)

Generator - återmontering

22 Monteringen sker i omvänd ordningsföljd mot demonteringen. Kom ihåg dra åt de olika hållarna till angivet moment där så anges.

Drivremskiva - demontering

23 På dieselmodeller har generatorns remskiva en envägskoppling för att minska slitage och påfrestningar på drivremmen. För att kunna ta bort remskiva måste man ha ett specialverktyg (Volvo nr 999 5760) för att hålla generatoraxeln medan man skruvar loss remskivan. Ett motsvarighet till det här verktyget ska finnas tillgänglig hos bilelspecialister/bilverktygsspecialister.

24 Bänd upp plastkåpan från remskivan.

25 Sätt i specialverktyget i remskivans splines och koppla in den mellersta torxbiten på generatoraxeln **(se bilder)**. Skruva loss remskivan moturs medan du håller fast axeln med torxbiten och ta bort remskivan.

26 Montera remskivan på generatoraxeln, och dra åt den ordentligt med specialverktyget.

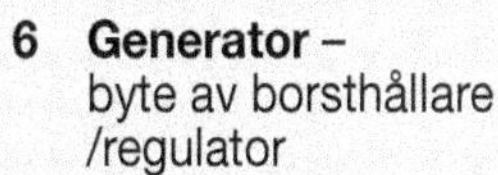

6 Generator - byte av borsthållare /regulator

1 Ta bort generatorn enligt beskrivningen i avsnitt 5.

2 Placera generatorn på en ren arbetsyta, med remskivan nedåt.

3 Skruva loss kåpans muttrar och skruven(ar), lyft sedan av plastkåpan från generatorns baksida **(se bild)**.

4 Skruva loss de tre skruvarna och ta försiktigt bort spänningsregulatorn/borsthållaren från generatorn **(se bild)**.

5 Mät den fria längden hos borstarna **(se bild)**. Kontrollera mätningen i Specifikationer; byt modulen om borstarna är slitna förbi minimigränsen.

6 Kontrollera och rengör släpringarnas ytor i änden av generatorskaftet. Om de är väldigt slitna eller skadade måste generatorn bytas ut.

7 Montera ihop generatorn igen i omvänd ordning. Avsluta med att montera generatorn enligt beskrivningen i avsnitt 5.

7 Startsystem - kontroll

Observera: *Se föreskrifterna i Säkerheten främst! och i avsnitt 1 i detta kapitel innan arbetet påbörjas.*

1 Om startmotorn inte arbetar när tändningsnyckeln vrids till startläget kan något av följande vara orsaken:

a) Batteriet är defekt.

b) De elektriska anslutningarna mellan strömbrytare, solenoid, batteri och startmotor har ett fel någonstans som gör att ström inte kan passera från batteriet till jorden genom startmotorn.

c) Solenoiden är defekt.

d) Startmotorn har ett mekaniskt eller elektriskt fel.

2 Kontrollera batteriet genom att tända strålkastarna. Om de försvagas efter ett par sekunder är batteriet urladdat. Ladda (se avsnitt 2) eller byt batteri. Om strålkastarna lyser klart, vrid om startnyckeln. Om strålkastarna då försvagas betyder det att strömmen når startmotorn, vilket anger att felet finns i startmotorn. Om strålkastarna lyser klart (och inget klick hörs från solenoiden) indikerar detta ett fel i kretsen eller solenoiden – se följande punkter. Om startmotorn snurrar långsamt, trots att batteriet är i bra skick, indikerar detta antingen ett fel i startmotorn eller ett kraftigt motstånd någonstans i kretsen.

3 Vid ett misstänkt fel på kretsen, koppla loss batterikablarna (inklusive jordningen till karossen), startmotorns/solenoidens kablar och motorns/växellådans jordledning. Rengör alla anslutningar noga och anslut dem igen. Använd sedan en voltmätare eller testlampa och kontrollera att full batterispänning finns vid strömkabelns anslutning till solenoiden och att jordförbindelsen är god. Smörj in batteripolerna med vaselin så att korrosion undviks – korroderade anslutningar är en av de vanligaste orsakerna till elektriska systemfel.

4 Om batteriet och alla anslutningar är i bra skick, kontrollera kretsen genom att lossa ledningen från solenoidens bladstift. Anslut en

5.25a Använd ett specialverktyg som passar in i axelns splines och remskivans mitt

5.25b Håll emot axeln medan du skruvar loss remskivans mitt

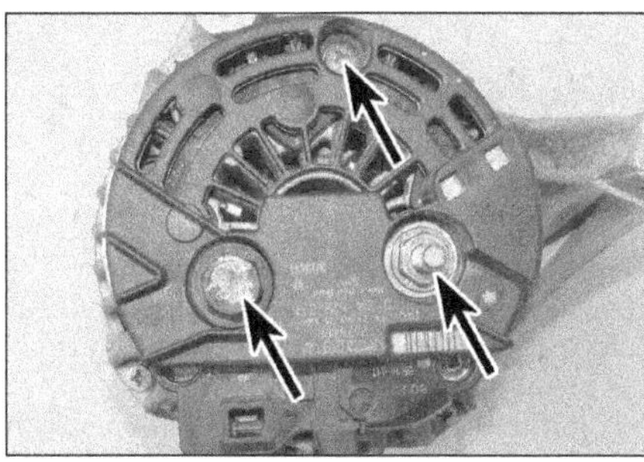

6.3 Bänd bort plastkåpan, skruva loss de 2 muttrar och skruv, lyft sedan av plastkåpan (markerade med pilar)

6.4a Skruva loss de 3 skruvarna (markerad med pilar) . . .

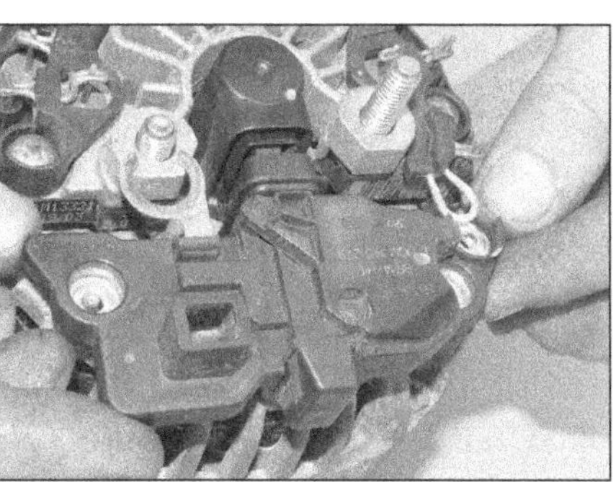

6.4b . . . och lyft av spänningsregulatorn/ borsthållaren

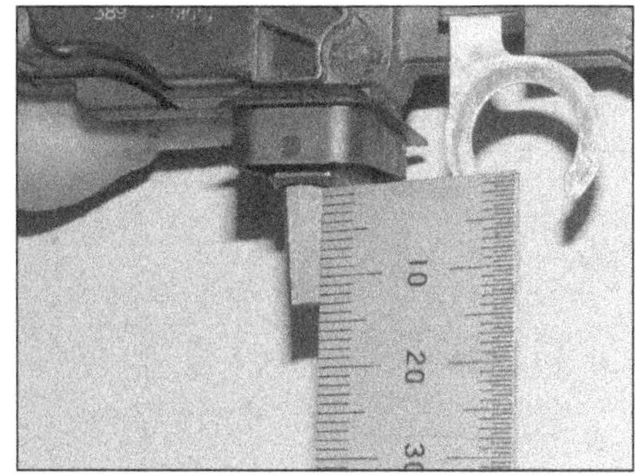

6.5 Mät längden på borstarna

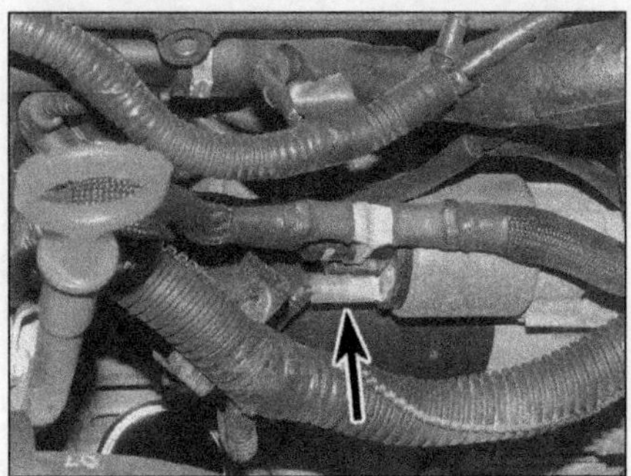

8.6 Lossa startmotorns anslutningskontakt (markerad med pil)

voltmätare eller testlampa mellan ledningen och en bra jord (t.ex. batteriets minuspol) och kontrollera att ledningen är strömförande när tändningsnyckeln vrids till startläget. Är den det, fungerar kretsen. Om inte, kan kretsen kontrolleras enligt beskrivningen i kapitel 12.

5 Solenoidens kontakter kan kontrolleras med en voltmätare eller testlampa mellan strömkabeln på solenoidens startmotorsida och jord. När tändningsnyckeln vrids till start ska mätaren ge utslag eller lampan tändas. Om inget sker är solenoiden defekt och måste bytas.

6 Om kretsen och solenoiden fungerar måste felet finnas i startmotorn. I det fallet kan det vara möjligt att låta en specialist renovera motorn, men kontrollera först pris och tillgång på reservdelar, eftersom det mycket väl kan vara billigare att köpa en ny eller begagnad startmotor.

8 Startmotor – demontering och montering

Demontering

1 Koppla loss batteriets minusledare (se avsnitt 3).

2 På bensinmotorer, lossa klämmorna och ta bort luftinsugsslangen mellan frampanelen och luftrenaren.

3 På bensinmotorer med turbo, lossa klämmorna och ta bort slang mellan laddluftkylaren och gasspjällstyrenhet.

4 På alla modeller, demontera luftrenaren enligt beskrivningen i kapitel 4A eller 4B, efter tillämplighet.

5 Skruva loss startmotorns bakre fästbygel från motorblocket – om en sådan finns.

6 Koppla loss kablaget från startmotorns solenoid **(se bild)**.

7 Skruva loss bultarna som fäster startmotorn vid balanshjulskåpan, och lirka ut enheten från sin plats. Notera styrstiftets placering och se till att det sitter på plats vid återmonteringen **(se bild)**.

Montering

8 Monteringen sker i omvänd ordningsföljd

8.7 Observera var styrstiftet är placerat (markerad med pil)

mot demonteringen. Dra åt alla hållare till angivet moment (där sådant angetts).

9 Startmotor– test och renovering

Om startmotorn misstänks vara defekt måste den demonteras och tas till en bilelektriker för kontroll. De flesta bilverkstäder kan erbjuda och montera borstar till överkomliga priser. Kontrollera dock reparationskostnaderna först, eftersom det kan vara billigare med en ny eller begagnad motor.

10 Förvärmning – allmän information och byte av komponenter

Allmän information

För att underlätta kallstart är dieselmodellerna utrustade med förvärmning som består av ett relä och fem glödstift. Systemet styrs av det elektroniska dieselkontrollsystemet (EDC) med hjälp av information från kylvätsketemperaturgivaren (se kapitel 4B).

Glödstiften är elektriska värmeelement i miniatyr, inkapslade i en metallåda med en sond i ena änden och en elektrisk anslutning i den andra. Förbränningskamrarna har igängade glödstift. När glödstiftet spänningssätts värms det upp snabbt vilket får temperaturen på den luft som dras ner i varje förbränningskammare att stiga. Varje insugningskanal har ett glödstift inskruvat vilket är placerat direkt i linje med den insprutande bränslestrålen. När glödstiftet aktiveras värms bränslet som passerar över stiftet upp så att dess optimala förbränningstemperatur kan uppnås snabbare.

Hur lång förvärmningsperioden pågår styrs av det elektroniska dieselkontrollsystemets (EDC) styrmodul (ECM) med hjälp av information från kylvätsketemperaturgivaren. ECM ändrar förvärmningstiden (den tid glödstiften matas med ström) för att passa rådande förhållanden.

En varningslampa upplyser föraren om att förvärmning äger rum. Lampan slocknar när förvärmningen är tillräcklig för att motorn ska kunna starta, men glödstiften fortsätter aktiveras ett tag. Detta kallas för eftervärmning och minskas avgasutsläppet. Om inga försök görs för att starta motorn stängs strömförsörjningen till glödstiften av för att förhindra att batteriet tar slut och att glödstiften blir utbrända.

Byte

Glödstift

1 Ta bort plastkåpan från motorn genom att dra loss den rakt uppåt från fästena.

2 Glödstiften sitter i topplockets framände. Dra åt anslutningskontakterna från varje glödstift **(se bild)**.

3 Använd en djup hylsa, skruva loss och ta bort glödstiften **(se bild)**.

4 Undersök glödstiftsskaften efter tecken på skador. Brända eller nedslitna glödstiftspetsar kan bero på felaktigt sprutmönster hos insprutningsventilerna. Be en mekaniker undersöka insprutningsventilerna om den här typen av skador förekommer.

5 Glödstiften kan spänningssättas genom att man tillför 12 volt (motorerna D5244T/T2/T3) eller 7 volt (motorerna D5244T4/T5/T6/T7) till dem för att kontrollera att de värms upp jämnt och på den önskade tiden. Följ följande föreskrifter:

a) Spänn fast glödstiftet i ett skruvstycke

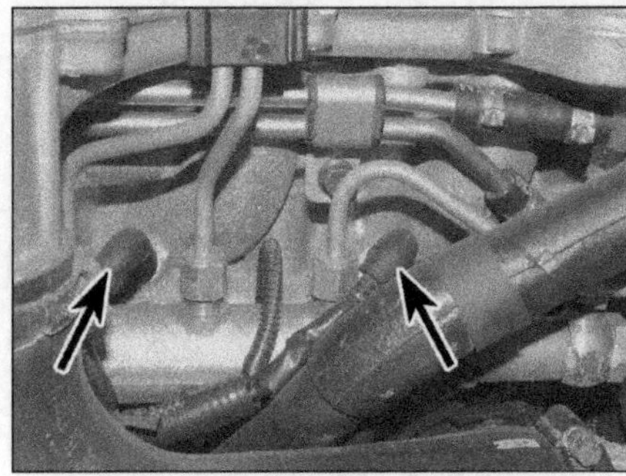

10.2 Dra anslutningskontakterna från glödstiftsanslutningarna (markerade med pilar)

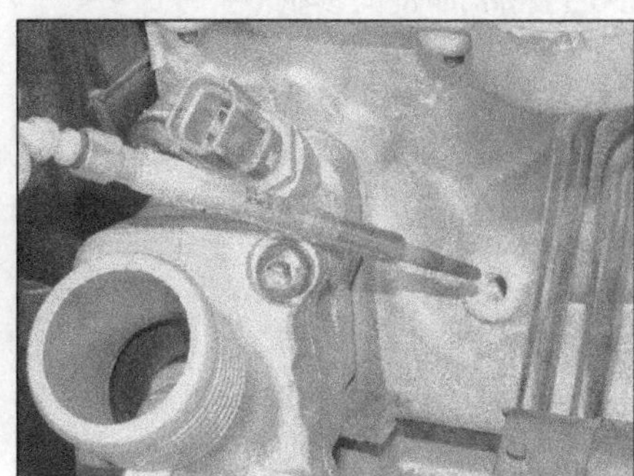

10.3 Skruva loss glödstiftet från topplocket

eller med självlåsande tänger. Tänk på att det är glödhett.

b) Kontrollera att strömförsörjningen eller testsladden har en säkring eller överbelastningsbrytare för att skydda mot skador vid kortslutning.

c) Efter testet låter du glödstiftet svalna i flera minuter innan du försöker hantera det.

6 Ett glödstift i gott skick börjar glöda rött i spetsen efter ett ha dragit ström i cirka 5 sekunder. Stift som tar längre tid på sig att börja glöda eller som börjar glöda i mitten istället för i spetsen är förmodligen defekta.

7 Rengör glödstiften och glödstiftssätena på topplocket.

8 Applicera antikärvningsfett på glödstiftets gängor. Montera sedan glödstiftet och dra åt till angivet moment.

9 Återanslut kablaget till glödstiftet. Kontakterna trycks på plats.

Glödstiftsrelä

10 Ta bort luftrenaren enligt beskrivningen i kapitel 4B.

11 Tryck ner klämman och lossa reläfästet genom att skjuta det uppåt **(se bild)**.

12 Tryck ner spärren och dra upp reläet ur fästet.

13 Koppla från anslutningskontakten när reläet tas bort.

14 Monteringen sker i omvänd ordningsföljd.

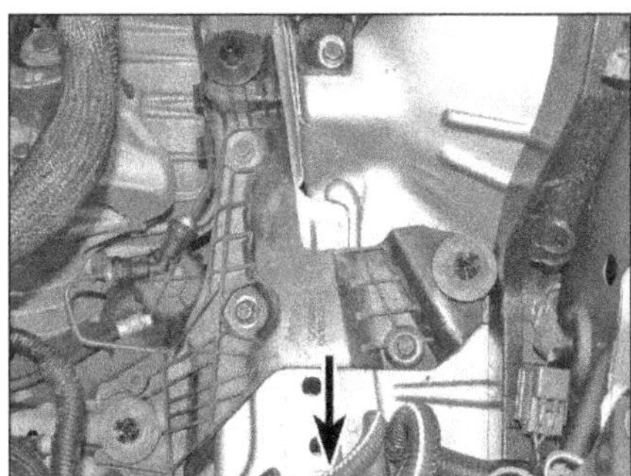

10.11 Glödstiftreläet sitter framför luftrenarhuset (markerad med pil)

Kapitel 5 Del B: Tändningssystem

Innehåll

Svårighetsgrader

Enkelt, passer novisen med lite erfarenhet 	**Ganska enkelt,** passar nybörjaren med viss erfarenhet 	**Ganska svårt,** passer kompetent hemmamekaniker	**Svårt,** passer hemmamekaniker med erfarenhet 	**Mycket svårt,** för professionell mekaniker 

Specifikationer

Allmänt

Systemtyp:

Samtliga motorer	Fördelarlöst motorstyrningssystem
Tändningsföljd	1-2-4-5-3 (cylinder nr 1 vid motorns kamremsände)

Tändstift

Typ	Se kapitel 1A, Specifikationer

Tändningsinställning

Tändningsinställningen ändras hela tiden av motorstyrningens styrmodul och anslutningen kontrolleras utan specialutrustning.

Tändspole

Primär resistans	Uppgift saknas
Sekundär resistans	Uppgift saknas

Knacksensor

Resistans	200 kohms

Åtdragningsmoment

	Nm
Tändspole	10
Knacksensor	20

1 Allmän information

Tändningssystemet ser till att den komprimerade bränsle/luftblandningen tänds i varje cylinder i exakt rätt ögonblick i förhållande till motorns varvtal och belastning. Detta sköts med hjälp av ett sofistikerat motorstyrningssystem som använder datorteknologi och elektromagnetiska kretsar för att uppnå de nödvändiga tändningsegenskaperna.

Huvuddelarna på systemets tändningssida är tändspolarna (med integrerat effektsteg och HT-lock), tändstiften och knackgivarna. Tändsystemet styrs av motorstyrningens styrmodul och därför påverkar många av styrmodulens sensorer tändsystemet. Systemet fungerar som följer.

Den elektroniska styrenheten registrerar motorvarvtal och vevaxelposition via en rad hål borrade i ytterkanten av motorns svänghjul, med en varvräknare vars induktiva huvud är placerat precis ovanför den borrade svänghjulskanten. När vevaxeln roterar passerar tänderna mellan de borrade hålen i svänghjulet varvräknaren, som överför en impuls till den elektroniska styrenheten varje gång en tand passerar. Ett hål saknas i svänghjulets kant vilket gör att "tanden" på det stället blir dubbelt så bred som de andra tänderna. Styrenheten känner av avsaknaden av en puls från varvtalsgivaren vid denna punkt, och använder detta till att avgöra ÖD-läget för kolv nr 1. Med hjälp av tiden mellan pulserna, och platsen för den saknade pulsen, kan styrenheten noga beräkna vevaxelns position och hastighet. Kamaxelgivaren förstärker den här informationen genom att avgöra om en särskild kolv är i sin insugnings- eller utblåsningscykel.

Information om motorbelastningen ges på vissa modeller till styrmodulen via luftflödesgivaren och givaren för det absoluta trycket i grenröret. Motorbelastningen räknas ut med hjälp av uppgifterna om hur stor mängd luft som dras in i motorn. Ytterligare information slickas till styrmodulen från en (icke-turbomotorer) eller två knackgivare (turbomotorer). Dessa sensorer är känsliga för vibrationer och känner av de knackningar som uppstår då motorn börjar "spika" eller "knacka" (förtända). Givare som känner av kylvätsketemperaturen, gasspjällets position, hastigheten, automatväxellådans position (i förekommande fall) och luftkonditioneringssystemets drift ger ytterligare signaler till styrenheten.

Utifrån dessa hela tiden föränderliga data väljer styrenheten och, om det behövs, ändrar en viss tändningsförinställning från ett urval av tändningsegenskaper som finns lagrade i dess minne.

När tändningspunkten beräknats skickar styrenheten en signal till tändningseffektsteget, som är en elektronisk brytare som styr strömmen till tändspolens primärlindningar. När signalen tas emot från styrenheten, bryter effektsteget primärströmmen till tändspolen, vilket inducerar en högspänning i spolens sekundärlindningar. Denna högspänning leds genom högspänningskåporna till tändstiften. Varje cylinder är försedd med varsin egen lite tändspole. Tändspolarna sitter direkt fästa på tändstiften och är sedan kopplade tillbaka till den elektroniska styrenheten.

Om fel i systemet uppstår på grund av att en signal från en givare går förlorad återgår styrenheten till ett nödprogram. Detta gör att bilen kan köras, även om motorns funktion och prestanda begränsas. En varningslampa på instrumentbrädan tänds om felet kan orsaka farliga avgasutsläpp.

För att underlätta feldiagnoser är tändningssystemet försett med en diagnosenhet som kan avläsas med hjälp av särskild diagnosutrustning (felkodsläsare). Kontaktdonet sitter nedanför instrumentbrädan på förarsidan, ovanför pedalerna **(se bild)**.

2 Tändsystem – test

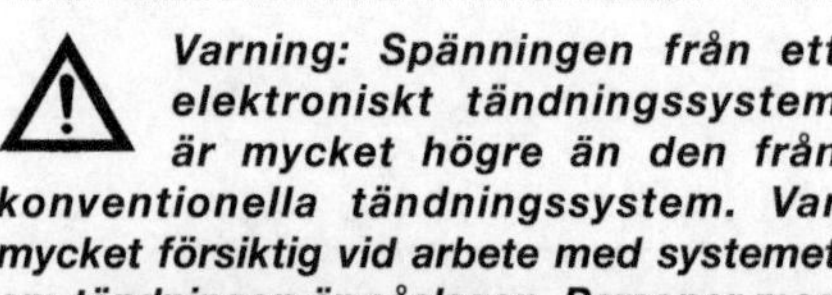

Varning: Spänningen från ett elektroniskt tändningssystem är mycket högre än den från konventionella tändningssystem. Var mycket försiktig vid arbete med systemet om tändningen är påslagen. Personer med pacemaker bör inte vistas i närheten av tändningskretsar, delar och testutrustning.

1.8 Ta bort plastpanelen för att komma åt diagnosanslutningen

Allmänt

1 Delarna i tändsystemet är normalt mycket pålitliga. de flesta fel i elsystemets beror på lösa eller smutsiga anslutningar eller på spårning (oavsiktlig jordning) av högspänning beroende på smuts, fukt eller skadad isolering snarare än på defekta systemkomponenter. Kontrollera alltid alla kablar ordentligt innan en elektrisk komponent döms ut, och arbeta metodiskt för att undanröja alla andra möjligheter innan en komponent bedöms som defekt.

2 Metoden att kontrollera förekomsten av gnistor genom att hålla den strömförande änden på tändkabeln i närheten av motorn rekommenderas inte; det finns inte bara hög risk för kraftiga elstötar, men styrmodulen eller HT-spolen kan skadas. Försök häller aldrig att fastställa feltändning genom att dra loss en tändkabel i taget.

3 Följande kontroller bör utföras om något uppenbart fel föreligger, t.ex. om motorn inte startar eller uppenbarligen feltänder. Vissa fel, däremot, är svårare att upptäcka och döljs ofta av att styrenheten går in i nödläge för att behålla så mycket körbarhet som möjligt. Fel av denna typ avslöjar sig ofta genom hög bränsleförbrukning, dålig tomgång, sämre prestanda, knackning eller spikning från motorn under vissa förhållanden, eller en kombination av dessa. Om sådana problem skulle uppstå bör bilen lämnas in till en välutrustad verkstad för diagnoskontroll med hjälp av lämplig testutrustning.

Motorn startar inte

Observera: *Kom ihåg att ett fel på stöldskyddssystemet eller motorlåsningssystemet ger problem med att starta bilen. Se till att larmet eller motorlåsningssystemet har avaktiverats. Information om detta finns i bilens handbok.*

4 Om motorn inte vrids runt alls, eller vrids runt mycket långsamt ska batteriet och startmotorn kontrolleras. Anslut en voltmeter över batteripolerna (mätarens plussond till batteriets pluspol) och läs sedan av spänningen medan motorn vrids runt på startmotorn i högst tio sekunder (inte mer). Om det avlästa värdet understiger 9,5 volt, börja med att kontrollera batteriet, startmotorn och laddningssystemet enligt beskrivningen i del A i det här kapitlet.

Motorn feltänder

5 En oregelbunden misständning beror troligen på en lös anslutning till en av tändspolarna eller systemgivarna.

6 Stäng av motorn och gör en noggrann kontroll av systemet. Se till att samtliga anslutningar är rena och ordentligt fastgjorda.

7 Regelbunden misständning är ett tecken på att något är fel med en av tändspolarna eller tändstiften. Eftersom det inte finns några resistansvärden är det bäst att överlåta testandet av spolarna åt en Volvo-verkstad eller lämpligt utrustad specialist.

8 Ytterligare kontroll av systemets komponenter bör utföras först efter att den elektroniska styrenheten kontrollerats beträffande felkoder.

3 Felsökning – allmän information och förberedande kontrollerer

Observera: *Både tändnings- och bränslesystemet bör behandlas som ett sammansatt motorstyrningssystem. Även om innehållet i det här avsnittet främst behandlar systemets tändningssida har flera av komponenterna dubbla funktioner, och vissa av de följande procedurerna har betydelse för bränslesystemet.*

Allmän information

1 Bränsle- och tändningssystemen på alla motorer som tas upp i denna handbok har ett inbyggt diagnossystem som underlättar felsökning och systemkontroll. 16 Om ett fel uppstår lagrar styrmodulen ett antal felkoder för efterföljande avläsning via diagnostikkontaktdonen på den nedre instrumentbrädan över förarpedalerna.

2 Om det är problem med körbarheten och motorns prestanda verkar ha försämrats kan diagnossystemet användas för att hitta problemområdena. Men detta kräver tillgång till specialutrustning. När detta har gjorts kan ytterligare test behövas för att avgöra felets exakta natur. det vill säga om det är fel på själva komponenten eller om det är ett fel i kablarna eller något annat besläktat problem.

3 För alla kontroller utöver visuella kontroller av kablage och anslutningar behövs åtminstone en felkodsläsare. En Volvo-återförsäljare har med säkerhet sådana mätare, men de finns också att köpa från andra återförsäljare. Det är knappast lönsamt för en privatperson att köpa en felkodsläsare, men välutrustade garage eller specialister på bilars elsystem brukar vara utrustade med en.

Preliminära kontroller

Observera: *Om felet uppstått endast ett kort tag efter att bilen har fått service eller renoverats är det första stället man ska leta på det ställe där arbetet utfördes. Även om det kan verka långsökt så kan felet bero på slarvigt återmonterade komponenter.*

Om orsaken till ett partiellt motorfel, t.ex. försämrade prestanda, håller på att spåras bör kompressionstrycken kontrolleras, utöver de kontroller som anges nedan. Kontrollera även att bränslefiltret och luftfiltret har bytts med rekommenderade intervall.

Kom ihåg att de felkoder som har lagrats i den elektroniska styrenhetens minnen måste läsas med hjälp av en särskild felkodsläsare (se punkt 3) för att man ska vara säker på att orsaken till felet har åtgärdats.

4 Lyft golvet i bagageutrymmet och kontrollera batterianslutningarnas kondition (se kapitel 5A). Gör om anslutningarna eller byt kablarna om ett fel upptäcks. Använd samma teknik för att se till att alla jordpunkter i motorrummet ger god elektrisk kontakt, att kontaktytorna mellan metall och metall är rena, samt att de är ordentligt fästa.

5 Arbeta sedan metodiskt runt hela motorrummet och kontrollera alla synliga kablar, samt anslutningarna mellan de olika kablagedelarna. Det du letar efter i det här läget är kablage som är uppenbart skadat genom att det skavt mot vassa kanter eller rörliga delar i fjädringen/växellådan och/eller drivremmen, genom att de klämts mellan slarvigt återmonterade delar eller smält genom att de kommit i kontakt med heta motordelar, kylrör etc. I nästan alla fall orsakas skador av denna typ i första hand av felaktig dragning vid hopsättning efter att tidigare arbete har utförts (se anmärkningen i början av detta underavsnitt).

6 Naturligtvis kan kablar gå av eller kortslutas inuti isoleringen så att det inte syns utanpå, men detta sker normalt bara om kablaget har dragits fel så att det sträckts eller böjts skarpt; endera av dessa förhållanden bör vara uppenbara även vid en översiktlig kontroll. Om detta misstänks ha hänt, men felet ändå inte kan hittas, bör det misstänkta kabelavsnittet kontrolleras mycket noggrant under de mer detaljerade kontroller som beskrivs nedan.

7 Beroende på problemets storlek kan skadade kablar repareras genom sammanfogning eller splitsning med en bit ny kabel, med lödning för att försäkra en god anslutning, och sedan nyisolering med isoleringstejp eller krympslang. Om skadan är omfattande och kan påverka bilens fortsatta pålitlighet är den bästa lösningen på lång sikt att byta ut hela kabelsektionen, även om det kan verka dyrt.

8 När skadan har reparerats, se till att kablaget dras korrekt vid återmonteringen så att det inte vidrör andra delar, inte är sträckt eller veckat, samt att det hålls undan med hjälp av de plastklämmor, guider och fästband som finns till hands.

9 Kontrollera alla elektriska skarvdon och se till att de är rena och ordentligt fastsatta, samt att vart och ett hålls på plats med motsvarande plastflik eller kabelklämma. Om något kontaktdon visar yttre tecken på korrosion (ansamlingar av vita eller gröna avlagringar, eller rostränder) eller är smutsigt, ska det kopplas loss och rengöras med rengöringsmedel för elektriska kontaktdon. Om kontaktstiften är kraftigt korroderade måste kontaktdonet bytas. observera att det kan innebära att hela kabelavsnittet måste bytas.

10 Om rengöringsmedlet tar bort korrosionen helt så att skarvdonet återställs i godtagbar kondition, är det en god idé att täcka skarvdonet med något lämpligt material som håller smuts och fukt ute och förhindrar ny korrosion; en Volvo-verkstad kan rekommendera någon passande produkt.

11 Arbeta metodiskt runt hela motorrummet och kontrollera noga att alla vakuumslangar och rör sitter ordentligt fast och att de dragits korrekt, utan tecken på sprickor, åldrande eller andra skador som kan orsaka läckor, och se till att inga slangar klämts, vridits eller böjts så skarpt att de förhindrar luftflödet. Var extra noga vid alla anslutningar och skarpa böjar och byt ut alla slangar som är skadade eller deformerade.

12 Arbeta från bränsletanken via filtret till bränslefördelarskenan (inklusive matnings- och returrör) och kontrollera bränsleledningarna. Byt alla som läcker, är klämda eller böjda. Kontrollera slangändarna extra noga. De kan annars spricka och orsaka läckor.

13 Lossa luftrenarens kåpa och kontrollera att luftfiltret inte är igensatt eller fuktigt. Ett igensatt luftfilter hindrar insugsluften, vilket försämrar motorns effektivitet märkbart. Byt ut filtret om det behövs. se relevant avsnitt av kapitel 1A för mer information, om det behövs.

14 Starta motorn och låt den gå på tomgång.

Varning: Att arbeta i motorrummet när motorn går kräver stor försiktighet eftersom det lätt kan leda till personskador. exempel på skador är brännskador från kontakt med varma komponenter eller kontakt med rörliga komponenter som kylarfläkten eller drivremmen. Läs Säkerheten främst! i början av den här handboken innan arbetet påbörjas, och se till att alltid hålla undan händer, långt hår och lösa klädespersedlar från heta eller rörliga delar.

15 Arbeta från luftintaget via luftrenaren och luftflödesgivaren till gasspjällstyrenhet och insugningsgrenröret (inklusive de olika vakuumslangar och rör som är anslutna till dessa) och leta efter luftläckor. Normalt visar de sig genom sugande eller väsande ljud, men mindre läckor kan hittas genom att man sprutar en lösning av tvålvatten på den misstänkta fogen. om det finns en läcka visar den sig genom en förändring i motorljudet och luftbubblor (eller insugning av vätskan beroende på tryckskillnaden vid den aktuella punkten). Om en läcka upptäcks någonstans ska fästklämman dras åt och/eller de defekta komponenterna bytas ut, vad som är tillämpligt.

16 På liknande sätt, arbeta från topplocket via grenröret till det bakre avgasröret och kontrollera att avgassystemet inte har några läckor. Om bilen kan lyftas upp och stödjas säkert och med fullständig säkerhet medan kontrollen utförs, är den enklaste metoden att tillfälligt blockera avgasröret och lyssna efter avgaser som pyser ut; en läcka borde då vara uppenbar. Om en läcka påträffas någonstans, dra åt klämbultarna och/eller muttrarna, byt packning och/eller byt den defekta delen i systemet för att täta läckan.

17 Det går att göra en ytterligare kontroll av elanslutningarna genom att vicka på de elektriska kontaktdonen i tur och ordning när motorn går på tomgång. ett felaktigt kontaktdon visar sig omedelbart genom motorns reaktion när kontakten bryts och sedan sluts igen. Ett defekt kontaktdon måste bytas för att systemet ska fungera som det ska. observera att det kan innebära att hela kabelavsnittet måste bytas.

18 Om felet inte kunde lokaliseras vid de preliminära kontrollerna måste bilen lämnas in till en Volvo-verkstad eller till ett välutrustat garage för diagnoskontroll med hjälp av elektronisk testutrustning.

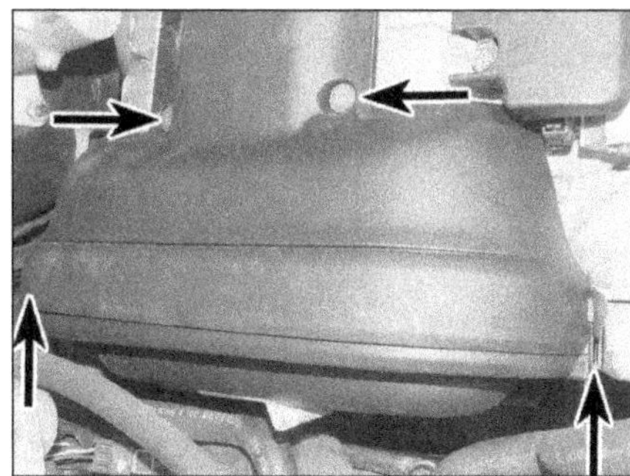

4.2 Skruva loss de två skruvarna och lossa de två klämmorna (markerad med pilar)

4 Tändspoler – demontering och montering

Demontering

1 På turbomotorer lossar du klämmorna och tar bort laddluftslangen mellan turboaggregatet och laddluftkylaren (över motorn).

2 Skruva loss de två skruvarna och lossa de två fjäderklämmorna som håller fast den övre kamremskåpan, och lossa kåpan från tändstiftskåpan mitt på topplocket **(se bild)**.

3 Skruva bort de sex skruvarna som fäster tändstiftskåpan, och lyft bort kåpan så att det går att komma åt tändspolarna **(se bild)**.

4 Starta vid spolen närmast kamremmen, koppla loss anslutningskontakten från spolen

4.3 Skruva loss de 6 skruvarna och ta bort täckplattan

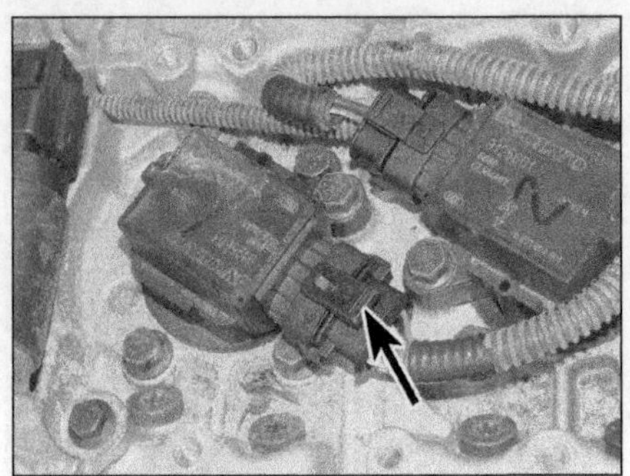

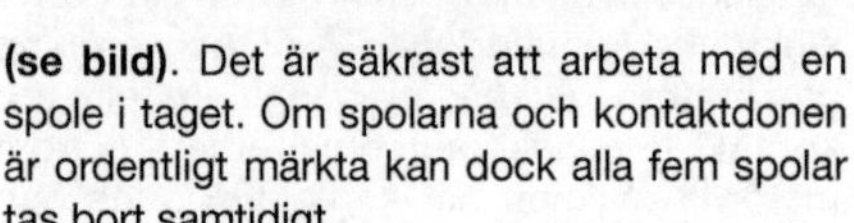
4.4 Tryck ner klämman och lossa anslutningskontakten från spolen (markerad med pil)

(se bild). Det är säkrast att arbeta med en spole i taget. Om spolarna och kontaktdonen är ordentligt märkta kan dock alla fem spolar tas bort samtidigt.

5 Skruva loss spolens fästbult. Dra sedan ut spolen och pluggen ur urholkningen i topplocket **(se bild)**.

Montering

6 Linjera spolen med fästbultens hål och tryck sedan fast den ordentligt på tändstiftet. Dra åt fästbulten till angivet moment.

7 Tryck sedan på anslutningskontakten tills du hör att den "klickar" på plats.

8 Resten av monteringen sker i omvänd ordningsföljd mot demonteringen.

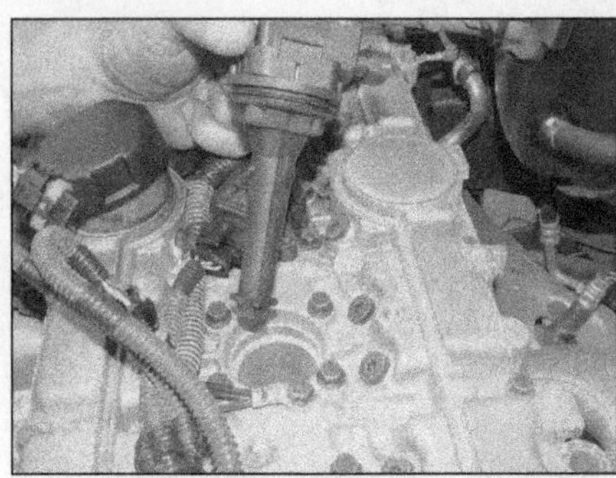
4.5 Skruva loss fästbulten, och dra tändspolen från tändstiftens överdel

5 Knackgivare – demontering och montering

Demontering

1 De två knackgivare är placerade på cylinderblockets främre sida, under insugningsgrenröret.

2 Se kapitel 4A och ta bort insugningsgrenröret.

3 Koppla loss kontaktdonet från den främre eller bakre knacksensorn, vad som är tillämpligt.

4 Skruva loss fästbulten och ta bort sensorn **(se bild)**.

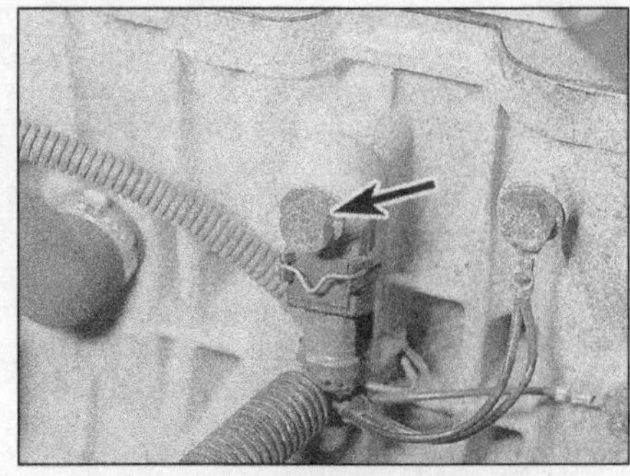
5.4 Bakre knacksensorns fästbult (markerad med pil)

Montering

5 På motorer utan turbo, placera sensorn på motorblocket och montera och dra åt fästbulten till angivet moment. Håll fast sensorn med kontaktdonet i läget klockan 4 medan du drar åt skruven.

6 På motorer med turbo, placera sensorn på motorblocket och montera och dra åt fästbulten till angivet moment. Håll den främre givaren (närmast kamremmen) och dess skarvdon rakt åt höger, och den bakre givaren med skarvdon snett ner åt höger när bulten dras åt.

7 Montera tillbaka insugningsgrenröret enligt beskrivningen i kapitel 4A.

Kapitel 6
Koppling

Innehåll

Svårighetsgrader

Enkelt, passer novisen med lite erfarenhet 	**Ganska enkelt,** passar nybörjaren med viss erfarenhet 	**Ganska svårt,** passer kompetent hemmamekaniker 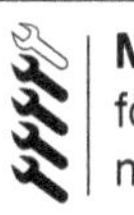	**Svårt,** passer hemmamekaniker med erfarenhet	**Mycket svårt,** för professionell mekaniker 

Specifikationer

Allmänt

Kopplingstyp	Enkel torrlamell, tallriksfjäder, självjustering, hydraulisk verkan

Tryckplatta

Högsta tillåtna skevhet	0,2 mm

Åtdragningsmoment

	Nm
Huvudcylinderns fästmuttrar	25
Pedalens fästskruvar	25
Tryckplattans fästskruvar	25
Urkopplingslager och slavcylinderns fästbultar	10

1 Allmän information

På alla modeller med manuell växellåda finns en koppling med enkel torrlamell och tallriksfjäder monterad. Kopplingen styrs hydrauliskt via en huvud- och en slavcylinder. Alla modeller fick en internt monterad slavcylinder kombinderad med ett urkopplingslager till en enhet.

Kopplingens huvudkomponenter består av tryckplattan (eller kopplingsplattan), den drivna skivan (som ibland kallas friktionsplattan eller skivan) och urkopplingslagret. Tryckplattan sitter fastbultad vid svänghjulet med den drivna skivan fastklämd emellan. Den drivna skivans centrum har nedfrästa spår som hakar i spårningen på växellådans ingående axel. Urkopplingslagret aktiverar fingrarna på tryckplattans tallriksfjäder.

När motorn går och kopplingspedalen släpps upp klämmer tallriksfjädern samman tryckplattan, den drivna skivan och svänghjulet. Drivkraft överförs via friktionsytorna på svänghjulet och tryckplattan till den drivna skivans belägg, och på så sätt till växellådans ingående axel.

Slavcylindern sitter i urkopplingslagret, och när slavcylindern aktiveras flyttas urkopplingslagret mot tallriksfjäderns fingrar. När fjädertrycket på tryckplattan släpps roterar svänghjulet och tryckplattan utan att röra den drivna skivan. När pedalen släpps upp återtas fjädertrycket och drivkraften ökar gradvis.

Kopplingens hydraulsystem består av en huvudcylinder och en slavcylinder samt tillhörande rör och slangar. Oljebehållaren delas med bromshuvudcylindern.

Alla modeller är utrustade med en självjusterande koppling som kompenserar för slitage på drivplattan genom att ändra vinkeln hos membranfjäderns fingrar med en fjädermekanism i tryckplattans hölje. Detta ger en konsekvent kopplingskänsla under kopplingens livslängd.

2.2 Bänd ut klämman (markerad med pil) och dra bort tryckstången från pedalen – visas med instrumentbrädan borttagen av tydlighetsskäl

2.3a Använd en 24 mm skruvnyckel (markerad med pil) för att hålla emot pedalens axelskruv

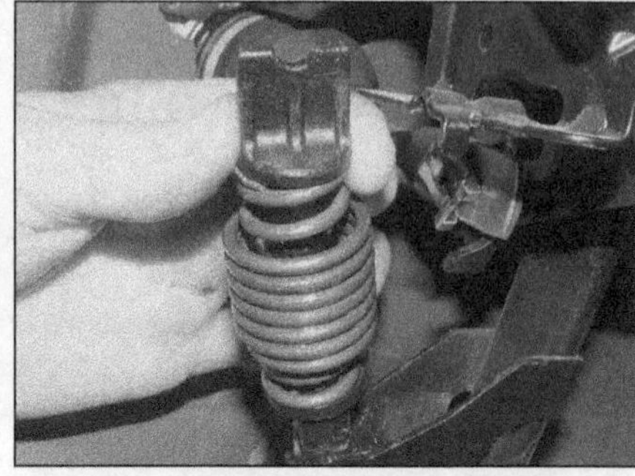

2.3b Ta loss pedalens returfjäder

2 Kopplingspedal – demontering och montering

Demontering

1 Skruva loss de båda skruvarna och dra klädselpanelen över pedalerna nedåt/bakåt.

2 Bända ut fästklämman, och dra huvudcylinderns tryckstång från pedalen **(se bild)**. Vid behov drar du kopplingspedalens lägesgivares tryckstång från huvudcylinderns tryckstång.

3 Skruva loss skruvarna och sänk pedalenheten. Lossa returfjädern när pedalen tas bort **(se bilder)**. Använd en 24 mm skruvnyckel för att hålla emot pedalaxeln.

4 Om det behövs, dra ut pedalaxeln och ta loss bussningarna.

Montering

5 Montera tillbaka i omvänd ordningsföljd mot demonteringen. Applicera lite fett på pedalbussningar.

3 Kopplingens huvudcylinder – demontering och montering

Varning: Hydraulolja är giftig; tvätta noggrant bort oljan omedelbart vid hudkontakt och sök omedelbar läkarhjälp om olja sväljs eller hamnar i ögonen. Vissa hudrauloljor är lättantändliga och kan självantända om de kommer i kontakt med heta komponenter. vid arbete med hydraulsystem är det alltid säkrast att anta att oljan ÄR brandfarlig, och att vidta samma försiktighetsåtgärder mot brand som när bensin hanteras. Hydraulolja är ett kraftigt färglösningsmedel och angriper även plaster; oljespill ska omedelbart tvättas bort med stora mängder rent vatten. Hydraulolja är också hygroskopisk (den absorberar luftens fuktighet) och gammal olja kan vara förorenad och oduglig för användning. Vid påfyllning eller byte ska alltid rekommenderad typ användas och den måste komma från en nyligen öppnad förseglad förpackning.

Observera: *I skrivande stund finns inte huvudcylinderns inre komponenter inte separat och därför går det inte att reparera eller renovera cylindern. Om hydraulsystemet är defekt eller om det finns tecken på oljeläckage på eller runt huvudcylindern eller kopplingspedalen ska enheten bytas ut – en Volvo-återförsäljare eller en bilelektriker bör tillfrågas.*

Demontering

1 Skruva loss hållarna och ta bort motorns tvärbalk som sitter mellan fästbyglarna på framfjädringens fjäderbenslager

2 Lossa bromsvätskebehållaren och servoanslutningskontakterna och flytta kablaget åt ena sidan.

3 Skruva loss de båda skruvarna och dra klädselpanelen bakåt över pedalerna.

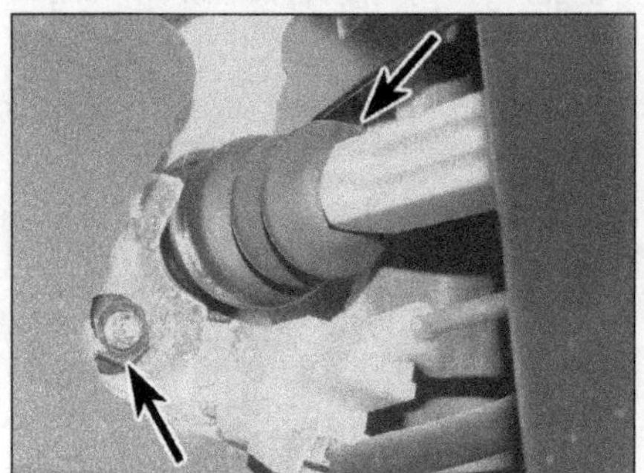

3.6 Kopplingens huvudcylinder muttrar (markerad med pil – den syns inte)

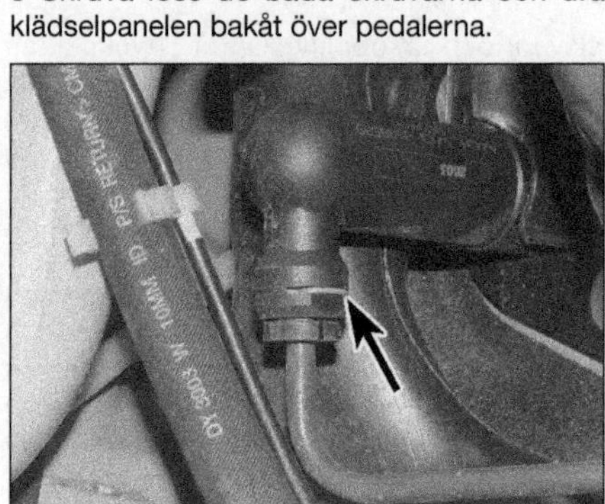

3.7 Bänd ut klämman (markerad med pil) och lossa röret från huvudcylindern

4 Bända ut fästklämman, och dra huvudcylinderns tryckstång från pedalen 2.2 **(se bild 2.2)**.

5 Dra bort kopplingspedalens lägesgivare från sin plats.

6 Arbeta under instrumentbrädan, skruva loss de två muttrarna som håller fast huvudcylindern vid mellanväggen **(se bild)**.

7 Bänd ut klämman och koppla loss tryckröranslutningen från huvudcylinder **(se bild)**. Var beredd på ytterligare oljespill. Täck den öppna röranslutningen med en bit plastfolie och ett gummiband för att hindra smuts från att tränga in.

8 Dra huvudcylindern en bit bort från mellanväggen, vrid den ett halvt varv och lossa bränslematarslangen från fästklämman och använd en klämma på slangen innan du kopplar bort den från huvudcylindern. Var beredd på ytterligare oljespill. Täck den öppna röranslutningen med en bit plastfolie och ett gummiband för att hindra smuts från att tränga in.

9 Ta bort huvudcylindern från motorrummet.

Montering

10 Monteringen sker i omvänd ordningsföljd. Tänk på följande:

a) Om en ny huvudcylinder ska monteras, flytta över oljematarslangen från den gamla cylindern till den nya före monteringen.

b) Dra åt huvudcylinderns fästmuttrar till angivet moment.

c) Avsluta med att lufta kopplingens hydraulsystem (avsnitt 5).

4 Kopplingens slavcylinder – demontering och montering

Observera 1: *Slavcylinderns inre komponenter går inte att köpa separat och det går inte att reparera eller renovera slavcylindern. Om det blir fel på hydraulsystemet eller om vätskeläckage uppstår, måste enheten bytas.*

Observera 2: *Se varningen i början av avsnitt 3 innan arbetet fortsätts.*

Demontering

1 Ta bort växellådan enligt beskrivningen i

kapitel 7A. Den interna slavcylindern kan inte demonteras med växellådan på plats.

2 Lossa gummitätningen från växellådan och dra den inåt längs röret.

3 Bänd ut klämman och koppla bort vätskeröranslutningen från röret **(se bild)**.

4 Skruva loss de två fästbultar som håller fast cylindern och urkopplingslagret vid växellådan och ta bort dem. Mata in vätskeröret genom öppningen i växellådan **(se bild)**.

Montering

5 Monteringen sker i omvänd ordningsföljd. Tänk på följande:

a) Dra åt urkopplingslagrets fästbultar till angivet moment.

b) Volvo rekommenderar att tätningarna byts när man sätter dit snabbkopplingsröranslutningarna.

c) Montera tillbaka växellådan enligt beskrivningen i kapitel 7A.

d) Avsluta med att lufta kopplingens hydraulsystem (avsnitt 5).

5 Kopplingens hydraulsystem - luftning

Observera: *Se varningen i början av avsnitt 3 innan arbetet fortsätts.*

1 Fyll på hydrauloljebehållaren på bromshuvudcylindern med ren olja av angiven typ (se *Veckokontroller*).

2 Demontera dammkåpan och montera en genomskinlig slang över luftningsskruven på slavcylindern **(se bild)**. Placera den andra änden av slangen i en burk med lite hydraulolja i.

3 Lossa luftningsskruven och låt sedan en medhjälpare trycka ner kopplingspedalen. Dra åt luftningsskruven när pedalen tryckts ner. Låt medhjälparen släppa pedalen och lossa sedan luftningsskruven igen.

4 Upprepa proceduren tills ren olja utan luftbubblor kommer ut från luftningsskruven. Dra åt skruven när pedalen befinner sig längst ner och ta bort slangen och burken. Montera tillbaka dammkåpan.

5 Fyll på hydrauloljebehållaren.

6 Backventil eller tryckutjämningsutrustning kan användas - se informationen i kapitel 9, avsnitt 2.

6 Koppling- demontering, kontroll och återmontering

Varning: Dammet från kopplingsslitage som avlagrats på kopplingskomponenterna kan innehålla hälsovådlig asbest. BLÅS INTE bort dammet med tryckluft och ANDAS INTE in det. ANVÄND INTE bensin eller bensinbaserade lösningsmedel för att tvätta bort dammet. Rengöringsmedel för bromssystem eller T-sprit bör användas för att spola ner dammet i en lämplig behållare. När kopplingens komponenter har torkats rena med trasor måste trasorna och det använda rengöringsmedlet kastas i en tät, märkt behållare.

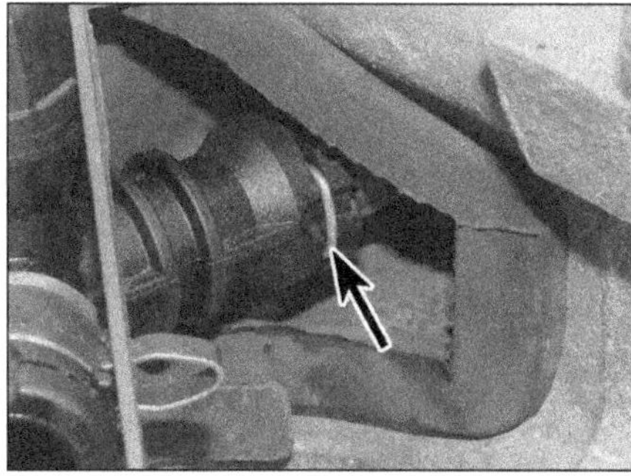

4.3 Bänd ut klämman (markerad med pil) och koppla loss anslutningen från röret

4.4 Skruva loss de två bultarna och ta bort slavcylindern

Observera: *Volvo/verktyg 999 5677 (M56 växellåda), 999 7068 (M58 växellåda) och 999 5662 kan krävas för att återställa den självjusterande mekanismen och trycka ihop membranfjädern innan kopplingen tas bort, även om det är möjligt att utföra metoden med hemgjorda verktyg. Volvo kräver att tryck- och drivplattan inte återanvänds om man tar bort kopplingsenheten utan specialverktygen.*

Demontering

1 Det går att komma åt kopplingen på två sätt. Antingen kan motorn/växellådan demonteras som en enhet enligt beskrivningen i kapitel 2C och växellådan sedan tas bort från motorn, eller så kan motorn lämnas kvar i bilen och växellådan demonteras separat enligt beskrivningen i kapitel 7A. Märk ut förhållandena mellan tryckplattan och svänghjulet med lite färg, om den befintliga kopplingen ska återmonteras.

Med Volvo specialverktyg

2 Sätt dit Volvos mothållsverktyg 999 5677 (M56 växellåda) eller 999 7068 (M58 växellåda) på tryckplattan för att återställa den självjusterande mekanismen. Stiften på verktyget måste passa in i spåret framför justeringsfjädrarna och håll därefter verktyget mot plattan. Placera hakarna i änden av mothållsverktygets fjädrar i mitten av de tre hålen som sitter med 120° intervall längs tryckplattans omkrets.

3 Sätt dit Volvos kompressionsverktyg 999 5662 på tryckplattan och tryck ihop membranfjädern så att den självjusterande fjädern inte är under spänning. Kontrollera att hakarna på undersidan av kompressorn hakar i som de ska utan att klämma justeringsmekanismens fjädrar. Fortsätt att skruva i kompressionsverktygets spindel tills membranfjädern har tryckt tryckplattan till ett fritt läge. Ett tydligt klickljud hörs när tryckplattan är i friläge.

Med eller utan Volvo specialverktyg

4 Skruva loss skruvarna och ta bort tryckplattan och därefter drivplattan **(se bild)**. Notera hur drivplattan är monterad.

5 Det är viktigt att inte olja eller fett kommer i kontakt med belägget eller tryckplattans och svänghjulets ytor vid kontrollen och återmonteringen. **Observera:** *Om tryckplattan ska monteras tillbaka får du inte låta membranfjädern vara hoptryckt under lång tid eftersom fjädern kan försvagas permanent.*

Kontroll

6 Med kopplingen demonterad, torka bort allt asbestdamm med en torr trasa. Detta görs bäst utomhus eller i ett välventilerat område.

7 Undersök den drivna skivans belägg och leta efter tecken på slitage och lösa nitar. Undersök fälgen efter skevhet, sprickor, trasiga fjädrar och slitna räfflor. Lamellytorna kan vara blankslitna, men så länge friktionsbeläggets mönster syns tydligt är allt som det ska.

5.2 Bänd bort kåpan (markerad med pil) för att komma att luftningsskruven

6.4 Skruva loss kopplingstryckplattans skruvar

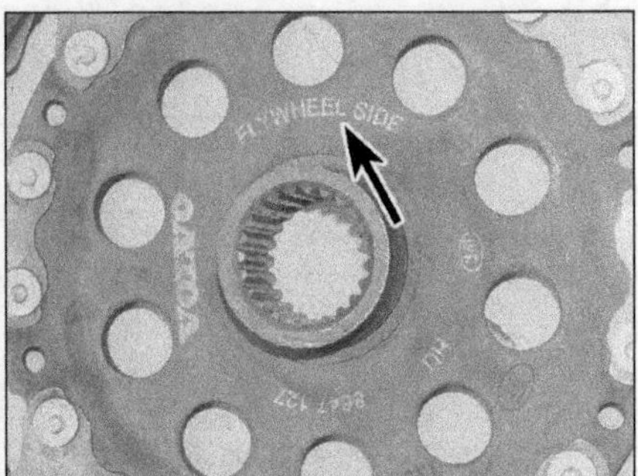

6.15a Drivplattan ska märkas (markerad med pil) för att visa vilken sida som ska vändas mot svänghjulet

6.15b Sätt dit drivplattan med den längre sidan av mittutbuktningen vänd mot svänghjulet

8 Om en sammanhängande eller fläckvis svart, blank missfärgning förekommer är lamellen nedsmutsad med olja och måste bytas ut. Orsaken till nedsmutsningen måste spåras och åtgärdas. Orsaken kan vara en läckande oljetätning från antingen vevaxeln eller växellådans ingående axel – eller från båda två.

9 Belägget måste även bytas ut om beläggningen slitits ner till nithuvudena eller strax över. Med tanke på hur många komponenter som måste demonteras för att det ska gå att komma åt den drivna skivan, kan det vara en god idé att montera en ny skiva oberoende av den gamlas skick.

10 Undersök svänghjulets och tryckplattans slipade sidor. Om de är spåriga eller djupt repade måste de bytas. Under förutsättning att skadan inte är så allvarlig, kan svänghjulet demonteras enligt beskrivningen i kapitel 2A eller 2B och tas till en verkstad som kan rengöra ytan maskinellt.

11 Tryckplattan måste också bytas ut om den har synliga sprickor, om tallriksfjädern är skadad eller ger dåligt tryck, eller om tryckplattans yta har slagit sig för mycket.

12 Med växellådan demonterad, kontrollera skicket på urkopplingslagret enligt beskrivningen i avsnitt 7.

Montering

13 Det rekommenderas att kopplingen monteras ihop med rena händer, och att tryckplattans och svänghjulets ytor torkas av med en ren trasa innan monteringen påbörjas.

14 Sätt dit ett lämpligt centreringsverktyg i hålet i änden av vevaxeln. Verktyget ska glida på plats i vevaxelns hål och drivplattans mitt. Volvos centreringsverktyg 999 5663 kan användas eller en lämplig motsvarighet kan tillverkas.

15 Sätt den drivna skivan på plats med mittdelens långa sida mot svänghjulet, eller på det sätt som noterades vid demonteringen. Observera att den nya drivplattan är märkt för att visa vilken sida som är riktad mot svänghjulet **(se bilder)**.

Med Volvo specialverktyg

16 Sätt dit mothållsverktyget 999 5677 eller 999 7068 (efter tillämplighet) på tryckplattan och se till att de tre stiften hamnar i spåren framför justeringsfjädrarna och håll därefter verktyget mot plattan. Placera hakarna i änden av mothållsverktygets fjädrar i mitten av de tre hålen som sitter med 120° intervall längs tryckplattans omkrets.

17 Sätt dit Volvos kompressionsverktyg 999 5662 på tryckplattan och tryck ihop membranfjädern så att den självjusterande fjädern inte är under spänning. Kontrollera att hakarna på undersidan av kompressorn hakar i som de ska utan att klämma justeringsmekanismens fjädrar. Från det ursprungliga lösa stadiet ska kompressorspindeln vridas högst 5,0 varv, annars hörs ett klick när tryckplattan har fritt läge.

Utan Volvo specialverktyg

18 Använd en gängad stång, några cirkelformade mellanlägg och två muttrar, tryck ihop membranfjäderns fingrar och tryckplattan enligt anvisningarna. När fingrarna har tryckts ihop använder du en skruvmejsel för att flytta och hålla justeringsringen moturs tills visarna ligger i linje med märkena från justeringsfjädrarna **(se bilder)**.

19 Lossa långsamt muttrarna för att släppa loss tryckplattenheten. Den självjusterande ringen/fjädermarkeringarna ska vara kvar på samma plats (se avsnitt 18). Ta bort den gängade stången etc.

Med eller utan Volvo specialverktyg

20 Placera tryckplattenheten över stiften på svänghjulet och passa in den efter de markeringar som gjordes tidigare (om tillämpligt).

21 Arbeta i diagonal ordningsföljd, montera och dra åt tryckplattans fästskruvarna jämnt till angivet moment.

22 Lossa långsamt kompressorn och ta därefter bort mothållet från kopplingen – om tillämpligt.

23 Dra centreringsverktyget från plattan/vevaxeln och kontrollera visuellt att drivplattan är centrerad.

24 Motorn och/eller växellådan kan nu monteras tillbaka enligt beskrivningarna i relevanta kapitel i denna handbok.

7 Urkopplingslager – demontering, kontroll och återmontering

Demontering

1 Det går att komma åt urkopplingslagret på två sätt. Antingen kan motorn/växellådan demonteras som en enhet enligt beskrivningen i kapitel 2C och växellådan sedan tas bort från motorn, eller så kan motorn lämnas kvar i bilen och växellådan demonteras separat enligt beskrivningen i kapitel 7A.

2 Urkopplingslagret och slavcylindern är kombinerade i en enhet och kan inte

6.18a Tryck ihop fingrarna på tryckplattans tallriksfjäder och tryckplattan. . .

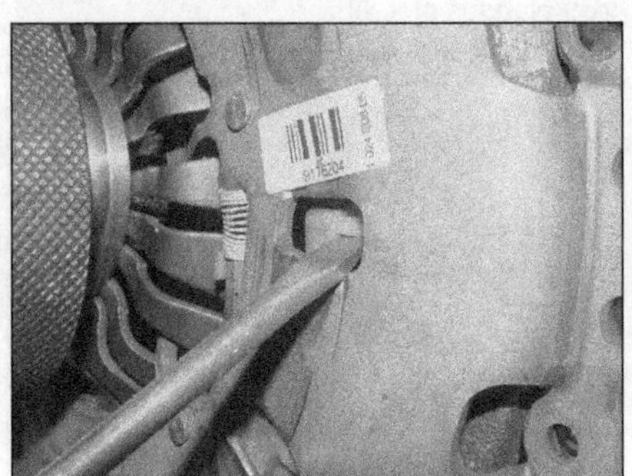
6.18b . . . vrid sedan justeringsringen moturs. . .

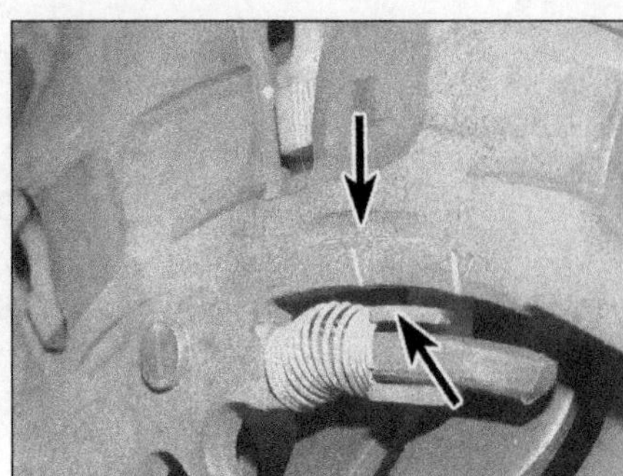
6.18c . . . tills markeringarna ligger i linje med markeringarna från justeringsfjädrarna (markerade med pilar)

separeras. Se instruktionerna för demontering av slavcylindern i avsnitt 4.

Kontroll

3 Kontrollera att lagret fungerar smidigt, och byt det om det kärvar när det vrids. Det är en god idé att alltid byta lagret, oberoende av dess skick, när kopplingen genomgår översyn, med tanke på den mängd komponenter som måste demonteras för att det ska gå att komma åt lagret.

Montering

4 Se avsnitt 4.

8 Kopplingspedalens lägesgivare - byte

1 Skruva loss de två skruvarna och ta bort instrumentbrädans klädselpanel ovanför förarpedalerna.
2 Använd en flatbladig skruvmejsel och bänd försiktigt loss givaren från kullederna på huvudcylindern och tryckstången **(se bild)**. Koppla från anslutningskontakten när givaren tas bort.
3 Monteringen sker i omvänd ordningsföljd mot demonteringen.

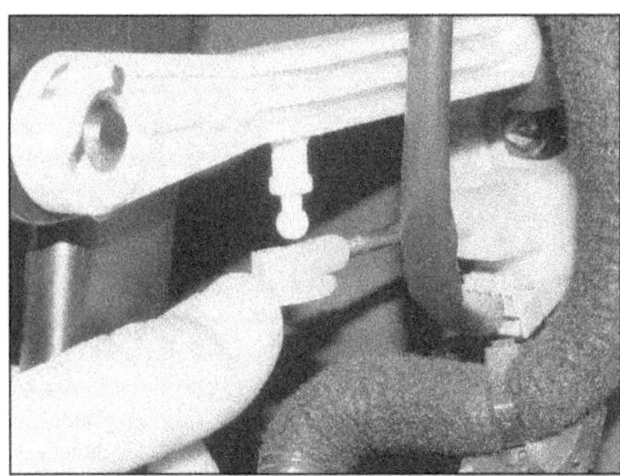

8.2 Bänd försiktigt bort lägesgivaren från kullederna på armen och huvudcylindern

Kapitel 7 Del A:
Manuell växellåda

Innehåll

Avsnittsnummer

Svårighetsgrader

Enkelt, passer novisen med lite erfarenhet 	**Ganska enkelt,** passar nybörjaren med viss erfarenhet	**Ganska svårt,** passer kompetent hemmamekaniker 	**Svårt,** passer hemmamekaniker med erfarenhet 	**Mycket svårt,** för professionell mekaniker 

Specifikationer

Allmänt

Beteckning	M56, M58 eller M66
Växellåda typ:	
M56 eller M58	Fem växlar framåt och en bakåt. Synkroinkoppling på alla växlar
M66	Sex växlar framåt och en bakåt. Synkroinkoppling på alla växlar

Smörjning

Smörjmedel typ	Se slutet av *Veckokontroller*
Volym:	
M56 eller M58	2,1 liter
M66	2,0 liter

Åtdragningsmoment	**Nm**
Krängningshämmarlänk till krängningshämmar	60
Extravärmarens monteringsmuttrar	25
Motorns tvärbalk:	
Till fjädertorn	50
Till motorns monteringskonsol	80
Motorns nedre stabilisator*:	
Steg 1	50
Steg 2	Vinkeldra ytterligare 40°
Motorfästets muttrar/bultar	se kapitel 2, Specifikationer
Bultar mellan motorns bakre fästbygel och växellådan	50
Motorns undre skyddskåpa skruvar	25
Växelspakshusets bultar	25
Bulten mellan nedre momentstag och kryssrambalken:	
Steg 1	65
Steg 2	Vinkeldra ytterligare 60°
Bulten mellan nedre momentstag och växellådan:	
Steg 1	35
Steg 2	Vinkeldra ytterligare 40°
Oljepåfyllnings/dräneringsplugg	35
Backljusbrytare	25
Hjulbultar	140
Startmotorns fästbultar	40
Styrinrättningens kollisionsskyddsbultar	80
Muttrar mellan styrinrättning och kryssrambalk*	50
Kryssrambalkens fästbultar:*	
Upp till årsmodell 2004:	
Steg 1	105
Steg 2	Vinkeldra ytterligare 120°
Från årsmodell 2005	160
Kryssrambalkens fästbyglar till karossen	50
Bultar mellan växellåda och motor	48

* *Återanvänds inte*

2.2a Tryck ihop klämmorna (markerade med pilar) och dra låskragen nedåt...

2.2b ... och dra därefter knoppen rakt uppåt...

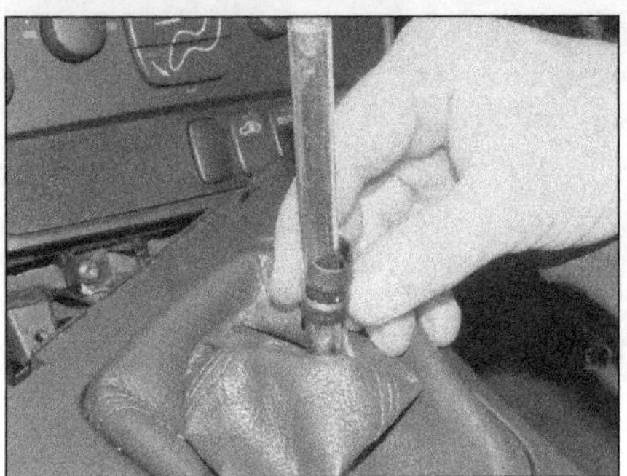

2.2c ... följt av fästringen...

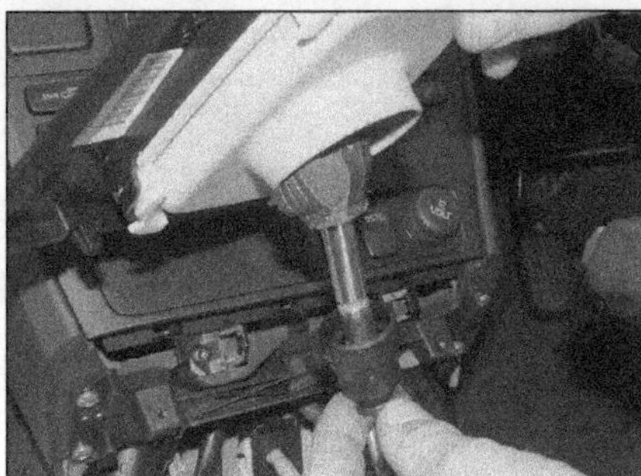

2.2d ... och damasken

1 Allmän information

Den manuella växellådan och slutväxeln sitter i ett aluminiumhölje som är fastbultat direkt på vänster sida av motorn. Val av växel sker via en spak som styr växellådans väljarmekanism via vajrar.

På M56 och M58 växellådor består de inre delar av den ingående axeln, de övre och nedre överföringsaxlarna, samt slutväxeldifferentialen och växelarmsmekanismen. Den ingående axeln har de fasta 1:a, 2:a och 5:e växlarna, de frikopplade 3:e och 4:e växeldreven och 3:e/4:e synkroenheten. Den övre överföringsaxeln har de frikopplade 5:e och backväxeldreven, 5:e/backsynkroenheten och ett slutväxeldrev. Den nedre överföringsaxeln har de fasta 3:e och 4:e växlarna, de frikopplade 1:a, 2:a och backmellandreven, 1:a/2:a synkroenheten och ett slutväxeldrev. På M66-växellådor innehåller den ingående axeln 6:ans och 5:ans tomgångshjul och 4:ans, 1:ans och 3:ans kuggdrev. I det två mellanliggande axlarna sitter 5:ans och 6:ans kuggdrev, 1:ans, 2:ans, 3:ans och 4:ans tomgångshjul och slutväxelns kuggdrev.

Kraften från motorn överförs till den ingående axeln via kopplingen. Kugghjulen på den ingående axeln griper permanent in i dreven på de två överföringsaxlarna. När kraften överförs är det dock bara ett kugghjul i taget som verkligen är låst till sin axel, medan de andra är frikopplade. Valet av växel styrs av glidande synkroenheter; växelspakens rörelser överförs till väljargafflar, som skjuter relevant synkroenhet mot den växel som ska läggas i och låser den till relevant axel. I friläge är ingen växel låst; utan alla är frikopplade.

Backväxeln läggs i genom att backdrevet låses till den övre överföringsaxeln. Kraften överförs genom den ingående axeln till backmellandrevet på den nedre överföringsaxeln, och sedan till backdrevet och slutväxeldrevet på den övre överföringsaxeln. Backen läggs alltså i genom att kraften överförs genom alla tre axlarna, istället för bara två som i framåtväxlarna. Genom att behovet av en separat backtomgångsöverföring eliminerats, kan synkroinkoppling även erbjudas till backväxeln.

2 Växelspakshus - demontering och montering

Demontering

1 Ta bort mittkonsolen enligt beskrivningen i kapitel 11.

2 På modeller med växelspaksdamask drar du upp damasken och panelen över knoppen och klämmer därefter ihop de båda spärrarna och drar ner damaskens låskrage följd av damasken. Dra knoppen rakt uppåt och ta bort den, stödringen och damasken från spaken **(se bilder)**.

3 Skruva loss de fyra bultar som håller fast huset vid golvet **(se bild)**.

4 Lyft upp växelspakshuset och bänd loss växelspakens inre vajerhylsfogar från växelspakens nederdel. Observera att på vissa modeller kan kabeländarna vara fästa med klämmor **(se bild)**.

5 Dra loss fasthållningsklämmorna som håller fast växelspakens yttre vajrar vid huset **(se bild)**, och ta bort hela paketet.

Montering

6 Monteringen sker i omvänd ordningsföljd mot demonteringen. Dra åt de fyra fästbultarna till angivet moment. Montera mittkonsolen enligt beskrivningen i kapitel 11.

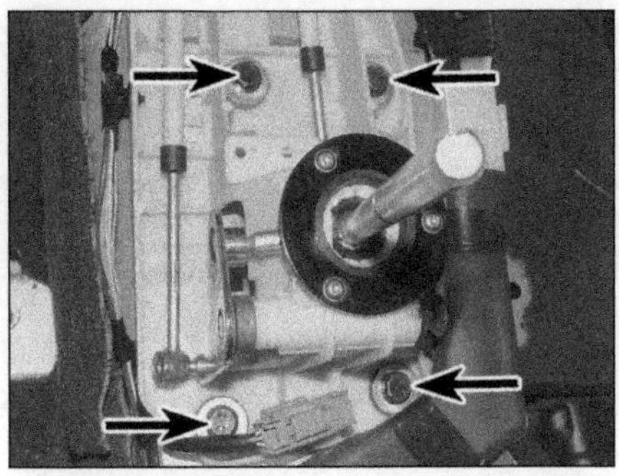

2.3 Skruva loss de fyra bultar (markerad med pilar) som håller fast huset vid golvet

2.4 Bänd loss de inre kabelhylsanslutningarna från spaken

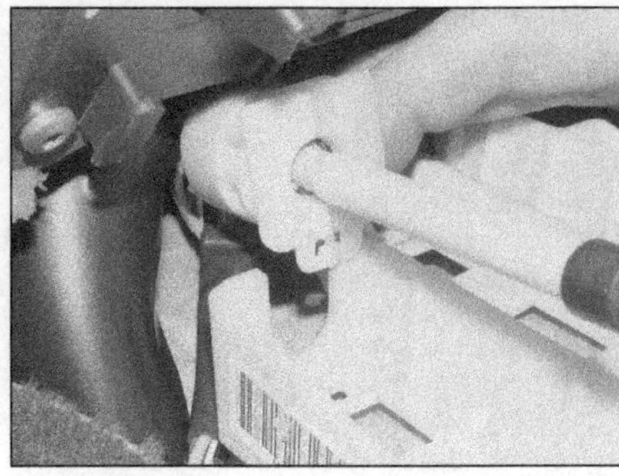

2.5 Lossa klämmorna och skjut upp de yttre vajrarna från huset

3.4a Bänd upp de inre vajrarna från kullederna. . .

3.4b . . . och dra därefter tillbaka hylsorna och skjut upp de yttre vajrarna från fästena på växellådan

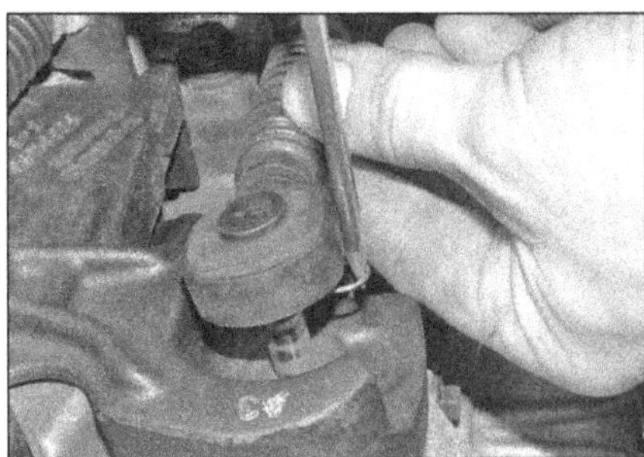
3.4c På vissa modeller ska man bända upp klämman som håller fast vajeränden på kulleden. . .

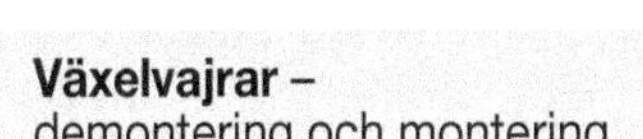
3 Växelvajrar – demontering och montering

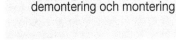

Demontering

1 Se relevant del av kapitel 4 och ta bort luftrenaren.

2 Lossa det vänstra framhjulets muttrar, och lyft sedan upp framvagnen och ställ den på pallbockar (se *Lyftning och stödpunkter*). Ta bort hjulet.

3 Lossa de båda plastmuttrarna som håller fast hjulhusbussningen och ta bort stänkskydder över drivaxeln.

4 Observera deras monteringslägen, bänd loss de inre vajerändarna från växellådans väljarspakar och dra därefter tillbaka stoppningarna och dra de yttre kablarna från fästena på växellådan **(se bilder)**. Observera att vajerändarna kan hållas fast med klämmor på vissa modeller och att de blå plastmellanläggen måste glida upp innan de yttre vajerhylsorna kan dras tillbaka.

5 Demontera mittkonsolen enligt beskrivningen i kapitel 11.

6 Skruva loss de fyra skruvarna som håller fast växelspakhuset vid golvet, och lossa vajrarna från huset och spak, enligt beskrivningen i avsnitt 2, del 3, 4 och 5.

7 Vik tillbaka mattan på vänster sida under instrumentbrädan för att komma åt vajerhöljet/vajeringångsplattan.

8 Skruva loss muttrarna som håller fast vajermuffen/vajergenomföringens täckplatta vid mellanväggen **(se bild)**.

9 Notera kabeldragningen under instrumentbrädan och i motorrummet för att underlätta återmonteringen och sätt sedan dit svetsstången (eller liknande) på vajerändarna i motorrummet. Lossa vid behov eventuella angränsande komponenter, dra sedan in vajrarna en efter en i kupén, haka loss svetsstängerna och lämna kvar dem för att underlätta återmonteringen. Ta bort vajrarna från bilen.

Montering

10 Från bilens insida hakar du fast vajerändarna på svetsstången och matar/drar därefter försiktigt igenom vajrarna till motorrummet och ser till att de dras korrekt. Notera att vajern som sitter på växelspakshusets vänstra länkplatta, och själva länkplattan, är märkta med vit färg.

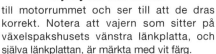

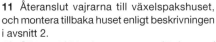

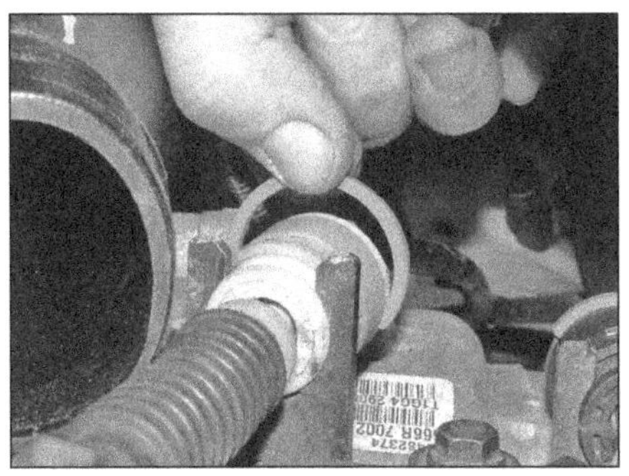
3.4d . . . och skjuta upp den blå plastdistansbrickan innan den yttre vajerhylsan dras tillbaka

11 Återanslut vajrarna till växelspakshuset, och montera tillbaka huset enligt beskrivningen i avsnitt 2.

12 Sätt tillbaka genomföringen/vajeringångsplattan, samt mattan.

13 Montera tillbaka mittkonsolen (se kapitel 11).

14 Fäst de yttre vajrarna på växellådans fästen och sätt dit de blå klämmorna om tillämpligt.

15 Ställ in vajern med justeraren genom att dra den fjäderbelastade stoppringen framåt och trycka upp låsknappen för att hålla stoppringen på plats. Se till att växelspaken är i neutralläge och tryck därefter dit de inre vajerändarna på väljarspakarna. Tryck ner låsknappen för att lossa den fjäderbelastade stoppringen **(se bilder)**.

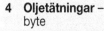

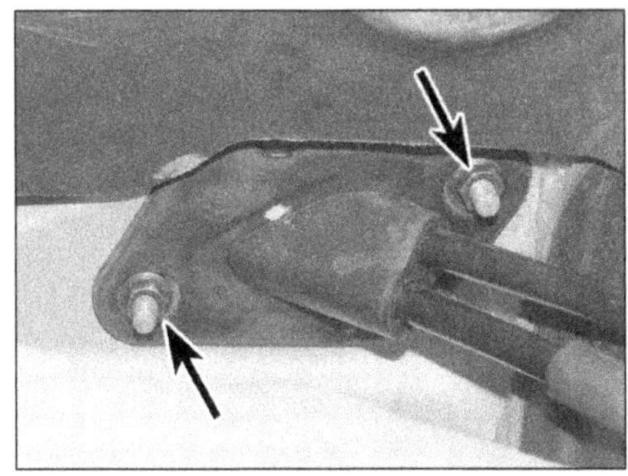
3.8 Skruva loss de 2 muttrarna (markerad med pilar) som håller fast vajermuffen

16 Montera tillbaka luftrenaren enligt beskrivningen i relevant del av kapitel 4.

4 Oljetätningar – byte

Drivaxelns tätningar

1 Ta bort vänster- eller höger drivaxel (vad som är lämpligt) enligt beskrivningen i kapitel 8.

2 Med en stor skruvmejsel eller lämpligt bändverktyg, bänd försiktigt loss oljetätningen från växellådshuset, och se till att inte skada huset **(se bild)**.

3 Torka rent oljetätningens säte i växellådans hus.

3.15a Dra den fjäderbelastade hylsan framåt (markerad med pil) . . .

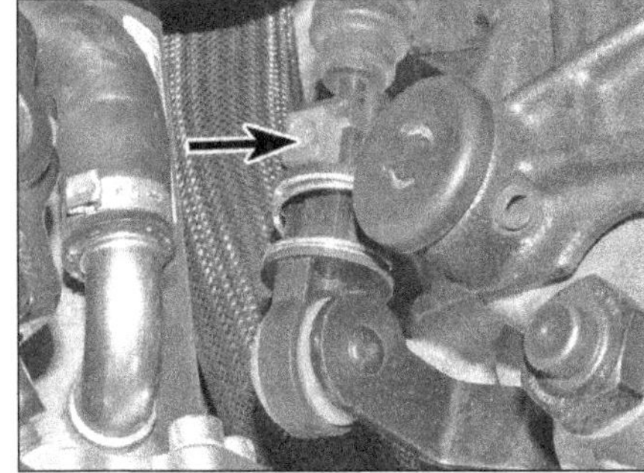
3.15b . . . och tryck ner låsknappen (markerad med pil)

4.2 Använd en träbit för att skydda höljet när du bänder ut drivaxelns oljetätning(ar)

4.5 Använd en hylsa eller rörformig distansbricka för att driva i oljetätningen

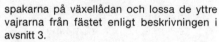

4.9a Borra ett litet hål i oljetätningens hårda ytterkant och sätt i en självgängande skruv. . .

4.9b . . . och använd tång för att dra ut skruven och tätningen

4.10 Använd ett lämpligt rör för att driva i tätningen

4 Applicera lite smörjolja på den nya packboxens kanter, tryck sedan in den en bit in i huset för hand, se till att den ligger rakt i fästet.

5 Med ett passande rörstycke eller en stor hylsnyckel, driv försiktigt oljetätningen helt på plats tills den ligger jäms med husets kant **(se bild)**.

6 Montera tillbaka drivaxel (axlarna) enligt beskrivningen i kapitel 8.

Ingående axelns oljetätning

7 Demontera växellådan enligt beskrivningen i avsnitt 7.

8 Ta bort urkopplingslagret/slavcylindern enligt beskrivningen i kapitel 6.

9 Notera djupet i monterat läge och borra sedan ett litet hål i tätningens hårda ytterlager, sätt i en självgängande skruv och använd tång för att ta loss tätningen **(se bilder)**.

10 Smörj den nya tätningen och sätt på den på svänghjulskåpan, läpparna vända mot växellådssidan. Använd en djup hylsa eller lämpliga rör för att få den på plats **(se bild)**.

11 Montera tillbaka urkopplingslagret/slavcylinder i omvänd ordning mot demonteringen.

12 Montera tillbaka växellådan enligt beskrivningen i avsnitt 7.

5 Backljusbrytare – demontering och montering

Demontering

1 Backljusbrytaren sitter ovanpå växellådan, mellan de två växelarmarna. Demontera luftrenaren enligt beskrivningen i relevant del av kapitel 4.

M66 växellådor

2 Koppla från växelvajrarnas ändar från spakarna på växellådan och lossa de yttre vajrarna från fästet enligt beskrivningen i avsnitt 3.

3 Lossa brytarens anslutningskontakt och kablaget, skruva sedan loss de tre bultarna och ta bort växelvajerns stödfästbygel från växellådan **(se bild)**.

4 Skjut en djup hylsa över brytaren och skruva loss den från växellådan **(se bild)**.

M56/58 växellådor

5 Rengör runt brytaren, koppla loss kontaktdonet **(se bild)** och skruva loss kontakten.

Montering

6 Monteringen sker i omvänd ordningsföljd mot demonteringen.

6 Olja för manuell växellåda – dränering och påfyllning

Observera: *Byte av växellådsoljan behöver inte utföras vid normal service, och är bara nödvändigt om växellådan ska demonteras för översyn eller byte. Om bilen dock har gått långt, eller arbetat under tung belastning under lång tid (t.ex. för bogsering eller som taxi), kan det vara en god idé att byta olja för säkerhets skull, särskilt om växlarna har börjat kärva.*

Avtappning

1 Lossa det vänstra framhjulets bultar, och lyft sedan upp framvagnen och ställ den på pallbockar (se *Lyftning och stödpunkter*). Ta bort hjulet.

5.3 Skruva loss de 3 bultar (markerad med pilar) och ta bort stödfästbygeln

5.4 Använd en djup hylsa för att skruva loss backljuskontakten (markerad med pil)

5.5 Lossa backljuskontaktens anslutningskontakt (markerad med pil)

2 Lossa skruvarna och ta bort motorns undre skyddskåpa, placera sedan lämpligt behållare nedanför växellådan.

3 Påfyllnings/nivåpluggen och dräneringspluggen sitter på vänster sida av växellådshuset. Skruva loss dräneringspluggen (den nedre pluggen) och låt oljan rinna ut i behållaren **(se bild)**. Kontrollera dräneringsplugg tätningsbricka kondition, och byt vid behov.

4 När all olja har runnit ut, sätt tillbaka dräneringspluggen och dra åt den till angivet moment.

Påfyllning

Observera: *För att nivåkontrollen ska vara noggrann måste bilen stå helt plant. Om framvagnen har lyfts upp, bör även bakvagnen lyftas.*

5 Torka rent runt påfyllnings/nivåpluggen och skruva loss pluggen från huset **(se bild)**.

6 Fyll växellådan genom påfyllningspluggens hål med rätt typ av olja tills den börjar rinna ut ur hålet.

7 Montera påfyllnings-/nivåpluggen med en ny tätning och dra åt den till angivet moment.

8 Lämna den gamla oljan till en miljöstation.

7 Manuell växellåda – demontering och montering

Observera: *Motorn måste på något sätt lyftas ovanifrån så att kryssrambalken kan kopplas loss på vänster sida. Det bästa sättet att stödja motorn är med ett stag fäst i motorhuvskanalerna, försett med en lämpligt placerad justerbar krok. Garagedomkrafter och en medhjälpare behövs också under hela proceduren.*

Demontering

1 Vrid ratten och hjulen så att de pekar rakt framåt. Lossa rattstångens justerare och tryck ratten inåt och uppåt så långt det går. Lås den i detta läge.

2 Lägg växeln i friläge.

3 Dränera växellådsoljan enligt beskrivningen i avsnitt 6. Detta är inte absolut nödvändigt, men kommer att eliminera eventuell risk för oljeläckage när drivaxlarna demonteras, eller när växellådan tas bort från bilen.

4 Koppla loss och ta bort batteriets jordledning enligt beskrivningen i kapitel 5A.

5 Demontera luftrenaren enligt instruktionerna i relevant del kapitel 4A, samt alla relevanta insugningskanaler runt vänster sida av motorn. På 6-växlade växellådor tar du bort luftrenarens fäste från växellådan.

6 Lossa växlingsvajrar från växellådan enligt beskrivningen i avsnitt 3.

7 På dieselmodeller, ta bort plastkåpan från motorn genom att dra loss den rakt uppåt från fästena.

8 Skruva loss hållarna och ta bort motorns tvärbalk som sitter mellan fästbyglarna på framfjädringens fjäderbenslager.

9 På modeller med turbo lossar du klämmorna/skruvar loss bultarna och tar bort laddluftröret från laddluftkylaren till turbon och laddluftkylaren till insugsgrenröret/gasspjällhuset.

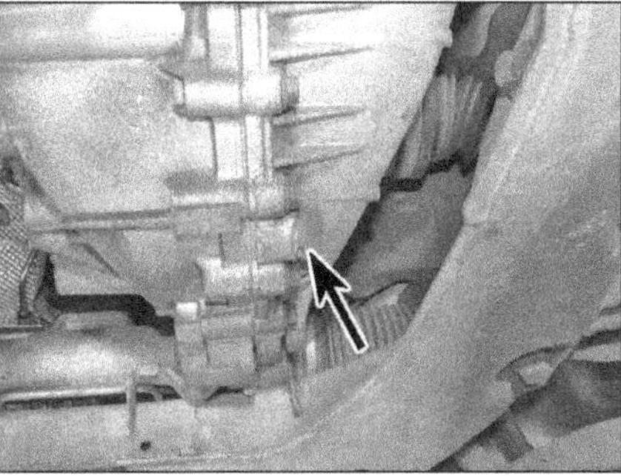

6.3 Oljedräneringsplugg (markerad med pil)

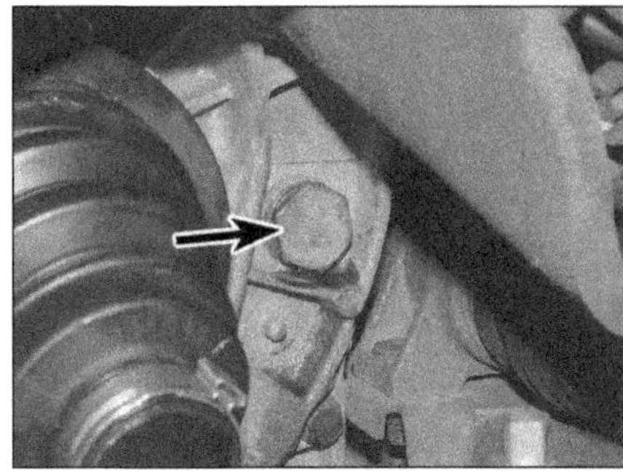

6.5 Växellådans oljepåfyllnings-/nivåplugg (markerad med pil)

10 Skruva loss muttern som håller fast motorns bakre monteringskonsol vid fästbygeln **(se bild)**. Om tillämpligt, koppla loss vakuumslangen från monteringskonsolen.

11 Kläm fast slangarna, vrid stoppringarna moturs och koppla loss värmeslangarna från anslutningarna vid motorrummets mellanvägg **(se bild)**.

12 Fäst vätskematarslangen från bromsvätskebehållaren till kopplingens huvudcylinder och ta loss låsringen och ta bort slavcylinderns matningsrör från växellådan. Var beredd med en behållare och trasor för att fånga upp oljespillet. Täck den öppna röranslutningen med en bit plastfolie och ett gummiband för att hindra smuts från att tränga in.

13 Lossa jordkabeln från kryssrambalken och växellådan **(se bild)**.

14 Skruva loss skruven som håller fast servostyrningsslangklämman vid kryssrambalken.

15 Knacka ut fasthållningsstiftet och demontera den vertikala växelarmen på änden av växellådan.

16 Koppla från kontaktdonet vid backljuskontakten och skruva loss bultarna och ta bort kabelstyrningen från växellådans överdel.

17 Skruva loss alla fästbultar mellan växellådan och motorn som går att komma åt ovanifrån.

18 Ta bort båda drivaxlarna enligt beskrivningen i kapitel 8.

19 Om det inte redan är gjort, skruva loss skruvarna/klämmorna och ta bort motorns undre skyddskåpa.

20 Skruva loss de fyra skruvarna, lossa klämmorna och ta bort luftkåpan från undersidan av bilens front **(se bild)**.

7.10 Utgå från motorns baksida och skruva loss monteringskonsolens mutter och koppla loss vakuumslangen (markerad med pil)

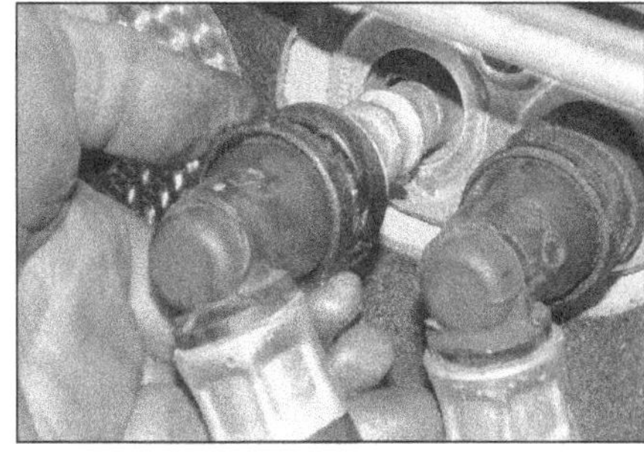

7.11 Vrid hylsorna moturs och dra bort värmeslangarna från mellanväggens rör

7.13 Koppla loss jordremsan från växelladshusets framsida

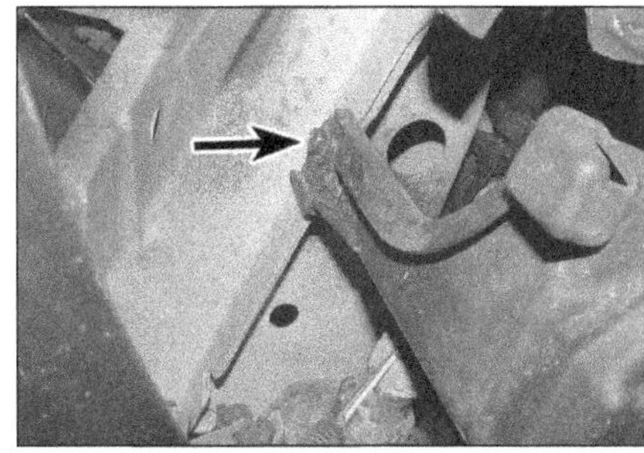

7.20 Utgå från underifrån hjulhuset och lossa bulten (markerad med pil). Varje ände håller fast luftspjället under kylaren

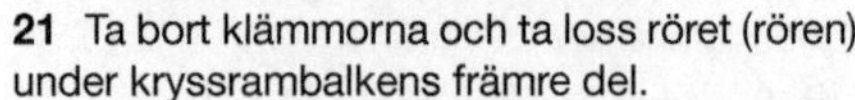

7.25 Skruva loss de två bultarna (markerad med pilar) som fäster motorns nedre stödstag vid växellådan

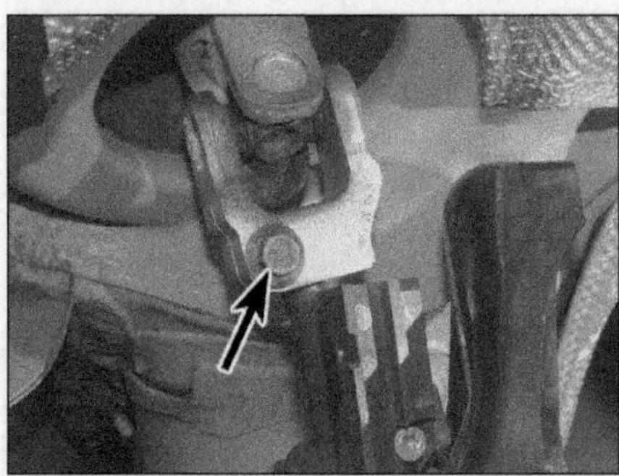

7.29 Skruva loss styrningens knutkors klämbult (markerad med pil)

7.32 Skruva loss bultarna på varje sida som fäster kryssrambalkens bakre fästbyglar vid karossen.

21 Ta bort klämmorna och ta loss röret (rören) under kryssrambalkens främre del.

22 På modeller med bränsledriven extravärmare lossar du de två fästskruvarna och låter värmaren hänga från det övre fästet. Lossa bränsleslangen från dess fästbygel på bärramen.

23 Arbeta under bilen, skruva loss skruvarna och ta bort förstärkningsplattan under avgassystemet. Lossa bromsröret från klämmorna på den främre förstärkningsplattan.

24 På högerstyrda modeller, skruva loss kuggstångens två kollisionsskyddsbultar vid kryssrambalkens baksida samt muttern som fäster kollisionsskyddets nederdel vid kryssrambalken.

25 Skruva loss de två bultarna som fäster motorns nedre stödstag vid växellådan **(se bild)**.

26 Se anmärkningen i början av detta avsnitt. Stöd motorn ovanifrån och justera stödet så att motorfästena precis avlastas.

27 Skruva loss bulten som fäster motorns främre fäste vid kryssrambalken.

28 Lossa den vänstra styrstagsänden från navhållaren enligt beskrivningen i kapitel 10.

29 Gör inriktningsmarkeringar mellan styrväxelns drev och rattstångens nedre knutkors och skruva sedan loss klämbulten och tryck lederna uppåt från drevet **(se bild)**.

30 Placera en stadig garagedomkraft under kryssrambalkens vänstra sida så att den har kontakt med kryssrambalken. Se till att motorn stöds ordentligt ovanifrån.

31 Skruva loss muttern som håller fast den vänstra länken till krängningshämmaren (se kapitel 10).

32 Skruva loss bultarna på var sida som håller fast kryssrambalkens bakre fästbyglar vid karossen **(se bild)**.

33 Lossa kryssrambalkens två fästbultar på högersidan minst 5 varv. Observera att nya bultar krävs vid monteringen.

34 Skruva loss kryssrambalkens två fästbultar på vänster sida. Ta vara på fästbygeln när den bakre bulten tas bort. Observera att nya bultar krävs vid monteringen.

35 Lossa bulten som fäster motorns bakre fäste vid styrinrättningen. Skruva sedan loss de fem muttrarna som fäster styrinrättningen vid kryssrambalken. Observera att nya muttrar krävs vid monteringen.

36 Skruva loss bultarna och ta bort motorns bakre monteringskonsol från växellådan och fästkonsolen.

37 Sänk ner domkraften försiktigt och låt kryssrambalken sänkas ungefär 100 mm på vänster sida.

38 Demontera startmotorn enligt instruktionerna i kapitel 5A.

39 Lossa lambdasondens kablage från den bakre motorfästbygelns kåpa. Ta bort kåpan. Ta sedan bort fästbygeln från växellådan.

40 Sänk ner domkraften helt och låt kryssrambalken hänga fritt från fästena på höger sida.

41 Sänk ner motorn/växellådan med hjälp av motorlyften tills det finns tillräckligt med plats för att ta bort växellådan. Var noga med att inte sänka ner enheten för långt. Då kommer det främre avgasröret i vägen för styrinrättningen. Se även till att röret till motoroljans mätsticka inte är i vägen för kylarfläkten och att inga slangar eller ledningar sitter i kläm.

42 Stöd växellådan ordentligt underifrån med hjälp av en garagedomkraft.

43 Skruva loss de återstående bultarna som fäster växellådan vid bilen. Dra växellådan rakt av från motorns styrhylsor, och se till så att inte vikten av växellådan vilar på den ingående axeln.

44 Sänk ner domkraften och ta bort växellådan från bilens undersida.

Montering

45 Applicera inget fett på växellådans ingående axel, styrhylsan eller själva urkopplingslagret eftersom dessa komponenter har friktionsreducerande lager som inte behöver smörjas.

46 För växellådan rakt in på sin plats och fäst den med motorns styrhylsor. Montera tillbaka de nedre bultar som håller fast växellådan vid motorn och dra åt dem till angivet moment.

47 Hissa upp motorn i höjd med där den ska sitta. Montera den bakre motorfästbygeln och kåpan och fäst med de tre bultarna. Dra åt dem till angivet moment.

48 Montera motorns bakre fäste vid växellådans fästbygel och styrinrättningen. Dra inte åt muttern och bulten helt i det här stadiet.

49 Fäst lambdasondens kablage vid fästbygelkåpan.

50 På högerstyrda modeller, hissa upp kryssrambalken så att den befinner sig högst 100 mm från karossen. Passa in styrinrättningen och kollisionsskyddet med deras platser på kryssrambalken. Dra åt alla klämbultar till angivet moment.

51 På alla modeller, lyft upp kryssrambalken till dess monterade position, och se till att styrinrättningens bultar passar in på sina platser.

52 Montera kryssrambalkens nya fästbultar och bakre fästbygel samt bultarna på vänster sida. Dra åt kryssrambalkens bultar till angivet moment med en momentnyckel, och sedan till angiven vinkel med en vinkelmätare. Dra åt fästbygelbultarna till angivet moment.

53 Stöd kryssrambalkens högra sida med domkraften och ta bort de två bultarna som lossades tidigare från kryssrambalken. Montera de nya bultarna och de två fästbygelbultarna. Dra åt dem enligt beskrivningen i föregående punkt.

54 Fäst styrinrättningen vid kryssrambalken med fem nya muttrar och dra åt dem till angivet moment.

55 Montera motorns främre fästbult. Dra sedan åt motorns främre och bakre fäste till angivet moment.

56 På högerstyrda modeller, sätt tillbaka styrinrättningens två kollisionsskyddsbultar baktill på kryssrambalken samt muttern som håller fast kollisionsskyddets nederdel vid kryssrambalken. Dra åt till angivet moment.

57 Resten av återmonteringen sker i omvänd ordning mot demonteringen. Tänk på följande:

a) Dra åt alla hållare till angivet moment (där sådant angetts).
b) Fyll på växellådsolja enligt beskrivningen i avsnitt 6 i detta kapitel.
c) Fyll kylsystemet enligt beskrivningen i relevant del av kapitel 1.
d) Lufta kopplingens hydraulsystem (om det behövs) enligt beskrivningen i kapitel 6.
e) Återanslut batteriets jordledning enligt beskrivningen i kapitel 5A.

8 Översyn av manuell växellåda – allmän information

Att utföra en översyn av en manuell växellåda är ett svårt jobb för en hemmamekaniker. Arbetet omfattar isärtagning och ihopsättning av flera små delar. Flertalet spelrum måste mätas exakt och ändras med särskilda mellanlägg och låsringar när det behövs. Trots att enheten kan demonteras och monteras av en kompetent hemmamekaniker bör växellådan därför lämnas in till en specialist på växellådor när den behöver renoveras. Det kan gå att köpa rekonditionerade växellådor. Fråga hos återförsäljarens reservdelsavdelning, hos andra biłåterförsäljare eller hos specialister på växellådor. Den tid och de pengar som måste läggas ner på en renovering överstiger så gott som alltid kostnaden för en rekonditionerad enhet.

Trots allt är det inte omöjligt för en erfaren hemmamekaniker att renovera en växellåda, förutsatt att specialverktyg finns att tillgå och att arbetet utförs på ett metodiskt sätt så att ingenting glöms bort.

De verktyg som krävs för en översyn är inre och yttre låsringstänger, lageravdragare, skjuthammare, en uppsättning pinndorn, indikatorklocka och möjligen en hydraulisk press. Dessutom behövs en stor, stadig arbetsbänk och ett skruvstäd eller ett växellådsställ.

Var noga med att notera var varje del sitter när växellådan demonteras, hur den sitter i förhållande till de andra delarna och hur den hålls fast.

Innan växellådan tas isär för reparation är det bra att känna till vilken del av växellådan det är fel på. Vissa problem kan härledas till vissa delar i växellådan, vilket gör att det kan vara enklare att undersöka och byta ut delarna. Se avsnittet *Felsökning* i slutet av den här handboken för information om möjliga felkällor.

Anteckningar

Kapitel 7 Del B: Automatväxellåda

Innehåll

Svårighetsgrader

Enkelt, passer novisen med lite erfarenhet 

Ganska enkelt, passar nybörjaren med viss erfarenhet 

Ganska svårt, passer kompetent hemmamekaniker 

Svårt, passer hemmamekaniker med erfarenhet 

Mycket svårt, för professionell mekaniker 

Specifikationer

Allmänt

Typ	datorstyrd fem- eller sexväxlad, en backväxel, med momentkonverterarinslutning på de tre högsta växlarna (femväxlad växellåda) eller de 5 högsta växlarna (sexväxlad växellåda)
Beteckning:	
5-växlad	AW50-50/51
6-växlad	TF-80SC

Smörjning

Smörjmedel typ	Se slutet av *Veckokontroller*
Volym (tömning och påfyllning):	
AW50-50/51	7,1 liter (ungefär)
TF-80SC	8,0 liter (ungefär)

Åtdragningsmoment

	Nm
Krängningshämmarlänk till krängningshämmar	60
Extravärmarens monteringsmuttrar	25
Motorns tvärbalk:	
Till fjädertorn	50
Till motorns monteringskonsol	80
Motorns nedre stabilisator*:	
Steg 1	50
Steg 2	Vinkeldra ytterligare 40°
Motorfästets muttrar/bultar	se kapitel 2, Specifikationer
Bultar mellan motorns bakre fästbygel och växellådan	50
Motorns undre skyddskåpa skruvar	25
Vätskedräneringsplugg	40
Växelspakshusets bultar	25
Växellägesgivarens skruvar	25
Bulten mellan nedre momentstag och kryssrambalken:	
Steg 1	65
Steg 2	Vinkeldra ytterligare 60°
Bulten mellan nedre momentstag och växellådan:	
Steg 1	35
Steg 2	Vinkeldra ytterligare 40°
Backljusbrytare	25
Hjulbultar	140
Startmotorns fästbultar	40
Styrväxelns kollisionsskyddsbultar	80
Muttrar mellan kuggstång och kryssrambalk*	50
Kryssrambalkens fästbultar*:	
Upp till årsmodell 2004:	
Steg 1	105
Steg 2	Vinkeldra ytterligare 120°
Från årsmodell 2005	160
Kryssrambalkens fästbyglar till karossen	50
Bultar mellan momentomvandlaren och drivplattan*	60
Bultar mellan växellåda och motor	48

** Återanvänds inte*

1 Allmän information

AW 50-50/51 är en datorstyrd helautomatisk femstegsväxellåda med momentomvandlarlås på de tre högsta växlarna. TF-80SC är också en datorstyrd automatisk växellåda, men med 6 framåtväxlar och momentkonverterarinslutning hos de 5 högsta växlarna. Den är även utrustad med en Geartronic-funktion som gör att föraren kan växla manuellt mellan växlarna i följd – spaken framåt för att växla upp och bakåt för att växla ner.

Enheten styrs av en växellådastyrenhet (TCM) som tar emot signaler från olika givare rörande växellådans arbetsförhållanden. Information om motorparametrar skickas också till styrenheten från motorstyrningssystemet. Från dessa data kan styrenheten räkna ut optimala växlingshastigheter och låspunkter, beroende på vilken körstilsinställning som valts.

Kraften leds från motorn till växellådan via en momentomvandlare. Detta är en typ av hydraulisk koppling som under vissa förhållanden har en momentförstärkande effekt. Momentomvandlaren är mekaniskt låst till motorn, kontrollerat av styrenheten, när växellådan arbetar på de tre eller fem högsta växlarna (beroende på modell). Detta eliminerar förluster till följd av slirning och förbättrar bränsleekonomin.

Motorn kan bara startas i läge P, tack vare en säkerhetsfunktion som kallas Shiftlock (skiftlås). Med detta system kan tändningsnyckeln bara tas ur tändningslåset om väljarspaken är i läge P. När bilen startas om kan väljarspaken bara föras från läge P när tändningsbrytaren förs till läge II.

De flesta modeller med automatisk växellåda har en vinterlägesväljare med brytaren placerad bredvid väljarspaken. I detta läget startar växellådan från stillastående på en högre växel än normalt, för att minska risken för att hjulen spinner loss vid halt väglag. Detta läge kan även användas till att begränsa växlingen om vägförhållandena kräver mer direkt kontroll över växlingen.

En kickdown-funktion gör att växellådan växlar ner ett steg (beroende på motorvarvtal) när gaspedalen är helt nedtryckt. Detta är praktiskt om extra acceleration krävs. Kickdown-funktionen, som alla övriga funktioner i växellådan, styrs av styrenheten.

Det finns även en skiftlåsfunktion i växelspaksmekanismen på vissa modeller. Denna säkerhetsfunktion förhindrar att växelspaken flyttas när motorn står stilla, eller om tändningen slagits av med växelspaken i läge P.

Utöver styrningen av växellådan, innehåller styrenheten en inbyggd feldiagnosfunktion. Om ett växellådsfel uppstår börjar växellådans varningslampa att blinka. TCM startar då ett nödprogram som ser till att framåtväxlar och backen alltid kan väljas, men växlingen måste utföras för hand. Om ett fel av denna typ uppstår, lagrar styrenheten en serie signaler (eller felkoder), som kan läsas och tolkas med speciell diagnosutrustning för snabb och noggrann feldiagnos (se avsnitt 8). TCM har även en funktion för att registrera hur länge växellådsoljan är varmare än 150 °C – normalt uppnås bara den här temperaturen som bara uppnås genom kontinuerlig taxianvändning, eller kontinuerlig användning som bogseringsfordon. När en förutbestämd tid har gått med denna eller högre temperatur registrerar TCM en felkod och tänder en varningslampan på instrumenpanelen för att visa att vätskan måste bytas. Varningslampan släcks dock inte om man byter vätskan utan detta måste utföras med testutrustning från Volvo.

Automatväxellådan är en komplicerad enhet, men om den inte missköts är den tillförlitlig och långlivad. Reparationer eller renovering ligger utanför många verkstäders kompetens för att inte tala om hemmamekanikern. om problem uppstår som inte kan lösas med åtgärderna i det här kapitlet måste experthjälp sökas.

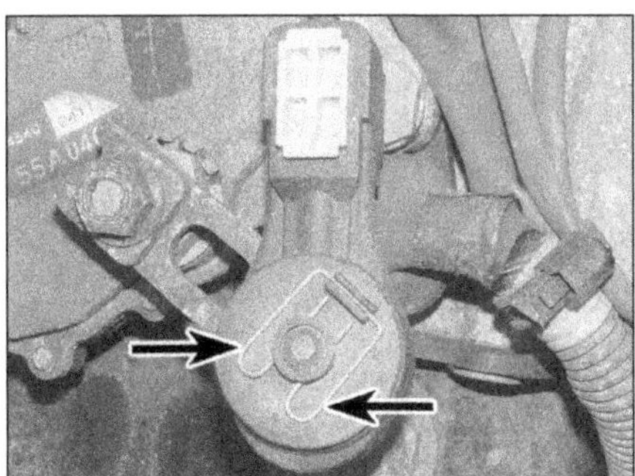

2.2a Dra ut klämmans båda sidor (markerade med pilar) och fäll upp den

2.2b På modeller utan fästklämma böjer man upp vajeränden från spaken

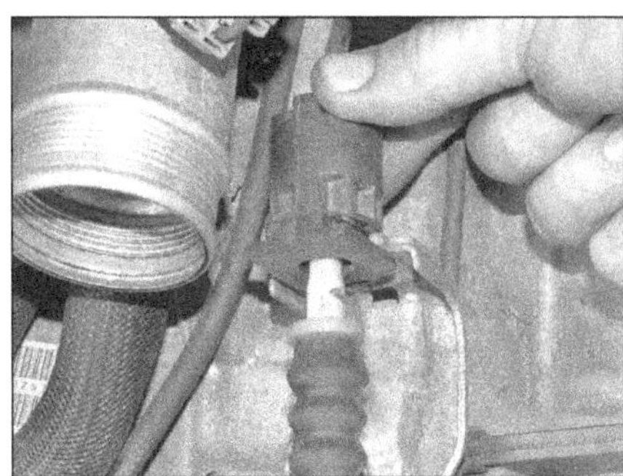

2.3 Dra bort vajerhöljet från fästbygeln

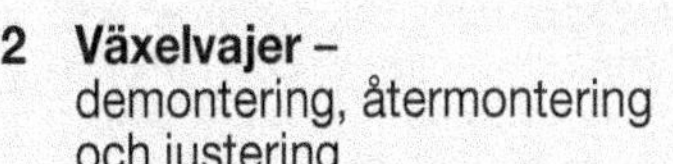

2 Växelvajer - demontering, återmontering och justering

Demontering

1 Parkera bilen på en plan yta (med växelväljaren i läge P), se sedan relevant del av kapitel 4 och ta bort luftrenarenheten.

2 I motorrummet, ta loss låsklämman och brickan som håller fast växelspakens inre vajer vid växelgivarens spak. Observera att ingen låsklämma monteras på vissa modeller - vajerändens fäste måste bändas upp på plats **(se bilder)**.

3 Använd en skruvmejsel för att bända upp den yttre vajern från fästet på växellådan **(se bild)**.

4 Ta bort mittkonsolen enligt beskrivningen i kapitel 11.

5 Dra loss fästklämman som håller fast den inre växelvajern vid växelspaken, och för den yttre växelvajern från växelspakshuset **(se bild)**.

6 Dra tillbaka mattan under passagerarsidan på instrumentbrädan för att komma åt vajergenomföringens täckplatta.

7 Skruva loss bultarna som håller fast vajergenomföringens täckplatta vid mellanväggen **(se bild)**. Om det är tillämpligt, lossa skiftllåsvajern från växelspaksvajern.

8 Notera hur vajern dragits under instrumentbrädan och i motorrummet, så att den kan monteras tillbaka korrekt. Lossa eventuellt intilliggande delar om det behövs, och dra sedan in vajern i passagerarutrymmet och ta bort den.

Montering och justering

9 Från insidan av bilen, mata försiktigt in vajern i motorrummet och se till att den dras rätt.

10 Återanslut vajern till växelspaken och huset och fäst den med fasthållningsklämmorna.

11 Montera tillbaka vajergenomföringens täckplatta.

12 Montera tillbaka mittkonsolen enligt beskrivningen i kapitel 11.

13 Ställ växelspaken i läge P (Park) Se till att växelspakens och vajerns positioner inte rubbas under efterföljande operationer.

14 Flytta växelarmen på växellådan så långt fram det går till läget P. Kontrollera att P valts genom att släppa handbromsen och försöka rulla bilen; växellådan ska vara låst. Dra åt handbromsen igen.

15 På vissa växellådor bänder du upp spärrfliken på vajeränden och sätter dit vajerns ytterdel på stödfästbygeln på växellådan och vajeränden på väljarspaken. Kontrollera att

2.5a Dra ut växelvajerns klämma. . .

2.5b . . . och lossa vajeränden från spaken. . .

2.5c . . . skjut därefter den yttre vajern från huset

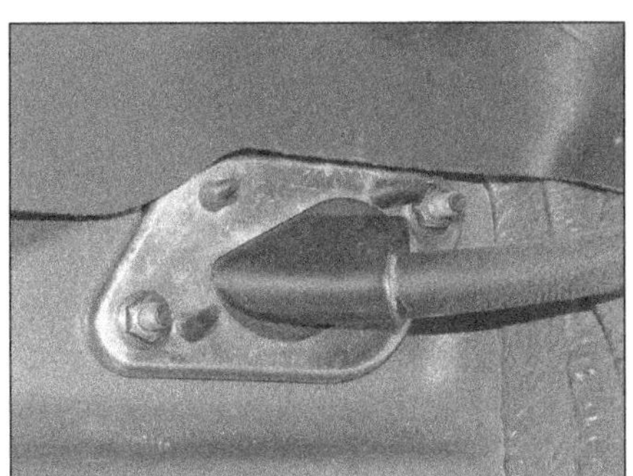

2.7 Dra tillbaka mattan för att visa kabelhylsan

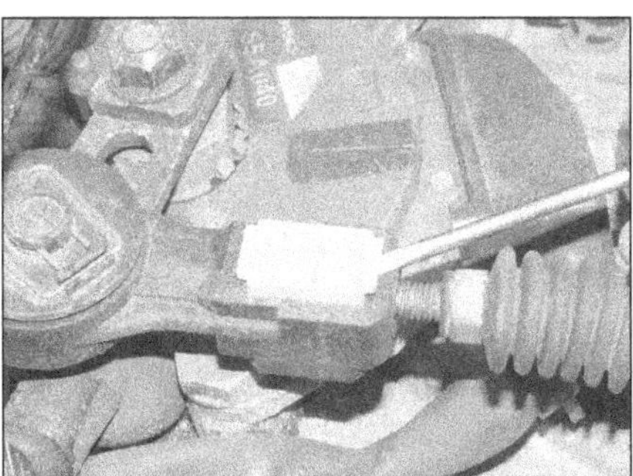

2.15a Bänd upp spärrfliken på vajeränden. . .

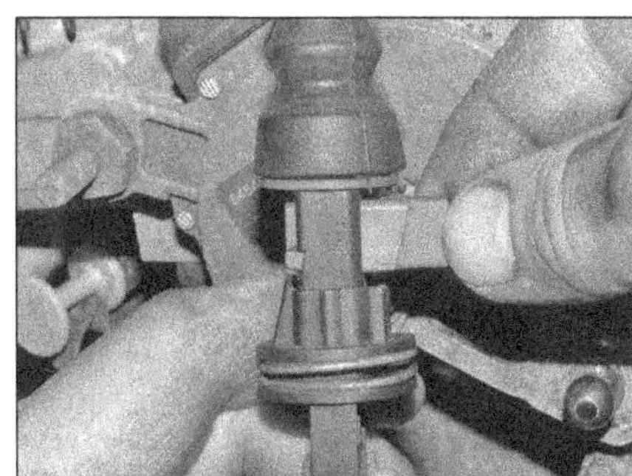

2.15b . . . eller dra tillbaka den fjäderbelastade hylsan och tryck upp låsknappen

3.4a Dra ut den gula låshylsan för att lossa vajern

3.4b Lossa på vajern från fästbygeln.

3.8 Sätt i en 5 mm borrbit genom hålet i husets sida och in i hålet på spärrspaken

väljarspaken i kupén är i P-läge och tryck ner spärrfliken på vajeränden. På andra växellådor drar du den fjäderbelastade låskragen framåt, trycker upp låsknappen, sätter dit den yttre vajern på stödfästbygeln och vajeränden på väljarspaken. Kontrollera att väljarspaken i kupén är i P-läge och tryck ner spärrfliken **(se bild)**.

16 Montera tillbaka låsklämman och brickan som håller fast växelspakens inre vajer vid växellådans växelarm (om tillämpligt).

17 Avslutta med att montera tillbaka luftrenaren (i relevant del av kapitel 4).

3 Växelspakshus – demontering och montering

Demontering

1 Ta bort mittkonsolen enligt beskrivningen i kapitel 11.

2 Ta loss klämman som håller fast växelspakens inre vajer vid växelspaken **(se bilder 2.5a och 2.5b)**.

3 Ta loss klämman som håller fast växelspakens yttre vajer vid växelspakshuset **(se bild 2.5c)**.

4 Dra ut den gula låshylsan en bit och lossa spärrvajern från fästet och koppla loss den från spaken **(se bilder)**. Observera att låshylsan inte får återanvändas.

5 Om det är tillämpligt, koppla loss skiftlåssolenoidens kontaktdon.

6 Skruva loss bultarna som håller fast huset vid golvet och ta bort det.

4.2 Lossa locket till styrmodulens låda.

Montering

7 Monteringen sker i omvänd ordningsföljd mot demonteringen, och justera spärrvajern som följer.

8 Vrid tändningsnyckeln till läge 0, och ställ växelspaken i läge P. Sätt i en 5 mm borrbit i huset över den nya gula låshylsan för att placera spaken i säkrat läge **(se bild)**. Sätt dit den yttre vajern på huset och den gängade änden i spåret på den gula låshylsan. Tryck på låshylsan så att den låser vajern. Ta bort borren och kontrollera spärrens funktion.

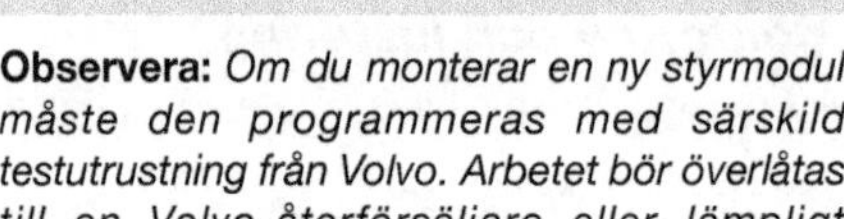

4 Växellådans styrenhet – demontering och montering

Observera: *Om du monterar en ny styrmodul måste den programmeras med särskild testutrustning från Volvo. Arbetet bör överlåtas till en Volvo-återförsäljare eller lämpligt utrustad specialist.*

Demontering

1 Koppla loss och ta bort batteriets jordledning enligt beskrivningen i kapitel 5A.

Varning: Vänta minst två minuter efter att batteriets jordledning har urkopplats så att eventuell kvarvarande spänning försvinner ur systemets huvudrelä.

Fem-växlad växellåda (AW50-50/51)

2 Växellådans styrenhet (TCM) sitter bredvid motorstyrningens styrmodul i det högra hörnet av motorrummet. Rengör ovansidan av locket till styrenhetens låda så att inte smuts faller ner i lådan när locket tas bort. Lossa haken på sidan av locket till den elektroniska styrenhetens låda. Lyft av locket och lägg det åt sidan **(se bild)**.

3 För att ta bort styrenheten, sätt Volvo-verktyg nr 999 5722 omkring styrenheten och tryck verktygets överdel bakåt så långt det går. Dra sedan enheten upåt. Om verktyget inte är tillgängligt tillverkar du en motsvarighet enligt anvisningarna *(se bilder)*. **Observera:** *Undvik att röra vid styrmodulens anslutningsstift med händerna – det finns risk för skador pga. statisk elektricitet.*

Sex-växlad växellådan (TF-80SC)

4 Växellådans styrenhet (TCM) sitter på

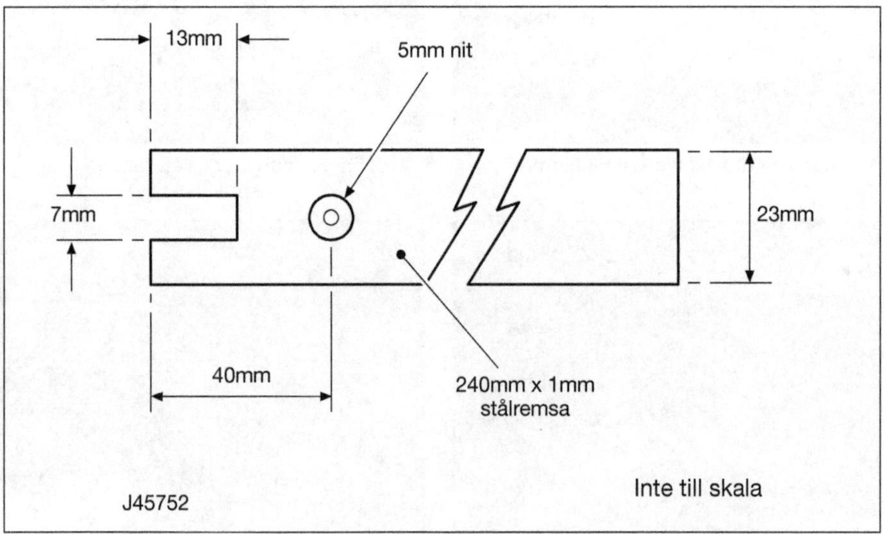

4.3a Egentillverkat verktyg för att lossa styrmodulens kontaktdon

För att verktyget ska kunna föras ner längs styrmodulen, måste niten filas eller slipas ner till ca hälften av sin ursprungliga höjd

växellådshuset. Demontera luftrenaren enligt beskrivningen i relevant del av kapitel 4.

5 Koppla loss anslutningskontakten från styrenheten.

6 Skruva loss muttern som håller fast väljarspaken vid axeln och dra spaken uppåt **(se bild)**.

7 Skruva loss de 3 bultarna och ta bort styrenheten.

Montering

Fem-växlad växellåda (AW50-50/51)

8 Placera styrenheten i lådan och anslut den till skarvdonet i nederdelen.

9 Placera Volvo-verktyget (eller den hemgjorda motsvarigheten) på styrmodulen och dra verktygets överdel så långt som möjligt för att skjuta kontaktdonet bakåt.

10 Sätt tillbaka locket på styrmodullådan och återanslut batteriets minusledare (se kapitel 5A).

Sex-växlad växellådan (TF-80SC)

11 Placera växelspaken i neutralläget N. Montera tillbaka TCM på växellådshuset och se till att pilen på axeln ligger i linje med pilen på TCM **(se bild)**. Dra åt fästskruvarna ordentligt.

12 Montera spaken på axeln och dra åt låsmuttern ordentligt.

13 Återanslut anslutningskontakten.

14 Montera tillbaka luftrenaren.

15 Återanslut batteriets jordledning enligt beskrivningen i kapitel 5A.

5 Växlingslägesgivaren – demontering och montering

Observera: *Den här metoden gäller bara 5-växlade AW50-50/51-växellådor. På 6-växlade växellådor (TF-80SC) är lägesgivarens funktion inbyggd i växellådans styrenhet (TCM).*

Demontering

1 Koppla loss växelvajern från spaken på växellådan enligt beskrivningen i avsnitt 2 och skruva loss de båda skruvarna som håller fast stödfästbygeln och flytta vajern och fästet åt sidan.

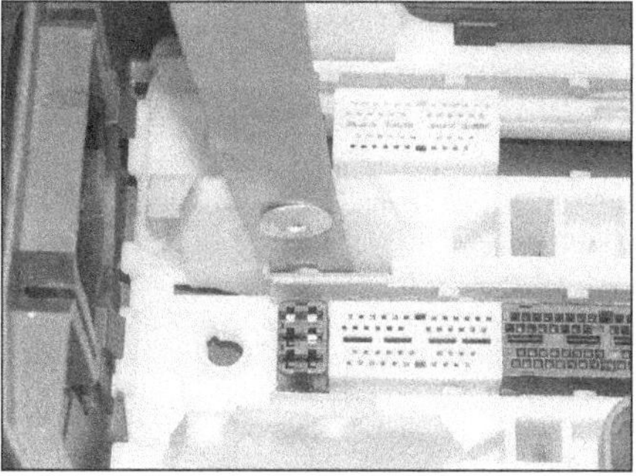

4.3b Sätt i verktyget längs styrmodulen och för kontaktdonets låshakar framåt växelvis, lite i taget

4.3c Automatväxellådans styrenhet (markerad med pil – närmast motorn)

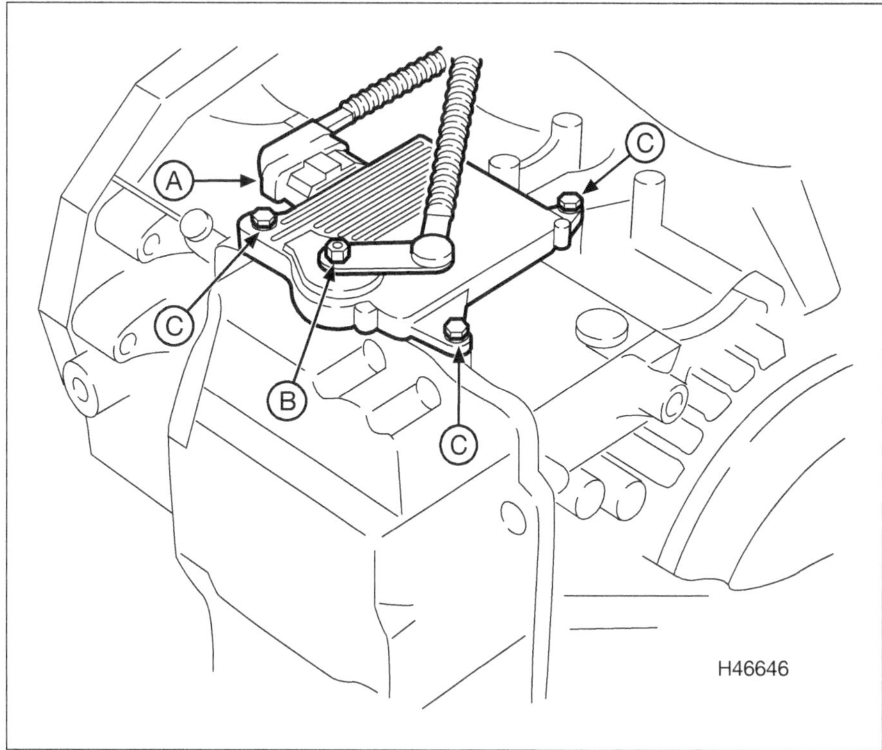

4.6 Koppla loss anslutningskontakten (A), skruva loss muttern (B) som håller fast spaken på axeln och skruva loss de 3 fästbultarna (C)

2 Skruva loss muttern och ta bort spaken från staget. Ta loss muttern, låsbrickan och gummibrickan.

3 Skruva loss muttern som håller fast vajerkanalen och flytta den åt sidan.

4 Skruva loss de två skruvarna och lyft försiktigt lägesgivaren från länkstången. Koppla loss givarens anslutningskontakter när du tar bort den.

Montering

5 Återanslut anslutningskontakten och montera tillbaka givaren över länkstången, men fingerdra bara fästskruvarna på det här stadiet.

6 Montera tillbaka gummibrickan, låsbrickan och muttern på länkstången. Dra åt muttern ordentligt och lås den med låsbrickan.

7 Vrid sensorhuset tills det ligger i linje med markeringen på huset med en mittlinje som är parallell med flata områdena på växlingens länkstång **(se bild)**. Dra åt givarens fästskruvar till angivet moment.

4.11 Se till att pilarna på TCM:s kåpa och axel ligger i linje (markerad med pilar)

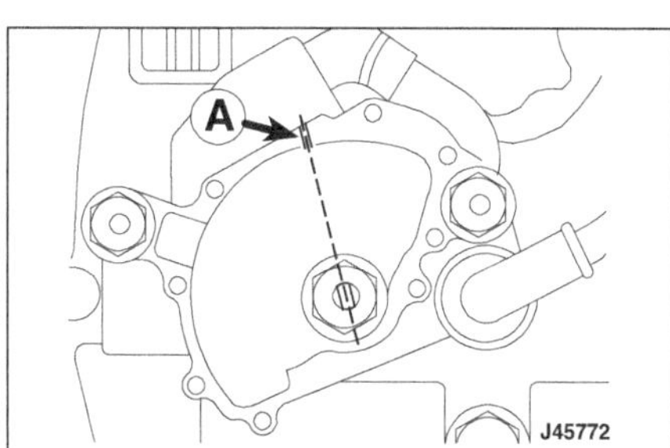

5.7 Passa in markeringen på givar huset (A) efter en mittlinje som är parallell med de flata områdena på växlingslänkstången

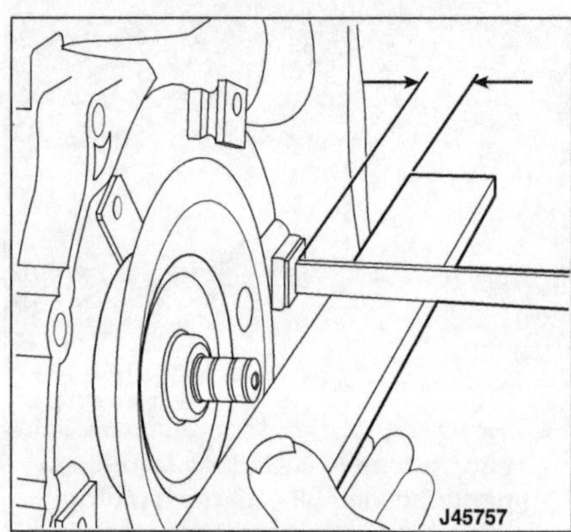

6.7 Vid korrekt montering ska avståndet mellan änden på växellådshuset och fästflikarna på omvandlaren vara 14 mm (5-växlad) eller 13 mm (6-växlad)

6 Oljetätningar – byte

Drivaxelns tätningar

1 Beskrivningen är identisk med den för manuell växellåda (se kapitel 7A).

Ingående axel/ momentomvandlarens tätning

2 Demontera växellådan (se avsnitt 7).

3 Dra momentomvandlaren rakt ut ur växellådan. Var försiktig, den är full med olja.

4 Dra eller bänd ut den gamla tätningen. Rengör tätningshuset och undersök dess gnidyta på momentomvandlaren.

5 Smörj den nya tätningen med växellådsolja och sätt på den med läpparna inåt. Skjut den på plats med ett rörstycke.

6 Smörj momentomvandlarens hylsa med växellådsolja och skjut omvandlaren på plats, så långt det går.

7 Kontrollera att momentomvandlaren sitter ordentligt på plats genom att mäta avståndet från kanten av växelhusets yta till flikarna på omvandlarens fästbultar. Måttet ska vara cirka 14 mm (5-växlade växellådor) eller 13 mm (6-växlade växellådor) **(se bild)**.

8 Montera tillbaka växellådan enligt beskrivningen i avsnitt 7.

Växlingslänkstångens tätning

9 Ta bort växlingens lägesgivare enligt beskrivningen i avsnitt 5 (5-växlade växellådor) eller TCM enligt beskrivningen i avsnitt 4 (6-växlade växellådor).

10 Bänd försiktigt bort den gamla oljetätning med en liten skruvmejsel. Se till att inte skada länkarmen.

11 Smörj den nya oljetätningens läppar med ren automatväxelolja, dra tätningen över stången (läpparna mot växellådan) och sätt den på plats med en lämplig rörformig distansbricka.

12 Montera tillbaka växlingens lägesgivare enligt beskrivningen i avsnitt 5, eller TCM enligt beskrivningen i avsnitt 4 (efter tillämplighet).

Alla tätningar

13 Avsluta med att kontrollera växellådans oljenivå enligt beskrivningen i relevant del av kapitel 1.

7 Automatväxellåda – demontering och montering

Observera: *Motorn måste på något sätt lyftas ovanifrån så att kryssrambalken kan kopplas loss på vänster sida. Det bästa sättet att stödja motorn är med ett stag fäst i motorhuvskanalerna, försett med en lämpligt placerad justerbar krok. Garagedomkrafter och en medhjälpare behövs också under hela proceduren.*

Demontering

1 Vrid ratten och hjulen så att de pekar rakt framåt. Lossa rattstångens justerare och tryck ratten inåt och uppåt så långt det går. Lås den i detta läge.

2 Ställ växelspaken i läge P (Park)

3 Lossa framhjulets muttrar/bultar, och lyft sedan upp framvagnen och ställ den på pallbockar (se *Lyftning och stödpunkter*). Demontera båda framhjulen.

4 Skruva loss skruvarna och ta bort motorns undre skyddskåpa.

5 Se relevant del av kapitel 1 och dränera automatväxellådan. Detta är inte absolut nödvändigt, men eliminerar eventuell risk för oljeläckage när drivaxlarna demonteras, eller när växellådan tas bort från bilen.

6 Koppla loss batteriets minusledare enligt beskrivningen i kapitel 5A.

7 Tappa ur kylvätskan enligt beskrivningen i kapitel 1A eller 1B.

8 På dieselmodeller, ta bort plastkåpan från motorn genom att dra loss den rakt uppåt från fästena.

9 Skruva loss hållarna och ta bort motorns tvärbalk som sitter mellan fästbyglarna på framfjädringens fjäderbenslager

10 Demontera luftrenaren enligt instruktionerna i relevant del kapitel 4A, samt alla relevanta insugningskanaler runt vänster sida av motorn.

11 På modeller med turbo lossar du klämmorna och tar bort laddluftkanalerna till och från laddluftkylaren.

12 Vrid kragarna moturs och koppla loss de två värmeslangarna från motorrummets mellanvägg **(se bild)**.

13 Lossa det motorns bakre monteringskonsolens övre mutter några gängor.

14 Koppla loss växelvajern från spaken på växellådan enligt beskrivningen i avsnitt 2 och skruva loss de båda skruvarna som håller fast vajerns stödfästbygel på växellådshuset och flytta vajern åt sidan.

15 Koppla loss oljeröret/slangen från växellådshusets framdel **(se bild)**.

16 Haka loss växellådskablagets kontaktdonsfäste från luftrenarfästet och koppla från alla kontaktdon. Notera kabeldragningen. På 6-växlade växellådor kopplar du från TCM-anslutningskontakten.

17 På dieselmodeller tar du bort vakuumpumpen enligt beskrivningen i kapitel 9 och EGR-kylaren enligt beskrivningen i kapitel 4C.

18 Koppla loss växellådans jordledning från bärramen.

19 Koppla loss kylvätskeröret på motorns baksida.

20 Koppla loss vakuumslangarna från motorns monteringskonsolerna (om tillämpligt).

21 Skruva loss fästskruven och lossa servostyrningsröret från klämman på bärramen.

22 Ta bort startmotorn enligt beskrivningen i kapitel 5A.

23 Skruva loss de övre bultarna som håller fast växellådans balanshjulkåpa på motorblocket.

24 Ta bort båda drivaxlarna enligt beskrivningen i kapitel 8.

25 Skruva loss de fyra skruvarna, lossa klämmorna och ta bort luftkåpan från undersidan av bilens front **(se bild)**.

26 Ta bort klämmorna och ta loss röret (rören) under kryssrambalkens främre del.

27 På modeller med bränsledriven extravärmare lossar du de två fästskruvarna och låter värmaren hänga från det övre fästet.

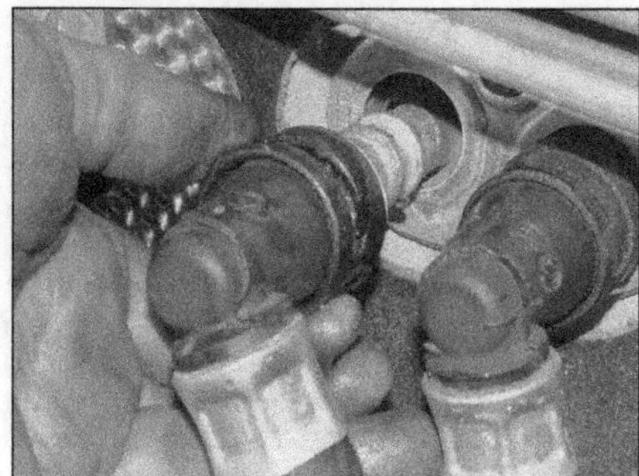

7.12 Vrid stoppringen moturs och lossa värmeslangen

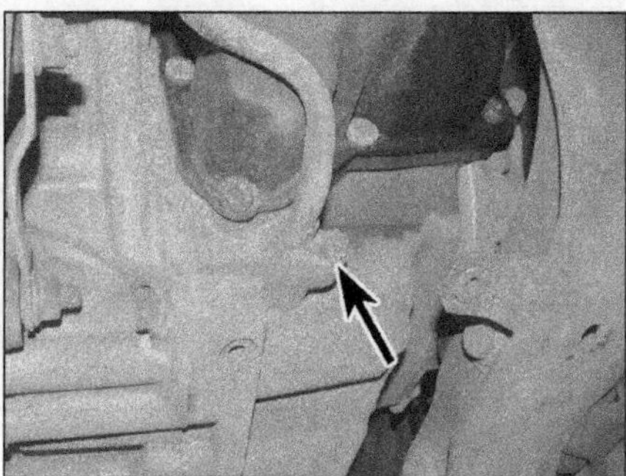

7.15 Koppla loss oljeröret (markerad med pil) från växellådshusets framsida

Lossa bränsleslangen från dess fästbygel på bärramen.

28 Arbeta under bilen, skruva loss skruvarna och ta bort förstärkningsplattan under avgassystemet. Lossa bromsröret från klämmorna på den främre förstärkningsplattan.

29 På högerstyrda modeller, skruva loss kuggstångens två kollisionsskyddsbultar vid kryssrambalkens baksida samt muttern som fäster kollisionsskyddets nederdel vid kryssrambalken.

30 Skruva loss bultarna som fäster motorns nedre stödstag vid växellådan **(se bild)**.

31 Se anmärkningen i början av detta avsnitt. Stöd motorn ovanifrån och justera stödet så att motorfästena precis avlastas.

32 Skruva loss bulten som fäster motorns främre fäste vid kryssrambalken.

33 Lossa den vänstra styrstagsänden från navhållaren enligt beskrivningen i kapitel 10.

34 Gör inriktningsmarkeringar mellan styrväxelns drev och rattstångens nedre knutkors och skruva sedan loss klämbulten och tryck lederna uppåt från drevet **(se bild)**.

35 Placera en stadig garagedomkraft under kryssrambalkens vänstra sida så att den har kontakt med kryssrambalken. Se till att motorn stöds ordentligt ovanifrån.

36 Skruva loss muttern som håller fast den vänstra länken till krängningshämmaren (se kapitel 10).

37 Skruva loss de två bultarna på var sida som håller fast kryssrambalkens bakre fästbyglar vid karossen **(se bild)**.

38 Lossa kryssrambalkens två fästbultar på högersidan minst 5 varv. Observera att nya bultar krävs vid monteringen.

39 Skruva loss kryssrambalkens två fästbultar på vänster sida. Ta vara på fästbygeln när den bakre bulten tas bort. Observera att nya bultar krävs vid monteringen.

40 Lossa bulten som fäster motorns bakre fäste vid kuggstången. Skruva sedan loss muttrarna som fäster kuggstångenvid kryssrambalken. Observera att nya muttrar krävs vid monteringen.

41 Skruva loss bultarna och ta bort motorns bakre monteringskonsol från växellådan och fästkonsolen.

42 Sänk ner domkraften försiktigt och låt kryssrambalken sänkas ungefär 100 mm på vänster sida.

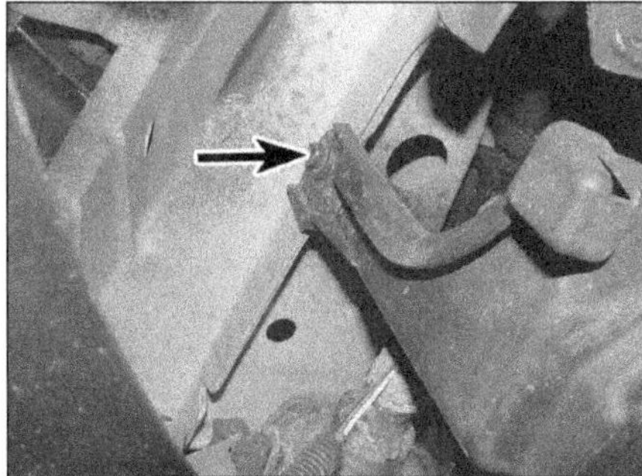

7.25 Titta genom hjulhuset och skruva loss bulten på varje sida (markerad med pil) som håller fast luftspjället på kylarens undersida

43 Lossa lambdasondens kablage från den bakre motorfästbygelns kåpa (om tillämpligt) Ta bort kåpan. Ta sedan bort fästbygeln från växellådan.

44 Sänk ner domkraften helt och låt kryssrambalken hänga fritt från fästena på höger sida.

45 Sänk ner motorn/växellådan med hjälp av motorlyften tills det finns tillräckligt plats för att ta bort växellådan. Var noga med att inte sänka ner enheten för långt. Då kommer det främre avgasröret i vägen för kuggstången. Se även till att röret till motoroljans mätsticka inte är i vägen för kylarfläkten och att inga slangar eller ledningar sitter i kläm.

46 Stöd växellådan ordentligt underifrån med hjälp av en garagedomkraft.

47 Vrid vevaxeln med hjälp av en hylsnyckel på remskivans mutter, tills det går att komma åt en av fästbultarna mellan momentomvandlaren och drivplattan genom öppningen på motorns baksida. Arbeta genom öppningen och skruva loss bulten med en TX50 hylsa. Vrid vevaxeln så mycket som behövs och ta bort de återstående bultarna på samma sätt. Observera att nya bultar krävs vid monteringen.

48 Skruva loss de återstående bultarna som fäster växellådan vid bilen.

49 Tillsammans med en medhjälpare, dra växellådan rakt av från motorns styrhylsor och se till att momentomvandlaren sitter kvar på växellådan. Använd åtkomsthålet i växelhuset för att hålla omvandlaren på plats.

50 Sänk ner domkraften och ta bort växellådan från bilens undersida.

Montering

51 Rengör kontaktytorna på momentomvandlaren och drivplattan, samt växellådans och motorns fogytor. Smörj momentomvandlarens styrningar och motorns/växellådans styrstift lätt med fett.

52 Kontrollera att momentomvandlaren sitter ordentligt på plats genom att mäta avståndet från kanten av växelhusets yta till flikarna på omvandlarens fästbultar. Måttet ska vara cirka 14 mm (5-växlade växellådor) eller 13 mm (6-växlade växellådor) **(se bild 6.7)**.

53 För växellådan rakt in på sin plats och fäst den med motorns styrhylsor. Sätt tillbaka de bultar som håller fast växellådan vid motorn och dra åt dem lätt först i diagonal ordningsföljd, och sedan till angivet moment.

54 Montera momentomvandlaren på drivplattan med nya bultar. Vrid vevaxeln för att komma åt bultarna på samma sätt som vid demonteringen. Vrid sedan momentomvandlaren med hjälp av åtkomsthålen i växelhuset. Sätt i och dra åt alla bultar först för hand och sedan till angivet moment.

55 Hissa upp motorn i höjd med där den ska sitta. Montera den bakre motorfästbygeln och kåpan och fäst med de tre bultarna. Dra åt dem till angivet moment.

56 Montera motorns bakre fäste vid växellådans fästbygel och kuggstång. Dra inte åt muttern och bulten helt i det här stadiet.

57 Fäst lambdasondkablaget (om tillämpligt) vid fästbygelkåpan.

58 På högerstyrda modeller, hissa upp kryssrambalken så att den befinner sig högst 100 mm från karossen. Passa in styrinrättningen och kollisionsskyddet med deras platser på kryssrambalken. Dra åt alla klämbultar till angivet moment.

59 På alla modeller, lyft upp kryssrambalken till dess monterade position, och se till att kuggstångens bultar passar in på sina platser.

60 Montera kryssrambalkens nya fästbultar och bakre fästbygel samt bultarna på vänster

7.30 Skruva loss bultarna som håller fast motorn på växellådans framdel

7.34 Skruva loss den nedre rattstångens universalklämbult

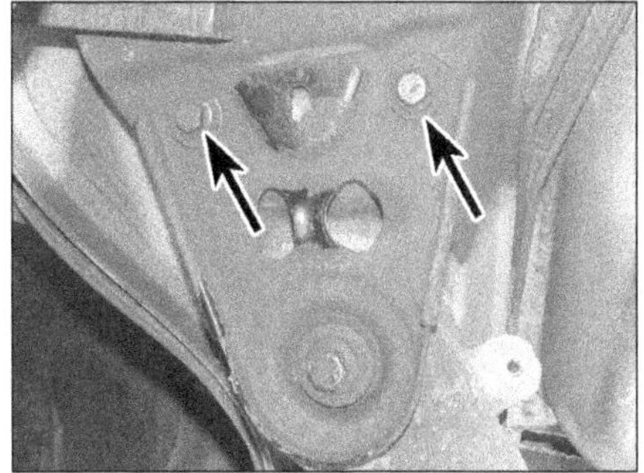

7.37 Skruva loss bultarna på varje sida (markerade med pilar) som håller fast kryssrambalkens bakdel.

sida. Dra åt kryssrambalkens bultar till angivet moment med en momentnyckel, och sedan till angiven vinkel med en vinkelmätare. Dra åt fästbygelbultarna till angivet moment.

61 Stöd kryssrambalkens högra sida med domkraften och ta bort de två bultarna som lossades tidigare från kryssrambalken. Montera de nya bultarna och de två fästbygelbultarna. Dra åt dem enligt beskrivningen i föregående punkt.

62 Fäst kuggstången vid kryssrambalken med fem nya muttrar och dra åt dem till angivet moment.

63 Montera motorns främre fästbult. Dra sedan åt motorns främre och bakre fäste till angivet moment.

64 På högerstyrda modeller, sätt tillbaka kuggstångens två kollisionsskyddsbultar baktill på kryssrambalken samt muttern som håller fast kollisionsskyddets nederdel vid kryssrambalken. Dra åt till angivet moment.

65 Resten av återmonteringen sker i omvänd ordning mot demonteringen. Tänk på följande:

a) Dra åt alla hållare till angivet moment (där sådant angetts).

b) Fyll växellådan enligt beskrivningen i relevant del av kapitel 1.

c) Fyll kylsystemet enligt beskrivningen i relevant del av kapitel 1.

d) Återanslut batteriets jordledning enligt beskrivningen i kapitel 5A.

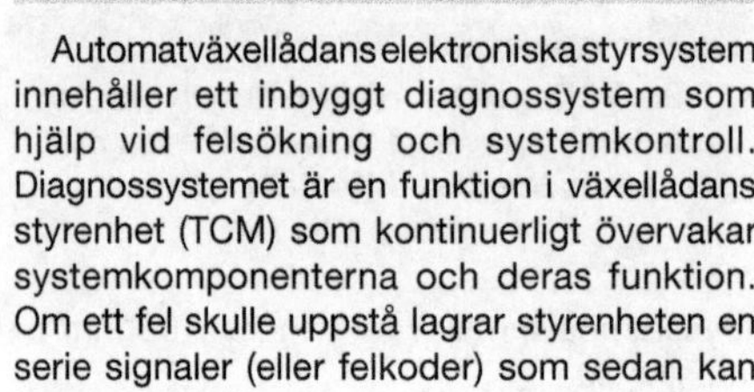

8 Automatväxellåda – feldiagnos

Automatväxellådans elektroniska styrsystem innehåller ett inbyggt diagnossystem som hjälp vid felsökning och systemkontroll. Diagnossystemet är en funktion i växellådans styrenhet (TCM) som kontinuerligt övervakar systemkomponenterna och deras funktion. Om ett fel skulle uppstå lagrar styrenheten en serie signaler (eller felkoder) som sedan kan läsas av.

Om ett fel uppstår, vilket indikeras av att en varningslampa blinkar på instrumentbrädan, kan diagnosen avläsas med en felkodsläsare för snabb och noggrann feldiagnos. En Volvo-återförsäljare har med säkerhet sådana mätare, men de finns också att köpa från andra återförsäljare. Det är knappast lönsamt för en privatperson att köpa en felkodsläsare, men välutrustade garage eller specialister på bilars elsystem brukar vara utrustade med en.

Ofta består felet inte i något allvarligare än en korroderad, klämd eller lös kabelanslutning, eller en lös, smutsig eller felaktigt monterad komponent. Tänk på att om felet uppstått bara en kort tid efter att någon del av bilen har fått service eller renovering, är det här man måste börja söka. Hur ovidkommande det än kan verka bör man se till att det inte är någon del som monterats tillbaka slarvigt som orsakar problemet.

Även om källan till felet hittas och rättas till, kan det hända att diagnosutrustning krävs för att radera felkoden från styrenhetens minne och få varningslampan att sluta blinka.

Om felet inte kan rättas till på ett enkelt sätt, är de enda alternativen att byta ut den misstänkta komponenten mot en ny (om möjligt), eller att lämna över arbetet till en Volvo-verkstad eller lämpligt utrustad specialist.

Kapitel 8
Drivaxlar

Innehåll

Svårighetsgrader

Enkelt, passer novisen med lite erfarenhet 	**Ganska enkelt,** passar nybörjaren med viss erfarenhet	**Ganska svårt,** passer kompetent hemmamekaniker 	**Svårt,** passer hemmamekaniker med erfarenhet 	**Mycket svårt,** för professionell mekaniker 

Specifikationer

Allmänt

Drivaxeltyp	Lika långa axlar av solitt stål, spårade vid de inre och yttre drivknutarna. Mellanaxel inbyggd i den högra drivaxelenheten
Yttre drivknutstyp	Kullager
Inre drivknutstyp:	
Modeller med manuell växellåda	Kullager
Modeller med automatväxellåda	Trebensknut

Smörjning

Smörjmedelstyp	Specialfettet som medföljer renoveringssatser, eller lämpligt molybdendisulfidfett – rådfråga en Volvo-återförsäljare

Åtdragningsmoment	**Nm**
ABS-hjulgivare	10
Bromsokets fästbultar*	100
Drivaxelskruv*:	
Steg 1	35
Steg 2	Vinkeldra ytterligare 90°
Navhållare till fjädringsben:	
Steg 1	105
Steg 2	Vinkeldra ytterligare 90°
Nedre armens kulled till navhållaren*	80
Bultar till höger drivaxels bärlageröverfall	25
Hjulbultar	140

* *Återanvänds inte*

1 Allmän information

Kraft överförs från differentialen till framhjulen med hjälp av två lika långa drivaxlar av solitt stål som är utrustade med drivknutar i sina inre och yttre ändar. På grund av växellådans placering finns en mellanaxel och ett bärlager inbyggda i den högra drivaxelenheten.

Drivknutar av kullagertyp sitter monterade i drivaxlarnas ytterändar. Drivknuten har en yttre del som är spårad i den yttre änden för att fästa i hjulnavet, och gängad så att den kan fästas vid navet med en stor skruv. Drivknuten består av sex kulor inuti en kulhållare, som hakar i den inre delen. Hela enheten skyddas av en damask som sitter fäst vid drivaxeln och drivknutens yttre del.

Vid den inre änden är drivaxeln spårad för att kunna haka i drivknuten som är av kullagertyp på modeller med manuell växellåda och av typen trebensknut med nålrullager och ytterband på modeller med automatväxellåda. På den vänstra sidan hakar drivaxelns inre drivknut direkt i differentialens solhjul. På den högra sidan är den inre drivknuten inbyggd i mellanaxeln, vars inre ände hakar i differentialens solhjul. Precis som i de yttre drivknutarna, skyddas hela enheten av en flexibel damask som sitter på drivaxeln och drivknutens yttre del.

2 Drivaxlar – demontering och montering

Demontering

1 Dra åt handbromsen ordentligt och klossa bakhjulen. När drivaxelskruvan ska lossas (eller dras åt) bör bilen stå på alla fyra hjulen. Om bilen lyfts upp belastas domkraften kraftigt och bilen kan glida av.

2 Om bilen har stålfälgar ska navkapseln tas bort på den relevanta sidan. Drivaxelskruvan kan sedan lossas medan bilen står på marken. På modeller med lättmetallfälgar är den säkraste metoden att ta bort hjulet på den aktuella sidan, och att montera reservhjulet tillfälligt (se *Hjulbyte i början av denna handbok*) – när reservhjulet är monterat går det att komma åt drivaxelskruvan.

3 Låt en medhjälpare trycka ner bromspedalen hårt och lossa drivaxelns fästmutter med en hylsnyckel **(se bild)**. Observera att den här skruvan sitter mycket hårt. Se till att verktygen som används för att lossa den håller hög kvalitet och har bra passform.

4 Lossa framhjulets bultar. Lyft sedan upp framvagnen och ställ den på pallbockar (se *Lyftning och stödpunkter*). Ta bort framhjulet, lossa skruvarna och ta bort motorns undre skyddskåpa.

5 Ta bort drivaxelns fästskruvan som lossades tidigare. Kasta skruvan – eftersom en ny en måste användas.

6 Ta bort ABS-systemets hjulsensor från navhållaren och lossa sensorkablaget från fjäderbenets fästbygel **(se bild)**.

7 Skruva loss fästbultarna, ta bort låsspärren och skjut bromsoket och monteringskonsolen från skivan och använd en bit vajer (eller liknande) för att hänga upp bromsoket i fjädringen eller karossen. Utsätt inte bromsslangen för belastning.

8 Ta loss drivaxelns drivknut från navflänsen genom att knacka den inåt ungefär 10 till 15 mm med en plast- eller kopparklubba.

9 Skruva loss muttern som håller fast navhållarens undre kulled på fjädringens styrarm och använd en torxbit för att hålla emot kulledsstången. Tryck ner fjädringsarmen med ett kraftigt stag om det behövs, och lossa spindelledens chuck från styrarmen **(se bild)**. Var noga med att inte skada spindelledens dammkåpa under och efter urkopplingen.

10 Sväng fjäderbenet och navhållaren utåt och dra bort drivaxelns drivknut från navflänsen. **Observera:** *Senare modeller har en gummitätning på drivknuten alldeles intill ABS-signalringen. Var försiktig så att du inte skadar tätningen* **(se bild).**

11 Om vänster drivaxel ska tas bort, lossa den inre drivknuten från växellådan genom att bända mellan drivknutens kant och växelhuset med en stor skruvmejsel eller liknande. Se till att inte skada växellådans oljetätning eller den inre drivknutens damask. Dra bort drivaxeln under hjulhuset.

12 Om höger drivaxel ska tas bort, skruva loss de två bultarna och ta bort överfallet från mellanaxelns bärlager **(se bild).** Dra ut mellanaxeln från växellådan och ta bort

2.3 Lossa drivaxelns skruv

2.6 Skruva loss bulten (markerad med pil) och dra ABS-sensorn från navhållaren

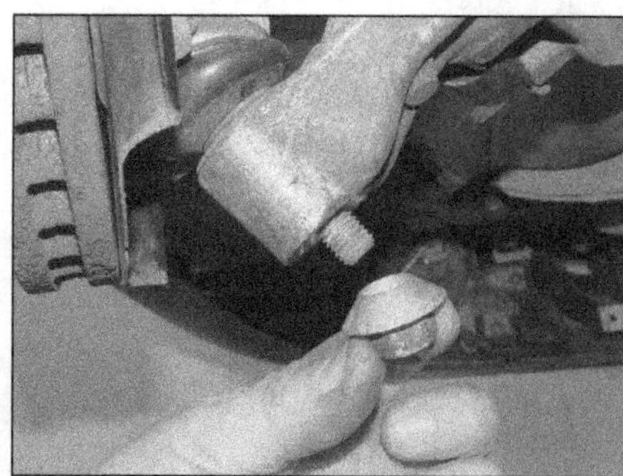

2.9a Skruva loss den nedre armens kulledsmutter . . .

2.9b . . . Använd sedan en stång för att dra ner den nedre armen och lossa kulledstången

2.10 Senare modeller har en gummitätning mellan drivaxeln och navhållaren

2.12 Skruva loss de två bultarna (markerad med pilar) och ta loss kåpan från mellanaxelns bärlager.

drivaxelenheten under hjulhuset. **Observera:** *Dra inte de yttre axeln från mellanaxeln – kopplingen lossnar.*

Montering

13 Montering sker i omvänd ordningsföljd. Tänk på följande.

a) Före återmontering tar du bort alla spår av rost, olja och smuts från splinesen på den yttre drivknutsfogen och smörjer splinesen på innerfogen med hjullagerfett.

b) Byt gummitätningen på drivknutens fog på ABS-signalringen (om tillämpligt) om den visar tecken på slitage eller skador. Observera att tätningen bara passar på drivaxeln åt ena hållet.

c) Vid återmontering av vänster drivaxel, se till att den inre drivknuten är helt inskjuten i växellådan så att låsringen låses fast i differentialens kugghjul.

d) Använd alltid en ny fästskruv mellan drivaxeln och navet (se bild).

e) Montera det hjul som användes för att lossa drivaxelskruvan och sänk ner bilen.

f) Dra åt alla muttrar och bultar till angivet moment (se kapitel 9 och 10 för broms- och fjädringskomponenternas åtdragningsmoment). När drivaxelskruvan dras åt ska den först dras åt med en momentnyckel och sedan till den angivna vinkeln med en vinkelmätare.

g Se till att ABS-givaren och givarens plats i navhållaren är helt rena före återmonteringen.

h) Avsluta med att montera lättmetallhjulet om det är tillämpligt. Dra åt hjulbultarna till angivet moment.

2.13 Byt alltid drivaxelns skruv

3 Yttre drivknuts damask – byte

1 Ta bort drivaxeln (avsnitt 2).

2 Klipp av damaskens fasthållningsklämmor. Dra sedan ner damasken längs axeln för att komma åt den yttre drivknuten **(se bild)**.

3 Gröp ut så mycket fett som möjligt från fogen, mät och notera avståndet från det inre spåret på axeln till den inre ytan på den yttre drivknuten **(se bild)**.

4 Knacka på kulnavets synliga yta med en hammare och dorn för att särа drivknuten från drivaxeln **(se bild)**. Dra av damasken från drivaxeln.

5 Med drivknuten demonterad från drivaxeln, rengör knuten noga med fotogen eller lämpligt lösningsmedel och torka av den noga. Detta är särskilt viktigt om den gamla damasken var mycket sprucken. Då kan damm och smuts ha bäddats in i smörjfettet och kan leda till ett snabbt slitage av drivknuten om det inte tvättas bort. Ta bort låsringen från axeln och sätt dit en ny (följer normalt med i damasksatsen).

6 Rör den inre räfflade axeln från sida till sida och ta bort varje kula i tur och ordning och vrid kulburen 90° till upprätt läge och lyft den från ledens yttre del **(se bilder)**. Undersök kulorna och leta efter sprickor, flata delar eller gropar.

7 Undersök kulspåren på de inre och yttre delarna. Om spåren är slitna, sitter kulorna inte längre riktigt tätt. Undersök samtidigt kulburens fönster och leta efter tecken på slitage eller sprickbildning mellan fönstren. I skrivande stund är endast kompletta utbytesdrivaxlar tillgängliga – om lederna verkar vara slitna kan komplett byte vara den enda lösningen – kontrollera med en Volvoverkstad eller specialist.

8 Om drivknuten är i tillfredsställande skick, skaffa en renoveringssats med en ny damask, fasthållningsklämmor, drivaxelskruv, låsring och fett.

9 Montera tillbaka den inre drivaxeln och buren i ledens yttre del och sätt i kulorna en i taget.

10 Fyll drivknuten med det medföljande fettet och arbeta in det i kulspåren och i drivaxelöppningen i den inre delen **(se bild)**.

3.2 Skär bort de gamla klämmorna från damasken

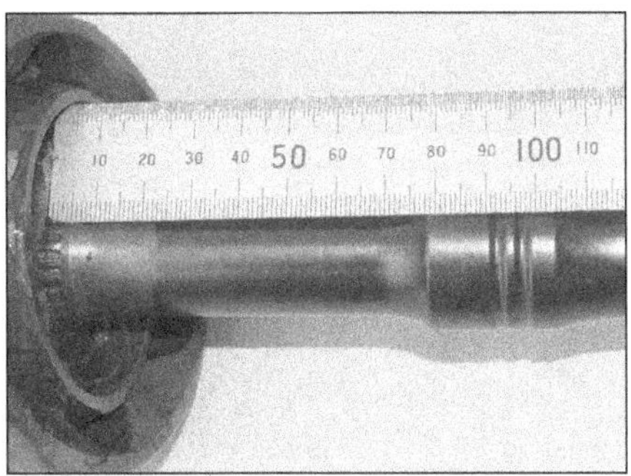

3.3 Mät avståndet från det inre spåret på axeln till innerytan på drivknuten

3.4 Använd en bromsdorn och hammare för att driva det inre lednavet från drivaxeln

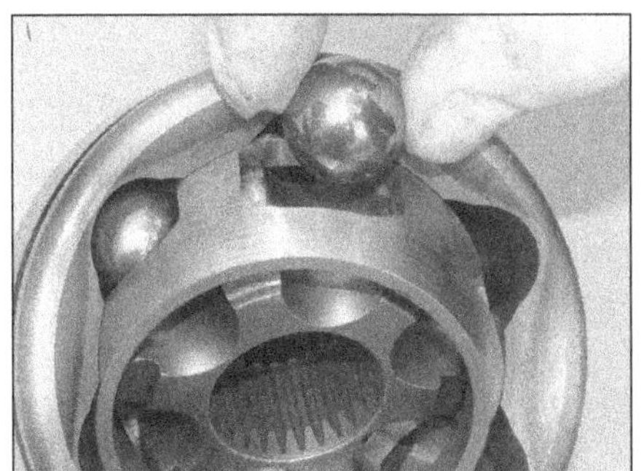

3.6a Ta bort kulorna en i taget. . .

3.6b . . . vrid därefter buren 90° och lyft ut buren

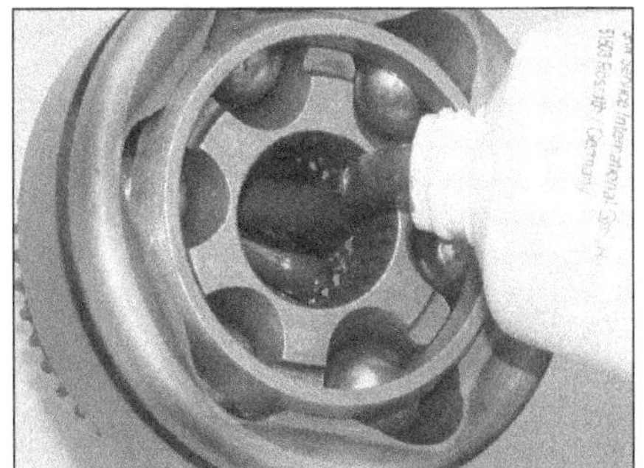

3.10 Fyll fogen med hälften av fettet i damasksatsen

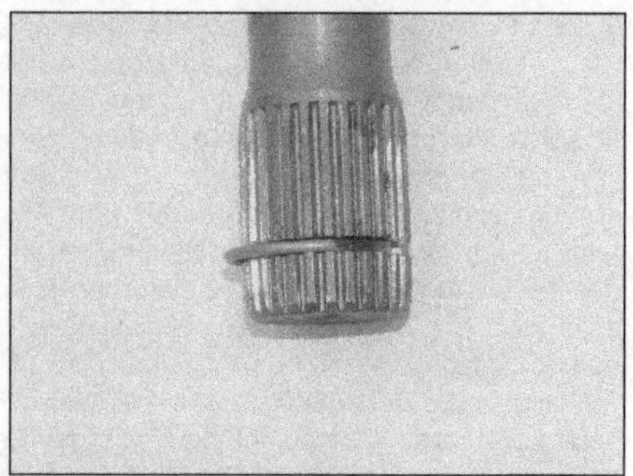

3.11 Sätt dit den nya låsringen i änden av axeln

3.13 Applicera resterande fett på damaskens insida

3.14a Använd en kniptång för att trycka ihop det upphöjda området på den yttre klämman. . .

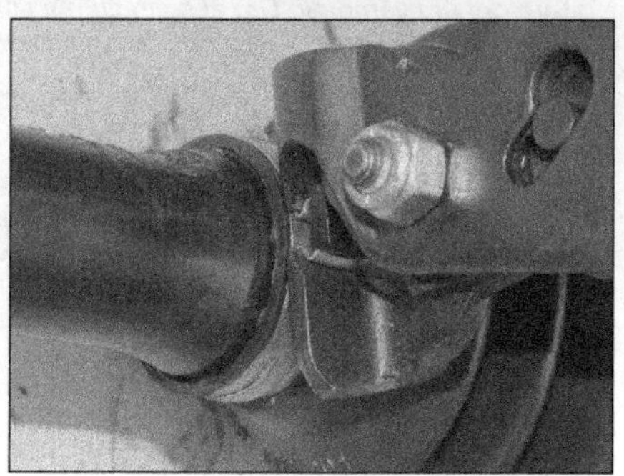

3.14b . . . och den inre klämman

11 Skjut dit gummidamasken på axeln och montera den nya låsringen på axeländen **(se bild)**.

12 Haka fast drivknuten i drivaxelspårningen och knacka på den på axeln tills den inre låsringen hamnar i drivaxelspårningen. Detta kan kontrollras genom att man mäter avståndet från det yttre spåret till det inre spåret på axeln och jämför måttet med värdet i avsnitt 3.

13 Kontrollera att låsringen håller fast drivknuten ordentligt på drivaxeln. Applicera sedan resten av fettet på drivknuten och inuti damasken **(se bild)**.

14 Placera damaskens yttre läpp i fogen på drivknutens yttre del. Montera sedan de två fasthållningsklämmorna. Spänn klämmorna genom att försiktigt trycka ihop den upphöjda delen med en avbitartång **(se bild)**.

15 Kontrollera att drivknuten kan röra sig fritt i alla riktningar och montera sedan tillbaka drivaxeln enligt beskrivningen i avsnitt 2.

4 Inre drivknutsdamask - byte

1 Ta bort den yttre drivaxeldamasken enligt beskrivningen i avsnitt 3.

2 Skär av metallklämmorna och skjut damasken från den inre drivknuten.

Varning: Försök inte dra bort den inre leden från axeln. Leden glider lätt av axeln, vilket förskjuter buren och kulorna som är mycket svåra att återmontera.

3 Rengör leden enligt beskrivningen i föregående avsnitt och se till så att du inte drar bort leden från axeln.

4 Sätt tillbaka leden med det fett som ingår i satsen och skjut dit den nya damasken på plats och se till att den mindre diametern hos damasken passar in över spåren i axeln **(se bild)**.

5 Montera de nya fästklämmorna och yttre drivaxeldamask enligt beskrivningen i föregående avsnitt **(se bild)**.

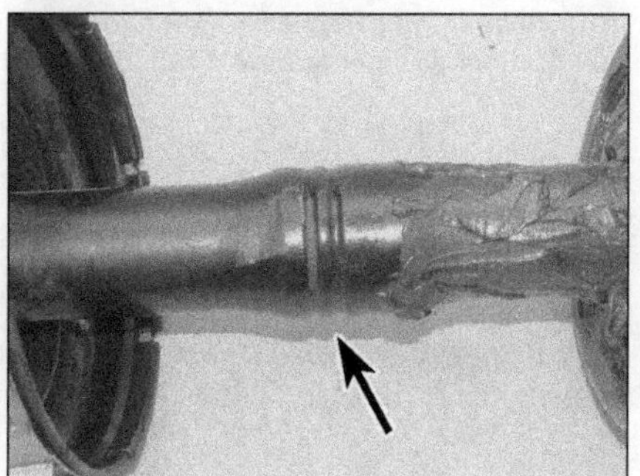

4.4 Se till att den mindre diametern på den nya damasken passar in över spåren i axeln (markerad med pil)

4.5 Sätt dit de nya klämmorna och kläm ihop dem med en kniptång

Automatmodeller med vibrationsdämpare

6 Efter att man har tagit bort den yttre drivknuten på de här fordonen mäter och noterar man avståndet från änden av axeln till dämparens kant. Dämparen måste därefter tryckas från axeln och den inre leddamasken ska monteras enligt beskrivningen ovan och tryck tillbaka dämparen i ursprungsläget med de tidigare angivna måtten. Om du inte har tillgång till en hydraulpress kan de flesta mekanisk verkstäder (bilverkstäder eller övriga) utföra detta till en låg kostnad.

5 Höger drivaxels bärlager - demontering och montering

Observera: *I skrivande stund fanns inte stödlagret som separat del. Om fästlagret är slitet eller skadad, måste hela drivaxeln bytas. Det kan finnas utbytesdrivaxlar - kontakta en Volvo-verkstad eller specialist.*

6 Drivaxel, översyn - allmän information

Provkör bilen och lyssna efter metalliska klick från framvagnen när bilen körs långsamt i en cirkel med fullt rattutslag. Upprepa kontrollen med fullt rattutslag åt andra hållet. Ljudet kan även höras vid start från stillastående med fullt rattutslag. Om ett klickande hörs indikerar detta slitage i de yttre drivknutarna.

Om vibrationer som följer hastigheten känns i bilen vid acceleration, kan det vara de inre drivknutarna som är slitna.

Om lederna är slitna eller skadade verkar det i skrivande stund som att det inte finns några andra delar tillgängliga än damaskbytessatserna och hela drivaxeln måste bytas. *Det kan finnas utbytesdrivaxlar - kontakta en Volvo-verkstad eller specialist.*

Kapitel 9
Bromssystem

Innehåll

Svårighetsgrader

Enkelt, passer novisen med lite erfarenhet	**Ganska enkelt,** passar nybörjaren med viss erfarenhet	**Ganska svårt,** passer kompetent hemmamekaniker	**Svårt,** passer hemmamekaniker med erfarenhet	**Mycket svårt,** för professionell mekaniker

Specifikationer

Allmänt

Systemtyp:	
Fotbroms	Dubbla hydraulkretsar med servo. Skivbromsar fram och bak. Låsningsfria bromsar (ABS) på alla modeller
Handbroms	Mekanisk handbroms som verkar på trummor inbyggda i de bakre bromsskivorna

Främre bromsar

Typ	Ventilerad skivbroms med rörligt bromsok och enkel kolv
Minsta tjocklek på bromsklossbeläggen	2,0 mm
Skivdiameter	286 eller 305 mm
Skivtjocklek:	
286 mm diameter skivor:	
Ny	26,0 mm
Slitagegräns	23,0 mm
305 mm diameter skivor:	
Ny	28,0 mm
Slitagegräns	25,0 mm
Maximalt kast	0,04 mm
Maximal variation i skivtjocklek	0,008 mm

Bakre bromsar

Typ	Solid skivbroms med dubbla kolvar och fast bromsok
Bromsklossbeläggens minimitjocklek	2,0 mm
Skivdiameter	295 mm
Skivtjocklek:	
Ny	13,0 mm
Slitagegräns	10,0 mm
Maximalt kast	0,08 mm
Maximal variation i skivtjocklek	0,008 mm

Handbroms

Trumdiameter	178 mm
Maximalt trumkast	0,15 mm
Maximal trumskevhet	0,15 mm

Åtdragningsmoment

	Nm
Fästbultar till ABS-systemets elektroniska styrenhet	5
Fästbultar till ABS-systemets hjulsensor	10
Extra värmarens fästen	30
Bromspedalbrytarens bultar	40
Motorns tvärbalk:	
Till fjädertorn	50
Till motorfästen	80
Slanganslutningar	18
Främre bromsokets fästbygelbultar*	100
Främre bromsoksstyrbultar	28
Handbromsspakens bultar	25
Huvudcylinderns fästmuttrar	25
Bakre bromsokets fästbygelbultar*	44
Bakre bromsoksstyrbultar	30
Röranslutningar	14
Hjulbultar	140
Rattstångsledens klämbult	25
Kryssrambalkens främre och bakre fästbultar*:	
Upp till årsmodell 2004:	
Steg 1	105
Steg 2	Vinkeldra ytterligare 120°
Från årsmodell 2005	160
Kryssrambalkens bakre fästbyglar till karossen	50
Vakuumpumpens bultar	17
Vakuumservons fästmuttrar	25

** Återanvänds inte*

1 Allmän information

Bromspedalen verkar på skivbromsar på alla fyra hjulen via ett dubbelt hydraulsystem med servofunktion. Handbromsen manövrerar separata trumbromsar på bakhjulen genom vajrar. Alla modeller är utrustade med låsningsfria bromsar (ABS) vilket beskrivs närmare i avsnitt 18.

Hydraulsystemet är uppdelat i två kretsar, så att en krets alltid ska kunna ge bromsverkan om den andra kretsen slutar fungera av någon anledning (det kan dock krävas större kraft för att trampa ner pedalen). Systemet är indelat så att en krets verkar på frambromsarna och den andra kretsen på bakbromsarna.

Bromsservon är av direktverkande typ och sitter mellan bromspedalen och huvudcylindern. Servon förstärker kraften från föraren. Den styrs med vakuum från insugningsgrenröret på bensinmodeller och en kamaxeldriven vakuumpump på dieselmodeller.

Instrumentbrädans varningslampor varnar föraren vid för låg oljenivå. Oljenivån anges av en nivågivare i huvudcylinderbehållaren. Andra varningslampor påminner om att handbromsen är åtdragen och anger om ett fel uppstår i ABS-systemet.

Observera: *När man underhåller någon del i systemet måste man arbeta försiktigt och metodiskt. var också mycket noggrann med renligheten när du renoverar någon del av hydraulsystemet. Byt alltid ut komponenter som är i tvivelaktigt skick (axelvis om det är tillämpligt). Använd endast Volvo-reservdelar, eller åtminstone delar av erkänt god kvalitet. Läs varningarna i Säkerheten främst! och relevanta punkter i detta kapitel som rör asbestdamm och hydraulolja.*

2 Hydraulsystem – luftning

Varning: Hydraulolja är giftig; tvätta noggrant bort oljan omedelbart vid hudkontakt och sök omedelbar läkarhjälp om olja sväljs eller hamnar i ögonen. Vissa hudrauloljor är lättantändliga och kan självantända om de kommer i kontakt med heta komponenter. vid arbete med hydraulsystem är det alltid säkrast att anta att oljan ÄR brandfarlig, och att vidta samma försiktighetsåtgärder mot brand som när bensin hanteras. Hydraulolja är ett kraftigt färglösningsmedel och angriper även plaster; oljespill ska omedelbart tvättas bort med stora mängder rent vatten. Dessutom är den hygroskopisk (den tar upp vätska från luften). Ju mer fukt oljan tar upp, desto lägre kokpunkt får den vilket leder till kraftigt försämrad bromseffekt vid hård användning. Gammal olja kan vara förorenad och olämplig för ytterligare användning. Vid påfyllning eller byte ska alltid rekommenderad typ användas och den måste komma från en nyligen öppnad förseglad förpackning.

Allmänt

1 Ett hydraulisk bromssystem kan fungera tillfredsställande först när all luft tömts ut från komponenterna och kretsen. detta uppnås genom att man luftar systemet.

2 Under luftningen ska man bara fylla på ren, ny hydraulvätska av angiven typ. återanvänd aldrig gammal vätska som tömts ur systemet. Se till att ha tillräckligt med olja till hands innan arbetet påbörjas.

3 Om det finns någon möjlighet att fel typ av olja finns i systemet måste bromsledningarna och komponenterna spolas ur helt med ren olja av rätt typ, och alla tätningar måste bytas.

4 Om bromsoljan har minskat i huvudcylindern på grund av en läcka i systemet måste orsaken spåras och åtgärdas innan ytterligare åtgärder vidtas.

5 Parkera bilen på plant underlag. Lägg i handbromsen och slå av tändningen.

6 Kontrollera att alla rör och slangar sitter säkert, att anslutningarna är ordentligt åtdragna och att luftningsskruvarna är stängda. Ta bort dammkåporna och tvätta bort all smuts runt luftningsskruvarna.

7 Skruva loss huvudcylinderbehållarens lock och fyll på behållaren till MAX-markeringen. Montera locket löst. Kom ihåg att oljenivån aldrig får sjunka under MIN-nivån under arbetet, annars är det risk för att ytterligare luft tränger in i systemet.

8 Det finns ett antal luftningssatser att köpa i motortillbehörsbutiker, som gör det möjligt för en person att lufta bromssystemet utan hjälp. Vi rekommenderar att en sådan sats används närhelst möjligt eftersom de i hög

grad förenklar arbetet och dessutom minskar risken för att avtappad olja och luft sugs tillbaka in i systemet. Om en sådan sats inte finns tillgänglig måste grundmetoden (för två personer) användas, den beskrivs i detalj nedan.

9 Om en avluftningssats ska användas, förbered bilen enligt beskrivningen ovan och följ tillverkarens instruktioner, eftersom tillvägagångssättet kan variera någon mellan olika satstyper. de flesta typerna beskrivs nedan i de aktuella avsnitten.

10 Oavsett vilken metod som används måste ordningen för luftning (se punkt 11 och 12) följas för att systemet garanterat ska tömmas på all luft.

Ordningsföljd vid luftning av bromsar

11 Om hydraulsystemet endast har kopplats ur delvis och lämpliga åtgärder vidtagits för att minimera oljespill bör endast den aktuella delen av systemet behöva luftas (det vill säga antingen primär- eller sekundärkretsen).

12 Om hela systemet ska luftas ska det göras i följande ordningsföljd:

a) Vänster frambroms
b) Höger frambroms.
c) Bakre bromsar (i valfri ordning).

Luftning

Grundmetod (för två personer)

13 Skaffa en ren, stor glasburk, en lagom lång plast- eller gummislang som sluter tätt över luftningsskruven och en ringnyckel som passar skruvarna. Dessutom krävs assistans från en medhjälpare.

14 Om det inte redan är gjort, ta bort dammkåpan från luftningsskruven till det första hjulet som ska luftas **(se bild)**, och montera skiftnyckeln och luftningsslangen över skruven. För ner den andra änden av slangen i glasburken. Häll i hydraulolja i burken så att slangänden täcks väl.

15 Se till att oljenivån i huvudcylinderbehållaren överstiger linjen för miniminivå under hela arbetets gång.

16 Låt medhjälparen trampa bromsen i botten ett flertal gånger, så att trycket byggs upp, och sedan hålla kvar bromsen i botten.

17 Medan pedaltrycket upprätthålls, lossa luftningsskruven (cirka ett varv) och låt olja/luft strömma ut i burken. Medhjälparen måste hålla trycket på pedalen, ända ner till golvet om så behövs, och inte släppa förrän du säger till. När flödet stannat upp, dra åt luftningsskruven, låt medhjälparen sakta släppa upp pedalen och kontrollera sedan nivån i oljebehållaren.

18 Upprepa stegen i punkt 16 och 17 till dess att oljan som kommer ut från luftningsskruven är fri från luftbubblor. Om huvudcylindern har tömts och fyllts och det kommer ut luft från den första skruven i ordningsföljden, vänta ungefär fem sekunder mellan cyklerna så att huvudcylinderns passager hinner fyllas.

19 Dra åt luftningsskruven ordentligt när inga fler bubblor förekommer. Ta sedan bort slangen och nyckeln, och montera dammkåpan. Dra inte åt luftningsskruven för hårt.

20 Upprepa momenten med de återstående bromsoken i ordningsföljd tills all luft är borta från systemet och bromspedalen känns fast igen.

Med hjälp av en luftningssats med backventil

21 Som namnet anger består de här luftningssatserna av en slang med en backventil monterad för att hindra uttömd luft och olja att dras tillbaka in i systemet. vissa satser innehåller en genomskinlig behållare som kan placeras så att luftbubblorna lättare kan ses flöda från änden av slangen .

22 Avluftningssatsen kopplas till avluftningsskruven som sedan öppnas **(se bild)**. Användaren återvänder till förarsätet och trycker ner bromspedalen med ett mjukt, fast tryck och släpper sedan långsamt upp den. det här upprepas tills all olja som rinner ur slangen är fri från luftbubblor.

23 Tänk på att satserna underlättar arbetet så mycket att det är lätt att glömma huvudcylinderns vätskenivå. se till att nivået hela tiden överstiger MIN-markeringen genom hela luftningsproceduren.

Med hjälp av en tryckluftssats

24 Dessa luftningssatser drivs vanligen av lufttrycket i reservdäcket. Observera dock att trycket i däcket troligen måste minskas till under normaltryck. se instruktionerna som följer med luftningssatsen.

25 Genom att koppla en trycksatt, oljefylld behållare till huvudcylinderbehållaren kan luftningen utföras genom att luftningsskruvarna helt enkelt öppnas en i taget (i angiven ordningsföljd), och oljan får flöda tills den inte innehåller några luftbubblor.

26 En fördel med den här metoden är att den stora vätskebehållaren ytterligare förhindrar att luft dras tillbaka in i systemet under luftningen.

27 Trycksatt luftning är speciellt effektiv för luftning av "svåra" system och vid rutinbyte av all olja. Det är också den här metoden som rekommenderas av Volvo om hydraulsystemet har tömts helt eller delvis.

Alla metoder

28 Efter avslutad luftning och när pedalkänslan är fast, spola bort eventuellt spill och dra åt luftningsskruvarna ordentligt, samt montera dammkåporna.

29 Kontrollera hydrauloljenivån i huvudcylinderbehållaren och fyll på om det behövs.

30 Kassera hydraulvätska som har luftats från systemet. den går inte att återanvända.

31 Kontrollera känslan i bromspedalen. Om den känns det minsta svampig finns det fortfarande luft i systemet som måste luftas ytterligare. Om fullständig luftning inte uppnåtts efter ett rimligt antal luftningsförsök kan detta bero på slitna tätningar i huvudcylindern.

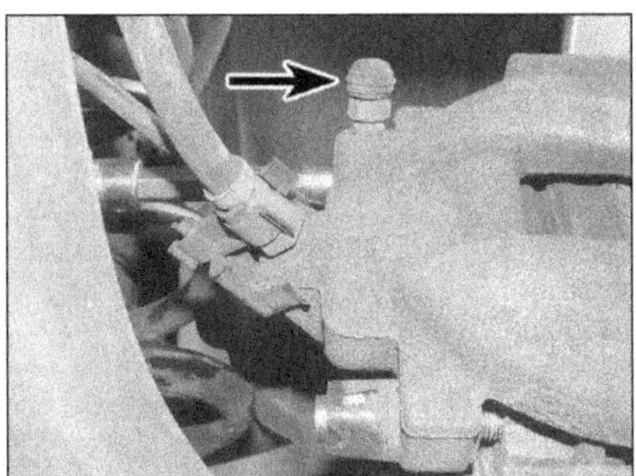

2.14 Dra åt dammkåpan (markerad med pil) från luftningsskruven

32 Kontrollera kopplingens funktion. Eventuella problem betyder att även kopplingssystemet måste luftas – se kapitel 6.

3 Hydraulrör och slangar – byte

Observera: *Se varningen i början av avsnitt 2 angående farorna med hydraulolja, innan arbetet påbörjas.*

1 Om ett rör eller en slang måste bytas ut, minimera oljespillet genom att ta bort huvudcylinderbehållarens lock och sedan fästa en bit plastfolie med en gummisnodd över öppningen. Alternativt kan slangklämmor användas på slangar för att isolera delar av kretsen; bromsrörsanslutningar av metall kan pluggas igen (var försiktig så att inte smuts tränger in i systemet) eller täckas över så fort de kopplas loss. Placera trasor under de anslutningar som ska lossas för att fånga upp eventuellt oljespill.

2 Om en slang ska kopplas loss, skruva loss muttern till bromsslanganslutningen innan fjäderklammern som fäster slangen i fästet tas bort, om det är tillämpligt. Vissa av slanganslutningarna skyddas av gummikåpor. Om så är fallet måste slangen först tas bort från fästbygeln och kåpan dras ner längs ledningen innan muttern kan skruvas loss.

3 När anslutningsmuttrarna ska skruvas ur är det bäst att använda en bromsrörsnyckel av

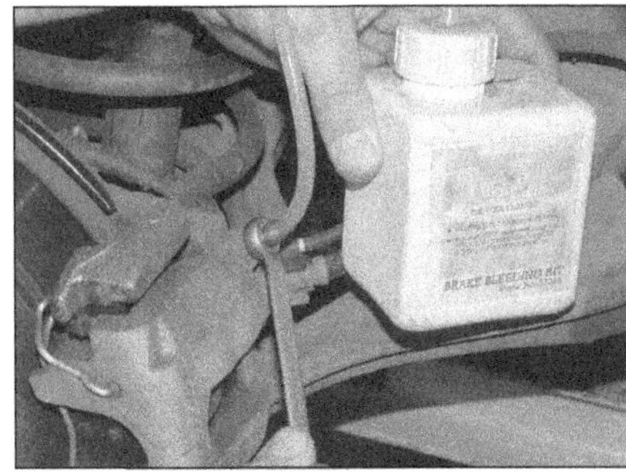

2.22 Anslut satsen och öppna luftningsskruven

korrekt storlek; de finns att köpa i välsorterade motortillbehörsbutiker. Om en bromsrörsnyckel inte finns tillgänglig går det att använda en öppen nyckel av rätt storlek, men om muttrarna sitter hårt eller är korroderade kan de runddras. Om det skulle hända kan de envisa anslutningarna skruvas loss med en självlåsande tång, men då måste röret och de skadade muttrarna bytas ut vid återmonteringen.

4 Rengör alltid anslutningen och området kring den innan den kopplas loss. Om en komponent med mer än en anslutning demonteras, anteckna noga hur anslutningarna är monterade innan de lossas.

5 Om ett bromsrör måste bytas ut kan ett nytt köpas färdigkapat, med muttrar och flänsar monterade, hos en Volvo-verkstad. Allt som då behöver göras är att kröka röret med det gamla röret som mall, innan det monteras. Alternativt kan de flesta tillbehörsbutiker bygga upp bromsrör av satser men det kräver noggrann uppmätning av originalet för att utbytesdelen ska hålla rätt längd. Det säkraste alternativet är att ta med det gamla bromsröret till verkstaden som mall.

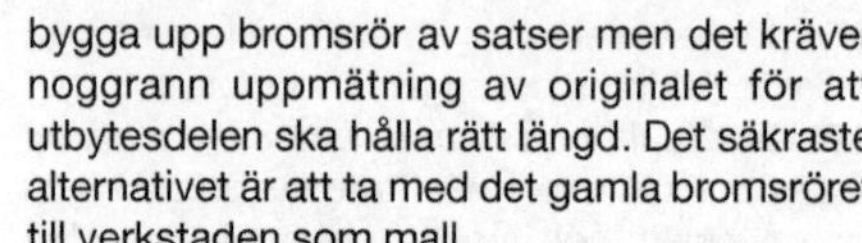

6 Blås igenom det nya röret eller den nya slangen med torr tryckluft före monteringen. Dra inte åt anslutningsmuttrarna för hårt. Det är inte nödvändigt att bruka våld för att få en säker anslutning.

7 Om gummislangarna har bytts ut, se till att rören och slangarna dras korrekt utan att veckas eller vridas och att de fästs i sina klämmor eller fästbyglar. Originalslangarna har vita längsgående linjer som tydligt visar om slangen vridits.

8 Avsluta med att lufta hydraulsystemet enligt beskrivningen i avsnitt 2. Tvätta bort allt oljespill och kontrollera systemet noga efter oljeläckor.

4 Främre bromsklossar – byte

Varning: Byt ut BÅDA främre bromsklossuppsättningarna på en gång – byt ALDRIG bromsklossar bara på ena hjulet eftersom det kan ge ojämn bromsverkan. Notera att dammet från bromsklossarnas slitage kan innehålla asbest vilket är hälsovådligt. Blås aldrig bort det med tryckluft och andas inte in det. En godkänd ansiktsmask bör bäras vid arbete med bromsarna. ANVÄND INTE bensin eller bensinbaserade lösningsmedel för att rengöra bromskomponenter. använd endast bromsrengöringsmedel eller T-sprit.

1 Dra åt handbromsen, och lossa sedan framhjulets muttrar. Lyft upp framvagnen och ställ den på pallbockar (se *Lyftning och stödpunkter*). Demontera båda framhjulen.

2 Följ de bifogade bilderna **(se bilderna 4.2a till 4.2t)** vid byte av klossarna. Följ den rekommenderade ordningen och läs texten under varje bild och notera följande:

a) *Nya klossar kan ha klisterfolie på baksidan. Ta bort folien före monteringen.*

b) *Rengör bromsokets styrytor noggrant och applicera lite bromsmonteringsfett (Molykote P37 eller Copper slip).*

c) *När man skjuter tillbaka bromsokskolven för att ge plats åt de nya klossarna måste man hålla ett öga på vätskenivån i behållaren.*

4.2a Bänd ut ändarna . . .

4.2b . . . och ta bort fästfjädern

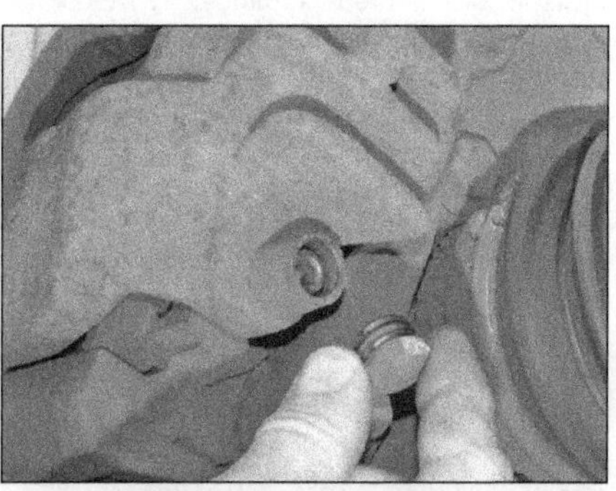

4.2c Bänd ut gummikåpån . . .

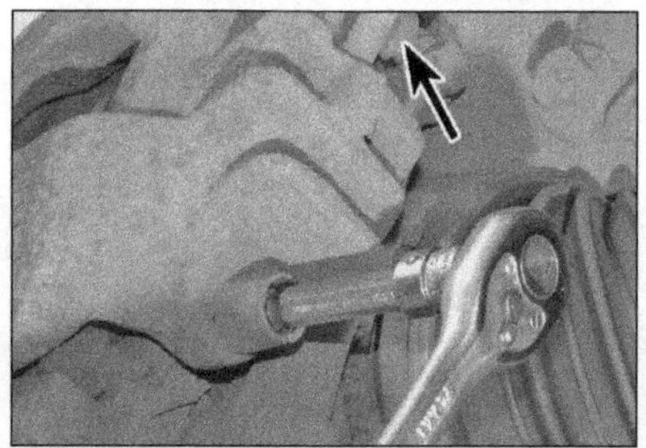

4.2d . . . använd sedan en 7 mm sexkantsnyckel för att skruva loss de nedre och övre styrsprintarna (markerade med pil)

4.2e Skjut undan bromsoket. Observera att den inre klossen är fastklämd på bromsoket

4.2f Ta bort den yttre bromsklossen . . .

4.2g . . . och lossa den inre

4.2h Om nya klossar sätts dit trycker du tillbaka kolven i bromsoket. Kontrollera att vätskebehållaren inte rinner över!

4.2i Använd en stålborste för att rengöra klossens fästytor på bromsoksfästet

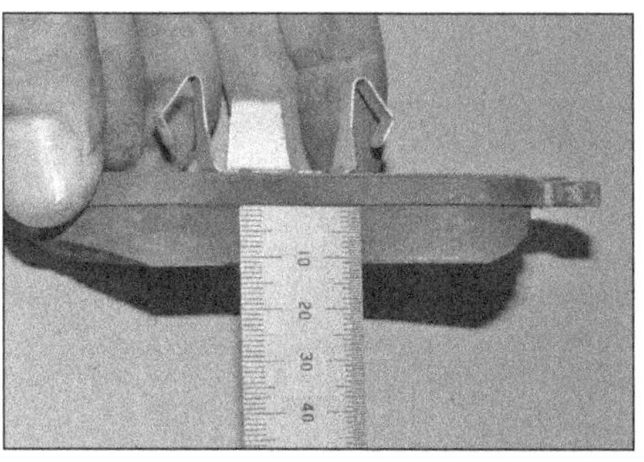

4.2j Mät tjockleken på bromsklossarnas friktionsbelägg. Om det är 2.0 mm eller mindre byter du alla främre klossar

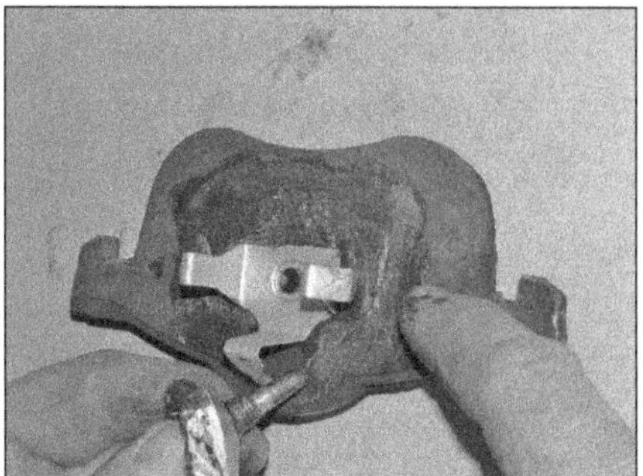

4.2k Applicera ett tunt lager antikärvningsfett på bromsklossarna. . .

4.2l . . . och där klossarna ligger emot bromsokets fäste (markerad med pil)

4.2m Kläm fast den inre klossen på bromsoksfästet. . .

4.2n . . . och sätt dit den yttre klossen på bromsoksfästet

4.2o Skjut bromsoket med den inre klossen monterad över skivan och den yttre klossen

4.2p Montera tillbaka bromsokets styrsprintar . . .

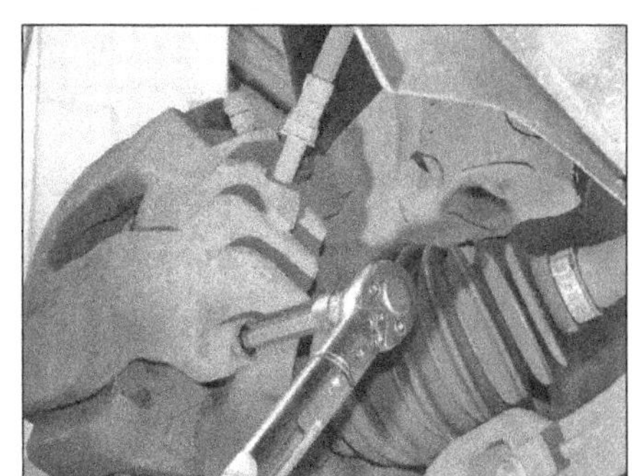

4.2q . . . och dra åt dem till angivet moment

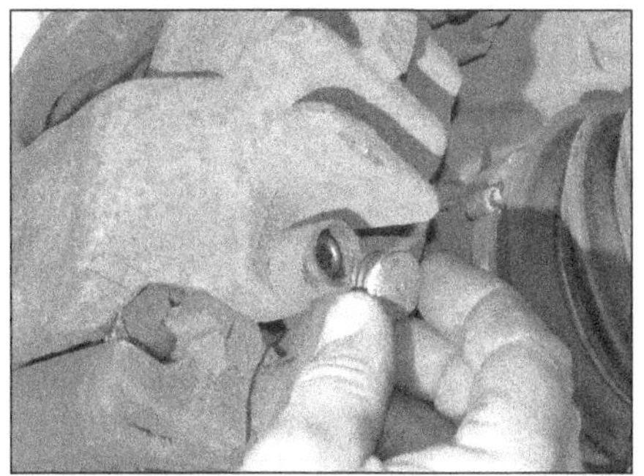

4.2r Montera gummikåporna

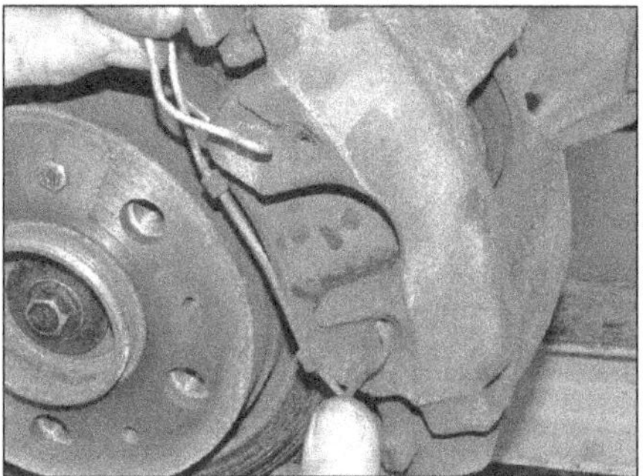

4.2s Haka fast den ena änden av fästfjädern på plats. . .

4.2t . . . och använd tång för att sätta i den andra änden

3 Tryck ner bromspedalen upprepade gånger tills bromsklossarna pressas tätt mot bromsskivan och normalt pedaltryck uppstår (utan hjälp).

4 Upprepa ovanstående procedur med det andra främre bromsoket.

5 Montera tillbaka hjulen, sänk ner bilen och dra åt hjulbultarna till angivet moment.

6 Kontrollera hydrauloljenivån enligt beskrivningen i *Veckokontroller*.

Varning: Nya bromsklossar ger inte full bromseffekt förrän de har körts in. Var beredd på detta och undvik hårda inbromsningar i möjligaste mån i ungefär 160 km efter att bromsklossarna bytts ut.

5 Bakre bromsklossar – byte

Varning: Byt ut BÅDA bakre bromsklossuppsättningarna på en gång – byt ALDRIG bromsklossar bara på ena hjulet eftersom det kan ge ojämn bromsverkan. Notera att dammet från bromsklossarnas slitage kan innehålla asbest vilket är hälsovådligt. Blås aldrig bort det med tryckluft och andas inte in det. En godkänd ansiktsmask bör bäras vid arbete med bromsarna. ANVÄND INTE bensin eller bensinbaserade lösningsmedel för att rengöra bromskomponenter. använd endast bromsrengöringsmedel eller T-sprit.

1 Lossa bakhjulbultarna, klossa sedan framhjulen, lyft upp bakre delen av bilen och stötta den på pallbockar (se *Lyftning och stödpunkter*). Demontera bakhjulen.

2 Lossa handbromsspaken helt och följ fotona **(se bilderna 5.2a till 5.2r)** över klossarnas utbytesmetod. Följ den rekommenderade ordningen och läs texten under varje bild och notera följande:

a) Om du sätter tillbaka de gamla klossrna , måste de sättas tillbaka på sina ursprungliga platser.

b) Rengör bromsokets styrytor och styrstift noggrant och applicera lite bromsmonteringsfett (Molykote P37 eller Copper slip).

c) Om du ska sätta dit nya klossar använder du ett kolvverktyg eller en G-klämma för att skjuta tillbaka kolvrna – håll ett öga på vätskenivån i behållaren medan du drar tillbaka kolven.

3 Tryck ner bromspedalen upprepade gånger tills bromsklossarna pressas tätt mot bromsskivan och normalt pedaltryck uppstår (utan hjälp).

4 Upprepa ovanstående arbete med det andra bromsoket.

5 Montera tillbaka hjulen, sänk ner bilen och dra åt hjulbultarna till angivet moment.

6 Kontrollera hydrauloljenivån enligt beskrivningen i *Veckokontroller*.

Varning: Nya bromsklossar ger inte full bromseffekt förrän de har körts in. Var beredd på detta och undvik hårda inbromsningar i möjligaste mån i ungefär 160 km efter att bromsklossarna bytts ut.

5.2a Bänd ut ändarna. . .

5.2b . . . och ta bort bromsokets fästfjädrar

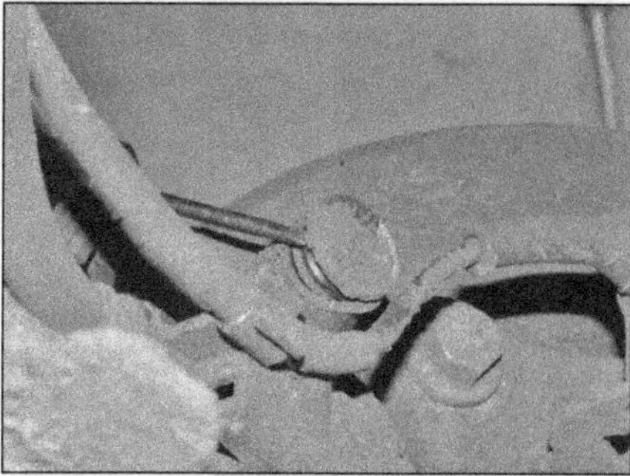

5.2c Bänd ut gummikåporna. . .

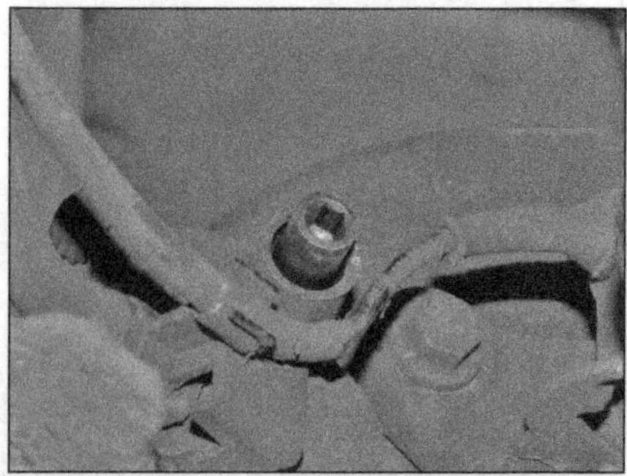

5.2d . . . och använd en 7.0 mm sexkantsbit för att skruva loss de övre och nedre styrsprintarna

5.2e Skjut undan bromsoket och klossarna.

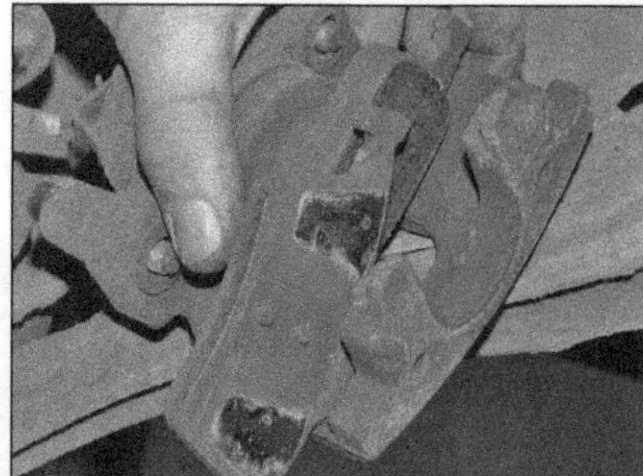

5.2f Den yttre klossen kan fastna på bromsoket . . .

5.2g . . . och den inre klossen kläms fast på bromsokets kolv

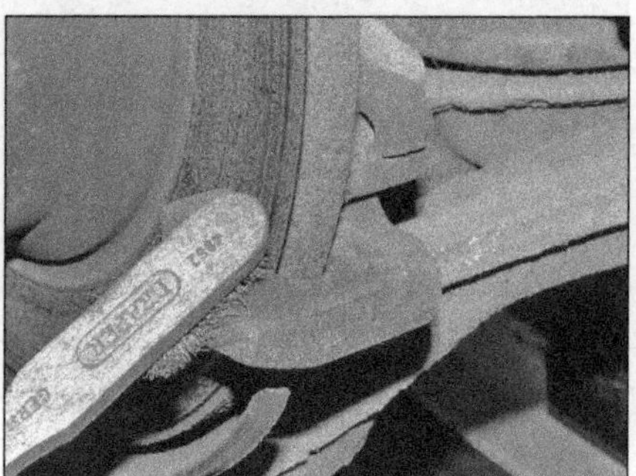

5.2h Använd en stålborste för att rengöra klossens fästytor på bromsoksfästet

5.2i Om nya klossar sätts dit trycker du tillbaka kolven i bromsoket. Kontrollera hydrauloljenivån i huvudcylinderns behållare!

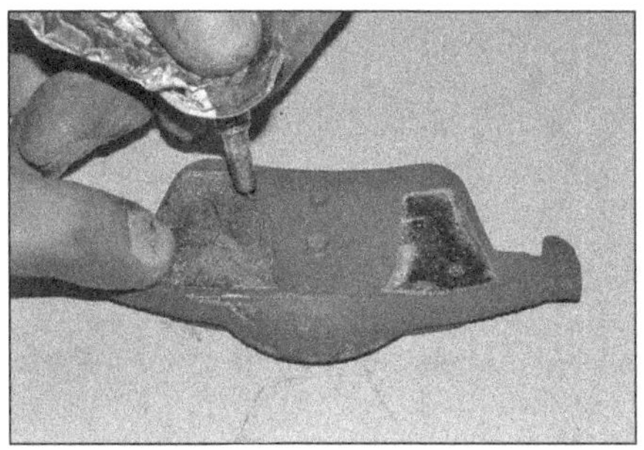

5.2j Applicera ett tunt lager antikärvningsfett på klossarnas bakdel där de har kontakt med kolven. . .

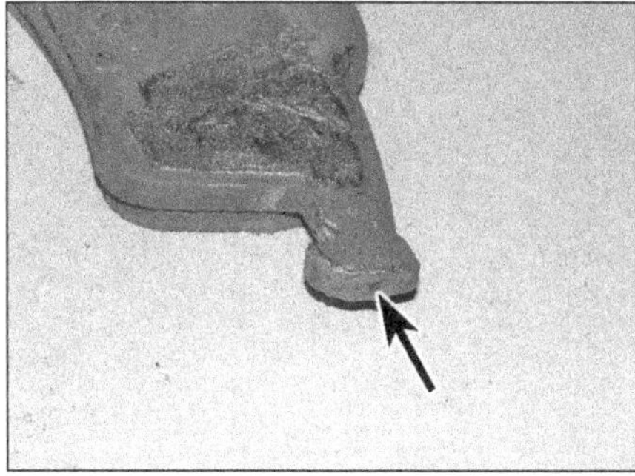

5.2k . . . och bromsoksfästet (markerad med pil)

5.2l Sätt dit den yttre klossen på bromsoksfästet . . .

5.2m . . . och sätt dit den inre klossen på bromsokets kolv

5.2n Skjut bromsoket med den inre klossen på plats över skivan och den yttre klossen

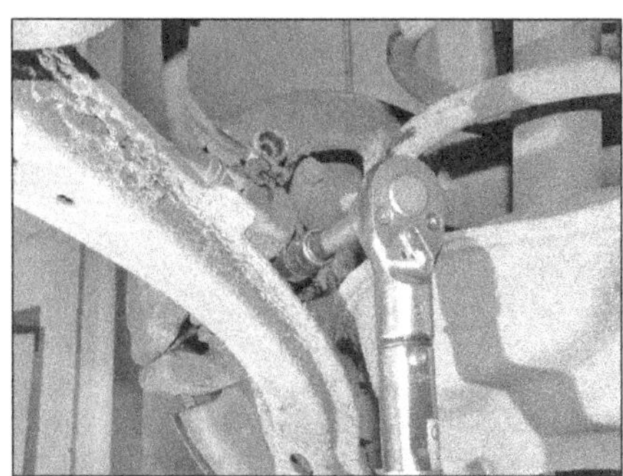

5.2o Montera tillbaka styrsprintarna, och dra åt dem till angivet moment . . .

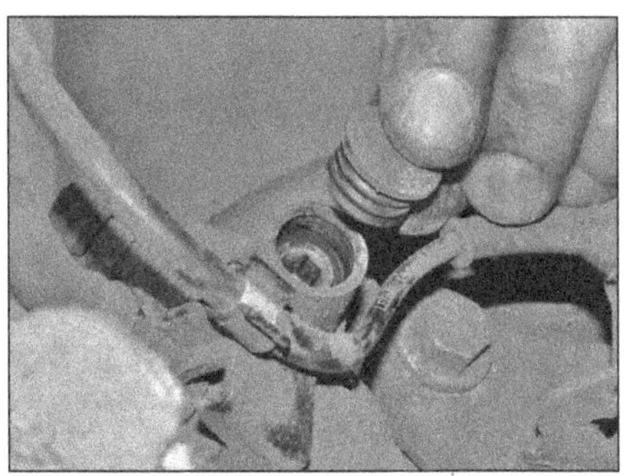

5.2p . . . och montera tillbaka gummikåporna

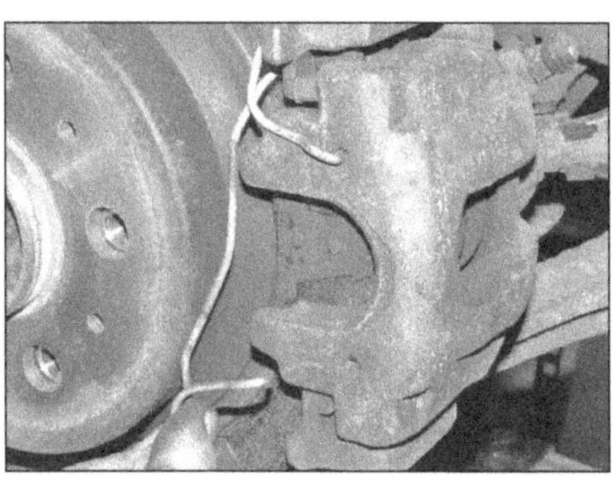

5.2q Sätt dit den ena änden av fästfjädern på plats . . .

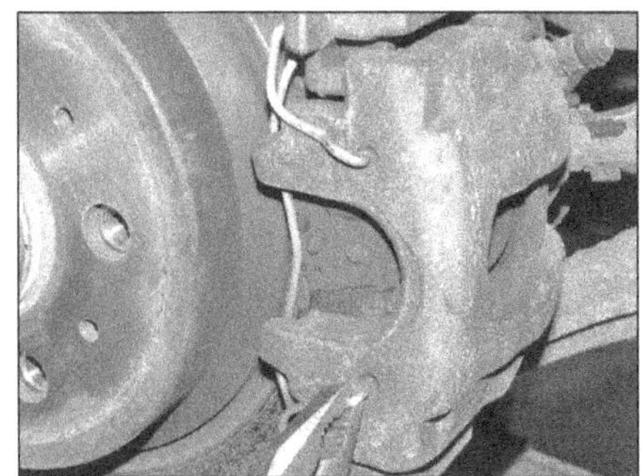

5.2r . . . och använd tång för att sätta i den andra änden

6 Främre bromsskiva – kontroll, demontering och montering

Observera: *Se varningen i början av avsnitt 4 beträffande riskerna med asbestdamm innan arbetet påbörjas.*

Kontroll

Observera: *Om någon av skivorna behöver bytas ut ska BÅDA skivorna bytas ut samtidigt, så att bromsarna verkar jämnt på båda sidor. Nya bromsklossar ska också monteras.*

1 Ta bort de främre bromsklossarna enligt beskrivningen i avsnitt 4.

2 Undersök skivans friktionsytor efter sprickor eller djupa spår (lätt spårning är normalt och behöver inte åtgärdas). En sprucken skiva måste bytas ut; en spårig skiva kan renoveras genom maskinslipning förutsatt att tjockleken inte minskar under den angivna miniminivån..

3 Kontrollera skivans kast med hjälp av en indikatorklocka vars sond placeras nära skivans ytterkant. Om kastet överskrider siffrorna i *Specifikationer* kan skivan om möjligt maskinslipas. Annars måste skivan bytas ut.

HAYNES TiPS

Om en indikatorklocka inte finns tillgänglig, kontrollera kastet genom att placera en fast visare nära den yttre kanten, i kontakt med skivans yta. Vrid skivan och mät visarens maximala förskjutning med hjälp av bladmått.

4 Stora variationer i skivtjocklek kan även orsaka störningar i mekanismen. Kontrollera detta med en mikrometer **(se bild)**.

Demontering

5 När bromsklossarna och bromsoket tagits bort (avsnitt 4), skruva loss de två fästbultarna

6.4 Mät skivans tjocklek med en mikrometer

6.5 Skruva loss de två bultar (markerad med pil) och ta bort bromsoksfästet

och ta bort bromsokets fästbygel och spärr **(se bild)**. Observera att nya bultar krävs vid monteringen.

6 Kontrollera om bromsskivans position i förhållande till navet är markerad. Om inte, gör en egen markering som hjälp vid återmonteringen. Ta bort bulten som håller fast skivan vid navet. Lyft sedan bort skivan **(se bild)**.

Montering

7 Se till att navets och skivans fogytor är fullständigt rena. Använd T-sprit och en trasa för att tvätta bort allt eventuellt rostskyddsmedel från en ny skiva.

8 Placera skivan på navet med inställningsmärkena i linje med varandra. Montera sedan fäststiftet.

9 Sätt tillbaka bromsokets fästbygel och spärr, dra sedan åt de nya bultarna till angivet moment.

10 Montera bromsklossarna enligt beskrivningen i avsnitt 4.

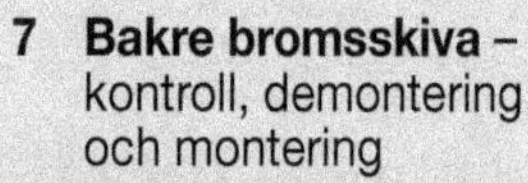

7 Bakre bromsskiva – kontroll, demontering och montering

Observera: *Se varningen i början av avsnitt 5 beträffande riskerna med asbestdamm innan arbetet påbörjas.*

Kontroll

Observera: *Om någon av skivorna behöver bytas ut ska BÅDA skivorna bytas ut samtidigt, så att bromsarna verkar jämnt på båda sidor. Nya bromsklossar ska också monteras.*

6.6 Fästbult för skivan

1 När de bakre bromsskivorna är borttagna (avsnitt 5) är kontrollmomenten samma som för de främre bromsskivorna. Se avsnitt punkt 2 till *4*. Kontrollera även handbromstrummornas skick efter demonteringen. Gränsvärden för omslipning, skevhet och kast anges i *Specifikationer*. Trummorna slits mycket sällan om inte handbromsen regelmässigt används för att stanna bilen.

Demontering

2 Ta bort de bakre bromsklossarna enligt beskrivningen i avsnitt 5, om det inte redan är gjort. Stöd bromsoket på ett lämpligt sätt eller fäst upp det vid en lämplig fjädringskomponent med hjälp av snöre eller ståltråd.

3 Skruva loss bromsoksfästets båda fästbultar och ta bort fästet **(se bild)**. Observera att nya bultar krävs vid monteringen.

4 Skruva loss skivans fästskruv **(se bild)**.

5 Markera skivans läge i förhållande till navet. Dra sedan bort skivan. Knacka på skivan med en mjuk klubba om det behövs för att få loss den. Gör enligt följande om det inte går att få loss skivan för att den fastnar i handbromsbackarna.

6 Arbeta från bilens insida och bänd ut den mittkonsolenns klädselpanel bredvid handbromsspaken **(se bild 13.3)**.

7 Arbeta genom öppningen i panelen och lossa justermutterna bakpå handbromsspaken tills det finns slack i handbromsvajrarna **(se bild 13.4)**.

Montering

8 Se till att navets och skivans fogytor är fullständigt rena. Använd T-sprit och en trasa för att tvätta bort allt eventuellt rostskyddsmedel från en ny skiva.

9 Placera skivan på navet med inställningsmärkena i linje med varandra. Montera sedan fästskruvan.

10 Montera bromsokfästbygeln och dra åt de nya bultarna till angivet moment.

11 Montera bromsklossarna enligt beskrivningen i avsnitt 5.

12 Justera handbromsen enligt beskrivningen i avsnitt 13.

8 Främre bromsok – demontering, renovering och återmontering

Observera: *Läs varningen i början av avsnitt 2 angående farorna med hydraulolja, samt varningen i början av avsnitt 4 angående farorna med asbestdamm innan arbetet påbörjas.*

Demontering

1 Dra åt handbromsen och klossa bakhjulen. Lossa framhjulets bultar. Lyft sedan upp framvagnen och ställ den på pallbockar (se *Lyftning och stödpunkter*). Ta bort hjulet.

2 Minimera oljespill genom att skruva loss huvudcylinderbehållarens påfyllningslock och fästa en bit plastfolie över påfyllningsröret. Fäst plastfolien med ett gummiband så att en lufttät tätning bildas. Använd helst en bromsslangklämma, en G-klämma eller liknande med skyddade käftar, och kläm ihop den främre hydraulslangen **(se bild)**.

3 Rengör området runt anslutningen mellan hydraulslangen och bromsoket. Lossa sedan slanganslutningen med ett halvt varv. Var beredd på spill.

4 Ta bort bromsklossarna enligt beskrivningen i avsnitt 4.

5 Skruva loss bromsoket från hydraulslangen. Torka upp eventuellt bromsoljespill omedelbart. Plugga igen eller täck över de öppna anslutningarna.

6 Om bromsoket ska tas bort, skruva loss de två bultarna som fäster bromsoket vid styrspindeln. Observera att nya bultar krävs vid monteringen.

Översyn

Observera: *I skrivande stund var det oklart om det fanns renoveringssatser för bromsoket.*

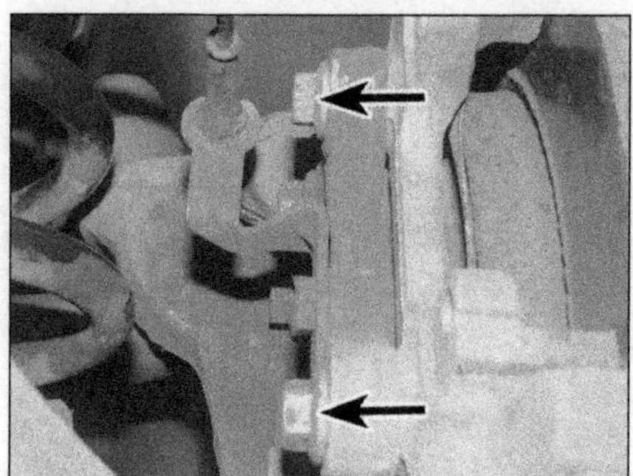

7.3 Skruva loss bromsoksfästets skruvar (markerade med pilar)

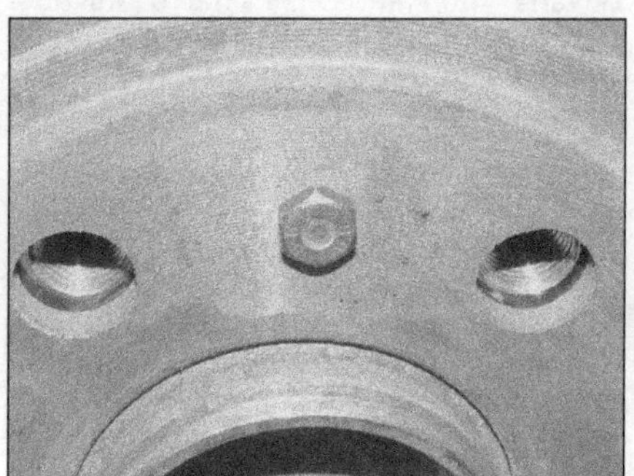

7.4 Bakre fästbult för skivan

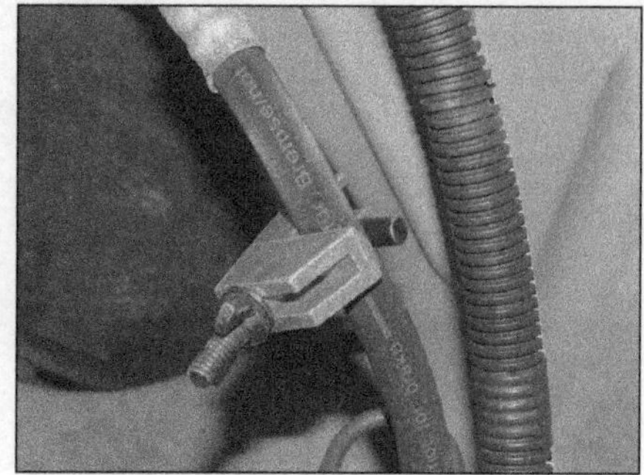

8.2 Använd en slangklämma på bromsslangen

Kontakta en Volvo-verkstad eller specialist innan du demonterar bromsoket.

7 Rengör bromsoket utvändigt med avfettningsmedel och en mjuk borste när det är borttaget.

8 Ta bort luftningsskruven och töm ut all kvarvarande hydraulolja ur bromsoket.

9 Ta bort kolvens dammdamask och dra ut kolven ur bromsoksloppet. Om bromsokskolven sitter fast, montera tillbaka luftningsskruven och låt ett lågt lufttryck (t.ex. från en fotpump) verka på oljeinsuget. Observera att kolven kan skjutas ut med ganska stor kraft.

10 Lirka ut kolvtätningen från loppet med ett trubbigt verktyg.

11 Dra bort de två styrsprintarnas gummibussningar från sina platser.

12 Rengör kolven och bromsoksloppet med en luddfri trasa och lite ren bromsolja eller T-sprit. Små oregelbundenheter kan putsas bort med stålull. Om bromsoket visar tecken på punktkorrosion, repor eller slitagespår måste det bytas ut.

13 Byt alltid ut alla gummikomponenter (tätning, dammdamask och styrsprintsbussningar) regelmässigt. Blås igenom oljeinsuget och luftningsskruvens hål med tryckluft.

14 Smörj den nya kolvtätningen med ren bromsolja. Placera tätningen i fogen i loppet med hjälp av fingrarna.

15 Montera en ny dammdamask på kolven. Se till att damasken placeras korrekt i kolvfogen. Dra ut dammdamasken för montering.

16 Smörj kolven och loppet med ren bromsolja.

17 Passa in kolven och dammdamasken på bromsoket. Fäst dammdamasken i bromsokets fog. Tryck sedan ner kolven genom dammdamasken och in i bromsoksloppet.

18 Montera de nya styrsprintsbussningarna och sedan bromsokets luftningsskruv.

Montering

19 Montera bromsokets fästbygel om den har demonterats. Använd nya bultar och dra åt dem till angivet moment.

20 Montera bromsklossarna enligt beskrivningen i avsnitt 4, men anslut bromsoket till slangen innan det monteras i fästbygeln.

21 Dra åt slanganslutningen. Se till att slangen inte är veckad.

22 Ta bort bromsslangklämman eller plastfolien, i förekommande fall, och lufta hydraulsystemet enligt beskrivningen i avsnitt 2.

23 Tryck ner fotbromsen två eller tre gånger så att bromsklossarna hamnar rätt. Montera sedan hjulet och sänk ner bilen. Dra åt hjulbultarna i diagonal ordningsföljd till angivet moment.

9 Bakre bromsok – demontering, renovering och återmontering

Observera: *Läs varningen i början av avsnitt 2 angående farorna med hydraulolja, samt varningen i början av avsnitt 5 angående farorna med asbestdamm innan arbetet påbörjas.*

Demontering

1 Minimera oljespill genom att skruva loss huvudcylinderbehållarens påfyllningslock och fästa en bit plastfolie över påfyllningsröret. Fäst plastfolien med ett gummiband så att en lufttät tätning bildas. Använd helst en bromsslangklämma, en G-klämma eller liknande med skyddade käftar, och kläm ihop den bakre hydraulslangen.

2 Rengör området runt anslutningen vid bromsoket. Lossa sedan röranslutningen med ett halvt varv.

3 Ta bort de bakre bromsklossarna enligt beskrivningen i avsnitt 5.

4 Skruva loss bromsoket från den flexibla röranslutningen. Var beredd på oljespill. Plugga igen eller täck över de öppna anslutningarna.

Översyn

Observera: *I skrivande stund var det oklart om det fanns renoveringssatser för bromsoket. Kontakta en Volvo-verkstad eller specialist innan du demonterar bromsoket.*

5 Detta är i princip samma åtgärd som den som beskrivs för det främre bromsoket (se avsnitt 8).

Montering

6 Montera bromsröret vid bromsoket och dra åt anslutningen ordentligt.

7 Montera bromsklossarna enligt beskrivningen i avsnitt 5.

8 Ta bort bromsslangklämman eller plastfolien, i förekommande fall, och lufta hydraulsystemet enligt beskrivningen i avsnitt 2.

9 Tryck ner fotbromsen två eller tre gånger så att bromsklossarna hamnar rätt. Montera sedan hjulet och sänk ner bilen. Dra åt hjulbultarna i diagonal ordningsföljd till angivet moment.

10 Bromshuvudcylinder – demontering och montering

Observera: *Se varningen i början av avsnitt 2 angående farorna med hydraulolja, innan arbetet påbörjas.*

Observera: *Huvudcylindern kan inte renoveras och dess inre komponenter går inte att köpa separat. Om ett fel uppstår i huvudcylindern måste hela enheten bytas ut.*

Demontering

1 Koppla loss batteriets minusledning (se kapitel 5A).

2 Tryck ner bromspedalen flera gånger för att avlägsna eventuellt kvarvarande vakuum i servon och sifonera bort så mycket vätska som möjligt från huvudcylinderns behållare med en hydrometer eller en gammal bollspruta.

Varning: Oljan är giftig. Sifonera INTE ut den med munnen.

3 Skruva loss hållarna och ta bort motorns tvärbalk som sitter mellan fästbyglarna på framfjädringens fjäderbenslager

4 Lossa eventuella kontaktdon från behållaren/huvudcylindern.

5 på modeller med manuell växellåda lossar du fjäderklämman och kopplar loss kopplingens huvudcylinders vätsksslang från sidan på behållaren **(se bild)**. Var beredd på spill. Plugga igen slangens öppna ände och behållarens öppning.

6 Koppla loss hydraulrörsanslutningarna från huvudcylindern **(se bild)**. Var beredd på ytterligare oljespill. Täck över de öppna anslutningarna för att hindra smuts från att tränga in. Böj inte rören – om det behövs lossar du anslutningarna som håller fast rören på ABS-modulatorn för att rören ska hållas undan från huvudcylindern.

7 Skruva loss fästmuttern och ta bort värmeskyddet från huvudcylinderns pinnbultar.

8 Ta bort muttrarna som fäster huvudcylindern vid servoen **(se bild)**. Dra bort huvudcylindern från servons pinnbultar och ta bort den . Kasta

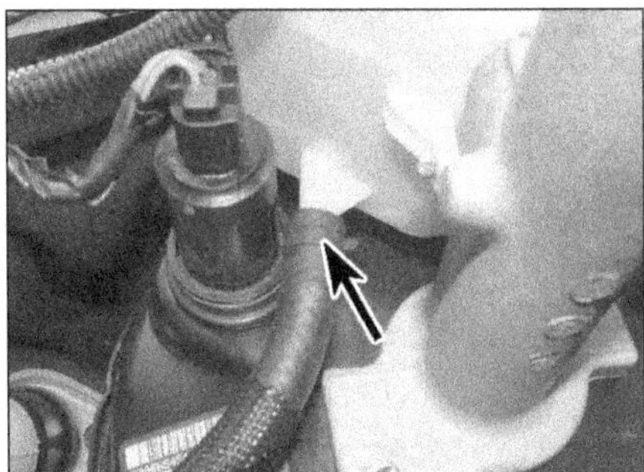

10.5 Koppla loss slangen till kopplingens huvudcylinder (markerad med pil) från behållaren

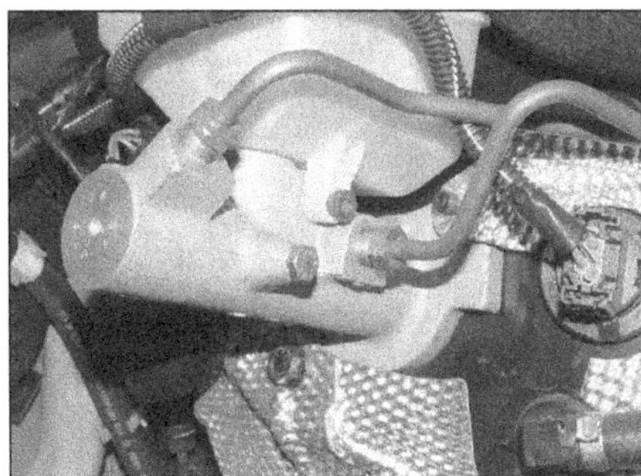

10.6 Skruva loss anslutningen och lossa bromsrören

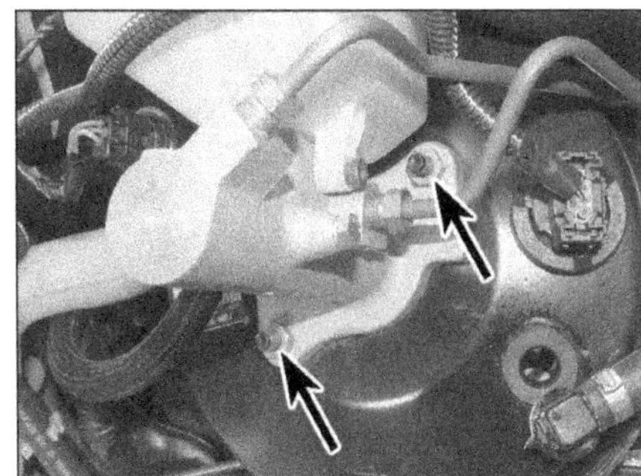

10.8 Skruva loss huvudcylinderns fästmuttrar (markerad med pilar)

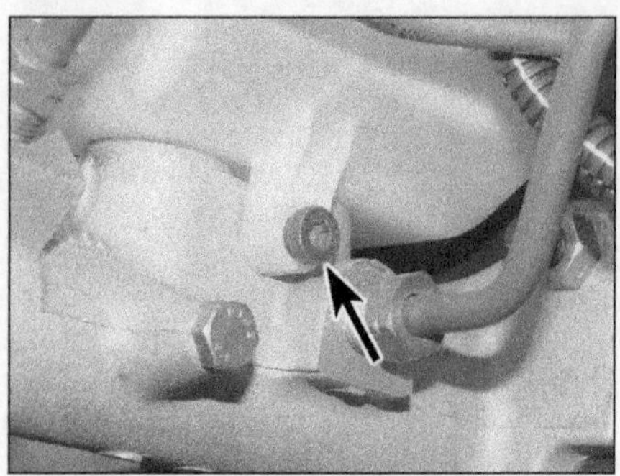

10.9 Skruva loss skruven (markerad med pil) och lyft av behållaren från cylindern

O-ringstätningen, du måste sätta dit en ny. Var noga med att inte spilla hydraulolja på lacken.

9 Skruva vid behov loss skruven och lyft bort behållaren från huvudcylinderns hus **(se bild)**. Kasta de två tätninger och använd nya vid återmonteringen.

Montering

10 Om behållaren har tagits bort sätter du dit den på huvudcylindern med nya tätningar och drar åt fästskruvarna ordentligt.

11 Placera huvudcylindern (med ny tätning) i läge på servoenheten och fäst den med muttrarna. Dra åt muttrarna till angivet moment.

12 Montera tillbaka värmeskyddet och fästmuttern.

13 Montera bromsrören. Dra inte åt anslutningsmuttrarna helt i det här stadiet.

14 Montera oljeslangen på behållaren. Smörj slangänden med bromshydraulolja för att underlätta monteringen.

15 Återanslut behållaren/huvudcylinders elanslutningar.

16 Placera absorberande trasor under bromsrörsanslutningarna på huvudcylindern. Fyll sedan behållaren med ren hydraulolja av angiven typ.

17 Dra åt bromsrörsanslutningarna ordentligt när hydrauloljan börjar sippra ut.

18 Avsluta med att lufta hydraulsystemet enligt beskrivningen i avsnitt 2. På modeller med manuell växellåda, lufta kopplingens hydraulsystem enligt beskrivningen i kapitel 6.

19 Trycktesta huvudcylindern när systemet har luftats, genom att trycka ner bromspedalen hårt och hålla den nere i 30 sekunder. Släpp pedalen och leta efter läckor runt huvudcylinderns röranslutningar.

11 Bromspedalbrytaren – demontering och montering

Demontering

1 Skruva loss de båda skruvarna och dra panelen över pedalerna bakåt.

2 Sprid ut fästet och dra relädosan bakåt/nedåt och flytta den åt sidan **(se bild)**.

3 Lossa fästklämman och servons stötstång från pedalen **(se bild)**.

4 Skruva loss de två fästbultarna och sänk ner pedalenheten. Lossa returfjädern när pedalen tas bort **(se bild)**. Använd en 24 mm öppen nyckel för att hålla emot pedalaxeln.

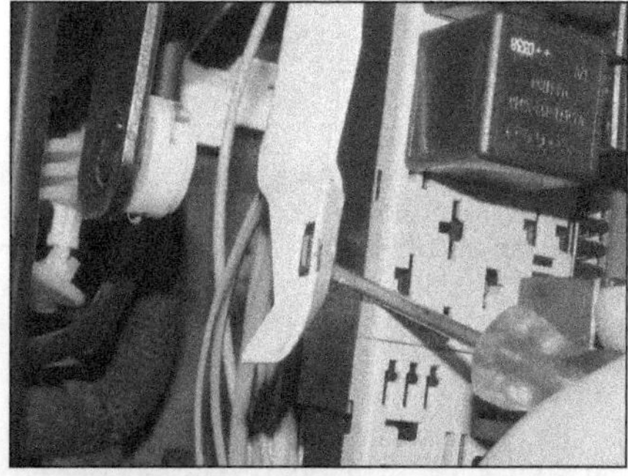

11.2 Sprid ut fästet och flytta relädosan bakåt och nedåt

11.3 Bänd upp klämman (markerad med pil) som håller fast tryckstången på pedalen

11.4a Bromspedalaxel bult (markerad med pil)

11.4b Använd en 24 mm skruvnyckel för att hålla emot pedalbulten

5 Dra vid behov bort svängtappen från pedalen och ta bort de två bussningarna.

Montering

6 Om bussningarna har tagits bort sätter du tillbaka dem och svängtappen på pedalenheten.

7 För pedalen i läge och återanslut returfjädern. Dra åt fästbultarna till angivet moment.

8 Återanslut servotryckstången till pedalen och säkra den med fästklämman.

9 Montera tillbaka relädosan och panelen.

10 Kontrollera funktionen hos bromsljuset.

12 Vakuumservo – demontering och montering

Demontering

1 Koppla loss batteriets minusledare (se kapitel 5A). Tryck sedan ner bromspedalen flera gånger för att skingra eventuellt vakuum i servoenheten.

2 Skruva loss fästena och ta bort motorns tvärbalk mellan fjädertornen.

3 Observera deras monteringslägen och lossa eventuella kontaktdon från behållaren/huvudcylindern/servon.

4 Ta bort muttrarna som fäster huvudcylindern vid servon. Dra bort huvudcylindern från servopinnbultarna och för den åt sidan, men var försiktig så att du inte skadar något av bromsrören. Kassera O-ringstätningen mellan servon och huvudcylindern, en ny måste monteras. Håll huvudcylindern horisontellt för att hindra luften från att komma in i systemet.

5 Koppla loss servons vakuummatning genom att bända ut backventilen på servoenhetens framsida.

6 Lossa kabelhärvan och kanalerna runt servon så mycket som behövs för att komma åt.

7 Skruva loss de två skruvarna och ta bort dekorpanelen från instrumentbrädans undersida på förarsidan.

8 Koppla loss servons tryckstång och länksystem från bromspedalen genom att ta bort fasthållningsklämman **(se bild 11.3)**.

9 Skruva loss de fyra skruvarna som fäster servoenheten på mellanväggen **(se bild)**.

10 För att kunna ta bort servon måste man sänka den främre bärramen och motorn/växellådan något. Hissa upp bilens framvagn och ställ den på pallbockar (se *Lyftning och stödpunkter*).

11 Skruva loss skruven som håller fast vajerkanalen på den främre undersidan på bärramen bredvid kylaren **(se bild)**.

12 Skruva loss de 10 skruvarna som håller fast de ter tvärbalkarna under avgassystemet.

13 Rikta ratten rakt framåt och aktivera rattlåset, skruva loss klämbulten och dra bort den nedre rattstångens knutkors från styrväxelns drev.

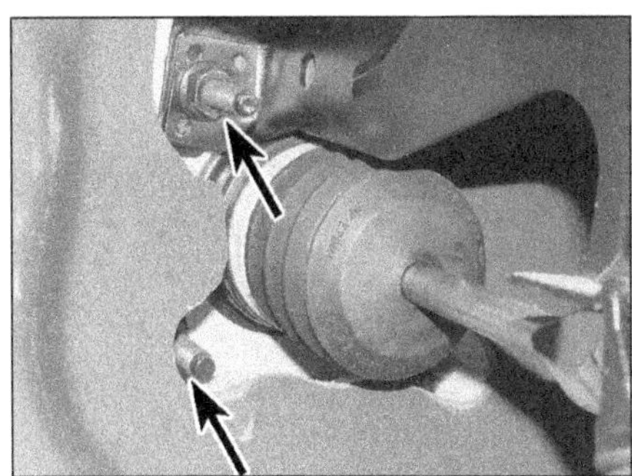

12.9a Servomuttrar (markerade med pilar) till vänster. . .

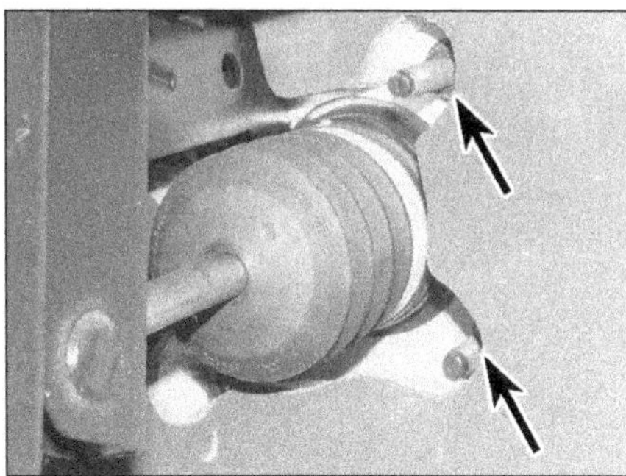

12.9b . . . och på höger sida (markerad med pil)

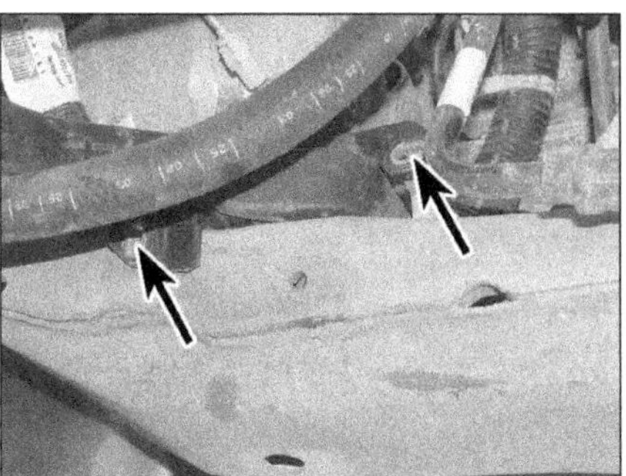

12.11 Skruva loss två bultar (markerade med pilar) som håller fast kabelkanalen vid främre kryssrambalk

14 På modeller med bränsledriven extravärmare skruvar du loss värmarens fästmuttrar, lossar värmarens bränsleledningar från fästbyglarna på bärramen. Häng upp värmaren i karossen.

15 På motorer med turbo lossar du klämmorna och tar bort laddluftkanalerna till och från laddluftkylaren.

16 Placera en rörlig domkraft under den främre bärramen, stöd upp ramen och ta bort bärramens bultar en i taget och ersätt dem med gängade stänger med brickor och låsmuttrar.

17 Skruva loss de fyra bultarna som håller fast fästbyglarna på kryssrambalken bakre kant.

18 Börja fram och sänk gradvis bärramen tills det uppstår tillräckligt spel för att flytta servon från motorrummet. Ta loss tätningen mellan servon och torpedväggen.

Montering

19 Monteringen sker i omvänd ordningsföljd mot demonteringen, och tänk på följande:

a) Se till att tätningen sitter på plats innan servon monteras.

b) Dra åt alla muttrar och bultar till angivet moment.

c) Montera huvudcylindern enligt beskrivningen i avsnitt 10.

d) Kontrollera och lufta vid behov hydraulsystemet enligt beskrivningen i avsnitt 2 när du är klar.

13 Handbroms – justering

1 Kör bilen långsamt på en lugn väg i ungefär 400 meter med handbromsen åtdragen några hack innan justeringen. Då rengörs handbromsbackarna och trumman från rost och avlagringar.

2 Arbeta inuti bilen. Dra upp handbromsspaken och kontrollera att full bromseffekt uppnås på bakhjulen när handbromsspaken är åtdragen mellan 2 och 5 klick av sin tandning. Om så inte är fallet, fortsätt enligt följande.

3 Bänd upp damaskpanelen runt spaken på konsolen och lyft upp plasthöljet över spaken **(se bild)**.

4 Arbeta genom öppningen i täckpanelen och vrid justeringsmuttern tills handbromsen fungerar enligt beskrivningen i avsnitt 2 **(se bild)**. Lossa handbromsspaken och kontrollera att bakhjulen kan vridas fritt utan att kärva.

5 Montera tillbaka mittkonsolens täckpanel och handbromsspakens damask.

14 Handbromsbackar – kontroll och byte

Kontroll

1 Ta bort den bakre bromsskivan (avsnitt 7).

2 Undersök bromsbackarna efter slitage, skador eller nedsmutsning med olja. Byt ut dem om det behövs, enligt beskrivningen nedan. Precis som bromsklossarna måste bromsbackarna bytas ut axelvis.

3 Om bromsbackarna är förorenade identifierar du och åtgärdar källan till eventuella föroreningar innan de nya backarna monteras. ett möjligt problemområde kan vara navlagrets fettätning. Om den har gått sönder måste olyckligtvis hela navenheten bytas ut (se kapitel 10).

Byte

4 Tryck ner bromsens hållfjädrar och skjut dem åt sidan för att koppla från kroken i änden av fjädern från det spårförsedda fästet på stödplattan **(se bilder)**.

5 Dra bort bromsbackarna från förlängarens fästbygel och koppla från de två returfjädrarna **(se bilder)**.

6 Rengör bromsskölden, insidan av bromsskivan och justeringsmekanismen.

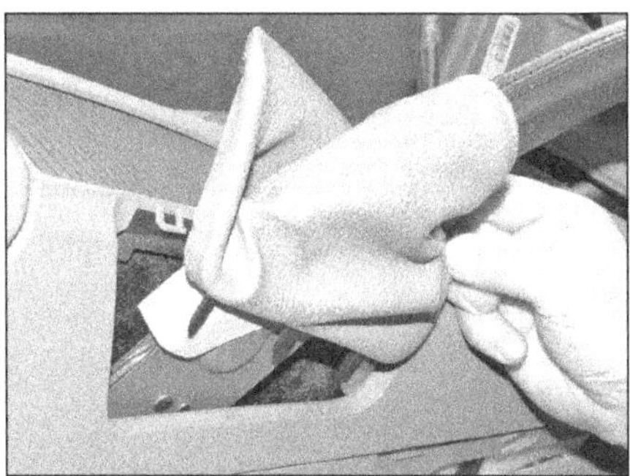

13.3 Bänd upp damaskpanelen runt handbromsspaken

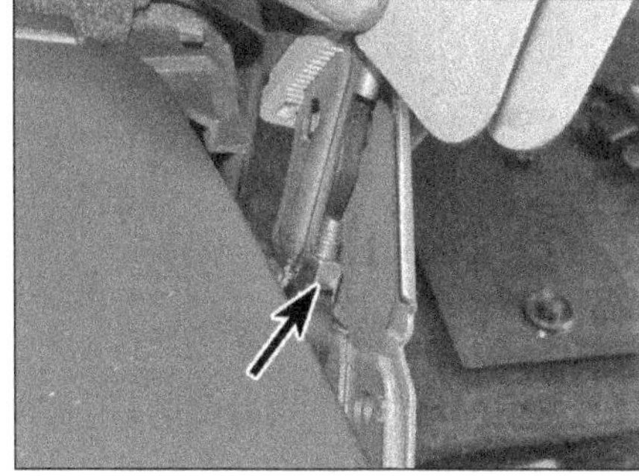

13.4 Lyft bort plastspjället och vrid muttern (markerad med pil) för att justera handbromsen

14.4a Tryck in fästfjädern. . .

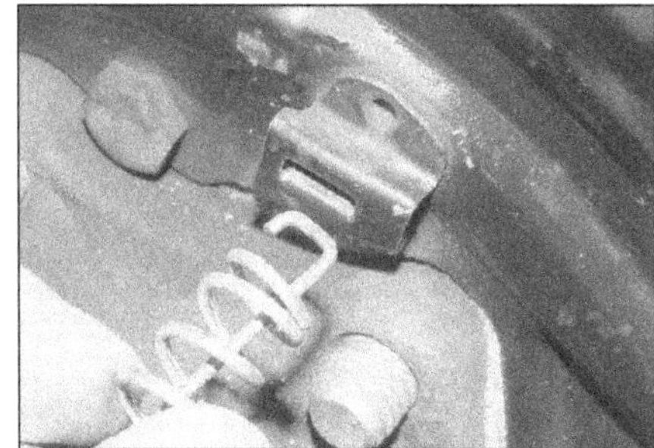

14.4b . . . och skjut den åt sidan för att lossa den (visas här med beläggen borttagna av tydlighetsskäl)

14.5a Dra bort beläggen från förlängarfästet. . .

7 Applicera fett med hög smältpunkt på bromsbackarnas kontaktytor på bromsskölden och på justeringsmekanismens gängor **(se bild)**.

8 Monteringen sker i omvänd ordningsföljd mot demonteringen. Se till att det inte kommer fett eller olja på bromsbeläggen eller bromsskivans friktionsyta.

9 Montera bromsskivan enligt beskrivningen i avsnitt 7. Justera sedan handbromsen enligt beskrivningen i avsnitt 13.

15 Handbromsvajer – demontering och montering

Demontering

1 Lossa bakhjulsbultarna och klossa framhjulen. Lyft upp bakvagnen och ställ den på pallbockar (se *Lyftning och stödpunkter*). Demontera bakhjulen.

2 Demontera mittkonsolen enligt instruktionerna i kapitel 11. Ta även bort baksätet och mattorna så mycket som behövs för att komma åt den punkt där vajern går igenom golvet.

3 Se till att handbromsen lossas och utgå därefter från avsnitt 13 och lossa handbromsens justeringsmutter vid spaken tills det finns tillräckligt mycket slack i vajrarna för att koppla från utjämnarfästet från vajrarnas ändar **(se bild)**.

4 Ta bort de bakre skivorna enligt beskrivningen i avsnitt 7.

5 Ta bort baksätets dyna enligt beskrivningen i kapitel 11 och fäll fram den bakre golvmattan för att frilägga de yttre bromsvajrarna.

6 Arbeta inifrån kupéns bakdel och tryck vajerns gummigenomföring bakåt in i karossen.

7 Fäst en bit kraftig vajer i vajrarnas framände för att underlätta återmonteringen **(se bild)**.

8 Haka loss bromsbackarnas returfjäder och haka loss förlängaren från ställdonets hylsa **(se bild)**.

9 Lossa handbromsens inre vajer från ställdonets hylsa **(se bild)**.

10 Bänd försiktigt loss vajerstyrningens hylsa från navhållarenheten.

11 Notera deras monteringslägen och lossa vajern från eventuella klämmor eller fästen längs dragningen.

12 Dra ut vajerns framände ur kupén tills vajern syns (se avsnitt 7) och lossa sedan vajern och lämna den på plats så att den är klar att fästa vid den nya vajern.

Montering

13 Fäst den inre vajerns ände på handbromsbeläggets ställdon och dra ställdonet i läge på bromsskölden. Återanslut returfjädern.

14 Tryck tillbaka styrhylsan på sin plats över navhållaren. Se till att tappen på hylsan hamnar rätt i navhållaren **(se bild)**.

15 Fäst vajerns framände på styrvajern och dra den och gummigenomföringen i läge genom kupén och anslut den inre kabelns ände till handbromsspakens utjämnarplatta. Lossa styrvajern.

16 Montera tillbaka vajerns på fästena/stödfästena längs dragningen.

17 Återstående montering sker i omvänd ordningsföljd.

18 Lägg i handbromsen ett par tre gånger så vajern hamnar rätt. Justera sedan handbromsen enligt beskrivningen i avsnitt 13.

14.5b . . . och lossa returfjädrarna

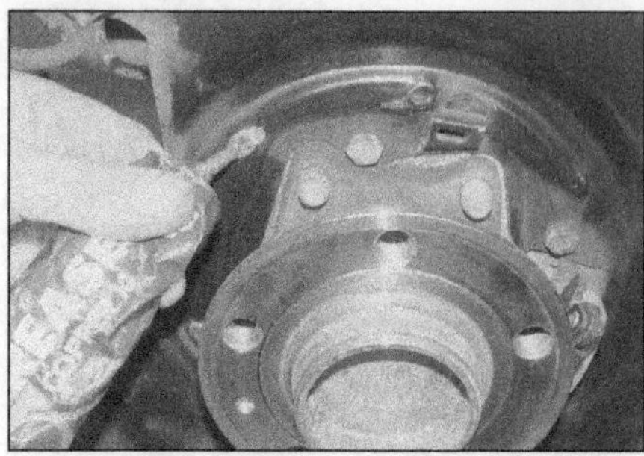

14.7 Applicera fett med hög smältpunkt (Copper slip) på beläggets kontaktytor på stödplattan

15.3 Koppla loss utjämnarplattan från vajrarnas ände

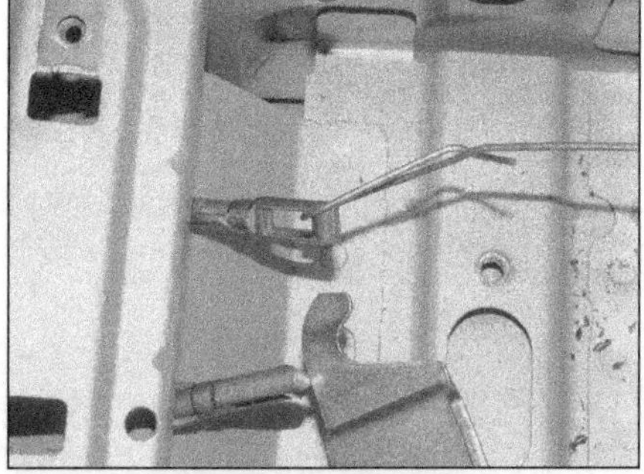

15.7 Sätt fast en kabel på vajern för att underlätta monteringen

15.8 Haka loss förlängaren från hylsan

15.9 Tryck ner klämman (markerad med pil) och skjut bort den inre vajeränden från ställdonets hylsa

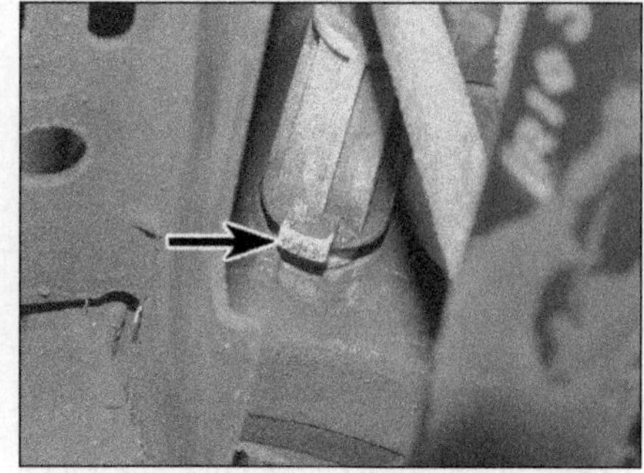

15.14 Kontrollera att tappen (markerad med pil) hamnar i rätt läge i navhållaren

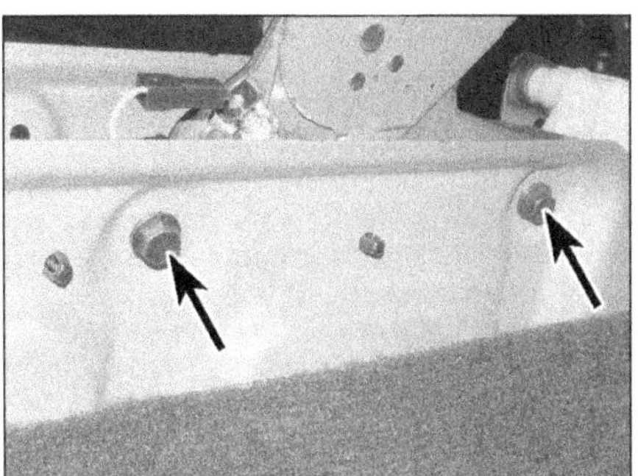

16.5 Skruva loss de 2 bultar (markerade med pilar) som håller fast handbromsspaken

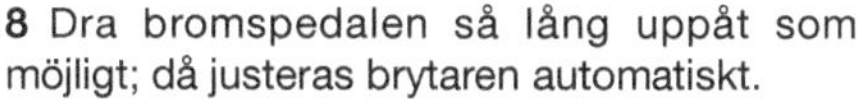

17.4 Dra låshylsan (markerad med pil) mot brytarkolven

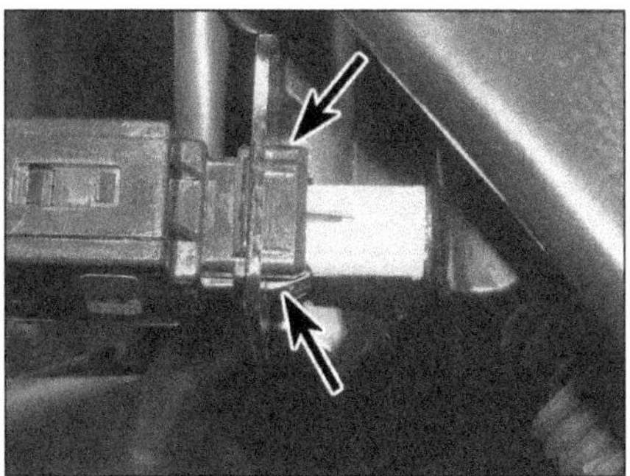

17.5 Tryck ihop fästhakarna (markerade med pilar)

16 Handbromsspak – demontering och montering

Demontering

1 Ta bort mittkonsolen enligt beskrivningen i kapitel 11.
2 Skruva loss vajerns justeringsmutter från handbromsvajern **(se bild 13.4)**.
3 Koppla loss kontaktdonet från brytaren till handbromsens varningslampa.
4 Skruva loss fästbulten till varningslampans brytare och ta bort brytaren.
5 Skruva loss bultarna som håller fast spaken vid golvet **(se bild)**.

Montering

6 Monteringen sker i omvänd ordning. Avsluta med att justera handbromsen enligt beskrivningen i avsnitt 13.

17 Bromsljusbrytare – demontering och montering

Demontering

1 Se till att tändningen är avstängd.
2 Skruva loss de två skruvarna och ta bort dekorpanelen från instrumentbrädans undersida på förarsidan.
3 Tryck ner bromspedalen något. Tryck sedan bromsljusbrytaren mot pedalen för att lossa spärrhylsan.
4 Dra den vita spärrhylsan mot brytarens tryckkolv så långt det går **(se bild)**.
5 Tryck ihop brytarens sidohakar. Dra bort brytaren från pedalens fästbygel. Koppla loss kontaktdonet/kontaktdonen och ta bort brytaren **(se bild)**.

Montering

6 Se till att brytarens spärrhylsa är helt utskjuten mot brytarens tryckkolv.
7 Återanslut kablaget. Håll sedan bromspedalen nedtryckt och placera brytaren i pedalens fästbygel. Tryck in brytaren i fästbygeln tills ett klick hörs när hakarna fäster i fästbygeln.
8 Dra bromspedalen så lång uppåt som möjligt; då justeras brytaren automatiskt.
9 Vicka försiktigt på brytaren för att kontrollera att den sitter ordentligt och kontrollera bromsljusens funktion.
10 Montera de paneler som togs bort för att förbättra åtkomligheten.

18 Låsningsfria bromsar (ABS) – allmän information

Systemet för låsningsfria bromsar som finns som standardutrustning på alla modeller registrerar hjulens rotationshastighet vid inbromsning. Om ett hjul plötsligt minskar i hastighet som tecken på att hjulet håller på att låsa sig, minskas eller avbryts det hydrauliska trycket på det hjulets bromsar ögonblickligen.

Systemet består huvudsakligen av hjulsensorerna, den elektroniska styrenheten (ECU) och den hydrauliska modulatorenheten.

En sensor sitter monterad vid varje hjul tillsammans med ett pulshjul på hjul/drivaxelnavet. Sensorerna registrerar hjulens rotationshastigheter och kan avgöra när det är risk för att ett hjul låser sig (låg rotationshastighet). Hjulsensorerna förser även bilens hastighetsmätare med information.

Informationen från sensorerna skickas till den elektroniska styrenheten, som kontrollerar solenoidventilerna i den hydrauliska modulatorn. Solenoidventilerna begränsar hydrauloljetillförseln till det bromsok som håller på att låsa sig.

Skulle ett fel uppstå i systemet tänder den elektroniska styrenheten en varningslampa på instrumentbrädan och sätter systemet ur funktion. Den normala bromsningen fungerar fortfarande, men utan den låsningsfria funktionen. Om ett fel skulle uppstå lagrar den elektroniska styrenheten en serie signaler (eller felkoder) som sedan kan avläsas med speciell diagnosutrustning (se avsnitt 20).

Den elektroniska bromskraftfördelningen (EBD) är inbyggd i ABS-systemet och den reglerar fördelningen av bromskraften mellan fram- och bakhjulen.

På bilar utrustade med antispinnsystem har ABS-systemet dubbla funktioner. Förutom att övervaka att hjulen inte låser sig vid inbromsning kontrollerar systemet även att hjulen inte börjar spinna vid acceleration. När detta tillstånd uppstår läggs bromsarna på det aktuella hjulet omedelbart an för att minska eller avbryta hjulspinningen. När det spinnande hjulets rotationshastighet är i nivå med de andra hjulen släpper bromsarna. På fordon utrustade med stabilitetskontroll (STC eller DSTC) används samma givare, solenoider och rör på modeller utrustade med stabilitets- och antispinnsystem (STC) eller dynamisk stabilitetskontroll (DSTC). Fordon med DSTC är dock även utrustade med en kombinerad sirsensor och sidoaccelerationsgivare samt en rattvinkelsensor.

19 Låsningsfria bromsar (ABS), komponenter – demontering och montering

Demontering

Främre hjulsensor

1 Lossa framhjulsbultarna på det aktuella hjulet och klossa bakhjulen. Lyft upp framvagnen och ställ den på pallbockar (se *Lyftning och stödpunkter*). Ta bort hjulet.
2 Koppla loss anslutningskontakten till hjulsensorn. Kontakterna är placerade i motorrummets bakre hörn. Mata kablaget in i hjulhuset när kontakten är urkopplad.
3 Skruva loss bulten som fäster sensorn vid navhållaren. Dra bort sensorn och lossa kablaget från fästbyglarna på fjäderbenet och innerskärmen **(se bild)**.

19.3 Skruva loss bulten (markerad med pil) och ta bort framhjulets hastighetsgivare

19.6 Skruva loss bulten (markerad med pil) och ta bort bakhjulets hastighetsgivare (visas uppifrån)

19.9 Skruva loss den positiva anslutningen, skruva loss de två skruvarna och flytta motorrummets relä-/säkringsdosa åt ena sidan (markerad med pilar)

Främre pulshjul

4 Det främre pulshjulet sitter fasttryckt på drivaxelns drivknut och det behövs specialverktyg för att ta loss det. Detta arbete bör överlåtas till en Volvo-verkstad.

Bakre hjulsensor

5 Lossa bakhjulsbultarna på det aktuella hjulet och klossa framhjulen. Lyft upp bakvagnen och ställ den på pallbockar (se *Lyftning och stödpunkter*). Ta bort hjulet.

6 Skruva loss bulten som hålelr fast givaren på axeltappen **(se bild)**. Ta bort sensorn och koppla loss kontaktdonet. På vissa modeller måste kablaget följas bakåt till skarvdonet så att detta kan kopplas loss. Det kan innebära att baksätet eller bagageutrymmets klädselpaneler måste tas bort (se kapitel 11).

Bromsstyrenhet (BCM)

7 Koppla loss och ta bort batteriets jordledning enligt beskrivningen i kapitel 5A.

8 Demontera luftrenarhuset enligt beskrivningen i kapitel 4A eller 4B.

9 Skruva loss de positiva kabelanslutningarna, skruva loss de två skruvarna och flytta motorrummets relä-/säkringsdosa åt ena sidan **(se bild)**.

10 Lossa hydraulpumpens motors anslutningskontakt från BCM och skruva loss de fyra torxbultarna och lossa BCM från modulatorenheten.

Hydraulisk modulator

Observera: *Se varningen i början av avsnitt 2 angående farorna med hydraulolja, innan arbetet påbörjas.*

11 Koppla loss batteriets minusledning (se kapitel 5A).

12 Töm ur hydrauloljan ur bromssystemet. Detta är i huvudsak samma moment som när systemet luftas (se avsnitt 2), men ingen olja tillförs huvudcylinderbehållaren under momentet. Observera dock att när systemet luftas avslutningsvis måste tryckluftningsutrustning användas.

13 Ta bort luftrenaren enligt beskrivningen i kapitel 4A eller 4B. På turbomodeller ska dessutom insugningskanalen mellan luftrenarenheten och turboaggregatet tas bort.

14 Skruva loss de positiva kabelanslutningarna, skruva loss de två skruvarna och flytta motorrummets relä-/säkringsdosa åt ena sidan **(se bild 19.9)**.

15 Rengör alla bromsrörsanslutningar vid den hydrauliska modulatorn. Placera absorberande trasor under röranslutningarna för att fånga upp oljespill.

16 Markera oljerörens placering innan de kopplas loss från den hydrauliska modulatorn (t.ex. genom att fästa etiketter runt rören). Skruva loss anslutningsmuttrarna på bromsrören på sidan av den hydrauliska modulatorn. Dra försiktigt bort rören och täck över de öppna anslutningarna och rörändarna.

17 Lossa kåpan från det stora kontaktdonet på sidan av modulatorn. Lossa skarvdonets låsklämma och koppla loss anslutningskontakten.

18 Koppla loss kontaktdonet till ABS-pumpens motor.

19 Skruva loss bultarna som fäster den hydrauliska modulatorns fästbygel vid innerskärmen. Flytta kablaget åt sidan och lyft ut modulatorenheten och fästbygeln.

20 Om det behövs (t.ex. om den elektroniska styrenheten ska bytas) kan modulatorn separeras från fästbygeln genom att de fyra fästbultarna tas bort.

21 Observera att modulatorn är en förseglad precisionsenhet och inte får tas isär under några som helst förhållanden.

Bromspedalens lägesgivare

22 Tryck ner bromspedalen ett par tre gånger för att häva vakuumet i servoenheten.

23 Koppla loss kontaktdonet från pedalens lägesgivare som sitter placerad på vakuumservoenhetens framsida **(se bild)**.

24 Öppna låsringen och dra bort givaren från servon. Ta loss O-ringen och distanshylsan från givaren.

Montering

25 Monteringen sker alltid i omvänd ordning. Observera dock följande punkter:

a) *Tvätta bort all smuts från områdena för hjulsensorerna och fästena innan monteringen. Rengör även pulshjulen med en hård borste.*
b) *Lufta hydraulsystemet enligt beskrivningen i avsnitt 2 när den hydrauliska modulatorn har återmonterats.*
c) *Använd en ny O-ring på bromspedalens lägesgivare. Se dessutom till att den färgkodade distanshylsan passar ihop med färgkoden på servoenheten.*

19.23 Bromspedalens lägesgivare

20.1 Diagnoskontakten sitter under instrumentbrädan, över förarpedalerna

20 Låsningsfria bromsar (ABS) – feldiagnos

Allmän information

1 Systemet för låsningsfria bromsar innehåller ett diagnossystem för att underlätta felsökning och systemkontroll. Om ett fel skulle inträffa, finns en serie signaler (eller felkoder) lagrade i BCM:n. Dessa kan avläsas via diagnoskontakten som sitter under instrumentbrädan, ovanför pedalerna på förarsidan **(se bild)**.

2 Vid problem kan diagnossystemet användas för att hitta problemområdena. Men detta kräver tillgång till specialutrustning. När detta har gjorts kan ytterligare test behövas för att avgöra felets exakta natur. det vill säga om det är fel på själva komponenten eller om det är ett fel i kablarna eller något annat besläktat problem. För alla kontroller utöver visuella kontroller av kablage och anslutningar behövs åtminstone en felkodsläsare. En Volvo-återförsäljare har med säkerhet sådana mätare, men de finns också att köpa från andra återförsäljare. Det är knappast lönsamt för en privatperson att köpa en felkodsläsare, men välutrustade garage eller specialister på bilars elsystem brukar vara utrustade med en.

Preliminära kontroller

Observera: *Om felet uppstått endast ett kort tag efter att bilen har fått service eller renoverats är det första stället man ska leta på det ställe där arbetet utfördes. Även om det kan verka långsökt så kan felet bero på slarvigt återmonterade komponenter.*

Kom ihåg att de felkoder som har lagrats i den elektroniska styrenhetens minnen måste läsas med hjälp av en särskild felkodsläsare (se punkt 2) för att man ska vara säker på att orsaken till felet har åtgärdats.

3 Lyft golvet i bagageutrymmet och kontrollera batterianslutningarnas kondition. Gör om anslutningarna eller byt kablarna om ett fel upptäcks. Använd samma teknik för att se till att alla jordpunkter i motorrummet ger god elektrisk kontakt, att kontaktytorna mellan metall och metall är rena, samt att de är ordentligt fästa.

4 Arbeta sedan metodiskt runt hela motorrummet och kontrollera alla synliga kablar, samt anslutningarna mellan de olika kablagedelarna. Det du letar efter i det här läget är kablage som är uppenbart skadat genom att det skavt mot vassa kanter eller rörliga delar i fjädringen/växellådan och/eller drivremmen, genom att de klämts mellan slarvigt återmonterade delar eller smält genom att de kommit i kontakt med heta motordelar, kylrör etc. I nästan alla fall orsakas skador av denna typ i första hand av felaktig dragning vid hopsättning efter att tidigare arbete har utförts (se anmärkningen i början av detta underavsnitt).

5 Naturligtvis kan kablar gå av eller kortslutas inuti isoleringen så att det inte syns utanpå, men detta sker normalt bara om kablaget har dragits fel så att det sträckts eller böjts skarpt; endera av dessa förhållanden bör vara uppenbara även vid en översiktlig kontroll. Om detta misstänks ha hänt, men felet ändå inte kan hittas, bör det misstänkta kabelavsnittet kontrolleras mycket noggrant under de mer detaljerade kontroller som beskrivs nedan.

6 Beroende på problemets storlek kan skadade kablar repareras genom sammanfogning eller splitsning med en bit ny kabel, med lödning för att försäkra en god anslutning, och sedan nyisolering med isoleringstejp eller krympslang. Om skadan är omfattande och kan påverka bilens fortsatta pålitlighet är den bästa lösningen på lång sikt att byta ut hela kabelsektionen, även om det kan verka dyrt.

7 När skadan har reparerats, se till att kablaget dras korrekt vid återmonteringen så att det inte vidrör andra delar, inte är sträckt eller veckat, samt att det hålls undan med hjälp av de plastklämmor, guider och fästband som finns till hands.

21.5a Koppla loss den lilla vakuumslangen från pumpen (se pil) . . .

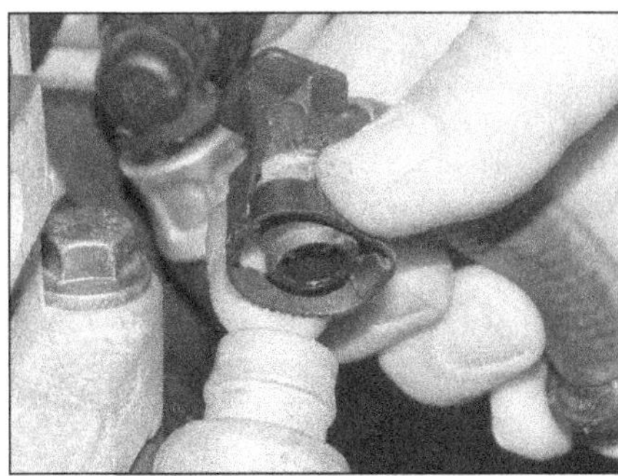

21.5b . . . och tryck sedan ihop sidorna på hylsan och koppla loss bromsservoslangen från pumpen

8 Kontrollera alla elektriska skarvdon och se till att de är rena och ordentligt fastsatta, samt att vart och ett hålls på plats med motsvarande plastflik eller kabelklämma. Om något kontaktdon visar yttre tecken på korrosion (ansamlingar av vita eller gröna avlagringar, eller roständer) eller är smutsigt, ska det kopplas loss och rengöras med rengöringsmedel för elektriska kontaktdon. Om kontaktstiften är kraftigt korroderade måste kontaktdonet bytas. observera att det kan innebära att hela kabelavsnittet måste bytas.

9 Om rengöringsmedlet tar bort korrosionen helt så att skarvdonet återställs i godtagbar kondition, är det en god idé att täcka skarvdonet med något lämpligt material som håller smuts och fukt ute och förhindrar ny korrosion; en Volvo-verkstad kan rekommendera någon passande produkt.

10 Arbeta metodiskt runt hela motorrummet och kontrollera noga att alla vakuumslangar och rör sitter ordentligt fast och att de dragits korrekt, utan tecken på sprickor, åldrande eller andra skador som kan orsaka läckor, och se till att inga slangar klämts, vridits eller böjts så skarpt att de förhindrar luftflödet. Var extra noga vid alla anslutningar och skarpa böjar och byt ut alla slangar som är skadade eller deformerade.

11 Kontrollera bromsledningarna och byt ut de som läcker, är korroderade eller är sönderklämda. Kontrollera slangarna vid bromsoken extra noga.

12 Det går att göra en ytterligare kontroll av elanslutningarna genom att vicka på de elektriska kontaktdonen i tur och ordning när motorn går på tomgång. ett defekt kontaktdon kommer att synas direkt på motorns respons (eller på varningslampan) när kontakten bryts och sluts igen. Ett defekt kontaktdon måste bytas för att systemet ska fungera som det ska. observera att det kan innebära att hela kabelavsnittet måste bytas.

13 Se till att hjulsensorernas kablage och anslutningar kontrolleras noga. Hjulsensorerna utsätts för vatten, vägsalt och smuts vilket ofta är orsaken till att ABS-systemets varningslampa tänds.

14 Om felet inte kunde lokaliserats vid de preliminära kontrollerna måste bilen lämnas in till en Volvo-verkstad eller till ett välutrustat garage för diagnoskontroll med hjälp av elektronisk testutrustning.

21 Vakuumpump – demontering och montering

Observera: *Den kamaxeldrivna vakuumpumpen monteras bara på dieselmodeller.*

Demontering

1 Ta bort hela luftrenarenheten tillsammans med luftflödesgivaren, enligt beskrivningen i kapitel 4B.

2 Dra loss plastkåpan ovanpå motorn rakt uppåt från sina fästen

D5244T/T2/T3 motorer

3 Skruva loss de positiva kabelanslutningarna, skruva loss de två skruvarna och flytta motorrummets relä-/säkringsdosa åt ena sidan **(se bild 19.9)**.

4 Lossa klämmorna, skruva loss monteringskonsolen och ta bort röret mellan turboaggregatet och luftfiltret.

5 Notera hur vakuumslangarna sitter monterade på ventilen och koppla sedan loss dem **(se bild)**.

6 Skruva loss de två skruvarna som håller fast ventilationsröret och flytta den åt sidan för att komma åt pumpen **(se bild)**.

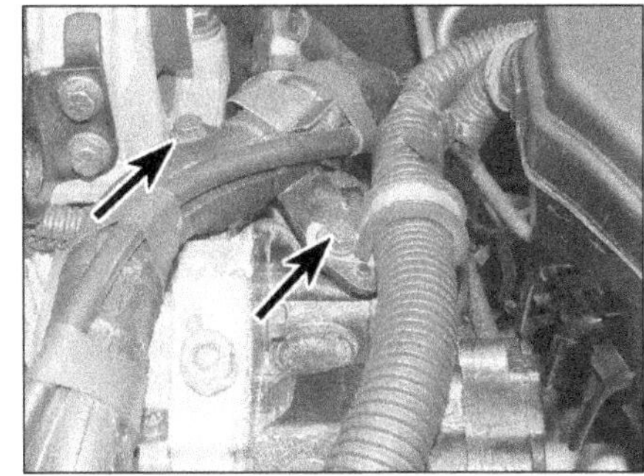

21.6 Skruva loss de två skruvarna (markerade med pilar) och flytta slangen åt sidan

21.7 Skruva loss bultarna (markerade med pilar – tredje bulten dold) och ta bort vakuumpumpen

21.9a Byt vakuumpumpens O-ringar (markerade med pilar)

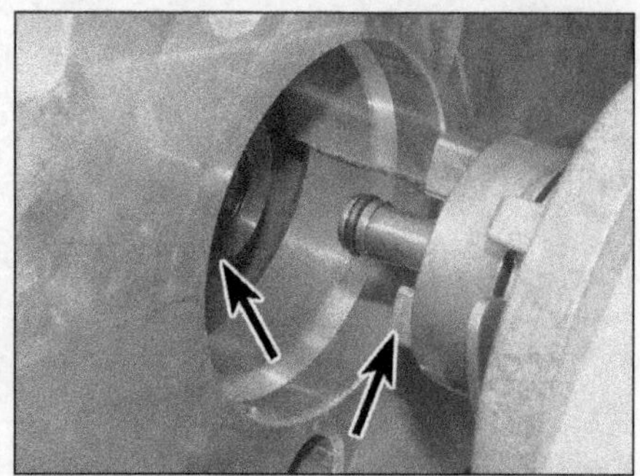

21.9b Se till att drivtapparna passar in i spåren i avgaskamaxelns ände (markerade med pilar)

D5244T4/T5/T6/T7 motorer

7 Notera hur vakuumslangarna sitter monterade på ventilen och koppla sedan loss dem **(se bild)**.

Alla motorer

8 Skruva loss de tre bultarna och ta bort pumpen från topplocket. Var beredd på spill. Kasta O-ringstätningarna, nya tätningar måste användas vid återmonteringen. Ingen isärtagning av pumpen rekommenderas.

Montering

9 Montera nya O-ringstätningar på pumpens fogyta och passa in pumpens drivtappar i spåren i änden av avgaskamaxeln och sätt dit pumpen på topplocket – dra åt bultarna till angivet moment **(se bilder)**.

10 Resten av monteringen sker i omvänd ordningsföljd mot demonteringen.

Kapitel 10
Fjädring och styrning

Innehåll

Svårighetsgrader

Enkelt, passer novisen med lite erfarenhet 

Ganska enkelt, passar nybörjaren med viss erfarenhet

Ganska svårt, passer kompetent hemmamekaniker 

Svårt, passer hemmamekaniker med erfarenhet 

Mycket svårt, för professionell mekaniker 

Specifikationer

Framfjädring

Typ	Oberoende, med MacPherson-fjäderben med spiralfjädrar och teleskopiska stötdämpare. Krängningshämmare finns på alla modeller

Bakfjädring

Typ	Helt oberoende, med flera länkar med spiralfjädrar monterade över hydrauliska teleskopstötdämpare. Krängningshämmare finns på alla modeller

Styrning

Typ	Servoassisterad kuggstångsstyrning
Servostyrningsolje typ	Se slutet av *Veckokontroller*

Hjulinställning och styrningsvinklar

Framhjul:	
Cambervinkel	-0,3° ± 0,9°
Castervinkel	4,0° ± 1,0°
Toe-in	0,10° ± 0,10° toe-in
Bakhjul:	
Cambervinkel	0,0° ± 1,0°
Toe-in	0,20° ± 0,20° toe -in

Däck

Däcktryck	Se etikett på insidan av tankluckan

Åtdragningsmoment

	Nm
Framfjädring	
ABS sensor	10
Krängningshämmarens klämbultar	50
Krängningshämmarens anslutningslänkmuttrar*	50
Bultarna mellan kulled och navhållare*	40
Lagerhus till navhållare*:	
Steg 1	20
Steg 2	65
Steg 3	Vinkeldra ytterligare 60°
Bromsokets fästbultar*	100
Styrarm till kryssrambalk*:	
Främre bult:	
Steg 1	65
Steg 2	Vinkeldra ytterligare 90°
Bakre bult:	
Steg 1	105
Steg 2	Vinkeldra ytterligare 90°
Drivaxelskruv*:	
Steg 1	35
Steg 2	Vinkeldra ytterligare 90°
Navhållarens kulled-till-styrarmens mutter:	
Steg 1	50
Steg 2	Vinkeldra ytterligare 35°
Lägesgivare	10
Kryssrambalkens fästbultar*:	
Upp till årsmodell 2004:	
Steg 1	105
Steg 2	Vinkeldra ytterligare 120°
Från årsmodell 2005	160
Kryssrambalkens fästbyglar till karossen	50
Navhållare till fjädringsben*:	
Steg 1	105
Steg 2	Vinkeldra ytterligare 90°
Fjäderbenets övre kolvmutter	70
Fjäderbenets stjärnmutter	70
Fjäderbenets övre fäste till karossen	25
Bakfjädring	
Bultar för krängningshämmare till kryssrambalk	80
Krängningshämmare till nedre styrarmar	80
Nedre styrarm till navhållare och bärram	80
Bakre navlager enhet*:	
Steg 1	20
Steg 2	65
Steg 3	Vinkeldra ytterligare 60°
Stötdämparens nedre fästbult	80
Stötdämparens övre fästmutter	60
Kryssrambalkens fästbultar*	80
Styrstagsbultar	80
Länkarmens bultar*	80
Övre styrarm till navhållare och bärram	80
Styrning	
Servostyrningrör till kuggstång	25
Servostyrningspumpens fästbultar	25
Rattstångens fästbultar	25
Styrväxelns kollisionsskyddsbultar	80
Kuggstång till motorfäste	50
Muttrar/bulten mellan kuggstång och kryssrambalk*	50
Styrstångsknutkorsets klämbultar*	30
Rattens bult*:	
Steg 1	30
Steg 2	Vinkeldra ytterligare 30°
Styrstag till kuggstång	100
Styrstagsändens kulledsmuttrar*:	
Aluminiumnavhållare:	
Steg 1	50
Steg 2	Vinkeldra ytterligare 40°
Stålnavhållare	70
Parallellstagets låsmuttrar	70
Hjul	
Hjulbultar	140

* *Återanvänds inte*

1 Allmän information

Den oberoende framfjädringen är av MacPherson-bentyp, med spiralfjädrar och inbyggda teleskopiska stötdämpare. Benen hålls på plats av tvärställda styrarmar, som är anslutna till den främre kryssrambalken med gummibussningar vid deras inre ändar, och som har en spindelled i sina yttre ändar. Navhållare som håller fast navlagren, bromsoken och naven/skivorna, är fastskruvade vid MacPherson-benen, och anslutna till styrarmarna via kullederna. Alla modeller har en främre krängningshämmare, som är ansluten till kryssrambalken och MacPherson-benen via länkarmar.

Den bakre hjulupphängningen är helt oberoende och av flerlänktyp och består av en övre och en nedre styrarm som är monterade med gummibussningar på navhållaren och den bakre bärramen. Navhållaren sitter på en länkarmen och ett övre stag på varje sida. Ovanför teleskopstötdämparna sitter spiralfjädrar monterade mellan den nedre styrarmen och karossen.

Modeller med dynamisk stabilitetskontroll (DSTC) kan även ha det aktiva chassisystemet fyra-C (Continuously Controlled Chassis Concept – kontinuerligt styrt chassikoncept). Här styrs varje stötdämpares dämpeffekt av en elektronisk fjädringsmodul (SUM). SUM tar emot bilens rörelsedata från olika givare på fjädringen och karossen och utifrån dessa avgör den den optimala komfort eller greppnivån och justerar stötdämparnas dämpning upp till 500 gånger i sekunden.

Servounderstödd kuggstångsstyrning är standard. Servokraften kommer från en hydraulpump, som drivs via en rem från vevaxelns remskiva.

Observera: *Många av de komponenter som beskrivs i detta kapitel hålls fast av muttrar och bultar som vinkeldragits. Dessa muttrar och bultar anges i avsnittet om åtdragningsmoment i Specifikationer. Om dessa lossas krävs ofta att* ***nya*** *muttrar och/eller bultar används vid återmonteringen, vilket också anges i Specifikationer. Självlåsande muttrar används också på många ställen, och dessa bör också bytas, särskilt om inget motstånd känns när låsdelen passerar över bultens gängor.*

2 Främre navbärare och lager – demontering och montering

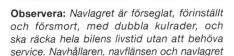

Observera: *Navlagret är förseglat, förinställt och försmort, med dubbla kulrader, och ska räcka hela bilens livstid utan att behöva service. Navhållaren, navflänsen och navlagret sitter ihop, och kan inte tas isär eller bytas separat.*

2.2 Skruva loss drivaxelskruven

2.3 Använd en torxbit för att hålla emot krängningshämmarlänkens kulledstång

Demontering

1 Lossa framhjulets bultar. Lyft sedan upp framvagnen och ställ den på pallbockar (se *Lyftning och stödpunkter*). Demontera relevant framhjul.

2 Lossa och ta bort skruven som håller fast drivaxeln vid navet **(se bild)**. Låt en medhjälpare trycka ner bromspedalen för att hindra navet från att rotera. Kasta skruvan – eftersom en ny en måste användas.

3 Skruva loss muttern som håller fast krängningshämmarlänken vid stötdämparen. Använd en torxbit i änden av kulledstången för att hålla emot muttern **(se bild)**.

4 Demontera ABS-givaren från navhållaren och lossa givarnas kablage från fjäderbenets fästbygel.

5 Skruva loss de båda bultarna som håller fast bromsokets fäste och låsetsspärrens fäste på navhållaren. Observera att nya bultar krävs vid monteringen. Dra loss bromsoket och bromsklossarna från skivan och häng upp dem från spiralfjädern med snöre eller ståltråd.

6 Kontrollera om bromsskivans position relativt navet är markerad. Om inte, gör en egen markering som hjälp vid återmonteringen. Ta bort sprinten som håller fast skivan vid navet. Lyft sedan bort skivan.

7 Ta loss drivaxelns drivknut från navflänsen genom att knacka den inåt ungefär 10 till 15 mm med en plast- eller kopparklubba.

8 Skruva loss fästmuttern och koppla loss styrstagets ändkulled från navhållaren. Om det behövs, använd en kulledsavdragare **(se bild 22.3)**.

9 Använd skjutmått (eller liknande) och mät avståndet från ytterkanten på navhållarens fästtapp till stötdämparens bakdel **(se bild)**. Det här aktiverar framhjulens camberinställning så att den behålls när de sätts tillbaka.

10 Ta bort bultarna som håller fast navhållaren till stötdämparen och dra navhållaren utåt från stötdämparen. Notera vilket håll bultarnasätts i från – framifrån **(se bild)**.

11 Skruva loss muttern och ta bort fjädringskontrollarmens kulled från navhållaren. Använd ett kraftigt stag för att bända styrarmen nedåt och över kulledstångens ände **(se bilder)**. Var noga med att inte skada spindelledens dammkåpa under och efter urkopplingen.

12 Sväng navhållaren utåt och dra bort drivaxelns drivknut från navflänsen.

13 Skruva loss de fyra bultarna och ta loss lagerhuset från navhållaren **(se bild)**. Observera att nya bultar krävs vid ihopsättningen.

Montering

14 Före återmonteringen, torka bort alla spår av metallim, rost, olja och smuts från räfflor och gängor på drivaxelns yttre drivknut och lagerhusets fogyta på navhållaren.

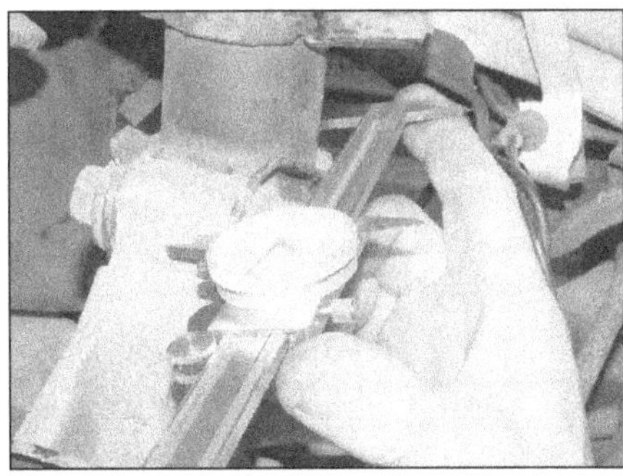

2.9 Mät avståndet från stötdämparens bakdel till ytterkanten på navhållarens fästtapp

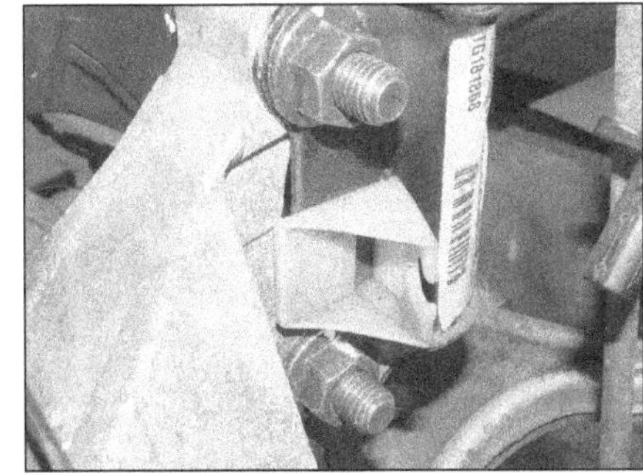

2.10 Bultarna mellan stötdämparen och navhållaren sätts i framifrån

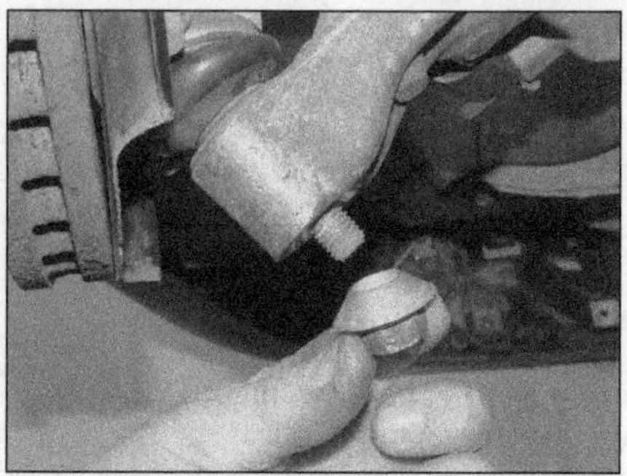
2.11a Skruva loss styrarmens kulledsmutter. . .

2.11b . . . bänd sedan ner styrarmen och dra ut navhållaren

2.13 Skruva loss de fyra bultar och lossa lagerhuset från navhållaren

15 Placera lagerhuset på navhållaren. Sätt på de nya bultarna och dra åt dem stegvis i diagonal ordningsföljd, först till angivet moment med en momentnyckel och sedan till angiven vinkel med en vinkelmätare.

16 Återstående montering sker i omvänd ordningsföljd. Tänk på följande:

a) Se till att navets och bromsskivans fogytor är helt rena, och montera tillbaka skivan med inpassningsmarkeringarna inpassade.

b) När du sätter tillbaka navhållaren på stötdämparen måste du se till så att avståndet från ytterkanten på hållartappen till stötdämparens bakdel är som mätts tidigare. Om inte måste bilen tas till en verkstad eller en specialist för att kontrollera och justera framvagnsinställningen.

c) Smörj gängorna till drivknuten med motorolja innan skruvan monteras. En ny drivaxelskruv ska användas.

d) Se till att ABS-givaren och givarens plats i navhållaren är helt rena före återmonteringen.

e) Dra åt alla muttrar och bultar till angivet moment (se kapitel 9 för bromskomponenternas åtdragningsmoment). När drivaxelskruvan dras åt ska den först dras åt med en momentnyckel och sedan till den angivna vinkeln med en vinkelmätare.

3 Främre fjäderben – demontering och montering

Demontering

1 Lossa bultarna från relevant framhjul. Klossa bakhjulen och dra åt handbromsen, och lyft sedan upp framvagnen och ställ den på pallbockar (se *Lyftning och stödpunkter*). Demontera relevant framhjul.

2 Ta bort ABS-systemets hjulsensor från navhållaren och lossa sensorkablaget från fjäderbenets eller navhållarens fästbygel **(se bild)**.

3 Skruva loss fästmuttern och lossa krängningshämmarens anslutningslänk från fästbygeln på fjäderbenet. Använd en torxnyckel för att hålla emot muttern **(se bild 2.3)**. Kasta muttern, eftersom en ny en måste användas.

4 På modeller med Four-C (aktiv fjädring) lossar du skruven och tar bort lägesgivaren från stötdämparen. Lägg sensorn åt sidan.

5 Använd skjutmått (eller liknande) och mät avståndet från ytterkanten på navhållarens fästtapp till stötdämparens bakdel **(se bild 2.9)**. Det här aktiverar framhjulens camberinställning så att den behålls när de sätts tillbaka.

6 Ställ en domkraft under fjädringens styrarm och hissa upp den så mycket att den tar upp vikten från fjädringen.

7 På modeller med Four-C arbetar du i motorrummet, drar kablarna från fjädringsbenet tillbaka till kontaktdonet och kopplar ur kontaktdonet.

8 Skruva loss de två muttrarna och ta loss bultarna som håller fast fjäderbenet vid navhållaren. Observera att nya muttrar krävs vid återmonteringen **(se bild 2.10)**.

9 I motorrummet, skruva loss de tre muttrar som håller fast benets övre fäste vid karossen – försök inte att lossa mittmuttern **(se bild)**. Observera att nya muttrar krävs vid monteringen.

10 Lossa fjäderbenet från navhållaren och ta ut benet från undersidan av hjulhuset.

Montering

11 Monteringen sker i omvänd ordningsföljd mot demonteringen, och tänk på följande:

a) Dra åt alla muttrar och bultar till angivet moment, med nya muttrar/bultar där det krävs.

b) När du sätter tillbaka navhållaren på stötdämparen måste du se till så att avståndet från ytterkanten på hållartappen till stötdämparens bakdel är som mätts tidigare. Om inte måste bilen tas till en verkstad eller en specialist för att kontrollera och justera framvagnsinställningen.

c) Se till att ABS-givaren och givarens plats i navhållaren är helt rena före återmonteringen.

3.2 Skruva loss bulten och dra ABS-sensorn från navhållaren

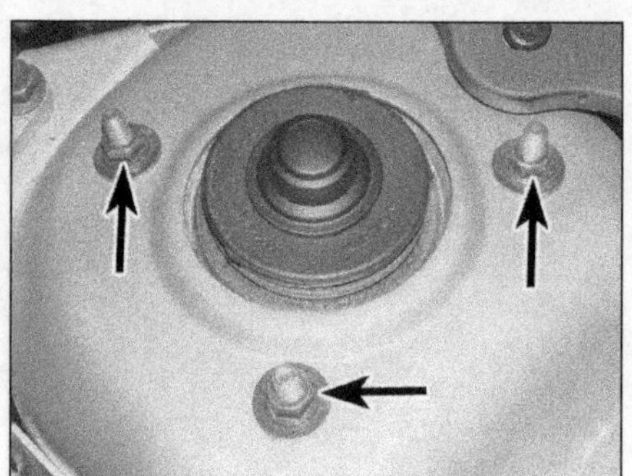
3.9 Skruva loss de tre muttrarna (markerade med pilar) som håller fast stötdämpare vid karossen

4 Främre fjäderben – isärtagning, kontroll och ihopsättning

Varning: Innan fjäderbenet kan demonteras måste ett passande verktyg för komprimering av spiralfjädern anskaffas. Justerbara spiralfjäderkompressorer som kan fästas säkert på fjädrarna kan enkelt införskaffas, och rekommenderas starkt. Alla försök att ta isär fjäderbenet utan ett sådant verktyg innebär stora risker för materiella skador och/eller personskador.

Isärtagning

1 Demontera benet enligt beskrivningen i avsnitt 3.

4.2 Bänd loss plastkåpan

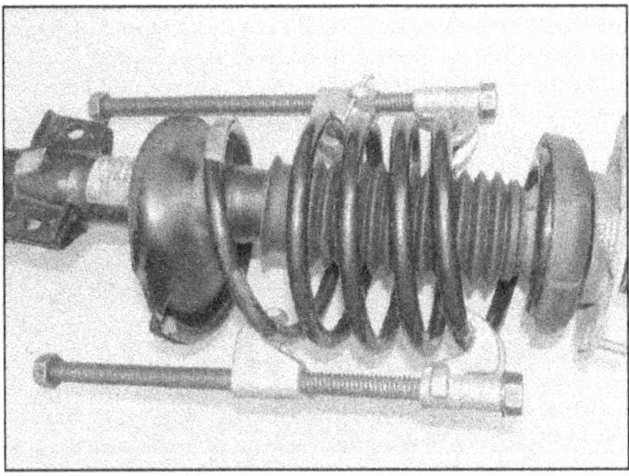
4.3 Sätt dit fjäderhoptryckare på spiralfjädrarna

4.4a Skruva loss kolvmuttern . . .

4.4b . . . följt av gummibrickan . . .

4.4c . . . och en stjärnmutter

4.5a Ta bort den övre fästen . . .

2 Bänd bort plastkåpan och lossa benets monteringsmutter 1/2 varv medan du håller den utstickande delen av kolvstången med en torxbit **(se bild)**. Ta inte bort muttern på det här stadiet.

3 Sätt dit hoptryckarna på spiralfjädern och dra åt kompressorerna tills belastningen avlägsnas från fjädersätena **(se bild)**.

4 Ta bort kolvmuttern, gummibrickan och den särskilda stjärnmuttern **(se bilder)**.

5 Skruva loss den övre fäste och fjädersäte, följt av fjädern, stoppklacken och damasken **(se bild)**.

Kontroll

6 Med benet nu helt isärtaget, undersök alla delar och leta efter tecken på slitage, skador eller deformering. Byt alla delar som behöver bytas.

7 Undersök stötdämparen och leta efter tecken på läckage, och undersök benets kolv efter tecken på punktkorrosion längs hela dess längd. Kontrollera stötdämparens funktion genom att hålla den upprätt och först röra kolven ett fullt slag, och sedan flera korta slag på 50 till 100 mm. I bägge fallen ska motståndet vara jämnt och kontinuerligt. Om motståndet är hoppigt eller ojämnt, eller om det finns synliga tecken på slitage eller skada, måste stötdämparen bytas ut.

8 Om några tveksamheter föreligger vad gäller spiralfjäderns kondition, lossa fjäderkompressorn gradvis och undersök fjädern efter tecken på deformering och sprickbildning. Eftersom ingen minsta fria längd anges av Volvo, är det enda sättet att kontrollera fjäderns spänst att jämföra den med en ny. Byt fjädern om den är skadad eller deformerad, eller om det föreligger några tveksamheter om dess kondition.

9 Undersök övriga komponenter efter tecken på skador eller åldrande och byt ut alla misstänkta komponenter.

10 Om en ny stötdämpare ska monteras, håll den lodrätt och pumpa med kolven ett par gånger.

Ihopsättning

11 Hopsättningen sker i omvänd ordningsföljd mot isärtagningen, men se till att fjädern är helt hoptryckt innan den sätts på plats. Se till att fjäderändarna sitter korrekt i det övre och nedre sätet, och dra åt stötdämparens och benets fästmuttrar till angivet moment och benets fästmuttrar till angivna moment. Observera att man behöver Volvo-verktyg nr 999 5469 för att dra åt

4.5b . . . följt av fjädersätet. . .

4.5c . . . fjädern . . .

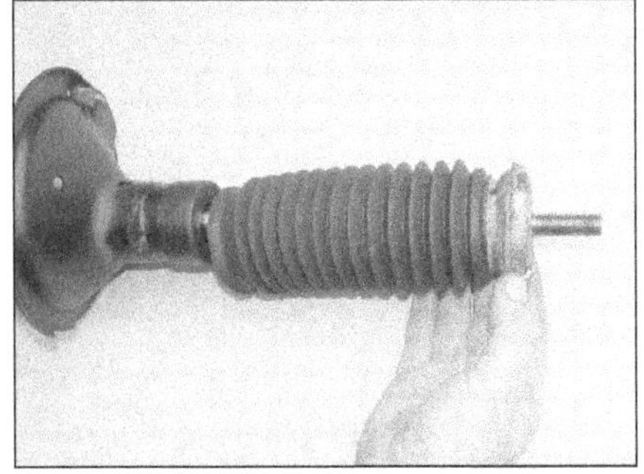
4.5d . . . damasken och stoppklacken

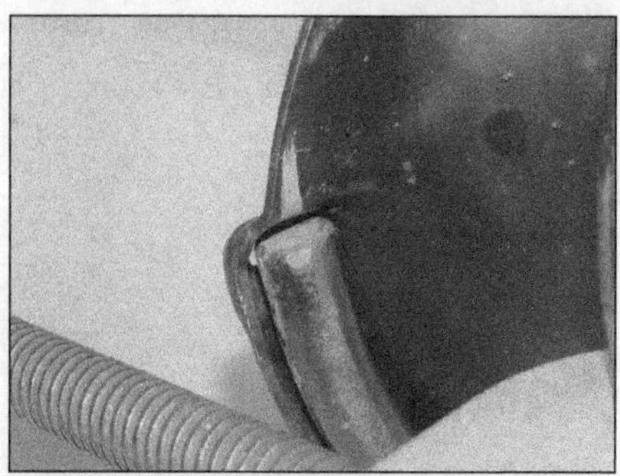

4.11a Se till att fjädern sitter i rätt i sätena

startmuttern ordentligt, men det går även att modifiera en gammal hylsa **(se bilder)**.

5 Framfjädringens styrarm/kulled – demontering, renovering och återmontering

Demontering

1 Lossa bultarna från relevant framhjul. Klossa bakhjulen och dra åt handbromsen, och lyft sedan upp framvagnen och ställ den på pallbockar (se *Lyftning och stödpunkter*). Ta bort framhjulet, lossa skruvarna och ta bort motorns undre skyddskåpa.

2 Skruva loss muttern som håller fast kulledstången på styrarmen. Använd en torxbit för att hålla emot muttern och använd sedan en stång för att bända ner armen över änden på kulledstången **(se bilderna 2.11a och 2.11b)**.

3 Vid behov lossar du de båda bultarna och tar bort kulleden från navhållarens bas **(se bild)**. Om kulleden är svår att ta bort använder du en glidhammare fäst på kulledstången och drar den från navhållaren.

4.11b Modifiera en gammal hylsa så att den passar stjärnmuttern

Vänster nedre styrarm

4 Skruva loss de två inre fästbultarna, ta loss bultarna och ta bort armen från bilen **(se bild)**. Observera att nya bultar krävs vid monteringen.

Höger nedre styrarm

5 För att kunna ta bort bultarna mellan styrarmen och bärramen måste man höja motorn ungefär 25 mm. Dra loss plastkåpan ovanpå motorn rakt uppåt från sina fästen

6 Skruva loss bultarna som hållar fast motorns tvärbalk vid fästbyglarna på fjädringens fjäderbenslager

7 Placera en verkstadsdomkraft under motorsumpen, med en träkloss på domkraftshuvudet för att skydda sumphöljet.

8 Skruva loss de två bultar som håller fast höger motorfäste vid motorblocket.

9 Skruva loss bultarna/muttrarna som håller fast motorns främre parallellstag och bakre monteringskonsol på bärramen.

10 Använd domkraften för att höja motorn cirka 25 mm så att du kommer åt styrarmens inre bultar. Skruva loss bultarna och för undan armen från bilen **(se bild)**. Observera att nya bultar krävs.

Översyn

11 Rengör styrarmen och området runt dess fästen noggrant. Undersök armen och leta efter tecken på sprickor, skador eller deformering, och kontrollera de inre pivåbussningarna noggrant efter tecken på svällning, sprickor eller åldrande av gummit.

12 Om någon bussning behöver bytas, bör arbetet överlåtas till en Volvo-verkstad eller specialist. En hydraulpress och passande mellanläggsbrickor krävs för att demontera och sätta tillbaka bussningarna, och en positionsmätare krävs för noggrann placering av bussningarna i armen.

Montering

13 Sätt armen i dess fästen och sätt i de nya fästbultarna och muttrarna. Dra åt muttrarna till angivet moment.

14 Om den har tagits bort, montera tillbaka kulledet vid navhållaren och dra åt de nya fästbultar till angivet moment.

15 Koppla in kulledstången i styrarmen och dra åt den nya muttern till angivet moment och därefter till angiven vinkel.

16 Resten av monteringen sker i omvänd ordningsföljd mot demonteringen.

6 Främre krängningshämmare – demontering och montering

Demontering

1 Lossa framhjulsbultarna. Klossa bakhjulen, lyft upp framvagnen och ställ den på pallbockar (se *Lyftning och stödpunkter*). Demontera båda framhjulen.

2 Skruva loss fästmuttern och lossa krängningshämmarens anslutningslänkar från båda sidorna av krängningshämmarens ändar. Vid behov använder du en torxbit i änden av kulledstången för att hålla emot muttern **(se bild)**.

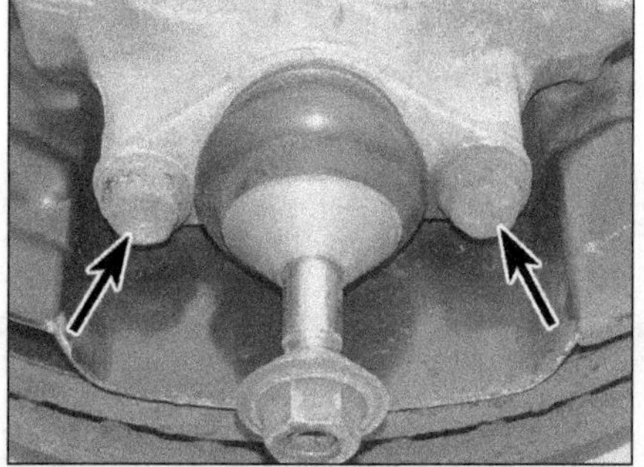

5.3 Skruva loss kulledbultarna (markerade med pil)

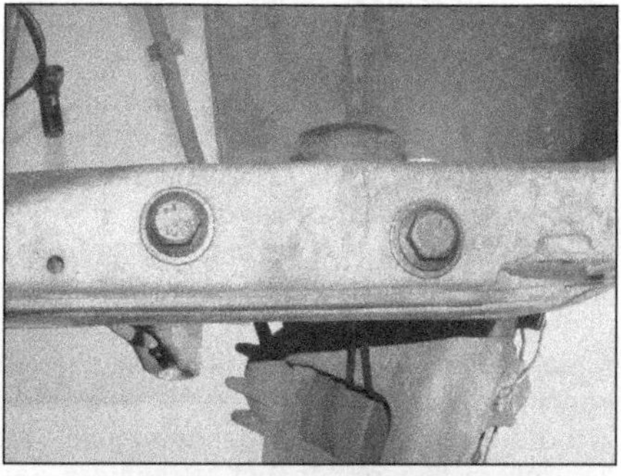

5.4a De båda bultarna för den vänstra styrarmen går genom bärramen. . .

5.4b . . . styrarmens bakre fästbult

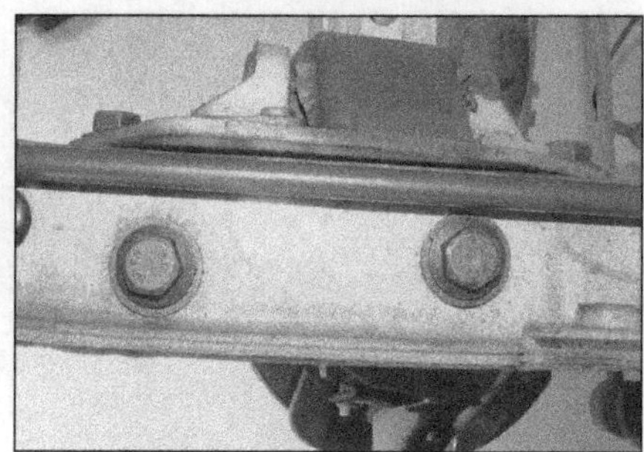

5.10 För att kunna ta bort den högra styrarmens främre fästbultar måste motorn sänkas cirka 25 mm

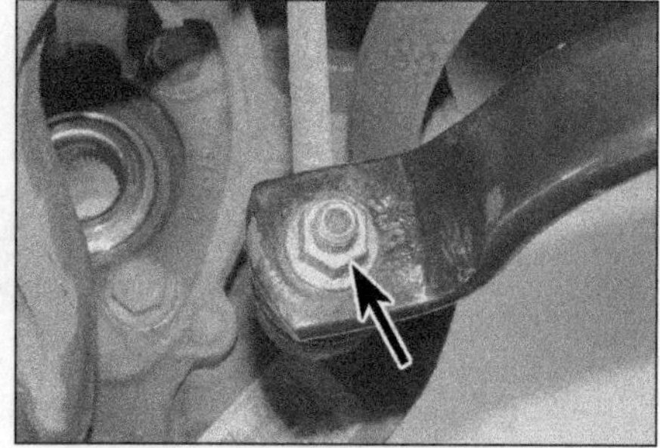

6.2 Skruva loss muttern (markerad med pil) och skilj anslutningslänken från krängningshämmaren

3 Skruva loss skruvarna och ta bort motorns undre skyddskåpa.

4 På högerstyrda modeller, skruva loss styrinrättningens två kollisionsskyddsbultar baktill på den främre kryssrambalken **(se bild)**.

5 Skruva loss de fem muttrar/bultar som håller fast styrinrättningen vid kryssrambalken och, på högerstyrda modeller, muttern längst ner på styrinrättningens kollisionsskydd.

6 Skruva loss fasthållningsklämbultarna till styrinrättningens oljerör från kryssrambalkens främre och bakre del.

7 Placera en stadig garagedomkraft under kryssrambalkens bakre del så att den har kontakt med kryssrambalken.

Varning: Se till att kryssrambalken stöds ordentligt och att domkraften som används klarar att lyfta den sammanlagda vikten av motorn/växellådan och kryssrambalken.

8 Skruva loss de två bultar på varje sida som fäster kryssrambalkens bakre fästbyglar vid karossen.

9 Skruva loss bulten på varje sida som fäster de bakre fästbyglarna vid kryssrambalken och ta loss brickorna. Observera att nya bultar krävs vid monteringen.

10 Lossa kryssrambalkens två främre fästbultar mellan 10 och 15 mm. Sänk sedan försiktigt ner domkraften och låt kryssrambalken sänkas något i bakänden (ungefär 90 mm). Se till att styrinrättningens fästbultar inte är i vägen för kryssrambalken. På högerstyrda modeller, kontrollera att kollisionsskyddet inte klämmer styrinrättningens vätskerör när kryssrambalken sänks ner. Observera att det krävs nya bultar till kryssrambalkens främre fäste vid återmonteringen.

11 Skruva loss bultarna som håller fast krängningshämmarens klämmor på båda sidorna av kryssrambalken, och ta bort krängningshämmaren från undersidan av bilen **(se bild)**. På högerstyrda modeller, ta loss styrinrättningens kollisionsskydd när krängningshämmaren demonteras.

12 Undersök krängningshämmaren och leta efter tecken på deformering, och anslutningslänkarna och fästbussningarna efter tecken på åldrande av gummit. Bussningarna är vulkaniserade på krängningshämmaren, och kan inte bytas separat.

Montering

13 Sätt krängningshämmaren på plats på kryssrambalken, tillsammans med styrinrättningens kollisionsskydd på högerstyrda modeller. Sätt tillbaka klämbultarna och dra åt till angivet moment.

14 Lyft kryssrambalken i bakänden och sätt i styrinrättningens bultar och, i förekommande fall, kollisionsskyddets bult.

15 Montera de bakre fästbyglarna vid karossen och dra åt bultarna. Dra endast åt bultarna för hand i det här stadiet.

16 Fäst de bakre fästbyglarna till kryssrambalken med brickor och nya bultar, som också bara dras åt för hand.

17 Flytta domkraften till kryssrambalkens främre del och hissa upp den så att den precis lyfter kryssrambalken. Skruva loss kryssrambalkens främre fästbultar. Montera två nya bultar och dra åt dem för hand.

18 Dra åt kryssrambalkens två fästbultar på vänster sida av bilen till angivet moment med hjälp av en momentnyckel. Vinkeldra dem sedan till angiven vinkel (vid behov) med hjälp av en vinkeldragningsmätare. Dra nu åt de två fästbultarna på höger sida på samma sätt. Dra slutligen åt de fyra bultarna mellan fästbygeln och karossen till angivet moment.

19 Fäst styrinrättningen med nya muttrar och dra åt dem till angivet moment.

20 På högerstyrda modeller, montera tillbaka styrinrättningens kollisionsskyddsmutter och de två bultarna.

21 Montera tillbaka fasthållningsklämbultarna för styrinrättningens vätskerör.

22 Montera tillbaka motorns undre skyddskåpa.

23 Montera tillbaka krängningshämmarens anslutningslänkar på var sida till fästbyglarna på fjäderbenen.

24 Montera hjulen och sänk ner bilen. Dra åt hjulbultarna i diagonal ordningsföljd till angivet moment.

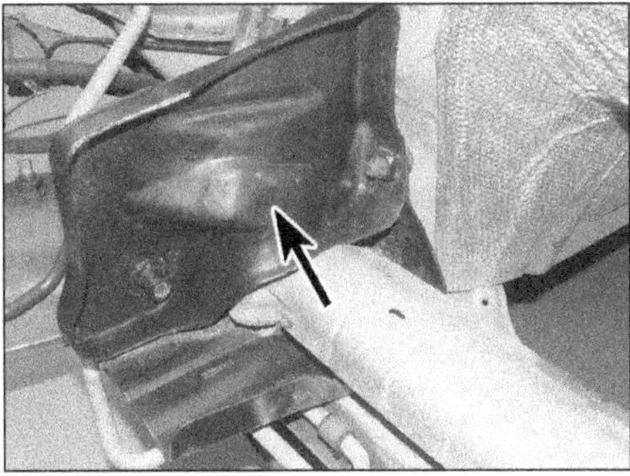

6.4 Styrväxelns kollisionsskydd (markerad med pil – motorn borttagen av tydlighetsskäl)

6.11 Främre krängningshämmarklämmans fästbultar (markerad med pil)

7 Bakre hjullager – byte

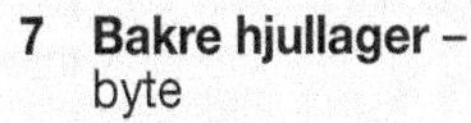

1 De bakre navlagren kan inte bytas separat, och följer med baknavet som en enhet.

2 Demontera bromsskivan enligt beskrivningen i kapitel 9.

3 Skruva loss bulten och ta bort ABS hjulhastighetsgivaren från navhållaren **(se bild)**.

4 Skruva loss de fyra bultarna och ta bort lagerenheten från navhållaren. För att ta bort den nedre bakre fästbulten (när navet har tagits bort) på vissa modeller måste bultens inbyggda fläns slipas ner något.

5 Montera den nya enheten på navhållaren och sätt därefter i och dra åt de nya bultarna (medföljer i lager-/navsatsen) till angivet moment. Observera att bulten utan fläns har en bricka i satsen och måste skruvas in i det nedre bakre bulthålet i lagerhuset.

6 Montera tillbaka ABS hjulhastighetsgivaren och bromsskivan enligt beskrivningen i kapitel 9.

7.3 Skruva loss bulten (markerad med pil) och dra ut ABS hastighetsgivaren (visas uppifrån)

8 Bakre navhållare – demontering och montering

Demontering

1 Ta bort den bakre bromsskivan och handbromsen beläggen på den berörda sidan enligt beskrivningen i kapitel 9.

2 Skruva loss fästbulten och ta bort ABS-hjulsensorn från navhållaren. Koppla inte loss hjulsensorns skarvdon.

3 Skruva loss de fyra bultar, och ta bort bromsskölden **(se bild)**. Demontera bromssköldens packning; skaffa en ny till återmonteringen om den gamla är skadad på något sätt.

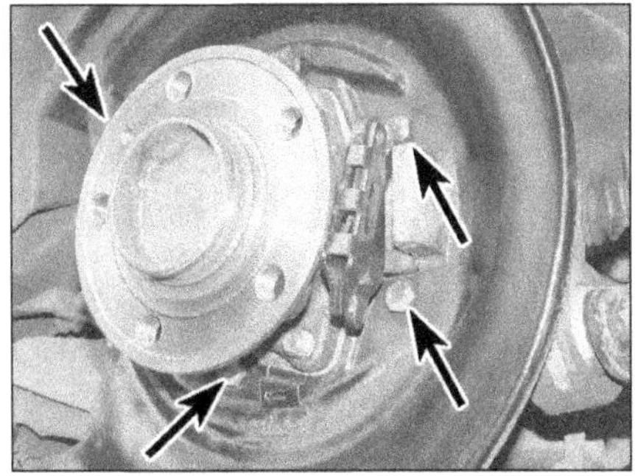

8.3 Bromsskölden är fäst med fyra bultar (markerade med pilar)

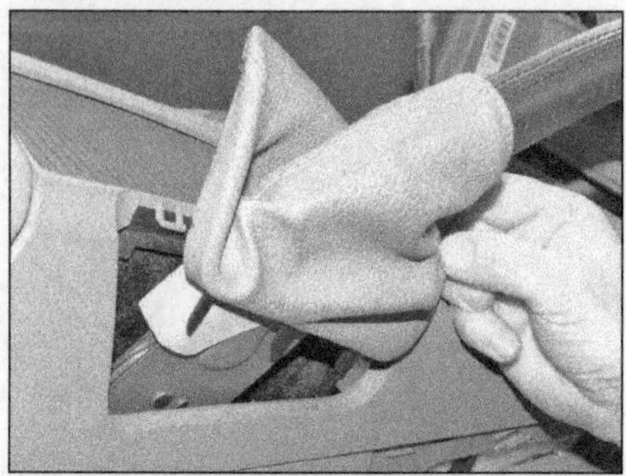

8.4 Bänd upp klädseln runt handbromsspaken

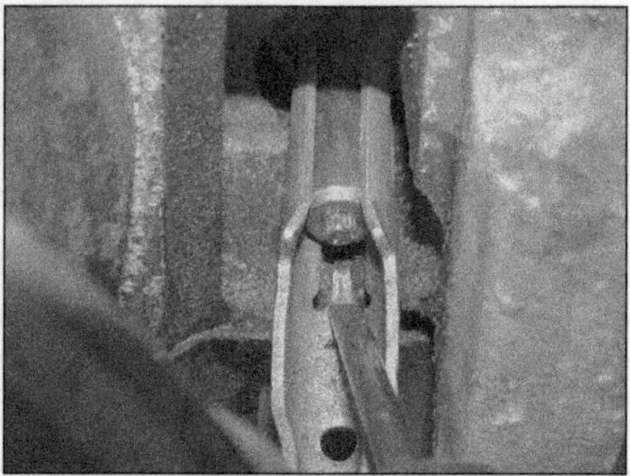

8.5 Lossa klämman och ta bort vajern

8.6 När man ställer in fjädringen i normalläge ska avståndet från hjulhuset till navets mittpunkt vara 373 mm

4 Bänd upp handbromsspakens beklädnad från konsolen **(se bild)**.

5 Arbeta genom öppningen i täckpanelen och vrid justeringsmuteern tills det uppstår tillräckligt mycket slack i vajrarna för att det ska gå att dra loss handbromsbeläggets ställdon från navhållaren och använd sedan en skruvmejsel för att lossa klämman och ta bort handbromsens inre vajer **(se bild)**.

6 Placera en garagedomkraft under stötdämparfästet på den nedre styrarmen och lyft navhållarenheten till normalläget. Mät avståndet från den nedre kanten på hjulhusets topp till mitten av hjulnavet **(se bild)**. Det här avståndet är 373 mm.

7 Notera deras position och skruva sedan loss bultarna som håller fast länkarmen, de övre och nedre styrarmarna och styrstaget vid navhållaren. Kasta bultarna och använd nya vid återmonteringen. Ta bort navhållaren från bilen.

8 Om någon av de elastiska metallbussningarna på navhållaren verkar vara skadade eller slitna låter du en Volvo-verkstad eller specialist byta dem eftersom man behöver specialverktyg och en hydraulpress.

Montering

9 Sätt dit navhållaren, anslut de olika länkarmarna och sätt dit de nya bultarna. Dra bara åt muttrarna med fingrarna än så länge.

10 Kontrollera att navhållaren är i 'normal' läge enligt beskrivningen i avsnitt 6.

11 Dra nu åt de olika länkarmarnas fästbultar till angivet moment.

12 Monteringen sker i omvänd ordningsföljd mot demonteringen. Justera handbromsvajern enligt beskrivningen i kapitel 9.

9 Bakre stötdämpare - demontering och montering

Demontering

1 Fäll ner baksätets ryggstöd och lossa den främre delen av bagagerummets sidopanel för att komma åt stötdämparens övre fäste.

2 Klossa bakhjulen, lyft upp framvagnen och ställ den på pallbockar (se *Lyftning och stödpunkter*). Trots att det inte krävs, förbättras åtkomligheten om bakhjulet demonteras.

3 På modeller med Four-C aktivt chassi dra du kablarna tillbaka från stötdämparna till kontaktdonen över den bakre bärramen och kopplar från anslutningskontakterna.

4 Ställ en domkraft under nedre styrarmens underkant, och hissa upp domkraften så mycket att den avlastar stötdämparen.

5 I bagageutrymmet, skruva loss muttern som håller fast stötdämparens övre fäste vid karossen **(se bild)**. Använd en torxnyckel för att hålla emot muttern.

6 Skruva loss stötdämparens nedre fästbult och skjut ner enheten genom den nedre styrarmen **(se bilder)**.

7 Kontrollera stötdämparens kondition, och byt den om det behövs.

Montering

8 Monteringen sker i omvänd ordningsföljd mot demonteringen, och dra åt alla muttrar och bultar till angivna moment och, efter tillämplighet, till angiven vinkel.

10 Bakre spiralfjäder - demontering och montering

Observera: *Trots ansträngningar i verkstaden har vi inte lyckats utforma en säker borttagningsmetod för spiralfjädrarna utan att använda Volvos fjäderhoptryckare. Om du inte har dess verktyg ber du en Volvo-verkstad eller lämpligt utrustad specialist utföra arbetet.*

Demontering

1 Ta bort den bakre stötdämparen från rätt sida enligt beskrivningen i avsnitt 9.

2 Skruva loss bultarna och ta bort bromsokets fäste från navhållaren. Kasta bultarna och använd nya vid återmonteringen. Koppla inte från vätskeröret – häng upp bromsoket i karossen för att hindra eventuell belastning på den flexibla bromsslangen.

3 Skruva loss bulten och ta bort ABS hjulhastighetsgivaren från navhållaren. Lägg sensorn åt sidan.

4 Anslut Volvos fjäderhoptryckare (nr 951 2911, 9512913 och 951 2937) och kläm ihop fjädern.

5 Lyft ut fjädern från sin plats.

6 Undersök alla delar och leta efter tecken på slitage eller skada, och byt om det behövs.

Montering

7 Montera tillbaka den komprimerade fjädern på sätet i den nedre styrarmen. Vrid fjäderns

9.5 Skruva loss stötdämparens övre fästmutter (markerad med pil)

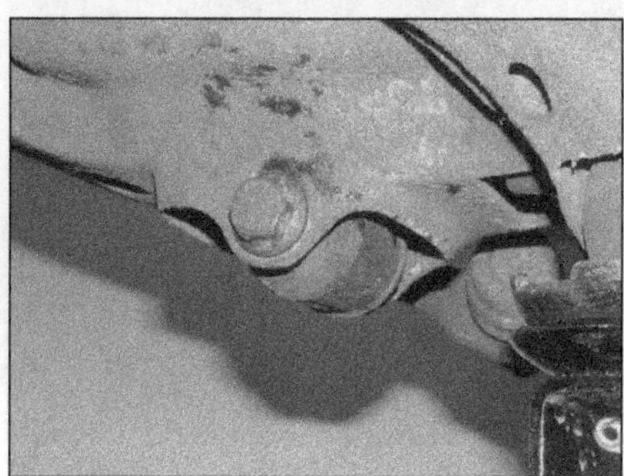

9.6a Skruva loss stötdämparens nedre fästbult . . .

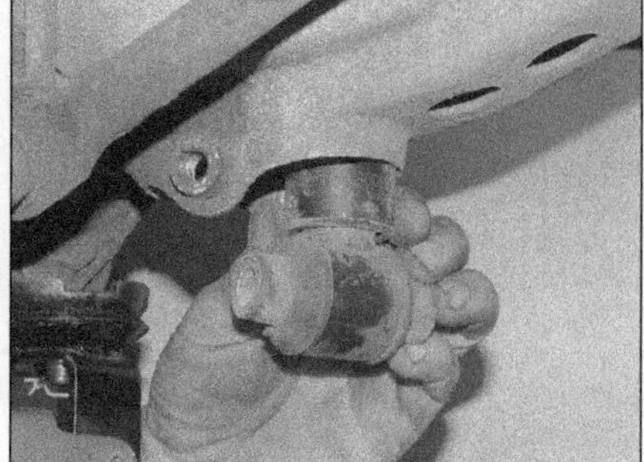

9.6b . . . och skjut ner den genom den nedre styrarmen

tills det uppstår ett avstånd på 15 mm mellan fjäderns ände och det höjda avsnittet på fjädersätet **(se bild)**.

8 Lyft styrarmen med domkraften, och passa in fjäderns övre ände i urtaget i karossen.

9 Montera tillbaka stötdämparen, och skruva fast den innan domkraften tas bort. Dra åt alla muttrar och bultar till angivet moment.

10 Lossa och ta bort hoptryckaren.

11 Återstående montering sker i omvänd ordningsföljd mot demonteringen.

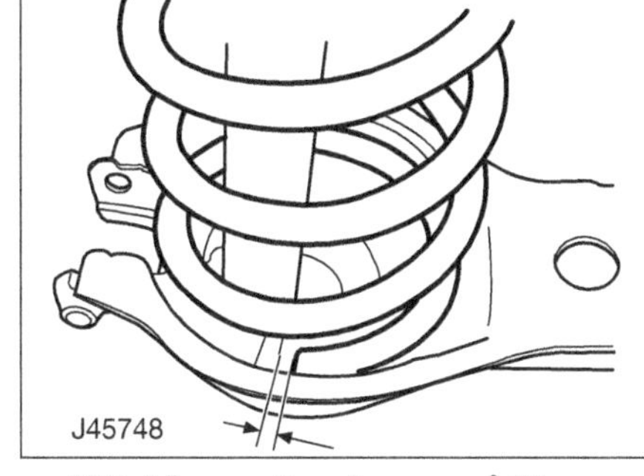

10.7 Lämna ett mellanrum på 15 mm mellan fjäderns ände och sätets kant

11 Bakre fjädringens länkarmar - demontering och montering

Demontering

1 Lossa bakhjulsbultarna. Klossa bakhjulen, lyft upp framvagnen och ställ den på pallbockar (se *Lyftning och stödpunkter*). Demontera relevant bakhjul.

Länkarm

2 Placera en garagedomkraft under stötdämparfästet på den nedre styrarmen och lyft navhållarenheten till normalläget. Mät avståndet från den nedre kanten på hjulhusets topp till mitten av hjulnavet **(se bild 8.6)**. Det här avståndet är 373 mm. Om det behövs placerar du ballast i bagagerummet för att öka bilens vikt så att fjädringen kan tryckas ihop tillräckligt med domkraften utan att lyfta bilen från pallbockarna.

3 Skruva loss bulten och ta bort bromsrörets stödfäste bredvid armens framdel **(se bild)**.

4 Skruva loss bulten i varje ände av armen och ta bort den från bilen **(se bilder)**. Kasta bultarna och använd nya vid återmonteringen.

Styrstag

5 Lossa handbromsvajern från klämman på staget.

6 Gör inriktningsmarkeringar mellan styrstaget och den excentriska brickan som är integrerad med bulten på dess inre ände och lossa bulten **(se bild)**.

7 Skruva loss den yttre bulten och ta bort styrstaget **(se bild)**.

Övre styrarm

8 Du måste sänka hela den bakre bärramen för att kunna ta bort den övre styrarmen. De elastiska metallbussningarna måste därefter dras bort från sina fästen på bärramen innan armen kan tas bort. Trots att borttagning av bärramen beskrivs i det här kapitlet behöver man specialverktyg för att ta loss och trycka in bussningarna - detta bör överlåtas till en Volvo-verkstad eller en specialist. Om du försöker byta bussningarna noterar du deras exakta monteringsläge och monteringsdjup innan du tar bort dem och ser till att de nya bussningarna monteras i exakt samma läge.

Nedre styrarm

9 Ta bort spiralfjädern enligt beskrivningen i avsnitt 10.

10 Skruva loss muttern och lossa fjädringens körhöjdsensors länkarm från fästet på styrarmen – om tillämpligt **(se bild)**.

11 Skruva loss bulten som håller fast länkarmens bakre del på navhållaren och dra ner armens ände från navhållaren.

12 Skruva loss bultarna som håller fast den inre änden av den nedre styrarmen på bärramen och den yttre änden på navhållaren. Lossa den nedre styrarmen.

Montering

13 Monteringen av länkarmarna sker i stort sett i omvänd ordning mot demonteringen. Tänk på följande:

a) Byt alltid länkarmarnas fästbultar.
b) Dra åt alla hållare till angivet moment (där sådant angetts).
c) Innan du drar åt några av länkarmarnas fästbultar kontrollerar du att fjädringen är i normalläge enligt beskrivningen i stycke 2 i det här avsnittet.

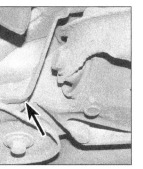

11.3 Ta bort bromsrörets stödfästbygeln (markerad med pil)

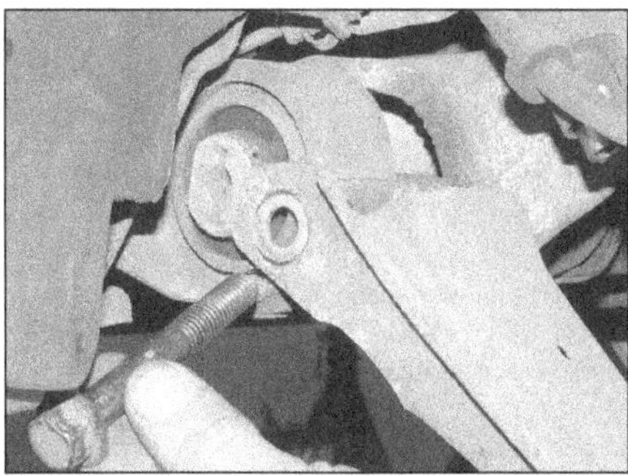

11.4a Ta bort länkarmens främre bult . . .

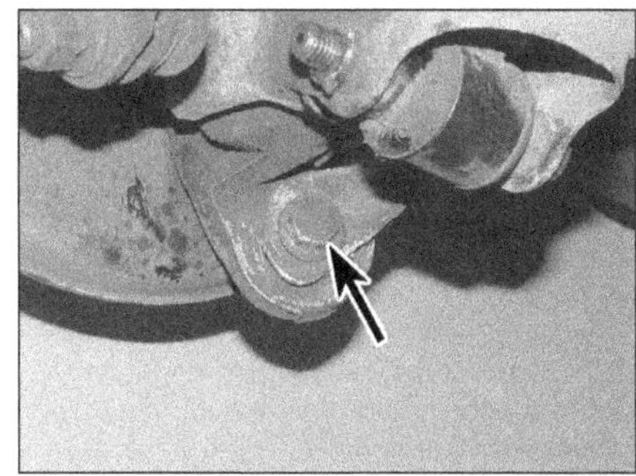

11.4b . . . och bakre bult (markerad med pil)

11.6 Gör inriktningsmärken mellan den excentriska brickan och staget för att underlätta ditsättningen.

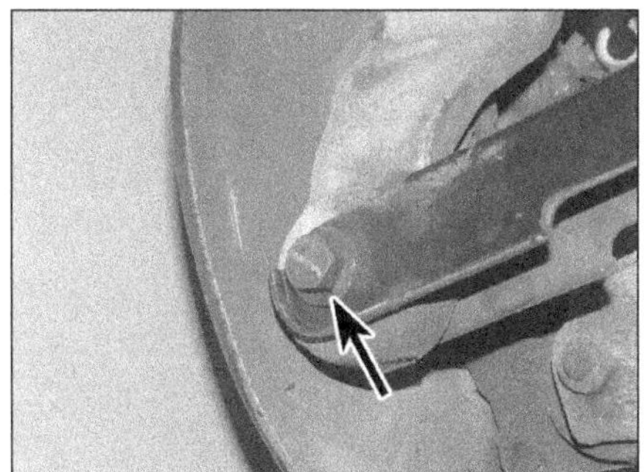

11.7 Styrstagets yttre bult (markerad med pil)

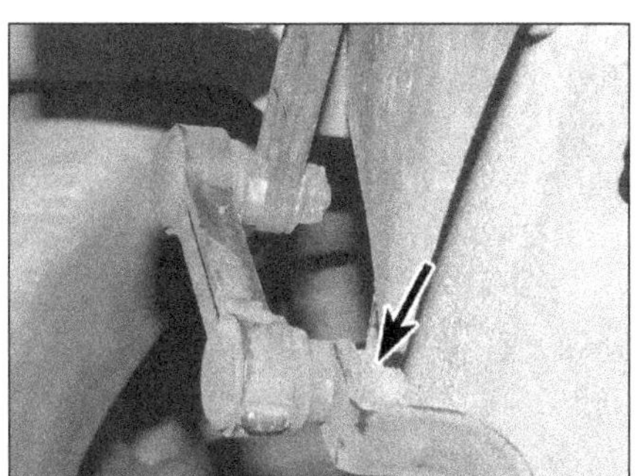

11.10 Skruva loss muttern (markerad med pil) och ta bort körhöjdssensorns länkarm

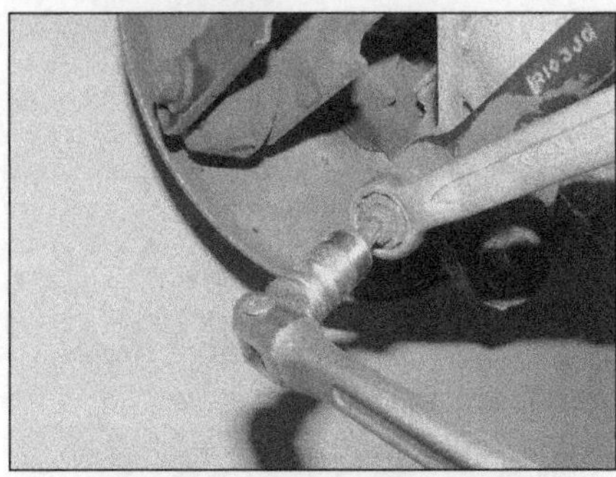

12.6 Använd en torxbit i änden av kulledstången för att hålla emot muttern

12.7 Skruva loss de bakre krängningshämmarklämmorna (höger klämma markerad med pil)

12 Bakre krängningshämmar – demontering och montering

Demontering

1 Klossa bakhjulen, lyft upp framvagnen och ställ den på pallbockar (se *Lyftning och stödpunkter*).

2 Demontera avgassystemet enligt beskrivningen i kapitel 4A eller 4B.

3 Lossa handbromsvajrarna från klämmorna på bärramen och styrstaget.

4 Ställ en domkraft under vänster nedre styrarmens underkant, och hissa upp domkraften så mycket att den avlastar stötdämparen.

5 Skruva loss den högra stötdämparens nedre fästbult **(se bild 9.6a)** och tryck upp enheten i spiralfjädern.

6 Skruva loss muttrarna som håller fast ytterändarna på krängningshämmaren och använd en torxbit för att hålla emot muttrarna **(se bild)**. Var försiktig så att du inte skadar gummitätningen.

7 Skruva loss skruvarna som håller fast krängningshämmarens klämmor på bärramen, för undan krängningshämmaren åt höger förbi den frånkopplade stötdämparen och ta bort den från bilen **(se bild)**.

Montering

8 Sätt i krängningshämmaren från höger och för dess vänstra del förbi den frånkopplade stötdämparen. Se till att handbromsvajern ligger över krängningshämmaren. Montera och drag åt bultarna som håller fast krängningshämmarklämmorna vid kryssrambalken.

9 Använd domkraften för att placera den nedre styrarmen så att bultarna som håller fast krängningshämmarens ytterändar och den nedre änden av stötdämparen kan sättas tillbaka och dras åt till angivet moment.

10 Resten av monteringen sker i omvänd ordningsföljd mot demonteringen.

13 Bakre kryssrambalk – demontering och montering

Demontering

1 Demontera båda de bakre bromsskivorna enligt beskrivningen i kapitel 9.

2 Skruva loss fästbulten och ta bort ABS-hjulhastighetsgivaren från navhållarens bakdel och lossa givarkablaget från de olika klämmorna och flytta givaren åt sidan. Koppla inte loss hjulsensorns skarvdon.

3 Ta bort båda handbromsvajrar enligt beskrivningen i kapitel 9.

4 Demontera avgassystemet enligt beskrivningen i kapitel 4A eller 4B.

5 Ta bort de bakre spiralfjädrarna enligt beskrivningen i avsnitt 10.

6 På bensinmodeller lossar du skruven som håller fast kolfiltret på bärramen.

7 Skruva loss bulten som håller fast bromsrörets fäste på bärramen.

8 Skruva loss hjulhusbussningens plastmutter och borra ut niten som håller fast värmeskölden vid bärramens bakre vänstra fäste.

9 Placera två garagedomkrafter under bärramen och gör inriktningsmärken mellan bärramens fästen och karossen för att underlätta ditsättningen.

10 Skruva loss bultarna som håller fast kryssrambalkfästen och fästbyglarna vid karossen **(se bild)**. Sänk gradvis ner bärramen och lossa bromsrören från fästklämmorna och bränslefilterfästet (bensinmodeller) när bärramen sänks. När hela paketet går fritt från underredet, kan det dras ut bakåt bort från bilen.

Montering

11 Monteringen sker i omvänd ordningsföljd mot demonteringen, och tänk på följande:

a) För bärramenheten i läge med domkrafterna och säkra den med de fyra nya fästbultarna på varje sida, passa in de tidigare gjorda markeringarna och dra åt bultarna till angivet moment.

b) Justera handbromsen enligt beskrivningen i kapitel 9.

14 Fjädringskontrollmodul – allmän information, demontering och montering

Allmän information

1 På modeller med det aktiva fjädringssystemet Four-C (Continuously Controlled Chassis Concept) finns en elektronisk styrmodul som kallas SUM (fjädringsmodul) och som väger samman informationen från fjädringsgivarna, beräknar önskad dämpning och meddelar ventilerna vid varje dämpare att de ska ställas in enligt detta – upp till 500 gånger per sekund.

Demontering

2 Se till att tändningen är avslagen och skjut bak passagerarsätet till det bakersta läget.

3 Vrid klämman moturs, ta bort den vänstra panelen från sidan på mittkonsolen och vik tillbaka mattan något **(se bild)**.

13.10a Bakre kryssrambalk främre fäste (vänster sida visas) . . .

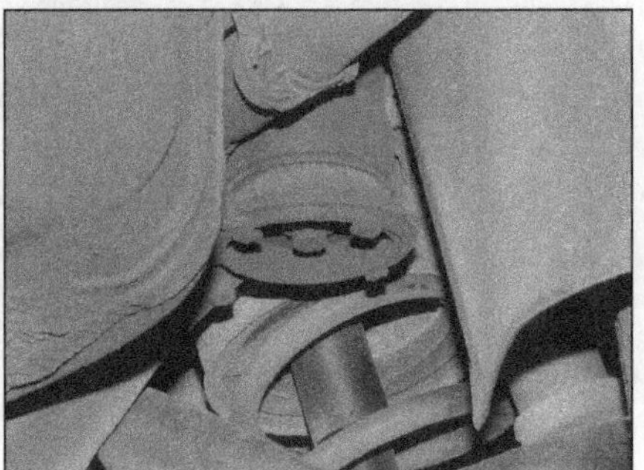

13.10b . . . och bakre fäste (höger visas)

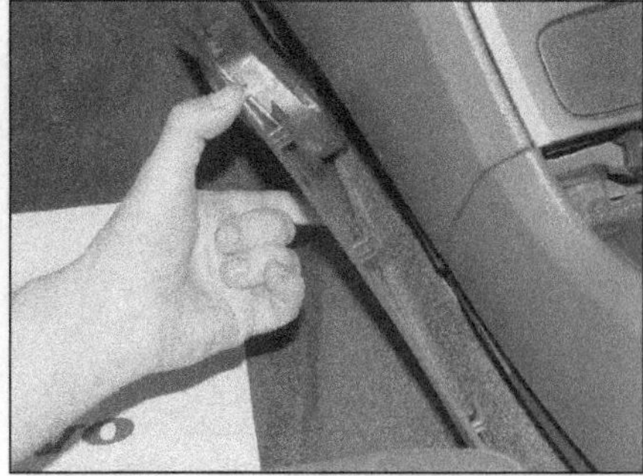

14.3 Skjut mittkonsolens sidopanel bakåt och ta bort den

4 Skruva loss fästskruvarna från SUM och koppla från anslutningskontakterna när den dras ut **(se bild)**.

Montering

5 Återanslut anslutningskontakterna, the SUM:en och dra åt fästskruvarna ordentligt.
6 Tryck tillbaka mattan i läge och fäst mittkonsolens sidopanel.
7 Om en ny SUM har monterats måste den programmeras innan den används med hjälp av programvara som laddats ner via Volvos testutrustning. Arbetet bör överlåtas till en Volvo-återförsäljare eller lämpligt utrustad specialist.

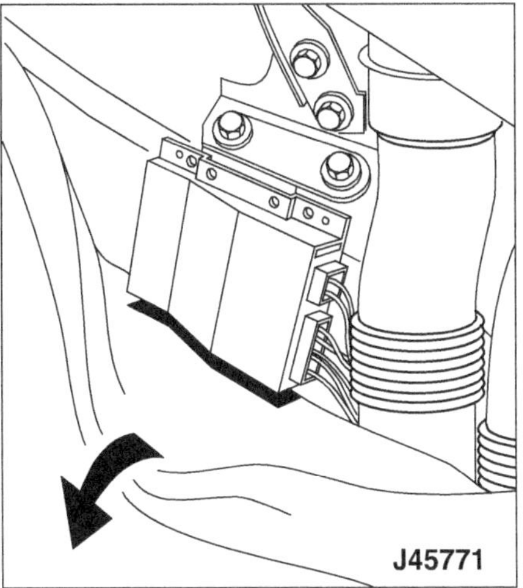

14.4 Dra tillbaka mattan något, skruva loss skruvarna och ta bort SUM

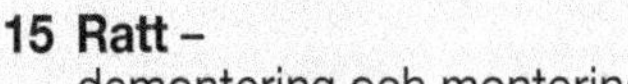

15 Ratt - demontering och montering

Varning: Var ytterst försiktig vid hanteringen av krockkudden för att undvika personskador. Håll alltid enheten med kåpan riktad från kroppen. Vid tveksamheter angående arbete med krockkudden eller dess styrningskrets bör en Volvo-verkstad kontaktas.

Demontering

1 Kör bilen framåt och parkera den med framhjulen riktade rakt fram.
2 Koppla loss batteriets minusledare (kapitel 5A) och vänta i 10 minuter innan arbetet påbörjas.
3 Klistra en bit maskeringstejp längst upp på rattnavet, och en annan bit längst upp på rattstångens övre kåpa. Rita ett streck med en penna över båda tejpbitarna som inpassningsmarkering vid återmonteringen.
4 Ta loss krockkuddeenheten från ratten enligt beskrivningen i kapitel 12.
5 Se till att ratten är riktad rakt fram och ta bort den nedre skruven från förvaringsläget och sätt i den i hålet för att låsa den roterande kontaktrullen **(se bilder)**.
6 Skruva loss rattens mittfästbult. Kasta bulten - eftersom en ny en måste användas.
7 Lyft av ratten från rattstången och dra ut kablarna och plastremsan genom hålet i ratten.

Montering

8 Kontrollera att framhjulen fortfarande pekar rakt fram.
9 Mata in kablarna genom hålet i ratten, och passa sedan in ratten på rattstången. Se till att markeringarna som gjordes före demonteringen passar in mot varandra, och att tapparna på kontaktrullen passar in i urtagen på rattnavet **(se bild)**. Observera att det övre höljet är fäst på instrumentpanelens sarg. Försök inte vrida ratten med kontaktrullen låst, då kommer rullen att skadas.
10 Montera rattens fästbult, men dra bara åt den med fingrarna än så länge.
11 Skruva loss låsskruven för krockkuddens kontaktrulle enligt beskrivningen i kapitel 12, och skruva tillbaka skruven och plastremsan på avsedd plats på ratten.
12 Dra åt rattens fästbult till angivet moment.
13 Montera tillbaka krockkudden vid ratten enligt beskrivningen i kapitel 12.

16 Rattstång - demontering och montering

Demontering

1 Koppla loss batteriets minusledning (se kapitel 5A).
2 Dra ut rattstången helt och ta bort ratten (se avsnitt 15).
3 Skruva loss de tre skruvarna under rattstångens nedre kåpa och bänd isär den övre och nedre kåpan för att kunna lossa fästsprintarna. Ta bort den nedre kåpan och lyft bort den övre kåpan så det inte är i vägen **(se bild)**.
4 Ta bort klädselpanelen under instrumentbrädan på förarsidan genom att skruva ut skruvarna och dra ut panelen från urtagen vid överdelen. Koppla loss anslutningskontakten från fotbrunnsbelysningen.
5 Lossa anslutningskontakt, tryck ner klämman och ta bort transponderenheten från tändningsbrytarens ände **(se bild)**.

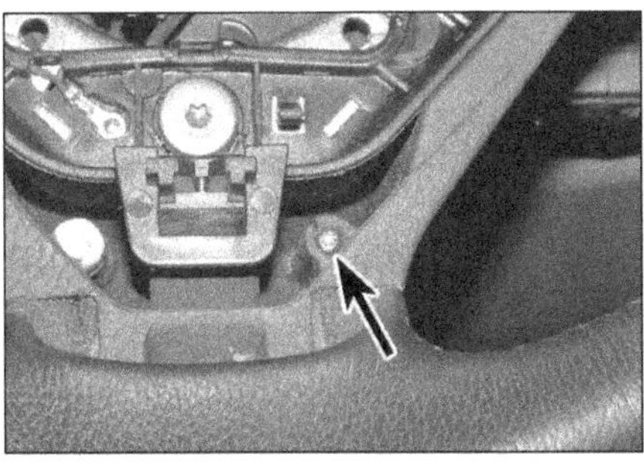

15.5a Ta bort krockkuddens kontaktenhets låsskruv från förvaringsläget (markerad med pil). . .

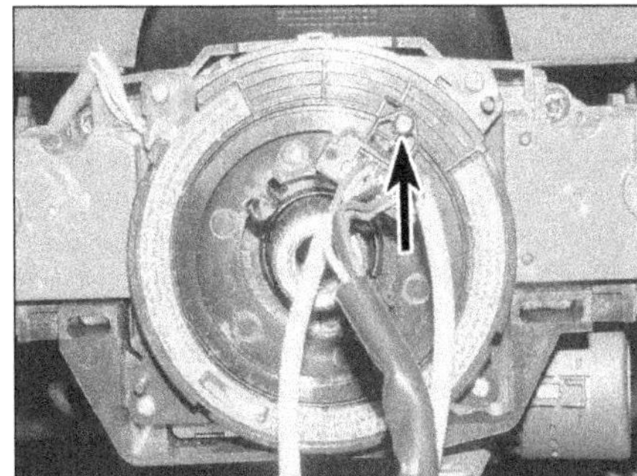

15.5b . . . och sätt i den i hålet (markerad med pil) för att låsa kontaktenheten

15.9 Se till att stiftet (markerad med pil) på kontaktrullen passar in i urholkningen (markerad med pil) på ratten

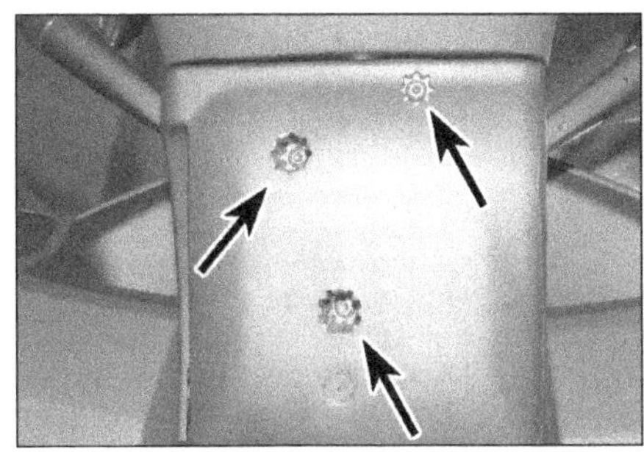

16.3a Skruva loss de 3 torxbultarna (markerade med pilar) som håller fast det nedre höljet. . .

16.3b . . . och lyft bort det övre höljet

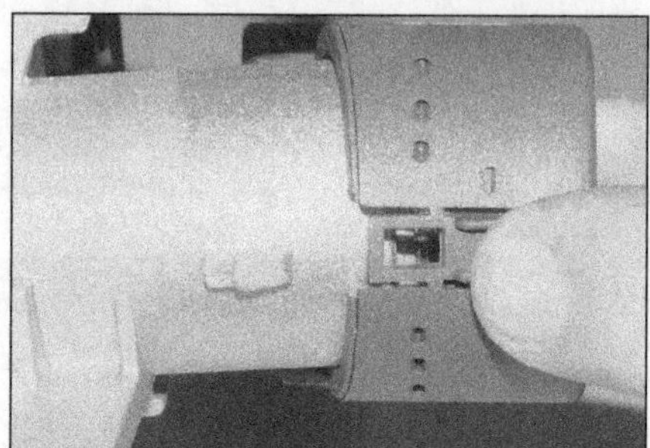
16.5 Tryck ner klämman och dra bort transpondern från tändningsbrytarens cylinder

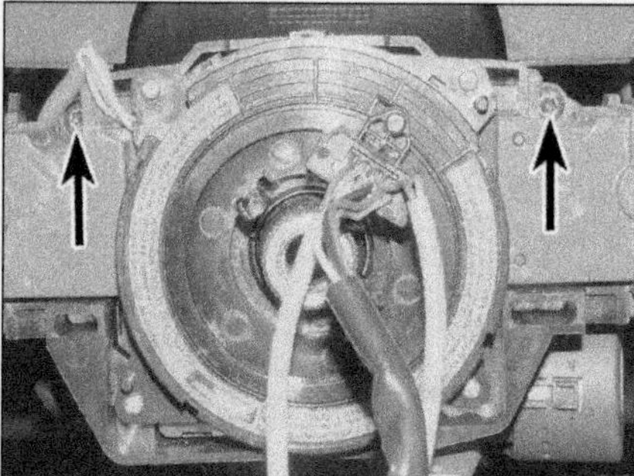
16.7 Rattmodulens fästskruvar (markerade med pilar)

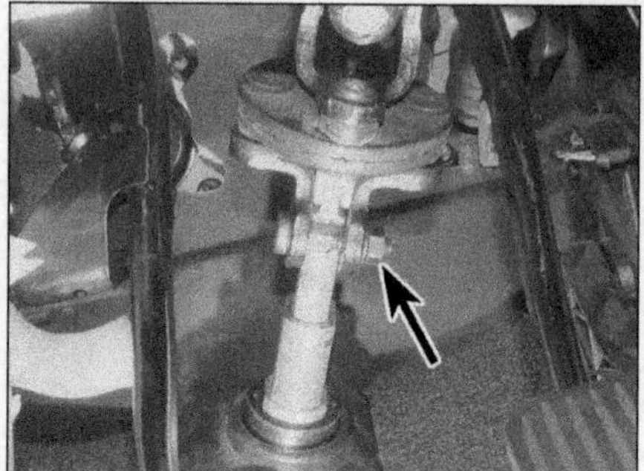
16.9 Skruva loss mellanaxelns knutkors klämbult (markerad med pil)

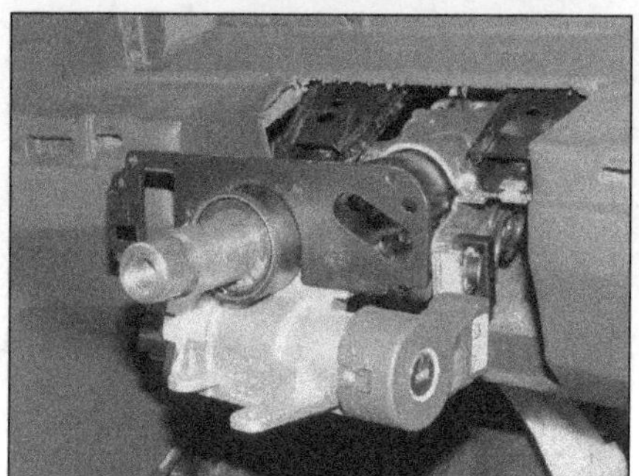
16.10 Dra rattstången bakåt. . .

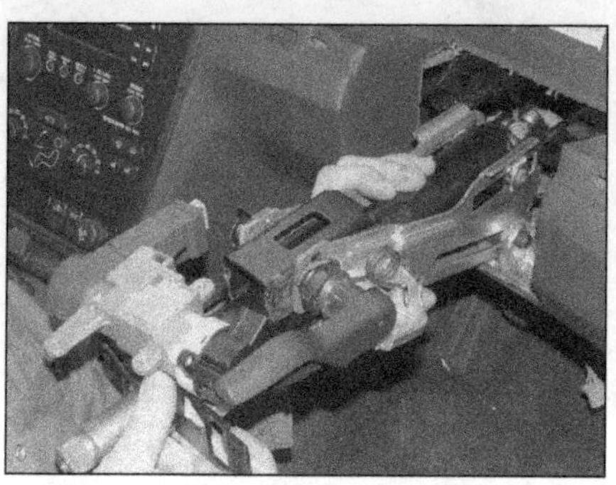
16.11 . . . vänd den upp och ned och för den genom instrumentbrädan

16.12 Burra ur säkerhetsskruvarna (markerade med pilar) och lossa rattlåset från stången

6 På modeller med automatväxellåda vrider du tändningsnyckeln till läge I, trycker in spärren och drar bort spärrvajern från brytarens sida.

7 Lossa de två anslutningskontakterna, skruva loss de två skruvarna, lossa de två klämmorna på undersidan och dra bort rattmodulen från rattstången **(se bild)**.

8 Lossa kabelstyrningen från rattstångens undersida och låt den hänga ner.

9 Skruva loss klämbulten/muttern från knutkorset på rattstångens mellandel och dra upp leden från den nedre delen av stången **(se bild)**. Kasta bulten och muttern, eftersom nya måste användas vid ihopsättningen.

10 Skruva loss de fyra bultarna som håller fast stången på instrumentbrädan och dra enheten bakåt **(se bild)**.

11 Vrid rattstångenheten upp och ned och ta bort den från bilen **(se bild)**.

12 Vid behov borrar du ut säkerhetsskruvarna och tar bort rattlåset från stången **(se bild)**. Ingen ytterligare isärtagning av enheten rekommenderas **(se bild)**.

Montering

13 Monteringen sker i omvänd ordningsföljd. Tänk på följande:

a) Smörj mellanaxelns räfflor med fett innan rattstången passas in.

b) När du sätter dit stångens fästbultar drar du åt de bakre bultarna först.

c) Använd en ny universalledsklämbult.

d) Vid återmonteringen av styrinrättningslåset, dra åt de nya fästskruvarna tills huvudena går av.

e) När du sätter tillbaka spärrvajern på modeller med automatväxellåda måste du se till att väljarspaken är i läge P och att tändningslåset är i läge I. Sätt i vajern i brytarhuset kontrollera att den är ordentligt ansluten och dra sedan ur tändningsnyckeln och kontrollera att väljarspaken är låst i läge.

f) På modeller med DSTC (dynamisk stabilitets- och antispinnsystem) måste systemet kalibreras om efter återmontering av rattstången. Detta kan göras i verkstaden om Volvos avsedda testutrustning är tillgänglig. Annars måste bilen köras minst 30 km på jämna vägar (inga hål etc.) med låg sidoacceleration (inga höga kurvhastigheter eller skarpa svängar).

17 Styrstång, damask och lager – demontering och montering

Demontering

1 Arbeta i motorrummet med ett spärrhandtag, hylsa och flera förlängningsdelar, lossa och ta bort klämbulten som håller fast den nedre axeln på styrväxelns drev **(se bild)**. Kasta bulten – eftersom en ny en måste användas.

2 Skruva loss skruvarna och ta bort instrumentbrädans klädselpanel ovanför förarpedalerna.

3 Skruva loss klämbulten vid knutkorset mellan mellanaxeln och den nedre axeln **(se bild 16.9)**. Kasta klämbultmuttern – eftersom en ny en måste användas. Skjut upp mellanaxeln i den övre stången.

4 Vik undan golvmattan och fäll upp den övre delen av gummidamasken vid rattstångens bas.

5 Bänd ut låsringarna från gummidamaskens nederdel, ta sedan bort gummidamasken och lagret följt av axeln **(se bilder)**.

Montering

6 Passa in universalkopplingen med styrinrättningsdrevets axel, och tryck den helt på plats. Universalkopplingens spår måste passas in med urtaget under drevaxeln.

7 Montera tillbaka den nya klämbulten och dra åt den till angivet moment.

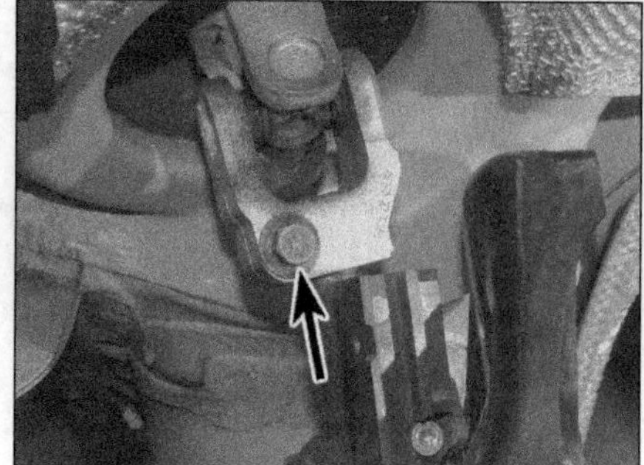
17.1 Ta bort rattstången nedre klämbult (markerad med pil)

8 Smörj nållagret i gummidamasken med fett, och damaskens nedre del med tvålvatten, eller vatten med lite diskmedel i.
9 Vik upp den övre delen av damasken, och sätt på den nedre delen på kragen på torpedväggen och se till att den sluter tätt.
10 Tryck låsringen i läge runt damaskens nedre del och mellanväggen.
11 Fäll ner den övre delen av damasken så att den tätar runt låsringens fläns och lägg tillbaka mattan.
12 Montera tillbaka mellanaxelns knutkors på den nedre axeln och dra åt den nya klämbultens mutter till angivet moment.
13 Montera tillbaka klädselpanelen över förarpedalerna.

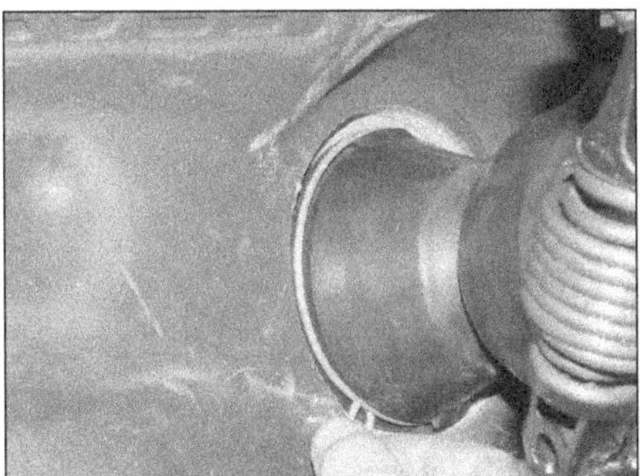

17.5a Lossa låsklämman . . .

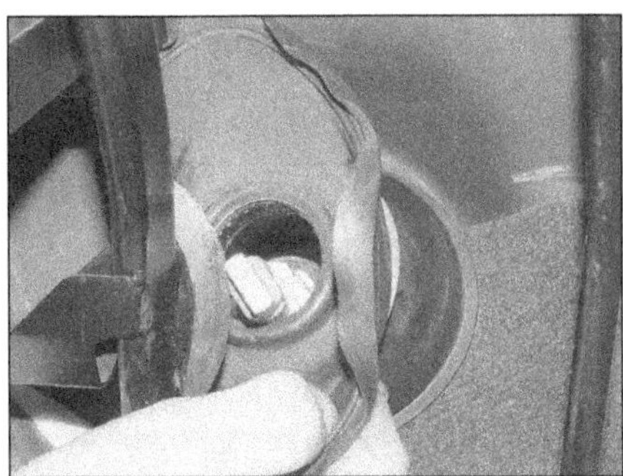

17.5b . . . och ta bort damasken och lagerenheten

18 Kuggstång - demontering och montering

Demontering

1 Kör bilen framåt och parkera den med framhjulen riktade rakt fram. Ta ur startnyckeln så att styrningen låses i denna position.
2 Slå av tändningen och ta sedan bort startnyckeln för att aktivera rattlåset. På dieselmodeller, dra loss plastkåpan ovanpå motorn rakt uppåt från fästena.
3 Lossa framhjulsbultarna. Klossa bakhjulen, lyft upp framvagnen och ställ den på pallbockar (se *Lyftning och stödpunkter*). Demontera båda framhjulen.
4 Skruva loss vänster styrstagsändes spindelledssmutter till slutet av dess gängor. Ta loss spindeltappen från styrarmen med en spindelledsavdragare, och skruva sedan loss muttern och lossa spindeltappen från armen. Ta loss höger styrstagsände från styrarmen på samma sätt.
5 Mät längden på styrstaget på ena sidan, relativt styrinrättningshuset, och notera värdet.
6 Skruva loss skruvarna och ta bort motorns undre skyddskåpa.
7 Skruva loss bultarna som håller fast avgasrörets främre tvärbalk på karossen och lossa bromsrören från fästklämmorna och ta bort tvärbalken.
8 Under bilen, skruva loss fasthållningsklämbultarna för styrinrättningens vätskerör längst fram och längst bak på kryssrambalken.
9 På högerstyrda modeller, skruva loss styrinrättningens två kollisionsskyddsbultar vid främre kryssrambalkens baksida, och ta bort kollisionsskyddet **(se bild 6.4)**.
10 På modeller med hastighetskänslig servostyrning drar du kablaget från stången till anslutningskontakterna och kopplar från dem.
11 Torka rent runt vätskerörens anslutningar på styrinrättningsdrevets hus. Ställ en lämplig behållare under styrinrättningen, skruva loss anslutningsmuttrarna och dra försiktigt loss rören **(se bild)**.
12 Skruva loss de fyra muttrarna och den ensamma skruven som håller fast styrväxeln på bärramen **(se bilder)**.
13 Placera en stadig garagedomkraft under kryssrambalkens bakre del så att den har kontakt med kryssrambalken.
Varning: Se till att kryssrambalken stöds ordentligt och att domkraften som används klarar att lyfta den sammanlagda vikten av motorn/växellådan och kryssrambalken.
14 Skruva loss de två bultar på varje sida som fäster kryssrambalkens bakre fästbyglar vid karossen.
15 Skruva loss bulten på varje sida som fäster de bakre fästbyglarna vid kryssrambalken och ta loss brickorna. Observera att nya bultar krävs vid monteringen.
16 Lossa kryssrambalkens två främre fästbultar mellan 10 och 15 mm. Sänk sedan försiktigt ner domkraften och låt kryssrambalken sänkas i bakänden (ungefär 90 mm). Se till att styrinrättningens fästbultar inte är i vägen för kryssrambalken. Observera att det krävs nya bultar till kryssrambalkens främre fäste vid återmonteringen.
17 Skruva bort muttern och ta bort klämbulten (märkt med pil) från stångens kardanknut Tryck loss universalkopplingen uppåt från styrinrättningsdrevets axel.
18 Skruva loss bulten som håller fast styrinrättningen vid det bakre motorfästet.
19 För undan styrväxeln från den högra (högerstyrda modeller) eller vänstra (vänsterstyrda modeller) sidan av bilen.
20 Om en ny kuggstångsenhet ska monteras flyttar du värmeskölden från den gamla styrväxeln.

Montering

21 Anpassa styrstagets längd till det tidigare noterade värdet genom att vrida drevaxeln så mycket som behövs.
22 Flytta styrväxeln i läge på bärramen.
23 Stöd styrinrättningen på det bakre motorfästet, placera den så att den är rak relativt kryssrambalken, och dra åt motorfästbulten till angivet moment.
24 Passa in styrstångens universalkoppling med drevaxeln, och tryck den helt på plats. Universalkopplingens spår måste passas in med urtaget under drevaxelns spår .
25 Montera tillbaka universalledets klämbult och dra åt den till angivet moment.
26 Lyft kryssrambalken baktill och sätt i styrinrättningsbultarna.
27 Montera tillbaka de bakre fästbyglarna till karossen, men dra bara åt bultarna för hand än så länge.

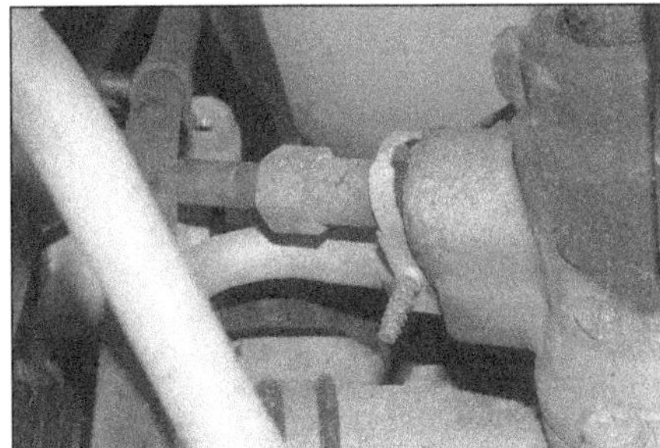

18.11 Skruva loss förskruvningsmuttrarna och koppla loss rören från kuggstångens drevhus

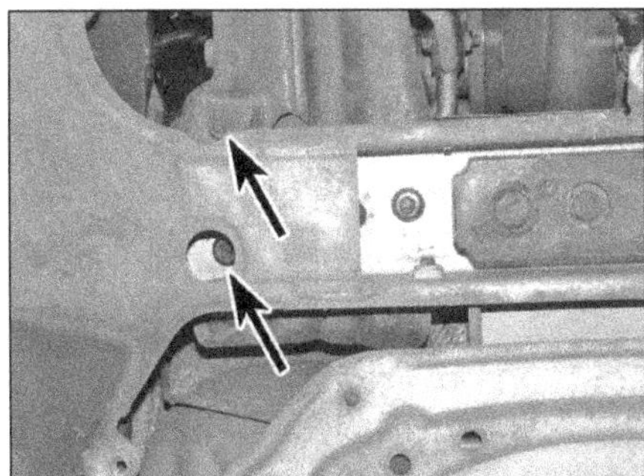

18.12a Kuggstångens monteringsmutter på höger sida (markerade med pilar) . . .

18.12b . . . och på vänster sida (markerad med pilar)

19.3a Styrväxelns damasks inre klämma (markerad med pil) . . .

28 Fäst de bakre fästbyglarna till kryssrambalken med brickor och nya bultar, som också bara dras åt för hand.

29 Flytta domkraften till kryssrambalkens främre del och hissa upp den så att den precis lyfter kryssrambalken. Skruva loss kryssrambalkens främre fästbultar. Montera två nya bultar och dra åt dem för hand.

30 Dra åt bärramens två fästbultar på bilens vänstra sida till angivet moment. Dra åt de två fästbultar på höger sida. Dra slutligen åt de fyra bultarna mellan fästbygeln och karossen till angivet moment.

31 Fäst styrinrättningen med nya muttrar/ bulten och dra åt dem till angivet moment.

32 Återanslut oljerören vid kuggstång med nya O-ringstätningar. Dra åt anslutningarna till angivet moment.

33 På högerstyrda modeller monterar du tillbaka styrväxelns skydd.

34 Sätt tillbaka avgasrörets främre tvärbalk, kläm fast bromsrören i läge och dra åt fästbultarna ordentligt.

35 Montera tillbaka styrstagsändarna vid navhållare och fäst med nya muttrar som dragits åt till angivet moment.

36 På modeller med hastighetskänslig servostyrning återansluter du anslutningskontakterna.

37 På dieselmodeller, montera tillbaka plastkåpan över motorn.

38 Montera tillbaka motorns undre skyddskåpa.

39 Montera tillbaka hjulen och lufta styrväxeln enligt beskrivningen i avsnitt 20.

40 Med bilen nedsänkt, dra åt hjulbultarna i diagonal ordningsföljd till angivet moment.

21.4 Ta bort röranslutningens låsfäste (markerad med pil)

19.3b . . . och yttre klämma

41 Låt en Volvo-verkstad eller en mekaniker med rätt utrustning kontrollera och justera framhjulens toe in.

19 Kuggstång damasken – byte

1 Räkna och notera antalet gängor som syns på styrstaget, från änden av staget till låsmuttern.

2 Ta bort styrstagsänden på den berörda sidan enligt beskrivningen i avsnitt 22. Skruva loss låsmuttern från parallellstaget.

3 Lossa de två klämmorna och dra loss damasken **(se bild)**.

4 Torka bort all smuts från den inre änden av styrstaget och (när det går att komma åt) kuggstången.

5 Linda isoleringstejp runt parallellstagets gängor för att skydda den nya damasken under monteringen.

6 Sätt tillbaka styrstagsändens låsmutter och skruva på den så långt att samma antal gängor som räknades vid demonteringen syns.

7 Montera tillbaka styrstagsänden enligt beskrivningen i avsnitt 22.

20 Kuggstång – luftning

1 Behållare för servostyrningsvätska sitter

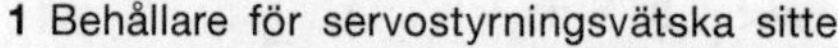

21.7 Arbeta genom remskivans hål och skruva loss pumpens fästbultar

på motorrummets höger sida, framför kylvätskeexpansionskärlet. Rengör området runt behållarens påfyllningsrör och skruva loss påfyllningslocket/mätstickan från behållaren.

2 Behållarens vätskenivå kontrolleras med en mätsticka i påfyllningslocket. Mätstickan har två sidor, så att vätskenivån kan kontrolleras med motorn kall eller varm. Vätskenivån ska inte överstiga markeringen COLD eller HOT, efter tillämplighet, eller falla under markeringen ADD.

3 Om påfyllning behövs, använd ren vätska av angiven typ (se *Veckokontroller*). Leta efter läckor om du ofta behöver fylla på. Kör inte bilen utan vätska i behållaren.

4 Om någon del har bytts, eller om vätskenivån har fallit så lågt att luft kommit in i hydraulsystemet, måste systemet luftas som följer.

5 Fyll behållaren till rätt nivå enligt beskrivningen ovan.

6 Klossa bakhjulen, lyft upp framvagnen och ställ den på pallbockar (se *Lyftning och stödpunkter*).

7 Vrid ratten upprepade gånger till fullt utslag åt båda hållen, och fyll på så mycket vätska som behövs.

8 Sänk ner bilen, starta motorn och låt den gå på tomgång.

9 Vrid ratten långsamt åt höger till fullt utslag, och håll den där i två sekunder.

10 Vrid ratten långsamt åt vänster till fullt utslag, och håll den där i två sekunder.

11 Fyll på mer vätska igen, om det behövs.

12 Upprepa punkt 9 och 10 tio gånger. Kontrollera vätskenivån flera gånger under denna operation, och fyll på mer om det behövs.

13 Avsluta med att stanna motorn, kontrollera vätskenivån igen och sedan sätta på behållarens påfyllningslock.

21 Styrningspump – demontering och montering

Demontering

1 Demontera drivremmen enligt beskrivningen i kapitel 1A eller 1B.

2 Lossa vätskematningsslangen från klämman över pumpens remskiva.

3 Fäst vätskematningsslangen så nära pumpen som möjligt för att minska vätskeförlusten.

4 Skruva loss bulten från tryckrörsanslutningens låsfäste några varv och ta bort fästet (i förekommande fall) **(se bild)**.

5 Lägg trasor under pumpen. Skruva loss tryckrörsanslutningen och ta loss O-ringen.

6 Separera vätskematningsslangen från anslutningen på pumpen. Ta inte i för mycket, då kan slangen skadas.

7 Atbeta genom åtkomsthålen i remskivan och lossa pumpens tre fästbultar **(se bild)**.

21.8 På dieselmodeller, ta bort stödfästet (markerad med pil) från pumpens baksida

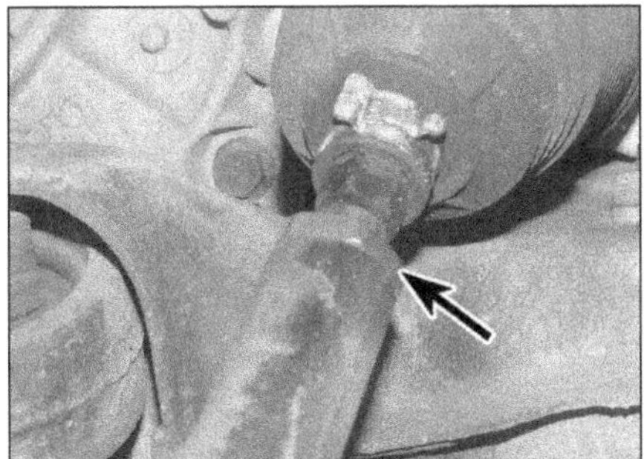
22.2 Lossa styrstagsändens låsmutter (markerad med pil)

22.3 Håll styrstagsändens kulled med en andra skruvnyckel medan du lossar fästmuttern

8 På dieselmodeller, ta bort fästbygeln från pumpens baksida**(se bild)**.

9 Om du misstänker att servovätskan är förorenad lyfter du och stöder upp bilens framände så att hjulen precis har lämnat underlaget.

10 Ställ en lämplig behållare under framvagnen för att samla upp vätskan från slangarna när styrningen vrids till fullt utslag från sida till sida.

11 Om en ny pump ska monteras, låt en verkstad eller lämpligt utrustad specialist flytta remskivan och (efter tillämplighet) behållaren till den, eftersom det krävs specialverktyg.

Montering

12 Monteringen sker i omvänd ordningsföljd. Tänk på följande:

a) *Använd en ny O-ring till tryckrörsanslutningen.*
b) *Dra åt fästbultarna till angivet moment.*
c) *Montera tillbaka drivremmen enligt beskrivningen i kapitel 1A eller 1B.*
d) *Se till att tryckrörsanslutningens låsfäste passar runt det sexkantiga avsnittet av anslutningen.*
e) *Fyll på vätskebehållaren och lufta systemet enligt beskrivningen i avsnitt 20.*

22 Styrstagsände – demontering och montering

Demontering

1 Lossa bultarna från relevant framhjul. Klossa bakhjulen, lyft upp framvagnen och ställ den på pallbockar (se *Lyftning och stödpunkter*). Demontera relevant framhjul.

2 Håll emot styrstaget och lossa styrstagsändens låsmutter ett halvt varv **(se bild)**. Om låsmuttern nu lämnas på denna plats, kan den användas som hjälp vid återmonteringen.

3 Skruva loss styrstagsändens spindelledsmutter. Ta loss spindelleden från styrarmen med en spindelledsavdragare, och skruva sedan loss muttern och lossa spindelleden från armen **(se bild)**.

4 Skruva loss styrstagsänden från styrstaget, och räkna det antal varv som krävs för att ta bort den. Notera antalet varv, så att hjulinställningen kan återställas (eller åtminstone uppskattas) vid återmonteringen.

Montering

5 Skruva på styrstagsänden på styrstaget samma antal varv som noterades vid demonteringen.

6 Passa in spindeltappen i styrarmen. Sätt på en ny mutter och dra åt den till angivet moment.

7 Håll emot styrstaget och dra åt låsmuttern.

8 Montera tillbaka framhjulet, sänk ner bilen och dra åt hjulbultarna i diagonal ordningsföljd till angivet moment.

9 Låt en Volvo-verkstad eller en mekaniker med rätt utrustning kontrollera och justera framhjulens toe in (hjulinställning).

23 Styrväxelns solenoid – byte

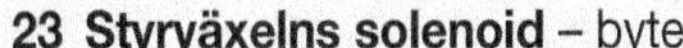

Byte

1 På modeller med hastighetskänslig servostyrning monteras en elektrisk solenoid på styrväxeln. Ta bort solenoiden genom att ta bort styrväxeln enligt beskrivningen i avsnitt 18.

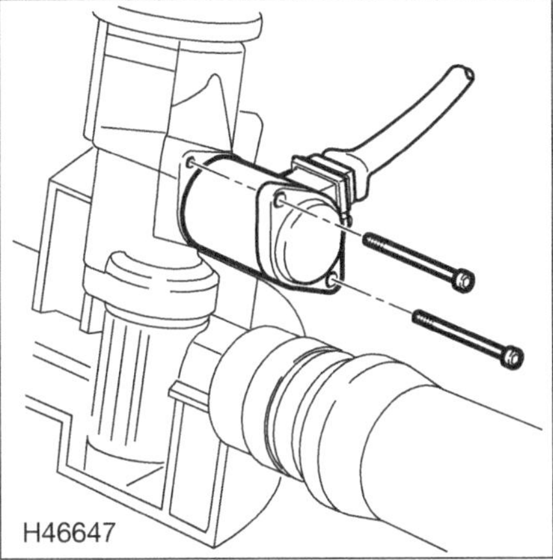

23.3 Styrväxelsolenoidens fästskruvar

2 Rengör området runt solenoiden.

3 Skruva loss de 2 skruvarna som håller fast solenoiden och ta bort den från styrväxeln **(se bild)**. Var beredd på spill.

4 Ta bort filtret i monteringshålet i styrväxeln och tryck dit ett nytt på plats (ett nytt filter medföljer normalt en ny solenoid).

5 Smörj de nya O-ringar med ren servostyrningvätska, installera sedan den nya solenoiden och dra åt fästskruvarna ordentligt.

6 Montera tillbaka kuggstången enligt beskrivningen i avsnitt 20.

24 Hjulinställning och styrvinklar – allmän information

1 En bils styrnings- och fjädringsgeometri definieras av fyra huvudsakliga inställningar. Alla vinklar uttrycks i grader (toe-inställningar uttrycks även som en sträcka) och de olika inställningarna är camber, castor, styraxellutning och toe-inställning **(se bild)**. På de modeller som tas upp i den här handboken, är det bara den främre cambervinkeln och främre och bakre toe-inställningen som kan justeras.

2 Camber är vinkeln mellan framhjulen och en vertikal linje sett framifrån eller bakifrån. Negativ camber är det värde (i grader) som hjulen lutar inåt från vertikallinjen upptill.

3 Den främre cambervinkeln kan justeras genom att fästbultarna mellan styrspindeln och fjäderbenet lossas och navhållaren flyttas.

4 Castor är vinkeln mellan styraxeln och en vertikal linje sett från sidan av bilen. Positiv castor föreligger om styraxeln lutar bakåt upptill.

5 Styraxelns lutning är den vinkel (sett framifrån) mellan en vertikal linje och en imaginär linje som dras mellan det främre fjäderbenets övre fäste och styrarmens spindelled.

6 Toe-inställningen är det värde med vilket avståndet mellan hjulens främre insidor (mätt i navhöjd) skiljer sig från det diametralt motsatta

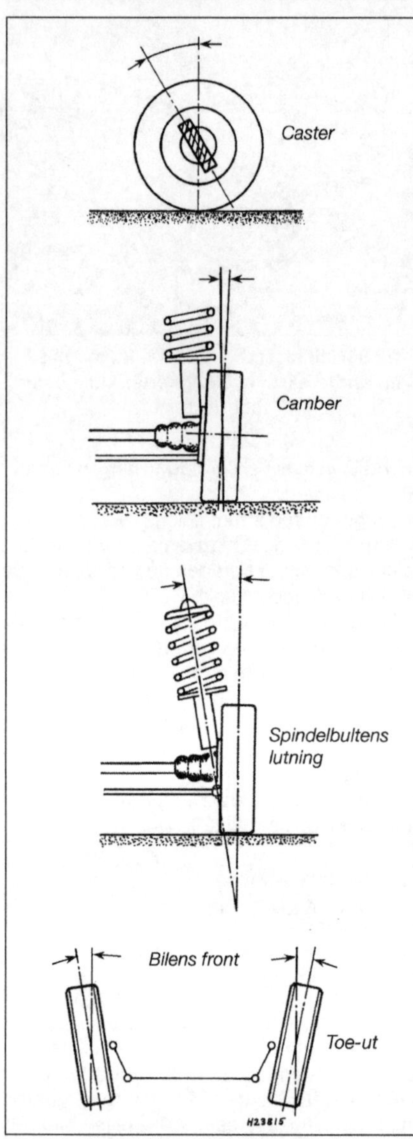

24.1 Framhjulsinställning

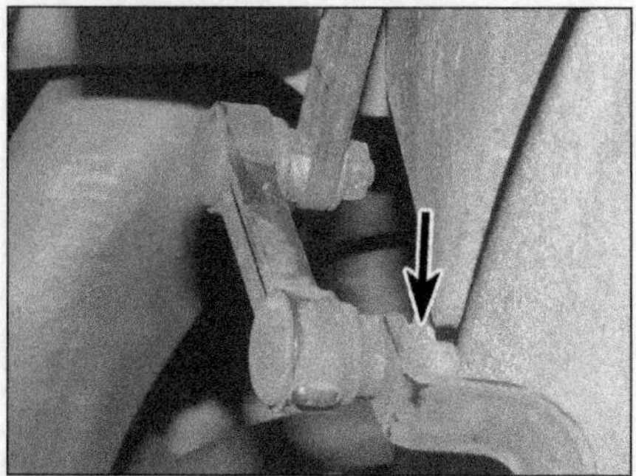

25.2 Skruva loss muttern (markerad med pil) och koppla loss sensorns länkarm från fästet på styrarmen

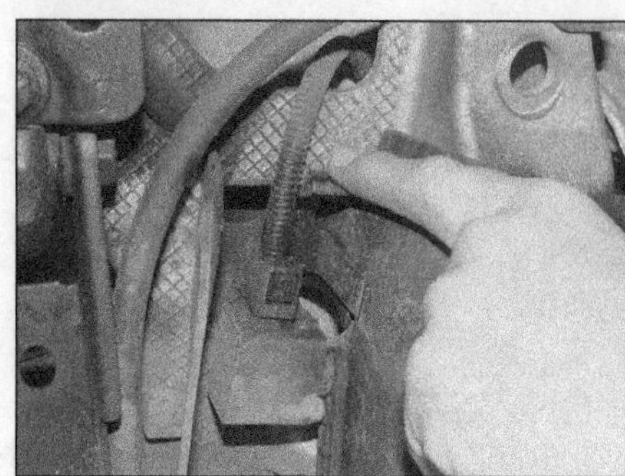

25.3 Lossa klämman och ta bort sensorn

avståndet mellan hjulens bakre insidor. Toe-in föreligger när hjulen pekar inåt mot varandra i framkanten, och toe-out föreligger om de pekar utåt från varandra.

7 Framhjulens toe-inställning kan justeras genom att styrstagens längd ändras på båda sidor. Denna inställning kallas normalt hjulinställning.

8 Bakhjulens toe-inställning kan justeras genom att positionen för bakfjädringens fästen mellan tvärarmen och hängarmen ändras.

9 Med undantag av de främre och bakre toe-inställningarna, samt de främre cambervinklarna, ställs alla övriga fjädrings- och styrvinklar in vid tillverkningen och kan inte justeras. Det kan därför antas att, såvida bilen inte krockat, alla förinställda vinklar är korrekta.

10 Speciell optisk mätutrustning krävs för noggrann kontroll och justering av de främre och bakre toe-inställningarna samt de främre cambervinklarna, och detta arbete bör utföras av en Volvo-verkstad eller liknande specialist. De flesta däcksverkstäder har den expertis och utrustning som krävs för att åtminstone kontrollera framhjulens toe-inställning (hjulinställningen) för en mindre kostnad.

25 Fjädring körhöjdgivare - demontering och montering

1 Lyft upp bakvagnen och ställ den på pallbockar (se *Lyftning och stödpunkter*).

2 Skruva loss muttern och koppla bort länkarmen från fästet på den nedre styrarmen **(se bild)**.

3 Lossa givarens anslutningskontakt, lossa sedan klämman och ta bort givaren **(se bild)**.

4 Montering sker i omvänd ordningsföljd.

26 Styrstag - demontering och montering

Observera: *Specialverktygen som beskrivs i följande procedur kan finnas hos Volvoåterförsäljare eller andra specialister.*

1 Ta bort damasken som beskrivs i avsnitt 19.

2 Rengör noga glidytan på kuggstång. Tätningar är mycket känsliga för eventuella repor på ytor.

3 Fäst mothåll verktyget (Volvo nr 999 7020 eller motsvarande) till glidytan på kuggstång och dra åt fästbultarna till 25 Nm. Detta verktyg förhindrar kuggstång från snett spåret stången skruvas **(se bild)**.

4 Fäst specialverktyg nr 999 7083 eller motsvarande till styrstaget och skruva upp den från kuggstång. Mothåll kuggstång som visas **(se bild)**.

Montering

5 Applicera liten tätningsmassa till gängorna, montera sedan det nya styrstaget i kuggstång. Dra åt styrstaget till det angivna vridmomentet med Volvo verktygen som tidigare beskrivits.

6 Monteringen utförs i omvänd ordningsföljd. Låt kontrollera framhjulsinställningen så snart som möjligt (se avsnitt 24).

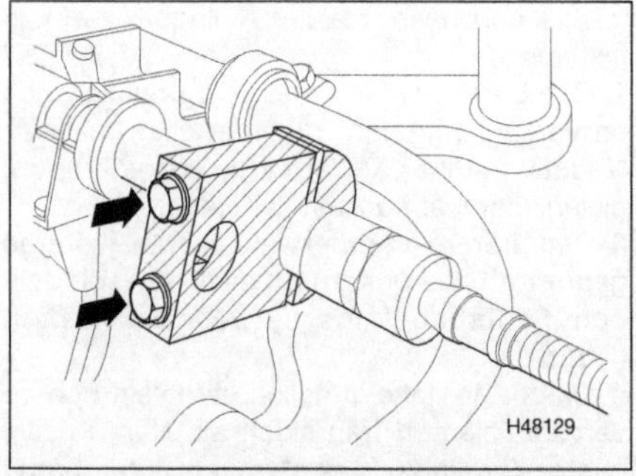

26.3 Dra åt bultarna (markerade med pilar) som håller fast kuggstång

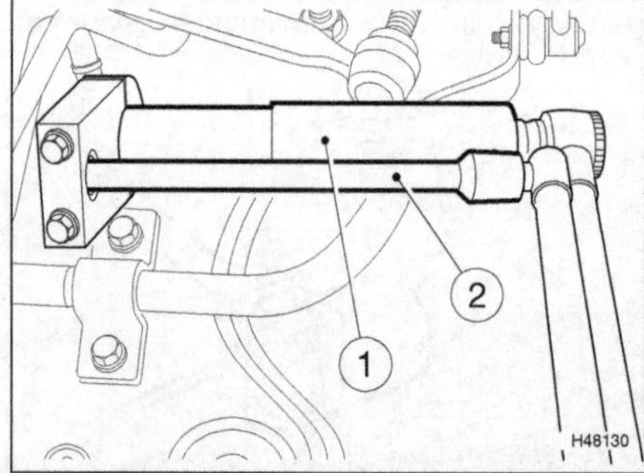

26.4 Skruva loss styrstag med verktyget (1) och mothåll kuggstång med verktyget (2)

Kapitel 11
Kaross och detaljer

Innehåll

Avsnittsnummer

Svårighetsgrader

Enkelt, passer novisen med lite erfarenhet 	**Ganska enkelt,** passar nybörjaren med viss erfarenhet	**Ganska svårt,** passer kompetent hemmamekaniker 	**Svårt,** passer hemmamekaniker med erfarenhet 	**Mycket svårt,** för professionell mekaniker 

Specifikationer

Åtdragningsmoment

Åtdragningsmoment	Nm
Instrumentbrädans tvärbalk:	
Till A-stolpen	48
Till mittkonsolens fästen	25
Främre säkerhetsbältets förankring i sätet	48
Främre säkerhetsbält – sträckaren/hasplar	48
Bakre säkerhetsbältets haspelmutter	48
Bakre säkerhetsbältenas nedre förankringar	48

1 Allmän information

Karossen är tillverkad av pressade stålstycken och finns bara som fyradörrars sedan. De flesta komponenter är sammansvetsade, men ibland används fästmedel. Dörrarna och dörrstolparna är förstärkta mot sidokrockar som en del av sidokrockskyddsystemet.

Ett antal bärande komponenter och karosspaneler är gjorda av galvaniserat stål som ett extra skydd mot korrosion. Även plastmaterial används mycket, framför allt till de inre detaljerna men även till vissa yttre komponenter. De främre och bakre stötfångarna är gjutna av ett syntetmaterial som är mycket starkt men lätt. Plastkomponenter, som hjulhusfoder, sitter monterade på bilens undersida för att ytterligare öka bilens motståndskraft mot rostangrepp.

2 Underhåll – kaross och underrede

Karossens allmänna skick påverkar bilens värde väsentligt. Underhållet är enkelt men måste utföras regelbundet. Försummat underhåll, speciellt efter smärre skador, kan snabbt leda till värre skador och dyra reparationer. Det är även viktigt att hålla ett öga på de delar som inte är direkt synliga, exempelvis underredet, under hjulhusen och de nedre delarna av motorrummet.

Tvättning tillhör de grundläggande underhållet av karossen – helst med stora mängder vatten från en slang. Detta tar bort all lös smuts som har fastnat på bilen. Det är viktigt att smutsen spolas bort på ett sätt som förhindrar att lacken skadas. Hjulhusen och underredet måste tvättas rena från lera på samma sätt. Fukten som binds i leran kan annars leda till rostangrepp. Den bästa tidpunkten för tvätt av underrede och hjulhus är när det regnar eftersom leran då är blöt och mjuk. Vid körning i mycket våt väderlek spolas vanligen underredet av automatiskt vilket ger ett tillfälle för kontroll.

Med undantag för bilar med vaxade underreden är det bra att periodvis rengöra hela undersidan av bilen, inklusive motorrummet, med ångtvätt så att en grundlig kontroll kan utföras för att se vilka åtgärder och mindre reparationer som behöver utföras. Ångtvättar finns att få tag på hos bensinstationer och verkstäder och behövs när man ska ta bort de ansamlingar av oljeblandad smuts som ibland lägger sig tjockt i vissa utrymmen. Om en ångtvätt inte finns tillgänglig finns det ett par utmärkta avfettningsmedel som man stryker på med borste för att sedan spola bort smutsen. Observera att ingen av ovanstående metoder ska användas på bilar med vaxade underreden, eftersom de tar bort vaxet. Bilar med vaxade underreden ska kontrolleras årligen, helst på senhösten. Underredet ska då tvättas av så att skador i vaxbestrykningen kan hittas och åtgärdas med underredesbehandling. Helst ska ett helt nytt lager vax läggas på. Överväg även att spruta in vaxbaserat skydd i dörrpaneler, trösklar, balkar och liknande som ett extra rostskydd där tillverkaren inte redan åtgärdat den saken.

Torka av lacken med sämskskinn efter tvätten så att den får en fin yta. Ett lager med genomskinligt skyddsvax ger förbättrat skydd mot kemiska föroreningar i luften. Om lacken mattats eller oxiderats kan ett kombinerat rengörings-/polermedel återställa glansen. Detta kräver lite arbete, men sådan mattning orsakas vanligen av slarv med regelbundenheten i tvättningen. Metalliclacker kräver extra försiktighet, och speciella slipmedelsfria rengörings-/polermedel krävs för att inte skada ytan.

Kontrollera alltid att dräneringshål och rör i dörrar och ventilation är öppna så att vatten kan rinna ut. Kromade ytor ska behandlas på samma sätt som lackerade. Glasytor ska hållas fria från smutshinnor med hjälp av glastvättmedel. Använd aldrig någon typ av vax eller annan kaross- eller kromputs på glas. Särskilt inte på vindrutan eller bakrutan.

3 Underhåll – klädsel och mattor

Mattorna ska borstas eller dammsugas med jämna mellanrum så att de hålls rena. Om de är svårt nedsmutsade kan de tas ut ur bilen och skrubbas. Se i så fall till att de är helt torra innan de läggs tillbaka i bilen. Säten och inre klädselpaneler kan hållas rena genom att de torkas av med fuktig trasa och lämpligt klädselrengöringsmedel. Om de blir fläckiga (vilket kan vara mer synligt i ljusa inredningar) kan lite flytande tvättmedel och en mjuk nagelborste användas till att skrubba bort smutsen ur materialet. Glöm inte takets insida. Håll det rent på samma sätt som klädseln. När flytande rengöringsmedel används inne i en bil får de tvättade ytorna inte överfuktas. För mycket fukt kan komma in i sömmar och stoppning och framkalla fläckar, störande lukter och till och med röta.

Om insidan av bilen blir mycket blöt är det mödan värt att torka ur den ordentligt, speciellt mattorna. Lämna inte olje- eller eldrivna värmare i bilen för detta ändamål.

4 Mindre karosskador – reparation

Mindre repor

Om en repa är mycket ytlig och inte har trängt ner till karossmetallen är reparationen mycket enkel att utföra. Gnugga det skadade området helt lätt med lackrenoveringsmedel eller en mycket finkornig slippasta så att lös lack tas bort från repan och det omgivande området befrias från vax. Skölj med rent vatten.

Om bilen är lackad med metallic-lack sitter de flesta reporna inte i själva färgen utan i det övre lacklagret, och ser ut som vita streck. Om man är mycket försiktig kan dessa repor ibland gå att dölja med varsam användning av renoveringslack (sådan används annars normalt inte på metallic-lack). I annat fall kan dessa repor åtgärdas med lite lack som appliceras med en fin pensel.

Lägg bättringslack på skråman med en fin pensel. Lägg på i många tunna lager till dess att ytan i skråman är i jämnhöjd med den omgivande lacken. Låt den nya lacken härda i minst två veckor. Jämna sedan ut den mot omgivande lack genom att gnugga hela området kring repan med lackrenoveringsmedel eller en mycket finkornig slippasta. Avsluta med en vaxpolering.

Om repan gått ner till karossmetallen och denna börjat rosta krävs en annan teknik. Ta bort lös rost från botten av repan med ett vasst föremål och lägg sedan på rostskyddsfärg så att framtida rostbildning förhindras. Fyll sedan upp repan med spackelmassa och en spackel av gummi eller nylon. Vid behov kan spacklet tunnas ut med thinner så att det blir mycket tunt vilket är idealiskt för smala repor. Innan spacklet härdar, linda ett stycke mjuk bomullstrasa runt en fingertopp. Doppa fingret i cellulosathinner och dra det snabbt över ytan på spacklet i repan. detta ser till att spackelytan blir något ihålig. Lacka sedan över repan enligt tidigare anvisningar.

Bucklor

När en djup buckla uppstått i bilens kaross blir den första uppgiften att räta ut den så att karossen i det närmaste återfår ursprungsformen. Det finns ingen anledning att försöka återställa formen helt eftersom metallen i det skadade området sträckt sig vid skadans uppkomst och aldrig helt kommer att återta sin gamla form. Det är bättre att försöka höja bucklans nivå till ca 3 mm under den omgivande karossens nivå. Om bucklan är mycket grund är det inte värt besväret att räta ut den. Om det går att komma åt undersidan av bucklan kan den knackas ut med en träklubba eller plasthammare. När detta görs ska mothåll användas på plåtens utsida så att inte större delar knackas ut.

Skulle bucklan finnas i en del av karossen

som har dubbel plåt eller om den av någon annan anledning är oåtkomlig från insidan krävs en annan teknik. Borra ett flertal hål genom metallen i bucklan – speciellt i de djupare delarna. Skruva sedan in långa plåtskruvar precis så långt att de får ett fast grepp i metallen. Dra sedan ut bucklan genom att dra i skruvskallarna med en tång.

Nästa steg är att ta bort lacken från det skadade området och ca 3 cm runt den omgivande oskadade plåten. Detta görs enklast med stålborste eller slipskiva monterad på borrmaskin, men kan även göras för hand med slippapper. Fullborda underarbetet genom att repa den nakna plåten med en skruvmejsel eller filspets, eller genom att borra små hål i det område som ska spacklas. Detta gör att spacklet fäster bättre.

Se avsnittet om spackling och sprutning för att avsluta reparationen.

Rosthål och revor

Ta bort lacken från det drabbade området och ca 30 mm av den omgivande oskadade plåten med en sliptrissa eller stålborste monterad i en borrmaskin. Om detta inte finns tillgängligt kan ett antal ark slippapper göra jobbet lika effektivt. När lacken är borttagen kan rostskadans omfattning uppskattas mer exakt och därmed kan man avgöra om hela panelen (om möjligt) ska bytas ut eller om rostskadan ska repareras. Nya plåtdelar är inte så dyra som de flesta tror och det går ofta snabbare och ger bättre resultat med plåtbyte än att försöka reparera större rostskador.

Ta bort alla detaljer från det drabbade området, utom de som styr den ursprungliga formen av det drabbade området. Ta sedan bort lös eller rostig metall med plåtsax eller bågfil. Knacka kanterna något inåt så att det bildas en grund grop för spacklingsmassan.

Borsta av det drabbade området med en stålborste så att rostdamm tas bort från ytan av kvarvarande metall. Lacka det berörda området med rostskyddsfärg. om baksidan på det rostiga området går att komma åt behandlar du även det.

Före spacklingen måste hålet blockeras på något sätt. Detta kan göras med nät av plast eller aluminium eller med aluminiumtejp.

Nät av plast eller aluminium eller glasfiberväv är antagligen det bästa materialet för ett stort hål. Skär ut en bit som är ungefär lika stor som det hål som ska fyllas och placera den i hålet så att kanterna är under nivån för den omgivande plåten. Ett antal klickar spackelmassa runt hålet fäster materialet.

Aluminiumtejp bör användas till små eller mycket smala hål. Dra av en bit från rullen och klipp den till ungefärlig storlek och dra bort täckpappret (om sådant finns) och fäst tejpen över hålet. flera remsor kan läggas bredvid varandra om bredden på en inte räcker till. Tryck ner tejpkanterna med ett skruvmejselhandtag eller liknande så att tejpen fäster ordentligt på metallen.

Spackling och sprutning

Se tidigare anvisningar beträffande reparation av bucklor, repor, rosthål och andra hål innan beskrivningarna i det här avsnittet följs.

Det finns många typer av spackelmassa. Generellt sett är de som består av grundmassa och härdare bäst vid den här typen av reparationer; vissa kan användas direkt från tuben. En bred och följsam spackel av nylon eller gummi är ett ovärderligt verktyg för att skapa en välformad spackling med fin yta.

Blanda lite massa och härdare på en skiva av exempelvis kartong eller masonit. Följ tillverkarens instruktioner och mät härdaren noga, i annat fall härdar spacklingen för snabbt eller för långsamt. Bred ut massan på det förberedda området med spackeln; dra spackeln över massan så att rätt form och en jämn yta uppstår. Så snart massan antagit en någorlunda korrekt form bör arbetet avbrytas. Om man håller på för länge blir massan kletig och börjar fastna på spackeln. Fortsätt lägga på tunna lager med runt tjugo minuters mellanrum till dess att massan är något högre än den omgivande plåten.

När massan härdat kan överskottet tas bort med hyvel eller fil. Börja med nr 40 och avsluta med nr 400 våt- och torrpapper. Linda alltid papperet runt en slipkloss, i annat fall blir inte den slipade ytan plan. Vid slutpoleringen med torr- och våtpapper ska detta då och då sköljas med vatten. Det skapar en mycket slät yta på massan i slutskedet.

I det här stadiet bör bucklan vara omgiven av en ring med ren plåt som i sin tur omges av en lätt ruggad kant av den oskadade lacken. Skölj av reparationsområdet med rent vatten tills allt slipdamm har försvunnit.

Spruta ett tunt lager grundfärg på hela reparationsområdet. Då avslöjas mindre ytfel i spacklingen. Laga dessa med ny spackelmassa eller filler och slipa av ytan igen. Massa kan tunnas ut med thinner så att den blir mer lämpad för riktigt små hål. Upprepa denna sprutning och reparation till dess att du är nöjd med spackelytan och den ruggade lacken. Rengör reparationsytan med rent vatten och låt den torka helt.

Reparationsytan är nu klar för lackering. Färgsprutning måste utföras i ett varmt, torrt, drag- och dammfritt utrymme. Detta kan åstadkommas inomhus om det finns tillgång till ett större arbetsområde. Om arbetet måste äga rum utomhus är valet av dag av stor betydelse. Om arbetet utförs inomhus är det bra om golvet kan spolas av med vatten, eftersom detta binder damm som annars skulle finnas i luften. Om reparationsområdet begränsas till en karosspanel täcker du över omgivande paneler. det hjälper till att minimera effekten av små skillnader i lackfärgen. Dekorer och detaljer (kromlister, handtag med mera) ska även de maskeras. Använd riktig maskeringstejp och flera lager tidningspapper till detta.

Före sprutning, skaka burken ordentligt och spruta på en provbit, exempelvis en konservburk, tills tekniken behärskas. Täck reparationsområdet med ett tjockt lager grundfärg. bygg upp tjockleken med flera tunna färglager i stället för ett tjockt lager. Polera sedan grundfärgsytan med nr 400 våt- och torrpapper, till dess att den är helt slät. Medan detta utförs ska ytan hållas våt och pappret ska periodvis sköljas i vatten. Låt torka innan mer färg läggs på.

Spruta på färglagret och bygg upp tjockleken med flera tunna lager färg. Börja spruta i mitten av reparationsytan och arbeta utåt med en enkel rörelse från sida till sida tills hela reparationsytan och ca 50 mm av den omgivande lackeringen täckts. Ta bort maskeringen 10 – 15 minuter efter att det sista färglagret sprutats på.

Låt den nya lacken härda i minst två veckor innan den nya lackens kanter jämnas ut mot den gamla med en lackrenoverare eller mycket fin slippasta. Avsluta med en vaxpolering.

Plastdetaljer

Eftersom biltillverkarna använder mer och mer plast i karosskomponenterna (t.ex. i stötfångare, spoilrar och i vissa fall även i de större karosspanelerna), har reparationer av allvarligare skador på sådana komponenter blivit fall för specialister eller så får hela komponenterna bytas ut. Gör-det-själv reparationer av sådana skador är inte rimliga på grund av kostnaden för den specialutrustning och de speciella material som krävs. Principen för dessa reparationer är dock att en skåra tas upp längs med skadan med en roterande rasp i en borrmaskin. Den skadade delen svetsas sedan ihop med en varmluftspistol och en plaststav i skåran. Plastöverskottet tas sedan bort och ytan slipas ner. Det är viktigt att rätt typ av plastlod används. Plasttypen i karossdelar varierar och kan bestå av exempelvis PCB, ABS eller PPP.

Mindre allvarliga skador (skrapningar, små sprickor) kan lagas av hemmamekaniker med hjälp av en tvåkomponents epoxymassa. Den blandas i lika delar och används på liknande sätt som spackelmassa på plåt. Epoxyn härdar i regel inom 30 minuter och kan sedan slipas och målas.

Om ägaren har bytt en komponent på egen hand eller reparerat med epoxymassa återstår svårigheten att hitta en färg som lämpar sig för den aktuella plasten. En gång i tiden kunde inte någon universalfärg användas på grund av det breda utbudet av plaster i karossdelar. Standardfärger fäster i allmänhet inte särskilt bra på plast eller gummi. Nu för tiden kan man dock köpa plastrenoveringssatser för karossdelar. Dessa består i princip av förprimer, grundfärg och överlack. Kompletta instruktioner finns i satserna men grundmetoden är att först lägga på förprimern på aktuell del och låta den torka i 30 minuter innan grundfärgen läggs på. Sedan ska grundfärgen läggas på och lämnas att torka i ungefär en timme innan det färgade ytlacket

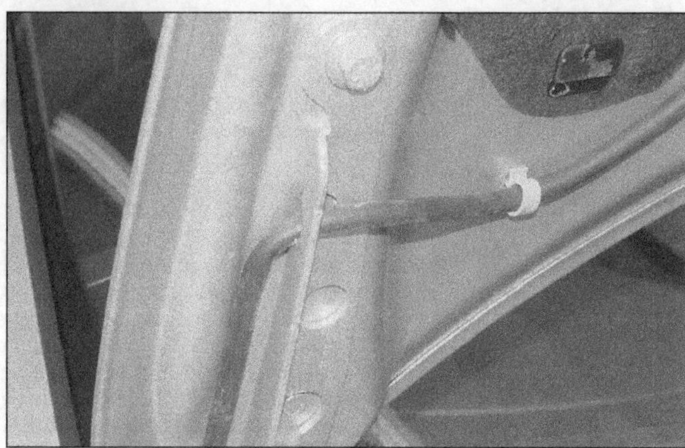

6.4 Gör inpassningsmarkeringar mellan gångjärnet och motorhuven och lossa bultarna

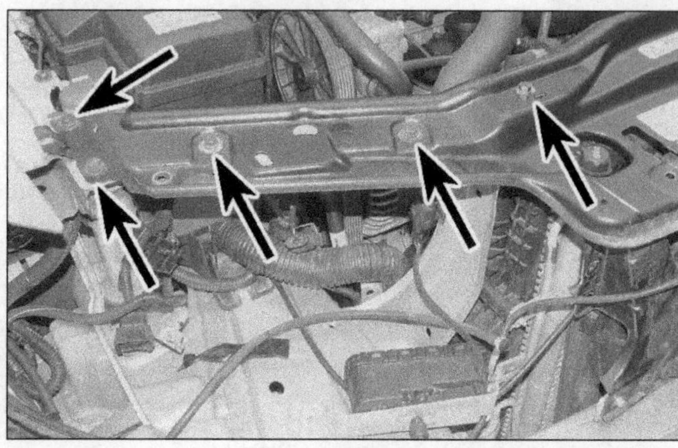

7.2 Fem av huvens stötpanelbultar (markerade med pilar)

läggs på. Resultatet blir en korrekt färgad del där lacken kan röra sig med materialet, något de flesta standardfärger inte klarar.

5 Större karosskador – reparation

Vid större skador, eller när stora paneler måste bytas ut på grund av försummelse måste helt nya paneler svetsas in. Detta arbete bör överlåtas åt specialister. Om skadan har orsakats av en krock måste hela ytterkarossens inställning kontrolleras. Konstruktionen gör att hela karossens styrka och form kan påverkas av en skadad del. Det är mycket viktigt att karossen kontrolleras hos en Volvo-återförsäljare med speciella kontrolljiggar. Förvridna delar är i första hand farliga eftersom bilen inte kommer att reagera normalt. Det kan även orsaka stora belastningar på komponenter i styrningen, motorn och kraftöverföringen med åtföljande slitage och förtida haveri. Däckslitaget kan också förvärras kraftigt.

6 Motorhuv – demontering, återmontering och justering

Demontering

1 Öppna huven, bänd ut de två plastkåporna och koppla från rören från spolarmunstyckenas bas. Dra tillbaka rören genom huven, lossa dem från fästklämman och lägg dem åt sidan.

2 Om tillämpligt kopplar du från spolarmunstyckenas anslutningskontakter och drar bort kablaget från huven.

3 Gör en markering runt gångjärnsfästet på undersidan av huven med en filtpenna för att underlätta återmonteringen.

4 Ta hjälp av en medhjälpare. Stöd motorhuven och skruva loss gångjärnsbultarna **(se bild)**. Lyft bort motorhuven och ställ den på en säker plats.

Montering och justering

5 Placera trasor under motorhuvens hörn, nära gångjärnen, innan den monteras, för att skydda lacken.

6 Montera motorhuven och sätt i gångjärnsbultarna. Placera bara bultarna i de tidigare markerade hålen.

7 Återanslut spolarröret och anslutningskontakterna.

8 Stäng motorhuven och kontrollera att den passar som den ska. Om det behövs lossar du bultarna och sätter tillbaka huven.

9 Dra åt gångjärnsbultarna ordentligt när justeringen är korrekt.

7 Motorhuvslåsvajer – demontering, återmontering och justering

Demontering

1 Demontera de främre indikatorljus och strålkastare enligt beskrivningen i kapitel 12.

2 Skruva loss de 12 bultarna som håller fast huvens stötpanel på karossen **(se bild)**.

3 På vänsterstyrda modeller, ta bort luftrenaren enligt beskrivningen i relevant del av kapitel 4.

4 Skruva loss de två skruvarna och ta bort instrumentbrädans klädselpanel ovanför förarpedalerna.

5 Bänd upp kåpan, skruva loss skruven och lossa huvens frigöringshandtag från fotutrymmet **(se bild)**.

6 Koppla loss vajerändarna från låsspakarna och lossningsspärren, lossa kabelklämmorna och ta bort vajern genom att dra den framåt från den vita hylsan **(se bild)**.

Montering

7 Monteringen sker i omvänd ordningsföljd mot demonteringen. Sätt i den nya vajern i den vita hylsan in i kupén.

8 Motorhuvslås – demontering och montering

Demontering

1 Demontera de främre strålkastare enligt beskrivningen i kapitel 12.

2 Skruva loss de 12 bultarna som håller fast huvens stötpanel på karossen **(se bild)**.

3 Skruva loss kåpans fästskruvar och lossa vajerände **(se bild)**.

Montering

4 Montering sker i omvänd ordningsföljd. Fingerdra bara kåpans fästskruvar och stäng huven för att centrera kåpan. Dra åt fästskruvarna ordentligt.

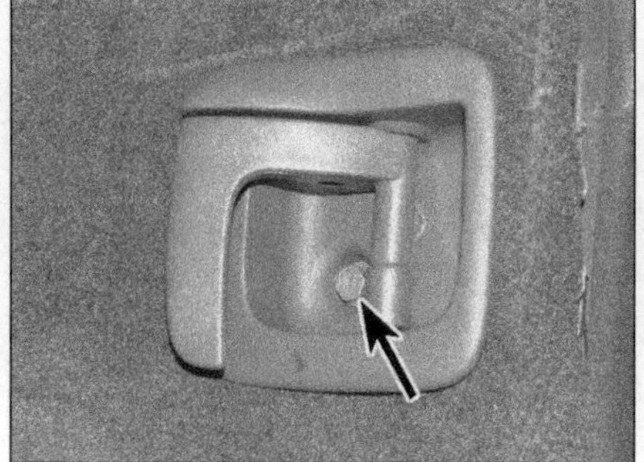

7.5 Lossa bulten (markerad med pil) och ta bort handtagsenheten från fotutrymmet

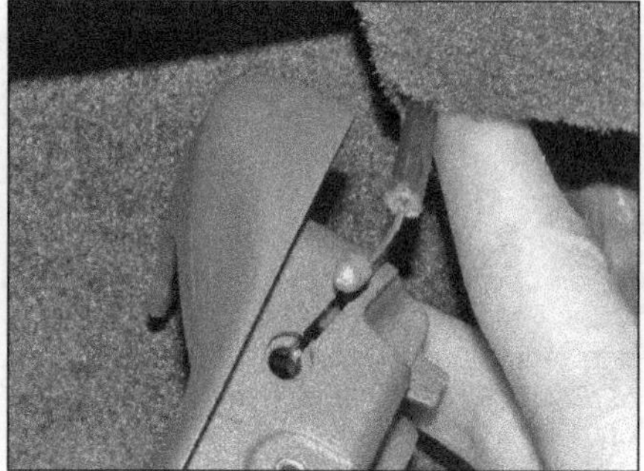

7.6 Lossa the utlösningskabeländen från spaken

9 Dörrar – demontering, återmontering och justering

Demontering

1 Koppla loss batteriets minusledning (se kapitel 5A).

2 Öppna dörren och stöd den med en domkraft eller en pallbock. Använd trasor för att skydda lacken.

3 Koppla loss framdörrens elektriska kablage. Dra tillbaka gummidamasken och använd en liten skruvmejsel för att lossa klämman längst upp och koppla ur kontaktdonet **(se bild).** Om du tar bort en bakdörr lossar du den spiralformade hylsan från dörrstopen, drar kontaktdonet från stolpen, trycker ner klämman och skilj de två halvorna från kontaktdonet **(se bild)**.

4 Lossa dörrhållarremmen genom att skruva loss bulten som fäster den vid fästbygeln på stolpen.

5 Skruva loss bulten som håller fast gångjärnfästen **(se bild)**.

6 Ta hjälp av en medhjälpare. Lyft dörren uppåt för att lossa gångjärnssprintarna. Ta sedan bort dörren.

Montering och justering

7 Montera dörren i omvänd ordningsföljd. Justera den sedan på följande sätt.

8 Stäng dörren och kontrollera justeringen i förhållande till den omgivande karossen. Avståndet måste vara lika stort runt hela dörren och dörren måste vara helt i nivå med bilens utsida. Framdörrens bakre kant bör vara 0 till 1,5 mm utanför bakdörrens framkant.

9 Justering framåt och bakåt av dörren i över- och underkanten görs med hjälp av mellanlägg som placeras mellan gångjärnen och dörren. Mellanlägg går att köpa i tjocklekarna 0,3 och 0,5 mm, och de kan sättas på plats om gångjärnets fästbultar lossas.

10 Justering vertikalt och i sidled görs genom att gångjärnens fästbultar lossas och dörren flyttas så mycket som behövs.

11 När dörren är korrekt placerad ska låsblecket justeras så att dörren kan öppnas och stängas ordentligt utan att kärva. Dra ut dörrhandtaget och stäng dörren. Kontrollera att låset glider över låsblecket utan att skrapa i.

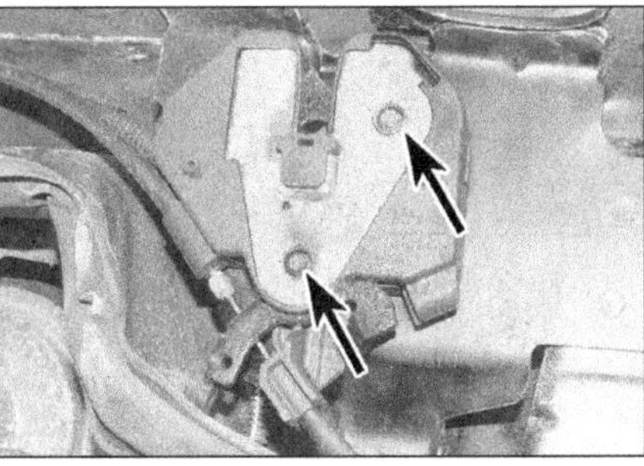

8.3 Huvspärrens bultar (markerade med pilar) kommer man åt från framsidan av huvens stötpanel

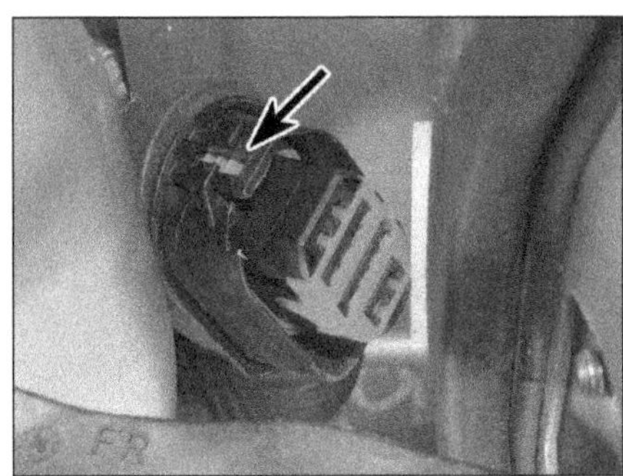

9.3a Lyft klämman (markerad med pil) för att lossa framdörrens kontaktdon

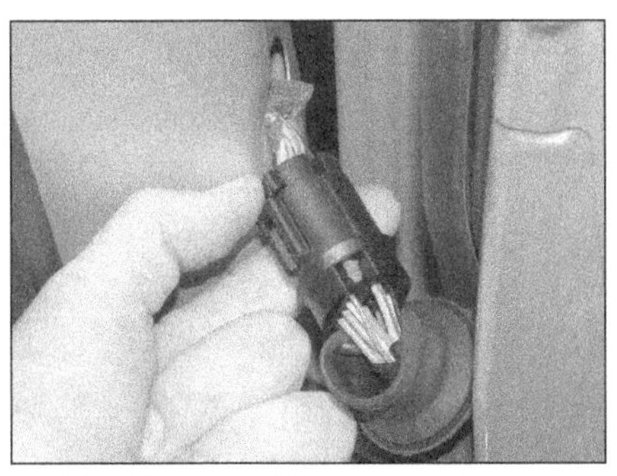

9.3b Tryck ner klämman och koppla från de båda halvorna av bakdörrens kontaktdon

9.5 Skruva loss bulten (markerad med pil) och lyft dörran från gångjärnet

10 Dörrens inre klädselpanel – demontering och montering

Demontering

1 Se till att tändningen är avslagen och ta bort nyckeln från låset. Detta är för att se till att tändningen inte råkar slås på så att krockkuddesystemet aktiveras. Vänta minst en minut så att eventuell lagrad elektrisk energi försvinner innan arbetet påbörjas.

Framdörren

2 Bänd försiktigt bort spegelns trekantiga klädselpanel från dörrspegelfästet **(se bild)**.

3 Använd ett platt verktyg för att bända ut nederkanten på dörrens handtagskåpa, dra loss den från panelen och lossa de 2 frilagda torxbultarna **(se bilder)**.

4 Dörrens klädselpanel hålls fast med 8 plastexpansionsnitar runt basen och fram-/bakkanten på panelen. Tryck in stiften i mitten och bänd ut hela niten med ett bredbladigt verktyg. På nyare modeller bänder du ut plastinsatserna från panelen **(se bilder)**.

5 Lyft klädselpanelen uppåt. Dra ut klädselpanelen från dörren tillräckligt mycket för att det ska gå att komma åt de olika anslutningskontakterna/vajrarna bakom

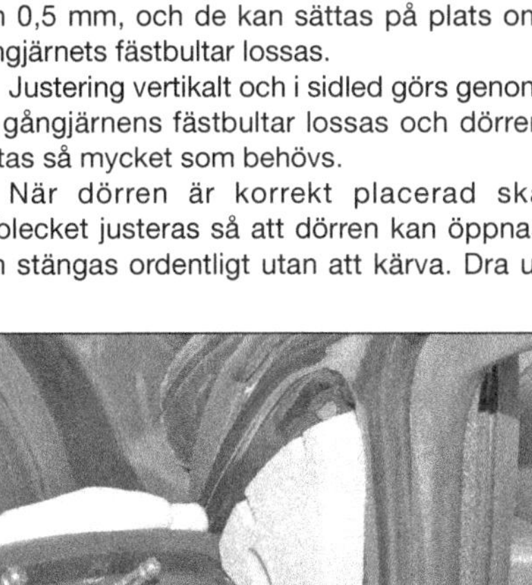

10.2 Bänd bort spegelns klädselpanel

10.3a Dra försiktigt bort handtagskåpan – tidiga modeller. . .

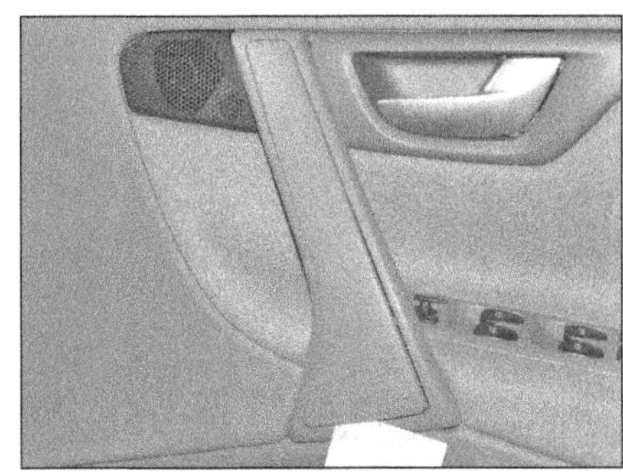

10.3b . . . och senare modeller . . .

10.3c ... och skruva loss de fyra torxbultar (markerad med pilar)

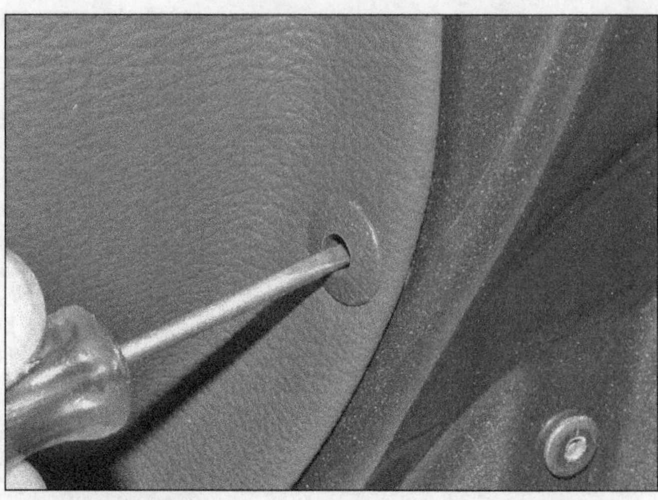
10.4a Tryck in stiften i mitten och bänd ut plastnitarna

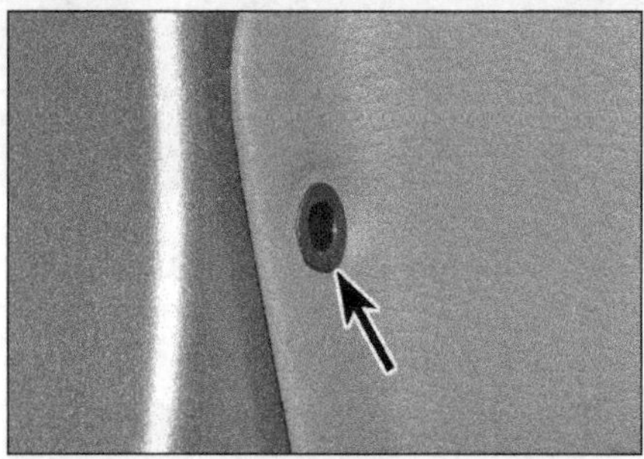
10.4 På nyare modeller bänder du ut plastinsatserna (markerade med pil) från panelen.

10.6 Bänd isär den övre och nedre klämman (markerade med pilar) och dra bort kabeländens fäste från handtaget

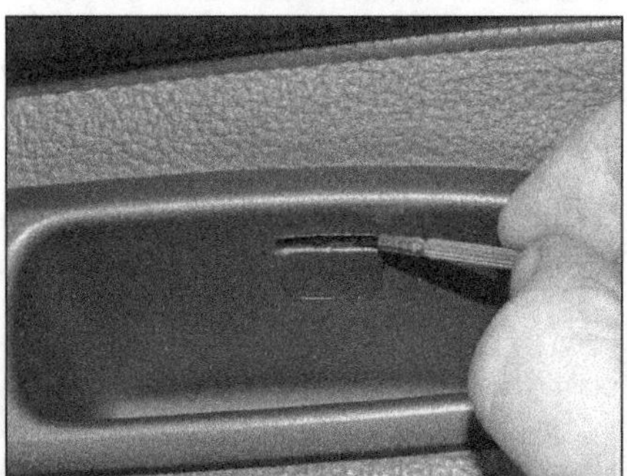
10.7a Bänd ut plastkåpan ...

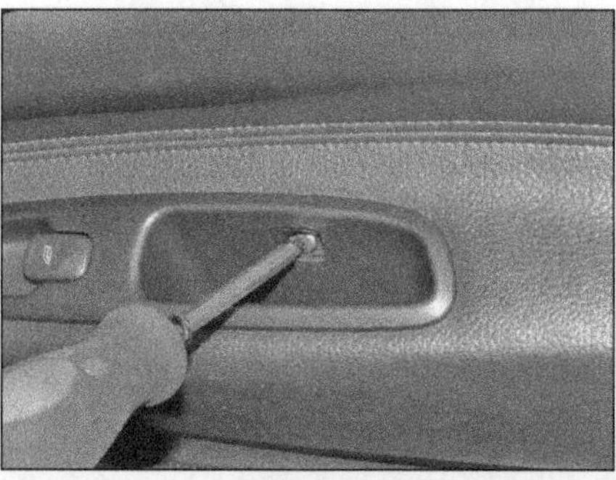
10.7b ... och skruva loss skruven i urholkningen

10.9 Dra isär klämmorna och dra kabeländens fäste från handtaget

11.1a Använd en vass kniv för att skära genom dörrens tätningspanels tätningsmedel

den. Notera kablagets dragning och lossa det sedan från fönstret, dörrspegeln och dörrlåskontakterna.

6 Lossa klämmorna och koppla från vajeränden från innerhandtaget (om tillämpligt) **(se bild)**.

Bakdörrar

7 Bänd ut kåpan och lossa skruven i handtagets urholkning **(se bilder)**.

8 Tryck in centrumsprintarna och bända ut plastexpansionsnitarna vid instrumentbrädans ytterkant **(se bilder 10.4a och 10.4b)**.

9 Lyft bort panelen från dörramen, dra ut de två fästklämmorna och koppla från innerhandtagets reglagevajer **(se bild)**. När panelen är borttagen, lossa anslutningskontakterna.

Montering

10 Montering sker i omvänd ordningsföljd. Skaffa och montera nya klämmor till panelens nederdel/kanterna om de gamla gick sönder vid demonteringen. Kontrollera funktionen hos alla reglage och brytare innan klädselpanelen sätts på plats.

11 Dörrhandtag och låskomponenter – demontering och montering

Yttre handtag

Demontering – modeller utan spärr

1 Ta bort dörrens inre klädselpanel enligt beskrivningen i avsnitt 10 och bänd försiktigt bort dörrens tätningspanel. Använd en vass kniv eller skalpell för att skära genom tätningsmaterialet **(se bilder)**. **Observera:** *I de fall där borttagningen av tätningspanelen hindras av ett fastnitat fäste borrar du ur en av nitarna och lyfter panelen över fästet.*

2 Tryck staget mellan ytterhandtaget och

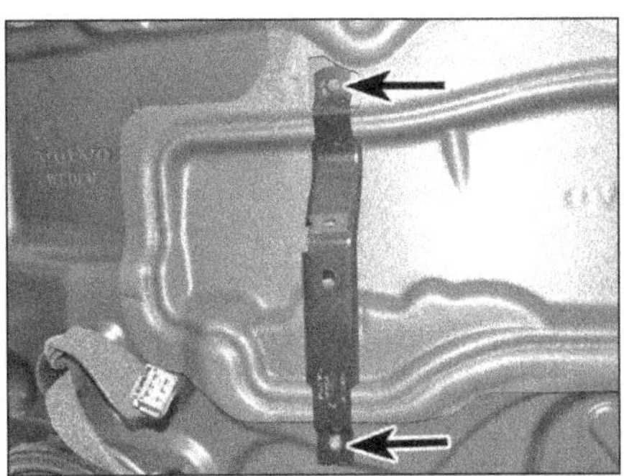

11.1b Borra ur nitarna och ta bort fästet (markerad med pil)

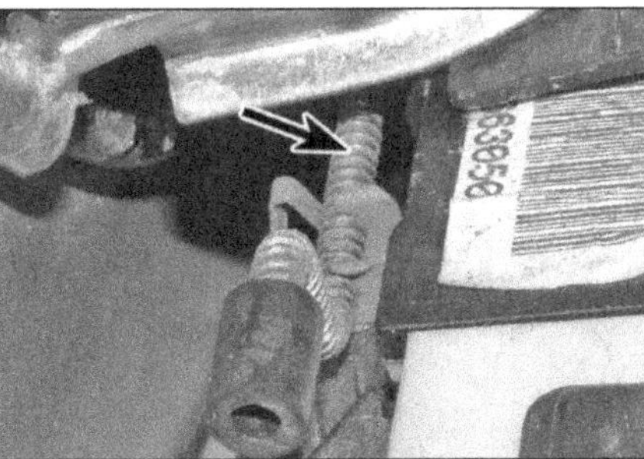

11.2 Sträck dig in i dörren och dra länkstången (markerad med pil) framåt från fästklämman

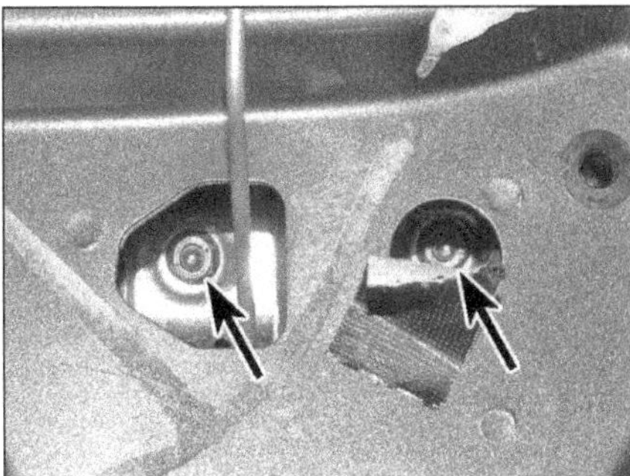

11.3 Skala bort tejpen och lossa de båda muttrarna (markerade med pilar)

låsenheten framåt för att koppla bort det från låsenheten **(se bild)**.

3 Skruva loss de två fästmuttrarna, vrid sedan spännbrickan för att ta bort den **(se bild)**. Skala bort tejpen (i förekommande fall) för att komma åt den bakersta muttern. Var noga med att inte repa lacken.

4 Lyft upp de 2 gummiklämmorna från den nedre kanten på handtagets sarg och för undan handtagsenheten på dörren **(se bilder)**.

Demontering – spärrmodeller (gäller endast förardörren)

5 Demontera dörrfönster enligt beskrivningen i avsnitt 12.

6 Använd en 3,5 mm borrbit, ta bort den nedre niten och ta bort fönstrets bakre styrning från dörren **(se bilder)**. Notera hur styrningens överdel griper tag i den nedre delen av fönsterramens styrning **(se bild 11.15)**.

7 Skruva loss skriven, notera dess monterade läge och ta bort låshöljet från dörramen **(se bild)**.

8 Skruva loss de två fästmuttrarna, vrid sedan spännbrickan för att ta bort den **(se bild)**.

9 Arbeta inuti dörren, lyft upp de 2 klämmorna vid underkanten av handtagets gummisarg, dra bort handtagets nederkant från dörren och för undan den **(se bilderna 11.4a och 11.4b)**. Var noga med att inte repa lacken. Koppla loss låscylinderns styrpinne från låsmotorn.

Montering

10 Montering sker i omvänd ordningsföljd. När du sätter tillbaka cylinderns länkstång i fjäderklämman på låsspaken, placerar du spaken så att hålet i spaken överlappar hålet i låshuset och trycker sedan i stången i klämman **(se bild)**. Kontrollera att allt fungerar som det ska innan dörrklädseln monteras.

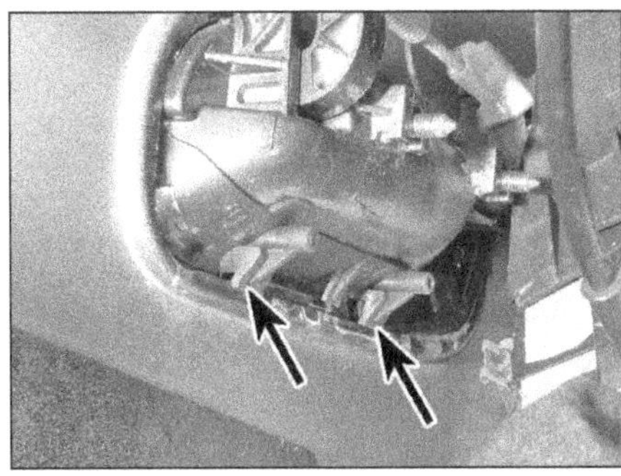

11.4a Tryck upp klämmorna (markerade med pilar) . . .

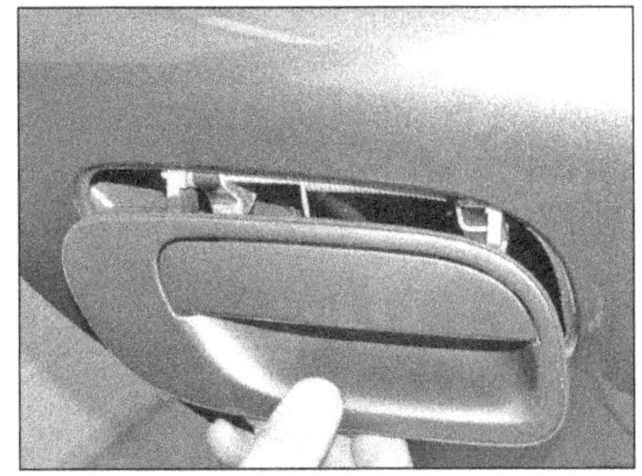

11.4b . . . och för undan handtaget från dörren

Framdörrens låscylinder

Demontering

11 Ta bort det yttre handtaget enligt beskrivningen ovan.

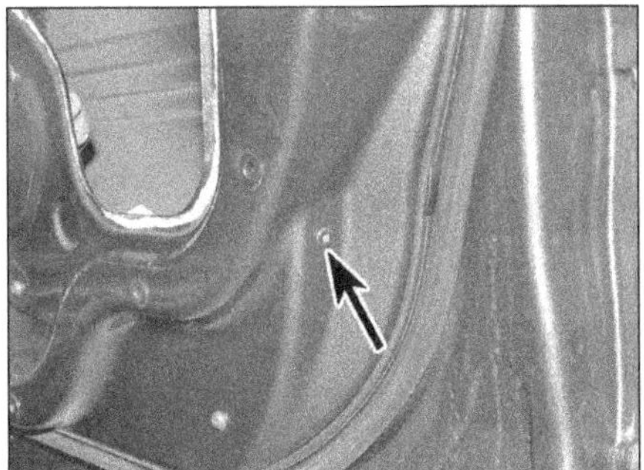

11.6a Borra ur niten (markerad med pil) . . .

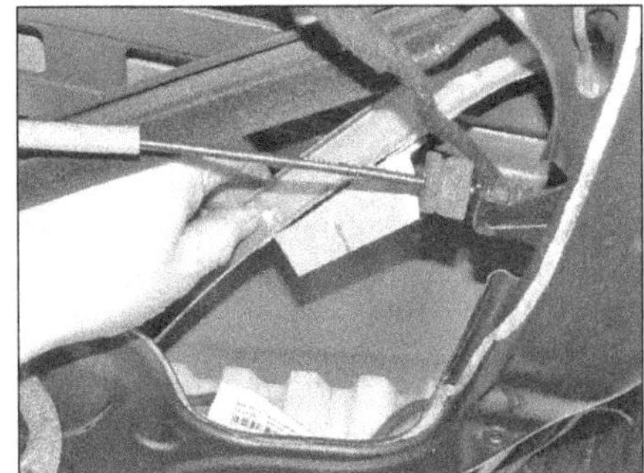

11.6b . . . och ta bort fönstrets bakre styrning

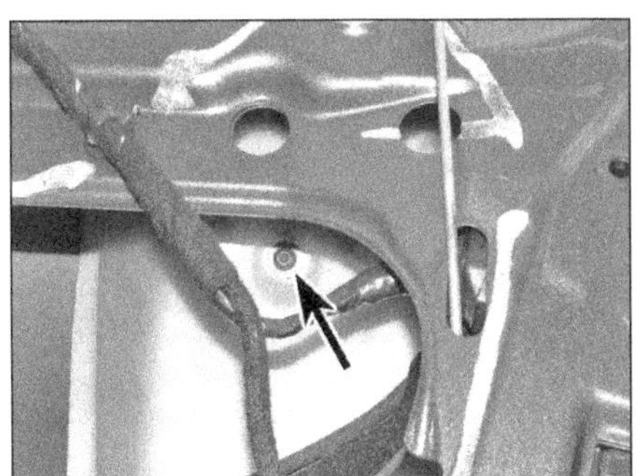

11.7 Skruva loss låskåpans fästskruv (markerad med pil)

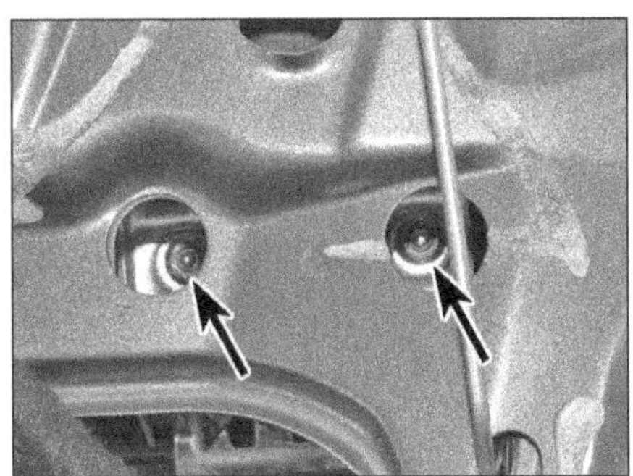

11.8 Skruva loss spännbrickans muttrarna (markerade med pilar)

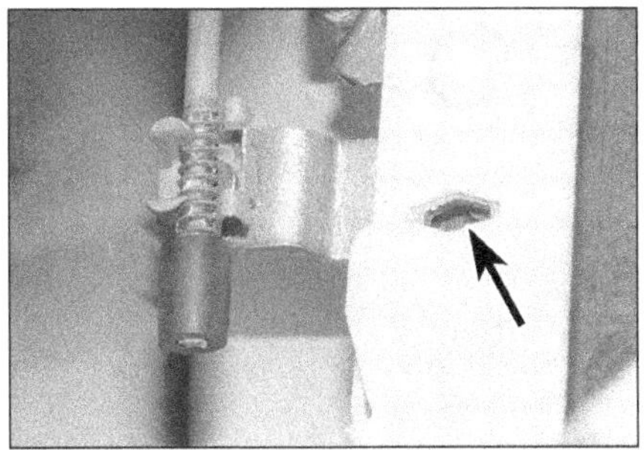

11.10 Passa in hålet i låshuset med hålet i spaken (markerad med pil) och tryck därefter i stången i klämman

11.12a Bänd ut låscylinderns fästklämmor. . .

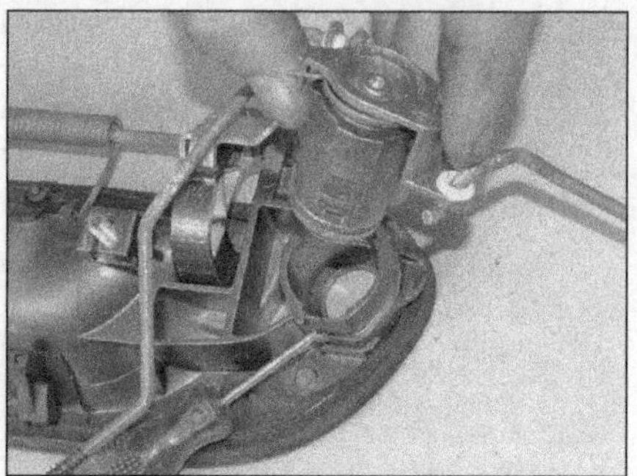

11.12b . . . och dra cylindern från handtaget

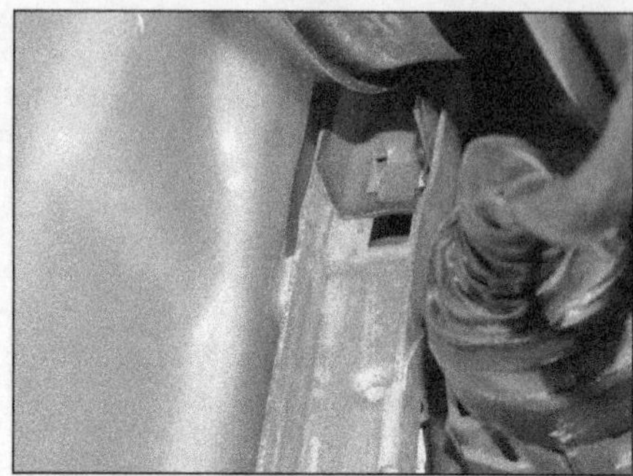

11.15 Observera hur överdelen av styrningen passar in i ramens styrning

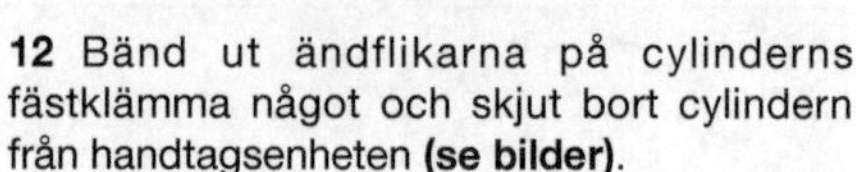

12 Bänd ut ändflikarna på cylinderns fästklämma något och skjut bort cylindern från handtagsenheten **(se bilder)**.

Montering

13 Monteringen sker i omvänd ordningsföljd mot demonteringen. Tänk på följande:

a) *Se till att låscylindern placeras åt rätt håll.*
b) *Stick inte in nyckeln i låscylindern när cylindern monteras. Då kan cylindern monteras i fel läge.*
c) *Kontrollera att allt fungerar som det ska innan dörrklädseln monteras.*

Framdörrens låsenhet

Demontering

14 Demontera dörrfönster enligt beskrivningen i avsnitt 12.

15 Använd en 3,5 mm borrbit, ta bort den nedre niten och ta sänk fönstrets bakre styrning från dörren **(se bilder 11.6a och 11.6b)**. Notera hur styrningens överdel griper tag i den nedre delen av fönsterramens styrning **(se bild)**.

16 På modeller med spärr lossar du skruven och tar bort höljet över låsenheten **(se bild 11.7)**.

17 Använd en skruvmejsel och lossa låsets länkstänger från ytterhandtaget, låsknappen och låscylindern (om tillämpligt) **(se bild)**.

18 Skruva loss de tre torxbultarna som håller fast låset i änden av dörren och för undan låsenheten från läget och koppla från anslutningskontakten när låset tas bort. Vid behov kan innerhandtagets reglagevajer kopplas från genom att man lossar fästflikarna, skjuter bort den yttre kabeln från stödfästet och lossar den inre vajern från spaken **(se bilder)**.

Montering

19 Montera i omvänd ordningsföljd mot demonteringen. Kontrollera att allt fungerar som det ska innan dörrklädseln monteras.

Observera: *Om en ny låsenhet har monterats måste stiftet som avgör läget hos låscylinderns länk avlägsnas när låset och länkstängerna har monterats. Vrid klämman 90° moturs och dra ut den ur låset.*

Bakdörrens låsenhet

Demontering

20 Ta bort ytterhandtaget enligt beskrivningen tidigare i detta avsnitt. Detta är nödvändigt eftersom det sitter en vattenavskiljare av gummi ovanpå låset som inte kan tas bort eller återmonteras när handtaget sitter på plats.

21 Lossa de 3 torxbultarna som håller fast låsenheten på dörramen, dra ut plastpluggen

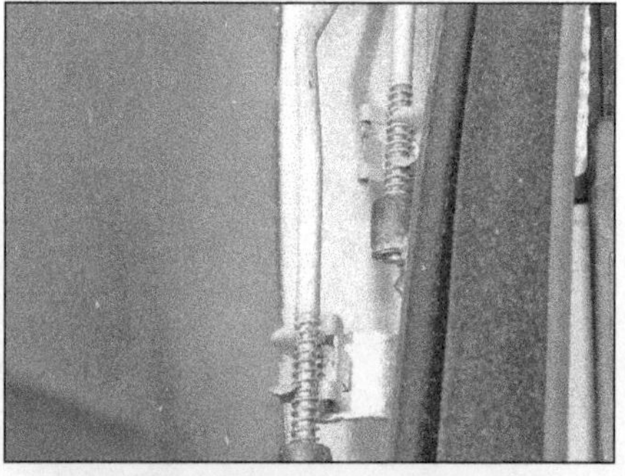

11.17 Bänd länkstängerna framåt från fästklämmorna

11.18a Skruva loss dörrlåsets fästbultar (markerade med pilar)

11.18b Skjut reglervajern från stödfästet. . .

11.18c . . . och lossa vajern från spaken

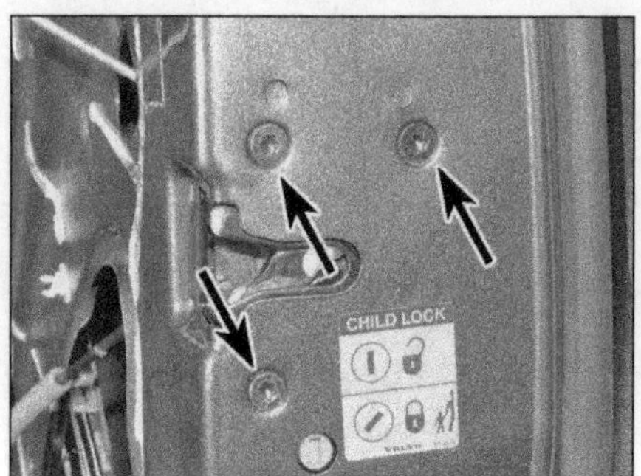

11.21a Skruva loss de tre bultarna (markerade med pilar) . . .

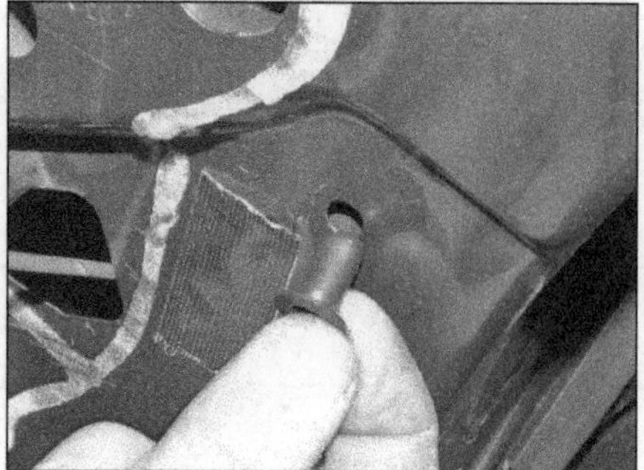

11.21b . . . bänd ut gummiproppen . . .

som håller fast vattenavskiljaren, lyft bort låset från sitt läge, koppla bort innerhandtagets vajer, låsknappens stag och anslutningskontakterna när låset tas bort **(se bilder)**.

Montering

22 Montera i omvänd ordningsföljd mot demonteringen. Se till att gummibeslaget sitter rätt på låset före återmonteringen **(se bild)**. Kontrollera att allt fungerar som det ska innan dörrklädseln monteras.

Främre och bakre innerhandtag

23 Innerhandtaget är inbyggt i dörrklädseln. Om defekt, handtaget måste bytas enligt beskrivningen i avsnitt 10.

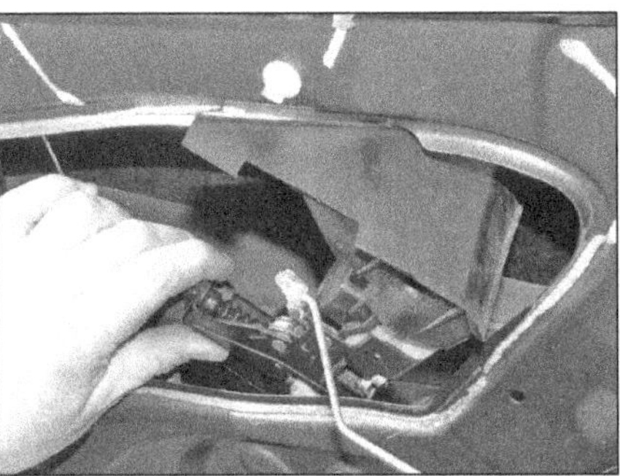

11.21c . . . och för undan låsenheten från dörren

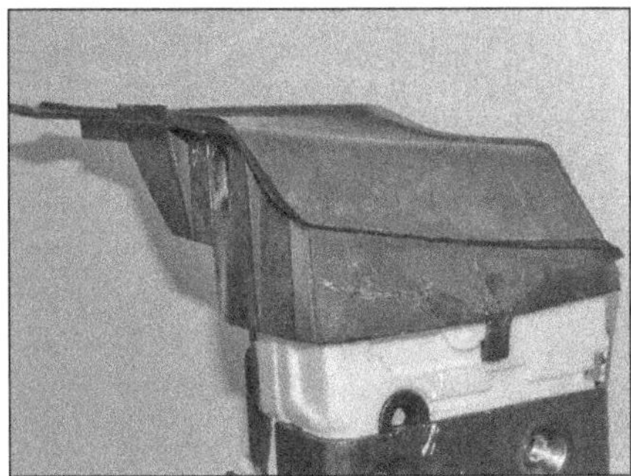

11.22 Se till att gummibeslaget sitter rätt innan du återmonterar låset

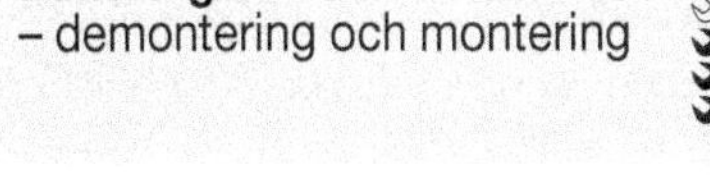

12 Fönsterglas och fönsterhiss - demontering och montering

Framdörrens fönsterhiss/motor

Demontering

1 Sänk ner fönstret till en ungefärlig mittpunkt.

2 Ta bort dörrens inre klädselpanel enligt beskrivningen i avsnitt 10 och bänd försiktigt bort dörrens tätningspanel. Använd en vass kniv eller skalpell för att skära genom tätningsmaterialet **(se bild 11.1a)**. **Observera:** *I de fall där borttagningen av tätningspanelen hindras av ett fastnitat fäste borrar du ur en av nitarna och lyfter panelen över fästet.*

3 Bänd bort kabelpanelen av plast längst fram i dörramen och bänd ut de två fästklämmorna och använd en skruvmejsel eller tänger för att separera regulatorarmens kulleder från fönstrets lyftkanaler **(se bilder)**.

4 Stäng fönstret. Fäst det i upphissad position med tejp över dörramens överdel.

5 Borra ur de fyra nitarna och för undan regulatorenheten från dörramen **(se bild)**. Lossa motorns kontaktdon när enheten tas bort.

6 Om det behövs skruvar du loss skruvarna och separerar motorn från regulatorenheten.

Montering

7 Återmonteringen sker i omvänd ordning mot demonteringen, men de nya nitarna måste sättas dit i den angivna ordningen **(se bild)**. Före användning måste fönstrets läge initieras enligt följande: Använd det manuella reglaget för att sänka fönstret helt och därefter höja det till det övre gränsläget. Observera att på alla modeller från årsmodell 2003 sänks fönstret automatiskt cirka 10 mm och stängs sedan helt under initieringsproceduren.

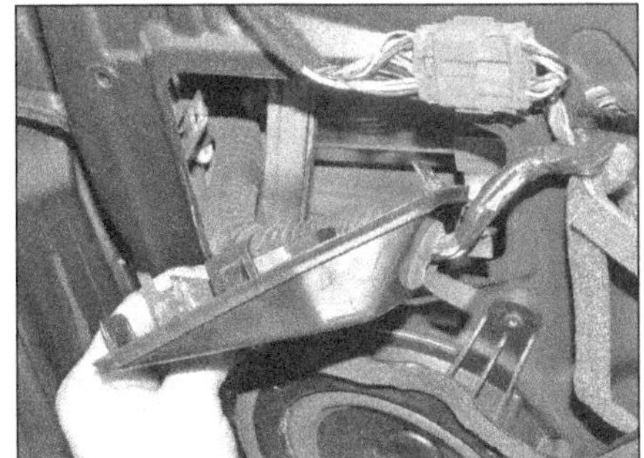

12.3a Bänd bort kabelhöljet av plast

12.3b Skjut ut regulatorns kulleds fästklämmor. . .

12.3c . . . och bänd ut kullederna från fönstrets lyftkanaler

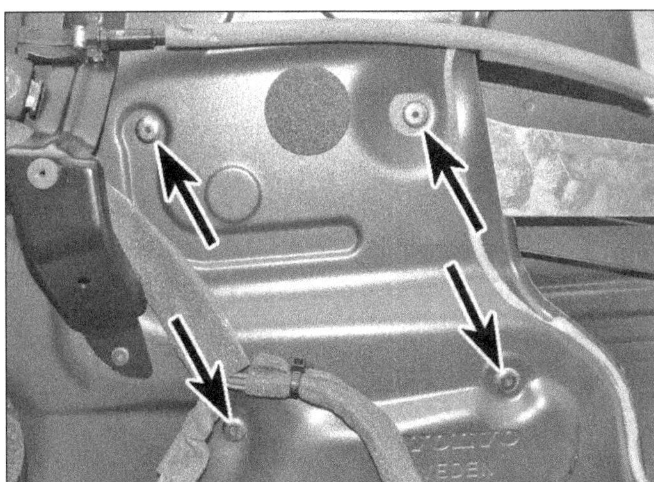

12.5 Borra ur fönstrets regulatornitar (markerade med pilar)

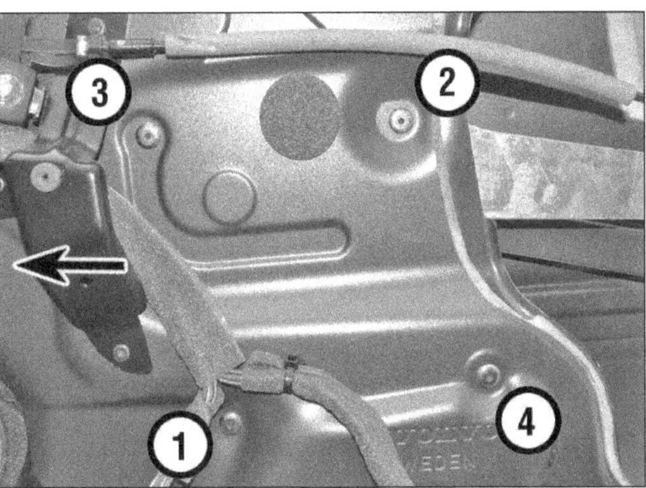

12.7 Nita fast fönstrets regulator på dörren i den ordning som visas. Pilen visar dörrens framände

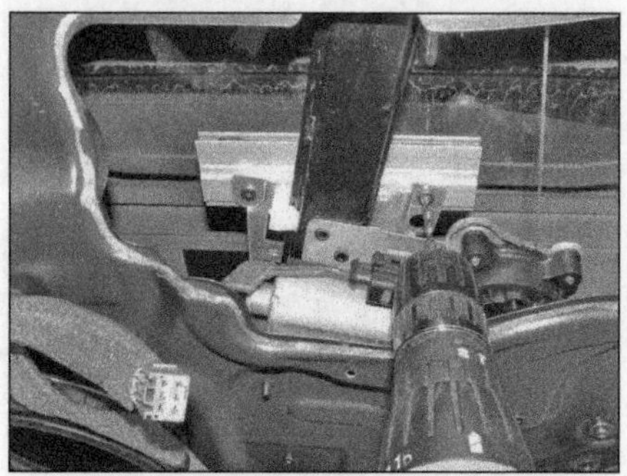

12.10 Borra ur de 2 nitarna som håller fast regulatorerna på fönstrets lyftkanal

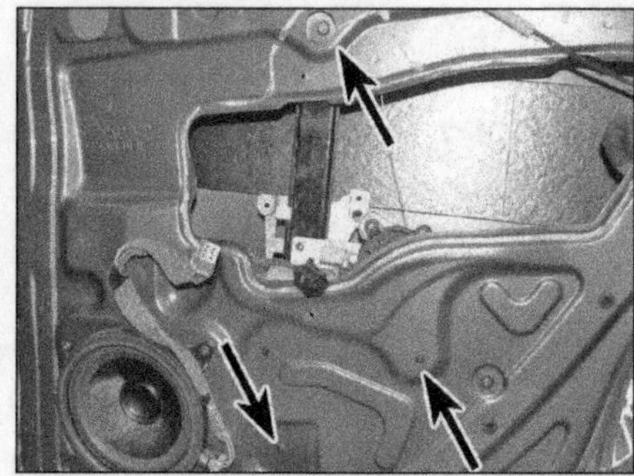

12.11 Fönsterregulatorn hålls fast med 2 nitar och 1 mutter (markerade med pilar)

12.16 Bänd upp den inre tätningslisten från dörren

12.18 Lyft bakkanten först och för undan glaset från dörren

Bakdörrens fönsterhiss/motor

Demontering

8 Sänk ner fönstret till en ungefärlig mittpunkt.

9 Ta bort dörrens inre klädselpanel enligt beskrivningen i avsnitt 10 och bänd försiktigt bort dörrens tätningspanel. Använd en vass kniv eller skalpell för att skära genom tätningsmaterialet **(se bild 11.1a)**. **Observera:** *I de fall där borttagningen av tätningspanelen hindras av ett fastnitat fäste borrar du ur nitarna och tar bort fästet.*

10 Borra försiktigt ur de båda nitarna eller skruva loss de två bultarna (efter tillämplighet) som håller fast regulatorn på fönstrets lyftkanal och höj sedan fönstret och fäst det i helt stängt läge med tejp **(se bild)**.

11 Regulatorn är fäst på dörramen med två nitar i nederkant och en mutter längst upp **(se bild)**. Borra ur nitarna, skruva loss muttern och för undan regulatorenheten från dörren. Koppla från anslutningskontakten när enheten tas bort.

12 I skrivande stund var det oklart om motorn kunde beställas separat från regulatorn. Kontakta en Volvo-verkstad eller specialist.

Montering

13 Montering sker i omvänd ordningsföljd. Kontrollera att allt fungerar som det ska innan dörrklädseln monteras.

Framdörrens fönsterglas

Demontering

14 Sänk ner fönstret till en ungefärlig mittpunkt.

15 Ta bort dörrens inre klädselpanel enligt beskrivningen i avsnitt 10 och bänd försiktigt bort dörrens tätningspanel. Använd en vass kniv eller skalpell för att skära genom tätningsmaterialet **(se bild 11.1a)**. **Observera:** *I de fall där borttagningen av tätningspanelen hindras av ett fastnitat fäste borrar du ur en av nitarna och lyfter panelen över fästet.*

16 Bänd upp försiktigt och ta bort fönstrets inre tätningsremsa från dörran **(se bild)**.

17 Bänd bort kabelpanelen av plast längst fram i dörramen och bänd ut de två fästklämmorna och använd en skruvmejsel eller tänger för att separera regulatorarmens kulleder från fönstrets lyftkanaler **(se bilderna 12.3a, 12.3b och 12.3c)**.

18 Lyft rutans bakkant först och lyft den uppåt och ut ur dörramen. Ta loss plastinsatserna från fönstrets lyftkanaler **(se bild)**.

Montering

19 Monteringen sker i omvänd ordningsföljd mot demonteringen.

Bakdörrens fönsterglas

Demontering

20 Sänk ner fönstret till mittläget.

21 Ta bort dörrens inre klädselpanel enligt beskrivningen i avsnitt 10 och bänd försiktigt bort dörrens tätningspanel. Använd en vass kniv eller skalpell för att skära genom tätningsmaterialet **(se bild 11.1a)**. **Observera:** *I de fall där borttagningen av tätningspanelen hindras av ett fastnitat fäste borrar du ur nitarna och tar bort fästet.*

22 Använd ett verktyg med platt blad för att bända och ta bort gummiremsan från fönstrets styrkanal och den inre gummitäcklisten från dörren **(se bilder)**.

23 Borrra ur de två nitarna som håller fast rutan på regulatorn **(se bild 12.10)** och lyft upp rutan ur fönsterramen **(se bild)**.

Montering

24 Monteringen utförs i omvänd ordningsföljd mot demonteringen, dock ska rutan sänkas ner i dörren och gummiremsan sättas tillbaka på fönsterstyrningskanalen innan rutans klämma nitas fast på regulatorn.

Bakruta

25 Ta bort bakdörrens ruta enligt den tidigare beskrivningen i det här avsnittet och ta därefter bort ytterfönstrets gummilist.

12.22a Dra upp den inre skraplisten. . .

12.22b . . . och bänd ut fönsterkanalens gummi från dörramen

12.23 Vrid glaset 90° och för undan det från dörren

12.26a Den bakre hörnrutans ram hålls fast med en bult genom dörramen (markerad med pil) . . .

12.26b . . . och en nedre bult (markerad med pil)

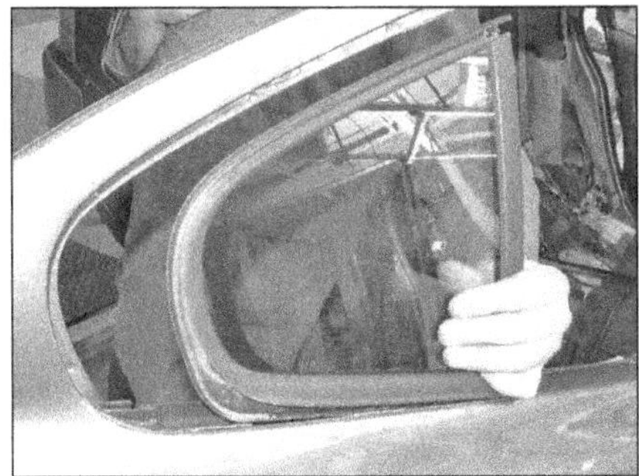

12.26c Dra den bakre hörnrutans ram framåt

26 Skruva loss de 2 bultarna som håller fast styrkanalen, skjut rutan framåt och för den från dörren **(se bilder)**.

27 Monteringen utförs i omvänd ordningsföljd mot demonteringen, men använd tvållösning runt rutans kant för att underlätta återmonteringen.

13 Baklucka - demontering och montering

Demontering

1 Vrid hållarna moturs och ta bort varningstriangeln från klädselpanelen (om en sådan finns).

2 Lossa klämmorna och ta bort bagagerummets inre klädselpanel **(se bild)**.

3 Notera deras monteringslägen och koppla från bagagerummets anslutningskontakter och ta bort kabelgenomföringen från bakluckan.

4 Gör en markering runt gångjärnen för att hjälpa till inriktningen vid återmonteringen och lossa sedan de båda bultarna på varje sida som håller fast gångjärnen på bakluckan **(se bild)**. Be en medhjälpare stöda bakluckan och dra ut kablaget från bakluckan när det tas bort.

13.2 Bänd ut klämmorna och ta bort bagagerummets inre klädselpanel

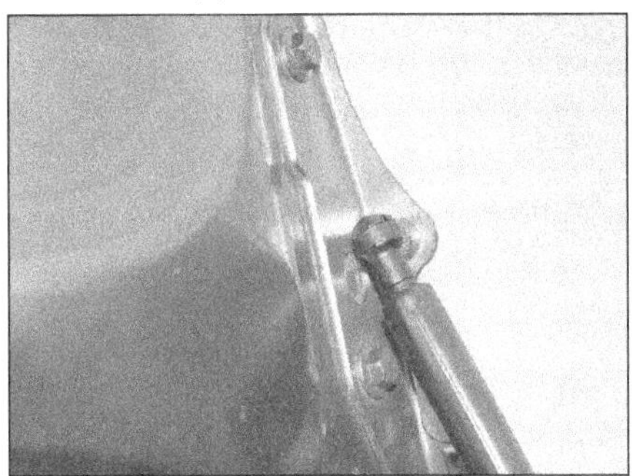

13.4 Märk runt gångjärnen och ta bort de 2 bultarna på varje sida

Montering

5 Montera tillbaka i omvänd ordningsföljd mot demonteringen. Kontrollera passformen och stängningen av bakluckan och justera vid behov.

14 Bakluckans stödben - byte

1 Stötta upp bakluckan, bänd ut fästklämmorna och dra bort den övre och nedre stödbenen från kulledsfästena **(se bild)**. Ta bort benen från bilen.

2 Monteringen sker i omvänd ordningsföljd mot demonteringen. Observera att stödbenen innehåller trycksatt gas. Om nya stödben monteras måste de gamla tas om hand om på ett säkert sätt och de får under inga som helst omständigheter brännas.

15 Bakluckans låskomponenter - demontering och montering

Demontering

Låsenhet

1 Vrid fästena moturs och ta bort varningstriangeln från klädselpanelen.

2 Lossa klämmorna och ta bort bagagerummets inre klädselpanel **(se bild 13.2)**.

3 Skruva loss de tre bultarna och ta bort låset medan du lossar anslutningskontakten **(se bild)**.

4 Skruva loss de 2 muttrar som håller fast låscylindern, och dra bort den från bakluckan.

5 Dra den yttre vajern från låscylinderenheten och koppla från den inre vajerns fäste.

Låscylinder

6 Öppna bakluckan och ta bort den inre klädselpanelen enligt beskrivningen i stycke 1 och 2.

7 Skruva loss de två fästmuttrarna och ta bort cylindern från bakluckan **(se bild)**.

14.1 Bänd ut bakluckans stödbens fästklämmor

15.3 Skruva loss bagageutrymmets låsbultar (markerade med pilar)

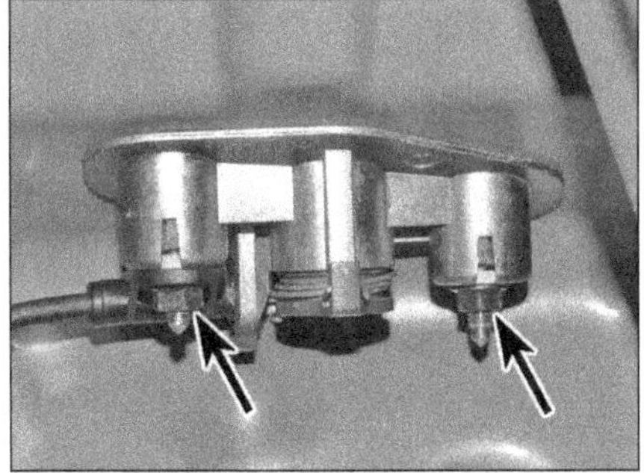

15.7 Låscylinderns muttrar (markerade med pilar)

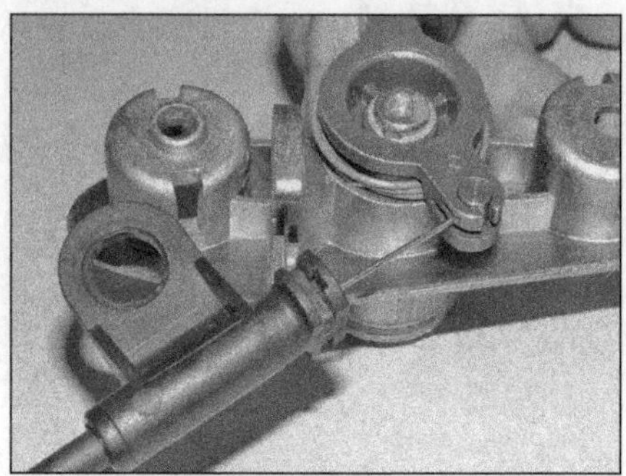

15.8 Lossa kabeln från spaken

15.11 Handtagets fästskruvar (markerade med pilar)

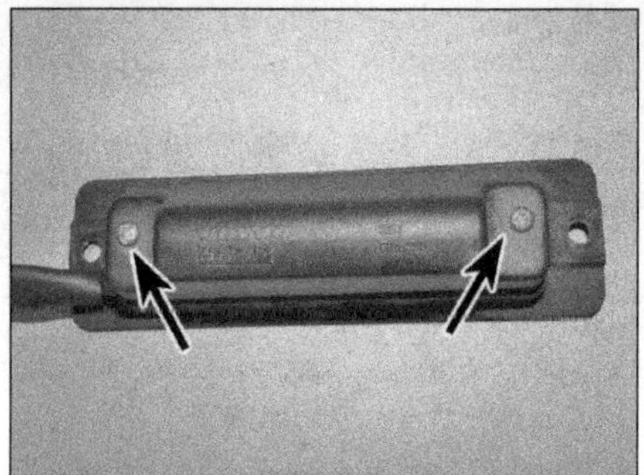

15.12a Skruva loss de 2 bultarna (markerade med pilar) . . .

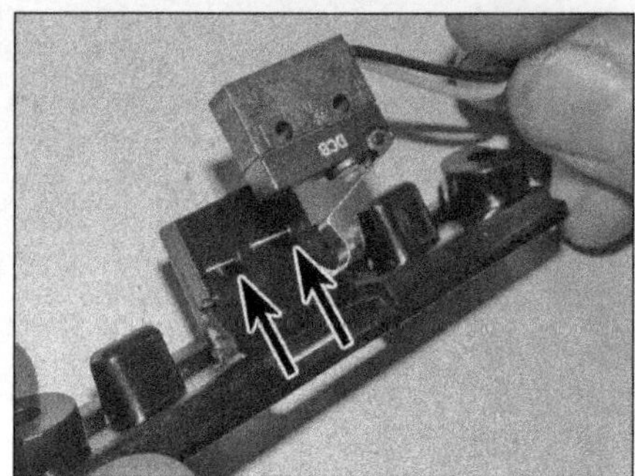

15.12b . . . och skjut upp mikrobrytaren från styrstiften (markerade med pilar)

8 Skjut den yttre vajern från cylinderhuset och koppla från det inre vajerfästet från reglagespaken **(se bild)**.

Handtag

9 Öppna bakluckan och ta bort den inre klädselpanelen enligt beskrivningen i stycke 1 och 2.

10 Lossa handtagets anslutningskontakt.

11 Skruva loss de 2 torxbultarna och dra bort handtaget från bakluckan **(se bild)**.

12 Vid behov skruvar du loss de 2 skruvarna och tar bort knappens kåpa. Mikrobrytaren kan därefter tas bort **(se bilder)**. Observera att brytarkablaget är inbyggt i nummerplåtsbelysningens kablage.

Montering

13 Montering sker i omvänd ordningsföljd.

16 Vindruta och andra fasta glasrutor – demontering och montering

Särskild utrustning och speciella tekniker krävs för lyckad demontering och montering av vindrutan och bakrutan. Överlåt arbetet till en Volvo-återförsäljare eller till en specialist på vindrutor.

17 Speglar och tillhörande komponenter – demontering och montering

Varning: Skydda händerna med handskar om spegelglaset gått sönder. Det är klokt att använda handskar även om glaset inte gått sönder, eftersom det lätt går sönder under arbetet.

Dörrspegelglas, demontering

Upp till och inklusive årsmodell 2006

1 Vrid spegelglaset i spegelhuset så långt som möjligt på innerkanten.

2 Sätt i ett trubbigt verktyg med platt blad mellan innerkanten på spegelglaset och huset och vrid verktyget medan du drar glasets ytterkant bakåt för att lossa klämmorna **(se bild)**. Var försiktig – om du använder för mycket kraft kan glaset spricka. När glasset är borttagen, lossa anslutningskontakterna.

Årsmodell 2007 och 2008

3 Tryck in glasets nederkant i spegelhuset.

4 Sätt i ett trubbigt verktyg med platt blad mellan glasets överkant och huset och lossa klämman **(se bild)**. När glasset är borttagen, lossa anslutningskontakterna.

Dörrspegelglas, återmontering

5 Återanslut anslutningskontakterna till glasets uppvärmningselement.

Upp till och inklusive årsmodell 2003

6 Fäll ut spegelfästet på motorn, haka fast glaset i fästet och tryck i glaset i motorn för att aktivera klämmorna.

Från årsmodell 2004 till 2006

7 Passa in spegelstyrningarna i spåren i huset, haka fast glasets innerkant över motorn och tryck det på plats för att aktivera klämmorna.

Årsmodell 2007 och 2008

8 Passa in spegelstyrningen i spåren i huset, placera glaset mot motorn och tryck det på plats.

Dörrspegelns motor

9 Ta bort spegelkåpan enligt beskrivningen ovan

10 På fordon till och med årsmodell 2006 hålls motorn på plats med 3 skruvar eller klämmor, medan motorn på senare modeller hålls fast med en enda skruv i mitten och 3 klämmor. Skruva loss fästskruv(arna), lossa klämmorna efter tillämplighet och ta bort motorn **(se bild)**. Koppla loss kontaktdonet när det går att komma åt.

11 Monteringen sker i omvänd ordningsföljd mot demonteringen.

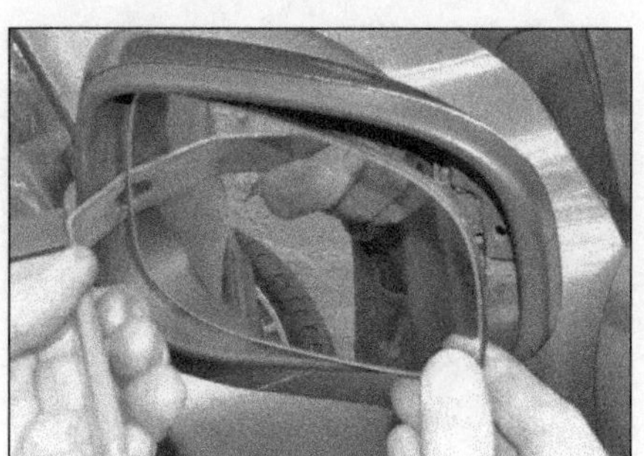

17.2 Vrid verktyget för att tvinga spegeln utåt och dra ytterkanten bakåt

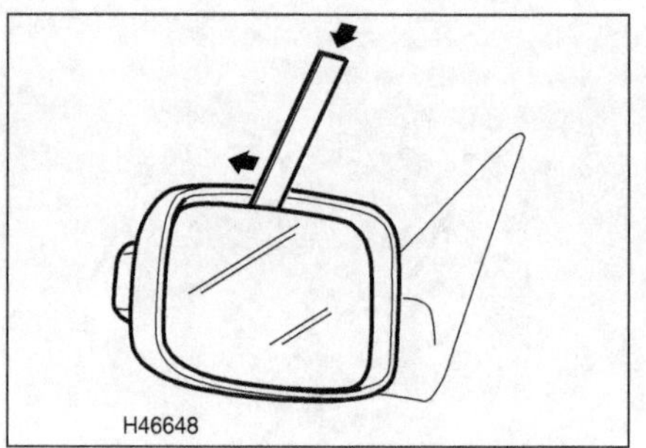

17.4 Sätt i ett verktyg mellan spegeln och huset och rör det i sidled för att lossa klämman

17.10 Spegelmotorns fästklämmor (pilar)

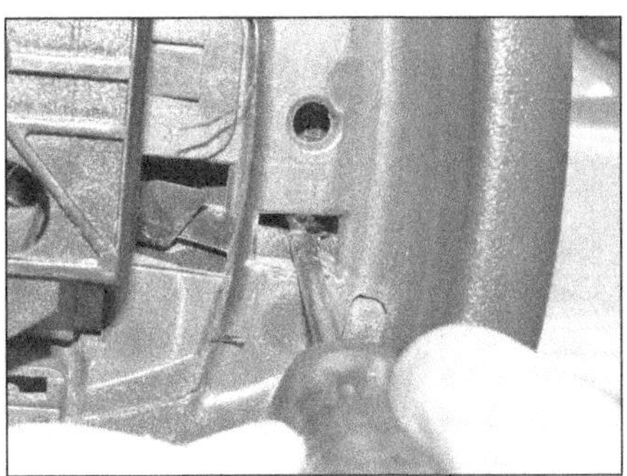
17.13a Lossa klämman. . .

17.13b . . . och ta bort spegelns kåpa

17.17 Spegelns fästmutter (markerad med pil)

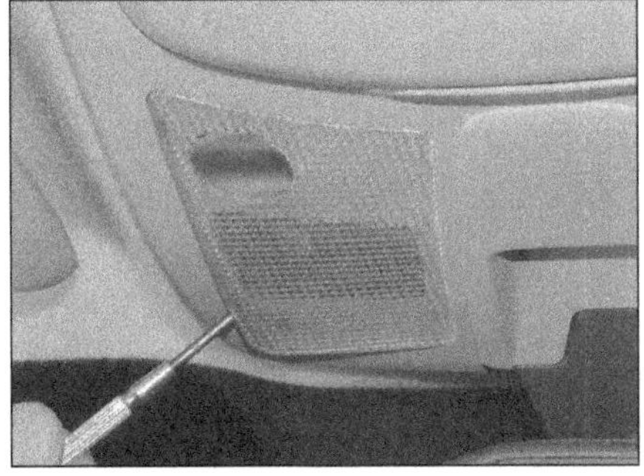
17.19a Bänd försiktigt bort linserna. . .

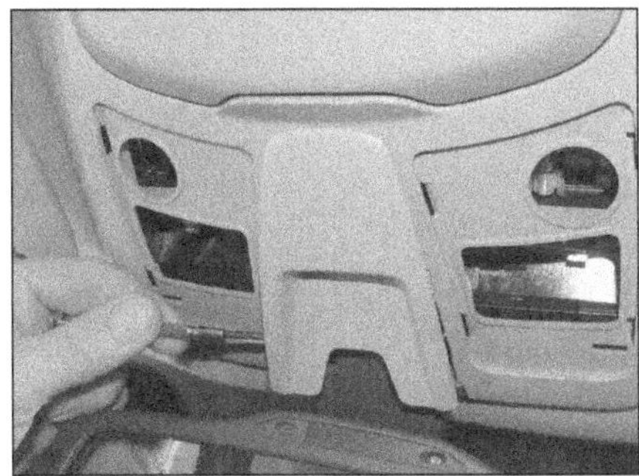
17.19b . . . dra ner höljet i mitten. . .

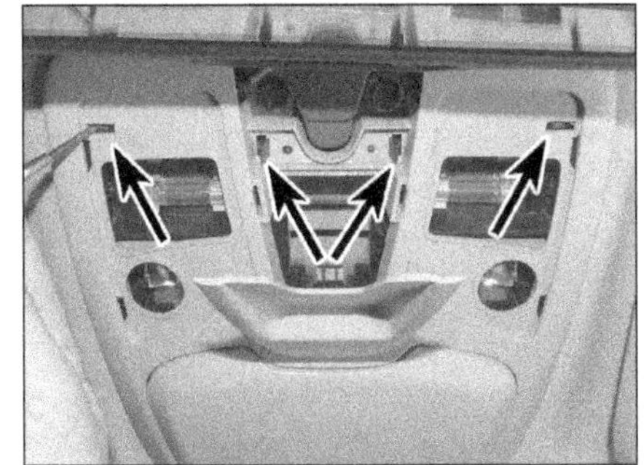
17.19c . . . och lossa klämmorna (markerade med pilar)

Dörrspegelns hölje

12 Ta bort spegelglaset enligt beskrivningen ovan.

13 Sätt in en skruvmejsel genom åtkomsthålet, lossa klämman och bänd försiktigt bort kåpan från spegeln **(se bilder)**.

14 Monteringen sker i omvänd ordningsföljd.

Spegel (komplett enhet)

15 Ta bort dörrens inre klädselpanel enligt beskrivningen i avsnitt 10.

16 Koppla loss motorns kontaktdon i nederdelen av dörrens insida.

17 Stöd spegeln. Skruva sedan loss fästmuttern och dra bort spegeln från dörren **(se bild)**. Lossa gummigenomföringen från dörren när spegeln dras bort.

18 Monteringen sker i omvänd ordningsföljd mot demonteringen.

Innerspegel

19 Bänd bort linserna, dra ner den lilla kåpan på framsidan av innerbelysningsenheten, lossa de 4 spärrarna och ta bort kåpan **(se bilder)**.

20 Skruva loss de två skruvarna på framsidan, lossa klämmorna och sänk lamp/spegelenheten från takklädseln **(se bild)**.

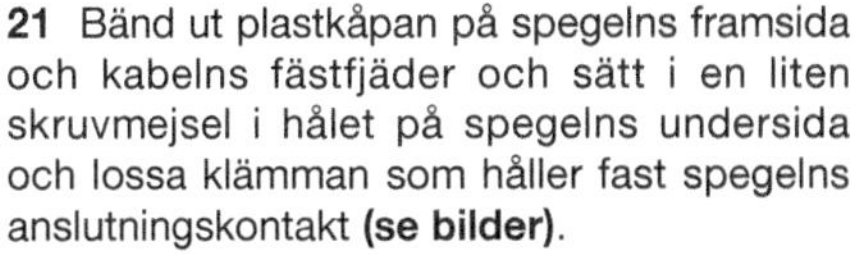

21 Bänd ut plastkåpan på spegelns framsida och kabelns fästfjäder och sätt i en liten skruvmejsel i hålet på spegelns undersida och lossa klämman som håller fast spegelns anslutningskontakt **(se bilder)**.

22 Skruva loss torxbulten och ta bort speglet **(se bild)**.

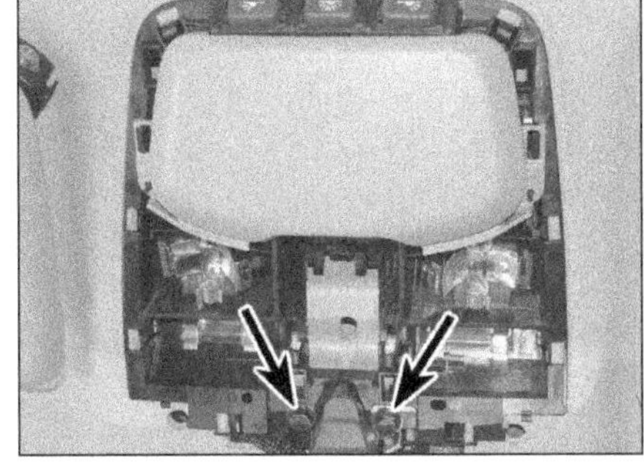
17.20 Ljus/spegelenhetens fästskruvar (markerade med pilar)

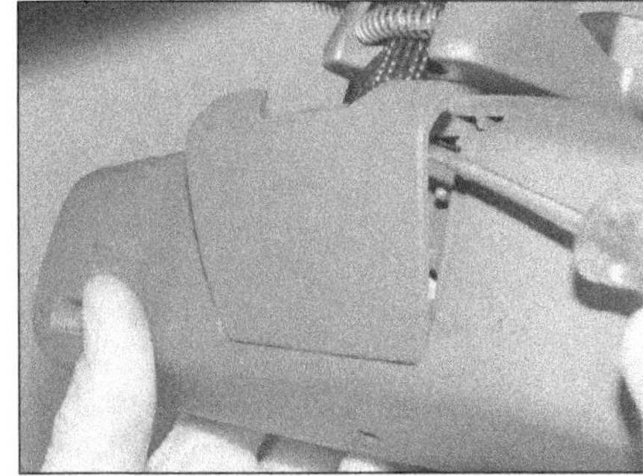
17.21a Bänd upp plastkåpan. . .

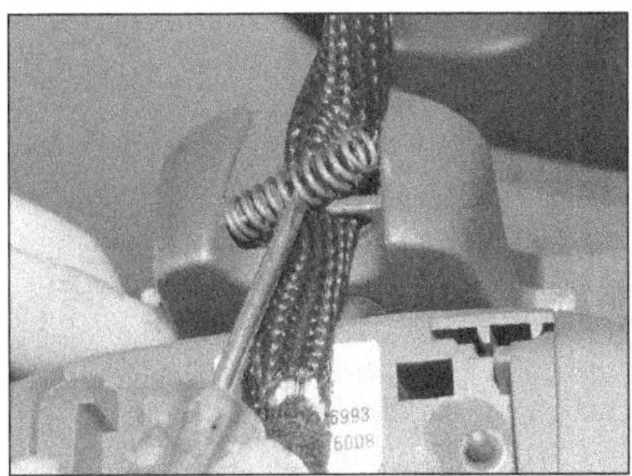
17.21b . . . bänd ut kabelns fästfjäder. . .

17.21c . . . lossa klämman och dra ut anslutningskontakten

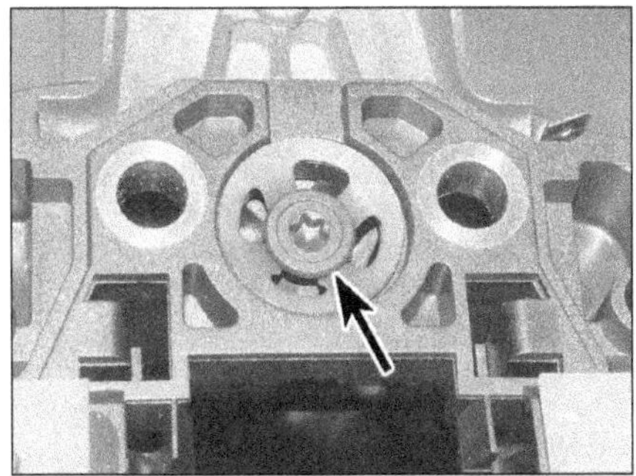
17.22 Skruva loss torxbulten (markerad med pil) och ta bort spegeln

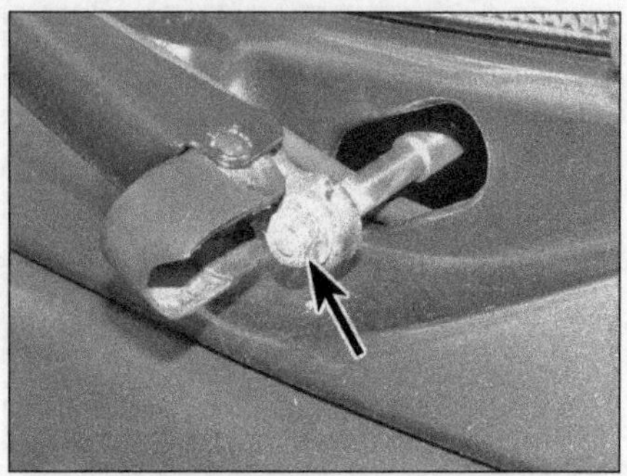

18.2 Lyft upp höljet och under torkarens fästmutter (markerad med pil)

18.3a Bänd ut klädseln och börja från den inre änden. . .

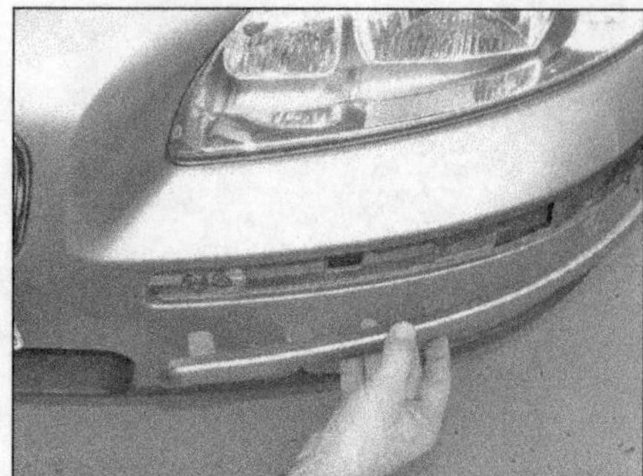

18.3b . . . och dra bort listen under varje strålkastare

18.4 Skruva loss bulten under varje strålkastare (markerad med pil)

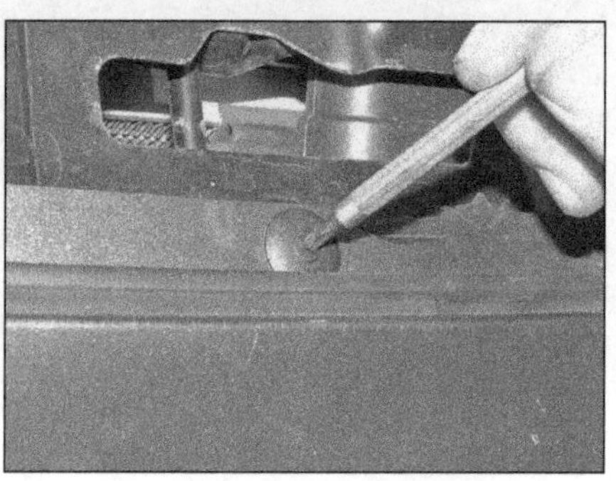

18.5a Tryck in stiften i mitten. . .

18.5b . . . och bänd ut plastnitarna på stötfångarens överkant

18 Stötfångare – demontering och montering

Observera: *Stötfångarna består av flera sektioner. När stötfångarenheten har demonterats enligt beskrivningen nedan kan den yttre kåpan lossas och stötfångaren tas isär. I skrivande stund är det oklart vilka av stötfångarens enskilda sektioner som går att köpa separat.*

Främre stötfångare – demontering

1 Öppna motorhuven.

2 På modeller med strålkastartorkare, lyft upp kåpan och ta bort torkararmens fästmutter på båda sidorna. Dra bort spolarmatningsslangen och ta bort torkararmarna **(se bild)**.

3 Använd ett trä eller plastverktyg och bänd försiktigt bort plastremsorna från stötfångaren under varje strålkastare **(se bilder)**.

Upp till och inklusive årsmodell 2003

4 Använd en djup hylsa och förlängning och skruva loss fästbulten på varje sida under strålkastarna **(se bild)**.

5 Tryck in mittstiften och ta bort de 6 plastexpansionsnitarna på stötfångarens överkant och de 2 skruvarna på stötfångarens undersida **(se bilder)**.

6 Arbeta i hjulhuset, lossa stötfångarens fästskruv på varje sida tills bar 3 gängor är kvar och tryck sedan skruvarna framåt för att lossa fästet **(se bild)**.

Från årsmodell 2004

7 Skruva loss torxbulten som håller fast stötfångaren ved skärmen på varje sida **(se bild)**.

8 Skruva loss skruven på båda sidor i dekorlistens urholkning under strålkastarna **(se bild)**.

9 Tryck in stiften i mitten och ta bort de 6 plastexpansionsnitarna **(se bild)** på stötfångarens övre kant **(se bilder 18.5a och 18.5b)**.

10 Tryck in stiften i mitten och ta bort de 2 klämmorna på de bakre nedre ytterkanterna av stötfångaren **(se bild)**.

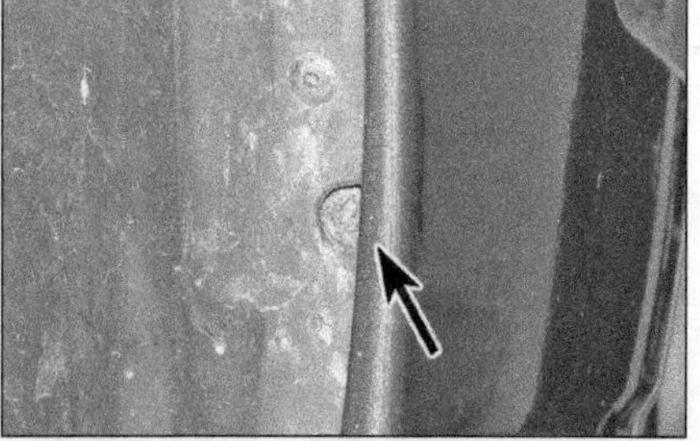

18.6 Lossa skruven (markerad med pil) i hjulhuset på varje sida tills den bara sitter i 3 gängor och tryck sedan skruvarna framåt

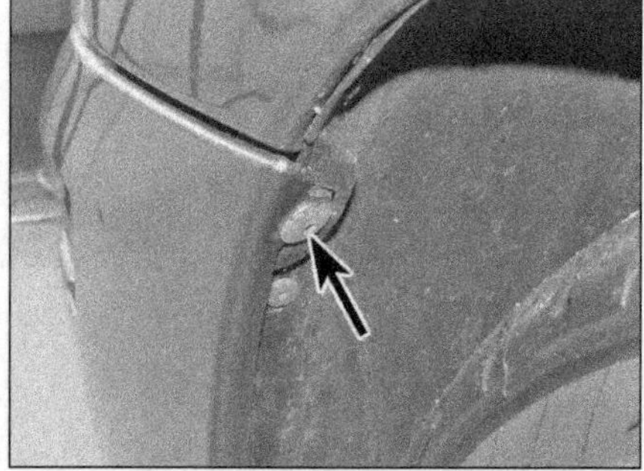

18.7 Skruva loss torxbulten (markerad med pil) som håller fast stötfångaren vid skärmen

18.8 Ta bort skruven på varje sida under strålkastarna (markerad med pil)

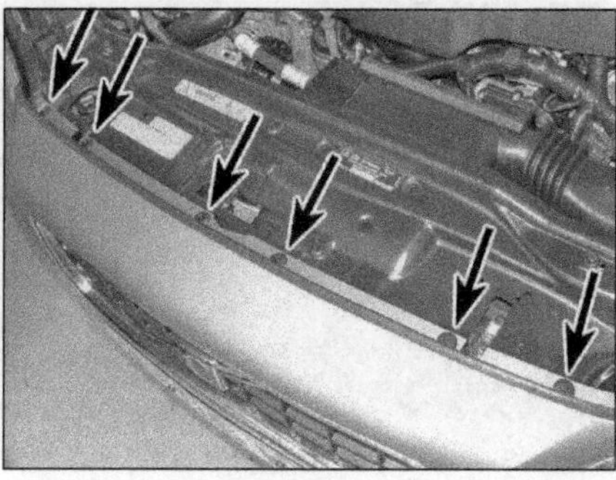

18.9 Ta bort plastnitarna på stötfångarens överkant (markerade med pilar)

18.10 Tryck in stiften i mitten och ta bort plastklämman på de bakre, nedre kanterna av stötfångaren

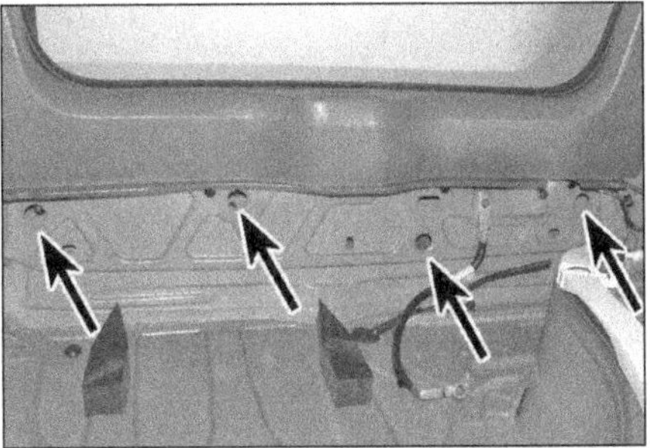
18.16 4 Skruva loss de 4 muttrarna (markerade med pilar) som håller fast stötfångaren vid den bakre panelen

18.17 Borra ur niten på varje sida av den främre nedre kanten på stötfångaren

Alla modeller

11 Ta hjälp av en medhjälpare, dra ut stötfångarens sidor en bit och dra den sedan framåt och ta bort den från bilen. Notera monteringsläget för de olika anslutningskontakterna och koppla från dem när stötfångaren tas bort . På modeller med strålkastarspolare separerar du slangen vid snabbkopplingen.

Främre stötfångare – återmontering

12 Monteringen sker i omvänd ordningsföljd mot demonteringen. Se till att fästskenorna på sidorna fäster ordentligt när stötfångaren passas in på sin plats.

Bakre stötfångare – demontering

Upp till och inklusive årsmodell 2004

13 Ta bort bagageutrymmets golvpanel och redskapsfacket/subwoofers (i förekommande fall).

14 Lossa och ta bort den högra åtkomstluckan bakom bakljuset och koppla från stötfångarantennens anslutningskontakt.

15 Ta bort batteriet enligt beskrivningen i kapitel 5A.

16 Vik ner ljuddämpningen på bakpanelen och skruva loss de fyra muttrarna **(se bild)**. Tappa inte muttrarna – de är svåra att få tag på. Om du tappar en mutter kan du ta upp den när stötfångaren har tagits bort, med hjälp av ett magnetisk verktyg.

17 Borra ur niten på varje sida som håller fast stötfångarens främre, nedre kant på hjulhusfodret **(se bild)**.

18 Arbeta i hjulhuset, lossa stötfångarens fästskruv på varje sida tills bar 3 gängor är kvar och tryck sedan skruvarna bakåt för att lossa fästet **(se bild)**.

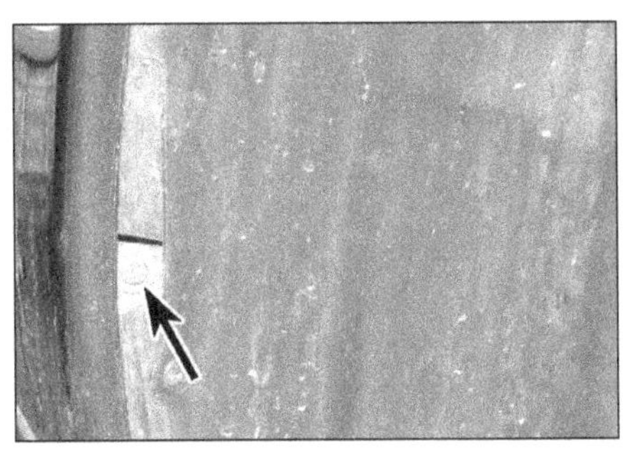
18.18a Skruva loss skruven (markerad med pil) i hjulhuset tills bara 3 gängor är idragna. . .

18.18b . . . och tryck sedan skruvarna och fästet bakåt (markerade med pil)

Från årsmodell 2005

19 Ta bort torxbultarna som håller fast båda sidorna av stötfångarens främre överdel vid hjulhuset och sedan torxbultarna på nederdelen **(se bilder)**.

20 Ta bort bagageutrymmets golvpanel och redskapsfacket/subwoofers (i förekommande fall).

21 Bänd ut kåporna och lossa de fyra muttrarna **(se bild 18.16)**. Tappa inte muttrarna – de är svåra att få tag på.

22 Lossa och ta bort den högra åtkomstluckan bakom bakljuset och koppla från stötfångarens anslutningskontakter.

Alla modeller

23 Ta hjälp av en medhjälpare, dra ut stötfångarens sidor en bit och dra den sedan bakåt och ta bort den från bilen.

Bakre stötfångare – återmontering

24 Monteringen sker i omvänd ordningsföljd mot demonteringen. Se till att fästskenorna på sidorna fäster ordentligt när stötfångaren passas in på sin plats (om tillämpligt). Om nitverktyg inte finns tillgängliga kan det gå att fästa stötdämparändarna med självgängande skruvar av lämplig sort (om tillämpligt).

19 Framgrill – demontering och montering

Demontering

1 Demontera den främre stötfångaren enligt beskrivningen i avsnitt 18.

2 Lossa fästklämmorna och ta bort galleren **(se bild)**.

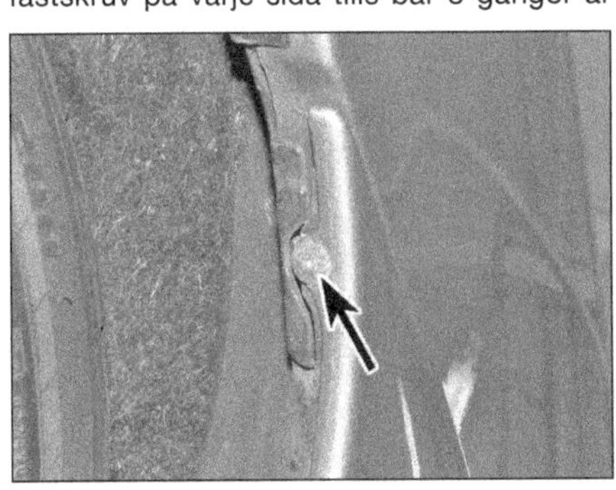
18.19a Skruva loss torxbulten i hjulhuset (markerad med pil) . . .

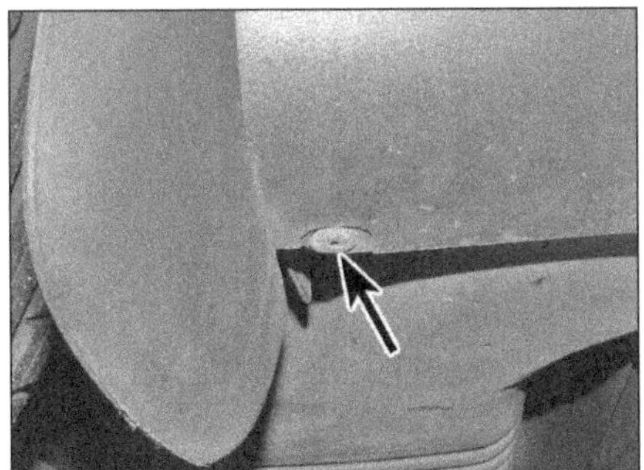
18.19b . . . och bulten under varje sida av stötfångaren (markerad med pil)

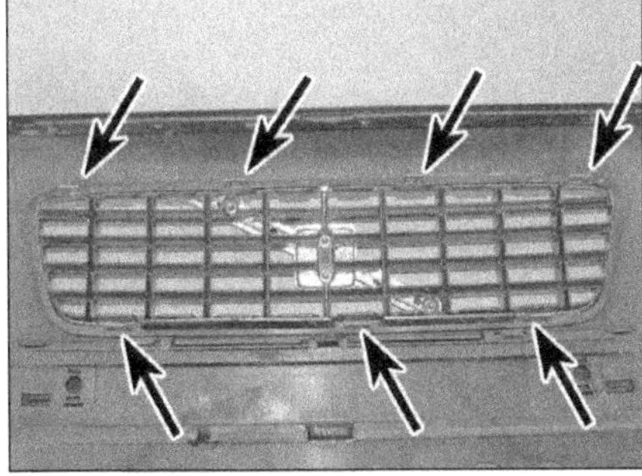
19.2 Lossa klämmorna (markerade med pilar) och grillen

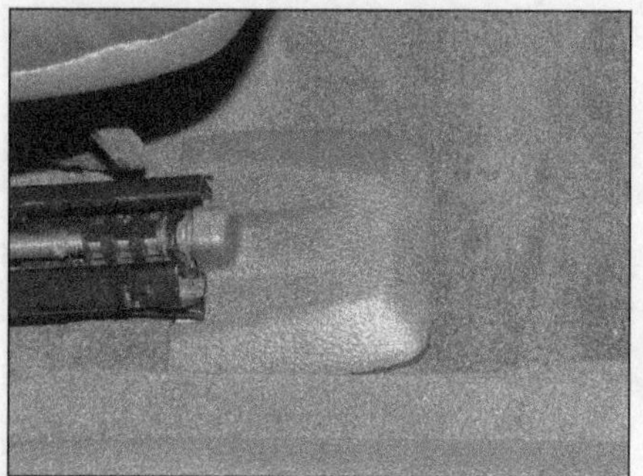
20.3a Bänd upp kåporna...

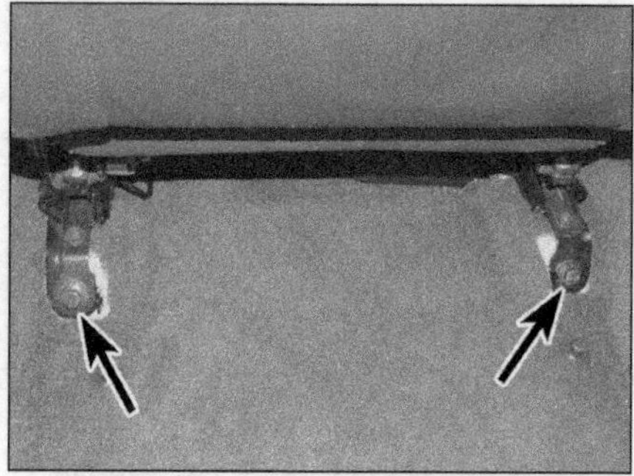
20.3b ... och skruva loss bultarna (markerade med pilar) i bakänden...

20.3c ... och fram (markerade med pilar)

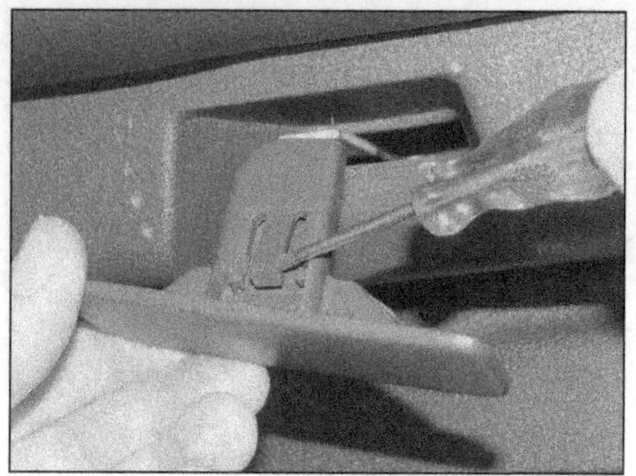
20.5 Lossa klämman och dra bort knoppen från sätesspaken

20.6 Dra upp brytarpanelens framdel och därefter dess bakdel

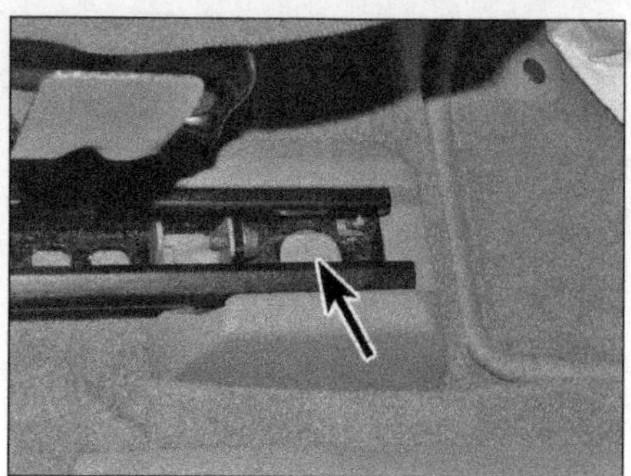
20.7 Tryck ner klämman (markerad med pil) och skjut kåpan framåt

Montering

3 Monteringen sker i omvänd ordningsföljd mot demonteringen.

20 Framsäte – demontering och montering

Observera: *Alla modeller är utrustade med sidokrockkuddar monterade i sidorna på framsätenas ryggstöd. Krockkuddarna utgör en del av sidokrockskyddssystemet. Olika etiketter på bilen bekräftar om bilen har den aktuella utrustningen; se kapitel 12 för ytterligare information om SRS- och SIPS-systemen.*

Demontering

1 Höj sätets nederdel till dess maxhöjd. Se till att tändningen är avstängd. Koppla sedan loss batteriets minusledare enligt beskrivningen i kapitel 5A. Vänta minst 5 minuter så att eventuell kvarvarande ström laddas ur.

2 Vi rekommenderar att man jordar sätesramen innan man tar bort den för att skydda mot statisk elektricitet. Skala bort isoleringen från båda ändarna på en lång bit elkabel och fäst ena änden på sätesramens metalldelar och den andra änden på en metalldel på karossen eller liknande.

Upp till och inklusive årsmodell 2004

3 Bänd upp plastkåporna (de främre kåporna dras rakt uppåt medan de bakre dras upp i 45 graders vinkel) och skruva loss sätets fyra fästbultar **(se bilder)**. **Observera:** *På grund av kåpornas utformning är det lätt att de skadas under borttagningen.*

4 Dra låsspaken på sätets främre under kant framåt och koppla från anslutningskontakterna. Var mycket försiktig så att kontaktdon inte skadas.

5 På modeller med manuella säten lossar du klämmorna och drar bort knopparna från styrspakarna **(se bild)**. Dra upp framkanten och dra sedan panelen bakåt för att lossa fästklämmorna och ta bort panelen.

6 På modeller med elstyrda säten drar du upp panelens framkant och därefter dess bakkant och lossar kabelklämmorna och kopplar från anslutningskontakterna under sittdynan **(se bild)**. Vid behov lossar du de tre skruvarna och tar bort brytarkonsolen från panelen.

Från årsmodell 2005

7 Tryck ner klämman och skjut plastkåporna framåt över stolsskenans främre fästen på varje sida om sätet **(se bild)**.

8 Skruva loss bultarna som håller fast sätets fästskenor längst fram.

9 Skruva loss skruven och skilj kontaktdonets båda halvor åt under sätets framdel **(se bild)**.

10 Bänd loss plastkåporna över de bakre fästbultarna bakåt för att lossa dem **(se bild)**. **Observera:** *Det är mycket troligt att plastkåporna skadas under borttagningen.*

11 Skruva loss bultarna som håller fast sätets fästskenor längst bak.

12 På modeller med manuella säten skruvar du loss bulten fram på sätets sidopanel, lyfter upp panelens framkant, skruvar loss torxfästbulten och tar bort sidohandtaget. Dra panelen uppåt för att ta bort den **(se bilder)**.

13 På modeller med elektriska säten skruvar du loss bulten på sidopanelens framkant **(se bild 20.12a)**, drar upp framkanten och

20.9 Skruva loss skruven (markerad med pil) och koppla från anslutningskontakten

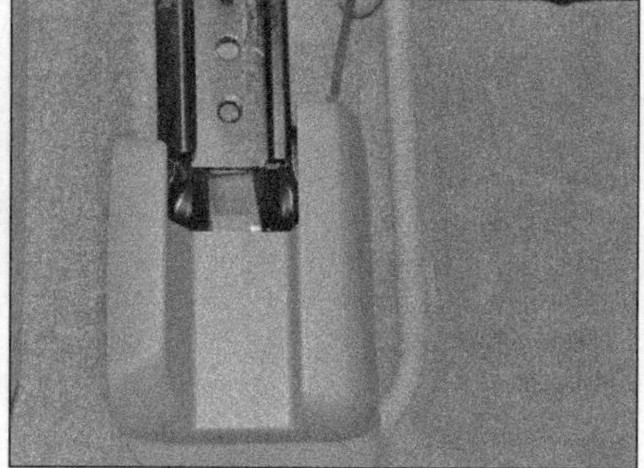
20.10 Dra en liten skruvmejsel längs sidan på skenan för att lossa kåpans klämma

20.12a Skruva loss torxbulten på panelens framkant (markerad med pil) . . .

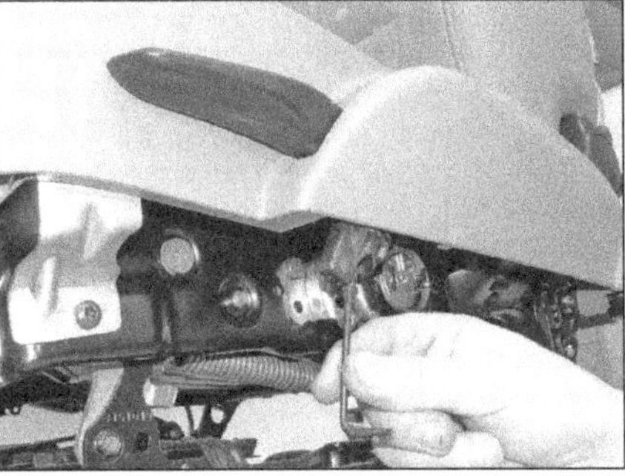

20.12b . . . och skruva sedan loss bulten som håller fast sidohandtaget (markerad med pil) . . .

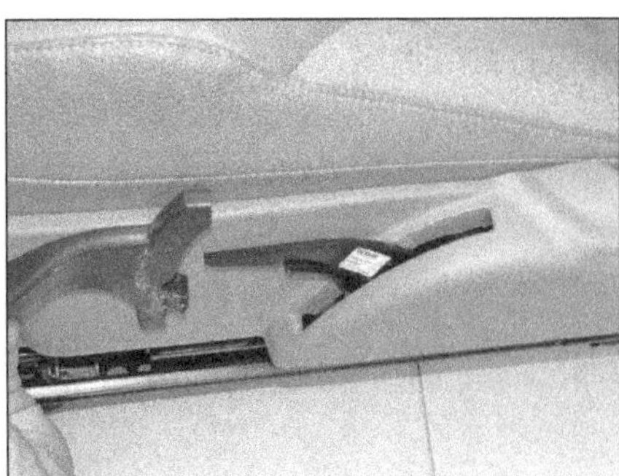

20.12c . . . och skjut handtaget framåt

drar sedan panelen bakåt för att lossa fästklämmorna och ta bort panelen.

Alla modeller

14 Tryck ner snabbanslutningshaken på sidan **(se bild)** och ta bort säkerhetsbältets nedre förankring från sätets yttersida.

15 Lyft upp sätet och ta bort det från bilen. Ta hjälp av en medhjälpare eftersom sätena är mycket tunga.

16 På modeller med elstyrda säten kan motorerna tas genom att man flyttar de 2 torxfästbultarna och kopplar från de flexibla drivenheterna.

Montering

17 Placera sätet över styrsprintarna. Återanslut kablaget och montera fästbultarna. Dra åt bultarna ordentligt och montera tillbaka bultkåporna.

18 Montera tillbaka säkerhetsbältets förankringsplatta på sätets sida (om den har tagits bort) och dra åt torxbulten till angivet moment.

19 Återanslut säkerhetsbältets nedre förankring. Se till att haken är helt fäst.

20 På modeller med manuella säten, montera tillbaka sidopanelen och höjdjusteringen, och dra åt fästskruvarna ordentligt.

21 På modeller med elstyrda säten, montera tillbaka brytare på sidopanelen (om de har tagits bort), återanslut anslutningskontakten under sittdynan, fäst vajern, och montera tillbaka sidopanelen. Dra åt sidopanelskruven ordentligt.

22 Kontrollera att att ingen sitter i bilen, och återanslut sedan batteriets jordledning (se kapitel 5A).

21 Baksäte – demontering och montering

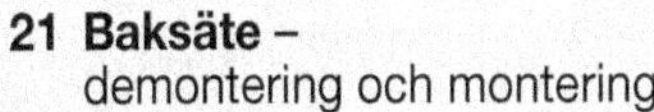

Demontering

1 Lossa sätesdynan från fasthållningsklämmorna genom att lyfta i framänden. Ta sedan bort dynan **(se bild)**. **Observera:** *En eller fler av fästklämmorna går förmodligen sönder vid borttagningen.*

2 Fäll ner ryggstödet, sträck in handen bakom sidokudden och lossa klämmorna högst upp på sidokudden **(se bilder)**. Dra dynans överdel framåt.

3 Sträck dig in bakom dynans nederdel, lossa klämman och lyft upp dynan från läge **(se bild)**.

4 Skruva loss bulten som håller fast utsidan av varje ryggstöd vid karossen. Ta bort

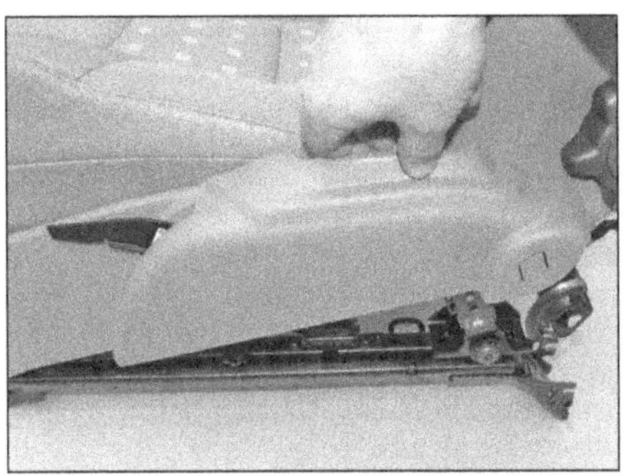

20.12d Dra sidopanelen uppåt för att lossa den

20.14 Tryck ner klämman och dra bort säkerhetsbältets nedre förankring från fästet

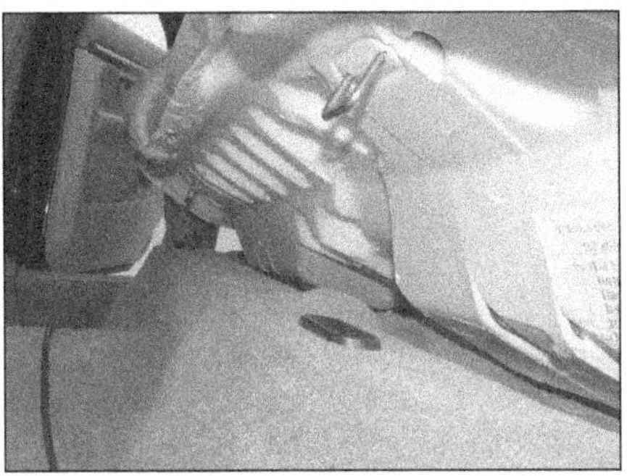

21.1 Dra sittdynans framkant uppåt för att lossa klämmorna

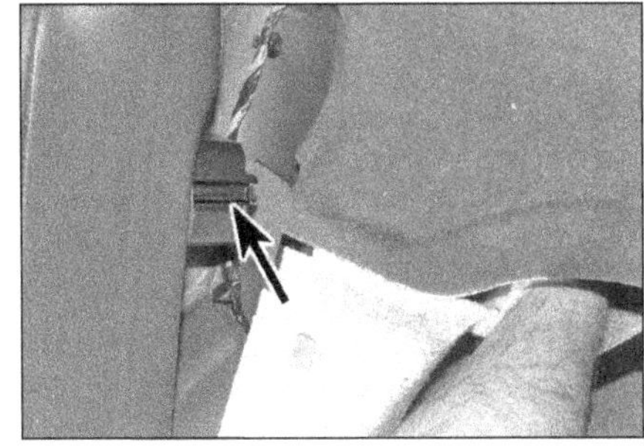

21.2a Sträck dig bakom panelen och lossa klämman (markerad med pil) ovanpå sidokudden

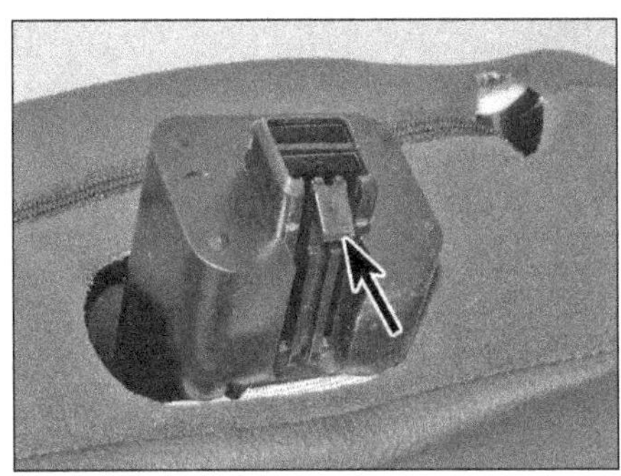

21.2b Sidokuddens övre klämma (markerad med pil)

21.3 Sidokuddens nedre klämma (markerad med pil)

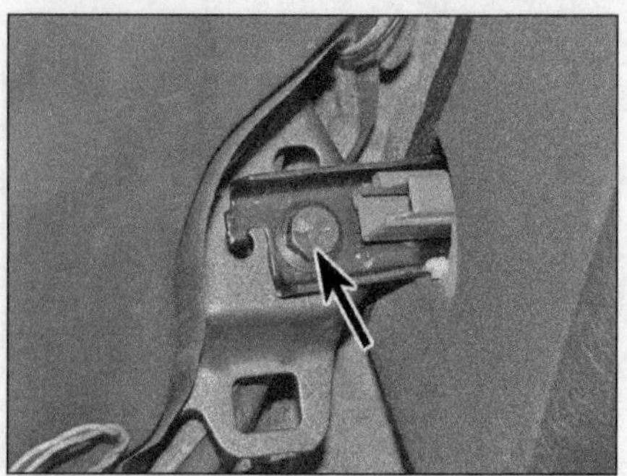

21.4 Skruva loss bulten (markerad med pil) på ryggstödets nedre, yttre kant

ryggstödet och koppla från kontaktdonen när ryggstödet tas bort **(se bild)**.

Montering

5 Montera tillbaka i omvänd ordningsföljd mot demonteringen.

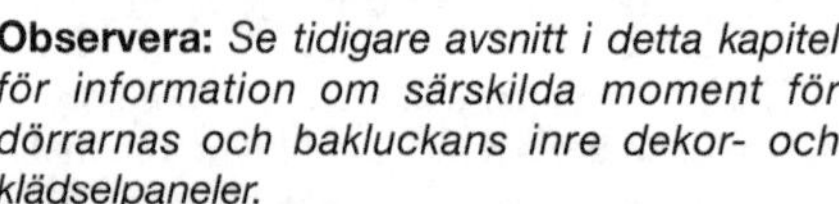

22 Inre dekor – demontering och montering

Observera: *Se tidigare avsnitt i detta kapitel för information om särskilda moment för dörrarnas och bakluckans inre dekor- och klädselpaneler.*

Inre dekor- och klädselpaneler – allmänt

1 De inre klädselpanelerna sitter fast med antingen skruvar eller olika typer av hållare, vanligen pinnbultar eller klämmor.

2 Kontrollera att det inte finns några andra paneler som överlappar den panel som ska tas bort eller några andra delar som hindrar borttagningen. normalt finns det en ordningsföljd som måste följas och den blir bara uppenbar om man gör en noggrann inspektion.

3 Vissa av de inre panelerna sitter även fästa med de skruvar som håller fast andra komponenter, som till exempel handtag.

4 Ta bort alla synliga hållare, som till exempel skruvar. Observera att skruvar kan sitta dolda under små plastlock. Om panelen inte lossnar sitter den fast med inre klämmor eller hållare. Sådana fästen sitter oftast runt panelens kanter och lossnar om de bänds upp; observera dock att de kan gå sönder mycket lätt, så nya fästen ska finnas tillgängliga. Det bästa sättet att ta bort sådana klämmor är genom att använda en stor flatbladig skruvmejsel eller ett annat bredbladigt verktyg. Observera att i flera fall måste tätningsremsan bändas loss för att en panel ska gå att ta bort.

5 Använd aldrig överdriven kraft för att ta bort en panel, då kan panelen skadas; Kontrollera alltid noga att alla fästen eller andra relevanta komponenter har tagits bort eller lossats innan försök görs att dra bort panelen.

6 Monteringen sker i omvänd ordning; Fäst alla hållare genom att trycka fast dem ordentligt. Se till att alla komponenter som rubbats är korrekt fastsatta för att förhindra skallrande ljud.

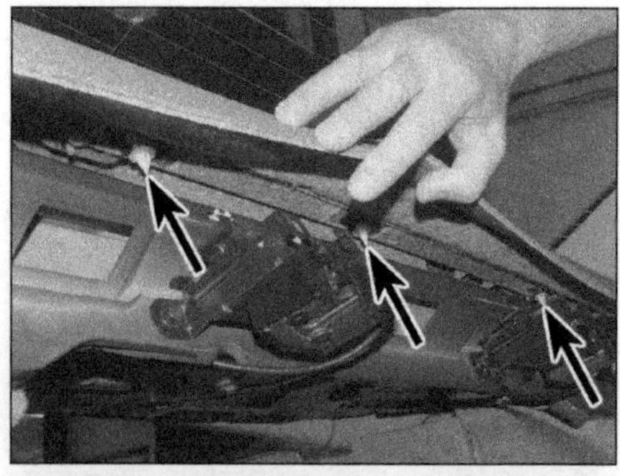

22.9 Dra upp hyllans framkant för att lossa klämmorna (markerade med pilar)

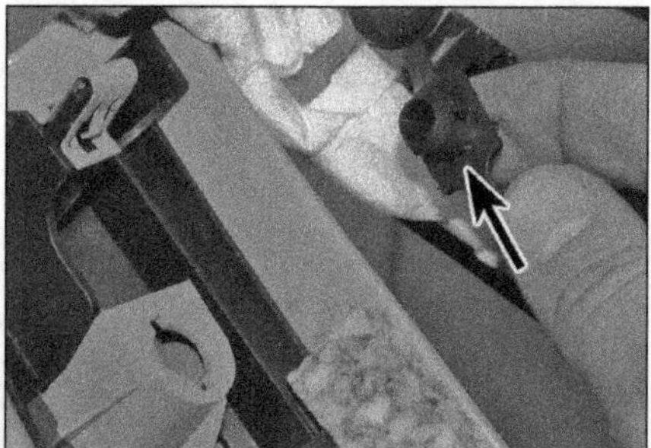

22.18 Dra överdelen av A-stolpens klädsel inåt och lossa säkerhetsklämman (markerad med pil) genom att vrida den 90°

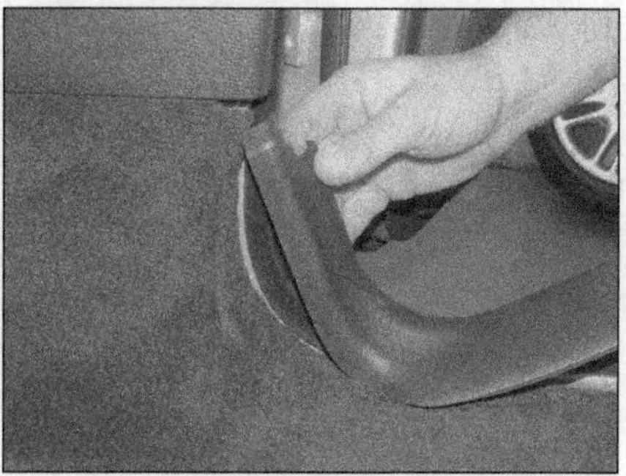

22.20a Observera hur dörrens tröskelpanel passar in under B-stolpens klädsel

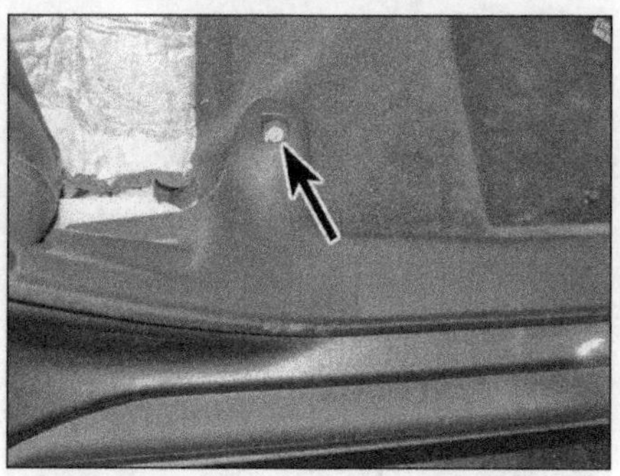

22.20b Bänd ut klämman (markerad med pil) och dra bakdörrens sidokarmsklädsel uppåt

Bakre bagagehylla

7 Fäll ner baksätets ryggstöd och ta bort sidokudden enligt beskrivningen i avsnitt 21.

8 Ta bort C-stolpen enligt beskrivningen i detta avsnitt.

9 Lyft hyllan i framkanten för att lossa de tre fästklämmorna **(se bild)**.

10 Skruva loss bultarna som håller fast de bakre säkerhetsbältenas nederändar.

11 Lyft upp hyllan och dra den framåt. Lyft hyllan lätt i mitten vid borttagningen för att få den över de bakre högtalarna. Bänd ut säkerhetsbältets styrningar och trä bältena genom hyllan när den avlägsnas.

12 Monteringen sker i omvänd ordningsföljd mot demonteringen.

Mattor

13 Golvmattan i passagerarutrymmet är i tre delar; en främre vänster del, en främre höger del och en bakre del. Mattan är fäst vid sidorna med.

14 Demontering och montering är tämligen enkelt, men mycket tidsödande eftersom alla närliggande paneler måste demonteras först, liksom komponenter som säten, mittkonsol och säkerhetsbältesankare.

Inre takklädsel

15 Den inre takklädseln är fäst vid taket med klämmor och kan tas bort först när alla hållare och detaljer som handtag, solskydd, soltak (i förekommande fall), fasta fönsterglas och tillhörande dekorpaneler har tagits bort samt alla relevanta tätningsremsor avlägsnats.

16 Observera att demontering och montering av den inre takklädseln kräver betydande skicklighet och erfarenhet om arbetet ska kunna utföras utan skador. Därför bör arbetet överlåtas till en återförsäljare eller till en specialist på bilklädslar.

Klädselpaneler till A-stolpen

17 Dra bort gummilisten från dörröppningen bredvid A-stolpen.

18 Dra överdelen av A-stolpens klädsel inåt mot mitten av kupén för att lossa klämmorna/hakarna och lyft bort klädseln från tapparna i nederkant. På modeller med säkerhetsklämmor vrider du klämman 90 grader och lossar den från klädseln **(se bild)**.

19 Monteringen sker i omvänd ordningsföljd mot demonteringen. På alla versioner gäller att skadade stift måste bytas mot nya vi återmonteringen så att sidokrockgardinens funktion inte försämras.

B-stolpen

20 Dra framdörrens sidokarmsklädselpanel rakt uppåt för att lossa den från fästklämmorna. Ta bort baksätesdynan enligt beskrivningen i avsnitt 21 och dra bakdörrens sidokarmsklädselpanel uppåt för att lossa klämmorna **(se bilder)**.

21 Ta bort sidopanelen på sätessidan enligt beskrivningen i avsnitt 20 och tryck ner snabbkopplingens spärr på sidan **(se bild 20.14)** och ta bort säkerhetsbältets nedre förankring från sätets utsida.

22 Flytta framstolen så långt framåt

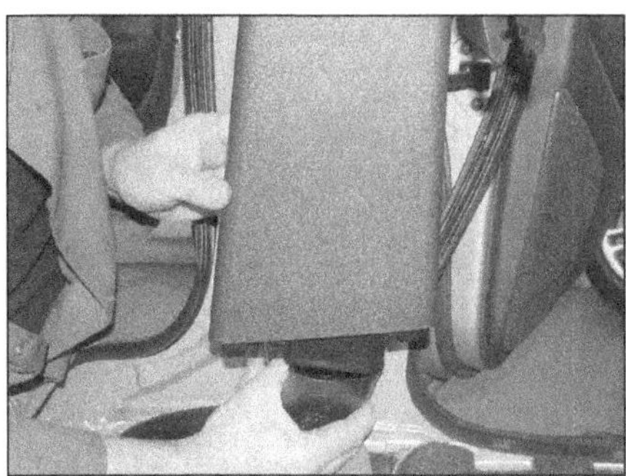

22.23a Dra nederkanten av B-stolpens klädsel inåt och koppla från luftkanalerna

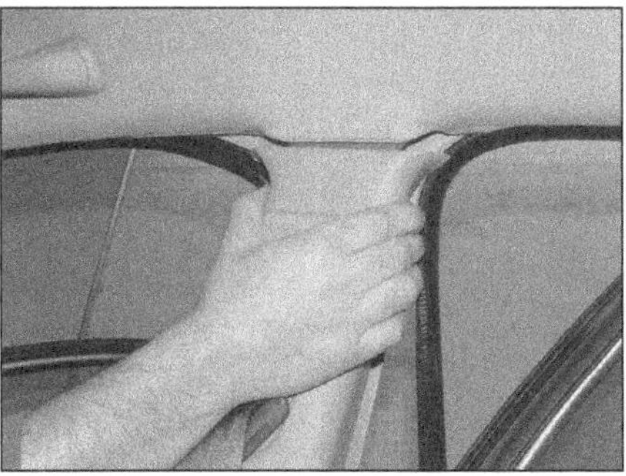

22.23b Tryck ihop sidorna längst upp på klädseln och dra den nedåt

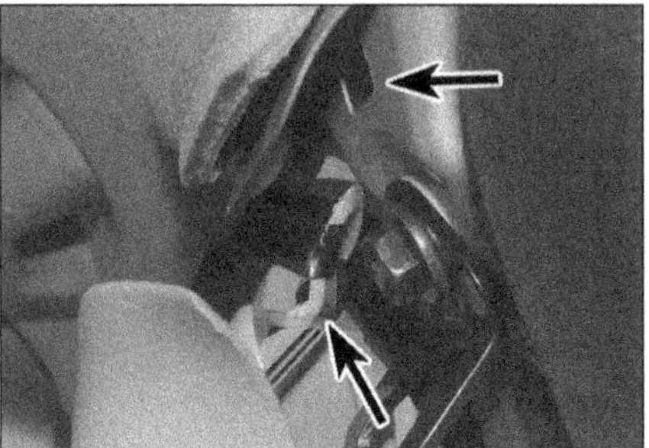

22.23c Observera hur klämman (markerad med pil) passar in i hålet i stolpen (markerad med pil)

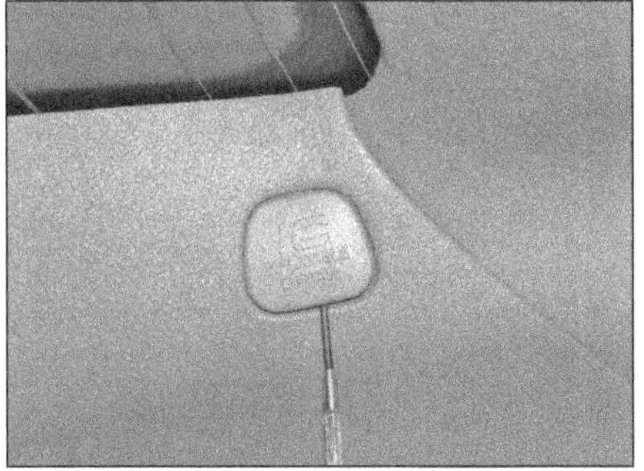

22.27a Bänd ut plastkåpan. . .

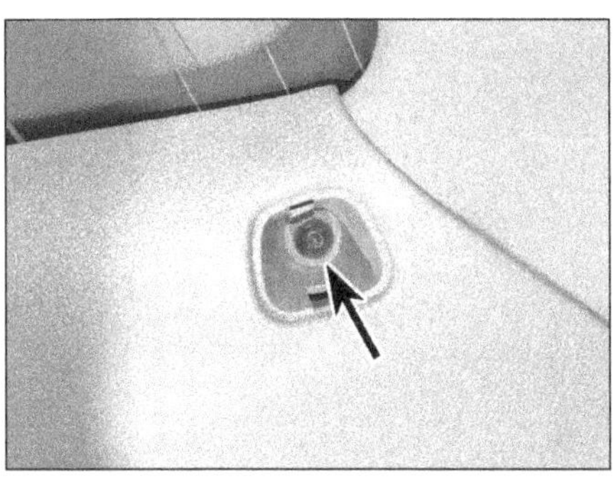

22.27b . . . och skruva loss torxbulten (markerad med pil)

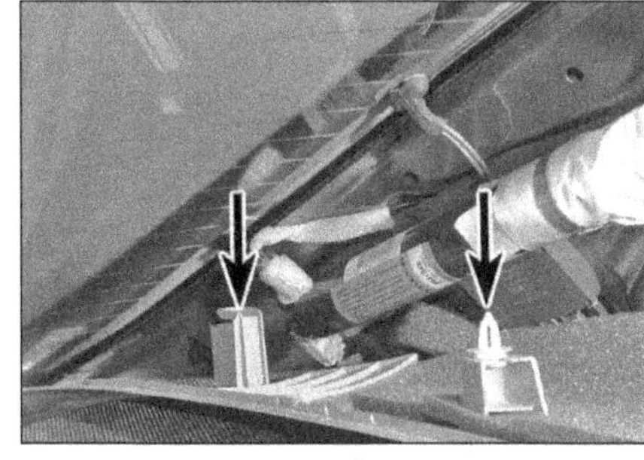

22.28 Dra klädseln inåt och därefter bort från C-stolpen för att lossa klämmorna (markerade med pilar).

som möjligt och dra gummilisterna från dörröppningarna intill B-stolpen.

23 Dra nederkanten av B-stolpens klädsel mot mitten av kupén för att lossa klämmorna och ta bort luftkanalerna (om tillämpligt) och dra den nedåt samtidigt som du trycker ihop sidorna på klädselns överdel för att lossa fästklämmorna **(se bilder)**.

24 Mata säkerhetsbältet genom panelen och ta bort den från hytten.

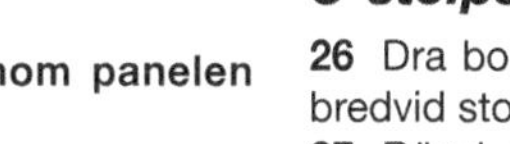

25 Monteringen sker i omvänd ordningsföljd.

C-stolpen

26 Dra bort gummilisten från dörröppningen bredvid stolpens klädsel.

27 Bänd ut höljet och lossa klädselns torxfästbultar **(se bilder)**.

28 Dra klädseln inåt och därefter framåt för att lossa klämmorna **(se bild)**.

Varning: Rör inte sidokrockkudden med händerna eftersom det kan deformera höljet.

29 Montering sker i omvänd ordningsföljd.

Bagageutrymmets sidoklädselpanel

30 Lyft ut golvpanelen ur bagageutrymmet och fäll ner baksätets ryggstöd.

31 Öppna sidopanelens åtkomstluckor och lossa 2 klämmor/1 mutter (på passagerarsidan) eller 3 klämmor (på förarsidan) och ta bort panelen **(se bilder)**.

32 Monteringen sker i omvänd ordningsföljd mot demonteringen.

Handskfack

33 Skruva loss de två skruvarna och dra den instrumentbrädans nederdel nedåt för att ta bort den.

34 Öppna handskfacket, skjut de båda hakarna förbi flikarna och lossa fjäderbenet eller returmekanismen från locket **(se bild)**.

35 Skruva loss de 8 skruvarna och dra handskfacket från instrumentbrädan och koppla från ljusenheten när den tas bort **(se bild)**.

36 Monteringen sker i omvänd ordningsföljd mot demonteringen.

22.31a Bänd ut sidopanelens klämma och skruva loss muttern i bagagerummet (markerad med pilar). . .

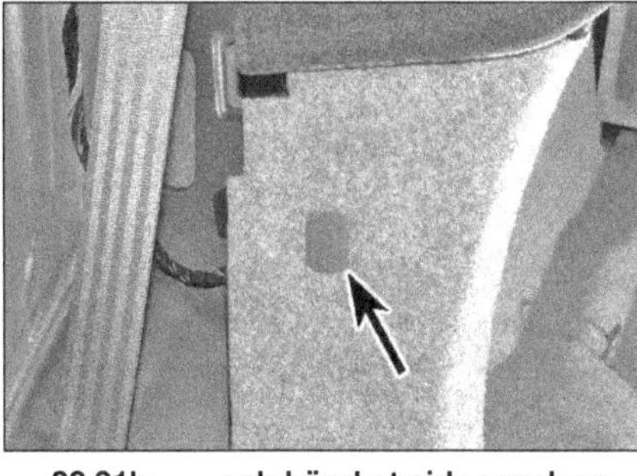

22.31b . . . och bänd ut sidopanelens klämma bakom baksätets ryggstöd (markerad med pil)

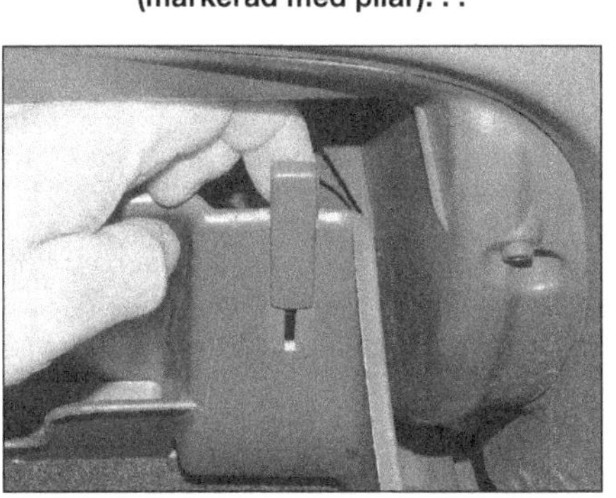

22.34 Lossa returmekanismen från handskfackets lucka

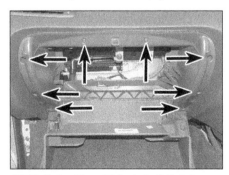

22.35 Ta bort handskfackets 8 fästskruvar (markerade med pilar)

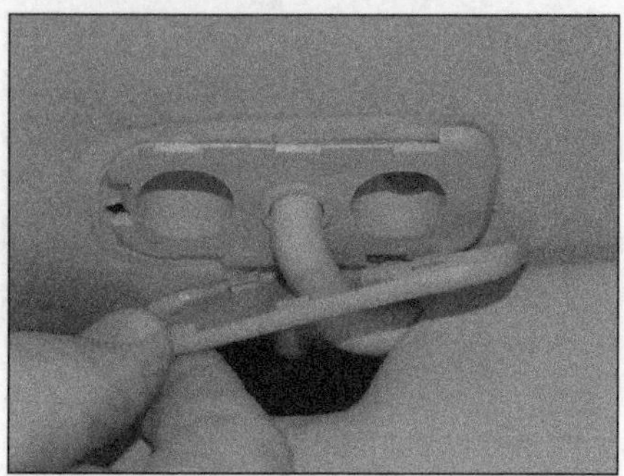
22.37 Bänd bort kåpan och skruva loss skruvarna

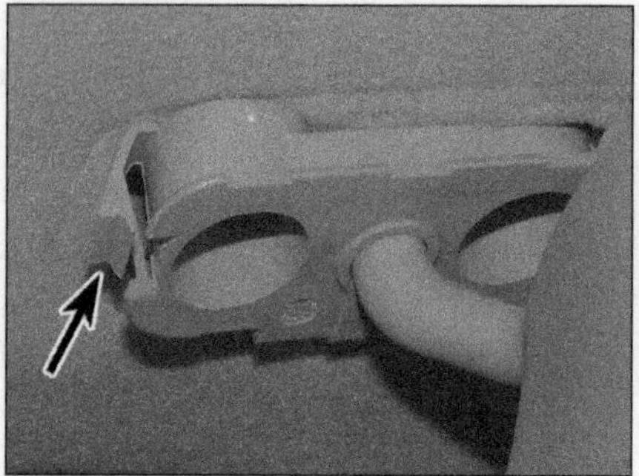
22.38 Tryck ner klämman (markerad med pil) och dra ut fästet

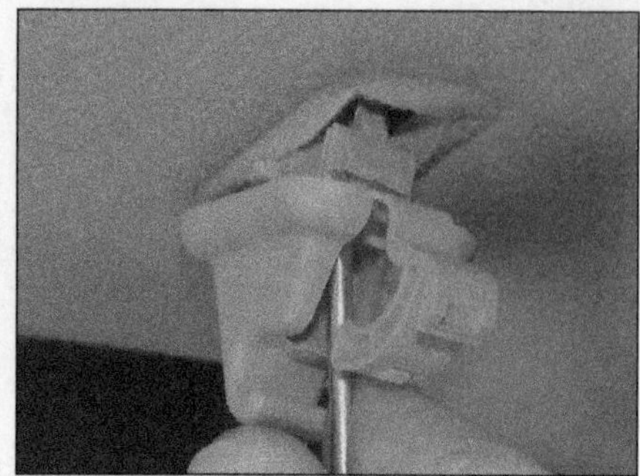
22.39 Bänd upp kåpan och lossa den bakre klämman

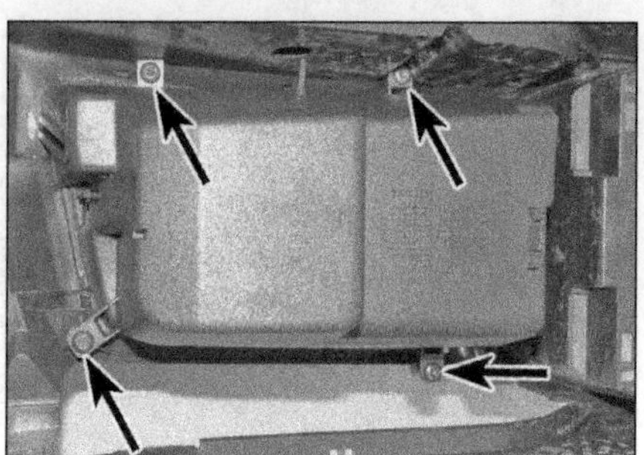
22.42a Skruva loss torxbultarna (markerade med pilar) och ta bort dryckeshållaren i mitten – tidigare modeller. . .

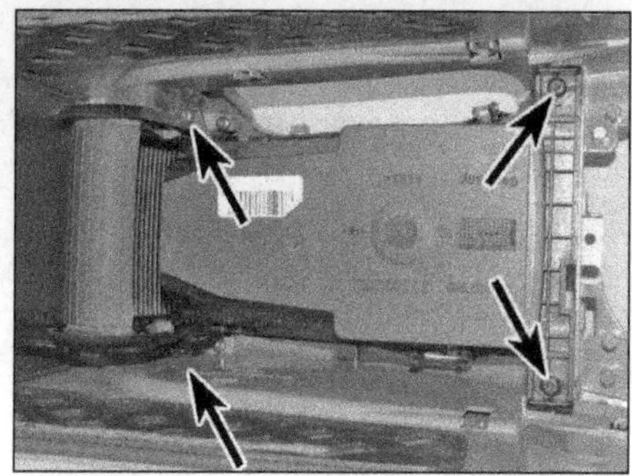
22.42b . . . och senare modeller

Solskydd

37 Bänd försiktigt bort den yttre fästkåpan och skruva loss de båda skruvarna **(se bild)**.

38 Tryck ner klämman, sväng ut solskyddet och ta bort det. Lossa anslutningskontakten när solskyddet tas bort **(se bild)**.

39 För att lossa det inre fästet bänder du upp kåpan, sätter i en skruvmejsel och lossar den bakre klämman och drar sedan fästets bakdel nedåt och drar det bakåt från takklädseln **(se bild)**.

40 Monteringen sker i omvänd ordningsföljd mot demonteringen.

Dryckhållare i mitten

41 Demontera mittkonsolen enligt beskrivningen i avsnitt 24.

42 Vänd konsolen och lossa de 4 torxbultarna som håller fast hållaren **(se bilder)** och lyft den från sitt läge.

43 Vid behov lossar du klämman och tar bort hållarinsatsen **(se bilder)**.

44 Monteringen sker i omvänd ordningsföljd mot demonteringen.

23 Säkerhetsbälten – allmän information, demontering och montering

1 Alla modeller är utrustade med pyrotekniska säkerhetsbältessträckare fram som en del av bilens säkerhetssystem. Systemet är utformat för att omedelbart fånga upp spelrum i säkerhetsbältet vid plötsliga frontalkrockar och på så sätt minska risken för skador för framsätets passagerare. Båda framsätena är utrustade med systemet. Spännarna sitter bakom de övre B-stolparnas klädselpaneler.

2 Bältessträckaren löses ut tillsammans med förarens och passagerarens krockkudde när bilen frontalkrockar med en kraft som överstiger ett angivet värde. Mindre krockar, inklusive påkörningar bakifrån, utlöser inte systemet.

3 När systemet löses ut drar den explosiva gasen i spännarmekanismen tillbaka bältet och låser det med hjälp av en vajer som verkar på haspeln. Detta förhindrar att säkerhetsbältet rör sig, och håller passageraren säkert på plats i sätet. När spännaren har utlösts kommer säkerhetsbältet att vara permanent spänt och enheten måste bytas ut. Om onormala skallrande ljud hörs när bältena dras ut eller dras tillbaka är även det tecken på att spännarna har utlösts.

4 Det finns risk för att systemet utlöses av misstag under arbete med bilen. Därför rekommenderar vi å det starkaste att allt arbete som rör säkerhetsbältenas spännarsystem överlåts till en Volvo-återförsäljare. Observera följande varningar innan något arbete utförs på de främre säkerhetsbältena.

Varning: Slå av tändningen, lossa batteriets minusledare och vänta i minst 5 minuter tills eventuell kvarvarande ström laddas ur innan du påbörjar arbetet med de främre säkerhetsbältena.

• Utsätt inte sträckarmekanismen för temperaturer som överstiger 100°C.

• Om sträckarmekanismen tappas måste den bytas ut, även om den inte har fått några synliga skador.

• Låt inga lösningsmedel komma i kontakt med sträckarmekanismen.

• Försök inte öppna spännarmekanismen, eftersom den innehåller explosiv gas.

• Sträckare från andra bilar får inte användas som reservdelar, inte ens från bilar av samma modell och från samma år.

• Sträckare måste laddas ur innan de kastas, men detta arbete ska överlåtas till en Volvo-återförsäljare eller specialist.

Demontering

Främre säkerhetsbälter

5 Slå av tändningen och koppla från batteriets minusledare enligt beskrivningen i kapitel 5A. Vänta i minst 5 minuter innan arbetet återupptas.

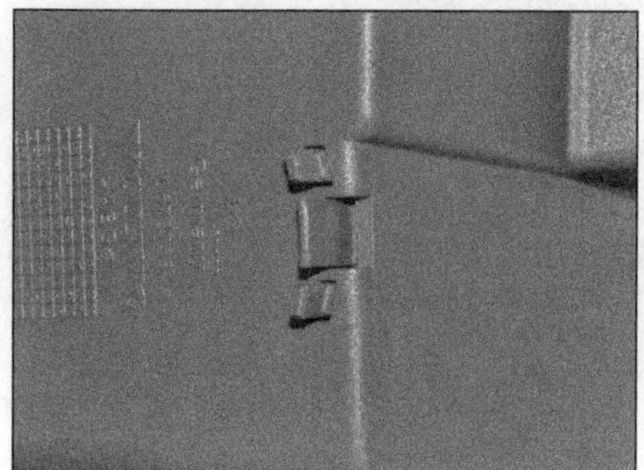
22.43a Lossa klämman. . .

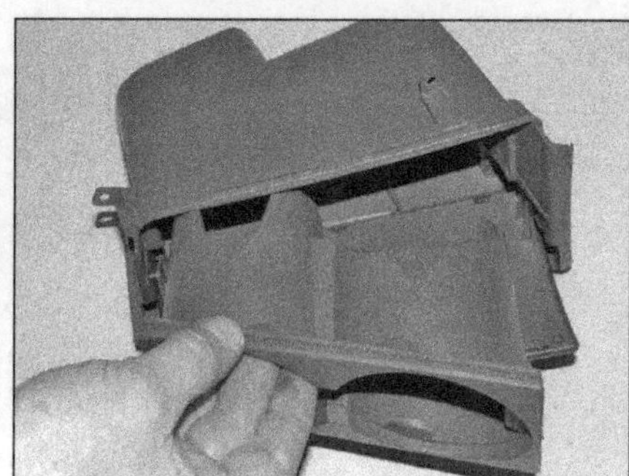
22.43b . . . och ta bort hållarinsatsen

23.7a Tryck ihop sidan på pluggklämmorna (markerad med pilar). . .

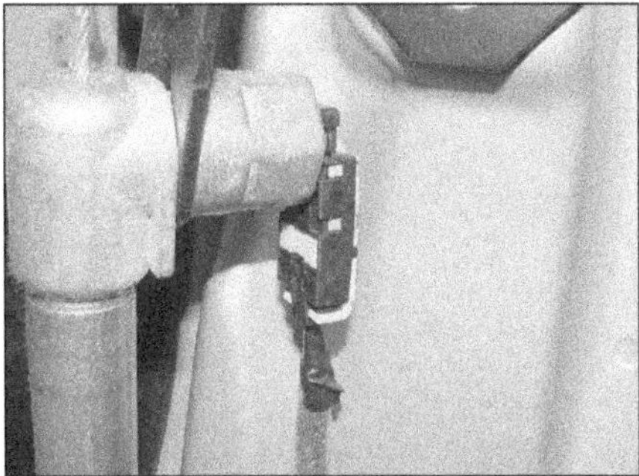

23.7b . . . och dra bort från spännaren

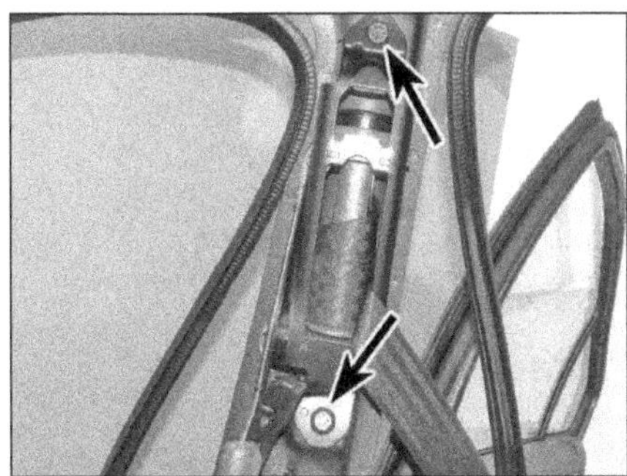

23.8 Skruva loss de 2 bultarna (markerade med pilar) och ta bort rullen/spännaren

6 Ta bort B-stolpen enligt beskrivningen i avsnitt 22.

7 Bekräfta att batteriet är frånkopplat, koppla från kontaktdonet från bältesspännaren genom att trycka ihop de två pluggfästklämmorna **(se bilder)**. Anslutningskontakten ska aldrig kopplas ur (eller återanslutas) medan batteriets minusledare är ansluten.

8 Skruva loss och ta bort de två rullarnas/spännarnas fästbultar och ta bort säkerhetsbältets rulle och spännare från bilen **(se bild)**.

9 Lossa den nedre förankringen från sätet genom att ta bort sätets sidopanel enligt beskrivningen i avsnitt 20.

10 När du ska ta bort bältesspännet måste du lossa sätet först enligt beskrivningen i avsnitt 20. Spännena är fästa med en stor torxbult.

Bakre säkerhetsbälter

11 Demontera baksätet enligt beskrivningen i avsnitt 21.

12 Ta bort den bakre hyllan enligt beskrivningen i avsnitt 22.

13 Bekräfta att batteriet är frånkopplat, koppla från kontaktdonet från bältesspännaren genom att trycka ihop de två pluggfästklämmorna **(se bild)**. Anslutningskontakten ska aldrig kopplas ur (eller återanslutas) medan batteriets minusledare är ansluten.

14 Skruva loss säkerhetsbält förankringarna **(se bild)**. Notera förankringarnas monteringsläge – tappen på fästbygeln måste passa in i hålet i karossen.

15 Sruva loss rullbältets fästmutter och ta bort de bakre säkerhetsbältena från bilen.

16 Om det behövs kan de bakre säkerhetsbältenas spännen skruvas loss och tas bort från golvfästena.

Montering

17 Monteringen sker alltid i omvänd ordningsföljd mot demonteringen. Dra åt säkerhetsbältenas fästen till angivet moment. Observera följande när säkerhetsbältena monteras:

a) Återanslut främre säkerhetsbältets nedre förankring. Se till att haken är helt fäst.

b) Se till att ingen befinner sig i bilen. Slå på tändningen och återanslut batteriets minusledare. Slå av tändningen och slå på den igen. Kontrollera att säkerhetssystemets varningslampa tänds och sedan slocknar inom 15 sekunder.

23.13 Koppla loss baksätets bältessträckarens anslutningskontakt (markerad med pil)

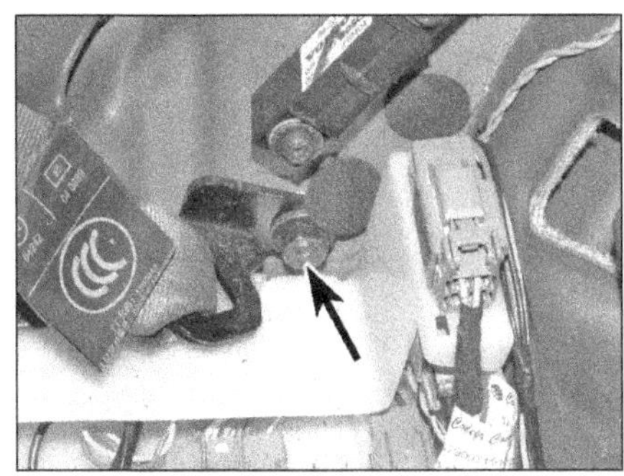

23.14 Bakre säkerhetsbältets förankringsbult (markerad med pil)

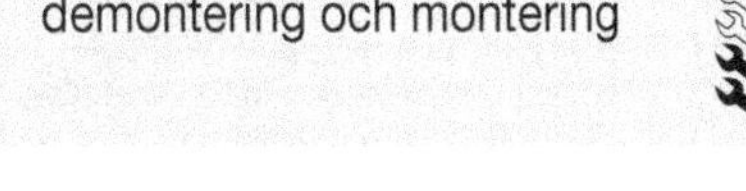

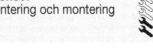

24 Mittkonsol – demontering och montering

Demontering

1 Lägg ur handbromsen och flytta växelspaken till neutralläge. Observera att det kan vara nödvändigt att flytta växelspaken när konsolen tas bort.

2 Se till att framstolarna är i det nedersta läget och helt tillbakaskjutna.

Modeller med pennhållare

3 Använd en plattbladigt plast- eller träverktyg och bänd försiktigt ut pennhållarens panel framför växelspaken/växelväljarspaken **(se bild)**.

4 Vrid fästet 90° moturs och skjut konsolens sidopanel bakåt för att ta bort den. Upprepa den här åtgärden på konsolens andra sida **(se bilder)**.

5 Dra mynthållaren rakt uppåt från förvaringsfacket och lossa spärren på

24.3 Bänd försiktigt loss pennhållaren

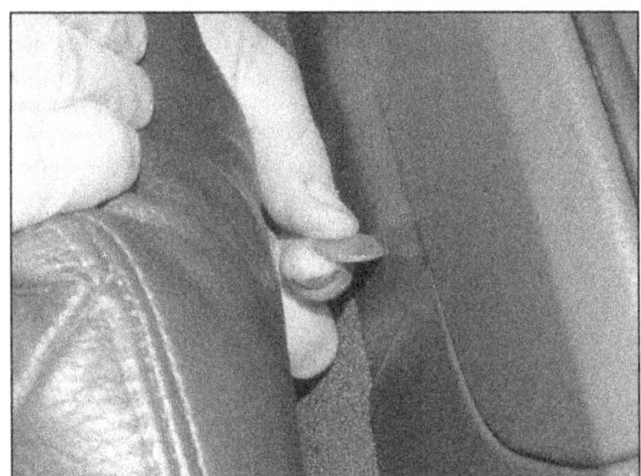

24.4a Använd ett mynt för att lossa hållaren. . .

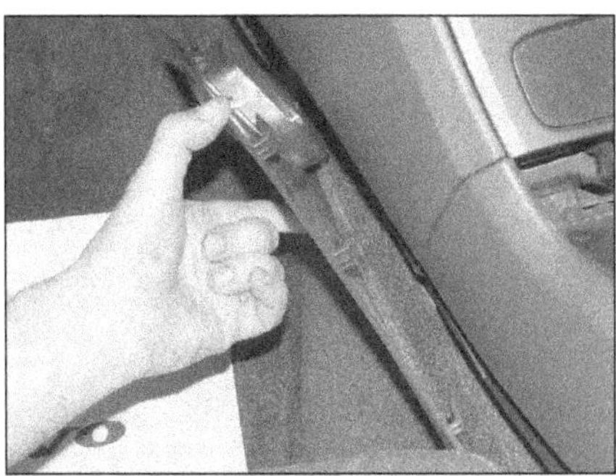

24.4b . . . och skjut konsolens sidopanel bakåt och ta bort den

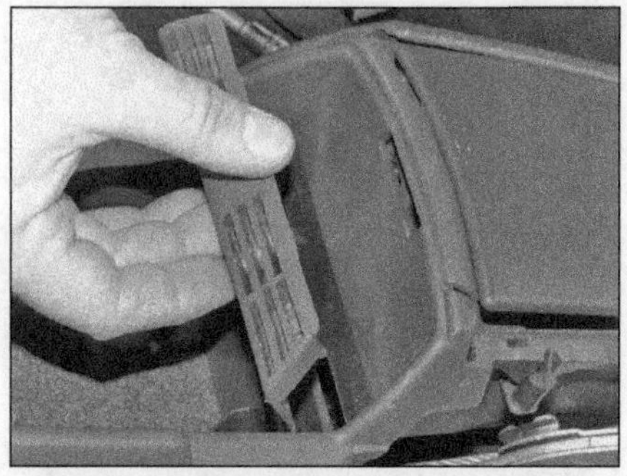

24.5a Dra mynthållaren rakt uppåt. . .

24.5b . . . och lossa spärren och lyft ut CD-hållaren

24.6 Fäll ut den bakre dryckeshållaren och lossa den bakre panelen

24.7a Skruva loss de 2 torxbultarna längsta fram på konsolen (markerad med pilar) . . .

24.7b . . . och de 2 längst bak (markerade med pilar)

24.8 Tryck ner klämmorna längst fram på spakens klädsel

framkanten och lyft ut CD-hållaren **(se bild)**. På modeller utan mynthållare/CD-hållare lyfter du ut gummimattan från förvaringsfacket **(se bild)**.

6 Öppna det bakre förbi hakarna, lossa spärren på varje sida och dra bort askfatet från konsolens baksida. Koppla från anslutningskontakten när askkoppen tas bort. På modeller utan askfat bak fäller du ut den bakre dryckhållaren (om en sådan finns), lossar den bakre panelen och kopplar från anslutningskontakten **(se bild)**.

7 Skruva loss torxbultararna at the längsta fram och bak på konsolen **(se bild)**.

8 På modeller med manuell växellåda lossar du de två klämmorna och lyfter framkanten på växelspakens omgivande beklädnad och drar upp damasken/beklädnaden runt växelspaksknoppen **(se bild)**.

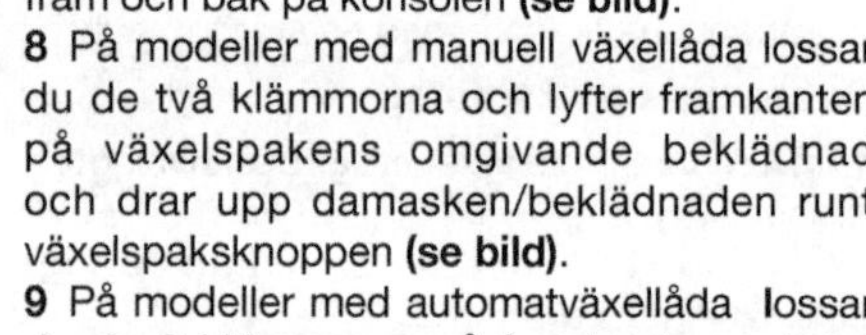

9 På modeller med automatväxellåda lossar du de 2 klämmorna på framkanten och tar bort väljarspakens omgivande panel **(se bild)**.

10 På modeller med automatisk växellåda, skruva loss torxbulten längst bak på fästbygeln till växelväljarspakens öppning/panel, lyft sedan upp den bakre kanten och ta loss den **(se bilder)**.

Modeller utan pennhållare

11 Bänd försiktigt upp bakkanten på växelspaken/väljarspakens panel **(se bild)**.

12 På modeller med manuell växellåda , fortsätt enligt beskrivningen i avsnitt 4 till 7. Dra upp damasken runt växelspaksknoppen. Du behöver inte dra upp damasken över knoppen eftersom spakens panel kan dras genom öppningen när konsolen lyfts bort.

13 På modeller med automatväxel, fortsätt enligt beskrivningen i avsnitt 4 to 7, och sedan avsnitt 9 och 10.

Alla modeller

14 Dra åt handbromsen helt. Bänd sedan försiktigt loss klädselpanelen nedanför handbromsspaken. Panelen måste flyttas uppåt för att huvudfasthållningsklämman ska lossna. Lossa panelen och lirka sedan försiktigt damasken över spaken och ta bort klädselpanelen **(se bild)**.

15 Lyft bakkanten först, lyft mittkonsolen över

24.9 Lossa de 2 klämmorna på framkanten och lyft ut spakens klädsel

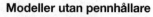

24.10a Skruva loss torxbulten (markerad med pil) . . .

24.10b . . . och lyft ut panelens monteringskonsol

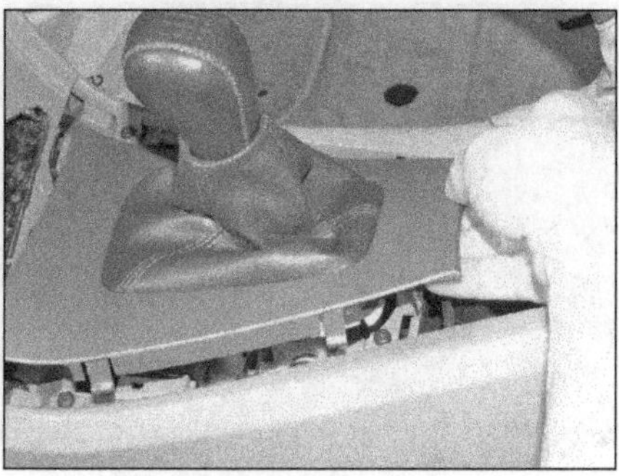

24.11 Börja bak och bänd loss spakens panel

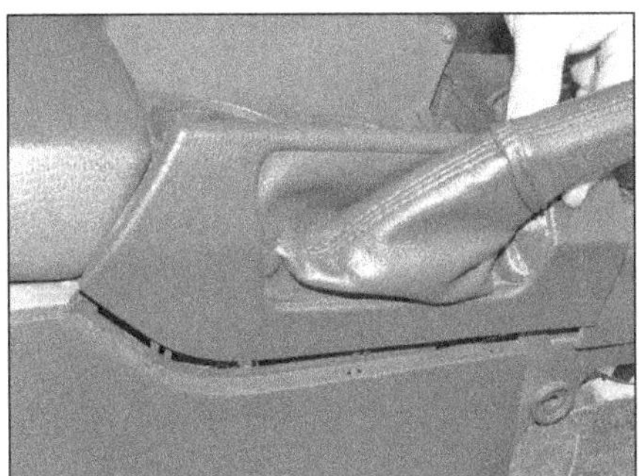

24.14a Bänd upp klädseln runt handbromsspaken – tidigare modeller. . .

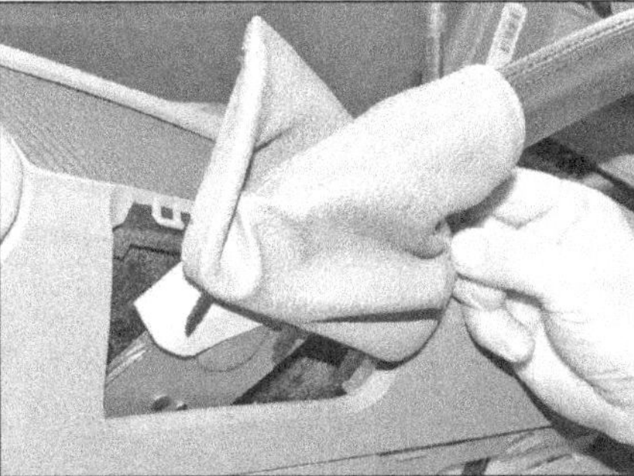

24.14b . . . och senare modeller

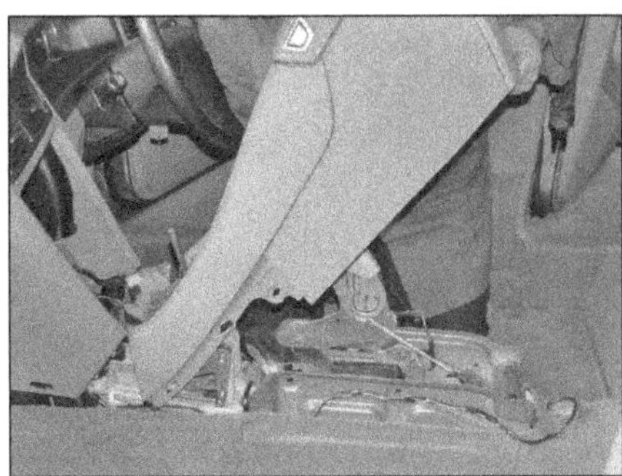

24.15 Lyft bakkanten först och ta bort mittkonsolen

handbromsen och växelspaken/väljarspaken och ut från bilen **(se bild)**. Mata ut spakens panel genom öppningen när du tar bort konsolen.

16 Konsolens olika delar hålls ihop av ett antal muttrar och skruvar som syns underifrån.

Montering

17 Montering sker i omvänd ordningsföljd.

25 Instrumentbrädan – demontering och montering

Demontering

1 Se till att framsätena är helt tillbakaskjutna, koppla från batteriets minusledare (se kapitel 5A) och vänta minst 5 minuter innan du fortsätter så att eventuell kvarvarande ström laddas ur.

2 Ta bort A-stolpen enligt beskrivningen i avsnitt 22.

3 Ta bort instrumentbrädans nederpaneler i fotbrunnarna på förar- och passagerarsidan. Varje panel är fäst med två skruvar **(se bilder)**.

4 Bänd försiktigt bort fotutrymmets belysning och koppla från anslutningskontakterna.

5 Lossa diagnoskontakten från fästet under förarsidan av instrumentbrädans nedre del över pedalerna. På vissa modeller lossar du helt enkelt fästklämman och på andra modeller är kontakten monterad på ett fäste som hålls fast av två torxbultar **(se bild)**.

6 Demontera ratten enligt beskrivningen i kapitel 10.

7 Skruva loss de tre skruvarna under rattstångens nedre kåpa och bänd isär den övre och nedre kåpan för att kunna lossa fästsprintarna. Ta bort den nedre kåpan och lyft bort den övre kåpan så det inte är i vägen **(se bild)**.

8 Koppla från de båda anslutningskontakterna, skruva loss de 2 skruvarna, dra kontaktenhetens anslutningskontakt från brytarmodulens baksida, lossa de båda klämmorna och dra rattens brytarmodul från rattstången **(se bild)**.

9 Ta bort instrumentpanelen enligt beskrivningen i kapitel 12.

10 Demontera mittkonsolen enligt beskrivningen i avsnitt 24.

11 Ta bort ljudanläggningen enligt beskrivningen i kapitel 12.

12 På modeller med automatväxellåda kopplar du från spärrkabeln från väljarspakens hus enligt beskrivningen i kapitel 7B, avsnitt 3.

13 Bänd försiktigt bort panelerna från instrumentbrädan **(se bild)**. Sträck dig in genom

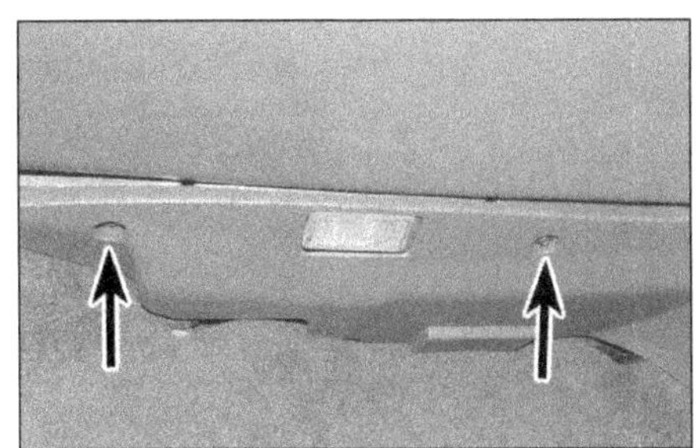

25.3a Skruva loss de två 2 skruvarna (markerade med pilar) och demontera instrumentbrädans nedre panel på passagerarsidan. . .

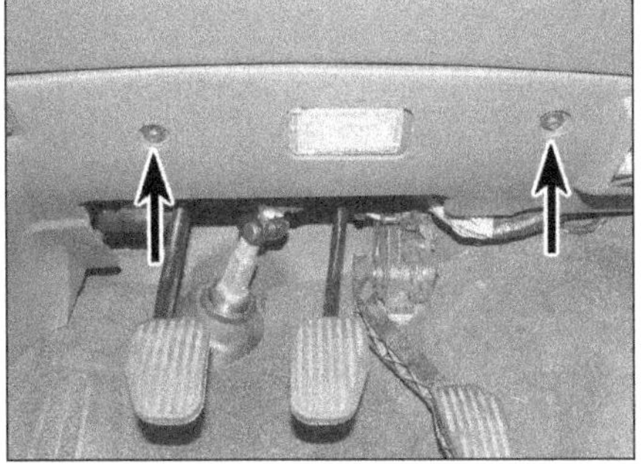

25.3b . . . och instrumentbrädans nedre panel på förarsidan

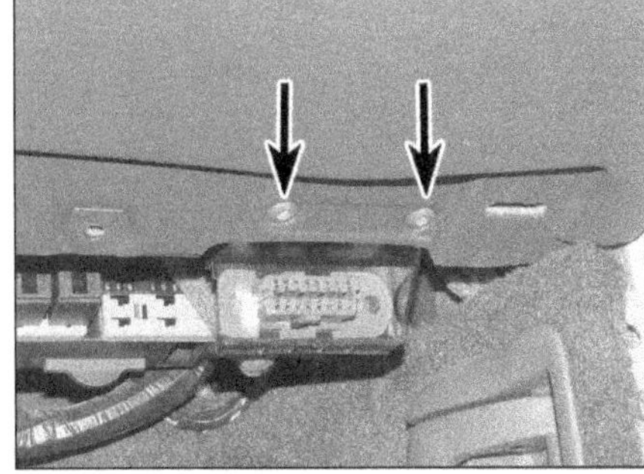

25.5 Skruva loss de 2 bultarna (markerade med pilar) och lossa diagnoskontakten

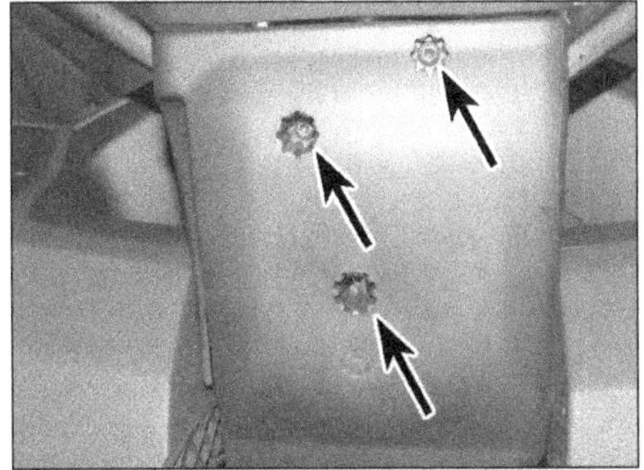

25.7a Rattstångens nedre hölje hålls fast med 3 skruvar (markerade med pilar)

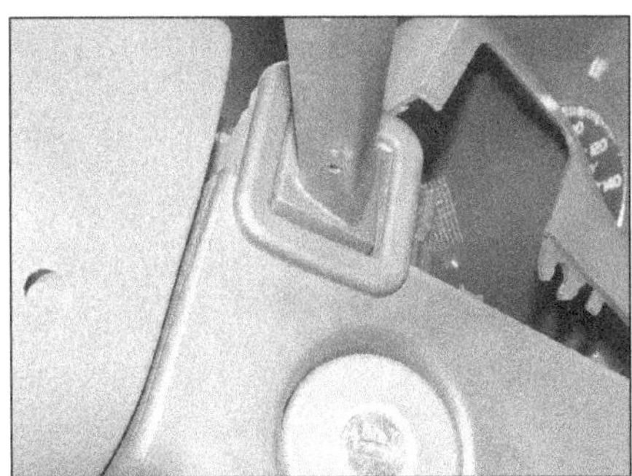

25.7b Lyft bort det övre höljet

25.8 Skruva loss de 2 skruvarna (markerade med pilar) som håller fast brytarmodulen

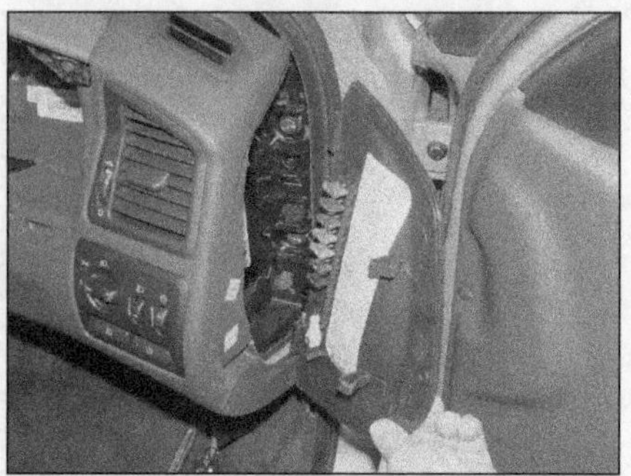

25.13 Bänd loss klädselns ändpaneler från instrumentbrädan

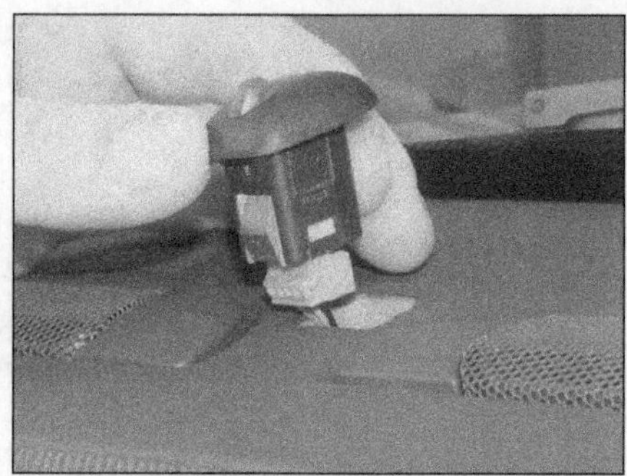

25.14 Bänd bort solsenorn från instrumentbrädans mitt

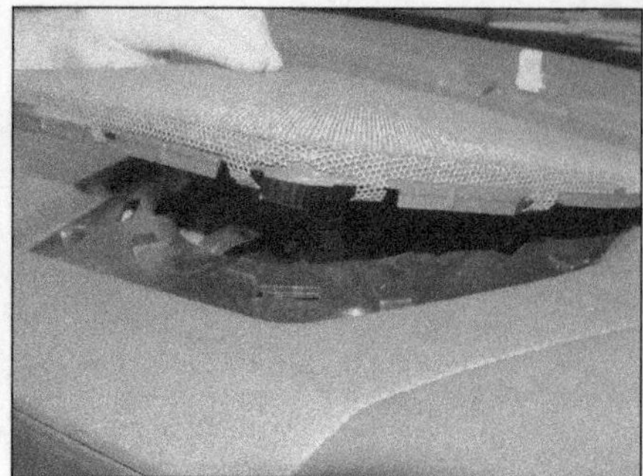

25.15a Bänd upp högtalargallret i mitten . . .

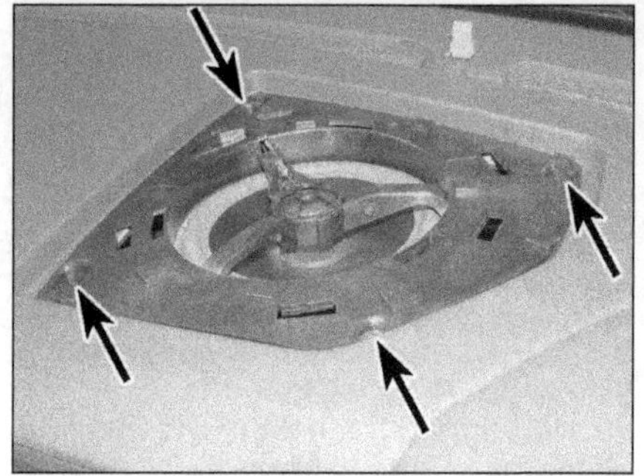

25.15b . . . och skruva loss de 4 skruvarna (markerade med pilar) . . .

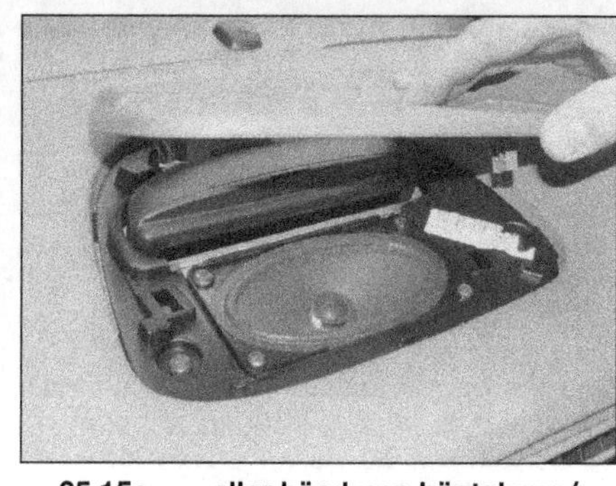

25.15c . . . eller bänd upp högtalaren/ displaygallret/infattningen. . .

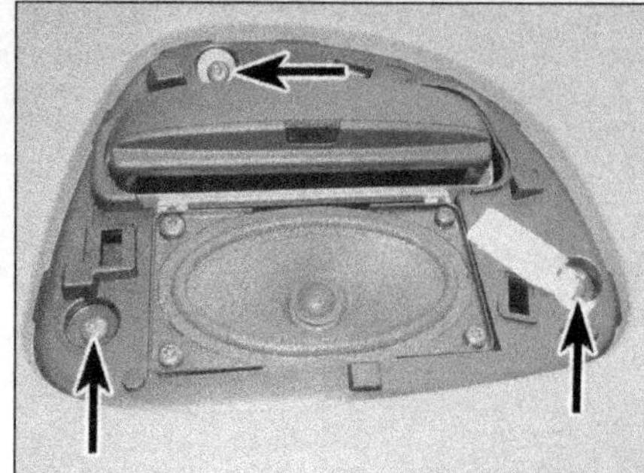

25.15d . . . och skruva loss de 3 skruvarna (markerad med pilar)

den högra änden av instrumentbrädan och koppla från ljuskontaktens anslutningskontakt.

14 Bänd upp solsensorn från mitten av instrumentbrädan och koppla från anslutningskontakten (om en sådan finns) **(se bild)**.

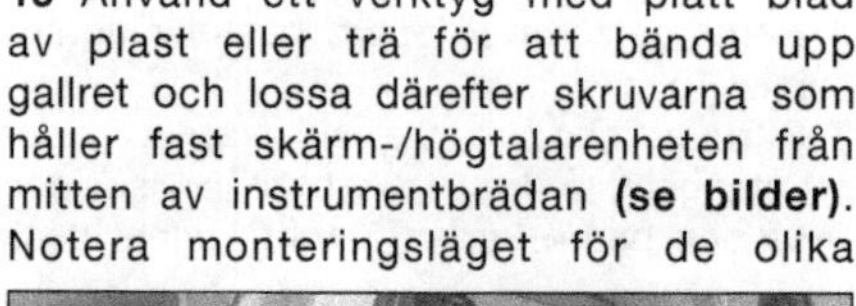

15 Använd ett verktyg med platt blad av plast eller trä för att bända upp gallret och lossa därefter skruvarna som håller fast skärm-/högtalarenheten från mitten av instrumentbrädan **(se bilder)**. Notera monteringsläget för de olika anslutningskontakterna och koppla från dem när enheten tas bort .

16 Sträck dig nedåt och tryck bort varningsblinkerbrytaren från instrumentbrädan.

17 Öppna handskfacket, skjut de båda hakarna förbi gränsstoppen och lossa returmekanismen/ fjäderbenet från locket **(se bild 22.34)**.

18 Skruva loss de 8 skruvarna, och för handskfacket från instrumentbrädan **(se bild 22.35)**. Notera monteringsläget för de olika anslutningskontakterna och koppla från dem när handskfacket tas bort .

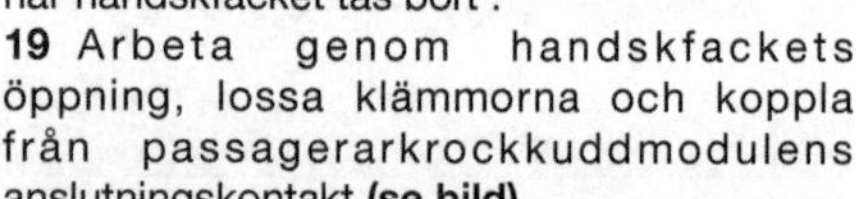

19 Arbeta genom handskfackets öppning, lossa klämmorna och koppla från passagerarkrockkuddmodulens anslutningskontakt **(se bild)**.

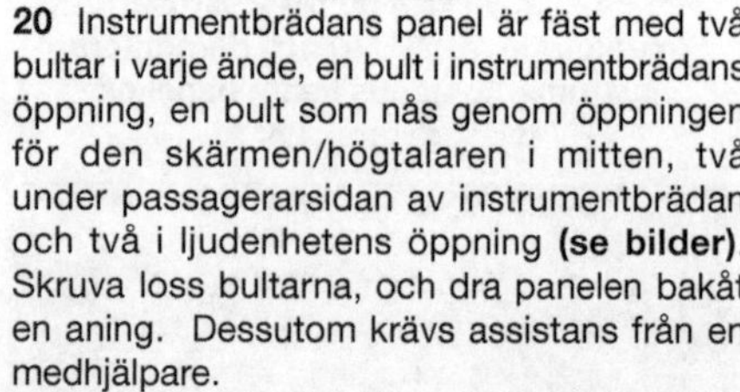

20 Instrumentbrädans panel är fäst med två bultar i varje ände, en bult i instrumentbrädans öppning, en bult som nås genom öppningen för den skärmen/högtalaren i mitten, två under passagerarsidan av instrumentbrädan och två i ljudenhetens öppning **(se bilder)**. Skruva loss bultarna, och dra panelen bakåt en aning. Dessutom krävs assistans från en medhjälpare.

21 Kontrollera så att alla nödvändiga anslutningskontakter, kabelklämmor, etc. har lossats och för undan instrumentbrädan från bilen.

Varning: Placera enheten på ett säkert ställe med mekanismen nedåt som skydd mot oavsiktlig utlösning. Försök inte öppna eller reparera krockkuddemodulen och anslut ingen ström till den. Återanvänd inte en

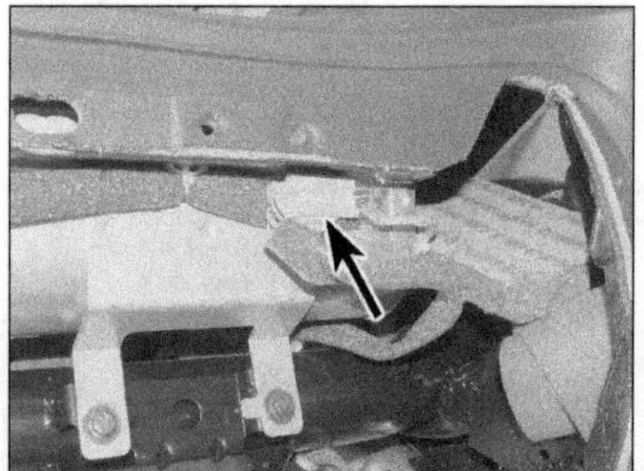

25.19 Lossa krockkuddens anslutningskontakt

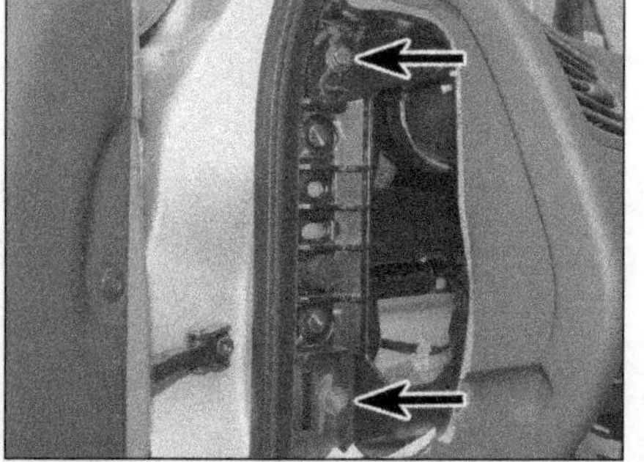

25.20a Instrumentbrädan hålls fast med 2 bultar i varje ände (markerade med pilar) . . .

25.20b . . . en bult i instrumentbrädans öppning (markerad med pil). . .

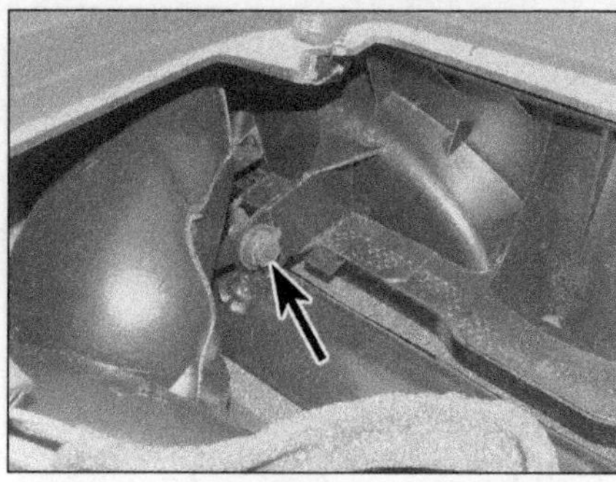

25.20c . . . en bult i den mellersta skärm/ högtalaröppningen (markerad med pil). . .

krockkudde som är synbart skadad eller som har utsatts för åverkan utifrån.

22 Vid behov lossar du de olika bultarna (inklusive rattstångens fästbultar) och tar bort instrumentbrädans tvärbalk. Notera dragningen av de olika kablagen för att underlätta återmonteringen och lossa sedan kabelklämmorna. **Observera:** *För att kunna komma åt den högra tvärbalkens fästbultar måste man ta bort torkarmotorn och länkningen enligt beskrivningen i kapitel 12 och därefter lossa klämmorna, öppna höljet och koppla från elkontakten på höger sida. Om tvärbalken tas bort som en del av borttagningen av värmarhuset behöver man inte ta bort den helt. Be någon om hjälp att flytta tvärbalken uppåt och bakåt, medan värmarhuset tas bort.*

Montering

23 Monteringen sker i omvänd ordningsföljd mot demonteringen.

24 På bilar som är utrustade med krockkudde på passagerarsidan, se till att ingen befinner sig i bilen. Slå på tändningen och återanslut batteriets minusledare. Slå av tändningen och slå på den igen. Kontrollera att säkerhetssystemets varningslampa tänds och sedan slocknar inom 15 sekunder.

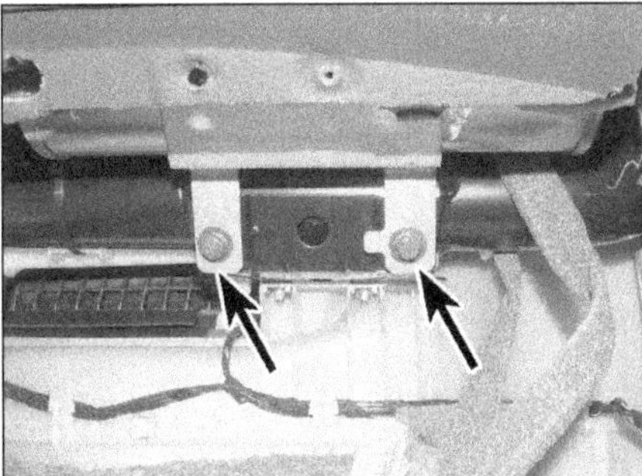

25.20d . . . 2 bultar under passagerarsidan (markerade med pilar) . . .

25.20e . . . och 2 i ljudenhetens öppning (markerade med pilar)

26 Soltak – allmän information

Ett elmanövrerat soltak finns som standardutrustning eller som tillval, beroende på modell.

Soltaket är underhållsfritt. All justering, demontering eller montering av soltakets komponenter bör överlåtas till en återförsäljare eftersom enheten är mycket sammansatt och eftersom stora delar av den inre klädseln och innertaket måste tas bort för att det ska gå att komma åt. Den senare åtgärden är komplicerad och kräver försiktighet och specialistkunskaper för att innertaket inte ska skadas.

Om soltaket går trögt kan det bero på att skenorna och/eller vajrarna behöver smörjas. Be en Volvo-återförsäljare om råd angående lämpligt smörjmedel. Ytterligare kontroller om taket inte fungerar begränsas till kontroll av säkring och kablage. Se kopplingsschemana i slutet av kapitel 12.

Kapitel 12
Karossens elsystem

Innehåll

Svårighetsgrader

Enkelt, passer novisen med lite erfarenhet	**Ganska enkelt,** passar nybörjaren med viss erfarenhet	**Ganska svårt,** passer kompetent hemmamekaniker	**Svårt,** passer hemmamekaniker med erfarenhet	**Mycket svårt,** för professionell mekaniker

Specifikationer

Allmänt

Systemtyp	12 volt, negativ jord
Säkringar	Se kopplingsscheman i slutet av kapitlet och etiketten på locket till styrenhetens låda för specifika fordonsuppgifter

Glödlampor

	Watt
Körriktningsvisarens sidoblinkljus	5 klämfäste
Körriktningsvisare (fram och bak)	21 bajonett PY (gul)
Dörrspegelns jordlampa	6 klämfäste
Varningslampor i dörren	5 klämfäste
Dimstrålkastare:	
Fram	55 H1
Bakre	21
Fotutrymmets belysning	5 slingfäste
Strålkastare:	
Bi-Xenon	35 D2R
Halogenhalvljus	55 H7
Halogenhelljus:	
Upp till och inklusive årsmodell 2004	55 HB3
Från årsmodell 2005	65 H9
Höga bromsljus	Lysdiodstyp (ej utbytbara)
Bagageutrymmesbelysning	5 kil
Nummerplåtsbelysning	5 klämfäste
Backljus	21 bajonettfäste
Sidokörriktningsvisare:	
Fram	3 klämfäste
Bak	5 klämfäste
Sidoljus	5 klämfäste
Bromsljus	21 bajonettfäste
Baklyktor	5 bajonettfäste
Sminkspegelbelysning	1.2 slingfäste

Åtdragningsmoment

	Nm
Krockkuddehållare	10
Bromsoljans tryckgivare	25
Strålkastarnas fästbultar	10
Strålkastartorkararmarnas muttrar	4
Oljetrycksgivare	27
SRS-styrmodul	10
SRS-sidokrockgivare	6
Vindrutetorkararmens muttrar	16
Mutter till vindrutetorkarmotorns vevarm	20

1 Allmän information och föreskrifter

Systemet är ett 12 volts elsystem med negativ jordning. Strömmen till lamporna och alla elektriska tillbehör kommer från ett bly/syrabatteri som laddas av den remdrivna generatorn.

Detta kapitel tar upp reparations- och servicearbeten för de elkomponenter som inte hör till motorn. Information om batteriet, generatorn, förvärmning och startmotorn finns i kapitel 5A.

Varning: Innan något arbete utförs på elsystemet, läs föreskrifterna i Säkerheten främst! innan något arbete utförs på elsystemet.

2 Felsökning av elsystemet – allmän information

Observera: *Se föreskrifterna i Säkerheten främst! och i avsnitt 1 i detta kapitel innan arbetet påbörjas. Följande kontroller relaterar till huvudkretsen och ska inte användas för att kontrollera känsliga elektroniska kretsar, speciellt där en elektronisk styrenhet används.*

Allmänt

1 En typisk elkrets består av en elektrisk komponent, alla brytare, reläer, motorer, säkringar, smältinsatser eller kretsbrytare som rör den komponenten, samt det kablage och de kontaktdon som länkar komponenten till batteriet och karossen. För att underlätta felsökningen i elkretsarna finns kopplingsscheman i slutet av det här kapitlet.

2 Studera det relevanta kopplingsschemat för att förstå den aktuella kretsens olika komponenter innan ett elfel diagnosticeras. De möjliga felkällorna kan reduceras genom att man undersöker om andra komponenter som hör till kretsen fungerar som de ska. Om flera komponenter eller kretsar slutar fungera samtidigt, rör felet antagligen en delad säkring eller jordanslutning.

3 Elproblem har ofta enkla orsaker, som lösa eller rostiga anslutningar, jordfel, trasiga säkringar, smälta smältinsatser eller ett defekt relä. Se först efter i vilket skick säkringar, kablar och anslutningar är hos en felande krets, innan komponenterna testas. Använd kopplingsscheman för att se vilka kabelanslutningar som behöver testas för att hitta felet.

4 De grundläggande verktyg som krävs för felsökning av elsystemet inkluderar en kretstestare eller voltmätare (en 12-voltslampa med ett antal testledningar kan också användas till vissa test), en ohmmätare (för att mäta resistans och kontrollera förbindelse), ett batteri och en uppsättning testkablar samt en testkabel, helst med en kretsbrytare eller inbyggd säkring som kan användas för att koppla förbi misstänkta kablar eller elkomponenter. Innan felsökning med hjälp av testinstrument påbörjas, använd kopplingsschemat för att bestämma var kopplingarna ska göras.

Varning: Under inga som helst förhållanden får strömförande mätinstrument som ohmmätare, voltmätare eller testlampa användas för att kontrollera någon av krockkuddarna eller de pyrotekniska säkerhetsbältessystemen. All kontroll av dessa system måste överlåtas till en Volvo-verkstad eftersom det är risk för att systemet aktiveras av misstag om inte rätt åtgärder vidtas.

Varning: Elsystemet i Volvo S60 är mycket komplext. Många av styrmodulerna är anslutna via ett databussystem där de kan dela information från de olika givarna och kommunicera med varandra. När till exempel automatväxellådan når en växlingspunkt signalerar den motorstyrningensstyrmodulviadatabussen. När växlingen utförs av växellådans styrmodul fördröjer motorstyrningens styrmodul tändningsinställningen och minskar tillfälligt motorns uteffekt för att ge en mjukare övergång från ett utväxlingsförhållande till ett annat. På grund av Databussystemets uppbyggnad rekommenderas det inte att bakåtsöka styrmodulerna med en multimeter på traditionellt vis. Istället har elsystemen ett sofistikerat självdiagnossystem som kan tolka de olika styrmodulerna för att visa sparade felkoder och hjälpa till att lokalisera fel. För att kunna komma åt självdiagnossystemet måste man använda speciell testutrustning (felkodsläsare). Kontakta närmaste Volvo-verkstad eller lämpligt utrustad specialist.

5 För att hitta källan till ett periodiskt återkommande kabelfel (vanligen på grund av en felaktig eller smutsig anslutning eller skadad isolering), kan ett vicktest göras på kabeln. Det innebär att man vickar på kabeln för hand för att se om felet uppstår när den rubbas. Det ska därmed vara möjligt att ringa in felet till en speciell kabelsträcka. Denna testmetod kan användas tillsammans med vilken annan testmetod som helst i de följande underavsnitten.

6 Förutom problem som uppstår på grund av dåliga anslutningar kan två typer av fel uppstå i en elkrets – kretsavbrott och kortslutning.

7 Kretsavbrott orsakas av ett brott någonstans i kretsen, vilket hindrar strömmen. Strömavbrott gör att en komponent slutar fungera.

8 Kortslutningar orsakas av att ledarna går ihop någonstans i kretsen, vilket medför att strömmen tar en alternativ, lättare väg (med mindre motstånd), vanligtvis till jordningen. Kortslutning orsakas oftast av att isoleringen nötts bort, så att en ledare kommer i kontakt med en annan ledare eller jordningen, t.ex. karossen. En kortslutning bränner i regel kretsens säkring.

Hitta ett kretsbrott

9 För att kontrollera om en krets är bruten, koppla ena ledaren på en kretsprovare eller minuskabeln på en voltmätare till batteriets negativa pol eller någon annan bra jordanslutning.

10 Koppla den andra ledaren till en anslutning i den krets som ska provas, helst närmast batteriet eller säkringen. Nu bör batterispänningen gå att läsa av, om det inte är fel på själva batterikabeln eller säkringen. (Tänk på att somliga kretsar inte blir strömförande förrän tändningslåset ställs i ett visst läge).

11 Slå på strömkretsen och anslut sedan mätkabeln till anslutningen närmast komponentsidans kretsbrytare.

12 Finns det spänning (visas genom att testlampan lyser eller voltmätaren ger utslag), betyder det att delen mellan anslutningen och brytaren är felfri.

13 Kontrollera resten av kretsen på samma sätt.

14 Om en punkt där det inte finns någon spänning upptäcks, ligger felet mellan den punkten och den föregående testpunkten med spänning. De flesta fel kan härledas till en trasig, korroderad eller lös anslutning.

Hitta en kortslutning

15 För att söka efter en kortslutning, koppla bort strömförbrukarna från kretsen (strömförbrukare är de delar som drar ström i en krets, t.ex. lampor, motorer och värmeelement).

16 Ta bort den aktuella säkringen från kretsen och anslut en kretsprovare eller voltmätare till säkringens anslutningar.

17 Slå på kretsen. Tänk på att vissa kretsar bara är strömförande med tändningslåset i ett visst läge.

18 Om det finns spänning (visas genom att testlampan lyser eller voltmätaren ger utslag), betyder det att kretsen är kortsluten.

19 Om testet inte visar någon spänning, men säkringen ändå går sönder när strömförbrukarna kopplas in, är det ett tecken på ett internt fel i någon av strömförbrukarna.

Hitta ett jordfel

20 Batteriets minuspol är ansluten till jord (metallen i motorn/växellådan och karossen) och många system är kopplade med enbart positiv kabelanslutning, medan returströmmen går genom metallen i karossen **(se bilder)**. Det innebär att komponentfästet och karossen utgör en del av kretsen. Lösa eller korroderade fästen kan därför orsaka flera olika elfel, allt ifrån totalt haveri till svårfångade, partiella fel. Vanligast är att lampor lyser svagt (särskilt när en annan krets som delar samma jordpunkt används samtidigt) och att motorer (t.ex. torkarmotorerna eller kylarens fläktmotor) går långsamt. En krets kan påverka en annan, till synes orelaterad, krets.

21 Observera att på många bilar används särskilda jordledningar mellan vissa komponenter, som motorn/växellådan och karossen, vanligtvis där det inte finns någon direkt metallkontakt mellan komponenterna på grund av gummiupphängningar o.s.v.

22 Koppla bort batteriet och koppla den ena ledaren på en ohmmätare till en känd jord för att kontrollera om en komponent är korrekt jordad. Koppla den andra ledaren till den kabel eller jordkoppling som ska kontrolleras. Resistansen ska vara noll. Om inte kontrollerar du anslutningen enligt följande.

23 Om en jordanslutning misstänks vara felaktig, ta isär anslutningen och putsa upp metallen på både ytterkarossen och kabelfästet (eller komponentens jordanslutnings fogyta). Se till att få bort alla spår av rost och smuts, och skrapa sedan bort lacken med en kniv för att få fram en ren metallyta. Dra åt kopplingsfästena ordentligt vid monteringen; om en kabelterminal monteras, använd låsbrickor mellan anslutning och karossen för att vara säker på att en ren och säker koppling uppstår.

24 När kopplingen återansluts, rostskydda ytorna med ett lager vaselin, silikonfett eller genom att regelbundet spraya på fuktdrivande aerosol eller vattenavstötande smörjmedel.

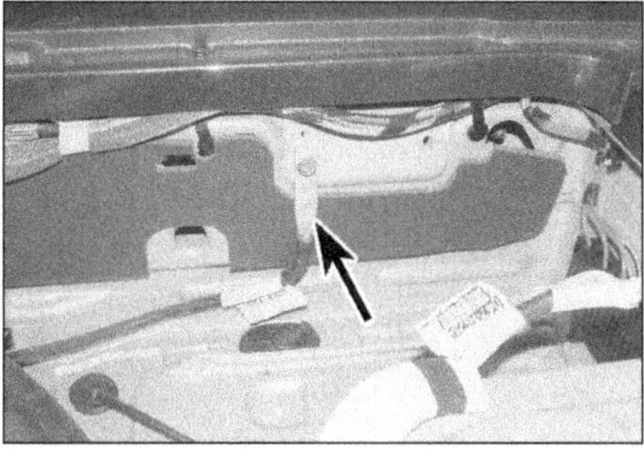

2.20a Batteriets minuspol (jordning) är ansluten till karossen (bakre panel) via en jordledning (markerad med pil)

2.20b Jordanslutningar på de inre framskärmarna (båda sidor) . . .

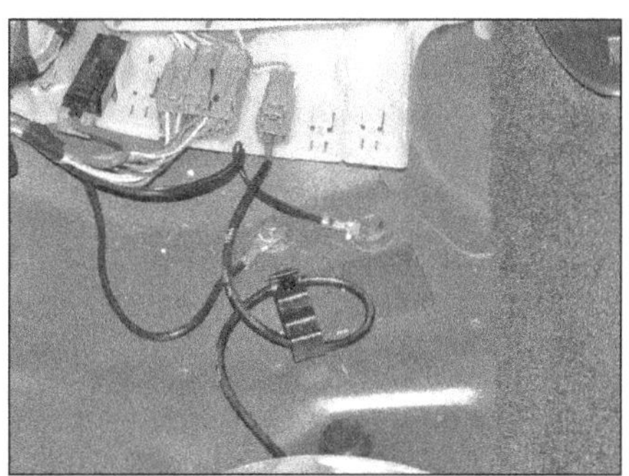

2.20c . . . under baksäten . . .

2.20d . . . och fram på växellådshuset (markerade med pilar)

3 Säkringar och reläer – allmän information

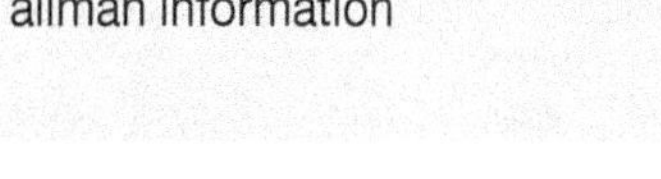

Säkringar

1 Säkringarna sitter i den centrala säkringsdosan i motorrummet på passagerarsidan precis framför fjädringens fäste, i kupéns säkringsdosa under en panel i instrumentbrädans högra ände (högerstyrda modeller), under instrumentbrädan på förarsidan (på CEM) och på vänster sida av bagagerummet.

2 Om en säkring går sönder slutar den elektriska krets som skyddas av säkringen att fungera. Var säkringen sitter placerad och vilka kretsar som skyddas beror på bilens specifikationer, modellår och land. Se kopplingsschemana i slutet av den här handboken samt etiketten på säkringsdosans lock för uppgifter om den aktuella bilen.

3 När en säkring ska tas bort måste först tändningen slås av. Lyft sedan upp locket på den centrala säkringsdosan. Dra ut säkringen ur anslutningen med hjälp av det medföljande borttagningsverktyget av plast **(se bild)**. Tråden i säkringen ska synas. om säkringarna har löst ut är tråden av eller smält.

4 Ersätt alltid en säkring med en ny av samma klass; använd aldrig en säkring med annan kapacitet än den ursprungliga, och byt inte ut den mot något annat. Det är brandfarligt. Byt aldrig en säkring mer än en gång utan att spåra orsaken till felet. På säkringens överdel finns kapaciteten inpräglad; observera att säkringarna också är färgkodade för att vara lätta att känna igen. Det finns reservsäkringar i säkringsdosan.

5 Om säkringen fortsätter att gå sönder är något fel i den skyddade kretsen. Om fler än

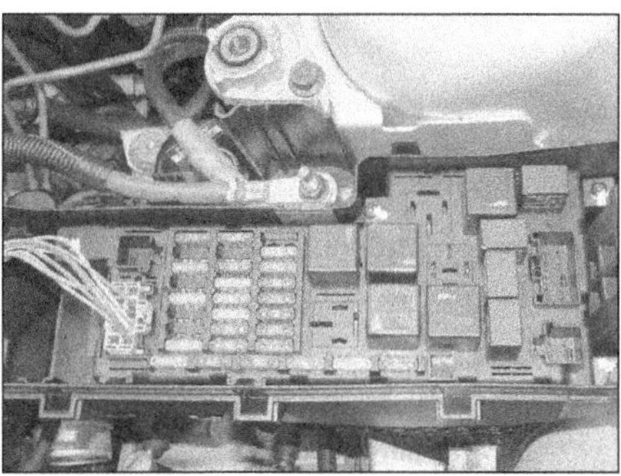

3.3a Motorrummets säkrings-/relädosa

3.3b Passagerarutrymmets säkringsdosa sitter bakom en panel på instrumentbrädans högra ände

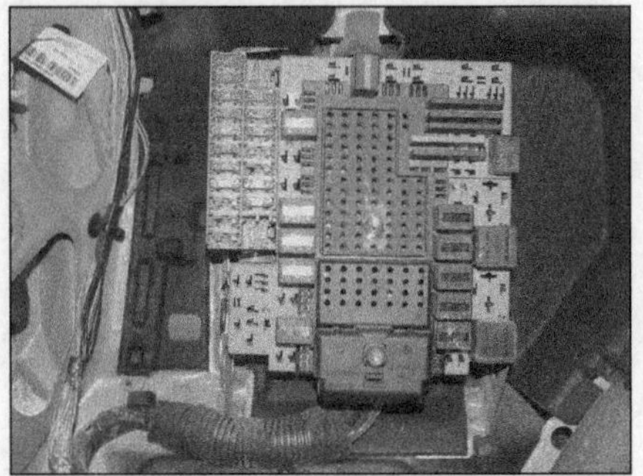

3.3c Bagagerummets säkrings-/relädosa sitter bakom den vänstra åtkomstpanelen

3.3d Använd det medföljande plastverkyget och dra säkringen från sin plats

en krets är inblandad, slå på en komponent i taget tills säkringen går sönder och ta på så sätt reda på i vilken krets felet ligger.

6 En trasig säkring kan utöver ett fel i den aktuella elektriska komponenten orsakas av kortslutning i kablaget till komponenten. Leta efter klämda eller fransade kablar som gör det möjligt för en strömförande ledning att komma i kontakt med bilens metall. Leta även efter lösa eller skadade skarvdon.

7 Observera att endast säkringar av bladtyp får bytas av en hemmamekaniker. Om någon av de stora smältinsatserna i huvudsäkringsdosan går sönder är det ett tecken på ett allvarligt elfel. Detta fel måste diagnosticeras av en Volvo-verkstad eller en bilelspecialist.

Reläer

8 Ett relä är en elektrisk brytare som har följande användning:

a) Ett relä kan bryta kraftig ström på avstånd från den krets där strömmen förekommer. Det gör det möjligt att använda tunnare kablar och brytarkontakter.

b) Ett relä kan ta emot mer än en reglageingång, till skillnad från en mekanisk brytare.

c) Ett relä kan ha en timerfunktion – till exempel för fördröjning av vindrutetorkarna.

9 Kom ihåg att om ett fel uppstår i en krets med ett relä kan felet ligga hos själva reläet. Ett enkelt sätt att kontrollera ett reläs funktion är att lyssna efter ett klick från reläet medan en medhjälpare aktiverar den aktuella komponenten. Den här kontrollen visar åtminstone om reläet ställer om eller inte, men den ger inget slutgiltigt bevis på att reläet fungerar.

10 De flesta reläer har fyra eller fem anslutningar – två anslutningar som förser reläets solenoidhärva med ström för att reläet ska kunna ställa om, en huvudingång och antingen en eller två utgångar för att antingen förse den aktuella komponenten med ström eller för att isolera den (beroende på dess utformning). Använd kopplingsschemana i slutet av det här kapitlet. Kontrollera att alla anslutningar ger rätt spänning eller bra jord.

11 Det bästa sättet att kontrollera ett relä är att ersätta det med ett relä man vet fungerar. Var dock försiktig. Relän som liknar varandra har inte nödvändigtvis identiska egenskaper.

12 Reläerna sitter i den centrala säkringsdosan och huvudsäkringsdosan på passagerarsidan bakom motorrummet samt i bagagerummets säkringsdosa **(se bilder 3.3a och 3.3c)**.

13 Kontrollera att tändningen är avstängd om ett relä ska tas bort. Dra sedan bort reläet från hylsan. Tryck fast det nya reläet ordentligt.

4 Brytare/reglage – demontering och montering

Rattstångens brytare

1 Koppla loss batteriets minusledning (se kapitel 5A). Vrid ratten så att hjulen pekar rakt framåt.

2 Lossa rattens/stångens justerare. Dra sedan bort ratten från instrumentbrädan så långt det går.

3 Ta bort ratten enligt beskrivningen i kapitel 10.

4 Skruva loss de tre bultarna under rattstångens nedre kåpa och bänd isär den övre och nedre kåpan för att kunna lossa fästsprintarna. Ta bort den nedre kåpan och lyft bort den övre kåpan så det inte är i vägen **(se bild)**.

5 Ta bort den aktuella brytaren. Varje brytare är fäst med två skruvar **(se bild)**. Ta bort skruvarna och dra försiktigt ut brytaren åt sidan.

6 Montera den relevanta brytaren i omvänd ordningsföljd.

Tändningslåset/startmotorns brytare

7 Skruva loss de tre bultarna under rattstångens nedre kåpa och bänd isär den övre och nedre kåpan för att kunna lossa fästsprintarna. Ta bort den nedre kåpan och lyft bort den övre kåpan så det inte är i vägen **(se bilder 4.4a och 4.4b)**.

8 Lossa anslutningskontakt, tryck ner klämman och ta bort transponderenheten från tändningsbrytarens ände **(se bild)**.

9 På modeller med automatväxellåda vrider du tändningsnyckeln till läge I, trycker in spärren och drar bort spärrvajern från brytarens sida.

10 På alla modeller lossar du tändningsbrytarens kontaktdon.

11 Skruva loss de två skruvarna och ta bort brytaren **(se bild)**.

12 Monteringen sker i omvänd ordningsföljd mot demonteringen. Stick in startnyckeln i det nya tändningslåset när det monteras.

4.4a Rattstångens nedre hölje hålls fast med 3 torxbultar (markerade med pilar)

4.4b Lossa det övre höljet och lyft bort det och notera att det är fäst på instrumentklustrets infattning

4.5 Skruva loss de 2 skruvarna (markerade med pilar) och dra brytaren åt sidan

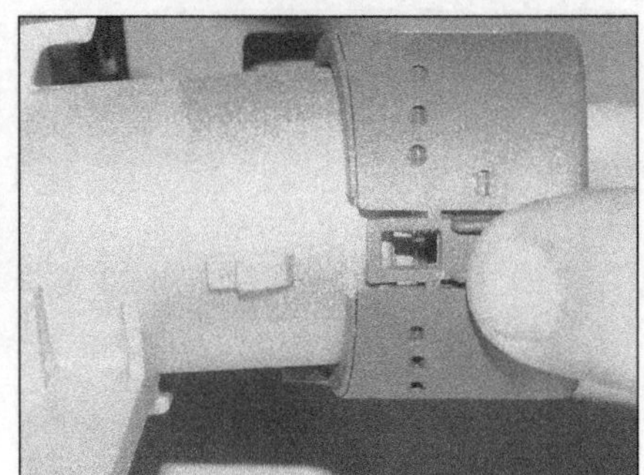

4.8 Tryck ner spärren och dra bort transpondern från tändningsbrytaren

4.11 Skruva loss de två 2 tändningsbrytarskruvar.

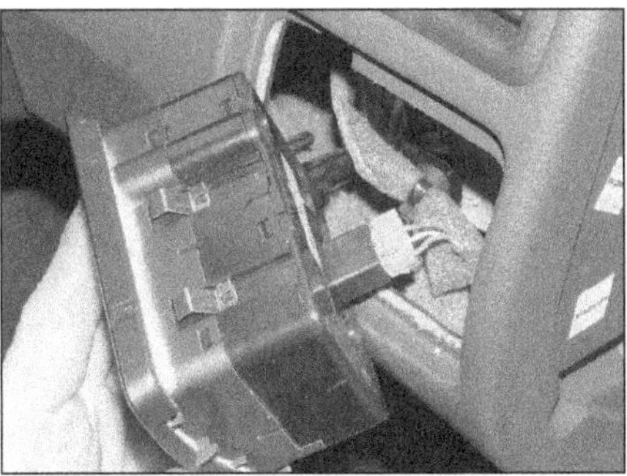
4.14 Sträck dig genom instrumentbrädans ände och tryck bort strålkastarkontakten

4.19 Ta bort varningsbrytaren och koppla från anslutningskontakten

Strålkastarbrytaren:

13 Öppna förardörren och bänd ut panelen på instrumentbrädans ände **(se bild 3.3b)**.

14 Sträck dig in bakom instrumentbrädan och skjut ljuskontakten från läge **(se bild)**.

15 Ta bort brytaren och koppla från kontaktdonet bak.

16 Monteringen sker i omvänd ordningsföljd mot demonteringen.

Varningslampans brytare

17 Använd ett verktyg med platt blad av plast eller trä för att bända upp gallret och lossa därefter skruvarna som håller fast skärm-/högtalarenheten från mitten av instrumentbrädan **(se bilder 19.1a och 19.1b)**. Notera monteringsläget för de olika anslutningskontakterna och koppla från dem när enheten tas bort .

18 Sträck dig ner bakom, tryck ihop fästklämmorna och tryck på brytaren från instrumentbrädan.

19 Ta bort brytaren och koppla loss anslutningskontakten i den bakre delen **(se bild)**.

20 Monteringen sker i omvänd ordningsföljd mot demonteringen.

Mittkonsol, kontakter

21 Se till att tändningen är avstängd och vänta minst 3 minuter så att eventuell kvarvarande ström hinner laddas ur innan du påbörjar arbetet.

22 Ta bort värme-/luftkonditioneringens kontrollpanel enligt beskrivningen i kapitel 3.

23 Lossa de tre fästklämmorna på brytarpanelens nedre kant och ta bort panelen **(se bilder)**.

24 Brytarna dras rakt ut **(se bild)**.

25 Monteringen sker i omvänd ordningsföljd.

Dörrpanelens brytare/modul

Framdörren

26 Brytarpanelen på framdörrarna är inbyggda med elektronikmoduler som styr funktionen hos de elektriska fönsterhissarna, dörrlåsen, dörrspeglarna och varningslamporna för öppna dörrar.

27 Demontera dörrens klädselpanel enligt beskrivningen i kapitel 11.

28 Skruva loss skruven/muttern som håller fast modulen, tryck in fästklämmorna och skjut enheten uppåt och ut ur dörrpanelen **(se bilder)**.

29 Återmontering sker i omvänd ordningsföljd. Kontrollera brytarens funktion innan dörrklädseln återmonteras. *Observera: Om en ny brytare/modul har monterats kan den behöva programmeras med särskild Volvo-testutrustning – överlåt detta åt en Volvo-verkstad eller lämpligt utrustad specialist.*

Bakdörrar

30 Demontera dörrens klädselpanel enligt beskrivningen i kapitel 11.

31 Lossa de fyra spärrarna och dra brytaren från panelen **(se bild)**.

32 Monteringen sker i omvänd ordningsföljd mot demonteringen.

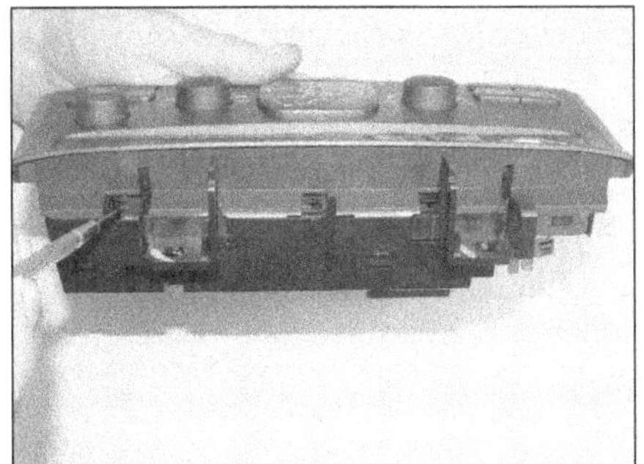
4.23a Lossa de 3 klämmorna på den nedre kanten. . .

4.23b . . . och ta bort panelen . . .

4.24 . . . och dra bort brytaren

4.28a Skruva loss brytarens/modulens skruv (markerad med pil). . .

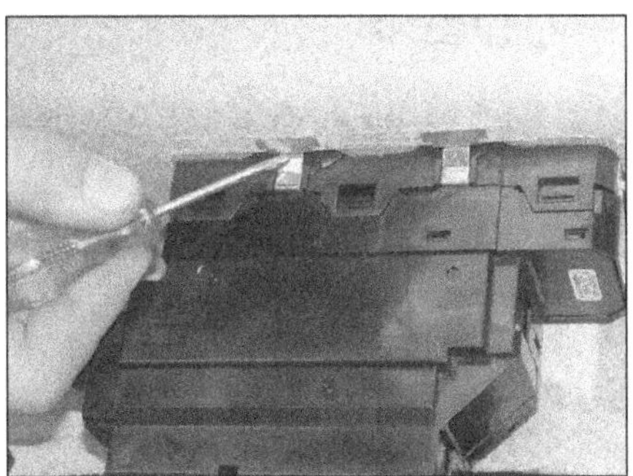
4.28b . . . och tryck ner fästklamrarna

4.31 Lossa de 4 spärrarna och ta bort brytaren

4.36 Borra ur niten (markerad med pil) som håller fast handbromsens varningsbrytare på fästet

Kupébelysningens brytare

33 Kupélampornas mikrokontakter är inbyggda i dörrlåsenheten tillsammans med centrallåsmotorn.

Bromsljusbrytare

34 Se kapitel 9.

Brytare till handbromsens varningslampa

35 Ta bort mittkonsolen enligt beskrivningen i kapitel 11.

36 Borra ur niten som fäster brytaren i fästbygeln vid handbromsspakens nedre del **(se bild)**.

37 Lyft ut brytaren. Koppla loss kontaktdonet och ta bort det.

38 Montering sker i omvänd ordningsföljd. Kontrollera att brytaren fungerar innan mittkonsolen monteras tillbaka.

Rattens brytare

39 Demontera krockkudden på förarsidan enligt beskrivningen i avsnitt 23.

40 Skruva loss skruven, och lossa klämman som håller fast den relevanta brytaren **(se bild)**. När brytaren är borttagen, lossa anslutningskontakterna.

41 Monteringen sker i omvänd ordningsföljd mot demonteringen.

Soltakets reglage

42 Demontera kupébelysningen i taket enligt beskrivningen i avsnitt 9.

43 Bänd ut fästklämmorna något och dra brytaren utåt och uppåt. Koppla från anslutningskontakten när enheten tas bort.

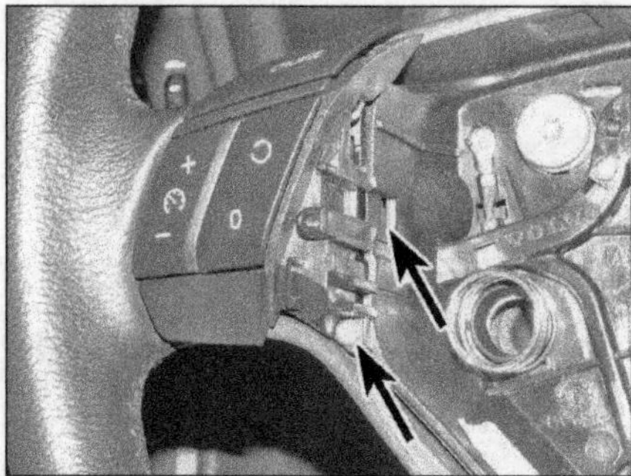

4.40 Skruva loss skruven, lossa klämman (markerad med pilar) och ta bort rattbrytaren

44 Monteringen sker i omvänd ordningsföljd mot demonteringen.

5 Instrumentbräda – demontering och montering

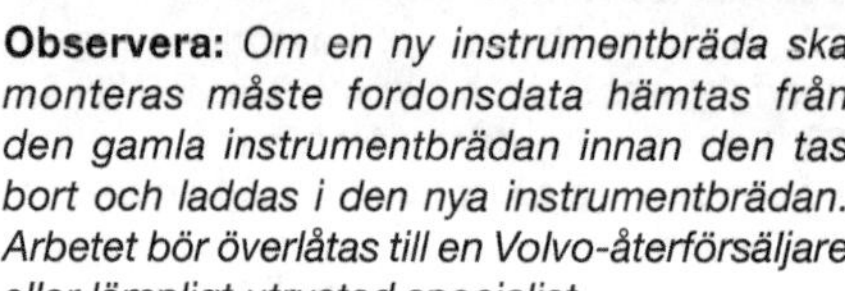

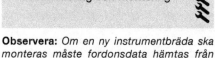

Observera: *Om en ny instrumentbräda ska monteras måste fordonsdata hämtas från den gamla instrumentbrädan innan den tas bort och laddas i den nya instrumentbrädan. Arbetet bör överlåtas till en Volvo-återförsäljare eller lämpligt utrustad specialist.*

Demontering

1 Instrumentpanelen är länkad till Volvos feldiagnosenhet. Det innebär att alla fel som uppstår i instrumentpanelen registreras som felkoder. Felkoderna kan sedan tydas med hjälp av diagnosutrustning (normalt en felkodsläsare). Därför bör alla fel vars orsaker inte är uppenbara överlåtas till en Volvo-verkstad eller till en annan verkstad med rätt utrustning för diagnosticering. Diagnosutrustningen avslöjar vad felet beror på och verkstaden kan avgöra vilka åtgärder som bör vidtas. Lämna i så fall in bilen till verkstaden. Ta inte bort instrumentpanelen för diagnosticering.

2 Slå av tändningen och ta ur nyckeln för att hindra att tändningen slås på.

3 Skruva loss de tre bultarna och ta bort rattstångens nedre hölje, vik sedan bak det övre höljet **(se bilderna 4.4a och 4.4b)**.

4 Dra bort instrumentbrädans infattning **(se bild)**. Observera att det övre stolphöljet är fäst på infattningen.

5 Skruva loss de fyra skruvarna och dra instrumentbrädan bakåt **(se bild)**.

6 Koppla från kontaktdonen på instrumentbrädans bakdel och notera deras monteringslägen.

7 Ta bort instrumentbrädan helt och ta lossa det ljuddämpande materialet över instrumentbrädan. Ingen ytterligare isärtagning rekommenderas förutom på modeller till och med årsmodell 2003 där belysningen kan bytas – se avsnitt 9. Fordon från årsmodell 2004 och framåt har lysdioder som inte kan bytas utan att byta instrumentbrädan.

Montering

8 Monteringen sker i omvänd ordningsföljd mot demonteringen.

6 Elsystemets givare – demontering och montering

Observera: *Inte alla sensorer finns på alla modeller.*

Hastighetsgivare

1 Information om bilens hastighet skickas till hastighetsmätaren från ABS-systemets hjulsensorer. Dessa ersätter hastighetsgivaren som annars ofta förekommer på moderna bilar. Om hastighetsmätaren inte fungerar är det alltså ett tecken på möjliga problem med signalen från ABS-systemets hjulsensorer. Kontrollera kabelanslutningarna till hjulsensorerna och till ABS-systemets styrenhet. Om inget fel upptäcks bör en Volvo-verkstad eller en annan lämpligt utrustad verkstad kontaktas för diagnoskontroll.

Bromsoljans nivågivare

2 Bromsoljans nivågivare består av en flottör inbyggd i huvudcylinderbehållaren **(se bild)**. Givaren och behållaren är en enhet; byt behållaren om det är fel på enheten – se kapitel 9.

Kylvätskans nivågivare

3 Vänta tills motorn är kall innan arbetet påbörjas. Kylsystemet behöver inte tömmas.

4 Lyft behållaren för servostyrningsvätska från fästet, och lägg den åt sidan.

5 Skruva långsamt av påfyllningslocket till kylsystemets expansionskärl för att släppa ut eventuellt övertryck i systemet. Montera locket ordentligt.

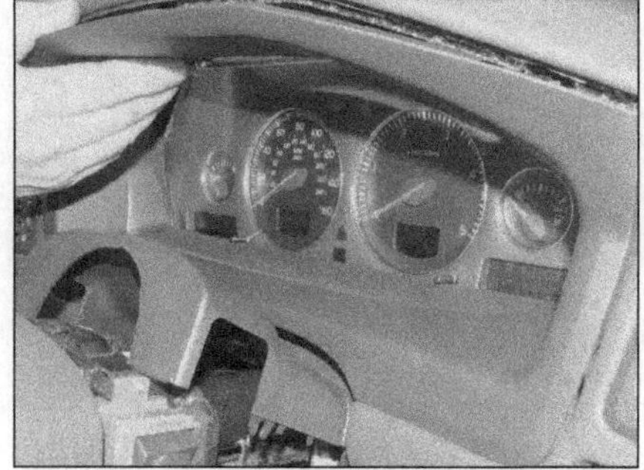

5.4 Dra bort instrumentbrädans infattning

5.5 Skruva loss de 4 skruvarna (markerad med pilar) och ta bort instrumentbrädan

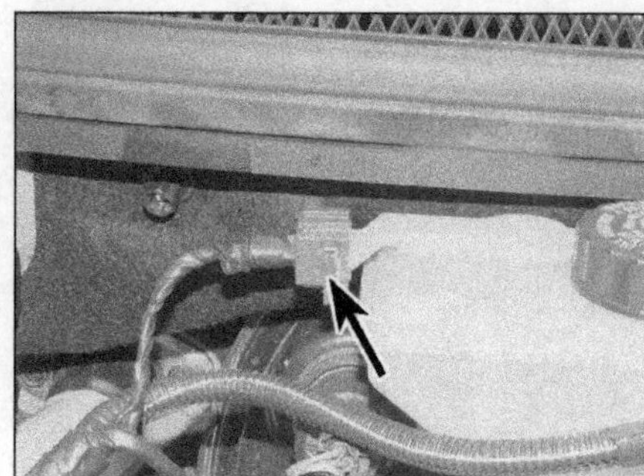

6.2 Broms-/kopplingsvätskans nivågivares anslutningskontakt

6.7 Kylvätskenivågivare (expansionskärl inverterat)

6 Lyft ut expansionskärlet ur fästet och dra ut det så långt som möjligt. Vänd det upp och ner utan att koppla loss några av slangarna.
7 Koppla loss kontaktdonen vid givaren i behållarens nederdel **(se bild)**.
8 Var noga med att inte spilla någon kylvätska. Dra ut givaren ur tätningsmuffen.
9 Montering sker i omvänd ordningsföljd. Fyll på expansionskärlet enligt beskrivningen i *Veckokontroller* om någon kylvätska spillts ut.

Oljetrycksgivare

10 Oljetrycksgivaren sitter placerad på motorblockets framsida, mellan mätstickan och startmotorn.
11 Vänta tills motorn kallnat. Klossa bakhjulen, lyft upp framvagnen och ställ den på pallbockar (se *Lyftning och stödpunkter*).
12 Skruva loss skruvarna och ta bort motorns undre skyddskåpa.
13 På dieselmodeller, lossa klämmorna och lossa slangen mellan laddluftröret och laddluftkylaren.
14 På alla modeller, lossa kontaktdonet från givaren **(se bild)**.
15 Skruva loss givaren och ta bort den från motorn.
16 Monteringen sker i omvänd ordningsföljd mot demonteringen, och dra åt givaren till angivet moment.

Spolarvätskans nivågivare

17 Ta bort spolarvätskebehållaren, enligt beskrivningen i avsnitt 14.
18 Bänd bort givarens gummimuff från behållaren och dra ut givaren. Koppla loss anslutningskontakten **(se bild)**.

6.14 Oljetryckgivaren (markerad med pil) sitter på motorblockets framsida

19 Monteringen sker i omvänd ordningsföljd mot demonteringen.

Bränslenivågivare

20 Se kapitel 4A eller 4B.

Temperaturgivare för kylvätska:

21 Se kapitel 3.

Yttertemperaturgivare

Upp till och inklusive årsmodell 2006

22 Temperaturgivaren sitter under dörrspegeln på förarsidan. Demontera speglet enligt beskrivningen i kapitel 11.
23 Bänd försiktigt loss givaren från spegelkåpan med en flatbladig skruvmejsel **(se bild)**.
24 Ta loss anslutningsstiftet från anslutningskontakten och ta bort givaren och kablaget från spegelhuset.

Från årsmodell 2007

25 Demontera spegelmotor och kåpa på förarsidan enligt beskrivningen i kapitel 11.
26 Lossa klämmorna och tryck bort givaren från spegelkåpan. Koppla från anslutningskontakten när givaren tas bort.
27 Monteringen sker i omvänd ordningsföljd mot demonteringen.

Luftkvalitetsgivare

28 Ta bort vindrutans torkararmar enligt beskrivningen i avsnitt 15.
29 Bänd upp stiften i mitten och bänd ut plastexpansionsnitarna och ta bort torpedplåtens klädselpanel framför vindrutan **(se bild 16.3 och 16.4)**.
30 Givaren sitter i luftintaget på vänster sida av torpedplåten.

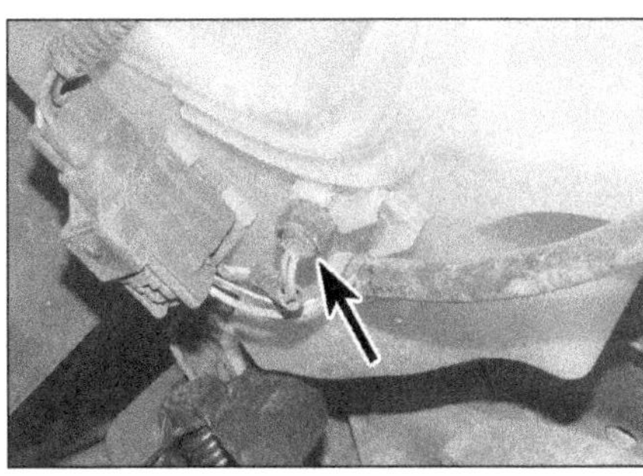
6.18 Nivågivaren (markerad med pil) sitter på spolarvätskebehållarens undersida

31 På bilar av årsmodell 2001, lossa fästklämman och ta bort givaren. Koppla från anslutningskontakten när givaren tas bort.
32 På årsmodell 2002 vrider du givaren 60° moturs och tar bort den **(se bild)**. Koppla från anslutningskontakten när givaren tas bort.
33 Monteringen sker i omvänd ordningsföljd mot demonteringen.

Förångarens temperaturgivare

34 Se kapitel 3.

Kopplingspedalens lägesgivare

35 Se kapitel 6.

Bromsoljans tryckgivare

36 Givaren sitter under huvudcylindern. Lägg trasor eller pappershanddukar under givaren för att samla upp den bromsolja som rinner ut.
37 Lossa givarens anslutningskontakt, använd sedan en 24 mm hylsnyckel, och skruva loss givaren. Koppla genast in porten i huvudcylindern för att begränsa vätskeläckaget.
38 Monteringen sker i omvänd ordningsföljd mot demonteringen, dra åt givaren till angivet moment, och lufta bromsarna (om det behövs) enligt beskrivningen i kapitel 9.

Girsensor/ sidoaccelerationssensor

39 Demontera förarsätet enligt beskrivningen i avsnitt 11.
40 Dra sidokarmsklädseln på förarsidan uppåt.
41 Vik in mattan under framåt en bit och lossa skruvarna som håller fast givaren på golvet **(se bild)**. Notera hur givaren sitter monterad och koppla sedan loss anslutningskontakterna när du tar bort givaren.

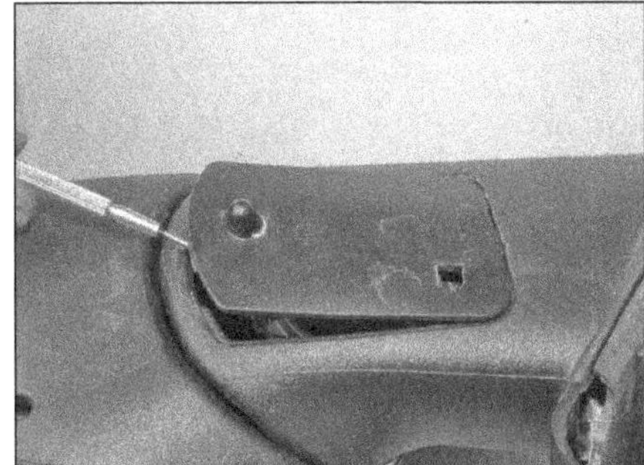
6.23 Bänd bort temperaturgivaren från spegelkåpan

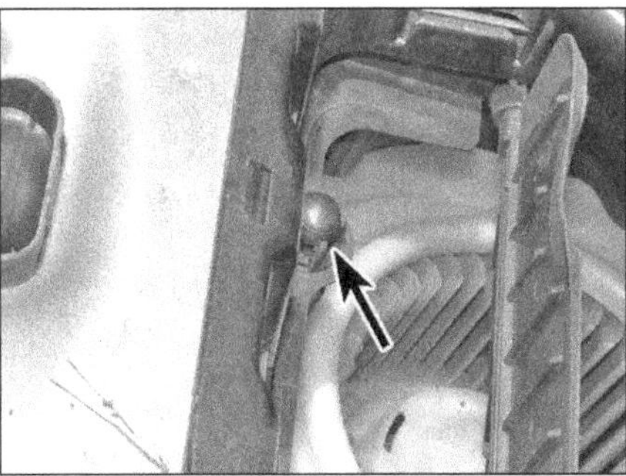
6.32 Luftkvalitetsgivare (markerad med pil)

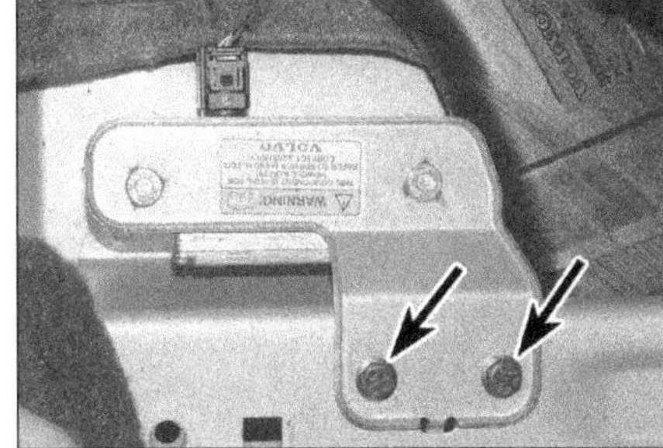

6.41 Skruva loss de 2 skruvarna (markerad med pilar) och ta bort girvinkel-/ sidoaccelerationsgivaren

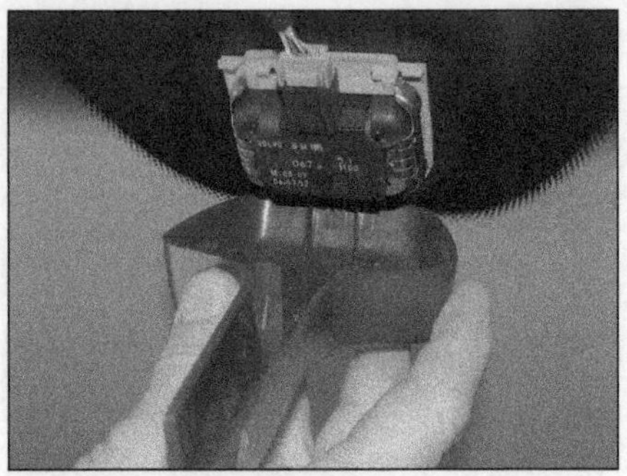

6.43 Bänd bort plastkåpan från givaren på vindrutan

42 Monteringen sker i omvänd ordningsföljd mot demonteringen. **Observera:** *Om du har monterat en ny givare måste den kalibreras med särskild testutrustning från Volvo. Arbetet bör överlåtas till en Volvo-återförsäljare eller lämpligt utrustad specialist.*

Regnsensor

43 Bänd försiktigt bort plastkåpan från givaren **(se bild)**.

44 Lossa anslutningskontakten, bänd sedan upp klämmorna och ta bort givaren **(se bild)**. **Observera:** *Rör inte sensorns framsida med bar hud eftersom det kan förorena ytan.*

45 Monteringen sker i omvänd ordningsföljd mot demonteringen.

7 Styrmodul – allmän information, demontering och montering

Allmän information

1 Det finns tre huvudstyrmoduler för karossens elsystem:

a) *Den centrala elektronikmodulen (CEM) styr strålkastare, dimstrålkastare, vindrutespolare, bromsljus, strålkastarspolare (om tillämpligt), centrallås, motorlåsningssystem, strålkastarräckviddsjustering, indikatorer, informationssystem för blinda vinkeln, kupélampor, elektriska bakfönster, bränslepump, startmotor, hastighetskänslig servostyrning, uppvärmda säten och signalhornet, men fungerar även som förbindelse mellan höghastighets- och låghastighetskommunikationsnätverken (databussarna). Den övervakar signalerna mellan bilens flesta givare, ställdon och styrmoduler. Eftersom CEM kommunicerar med alla andra moduler innehåller den bilens självdiagnossystem och sparar alla felkoder som genereras. CEM innehåller även specifik information för bilen: VIN, tillverkningsdetaljer och utrustningsalternativ. Det innebär att om CEM ska bytas måste den sparade informationen hämtas innan modulen tas bort och därefter programmeras in i den nya enheten när den har monterats.*

b) *Den över elektroniska styrmodulen (UEM) styr larmsirenen, takluckan, rörelsesensorn, regnsensorn, innerbelysningen i taket, solskyddets belysning, automatisk fällning av backspegeln, däcktrycksvarningssystemet, kompassen och säkerhetsbältets påminnelsesystem. UEM kommunicerar direkt med CEM via CAN-databussens informationsnätverk.*

c) *Den bakre elektroniska styrmodulen (REM) styr vissa funktioner i larmsystemet, centrallåset, strålkastarräckviddsstyrningen (endast xenonstrålkastare), bränslenivån, förvärmningen av dieselfiltret, de dimbakljusen, backljusen, högnivåbromsljusen, bakrutedefrostern, de elektriska nackstöden, bagagerumsbelysningen, de elektriska bakrutorna och parkeringsassistanssystemet (om tillämpligt). Rem kommunicerar direkt med CEM via CAN-databussens informationsnätverk.*

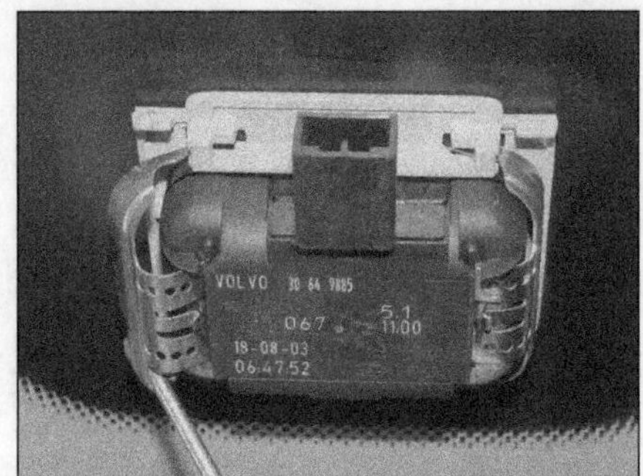

6.44 Bänd upp regnsensorklamrarna

Central elektronisk styrmodul

Observera: *Om CEM ska bytas måste sparad information hämtas och programmeras in i den nya CEM:en. Eftersom detta kräver att man använder särskild Volvo-testutrustning överlåter du detta åt en Volvo-verkstad eller en lämpligt utrustad specialist.*

2 Koppla loss och ta bort batteriets jordledning enligt beskrivningen i kapitel 5A.

Upp till och inklusive årsmodell 2004

3 Skruva loss de två skruvarna och ta bort instrumentbrädans nedre klädselpanelen ovanför förarpedalerna.

4 Bänd upp fästbygeln, vrid CEM:s bas bakåt och dra den nedåt från instrumentbrädan **(se bild)**.

5 Skruva loss skruvan och lossa CEM anslutningskontakten Var försiktig så att du inte skadar något av anslutningsstiften.

6 Notera hur reläerna på CEM-enheten sitter monterade och dra sedan ut dem.

7 Lossa spärren på dosans baksida och dra ut CEM.

Från årsmodell 2005

8 Ta bort vindrutetorkarnas länksystem/motor enligt beskrivningen i avsnitt 16.

9 Arbeta i den högra sidan av torkarmotorns urholkning, lossa de 5 spärrarna, ta bort kåpan/skuminsatsen och notera sedan deras monteringslägen, skruva loss skruvarna/lossa spärrarna och koppla från anslutningskontakterna från CEM **(se bilder)**.

10 Skruva loss de två skruvarna och ta bort instrumentbrädans klädselpanel ovanför förarpedalerna.

11 Notera hur anslutningskontakterna sitter monterade och koppla loss dem från CEM. Använd en skruvmejsel för att sprida fästena och för undan CEM under fästet **(se bild 7.4)**.

12 Notera hur de sitter och ta bort säkringarna från CEM.

Alla modeller

13 Monteringen utförs i omvänd ordningsföljd mot demonteringen och var försiktig så att du inte skadar de ömtåliga stiften i styrmodulens kontaktdon.

Övre elektroniska styrmodul

14 Den övre elektroniska styrmodulen är inbyggd i innerspegeln och dessa måste bytas ut som en komplett enhet. Se kapitel 11.

7.4 Dra isär fästbygeln och vrid CEM:s bas bakåt

7.9a Lossa spärrarna och ta bort kåpan . . .

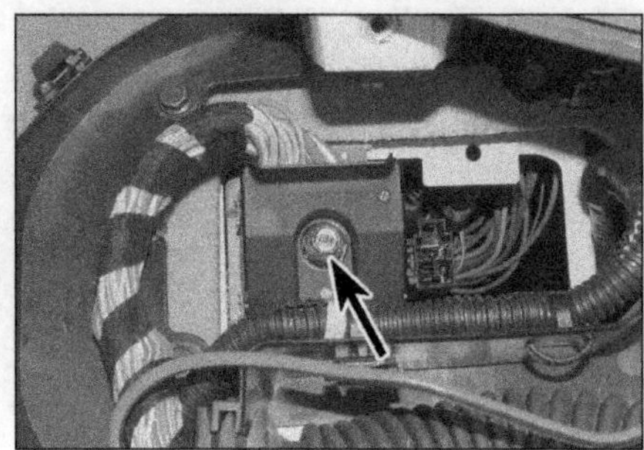

7.9b . . . skruva sedan loss skruvan (markerad med pil) och lossa anslutningskontakterna

Bakre elektroniska styrmodul

15 Se till att tändningen är avslagen, ta sedan bort vänster sidopanel från bagageutrymmet (se kapitel 11).

16 Bänd upp fästklämman och för undan den integrerade relä-/säkringsdosan från läge **(se bild)**.

17 Skruva loss skruven och koppla från REM:s anslutningskontakt **(se bild)**. Var försiktig så att du inte skadar något av anslutningsstiften.

18 Notera hur reläerna på REM-enheten sitter monterade och dra sedan ut dem.

19 Lossa spärren på dosans baksida och dra ut REM.

20 Monteringen utförs i omvänd ordningsföljd mot demonteringen och var försiktig så att du inte skadar de ömtåliga stiften i styrmodulens kontaktdon.

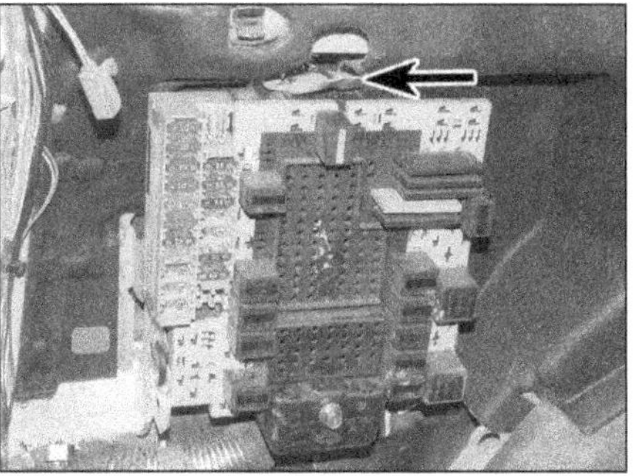

7.16 Bänd upp fästklämman (markerad med pil)

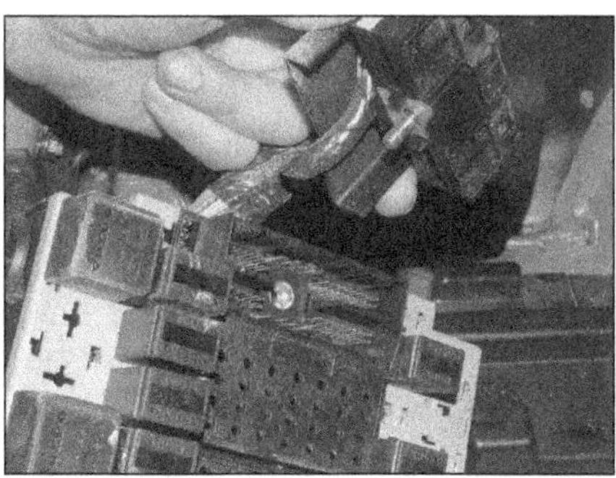

7.17 Skruva loss skruvan och lossa anslutningskontakten

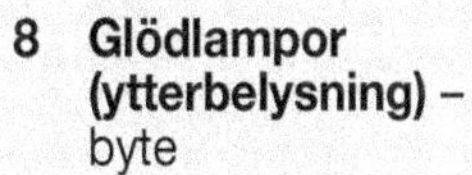

8 Glödlampor (ytterbelysning) – byte

Allmänt

1 Tänk på följande när en glödlampa byts ut:

a) *Kom ihåg att lampan kan vara mycket varm om lyset nyss varit på.*

b) *Kontrollera alltid lampans sockel och kontaktytor. Se till att kontaktytorna mellan lampan och ledaren och lampan och jorden är rena. Avlägsna all korrosion och smuts innan en ny lampa sätts i.*

c) *Om lampor med bajonettfattning används, se till att kontakterna har god kontakt med glödlampan.*

d) *Se alltid till att den nya lampan har rätt specifikationer och att den är helt ren innan den monteras. detta gäller särskilt strålkastaren/dimljuslamporna (se nedan).*

e) *Använd en näsduk eller en ren trasa vid hantering av kvartshalogenglödlampor (strålkastare och liknande enheter; rör inte glödlampans glas med fingrarna. Även mycket små mängder fett från fingrarna leder till mörka fläckar och orsakar att lampan går sönder i förtid. Om en glödlampa vidrörs av misstag kan den rengöras med T-sprit och en ren trasa.*

Halogenhelljus

H9 glödlampor

2 Öppna motorhuven. Skala bort det inre gummilocket **(se bild)**.

3 Tryck in glödlampan, vrid den moturs och dra bort den **(se bilder)**. Notera hur glödlamporna sitter fast i reflektorerna.

4 Lyft av klämman och dra bort anslutningskontakten från lamphållaren **(se bild)**.

5 Rör inte vid glaset när den nya glödlampan monteras (punkt 1). Se till att tapparna på glödlampans fläns fäster i hållarens urtag.

6 Monteringen sker i omvänd ordning.

HB3 glödlampor

7 Öppna motorhuven. Vrid den inre plastkåpan på armaturens baksida moturs och lyft bort den **(se bild)**.

8 Lossa anslutningskontakten, vrid sedan lamphållaren moturs och ta bort den från strålkastaren **(se bild)**.

9 Glödlamporna är i ett stycke med sina hållare.

10 Rör inte vid glaset när den nya glödlampan monteras (punkt 1).

8.2 Vik undan det inre gummilocket

8.3a Tryck in glödlampan (markerad med pil), och vrid den moturs . . .

8.3b . . . och dra bort den

8.4 Lyft klämman och lossa anslutningskontakten

8.7 Vrid den inre kåpan moturs (markerad med pil)

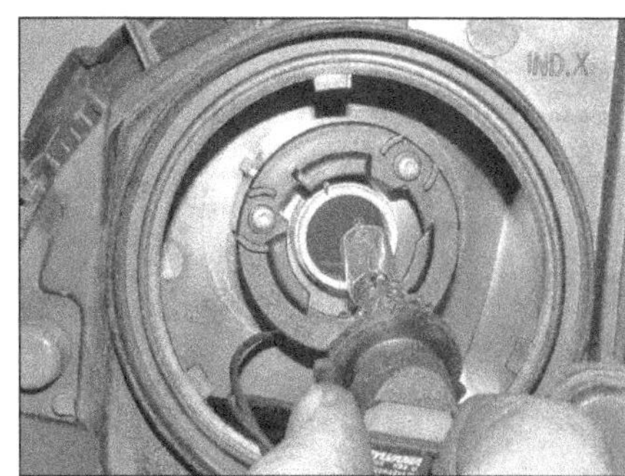

8.8 Vrid lamphållaren moturs och ta bort den

8.11 Skala bort det yttre gummilocket

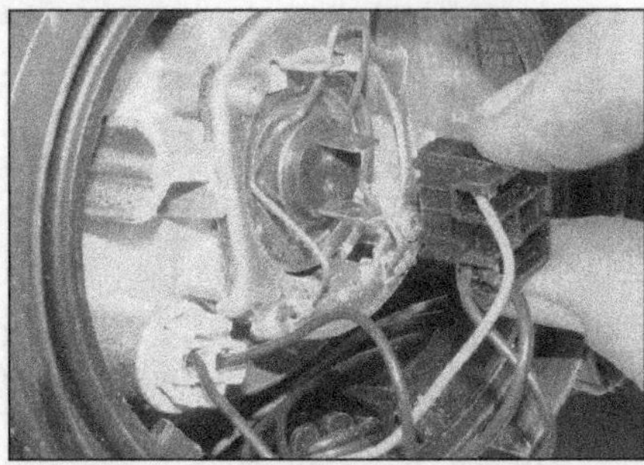

8.12a Dra bort anslutningskontakten från glödlampan . . .

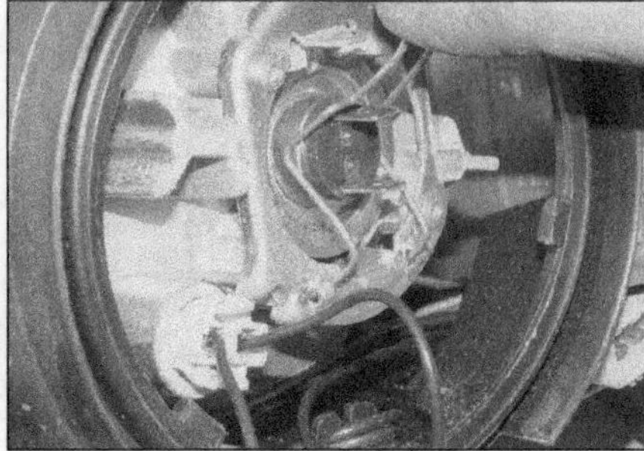

8.12b . . . lossa kabelklammern . . .

8.12c . . . och ta bort glödlampan

8.15a Skruva loss de 6 bultarna (markerade med pilar) och ta bort tändar/ ballastenheten. . .

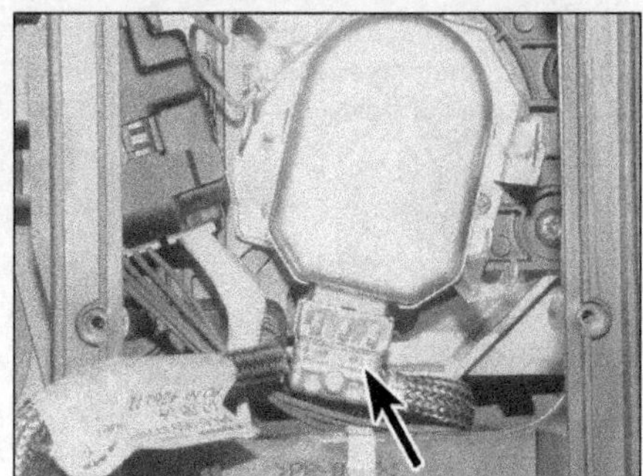

8.15b . . . lossa sedan lamphållarens anslutningskontakt (markerad med pil)

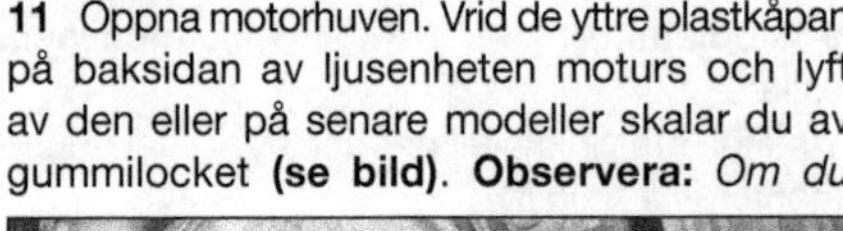

Halogenhalvljus

11 Öppna motorhuven. Vrid de yttre plastkåpan på baksidan av ljusenheten moturs och lyft av den eller på senare modeller skalar du av gummilocket **(se bild)**. **Observera:** *Om du ska byta den vänstra glödlampan och behöver mer utrymme drar du upp luftfilterhuset från gummifästena och flyttar det en aning bakåt.*

12 Lossa anslutningskontakten från glödlampan, lossa sedan klämman genom att trycka den inåt, och ta bort glödlampan **(se bild)**. Notera hur glödlampan sitter fast i reflektorn – den passar bara i ett läge.

13 Monteringen sker i omvänd ordningsföljd mot demonteringen.

Xenon strålkastare

Glödlampor

Varning: Xenonglödlampor är trycksatta med cirka 10 bar. Glödlamporna måste hanteras försiktigt eftersom de kan explodera. Använd alltid handskar och skyddsglasögon när du hanterar xenonglödlampor.

14 På grund av den höga spänning (ungefär 22 000 volt) som krävs av xenongasurladdningslamporna batteriets minusledare (se kapitel 5A) och slår på hel- och halvljuset omväxlande för att ladda ur eventuell kvarvarande ström – låt glödlamporna svalna innan du fortsätter.

15 Öppna motorhuven. Vrid den yttre plastkåpan moturs och ta bort den. Om det behövs mer utrymme för att komma åt kan strålkastaren enligt beskrivningen i avsnitt 10. Ta bort kontaktdonet från lamphållaren **(se bild)**.

16 Lossa fjäderklämman, vrid sedan lamphållaren moturs och ta bort den från strålkastaren **(se bild)**.

17 Notera hur lamporna sitter i hållaren och tryck sedan försiktigt in lampan, vrid den moturs och ta loss den från hållaren **(se bild)**. Rör inte glödlampans glas.

18 Tryck i den nya glödlampan i hållaren och vrid den medurs till det visade läget **(se bild)**.

19 Sätt i glödlampan och hållaren i reflektorns bakdel och se till att spåren på glödlampans fläns passar in med tapparna i reflektorn **(se bild)**.

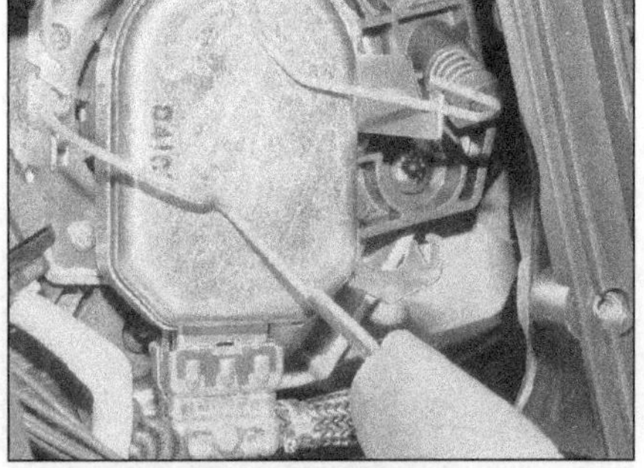

8.16 Lossa lamphållarens fasthållningsklämma

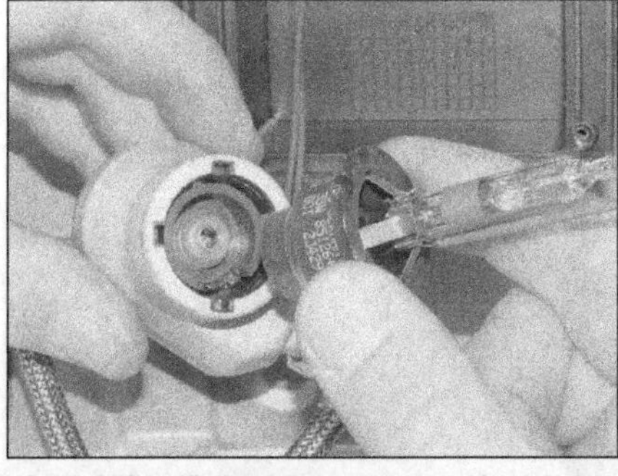

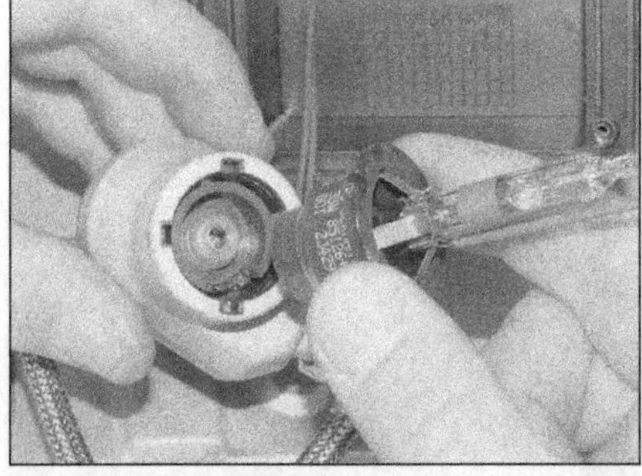

8.17 Vrid glödlampan moturs och ta bort den från hållaren

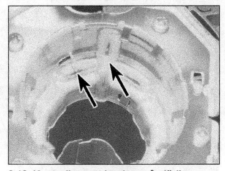

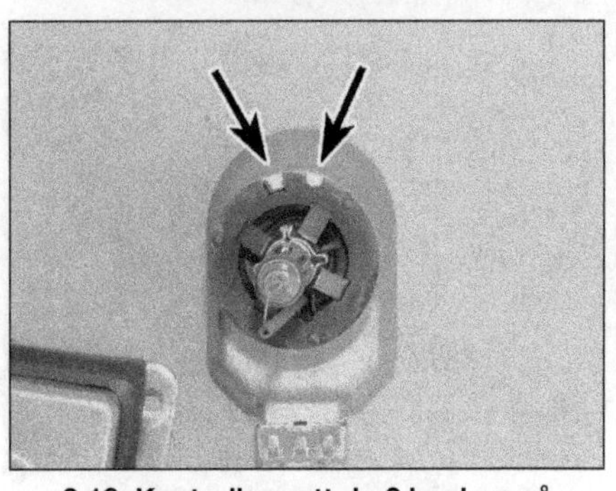

8.18 Kontrollera att de 2 hacken på glödlampans fläns är placerade enligt bilden

8.19 Kontrollera att hacken på glödlampans fläns är inpassade efter tapparna (markerade med pilar) i reflektorn

8.27 Dra sidoljusets lamphållare från reflektorn

20 Vrid lamphållaren medurs tills den låses och fäst den med fästklämmorna.
21 Montera tillbaka kåpan.

Ballast/tändare

22 På grund av den höga spänning (ungefär 22 000 volt) som krävs av xenongasurladdningslamporna batteriets minusledare (se kapitel 5A) och slår på hel- och halvljuset omväxlande för att ladda ur eventuell kvarvarande ström – låt glödlamporna svalna innan du fortsätter.
23 Ta bort den relevanta strålkastaren enligt beskrivningen i avsnitt 10.
24 Skruva loss torxbultarna som håller fast ballasten/tändaren, koppla från anslutningskontakten och ta bort den **(se bild 8.15a)**.
25 Monteringen sker i omvänd ordningsföljd.

Parkeringsljus

Halogen strålkastare

26 Öppna motorhuven. Vrid halvljusets plastkåpa bakpå ljusenheten moturs och ta bort den eller på nyare modeller skalar du bort gummilocket. **Observera:** *Om du ska byta den vänstra glödlampan och behöver mer utrymme drar du upp luftfilterhuset från gummifästena och flyttar det en aning bakåt.*
27 Dra loss lamphållaren (sitter bredvid halvljusets glödlampa) från strålkastarens baksida – anslutningskontakten behöver inte kopplas loss **(se bild)**.

Xenon-strålkastare

28 Bänd bort plastkåpan på strålkastarens baksida **(se bild)**. **Observera:** *Om du ska byta den vänstra glödlampan lossar du klämmorna och tar bort luftfilterkåpan för att underlätta åtkomsten (se kapitel 4A eller 4B).*
29 Använd en tunn tång, tryck ner fästhakarna och dra bort lamphållaren.

Alla strålkastare

30 Dra ut glödlampan med kilformad nederdel ur hållaren **(se bild)**.
31 Monteringen sker i omvänd ordningsföljd mot demonteringen.

Främre dimljus

32 Man kommer åt glödlampan till dimljuset bakifrån armaturen. Hissa upp framvagnen för att förbättra åtkomligheten om så önskas.
33 Lamphållaren har två flikar för att det ska gå lättare att vrida den. Vrid lamphållaren moturs för att lossa den från armaturens baksida **(se bild)**.
34 Ta bort glödlampan från lamphållaren **(se bild)**.
35 Monteringen sker i omvänd ordningsföljd mot demonteringen.

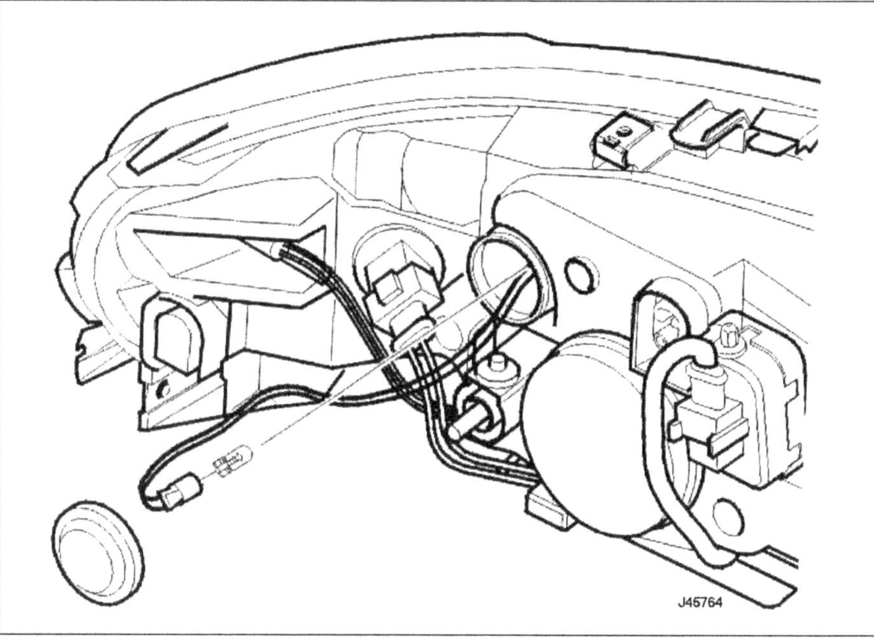

8.28 Ta bort plastkåpan och dra lamphållaren från reflektorn (xenonstrålkastare)

Främre körriktningsvisare

36 Om du byter den högra indikatorlampan, skruvar loss skruven och dra bort spolarvätskebehållarens påfyllningsrör från behållaren **(se bild)**. **Observera:** *Om du ska byta den vänstra glödlampan och behöver mer utrymme drar du upp luftfilterhuset från*

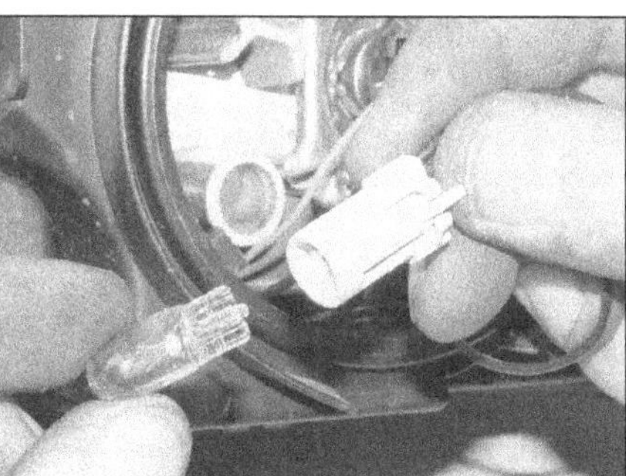

8.30 Dra bort sidoljusets insticksglödlampa från hållaren

8.33 Vrid dimljusets lamphållare moturs och ta bort den

8.34 Dra bort dimstrålkastarens glödlampa från hållaren

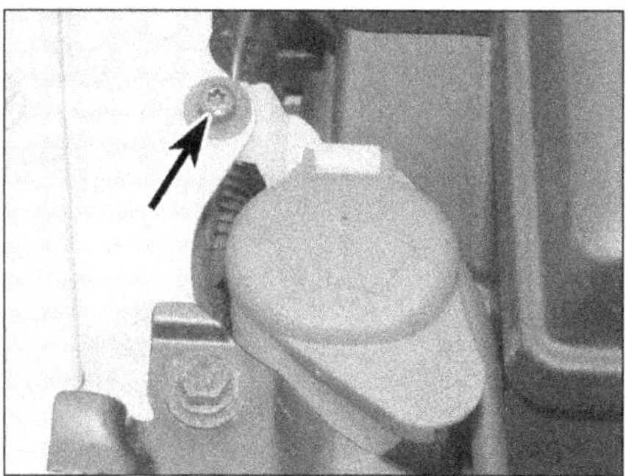

8.36 Skruva loss skruven (markerad med pil) och dra bort behållarens påfyllningsrör från läge

8.37 Vrid lamphållaren moturs

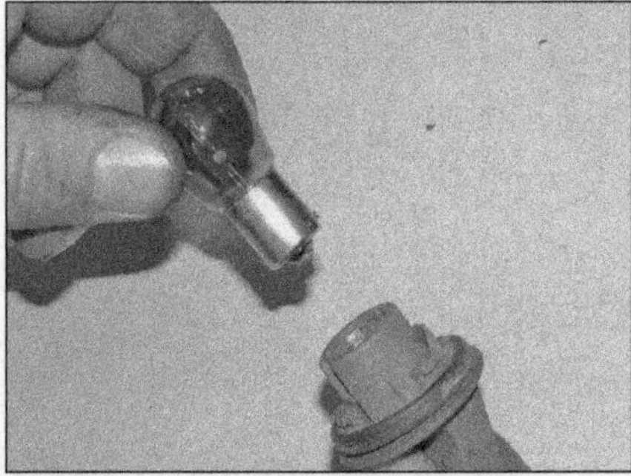

8.38 Tryck och vrid glödlampan moturs för att ta bort den

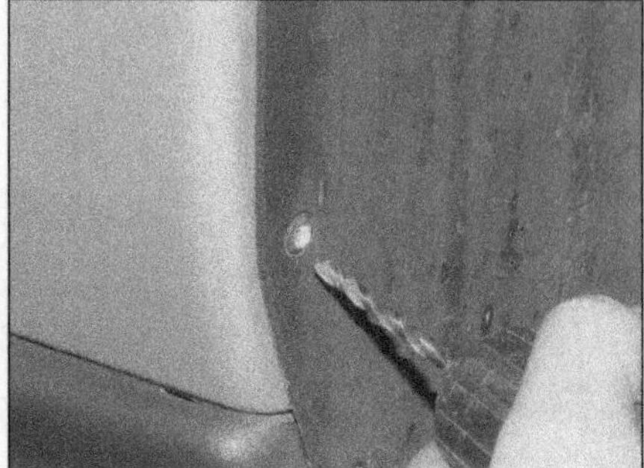

8.40a Borra ur de 4 nitarna som håller fast hjulhusbussning på skärmen...

8.40b ... sträck dig sedan bakåt och tryck ihop fästklämmorna (markerade med pilar) för att ta bort sidoköriktningsvisaren

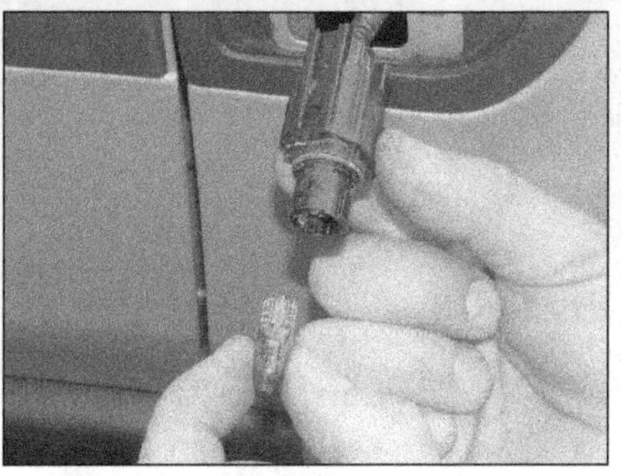

8.42 Dra bort sidokörriktningsvisarens insticksglödlampa från hållaren

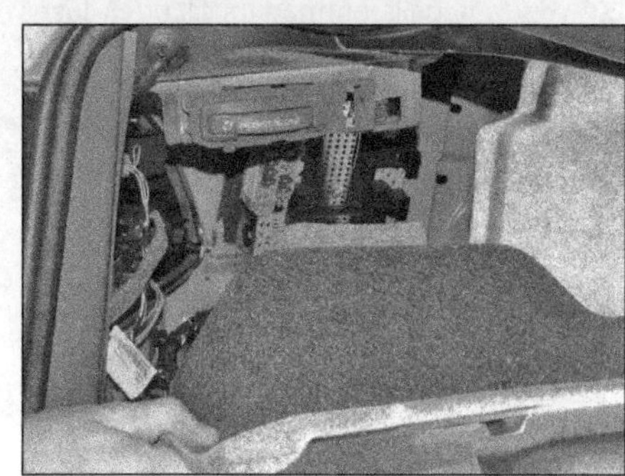

8.44 Ta bort åtkomstpanelen bakom bakljus

gummifästena och flyttar det en aning bakåt.

37 Oavsett sida vrider du glödlampshållaren medurs och tar bort den från strålkastarenhetens bakdel **(se bild)**.

38 Tryck in och vrid glödlampan moturs för att ta bort den från lamphållaren **(se bild)**.

39 Montering sker i omvänd arbetsordning.

Körriktningsvisarens sidoblinkers

40 Volvo påstår att man kan öppna den aktuella framdörren halvvägs och sträcka sig bakom skärmen och trycka på blinkerslampan från skärmen. Vi har dock upptäckt att det är omöjligt med vuxna händer (och farligt – försök inte detta när det blåser). Vi har därför varit tvungna att borra ur de 4 nitarna som håller fast den nedre delen av hjulhusbussningen, sträcka oss bakom fodret/skärmen för att trycka ihop klämmorna och trycka bort blinkersljuset från skärmen **(se bilder)**.

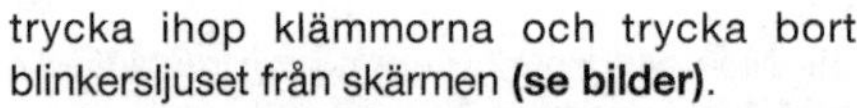

41 Vrid lamphållaren ett kvarts varv moturs för att lossa den från armaturen. Dra sedan bort hållaren.

42 Dra bort glödlampan från hållaren och tryck fast den nya **(se bild)**.

43 Monteringen sker i omvänd ordningsföljd mot demonteringen.

Bakljus

44 Inifrån bagagerummet vrider du spärren moturs till lodrätt läge och viker ner åtkomstpanelen bakom bakljusenheten **(se bild)**.

45 trycka ihop fästklämmorna och ta bort lamphållaren från ljusenhetens baksida **(se bild)**.

46 Tryck ner och vrid lampan moturs för att ta loss den från lamphållaren.

47 Montering sker i omvänd ordningsföljd.

Högt bromsljus

48 Det höga bromsljuset innehållare inte konventionella glödlampor utan snarare en rad ljusdioder. Om högnivåbromsljuset slutar fungera kan man behöva byta hela ljusenheten – se avsnitt 10. Innan du beslutar att det är nödvändigt bör du kontrollera säkringen och alla kablar med informationen i avsnitt 2 och kopplingsschemana i slutet av det här kapitlet.

Registreringsskyltsbelysning

49 Skruva loss torxbulten som håller fast den aktuella ljusenheten på bakluckan **(se bild)**.

50 Bänd försiktigt ut ljusenheten **(se bild)**.

51 Vrid lamphållaren moturs och dra ut den ur armaturen.

52 Dra ut insticksglödlampan ur hållaren.

53 Monteringen sker i omvänd ordningsföljd mot demonteringen.

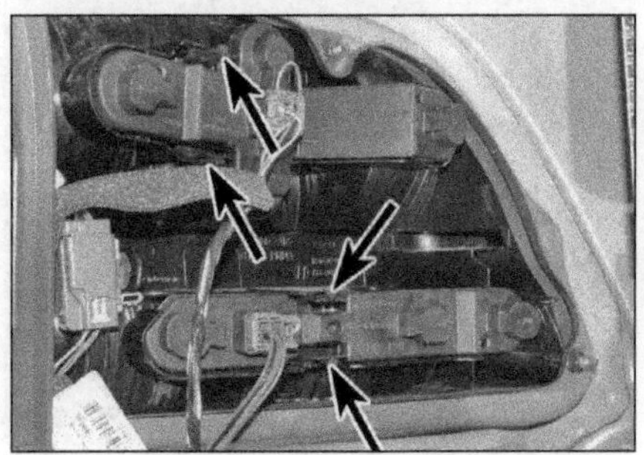

8.45 Tryck ihop klämmorna (markerade med pilar) och dra lamphållaren från den bakre ljusenheten

8.49 Skruva loss nummerplåtsbelysningens fästbult...

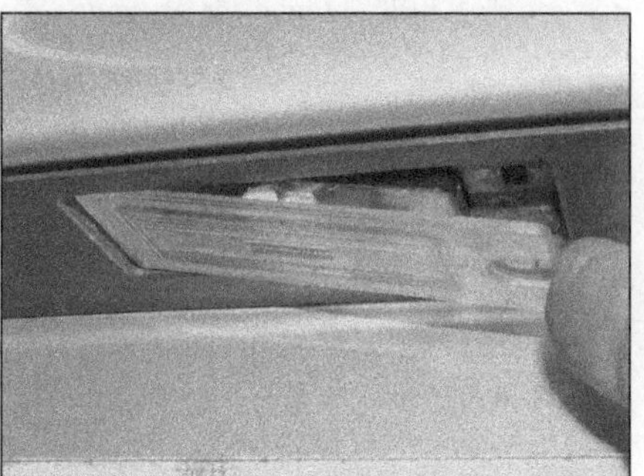

8.50 ... och ta bort armaturen från bakluckan

8.54a Sätt i en liten skruvmejsel för att lossa klämman . . .

8.54b . . . och dra ljusenheten från dörrspegelns undersida

8.58 Vrid lamphållaren moturs (vänster ljus) eller medurs (höger ljus)

Dörrspegel jord glödlampa

54 Vinkla spegelglaset uppåt och utåt och använd en skruvmejsel, lossa fästklämman och dra ljusenheten från spegeln **(se bilder)**.
55 Vrid lamphållaren från ljusenheten, och dra ut glödlampan.
56 Monteringen sker i omvänd ordningsföljd mot demonteringen.

Sidokörriktningsvisare:

57 Ta bort den främre indikatorlamphållaren enligt beskrivningen i det här avsnittet för att komma åt sidomarkörlamphållaren.
58 Vrid lamphållaren moturs (vänster sida) eller medurs (vänster sida) och dra den från strålkastaren **(se bild)**.
59 Dra loss glödlampan från lamphållaren.
60 Monteringen sker i omvänd ordningsföljd mot demonteringen.

9 Glödlampor (innerbelysning) – byte

Allmänt

1 Tänk på följande när en glödlampa byts ut:
a) Kom ihåg att lampan kan vara mycket varm om lyset nyss varit på.
b) Kontrollera alltid lampans sockel och kontaktytor. Se till att kontaktytorna mellan lampan och ledaren och lampan och jorden är rena. Avlägsna all korrosion och smuts innan en ny lampa sätts i.
c) Om lampor med bajonettfattning används, se till att kontakterna har god kontakt med glödlampan.
d) Se alltid till att den nya lampan har rätt specifikationer och att den är helt ren innan den monteras.

2 Vissa av brytarnas belysningsglödlampor är inbyggda i sina brytare och kan inte bytas separat.

Sminkspegelsbelysning

3 Bänd försiktigt bort spegelenheten från solskyddet **(se bild)**.
4 Bänd loss glödlampan med slingfäste från lamphållarens kontakter **(se bild)**.
5 Montera tillbaka i omvänd ordningsföljd mot demonteringen. Sätt i den övre kanten av spegelenheten först.

Bakre kupélampor/läslampor

6 Bänd försiktigt loss lampglassen från dess plats med en tunnbladig skruvmejsel **(se bild)**.
7 Tryck ner fästklämmorna och dra ner ljusenhetens framkant **(se bild)**.
8 Koppla loss lamphållarens kontaktdon, ta bort reflektorn och dra glödlampan med slingfäste från hållaren **(se bild)**.
9 Montering sker i omvänd ordningsföljd.

Främre kupélampor/läslampor

10 Bänd försiktigt bort linsarna från givaren **(se bild)**.
11 Fäll ner kåpan bakom innerspegeln, tryck klämmorna utåt och ta bort linsen/kåpenheten**(se bild)**.
12 Ta bort glödlampan från lamphållaren.
13 Monteringen sker i omvänd ordningsföljd mot demonteringen.

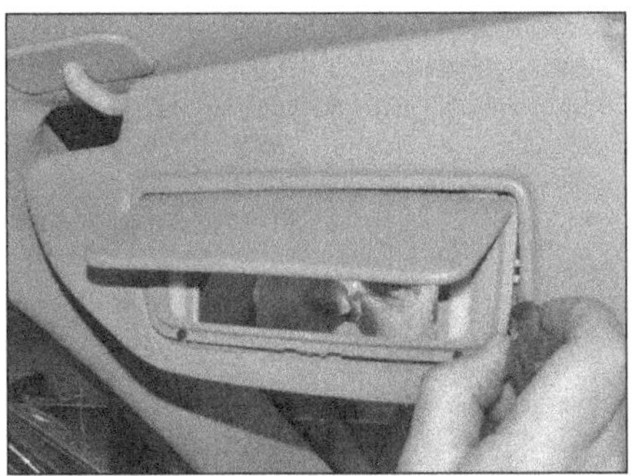
9.3 Bänd loss spegelenheten från solskyddet. . .

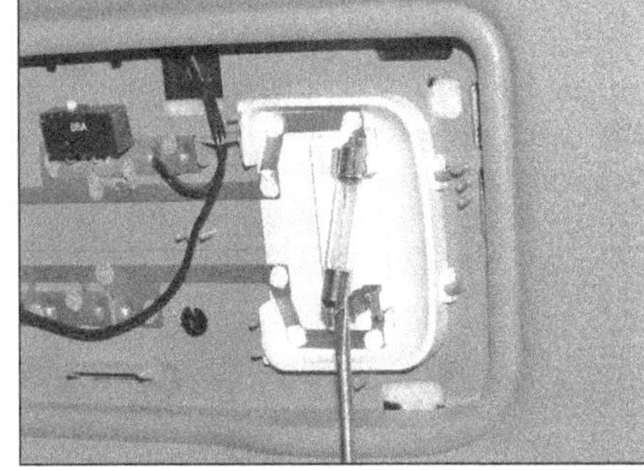
9.4 . . . och ta bort glödlampan med glidfäste

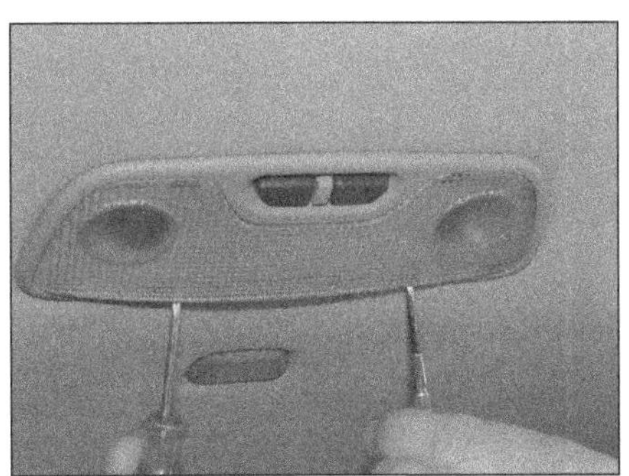
9.6 Bänd loss den bakre kupélampans/läslampans lins från läge

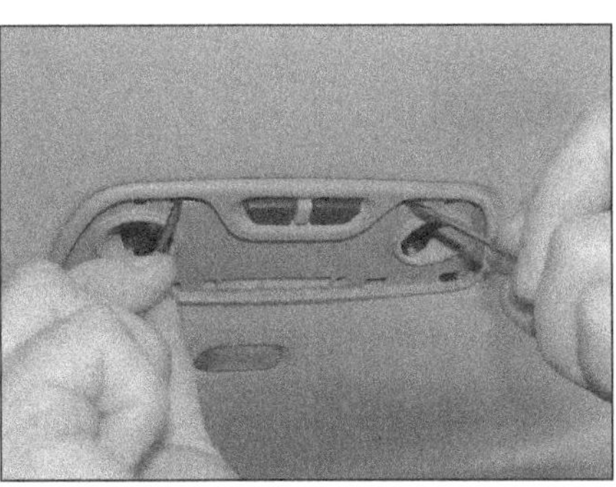
9.7 Tryck ner klämmorna och dra ner ljusenhetens framkant

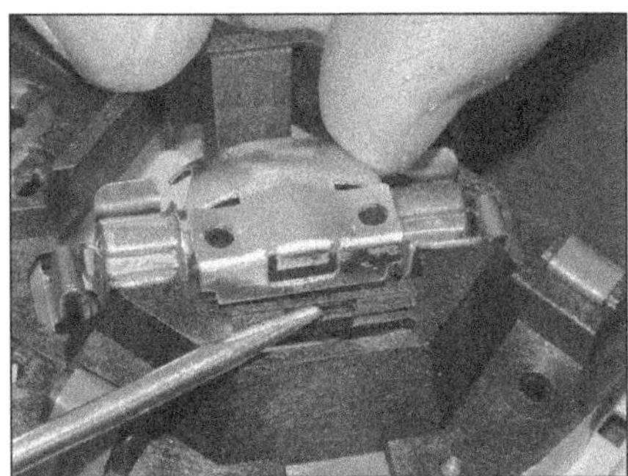
9.8 Ta bort reflektorn

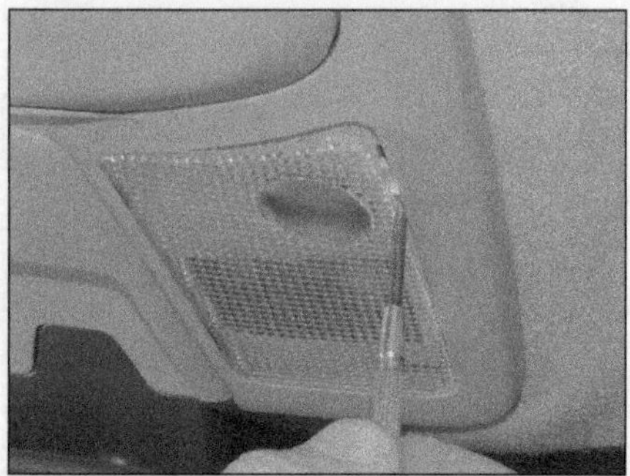
9.10 Bänd loss den främre kupélampans/ läslampans lins från läge

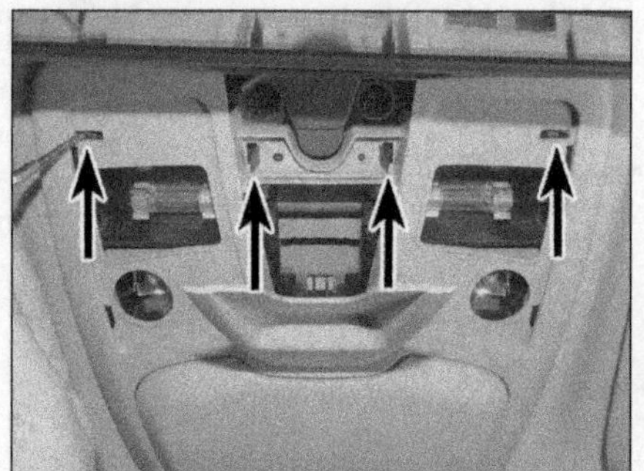
9.11 Lossa klämmorna (markerad med pilar) och ta bort kåpan

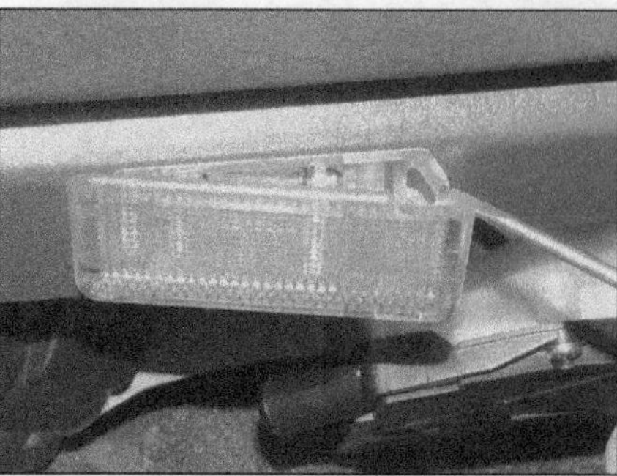
9.14 Bänd loss linsens högra ände från handskfackets öppning

9.18 Värmereglagepanelens glödlampa är inbyggd i hållaren

9.26 Ljuskontaktens belysning är inbyggd i hållaren

9.32 Bänd försiktigt bort bagagerumsbelysningsenheten

Handskfacksbelysning

14 Bänd försiktigt bort ljusenheten från instrumentbrädans undersida **(se bild)**.

15 Dra åt glödlampa med slingfäste från kontakterna.

16 Monteringen sker i omvänd ordningsföljd mot demonteringen.

Värmereglage/brytarpanel glödlampor

17 Demontera värmereglagepanelen enligt beskrivningen i kapitel 3.

18 Vrid den relevanta lamphållaren moturs och ta bort den från baksidan av panelen **(se bild)**. Glödlamporna är i ett stycke med sina hållare.

19 Observera att glödlamporna för den nedre raden av brytare inte kan bytas.

20 Monteringen sker i omvänd ordningsföljd mot demonteringen.

Glödlampa till dörrkantens belysning

21 Bänd bort lyktglasets nederkant (om en sådan finns) från dörren.

22 Dra bort armaturen från dörren. Vrid linsen från lamphållaren och dra ut glödlampan med kilformad nederdel.

23 Monteringen sker i omvänd ordningsföljd mot demonteringen.

Glödlampa till automatväxellådans växelspakspanelbelysning

24 Väljarpanelen lyses upp av lysdioder. Om de är defekta måste hele panelen bytas.

Belysningsbrytarens glödlampor

25 Ta bort brytaren enligt beskrivningen i avsnitt 4.

26 Vrid lamphållaren moturs och dra ut den från baksidan av strålkastarinsatsen **(se bild)**.

27 Montering sker i omvänd ordningsföljd.

Instrumentbrädans glödlampor:

28 Det går bara att byta lamporna på bilar som tillverkats till och med årsmodell 2003. Efter detta datum lyses panelen upp av lysdioder som inte kan bytas separat från instrumentbrädan.

29 Ta bort instrumentbrädan helt enligt beskrivningen i avsnitt 5.

30 Vrid lamphållaren moturs och lossa den från baksidan av panelen. Dra loss glödlampan från hållaren.

31 Monteringen sker i omvänd ordningsföljd mot demonteringen.

Bagageutrymmesbelysningens glödlampa

32 Bänd försiktigt bort lysenheten **(se bild)**.

33 Ta bort glödlampan från hållaren.

34 Monteringen sker i omvänd ordningsföljd mot demonteringen.

Fotbrunnsbelysning

35 Var noga med att inte skada instrumentbrädans dekor. Bänd ner armaturens överkant. Koppla sedan loss anslutningskontakten och ta bort den.

36 Dra bort glidfästesglödlampan från kontakterna **(se bild)**.

37 Montering sker i omvänd ordning.

Tändningslåsbelysning

38 Skruva loss de tre bultarna som håller fast det nedre rattstångshöljet och lossa det från det övre höljet.

39 Lossa transponderns anslutningskontakt, tryck ner klämman och ta bort transpondern från tändningsbrytaren **(se bild 4.8)**.

40 Vrid lamphållaren moturs, och dra ut den ur transpondern. Glödlampan sitter ihop med hållaren **(se bild)**.

41 Monteringen sker i omvänd ordningsföljd mot demonteringen.

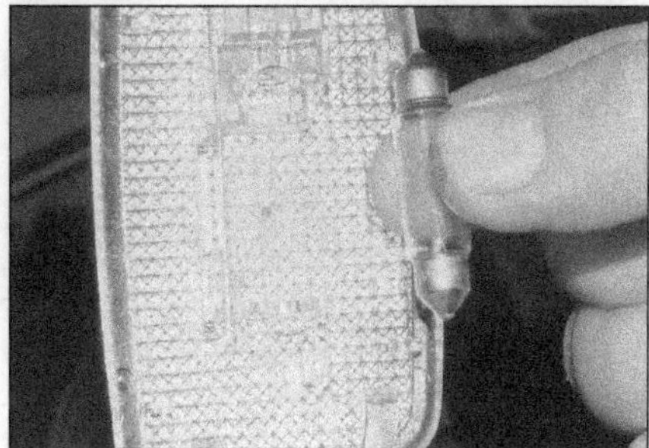
9.36 Dra bort glödlampan med glidfäste

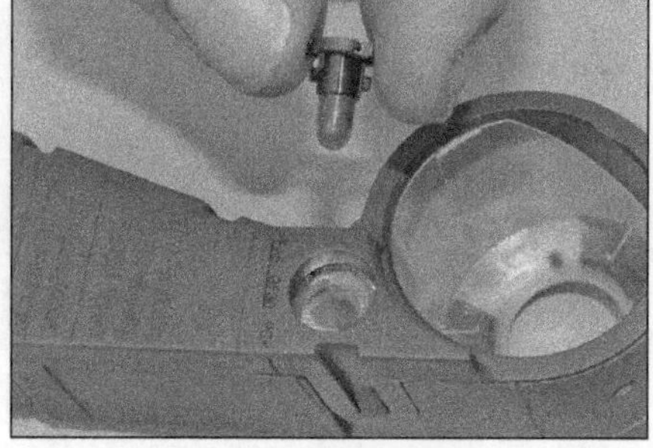
9.40 Vrid lamphållaren moturs, och dra ut den ur transpondern

10.2 Skruva loss styrskruvarna på stötfångarsidan (markerade med pilar)

10.3a Skruva loss skruven på strålkastarens yttersida. . .

10.3b . . . och de resterande strålkastarskruvarna (markerad med pilar)

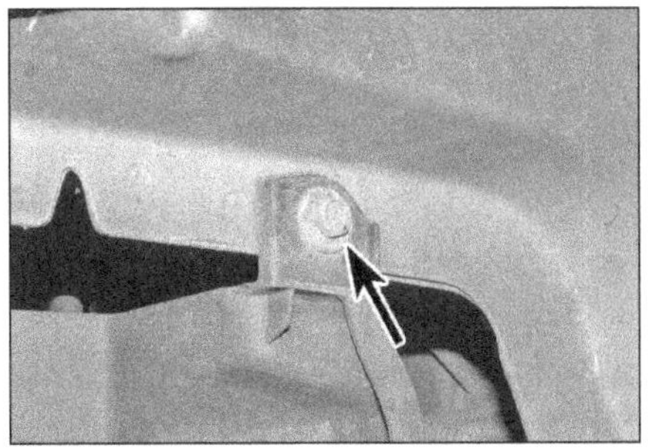
10.7a Den nedre luftklaffen hålls på plats med en bult på varje sida (markerade med pil – sett genom hjulhuset) . . .

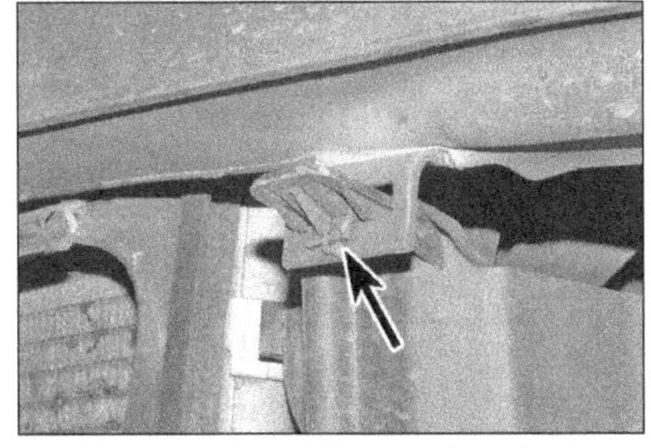
10.7b . . . och en klämma på varje sida fram (markerade med pil – visas med borttagen stötfångare av tydlighetsskäl)

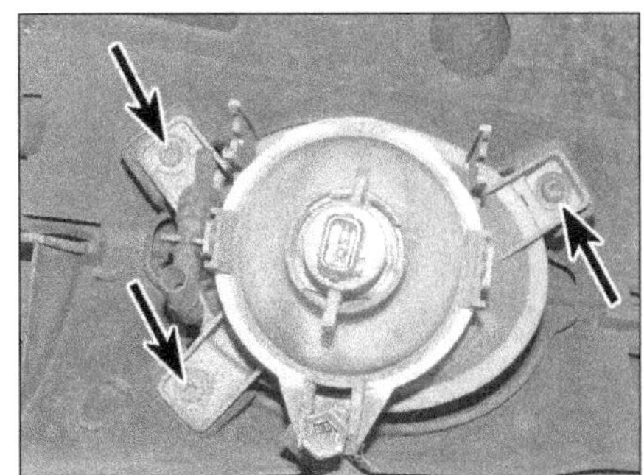
10.8 Skruva loss de 3 bultar (markerad med pilar) och ta bort dimstrålkastaren

10 Yttre armaturer – demontering och montering

Varning: Se till att tändningen är avstängd innan arbetet inleds.

Strålkastare

1 Demontera den främre stötfångaren enligt beskrivningen i kapitel 11.

2 Markera monteringslägena för styrningarna på stötfångarsidan och skruva loss skruvarna **(se bild)**. Dra styrningen utåt en bit för att komma åt den bakre strålkastarfästskruven.

3 Ta bort de 4 strålkastarfästskruvarna **(se bild)**.

4 Koppla loss anslutningskontakten när strålkastaren är demonterad.

5 Montera tillbaka i omvänd ordningsföljd mot demonteringen. Avsluta med att låta kontrollera strålkastarinställningen (se avsnitt 11).

Främre dimljus

6 Klossa bakhjulen och dra åt handbromsen, och hissa sedan upp framvagnen och stöd den på pallbockar.

7 Skruva loss bultarna/lossa klämmorna och ta bort luftspjällenheten bakom den främre stötfångaren **(se bilder)**.

8 Lossa dimstrålkastarens anslutningskontakten, skruva loss de tre torxbultarna och ta bort dimstrålkastaren **(se bild)**.

9 Montering sker i omvänd ordningsföljd.

Körriktningsvisarens sidoblinkers

10 Volvo påstår att man kan öppna den aktuella framdörren halvvägs och sträcka sig bakom skärmen och trycka på blinkerslampan från skärmen. Vi har dock upptäckt att det är omöjligt med vuxna händer (och farligt – försök inte detta när det blåser). Vi har därför varit tvungna att borra ur de 4 nitarna som håller fast den nedre delen av hjulhusbussningen, sträcka oss bakom fodret/skärmen för att trycka ihop klämmorna och trycka bort blinkersljuset från skärmen **(se bilder 8.40a och 8.40b)**.

11 Lossa lamphållarens anslutningskontakt.

12 Monteringen sker i omvänd ordningsföljd mot demonteringen.

Bakljus

13 Inifrån bagagerummet vrider du spärren moturs till lodrätt läge och viker ner åtkomstpanelen bakom bakljusenheten **(se bild 8.44)**.

14 Lossa bakljusets anslutningskontakterna.

15 Skruva loss de fyra muttrarna och ta bort instrumentsamlingen från bilen **(se bild)**.

16 Monteringen sker i omvänd ordningsföljd mot demonteringen.

Högt bromsljus

17 Demontering av högnivåbromsljuset på dessa modeller innebär delvis borttagning av den bakre takklädseln. Observera att demontering och montering av den inre takklädseln kräver betydande skicklighet och erfarenhet om arbetet ska kunna utföras utan skador. Därför bör arbetet överlåtas till en Volvo återförsäljare eller till en specialist på bilklädslar. Observera att glödlamorna i de höga bromsljusen i själva verket är lysdioder och att de inte kan bytas ut separat.

Registreringsskyltsbelysning

18 Skruva loss torxbulten som håller fast den aktuella ljusenheten på bakluckan **(se bild 8.49)**.

19 Bänd försiktigt bort lysenheten **(se bild 8.50)**.

20 Vrid lamphållaren moturs och dra ut den ur armaturen.

21 Montering sker i omvänd ordningsföljd.

11 Strålkastarinställning – kontroll och justering

1 Strålkastarinställningen ska utföras av en Volvo-verkstad eller annan specialist med tillgång till nödvändig optisk inställningsutrustning.

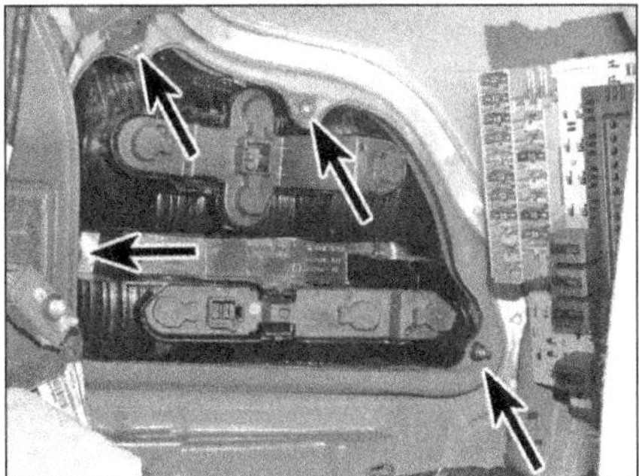
10.15 Skruva loss de 4 muttrarna (markerade med pilar) och den bakre ljusenheten

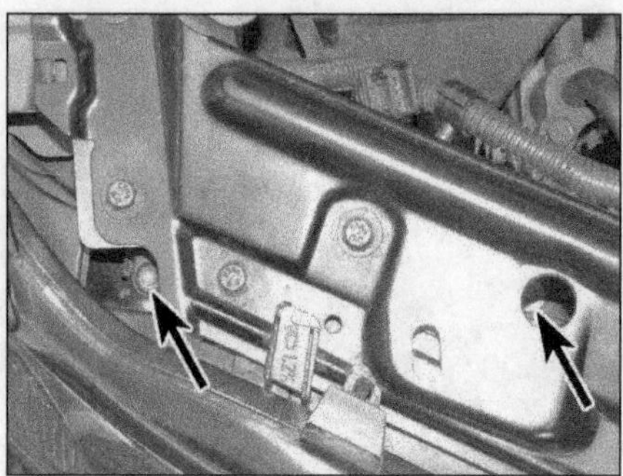

11.2a Strålkastarens justeringsskruvar för ljuskäglan (markerade med pilar) – tidigare modeller. . .

2 Som information kan nämnas att strålkastarna kan justeras vertikalt och horisontellt med justerarreglagen ovanpå strålkastarenheten **(se bild)**.

3 Vissa modeller är utrustade med ett elmanövrerat strålkastarinställningssystem som styrs via en brytare på instrumentbrädan. På dessa modeller, se till att brytaren är satt i det avstängda läget innan strålkastarna justeras.

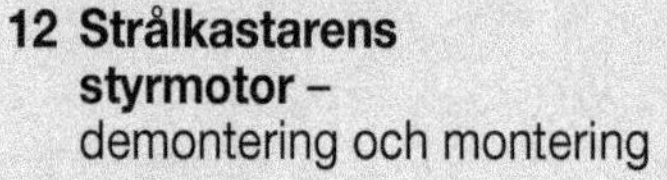

12 Strålkastarens styrmotor – demontering och montering

Demontering

1 Det här momentet blir betydligt enklare (särskilt monteringen) om strålkastarenheten tas bort enligt beskrivningen i avsnitt 10, även

12.4 Vrid motorn (se text) för att lossa bajonettfästet. . .

13.2 Skruva loss bulten (markerad med pil) och ta bort signalhornet

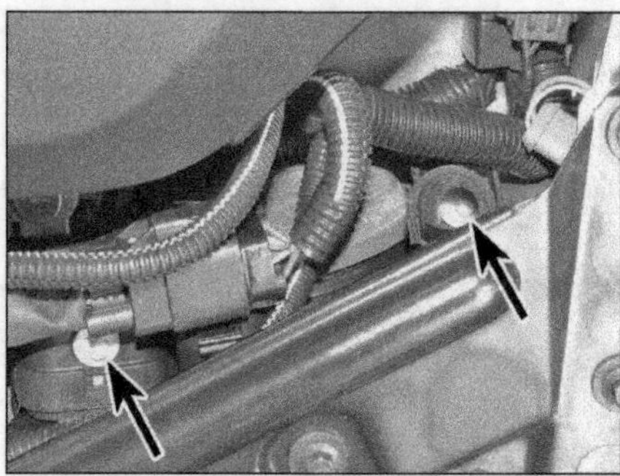

11.2b . . . och senare modeller (markerad med pilar)

om detta inte är helt nödvändigt.

2 Koppla loss kontaktdonet på strålkastarnas styrmotor på baksidan av strålkastarenheten, om det inte redan är gjort.

3 Ta bort glödlampshöljet av plast/skala bort gummilocket bredvid motorn.

4 Vrid motorn medurs (höger sida) eller moturs (vänster sida) för att lossa motorns bajonettfäste **(se bild)**.

5 Vinkla motorn nedåt så att motoraxeln kommer ut ur spårets överdel i bakdelen av strålkastarens reflektor. Ta bort motorn **(se bild)**.

Montering

6 Vrid strålkastarens höjdjusterarreglage på motorn moturs så långt det går för att skjuta ut motorskaftet helt.

7 Smörj änden av motorskaftet något med medeltjockt fett.

12.5 . . . och vrid ner motorn för att lossa axeln

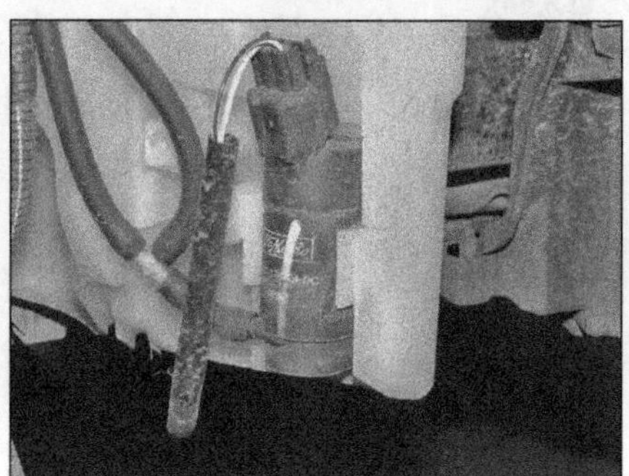

14.2 Lossa slangen och anslutningskontakten från spolarpumpen

8 Arbeta genom glödlampsöppningen i strålkastarens bakdel. Håll strålkastarens reflektor medan du passar in motoraxeln i urtaget längst bak i reflektorn.

9 Vrid motorn moturs för att låsa bajonettfattningen.

10 Återanslut kontaktdonen och kontrollera motorns funktion.

11 Montera tillbaka kåpan på motorns baksida.

12 Låt en verkstad eller specialist kontrollera strålkastarinställningens grundinställning och justera den om det behövs.

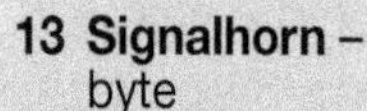

13 Signalhorn – byte

1 Demontera den främre stötfångaren enligt beskrivningen i kapitel 11.

2 Skruva loss signalhornet från fästbygeln och ta bort det **(se bild)**. Koppla loss anslutningskontakten när signalhornet är demonterad.

3 Monteringen sker i omvänd ordningsföljd mot demonteringen.

14 Spolarsystemets delar – demontering och montering

Vindrutans spolarpump

Demontering

1 Ta bort vätskebehållaren enligt beskrivningen i detta avsnitt.

2 Notera deras monteringslägen och dra sedan bort slangarna från motorn och koppla från motorns anslutningskontakt **(se bild)**.

3 Placera en burk under behållaren. Var beredd på spill.

4 Ta tag i spolarpumpen och dra ut den ur behållaren.

Montering

5 Montera tillbaka i omvänd ordningsföljd mot demonteringen. Stryk tvållösning på gummigenomföringen för att underlätta återmonteringen.

Spolarvätskebehållare

Demontering

6 Arbeta inuti motorrummet. Skruva loss fästskruvan, och ta bort spolarvätskebehållarens påfyllningsrör genom att dra det uppåt och ut ur tanken. Separera slangarna från påfyllningsröret- gul ventil för den främre vindrutespolaren och den vita ventilen för bakrutespolaren (om en sådan finns).

7 Demontera den främre stötfångaren enligt beskrivningen i kapitel 11.

8 Markera stötfångarstyrningens monteringsläge på förarsidan, lossa bultarna och ta bort styrningen från bilen **(se bild 10.2)**.

9 Lossa anslutningskontakterna från nivåsensorn och pumparna på behållaren, lossa bultarna och sänk behållaren från läge **(se bild)**.

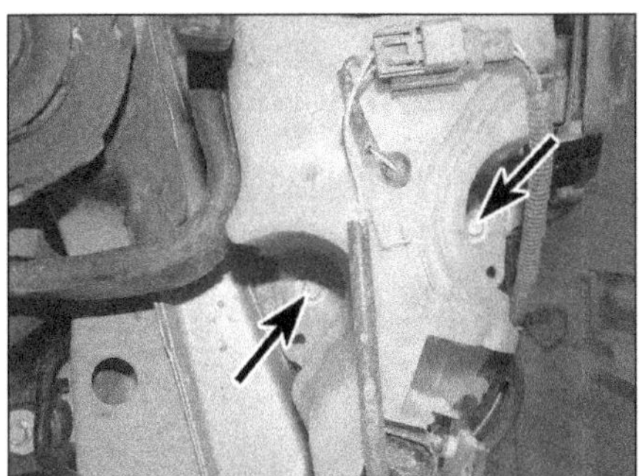

14.9 Skruva loss de 2 bultarna (markerade med pilar) och ta bort spolarvätskebehållaren.

Montering

10 Montering sker i omvänd ordningsföljd.

Spolarmunstycken

Demontering

11 Öppna huven och bänd ut plastgenomföringarna (i förekommande fall) vid huvens nedre kant **(se bild)**.

12 Lossa munstyckets anslutningskontakt (om tillämpligt) och lossa spolarslangen.

13 Tryck ihop de två fästklämmorna på undersidan av munstycket med tänger och tryck bort munstycket från huven **(se bild)**.

Montering

14 Tryck in munstycket på sin plats tills sidohakarna fäster. Återanslut vätskeslangen och anslutningskontakten (om tillämpligt)

15 Justera munstyckena med ett stift så att vätskan sprutas mitt på glaset.

Spolarvätskans nivågivare

16 Se avsnitt 6.

Backventil

Demontering

17 För att undvika att spolarvätskan rinner tillbaka till behållaren sitter det en backventil i matarslangen till varje spolarmunstycke. Öppna huven, bänd ut plastnitarna och lossa spolarslangen från fästklämmorna.

18 Bänd försiktigt slangarna från backventilen och notera flödesriktningsmarkeringen på ventilen.

19 Det ska bara gå att blåsa genom ventilen i en riktning. Om ventilen är defekt måste den bytas ut.

Montering

20 Monteringen sker i omvänd ordningsföljd mot demonteringen.

15 Torkararmar – demontering och montering

Demontering

1 Lyft upp eller bänd bort kåpan (vad som är tillämpligt). Ta sedan bort muttern vid torkararmens nedre del **(se bild)**.

2 Tryck ner vindrutetorkarna och knacka lätt på dem för att bryta bandet mellan armen och

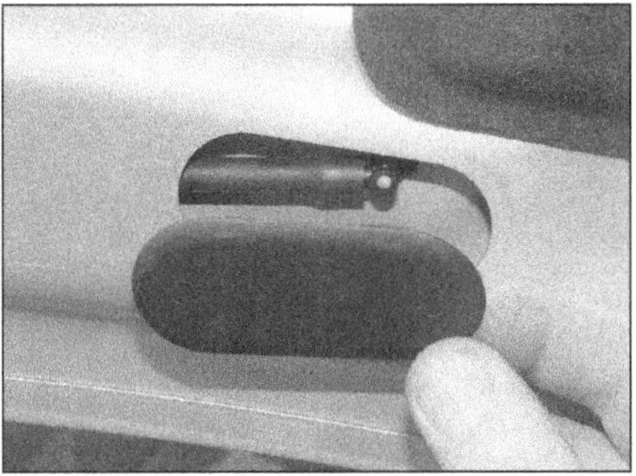

14.11 Bänd bort plastgenomföringen från huvens nederkant

spindelleden – använd tejp för att skydda armen. Använd en gungande rörelse och dra bort armarna från räfflorna. Om det behövs, använd en avdragare för att ta bort armen **(se bild)**.

Montering

3 Slå på relevant torkare. Slå sedan av den ingen för att se till att motorn och länksystemet är parkerade. Placera vindrutetorkararmarna så att mitten på torkarbladet är 50 mm från torpedplåtens övre kant.

16 Vindrutetorkarens motor och länksystem – demontering och montering

Demontering

1 Slå på torkarna. Slå sedan av dem igen för att se till att motorn och länksystemet är parkerade.

2 Ta bort vindrutans torkararmar enligt beskrivningen i avsnitt 15.

3 Öppna huven, bänd ut plastklämmorna och ta bort plastklädselpanelerna i vindrutans främre nedre hörn – panelerna är fasthakade under rutans nederkant **(se bild)**.

4 Tryck in stiften i mitten och bänd ut de fyra plastnitarna som håller fast torpedplåtens klädselpanel **(se bild)**. Ta bort klädselpanelen – panelens överkant kan skjutas ut från klädseln under vindrutan. **Observera:** *Stiften är lätta att tappa – försök att fånga dem när du trycker dem genom nitarna.*

5 Lossa torkarmotorns anslutningskontakt, skruva sedan loss bultarna och ta bort länkning/ramen **(se bild)**.

6 Markera hur motorns vevarm är placerad i förhållande till ramen. Skruva loss muttern och ta bort vevarmen från motorn.

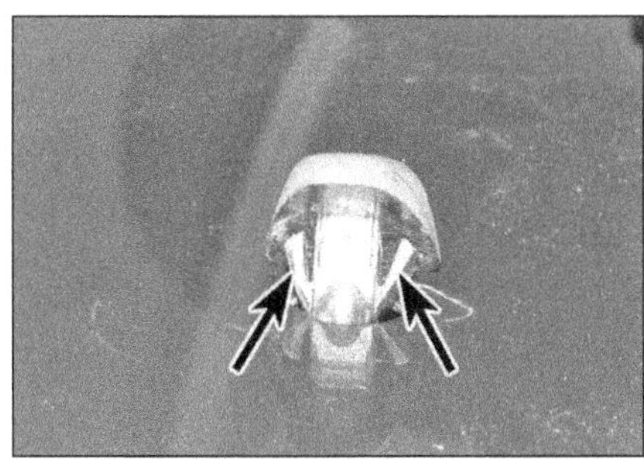

14.13 Tryck ihop munstyckets fästklämmor (markerade med pilar – visas med borttaget munstycke av tydlighetsskäl)

15.1 Lyft upp höljet och lossa torkarens spindelmutter (markerad med pil)

15.2 Om det behövs tar du hjälp av en avdragare för att ta bort armen från spindeln

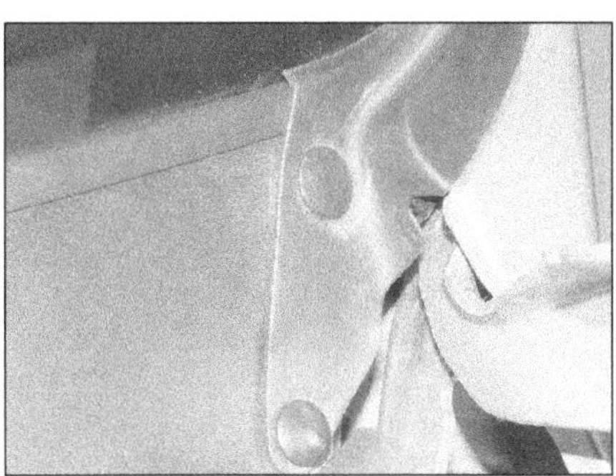

16.3 Bänd ut hörnklädselpanelens plastklämmor

16.4 Torpedplåtens klädselpanels plastexpansionsnitar (de högra markerade med pilar)

16.5 Skruva loss de 2 bultarna (markerade med pilar) och ta bort torkarlänkaget och motorenheten

17.2 Skruva loss bultarna (markerad med pilar) och ta bort strålkastartorkarmotorn

7 Skruva loss motorns tre fästbultar och ta bort motorn från ramen. Ramen och länkagearmarna utgör en enhet och kan inte bytas ut separat.

Montering

8 Montera motorn vid ramen och fäst den med de tre fästbultarna.

9 Om en ny motor ska monteras, återanslut tillfälligt kontaktdonen till bilen. Slå på motorn och slå av den igen för att se till att den är parkerad.

10 Placera vevarmen på motorn. Rikta in märkena som gjordes vid demonteringen med varandra. Håll fast vevarmen med en skiftnyckel för att hindra den från att rotera. Montera sedan muttern och dra åt den.

11 Alternativt, om en ny ram och ett nytt länksystem ska monteras: Ställ motorn i parkeringsläge enligt beskrivningen ovan och anslut sedan vevarmen till motorn så att den är parallell med länksystemets arm direkt ovanför.

12 De ihopsatta komponenterna kan nu monteras i omvänd ordningsföljd mot demonteringen.

17 Strålkastare torkarmotor – byte

1 Ta bort strålkastaren enligt beskrivningen i avsnitt 10.

2 Skruva loss de två bultarna och ta bort motorn **(se bild)**.

3 Monteringen sker i omvänd ordningsföljd mot demonteringen. Var noga med att inte klämma spolarslangen när motorn monteras. Stäng av motorn och starta den igen så att den står i parkeringsläge innan torkararmen återmonteras.

18 Ljudanläggning – demontering och montering

Ljudanläggning på instrumentbrädan

1 Demontera värmereglagepanelen enligt beskrivningen i kapitel 3.

Upp till och inklusive årsmodell 2004

2 Skruva loss de båda skruvarna på ljudenhetens nederkant och sänk den från mittpanelen och för den bakåt. Om CD/radioenheten ska bytas måste den gamla enheten återställas enligt följande innan den kopplas från: Håll enheten som när den installerades (15° till 20° från horisontalläge) slå på tändningen och lossa det gröna kontaktdonet från enheten i 5 sekunder **(se bilder)**. Återanslut enheten som nu är återställd. Vänta tills det inte hörs något ljud från enheten, koppla från den och ta bort den från bilen.

Från årsmodell 2005

3 Lossa de 4 klämmorna och ta bort ljudanläggningen från fästen **(se bild)**. Observera att om en ny Volvo-ljudenhet hat monterats måste lämplig programvara hämtas från Volvo. Arbetet bör överlåtas till en Volvo-återförsäljare eller lämpligt utrustad specialist.

Alla modeller

4 Montering sker i omvänd ordningsföljd.

CD-växlare

5 Öppna bakluckan och öppna åtkomstpanelen på vänster sida av bagagerummet.

18.2a Skruva loss de 2 skruvarna (markerade med pilar) under den instrumentbrädsmonterade ljudenheten

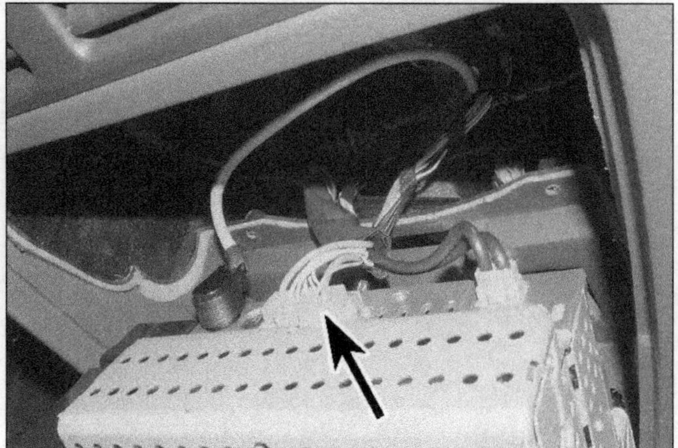

18.2b Koppla loss det gröna kontaktdonet (markerad med pil) från enhetens baksida

6 Skruva loss skruvarna som håller fast växlarens fäste på karossen, haka loss fästet och lyft upp det.
7 Lossa anslutningskontakterna och skruva loss skruvarna som håller fast fästet på växlaren.
8 Monteringen sker i omvänd ordningsföljd mot demonteringen.

Ljudförstärkare

9 Demontera förarsätet enligt beskrivningen i avsnitt 11.
10 Skruva loss de två fästskruvarna och koppla från anslutningskontakterna när förstärkaren tas bort **(se bild)**.
11 Monteringen sker i omvänd ordningsföljd mot demonteringen.

18.3 Lossa de 2 klämmorna på varje sida och tryck bort ljudenheten från fästet

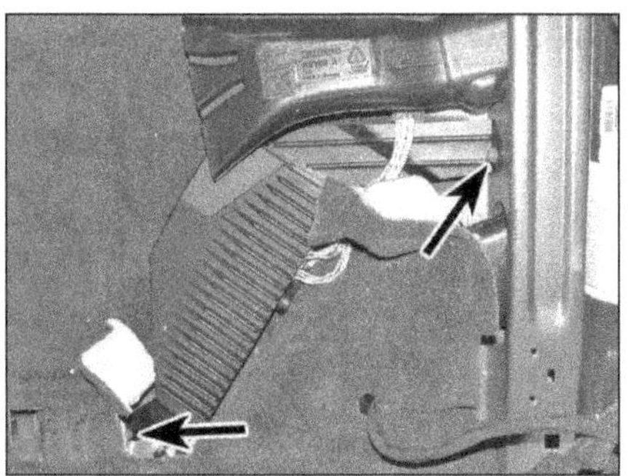

18.10 Ljudförstärkarens fästskruvar (markerad med pilar)

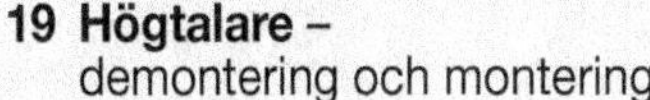

19 Högtalare – demontering och montering

Instrumentbrädans högtalare

1 Bänd försiktigt upp högtalar-/skärmenhetens galler på instrumentbrädans överdel **(se bilder)**.
2 Skruva loss skruvarna och lyft upp högtalar/displayenheten **(se bild)**. Koppla loss kablaget och ta bort högtalaren.
3 Montering sker i omvänd ordningsföljd. Se till att högtalaren är korrekt placerad.

Dörrhögtalare

4 Ta bort dörrklädseln enligt beskrivningen i kapitel 11.
5 Borra ur nitarna som håller fast högtalaren på dörramen **(se bild)**.
6 Ta bort högtalaren och lossa kontaktdonet.
7 För att ta bort diskanten, lossa fästklämmorna **(se bild)**.
8 Monteringen sker i omvänd ordningsföljd mot demonteringen.

Bagagehyllans högtalare

9 Ta bort bagagehyllan enligt beskrivningen i kapitel 11.
10 Lossa högtalarens anslutningskontakt.
11 Skruva loss de båda skruvarna på högtalarnas framsida och lyft högtalarna från läge **(se bild)**.

19.1a Bänd loss högtalargrillen från instrumentbrädan . . .

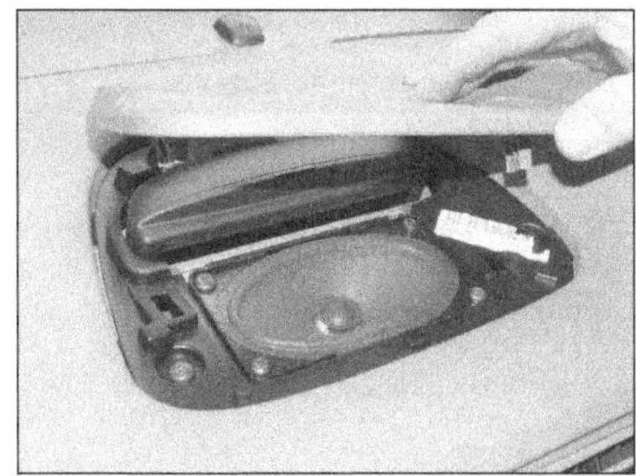

19.1b . . . eller högtalar-/skärmenhetens infattning

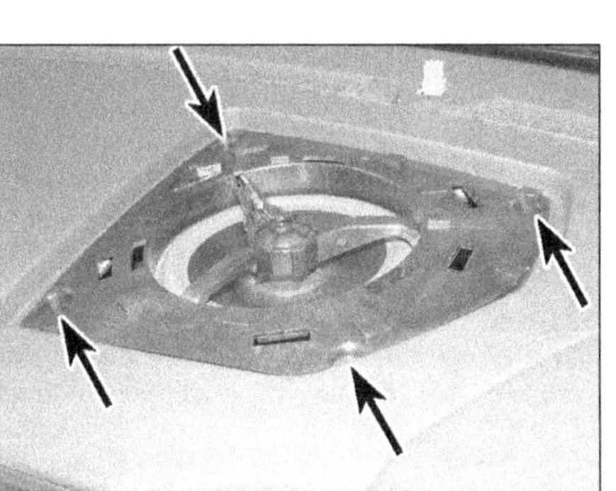

19.2 Instrumentbrädans högtalarskruvar (markerade med pilar)

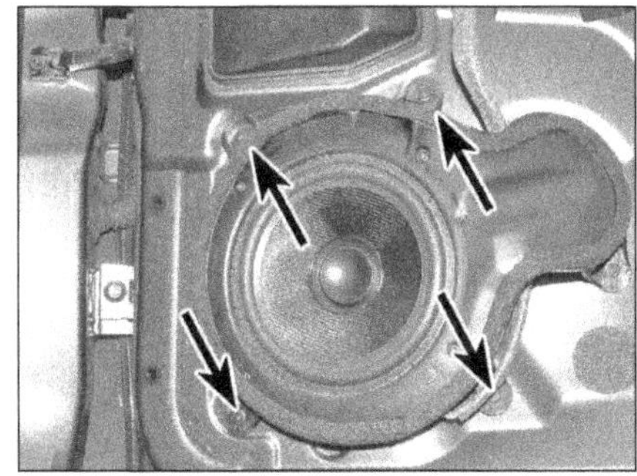

19.5 Borra ur högtalarnitarna (markerade med pilar – framdörrens högtalare visas)

19.7 Lossa klämmorna och ta bort diskanten

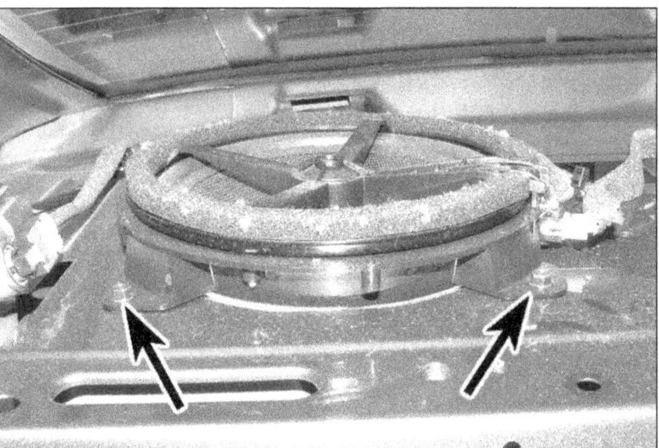

19.11 Skruva loss de 2 skruvarna (markerad med pilar) och ta bort högtalaren

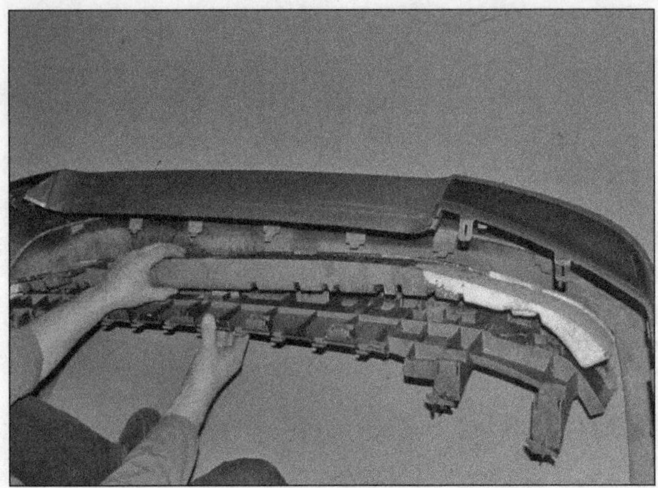

20.2 Lossa den bakre stötfångarens innerdel. . .

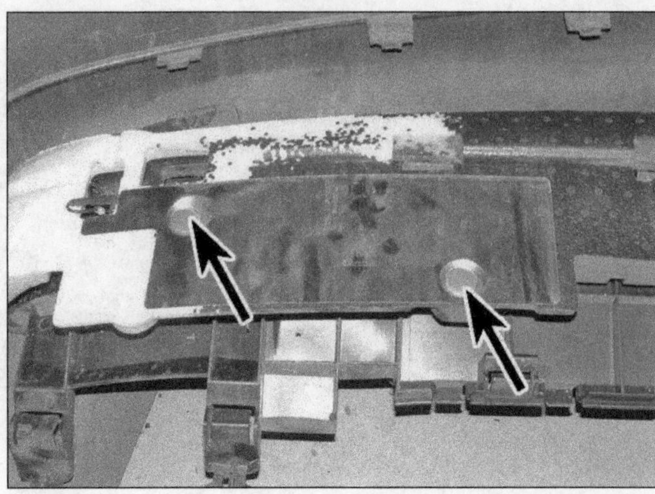

20.3 . . . och bänd ut klämmorna (markerade med pilar) och ta bort antennen

12 Monteringen sker i omvänd ordningsföljd mot demonteringen.

20 Radioantenn och förstärkare – demontering och montering

Demontering

Stötfångarmonterad antenn

1 Antennen är monterad bakom den bakre stötfångaren. Ta bort stötfångaren och bagageutrymmets högra sidoklädselpanel enligt beskrivningen i kapitel 11.

2 Lossa antennens anslutningskontakten, lossa klämmorna och ta bort stötfångarens innerdel **(se bild)**.

3 Lossa de 2 klämmorna och ta bort antennen **(se bild)**.

Stötfångarantennens förstärkare

4 Förstärkaren är monterad bakom bagagerummets högra klädselpanel. Ta bort panelen enligt beskrivningen i kapitel 11.

5 Skruva loss fästskruvan, och ta bort förstärkaren. Koppla loss anslutningskontakten när förstärkaren är demonterad.

Bakre vindruteantenn

6 Huvudantennen kan vara en tråd som är inbyggd i bakrutan. Ta bort C-stolpen på vänster sida enligt beskrivningen i kapitel 11. Antennen arbetar tillsammans med en signalförstärkare som sitter bakom klädselpanelen alldeles intill bakrutan.

Montering

7 Monteringen sker i omvänd ordningsföljd mot demonteringen.

21 Tjuvlarm och motorlåsningssystem – allmän information

Observera: *Den här informationen gäller endast de system som monteras av Volvo som originalutrustning.*

Alla modeller är utrustade med tjuvlarm, och de flesta är även utrustade med ett motorlåsningssystem.

Motorlåsningssystem

Det elektroniska motorlåsningssystemet aktiveras automatiskt när tändningsnyckeln tas ut ur tändningslåset. När det aktiveras bryter det tändningskretsen och hindrar motorn från att startas.

Systemet slås av på följande sätt när tändningsnyckeln sätts in i tändningslåset. Tändningsnyckelns överdel innehåller ett sändar-micro-chip, och tändningslåset innehåller en läsarspole. När nyckeln sticks in i låset läser spolen av signalen från micro-chipet och deaktiverar motorlåsningssystemet. Det är av största vikt att etiketten med nyckelnumret inte tappas bort (den följer med den nya bilen). Alla extranycklar måste beställas hos en Volvo-verkstad som i sin tur måste ha nyckelnumret för att kunna skaffa en kopia. De nycklar som tillverkas någon annanstans kommer att fungera på dörrlåsen, men de kommer inte att innehålla sändarchipet som behövs för att deaktivera motorlåsningssystemet så att motorn kan startas.

Motorlåsningssystemets läsarspole kan tas bort från tändningslåset när rattstångens nedre hölje är borttaget. I skrivande stund är det dock oklart huruvida en ny läsarspole kan passas ihop med en viss nyckel eller styrenhet.

Alla problem eller åtgärder som rör motorlåsningssystemet ska överlåtas till en Volvo-verkstad eller specialist eftersom det krävs särskild elektronisk utrustning för att diagnosticera felen och för att passa ihop de olika komponenterna.

Tjuvlarm

Ett tjuvlarm finns monterat som standardutrustning. Larmet har brytare på alla dörrar, på motorhuven och tändningslåset. Om bakluckan, motorhuven eller någon av dörrarna öppnas eller om tändningslåset slås på medan larmet är aktiverat kommer en larmsignal att ljuda och varningslamporna att blinka. Larmet har även en motorlåsningsfunktion som gör att tändningen inte fungerar när larmet aktiveras.

Larmsystemet kan uppgraderas med olika tillval för att höja säkerheten ytterligare:

a) *Glaskrossgivaren registrerar ljudet av glas som krossas, som t.ex. när en sidoruta eller bakrutan attackeras av en tjuv som försöker ta sig in. Om en sådan givare inte finns monterad och om dörrarna inte öppnas kommer inte standardlarmet att börja tjuta.*

b) *Rörelsesensorn registrerar rörelser inne i bilen. Om någon har tagit sig in utan att larmet börjat tjuta sätter rörelsesensorn igång larmet. Systemet består av en sändare och en sensor. Sändaren sänder ut en högfrekvent vågsignal som registreras av sensorn. Om vågmönstret störs eller avbryts sätter larmet igång.*

c) *Lutningssensorn registrerar rörelser i karossen, i synnerhet förändringar i bilens lutning när den hissas upp med domkraft. Sensorn har ofta formen av en kvicksilverbrytare, men den kan också vara av typen kullager och skålskiva. När larmet är aktiverat och brytarens placering har noterats kommer alla försök att gunga bilen eller att hissa upp den få larmet att börja tjuta.*

d) *Extrabatteriet är kanske det mest användbara av alla tillvalen. Ett av det vanligaste sätten att sätta ett larm ur funktion är att koppla ur bilbatteriet. Om ett extrabatteri finns monterat kommer larmet att tjuta även när huvudbatteriet kopplats ur.*

Signaler från larmsystemets brytare och kontakter som sitter inbyggda i låsen till dörrarna, motorhuven och bakluckan skickas till en central styrenhet inuti bilen när systemet aktiveras. Styrenheten övervakar signalerna och aktiverar larmet om någon av signalerna bryts, eller om någon försöker starta bilen (eller tjuvkoppla tändningen).

Systemets status visas med en blinkande lysdiod placerad mitt på instrumentbrädan.

Tänk på följande om ett fel uppstår på larmsystemet:

a) Precis som med annan elektrisk utrustning beror många fel på dåliga anslutningar eller dålig jord.

b) Kontrollera att alla brytarna i dörrar, motorhuv och baklucka fungerar samt att all innerbelysning fungerar.

c) Larmsystemet kan bete sig underligt om bilbatteriet är i dåligt skick eller om batteriets anslutningar är lösa.

d) Om systemet fungerar som det ska men ofta ger falskt larm kan en Volvo-verkstad eller specialist minska känsligheten hos några av systemets sensorer (i förekommande fall).

e) Helst bör bilen lämnas in till en Volvo-verkstad eller en verkstad med lämplig utrustning för undersökning. Dessa kommer att ha tillgång till en särskild diagnostestare som snabbt kan spåra alla fel i systemet.

22 Säkerhetssystem - allmän information och föreskrifter

Allmän information

Ett säkerhetssystem av någon typ finns som standard eller tillval beroende på modell och land.

Systemets huvudkomponent består av en krockkudde på förarsidan som är utformad för att skydda föraren mot allvarliga bröst- och skallskador vid en olycka. Liknande krockkuddar för framsätespassageraren, sidokrockkuddar (inbyggda i framstolarnas sida) och sidokrockgardiner är också standard. Sidokrockgivare sitter på bilens B- och C-stolpar, med en främre givare inbyggd i SRS-modulen under mittkonsolen. Modulen innehåller en fartminskningsgivare och en elektronisk styrenhet med mikroprocessor för att registrera kraften i krocken och för att lösa ut krockkudden när det behövs. Krockkudden blåses upp av en gasgenerator som tvingar ut kudden ur modulkåpan i rattens mitt, eller ut ur en kåpa på passagerarsidan av instrumentbrädan/ sätesklädsel/takklädsel. En kontaktrulle bakom ratten, ovanför rattstången, ser till att god elektrisk förbindelse alltid upprätthålls med krockkudden trots att ratten vrids i båda riktningarna.

Utöver krockkuddeenheterna innehåller säkerhetssystemet även pyrotekniska säkerhetsbältessträckare som regleras av gaskassetter i säkerhetsbältets haspelenhet. De pyrotekniska enheterna utlöses liksom krockkudden av krockgivaren och sträcker säkerhetsbältena så att de ger bättre skydd vid en krock.

Alla modeller är även försedda med ett sidokrockskyddssystem som standardutrustning. I sitt grundutförande utgör sidokrockskyddssystemet en del av fordonsstrukturen och där förstärkningar används för att fördela kraften från en sidokrock genom karossen. Detta görs genom att de nedre delarna av dörrarna och dörrstolparna förstärks och genom att förstärkningsstag monteras i sätena och i mittkonsolen. På det sättet absorberas kraften från en sidokrock av hela karosstrukturen, vilket ger en oslagbar motståndskraft mot krockar.

Föreskrifter

Varning: Alla försök att ta isär krockkudden, sidokrockkudden, krockgivarna, kontaktspolen, säkerhetsbältessträckarna eller tillhörande kablage och komponenter utan rätt utrustning och utan de specialistkunskaper som behövs för att använda utrustningen korrekt, kan leda till allvarliga personskador och/eller ett defekt system.

- ***Innan något arbete utförs på SRS-komponenterna, koppla från batteriet och vänta i minst 5 minuter så att eventuell kvarvarande ström hinner laddas ur innan du fortsätter.***
- ***Var ytterst försiktig vid hanteringen av krockkudden för att undvika personskador. Håll alltid enheten med kåpan riktad från kroppen. Vid tveksamheter angående arbete med krockkudden eller dess styrningskrets bör en Volvo-verkstad kontaktas.***
- ***Observera att krockkudden/krockkuddarna inte får utsättas för temperaturer över 90°C. När krockkudden demonteras, förvara den med rätt sida upp för att förhindra att den blåses upp av misstag.***
- ***Låt inga lösningsmedel eller rengöringsmedel komma i kontakt med krockkudden. De får endast rengöras med en fuktig trasa.***
- ***Både krockkudden/-kuddarna och styrenheten/-enheterna är känsliga för stötar. Om de tappas eller skadas måste de bytas ut.***
- ***Koppla loss anslutningskontakten till krockkuddens styrenhet innan någon svetsning utförs på bilen.***

23 Säkerhetssystem (SRS) - byte av komponenter

Observera: *Läs varningarna i avsnitt 22 innan arbetet fortsätts.*

Förarsidans krockkudde

Demontering

1 Koppla loss batteriets minusledare (se kapitel 5A) och vänta i 10 minuter innan arbetet påbörjas.

2 Sätt i en flatbladig skruvmejsel genom hålen i rattens bakdel, lyft upp skruvmejselns handtag och lossa fjäderklämman på varje sida **(se bilder)**. Vrid ratten 90° i båda riktningarna för att komma åt hålen.

3 Vrid tillbaka ratten så hjulen pekar rakt fram.

4 Lyft ut krockkuddemodulen från ratten.

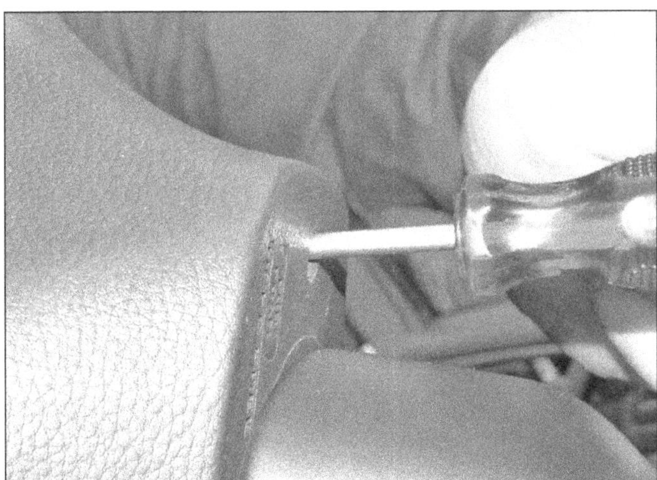

23.2a Sätt in en skruvmejsel i rattens bakdel. . .

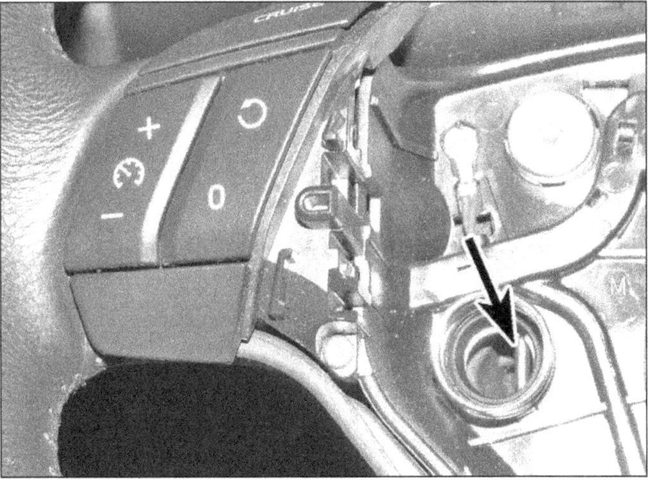

23.2b . . . och lyft skruvmejselns handtag för att lossa klämman (markerad med pil)

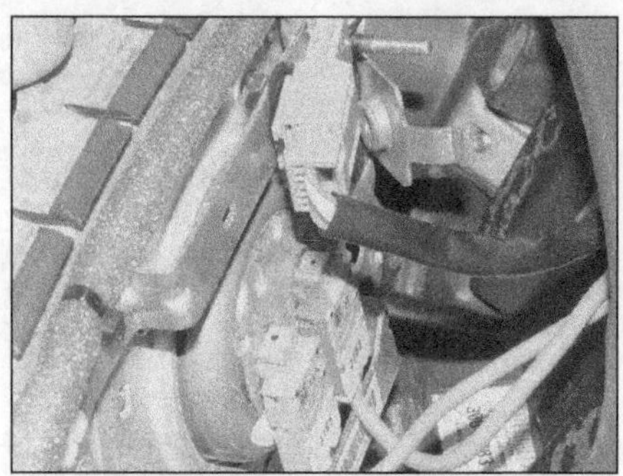

23.4a Lyft bort krockkudden. . .

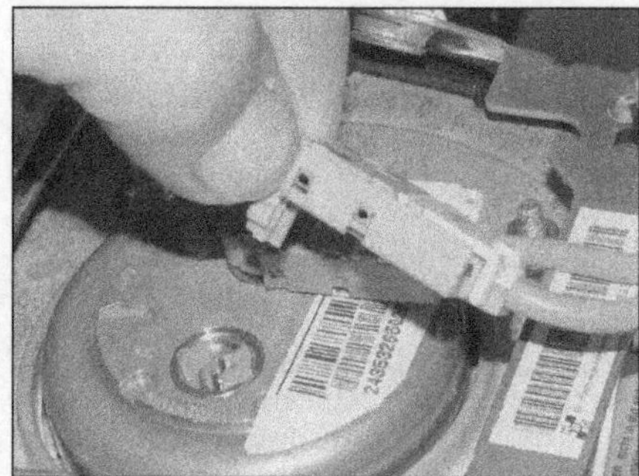

23.4b . . . och kläm ihop klämmornas sidor och koppla från kontaktdonen

23.5a Ta bort krockkuddens kontaktenhets låsskruv från förvaringsläget (markerad med pil). . .

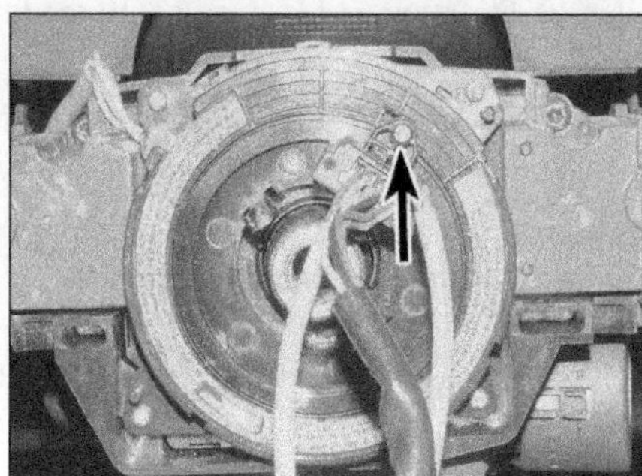

23.5b . . . och sätt i den i hålet (markerad med pil) för att låsa kontaktenheten

Koppla loss kontaktdonet på baksida och ta bort den från bilen **(se bild)**.

Varning: Placera krockkuddemodulen på ett säkert ställe med mekanismen nedåt som en säkerhetsåtgärd mot att enheten löses ut av misstag. Försök inte öppna eller reparera krockkuddemodulen och anslut ingen ström till den. Använd inte en krockkudde som är synbart skadad eller som har utsatts för åverkan utifrån.

5 Skruva loss kontaktenhetens låsskruv från ratten och sätt i den i kontaktenhetens kontakt för att låsa den i läge **(se bilder)**. När rullen har spärrats får ratten inte vridas. Då skadas rullen.

Montering

6 Lås upp kontaktrullen genom att ta bort skruven. Förvara skruven i den nedre delen av ratten och sätt tillbaka den i ursprungsläget.

7 Stöd krockkuddemodulen på nederkanten av rattnavet. Återanslut kontaktdonet. Vrid upp krockkuddemodulen på sin plats. Kontrollera noga att kablaget inte hamnar i kläm.

8 Tryck dit krockkudden och se till att klämmorna fastnar ordentligt.

9 Se till att ingen befinner sig i bilen. Slå på tändningen och återanslut batteriets minusledare. Slå av tändningen och slå på den igen. Kontrollera att sidokrockkuddens varningslampa tänds och sedan slocknar inom 7 sekunder.

Kontaktrulle till förarsidans krockkudde

Demontering

10 Demontera krockkuddemodulen enligt beskrivningen ovan och ta bort ratten enligt beskrivningen i kapitel 10.

11 Var noga med att inte vrida kontaktenheten. Skruva loss de fyra fästskruvarna och ta bort kontakten från rattens brytarenhet. Koppla loss anslutningskontakten **(se bild)**.

Montering

12 Klipp av vajerklämman som sitter monterad för att hindra enheten från att rotera av misstag om en ny kontaktenhet ska monteras.

13 En ny rulle bör vara centraliserad när den inskaffas. Om den inte är det, eller om det finns en möjlighet att enheten inte är centraliserad ska följande åtgärder vidtas. Vrid rullen försiktigt medurs så lång det går. Vrid sedan tillbaka den moturs två varv. Fortsätt vrida tills tappen på rullen pekar snett upp åt höger. På nyare modeller ska även en gul markering synas i kontaktenhetens fönster **(se bild)**. Spärra rullen i det här läget genom att skruva in låsskruven som sitter monterad i fästbandet av plast.

14 Sätt dit enheten på rattstångens brytarenhet och dra åt dess fästskruvar ordentligt.

15 Montera ratten enligt beskrivningen i kapitel 10, och krockkuddemodulen enligt beskrivningen ovan.

Passagerarsidans krockkudde

Demontering

16 Koppla loss batteriets minusledare (se

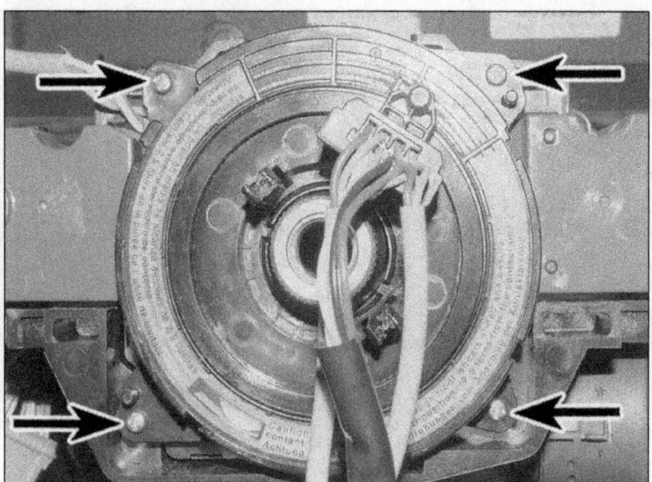

23.11 Skruva loss skruvarna (markerad med pilar) och ta bort krockkuddenns kontaktenhet

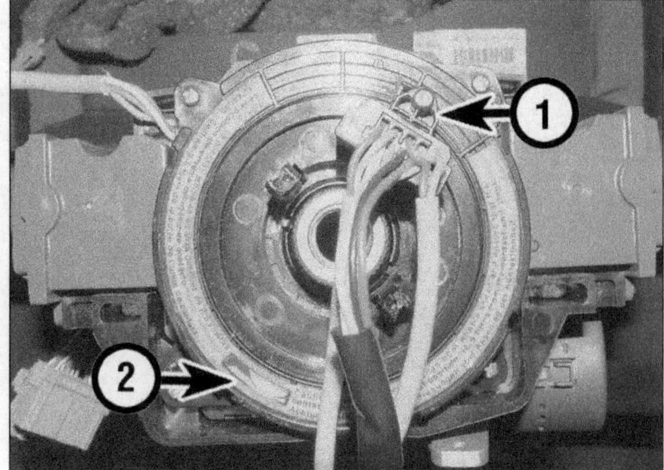

23.13 Tappen (1) ska vara i läget klockan 1 och den gula markeringen (2) måste synas i kontaktenhetens fönster

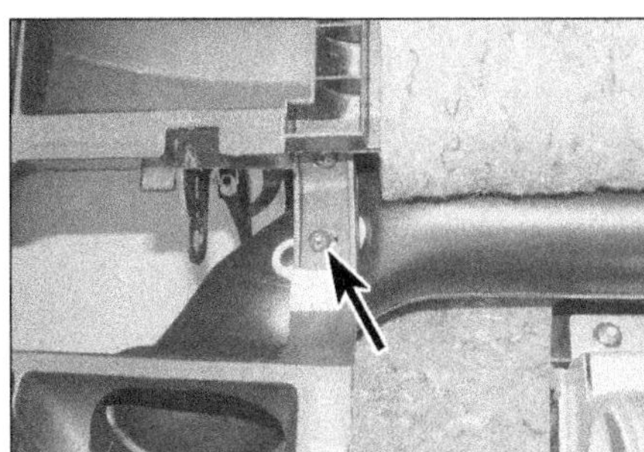

23.18 Skruva loss skruven (markerad med pil) och ta bort ventilationsröret från instrumentbrädans undersida

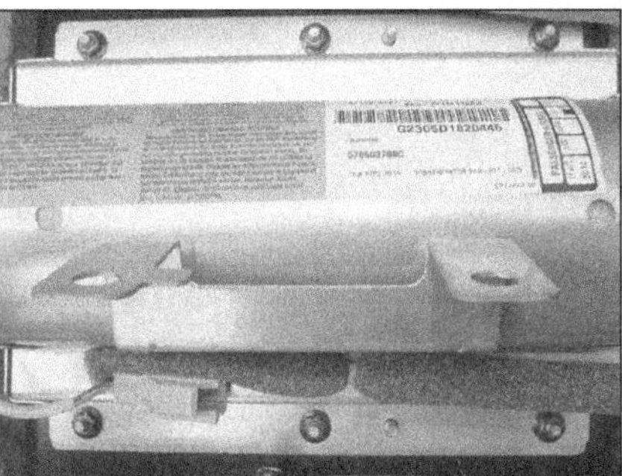

23.19 Skruva loss 6 muttrar och ta bort passagerarkrockkuddens

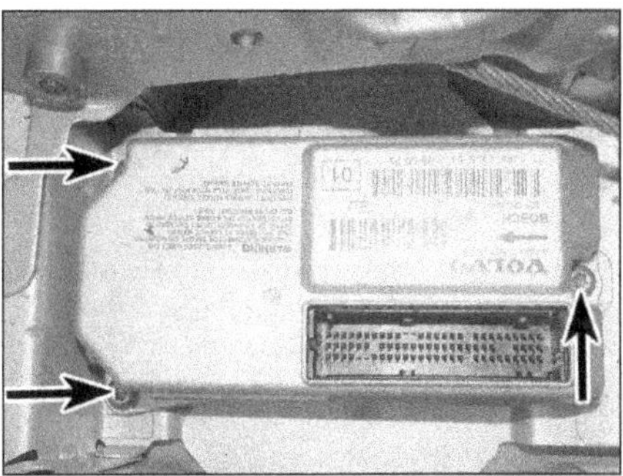

23.25 Krockkuddsstyrenheten håls fast med 3 skruvar (markerade med pilar)

kapitel 5A) och vänta i 10 minuter innan arbetet påbörjas.

17 Demontera hela instrumentbrädan enligt beskrivningen i kapitel 11.

18 Skruva loss fästskruven, lossa och ta bort luftkanalen från instrumentbrädans undersida **(se bild)**.

19 Skruva loss de 6 fästmuttrarna och ta bort krockkudden från instrumentbrädan **(se bild)**.

Montering

20 Monteringen sker i omvänd ordningsföljd mot demonteringen.

21 Se till att ingen befinner sig i bilen. Slå på tändningen och återanslut batteriets minusledare. Slå av tändningen och slå på den igen. Kontrollera att sidokrockkuddens varningslampa tänds och sedan slocknar inom 7 sekunder.

Krockkuddens styrenhet

Demontering

22 Koppla loss och ta bort batteriets jordledning enligt beskrivningen i kapitel 5A. Vänta minst 10 minuter innan du fortsätter för att eventuell kvarvarande ström ska hinna laddas ur.

23 Demontera mittkonsolen enligt beskrivningen i kapitel 11.

24 Lyft upp gummikåpan (om en sådan finns), lossa låsspärren och koppla från givarens anslutningskontakt.

25 Observera dess monteringsläge, lossa de 3 skruvarna och ta bort modulen **(se bild)**.

Montering

26 Monteringen utförs i omvänd ordningsföljd mot demonteringen. Se till att modulen monteras med pilen på ovansidan riktad framåt.

27 Se till att ingen befinner sig i bilen. Slå på tändningen och återanslut batteriets minusledare. Slå av tändningen och slå på den igen. Kontrollera att sidokrockkuddens varningslampa tänds och sedan slocknar inom 7 sekunder. **Observera:** *Om en ny styrenhet har monterats måste lämplig programvara hämtas från Volvo och installeras. Arbetet bör överlåtas till en Volvo-återförsäljare eller lämpligt utrustad specialist.*

Sidokrockkuddar

28 Sidokrockkuddarna är inbyggda i sidan av framsätena. För att man ska kunna demontera dem måste sätenas klädsel först tas bort.

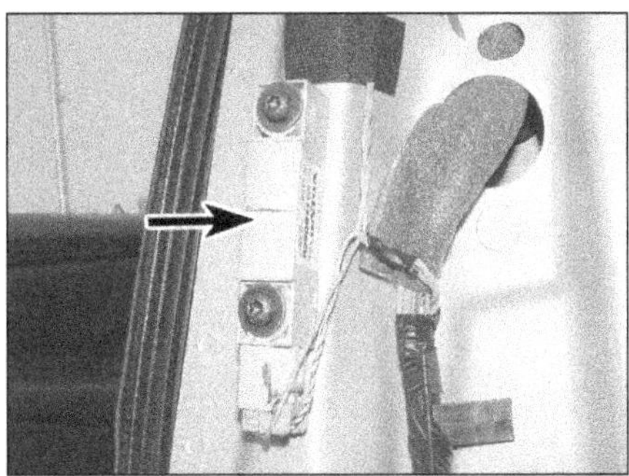

23.31a B-stolpe krockgivare (markerad med pil)

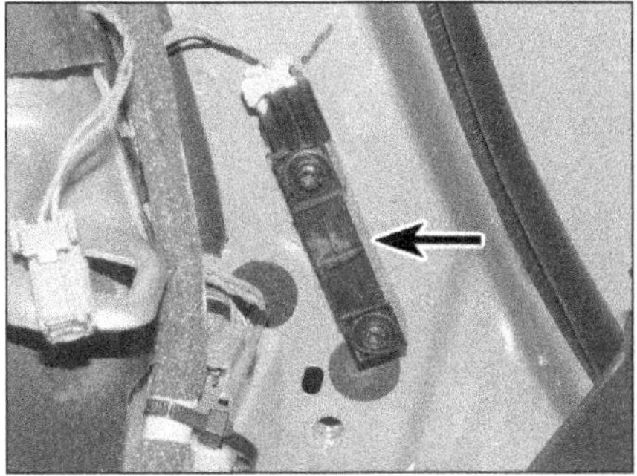

23.31b C-stolpe krockgivare (markerad med pil)

Detta anses inte vara en lämplig uppgift för hemmamekanikern och bör därför överlåtas åt en Volvo-verkstad eller specialist.

Sidokrockgivare

Demontering

29 Sidokrockgivarna monteras på bilens B-stolpe (mellan förar och passagerardörren) samt på C-stolpen.

30 Ta bort B-stolpens klädsel eller baksätets sidokudde (efter tillämplighet) enligt beskrivningen i kapitel 11.

31 Lossa klämmorna och anslutningskontakten från sensorn **(se bild)**.

32 Skruva loss de två fästskruvarna och ta bort givaren.

Montering

33 Sätt dit givarna på stolparna och dra åt fästskruvarna till angivet moment. Återanslut anslutningskontakten.

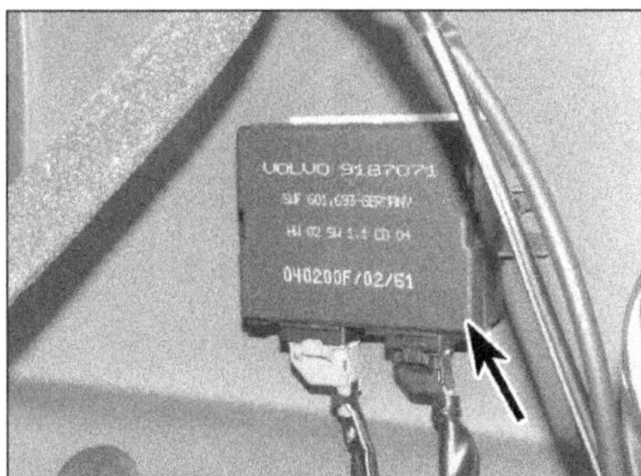

24.2 Parkeringsassistansmodul (markerad med pil)

34 Resten av monteringen sker i omvänd ordningsföljd mot demonteringen.

Sidokrockgardin

35 För att kunna ta bort sidokrockgardinen måste man lossa takklädseln. Detta anses inte vara en lämplig uppgift för hemmamekanikern och bör därför överlåtas åt en Volvo-verkstad eller specialist.

24 Parkeringsassistanssystem - demontering och montering

Styrenhet

1 Parkeringsassistansmodulen (PAM) sitter bakom bagagerummets högra (bilar till och med årsmodell 2004) eller vänstra (bilar från årsmodell 2005) sidopanel. Ta bort panelen enligt beskrivningen i kapitel 11.

2 Modulen är fäst med ett kardborrefäste **(se bild)**. Lossa kardborrefästet, ta bort modulen och koppla från anslutningskontakterna.

3 Monteringen sker i omvänd ordningsföljd mot demonteringen.

Givare

4 Givarna sitter i den bakre stötfångaren. Demontera den bakre stötfångaren enligt beskrivningen i kapitel 11.

5 Koppla loss anslutningskontakten från varje givare

6 Sprid fästklämmorna och dra ut givarna från stötfångarens insida.

7 Monteringen sker i omvänd ordningsföljd mot demonteringen.

25 Tanklucka låsmotor – demontering och montering

Demontering

1 Ta bort bagageutrymmets högra sidoklädselpanel enligt beskrivningen i kapitel 11.

2 Öppna tanklocksluckan och ta bort de 2 torxbultarna **(se bild)**.

3 Koppla från motorns anslutningskontakten och lossa vid behov de 2 torxbultarna och lossa motorn från fästet **(se bild)**.

Montering

4 Monteringen sker i omvänd ordningsföljd mot demonteringen.

25.2 Öppna tanklocksluckan och skruva loss de 2 bultarna (markerade med pilar)

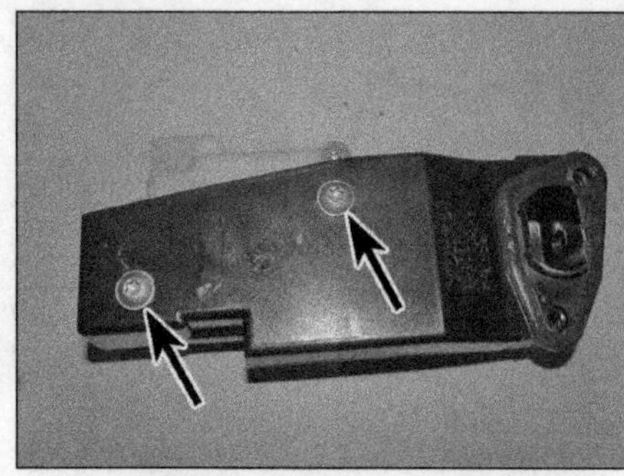

25.3 Tanklocksluckans motor är fäst på fästbygeln med 2 bultar (markerade med pilar)

Volvo S60 kopplingsscheman

Schema 1

Varning: Bilen har ett extra säkerhetssystem (SRS) som består av en kombination av krockkudde på förarsidan (och passagerarsidan), sidokrockkuddar och bältessträckare. Om man använder elektrisk testutrustning på SRS-kablagesystemen kan detta medföra att bältessträckarna häftigt dras tillbaka och att krockkuddarna utlöses, vilket kan leda till allvarliga personskador. Man måste vara extremt noga när man identifierar de kretsar som ska testas för att undvika att välja SRS-kablarna av misstag.

Om du vill ha mer information, se föreskrifterna för krockkuddesystemet i kapitlet om karossens elsystem.

Observera: SRS-kablaget kan vanligtvis identifieras med hjälp av de gula och/eller orangefärgade kablagen eller kablagekontakterna.

Förklaringar till symboler

Smältlänk

Säkring

Glödlampa

Uppvärmningselement

Elmotor

Linjen visar att delen ingår i en större enhet

Linjen visar att delen är en enskild del och inte ingår i någon enhet. Nummer anger stiftnummer

Gangad brytare

Enkelbrytare

Relä

K — Grafisk framställning av en komponent som det inte finns ytterligare information om (dvs. elektronisk enhet)

Jordningspunkt

E1 — Jordanslutning med referens (se jordpunkter på den här sidan)

89 — Artikelreferens; hänvisar till förklaringarna högst upp på sidan med scheman

Anslutningskablar

Kabelskarv, lödd anslutning eller skarvade anslutningar

diesel / petrol — Alternativ utformning beroende på modell/år

Y/G — Kabelfärg (gul/grön)

Diod

Lysdiod

Ljuskänslig diod

parkeringsvärme, E:H — Streckad linje anger att den delen är specifik för en särskild variant – parkeringsvärmare

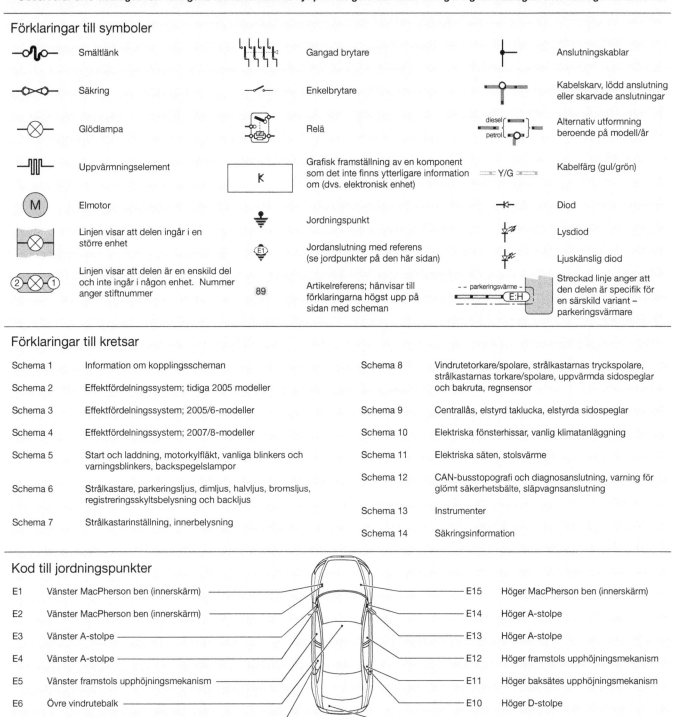

Förklaringar till kretsar

Schema 1	Information om kopplingsscheman
Schema 2	Effektfördelningssystem; tidiga 2005 modeller
Schema 3	Effektfördelningssystem; 2005/6-modeller
Schema 4	Effektfördelningssystem; 2007/8-modeller
Schema 5	Start och laddning, motorkylfläkt, vanliga blinkers och varningsblinkers, backspegelslampor
Schema 6	Strålkastare, parkeringsljus, dimljus, halvljus, bromsljus, registreringsskyltsbelysning och backljus
Schema 7	Strålkastarinställning, innerbelysning
Schema 8	Vindrutetorkare/spolare, strålkastarnas tryckspolare, strålkastarnas torkare/spolare, uppvärmda sidospeglar och bakruta, regnsensor
Schema 9	Centrallås, elstyrd taklucka, elstyrda sidospeglar
Schema 10	Elektriska fönsterhissar, vanlig klimatanläggning
Schema 11	Elektriska säten, stolsvärme
Schema 12	CAN-busstopografi och diagnosanslutning, varning för glömt säkerhetsbälte, släpvagnsanslutning
Schema 13	Instrumenter
Schema 14	Säkringsinformation

Kod till jordningspunkter

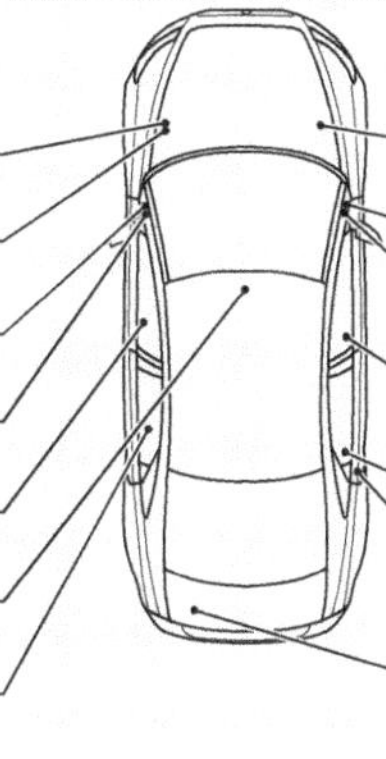

E1	Vänster MacPherson ben (innerskärm)
E2	Vänster MacPherson ben (innerskärm)
E3	Vänster A-stolpe
E4	Vänster A-stolpe
E5	Vänster framstols upphöjningsmekanism
E6	Övre vindrutebalk
E7	Vänster baksätes upphöjningsmekanism
E15	Höger MacPherson ben (innerskärm)
E14	Höger A-stolpe
E13	Höger A-stolpe
E12	Höger framstols upphöjningsmekanism
E11	Höger baksätes upphöjningsmekanism
E10	Höger D-stolpe
E9, E10	Bagageutrymme

H33909

Schema 2

Kabelfärg

B	Svart	P	Lila
G	Grön	R	Röd
K	Rosa	S	Grå
Lg	Ljusgrön	U	Blå
N	Brun	W	Vit
O	Orange	Y	Gul

Teckenförklaring

1 Batteri
2 Tändningslås
3 Säkringsdosa i motorrummet
  a) huvudsäkringslänkar
  b) startrelä
  c) torkarhastighetsrelä
  d) intermittenta torkarrelä
  e) bränslesystemrelä
  f) klimatanläggningsrelä
  g) glödstiftrelä
  h) motorstyrningsrelä
  j) strålkastarspolarrelä
4 Säkringsdosa i passagerarutrymmet
5 Säkringsdosa på batteriet
7 Centrale elmodul
  a) Säkringar 3, 5-10, 17-23, 31-32, 34
  b) Säkringar 1-2, 11, 13-16, 26-30, 33
8 Bakre elmodul
  a Säkringar 1-38

H33910

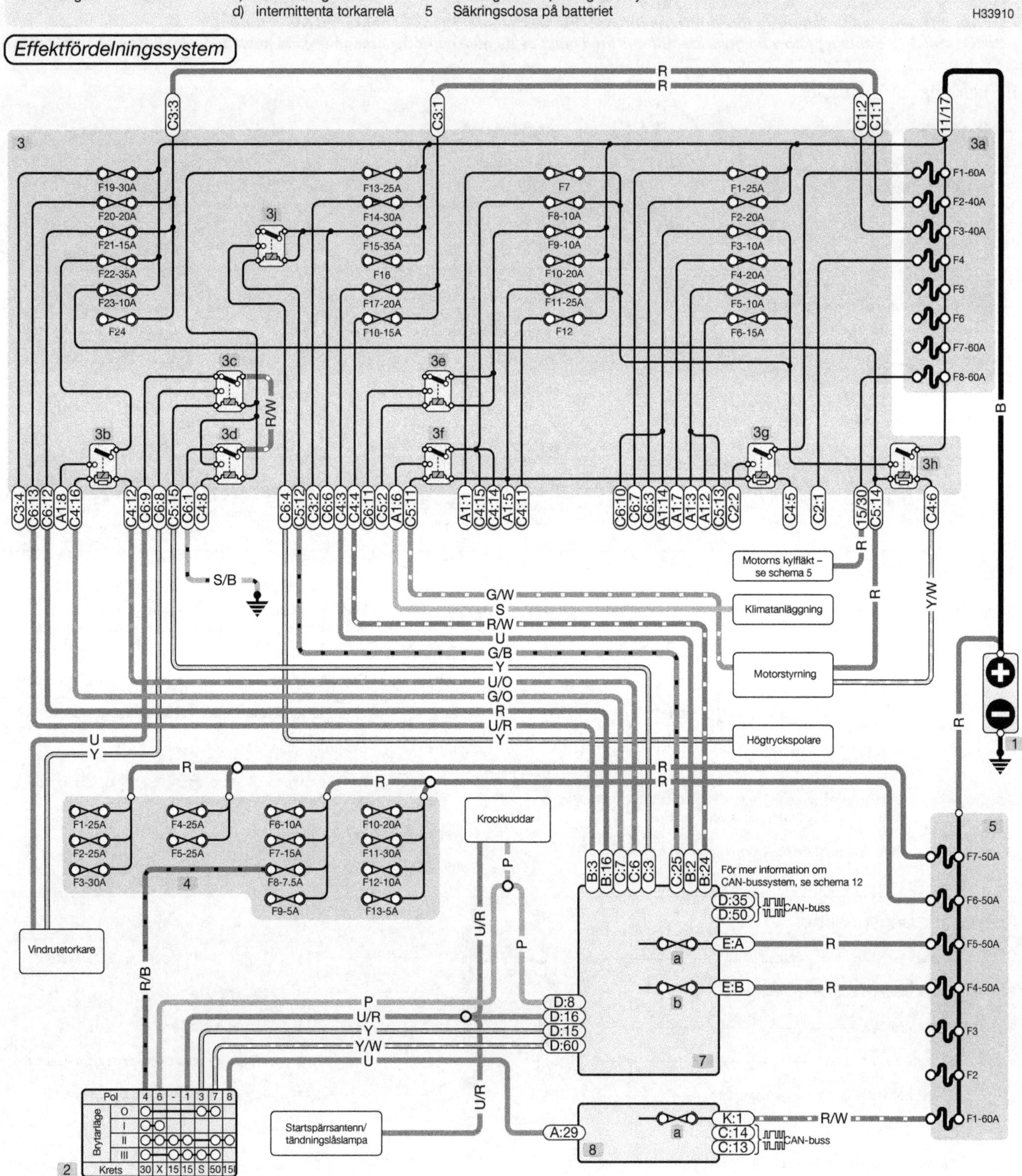

Schema 3

Kabelfärg

B	Svart	P	Lila
G	Grön	R	Röd
K	Rosa	S	Grå
Lg	Ljusgrön	U	Blå
N	Brun	W	Vit
O	Orange	Y	Gul

Teckenförklaring

1 Batteri
2 Tändningslås
3 Säkringsdosa i motorrummet
 a) huvudsäkringslänkar
 b) startrelä
 c) torkarhastighetsrelä
 d) intermittenta torkarrelä
 f) klimatanläggningsrelä
 g) glödstiftrelä
 h) motorstyrningsrelä
 j) strålkastarspolarrelä
4 Säkringsdosa i passagerarutrymmet
5 Säkringsdosa på batteriet
7 Centrale elmodul
 a) Säkringar 3, 5-10, 17-23, 31-32, 34
 b) Säkringar 1-2, 11, 13-16, 26-30, 33
8 Bakre elmodul
 a Säkringar 1-38

H33911

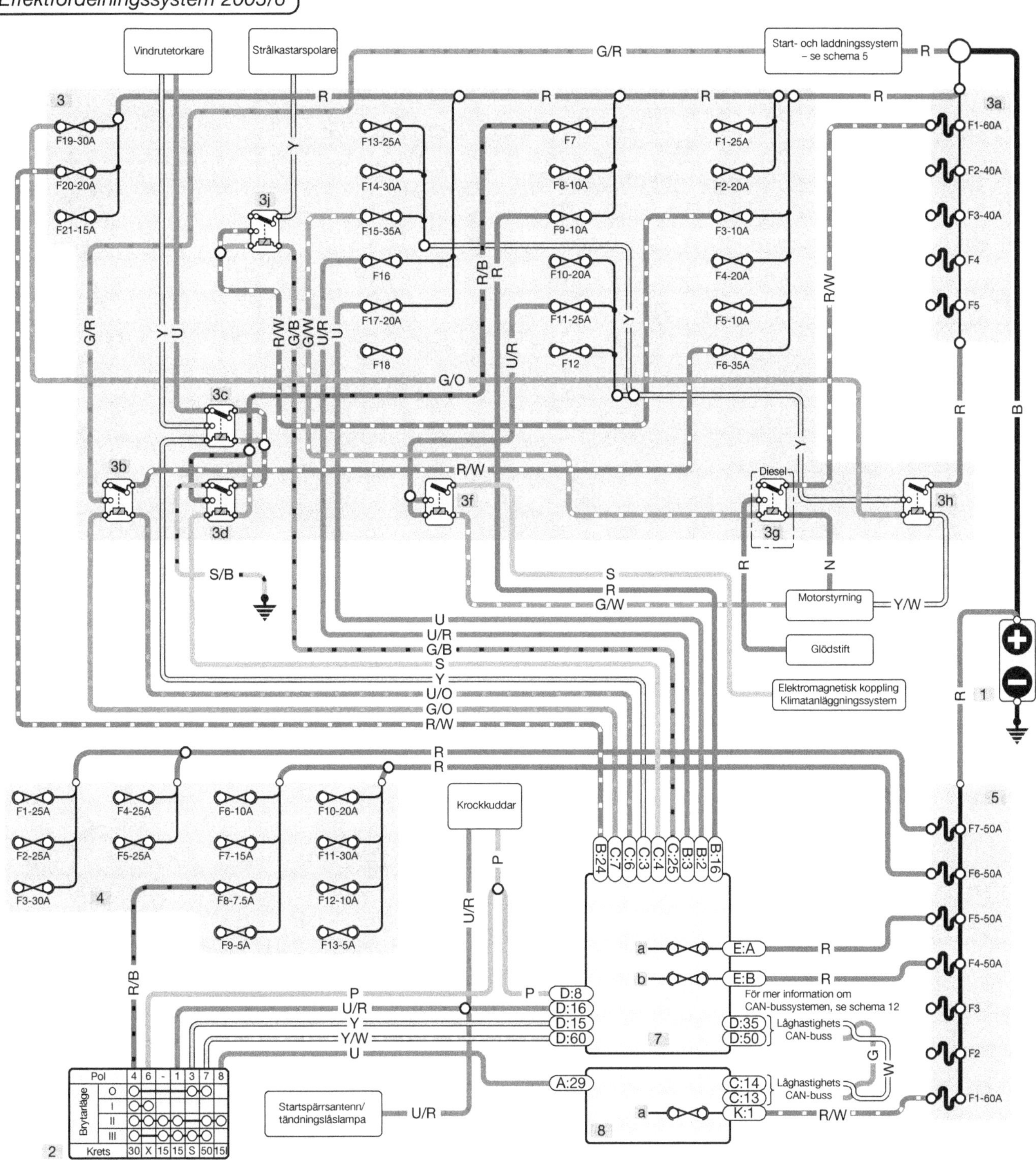

Schema 4

Kabelfärg

B	Svart	P	Lila
G	Grön	R	Röd
K	Rosa	S	Grå
Lg	Ljusgrön	U	Blå
N	Brun	W	Vit
O	Orange	Y	Gul

Teckenförklaring

1 Batteri
2 Tändningslås
3 Säkringsdosa i motorrummet
  a) huvudsäkringslänkar
  b) startrelä
  c) torkarhastighetsrelä
  d) intermittenta torkarrelä
  f) klimatanläggningsrelä
  g) glödstiftrelä
  h) motorstyrningsrelä
  j) strålkastarspolarrelä
4 Säkringsdosa i passagerarutrymmet
5 Säkringsdosa på batteriet
6 Huvudrelä (Diesel)
7 Centrale elmodul
  a) Säkringar 3, 5-10, 17-23, 31-32, 34
  b) Säkringar 1-2, 11, 13-16, 26-30, 33
8 Bakre elmodul
  a Säkringar 1-38

H33912

Effektfördelningssystem 2007/8

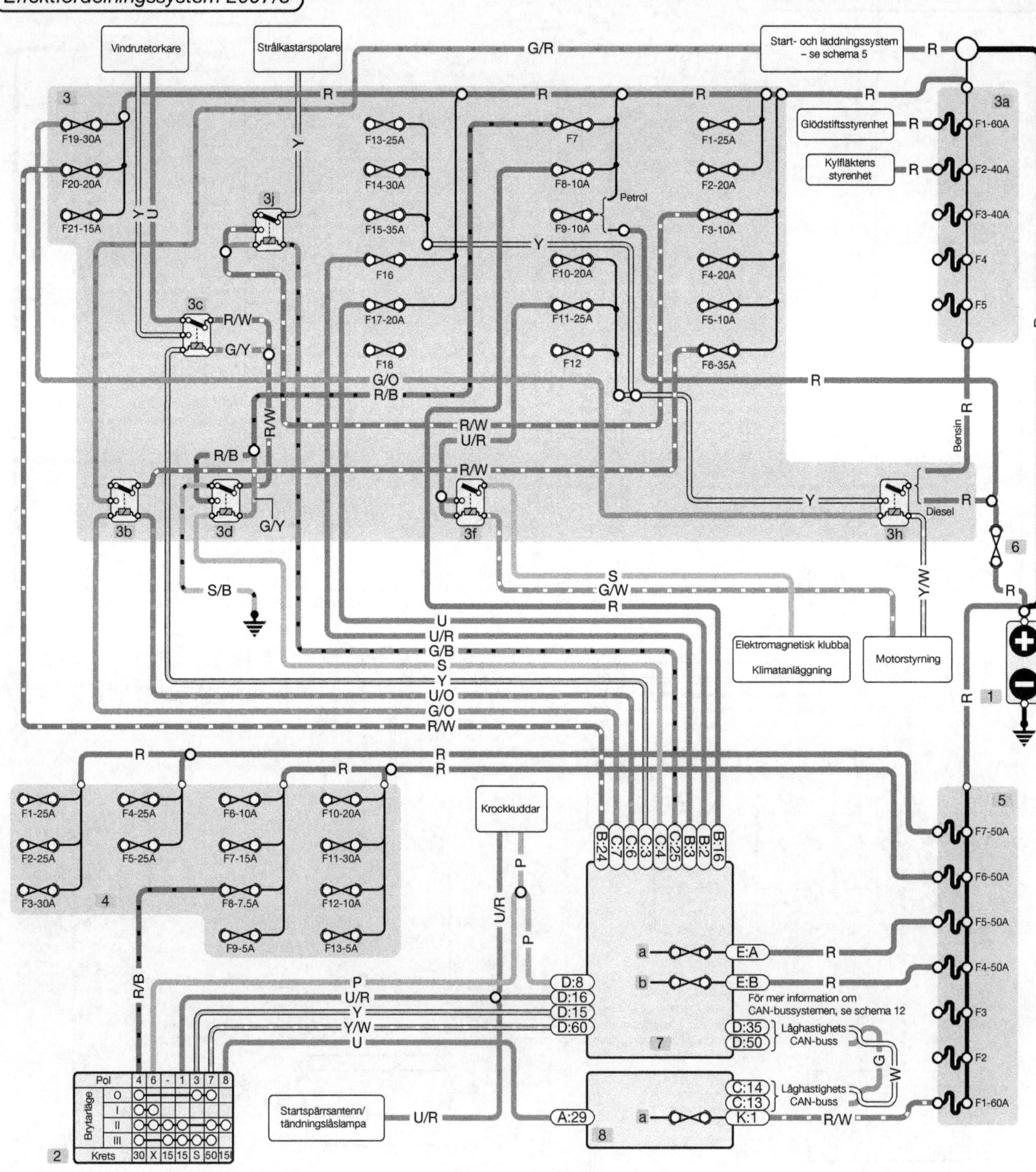

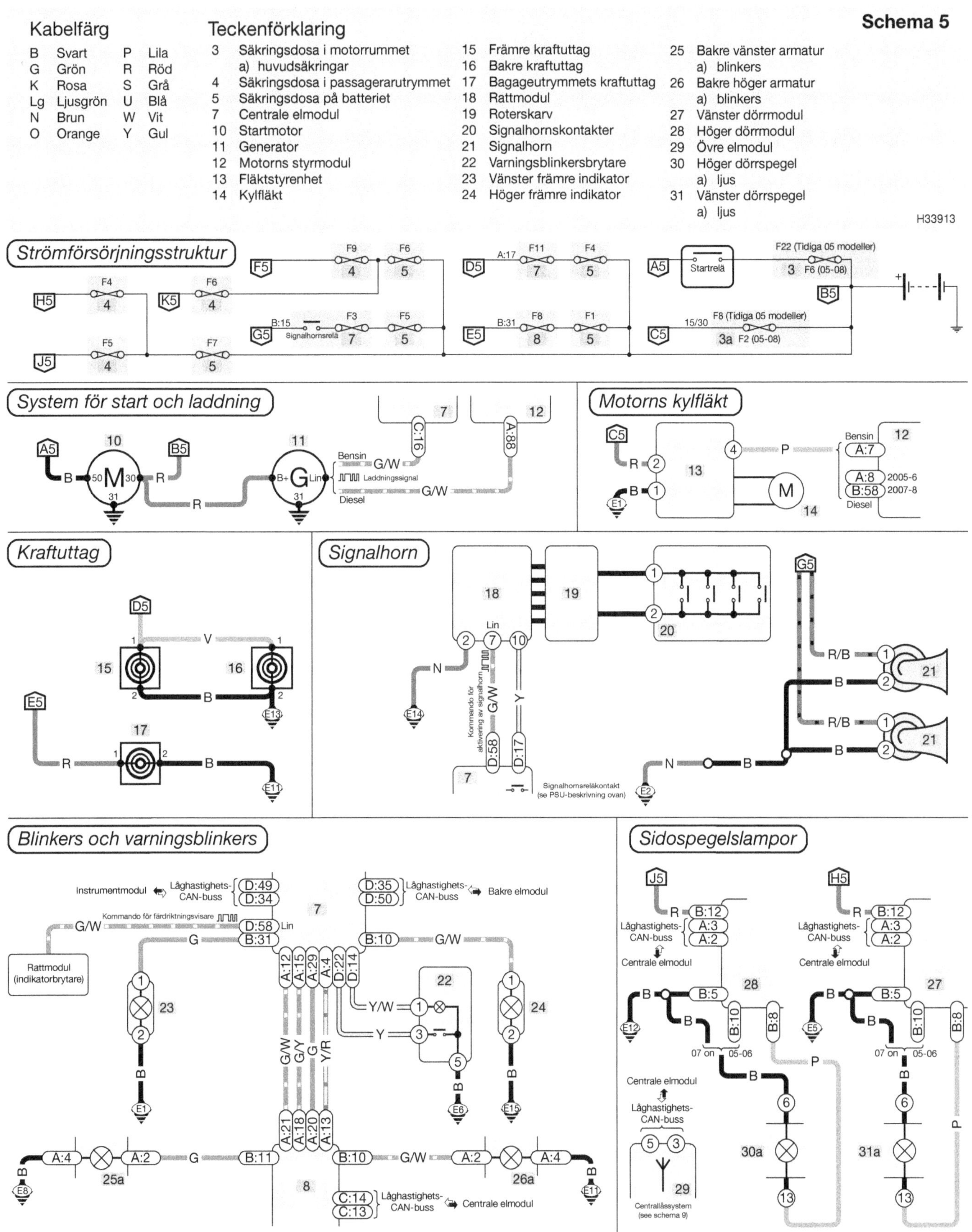
Schema 5
Kabelfärg
B Svart
G Grön
K Rosa
Lg Ljusgrön
N Brun
O Orange
P Lila
R Röd
S Grå
U Blå
W Vit
Y Gul
Teckenförklaring
3 Säkringsdosa i motorrummet
a) huvudsäkringar
4 Säkringsdosa i passagerarutrymmet
5 Säkringsdosa på batteriet
7 Centrale elmodul
10 Startmotor
11 Generator
12 Motorns styrmodul
13 Fläktstyrenhet
14 Kylfläkt
15 Främre kraftuttag
16 Bakre kraftuttag
17 Bagageutrymmets kraftuttag
18 Rattmodul
19 Roterskarv
20 Signalhornskontakter
21 Signalhorn
22 Varningsblinkersbrytare
23 Vänster främre indikator
24 Höger främre indikator
25 Bakre vänster armatur
a) blinkers
26 Bakre höger armatur
a) blinkers
27 Vänster dörrmodul
28 Höger dörrmodul
29 Övre elmodul
30 Höger dörrspegel
a) ljus
31 Vänster dörrspegel
a) ljus
H33913
Strömförsörjningsstruktur
F22 (Tidiga 05 modeller)
F6 (05-08)
Startrelä
F8 (Tidiga 05 modeller)
F2 (05-08)
Signalhornsrelä
System för start och laddning
Bensin
Diesel
Laddningssignal
Motorns kylfläkt
Bensin
2005-6
2007-8
Diesel
Kraftuttag
Signalhorn
Kommando för aktivering av signalhorn
Signalhornsreläkontakt
(se PSU-beskrivning ovan)
Blinkers och varningsblinkers
Instrumentmodul
Låghastighets-CAN-buss
Kommando för färdriktningsvisare
Rattmodul (indikatorbrytare)
Bakre elmodul
Centrale elmodul
Sidospegelslampor
Låghastighets-CAN-buss
Centrale elmodul
07 on
05-06
Centrallåssystem
(see schema 9)

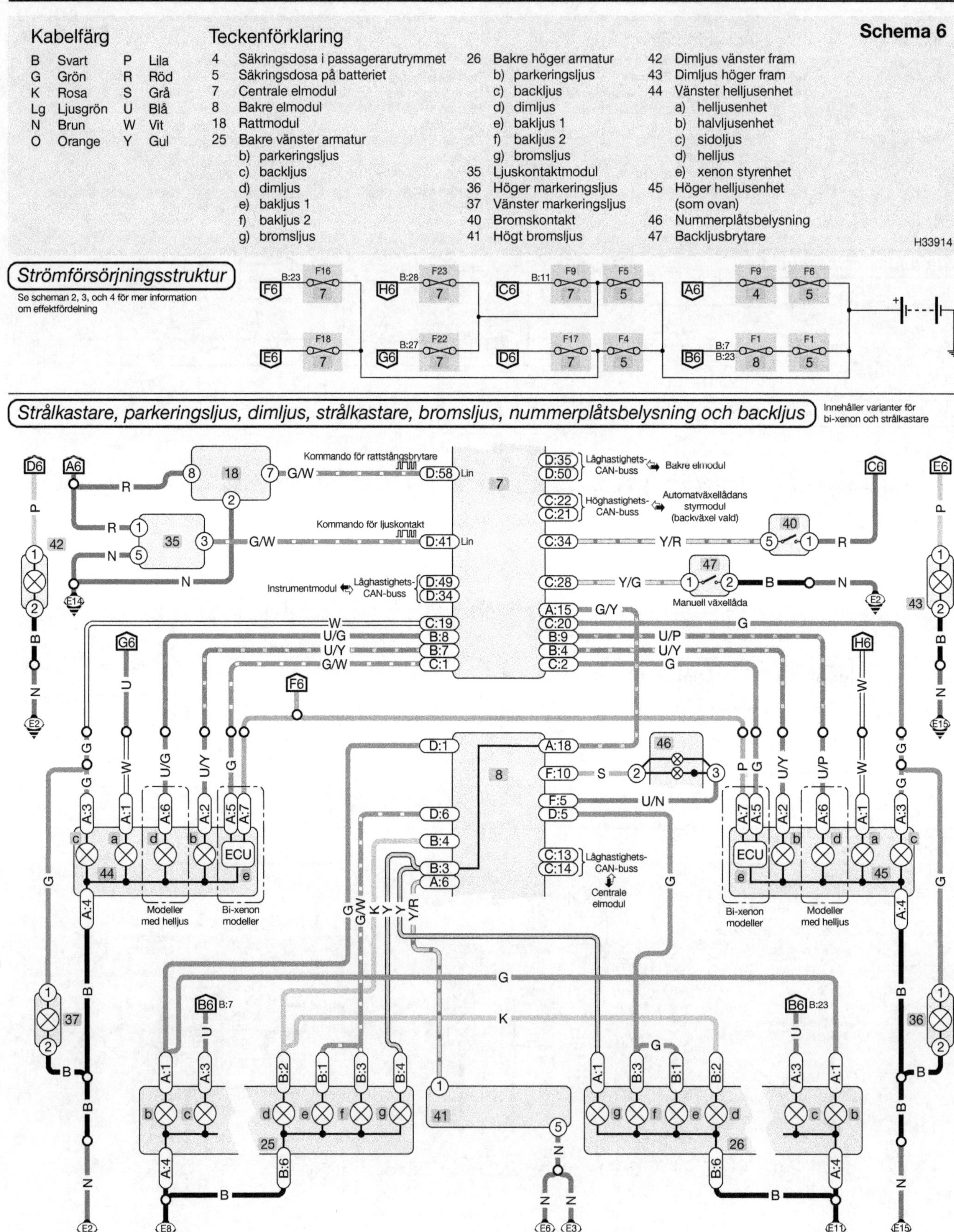
Kabelfärg
B Svart
G Grön
K Rosa
Lg Ljusgrön
N Brun
O Orange
P Lila
R Röd
S Grå
U Blå
W Vit
Y Gul
Teckenförklaring
4 Säkringsdosa i passagerarutrymmet
5 Säkringsdosa på batteriet
7 Centrale elmodul
8 Bakre elmodul
18 Rattmodul
25 Bakre vänster armatur
b) parkeringsljus
c) backljus
d) dimljus
e) bakljus 1
f) bakljus 2
g) bromsljus
26 Bakre höger armatur
b) parkeringsljus
c) backljus
d) dimljus
e) bakljus 1
f) bakljus 2
g) bromsljus
35 Ljuskontaktmodul
36 Höger markeringsljus
37 Vänster markeringsljus
40 Bromskontakt
41 Högt bromsljus
42 Dimljus vänster fram
43 Dimljus höger fram
44 Vänster helljusenhet
a) helljusenhet
b) halvljusenhet
c) sidoljus
d) helljus
e) xenon styrenhet
45 Höger helljusenhet
(som ovan)
46 Nummerplåtsbelysning
47 Backljusbrytare
Schema 6
H33914
Strömförsörjningsstruktur
Se scheman 2, 3, och 4 för mer information om effektfördelning
Strålkastare, parkeringsljus, dimljus, strålkastare, bromsljus, nummerplåtsbelysning och backljus
Innehåller varianter för bi-xenon och strålkastare
Kommando för rattstångsbrytare
Kommando för ljuskontakt
Låghastighets-CAN-buss
Bakre elmodul
Höghastighets-CAN-buss
Automatväxellådans styrmodul (backväxel vald)
Instrumentmodul
Manuell växellåda
Centrale elmodul
Modeller med helljus
Bi-xenon modeller
ECU

Schema 7

Kabelfärg

B	Svart	P	Lila
G	Grön	R	Röd
K	Rosa	S	Grå
Lg	Ljusgrön	U	Blå
N	Brun	W	Vit
O	Orange	Y	Gul

Teckenförklaring

4 Säkringsdosa i passagerarutrymmet
5 Säkringsdosa på batteriet
7 Centrale elmodul
8 Bakre elmodul
27 Vänster dörrmodul
28 Höger dörrmodul
29 Övre elmodul
35 Ljuskontaktmodul
50 Strålkastarbalansering potentiometer
51 Bakre vänster karossvinkelgivare
52 Vänster strålkastarlutningsmotor
53 Höger strålkastarlutningsmotor
54 Höger främre kupélampa
55 Vänster främre kupélampa
56 Tändningsnyckelbelysning
57 Handskfacksbelysning
58 Vänster bagageutrymmesbelysning
59 Höger bagageutrymmesbelysning
60 Bakre läslampa
61 Vänster sminkspegelsbelysning
62 Höger sminkspegelsbelysning
63 Taklampbrytare
64 Höger framdörrsbrytare
65 Vänster framdörrsbrytare
66 Högre bakdörrsbrytare
67 Vänster bakdörrslås
68 Bakluckans låsenhetsbrytare

H33915

Strömförsörjningsstruktur

Se scheman 2, 3, och 4 för mer information om effektfördelning

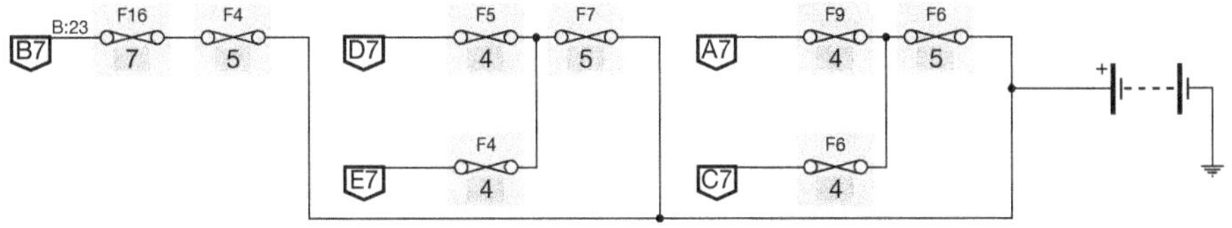

Strålkastarbalansering

Innehåller variant för bi-xenonlampor

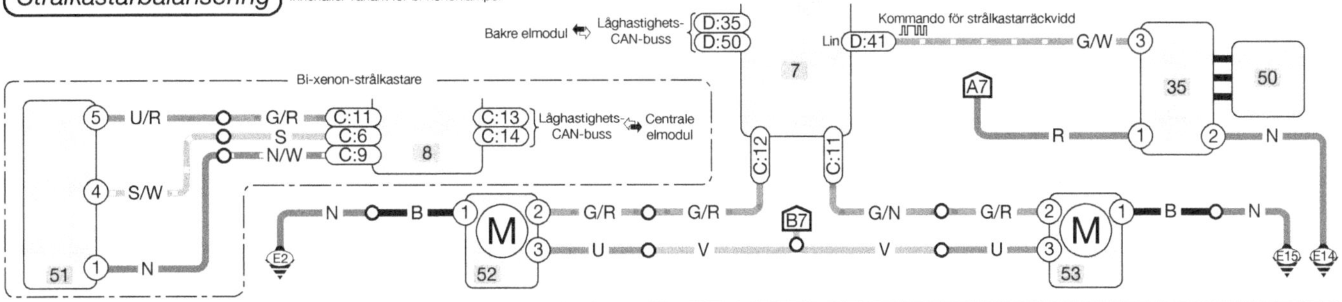

Kupébelysning

Innehåller delar av centrallåssystemet som aktiverar innerbelysningen

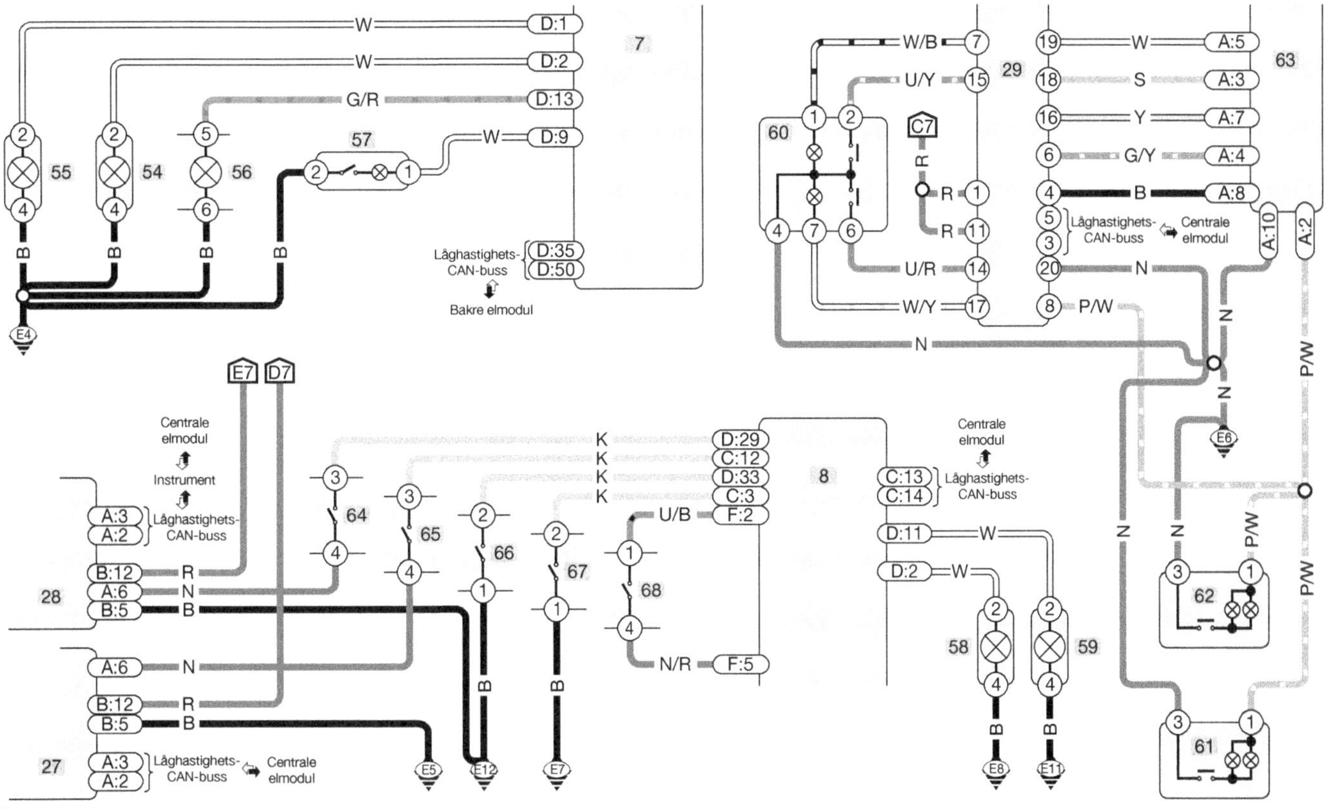

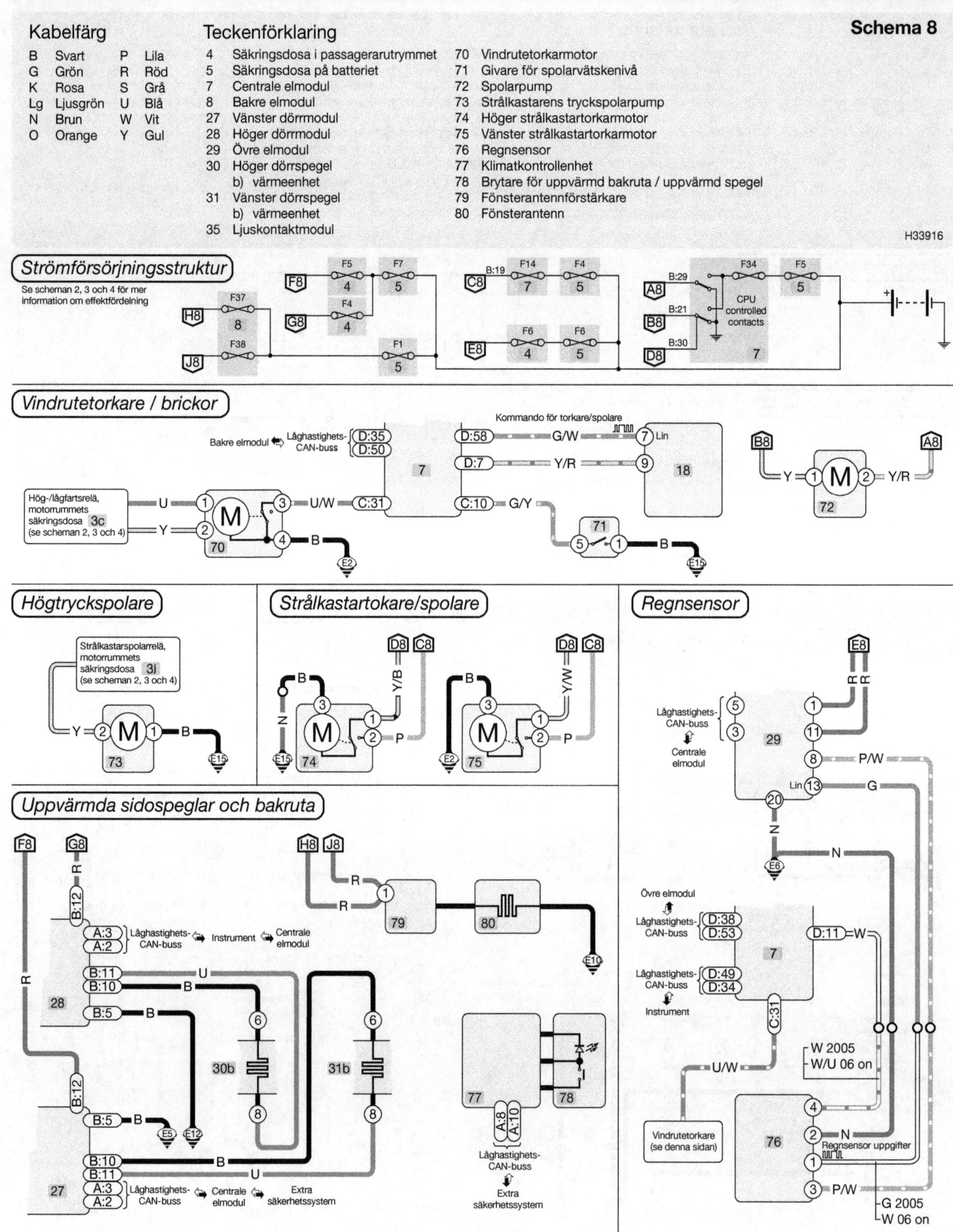
Kabelfärg
B Svart
G Grön
K Rosa
Lg Ljusgrön
N Brun
O Orange
P Lila
R Röd
S Grå
U Blå
W Vit
Y Gul
Teckenförklaring
4 Säkringsdosa i passagerarutrymmet
5 Säkringsdosa på batteriet
7 Centrale elmodul
8 Bakre elmodul
27 Vänster dörrmodul
28 Höger dörrmodul
29 Övre elmodul
30 Höger dörrspegel
b) värmeenhet
31 Vänster dörrspegel
b) värmeenhet
35 Ljuskontaktmodul
70 Vindrutetorkarmotor
71 Givare för spolarvätskenivå
72 Spolarpump
73 Strålkastarens tryckspolarpump
74 Höger strålkastartorkarmotor
75 Vänster strålkastartorkarmotor
76 Regnsensor
77 Klimatkontrollenhet
78 Brytare för uppvärmd bakruta / uppvärmd spegel
79 Fönsterantennförstärkare
80 Fönsterantenn
Schema 8
H33916
Strömförsörjningsstruktur
Se scheman 2, 3 och 4 för mer information om effektfördelning
CPU controlled contacts
Vindrutetorkare / brickor
Kommando för torkare/spolare
Bakre elmodul
Låghastighets-CAN-buss
Hög-/lågfartsrelä, motorrummets säkringsdosa 3c (se scheman 2, 3 och 4)
Högtryckspolare
Strålkastarspolarrelä, motorrummets säkringsdosa 3j (se scheman 2, 3 och 4)
Strålkastartokare/spolare
Regnsensor
Centrale elmodul
Övre elmodul
Instrument
Vindrutetorkare (se denna sidan)
Regnsensor uppgifter
W 2005
W/U 06 on
G 2005
W 06 on
Uppvärmda sidospeglar och bakruta
Låghastighets-CAN-buss
Instrument
Centrale elmodul
Extra säkerhetssystem

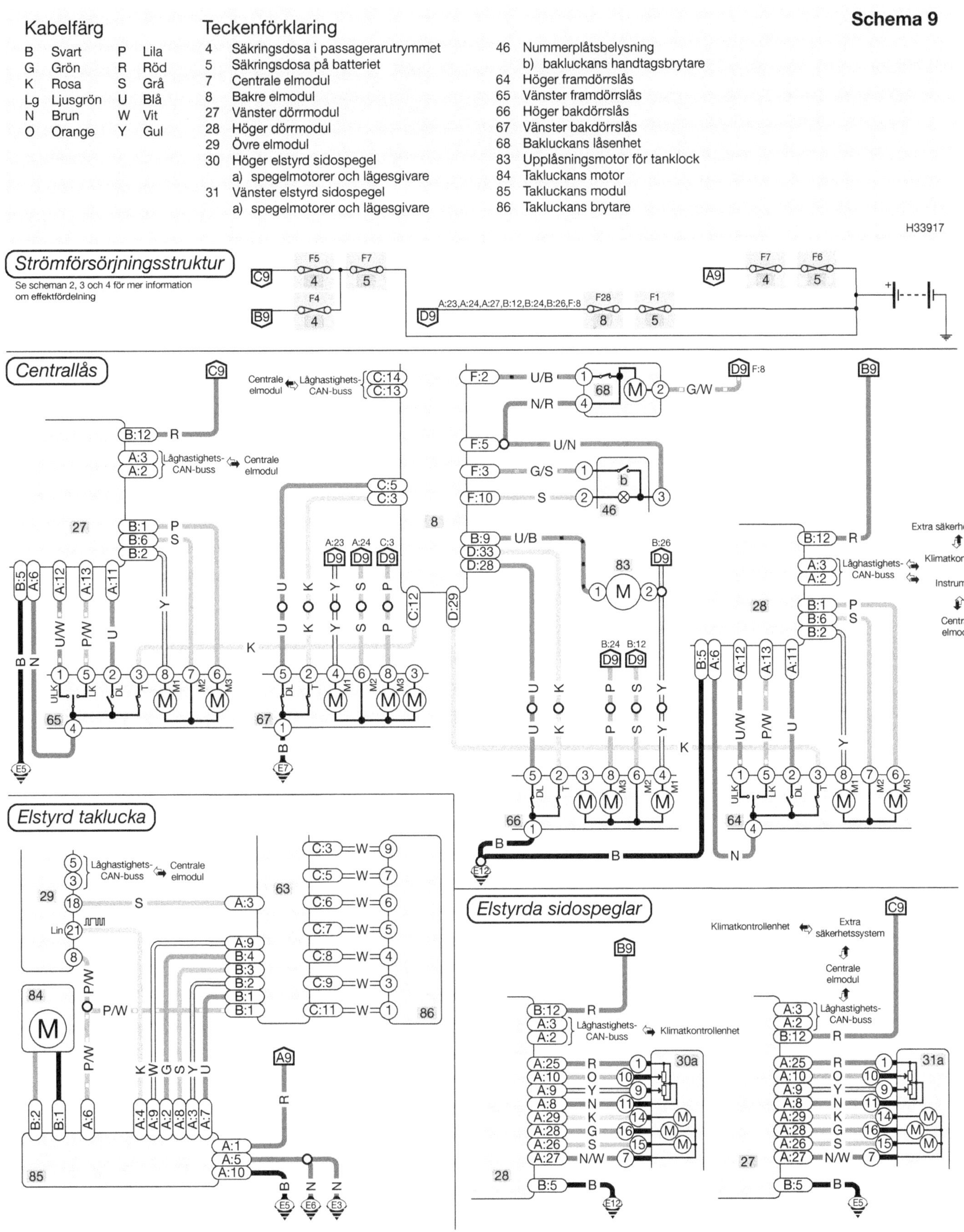
Schema 9
Kabelfärg
B Svart
G Grön
K Rosa
Lg Ljusgrön
N Brun
O Orange
P Lila
R Röd
S Grå
U Blå
W Vit
Y Gul
Teckenförklaring
4 Säkringsdosa i passagerarutrymmet
5 Säkringsdosa på batteriet
7 Centrale elmodul
8 Bakre elmodul
27 Vänster dörrmodul
28 Höger dörrmodul
29 Övre elmodul
30 Höger elstyrd sidospegel
a) spegelmotorer och lägesgivare
31 Vänster elstyrd sidospegel
a) spegelmotorer och lägesgivare
46 Nummerplåtsbelysning
b) bakluckans handtagsbrytare
64 Höger framdörrslås
65 Vänster framdörrslås
66 Höger bakdörrslås
67 Vänster bakdörrslås
68 Bakluckans låsenhet
83 Upplåsningsmotor för tanklock
84 Takluckans motor
85 Takluckans modul
86 Takluckans brytare
H33917
Strömförsörjningsstruktur
Se scheman 2, 3 och 4 för mer information om effektfördelning
Centrallås
Låghastighets-CAN-buss
Centrale elmodul
Elstyrd taklucka
Elstyrda sidospeglar
Klimatkontrollenhet
Extra säkerhetssystem

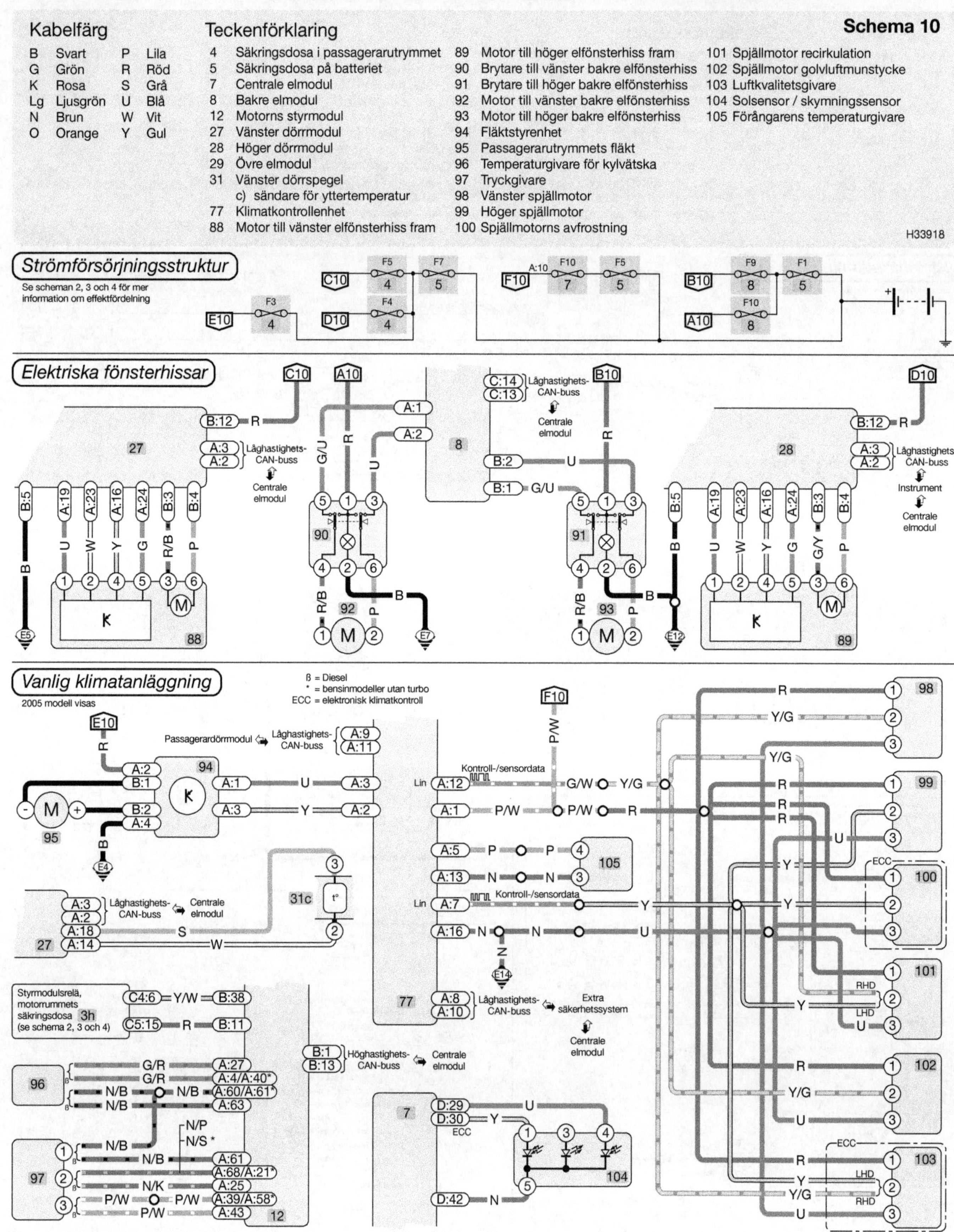
Kabelfärg
B Svart
G Grön
K Rosa
Lg Ljusgrön
N Brun
O Orange
P Lila
R Röd
S Grå
U Blå
W Vit
Y Gul
Teckenförklaring
Schema 10
4 Säkringsdosa i passagerarutrymmet
5 Säkringsdosa på batteriet
7 Centrale elmodul
8 Bakre elmodul
12 Motorns styrmodul
27 Vänster dörrmodul
28 Höger dörrmodul
29 Övre elmodul
31 Vänster dörrspegel
c) sändare för yttertemperatur
77 Klimatkontrollenhet
88 Motor till vänster elfönsterhiss fram
89 Motor till höger elfönsterhiss fram
90 Brytare till vänster bakre elfönsterhiss
91 Brytare till höger bakre elfönsterhiss
92 Motor till vänster bakre elfönsterhiss
93 Motor till höger bakre elfönsterhiss
94 Fläktstyrenhet
95 Passagerarutrymmets fläkt
96 Temperaturgivare för kylvätska
97 Tryckgivare
98 Vänster spjällmotor
99 Höger spjällmotor
100 Spjällmotorns avfrostning
101 Spjällmotor recirkulation
102 Spjällmotor golvluftmunstycke
103 Luftkvalitetsgivare
104 Solsensor / skymningssensor
105 Förångarens temperaturgivare
H33918
Strömförsörjningsstruktur
Se scheman 2, 3 och 4 för mer information om effektfördelning
Elektriska fönsterhissar
Låghastighets-CAN-buss
Centrale elmodul
Instrument
Vanlig klimatanläggning
2005 modell visas
ß = Diesel
* = bensinmodeller utan turbo
ECC = elektronisk klimatkontroll
Passagerardörrmodul
Kontroll-/sensordata
Extra säkerhetssystem
Höghastighets-CAN-buss
Styrmodulsrelä, motorrummets säkringsdosa 3h (se schema 2, 3 och 4)
RHD
LHD

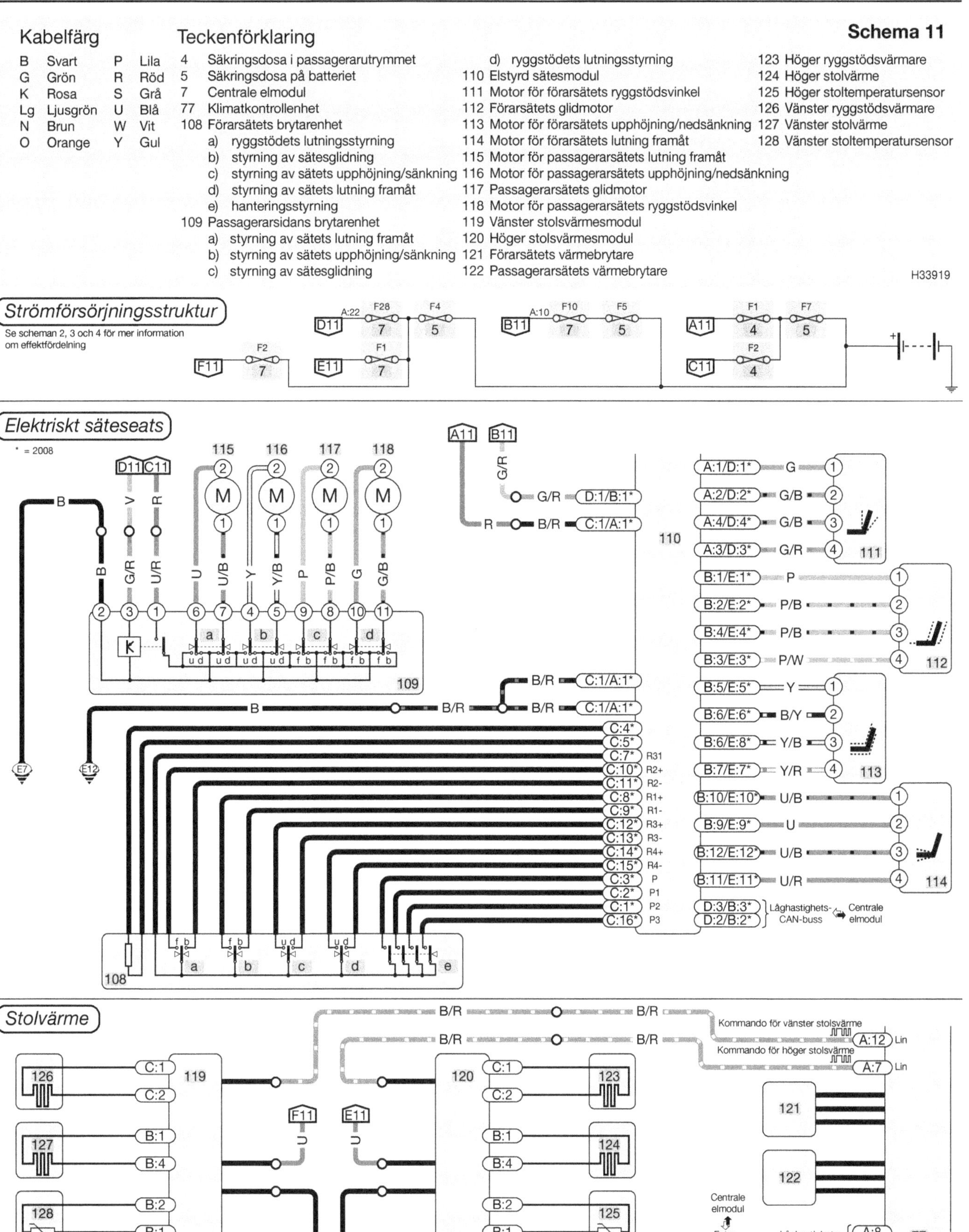
Kabelfärg
B Svart
G Grön
K Rosa
Lg Ljusgrön
N Brun
O Orange
P Lila
R Röd
S Grå
U Blå
W Vit
Y Gul
Teckenförklaring
4 Säkringsdosa i passagerarutrymmet
5 Säkringsdosa på batteriet
7 Centrale elmodul
77 Klimatkontrollenhet
108 Förarsätets brytarenhet
a) ryggstödets lutningsstyrning
b) styrning av sätesglidning
c) styrning av sätets upphöjning/sänkning
d) styrning av sätets lutning framåt
e) hanteringsstyrning
109 Passagerarsidans brytarenhet
a) styrning av sätets lutning framåt
b) styrning av sätets upphöjning/sänkning
c) styrning av sätesglidning
d) ryggstödets lutningsstyrning
110 Elstyrd sätesmodul
111 Motor för förarsätets ryggstödsvinkel
112 Förarsätets glidmotor
113 Motor för förarsätets upphöjning/nedsänkning
114 Motor för förarsätets lutning framåt
115 Motor för passagerarsätets lutning framåt
116 Motor för passagerarsätets upphöjning/nedsänkning
117 Passagerarsätets glidmotor
118 Motor för passagerarsätets ryggstödsvinkel
119 Vänster stolsvärmesmodul
120 Höger stolsvärmesmodul
121 Förarsätets värmebrytare
122 Passagerarsätets värmebrytare
123 Höger ryggstödsvärmare
124 Höger stolvärme
125 Höger stoltemperatursensor
126 Vänster ryggstödsvärmare
127 Vänster stolvärme
128 Vänster stoltemperatursensor
Schema 11
H33919
Strömförsörjningsstruktur
Se scheman 2, 3 och 4 för mer information om effektfördelning
Elektriskt säteseats
* = 2008
Låghastighets-CAN-buss
Centrale elmodul
Stolvärme
Kommando för vänster stolsvärme
Kommando för höger stolsvärme
Lin
Extra säkerhetssystem

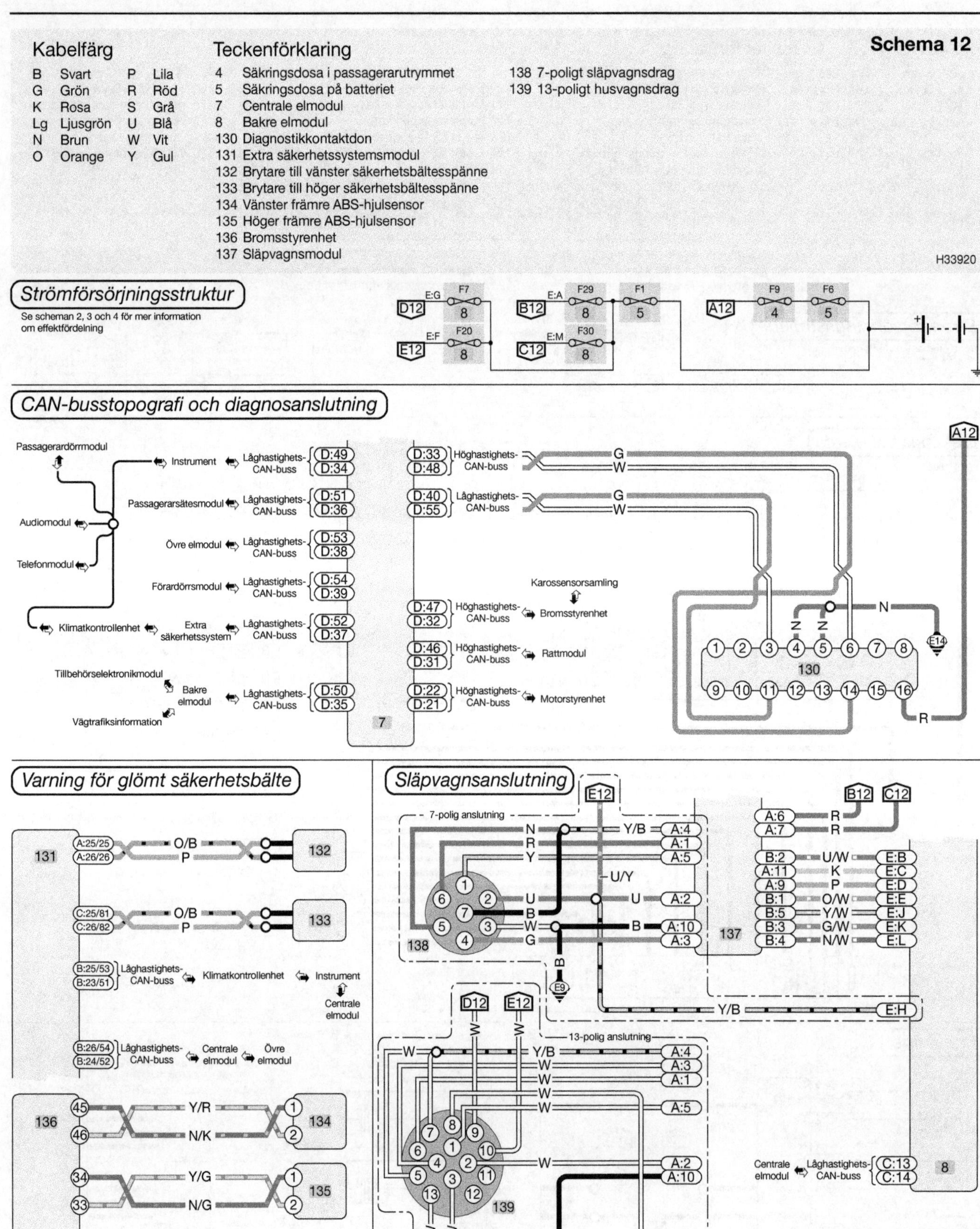

Kabelfärg
B Svart
G Grön
K Rosa
Lg Ljusgrön
N Brun
O Orange
P Lila
R Röd
S Grå
U Blå
W Vit
Y Gul
Teckenförklaring
4 Säkringsdosa i passagerarutrymmet
5 Säkringsdosa på batteriet
7 Centrale elmodul
8 Bakre elmodul
130 Diagnostikkontaktdon
131 Extra säkerhetssystemsmodul
132 Brytare till vänster säkerhetsbältesspänne
133 Brytare till höger säkerhetsbältesspänne
134 Vänster främre ABS-hjulsensor
135 Höger främre ABS-hjulsensor
136 Bromsstyrenhet
137 Släpvagnsmodul
138 7-poligt släpvagnsdrag
139 13-poligt husvagnsdrag
Schema 12
H33920
Strömförsörjningsstruktur
Se scheman 2, 3 och 4 för mer information om effektfördelning
D12 E:G F7 8
E12 E:F F20 8
B12 E:A F29 8
F1 5
C12 E:M F30 8
A12 F9 4
F6 5
CAN-busstopografi och diagnosanslutning
Passagerardörrmodul
Instrument
Audiomodul
Telefonmodul
Passagerarsätesmodul
Övre elmodul
Förardörrsmodul
Klimatkontrollenhet
Extra säkerhetssystem
Tillbehörselektronikmodul
Bakre elmodul
Vägtrafiksinformation
Låghastighets-CAN-buss
D:49 D:34
D:51 D:36
D:53 D:38
D:54 D:39
D:52 D:37
D:50 D:35
7
Höghastighets-CAN-buss
D:33 D:48
Låghastighets-CAN-buss
D:40 D:55
D:47 D:32
D:46 D:31
D:22 D:21
Karossensorsamling
Bromsstyrenhet
Rattmodul
Motorstyrenhet
G
W
N
R
A12
E14
130
Varning för glömt säkerhetsbälte
131
A:25/25 A:26/26
O/B
P
132
C:25/81 C:26/82
133
B:25/53 B:23/51
Låghastighets-CAN-buss
Klimatkontrollenhet
Instrument
Centrale elmodul
B:26/54 B:24/52
Centrale elmodul
Övre elmodul
136
45 46
Y/R
N/K
134
34 33
Y/G
N/G
135
11 15
Höghastighets-CAN-buss
Centrale elmodul
Släpvagnsanslutning
E12
7-polig anslutning
Y/B
U/Y
A:4 A:1 A:5 A:2 A:10 A:3
138
137
E9
B12 C12
A:6 A:7
B:2 A:11 A:9 B:1 B:5 B:3 B:4
U/W K P O/W Y/W G/W N/W
E:B E:C E:D E:E E:J E:K E:L
E:H
D12 E12
13-polig anslutning
139
Centrale elmodul
Låghastighets-CAN-buss
C:13 C:14
8

Schema 13

Kabelfärg

B	Svart	P	Lila
G	Grön	R	Röd
K	Rosa	S	Grå
Lg	Ljusgrön	U	Blå
N	Brun	W	Vit
O	Orange	Y	Gul

Teckenförklaring

4 Säkringsdosa i passagerarutrymmet
5 Säkringsdosa på batteriet
7 Centrale elmodul
12 Motorns styrmodul
28 Höger dörrmodul
31 Vänster dörrmodul
  c) sensor för yttertemperatur
134 Vänster främre ABS-hjulsensor
135 Höger främre ABS-hjulsensor
136 Bromsstyrenhet
143 Temperaturgivare för kylvätska
144 Oljetrycksgivare
145 Oljenivågivare
146 Kylvätskans nivågivare
147 Bromsoljans nivågivare
148 Givare för spolarvätskenivå
149 Parkeringsbromskontakt
150 Impulssensor
151 Instrumentmodul
152 Bränslepump
  a) Bränslenivåsensor på insprutningsventilssidan
  b) Bränslenivåsensor på pumpsidan

H33921

Strömförsörjningsstruktur

Se scheman 2, 3 och 4 för mer information om effektfördelning

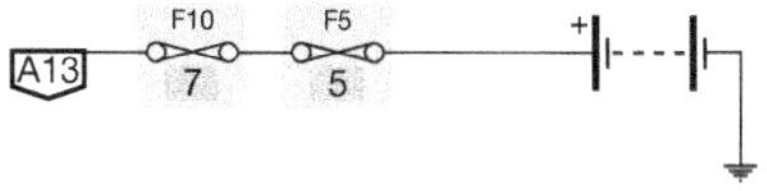

Instrument

Modulens strömförsörjning visas i tidigare scheman

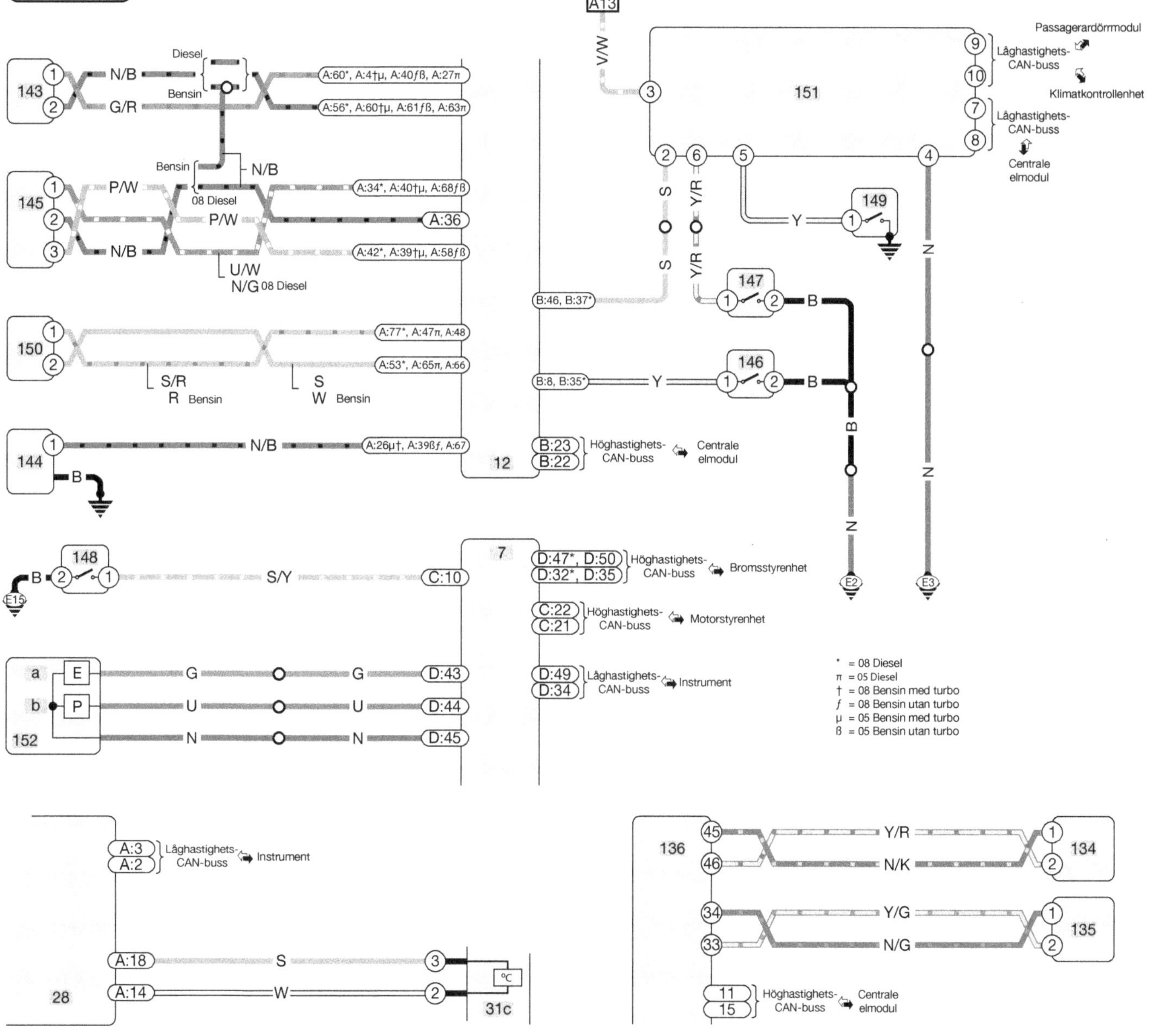

Vanlig säkringsinformation (baserat på modellår 2005)

Schema 14

Säkringsdosa i motorrummet 3

Länk	Kapacitet	Funktion
F1	25 A	Parkeringsvärmare, tillval
F2	20 A	Extraljus, tillval
F3	10A	Gasspjäll
F4	20 A	Lambdasonder, styrmodul (diesel) högtrycksventil (diesel)
F5	10 A	Vevhusventilationsvärmare
F6	15A	Luftflödesgivare, styrmodul, insprutningsventiler (bensin)
F7	-	
F8	10 A	Gaspedalssensor, AC-kompressor, fläktmodul
F9	-	
F10	-	
F11	20 A	Tändspolar (bensin), reläspolar
F12	-	
F13	25A	Vindrutetorkare
F14	30A	ABS
F15	35 A	Helljusens högtrycksspolare
F16	-	
F17	20 A	Vänster halvljus
F18	15 A	Främre parkeringsljus
F19	30A	ABS
F20	20 A	Höger halvljus
F21	15A	Bränslepump
F22	35A	Startmotor
F23	10 A	Styrmodulsmatning, motorreläspole

Säkringsdosa i kupén (instrumentbrädans ände) 4

Länk	Kapacitet	Funktion
F1	25A	Elektriskt säte vänster
F2	25A	Elektriskt säte höger
F3	30 A	Klimatanläggningssystemets fläkt
F4	25A	Höger dörrmodul
F4	25A	Vänster dörrmodul
F6	10 A	Belysning, taklampa, övre elektronikmodul
F7	15A	Taklucka
F8	7,5 A	Tändningslås, SRS-system, styrmodul, PACOS-tillval, startspärr
F9	5 A	OBDII, ljuskontaktmodul, styrvinkelsensor, rattmodul
F10	20A	Audio
F11	30A	Förstärkare
F12	10 A	Display för trafikinformation
F13	5A	Telefon
F14	-	
.		
.		
.		
F38		

Säkringsdosa i bagageutrymmet (REM) 8

Länk	Kapacitet	Funktion
F1	10 A	Backljus
F2	15 A	Parkeringsljus, dimljus, bagagerumsbelysning, registreringsskyltsbelysning, lysdioder i bromsljus
F3	20 A	Tillbehör (tillbehörens elektronikmodul)
F4	-	
F5	10 A	Bakre elektronikmodul (REM)
F6	7,5 A	CD-växlare, TV, RTI
F7	15A	Släpvagnsanslutning
F8	15 A	Bagageutrymmets strömuttag
F9	20 A	Elfönsterhiss i höger bakdörr, elfönsterhisslås
F10	20 A	Elfönsterhiss i vänster bakdörr, elfönsterhisslås
F11	-	
F12	-	
F13	15	Dieselfiltervärmare
F14	-	
F15	-	
F16	-	
F17	5A	Ljudtillbehör
F18	-	
F19	15 A	Vikbart nackstöd

Säkringsdosa i bagageutrymmet (fortsättning)

Länk	Kapacitet	Funktion
F20	20A	Släpvagnsanslutning
F21	-	
F22	-	
F23	7.5A	Fyrhjulsdrivna (AWD)
F24	15A	Four-C SUM
F25	-	
F26	6 A	Parkeringsassistans
F27	30 A	Huvudsäkring för släpvagnsanslutning, Four-C, parkeringsassistans, AWD
F28	15A	Centrallåssystem
F29	25A	Släpvagnsljus vänster sida
F30	25A	Släpvagnsljus höger sida
F31	40A	Huvudsäkring (F37, F38)
.		
.		
.		
F36	-	
F37	20A	Uppvärmd bakruta
F38	20A	Uppvärmd bakruta

Passagerarutrymmets (CEM) säkringsdosa 7 (under instrumentbrädan)

Länk	Kapacitet	Funktion
F1	15A	Stolvärme, höger sida
F2	15A	Stolvärme, vänster sida
F3	15A	Signalhorn
F4	-	
F5	-	
F6	-	
F7	-	
F8	5A	Siren
F9	5 A	Bromsljusets brytarmatning
F10	10 A	Instrument, klimatanläggning, elstyrd förarstol
F11	15 A	Kraftuttag fram och bak
F12	-	
F13	-	
F14	15 A	Helljustorkare
F15	5A	ABS, STC/DSTC
F16	10 A	Servostyrning, xenonstrålkastare, strålkastarinställning
F17	7,5 A	Dimljus vänster fram
F18	7,5 A	Dimljus höger fram
F19	-	
F20	-	
F21	10A	Styrenhet för växellådan
F22	10A	Vänster helljus
F23	10A	Höger helljus
F24	-	
F25	-	
F26	-	
F27	-	
F28	5 A	Elstyrd passagerarstol, ljud
F29	-	
F30	5A	BLIS
F31	-	
F32	-	
F33	20A	Vakuumpump
F34	15A	Spolarpump
F35	-	
F36	-	

H33922

Vanlig säkringsdosinformation (baserat på modellår 2005)

Schema 15

4

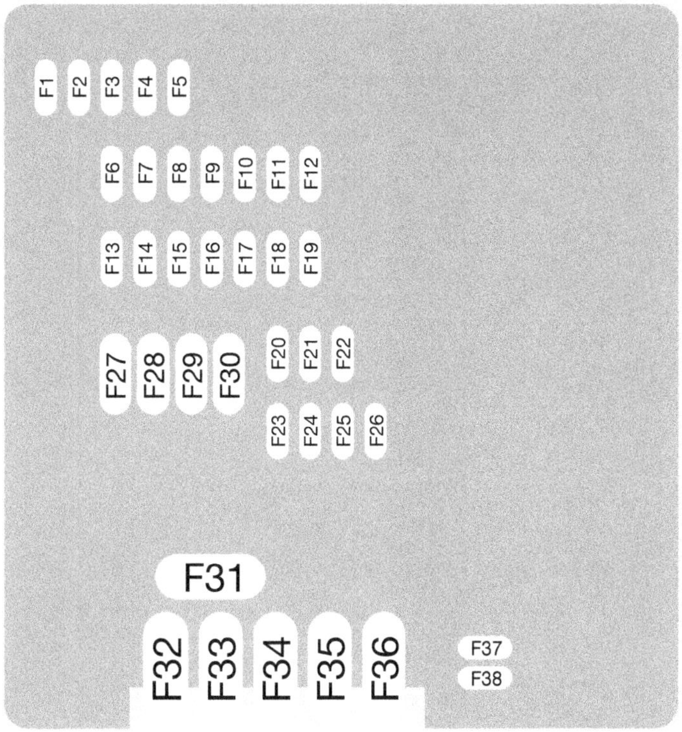

F1	F10	F20	F30
F2	F11	F21	F31
F3	F12	F22	F32
F4	F13	F23	F33
F5	F14	F24	F34
F6	F15	F25	F35
F7	F16	F26	F36
F8	F17	F27	F37
F9	F18	F28	F38
	F19	F29	

8

F1 F2 F3 F4 F5
F6 F7 F8 F9 F10 F11 F12
F13 F14 F15 F16 F17 F18 F19
F27 F28 F29 F30 F20 F21 F22
F23 F24 F25 F26
F31
F32 F33 F34 F35 F36 F37 F38

7

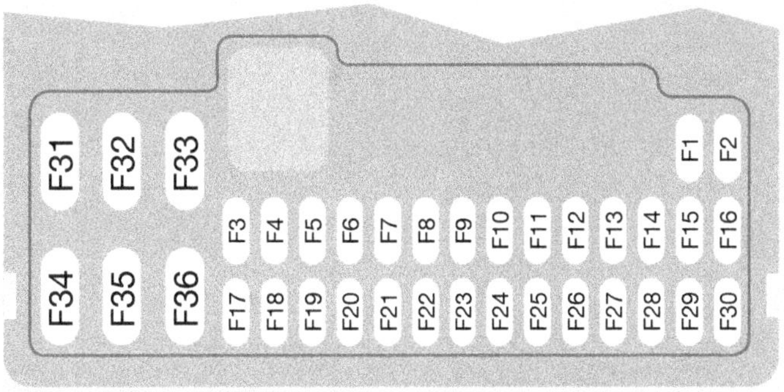

F31 F32 F33 F1 F2
F3 F4 F5 F6 F7 F8 F9 F10 F11 F12 F13 F14 F15 F16
F34 F35 F36 F17 F18 F19 F20 F21 F22 F23 F24 F25 F26 F27 F28 F29 F30

3

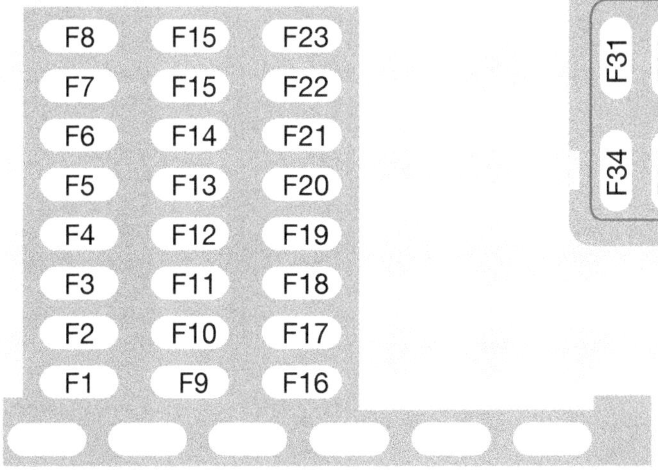

F8	F15	F23
F7	F15	F22
F6	F14	F21
F5	F13	F20
F4	F12	F19
F3	F11	F18
F2	F10	F17
F1	F9	F16

H33923

Mått och vikter

Observera: *Alla siffror är ungefärliga och kan variera beroende på modell. Se tillverkarens uppgifter för exakta mått.*

Dimensioner

Total längd (beroende på modell)	4580 mm
Total bredd	1800 mm
Total höjd	1430 mm
Axelavstånd	2720 mm

Vikter

Fordonets vikt utan förare och last	Se identitetsskylt på den främre vänstra innerskärmen
Maximal taklast	100 kg
Maximal släpvagnsvikt (bromsad)	1600 kg

Inköp av reservdelar

Reservdelar finns att köpa på flera ställen, till exempel hos Volvoverkstäder, tillbehörsbutiker och biläterförsäljare. För att säkert få rätt del krävs ibland att bilens chassinummer uppges. Ta om möjligt med den gamla delen för säker identifiering. Många delar, t.ex. startmotor och generator, finns att få som fabriksrenoverade utbytesdelar. Delar som returneras ska alltid vara rena.

Vårt råd när det gäller reservdelsinköp är följande.

Auktoriserade Volvoverkstäder

Det här är det bästa stället för reservdelar som är specifika för bilen och som inte finns att få tag på på andra ställen (t.ex. märkesbeteckningar, invändig dekor, vissa karosspaneler, etc). Det är även det enda ställe där man kan få reservdelar om bilens garanti fortfarande gäller.

Tillbehörsbutiker

Dessa är ofta bra ställen för inköp av underhållsmaterial (olje-, luft- och bränslefilter, tändstift, glödlampor, drivremmar, oljor, fett, bromsbackar, bättringslack, etc). Tillbehör av detta slag som säljs av välkända butiker håller samma standard som de som används av biltillverkaren.

Motorspecialister

Bra tillverkare lagerhåller alla viktigare komponenter som slits ut relativt snabbt, och kan ibland tillhandahålla enskilda komponenter som behövs för renovering av en större enhet. I vissa fall kan de ta hand om större arbeten som omborrning av motorblocket, omslipning av vevaxlar, balansering etc.

Specialister på däck och avgassystem

Dessa kan vara oberoende återförsäljare eller ingå i större kedjor. De har ofta bra priser jämfört med märkesverkstäder, men det är lönt att undersöka priser hos flera försäljare. Fråga också vad som ingår i priset. T.ex. får man ofta betala extra för att få en ny ventil monterad och hjulet balanserat när man köper ett nytt däck.

Andra inköpsställen

Var misstänksam när det gäller delar som säljs på loppmarknader och liknande. De är inte alltid av usel kvalitet, men det är mycket liten chans att reklamera köpet om de är otillfredsställande. För säkerhetsmässiga delar som bromsklossar finns det inte bara ekonomiska risker utan även allvarliga olycksrisker att ta hänsyn till.

Begagnade delar eller delar från en bildemontering kan vara prisvärda i vissa fall, men sådana inköp bör helst göras av en erfaren hemmamekaniker.

Chassinummer

För biltillverkning sker modifieringar av modeller fortlöpande och det är endast de större modelländringarna som publiceras. Reservdelskataloger och listor sammanställs på numerisk bas, så bilens chassinummer är nödvändigt för att få rätt reservdel.

Lämna alltid så mycket information som möjligt vid beställning av reservdelar. Ange fordonstyp och årsmodell, VIN och motornummer.

Fordonsidentifieringsnumret (VIN) visas på en metallplatta som är fäst på den främre högra innerskärmen, den främre vänstra innerskärmen eller förardörrens stolpe **(se bilder)**. Modellplattan anger även bilens lastuppgifter, motortyp och olika klädsel- och färgkoder. VIN visas även på en plastetikett som är fäst på passagerarsidan av instrumentbrädan och som syns genom vindrutan samt ovanpå motorrummets mellanvägg.

Motornumret är instansat på den högra änden av motorblocket **(se bild)**.

Växellådans ID-nummer sitter på en platta som är fäst ovanpå växellådshuset eller ingjutet i själva huset.

VIN-skylten är monterad på innerskärmen i motorrummet...

... på en platta på instrumentbrädan (syns genom vindrutan)...

... och ovanpå motorrummets mellanvägg (markerad med pil)

Motornumret är instansat på den högra änden av motorblocket (markerad med pil).

När service, reparationer och renoveringar utförs på en bil eller bildel bör följande beskrivningar och instruktioner följas. Detta för att reparationen ska utföras så effektivt och fackmannamässigt som möjligt.

Tätningsytor och packningar

Vid isärtagande av delar vid deras tätningsytor ska dessa aldrig bändas isär med skruvmejsel eller liknande. Detta kan orsaka allvarliga skador som resulterar i oljeläckage, kylvätskeläckage etc. efter montering. Delarna tas vanligen isär genom att man knackar längs fogen med en mjuk klubba. Lägg dock märke till att denna metod kanske inte är lämplig i de fall styrstift används för exakt placering av delar.

Där en packning används mellan två ytor måste den bytas vid ihopsättning. Såvida inte annat anges i den aktuella arbetsbeskrivningen ska den monteras torr. Se till att tätningsytorna är rena och torra och att alla spår av den gamla packningen är borttagna. Vid rengöring av en tätningsyta ska sådana verktyg användas som inte skadar den. Små grader och repor tas bort med bryne eller en finskuren fil.

Rensa gängade hål med piprensare och håll dem fria från tätningsmedel då sådant används, såvida inte annat direkt specificeras.

Se till att alla öppningar, hål och kanaler är rena och blås ur dem, helst med tryckluft.

Oljetätningar

Oljetätningar kan tas ut genom att de bänds ut med en bred spårskruvmejsel eller liknande. Alternativt kan ett antal självgängande skruvar dras in i tätningen och användas som dragpunkter för en tång, så att den kan dras rakt ut.

När en oljetätning tas bort från sin plats, ensam eller som en del av en enhet, ska den alltid kasseras och bytas ut mot en ny.

Tätningsläpparna är tunna och skadas lätt och de tätar inte annat än om kontaktytan är fullständigt ren och oskadad. Om den ursprungliga tätningsytan på delen inte kan återställas till perfekt skick och tillverkaren inte gett utrymme för en viss omplacering av tätningen på kontaktytan, måste delen i fråga bytas ut. Tätningarna bör alltid bytas ut när de har demonterats.

Skydda tätningsläpparna från ytor som kan skada dem under monteringen. Använd tejp eller konisk hylsa där så är möjligt. Smörj läpparna med olja innan monteringen. Om oljetätningen har dubbla läppar ska utrymmet mellan dessa fyllas med fett.

Såvida inte annat anges ska oljetätningar monteras med tätningsläpparna mot det smörjmedel som de ska täta för.

Använd en rörformad dorn eller en träbit i lämplig storlek till att knacka tätningarna på plats. Om sätet är försedd med skuldra, driv tätningen mot den. Om sätet saknar skuldra bör tätningen monteras så att den går jäms med sätets yta (såvida inte annat uttryckligen anges).

Skruvgängor och infästningar

Muttrar, bultar och skruvar som kärvar är ett vanligt förekommande problem när en komponent har börjat rosta. Bruk av rostupplösningsolja och andra krypsmörjmedel löser ofta detta om man dränker in delen som kärvar en stund innan man försöker lossa den. Slagskruvmejsel kan ibland lossa envist fastsittande infästningar när de används tillsammans med rätt mejselhuvud eller hylsa. Om inget av detta fungerar kan försiktig värmning eller i värsta fall bågfil eller mutterspräckare användas.

Pinnbultar tas vanligen ut genom att två muttrar låses vid varandra på den gängade delen och att en blocknyckel sedan vrider den undre muttern så att pinnbulten kan skruvas ut. Bultar som brutits av under fästytan kan ibland avlägsnas med en lämplig bultutdragare. Se alltid till att gängade bottenhål är helt fria från olja, fett, vatten eller andra vätskor innan bulten monteras. Underlåtenhet att göra detta kan spräcka den del som skruven dras in i, tack vare det hydrauliska tryck som uppstår när en bult dras in i ett vätskefyllt hål

Vid åtdragning av en kronmutter där en saxsprint ska monteras ska muttern dras till specificerat moment om sådant anges, och därefter dras till nästa sprinthål. Lossa inte muttern för att passa in saxsprinten, såvida inte detta förfarande särskilt anges i anvisningarna.

Vid kontroll eller omdragning av mutter eller bult till ett specificerat åtdragningsmoment, ska muttern eller bulten lossas ett kvarts varv och sedan dras åt till angivet moment. Detta ska dock inte göras när vinkelåtdragning använts.

För vissa gängade infästningar, speciellt topplocksbultar/muttrar anges inte åtdragningsmoment för de sista stegen. Istället anges en vinkel för åtdragning. Vanligtvis anges ett relativt lågt åtdragningsmoment för bultar/muttrar som dras i specificerad turordning. Detta följs sedan av ett eller flera steg åtdragning med specificerade vinklar.

Låsmuttrar, låsbleck och brickor

Varje infästning som kommer att rotera mot en komponent eller en kåpa under åtdragningen ska alltid ha en bricka mellan åtdragningsdelen och kontaktytan.

Fjäderbrickor ska alltid bytas ut när de använts till att låsa viktiga delar som exempelvis lageröverfall. Låsbleck som viks över för att låsa bult eller mutter ska alltid byts ut vid ihopsättning.

Självlåsande muttrar kan återanvändas på mindre viktiga detaljer, under förutsättning att motstånd känns vid dragning över gängen. Kom dock ihåg att självlåsande muttrar förlorar låseffekt med tiden och därför alltid bör bytas ut som en rutinåtgärd.

Saxsprintar ska alltid bytas mot nya i rätt storlek för hålet.

När gänglåsmedel påträffas på gängor på en komponent som ska återanvändas bör man göra ren den med en stålborste och lösningsmedel. Applicera nytt gänglåsningsmedel vid montering.

Specialverktyg

Vissa arbeten i denna handbok förutsätter användning av specialverktyg som pressar, avdragare, fjäderkompressorer med mera. Där så är möjligt beskrivs lämpliga lättillgängliga alternativ till tillverkarens specialverktyg och hur dessa används. I vissa fall, där inga alternativ finns, har det varit nödvändigt att använda tillverkarens specialverktyg. Detta har gjorts av säkerhetsskäl, likväl som för att reparationerna ska utföras så effektivt och bra som möjligt. Såvida du inte är mycket kunnig och har stora kunskaper om det arbetsmoment som beskrivs, ska du aldrig försöka använda annat än specialverktyg när sådana anges i anvisningarna. Det föreligger inte bara stor risk för personskador, utan kostbara skador kan också uppstå på komponenterna.

Miljöhänsyn

Vid sluthantering av förbrukad motorolja, bromsvätska, frostskydd etc. ska all vederbörlig hänsyn tas för att skydda miljön. Ingen av ovan nämnda vätskor får hällas ut i avloppet eller direkt på marken. Kommunernas avfallshantering har kapacitet för hantering av miljöfarligt avfall liksom vissa verkstäder. Om inga av dessa finns tillgängliga i din närhet, fråga hälsoskyddskontoret i din kommun om råd.

I och med de allt strängare miljöskyddslagarna beträffande utsläpp av miljöfarliga ämnen från motorfordon har alltfler bilar numera justersäkringar monterade på de mest avgörande justeringspunkterna för bränslesystemet. Dessa är i första hand avsedda att förhindra okvalificerade personer från att justera bränsle/luftblandningen och därmed riskerar en ökning av giftiga utsläpp. Om sådana justersäkringar påträffas under service eller reparationsarbete ska de, närhelst möjligt, bytas eller sättas tillbaka i enlighet med tillverkarens rekommendationer eller aktuell lagstiftning.

Domkraften som följer med bilens verktygslåda bör **endast** användas för att byta hjul i nödfall – se Hjulbyte i början av den här handboken. Vid alla andra arbeten ska bilen lyftas med en kraftig hydraulisk domkraft (eller garagedomkraft), som alltid ska kompetteras med pallbockar under bilens stödpunkter. Om hjulen inte behöver demonteras kan hjulramper användas. Dessa placeras under hjulen när bilen har hissats upp med en hydraulisk domkraft och sedan sänks bilen ner på ramperna så att den vilar på hjulen.

Lyft bara upp bilen med domkraft när den står parkerad på ett stadigt plant underlag. Vid minsta lutning måste du vara mycket noga med att se till att bilen inte kan röra sig med hjulen ovan mark. Att lyfta med domkraft på ojämnt underlag eller grus rekommenderas inte eftersom bilens vikt inte kommer att fördelas jämnt och domkraften kan glida när bilen är upplyft.

Undvik i möjligaste mån att lämna bilen obevakad när den är upplyft, i synnerhet i närheten av barn.

Se till att handbromsen är ordentligt åtdragen innan bilens framvagn lyfts upp. Spärra framhjulen genom att lägga träklossar framför hjulen och lägg i ettans växel (eller P) innan bakvagnen lyfts upp.

Domkraften som medföljer bilen ska placeras på tröskelflänsarna, på de punkter som är markerade på bilens båda sidor **(se bild)**. Se till att domkraftens huvud sitter korrekt innan du börjar lyfta bilen.

När en hydraulisk domkraft eller pallbockar används måste domkraftshuvudet eller pallbockshuvudet placeras under en av de fyra stödpunkterna innanför dörrtrösklarna **(se bild)**. När man lyfter eller stöder fordonet vid de här punkterna ska man alltid placera en träbit mellan domkraftshuvudet eller pallbocken och karossen. Det rekommenderas även att man använder en stor träbit när man lyfter under andra områden för att sprida belastningen över ett större område och minska risken för skador på bilens underrede (det hjälper även till att hindra att underredets lack skadas av domkraften eller pallbockarna). **Lyft inte** bilen med domkraften under någon annan del av karmunderstycket, motorn, sumpen, golvplåten, kryssrambalken eller direkt under någon av styrningens eller fjädringens komponenter.

Arbeta aldrig under, runt eller i närheten av en lyft bil om den inte stöds ordentligt av pallbockar. Lita inte på att bilen kan hållas uppe med bara domkraftens stöd. Även hydrauliska domkrafter kan ge vika under belastning. Provisoriska metoder skall inte användas för att lyfta och stödja bilen under servicearbeten.

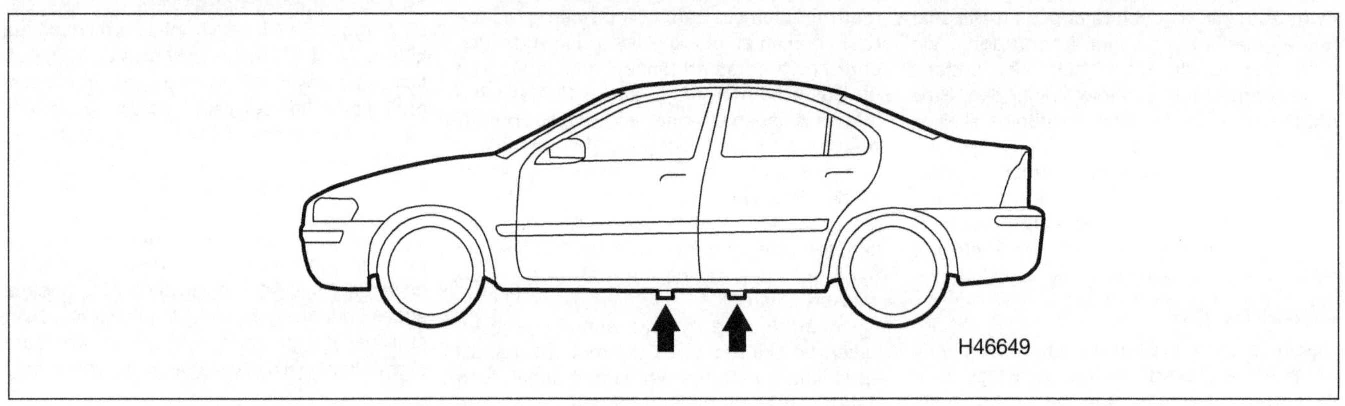

Domkraften som medföljer bilen passar in på lyftpunkter innanför tröskelflänsarna (markerade med pilar)

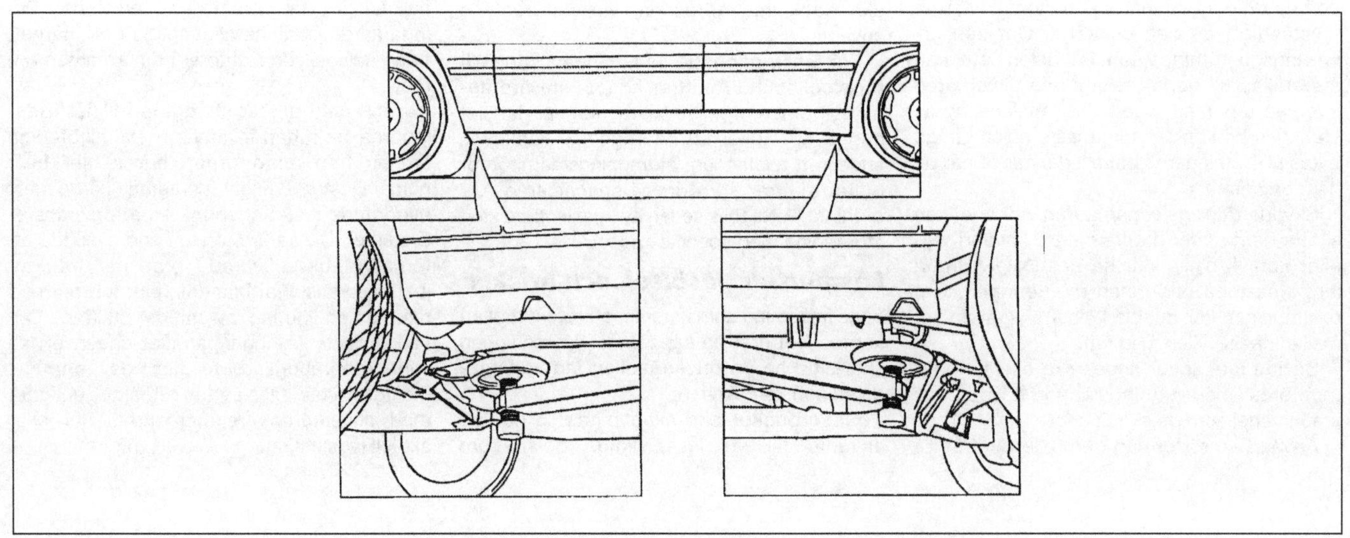

Stödpunkter för garagedomkraft eller hydraulisk domkraft

Inledning

En uppsättning bra verktyg är ett grundläggande krav för var och en som överväger att underhålla och reparera ett motorfordon. För de ägare som saknar sådana kan inköpet av dessa bli en märkbar utgift, som dock uppvägs till en viss del av de besparingar som görs i och med det egna arbetet. Om de anskaffade verktygen uppfyller grundläggande säkerhets- och kvalitetskrav kommer de att hålla i många år och visa sig vara en värdefull investering.

För att hjälpa bilägaren att avgöra vilka verktyg som behövs för att utföra de arbeten som beskrivs i denna handbok har vi sammanställt tre listor med följande rubriker: *Underhåll och mindre reparationer, Reparation och renovering* samt *Specialverktyg*. Ny-börjaren bör starta med det första sortimentet och begränsa sig till enklare arbeten på fordonet. Allt eftersom erfarenhet och själv-förtroende växer kan man sedan prova svårare uppgifter och köpa fler verktyg när och om det behövs. På detta sätt kan den grundläggande verktygssatsen med tiden utvidgas till en reparations- och renoverings-sats utan några större enskilda kontantutlägg. Den erfarne hemmamekanikern har redan en verktygssats som räcker till de flesta reparationer och renoveringar och kommer att välja verktyg från specialkategorin när han känner att utgiften är berättigad för den användning verktyget kan ha.

Underhåll och mindre reparationer

Verktygen i den här listan ska betraktas som ett minimum av vad som behövs för rutinmässigt underhåll, service och mindre reparationsarbeten. Vi rekommenderar att man köper blocknycklar (ring i ena änden och öppen i den andra), även om de är dyrare än de med öppen ände, eftersom man får båda sorternas fördelar.

- ☐ *Blocknycklar - 8, 9, 10, 11, 12, 13, 14, 15, 17 och 19 mm*
- ☐ *Skiftnyckel - 35 mm gap (ca.)*
- ☐ *Tändstiftsnyckel (med gummifoder)*
- ☐ *Verktyg för justering av tändstiftens elektrodavstånd*
- ☐ *Sats med bladmått*
- ☐ *Nyckel för avluftning av bromsar*
- ☐ *Skruvmejslar:*
  Spårmejsel - 100 mm lång x 6 mm diameter
  Stjärnmejsel - 100 mm lång x 6 mm diameter
- ☐ *Kombinationstång*
- ☐ *Bågfil (liten)*
- ☐ *Däckpump*
- ☐ *Däcktrycksmätare*
- ☐ *Oljekanna*
- ☐ *Verktyg för demontering av oljefilter*
- ☐ *Fin slipduk*
- ☐ *Stålborste (liten)*
- ☐ *Tratt (medelstor)*

Reparation och renovering

Dessa verktyg är ovärderliga för alla som utför större reparationer på ett motorfordon och tillkommer till de som angivits för *Underhåll och mindre reparationer*. I denna lista ingår en grundläggande sats hylsor. Även om dessa är dyra, är de oumbärliga i och med sin mång-sidighet - speciellt om satsen innehåller olika typer av drivenheter. Vi rekommenderar 1/2-tums fattning på hylsorna eftersom de flesta momentnycklar har denna fattning.

Verktygen i denna lista kan ibland behöva kompletteras med verktyg från listan för *Specialverktyg*.

- ☐ *Hylsor, dimensioner enligt föregående lista*
- ☐ *Spärrskaft med vändbar riktning (för användning med hylsor)* **(se bild)**
- ☐ *Förlängare, 250 mm (för användning med hylsor)*
- ☐ *Universalknut (för användning med hylsor)*
- ☐ *Momentnyckel (för användning med hylsor)*
- ☐ *Självlåsande tänger*
- ☐ *Kulhammare*
- ☐ *Mjuk klubba (plast/aluminium eller gummi)*
- ☐ *Skruvmejslar:*
  Spårmejsel - en lång och kraftig, en kort (knubbig) och en smal (elektrikertyp)
  Stjärnmejsel - en lång och kraftig och en kort (knubbig)
- ☐ *Tänger:*
  Spetsnostång/plattång
  Sidavbitare (elektrikertyp)
  Låsringstång (inre och yttre)
- ☐ *Huggmejsel - 25 mm*
- ☐ *Ritspets*
- ☐ *Skrapa*
- ☐ *Körnare*
- ☐ *Purr*
- ☐ *Bågfil*
- ☐ *Bromsslangklämma*
- ☐ *Avluftningssats för bromsar/koppling*
- ☐ *Urval av borrar*
- ☐ *Stållinjal*
- ☐ *Insexnycklar (inkl Torxtyp/med splines)* **se bild)**
- ☐ *Sats med filar*
- ☐ *Stor stålborste*
- ☐ *Pallbockar*
- ☐ *Domkraft (garagedomkraft eller stabil pelarmodell)*
- ☐ *Arbetslampa med förlängningssladd*

Specialverktyg

Verktygen i denna lista är de som inte används regelbundet, är dyra i inköp eller som måste användas enligt tillverkarens anvis-ningar. Det är bara om du relativt ofta kommer att utföra tämligen svåra jobb som många av dessa verktyg är lönsamma att köpa. Du kan också överväga att gå samman med någon vän (eller gå med i en motorklubb) och göra ett gemensamt inköp, hyra eller låna verktyg om så är möjligt.

Följande lista upptar endast verktyg och instrument som är allmänt tillgängliga och inte sådana som framställs av biltillverkaren speciellt för auktoriserade verkstäder. Ibland nämns dock sådana verktyg i texten. I allmänhet anges en alternativ metod att utföra arbetet utan specialverktyg. Ibland finns emellertid inget alternativ till tillverkarens specialverktyg. När så är fallet och relevant verktyg inte kan köpas, hyras eller lånas har du inget annat val än att lämna bilen till en auktoriserad verkstad.

- ☐ *Ventilfjäderkompressor* **(se bild)**
- ☐ *Ventilslipningsverktyg*
- ☐ *Kolvringskompressor* **(se bild)**
- ☐ *Verktyg för demontering/montering av kolvringar* **(se bild)**
- ☐ *Honingsverktyg* **(se bild)**
- ☐ *Kulledsavdragare*
- ☐ *Spiralfjäderkompressor (där tillämplig)*
- ☐ *Nav/lageravdragare, två/tre ben* **(se bild)**
- ☐ *Slagskruvmejsel*
- ☐ *Mikrometer och/eller skjutmått* **(se bilder)**
- ☐ *Indikatorklocka* **(se bild)**
- ☐ *Kamvinkelmätare/varvräknare*
- ☐ *Multimeter*
- ☐ *Kompressionsmätare* **(se bild)**

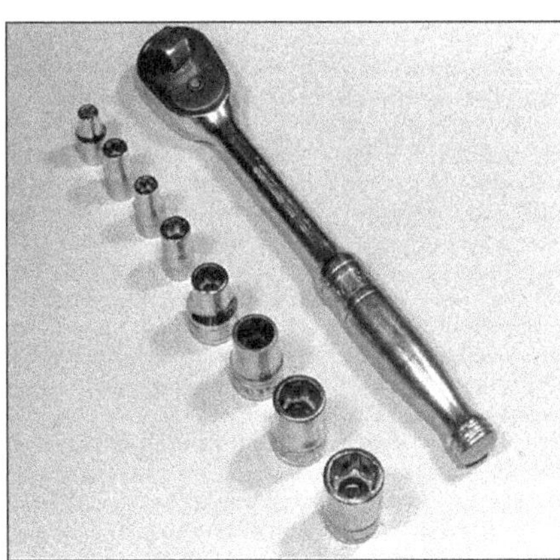

Hylsor och spärrskaft

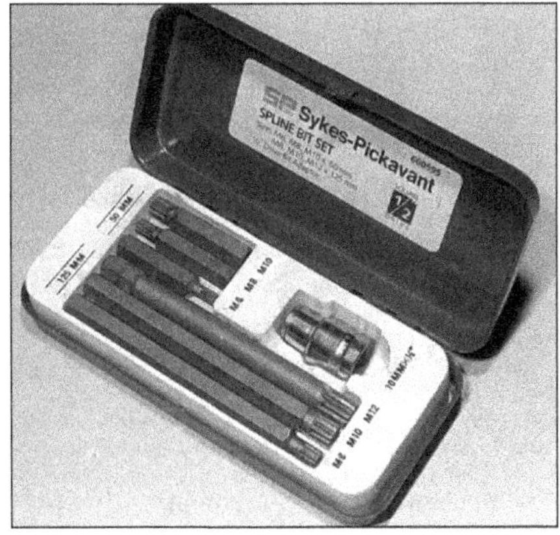

Bits med splines/torx

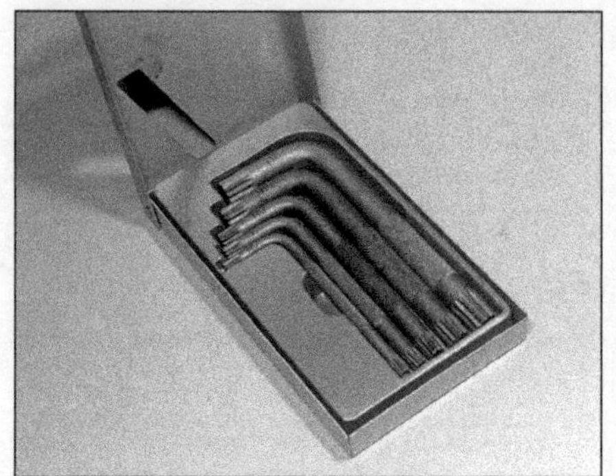
Nycklar med splines/torx

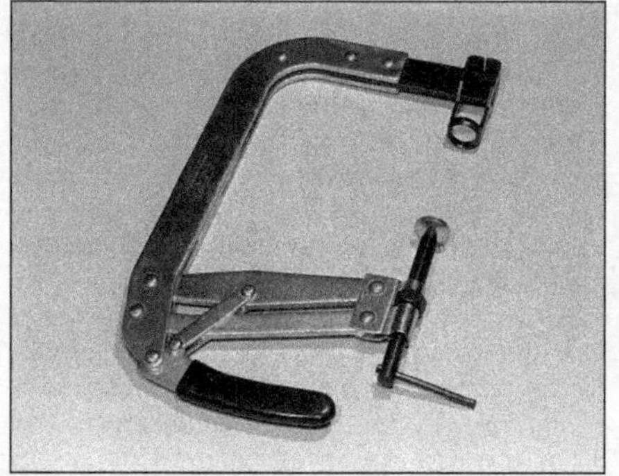
Ventilfjäderkompressor (ventilbåge)

Kolvringskompressor

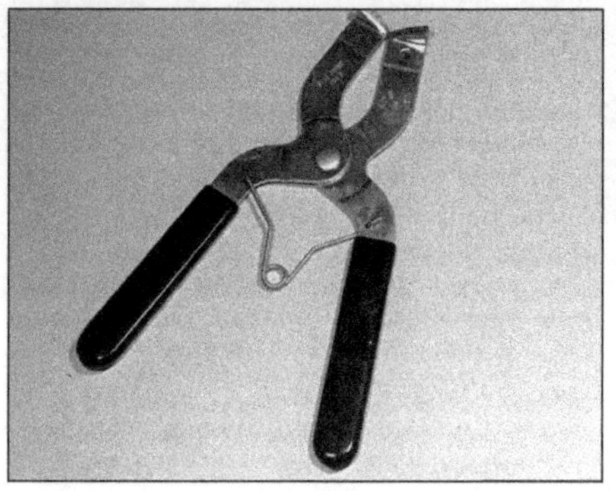
Verktyg för demontering och montering av kolvringar

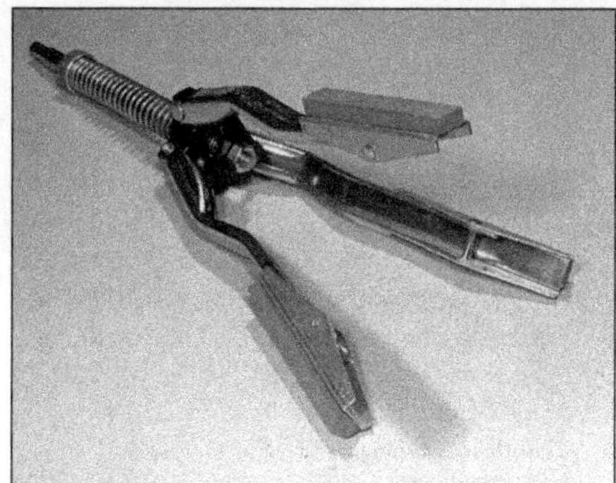
Honingsverktyg

Trebent avdragare för nav och lager

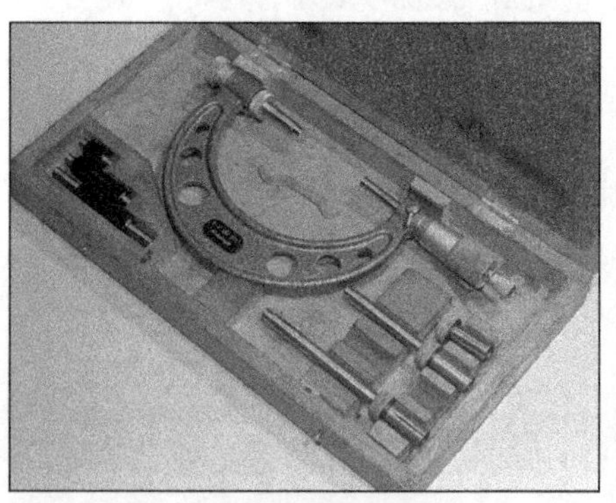
Mikrometerset

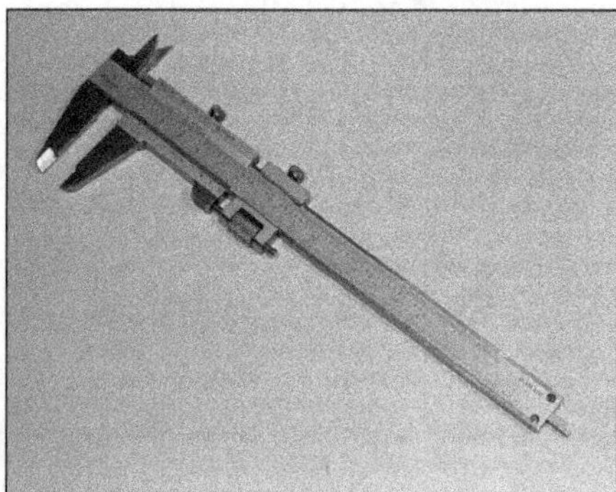
Skjutmått

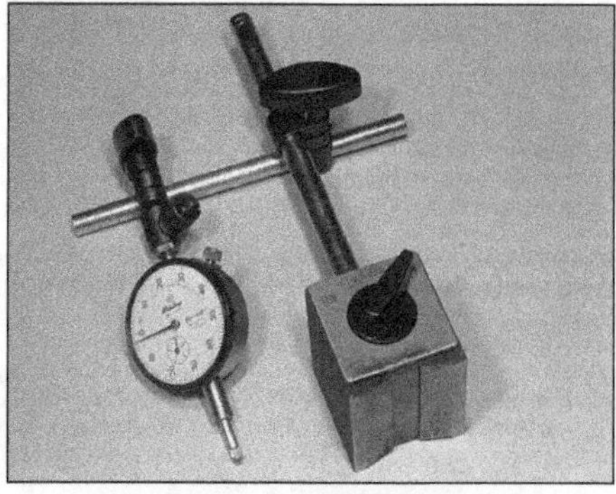
Indikatorklocka med magnetstativ

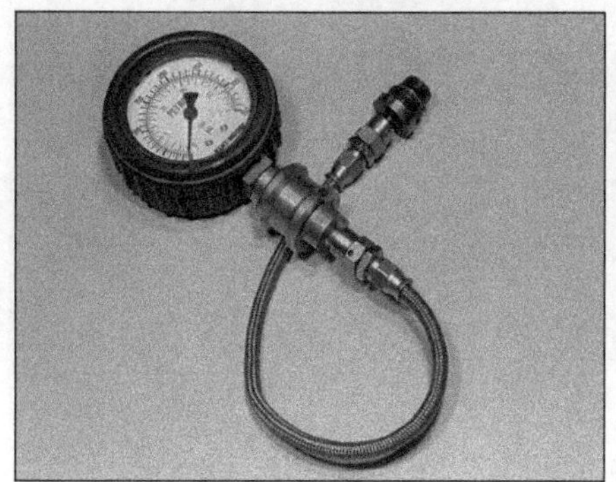
Kompressionsmätare

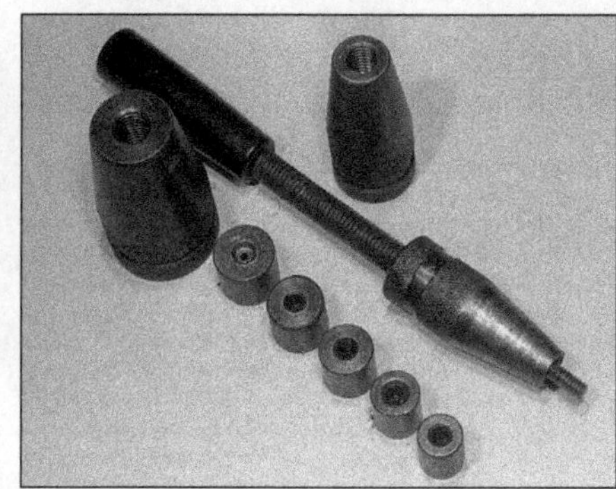
Centreringsverktyg för koppling

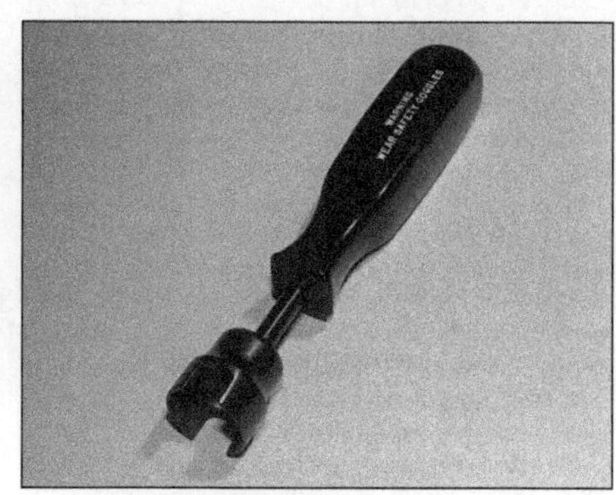

Demonteringsverktyg för bromsbackarnas fjäderskålar

- ☐ *Handmanövrerad vakuumpump och mätare*
- ☐ *Centreringsverktyg för koppling **(se bild)***
- ☐ *Verktyg för demontering av bromsbackarnas fjäderskålar **(se bild)***
- ☐ *Sats för montering/demontering av bussningar och lager **(se bild)***
- ☐ *Bultutdragare **(se bild)***
- ☐ *Gängverktygssats **(se bild)***
- ☐ *Lyftblock*
- ☐ *Garagedomkraft*

Inköp av verktyg

När det gäller inköp av verktyg är det i regel bättre att vända sig till en specialist som har ett större sortiment än t ex tillbehörsbutiker och bensinmackar. Tillbehörsbutiker och andra försöljningsställen kan dock erbjuda utmärkta verktyg till låga priser, så det kan löna sig att söka.

Det finns gott om bra verktyg till låga priser, men se till att verktygen uppfyller grundläggande krav på funktion och säkerhet. Fråga gärna någon kunnig person om råd före inköpet.

Vård och underhåll av verktyg

Efter inköp av ett antal verktyg är det nödvändigt att hålla verktygen rena och i fullgott skick. Efter användning, rengör alltid verktygen innan de läggs undan. Låt dem inte ligga framme sedan de använts. En enkel upphängningsanordning på väggen för t ex skruvmejslar och tänger är en bra idé. Nycklar och hylsor bör förvaras i metalllådor. Mät-instrument av skilda slag ska förvaras på platser där de inte kan komma till skada eller börja rosta.

Lägg ner lite omsorg på de verktyg som används. Hammarhuvuden får märken och skruvmejslar slits i spetsen med tiden. Lite polering med slippapper eller en fil återställer snabbt sådana verktyg till gott skick igen.

Arbetsutrymmen

När man diskuterar verktyg får man inte glömma själva arbetsplatsen. Om mer än rutinunderhåll ska utföras bör man skaffa en lämplig arbetsplats.

Vi är medvetna om att många ägare/ mekaniker av omständigheterna tvingas att lyfta ur motor eller liknande utan tillgång till garage eller verkstad. Men när detta är gjort ska fortsättningen av arbetet göras inomhus.

Närhelst möjligt ska isärtagning ske på en ren, plan arbetsbänk eller ett bord med passande arbetshöjd.

En arbetsbänk behöver ett skruvstycke. En käftöppning om 100 mm räcker väl till för de flesta arbeten. Som tidigare sagts, ett rent och torrt förvaringsutrymme krävs för verktyg liksom för smörjmedel, rengöringsmedel, bättringslack (som också måste förvaras frostfritt) och liknande.

Ett annat verktyg som kan behövas och som har en mycket bred användning är en elektrisk borrmaskin med en chuckstorlek om minst 8 mm. Denna, tillsammans med en sats spiralborrar, är i praktiken oumbärlig för mon-tering av tillbehör.

Sist, men inte minst, ha alltid ett förråd med gamla tidningar och rena luddfria trasor tillgängliga och håll arbetsplatsen så ren som möjligt.

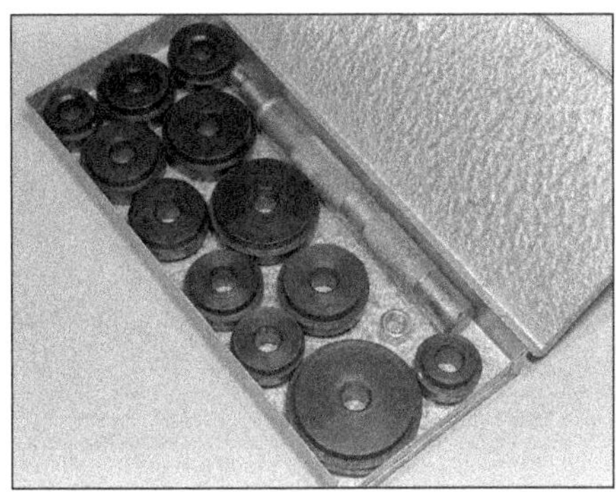

Sats för demontering och montering av lager och bussningar

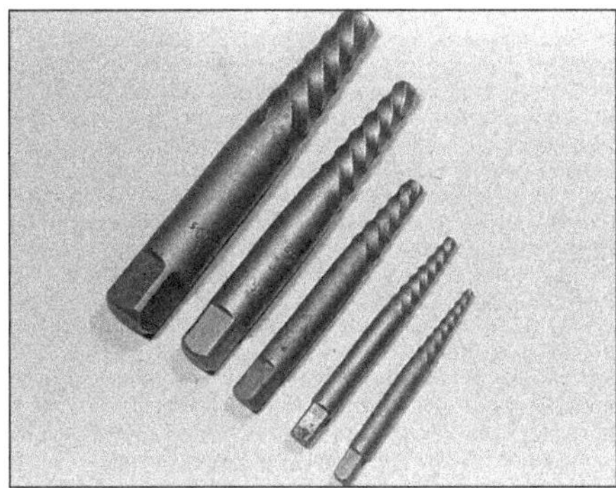

Bultutdragare

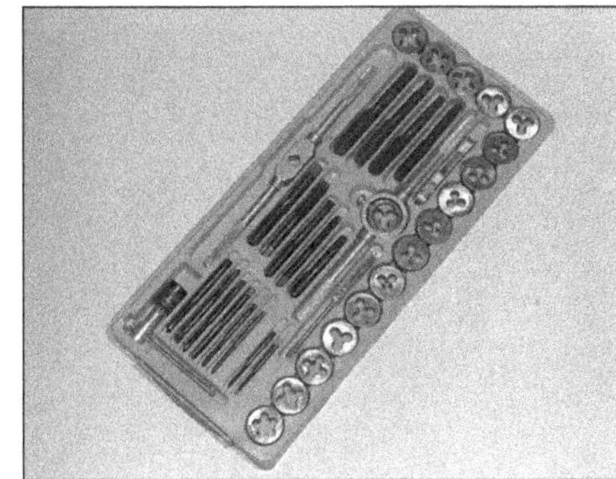

Gängverktygssats

Kontroller inför bilbesiktningen

Det här avsnittet är till för att hjälpa dig att klara bilbesiktningen. Det är naturligtvis inte möjligt att undersöka ditt fordon lika grundligt som en professionell besiktare, men genom att göra följande kontroller kan du identifiera problemområden och ha en möjlighet att korrigera eventuella fel innan du lämnar bilen till besiktning. Om bilen underhålls och servas regelbundet borde besiktningen inte innebära några större problem.

I besiktningsprogrammet ingår kontroll av nio huvudsystem – stommen, hjulsystemet, drivsystemet, bromssystemet, styrsystemet, karosseriet, kommunikationssystemet, instrumentering och slutligen övriga anordningar (släpvagnskoppling etc).

Kontrollerna som här beskrivs har baserats på Svensk Bilprovnings krav aktuella vid tiden för tryckning. Kraven ändras dock kontinuerligt och särskilt miljöbestämmelserna blir allt strängare.

Kontrollerna har delats in under följande fem rubriker:

1 Kontroller som utförs från förarsätet

2 Kontroller som utförs med bilen på marken

3 Kontroller som utförs med bilen upphissad och med fria hjul

4 Kontroller på bilens avgassystem

5 Körtest

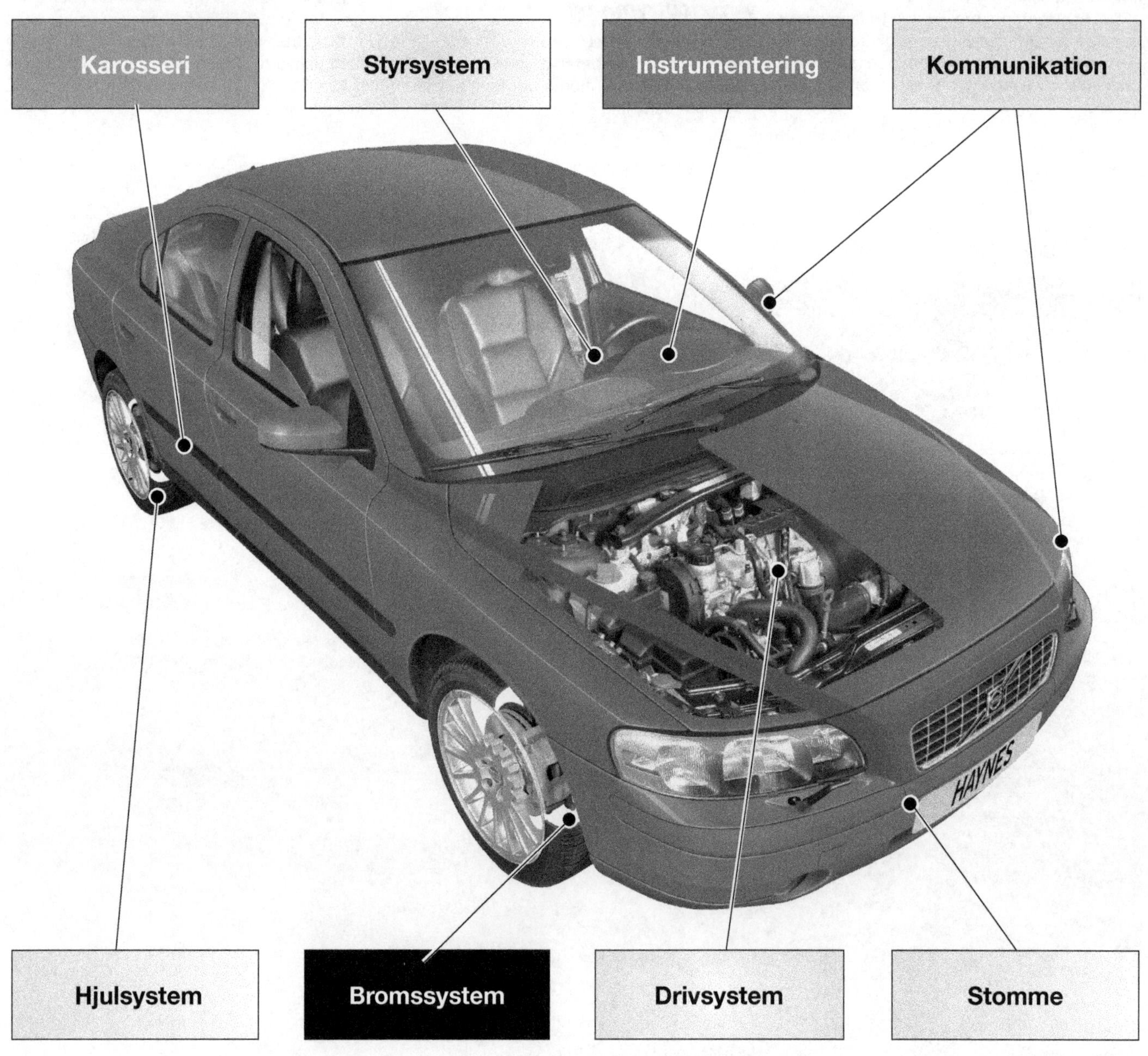

Vanliga personbilar kontrollbesiktigas första gången efter tre år, andra gången två år senare och därefter varje år. Åldern på bilen räknas från det att den tas i bruk, oberoende av årsmodell, och den måste genomgå besiktning inom fem månader.

Tiden på året då fordonet kallas till besiktning bestäms av sista siffran i registreringsnumret, enligt tabellen nedan.

Slutsiffra	Besiktningsperiod
1	*november t.o.m. mars*
2	*december t.o.m. april*
3	*januari t.o.m. maj*
4	*februari t.o.m. juni*
5	*maj t.o.m. september*
6	*juni t.o.m. oktober*
7	*juli t.o.m. november*
8	*augusti t.o.m. december*
9	*september t.o.m. januari*
0	*oktober t.o.m. februari*

Om fordonet har ändrats, byggts om eller om särskild utrustning har monterats eller demonterats, måste du som fordonsägare göra en registreringsbesiktning inom en månad. I vissa fall räcker det med en begränsad registreringsbesiktning, t.ex. för draganordning, taklucka, taxiutrustning etc.

Efter besiktningen

Nedan visas de system och komponenter som kontrolleras och bedöms av besiktaren på Svensk Bilprovning. Efter besiktningen erhåller du ett protokoll där eventuella anmärkningar noterats.

Har du fått en 2x i protokollet (man kan ha max 3 st 2x) behöver du inte ombesiktiga bilen, men är skyldig att själv åtgärda felet snarast möjligt. Om du inte åtgärdar felen utan återkommer till Svensk Bilprovning året därpå med samma fel, blir dessa automatiskt 2:or som då måste ombesiktigas. Har du en eller flera 2x som ej är åtgärdade och du blir intagen i en flygande besiktning av polisen, blir dessa automatiskt 2:or som måste ombesiktigas. I detta läge får du även böta.

Om du har fått en tvåa i protokollet är fordonet alltså inte godkänt. Felet ska åtgärdas och bilen ombesiktigas inom en månad.

En trea innebär att fordonet har så stora brister att det anses mycket trafikfarligt. Körförbud inträder omedelbart.

Karosseri

- **Dörr**
- **Skärm**
- **Vindruta**
- **Säkerhetsbälten**
- **Lastutrymme**
- **Övrigt**

Vanliga anmärkningar:
Skadad vindruta
Vassa kanter
Glappa gångjärn

Styrsystem

- **Styrled**
- **Styrväxel**
- **Hjälpstyrarm**
- **Övrigt**

Vanliga anmärkningar:
Glapp i styrleder
Skadade styrväxeldamasker

Instrumentering

- **Hastighetsmätare**
- **Taxameter**
- **Varningslampor**
- **Övrigt**

Kommunikation

- **Vindrutetorkare**
- **Vindrutespolare**
- **Backspegel**
- **Strålkastarinställning**
- **Strålkastare**
- **Signalhorn**
- **Sidoblinkers**
- **Parkeringsljus fram**
  bak
- **Blinkers**
- **Bromsljus**
- **Reflex**
- **Nummerplåts-belysning**
- **Övrigt**

Vanliga anmärkningar:
Felaktig ljusbild
Skadad strålkastare
Ej fungerande parkeringsljus
Ej fungerande bromsljus

Hjulsystem

- **Däck**
- **Stötdämpare**
- **Hjullager**
- **Spindelleder**
- **Länkarm fram**
  bak
- **Fjäder**
- **Fjädersäte**
- **Övrigt**

Vanliga anmärkningar:
Glapp i spindelleder
Utslitna däck
Dåliga stötdämpare
Rostskadade fjädersäten
Brustna fjädrar
Rostskadade länkarms-infästningar

Bromssystem

- **Fotbroms fram**
  bak
  rörelseres.
- **Bromsrör**
- **Bromsslang**
- **Handbroms**
- **Övrigt**

Vanliga anmärkningar:
Otillräcklig bromsverkan på handbromsen
Ojämn bromsverkan på fotbromsen
Anliggande bromsar på fotbromsen
Rostskadade bromsrör
Skadade bromsslangar

Drivsystem

- **Avgasrening, EGR-system (-88)**
- **Avgasrening**
- **Bränslesystem**
- **Avgassystem**
- **Avgaser (CO, HC)**
- **Kraftöverföring**
- **Drivknut**
- **Elförsörjning**
- **Batteri**
- **Övrigt**

Vanliga anmärkningar:
Höga halter av CO
Höga halter av HC
Läckage i avgassystemet
Ej fungerande EGR-ventil
Skadade drivknutsdamasker
Löst batteri

Stomme

- **Sidobalk**
- **Tvärbalk**
- **Golv**
- **Hjulhus**
- **Övrigt**

Vanliga anmärkningar:
Rostskador i sidobalkar, golv och hjulhus

1 Kontroller som utförs från förarsätet

Handbroms

□ Kontrollera att handbromsen fungerar ordentligt utan för stort spel i spaken. För stort spel tyder på att bromsen eller bromsvajern är felaktigt justerad.

□ Kontrollera att handbromsen inte kan läggas ur genom att spaken förs åt sidan. Kontrollera även att handbromsspaken är ordentligt monterad.

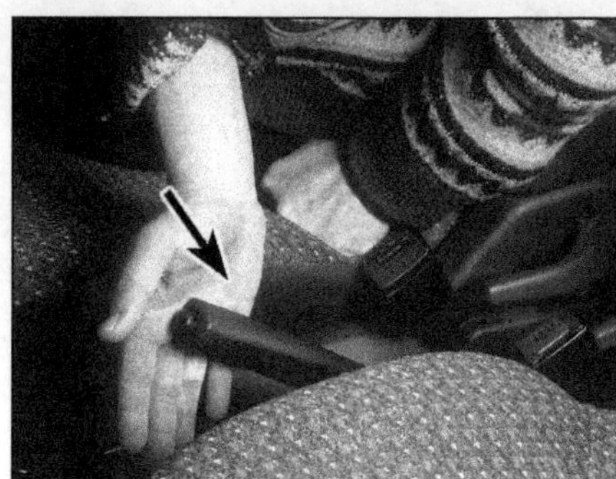

Fotbroms

□ Tryck ner bromspedalen och håll den nedtryckt i ca 30 sek. Kontrollera att den inte sjunker ner mot golvet, vilket tyder på fel på huvudcylindern. Släpp pedalen, vänta ett par sekunder och tryck sedan ner den igen. Om pedalen tar långt ner måste broms-arna justeras eller repareras. Om pedalens rörelse känns "svampig" finns det luft i bromssystemet som då måste luftas.

□ Kontrollera att bromspedalen sitter fast ordentligt och att den är i bra skick. Kontrollera även om det finns tecken på oljeläckage på bromspedalen, golvet eller mattan eftersom det kan betyda att packningen i huvudcylindern är trasig.

□ Om bilen har bromsservo kontrolleras denna genom att man upprepade gånger trycker ner bromspedalen och sedan startar motorn med pedalen nertryckt. När motorn startar skall pedalen sjunka något. Om inte kan vakuumslangen eller själva servoenheten vara trasig.

Ratt och rattstång

□ Känn efter att ratten sitter fast. Undersök om det finns några sprickor i ratten eller om några delar på den sitter löst.

□ Rör på ratten uppåt, nedåt och i sidled. Fortsätt att röra på ratten samtidigt som du vrider lite på den från vänster till höger.

□ Kontrollera att ratten sitter fast ordentligt på rattstången, vilket annars kan tyda på slitage eller att fästmuttern sitter löst. Om ratten går att röra onaturligt kan det tyda på att rattstångens bärlager eller kopplingar är slitna.

Rutor och backspeglar

□ Vindrutan måste vara fri från sprickor och andra skador som kan vara irriterande eller hindra sikten i förarens synfält. Sikten får inte heller hindras av t.ex. ett färgat eller reflekterande skikt. Samma regler gäller även för de främre sidorutorna.

□ Backspeglarna måste sitta fast ordentligt och vara hela och ställbara.

Säkerhetsbälten och säten

Observera: *Kom ihåg att alla säkerhetsbälten måste kontrolleras - både fram och bak.*

□ Kontrollera att säkerhetsbältena inte är slitna, fransiga eller trasiga i väven och att alla låsmekanismer och rullmekanismer fungerar obehindrat. Se även till att alla infästningar till säkerhetsbältena sitter säkert.

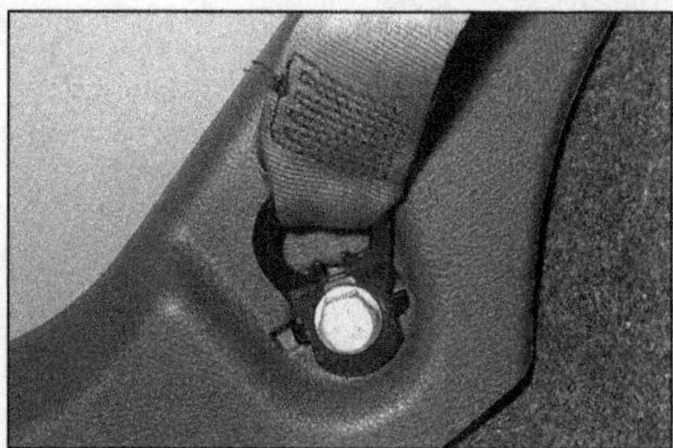

□ Framsätena måste vara ordentligt fastsatta och om de är fällbara måste de vara låsbara i uppfällt läge.

Dörrar

□ Framdörrarna måste gå att öppna och stänga från både ut- och insidan och de måste gå ordentligt i lås när de är stängda. Gångjärnen ska sitta säkert och inte glappa eller kärva onormalt.

2 Kontroller som utförs med bilen på marken

Registreringsskyltar

□ Registreringsskyltarna måste vara väl synliga och lätta att läsa av, d v s om bilen är mycket smutsig kan det ge en anmärkning.

Elektrisk utrustning

□ Slå på tändningen och kontrollera att signalhornet fungerar och att det avger en jämn ton.

□ Kontrollera vindrutetorkarna och vindrutespolningen. Svephastigheten får inte vara extremt låg, svepytan får inte vara för liten och torkarnas viloläge ska inte vara inom förarens synfält. Byt ut gamla och skadade torkarblad.

□ Kontrollera att strålkastarna fungerar och att de är rätt inställda. Reflektorerna får inte vara skadade, lampglasen måste vara hela och lamporna måste vara ordentligt fastsatta. Kontrollera även att bromsljusen fungerar och att det inte krävs högt pedaltryck för att tända dem. (Om du inte har någon medhjälpare kan du kontrollera bromsljusen genom att backa upp bilen mot en garageport, vägg eller liknande reflekterande yta.)

□ Kontrollera att blinkers och varningsblinkers fungerar och att de blinkar i normal hastighet. Parkeringsljus och bromsljus får inte påverkas av blinkers. Om de påverkas beror detta oftast på jordfel. Se också till att alla övriga lampor på bilen är hela och fungerar som de ska och att t.ex. extraljus inte är placerade så att de skymmer föreskriven belysning.

□ Se även till att batteri, elledningar, reläer och liknande sitter fast ordentligt och att det inte föreligger någon risk för kortslutning

Fotbroms

□ Undersök huvudbromscylindern, bromsrören och servoenheten. Leta efter läckage, rost och andra skador.

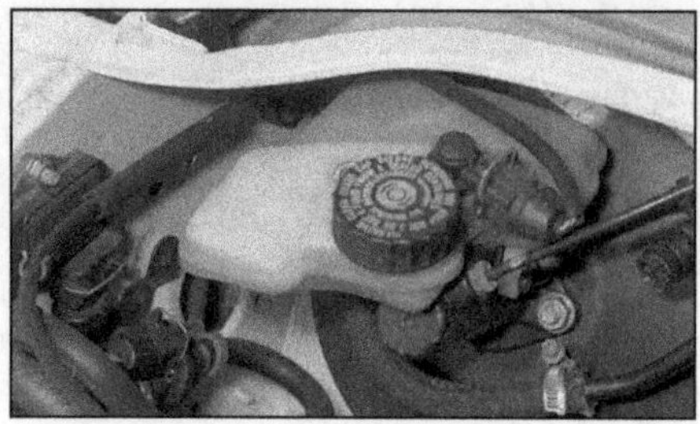

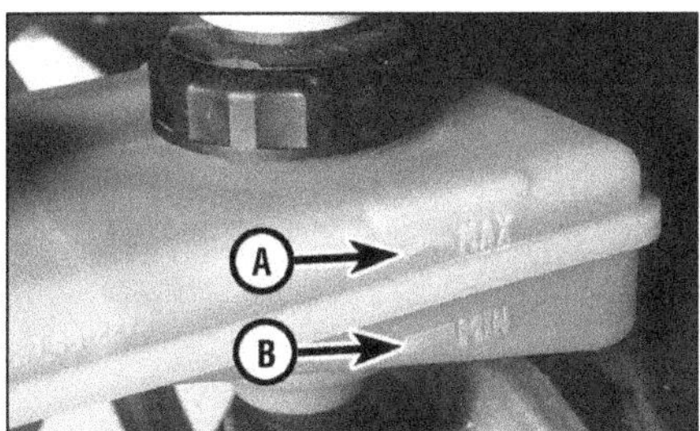

☐ Bromsvätskebehållaren måste sitta fast ordentligt och vätskenivån skall vara mellan max- (A) och min- (B) markeringarna.

☐ Undersök båda främre bromsslangarna efter sprickor och förslitningar. Vrid på ratten till fullt rattutslag och se till att bromsslangarna inte tar i någon del av styrningen eller upphängningen. Tryck sedan ner bromspedalen och se till att det inte finns några läckor eller blåsor på slangarna under tryck.

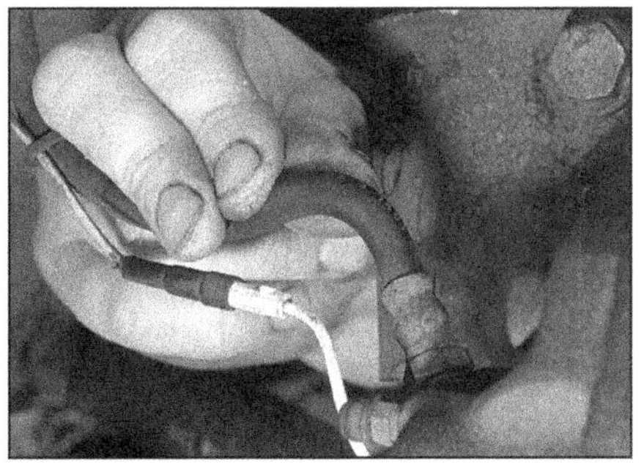

Styrning

☐ Be någon vrida på ratten så att hjulen vrids något. Kontrollera att det inte är för stort spel mellan rattutslaget och styrväxeln vilket kan tyda på att rattstångslederna, kopplingen mellan rattstången och styrväxeln eller själva styrväxeln är sliten eller glappar.

☐ Vrid sedan ratten kraftfullt åt båda hållen så att hjulen vrids något. Undersök då alla damasker, styrleder, länksystem, rörkopplingar och anslutningar/fästen. Byt ut alla delar som verkar utslitna eller skadade. På bilar med servostyrning skall servopumpen, drivremmen och slangarna kontrolleras.

Stötdämpare

☐ Tryck ned hörnen på bilen i tur och ordning och släpp upp. Bilen skall gunga upp och sedan gå tillbaka till ursprungsläget. Om bilen

fortsätter att gunga är stötdämparna dåliga. Stötdämpare som kärvar påtagligt gör också att bilen inte klarar besiktningen. (Observera att stötdämpare kan saknas på vissa fjädersystem.)

☐ Kontrollera också att bilen står rakt och ungefär i rätt höjd.

Avgassystem

☐ Starta motorn medan någon håller en trasa över avgasröret och kontrollera sedan att avgassystemet inte läcker. Reparera eller byt ut de delar som läcker.

Kaross

☐ Skador eller korrosion/rost som utgörs av vassa eller i övrigt farliga kanter med risk för personskada medför vanligtvis att bilen måste repareras och ombesiktas. Det får inte heller finnas delar som sitter påtagligt löst.

☐ Det är inte tillåtet att ha utskjutande detaljer och anordningar med olämplig utformning eller placering (prydnadsföremål, antennfästen, viltfångare och liknande).

☐ Kontrollera att huvlås och säkerhetsspärr fungerar och att gångjärnen inte sitter löst eller på något vis är skadade.

☐ Se också till att stänkskydden täcker hela däckets bredd.

3 Kontroller som utförs med bilen upphissad och med fria hjul

Lyft upp både fram- och bakvagnen och ställ bilen på pallbockar. Placera pallbockarna så att de inte tar i fjäderupphängningen. Se till att hjulen inte tar i marken och att de går att vrida till fullt rattutslag. Om du har begränsad utrustning går det naturligtvis bra att lyfta upp en ände i taget.

Styrsystem

☐ Be någon vrida på ratten till fullt rattutslag. Kontrollera att alla delar i styrningen går mjukt och att ingen del av styrsystemet tar i någonstans.

☐ Undersök kuggstångsdamaskerna så att de inte är skadade eller att metallklämmorna glappar. Om bilen är utrustad med servostyrning ska slangar, rör och kopplingar kontrolleras så att de inte är skadade eller

läcker. Kontrollera också att styrningen inte är onormalt trög eller kärvar. Undersök länkarmar, krängningshämmare, styrstag och styrleder och leta efter glapp och rost.

☐ Se även till att ingen saxpinne eller liknande låsmekanism saknas och att det inte finns gravrost i närheten av någon av styrmekanismens fästpunkter.

Upphängning och hjullager

☐ Börja vid höger framhjul. Ta tag på sidorna av hjulet och skaka det kraftigt. Se till att det inte glappar vid hjullager, spindelleder eller vid upphängningens infästningar och leder.

☐ Ta nu tag upptill och nedtill på hjulet och upprepa ovanstående. Snurra på hjulet och undersök hjullagret angående missljud och glapp.

☐ Om du misstänker att det är för stort spel vid en komponents led kan man kontrollera detta genom att använda en stor skruvmejsel eller liknande och bända mellan infästningen och komponentens fäste. Detta visar om det är bussningen, fästskruven eller själva infästningen som är sliten (bulthålen kan ofta bli uttänjda).

☐ Kontrollera alla fyra hjulen.

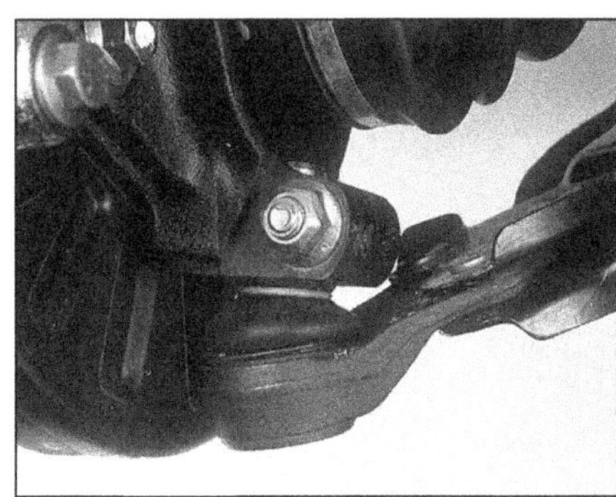

Fjädrar och stötdämpare

☐ Undersök fjäderbenen (där så är tillämpligt) angående större läckor, korrosion eller skador i godset. Kontrollera också att fästena sitter säkert.

☐ Om bilen har spiralfjädrar, kontrollera att dessa sitter korrekt i fjädersätena och att de inte är utmattade, rostiga, spruckna eller av.

☐ Om bilen har bladfjädrar, kontrollera att alla bladen är hela, att axeln är ordentligt fastsatt mot fjädrarna och att fjäderöglorna, bussningarna och upphängningarna inte är slitna.

☐ Liknande kontroll utförs på bilar som har annan typ av upphängning såsom torsionfjädrar, hydraulisk fjädring etc. Se till att alla infästningar och anslutningar är säkra och inte utslitna, rostiga eller skadade och att den hydrauliska fjädringen inte läcker olja eller på annat sätt är skadad.

☐ Kontrollera att stötdämparna inte läcker och att de är hela och oskadade i övrigt samt se till att bussningar och fästen inte är utslitna.

Drivning

☐ Snurra på varje hjul i tur och ordning. Kontrollera att driv-/kardanknutar inte är lösa, glappa, spruckna eller skadade. Kontrollera också att skyddsbälgarna är intakta och att driv-/kardanaxlar är ordentligt fastsatta, raka och oskadade. Se även till att inga andra detaljer i kraftöverföringen är glappa, lösa, skadade eller slitna.

Bromssystem

☐ Om det är möjligt utan isärtagning, kontrollera hur bromsklossar och bromsskivor ser ut. Se till att friktionsmaterialet på bromsbeläggen (A) inte är slitet under 2 mm och att bromsskivorna (B) inte är spruckna, gropiga, repiga eller utslitna.

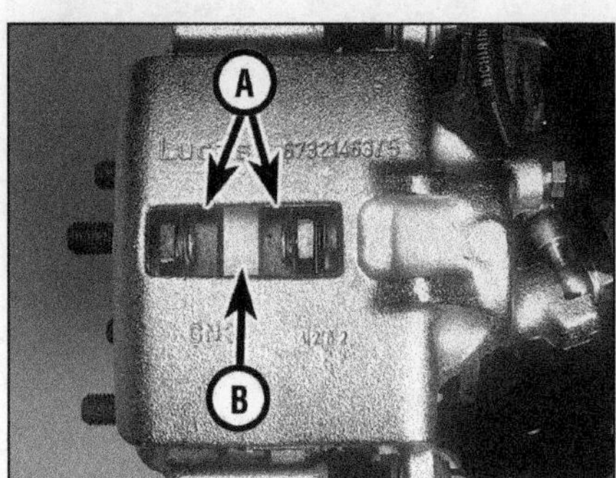

☐ Undersök alla bromsrör under bilen och bromsslangarna bak. Leta efter rost, skavning och övriga skador på ledningarna och efter tecken på blåsor under tryck, skavning, sprickor och förslitning på slangarna. (Det kan vara enklare att upptäcka eventuella sprickor på en slang om den böjs något.)

☐ Leta efter tecken på läckage vid bromsoken och på bromssköldarna. Reparera eller byt ut delar som läcker.

☐ Snurra sakta på varje hjul medan någon trycker ned och släpper upp bromspedalen. Se till att bromsen fungerar och inte ligger an när pedalen inte är nedtryckt.

☐ Undersök handbromsmekanismen och kontrollera att vajern inte har fransat sig, är av eller väldigt rostig eller att länksystemet är utslitet eller glappar. Se till att handbromsen fungerar på båda hjulen och inte ligger an när den läggs ur.

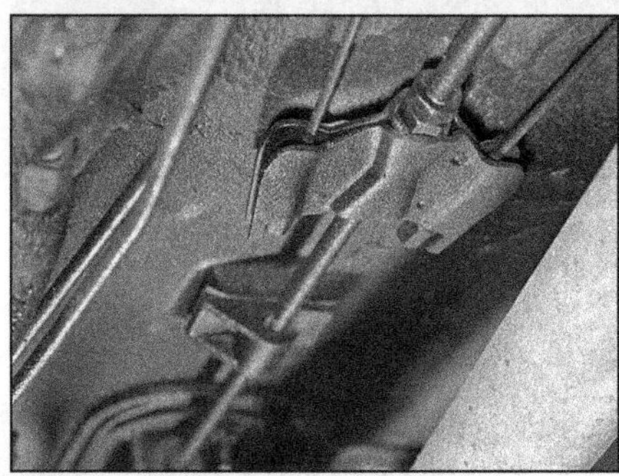

☐ Det är inte möjligt att prova bromsverkan utan specialutrustning, men man kan göra ett körtest och prova att bilen inte drar åt något håll vid en kraftig inbromsning.

Bränsle- och avgassystem

☐ Undersök bränsletanken (inklusive tanklock och påfyllningshals), fastsättning, bränsleledningar, slangar och anslutningar. Alla delar måste sitta fast ordentligt och får inte läcka.

☐ Granska avgassystemet i hela dess längd beträffande skadade, avbrutna eller saknade upphängningar. Kontrollera systemets skick beträffande rost och se till att rörklämmorna är säkert monterade. Svarta sotavlagringar på avgassystemet tyder på ett annalkande läckage.

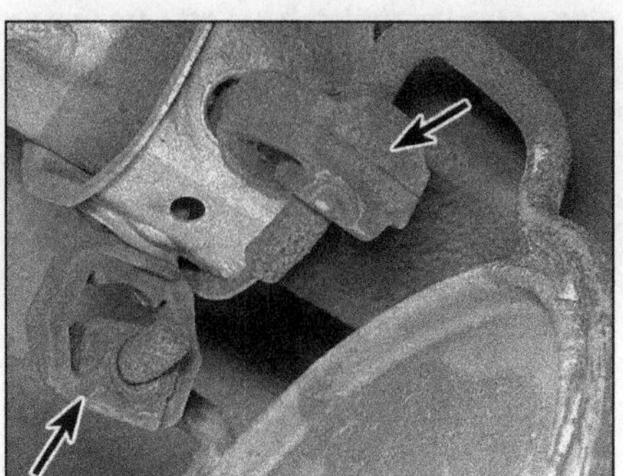

Hjul och däck

☐ Undersök i tur och ordning däcksidorna och slitbanorna på alla däcken. Kontrollera att det inte finns några skärskador, revor eller bulor och att korden inte syns p g a utslitning eller skador. Kontrollera att däcket är korrekt monterat på fälgen och att hjulet inte är deformerat eller skadat.

☐ Se till att det är rätt storlek på däcken för bilen, att det är samma storlek och däcktyp på samma axel och att det är rätt lufttryck i däcken. Se också till att inte ha dubbade och odubbade däck blandat. (Dubbade däck får användas under vinterhalvåret, från 1 oktober till första måndagen efter påsk.)

☐ Kontrollera mönsterdjupet på däcken – minsta tillåtna mönsterdjup är 1,6 mm. Onormalt däckslitage kan tyda på felaktig framhjulsinställning.

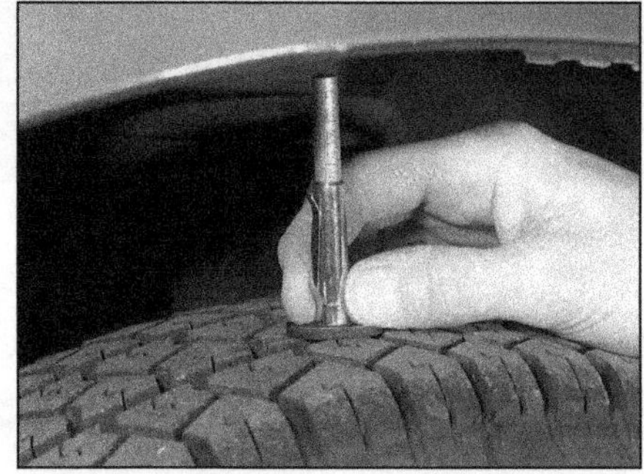

Korrosion

☐ Undersök alla bilens bärande delar efter rost. (Bärande delar innefattar underrede, tröskellådor, tvärbalkar, stolpar och all upphängning, styrsystemet, bromssystemet samt bältesinfästningarna.) Rost som avsevärt har reducerat tjockleken på en bärande yta medför troligtvis en tvåa i besiktningsprotokollet. Sådana skador kan ofta vara svåra att reparera själv.

☐ Var extra noga med att kontrollera att inte rost har gjort det möjligt för avgaser att tränga in i kupén. Om så är fallet kommer fordonet ovillkorligen inte att klara besiktningen och dessutom utgör det en stor trafik- och hälsofara för dig och dina passagerare.

4 Kontroller som utförs på bilens avgassystem

Bensindrivna modeller

☐ Starta motorn och låt den bli varm. Se till att tändningen är rätt inställd, att luftfiltret är rent och att motorn går bra i övrigt.

☐ Varva först upp motorn till ca 2500 varv/min och håll den där i ca 20 sekunder. Låt den sedan gå ner till tomgång och iaktta avgasutsläppen från avgasröret. Om tomgången är onaturligt hög eller om tät blå eller klart synlig svart rök kommer ut med avgaserna i mer än 5 sekunder så kommer bilen antagligen inte att klara besiktningen. I regel tyder blå rök på att motorn är sliten och förbränner olja medan svart rök tyder på att motorn inte förbränner bränslet ordentligt (smutsigt luftfilter eller annat förgasar- eller bränslesystemfel).

☐ Vad som då behövs är ett instrument som kan mäta koloxid (CO) och kolväten (HC). Om du inte har möjlighet att låna eller hyra ett dylikt instrument kan du få hjälp med det på en verkstad för en mindre kostnad.

CO- och HC-utsläpp

☐ För närvarande är högsta tillåtna gränsvärde för CO- och HC-utsläpp för bilar av årsmodell 1989 och senare (d v s bilar med katalysator enligt lag) 0,5% CO och 100 ppm HC.

På tidigare årsmodeller testas endast CO-halten och följande gränsvärden gäller:

årsmodell 1985-88	3,5% CO
årsmodell 1971-84	4,5% CO
årsmodell -1970	5,5% CO.

Bilar av årsmodell 1987-88 med frivilligt monterad katalysator bedöms enligt 1989 års komponentkrav men 1985 års utsläppskrav.

☐ Om CO-halten inte kan reduceras tillräckligt för att klara besiktningen (och bränsle- och tändningssystemet är i bra skick i övrigt) ligger problemet antagligen hos förgasaren/bränsleinsprutningsystemet eller katalysatorn (om monterad).

☐ Höga halter av HC kan orsakas av att motorn förbränner olja men troligare är att motorn inte förbränner bränslet ordentligt.

Dieseldrivna modeller

☐ Det enda testet för avgasutsläpp på dieseldrivna bilar är att man mäter röktätheten. Testet innebär att man varvar motorn kraftigt upprepade gånger.

Observera: *Det är oerhört viktigt att motorn är rätt inställd innan provet genomförs.*

☐ Mycket rök kan orsakas av ett smutsigt luftfilter. Om luftfiltret inte är smutsigt men bilen ändå avger mycket rök kan det vara nödvändigt att söka experthjälp för att hitta orsaken.

5 Körtest

☐ Slutligen, provkör bilen. Var extra uppmärksam på eventuella missljud, vibrationer och liknande.

☐ Om bilen har automatväxellåda, kontrollera att den endast går att starta i lägena P och N. Om bilen går att starta i andra växellägen måste växelväljarmekanismen justeras.

☐ Kontrollera också att hastighetsmätaren fungerar och inte är missvisande.

☐ Se till att ingen extrautrustning i kupén, t ex biltelefon och liknande, är placerad så att den vid en eventuell kollision innebär ökad risk för personskada.

☐ Bilen får inte dra åt något håll vid normal körning. Gör också en hastig inbromsning och kontrollera att bilen inte då drar åt något håll. Om kraftiga vibrationer känns vid inbromsning kan det tyda på att bromsskivorna är skeva och bör bytas eller fräsas om. (Inte att förväxlas med de låsningsfria bromsarnas karakteristiska vibrationer.)

☐ Om vibrationer känns vid acceleration, hastighetsminskning, vid vissa hastigheter eller hela tiden, kan det tyda på att drivknutar eller drivaxlar är slitna eller defekta, att hjulen eller däcken är felaktiga eller skadade, att hjulen är obalanserade eller att styrleder, upphängningens leder, bussningar eller andra komponenter är slitna.

Motor

- ☐ Motorn går inte runt vid startförsök
- ☐ Motorn går runt, men startar inte
- ☐ Motorn är svårstartad när den är kall
- ☐ Motorn är svårstartad när den är varm
- ☐ Startmotorn ger oljud ifrån sig eller går väldigt ojämnt
- ☐ Motorn startar, men stannar omedelbart
- ☐ Ojämn tomgång
- ☐ Motorn feltänder vid tomgångsvarvtal
- ☐ Motorn feltänder vid alla varvtal
- ☐ Långsam acceleration
- ☐ Överstegring av motorn
- ☐ Låg motorkapacitet
- ☐ Motorn misständer
- ☐ Varningslampan för oljetryck lyser när motorn är igång
- ☐ Glödtändning
- ☐ Motorljud

Kylsystem

- ☐ Överhettning
- ☐ Alltför stark avkylning
- ☐ Yttre kylvätskeläckage
- ☐ Inre kylvätskeläckage
- ☐ Korrosion

Bränsle- och avgassystem

- ☐ Överdriven bränsleförbrukning
- ☐ Bränsleläckage och/eller bränslelukt
- ☐ Överdrivet oljud eller överdrivet mycket avgaser från avgassystemet

Koppling

- ☐ Pedalen går i golvet – inget tryck eller mycket lite motstånd
- ☐ Kopplingen tar inte (det går inte att lägga i växlar)
- ☐ Kopplingen slirar (motorvarvtalet ökar utan att hastigheten ökar)
- ☐ Skakningar vid frikoppling
- ☐ Missljud när kopplingspedalen trycks ner eller släpps upp

Manuell växellåda

- ☐ Missljud i friläge när motorn går
- ☐ Missljud när en viss växel ligger i
- ☐ Svårt att lägga i växlar
- ☐ Växeln hoppar ur
- ☐ Vibrationer
- ☐ Smörjmedelsläckage

Automatväxellåda

- ☐ Vätskeläckage
- ☐ Växellådsoljan är brun eller luktar bränt
- ☐ Allmänna problem med växlingen
- ☐ Växellådan växlar inte ner (kickdown) när gaspedalen är helt nedtryckt
- ☐ Motorn startar inte i någon växel, eller startar i andra växlar än Park eller Neutral
- ☐ Växellådan slirar, växlar trögt, låter illa eller är utan drift i framväxlarna eller backen

Drivaxlar

- ☐ Vibrationer vid acceleration eller inbromsning
- ☐ Klickande eller knackande ljud vid svängar (i låg fart med fullt rattutslag)

Bromssystem

- ☐ Bilen drar åt ena sidan vid inbromsning
- ☐ Oljud (slipljud eller högt gnisslande) vid inbromsning
- ☐ Överdriven pedalväg
- ☐ Bromspedalen känns svampig vid nedtryckning
- ☐ Överdriven pedalkraft krävs för att stanna bilen
- ☐ Skakningar i bromspedal eller ratt vid inbromsning
- ☐ Bromsarna kärvar
- ☐ Bakhjulen låser sig vid normal inbromsning

Fjädring och styrning

- ☐ Bilen drar åt ena sidan
- ☐ Hjulen vinglar och skakar
- ☐ Kraftiga skakningar och/eller krängningar vid kurvtagning eller inbromsning
- ☐ Vandrande eller allmän instabilitet
- ☐ Överdrivet stel styrning
- ☐ Överdrivet spel i styrningen
- ☐ Bristande servofunktion
- ☐ Överdrivet däckslitage

Elsystem

- ☐ Batteriet laddar ur på bara ett par dagar
- ☐ Tändningslampan fortsätter att lysa när motorn går
- ☐ Tändningslampan tänds inte
- ☐ Ljusen fungerar inte
- ☐ Instrumentavläsningarna missvisande eller ryckiga
- ☐ Signalhornet fungerar dåligt eller inte alls
- ☐ Vindrutetorkarna fungerar dåligt eller inte alls
- ☐ Vindrutespolarna fungerar dåligt eller inte alls
- ☐ De elektriska fönsterhissarna fungerar dåligt eller inte alls
- ☐ Centrallåset fungerar dåligt eller inte alls

Inledning

De fordonsägare som underhåller sina bilar inom rekommenderade intervall kommer inte att behöva använda den här delen av handboken ofta. Idag är bilens delar så pålitliga att om de inspekteras eller byts med rekommenderade mellanrum är plötsliga haverier tämligen sällsynta. Fel uppstår vanligen inte plötsligt, de utvecklas med tiden. Speciellt större mekaniska haverier föregås vanligen av karakteristiska symptom under hundra- eller tusentals kilometer. De komponenter som vanligen havererar utan föregående varning är i regel små och lätta att ha med i bilen.

Vid all felsökning är det första steget att bestämma var man ska börja söka. Ibland är detta uppenbart, men ibland behövs lite detektivarbete. En bilägare som gör ett halvdussin slumpvisa justeringar eller komponentbyten kan lyckas åtgärda ett fel (eller dess symptom), men han eller hon kommer inte veta vad felet beror på om det uppstår igen. Till sist kommer bilägaren att ha lagt ner mer tid eller pengar än vad som var nödvändigt. Ett lugnt och metodiskt tillvägagångssätt är bättre i det långa loppet. Försök alltid tänka på vilka varningstecken eller avvikelser från det normala som förekommit tiden före felet – strömförlust, höga eller låga mätaravläsningar, ovanliga lukter etc. Kom ihåg att defekta komponenter som säkringar eller tändstift kanske bara är tecken på ett bakomliggande fel.

Följande sidor fungerar som en enkel guide till de vanligaste problemen som kan uppstå med bilen. Problemen och deras möjliga orsaker grupperas under rubriker för olika komponenter eller system som Motorn, Kylsystemet etc. Kapitel och/eller avsnitt som tar upp detta problem visas inom parentes. se den aktuella delen i kapitlet för systemspecifik information. Oavsett fel finns vissa grundläggande principer. Dessa är:

Bekräfta felet. Detta görs helt enkelt för att kontrollera att symptomen är kända innan arbetet påbörjas. Detta är extra viktigt om du undersöker ett fel åt någon annan som kanske inte har beskrivit problemet korrekt.

Förbise inte det självklara. Om bilen till

exempel inte startar, finns det verkligen bensin i tanken? (Ta inte någon annans ord för givet på denna punkt och lita inte heller på bränslemätaren) Om ett elektriskt fel indikeras, leta efter lösa eller brutna ledningar innan testutrustningen tas fram.

Bota sjukdomen, inte symptomen. Att byta ett urladdat batteri mot ett fulladdat tar dig från vägkanten, men om orsaken inte åtgärdas kommer det nya batteriet snart att vara urladdat. Byts nedoljade tändstift ut mot nya rullar bilen, men orsaken till nedsmutsningen måste fortfarande fastställas och åtgärdas (om den inte berodde att tändstiften hade fel värmetal).

Ta inte någonting för givet. Glöm inte att även "nya" delar kan vara defekta (särskilt om de skakat runt i bagageutrymmet månader i sträck). Utelämna inte några komponenter vid en felsökning bara för att de är nya eller nymonterade. När felet slutligen upptäcks inser du antagligen att det fanns tecken på felet från början.

Tänk över om några åtgärder utförts nyligen, och i så fall vilka. Många fel uppstår på grund av slarvigt eller hastigt utförda arbeten. Om något arbete utförts under motorhuven kanske en del av kablaget lossnat eller dragits felaktigt, eller kanske en slang har hamnat i kläm? Har alla hållare dragits åt ordentligt? Användes nya originaldelar och nya packningar? Det krävs ofta en del detektivarbete för att komma tillrätta med problemet eftersom en till synes ovidkommande åtgärd kan få stora konsekvenser.

Dieselfelsökning

De flesta startproblem på små dieselmotorer är elberoende. Mekaniker som är mer bekanta med bensinmotorer än dieselmotorer kanske betraktar dieselmotorns insprutningsventiler och pump på samma sätt som tändstiften och fördelaren, men det är oftast ett misstag.

När man undersöker anmärkningar om startsvårigheter för någon annans räkning måste man se till att personen känner till den rätta startmetoden och följer den. Vissa förare är inte medvetna om hur viktig varningslampan för förvärmningen är – många moderna motorer klarar av detta vid milt väder, men när vintern kommer börjar problemen.

Som en tumregel kan man säga att om motorn är svårstartad, men går bra när den slutligen går så är problemet elektriskt (batteri, startmotor eller förvärmningssystem). Om dålig kapacitet kombineras med startsvårigheter finns förmodligen problemet i bränslesystemet. Kontrollera lågtryckssidan (matning) av bränslesystemet innan du misstänker insprutningsventilerna och högtryckspumpen. Det vanligaste bränsleförsörjningsproblemet är att det kommer in luft i systemet och alla rör från bränsletanken måste kontrolleras om luftläckage misstänks. Normalt är pumpen den sista delen man undersöker eftersom det inte finns någon anledning till att det skulle vara fel på den om den inte har manipulerats.

Motor

Motorn går inte runt vid startförsök

- ☐ Batterianslutningarna sitter löst eller är korroderade *(se Veckokontroller)*
- ☐ Batteriet urladdat eller defekt (kapitel 5A)
- ☐ Brutna, lösa eller urkopplade ledningar i startmotorkretsen (kapitel 5A)
- ☐ Defekt solenoid eller tändningsbrytare (kapitel 5A eller 12)
- ☐ Defekt startmotor (kapitel 5A)
- ☐ Startmotorns drev eller svänghjul har lösa eller brutna kuggar (kapitel 2A, 2B eller 5A).
- ☐ Motorns jordledning bruten eller urkopplad (kapitel 5A eller 12)
- ☐ Motorn har hydraulspärr (t.ex. på grund av att det kommit in vatten efter körning på en översvämmad väg, eller på grund av en allvarlig intern kylvätskeläcka) – kontakta en Volvo-verkstad eller en specialist för att få råd
- ☐ Automatväxellådan står inte i läge P eller N (kapitel 7B)

Motorn går runt, men startar inte

- ☐ Bensintanken tom
- ☐ Batteriet urladdat (motorn roterar långsamt) (kapitel 5A)
- ☐ Batterianslutningarna sitter löst eller är korroderade *(se Veckokontroller)*
- ☐ Delar i tändningen fuktiga eller skadade – bensinmodeller (kapitel 1A eller 5B)
- ☐ Startspärrfel eller okodad tändningsnyckel används (Kapitel 12 eller Reparationer vid vägkanten)
- ☐ Fel på vevaxelgivare (kapitel 4A eller 4B)
- ☐ Brutna, lösa eller urkopplade ledningar i tändningskretsen – bensinmodeller (kapitel 1A eller 5B)
- ☐ Slitna, defekta eller felaktigt justerade tändstift – bensinmodeller (kapitel 1A)
- ☐ Förvärmningssystemet defekt – dieselmodeller (kapitel 5A)
- ☐ Bränsleinsprutningssystemet defekt (kapitel 4A eller 4B)
- ☐ Luft i bränslesystemet – dieselmodeller (kapitel 4B)
- ☐ Större mekaniskt fel (t.ex. trasig kamkedja) (kapitel 2A eller 2B)

Motorn är svårstartad när den är kall

- ☐ Batteriet urladdat (kapitel 5A)
- ☐ Batterianslutningarna sitter löst eller är korroderade (se *Veckokontroller)*
- ☐ Slitna, defekta eller felaktigt justerade tändstift – bensinmodeller (kapitel 1A)
- ☐ Andra tändsystemet fel – bensinmodeller (kapitel 1A eller 5B)
- ☐ Förvärmningssystemet defekt – dieselmodeller (kapitel 5A)
- ☐ Bränsleinsprutningssystemet defekt (kapitel 4A eller 4B)
- ☐ Fel kvalitet av motorolja används (Veckokontroller, kapitel 1A eller 1B)
- ☐ Låg cylinderkompression (kapitel 2A eller 2B)

Motorn svårstartad när den är varm

- ☐ Smutsigt eller igensatt luftfilter (kapitel 1A eller 1B)
- ☐ Bränsleinsprutningssystemet defekt (kapitel 4A eller 4B)
- ☐ Låg cylinderkompression (kapitel 2A eller 2B)

Startmotorn ger oljud ifrån sig eller går väldigt ojämnt

- ☐ Startmotorns drev eller svänghjul har lösa eller brutna kuggar (kapitel 2A, 2B eller 5A).
- ☐ Startmotorns fästbultar lösa eller saknas (kapitel 5A)
- ☐ Startmotorns interna delar slitna eller skadade (kapitel 5A)

Motor startar, men stannar omedelbart

- ☐ Lösa eller defekta elektriska anslutningar i tändningskretsen – bensinmodeller (kapitel 1A eller 5B)
- ☐ Vakuumläckage i gasspjällshuset eller insugningsgrenröret – bensinmodeller (kapitel 4A)
- ☐ Igentäppt insprutningsventiler/bränsleinsprutningssystem fel (kapitel 4A eller 4B)
- ☐ Luft i bränslet, möjligen p.g.a lösa bränsleledningar – dieselmodeller (kapitel 4B)

Ojämn tomgång

- ☐ Igensatt luftfilter (kapitel 1A eller 1B)
- ☐ Vakuumläckage i gasspjällshuset, insugningsgrenröret eller tillhörande slangar – bensinmodeller (kapitel 4A)
- ☐ Slitna, defekta eller felaktigt justerade tändstift – bensinmodeller (kapitel 1A)
- ☐ Felaktiga ventilspel – endast bensinmodeller (kapitel 2A)
- ☐ Ojämn eller låg cylinderkompression (kapitel 2A eller 2B)
- ☐ Kamloberna slitna (kapitel 2A eller 2B)
- ☐ Kamremmen felaktigt monterad eller för lös (kapitel 2A eller 2B)
- ☐ Igentäppt insprutningsventiler/bränsleinsprutningssystem fel (kapitel 4A eller 4B)
- ☐ Luft i bränslet, möjligen p.g.a lösa bränsleledningar – dieselmodeller (kapitel 4B)

Motor (fortsättning)

Feltändning vid tomgång

- ☐ Slitna, defekta eller felaktigt justerade tändstift – bensinmodeller (kapitel 1A)
- ☐ Vakuumläckage i gasspjällshuset, insugningsgrenröret eller tillhörande slangar – bensinmodeller (kapitel 4A)
- ☐ Igentäppt insprutningsventiler/bränsleinsprutningssystem fel (kapitel 4A eller 4B)
- ☐ Defekt(a) bränsleinsprutare – dieselmodeller (kapitel 4B)
- ☐ Ojämn eller låg cylinderkompression (kapitel 2A eller 2B)
- ☐ Lösa, läckande eller trasiga slangar i vevhusventilationen (kapitel 4C)

Feltändning vid alla varvtal

- ☐ Bränslefiltret igensatt (kapitel 1A eller 1B)
- ☐ Defekt bränslepump eller lågt matningstryck – bensinmodeller (kapitel 4A)
- ☐ Blockerad bensintanksventil eller delvis igentäppta bränslerör (kapitel 4A eller 4B)
- ☐ Vakuumläckage i gasspjällshuset, insugningsgrenröret eller tillhörande slangar – bensinmodeller (kapitel 4A)
- ☐ Slitna, defekta eller felaktigt justerade tändstift – bensinmodeller (kapitel 1A)
- ☐ Defekt(a) bränsleinsprutare – dieselmodeller (kapitel 4B)
- ☐ Defekt tändspole – bensinmodeller (kapitel 5A)
- ☐ Ojämn eller låg cylinderkompression (kapitel 2A eller 2B)
- ☐ Igentäppt insprutningsventil/bränsleinsprutningssystemet defekt (kapitel 4A eller 4B)
- ☐ Igensatt katalysator (kapitel 4A eller 4B)
- ☐ Överhettad motor – bensinmodeller (kapitel 3)
- ☐ Låg nivå i bränsletanken – dieselmodeller (kapitel 4B)

Långsam acceleration

- ☐ Slitna, defekta eller felaktigt justerade tändstift – bensinmodeller (kapitel 1A)
- ☐ Vakuumläckage i gasspjällshuset, insugningsgrenröret eller tillhörande slangar – bensinmodeller (kapitel 4A)
- ☐ Igentäppt insprutningsventiler/bränsleinsprutningssystem fel (kapitel 4A eller 4B)
- ☐ Defekt(a) bränsleinsprutare – dieselmodeller (kapitel 4B)
- ☐ Defekt kopplingspedalkontakt (kapitel 6)

Överstegring av motorn

- ☐ Vakuumläckage i gasspjällshuset, insugningsgrenröret eller tillhörande slangar – bensinmodeller (kapitel 4A)
- ☐ Bränslefiltret igensatt (kapitel 1A eller 1B)
- ☐ Defekt bränslepump eller lågt matningstryck – bensinmodeller (kapitel 4A)
- ☐ Blockerad bensintanksventil eller delvis igentäppta bränslerör (kapitel 4A eller 4B)
- ☐ Igentäppt insprutningsventiler/bränsleinsprutningssystem fel (kapitel 4A eller 4B)
- ☐ Defekt(a) bränsleinsprutare – dieselmodeller (kapitel 4B)

Låg motorkapacitet

- ☐ Igensatt luftfilter (kapitel 1A eller 1B)
- ☐ Bränslefiltret igensatt (kapitel 1A eller 1B)
- ☐ Bränslerör blockerad eller igentäppt (kapitel 4A eller 4B)
- ☐ Felaktiga ventilspel – endast vissa bensinmodeller (kapitel 2A)
- ☐ Slitna, defekta eller felaktigt justerade tändstift – bensinmodeller (kapitel 1A)
- ☐ Överhettad motor – bensinmodeller (kapitel 4A)
- ☐ Låg nivå i bränsletanken – dieselmodeller (kapitel 4B)
- ☐ Fel på gaspedalens lägesgivare (kapitel 4A eller 4B)
- ☐ Vakuumläckage i gasspjällshuset, insugningsgrenröret eller tillhörande slangar – bensinmodeller (kapitel 4A)
- ☐ Igentäppt insprutningsventiler/bränsleinsprutningssystem fel (kapitel 4A eller 4B)
- ☐ Defekt(a) bränsleinsprutare – dieselmodeller (kapitel 4B)
- ☐ Kamremmen felaktigt monterad eller för lös (kapitel 2A eller 2B)
- ☐ Defekt bränslepump eller lågt matningstryck – bensinmodeller (kapitel 4A)
- ☐ Ojämn eller låg cylinderkompression (kapitel 2A eller 2B)
- ☐ Igensatt katalysator (kapitel 4A eller 4B)
- ☐ Kärvande bromsar (kapitel 1A, 1B eller 9)
- ☐ Kopplingen slirar (kapitel 6)

Motorn misständer

- ☐ Kamremmen felaktigt monterad eller för lös (kapitel 2A eller 2B)
- ☐ Vakuumläckage i gasspjällshuset, insugningsgrenröret eller tillhörande slangar – bensinmodeller (kapitel 4A)
- ☐ Igentäppt insprutningsventiler/bränsleinsprutningssystem fel (kapitel 4A eller 4B)
- ☐ Igensatt katalysator (kapitel 4A eller 4B)
- ☐ Defekt tändspole – bensinmodeller (kapitel 5B)

Varningslampan för oljetryck lyser när motorn är igång

- ☐ Låg oljenivå eller felaktig oljegrad (se *Veckokontroller*)
- ☐ Defekt oljetryckgivare, eller skadade kablar (kapitel 12)
- ☐ Slitna motorlager och/eller sliten oljepump (kapitel 2A, 2B eller 2C)
- ☐ Motorns arbetstemperatur hög (kapitel 3)
- ☐ Oljepumpens trycksventil defekt (kapitel 2A eller 2B)
- ☐ Oljepumpens pickupfilter igensatt (kapitel 2A eller 2B).

Glödtändning

- ☐ För mycket sotavlagringar i motorn (kapitel 2A eller 2B)
- ☐ Motorns arbetstemperatur hög (kapitel 3)
- ☐ Bränsleinsprutningssystemet defekt (kapitel 4A eller 4B)

Motorljud

Förtändning (spikning) eller knackning under acceleration eller belastning

- ☐ Felaktig tändningsinställning/fel på tändsystemet – bensinmodeller (kapitel 1A eller 5B)
- ☐ Fel värmetal på tändstift – bensinmodeller (kapitel 1A)
- ☐ Fel bränslekvalitet (kapitel 4)
- ☐ Defekt knackgivare – bensinmodeller (kapitel 4A)
- ☐ Vakuumläckage i gasspjällshuset, insugningsgrenröret eller tillhörande slangar – bensinmodeller (kapitel 4A)
- ☐ För mycket sotavlagringar i motorn (kapitel 2A, 2B eller 2C)
- ☐ Igentäppt insprutningsventil/bränsleinsprutningssystemet defekt (kapitel 4A eller 4B)
- ☐ Defekt(a) bränsleinsprutare – dieselmodeller (kapitel 4B)

Visslande eller väsande ljud

- ☐ Läckage i insugningsgrenröret eller gasspjällshusets packning – bensinmodeller (kapitel 4A)
- ☐ Läckande avgasgrenrörspackning eller skarv mellan rör och grenrör (kapitel 4A eller 4B)
- ☐ Läckande vakuumslang (kapitel 4A, 4B, 5B eller 9)
- ☐ Läckande topplockspackning (kapitel 2A eller 2B)
- ☐ Delvis igensatt eller läckande vevhusventilationssystem (kapitel 4C)

Knackande eller skallrande ljud

- ☐ Felaktiga ventilspel – vissa bensinmodeller (kapitel 2A)
- ☐ Slitage på ventiler eller kamaxel (kapitel 2A eller 2B)
- ☐ Defekt hjälpaggregat (kylvätskepump, generator etc) (kapitel 3, 5A, etc)

Knackande ljud eller slag

- ☐ Slitna vevstakslager (regelbundna hårda knackningar som eventuellt minskar under belastning) (kapitel 2C)
- ☐ Slitna ramlager (muller och knackningar som eventuellt tilltar vid belastning) (kapitel 2C)
- ☐ Kolvslag – mest märkbart vid kyla, orsakas av slitage på kolvar/lopp (kapitel 2C)
- ☐ Defekt hjälpaggregat (kylvätskepump, generator etc) (kapitel 3, 5A, etc)
- ☐ Slitna eller defekta motorfästen (kapitel 2A eller 2B)
- ☐ Slitna komponenter i styrning eller fjädring (kapitel 10)

Kylsystem

Överhettning

- ☐ För lite kylvätska i systemet (se *Veckokontroller)*
- ☐ Defekt termostat (kapitel 3)
- ☐ Igensatt kylare eller grill (kapitel 3)
- ☐ Defekt kylfläkt eller styrmodulfel (kapitel 3)
- ☐ Defekt temperaturgivare för kylvätska (kapitel 3)
- ☐ Luftbubbla i kylsystemet (kapitel 3)
- ☐ Defekt expansionskärlslock (kapitel 3)
- ☐ Motorstyrningssystemet defekt (kapitel 4A eller 4B)

För stark avkylning

- ☐ Defekt termostat (kapitel 3)
- ☐ Defekt temperaturgivare för kylvätska (kapitel 3)
- ☐ Kylfläkten defekt (kapitel 3)
- ☐ Motorstyrningssystemet defekt (kapitel 4A eller 4B)

Yttre kylvätskeläckage

- ☐ Åldrade eller skadade slangar eller slangklämmor (kapitel 1A eller 1B)
- ☐ Läckage i kylare eller värmeelement (kapitel 3)
- ☐ Defekt expansionskärlslock (kapitel 1A eller 1B)
- ☐ Kylvätskepumpens inre tätning läcker (kapitel 3)
- ☐ Kylvätskepumpens tätning läcker (kapitel 3)
- ☐ Kokning på grund av överhettning (kapitel 3)
- ☐ Motorblockets hylsplugg läcker (kapitel 2C)

Inre kylvätskeläckage

- ☐ Läckande topplockspackning (kapitel 2A eller 2B)
- ☐ Sprucket topplock eller motorblock (kapitel 2)

Korrosion

- ☐ Bristfällig avtappning och spolning (kapitel 1A eller 1B)
- ☐ *Felaktig kylvätskeblandning eller fel typ av kylvätska (se Veckokontroller)*

Bränsle- och avgassystem

Överdriven bränsleförbrukning

- ☐ Smutsigt eller igensatt luftfilter (kapitel 1A eller 1B)
- ☐ Bränsleinsprutningssystemet defekt (kapitel 4A eller 4B)
- ☐ Motorstyrningssystemet defekt (kapitel 4A eller 4B)
- ☐ Vevhusventilationssystemet igensatt (kapitel 4C)
- ☐ För lite luft i däcken (se *Veckokontroller)*
- ☐ Kärvande bromsar (kapitel 1A, 1B eller 9)
- ☐ Bränsleläckage som orsakar tydligt hög förbrukning (kapitel 1A, 1B, 4A eller 4B)

Bränsleläckage och/eller bränslelukt

- ☐ Skadad eller korroderad bränsletank, rör eller anslutningar (kapitel 4A eller 4B)
- ☐ Fel på avdunstningsregleringssystemet – bensinmodeller (kapitel 4C)

Överdriven ljudnivå eller för mycket avgaser från avgassystemet

- ☐ Läckande avgassystem eller grenörsanslutningar (kapitel 1A, 1B, 4A eller 4B)
- ☐ Läckande, korroderade eller skadade ljuddämpare eller rör (kapitel 1A, 1B, 4A eller 4B)
- ☐ Trasiga fästen som orsakar kontakt med karossen eller fjädringen (kapitel 1A eller 1B)

Koppling

Pedalen går i golvet – inget tryck eller mycket lite motstånd

- ☐ Luft i hydraulsystemet/defekt huvud- eller slavcylinder (kapitel 6)
- ☐ Defekt hydraulurkopplingssystem (kapitel 6)
- ☐ Kopplingspedalens returfjäder lös eller trasig (kapitel 6)
- ☐ Defekt urtrampningslager eller gaffel (kapitel 6)
- ☐ Trasig tallriksfjäder i kopplingens tryckplatta (kapitel 6)

Frikopplar inte (går ej att lägga i växlar)

- ☐ Luft i hydraulsystemet/defekt huvud- eller slavcylinder (kapitel 6)
- ☐ Defekt hydraulurkopplingssystem (kapitel 6)
- ☐ Lamellen fastnar på räfflorna på växellådans ingående axel (kapitel 6)
- ☐ Lamellen fastnar på svänghjul eller tryckplatta (kapitel 6)
- ☐ Defekt tryckplatta (kapitel 6)
- ☐ Urkopplingsmekanismen sliten eller felaktigt ihopsatt (kapitel 6)

Kopplingen slirar (motorns varvtal ökar men inte bilens hastighet)

- ☐ Defekt hydraulurkopplingssystem (kapitel 6)
- ☐ Lamellbeläggen slitna (kapitel 6)
- ☐ Lamellbeläggen förorenade med olja eller fett (kapitel 6)
- ☐ Defekt tryckplatta eller svag tallriksfjäder (kapitel 6)

Skakningar vid frikoppling

- ☐ Lamellbeläggen förorenade med olja eller fett (kapitel 6)
- ☐ Lamellbeläggen slitna (kapitel 6)
- ☐ Defekt eller skev tryckplatta eller tallriksfjäder (kapitel 6).
- ☐ Slitna eller lösa motor- eller växellådefästen (kapitel 2A eller 2B)
- ☐ Lamellnavet eller räfflorna på växellådans ingående axel slitna (kapitel 6)

Missljud när kopplingspedalen trycks ner eller släpps upp

- ☐ Slitet urkopplingslager (kapitel 6)
- ☐ Slitna eller torra pedalbussningar (kapitel 6)
- ☐ Sliten eller torr kolv i kopplingens huvudcylinder (kapitel 6).
- ☐ Defekt tryckplatta (kapitel 6)
- ☐ Tryckplattans tallriksfjäder trasig (kapitel 6)
- ☐ Lamellens dämpfjädrar defekta (kapitel 6)

Manuell växellåda

Missljud i friläge när motorn går

- ☐ För lite olja (kapitel 1A eller 1B)
- ☐ Slitage i ingående axelns lager (missljud med uppsläppt men inte med nedtryckt kopplingspedal) (kapitel 7A)*
- ☐ Slitet urkopplingslager (missljud med nedtryckt pedal som möjligen minskar när pedalen släpps upp) (kapitel 6)

Missljud när en specifik växel ligger i

- ☐ Slitna eller skadade kuggar på växellådsdreven (kapitel 7A)*

Svårt att lägga i växlar

- ☐ Defekt koppling (kapitel 6)
- ☐ Växlingenvajrar slitet eller skadat (kapitel 7A)
- ☐ För lite olja (kapitel 7A)
- ☐ Slitna synkroniseringsenheter (kapitel 7A)*

Växeln hoppar ur

- ☐ Växlingenvajrar slitet eller skadat (kapitel 7A)
- ☐ Slitna synkroniseringsenheter (kapitel 7A)*
- ☐ Slitna väljargafflar (kapitel 7A)*

Vibrationer

- ☐ För lite olja (kapitel 7A)
- ☐ Slitna lager (kapitel 7A)*

Smörjmedelsläckage

- ☐ Läckage i drivaxelns eller omkopplaraxelns oljetätning (kapitel 7A)
- ☐ Läckande husfog (kapitel 7A)*
- ☐ Läckage i ingående axelns oljetätning (kapitel 7A)*

**Även om de åtgärder som krävs för att åtgärda symptomen är för svåra för en hemmamekaniker kan den ovanstående informationen vara till hjälp när orsaken till felet ska fastställas, så att ägaren kan uttrycka sig klart vid samråd med en professionell mekaniker.*

Automatväxellåda

Observera: *På grund av automatväxelns komplicerade sammansättning är det svårt för hemmamekanikerna att ställa riktiga diagnoser och serva enheten. Om andra problem än följande uppstår ska bilen tas till en verkstad eller till en specialist på växellådor. Var inte för snabb med att demontera växellådan om ett fel misstänks, eftersom de flesta tester ska utföras med växellådan monterad. Kom ihåg att förutom de sensorer som är specifika för växellådan är många av motorstyrningssystemets sensorer som beskrivs i kapitel 4 väsentliga för att växellådan ska fungera korrekt.*

Oljeläckage

- ☐ Automatväxelolja är oftast mörkröd till färgen. Vätskeläckage ska inte blandas ihop med motorolja, som lätt kan stänka på växellådan av luftflödet.
- ☐ För att hitta läckan, använd avfettningsmedel eller en ångtvätt och rengör växelhuset och områdena runt omkring från smuts och avlagringar. Kör bilen långsamt så att inte luftflödet blåser den läckande oljan långt från källan. Hissa upp bilen och stöd den på pallbockar, och fastställ varifrån läckan kommer. Läckor uppstår ofta i följande områden:

a) Vätsketråg
b) Röret till oljemätstickan (kapitel 1A)
c) Anslutningarna mellan växellådan och oljekylaren (kapitel 7B)

Växellådsoljan är brun eller luktar bränt

- ☐ Växellådans oljenivå är låg (kapitel 1)

Allmänna problem med att växla

- ☐ I kapitel 7B behandlas kontroll av växelvajern på automatväxellådor. Följande problem är vanliga och kan orsakas av felaktiga kablar eller sensorer:

a) Motorn startar i andra växlar än Park eller Neutral.
b) Indikatorpanelen anger en annan växel än den som faktiskt används.
c) Bilen rör sig när växlarna Park eller Neutral ligger i.
d) Dålig eller felaktig utväxling.

Växellådan växlar inte ner (kickdown) när gaspedalen är helt nedtryckt

- ☐ Växellådans oljenivå är låg (kapitel 1)
- ☐ Defekt motorstyrningssystem (kapitel 4)
- ☐ Defekt växellådssensor eller kablage (kapitel 7B)
- ☐ Defekt växelvajer (kapitel 7B)

Motorn startar inte i någon växel, eller startar i andra växlar än Park eller Neutral

- ☐ Defekt växellådssensor eller kablage (kapitel 7B)
- ☐ Defekt motorstyrningssystem (kapitel 4)
- ☐ Defekt växelvajer (kapitel 7B)

Växellådan slirar, växlar trögt, låter illa eller är utan drift i framväxlarna eller backen

- ☐ Växellådans oljenivå är låg (kapitel 1)
- ☐ Defekt växellådssensor eller kablage (kapitel 7B)
- ☐ Defekt motorstyrningssystem (kapitel 4)

Observera: *Det finns många troliga orsaker till ovanstående problem, men felsökning och åtgärdande av dem ligger utanför den här handbokens område. Om vätskenivån och alla kablar har kontrollerats så långt det är möjligt och problemet kvarstår ska en verkstad eller växellådsspecialist kontaktas.*

Drivaxlar

Vibrationer vid acceleration eller inbromsning

- ☐ Sliten inre drivknut (kapitel 8)
- ☐ Böjd eller skev drivaxel (kapitel 8)
- ☐ Slitet mellanlager (kapitel 8)

Klickande eller knackande ljud vid svängar (i låg fart med fullt rattutslag)

- ☐ Sliten yttre drivknut (kapitel 8)
- ☐ Brist på smörjning i knuten, eventuellt på grund av defekt damask (kapitel 8)
- ☐ Slitet mellanlager (kapitel 8)

Bromssystem

Observera: *Kontrollera däckens skick och lufttryck, framvagnens inställning samt att bilen inte är ojämnt belastad innan bromsarna antas vara defekta. Alla fel och åtgärder i ABS-systemet, utom kontroll av anslutningar för rör och slangar, ska överlåtas till en Volvo-verkstad eller specialist.*

Bilen drar åt ena sidan vid inbromsning

- ☐ Slitna, defekta, skadade eller förorenade bromsklossar/bromsbackar på en sida (kapitel 1A, 1B eller 9)
- ☐ Skuren eller delvis skuren bromsokskolv (kapitel 1A, 1B eller 9)
- ☐ En blandning av friktionsmaterial från bromsklossar mellan sidorna (kapitel 1A, 1B eller 9)
- ☐ Bromsokets fästbultar lösa (kapitel 9)
- ☐ Slitna eller skadade komponenter i styrning eller fjädring (kapitel 1A, 1B eller 10)

Oljud (slipljud eller högt gnisslande) vid inbromsning

- ☐ Bromsklossarnas friktionsbelägg nedslitet till metallen (kapitel 1A, 1B eller 9)
- ☐ Kraftig korrosion på bromsskivan (kan visa sig efter att bilen har stått oanvänd en längre tid (kapitel 1A, 1B eller 9)
- ☐ Främmande föremål (grus etc.) fast mellan bromsskivan och bromssköldsplåten (kapitel 1A, 1B eller 9)

Överdriven pedalväg

- ☐ Defekt huvudcylinder (kapitel 9)
- ☐ Luft i hydraulsystemet (kapitel 1A, 1B, 6 eller 9)
- ☐ Defekt vakuumservo (kapitel 9)

Bromspedalen känns svampig vid nedtryckning

- ☐ Luft i hydraulsystemet (kapitel 1A, 1B, 6 eller 9)
- ☐ Åldrade gummibromsslangar (kapitel 1A, 1B eller 9)
- ☐ Huvudcylinderns fästmuttrar lösa (kapitel 9)
- ☐ Defekt huvudcylinder (kapitel 9)

Överdriven pedalkraft krävs för att stanna bilen

- ☐ Defekt vakuumservo (kapitel 9)
- ☐ Defekt vakuumpump – dieselmodeller (kapitel 9)
- ☐ Bromsservons vakuumslang urkopplad, skadad eller otillräckligt fastsatt (kapitel 9)
- ☐ Defekt primär- eller sekundärkrets (kapitel 9)
- ☐ Anfrätt bromsokskolv (kapitel 9)
- ☐ Bromsklossarna felmonterade (kapitel 9)
- ☐ Fel typ av klossar monterade (kapitel 9)
- ☐ Bromsklossbeläggen förorenade (kapitel 1A, 1B eller 9)

Skakningar i bromspedal eller ratt vid inbromsning

Observera: *Vid kraftig bromsning på modeller med ABS-system kan vibrationer kännas i bromspedalen. Det här är normalt vid användning av ABS-systemet och är inte ett fel*

- ☐ Skivor eller trummor kraftigt skeva (kapitel 1A, 1B eller 9)
- ☐ Bromsklossbeläggen slitna (kapitel 1A, 1B eller 9)
- ☐ Bromsokets fästbultar lösa (kapitel 9)
- ☐ Slitage i fjädringens eller styrningens komponenter eller fästen (kapitel 1A, 1B eller 10)
- ☐ Obalanserade framhjul (se *Veckokontroller)*

Bromsarna kärvar

- ☐ Anfrätt bromsokskolv (kapitel 9)
- ☐ Feljusterad handbromsmekanism (kapitel 9)
- ☐ Defekt huvudcylinder (kapitel 9)

Bakhjulen låser sig vid normal inbromsning

- ☐ De bakre bromsklossbeläggen förorenade eller skadade (kapitel 1 eller 9)
- ☐ Bakbromsarnas skivor skeva (kapitel 1A, 1B eller 9)

Fjädring och styrning

Observera: *Kontrollera att felet inte beror på fel lufttryck i däcken, blandade däcktyper eller kärvande bromsar innan fjädringen eller styrningen diagnosticeras som defekta.*

Bilen drar åt ena sidan

- ☐ *Defekt däck (se Veckokontroller)*
- ☐ Onormalt slitage på fjädringens eller styrningens komponenter (kapitel 1A, 1B eller 10)
- ☐ Felaktig framhjulsinställning (kapitel 10)
- ☐ Olycksskador på styrningens eller fjädringens komponenter (kapitel 1A eller 1B)

Hjulen vinglar och skakar

- ☐ Framhjulen obalanserade (vibration känns huvudsakligen i ratten) (se *Veckokontroller)*
- ☐ Bakhjulen obalanserade (vibration känns i hela bilen) (se *Veckokontroller)*
- ☐ Hjulen skadade eller skeva (se *Veckokontroller)*
- ☐ Defekt eller skadat däck (se *Veckokontroller)*
- ☐ Slitna styrnings- eller fjädringsleder, bussningar eller komponenter (kapitel 1A, 1B eller 10)
- ☐ Lösa hjulbultar (kapitel 1A eller 1B)

Kraftiga skakningar och/eller krängningar vid kurvtagning eller inbromsning

- ☐ Defekta stötdämpare (kapitel 1A, 1B eller 10)
- ☐ Trasig eller försvagad fjäder och/eller fjädringskomponent (kapitel 1A, 1B eller 10)
- ☐ Sliten eller skadad krängningshämmare eller fäste (kapitel 1A, 1B eller 10)

Vandrande eller allmän instabilitet

- ☐ Felaktig framhjulsinställning (kapitel 10)
- ☐ Slitna styrnings- eller fjädringsleder, bussningar eller komponenter (kapitel 1A, 1B eller 10)
- ☐ Hjulen obalanserade (se *Veckokontroller)*
- ☐ Defekt eller skadat däck (se *Veckokontroller)*
- ☐ Lösa hjulbultar (kapitel 1A eller 1B)
- ☐ Defekta stötdämpare (kapitel 1A, 1B eller 10)

Överdrivet stel styrning

- ☐ Kärvande styrlänkkulled eller fjädringskulled (kapitel 1A, 1B eller 10)
- ☐ Trasig eller felaktigt justerad drivrem (kapitel 1A eller 1B)
- ☐ Felaktig framhjulsinställning (kapitel 10)
- ☐ Defekt styrinrättning (kapitel 10)

Överdrivet spel i styrningen

- ☐ Slitage i kardanknuten till rattstångens mellanaxel (kapitel 10)
- ☐ Slitna parallellstagskulleder (kapitel 1A, 1B eller 10)
- ☐ Sliten styrväxel (kapitel 10)
- ☐ Slitna styrnings- eller fjädringsleder, bussningar eller komponenter (kapitel 1A, 1B eller 10)

Bristande servoeffekt

- ☐ Trasig eller felaktigt justerad drivrem (kapitel 1A eller 1B)
- ☐ För hög eller låg nivå av styrservoolja (se *Veckokontroller)*
- ☐ Igensatt slang till styrservon (kapitel 1A eller 1B)
- ☐ Defekt servostyrningspump (kapitel 10)
- ☐ Defekt styrväxel (kapitel 10)

Överdrivet däckslitage

Däcken slitna på inner- eller ytterkanten

- ☐ För lite luft i däcken (slitage på båda kanterna) (se *Veckokontroller)*
- ☐ Felaktiga camber- eller castorvinklar (slitage på en kant) (kapitel 10)
- ☐ Slitna styrnings- eller fjädringsleder, bussningar eller komponenter (kapitel 1A, 1B eller 10)
- ☐ Överdrivet hård kurvtagning eller inbromsning
- ☐ Skada efter olycka

Däckmönster har fransiga kanter

- ☐ Felaktig toe-inställning (kapitel 10)

Slitage i mitten av däckmönstret

- ☐ För mycket luft i däcken (se *Veckokontroller)*

Däcken slitna på inner- och ytterkanten

- ☐ För lite luft i däcken (se *Veckokontroller)*

Ojämnt däckslitage

- ☐ Obalanserade hjul (se *Veckokontroller)*
- ☐ Överdrivet skeva däck/hjul
- ☐ Defekta stötdämpare (kapitel 1A, 1B eller 10)
- ☐ Defekt däck (se *Veckokontroller)*

Elsystem

Observera: *Vid problem med start, se felen under Motor tidigare i detta avsnitt.*

Batteriet laddar ur på bara ett par dagar

- ☐ Batteriet defekt invändigt (kapitel 5A)
- ☐ Batterianslutningarna sitter löst eller är korroderade (se *Veckokontroller)*
- ☐ Sliten eller felaktigt justerad drivrem (kapitel 1A eller 1B)
- ☐ Generatorn laddar inte vid korrekt effekt (kapitel 5A)
- ☐ Generatorn eller spänningsregulatorn defekt (kapitel 5A)
- ☐ Kortslutning ger kontinuerlig urladdning av batteriet (kapitel 5A eller 12)

Tändningslampan fortsätter att lysa när motorn går

- ☐ Trasig, sliten eller felaktigt justerad drivrem (kapitel 1A eller 1B)
- ☐ Internt fel i generatorn eller spänningsregulatorn (kapitel 5A)
- ☐ Trasigt, löst eller urkopplat kablage i laddningskretsen (kapitel 5A eller 12)

Tändningslampan tänds inte

- ☐ Varningslampans glödlampa trasig (kapitel 12)
- ☐ Trasigt, frånkopplat eller löst kablage i varningslampornas krets (kapitel 5A eller 12)
- ☐ Defekt växelströmsgenerator (kapitel 5A)

Elsystem (fortsättning)

Ljusen fungerar inte

- ☐ Trasig glödlampa (kapitel 12)
- ☐ Korrosion på glödlampa eller sockel (kapitel 12)
- ☐ Trasig säkring (kapitel 12)
- ☐ Defekt relä (kapitel 12)
- ☐ Trasigt, löst eller urkopplat kablage (kapitel 12)
- ☐ Defekt omkopplare (kapitel 12)

Instrumentavläsningarna missvisande eller ryckiga

Bränsle- eller temperaturmätaren ger inget utslag

- ☐ Defekt givarenhet (kapitel 3, 4A eller 4B)
- ☐ Kretsavbrott (kapitel 12)
- ☐ Defekt instrumentkluster (kapitel 12)

Bränsle- eller temperaturmätaren ger kontinuerligt maximalt utslag

- ☐ Defekt givarenhet (kapitel 3, 4A eller 4B)
- ☐ Kortslutning (kapitel 12)
- ☐ Defekt instrumentkluster (kapitel 12)

Signalhornet fungerar dåligt eller inte alls

Signalhornet tjuter hela tiden

- ☐ Signalhornets brytare är jordad eller har fastnat (kapitel 12)
- ☐ Jordning mellan signalhornsvajern och signalhornsbrytaren (kapitel 12)

Signalhornet fungerar inte

- ☐ Trasig säkring (kapitel 12)
- ☐ Vajer eller vajeranslutningar lösa, trasiga eller urkopplade (kapitel 12)
- ☐ Defekt signalhorn (kapitel 12)

Signalhornet avger ryckigt eller otillfredsställande ljud

- ☐ Lösa vajeranslutningar (kapitel 12)
- ☐ Signalhornets fästen sitter löst (kapitel 12)
- ☐ Defekt signalhorn (kapitel 12)

Vindrutetorkarna fungerar dåligt eller inte alls

Torkarna fungerar inte eller går mycket långsamt

- ☐ Torkarbladen har fastnat på rutan eller länkaget är skuret eller kärvar (kapitel 12)
- ☐ Trasig säkring (kapitel 12)
- ☐ Batteriet urladdat (kapitel 5A)
- ☐ Vajer eller vajeranslutningar lösa, trasiga eller urkopplade (kapitel 12)
- ☐ Defekt torkarmotor (kapitel 12)

Torkarbladen sveper över för stor eller för liten yta av rutan

- ☐ Torkarbladen felaktigt monterade eller fel storlek används (se *Veckokontroller)*
- ☐ Torkararmarna felaktigt placerade i spindlarna (kapitel 12)
- ☐ Överdrivet slitage i torkarnas länksystem (kapitel 12)
- ☐ Torkarmotorns eller länksystemets fästen sitter löst (kapitel 12)

Torkarbladen rengör inte rutan effektivt

- ☐ Torkarbladens gummilister smutsiga, slitna eller bortnötta (se *Veckokontroller)*
- ☐ Torkarbladen felaktigt monterade eller fel storlek används (se *Veckokontroller)*
- ☐ Trasig torkarfjäder eller skurna armtappar (kapitel 12)
- ☐ Spolarvätskan har för låg koncentration för att beläggningen ska kunna tvättas bort (se *Veckokontroller)*

Vindrutespolarna fungerar dåligt eller inte alls

Ett eller flera spolarmunstycken sprutar inte

- ☐ Blockerat spolarmunstycke
- ☐ Urkopplad, veckad eller igensatt spolarslang (kapitel 12)
- ☐ För lite spolarvätska i spolarvätskebehållaren (se *Veckokontroller)*

Spolarpumpen fungerar inte

- ☐ Trasiga eller lösa kablar eller anslutningar (kapitel 12)
- ☐ Trasig säkring (kapitel 12)
- ☐ Defekt spolarbrytare (kapitel 12)
- ☐ Defekt spolarpump (kapitel 12)

Spolarpumpen går ett tag innan vätskan sprutas ut från munstyckena

- ☐ Defekt envägsventil i vätskematarslangen (kapitel 12)

De elektriska fönsterhissarna fungerar dåligt eller inte alls

Fönsterrutan rör sig bara i en riktning

- ☐ Defekt omkopplare (kapitel 12)

Fönsterrutan rör sig långsamt

- ☐ Batteriet urladdat (kapitel 5A)
- ☐ Fönsterhissen har skurit, är skadad eller behöver smörjas (kapitel 11)
- ☐ Dörrens inre komponenter eller klädsel hindrar fönsterhissen (kapitel 11)
- ☐ Defekt motor (kapitel 11)

Fönsterrutan rör sig inte

- ☐ Trasig säkring (kapitel 12)
- ☐ Defekt relä (kapitel 12)
- ☐ Trasiga eller lösa kablar eller anslutningar (kapitel 12)
- ☐ Defekt motor (kapitel 11)
- ☐ Defekt styrmodul (kapitel 11)

Centrallåset fungerar dåligt eller inte alls

Totalt systemhaveri

- ☐ Fjärrkontrollens batteri urladdat, om tillämpligt
- ☐ Trasig säkring (kapitel 12)
- ☐ Defekt styrmodul (kapitel 12)
- ☐ Trasiga eller lösa kablar eller anslutningar (kapitel 12)
- ☐ Defekt motor (kapitel 11)

Regeln låser men låser inte upp, eller låser upp men låser inte

- ☐ Fjärrkontrollens batteri urladdat, om tillämpligt
- ☐ Defekt huvudbrytare (kapitel 12)
- ☐ Regelns reglagespakar eller reglagestag är trasiga eller (kapitel 11)
- ☐ Defekt styrmodul (kapitel 12)
- ☐ Defekt motor (kapitel 11)

En solenoid/motor arbetar inte

- ☐ Trasiga eller lösa kablar eller anslutningar (kapitel 12)
- ☐ Defekt enhet (kapitel 11)
- ☐ Regelns reglagespakar eller reglagestag kärvar, är trasiga eller urkopplade (kapitel 11)
- ☐ Defekt dörregel (kapitel 11)

Observera: *Referenserna i sakregistret har formen* "kapitelnummer • sidnummer". **Så 2C•15 hänvisar till sidan 15 i kapitel 2C.**

Observera: *Referenserna i sakregistret har formen* "kapitelnummer • sidnummer". **Så 2C•15 hänvisar till sidan 15 i kapitel 2C.**

Observera: *Referenserna i sakregistret har formen* "kapitelnummer • sidnummer". **Så 2C•15 hänvisar till sidan 15 i kapitel 2C.**

Observera: *Referenserna i sakregistret har formen* "kapitelnummer • sidnummer". **Så 2C•15 hänvisar till sidan 15 i kapitel 2C.**